J. von Staudingers
Kommentar zum Bürgerlichen Gesetzbuch
mit Einführungsgesetz und Nebengesetzen
Buch 1 · Allgemeiner Teil
§§ 139–163
(Teilnichtigkeit, Anfechtung, Vertrag, Bedingung und Zeitbestimmung)

Kommentatorinnen und Kommentatoren

Dr. Karl-Dieter Albrecht
Vorsitzender Richter am Bayerischen Verwaltungsgerichtshof a. D., München

Dr. Christoph Althammer
Professor an der Universität Regensburg

Dr. Georg Annuß, LL.M.
Rechtsanwalt in München, Außerplanmäßiger Professor an der Universität Regensburg

Dr. Christian Armbrüster
Professor an der Freien Universität Berlin, Richter am Kammergericht a. D.

Dr. Arnd Arnold
Professor an der Universität Trier, Dipl.-Volksw.

Dr. Markus Artz
Professor an der Universität Bielefeld

Dr. Marietta Auer, S.J.D.
Professorin an der Universität Gießen

Dr. Martin Avenarius
Professor an der Universität zu Köln

Dr. Ivo Bach
Professor an der Universität Göttingen

Dr. Christian Baldus
Professor an der Universität Heidelberg

Dr. Wolfgang Baumann
Notar in Wuppertal, Professor an der Bergischen Universität Wuppertal

Dr. Winfried Bausback
Professor a. D. an der Bergischen Universität Wuppertal, bayerischer Staatsminister der Justiz a. D., Mitglied des Bayerischen Landtags

Dr. Roland Michael Beckmann
Professor an der Universität des Saarlandes, Saarbrücken

Dr. Dr. h. c. Detlev W. Belling, M.C.L.
Professor an der Universität Potsdam

Dr. Andreas Bergmann
Professor an der Fernuniversität Hagen

Dr. Falk Bernau
Richter am Bundesgerichtshof, Karlsruhe

Dr. Marcus Bieder
Professor an der Universität Osnabrück

Dr. Werner Bienwald
Professor an der Evangelischen Fachhochschule Hannover, Rechtsanwalt in Oldenburg

Dr. Tom Billing
Rechtsanwalt in Berlin

Dr. Eike Bleckwenn
Rechtsanwalt in Hannover

Dr. Reinhard Bork
Professor an der Universität Hamburg

Dr. Wolfgang Breyer
Rechtsanwalt in Stuttgart

Dr. Jan Busche
Professor an der Universität Düsseldorf

Dr. Georg Caspers
Professor an der Universität Erlangen-Nürnberg

Dr. Dr. h. c. Tiziana Chiusi
Professorin an der Universität des Saarlandes, Saarbrücken

Dr. Michael Coester, LL.M.
Professor an der Universität München

Dr. Dr. h. c. Dagmar Coester-Waltjen, LL.M.
Professorin an der Universität Göttingen

Dr. Thomas Diehn
Notar in Hamburg

Dr. Katrin Dobler
Richterin am Oberlandesgericht Stuttgart

Dr. Heinrich Dörner
Professor an der Universität Münster

Dr. Werner Dürbeck
Richter am Oberlandesgericht Frankfurt a. M.

Dr. Anatol Dutta, M. Jur.
Professor an der Universität München

Dr. Christina Eberl-Borges
Professorin an der Universität Mainz

Dr. Dres. h. c. Werner F. Ebke, LL.M.
Professor an der Universität Heidelberg

Dr. Jan Eickelberg, LL.M.
Professor an der Hochschule für Wirtschaft und Recht, Berlin

Jost Emmerich
Richter am AG München

Dr. Volker Emmerich
Professor an der Universität Bayreuth, Richter am Oberlandesgericht Nürnberg a. D.

Dipl.-Kfm. Dr. Norbert Engel
Ministerialdirigent a. D., Rechtsanwalt in Erfurt

Dr. Cornelia Feldmann
Rechtsanwältin in Freiburg i. Br.

Dr. Matthias Fervers
Akad. Rat a. Z. an der Universität München

Dr. Timo Fest, LL.M.
Professor an der Universität zu Kiel

Dr. Karl-Heinz Fezer
Professor an der Universität Konstanz, Honorarprofessor an der Universität Leipzig, Richter am Oberlandesgericht Stuttgart a. D.

Dr. Philipp S. Fischinger, LL.M.
Professor an der Universität Mannheim

Dr. Holger Fleischer
Professor am Max-Planck-Institut für ausländisches und internationales Privatrecht, Hamburg

Dr. Robert Freitag, Maître en droit
Professor an der Universität Erlangen-Nürnberg

Dr. Jörg Fritzsche
Professor an der Universität Regensburg

Dr. Tobias Fröschle
Professor an der Universität Siegen

Dr. Susanne Lilian Gössl, LL.M.
Akad. Rätin a. Z. an der Universität Bonn

Dr. Beate Gsell, Maître en droit
Professorin an der Universität München, Richterin am Oberlandesgericht München

Dr. Karl-Heinz Gursky
Professor an der Universität Osnabrück

Dr. Thomas Gutmann, M. A.
Professor an der Universität Münster

Dr. Martin Gutzeit
Professor an der Universität Gießen

Dr. Martin Häublein
Professor an der Universität Innsbruck

Dr. Johannes Hager
Professor an der Universität München

Dr. Felix Hartmann, LL.M.
Professor an der Freien Universität Berlin

Dr. Wolfgang Hau
Professor an der Universität München

Dr. Rainer Hausmann
Professor an der Universität Konstanz

Dr. Stefan Heilmann
Vorsitzender Richter am Oberlandesgericht Frankfurt, Honorarprofessor an der Frankfurt University of Applied Sciences

Dr. Jan von Hein
Professor an der Universität Freiburg i. Br.

Dr. Christian Heinze
Professor an der Universität Hannover

Dr. Stefan Heinze
Notar in Köln

Dr. Tobias Helms
Professor an der Universität Marburg

Dr. Dr. h. c. mult. Dieter Henrich
Professor an der Universität Regensburg

Dr. Carsten Herresthal, LL.M.
Professor an der Universität Regensburg

Christian Hertel, LL.M.
Notar in Weilheim i. OB.

Dr. Stephanie Herzog
Rechtsanwältin in Würselen

Joseph Hönle
Notar in München

Dr. Ulrich Hönle
Notar in Waldmünchen

Dr. Clemens Höpfner
Professor an der Universität Münster

Dr. Bernd von Hoffmann †
Professor an der Universität Trier

Dr. Dr. h. c. Heinrich Honsell
Professor an der Universität Zürich, Honorarprofessor an der Universität Salzburg

Dr. Norbert Horn
Professor an der Universität zu Köln, Vorstand des Arbitration Documentation and Information Center e.V., Köln

Dr. Rainer Hüttemann
Professor an der Universität Bonn

Dr. Martin Illmer, MJur
Richter am Landgericht Hamburg, Privatdozent an der Bucerius Law School

Dr. Florian Jacoby
Professor an der Universität Bielefeld

Dr. Rainer Jagmann
Vorsitzender Richter am Oberlandesgericht Karlsruhe a. D.

Dr. Ulrich von Jeinsen
Rechtsanwalt und Notar in Hannover, Honorarprofessor an der Universität Hannover

Dr. Joachim Jickeli
Professor an der Universität zu Kiel

Dr. Dagmar Kaiser
Professorin an der Universität Mainz

Dr. Bernd Kannowski
Professor an der Universität Bayreuth

Dr. Rainer Kanzleiter
Notar a. D. in Ulm, Honorarprofessor an der Universität Augsburg

Dr. Christoph A. Kern, LL.M.
Professor an der Universität Heidelberg

Dr. Sibylle Kessal-Wulf
Richterin des Bundesverfassungsgerichts, Karlsruhe

Dr. Christian Kesseler
Notar in Düren, Honorarprofessor an der Universität Trier

Dr. Fabian Klinck
Professor an der Universität Bochum

Dr. Frank Klinkhammer
Richter am Bundesgerichtshof, Karlsruhe, Honorarprofessor an der Universität Marburg

Dr. Steffen Klumpp
Professor an der Universität Erlangen-Nürnberg

Dr. Jürgen Kohler
Professor an der Universität Greifswald

Dr. Sebastian Kolbe
Professor an der Universität Bremen

Dr. Stefan Koos
Professor an der Universität der Bundeswehr München

Dr. Rüdiger Krause
Professor an der Universität Göttingen

Dr. Heinrich Kreuzer
Notar in München

Dr. Lena Kunz, LL.M.
Akad. Mitarbeiterin an der Universität Heidelberg

Dr. Clemens Latzel
Privatdozent an der Universität München

Dr. Arnold Lehmann-Richter
Professor an der Hochschule für Wirtschaft und Recht Berlin

Dr. Saskia Lettmaier
Professorin an der Universität Kiel

Stefan Leupertz
Richter a. D. am Bundesgerichtshof, Honorarprofessor an der TU Dortmund

Dr. Johannes Liebrecht
Professor an der Universität Zürich

Dr. Martin Löhnig
Professor an der Universität Regensburg

Dr. Dr. h. c. Manfred Löwisch
Professor an der Universität Freiburg i. Br., Rechtsanwalt in Lahr (Schw.), vorm. Richter am Oberlandesgericht Karlsruhe

Dr. Dirk Looschelders
Professor an der Universität Düsseldorf

Dr. Stephan Lorenz
Professor an der Universität München

Dr. Katharina Lugani
Professorin an der Universität Düsseldorf

Dr. Robert Magnus
Professor an der Universität für Wirtschaft und Recht, Wiesbaden

Dr. Ulrich Magnus
Professor an der Universität Hamburg, Affiliate des MPI für ausländisches und internationales Privatrecht, Hamburg, Richter am Hanseatischen Oberlandesgericht zu Hamburg a. D.

Dr. Peter Mankowski
Professor an der Universität Hamburg

Dr. Heinz-Peter Mansel
Professor an der Universität zu Köln

Dr. Peter Marburger †
Professor an der Universität Trier

Dr. Wolfgang Marotzke
Professor an der Universität Tübingen

Dr. Sebastian A. E. Martens
Professor an der Universität Passau

Dr. Dr. Dr. h. c. mult. Michael Martinek, M.C.J.
Professor an der Universität des Saarlandes, Saarbrücken, Honorarprofessor an der Universität Johannesburg, Südafrika

Dr. Annemarie Matusche-Beckmann
Professorin an der Universität des Saarlandes, Saarbrücken

Dr. Gerald Mäsch
Professor an der Universität Münster

Dr. Felix Maultzsch, LL.M.
Professor an der Universität Frankfurt a. M.

Dr. Jörg Mayer †
Honorarprofessor an der Universität Erlangen-Nürnberg, Notar in Simbach am Inn

Dr. Dr. Detlef Merten
Professor an der Deutschen Universität für Verwaltungswissenschaften Speyer

Dr. Tanja Mešina
Staatsanwältin, Stuttgart

Dr. Rudolf Meyer-Pritzl
Professor an der Universität zu Kiel, Richter am Schleswig-Holsteinischen Oberlandesgericht in Schleswig

Dr. Morten Mittelstädt
Notar in Hamburg

Dr. Peter O. Mülbert
Professor an der Universität Mainz

Dr. Dirk Neumann
Vizepräsident des Bundesarbeitsgerichts a. D., Kassel, Präsident des Landesarbeitsgerichts Chemnitz a. D.

Dr. Hans-Heinrich Nöll
Rechtsanwalt in Hamburg

Dr. Jürgen Oechsler
Professor an der Universität Mainz

Dr. Hartmut Oetker
Professor an der Universität zu Kiel, Richter am Thüringer Oberlandesgericht in Jena

Wolfgang Olshausen
Notar a. D. in Rain am Lech

Dr. Dirk Olzen
Professor an der Universität Düsseldorf

Dr. Sebastian Omlor, LL.M., LL.M.
Professor an der Universität Marburg

Dr. Gerhard Otte
Professor an der Universität Bielefeld

Dr. Lore Maria Peschel-Gutzeit
Rechtsanwältin in Berlin, Senatorin für Justiz a. D. in Hamburg und Berlin, Vorsitzende Richterin am Hanseatischen Oberlandesgericht zu Hamburg i. R.

Dr. Frank Peters
Professor an der Universität Hamburg, Richter am Hanseatischen Oberlandesgericht zu Hamburg a. D.

Dr. Christian Picker
Professor an der Universität Konstanz

Dr. Andreas Piekenbrock
Professor an der Universität Heidelberg

Dr. Jörg Pirrung
Richter am Gericht erster Instanz der Europäischen Gemeinschaften i. R., Honorarprofessor an der Universität Trier

Dr. Dr. h. c. Ulrich Preis
Professor an der Universität zu Köln

Dr. Maximilian Freiherr von Proff zu Irnich
Notar in Köln

Dr. Thomas Raff
Notarassessor, Kandel

Dr. Manfred Rapp
Notar a. D., Landsberg am Lech

Dr. Dr. h.c. Thomas Rauscher
Professor an der Universität Leipzig, Professor h.c. an der Eötvös Loránd Universität Budapest, Dipl.Math.

Dr. Peter Rawert, LL.M.
Notar in Hamburg, Honorarprofessor an der Universität Kiel

Eckhard Rehme
Vorsitzender Richter am Oberlandesgericht Oldenburg i. R.

Dr. Wolfgang Reimann
Notar a. D., Honorarprofessor an der Universität Regensburg

Dr. Tilman Repgen
Professor an der Universität Hamburg

Dr. Dieter Reuter †
Professor an der Universität zu Kiel, Richter am Schleswig-Holsteinischen Oberlandesgericht in Schleswig a. D.

Dr. Christoph Reymann, LL.M. Eur.
Notar in Neustadt b. Coburg, Professor an der Privaten Universität Liechtenstein

Dr. Reinhard Richardi
Professor an der Universität Regensburg, Präsident des Kirchlichen Arbeitsgerichtshofs der Deutschen Bischofskonferenz, Bonn

Dr. Volker Rieble
Professor an der Universität München, Direktor des Zentrums für Arbeitsbeziehungen und Arbeitsrecht

Dr. Daniel Rodi
Akad. Rat a. Z. an der Universität Heidelberg

Dr. Anne Röthel
Professorin an der Bucerius Law School, Hamburg

Dr. Christian Rolfs
Professor an der Universität zu Köln

Dr. Dr. h. c. Herbert Roth
Professor an der Universität Regensburg

Dr. Ludwig Salgo
Apl. Professor an der Universität Frankfurt a. M.

Dr. Anne Sanders
Professorin an der Universität Bielefeld

Dr. Renate Schaub, LL.M.
Professorin an der Universität Bochum

Dr. Martin Josef Schermaier
Professor an der Universität Bonn

Dr. Gottfried Schiemann
Professor an der Universität Tübingen

Dr. Eberhard Schilken
Professor an der Universität Bonn

Dr. Peter Schlosser
Professor an der Universität München

Dr. Martin Schmidt-Kessel
Professor an der Universität Bayreuth

Dr. Günther Schotten
Notar a. D. in Köln, Honorarprofessor an der Universität Bielefeld

Dr. Robert Schumacher, LL.M.
Notar in Köln

Dr. Roland Schwarze
Professor an der Universität Hannover

Dr. Andreas Schwennicke
Rechtsanwalt und Notar in Berlin

Dr. Maximilian Seibl, LL.M.
Oberregierungsrat im Bayerischen Staatsministerium für Gesundheit und Pflege, München

Dr. Stephan Serr
Notar in Ochsenfurt

Dr. Reinhard Singer
Professor an der Humboldt-Universität Berlin, vorm. Richter am Oberlandesgericht Rostock

Dr. Dr. h. c. Ulrich Spellenberg
Professor an der Universität Bayreuth

Dr. Sebastian Spiegelberger
Notar a. D. in Rosenheim

Dr. Ansgar Staudinger
Professor an der Universität Bielefeld

Dr. Malte Stieper
Professor an der Universität Halle-Wittenberg

Dr. Markus Stoffels
Professor an der Universität Heidelberg

Dr. Michael Stürner
Professor an der Universität Konstanz

Burkhard Thiele
Präsident des Oberlandesgerichts Rostock, Präsident des Landesverfassungsgerichts Mecklenburg-Vorpommern

Dr. Christoph Thole
Professor an der Universität zu Köln

Dr. Karsten Thorn
Professor an der Bucerius Law School, Hamburg

Dr. Gregor Thüsing, LL.M.
Professor an der Universität Bonn

Dr. Judith Ulshöfer
Notarassessorin in Ludwigshafen am Rhein

Dr. Barbara Veit
Professorin an der Universität Göttingen

Dr. Bea Verschraegen, LL.M., M.E.M.
Professorin an der Universität Wien, adjunct professor an der Universität Macao

Dr. Klaus Vieweg
Professor an der Universität Erlangen-Nürnberg

Dr. A. Olrik Vogel
Rechtsanwalt in München

Dr. Markus Voltz
Notar in Offenburg

Dr. Reinhard Voppel
Rechtsanwalt in Köln

Dr. Rolf Wagner
Professor an der Universität Potsdam, Ministerialrat im Bundesjustizministerium

Dr. Christoph Andreas Weber
Privatdozent an der Universität München

Dr. Johannes Weber, LL.M.
Notarassessor, Geschäftsführer des Deutschen Notarinstituts, Würzburg

Gerd Weinreich
Vorsitzender Richter am Oberlandesgericht Oldenburg a. D., Rechtsanwalt in Oldenburg

Dr. Matthias Wendland, LL.M.
Privatdozent an der Universität München

Dr. Domenik H. Wendt, LL.M.
Professor an der Frankfurt University of Applied Sciences

Dr. Olaf Werner
Professor an der Universität Jena, Richter am Thüringer Oberlandesgericht Jena a. D.

Dr. Daniel Wiegand, LL.M.
Rechtsanwalt in München

Dr. Wolfgang Wiegand
Professor an der Universität Bern

Dr. Peter Winkler von Mohrenfels
Professor an der Universität Rostock, Richter am Oberlandesgericht Rostock a. D.

Dr. Felix Wobst
Notarassessor

Dr. Hans Wolfsteiner
Notar a. D., Rechtsanwalt in München

Heinz Wöstmann
Richter am Bundesgerichtshof, Karlsruhe

Redaktorinnen und Redaktoren

Dr. Christian Baldus
Dr. Dr. h. c. mult. Christian von Bar, FBA
Dr. Michael Coester, LL.M.
Dr. Heinrich Dörner
Dr. Hans Christoph Grigoleit
Dr. Johannes Hager
Dr. Dr. h. c. mult. Dieter Henrich
Dr. Carsten Herresthal, LL.M.
Sebastian Herrler
Dr. Dagmar Kaiser
Dr. Dr. h. c. Manfred Löwisch
Dr. Ulrich Magnus
Dr. Peter Mankowski
Dr. Heinz-Peter Mansel
Dr. Peter O. Mülbert
Dr. Gerhard Otte
Dr. Lore Maria Peschel-Gutzeit
Dr. Peter Rawert, LL.M.
Dr. Volker Rieble
Dr. Christian Rolfs
Dr. Dr. h. c. Herbert Roth
Dr. Markus Stoffels
Dr. Wolfgang Wiegand

J. von Staudingers
Kommentar zum Bürgerlichen Gesetzbuch mit Einführungsgesetz und Nebengesetzen

Buch 1
Allgemeiner Teil
§§ 139–163
(Teilnichtigkeit, Anfechtung, Vertrag, Bedingung und Zeitbestimmung)

Neubearbeitung 2020
von
Reinhard Bork
Herbert Roth

Redaktor
Sebastian Herrler

ottoschmidt – De Gruyter · Berlin

Die Kommentatorinnen und Kommentatoren

Neubearbeitung 2015
§§ 139–144, 157: Herbert Roth
§§ 145–156, 158–163: Reinhard Bork

Neubearbeitung 2010
§§ 139–144, 157: Herbert Roth
§§ 145–156, 158–163: Reinhard Bork

Neubearbeitung 2003
§§ 139–144, 157: Herbert Roth
§§ 145–156, 158–163: Reinhard Bork

Dreizehnte Bearbeitung 1996
§§ 139–144, 157: Herbert Roth
§§ 145–156, 158–163: Reinhard Bork

12. Auflage
§§ 134–163: Professor Dr. Helmut Coing

Sachregister

Dr. Martina Schulz,
Pohlheim

Zitierweise

Staudinger/Roth (2020) § 139 Rn 1
Staudinger/Bork (2020) Vorbem 1 zu §§ 145 ff

Zitiert wird nach Paragraph bzw Artikel und Randnummer.

Hinweise

Das Abkürzungsverzeichnis befindet sich auf www.staudingerbgb.de.

Der **Stand der Bearbeitung** ist März 2020.

Am Ende eines jeden Bandes befindet sich eine Übersicht über den aktuellen Stand des „Gesamtwerk Staudinger".

MIX
Papier aus verantwortungsvollen Quellen
FSC www.fsc.org
FSC® C016439

Die Deutsche Nationalbibliothek verzeichnet diese Publikation in der Deutschen Nationalbibliografie; detaillierte bibliografische Daten sind im Internet über http://dnb.dnb.de abrufbar.

ISBN 978-3-8059-1298-3

Satz: jürgen ullrich typosatz, Nördlingen.

Druck und Bindearbeiten: Hubert & Co., Göttingen.

Umschlaggestaltung: Bib Wies, München.

♾ Gedruckt auf säurefreiem Papier, das die DIN ISO 9706 über Haltbarkeit erfüllt.

Inhaltsübersicht

Seite*

Buch 1 · Allgemeiner Teil

Abschnitt 3 · Rechtsgeschäfte
Titel 2 · Willenserklärung (§§ 139–144) ____ 1
Titel 3 · Vertrag ____ 139
Titel 4 · Bedingung und Zeitbestimmung ____ 319

Sachregister ____ 383

* Zitiert wird nicht nach Seiten, sondern nach Paragraph bzw Artikel und Randnummer; siehe dazu auch „Zitierweise“.

§ 139
Teilnichtigkeit

Ist ein Teil eines Rechtsgeschäfts nichtig, so ist das ganze Rechtsgeschäft nichtig, wenn nicht anzunehmen ist, dass es auch ohne den nichtigen Teil vorgenommen sein würde.

Materialien: E I § 114; II § 112; III § 135; Schubert, AT II 214 f; 735; Mot I 222; Prot I 134; Mugdan I 474 f; 728 ff.

Schrifttum

André, Einfache, zusammengesetzte, verbundene Rechtsgeschäfte, in: Marburger FG Enneccerus (1913)

J F Baur, Schicksal der Lieferverträge nach Wegfall der Ausschließlichkeitsabrede, RdE 1997, 41

Beckmann, Nichtigkeit und Personenschutz (1998)

Berchtold, Die Heilung gem. § 311 Abs. 1 S. 2 BGB bei mehreren formbedürftigen Vereinbarungen, BWNotZ 2019, 4

Beyer, Salvatorische Klauseln (1988)

Bieder, Die zeitlichen Grenzen der Befristung von „Hinauskündigungsklauseln" in GbR-Gesellschaftsverträgen, MDR 2007, 1049

Böhme, Erhaltungsklauseln. Zugleich ein Beitrag zur Lehre vom teilnichtigen Rechtsgeschäft (2000)

Brambring, Teil- oder Gesamtnichtigkeit beim Ehevertrag, NJW 2007, 865

ders, Führt die Teilnichtigkeit zur Gesamtnichtigkeit von Eheverträgen?, FPR 2005, 130

Bunte, Die Bedeutung salvatorischer Klauseln in kartellrechtswidrigen Verträgen, GRUR 2004, 301

Bürge, Rechtsdogmatik und Wirtschaft – Das richterliche Moderationsrecht beim sittenwidrigen Rechtsgeschäft im Rechtsvergleich – Bundesrepublik Deutschland-Schweiz-Österreich-Frankreich (1987)

Butters, Modifizierte Teilnichtigkeit sittenwidriger nachvertraglicher Wettbewerbsverbote – BGH NJW 1997, 3089, JuS 2001, 324

Canaris, Gesamtunwirksamkeit und Teilgültigkeit rechtsgeschäftlicher Regelungen, in: FS Steindorff (1990) 519

ders, Nachträgliche Gesetzeswidrigkeit von Verträgen, geltungserhaltende Reduktion und salvatorische Klauseln im deutschen und europäischen Kartellrecht, DB 2002, 930

Dedual, Geltungserhaltende Reduktion. Richterliche Ersatzregelbildung im schweizerischen Vertragsrecht (2017)

Eisenhardt, Die Einheitlichkeit des Rechtsgeschäfts und die Überwindung des Abstraktionsprinzips, JZ 1991, 271

Fastrich, Unwirksame Hinauskündigungsklausel und geltungserhaltende Reduktion, ZGR 1991, 306

Finger, Zu den Folgen einer Mietzinsvereinbarung unter Überschreitung der ortsüblichen Vergleichsmiete, ZMR 1983, 37

Gehle, Nachvertragliches Wettbewerbsverbot: Geltungserhaltende Reduktion kraft vertraglicher Vereinbarung?, DB 2010, 1981

Gehrlein, Neue Tendenzen zum Verbot der freien Hinauskündigung eines Gesellschafters, NJW 2005, 1969

Gentzsch/Hauser/Kapoor, Reichweite der vom Schiedsfähigkeits-II-Urteil ausgehenden Nichtigkeitsfolgen, SchiedsVZ 2019, 64

W Gerhardt, Teilweise Unwirksamkeit beim Vertragsschluß durch falsus procurator – BGH NJW 1970, 240, JuS 1970, 326

Grunewald, Die Teilnichtigkeit von Gesellschafterbeschlüssen, NZG 2017, 1321

J Hager, Gesetzes- und sittenkonforme Auslegung und Aufrechterhaltung von Rechtsgeschäften (1983) ders, Die gesetzeskonforme Aufrechterhaltung übermäßiger Vertragspflichten – BGHZ 89, 316 und 90, 69, JuS 1985, 264

Hartmann, Zur Anwendung des § 139 BGB auf Vollmacht und Grundgeschäft, ZGS 2005, 62

Häsemeyer, Zur Anwendung des § 139 BGB auf Erbverträge, FamRZ 1967, 30

ders, Geltungserhaltende oder geltungszerstörende Reduktion?, in: FS Ulmer (2003) 1097

Hellgardt/Majer, Die Auswirkungen nichtiger Grundverhältnisse auf die Vollmacht, WM 2004, 2380

Helm, Teilnichtigkeit nach Kartellrecht, GRUR 1976, 496

Herschel, Teilnichtigkeit kollektiver Regelungen, BB 1965, 791

Herzog, Quantitative Teilnichtigkeit (1926)

Hoffmann, Die Teilbarkeit von Schuldverträgen, JuS 2017, 1045

Hogrebe, Bindungsgrenzen. Überlange Mindestvertragslaufzeiten und die objektiven Freiheiten der Zivilrechtsordnung (2018)

Kähler, Begriff und Rechtfertigung abdingbaren Rechts (2012)

Keim, Keine Anwendung des § 139 BGB bei Kenntnis der Parteien von der Teilnichtigkeit?, NJW 1999, 2866

Kohler, Teilunwirksamkeitsklauseln, DNotZ 1961, 195

Köhler, Einschränkungen der Nichtigkeit von Rechtsgeschäften, JuS 2010, 665

Kohte, Unwirksame Bestätigung eines wucherähnlichen Kreditvertrags – BGH NJW 1982, 1981, JuS 1984, 509

Krampe, Aufrechterhaltung von Verträgen und Vertragsklauseln, AcP 194 (1994) 1

Kriechbaum, Teilnichtigkeit und Gesamtnichtigkeit: Die Rechtsprechung des Reichsgerichts vor und nach Erlaß des BGB, in: Falk/Mohnhaupt (Hrsg), Das Bürgerliche Gesetzbuch und seine Richter (2000) 39

Kulke, Sittenwidrigkeit eines Schuldbeitritts und Teilnichtigkeit, ZIP 2001, 985

Lammel, Vertragsfreiheit oder Wirtschaftsfreiheit – Zur Teilnichtigkeit von Wettbewerbsabreden, AcP 189 (1989) 244

Lange, Die kartellrechtliche Zulässigkeit der Laufzeiten von Wärmelieferungsverträgen (2019)

Lohrmann, Die Anwendbarkeit der §§ 104–185 BGB auf die Stimmabgabe und den Gesellschafterbeschluss (2019)

Mayer-Maly, Über die Teilnichtigkeit, in: Gedschr Gschnitzer (1969) 265

ders, Die Bedeutung des tatsächlichen Parteiwillens für den hypothetischen, in: FS Flume I (1978) 621

Meilicke/Weyde, Ist der Fall der Teilnichtigkeit von Verträgen vertraglich nicht mehr regelbar?, DB 1994, 821

Miesen, Gesellschaftsrechtliche Hinauskündigungsklauseln in der Rechtsprechung des Bundesgerichtshofs, RNotZ 2006, 522

Möslein, Dispositives Recht (2011)

Oepen, Zur Dogmatik des § 139 BGB. Grundsätzliche Überlegungen zu einer zentralen Regelung des Bürgerlichen Rechts (2000)

Oertmann, Subjektive Teilnichtigkeit, ZHR 101 (1935) 119

Pawlowski, Rechtsgeschäftliche Folgen nichtiger Willenserklärungen (1966)

Petersen, Die Teilnichtigkeit, JURA 2010, 419

Pierer vEsch, Teilnichtige Rechtsgeschäfte (1968)

Roemer, Die Formbedürftigkeit von Änderungen eines Grundstückskaufvertrages nach Auflassung – Zugleich eine Besprechung von BGH, Urteil vom 14. 9. 2018 – V ZR 213/17, RNotZ 2019, 192

H Roth, Geltungserhaltende Reduktion im Privatrecht, JZ 1989, 411

ders, Zinszahlungspflichten bei wucherischen und wucherähnlichen Darlehensverträgen, ZHR 153 (1989) 423

ders, Vertragsänderung bei fehlgeschlagener Verwendung von Allgemeinen Geschäftsbedingungen (1994)

Sanders, Teilweise sittenwidrig? – Zur Teilnichtigkeit von Eheverträgen, insbesondere von Güterstandsvereinbarungen, FPR 2007, 205

Sandrock, Subjektive und objektive Gestaltungskräfte bei der Teilnichtigkeit von Rechtsgeschäften, AcP 159 (1960/1961) 481

H-H Seiler, Utile per inutile non vitiatur, Zur Teilunwirksamkeit von Rechtsgeschäften im römischen Recht, in: FS Kaser (1976) 127

Skouris, Teilnichtigkeit von Gesetzen (1973)

Sommer/Weitbrecht, Salvatorische Klauseln in GmbH-Verträgen, GmbH-Rdsch 1991, 449
Steindorff, Teilnichtigkeit kartellrechtswidriger Vereinbarungen in der Rechtsprechung des Bundesgerichtshofs, in: FS Hefermehl (1971) 177
Strohe, Salvatorische Klauseln – Aufgabe der „Pronuptia II"-Rechtsprechung durch den BGH, NJW 2003, 1780
Tiedtke, Teilnichtigkeit eines sittenwidrigen Rechtsgeschäfts, ZIP 1987, 1089
Uffmann, Das Verbot der geltungserhaltenden Reduktion (2010)
P Ulmer, Offene Fragen zu § 139 BGB, Vorteilsregel und „Politik des Gesetzes", in: FS Steindorff (1990) 799
Wernicke, Die Rückführung überlanger Wettbewerbsverbote in der BGH-Rechtsprechung, BB 1990, 2209
H P Westermann, Die geltungserhaltende Reduktion im System der Inhaltskontrolle im Gesellschaftsrecht, in: FS Stimpel (1985) 69
R Wolff, Wirksamwerden nichtiger Verträge durch Teilerfüllung? Zur Rechtsprechung des VII. Zivilsenats zur Ohne-Rechnung-Abrede, in: FS Beuthien (2009) 97
Wufka, Rechtseinheit zwischen Kausalgeschäft und Einigung bei Erbbaurechtsbestellungen, DNotZ 1985, 651
Zimmermann, Richterliches Moderationsrecht oder Teilnichtigkeit (1979).

Systematische Übersicht

I. Normzweck 1

II. Subsidiarität des § 139 3

III. Abweichende gesetzliche Regelungen
1. Regelungsmöglichkeiten 5
2. Bewertung 8
3. Weitere Sonderregelungen 9
a) Wahlschuld 9
b) Mietrecht 10
c) Kapitalgesellschaften 11
d) Sonstiges 12

IV. Zwingende schutzgesetzliche Normen 13
1. Arglistiges Verschweigen von Mängeln ua 14
2. Miet-, Arbeits- und Dienstvertragsrecht 15
3. Sonderprivatrechte ua 16

V. Gesetzliche Verbote (§ 134) 17

VI. Normen und normähnliche Regelungen
1. Gesetze; Bebauungspläne 18
2. Satzungen 19
3. Tarifverträge 20
4. Betriebsvereinbarungen 21

VII. Vorrangige privatautonome Regelungen
1. Salvatorische Klauseln 22
2. Gesamtunwirksamkeitsklauseln 23
3. Kenntnis von der Teilunwirksamkeit 24
4. Geltungserhaltende ergänzende Vertragsauslegung 25

VIII. Voraussetzungen des § 139 26
1. Rechtsgeschäft 27
a) Öffentlich-rechtliche Verträge 28
b) Verwaltungsakte; Sonstiges 29
c) Prozess- und Verfahrenshandlungen 30
2. Nichtigkeit 31
3. Einheitlichkeit des Rechtsgeschäfts 36
a) Einheitlichkeitswille und objektiver Sinnzusammenhang 37
b) Einheitlichkeitswille und Indizien 39
c) Verschiedenheit der Geschäftstypen 42
d) Verschiedenheit der Personen 43
e) Objektiver Sinnzusammenhang und Indizien 45
f) Sonstige Vertragsverbindungen 46
g) Prozessuales 47
h) Einzelfälle 48
i) Insbesondere: Grund- und Erfüllungsgeschäft 54
4. Teilbarkeit des Rechtsgeschäfts 60
a) Zusammenhänge mit der Geschäftseinheit 60

b) Teilbarkeit einheitlicher Regelungen und ergänzende Vertragsauslegung 61
c) Verbundene Rechtsgeschäfte 62
d) Einzelbestimmungen des Rechtsgeschäfts 63
aa) Objektive Teilbarkeit 64
bb) Subjektive Teilbarkeit 65
cc) Quantitative Teilbarkeit 68

IX. Rechtsfolgen des § 139 74
1. Hypothetischer Parteiwille 75
a) Objektive Wertung und Standpunkt der Parteien 75
b) Maßgebender Zeitpunkt 77
c) Ersetzende Regelungen 78
2. Prozessuales; Beweislast 79
3. Einzelfälle 80
a) Kartellrecht; Wettbewerbsbeschränkungen 81
b) Gesellschafts- und Arbeitsverträge 83
c) Gerichtsstands- und Schiedsgerichtsklauseln 85
d) Wertsicherungsklauseln 86
e) Grundstücksverkehr 87
f) Sonstiges 88

X. Rechtsmissbrauchsschranken
1. Vorteilsregel 89
2. Bedeutungslos gebliebene Bestimmungen 90
3. Sonstige unzulässige Rechtsausübung 91

Alphabetische Übersicht

Abdingungsverbote 15
Abfindungsvereinbarung und Wettbewerbsverbot 41, 53, 75
Abschlagszahlung 17
Abstraktionsprinzip 54
Aktiengesellschaft 11 f
Allgemeine Geschäftsbedingungen 7, 22
Angehörigenbürgschaft 70
Angemessener Preis 70
Ankaufsrecht 49
Ankaufsverpflichtung 69
Anwaltssozietät 69
Anwesenheitsprämie 15
Arbeitsrecht 13, 15, 83
Arbeitsvertrag (vollzogener) 27
Arglisteinwand 14, 89
Ärztliche Gemeinschaftspraxis 69
Auflassungsvollmacht 87
Aufsichtsrat 27
Ausbildungskosten 69
Ausgeführtes Dauerschuldverhältnis 84
Auslegung des Verbotsgesetzes 17
Auslegungsregel 2
Ausschluss eines Gesellschafters 14, 61

Baukostenzuschuss 17
Bauträgermodell 56
Bebauungsplan 18
Bedingung 46
Beförderungsvertrag 17
Behandlungsvertrag 79
Beherrschungsvertrag 83
Beispielcharakter von Einzelfällen 48 ff
Beitritt zu Immobilienfond 39
Belanglose Erklärungen 44
Belastungsverbot 68, 70
Belegungsrecht 68
Beratungsvereinbarungen (mit Aufsichtsratsmitgliedern) 75
Beschlüsse 19
Besitzkonstitut 63
Besonderer Vertreter (§ 147 AktG) 27
Betriebsvereinbarung 21
Betreuungsvertrag 39
Beurkundung 41
Beweislastregel 2, 22, 79
Bierlieferungsverträge 69
Billigkeitsprüfung 71
Bruchteilsgemeinschaft 65
Bürgschaft und § 138 Abs 1 BGB 70
– durch Mitbürgen 66
– zugunsten mehrerer Gläubiger 66

Dienstbarkeit 56
Dienstvertragsrecht 13, 15
Diskriminierungsverbot 17
Dispositives Recht 7, 61

Eheleute 44
Ehevertrag 3, 22, 88

Ehrengerichtsordnung 19
Eigentümerbeschluss 27
Einheit des Zustandekommens 40
Einheitliches Rechtsgeschäft (Beispiele) 48 ff
Einheitlichkeitswille (Gesetzgebungsgeschichte) 37
Ende des Vertragsverhältnisses 35
Endrenovierung 40
Energielieferungsverträge 17, 22, 81
Erbbaurecht 22
Erbrecht 6
Erb- und Pflichtteilsverzicht 22, 57
Erbvertrag 27
Erfolgshonorar 17
Ergänzende Vertragsauslegung 4, 7, 8, 25, 33, 61, 75, 78
Erhaltungsklauseln 22
Erschließungskosten 17, 87
Ersetzungsklauseln 22

Fallgruppen des hypothetischen Parteiwillens 80
Familienrechtliche Genehmigung 13
Fehlerhafte Gesellschaft 83
Fernabsatzgesetz 16
Finanzierter Kaufvertrag 43
Fondsgesellschafter 56
Formzwang 31
Freiwillige Gerichtsbarkeit 30
Franchisevertrag (und Kauf oder Miete) 42, 52

Gebührensatzung 18, 29
Gegenseitiger Vertrag 22, 63
Geldwechselgeschäfte 59
Geliebtentestament 72
Geltungserhaltende Reduktion 3, 17, 61, 63, 69, 70, 73
Gemeines Recht 1, 4, 8
Gemeinschaftsrecht (EU) 81
Gemischte Schenkung 64
Gerichtsstandsklausel 43 f, 85
Gesamtwille 66
Geschäftseinheit 45
Geschäftsgrundlage 36, 46
Geschäftstyp 42
Gesellschaftsrecht 22, 61, 83
Gesellschaftsvertrag (vollzogener) 27
Gesetz 18
Gesetzesänderung 32
Getrennte Beurkundung 41
Gewährleistungsausschluss 14
Globalabtretung 72
GmbH 11 f
GmbH-Geschäftsführer (und Arbeitsverhältnis) 75
Gratifikationsrückzahlungsklauseln 8
Grundbuchberichtigungsverfahren 30
Grundbuchverfahren 58

Handkauf 59
Handykaufvertrag 43, 60
Hardware/Software 40
Hauptversammlungsbeschluss (AG) 27
Haustürwiderrufsgesetz 16
Heilung 55
Hinauskündigung 61, 69, 84
Hypothetischer Wille 2, 74 ff

Indizien 39
Inhaltsänderung 6, 78
Insolvenzplan 12, 22
Inventar 87

Kanzleiübernahmevertrag 22, 88
Kartellbehörde (zivilrechtliche Befugnisse) 81
Kartellrechtliche Verbote 17, 22, 81
Kartellverbot und Folgeverträge 81
Kenntnis (der Teilunwirksamkeit) 24
Kompetenz-Kompetenz-Klausel 85
Koppelungsverbot 6, 12
Krankenhausvertrag und Wahlleistungsvereinbarung 39, 43, 88
Kundenschutzklausel 69 f
Kündigung 27
Kündigung (Gesellschaftsrecht) 61
Kündigungsverzicht 69
Künstlervertrag 39

Leasingvertrag 39
Lebensversicherungsvertrag 39
Lizenz 79, 81
Lohnwucher 70

MaBV 17
Maklerklausel 39
Managervertrag 69
Mandantenschutzklausel 69

Markenrechtliche Abgrenzungsvereinbarung 69
Mediationsvereinbarung 85
Mietrecht 10, 13, 15
Mietsicherheit 22, 69
Mietvertrag über Grundstück 10
Mietvertragliche Schriftform 22
Mietwucher 17, 70
Mitbürgschaft 43
Miterben 65
Mithaftungsabrede 70

Nachteilsregel 91
Nachträgliche Teilunmöglichkeit 34
Neuverhandlungspflicht 78
Nichtigkeit 31
Nichtigkeitsnormen (Schutzzweck) 3
Nichtigkeitsvermutung 2
Norm 18
Notarkostenrecht 1

Öffentliches Recht 18
Öffentlich-rechtlicher Vertrag 18, 28
ordre public 3

Parteivortrag 79
Parteiwille 37 f
Personenverschiedenheit 43 f, 65
Pfandfreistellungsverpflichtungserklärung 17
Pflichtteilsverzicht 54
Praktikumsverträge 24
Preisvereinbarung 17, 70
Privatautonomie 1
Provisionsteilungsabrede 88
Prozessaufrechnung 30
Prozesshandlungen 30

Realer Wille 74
Rechtsberatungsgesetz 56
Rechtserhaltung 3
Rechtsgeschäft 26 ff
Rechtswahl (IPR) 6
Richterliche Vertragsgestaltung 78

Salvatorische Klauseln 4, 17, 22, 27, 69
Sanktionszweck 1
Satzungsbestimmung 11, 18, 19
Scheidungsfolgenvereinbarung 25, 37, 40, 88
Scheingeschäft 55
Schmiergeld 39
Schiedsklausel 85
Schlichtungsklausel 85
Schönheitsreparatur 40
Schutznormen 13
Schwarzarbeit 64
Schwebende Unwirksamkeit 33
Selbstständige Rechtsgeschäfte 36
Sicherungsabtretung 56
Sicherungsübereignung 56, 88
„Side Letter" 31
Sittenwidrige Verträge 70
Sorgeerklärungen 12
Sozialakt 27
Sozialplan 21
Spezielle Regelungen 4
„Sprunghaftung" (Handelsvertreter) 60
„Squeeze-out" 27
Staffelmiete 15, 69, 75
„Stand-Still" (AEUV) 1
Standpunkt der Parteien 75
„Steigermodell" 43
Stimmrechtsbindungsvertrag 22
Stromlieferungsvertrag 17, 22, 68, 81
Subsidiarität 4, 17
Summierungseffekt (AGB und Individualvereinbarung) 40

Tarifvertragsrecht 15, 20
Tatfrage (Einheitlichkeitswille) 47
Teilanfechtung 31
Teilbarkeit 60 ff
Teilunmöglichkeit 31, 34
Teilzeit-Wohnrechtegesetz 16
Totalnichtigkeit 3, 5
Trassenpreissystem 17, 98

Überflüssige Rechtsgeschäftsteile 44
Unternehmensverträge 8, 27
Unwirksamkeitsarten 33

Verbotsgesetz 17
Verbraucherkreditgesetz 16, 46
Verbraucherschutz 16
Verbundene Rechtsgeschäfte 35
Verfallklausel 68, 70
Vergaberecht 29
Vergütungsabrede 17
Verjährung 14

Verkehrssitte 39
Versammlungsbeschlüsse 27
Versorgungsausgleich 22
Vertrag 17
Vertragsstrafe 64
Vertragsübernahme (Anfechtung) 65
Verwaltungsakt 18, 29
Vollmacht 39, 56
Vorkaufsrecht 87
Vorregelung 68

Wahlschuld 9
Währungsklausel 33
WEG 27

Wertsicherungsklausel 8, 17, 78, 86
Wettbewerbsverbote 22, 41, 69
Widerruf eines Verbraucherdarlehensvertrages durch einen von mehreren Darlehensnehmern 88
Wirtschaftliche Verknüpfung 39, 45
Wucher 40, 70
Wucherähnliches Darlehen 70
Wucherdarlehen 70
Wucherkauf 70

Zeichnungsschein 39, 41
Zeitliche Teilbarkeit 68
Zwangsvollstreckungsunterwerfung 30

I. Normzweck

§ 139 BGB regelt den Fall, dass ein Unwirksamkeitsgrund bloß einen **Teil eines Rechtsgeschäfts** berührt. Im Zweifel soll dann die Unwirksamkeit des Vertragsteils auch diejenige des Restes des Rechtsgeschäfts nach sich ziehen. Damit weicht das BGB von der hM im **Gemeinen Recht** ab, wonach bei Teilnichtigkeit die Aufrechterhaltung des Geschäfts im Übrigen angenommen wurde (etwa Windscheid, Pandektenrecht I § 82 Fn 12; Regelsberger, Pandekten § 175 II; ausführlich Kriechbaum 39 ff; zur Gesetzgebungsgeschichte Mayer-Maly, in: Gedschr Gschnitzer [1969] 265, 275 f; Kuhlenbeck, Von den Pandekten zum Bürgerlichen Gesetzbuch I [1898] 328; Bürge 60 ff; Wertenbruch, AT[4] § 20 Rn 1 f; zurückhaltend die Mot [Mugdan I 475 = Mot I 222]; mit überzogenen Schlussfolgerungen Pierer vEsch 68; zu abweichenden Regeln in Auslandsrechten Sandrock AcP 159 [1960/1961] 481, 488; zum österreichischen Recht Mayer-Maly, in: GS Gschnitzer [1969] 265, 270 ff). Nach einer zutreffenden Formulierung des RG (RG JW 1908, 445) beruht § 139 BGB auf der Erwägung, dass den Beteiligten, die einen einheitlichen umfassenden Rechtserfolg zu verwirklichen bezweckten, eine nur teilweise Verwirklichung dieses Erfolges nicht gegen ihren Willen aufgedrängt werden dürfe (Flume, AT II 570; Faust AT[6] § 12 Rn 1; Stadler AT[19] § 27 Rn 2; Hoffmann JuS 2017, 1045). Die Norm soll damit der **Durchsetzung der Privatautonomie** dienen (BGH NJW 1986, 2576, 2577; BeckOGK/Jakl [1. 11. 2018] § 139 BGB Rn 1, 2; NK-BGB/Faust[3] Rn 1; Bamberger/Roth/Hau/Poseck/Wendtland[4] Rn 1; Palandt/Ellenberger[79] Rn 1; PWW/Ahrens[15] Rn 1; Köhler AT[41] § 15 Rn 3; H Roth, Vertragsänderung 3; Oepen 45; Hoffmann JuS 2017, 1045; Sandrock AcP 159 [1960/1961] 481, 491; H-H Seiler, in: FS Kaser [1971] 127, 145 f; M Wolf/Neuner, AT[11] § 56 Rn 1; u Rn 75 ff). Für das **Notarkostenrecht** ist § 139 BGB nicht maßgebend (Grziwotz ZfIR 2009, 309, 310). § 139 BGB verfolgt **keine Straf- oder Sanktionszwecke** (Brandt MittBayNot 2004, 221, 226; anders Busz NZBau 2003, 65, 67 mit einem Rekurs auf die „Wirtschaftsethik"). Deshalb lässt sich die Annahme einer Aufrechterhaltung der übrigen Teile des Geschäfts gegen den Parteiwillen nicht mit der Erwägung rechtfertigen, darin läge eine effektive Sanktion. Das spielt eine Rolle vor allen Dingen bei Kartellverstößen und Verstößen gegen das EU-Beihilferecht, insbesondere gegen den „Stand-Still" (Art 88 Abs 3 S 3 EG [Art 108 Abs 3 S 3 AEUV]) (Schmidt-Räntsch NJW 2005, 106, 109 gegen Koenig EuZW 2003, 417). 1

2 § 139 BGB ist **keine Auslegungsregel**, weil es bei der Ermittlung des maßgeblichen hypothetischen Parteiwillens (u Rn 74 ff) nicht um eine Vertragsauslegung im eigentlichen Sinn geht (u § 157 Rn 3; ebenso Böhme 34; **aA** BGH NJW 1994, 720, 721; WM 1964, 1125, 1126; BGHZ 85, 315, 318 [dort wird aber gleichbedeutend von einer „Vermutung" gesprochen]; OLG Celle 13. 4. 2005 – 3 U 3/05, juris Rn 26; KG KTS 1968, 117, 120; LG Düsseldorf WuW 1962, 446, 448; BeckOGK/Jakl [1. 11. 2018] § 139 BGB Rn 2; Erman/Arnold[15] Rn 1; PWW/Ahrens[15] Rn 1; Bork, AT[4] Rn 1209; Brox/Walker AT[42] § 15 Rn 2; Oepen 29). Auch bedeutet die Norm **keine Beweislastregel**, weil es sich bei der in erster Linie maßgeblichen Wertungsfrage (u Rn 75) nicht um eine Tatsache handelt, die allein einer beweisrechtlichen Regelung zugänglich ist (Flume, AT II 581; anders wohl die Materialien, Mugdan I 475 = Mot I 222 [Regelung der „Beweislage"]; ihnen folgend BGH NJW 2003, 347; zur Beweislast u Rn 79). Nach richtiger Auffassung spricht § 139 BGB eine **widerlegliche Nichtigkeitsvermutung** aus, wenn die Feststellung des hypothetischen Parteiwillens ausnahmsweise zu keinem Ergebnis führt (Flume, AT II 581; wohl auch P Ulmer, in: FS Steindorff [1990] 799, 815; Medicus, Rechtsfolgen für den Vertrag bei Unwirksamkeit von Allgemeinen Geschäftsbedingungen, in: Zehn Jahre AGB-Gesetz [1987] 83, 84; in diese Richtung auch OLGR Oldenburg 2006, 429, 430; dagegen J Hager 152, 153 f mit der Annahme, es gäbe keine „widerlegbaren Rechtsvermutungen"; dagegen auch H-H Seiler, in: FS Kaser [1976] 127, 147; ferner u Rn 76). In erster Linie kommt es darauf an, welche Entscheidung die Parteien bei Kenntnis der Sachlage nach Treu und Glauben und nach vernünftiger Abwägung getroffen hätten (BGH WM 1997, 625, 627).

II. Subsidiarität des § 139

3 Die Norm hat in der Praxis nicht den ihr wohl ursprünglich zugedachten weiten Anwendungsbereich erfahren. Vielmehr ist die Rspr in vielen Fallgruppen zu einer **größtmöglichen Aufrechterhaltung** der restlichen Teilregelung gelangt (H Roth JZ 1989, 411 ff; J Hager, insbes 31 ff). Bisweilen wird übertreibend geradezu von einer „Derogation" des § 139 BGB gesprochen (Wiedemann AP § 4 TVG Effektivklausel Nr 8 Bl 514; H-H Seiler, in: FS Kaser [1976] 127, 147 [„überflüssig"]). Auch findet sich in der neueren Gesetzgebung insbes zum Recht der AGB in § 306 Abs 1 die umgekehrte Tendenz, wie sie in § 139 BGB angedeutet ist (u Rn 7). Deshalb kommt in § 139 BGB keineswegs ein übergreifendes Prinzip der bürgerlichen Rechtsordnung zum Ausdruck (Herschel BB 1965, 791) und die Norm ist auch nicht Teil des deutschen **ordre public** (OLG Hamm NJW-RR 1998, 1542). Allerdings greift die Rspr bisweilen ohne Subsumtion auf den **„Rechtsgedanken"** des § 139 BGB zurück (zB OLG Saarbrücken r+s 2006, 293; ArbG Marburg 3. 1. 2006 – 1 Ca 671/05, juris Rn 57). Weitgehende Einigkeit herrscht, wonach der Anwendungsbereich des § 139 BGB in dem Sinne subsidiär ist, dass der **Schutzzweck von Nichtigkeitsnormen** vorgeht. Aus ihnen kann sich nach Sinn und Zweck statt Totalnichtigkeit bloße Teilnichtigkeit ergeben (u Rn 17; Flume, AT II 576; Pierer vEsch 147; H Roth, Vertragsänderung 4; AK-BGB/Damm Rn 3; MünchKomm/Busche[8] Rn 3; grundsätzlich gegen eine „Relativierung" von Unwirksamkeitsfolgen Häsemeyer, in: FS Ulmer [2003] 1097). Heute wird mit Recht zunehmend daran gezweifelt, ob die für die Gesamtnichtigkeit sprechende Vermutung des § 139 BGB überzeugend ist (H-H Seiler, in: FS Kaser [1976] 127, 147; Medicus/Petersen, AT[11] Rn 510; MünchKomm/Busche[8] Rn 2). Die Entscheidung zwischen Totalnichtigkeit und Teilnichtigkeit lässt sich gleichwohl nicht hinreichend deutlich durch das Zusammenspiel von Generalprävention einerseits und Verhältnismäßigkeitsgrundsatz andererseits begründen (anders die Konzeption von Canaris, in: FS Steindorff [1990] 519, 567 ff; ders DB 2002, 930 ff). Auch scheint die in

den Mittelpunkt gestellte „subjektive Komponente" als allzu unscharf (gegen CANARIS auch KRAMPE AcP 194 [1994] 1, 34). KRAMPE verfolgt freilich keinen eigenen Ansatz und gibt sich weitgehend mit den vielfach widersprüchlich entschiedenen Fallgruppen der höchstrichterlichen Rspr zufrieden. Gänzlich unhaltbar ist es, dass er eine „gut kalkulierbare Aufrechterhaltungsrechtsprechung" nicht einmal für wünschenswert hält (KRAMPE AcP 194 [1994] 1, 41). Entgegengesetzt zu der hier verfolgten Tendenz wird nur noch vereinzelt einer **Totalnichtigkeit** das Wort geredet (insbes ZIMMERMANN 199 ff; HÄSEMEYER, in: FS Ulmer [2003] 1097). Vorzugswürdig ist es entgegen der hL, wenn durchgängig **geltungserhaltende Reduktion** iSe offenen Rechtsprinzips angenommen wird, wonach übermäßige Rechtsfolgen zur Vermeidung der Totalnichtigkeit durch richterliche Abmilderung vermieden werden (H ROTH JZ 1989, 411 ff; J HAGER 419 ff; UFFMANN 267 ff; sehr kritisch freilich DEDUAL 97: „kein tauglicher Rechtsbegriff" [zum schweizerischen Recht]; **aA** vor allem die Rspr zu sittenwidrigen Rechtsgeschäften, BGH NJW 2001, 815, 817; OLG Stuttgart NJW 2002, 1431 [Mandantenschutzklausel]; als ständige Rspr bezeichnet wieder jüngst durch BGHZ 199, 281 Rn 27 zu AGB: sprachlich nicht teilbare Klauseln]; dazu RÖMERMANN NJW 2002, 1399; aus der Lit vor allem ZIMMERMANN 199 ff; BÜRGE 124; KRAMPE AcP 194 [1994] 1, 41; KULKE ZIP 2001, 985, 993). Doch geht es dabei in erster Linie um die Reichweite des durch die §§ 134, 138 BGB sowie durch sonstiges zwingendes Recht zu verwirklichenden Interessenschutzes (insoweit zust KULKE ZIP 2001, 985, 991 Fn 74; speziell zu personalistisch orientierten Schutzzwecken BECKMANN 215 ff; dazu u Rn 13 ff und im Schwerpunkt STAUDINGER/SACK/SEIBL [2017] § 134 Rn 89 ff und STAUDINGER/SACK/FISCHINGER [2017] § 138 Rn 176 ff). § 139 BGB enthält der Sache nach eine ähnliche Einschränkung, wie sie sich in § 134 BGB ausdrücklich ausgesprochen findet (HÖNN AcP 183 [1983] 368). Die **Rechtserhaltung** wird zunehmend auch im öffentlichen Recht als leitender Rechtsgedanke anerkannt (grundlegend HOPPE DVBl 1996, 12 ff). Im Bereich der **Wirksamkeitskontrolle von Eheverträgen** geht die Rspr allerdings regelmäßig der Tendenz des § 139 BGB folgend von Gesamtnichtigkeit aus (BGH NJW 2013, 457 Rn 31; FamRZ 2005, 1444, 1447 li Sp; OLG München FamRZ 2006, 1449, 1450; OLG Düsseldorf NJW-RR 2005, 1, 3 mit Anm GRZIWOTZ FamRB 2004, 381; SANDERS FF 2004, 249; anders OLG Frankfurt NJW-RR 2005, 1597, 1598 [Vereinbarung der Gütertrennung trotz nichtigen Ausschlusses des Unterhalts] mit zust Anm GRZIWOTZ FamRB 2005, 318; u Rn 88).

Der dargestellten **Subsidiarität** des § 139 BGB hat auch der Aufbau der vorliegenden 4
Kommentierung Rechnung zu tragen. Deshalb müssen die **speziellen Regelungen**, die den § 139 BGB verdrängen, an der Spitze der Darstellung und nicht an ihrem Ende stehen. Zunächst geht es um abweichende gesetzliche Regelungen (u Rn 5 ff) sowie um einzelne zwingende schutzgesetzliche Normen (u Rn 13 ff). Verdrängt wird § 139 BGB nach dem Gesagten auch dann, wenn Sinn und Zweck von gesetzlichen Regelungen ohne Rücksicht auf einen hypothetischen Parteiwillen das übrige Rechtsgeschäft aufrechterhalten wollen (u Rn 17). Es treten noch weitere Einschränkungen des Anwendungsbereichs der Norm hinzu (u Rn 18 ff). In der Vermutungswirkung umgekehrt wird § 139 BGB auch durch abweichende privatautonome Regelungen, da § 139 BGB selbst Ausdruck der Privatautonomie ist (o Rn 1). Zu nennen ist in erster Linie die Vereinbarung von **salvatorischen Klauseln** (u Rn 22). Dazu kommt die Anwendung einer geltungserhaltend wirkenden **ergänzenden Vertragsauslegung** (u Rn 25). Nach dem Befund der Rspr kann im Ergebnis ohne Weiteres von einer Wiederkehr nicht überwundener **gemeinrechtlicher Vorstellungen** gesprochen werden (MAYER-MALY, in: GS Gschnitzer [1969] 265, 282).

III. Abweichende gesetzliche Regelungen

1. Regelungsmöglichkeiten

5 Der Gesetzgeber kann im Falle der bloßen Teilnichtigkeit eines Rechtsgeschäfts für das Schicksal des gesamten Rechtsgeschäfts verschiedene **Modellvorstellungen** verwirklichen (Medicus/Petersen, AT[11] Rn 497 ff). Mit der Regelung des § 139 BGB wird im Zweifel **Totalnichtigkeit** angeordnet: Ist ein Teil des Rechtsgeschäfts nichtig, so ergibt sich daraus auch die Nichtigkeit des von der Teilnichtigkeit an sich nicht betroffenen Restes (u Rn 74 ff).

6 Umgekehrt kann im Zweifelsfall die Teilnichtigkeit einer Regelung an der **Gültigkeit des Vertragsrestes** nichts ändern wollen. Es gilt dann das übrige Rechtsgeschäft ohne den unwirksamen Teil. Diese Regelung ist für das **Erbrecht** gewählt worden („favor testamenti"). Zu nennen sind die §§ 2085 (Testament), 2195 (Auflage) und § 2279 Abs 1 BGB (Erbvertrag). Bezogen auf das Gesamtrechtsgeschäft liegt hier bereits eine **Inhaltsänderung** vor. Zwar fällt (bei Teilbarkeit, dazu BayObLG FGPrax 2004, 38, 39) der unwirksame Teil ersatzlos weg. Doch handelt es sich dann bei dem aufrechterhaltenen Rechtsgeschäft nicht mehr um dasjenige, das der Erblasser mit seiner ursprünglichen Regelung angestrebt hat (zur Abgrenzung des § 2085 von § 139 etwa OLG Hamburg IPRspr 2003 Nr 98, 281, 284 [Wahl des Erbstatuts]; OLG Hamm JMBlNRW 1964, 272, 273; BGB-RGRK/Krüger-Nieland/Zöller[12] Rn 23 mwNw; Krebber DNotZ 2003, 20, 35). Die wohl hL wendet § 139 BGB an, wenn die Unwirksamkeit nicht eine von mehreren Verfügungen, sondern einen Teil einer einheitlichen, aber teilbaren, Verfügung betrifft (OLG Hamburg IPRspr 2003 Nr 98, 281, 284; **aA** Palandt/Weidlich[79] § 2085 Rn 5). Auch im **Versicherungsvertragsrecht** bringt § 29 VVG zum Ausdruck, dass für ein einheitliches Versicherungsverhältnis bei Teilrücktritt oder Teilkündigung der Vertrag so weit wie möglich aufrechterhalten werden soll (zum alten Recht OLGR Karlsruhe 2006, 918, 920). Doch ist § 29 VVG wegen § 194 Abs 1 S 2 VVG auf die Krankenversicherung nicht anwendbar. Wird gegen das **Koppelungsverbot** des Art 10 § 3 MRVerbG verstoßen, so bleibt die Verpflichtung zum Grundstückserwerb entgegen der Tendenz des § 139 BGB grundsätzlich wirksam. Art 10 § 3 MRVerbG ist lex specialis zu § 139 BGB (OLG Hamm 16. 12. 2005 – 34 U 44/05 juris Rn 57; unten Rn 12).

7 Eine noch weiterreichende Möglichkeit der Aufrechterhaltung kennt für das **Recht der AGB** die Norm des § 306 Abs 2 BGB. Nicht nur ordnet § 306 Abs 1 BGB unabhängig von einem hypothetischen Parteiwillen die Gültigkeit des Vertragsrestes an. Vielmehr fällt die teilnichtige Regelung darüber noch hinausreichend nicht einfach ersatzlos weg (o Rn 6). Vielmehr treten an deren Stelle die gesetzlichen Vorschriften. Das gemeinte **dispositive Gesetzesrecht** bedeutet eine noch weitergehende Änderung des Geschäftsinhaltes als schon erwähnt (o Rn 6). Zudem kann auch im Bereich des § 306 Abs 2 BGB eine weitgehende Nähe zur Privatautonomie erreicht werden, wenn der nichtige Vertragsteil ausnahmsweise nach dem hypothetischen Parteiwillen im Wege der **ergänzenden Vertragsauslegung** vervollständigt wird, weil kein dispositives Gesetzesrecht zur Verfügung steht (BGHZ 90, 69 [Tagespreisklausel]; BAG NZA 2009, 666 [zu lange Bindungsdauer einer Rückzahlungsklausel]; Kähler 194 f). Dann ist durch ergänzende Vertragsauslegung festzustellen, was die Vertragsparteien vereinbart hätten, wenn ihnen die sich aus § 306 Abs 1 BGB ergebende Unwirksamkeit der Klausel bekannt gewesen wäre (BAG NZA 2009, 666, 669). In diesen Fällen wird

der gültige Vertragsrest wegen § 306 Abs 1 BGB durch das Gesetz aufrechterhalten und der unwirksame Vertragsteil nach § 306 Abs 2 BGB aufgrund des vermuteten Parteiwillens ergänzt. In seinem Anwendungsbereich genießt **§ 306 BGB den Vorrang** vor § 139 BGB (BGH WuM 2008, 340, 343; NJW 2007, 3568 Rn 12 zu § 306 Abs 3; ZOLLER WuB I F 4 – Sicherungsabtretung 3.93 zu BGH NJW 1993, 1640; PRASSE ZGS 2004, 141; offen gelassen von BGH NJW 1995, 722, 724).

2. Bewertung

In § 306 BGB hat sich das durch § 139 BGB abgelehnte gemeinrechtliche Prinzip 8
„utile per inutile non vitiatur" (o Rn 1, 4) in der modernen Gesetzgebung wieder Durchbruch verschafft. Die Abkehr des § 306 Abs 1 BGB von der Privatautonomie (o Rn 7) erklärt sich daraus, dass die Norm dem Kunden auch bei der Beanstandung unangemessener Klauseln den Vertrag erhalten will, selbst wenn der Verwender der allgemeinen Geschäftsbedingungen nach seinem Willen den Vertrag ohne die unwirksamen Klauseln nicht abgeschlossen hätte. Diese Motivation fällt im Bereich der allgemeinen Rechtsgeschäftslehre weg, sodass über die Totalnichtigkeit aufgrund eines hypothetischen Parteiwillens entschieden werden kann. Sachgerecht ist zudem die Umkehr der Vermutungsrichtung gegenüber der in § 139 BGB ausgedrückten Tendenz (o Rn 3). Der Wertung des § 139 BGB überlegen ist nach dem Vorbild des § 306 Abs 2 BGB auch die Bevorzugung der Ersetzung des nichtigen Vertragsteils durch dispositives Gesetzesrecht oder durch eine am hypothetischen Parteiwillen orientierte **ergänzende Vertragsauslegung** (iE auch BÖHME 49). Vergleichbar wird von der Rspr auch im eigentlichen Anwendungsbereich des § 139 BGB verfahren: So hatten die Parteien eines Mietvertrages eine genehmigungsbedürftige, aber nicht genehmigungsfähige **Wertsicherungsklausel** vereinbart (BGHZ 63, 132; ferner BGH WM 1993, 1759, 1760), wobei jedenfalls eine der Vertragsparteien die Mietverträge ohne Wertsicherungsklausel nicht geschlossen hätte. Die Regel des § 139 BGB schien daher die Unwirksamkeit des Gesamtvertrages nahezulegen. Demgegenüber hatte der BGH durch eine ergänzende Vertragsauslegung bereits die durch § 139 BGB vorausgesetzte Teilnichtigkeit des Vertrages vermieden (zust K SCHMIDT JuS 1975, 118; BRAXMAIER LM § 3 WährG Nr 26; MünchKomm/BUSCHE[8] Rn 32, 33; für § 140 dagegen OEPEN 44). Danach hätten die Parteien, um den Vertrag wirksam abschließen und durchführen zu können, eine genehmigungsfreie Wertsicherungsklausel vereinbart. Diese gelte dann von Anfang an (BGHZ 63, 132, 136; u Rn 25). Die Entscheidung ist weiterhin von Bedeutung, weil für die Nachfolgeregelung des aufgehobenen § 3 WährG (und § 2 PaPkG), den am 2007 in Kraft getretenen § 1 PreisklauselG (mit Abschaffung des Genehmigungsverfahrens), weitgehend die gleichen Grundsätze gelten sollten (dazu VOGLER NJW 1999, 1236; MEDICUS/LORENZ, Schuldrecht I[21] Rn 195; zweifelnd wegen § 8 PreisklauselG aber HELLNER/ROUSSEAU NZM 2009, 301, 307; BECKER/HECHT ITRB 2008, 251, 253: Unwirksamkeit der betreffenden Preisklausel; zur Kautelarjurisprudenz REUL MittBayNot 2007, 445, 450). Der BGH geht weiter mit Recht davon aus, dass für die Anwendung des § 139 BGB von vornherein kein Raum und der Vertrag insgesamt wirksam sei. Der Sache nach bedeutet das eine **Änderung des Geschäftsinhalts**, wie sie sonst nur in § 306 BGB für den Bereich des Sonderprivatrechts vorgesehen ist (o Rn 7). Da der hypothetische Parteiwille das Zentrum des § 139 BGB bildet (u Rn 75 ff) und die Norm überdies dispositiv ist (u Rn 22), liegt in der Entscheidung kein Verstoß gegen § 139 (u Rn 61). In Fortführung dieser Gedanken lässt sich sagen, dass § 306 BGB einen verallgemeinerungsfähigen Rechtsgedanken für das allgemeine Privatrecht

enthält (Canaris, in: FS Steindorff [1990] 519, 539). Bisweilen wird auch § 139 BGB mit den Grundsätzen der ergänzenden Vertragsauslegung vermengt. So wurde die mit einer **Gratifikationszusage** verbundene unzulässige Bindungsdauer unter Anwendung beider Institute auf das zulässige Maß zurückgeführt (LAG Köln MDR 2001, 1000). Einen Fall der ergänzenden Vertragsauslegung betraf wohl auch die wegen § 296 Abs 1 S 2 AktG unzulässige rückwirkende Aufhebung eines **aktienrechtlichen Unternehmensvertrages**. Hier hätten die Parteien bei Kenntnis der Teilnichtigkeit eine Aufhebung des Vertrages zum nächstmöglichen Zeitpunkt vereinbart (BGH ZIP 2002, 35, 36; für ergänzende Vertragsauslegung auch LG Berlin WuW/E 2006, DE-R 1664, 1671 [Trassenpreissystem der Bahn AG]).

3. Weitere Sonderregelungen

a) Wahlschuld

9 Für den Bereich der **Wahlschuld** wird § 139 BGB durch die Sonderregelung des § 265 BGB verdrängt. Ohne Rücksicht auf den hypothetischen Parteiwillen beschränkt sich das Schuldverhältnis auf die übrigen Leistungen, wenn eine der Leistungen unmöglich ist (dazu vTuhr, AT II 1 S 286). Der wahlberechtigte Schuldner kann sich dann nicht mehr durch die Wahl der unmöglichen Leistung seiner Leistungspflicht entledigen.

b) Mietrecht

10 Im Mietrecht scheidet die Anwendbarkeit des § 139 BGB bei einem Mietvertrag für länger als ein Jahr im Anwendungsbereich des § 550 BGB aus, wenn er nur mündlich geschlossen wird. Der Vertrag gilt als für **unbestimmte Zeit** geschlossen, auch wenn dieses Ergebnis nicht dem hypothetischen Willen der Parteien entspricht (vTuhr, AT II 1 S 286 mNw der Gegenauffassung; dazu BGH NJW 2007, 3202, 3203; D Klimke WuM 2010, 8, 10; Lindner-Figura NZM 2007, 705, 713). Vergleichbar liegt es für Mietverhältnisse auf bestimmte Zeit, welche die Voraussetzungen von § 575 Abs 1 S 1 BGB nicht erfüllen. Sie sind nicht nach § 139 BGB total unwirksam, sondern sie gelten nach § 575 Abs 1 S 2 BGB als auf unbestimmte Zeit geschlossen (dazu Hinz WuM 2009, 79, 80 mit weiteren Fallgruppen).

c) Kapitalgesellschaften

11 Im Recht der **AG** und der **GmbH** beschränken § 275 AktG und § 75 GmbHG die Nichtigkeitsfolgen eines Gesellschaftsvertrages. Dort kann die Klage auf Nichtigkeit einer Kapitalgesellschaft nur in den aufgeführten bestimmten Fällen auf die Unwirksamkeit von **Satzungsbestimmungen** gestützt werden. Aus diesen Regelungen geht hervor, dass eine Anwendung des § 139 BGB bei Nichtigkeit anderer Satzungsbestimmungen ausgeschlossen ist (RGZ 73, 431; Soergel/Hefermehl[13] Rn 59; zum Normcharakter von Satzungsbestimmungen u Rn 19; Sommer/Weitbrecht GmbH-Rdsch 1991, 449, 450 [zur GmbH]).

d) Sonstiges

12 Nach Art 10 § 3 S 2 MRVerbG bleibt die Wirksamkeit des auf den Erwerb des Grundstücks gerichteten Vertrages von der Nichtigkeit des mit dem **Architekten** geschlossenen Vertrages unberührt **(Koppelungsverbot)**. Im Rahmen des § 139 BGB ist also der Wille des Verkäufers zur Koppelung beider Geschäfte unbeachtlich (dazu Palandt/Sprau[79] § 631 Rn 2). Dagegen findet § 139 BGB Anwendung, soweit andere

Koppelungsverträge, wie Bauwerksverträge, betroffen sind (KG Schäfer/Finnern/Hochstein Art 10 § 3 MRVG Nr 8). **Sorgeerklärungen** unterfallen wegen § 1626e nicht dem § 139 BGB und werden nicht unwirksam, weil in einem notariellen Vertrag auch unwirksame Vereinbarungen beurkundet wurden (OLG Düsseldorf FamRZ 2008, 1552 f). Ferner ist im **Verbraucherdarlehensvertrag** § 494 Abs 1 BGB lex specialis zu § 139 BGB (Timmann BB Beilage 2003, Nr 6, 32). Im **Insolvenzplanverfahren** ist für § 139 kein Raum, da es entweder zur Zurückweisung des gesamten Plans nach § 231 Abs 1 Nr 1 InsO oder zur Versagung der Bestätigung nach § 250 Nr 1 InsO kommt (BGH 7. 5. 2015 – IX ZB 75/14, NJW 2015, 2660 Rn 27). Schließlich kann sich die Gesamtunwirksamkeit von arbeitsrechtlichen Ausschlussklauseln auch aus dem **Transparenzgebot** des § 307 Abs 1 S 2 BGB ergeben (Rspr bei Lingemann/Chakrabarti NJW 2019, 978 ff).

IV. Zwingende schutzgesetzliche Normen

Einzelne schutzgesetzliche Regelungen mit **zwingendem Charakter** ersetzen die gegen sie verstoßenden Teile des Rechtsgeschäfts, indem sie an deren Stelle treten. Sie bilden dann die „richtige" Regelung und schließen überdies Totalnichtigkeit aus (Flume, AT II 576 f). Damit wird für die allgemeine Rechtsgeschäftslehre für das zwingende Recht im Ergebnis eine vergleichbare Technik verfolgt, wie sie § 306 Abs 2 BGB im Sonderprivatrecht der allgemeinen Geschäftsbedingungen für das dispositive Recht kennt (o Rn 7). Dem durch das Gesetz geschützten Vertragsteil wird der Vertrag unter Abänderung seines Inhaltes erhalten. Anders als bei § 139 BGB kommt es nicht auf einen abweichenden (hypothetischen) Parteiwillen an. § 139 BGB ist damit im Ergebnis ausgeschaltet (dazu NK-BGB/Faust[3] Rn 52; Beckmann 221 ff; Kähler 197). Dem Schwerpunkt nach handelt es sich um Schutznormen aus dem **Miet-, Arbeits- und Dienstvertragsrecht** (u Rn 15). Vergleichbar liegt es, wenn das Gesetz sonst die Wirksamkeit rechtsgeschäftlicher Regelungen beschränkt (sogleich u Rn 14). Nicht dazu gehören **familiengerichtliche Genehmigungserfordernisse** nach § 1822 BGB. So bleibt § 139 BGB jedenfalls für Volljährige anwendbar, wenn etwa eine erforderliche Genehmigung einer Absprache auf Übertragung von Gesellschaftsanteilen unwirksam war und die Wirksamkeit eines nicht genehmigungsbedürftigen Kooperationsvertrages in Frage steht (BGH DNotZ 2004, 152, 154 mit Anm Geisler jurisPR-BGHZivilR 6/2003 Anm 4; Damrau ZEV 2003, 377). 13

1. Arglistiges Verschweigen von Mängeln ua

Nach einer Reihe von Vorschriften (§§ 444, 536d, 639 BGB) wird der vertragliche **Ausschluss der Gewährleistung** ua für nichtig erklärt, wenn der betreffende Mangel **arglistig verschwiegen** wird. In diesen Fällen tritt an die Stelle der nichtigen die gesetzliche Regelung (RGZ 62, 122 [zu § 476]; BGB-RGRK/Krüger-Nieland/Zöller[12] Rn 6; Flume, AT II 576; dagegen André 36 ff). Diese Vorschriften bezwecken den Schutz eines Vertragsteiles vor bestimmten Vertragsklauseln, wollen ihm den Vertrag aber im Übrigen erhalten. In vergleichbarer Weise kann ein umfassender individualvertraglicher gegen § 276 Abs 2 BGB aF (§ 276 Abs 3 BGB) verstoßender **Haftungsausschluss** für grobe und leichte Fahrlässigkeit wirksam bleiben (Flume, AT II 577; für § 139 BGB allerdings OLG Köln NJW-RR 2001, 1302). Für die **Verjährung** gilt § 202 BGB (dazu BAG NJW 2006, 795; AP § 310 BGB Nr 1 mit Anm Preis/Franz; AP § 307 BGB Nr 7 mit Anm Benecke [jeweils zu Ausschlussklauseln]). Außerhalb dessen wird eine unwirksame ver- 14 jährungserleichternde Einzelabrede in einem Rechtsberatervertrag diesen nach § 139 BGB nicht unwirksam machen (Zugehör ZAP Fach 23, 739, 762).

2. Miet-, Arbeits- und Dienstvertragsrecht

15 § 139 BGB ist im Bereich der **Abdingungsverbote** nicht anwendbar. Auf den genannten Gebieten tritt das **zwingende Gesetzesrecht** an die Stelle des teilnichtigen Geschäfts. Zu nennen sind vor allem die Normen der §§ 547 Abs 2, 551 Abs 4 (BGH NJW 2004, 3045, 3046), 553 Abs 3, 554 Abs 5, 555, 556a Abs 3, 556b Abs 2 S 2, 557 Abs 4, 557a Abs 4 (BGH WuM 2006, 445), 557b Abs 4, 558 Abs 6, 571 Abs 3, 573c Abs 4, 574 Abs 4 (dazu Lehmann-Richter WuM 2010, 3), §§ 612a, 619 BGB (vTuhr, AT II 1 S 286); §§ 74 ff HGB (nachvertragliches Wettbewerbsverbot für Handlungsgehilfen); 86a ff HGB, insbes § 89 HGB (BGHZ 40, 235, 239). Auf einen abweichenden Parteiwillen kommt es nicht an. Der Sache nach handelt es sich um eine teleologische Reduktion des § 139 BGB (M Wolf/Neuner, AT[11] § 56 Rn 4 f). Für den Bereich des **Arbeitsrechts** gilt der Grundsatz, dass das Arbeitsverhältnis bestehen bleibt, die nichtige Einzelbestimmung entfällt und an ihre Stelle die gesetzliche Regelung tritt (RGZ 146, 119; BAG NJW 1957, 1688 [Zölibatsklausel]; BGB-RGRK/Krüger-Nieland/Zöller[12] Rn 43; Steinbeck DStR 2003, 940, 942; anders etwa für die Exportkontrolle Deinert AuR 2003, 168). Ist eine Abrede nichtig, wonach eine *Anwesenheitsprämie* nicht weiter gezahlt werden soll, so wird die Wirksamkeit der Prämienzusage im Übrigen nicht berührt (BAG NJW 1979, 2119). Ebenso liegt es etwa für das Schutzgesetz des § 5 Abs 1 BBiG, da dem Auszubildenden nicht das Recht auf Weiterbeschäftigung genommen werden darf. Das entspricht der Regel des allgemeinen Zivilrechts, wonach die Anwendung einer Schutznorm nicht durch die Anwendung des § 139 BGB zum **Nachteil** desjenigen ausschlagen soll, der durch die Norm geschützt wird (BAG BB 1975, 883; AP § 5 BBiG Nr 1 im Anschluss an BGHZ 40, 235, 239; Steinbeck DStR 2003, 940, 942). **Im Tarifvertragsrecht** wird die beanstandete Regelung auf das unbedingt gebotene Maß zurückgeführt, ohne dass das Verbot der geltungserhaltenden Reduktion eingreift (BGHZ 174, 127 Rn 147). Vergleichbares gilt, wenn der **Mieter** in einem Räumungsvergleich einen (nichtigen) Verzicht auf Mieterschutz erklärt (BGH MDR 1968, 43). Bei Verstößen gegen § 10 MHRG (jetzt § 557 Abs 4 BGB) bleibt der Mietvertrag unter Wegfall der nichtigen Bestimmung im Übrigen wirksam (Einzelheiten bei OLG Koblenz OLGZ 1981, 459 [Wertsicherungsklausel]; OLG Schleswig OLGZ 1981, 375 [Vergleichsmiete bei vereinbarter Staffelmiete]; OLG Celle OLGZ 1982, 219 [Wertsicherungsklausel]). Auch wurde ein **Dienstvertrag** trotz eines nichtigen Wettbewerbsverbotes aufrechterhalten (RGZ 146, 116 ff).

3. Sonderprivatrechte ua

16 Der Vorrang der Teilnichtigkeit vor der Totalnichtigkeit gilt auch bei Verstößen gegen zwingende **verbraucherschutzrechtliche Vorschriften** wie zB im Falle von § 312g BGB (Ulmer, in: FS Steindorff [1990] 799, 804) oder der §§ 487, 506, 651m BGB. § 494 Abs 1 BGB (früher § 6 Abs 1 VerbrKrG) enthält eine Sondervorschrift zu § 139 BGB. Das gilt auch für § 494 Abs 2 S 2 BGB (früher § 6 Abs 2 S 2 VerbrKrG), wonach der Verbraucher einen günstigeren Zinssatz erhält als er hoffen durfte. Letztlich läuft das auf eine geltungserhaltende Reduktion hinaus. Auch nach § 475 Abs 1 BGB (§§ 478 Abs 4, 639 BGB) soll anders als nach § 139 BGB nicht im Zweifel der gesamte Vertrag nichtig sein. Vielmehr ist er ohne die dem Verbraucher

nachteilige Vereinbarung gültig (MEDICUS/LORENZ, SchuldR II[18] Rn 237; FAUST, AT[6] § 12 Rn 3; zur Gesetzgebungstechnik NK-BGB/FAUST[3] Rn 5, 52).

V. Gesetzliche Verbote (§ 134)

Die **Subsidiarität** des § 139 BGB (o Rn 3) zeigt sich am deutlichsten bei Verstößen gegen Schutzgesetze iSd § 134 BGB (MAYER-MALY, in: Gedschr Gschnitzer [1969] 265, 277 ff). Danach ist ein Rechtsgeschäft, das gegen ein gesetzliches Verbot verstößt, nichtig, „wenn sich nicht aus dem Gesetz ein anderes ergibt". Über die Aufrechterhaltung des Rechtsgeschäfts entscheidet hier nicht der hypothetische Parteiwille (u Rn 75 ff), sondern der **Schutzzweck des betreffenden Verbotsgesetzes** (BGH NJW 2010, 1364 [Honorarvereinbarung mit Verteidiger]; ZIP 2003, 165, 167 [Nichtigkeit der Vollmacht bei nichtigem Treuhandvertrag wegen unerlaubter Rechtsbesorgung]; ausführlich H ROTH JZ 1989, 411, 413; DAMM JZ 1986, 913, 914 f; H-H SEILER, in: Gedschr W Martens [1987] 719, 732; BECKMANN 221 ff; ULRICI JuS 2005, 1073, 2074; unrichtig MARKERT WRP 2003, 356, 368 mit der Behauptung, § 139 gelte auch für § 134; o Rn 3). In diesem Bereich zeichnet sich die Tendenz ab, Rechtsgeschäfte soweit als möglich **aufrechtzuerhalten** (BGHZ 199, 19 Rn 22 [Pfandfreistellungsverpflichtungserklärung]; BGH NJW 2014, 2653 Rn 14 unter Aufgabe von BGH NJW 2009, 3297 Rn 17 [Vereinbarung eines unzulässigen Erfolgshonorars nach § 49b Abs 2 BRAO aF]; ZIP 2003, 165, 167; MünchKomm/ARMBRÜSTER[8] § 134 Rn 103 ff, 106 [aber für Gesamtnichtigkeit in Zweifelsfällen]; KRAMPE AcP 194 [1994] 1, 28 ff). So soll eine wegen Verstoßes gegen § 4a Abs 1, 2 RVG unzulässige Vereinbarung eines **Erfolgshonorars** nicht Nichtigkeit zur Folge haben, sondern auch im Erfolgsfall nur zur Deckelung der vereinbarten Vergütung auf die gesetzliche Vergütung führen (BGH NJW 2014, 2653 Rn 14 ff). Wenn die gesetzliche Gebühr höher ist, kann nur die vereinbarte Vergütung verlangt werden. Ein unwirksam vereinbartes **anwaltliches Erfolgshonorar** führt auch nicht zur Unwirksamkeit des ganzen Anwaltsvertrags (BGHZ 18, 340, 349; BGH NJW 2010, 1364 Rn 29; BB 1962, 2 [LS]; MADERT AGS 2005, 536, 537). Auch kommt es im Falle des **Mietwuchers** mit einem Verstoß gegen § 5 WiStG zu einer geltungserhaltenden Reduktion des überhöhten auf den ortsüblichen Mietzins (H ROTH JZ 1989, 411, 413; J HAGER JuS 1985, 264; CANARIS, in: FS Steindorff [1990] 519, 529 f [„halbseitige Teilnichtigkeit"]; OLG Stuttgart NJW 1981, 2365 mit zu Unrecht **abl** Anm ZIMMERMANN JR 1982, 96; OLG Karlsruhe NJW 1982, 1161 [zust KOHTE NJW 1982, 2803; FINGER ZMR 1983, 37 ff]; **aA** BGHZ 89, 316, 320 ff [mit dem Gesetz noch vereinbarer Betrag]; zur Teilnichtigkeit eines Staffelmietvertrages OLG Hamburg MDR 1999, 669). Damit bleiben dem Mieter die Ansprüche aus dem weiterbestehenden Mietvertrag erhalten. § 134 HS 2 BGB ermöglicht Teilnichtigkeit iSd Herabsetzung einer übermäßigen Pflicht. Nicht etwa ist im Rahmen dieser Norm lediglich die Alternative zwischen Nichtigkeit und Nicht-Nichtigkeit eröffnet (H ROTH ZHR 153 [1989] 423, 434; **aA** ZIMMERMANN 113 f). Ausschlaggebend für die genannte Rechtsfolge ist jeweils die **Auslegung des betreffenden Verbotsgesetzes** und nicht das Abstellen auf den hypothetischen Parteiwillen. Einzelheiten gehören daher zu den Erl zu § 134 BGB (STAUDINGER/SACK/SEIBL [2017] § 134 Rn 57 ff; auch STAUDINGER/SACK/FISCHINGER [2017] § 138 Rn 158 ff). Insbes führen auch sonstige **Preisverstöße** nicht zur Gesamtnichtigkeit des Rechtsgeschäfts. Dieses bleibt vielmehr mit dem zulässigen Preis aufrechterhalten (allgM, BGH NJW 2010, 1364 Rn 29 [unwirksame Vergütungsabrede mit Verteidiger: gesetzliche Gebührenregelung]; 2009, 835 Rn 30 [gesetzlich zulässiger Höchstsatz; üblicher Einheitspreis nach § 632 Abs 2]; 2008, 55; LG Berlin WuW/E DE-R 1664, 1670 [Trassenpreissystem 1998 der Bahn AG]; OLG Saarbrücken NJW-RR 2006, 1218, 1221 [schriftliche Honorarvereinbarung mit einem Rechtsanwalt]; weitere Bsp bei PALANDT/ELLENBERGER[79] § 134 Rn 26, 27; 17

Soergel/Hefermehl[13] Rn 53; Zagouras MMR 2005, 80 [zu § 43b Abs 3 TKG]). Nach dem Gesagten führt auch eine nichtige **Wertsicherungsklausel** über eine Wohnungsmiete nicht zur Gesamtnichtigkeit des Mietvertrages. Zu beachten ist der Schutzzweck der §§ 557, 557a BGB (früher § 10 MHRG aF) (OLG Celle OLGZ 1982, 219, 220; o Rn 8 zu BGHZ 63, 132). Die Nichtigkeit von *Abschlagszahlungsvereinbarungen* (§ 3 Abs 2 MaBV) führt nicht zur Nichtigkeit der übrigen vertraglichen Vereinbarungen (BGH JZ 2001, 1182 mit Anm Tiedtke; OLG Naumburg NJW-RR 2010, 1323, 1326; allgemeiner Drasdo NJW 2007, 2741, 2743). Verstößt eine Gemeinde gegen ihre Verpflichtung zur Beteiligung an den *Erschließungskosten* nach § 129 BBauG, so ist nur der Ausschluss der Selbstbeteiligung nichtig. Im Übrigen ist nach dem Zweck des § 129 BBauG (BauGB) der Vertrag wirksam. Die Anwendung des § 139 BGB ist ausgeschlossen (BGH NJW 1976, 415). Auch macht ein unwirksam vereinbarter *Baukostenzuschuss* nicht den gesamten Mietvertrag nichtig (LG Hamburg WuM 1965, 103). Bei einem Verstoß gegen § 22 Abs 3 GüKG aF wurde der einzelne *Beförderungsvertrag* zu den tarifmäßigen Bedingungen aufrechterhalten (dazu BGH MDR 1969, 731). Der unwirksame Vertragsteil wirkt in diesem Falle also zugunsten des durch die Unwirksamkeitsnorm Geschützten. Es kommt zu einer **Vertragsänderung** (auch o Rn 8). In vergleichbarer Weise gebietet der Schutzzweck von § 15 GWB aF keine Gesamtnichtigkeit des Rechtsgeschäfts (BGH NJW 1994, 1651, 1653 [Pronuptia II; zust J F Baur RdE 1997, 41, 44; zu einem anderen Verständnis der salvatorischen Klausel jetzt aber BGH NJW 2003, 347; u Rn 22). Im Gegenteil kann ohne die unzulässigen Abreden sogar ein wettbewerbsfördernder Effekt eintreten (zur Problematik der salvatorischen Klausel u Rn 22). Das bedeutet in der Sache eine Absage an generalpräventive Überlegungen im Bereich des **Kartellrechts** (entgegen der Tendenz von Steindorff, in: FS Hefermehl [1971] 177 ff). Doch wurde im Falle eines bestehenden *Stromlieferungsvertrages* mit einem Verteilerunternehmen bei wegen § 1 GWB nichtiger Gesamtbezugsverpflichtung und Kundenschutzklausel trotz salvatorischer Klausel Gesamtnichtigkeit angenommen (LG Mannheim BB 1999, 1082; **aA** Rottnauer BB 1999, 2145, 2150 ff; Streitstand bei Markert WRP 2003, 356, 367). Mit Aufhebung des § 103 GWB aF wurde § 1 GWB auch auf vorher geschlossene Verträge in vollem Umfang angewendet und gleichfalls trotz salvatorischer Klausel Totalunwirksamkeit angenommen (OLG Düsseldorf DB 2002, 943; dagegen mit Recht Canaris DB 2002, 930). Hier hätte mit **geltungserhaltender Reduktion** geholfen werden können (insoweit **aA** Canaris DB 2002, 930, 933). Bei einem Verstoß gegen das **passive Diskriminierungsverbot** des § 20 Abs 3 GWB ist lediglich die betreffende Klausel nichtig und der restliche Vertrag bleibt wirksam (Säcker/Mohr WRP 2010, 1, 24).

VI. Normen und normähnliche Regelungen

1. Gesetze; Bebauungspläne

18 § 139 BGB ist unanwendbar auf **Normen und normähnliche Regelungen**, auch soweit diese durch Rechtsgeschäft geschaffen worden sind (u Rn 20). Bei Gesetzen führt die Nichtigkeit einzelner Vorschriften in der Regel daher nicht zur Nichtigkeit des ganzen Gesetzes (BVerfGE 8, 301 gegen BVerwGE 4, 24). Gesamtnichtigkeit ist nur ausnahmsweise anzunehmen, wenn die verbleibenden Bestimmungen keine selbstständige Bedeutung haben (heute wohl hL, BAG VersR 2003, 526, 529; MünchKomm/Busche[8] Rn 5; Soergel/Hefermehl[13] Rn 14). § 139 BGB findet nach richtiger Auffassung auch auf **Bebauungspläne** keine Anwendung. Diese bleiben im Übrigen wirksam, soweit

sie trotz bestehender Teilnichtigkeit eine sinnvolle städtebauliche Ordnung enthalten (BVerwG NVwZ 1990, 160). Bei *fehlender Abtrennbarkeit* kommt es zur Nichtigkeit des gesamten Bebauungsplanes (BVerwG ZfBR 1993, 238, 239). Deshalb führt die Nichtigkeit einzelner Festsetzungen eines Bebauungsplanes immer dann zur Gesamtnichtigkeit des Plans, wenn diese mit den übrigen Festsetzungen in einem untrennbaren Zusammenhang stehen (BVerwG DVBl 1993, 661, 662). Trotz durchweg sinnvoller Ergebnisse stellt die Rspr gleichwohl dem Grundsatz nach in fehlerhafter Weise auf die Anwendbarkeit des § 139 BGB ab (BVerwG ZfBR 1993, 238, 239; zum ganzen SENDLER NJW 1999, 1834). Auch im Übrigen kann nicht zugegeben werden, dass der dem § 139 BGB „zugrunde liegende Rechtsgedanke" auch im **öffentlichen Recht** gilt (**aA** BGHZ 16, 192, 198). In § 139 BGB wird noch nicht einmal für das klassische Privatrecht ein tragendes Rechtsprinzip entfaltet (o Rn 3). Im Gegensatz zu der hier vertretenen Tendenz wird etwa für **formnichtige Satzungen** die Anwendbarkeit „des Rechtsgedankens" des § 139 BGB unter bestimmten Voraussetzungen bejaht (etwa HessVGH DVBl 1993, 1221 [LS]; Darstellung der Streitfrage durch SCHLAEGER SGb 2007, 593; HERRMANN LKV 2006, 155, 156; unten Rn 29). Für **öffentlich-rechtliche Verträge** gilt § 59 Abs 3 VwVfG und für **Verwaltungsakte** § 44 Abs 4 VwVfG samt den vergleichbaren landesrechtlichen Regelungen.

2. Satzungen

§ 139 kann nicht eingreifen, wenn die Entscheidung über die Fortgeltung der übrigen Teile eines Rechtsgeschäftes nicht von einem hypothetischen Parteiwillen abhängt, sondern nur nach anderen, objektiven Maßstäben getroffen werden kann. Deshalb darf bei einer **Vereinssatzung** nicht auf den hypothetischen Willen der Vereinsgründer abgestellt werden, obwohl es sich dabei um einen Vertrag handelt (BGHZ 47, 172, 179; KG Rpfleger 2012, 212, 213). Der Gründerwille tritt vielmehr mit der Entstehung des Vereins hinter dem in der Satzung **objektivierten Vereinswillen** zurück. Die Aufrechterhaltung des Restes bestimmt sich danach, ob der verbleibende Satzungsteil nach dem Vereinszweck und den satzungsmäßigen Mitgliederbelangen noch eine in sich sinnvolle Regelung des Vereinslebens darstellt. Das Gesagte gilt auch für Satzungen einer **Kapitalgesellschaft** (AG; KGaA; GmbH; dazu OLG Hamburg Die AG 1970, 230, 231). Doch ist § 139 BGB auf **Beschlüsse von Körperschaften** anwendbar, soweit sie einen rechtsgeschäftlichen Inhalt haben (BGH NJW 1994, 520, 523; RGZ 118, 218, 221; 140, 174, 177; SOERGEL/HEFERMEHL[13] Rn 12; PWW/AHRENS[15] Rn 5; u Rn 27). 19

3. Tarifverträge

Soweit Tarifverträge **Rechtsnormen** enthalten, scheidet die Anwendung des § 139 BGB aus (SOERGEL/HEFERMEHL[13] Rn 13; MAYER-MALY, in: Gedschr Gschnitzer [1969] 265, 278; HERSCHEL BB 1965, 791, 792). Hinsichtlich des **schuldrechtlichen Teils** des Tarifvertrages bleibt § 139 BGB aber anwendbar (Nachw bei HERSCHEL BB 1965, 791, 792). Gegen die Tendenz des § 139 BGB zieht die Unwirksamkeit einer Tarifbestimmung nicht die Unwirksamkeit der übrigen tariflichen Vorschriften nach sich (BAGE 1, 258, 272 = AP Art 3 GG Nr 4; AP § 4 TVG Effektivklausel Nr 8 m Anm WIEDEMANN; BAG NZA 2008, 586 Rn 26 [§ 139 findet keine Anwendung]; NZA 2008, 892 Rn 21 [§ 139 findet keine Anwendung]; 2007, 1439 Rn 37 [§ 139 findet keine Anwendung]; ferner auch BAG BB 1986, 1776 f; BGHZ 174, 127 Rn 147; LAG Hessen 23. 10. 2009 – 3/5 Sa 228/09 juris Rn 44; FRANZEN RdA 2008, 304, 307; THÜSING NZA 2008, 201 Fn 41: „unvollkommene Übertragbarkeit des § 139"]; zur Altersdiskriminierung in Tarif- 20 verträgen HENSSLER/TILLMANNS, in: FS Birk [2008] 179, 192; BOSS BB 2009, 1238, 1242: „Tarifboni"). Vielmehr werden in den angeführten Entscheidungen des BAG die *normativen Bestimmungen* des Tarifvertrages wie Gesetzesbestimmungen behandelt. Maßgebend ist lediglich, dass der Tarifvertrag auch ohne die unwirksame Regelung noch eine „sinnvolle und in sich geschlossene Regelung" darstellt. Es ist unerheblich, dass § 139 BGB in diesem Zusammenhang als „Auslegungsregel" bezeichnet wird (o Rn 2). Auf einer anderen Ebene, nämlich derjenigen des Bereichs des zwingenden Rechts (o Rn 13), liegt die Frage, ob einem Tarifvertrag widersprechende Regelungen des Einzelarbeitsvertrags zu dessen Totalnichtigkeit führen. Nach vorzugswürdiger Auffassung werden die widersprechenden Bestimmungen durch die Regelungen des Tarifvertrags ersetzt (FLUME, AT II 577). Gegen eine **geltungserhaltende Reduktion** von tarifvertraglichen Regelungen hat der BGH keine Einwände (o Rn 15).

4. Betriebsvereinbarungen

21 In vergleichbarer Weise wie bei Tarifverträgen (o Rn 20) kann § 139 BGB auch nicht auf teilnichtige **Betriebsvereinbarungen** angewendet werden (BAG DB 1984, 723; PALANDT/ELLENBERGER[79] Rn 3; SOERGEL/HEFERMEHL[13] Rn 13; MünchKomm/BUSCHE[8] Rn 3; HERSCHEL BB 1965, 791, 792). Das Gesagte folgt gleichfalls aus deren *normativem Charakter.* Die Rspr des BAG kommt ständig zu diesem Ergebnis, auch wenn mit dem Gedanken des § 139 BGB argumentiert wird (BAG NZA 2005, 227, 233; 2005, 302, 307 [Sozialplan]; 2004, 507, 509 mit Anm A BRAUN ArbRB 2004, 73; 2003, 1097, 1100; 2000, 1069; AP BetrVG § 56 Akkord Nr 5; LAG Hamm NZA-RR 2009, 215; LAG Hamburg LAG-E 2007 § 77 BetrVG, 6 [Teilkündigung einer Betriebsvereinbarung]; ArbG Düsseldorf 24. 4. 2006 – 2 BV 2/06 juris Rn 17 ff [Sozialplanvolumen nach § 123 Abs 1 S 1 InsO], aber unter Heranziehung des § 140). Totalnichtigkeit wird nur ausnahmsweise angenommen, wenn der verbleibende Rest der Betriebsvereinbarung einen Wechsel des Sinngehaltes erfährt, weil er mit dem nichtigen Teil in einem unlösbaren Zusammenhang steht. Dagegen wird der verbleibende Teil unabhängig vom Willen der Betriebsparteien aufrechterhalten, wenn er sich als eine **sinnvolle** und in sich geschlossene Regelung darstellt (BAGE 97, 379; BAG NZA 2005, 302, 307; C MEYER AP § 112 BetrVG 1972 Nr 174). Soweit bei Betriebsvereinbarungen ein schuldrechtlicher Teil geleugnet wird, scheidet die Anwendung des § 139 BGB insgesamt aus (dazu HERSCHEL BB 1965, 791, 792).

VII. Vorrangige privatautonome Regelungen

1. Salvatorische Klauseln

22 Die Regelung des § 139 BGB steht zur **Disposition der Parteien** (BGH NJW 2010, 1364 Rn 30; NJW-RR 2008, 1050, 1051 [Ohne-Rechnung-Abrede]; WM 1997, 625, 627 [Bürgschaft]; NJW 1996, 773, 774 [Praxisübernahmevertrag]; OLGR Celle 2006, 97, 98 [Hofübergabevertrag]; BAMBERGER/ROTH/HAU/POSECK/WENDTLAND[4] Rn 7; PWW/AHRENS[15] Rn 4; MAYER-MALY, in: FS Flume [1978] 621, 623; mit je unterschiedlichen Ergebnissen auch OLG München NJW 1974, 1659; LG Memmingen NJW 1975, 451). Häufig werden sog salvatorische Klauseln vereinbart, die den tatsächlichen Parteiwillen ausdrücken. Sie bestehen meist aus einer Kombination von Erhaltungs- und Ersetzungsklauseln (BGH 7. 5. 2015 – IX ZB 75/14, NJW 2015, 2660 Rn 25 ff [keine Geltung für den Insolvenzplan]; NJW 2005, 2225, 2226 mit Anm BIEBER MietRB 2005, 198). Die **Erhaltungsklauseln** bezwecken gegen die Tendenz des § 139

BGB die Aufrechterhaltung des Vertragsrestes bei Teilungültigkeit des Rechtsgeschäfts (BGH NJW 2010, 1364 Rn 30; 2005, 2225, 2226 [AGB-Klausel]; OLG Celle 13. 9. 2018 – 17 UF 28/18, NJW 2018, 3462 Rn 38 [Ehevertrag]; ausführlich BÖHME 50 ff). Danach soll ein nichtiges Rechtsgeschäft auch ohne die nichtige Klausel wirksam sein. Daneben bestimmen die darüber hinausgehenden **Ersetzungsklauseln** (KOHLER DNotZ 1961, 195 [Erbrecht]), welche Regelungen an die Stelle von nichtigen oder undurchführbaren Bestimmungen treten sollen. Diese Klauseln dienen der Lückenschließung, die durch die nichtige einzelne vertragliche Regelung entstanden sind (BGH NJW 2007, 3202 [keine Verpflichtung zur Nachholung der nicht gewahrten Schriftform nach § 550]; 2005, 2225, 2226; 2004, 1240 [unzulässige Fälligkeitsbestimmung in einer Mietkautionsabrede]). Auch bei fehlender Ersetzungsklausel muss nach Ansicht der Rspr im Wege der **ergänzenden Vertragsauslegung** geprüft werden, mit welchem Inhalt die Vereinbarung bei teilweiser Unwirksamkeit fortgelten soll (BGH NJW-RR 2011, 835 Rn 51). Die von den Parteien verabredete Verpflichtung, eine nichtige Bestimmung durch eine **wirtschaftlich gleichwertige** gültige Regelung zu ersetzen, verhindert aber den Eintritt der Nichtigkeitsfolgen nicht, solange die Parteien eine Ersatzvereinbarung nicht getroffen haben (BGH NJW 1996, 773, 774). Anders als in § 139 BGB vorgesehen soll bei Ersetzungsklauseln der Vertrag nicht nur teilweise gelten, sondern mit einem vereinbarten zulässigen Inhalt im Ganzen (**Beispiel** im Beck'schen Formularbuch Bürgerliches, Handels- und Wirtschaftsrecht[13] VIII B 2 § 12; GEHLE DB 2010, 1981, 1982; LINGEMANN/GRONEBERG NJW 2011, 3629, 3631). Diese Klauseln können aber als **AGB** uU gegen § 306 Abs 2 BGB und § 307 Abs 1 S 2 BGB verstoßen (BAG NJW 2005, 3305, 3308 [zu kurz bemessene Ausschlussklausel]; dazu D KLIMKE WuM 2010, 8, 9; ST MEYER RNotZ 2006, 497, 521; zur Ähnlichkeit mit der „verbotenen" geltungserhaltenden Reduktion WISSKIRCHEN/STÜHM DB 2003, 2225, 2228). **Standardmäßig** verwendete Erhaltungsklauseln sind auch dann wirksam, wenn gegen die zusätzlich verwendete Ersetzungsklausel wegen §§ 306, 307 BGB Einwände bestehen (BGH NJW 2005, 2225, 2226). Salvatorische Klauseln sind überaus häufig und begegnen grundsätzlich sowohl als Erhaltungs- wie als Ersetzungsklauseln **keinen Bedenken** (BGHZ 196, 254 Rn 52; BGH 22. 1. 2016 – V ZR 27/14, NJW 2016, 3162 Rn 13; NJW 2013, 457 [Ehevertrag] mit zust Anm BERGSCHNEIDER FamRZ 2013, 273; 2007, 3202 Rn 26; 2003, 347; 1995, 2026, 2027 [Kanzleiübernahmevertrag]; WM 1976, 1027, 1029 [Gesellschaftsrecht]; FamRZ 1983, 455, 456; NJW-RR 1989, 800, 801 re Sp; DB 1955, 750; WM 1973, 900, 902; OLG Celle 13. 9. 2018 – 17 UF 28/18, NJW 2018, 3462 Rn 38 [Ehevertrag]; OLG Zweibrücken MDR 1990, 336 [Wettbewerbsverbot]; OLG Saarbrücken NJW 1969, 662; BAG NZA 2009, 1260 Rn 30; MICHALSKI/RÖMERMANN NJW 1994, 886, 888 [individualvertraglich vereinbarte Ersetzungsklauseln]; H P WESTERMANN, in: FS Möhring [1975] 135 ff; BEYER 92, 102; GEHLE DB 2010, 1981, 1982 [aber gegen allgemein gehaltene salvatorische Klauseln]; KOHLER DNotZ 1961, 195). Ggf muss die salvatorische Klausel selbst noch ausgelegt werden (BGH WM 1997, 625, 627 mit zust Anm BÜLOW LM § 139 BGB Nr 86). Das gilt vor allem bei Teilnichtigkeit eines Vertrages wegen eines Formmangels. Im **Gesellschaftsrecht** kommt derartigen Klauseln eher eine klarstellende Funktion zu, da dort § 139 BGB ohnehin häufig nicht passt (SOMMER/WEITBRECHT GmbH-Rdsch 1991, 449 [zur GmbH]; u Rn 83). Im Einzelfall ergeben sich Grenzen für formularmäßig vereinbarte salvatorische Klauseln, wenn der unwirksame Klauselteil von so **einschneidender Bedeutung** ist, dass eine gänzlich neue, von der bisherigen völlig abweichende, Vertragsgestaltung eintritt (BGH NJW-RR 1997, 684, 685; NJW 1983, 159, 162; OLG Frankfurt NZG 2004, 914, 916 [Teilnichtigkeit eines Rückübertragungsgebots bei Erwerb eines GmbH-Anteils]; auch KG NJW-RR 2001, 1215; H ROTH, Vertragsänderung 21; BAUER/KRETS DB 2003, 811). Daher werden salvatorische Klauseln mit Unterschieden im Einzelnen nicht unbesehen gutgeheißen (OLG Hamburg WuW

1987, 393 [„grundlegende Bedeutung für den Vertragsschluss"]; LG Mannheim BB 1999, 1082 mit **abl** Stellungnahme Rottnauer BB 1999, 2145, 2150 ff [alter Stromlieferungsvertrag mit Verteilerunternehmen]). **Gesamtnichtigkeit** kann eintreten, wenn eine **wesentliche Vertragsbestimmung** unwirksam ist (und nicht nur eine Nebenabrede) und durch die Teilnichtigkeit der Gesamtcharakter des Vertrages verändert würde (BGHZ 196, 254 Rn 55 [Unwirksamkeit der Verpflichtung zur Zahlung des Kaufpreises]; BGH NJW 2010, 1660 Rn 8). Ist nicht nur eine Nebenabrede, sondern ein **wesentlicher Vertragsteil** nichtig und wird dadurch das Verhältnis zwischen Leistung und Gegenleistung gestört, so muss der Vertrag trotz der vereinbarten Wirksamkeit wenigstens für die Zukunft beendet werden können (zu diesen Einschränkungen BGH NJW 1996, 773, 774 [Praxisübernahmevertrag]; vergleichbar KG NJW-RR 2001, 1215, 1216 [Praxisübernahmevertrag]; BGH BB 1995, 2549, 2550; DB 1976, 2106; WM 1976, 1027 [Gesellschaftsvertrag]; Medicus/Petersen, AT[11] Rn 510). Auch können salvatorische Klauseln bei einem **institutionellen Fehlgebrauch** nicht wirken (H Roth, Vertragsänderung 47, 65 ff). Die Vertragsauslegung kann ergeben, dass die Aufrechterhaltung des Restgeschäfts im Einzelfall trotz der salvatorischen Klausel vom Parteiwillen nicht mehr gedeckt ist (BGH NJW 1996, 773, 774). Ist etwa bei einem **Ehevertrag** der Ausschluss des Versorgungsausgleichs wegen § 138 Abs 1 BGB nichtig, so kann die Nichtigkeitsfolge den gesamten Vertrag erfassen und für eine Teilnichtigkeit bleibt kein Raum. Die salvatorische Klausel ist unwirksam, weil der Vertrag im ganzen wegen der **Ausnutzung einer unterlegenen Verhandlungsposition** sittenwidrig ist (BGH 17. 1. 2018 – XII ZB 20/17, NJW 2018, 1015 Rn 23 mit Anm Grziwotz; NJW 2008, 3426 Rn 24; 2006, 2331 Rn 15; ferner erwogen in BGH NJW 2013, 457 Rn 31 [aber im konkreten Fall abgelehnt] mit zust Anm Bergschneider FamRZ 2013, 273, 374; OLG Celle 13. 9. 2018 – 17 UF 28/18, NJW 2018, 3462 Rn 38 [dort abgelehnt]; LG Ravensburg FamRZ 2008, 1289, 1291 [Erb- und Pflichtteilsverzicht] mit Anm Bergschneider; Sanders FPR 2007, 205, 208 ff; differenzierend Brambring NJW 2007, 865; ders FPR 2005, 130, 133; OLGR Zweibrücken 2006, 24, 26; OLG Düsseldorf FamRZ 2004, 461, 463; Bengel ZEV 2006, 192, 196 [Erb- und Pflichtteilsverzicht]; **aA** AG Offenbach FamRZ 2009, 1150 mit **abl** Anm Bergerfurth; gängige Formulierung bei Kapfer MDR 2006, Sonderheft, 13 f). Auch kann ein **gegenseitiger Vertrag** nur derart in einen gültigen und einen ungültigen Teil aufgespalten werden, dass sowohl Leistung als auch Gegenleistung geteilt werden. Das setzt voraus, dass nach dem Willen der Vertragsparteien eine Aufschlüsselung der Gegenleistung auf die verschiedenen Teile der Leistung der anderen Seite (zB Patientenkartei und Kauf der Praxiseinrichtung) möglich ist (BGH NJW 1996, 773, 774). Nach jetzt hL werden durchgängig (auch im Anwendungsbereich des GWB; dazu Scheffler WRP 2007, 163, 165; Strohe NJW 2003, 1780) salvatorische Erhaltungsklauseln lediglich iSe Umkehr der Vermutung des § 139 BGB interpretiert und betreffen daher die **Verteilung der Darlegungs- und Beweislast** (so BGHZ 196, 254 Rn 53 [unzulässige Beihilfe]; BGH NJW 2010, 1364 Rn 30 [unangemessenes Verteidigerhonorar]; NJW-Spezial 2010, 303; NJW 2007, 3202 Rn 26; 2005, 2225, 2226; 2003, 347 mit Anm Drexl EWiR § 139 BGB 1/03, 311; Hennrichs LMK 2003, 19; M Herbert JA 2003, 353 [unter Aufgabe von BGH NJW 1994, 1651 „Pronuptia II"]; NJW-RR 2005, 1534, 1535; WM 1997, 625, 627; NJW 1996, 773, 774; BB 1995, 2549, 2550; BAG NZA 2009, 1260 Rn 30; OLG Nürnberg GmbHR 2010, 141, 144; OLGR Stuttgart 2007, 881, 883; OLG Koblenz 25. 10. 2007 – 5 U 1148/07, juris Rn 12; OLG Oldenburg AG 2006, 724, 726 [Stimmbindungsvertrag unter Verstoß gegen § 136 Abs 2 AktG]; OLG Celle 13. 4. 2005 – 3 U 3/05, juris Rn 27; OLG München FamRZ 2005, 806, 807; OLG Düsseldorf WuM 2005, 194, 195 [Vorkaufsrecht]; KG NZG 1999, 1102, 1108 mit **abl** Anm Michalski; OLG Stuttgart ZIP 1989, 60, 63; OLG Hamm GRUR 1980, 183, 185 [für wesentliche Vertragsbestandteile]; NK-BGB/Faust[3] Rn 7; Bamberger/Roth/Hau/Poseck/Wendtland[4] Rn 7; Erman/Arnold[15] Rn 10; PWW/Ahrens[15] Rn 4; Flume,

AT II 575; P ULMER, in: FS Steindorff [1990] 799, 805; FRITZ NJW 2009, 959, 961; BODENBENNER MDR 2007, 1056, 1060; MÜNCH DNotZ 2005, 819, 822; ZNotP 2004, 122, 127; GRZIWOTZ FF 2004, 275, 276; anders dagegen wohl OLG Celle WM 1993, 888, 889; BÖHME 75 ff; krit auch BUNTE GRUR 2004, 301, 302 ff; BERNHARD NJW 2013, 2785, 2789 [für geltungserhaltende Reduktion]; zur sonst geltenden Beweislastregel u Rn 79). Die Klausel **entbindet daher nicht von der Prüfung**, ob die Parteien das teilnichtige Geschäft insgesamt verworfen hätten oder aber den Rest hätten gelten lassen (zB Totalnichtigkeit bejaht durch OLG Hamm NJW-RR 2014, 1393, 1394 [Praxisübertragung]; NJW 2012, 1743, 1745 [Praxisverkauf]; OLGR Celle 2003, 403, 405 [kartellrechtswidriger Vertrag]; OLG Oldenburg RNotZ 2006, 479, 481 [Infizierung einer Schenkung durch nichtigen Stimmbindungsvertrag] mit Anm OPPERMANN). Maßgeblich ist zunächst der **tatsächliche** Parteiwille. Kann er nicht festgestellt werden, kommt es auf den **hypothetischen Parteiwillen** an (BGHZ 196, 254 Rn 54). Nach hL trifft die Darlegungs- und Beweislast für Umstände, welche die Nichtigkeit des ganzen Vertrages begründen, abweichend von § 139 BGB denjenigen, der entgegen der Erhaltungsklausel den Vertrag als Ganzes für unwirksam hält (BGHZ 196, 254 Rn 53; BGH NJW 2010, 1660 Rn 8; 2007, 3202 Rn 26; 2003, 347; BAG NZA 2009, 1260 Rn 30; FREUND ZIP 2009, 941, 946; u Rn 79). Der BGH maß früher salvatorischen Klauseln bisweilen eine darüber hinausreichende Bedeutung zu. So war ein Vertrag, der einzelne **kartellrechtswidrige Abreden** enthielt (Preisbindung und Marktaufteilung: § 15 GWB aF), nicht schon deshalb im Ganzen nichtig, weil der Wegfall dieser Abreden die wirtschaftlichen Vertragsgrundlagen wesentlich verändert hätte (BGH NJW 1994, 1651, 1653 [„Pronuptia II"]; zust BÖHME 64 ff; J F BAUR RdE 1997, 41, 43 ff; CANARIS DB 2002, 930, 934; anders in der Tendenz BGB-RGRK/KRÜGER-NIELAND/ZÖLLER[12] Rn 8; diese Entscheidung aufgebend BGH NJW 2003, 347). Zur **Totalnichtigkeit** kommt es, wenn der **Schutzzweck** des Gesetzes einer teilweisen Aufrechterhaltung entgegensteht (so auch die Tendenz von LUKES BB 1999 Beilage 8 S 20). Für § 15 GWB aF wurde das mit Recht verneint. Auch der nachträgliche Verstoß gegen § 1 GWB wegen des Wegfalls von § 103 GWB aF kann mit einer salvatorischen Klausel gerettet werden (CANARIS DB 2002, 930, 934 gegen OLG Düsseldorf DB 2002, 943). So wurde eine salvatorische Klausel angewendet, obwohl ein **Erbbaurechtsvertrag** wegen Verstoßes gegen § 1 Abs 3 S 2 BauGB nichtig war (BGH 22. 1. 2016 – V ZR 27/14, NJW 2016, 3162 Rn 13) Auch kann die salvatorische Klausel ihrerseits gegen ein gesetzliches Verbot verstoßen, wenn sie dessen Umgehung ermöglicht (LG Nürnberg-Fürth VersR 1974, 814, 817 [Art 1 § 1 RBerG] m Anm H FISCHER). Aus einer im Mietvertrag enthaltenen salvatorischen Klausel kann für die Frage, ob die Parteien zur **Nachholung der Schriftform** verpflichtet sind, ohne weitere Anhaltspunkte nichts hergeleitet werden (BGH NJW-RR 2002, 1377). Bei zur Sittenwidrigkeit führender gleichzeitiger überschießender räumlicher und gegenständlicher Ausdehnung eines 10-jährigen **Wettbewerbsverbots** anlässlich der Übernahme einer Steuerberatungspraxis mit der Notwendigkeit eines richterlichen Eingriffs in das Äquivalenzgefüge eines Vertrages kann eine Erhaltungsklausel nicht zur Teilgültigkeit führen (OLG Naumburg NJW-RR 2006, 421, 423; GOETTE AnwBl 2007, 644).

2. Gesamtunwirksamkeitsklauseln

Den Parteien bleibt eine Vereinbarung unbenommen, wonach bei Teilnichtigkeit des Rechtsgeschäfts der **gesamte Vertrag ungültig** sein soll. Damit wird das Abstellen auf einen etwa anders ausgerichteten *hypothetischen Parteiwillen* durch den Vorrang des tatsächlichen Parteiwillens verhindert (MünchKomm/BUSCHE[8] Rn 12). Für die Herbeiführung dieser Wirkung ist es freilich nicht ausreichend, wenn zB eine Wert- 23 sicherungsklausel als „integrierender Bestandteil“ eines Vertrages bezeichnet wird (BGH BB 1959, 1006).

3. Kenntnis von der Teilunwirksamkeit

24 In der höchstrichterlichen Rspr wird § 139 BGB nicht angewendet, wenn die **Parteien wissen**, dass ein Teil des Rechtsgeschäfts ungültig ist (BGHZ 45, 376, 379 m Anm Mattern LM Nr 35; BGH WM 1994, 1711, 1712; WarnR 1969 Nr 151; BAGE 1, 258, 270; RGZ 122, 138, 140 f; OLG Frankfurt MDR 1969, 760; ferner LG Mannheim WuM 1967, 145; Horstmeier JR 2006, 313, 316 [Praktikumsverträge]). In diesem Falle werde das Rechtsgeschäft lediglich von den **übrigen Vertragsbestimmungen gebildet** (auch u Rn 31). Der andere Teil sei wegen eines fehlenden Rechtsbindungswillens kein Rechtsgeschäft. Doch müsse das Restgeschäft mit diesem Inhalt von den Parteien für sich allein gewollt werden. Diese Rspr soll aber nicht anwendbar sein, wenn die Parteien anstelle eines aufschiebend bedingt gewollten Vertrages einen unbedingten beurkunden lassen (BGH NJW 1999, 351; iE zust, aber krit zur Begründung Keim NJW 1999, 2866). Nach richtiger Auffassung ergibt sich der Wille zur Teilgültigkeit bereits daraus, dass die Parteien erkannt Unwirksames in den Vertrag aufgenommen haben (Medicus/Petersen, AT[11] Rn 507; NK-BGB/Faust[3] Rn 44; MünchKomm/Busche[8] Rn 30). Dann ist der **tatsächliche Parteiwille** auf Restgültigkeit gerichtet, ohne dass es auf den Rechtsbindungswillen im Übrigen ankäme (Jauernig/Mansel[17] Rn 12 gegen BGHZ 45, 376; ohne die hier gerügte Begründung BGH WM 1973, 41 f).

4. Geltungserhaltende ergänzende Vertragsauslegung

25 Bisweilen schließt die Rspr die durch Teilnichtigkeit entstandene Lücke des Rechtsgeschäfts schon durch eine **ergänzende Vertragsauslegung** und vermeidet auf diese Weise die Anwendbarkeit des § 139 BGB (BGHZ 63, 132, 136; Verse/Wurmnest AcP 204 [2004] 855, 870; o Rn 8). Derartige Fälle bleiben außerhalb des Anwendungsbereichs des § 139 BGB. Die lückenvermeidende ergänzende Vertragsauslegung hat den **Vorrang** vor § 139 BGB (unten § 157 Rn 7; anders BGH NJW 2014, 1101 Rn 49, wo § 139 und ergänzende Vertragsauslegung vermengt werden: Auswirkungen einer unwirksamen Vereinbarung zum Trennungsunterhalt auf die in derselben Urkunde enthaltenen Scheidungsfolgenvereinbarungen).

VIII. Voraussetzungen des § 139

26 § 139 BGB findet Anwendung auf **Rechtsgeschäfte** (u Rn 27), wobei es sich um eine teilweise Nichtigkeit (u Rn 31) handeln muss. Für das Rechtsgeschäft wird Einheitlichkeit idS gefordert, dass es sich um ein **einziges** Rechtsgeschäft handeln muss (u Rn 36). Schließlich greift § 139 BGB nur ein, wenn das Rechtsgeschäft **teilbar** ist (u Rn 60).

1. Rechtsgeschäft

27 § 139 BGB gilt grundsätzlich für **Rechtsgeschäfte aller Art**. Es kann sich dabei handeln um „einfache Rechtsgeschäfte“ wie Kündigungen (André 6), „zusammengesetzte Rechtsgeschäfte“ wie Verträge (André 7) sowie um „verbundene Rechtsgeschäfte“ (André 9) iSv u Rn 37. Die Norm findet auch Anwendung auf Geschäfte des

Familien- und Erbrechts. So ist § 139 BGB auch für **Erbverträge** einschlägig (Bedenken dagegen bei Häsemeyer FamRZ 1967, 30, 31). Dagegen scheidet die Rechtsfolge des § 139 BGB für **vollzogene Arbeits- und Gesellschaftsverhältnisse** weithin aus. Zum Tragen kommen die Grundsätze über die fehlerhafte Gesellschaft (BGH WM 1976, 1027; u Rn 83). Nichtigkeitsgründe können daher nur mit Wirkung ex nunc geltend gemacht werden. Auch auf **Unternehmensverträge** (Beherrschungs- und Gewinnabführungsverträge) wurde die Norm wegen deren organisationsrechtlichen Charakters mit Recht nicht angewendet. Hier bleibt es im Zweifel bei der bloßen Teilnichtigkeit. Der maßgebliche Gedanke ist hier, dass geschaffene Organisationsstrukturen nicht zerschlagen werden sollen (OLG Hamburg NJW 1990, 3024 m Anm Krieger EWiR § 291 AktG 1/91, 217; iE auch OLG Hamburg NJW 1990, 521; ausführlich Hahn DStR 2009, 589, 595; Kort NZG 2004, 313, 314). Dagegen fallen **Versammlungsbeschlüsse** mit rechtsgeschäftlichem Inhalt unter § 139 BGB (BGH NJW 1994, 520, 523; 1988, 1214; RGZ 140, 177; OLG München Die AG 2008, 864, 869 [Hauptversammlungsbeschluss AG]; dazu A Fuchs/Rozynski WuB II A. § 147 AktG 2.09; NZG 2008, 230, 233; OLG Hamm BB 2008, 1475, 1477 mit Anm Matyschok; OLG Hamburg NZG 2003, 539, 541 [Hauptversammlungsbeschluss AG; „squeeze-out"] mit Anm Gesmann-Nuissl WuB II A. § 327a AktG 1.03; Rottnauer EWiR § 327a AktG 4/03, 739 [dort fälschlich auf den tatsächlichen Willen der Versammlungsmitglieder abstellend]; OLG Hamm NJW-RR 1986, 501; OLG München WuB II A § 186 AktG 4. 93 m Anm Heinsius [Hauptversammlungsbeschluss AG]; LG München I 24. 9. 2009 – 5 HK O 5697/09 juris Rn 192 [Hauptversammlungsbeschluss AG]; LG Braunschweig WuB II A § 221 AktG 2. 93 m Anm Marsch-Barner; Lutter EWiR AktG 2/93, 527; Verhoeven ZIP 2008, 245, 251 f [besonderer Vertreter nach § 147 AktG]; o Rn 19; zur Feststellung der Nichtigkeit einzelner Teile OLG Hamm Die AG 2008, 506; ferner Miettinen BB 2008, 78; ausführlich Grunewald NZG 2017, 1321: Die in § 139 angeordnete Vermutung der Gesamtnichtigkeit passe oft nicht). Deshalb wurde § 139 BGB zB auf Beschlüsse des **Aufsichtsrates** angewendet, wenn diese auf die Begründung, Änderung oder Aufhebung sozial- oder individualrechtlicher Befugnisse gerichtet sind und ihnen bereits deshalb ein rechtsgeschäftlicher Inhalt zuerkannt werden kann (BGH NJW 1994, 520, 523 m Anm Crezelius EWiR § 256 AktG 1/94, 9; ferner Aschoff DZWiR 2008, 309, 315). Das wurde auch für formal selbstständig gefasste Beschlüsse angenommen, die sachlich an vorhergehende Beschlüsse anschließen, deren Gültigkeit sie voraussetzen. Zu ermitteln ist der hypothetische Wille der Versammlung idS, ob sie, wenn sie die Nichtigkeit des Teils gekannt hätte, den Beschluss im Übrigen gleichwohl gefasst hätte. Im Übrigen wurde offen gelassen, ob § 139 BGB auf **Organ- und Versammlungsbeschlüsse** uneingeschränkt passt. Eine Ablehnung wird insoweit mit Recht erwogen, soweit Beschlüsse nur als **„Sozialakte"** verstanden werden können, weil sie lediglich interne Wirkung haben (BGH NJW 1994, 520, 523; OLG Hamburg NZG 2003, 539, 541). Entsprechendes gilt für teilweise nichtige Beschlüsse von Hauptversammlungen zu teilweise nichtigen Unternehmensverträgen (OLG Hamburg NJW 1990, 521 [teilweise Nichtigkeit bejaht]). In analoger Anwendung des § 139 BGB kann die Anfechtung des *Umwandlungsbeschlusses* einer Hauptversammlung einer AG auch weitere Beschlüsse über die Bestellung eines Geschäftsführers und die Wahl eines Beirats für eine GmbH anfechtbar machen (LG München I GWR 2009, 426). § 139 BGB ist auch einschlägig für die Beurteilung der **Aufteilung** nach dem **WEG** (Bringer MittRhNotK 1987, 269, 276; zu Spezialfragen Dreyer DNotZ 2007, 594). § 139 BGB findet bei Teilunwirksamkeit eines **Eigentümerbeschlusses** von Wohnungseigentümern als mehrseitiges Rechtsgeschäft eigener Art entsprechend Anwendung (BGHZ 139, 288 = WM 1998, 2336, 2339; BGHZ 202, 346 Rn 21 = NJW 2015, 549; BGH 12. 4. 2019 – V ZR 112/18, NJW 2019, 2083 Rn 27 ff [abgelehnt für Anzeigepflichten wegen Touristenvermietungen]; NJW-RR 2015,

583 Rn 15 [abgelehnt für Betriebskosten]; BGH NJW 2012, 2648 Rn 10; WuM 2004, 165, 169; KG 15. 3. 2016 – 1 W 79/16, NJW-RR 2016, 716 Rn 10; OLG Stuttgart NJW 2013, 699, 701; OLG Köln WuM 2009, 371 [Totalnichtigkeit eines Beschlusses über eine Gebrauchsregelung]; ZMR 2008, 70 [Verwalterwahl]; OLG Oldenburg ZMR 2005, 814 [Kostenverteilung]; BayObLG ZWE 2005, 97, 98; AG Reutlingen NJW-RR 2013, 137 [Totalnichtigkeit bei Beschluss über Verwaltervertrag mit einer rechtswidrigen Klausel]; AG Kassel ZMR 2004, 711, 712; Rüscher NZM 2004, 539, 540). Das gilt dann, wenn der Beschluss nicht lediglich interne Wirkung hat, sondern auf die Begründung, Änderung oder Aufhebung rechtlicher Befugnisse oder Pflichten gerichtet ist. Die teilweise Aufrechterhaltung von wohnungseigentumsrechtlichen Beschlüssen kommt aber nur dann in Betracht, wenn nach dem tatsächlichen oder hypothetischen Parteiwillen zweifelsfrei davon auszugehen ist, dass der Beschluss auch als Teilregelung beschlossen worden wäre (BGH 12. 4. 2019 – V ZR 112/18, NJW 2019, 2083 Rn 27 ff [abgelehnt für Anzeigepflicht wegen Touristenvermietungen]; BGH 5. 7. 2019 – V ZR 278/17, BeckRS 2019, 33816 Rn 44 [regelmäßig bejaht für einen Ermächtigungsbeschluss zum Abschluss eines Verwaltervertrages]; BGHZ 202, 346 Rn 21 = NJW 2015, 549). Durch eine salvatorische Erhaltungs- und Ersetzungsklausel darf das für eine Änderung der Gemeinschaftsordnung maßgebende Einstimmigkeitsprinzip nicht obsolet gemacht werden (LG Halle NZM 2004, 748, 750). So sind etwa **Jahresabrechnungen** insoweit nichtig, als darin Rückstände früherer Jahre einbezogen sind. Die Nichtigkeit ergreift damit nur den fehlerhaft betroffenen Teil der Gesamt- oder Einzelabrechnung (BGH NJW 2013, 1003 Rn 13; 2012, 2796 Rn 13; 2012, 2648 Rn 13 ff). Wird durch Beschluss eine vom Verwalter ausgesprochene Kündigung genehmigt und deren gerichtliche Durchsetzung durch Räumungsklage erlaubt, so bewirkt eine erfolgreiche Beschlussmängelklage wegen der Kündigung die vollständige Beanstandung des Beschlusses (BGH NJW-RR 2013, 335 Rn 8). Bei getrennter Beschlussfassung sind die Beschlüsse je für sich eigenständig nach § 23 Abs 4 WEG zu bewerten, so dass § 139 BGB nicht zur Anwendung kommt (BGH 5 .7. 2019 – V ZR 278/17, BeckRS 2019, 33816 Rn 40).

a) Öffentlich-rechtliche Verträge

28 Für öffentlich-rechtliche Verträge gelten der mit § 139 BGB sachlich übereinstimmende § 59 Abs 3 VwVfG sowie die entsprechenden landesrechtlichen Vorschriften. § 139 BGB findet auch Anwendung auf **gemischt** bürgerlich- und öffentlich-rechtliche Verträge (vgl BGH NJW 1980, 826; OLG München OLGZ 1980, 474, 480; MünchKomm/Busche[8] Rn 10).

b) Verwaltungsakte; Sonstiges

29 Für teilnichtige **Verwaltungsakte** gelten § 44 Abs 4 VwVfG sowie die entsprechenden landesrechtlichen Vorschriften der Verwaltungsverfahrensgesetze. Daneben ist ein Rückgriff auf § 139 BGB weder möglich noch erforderlich. Der Verwaltungsakt weist nicht einmal annähernd Gemeinsamkeiten mit dem bürgerlich-rechtlichen Rechtsgeschäft auf, sodass § 139 BGB schon deshalb nicht passt (MünchKomm/Busche[8] Rn 10; Soergel/Hefermehl[13] Rn 5). Die frühere entgegenstehende Rspr (BGHZ 16, 192, 198) ist weithin überholt. Auch sonst ist § 139 BGB nicht auf **öffentlich-rechtliche Willenserklärungen** anwendbar. Für sonstige einseitige Erklärungen des öffentlichen Rechts außerhalb des Verwaltungsaktbereichs passt § 139 BGB ebenfalls nicht (Palandt/Ellenberger[79] Rn 4 [für § 59 Abs 3 VwVfG analog]; Erman/Arnold[15] Rn 9). Dagegen wird der Rechtsgedanke des § 139 BGB auf **Gebührensatzungen** angewendet (OVG Lüneburg BeckRS 2009, 41946; in der Sache auch OVG Sachsen-Anhalt 30. 11. 2006 – 4 L 320/06 juris Rn 10 [Grundsatz der Teilbarkeit und Grundsatz des mutmaßlichen Willens des Normgebers];

anders OVG Greifswald LKV 1996, 214; Darstellung durch SCHLAEGER SGb 2007, 593; oben Rn 18). Bewegt sich die Gemeinde im Bereich des Privatrechts, wie etwa bei der Ausübung eines *Vorkaufsrechts* nach § 24 Abs 1 S 1 Nr 1 BauGB, so ist § 139 BGB anwendbar, wenn das Recht ohne Rechtsgrundlage für eine größere Fläche ausgeübt wird; dann kann bei entsprechendem Parteiwillen angenommen werden, dass es für die zulässige kleinere Fläche geltend gemacht werden soll (OLGR Schleswig 2007, 682, 683). Auch die Wertungen des öffentlich-rechtlichen **Vergaberechts** können für die Frage der Totalnichtigkeit von Veräußerungsgeschäften der öffentlichen Hand den § 139 BGB verdrängen (GROTELÜSCHEN/LÜBBEN VergabeR 2008, 169 Fn 44).

c) Prozess- und Verfahrenshandlungen

§ 139 BGB kann auch im **Zivilprozess** entsprechend angewendet werden. Insbes ist eine Einheit von materiellrechtlichem Rechtsgeschäft und Prozesshandlung im Falle der **Prozessaufrechnung** zu bejahen. Wird die Berufung auf die Aufrechnung als prozessual unzulässig zurückgewiesen, so hat nach § 139 BGB analog auch die materiellrechtliche Aufrechnung keine Gültigkeit (ROSENBERG/SCHWAB/GOTTWALD, ZPO[18] § 104 Rn 42, 46; andere Begründung bei MUSIELAK JuS 1994, 817, 821; zur Streitfrage CH WOLF JA 2008, 753; OLGR Koblenz 2007, 949, 952). Anders liegt es, wenn die Aufrechnung vor dem Prozess oder außerhalb des Prozesses erklärt worden ist (ROSENBERG/SCHWAB/GOTTWALD, ZPO[18] § 104 Rn 44; wN bei SOERGEL/HEFERMEHL[13] Rn 11). § 139 BGB ist auch im Verfahren der **freiwilligen Gerichtsbarkeit** einschlägig (BayObLG Rpfleger 1962, 178). Angewendet wird § 139 BGB ferner auf **Grundbucheintragungen** (RGZ 119, 211, 214; OLG München FGPrax 2008, 11), nicht jedoch auf Eintragungen in andere öffentliche Register (RGZ 132, 22, 56; BGB-RGRK/KRÜGER-NIELAND/ZÖLLER[12] Rn 26). Im **Grundbuchberichtigungsverfahren** gilt die „Beweisregel" des § 139 BGB nicht (BayObLG NJW-RR 1997, 590, 591; OLG Karlsruhe NotBZ 2010, 62, 63). Anwendung finden kann § 139 BGB hingegen auf gescheiterte rechtsgeschäftliche **Rangbestimmungen** nach § 879 BGB (Nachw bei SCHREIBER JURA 2006, 502, 503). Die **Zwangsvollstreckungsunterwerfung** in notarieller Urkunde nach § 794 Abs 1 Nr 5 ZPO ist eine einseitige prozessuale Erklärung, auf die § 139 BGB keine Anwendung findet (BGH NJW-RR 2008, 1075 Rn 9). Im Falle eines unwirksamen Nachweisverzichts bei der Sicherungsgrundschuld (§ 1193 Abs 2 S 2 BGB) ist mE die gesamte Vollstreckungsunterwerfung unzulässig. **30**

2. Nichtigkeit

Erfasst der Nichtigkeitsgrund das **gesamte Rechtsgeschäft**, so ist § 139 BGB unanwendbar. Es muss sich vielmehr um eine **Teilnichtigkeit** handeln. Ein nichtiges Rechtsgeschäft liegt vor, wenn es zwar dem Tatbestand nach gegeben ist, die bestimmungsgemäßen Rechtsfolgen aber von Anfang an nicht eintreten (u § 142 Rn 4). Der **Grund** für die Nichtigkeit ist ohne Belang (vTUHR, AT II 1 S 283; SANDROCK AcP 159 [1960/1961] 481, 505; anders der Sache nach aber BGHZ 45, 376, 379 zur Nichtigkeit nach §§ 116 S 2, 117 Abs 1; gegen ihn JAUERNIG/MANSEL[17] Rn 1; o Rn 24). Ausreichend ist etwa auch die rückwirkende Nichtigkeit (§ 142 Abs 1 BGB) nach einer **Teilanfechtung** (BGH NJW 1969, 1759; RGZ 62, 184, 186; MEDICUS/PETERSEN, AT[11] Rn 497). Für zahlreiche Nichtigkeitsgründe bestimmen sich aber die Rechtsfolgen außerhalb von § 139 BGB nach Sinn und Zweck der betreffenden Nichtigkeitsnorm, sodass es zu einer teleologischen Reduktion des § 139 BGB kommt (o Rn 13 ff). Häufige Fälle bildet die Teilnichtigkeit von **formbedürftigen** Geschäften, zB nach § 311b Abs 1 BGB. Wird ein Grundstücksgeschäft mit einem für sich gesehen formfreien Geschäft in der Weise verbunden, **31** dass beide Regelungen eine rechtliche Einheit bilden sollen, so muss auch das andere Geschäft **beurkundet** werden und bei einer unvollständigen Beurkundung gilt nach hL § 139 BGB (ausführlich BERCHTOLD BWNotZ 2019, 4, 5; dazu teils krit MAIER-REIMER NJW 2004, 3741, 3744 mNw; SEEGER MittBayNot 2003, 11; KEIM ZIP 2003, 661, 662; DUHNKRACK/HELLMANN ZIP 2003, 1425: „Side Letter"; WEDEMANN WM 2010, 395). Unwesentliche nicht beurkundete Abreden sollen nicht zur Unwirksamkeit des gesamten Vertrages führen (BGH NJW 1981, 222 [Versorgungsabrede]; dazu BERCHTOLD BWNotZ 2019, 4). Doch handelt es sich wohl nicht um ein Problem des § 139 BGB. Soll der beurkundungspflichtige Vertrag nicht ohne den nicht beurkundungspflichtigen Teil abgeschlossen werden, so ergreift § 311b BGB das gesamte Rechtsgeschäft. Soll dagegen der dem § 311b BGB unterfallende Grundstückskauf auch ohne einen zugehörigen Mietvertrag abgeschlossen werden, so ist letzterer nicht beurkundungsbedürftig.

32 Tritt eine **nachträgliche** Teilnichtigkeit des Rechtsgeschäfts durch eine **Gesetzesänderung** ein, so findet § 139 BGB jedenfalls entsprechende Anwendung (FLUME, AT II 582: direkte Anwendung), wenn das Änderungsgesetz keine eigene Regelung über die Rechtsfolge enthält (PALANDT/ELLENBERGER[79] Rn 2; JAUERNIG/MANSEL[17] Rn 1; SOERGEL/HEFERMEHL[13] Rn 7; FLUME, AT II 584 gegen RGZ 146, 366, 368; diesem zust aber CANARIS DB 2002, 930, 933). Zu prüfen ist immer vorrangig der Sinn des nachträglich ergangenen Gesetzes. Erst im Anschluss daran ist auf den hypothetischen Parteiwillen abzustellen. Doch soll ein **Grundstückskaufvertrag** nicht gesamtnichtig sein, wenn zu einem ursprünglich kompletten und wirksamen Rechtsgeschäft später ein unwirksamer Teil durch eine formnichtige Änderungsabrede hinzutritt (so ROEMER RNotZ 2019, 192, 199). Nach der Rechtsprechung sind nach der Auflassung getroffene Änderungsvereinbarungen freilich ohnehin formfrei (BGH 14. 9. 2018 – V ZR 213/17, RNotZ 2019, 201; krit ROEMER RNotZ 2019, 192 ff).

33 Unter § 139 BGB fallen auch **alle weiteren Arten der Unwirksamkeit** des Rechtsgeschäfts (BGH WM 1964, 1125, 1126; OLG Zweibrücken NJW-RR 1993, 1478, 1479; M WOLF/NEUNER, AT[11] § 56 Rn 2), so die relative oder schwebende (KG DNotZ 2004, 795) oder nachträgliche Unwirksamkeit (PWW/AHRENS[15] Rn 6; BAMBERGER/ROTH/HAU/POSECK/WENDTLANDT[4] Rn 3; PALANDT/ELLENBERGER[79] Rn 2; AK-BGB/DAMM Rn 9). Das Gleiche wird für die „schwebende Wirksamkeit" in den Fällen des § 355 BGB angenommen (OLG Karlsruhe NJW-RR 2003, 185; PALANDT/ELLENBERGER[79] Rn 2; ETZKORN/KREMER K **aA** mit Recht JAUERNIG/MANSEL[17] Rn 1). Richtigerweise wird das Rechtsgeschäft durch den Widerruf in ein Rückgewährschuldverhältnis umgewandelt, sodass ein Regelungsproblem nicht auftaucht. Die Nichtigkeit bildet den stärksten Grad der **Unwirksamkeit** eines Rechtsgeschäfts (MEDICUS/PETERSEN, AT[11] Rn 487). So beurteilt sich nach § 139 BGB, ob durch den Widerruf zB eines Getränkebezugsvertrages auch die Wirksamkeit eines Kaufvertrages berührt wird (so für das AbzG BGH NJW 1991, 917). Für die **schwebende Unwirksamkeit** ist die Anwendbarkeit des § 139 BGB von der Rspr mehrfach ausgesprochen worden (RGZ 120, 126; 133, 7, 14; BGHZ 53, 174, 179; BGH LM Nr 24; NJW 1962, 734; LM § 105 HGB Nr 19 m Anm FISCHER; LG Neubrandenburg MDR 1995, 1212 [Belastungsvollmacht]). Erstreckt sich die schwebende Unwirksamkeit eines Teils eines Rechtsgeschäfts auf das ganze Rechtsgeschäft, so wird das ganze Rechtsgeschäft wirksam, wenn der schwebend unwirksame Teil zB durch **Genehmigung** wirksam wird. Bei schwebender Unwirksamkeit einer Vertragsabrede (Währungsklausel) wurde § 139 BGB mit dem Ergebnis angewendet, dass der gesamte Vertrag schwebend unwirksam ist. Er bleibt schwebend unwirksam bis zur Erteilung der erforderlichen Genehmigung (OLG Schleswig SchlHA 1961, 52, 53). Doch hilft in diesen Fällen besser die ergänzende Vertragsauslegung, die schon eine Lücke vermeidet (o Rn 8; ferner BayObLG MDR 1980, 757). Bei schwebend unwirksamen Rechtsgeschäften bleiben Vereinbarungen von den Nichtigkeitsfolgen unberührt, welche die Parteien gerade mit Rücksicht auf die schwebende Unwirksamkeit des Vertrages schließen (BGH ZIP 1986, 36). § 139 BGB kann auch auf einen **teilweisen Widerruf** angewendet werden (NK-BGB/Faust[3] Rn 42; Palandt/Ellenberger[79] Rn 2). Anwendbar ist § 139 BGB auch für die Unwirksamkeit nach § 779 BGB (OLG Köln OLGZ 1972, 49). Nach dem Gesagten wird von § 139 BGB die **endgültige Unwirksamkeit** des Rechtsgeschäfts erfasst, wenn die notwendige Genehmigung, zB nach §§ 108, 177 BGB (zu § 177: BGH WM 1964, 913, 915 im Anschluss an RGZ 146, 366, 367), § 1829 BGB (OLG Zweibrücken NJW-RR 1993, 1478, 1479) ua verweigert wird (BGH LM Nr 24). Wenn die Parteien freilich **wissen**, dass ein Teil des Rechtsgeschäfts genehmigungsbedürftig ist und sie keine besondere Regelung für die Aufrechterhaltung des übrigen Teils treffen, so kann wohl regelmäßig davon ausgegangen werden, dass bei einer versagten Genehmigung das Gesamtgeschäft hinfällig werden soll (Flume, AT II 583). Möglich ist die Anwendung des § 139 BGB auch im Falle des **Teilrücktritts** (dazu BGH NJW 1976, 1931). Doch kann bei einem einheitlichen Rechtsgeschäft das Rücktrittsrecht hinsichtlich der verbundenen Geschäfte grundsätzlich auch nur einheitlich ausgeübt werden (BGH NJW 1976, 1931, 1932). Anwendung findet § 139 BGB auch auf die **Teilaufhebung** (BGH FamRZ 1990, 976) oder auf die **Teilgenehmigung** (Schulte AgrarR 1975, 37 zu OLG Karlsruhe AgrarR 1974, 326). Ist der Vertrag wegen eines **Formmangels** nichtig, so kann der Vertragsteil bei vorhandenem hypothetischen Parteiwillen aufrechterhalten werden, der für sich gesehen nicht formbedürftig war (BGH NJW 1986, 2642, 2643 [dort § 139 analog]; aber oben Rn 31 aE).

Bei einer **nachträglichen Teilunmöglichkeit** gelten nicht die Nichtigkeitsfolgen, sondern es greifen die Normen der §§ 283 Abs 1 S 2, 281 Abs 1 S 2 BGB ein (Palandt/Ellenberger[79] Rn 2). Doch war § 139 BGB auf eine anfängliche Teilunmöglichkeit anwendbar (RGZ 162, 121, 123; Mugdan II 97 = Mot II 177; Flume, AT II 577). Wegen § 311a Abs 1 BGB stellt sich das Problem in dieser Form künftig nicht mehr. 34

Endet ein Vertragsverhältnis, das mit einem anderen Rechtsgeschäft **verbunden** ist, so gilt § 139 BGB ebenfalls, wobei die direkte oder analoge Anwendung der Norm offen gelassen wurde (BGHZ 74, 253, 255; Soergel/Hefermehl[13] Rn 8). 35

3. Einheitlichkeit des Rechtsgeschäfts

§ 139 BGB setzt voraus, dass es sich um ein **einziges Rechtsgeschäft** handelt. Dagegen gilt die Norm nicht für selbstständig nebeneinander stehende Rechtsgeschäfte, auch wenn sie sich in irgendeinem Zusammenhang befinden (BGH 22. 9. 2016 – III ZR 427/15, NJW 2016, 3525 [keine rechtliche Einheit zwischen dem Vertrag über die Übertragung eines Geschäftsanteils und und einem damit wirtschaftlich verknüpften Treuhandvertrag]; NJW 2012, 296 Rn 54 [Heros II]; 2010, 374 Rn 25; MünchKomm/Busche[8] Rn 15 ff). Wird die Einheitlichkeit des Rechtsgeschäfts iSd § 139 BGB verneint, so kann die Wirksamkeit des einen Vertrags gleichwohl die **Geschäftsgrundlage** für den anderen sein. 36

a) Einheitlichkeitswille und objektiver Sinnzusammenhang

Unproblematisch ist die Konstellation, dass die Nichtigkeit den **Teil eines einzigen Geschäfts** betrifft, wie etwa eine einzelne Vertragsbestimmung. Da § 139 BGB Aus- 37 fluss der **Privatautonomie** ist (o Rn 1), kommt es in erster Linie auf den Willen der Parteien an, ob sie auch mehrere rechtsgeschäftliche Regelungen („verbundene Rechtsgeschäfte"), die jeweils auch für sich alleine bestehen können, als Teile eines einzigen Rechtsgeschäfts iSv § 139 BGB wollen. Entscheidend ist der **Einheitlichkeitswille** der Parteien zur **Zeit der Vornahme des Rechtsgeschäfts** (BGH NJW 2012, 296 Rn 58 mit Anm H Roth LMK 2012, 327095). Dieser Wille wird auch von der ständigen Rspr und der hL entscheidend betont (BGH NJW 2014, 1101 Rn 49 [Auswirkungen einer unwirksamen Vereinbarung zum Trennungsunterhalt zu Scheidungsfolgenvereinbarungen in der notariellen Urkunde]; 1987, 2004, 2007; 1976, 1931, 1932; DB 1970, 1591; OLG Köln VersR 2000, 459; OLG Schleswig NJW-RR 1995, 554; Erman/Arnold[15] Rn 12; Bork AT[4] Rn 1210; Kulke ZIP 2001, 985, 991). Es ist ausreichend, wenn nur **eine der Parteien** einen solchen Willen gebildet hat und das für die andere Partei erkennbar war und von ihr gebilligt oder hingenommen wurde (BGHZ 112, 376, 378 [Grundstückskaufvertrag und Bierlieferungsvertrag]; 78, 346, 349; 76, 43, 49; 50, 13; BGH NJW 2012, 296 Rn 58; 2011, 2874 Rn 24; NJW-RR 1993, 1421; NJW 1990, 1473, 1474 [Kauf- und Erlassvertrag]; BB 1990, 733, 734 [Kaufvertrag und Zusatzzahlung]; NJW-RR 1988, 348; NJW 1987, 1069; 1986, 1983, 1984; WarnR 1971 Nr 84; OLG Saarbrücken NJW-RR 2007, 1398, 1400; OLG Frankfurt NJW 2004, 616 [Künstlervertrag] mit Anm Pleister/Ruttig ZUM 2003, 957; BFHE 135, 217, 221; Benecke ZIP 2005, 1437, 1439). Die Maßgeblichkeit des Parteiwillens scheint auch in den Motiven aufzuscheinen, wenn es dort heißt: „Die Bedeutung, welche der Verbindung von mehreren, in einem Zusammenhange stehenden Willenserklärungen zukommt, kann lediglich dem Willen der Betheiligten entnommen werden;" (Mot I 222; so auch die Interpretation von Flume, AT II 571 Fn 5). Demgegenüber wird in der Lit bisweilen nicht in erster Linie auf den Parteiwillen, sondern darauf abgestellt, welcher **objektive Sinnzusammenhang** zwischen den einzelnen Abreden besteht (insbes MünchKomm/Busche[8] Rn 16, 17). In der Tat stehen die Materialien diesem Verständnis wohl nicht entgegen, da dort nicht für den Tatbestand „ein Rechtsgeschäft", sondern für die Rechtsfolge auf den Parteiwillen abgestellt wird (so das Verständnis bei MünchKomm/Busche[8] Rn 16). Allerdings räumt auch die Gegenauffassung ein, dass der Parteiwille in „vielen Fällen große Bedeutung hat", sodass die praktischen Unterschiede trotz der verschiedenen Ausgangspunkte nicht allzu groß sein dürften.

38 Auch wenn – wie hier – mit der hL primär auf den **Parteiwillen** abgestellt wird, so ist es doch zutreffend, dass die Parteien sich häufig keine Gedanken gemacht haben, sodass auch keine Erklärung darüber vorliegt, ob die Regelungen als einheitliches Rechtsgeschäft gewollt sind oder nicht. In diesen Fällen kommt es auf den **objektiven Sinngehalt** der Rechtsgeschäfte an (u Rn 45). Darüber besteht weitgehend Einigkeit (M Wolf/Neuner, AT[11] § 56 Rn 10; Flume, AT II 571; für die Gleichrangigkeit beider Kriterien wohl Medicus/Petersen, AT[11] Rn 502).

b) Einheitlichkeitswille und Indizien

39 Die Parteien können nach ihrem **Einheitlichkeitswillen** auch zeitlich getrennte oder Geschäfte unterschiedlichen Typs iSe einzigen Rechtsgeschäfts als rechtliche Einheit nach § 139 BGB zusammenfassen. Das gilt selbst dann, wenn an ihnen **unterschiedliche Personen** beteiligt sind wie beim Krankenhausvertrag (BGH MDR 1998, 582, 583). So liegt es, wenn die betreffenden, möglicherweise äußerlich getrennten, Vereinbarungen nach dem Willen der Parteien derart voneinander abhängig sind, dass sie miteinander **„stehen und fallen"** sollen (RGZ 78, 41; 79, 434; BGHZ 112, 288, 293; 50, 8, 13; BGH 22. 9. 2016 – III ZR 427/15, NJW 2016, 3525 Rn 16 [Geschäftsanteilsübertragungsvertrag und Treuhandvertrag]; BGH NJW 2012, 296 Rn 55 [Heros II]; 2011, 2874 Rn 24 [verneint für Leasing- und Werbevertrag]; NJW-RR 2007, 395, 396 [Zeichnungsschein] mit Anm M Weber EWiR § 139 BGB 1/07, 451; WM 1994, 1711; NJW 1983, 2026; 1976, 1931, 1932; WarnR 1977 Nr 8; 1966 Nr 121; OLG Bremen FamRZ 2011, 304 [Totalnichtigkeit bei formloser Abänderung eines notariell beurkundeten Ehevertrages]; OLG Saarbrücken 13. 3. 2008 – 8 U 249/07 juris Rn 40; OLG Brandenburg NotZB 2007, 370, 371 [Nebenabrede im Grundstückskaufvertrag]; OLG Saarbrücken NJW-RR 2007, 1398, 1400; OLGR Stuttgart 2007, 881, 883; OLG Frankfurt 7. 3. 2007 –17 U 301/06 juris Rn 47; OLGR Frankfurt aM 2007, 714, 715; OLG Frankfurt NZG 2004, 914, 915 [Anteilserwerb einer GmbH und Rückübertragungsangebot; sehr krit Benecke ZIP 2005, 1437; Sosnitza DStR 2005, 72; Kowalski/Bormann GmbHR 2004, 1438]; NJW 2004, 616 [Musikverlagsvertrag und Tonträgerproduktionsvertrag]; dazu Pleister/Ruttig ZUM 2003, 960; OLG Koblenz ZfIR 2003, 285, 286 [Leasingvertrag über Immobilie mit Ankaufsrecht des Leasingnehmers]; LG Düsseldorf 27. 5. 2005 – 34 O [Kart] 54/03, juris Rn 75 [Mengengarantieklausel]; AG Bad Iburg NdsRpfl 2006, 20, 21 [Betreuungsvertrag und Kaufvertrag]; Sonnenschein/Weitemeyer Jura 1993, 30, 34; im Ergebnis offen gelassen durch BGH NJW 2010, 374 Rn 24 [Abtretung von Ansprüchen aus der Berufsunfähigkeitsversicherung unter Verstoß gegen § 850b Abs 1 ZPO und Abtretung von Ansprüchen aus einer Lebensversicherung]; Schreiber JURA 2007, 25, 28; Hadding WuB I E 2. § 3 VerbrKrG 3. 05; zur vergleichbaren Problematik der Beurkundungsbedürftigkeit von zusammengesetzten Rechtsgeschäften im Mehrpersonenverhältnis: Hauschild/Zimmermann, in: FS Spiegelberger [2009] 1418, 1419 f, 1428). So soll die Nichtigkeit einer notariell beurkundeten **Vollmacht** und des Treuhandvertrages wegen Verstoßes gegen das RBerG nicht die im **Zeichnungsschein** enthaltene Vollmacht erfassen (BGH NJW-RR 2007, 395, 396 mit Anm M Weber EWiR 2007, 451; Baterau WuB IV A. § 139 BGB 1. 07; Strohmeyer ZfIR 2007, 418; zudem Hertel WuB VIII D. Art 1 § 1 RBerG 3. 07; OLGR Karlsruhe 2007, 857; im Anschluss daran OLG Saarbrücken 13. 3. 2008 – 8 U 249/07, juris Rn 39; OLG Frankfurt 25. 11. 2009 – 9 U 39/08, juris Rn 28; 9. 5. 2007 – 9 U 21/06, juris Rn 15; 7. 3. 2007 – 17 U 301/06, juris Rn 47; OLG Bamberg WM 2007, 1211, 1214; früher schon OLG München ZIP 2005, 1591, 1592; Überblick bei Schoppmeyer WM 2009, 10, 13; anders OLG Celle ZIP 2007, 1801 mit Anm Barnert EWiR Art 1 § 1 RBerG 1/08, 89; OLG Dresden 18. 4. 2007 – 12 U 83/06, juris Rn 61 ff; krit auch Kulke VuR 2007, 108, 111). In anderen Fällen können auch mehrere selbstständige Rechtsgeschäfte wie ein Kaufvertrag und die Provisionsvereinbarung zugunsten eines Dritten (**„Maklerklausel"**) ein einheitliches Vertragswerk bilden (OLG Koblenz NJW-RR 2007, 1548, 1549). Auch **Schmiergeldvereinbarung** und Hauptvertrag dürften eine rechtliche Einheit bilden (Passarge ZInsO 2008, 937, 939). Der Wille zur lediglich **wirtschaftlichen Verknüpfung** genügt dagegen nicht (BGH 22. 9. 2016 – III ZR 427/15, NJW 2016, 3525 Rn 16; NJW 2011, 2874 Rn 24; NJW-RR 2007, 395, 396; NJW 1987, 2004, 2007; OLG Saarbrücken NJW-RR 2007, 1398, 1400 [Anfechtung des neuen Versicherungsvertrags und Aufhebungsvertrag]; OLG Celle BauR 2007, 1745 [Grundstückskaufvertrag und mit einem Dritten abgeschlossener Bauvertrag]; vWestphalen MittBayNot 2004, 13, 16). Der Einheitlichkeitswille muss sich aus den Erklärungen der Parteien unter Berücksichtigung ihrer Interessen (BGH WM 1993, 1759, 1760) und der Verkehrssitte nach § 157 BGB (BGH WarnR 1966 Nr 121) erschließen lassen. Da dieser Wille selten offen zutage tritt, kommt es oftmals auf **äußere Indizien** an. Beim äußerlich selbstständigen Abschluss von *Arztzusatzvertrag* und *Wahlleistungsvereinbarung* wird der Einheitlichkeitswille durch die Bestimmungen der Bundespflegesatzverordnung normativ mitbestimmt, sodass entsprechende tatrichterliche Feststellungen entbehrlich sind (BGH MDR 1998, 582, 583). Vom Einheitlichkeitswillen zu unterscheiden ist die Feststellung der **Teilnichtigkeit**. Sie erfolgt bei zusammengefassten mehreren Verträgen ohne Berücksichtigung des Inhalts des anderen Vertrages. Deshalb sind für die Beurteilung der

Angemessenheit von Leistung und Gegenleistung nicht alle Verträge in eine Gesamtschau mit einzubeziehen und es kann eine bei isolierter Betrachtung **wucherische Gegenleistung** nicht durch die in einem zweiten Vertrag festgelegte sittengemäße Gegenleistung wirksam werden (mit Recht MICHALSKI NZG 1999, 1108 gegen KG ebd).

40 Ein äußeres Indiz für ein „einziges Rechtsgeschäft“ iSd § 139 BGB ist die **Einheit des Zustandekommens**. Sie ist gegeben bei einer einheitlichen mündlichen Absprache oder der Vereinbarung in einer Urkunde (BGH NZG 2009, 784 Rn 9 [Ratenzahlungsvereinbarungen bei Genossenschaften]; OLG Schleswig NJW-RR 2006, 1665; OLG Stuttgart VersR 2006, 1485, 1487 [einziger Versicherungsschein]). Allerdings wird die Einheitlichkeit durch eine rein äußere Verbindung der Geschäfte in einer Urkunde noch nicht begründet. Auch ein bloß wirtschaftlicher Zusammenhang oder eine wirtschaftliche Motivation genügen nicht (RGZ 103, 298; BGH NJW 1987, 2004, 2007; PALANDT/ELLENBERGER[79] Rn 5). Doch hat die Aufnahme in **einer Urkunde** indizielle Bedeutung. In diesem Falle soll eine „tatsächliche Vermutung“ für den erforderlichen Einheitlichkeitswillen bestehen (BGHZ 54, 71, 72; BGH NJW 2014, 1101 Rn 49 [Scheidungsfolgenvereinbarung]; VersR 2005, 790, 791; NJW-RR 1988, 348, 351; NJW 1987, 2004, 2007; 1976, 1931, 1932; OLG Schleswig NJW-RR 2006, 1665, 1666; OLG Stuttgart FamRZ 1987, 1034, 1035). Es handelt sich nach richtiger Auffassung um einen **Anscheinsbeweis**, der nach den für ihn geltenden Regeln entkräftbar ist (JAUERNIG/MANSEL[17] Rn 2). Gegen die „Vermutung“ kann insbes der Gegenstand der Vereinbarungen sprechen (BGH NJW 1987, 2004, 2007 [kombinierter Vertrag über Hardware und Software]). Eine wegen eines **„Summierungseffektes“** gem § 307 BGB unwirksame Formularklausel kann bei einem sachlichen Zusammenhang mit einer wirksamen Individualvereinbarung ein einheitliches Rechtsgeschäft nach § 139 BGB darstellen, wenn Formularbedingung und individuelle Abrede *gleichzeitig* vereinbart worden sind (BGH NJW 2009, 1075 Rn 14 [Individualvereinbarung über Endrenovierung und unwirksame Formularklausel über Schönheitsreparaturen] mit Anm KAPPUS; NJW 2006, 2116 Rn 20; zum Ganzen DERLEDER NZM 2009, 227, 228 [krit]; HORST DWW 2009, 174; KLIMKE JR 2007, 353, 354).

41 Dagegen sind regelmäßig **mehrere rechtlich selbstständige Verträge** anzunehmen, wenn verschiedene Absprachen in einem zeitlichen Abstand oder in mehreren Urkunden getroffen werden. Deshalb bedeutet insbes die **getrennte Beurkundung** einen Anscheinsbeweis für die Selbstständigkeit der Geschäfte (BGH NJW-RR 2007, 395, 396 [Zeichnungsschein]; BGHZ 104, 18, 22; 78, 346, 349 [„tatsächliche Vermutung“]; BGH NJW-RR 1988, 348; WM 1967, 1131; WarnR 1966 Nr 121; ebenso RGZ 79, 434; OLG Bamberg WM 2007, 1211, 1214; OLGR Karlsruhe 2007, 857, 859; OLGR KG 2004, 286 [Grundstückskaufvertrag und Generalmietvertrag] mit Anm LÖFFLAD MietRB 2004, 106; LG Düsseldorf 16. 2. 2009 – 7 0 11/09, juris Rn 53 [Sittenwidrigkeit eines Kreditvertrages]). Bisweilen wird auch von „widerleglicher Vermutung“ gesprochen (BGH NJW 2011, 2874 Rn 24). Diese „Vermutung“ kann schon durch die entsprechende Formulierung des Vertragstextes entkräftet werden (BGH NJW-RR 1993, 1421, 1422; auch OLG Frankfurt NZG 2004, 914, 915). Zu ihrer Widerlegung genügt aber nicht schon der Nachweis eines wirtschaftlichen Zusammenhangs (o Rn 39) und auch nicht der gleichzeitige Abschluss der Geschäfte (BGH WM 1967, 1131, 1132; RdL 1967, 153, 154; RGZ 103, 295, 297f). Doch kann sich die äußerliche Trennung aus der höchstpersönlichen Natur der Verträge erklären lassen (BGH WarnR 1966 Nr 121). Andererseits scheitert eine Einheit nicht schon an der höchstpersönlichen Natur der Erklärungen (BGH WarnR 1966 Nr 121). In getrennten Urkunden niedergelegte *Abfindungsvereinbarung* und *Wettbewerbsverbot* wurden nicht als

Teil einer Geschäftseinheit angesehen (OLG Köln VersR 1998, 97, 99). Auch bei getrennter Beurkundung ist eine Einheit anzunehmen, wenn die Vereinbarungen miteinander **„stehen und fallen"** sollen (BGH 22. 9. 2016 – III ZR 427/15, NJW 2016, 3525 Rn 18; NJW 1990, 1473; OLG Frankfurt NZG 2004, 914, 915).

c) Verschiedenheit der Geschäftstypen

Die mehreren rechtlichen Vereinbarungen brauchen nicht demselben rechtlichen 42
Geschäftstyp anzugehören (BGH WarnR 1966 Nr 121). So können beispielsweise zusammengefasst werden ein *Kaufvertrag* über die Einrichtung und ein *Mietvertrag* über die Räume (BGH NJW 1983, 2028). Ebenso liegt es für die Kombination von *Grundstückskauf-* und *Baubetreuungsvertrag* (BGH NJW 1976, 1931, 1932; 1955, 297 [LS]). Das Gleiche gilt für einen *Franchisevertrag* und einen *Mietvertrag* (OLG Nürnberg NZM 1998, 375). Auch können etwa ein *Pachtvertrag* und die Einräumung eines *Vorkaufsrechts* zusammengefasst werden oder die nichtige Vereinbarung über die Durchführung von *Räumungsverkäufen* mit einem Miet- und Darlehensvertrag (einen Fall des § 139 betraf in Wirklichkeit OLG Stuttgart BB 1996, 2060). Möglich ist (trotz getrennter Beurkundung) auch die Kombination eines Aufhebungsvertrages in Bezug auf einen *Erbvertrag* mit einem *Übertragungsvertrag* wegen eines Grundstücks (OLG Schleswig NJW-RR 2006, 1665). Auch im Übrigen besteht *kein Typenkombinationsverbot.*

d) Verschiedenheit der Personen

Nach hL wird die erforderliche Geschäftseinheit nicht dadurch ausgeschlossen, dass 43
an den mehreren Rechtsgeschäften nicht stets **dieselben Personen** teilgenommen haben (BGH NJW-RR 2006, 1182 Rn 14 [„Steigermodell"]; MDR 1998, 582, 583 [Wahlleistungsvereinbarung zwischen Krankenhausträger und Patient und Arztzusatzvertrag zwischen Arzt und Patient]; BGH NJW-RR 1993, 1421, 1422; BB 1990, 733, 734; NJW-RR 1988, 348; NJW 1976, 1931, 1932; WarnR 1966 Nr 121; NJW 1955, 297 [LS]; BFHE 135, 217, 220; OLGR München 2005, 19, 20 [Gerichtsstandvereinbarung]; KG NJW 1983, 291, 292; AG Karlsruhe 12. 10. 2007 – 12 C 169/07, juris Rn 12 [Handy-Kaufvertrag und Mobilfunkvertrag]; dazu Limbach ZGS 2009, 206; Oertmann ZHR 101 [1934] 119 ff). Fälle dieser Art liegen etwa dann vor, wenn der Käufer bei dem Verkäufer eine Sache kauft und für den Kaufpreis bei einer Bank ein Darlehen aufnimmt. Die Rspr verlangt aber, dass die Einheitlichkeit zur Zeit des Vertragsabschlusses von mindestens einer Vertragspartei erkennbar gewollt und von allen übrigen Parteien hingenommen worden sein muss (BGH BB 1990, 733, 734 [Übergreifen eines sittenwidrigen Vertrages]). Die Lit ist dieser Auffassung weitgehend gefolgt (Bamberger/Roth/Hau/Poseck/Wendtland[4] Rn 8; Palandt/Ellenberger[79] Rn 5; Jauernig/Mansel[17] Rn 3; Münch Komm/Busche[8] Rn 19; PWW/Ahrens[15] Rn 9; Erman/Arnold[15] Rn 12; Soergel/Hefermehl[13] Rn 22). Vereinzelt wird daran festgehalten, dass die rechtsgeschäftlichen Regelungen zwischen **denselben Personen** getroffen worden sein müssen (Flume, AT II 572). Das gelte selbst bei einem zu bejahenden *Sinnzusammenhang* zwischen den einzelnen Regelungen. So soll es selbst dann nicht zur Anwendung des § 139 BGB kommen, wenn die Bevollmächtigung gegenüber einem Dritten geschieht; es handele sich um ein selbstständiges Rechtsgeschäft und für § 139 BGB sei kein Raum. Das ist kaum überzeugend. Bisweilen wird wenigstens für das Beispiel des **finanzierten Kaufvertrages** nicht § 139 BGB angewendet, sondern für die Einheitlichkeit darauf abgestellt, ob die Wirksamkeit des einen Geschäfts zur Bedingung oder zur Geschäftsgrundlage für das andere gemacht worden ist (Medicus/Petersen, AT[11] Rn 502). Jedenfalls kommt aber für den *Verbraucherkredit* § 358 BGB als Sonderregelung zur Anwendung (mit Recht Medicus/Petersen, AT[11] Rn 502; anders möglicherweise vWestphalen EWiR § 9 VerbrKrG

1/04, 33). § 139 BGB ist nicht einschlägig, wenn sich mehrere Personen gegenüber einem Gläubiger in der Form der selbstständigen *Mitbürgschaft* verpflichten (SOERGEL/HEFERMEHL[13] Rn 22; FLUME, AT II 572). Anders liegt es dagegen bei der gemeinschaftlichen *Mitbürgschaft* (insoweit **aA** FLUME, AT II 572). Auch ist der gesamte Vertrag nach § 139 BGB nichtig, wenn von zwei einen *Darlehensvertrag* als Gesamtschuldner unterzeichnenden Darlehensnehmern der eine unerkannt geschäftsunfähig ist (OLG Karlsruhe NJW-RR 1991, 947, 948 im Anschluss an RGZ 99, 52, 55; 138, 272). Einheitlichkeit wird nicht dadurch ausgeschlossen, dass zwar dieselben Personen an verschiedenen Rechtsgeschäften, aber nicht in gleicher Weise beteiligt sind. So liegt es bei der Beteiligung einmal im fremden und einmal im eigenen Namen (RGZ 79, 434, 436; SOERGEL/HEFERMEHL[13] Rn 22).

44 § 139 BGB kommt nach allgM zur Anwendung, wenn **mehrere Personen auf einer Seite** eines Rechtsgeschäfts stehen (BGHZ 3, 206, 209; BGH NJW 1994, 1470, 1471; 1991, 39, 40 [Eheleute als Darlehensnehmer]; 1970, 240, 241; WM 1961, 1149, 1151; RGZ 141, 104, 108; OLGR München 2005, 19, 20 [Gerichtsstandvereinbarung]; FLUME, AT II 573; MEDICUS/PETERSEN, AT[11] Rn 502; vWESTPHALEN BB 1993 Beil Nr 8, 19 ff [Leasinggeschäfte]). So liegt es etwa, wenn Eheleute, Lebenspartner oder die Beteiligten von nichtehelichen Lebensgemeinschaften eine Wohnung mieten. Auch kommt § 139 BGB zur Anwendung, wenn jemand einen Vertrag im eigenen Namen und zugleich als vollmachtloser Vertreter für einen anderen abschließt und der Vertretene die Genehmigung verweigert (BGH NJW 1970, 240 f mit iE zust Bespr von W GERHARDT JuS 1970, 326; zur Teilbarkeit u Rn 65). Davon abzugrenzen ist die **quantitative Überschreitung** einer Vollmacht (dazu KREBS/BERJASEVIC JA 2007, 857, 861). Ein *überflüssiger Teil* eines Rechtsgeschäfts ist kein Teil, dessen Nichtigkeit zur Anwendung des § 139 BGB führte (FLUME, AT II 573 gegen BGHZ 3, 206, 209). Das ist etwa der Fall bei der gegenstandslosen Mitwirkung des Ehepartners an einem Rechtsgeschäft, für das der andere Teil allein verfügungsberechtigt ist. Bei der **„belanglosen Erklärung"** handelt es sich nicht um eine Teilnichtigkeit iSd § 139 BGB.

e) Objektiver Sinnzusammenhang und Indizien

45 Die erforderliche **Geschäftseinheit** wird sich häufig aus dem objektiven Sinnzusammenhang mehrerer Geschäfte ergeben, wenn sich ein Einheitlichkeitswille der Parteien nicht feststellen lässt (o Rn 37 f). So liegt es insbes bei **Organ- und Versammlungsbeschlüssen** (BGH NJW 1994, 520, 523). Ausschlaggebend ist dann der Inhalt der getroffenen Vereinbarungen (BGH NJW 1994, 520, 523), wobei maßgebend ist, dass bei äußerer Trennung der Geschäfte die getroffenen Regelungen wirtschaftlich so eng miteinander verflochten sind, dass sie nur miteinander als sinnvolle Regelung zu bestehen vermögen (so M WOLF/NEUNER, AT[11] § 56 Rn 10; im gleichen Sinn FLUME, AT II 571 f). Ist der **wirtschaftliche Zusammenhang** zwischen den Regelungen weniger eng als in dieser Formulierung zugrunde gelegt, so vermag er allerdings für sich allein noch nicht die erforderlichen Voraussetzungen für die Einheit des Rechtsgeschäfts zu schaffen (mit Recht BGH DB 1969, 1591; RGZ 79, 434, 439; MünchKomm/BUSCHE[8] Rn 17). Allerdings hat der wirtschaftliche Zusammenhang Indizwirkung für die Annahme einer solchen Einheit (BGH LM Nr 34 FamRZ 1967, 465, 467).

f) Sonstige Vertragsverbindungen

46 Zwischen mehreren Regelungen kann ein rechtlicher Zusammenhang auch durch **rechtsgeschäftliche Bedingung** hergestellt werden (§ 158 BGB). Dann liegt kein Fall

des § 139 BGB vor. Andererseits ist es für die Anwendung des § 139 BGB auch nicht notwendig, dass der *Einheitlichkeitswille* einer derartigen Bedingung entspricht (BGH NJW 1976, 1931, 1932). Eine weitere sondergesetzlich geregelte Art der Vertragsverbindung ergibt sich aus **§ 358 BGB**. Diese Regelung ist dem § 139 BGB vorrangig (o Rn 43). Auch kann die Wirksamkeit des einen Rechtsgeschäfts zur **Geschäftsgrundlage** für das andere gemacht werden (Medicus/Petersen, AT[11] Rn 503). Die Annahme der Totalnichtigkeit richtet sich dann nicht nach den Voraussetzungen des § 139 BGB.

g) Prozessuales

47 Nach hL geht es bei der Frage nach dem Vorliegen eines einheitlichen Rechtsgeschäfts aufgrund eines Einheitlichkeitswillens um eine **Tatfrage** (BGH 22. 9. 2016 – III ZR 427/15, NJW 2016, 3525 Rn 16; NJW 2011, 2874 Rn 24; 2007, 1131 Rn 24 mit krit Anm Volmer ZfIR 2007, 282; Kulke VuR 2007, 111; NJW-RR 2007, 395, 396; 2006, 1182 Rn 14; WM 1994, 1711; NJW-RR 1993, 1421, 1422; NJW 1991, 917; NJW-RR 1988, 348; NJW 1976, 1931, 1932; DB 1970, 1591; FamRZ 1967, 465, 467; NJW 1955, 297 [LS]). Maßgebend sind Ermittlung und Auslegung des Parteiwillens. Die Revision nimmt das Ergebnis dieser tatrichterlichen Würdigung hin, es sei denn es liegen Widersprüche oder Verstöße gegen Denk- und Erfahrungssätze vor (BGHZ 78, 346, 349; BGH 22. 9. 2016 – III ZR 427/15, NJW 2016, 3525 Rn 16). Nach richtiger Auffassung handelt es sich dagegen um eine **revisible Rechtsfrage** (MünchKomm/Busche[8] Rn 34). Abzustellen ist sowohl auf den Vortrag der Parteien als auch auf die Umstände des Rechtsgeschäfts (OLG Zweibrücken NJW-RR 1993, 1478, 1479). Erschließen sich die maßgebenden Gesichtspunkte allein aus den vorgelegten Vertragswerken und kommen weitere tatsächliche Umstände ersichtlich nicht in Betracht, so prüft und entscheidet der BGH selbst (BGHZ 76, 43, 49; BGH NJW-RR 1993, 1421, 1422; NJW 1987, 2004, 2007). Wer sich auf die Gültigkeit des an sich wirksamen Teils des Rechtsgeschäfts beruft, trägt für diejenigen Tatsachen die **Beweislast**, aus denen sich der Parteiwille zur Wirksamkeit des nicht von der Nichtigkeit betroffenen Teils des Rechtsgeschäfts ergeben soll (BGH NZG 2009, 784 Rn 9).

h) Einzelfälle

48 Die nachfolgende Darstellung der Einzelfälle hat stets **Beispielcharakter**, da es jeweils ausschlaggebend auf die besondere Fallgestaltung ankommt. Schematische Übertragungen auf andere Fälle sind deshalb unzulässig.

49 Die Möglichkeit der Annahme eines **einzigen Rechtsgeschäfts wurde bejaht** für einen *Wohnungstauschvertrag* und ein *Besitzwechselverfahren* nach den §§ 68, 126 ZGB-DDR (BGH WM 1993, 1759, 1760 [dort aber ergänzende Vertragsauslegung]; o Rn 8), einen *Mietvertrag* und ein *Ankaufsrecht* (OLGR Stuttgart 2007, 881, 883), eine *Grundmietenerhöhung* und einen *Beschaffenheitszuschuss* (AG Naumburg WuM 1993, 666), formal selbstständige Beschlüsse des *Aufsichtsrates,* soweit sie inhaltlich in einem engen inneren Zusammenhang stehen (BGH NJW 1994, 520, 523), *Trennungsvereinbarungen* zwischen unverheirateten Lebenspartnern, bestehend aus einer Unterhaltsvereinbarung und sonstigen Regelungen (OLG Zweibrücken DAVorm 1993, 964) sowie für einen *Grundstückskaufvertrag* und einen *Treuhandvertrag* (BGH NJW-RR 1993, 1421). Ein einheitliches Rechtsgeschäft bedeuten auch ein *Grundstückskaufvertrag* und eine *Auflassungsvollmacht* (BGH DNotZ 1990, 359 m Anm Heckschen) sowie überhaupt *Vollmacht* und zugrunde liegender *Baubetreuungsvertrag* (BGHZ 102, 60, 62; BGH NJW 1994, 2095; WM 1992, 1662 m Anm Haug EWiR § 19 BNotO 1/92, 983). Ebenso liegt es bei einem kombinierten Vertrag über *Hardware* (Kauf eines Computers) und *Software* (Li-

zenzvertrag) (BGH NJW 1987, 2004, 2007; OLG Köln NJW-RR 1991, 1463; OLG Koblenz NJW-RR 1992, 689; OLG München NJW-RR 1992, 1271). Im Zweifel gilt das aber nicht bei Verträgen über *Standardware* von verschiedenen Herstellern (BGH NJW 1987, 2007; **aA** ZAHRNT BB 1993, 1675). Ein einheitliches Rechtsgeschäft wurde auch zugrunde gelegt bei einem *Ehevertrag* und einem *Erbvertrag* (OLG Stuttgart FamRZ 1987, 1034, 1035; Abgrenzungsentscheidung: BGHZ 29, 129, 132) sowie bei der Vereinbarung eines *Gesamthonorars,* bestehend aus Anwaltstätigkeit einerseits und notarieller Tätigkeit andererseits (BGH NJW 1986, 2576, 2577). Werden das Geschäft, aus dem die zu sichernde Forderung erwächst, und die *Sicherungsabrede* durch den Parteiwillen zu einer rechtlichen Einheit verbunden, so hat die Nichtigkeit des ersten Geschäfts auch die Nichtigkeit der Sicherungsabrede zur Folge (BGH WM 1994, 1711, 1712).

50 Ein **einheitliches Rechtsgeschäft** kann sich auch aus einer Vergütungszusage für *Maklerprovision* und einem *Schmiergeldversprechen* zusammensetzen (BGH NJW-RR 1986, 346, 348). Mit Recht wurde § 139 BGB auch auf „Kettenverträge" im Rahmen von *Umschuldungen* angewendet (OLG Frankfurt NJW 1985, 745; ferner BGH NJW 1983, 1420 sub II 2 [mehrere Darlehensverträge]). Geschäftseinheit kann auch vorliegen bei einem *Getränkelieferungsvertrag* und einem *Darlehensvertrag* (BGH ZIP 1991, 1011 m Anm THAMM/DETZER EWiR § 1c AbzG 2/91, 833), einem *Grundstückskaufvertrag* und einem *Bierlieferungsvertrag* (BGH NJW 1991, 917) sowie einem *Bierlieferungsvertrag* und einem *Maklervertrag* (OLG Koblenz WM 1984, 1238, 1239). Ebenso ist zu entscheiden für die verschiedenen Punkte einer *Scheidungsfolgenvereinbarung* wie Zugewinnausgleich und Unterhalt (OLG Stuttgart FamRZ 1984, 806), die Vereinbarung zwischen geschiedenen Ehegatten über die Freistellung von Ansprüchen auf *Kindesunterhalt* und den Verzicht auf die Ausübung des *Umgangsrechts* (OLG Karlsruhe FamRZ 1983, 417), den Abschluss eines *Kreditvertrags* und einer *Restschuldversicherung* (KG NJW 1983, 291, 292; KNOPS VersR 2006, 1455, 1458 [str]; u Rn 53) sowie einen *Grundstückskaufvertrag* und einen *Gebäudeerrichtungsvertrag* (BFHE 135, 217, 221).

51 Ein einheitliches Geschäft bilden auch ein *Architektenvertrag* (Art 10 § 3 S 1 MRVerbG) und der mit ihm verbundene *Bauwerkvertrag* (SCHÄFER/FINNERN/HOCHSTEIN Art 10 § 3 MRVG Nr 8; aber o Rn 12), ein *Grundstückskaufvertrag* und ein *Baubetreuungsvertrag* (BGH NJW 1976, 1931), die Bestellung eines *Fertighauses* und die Verpflichtung zum dafür erforderlichen *Grundstückserwerb* (LG Hamburg AIZ 1974, 252), ein *Garagenkauf* und der nachfolgende Kauf einer *Eigentumswohnung* (BFH DStR 1970, 277 [LS]) sowie ein beurkundeter *Kaufvertrag* und mündliche Abreden über eine *Rückübertragungsverpflichtung* (BGH FamRZ 1967, 465, 467). Eine rechtliche Einheit bedeuten können auch *Auflassung* und *Nießbrauchsbestellung* zugunsten des Verkäufers (OLG Saarbrücken JBlSaar 1967, 164), ein *Kaufvertrag* und eine *Schuldübernahme* nach § 415 BGB (OLG Hamburg NJW 1966, 985 m Anm HECKELMANN NJW 1966, 1925) sowie die *Provisionszusage* gegenüber dem Makler und das *Strafversprechen* zwischen den Kaufinteressenten (BGH NJW 1970, 709, 711).

52 Ferner wurde die Annahme eines einzigen Rechtsgeschäfts bejaht für die Verpfändung des *Ehrenworts* für das zugesagte Unterlassen von *Wettbewerb* (RGZ 74, 332, 334 f), die Verbindung von *Vermietung* und *Möbelverkauf* (BGH LM Nr 29), bei der *Unfallfinanzierung* für die Gewährung eines Darlehens und die *Abtretung* einer Forderung (BGH WM 1976, 1350, 1351; OLG München NJW 1974, 1659), eine *Grundschuldbestellung* und eine *Bürgschaft* (BGH FamRZ 1983, 455), für einen *Franchisevertrag* und

einen *Kaufvertrag* (BGHZ 112, 288, 293) oder einen sonstigen Nebenvertrag wie einen Mietvertrag (OLG Nürnberg NZM 1998, 375). Das Gleiche gilt für einen Darlehensvertrag mit *verschiedenen Darlehensnehmern* (BGH NJW 1991, 39, 40). Eine rechtliche Einheit kann auch gegeben sein zwischen einem *Adoptionsvertrag* und *Erbverträgen* zweier Erblasser (BGH WarnR 1966 Nr 121; **abl** Häsemeyer FamRZ 1967, 30).

Die Annahme eines **einzigen Rechtsgeschäfts wurde verneint** bei einem *Künstlervertrag* und einem *Folgevertrag* mit Dritten über Einzeltitel (OLG Frankfurt NJW 2004, 616), einem *Preisbindungsvertrag* in Form eines Rahmenvertrages, der einzelne Verpflichtungen bündelt (OLG Stuttgart WuW 1971, 441) sowie einem Vertrag, in dem der Verkäufer dem Käufer die Möglichkeit verkauft, mit einem Dritten einen nach § 1 GWB unwirksamen *Kartellvertrag* abzuschließen (OLG Stuttgart WuW 1970, 377, 383 [aber mit der unrichtigen Begründung der Beteiligung verschiedener Personen], o Rn 43). Auch wurde die *Enterbung* der Ehefrau neben der Erbeinsetzung der *Geliebten* als selbstständige Verfügung von Todes wegen angesehen (OLG Karlsruhe FamRZ 1967, 691, 693 [zu § 2085]). Keine Einheit gegeben ist in der Regel auch bei *mehreren Bürgschaften* (OLG Frankfurt NJW-RR 1988, 496). Verneint wurde die rechtliche Einheit auch für *Darlehens- und Pfandbestellung* (RGZ 86, 323, 324 [zweifelhaft]). Ebenso wurde entschieden für *Darlehen und Restschuldversicherung* (BGH VersR 1990, 884; OLG Frankfurt NJW-RR 1989, 591; vgl aber o Rn 50 aE). Ebensowenig ist der *Schiedsvertrag* Teil eines einheitlichen, aus Hauptvertrag und Schiedsvertrag bestehenden Rechtsgeschäfts (BGHZ 53, 315, 318). Einheitlichkeit ist auch abzulehnen zwischen der *dinglichen Einigung* und dem *Besitzkonstitut* (Michalski AcP 181 [1981] 381, 384; MünchKomm/Busche[8] Rn 22). Verneint wurde eine Geschäftseinheit für eine in getrennten Urkunden niedergelegte *Abfindungsvereinbarung* und ein *Wettbewerbsverbot* (OLG Köln VersR 1998, 97, 99). 53

i) Insbesondere: Grund- und Erfüllungsgeschäft

Das **Abstraktionsprinzip** schließt nach richtiger Auffassung die Annahme einer Geschäftseinheit nach § 139 BGB zwischen Grund- und Erfüllungsgeschäft aus. Abzulehnen ist es insbes, dass sich der Einheitswille aus den Umständen des Falles ergeben soll. Deshalb zieht die Nichtigkeit der Verpflichtung im Zweifel nicht die Nichtigkeit der Verfügung nach sich (Stadler, Gestaltungsfreiheit und Verkehrsschutz durch Abstraktion [1996] 94 f; Erman/Arnold[15] Rn 14; PWW/Ahrens[15] Rn 13; Medicus/Petersen, AT[11] Rn 241, 504; M Wolf/Neuner, AT[11] § 56 Rn 12; Flume, AT II 178; Wertenbruch, AT[4] § 20 Rn 7; Jauernig JuS 1994, 721, 724; Grigoleit AcP 199 [1999] 379, 414 ff; abschwächend MünchKomm/Busche[8] Rn 20; **aA** NK-BGB/Faust[3] Rn 17; Faust AT[6] § 12 Rn 6; Bamberger/Roth/Hau/Poseck/Wendtland[4] Rn 10; Palandt/Ellenberger[79] Rn 7; Oppermann RNotZ 2006, 479 [Pflichtteilsverzicht]; Eisenhardt JZ 1991, 271, 277 mwNw; Wufka DNotZ 1985, 651 [Erbbaurecht]; Haferkamp Jura 1998, 511, 515; AK-BGB/Damm Rn 12). Dagegen hält die Rspr die Zusammenfassung von Verpflichtungs- und Verfügungsgeschäft zu einem einheitlichen Geschäft über § 139 BGB dem Grundsatz nach für möglich. Freilich überwiegen bei Weitem die Entscheidungen, in denen eine Geschäftseinheit abgelehnt oder irrtümlich mit einer Geschäftseinheit argumentiert wurde (richtig Jauernig JuS 1994, 721, 724; dazu BGH NJW 1991, 917, 918 [„ausnahmsweise"]; NJW-RR 1989, 519 [„höchst selten"]; BB 1986, 1252; BGHZ 31, 321, 323 [„ausnahmsweise"]; BGH NJW 1979, 1495, 1496 [„ausnahmsweise"]; ferner BGH NJW-RR 2012, 1483 Rn 7: es könne an der Vollzugsreife fehlen, wenn das schuldrechtliche Grundgeschäft unwirksam ist). Bisweilen wird auch gar keine Verbindung einer Verpflichtung mit einer zugehörigen Verfügung betroffen (so in BGH BB 54

1986, 1251, 1252; Jauernig JuS 1994, 721, 724). Dagegen geht das BAG von einer Anwendung des § 139 BGB „in aller Regel" aus (BAG NJW 1967, 751). Richtig ist freilich, dass die Wirksamkeit des zugrunde liegenden Verpflichtungsgeschäfts bei Zweifeln daran als **(uneigentliche) Bedingung** für die Verfügung vereinbart werden kann. So liegt es bei der Übertragung von Forderungen und bei der Übereignung beweglicher Sachen. Bei der Auflassung von **Grundstücken** scheitert diese Möglichkeit an § 925 Abs 2 BGB (Müssig JZ 2006, 150). Doch reicht auch für die Annahme einer derartigen Bedingung eine stillschweigende Vereinbarung nicht aus. Vielmehr müssen konkrete Anhaltspunkte für einen wirklichen Parteiwillen vorliegen (Medicus/Petersen, AT[11] Rn 241; Jauernig JuS 1994, 721, 724; Grigoleit AcP 199 [1999] 379, 412; **aA** Palandt/Ellenberger[79] Rn 7).

55 Die Rspr hat ihren unrichtigen Ausgangspunkt auf verschiedene Weise eingeschränkt. So scheidet eine Zusammenfassung der beiden Geschäfte stets aus, wenn das **Erfüllungsgeschäft bedingungsfeindlich** ist, wie das wegen § 925 Abs 2 BGB bei der Auflassung der Fall ist (vorige Rn). Den Parteien könne hier nicht der Wille zu einer Umgehung des Gesetzes unterstellt werden (BGH NJW 2005, 415, 417; 1991, 917, 918; 1985, 3006, 3007; 1979, 1495, 1496; BayObLG Rpfleger 1969, 48 m Anm Haegele; OLG Frankfurt NJW 1981, 876, 877; LG Dortmund Rpfleger 1962, 444). Das gilt auch dann, wenn Grundgeschäft und Auflassung in einer Urkunde erklärt sind. Eine Zusammenfassung scheidet auch dann aus, wenn das Grundgeschäft als **Scheingeschäft** nichtig ist, da hier kein einheitlicher Wille bestehe (BGH BB 1994, 2228, 2229 [formnichtiger Verkauf von GmbH-Geschäftsanteilen]; RGZ 104, 104; OLG München NJW-RR 1986, 13; zur zweifelhaften Begründung o Rn 24). Drittens schließlich kommt eine Zusammenfassung nicht in Betracht, wenn das Erfüllungsgeschäft das Grundgeschäft **heilt**, so in den Fällen der §§ 518 Abs 2; 766 S 2 BGB; § 15 Abs 4 S 2 GmbHG. § 311b S 2 BGB bleibt wegen § 925 Abs 2 BGB außer Betracht.

56 Eine Zusammenfassung wurde für möglich gehalten in den Fällen der *Sicherungsabtretung* (BGH NJW 1982, 275, 276; dagegen Jauernig JuS 1994, 721, 724 [Verwechslung von Abstraktion und Akzessorietät]; BAG NJW 1967, 751). Doch reicht es entgegen diesen Entscheidungen keineswegs aus, dass Grundgeschäft und Abtretung Teile einer einheitlichen Vereinbarung sind und in einer Vertragsurkunde aufgenommen wurden. Auch der „wirtschaftliche Zweck" des Vertragswerks ist nicht hinreichend, da er naturgemäß stets zu bejahen sein wird. Für die *Sicherungsübereignung* wird dagegen vorsichtiger formuliert (in Abgrenzung von BGH NJW 1982, 275, 276). Danach gebe es keinen allgemeinen Rechtsgrundsatz, wonach Sicherungsübereignungen stets durch den Sicherungszweck bedingt seien. Auch auf § 139 BGB wurde nicht zurückgegriffen (BGH NJW 1991, 353). Ansonsten wird § 139 BGB für die *Fahrnisübereignung* für anwendbar gehalten (BGH NJW 1952, 60). In dieser Entscheidung wurde die Norm aber nur am Rande erwähnt. Die Instanzgerichte entscheiden bisweilen anders (OLG Hamm NJW-RR 1988, 628). Einheitlichkeit wurde (ausnahmsweise) ferner bejaht für eine *Schuldübernahme* (BGHZ 31, 321, 323; auch OLG Hamburg NJW 1966, 985, 986 [§ 415]), die Bestellung eines *Nießbrauchs* (OLG Celle OLGZ 1974, 170), eines *Erbbaurechts* (ausführlich Wufka DNotZ 1985, 651) und einen *Erbteilskaufvertrag* und die Übertragung eines *Erbteils* (BGH NJW 1967, 1128, 1130 [mE Sonderfall]; DNotZ 1971, 38; OLG Schleswig SchlHA 1954, 54). Das **äußerliche Zusammentreffen** der Geschäfte soll dabei aber mit Recht nicht ausreichend sein (zu weitgehend BAG NJW 1967, 751; richtig insoweit BGH NJW 1967, 1128, 1130; Holthaus/Keiser ZfIR 2009, 396, 397 [Dienstbarkeiten]).

Eine Geschäftseinheit wird auch zwischen **Grundgeschäft und Vollmacht** als möglich erörtert (BGH NJW 2002, 2325, 2327 [Geschäftsbesorgungsvertrag und Vollmacht]; ZIP 2003, 165 f [Treuhandvertrag und Vollmacht]; o Rn 17; nicht entschieden in BGH DNotZ 1980, 344, 349 m Anm Wolfsteiner; NJW 1985, 730 [offen gelassen]; NJW 1988, 697, 698; RGZ 81, 49, 51; BGH WM 1964, 182, 183; Mülbert/Hoger WM 2004, 2281, 2283 [krit]; **aA** MünchKomm/Schubert[8] § 164 Rn 209, 210 [Ausnahme: erkennbare Abhängigkeit]). Wie § 168 BGB zeigt, ist die Innenvollmacht gegenüber dem Grundgeschäft nicht wirklich abstrakt (Medicus/Petersen, AT[11] Rn 949). Deshalb sollte die Innenvollmacht bei Nichtigkeit des Grundverhältnisses ebenfalls ungültig sein (vgl BGH NJW 1990, 1721, 1723; AG Duisburg NZI 2007, 728, 731 [Anwaltsvertrag bei Verstoß gegen § 43a Abs 4 BRAO und Vollmacht]; differenzierend Hartmann ZGS 2005, 62; **aA** zB KG DNotZ 2004, 795; OLG München NJW-RR 2002, 1489; Jauernig/Mansel[17] § 168 Rn 4; gegen die Anwendbarkeit des § 139 überhaupt Hellgardt/Majer WM 2004, 2380, 2383). Auch *Verkaufsvollmacht* und *Auflassungsvollmacht* bilden ein einheitliches Rechtsgeschäft (Edenfeld JuS 2005, 42, 43 f). Ist der Geschäftsbesorgungsvertrag zur Abwicklung eines Grundstückserwerbs im **Bauträgermodell** wegen Verstoßes gegen das **Rechtsberatungsgesetz** (RechtsdienstleistungG) nichtig, so ergibt sich aus dessen Schutzzweck auch die Nichtigkeit der dem Treuhänder erteilten Abschlussvollmacht, sodass es auf den hypothetischen Willen der Parteien nicht mehr ankommt (BGH ZIP 2008, 52, 54 [Fondsgesellschafter] mit Anm Barnert; WM 2004, 1127; ZIP 2003, 1692, 1695 mit Anm Lange EWiR Art 1 § 1 RBerG 2/04, 133; Münscher WuB VIII D. Art 1 § 1 RBerG 2. 04; B Peters WuB VIII D. Art 1 § 1 RBerG 7. 04; NJW 2002, 66, 67; OLGR Bamberg 2003, 283 [aber auch auf § 139 gestützt]; LG München I BKR 2003, 465; andere Fallgestaltung bei OLGR Düsseldorf 2005, 79, 82 mit Anm Dören/Harren MietRB 2005, 45). Das Gesagte gilt auch für die **Prozessvollmacht** zur Abgabe der prozessualen Unterwerfungserklärung (BGH WM 2004, 27). Hier können dann nur die §§ 171, 172 BGB sowie die allgemeinen Grundsätze der Anscheinsvollmacht helfen (krit etwa Gerneth VuR 2004, 125). Vergleichbares gilt auch für die verbotene Durchsetzung von Schadensersatzansprüchen durch ein Mietwagenunternehmen (AG Sinzig VersR 2004, 393, 394 [auch Prozessvollmacht]). Die Nichtigkeit des Kreditgeschäfts führt auch zur Nichtigkeit der dabei geschehenen *Wechselbegebung* (BGH WM 1978, 1349).

Die Rspr zeigt auch weitere beifallswerte **einschränkende Tendenzen**. So müssen für **57**
einen entsprechenden Parteiwillen konkrete Anhaltspunkte vorliegen (BGH DNotZ 1990, 170). Ferner wird eine Zusammenfassung nur bei Vorliegen besonderer Umstände vorgenommen (BGH NJW 1952, 60). Wenn diese nicht vorhanden sind, bleiben die beiden Geschäfte selbstständig und die Anwendbarkeit des § 139 BGB scheidet aus. So wurde eine *Dienstbarkeit* als wirksam angesehen, auch wenn die schuldrechtlich vereinbarte Bezugspflicht wegen übermäßiger Länge sittenwidrig war. Die Geschäftseinheit des § 139 BGB käme „höchst selten" vor (BGH NJW 1988, 2364; NJW-RR 1989, 519). Deshalb kann auch die Einheit von *Abfindungsvereinbarung* und *Erbverzicht* nicht ohne Weiteres angenommen werden (Theiss/Boger ZErb 2006, 164).

Die einschränkende Handhabung des § 139 BGB ist insbes für das **Grundbuchver- 58**
fahrensrecht von Bedeutung. Das Grundbuchamt kann in aller Regel davon ausgehen, dass das Erfüllungsgeschäft wirksam ist und von Mängeln des Verpflichtungsgeschäfts nicht berührt wird (BayObLG NJW-RR 1997, 590; Palandt/Ellenberger[79] Rn 8; trotz eines anderen Ausgangspunkts auch Wufka DNotZ 1985, 651, 664). Die Prüfung des hypothetischen Parteiwillens in Bezug auf die Geschäftseinheit gehört nicht zu den Aufgaben des Grundbuchamts (vgl auch BayObLG NJW-RR 1995, 209, 211).

59 Für den **Handkauf** (Bargeschäft) gilt nichts Abweichendes. Auch hier kann aus § 139 BGB regelmäßig keine Geschäftseinheit hergeleitet werden (MEDICUS/PETERSEN, AT[11] Rn 241; **aA** PALANDT/ELLENBERGER[79] Rn 8). Doch kommt es zu einer Verbindung von mehreren Verfügungen etwa bei **Geldwechselgeschäften** (MEDICUS/PETERSEN, AT[11] Rn 241; FLUME, AT II 179).

4. Teilbarkeit des Rechtsgeschäfts

a) Zusammenhänge mit der Geschäftseinheit

60 Im Anschluss an die Bejahung eines einzigen Rechtsgeschäfts (oben Rn 36 ff) ist die Frage der **Teilbarkeit dieses Geschäfts** zu prüfen. Die von den Parteien vereinbarte Regelung muss so zerlegt werden können, dass ein Teil verbleibt, der einer **selbstständigen Geltung** fähig ist (RGZ 146, 234, 236; BGH 12. 3. 2015 – VII ZR 336/13, NJW 2015, 1754 Rn 19 [abgelehnt bei Vereinbarung einer „Sprunghaftung" im Handelsvertretervertrag]; NJW 2009, 1135 Rn 10; NJW 2001, 815; 1962, 913; OLG Schleswig NJW-RR 2006, 1665, 1666; BGB-RGRK/KRÜGER-NIELAND/ZÖLLER[12] Rn 3; KULKE ZIP 2001, 985, 991; zu Unrecht gegen die selbstständige Prüfung der Zerlegbarkeit PAWLOWSKI 175 f). Aus der Annahme eines (einzigen, einheitlichen) Rechtsgeschäfts ergibt sich für den Regelfall noch nicht die Totalnichtigkeit des Gesamtgeschäfts (MünchKomm/BUSCHE[8] Rn 23 gegen BGHZ 54, 71, 74). Vielmehr ist vor der Ermittlung des hypothetischen Parteiwillens (u Rn 74 ff) vorrangig die **Zerlegbarkeit des Geschäfts** zu prüfen. Allerdings ist bei den kraft Parteiwillens zusammengesetzten einheitlichen Rechtsgeschäften (o Rn 37 ff) die Zerlegbarkeit regelmäßig anzunehmen. Wenn sie nicht möglich ist, so führt jede Teilnichtigkeit auch zur **Totalnichtigkeit** (zum Kauf- und Mobilfunkvertrag LIMBACH ZGS 2009, 206). Als grobe Faustregel wird dabei zu gelten haben, dass eine Teilbarkeit dann möglich ist, wenn der Nichtigkeitsgrund einen **unwesentlichen Bestandteil des Rechtsgeschäfts** betrifft (weitergehende Formulierungen etwa bei BGB-RGRK/KRÜGER-NIELAND/ZÖLLER[12] Rn 3). Fälle einer Nichtzerlegbarkeit sind bislang eher selten aufgetreten. Es ergibt sich eine **„Tendenz zur Teilbarkeit"** (AK-BGB/DAMM Rn 23; so auch in BGH NJW 2001, 815, 817; TIEDTKE EWiR 2001, 301, 302; **aA** KULKE ZIP 2001, 985, 992). Meist entscheidet erst der hypothetische Parteiwille über Teil- oder Totalnichtigkeit des Rechtsgeschäfts (richtig MünchKomm/BUSCHE[8] Rn 23; unten Rn 74 ff).

b) Teilbarkeit einheitlicher Regelungen und ergänzende Vertragsauslegung

61 In den unproblematischen direkten Anwendungsbereich des § 139 BGB gehört der Fall, dass nach dem „Hinausstreichen" des unwirksamen Teils ein Vertragsinhalt übrig bleibt, der für sich allein einen Sinn behält (BGHZ 107, 351, 355). Wenn eine **Vertragsbestimmung unwirksam ist** (zB Hinauskündigungsklausel), so wird § 139 BGB von der Rspr analog angewendet, wenn die Parteien bei Kenntnis der Unwirksamkeit eine andere Regelung getroffen hätten, die auf das zulässige Maß beschränkt ist und sich der Vertragsinhalt eindeutig in einen nichtigen und einen davon nicht infizierten Rest aufteilen lässt (BGHZ 146, 37, 47; 107, 351, 355; 105, 213, 221; BGH NJW-RR 2007, 1608 Rn 19 [Laufzeit einer Rückkaufsverpflichtung]). So wurde eine (nichtige) gesellschaftsvertragliche Bestimmung, die einem Gesellschafter das Recht einräumte, einen oder mehrere Gesellschafter nach freiem Ermessen aus der Gesellschaft auszuschließen, insoweit aufrechterhalten, als sie die *Ausschließung aus wichtigem Grund* zulässt (BGHZ 107, 351; dazu FASTRICH ZGR 1991, 306; zust zu den Entscheidungen CANARIS, in: FS Steindorff [1990] 519, 544; GRUNEWALD JZ 1989, 956; REYMANN DNotZ 2006, 106, 114 ff; umfassender Überblick durch MIESEN RNotZ 2006, 522, 536 ff; bestätigt in BGH NJW 2001, 815 [Schuldbeitritt]).

Auch wurde ein vertraglich vereinbartes (nichtiges) *unbefristetes Kündigungsrecht* als zeitlich begrenztes Ausschließungsrecht aufrechterhalten (BGHZ 105, 213). In seinem direkten Anwendungsbereich sei in § 139 BGB der Fall nicht getroffen, dass die Parteien anstelle der vereinbarten nichtigen Regelung eine andere, auf das noch zulässige Maß reduzierte Regelung, vereinbart hatten (BGHZ 105, 213, 220 f). In Wirklichkeit geht es aber in beiden Entscheidungen darum, dass schon die vorausgesetzte Teilnichtigkeit durch eine **ergänzende Vertragsauslegung** vermieden wird (o Rn 8). Im **Gesellschaftsrecht** wird der Grundsatz des Vorrangs der ergänzenden Vertragsauslegung vor dem **dispositiven Gesetzesrecht** angenommen (BGH NJW 1979, 1705). Bei gesetzes- und sittenwidrigen Verträgen gibt es kein Verbot der ergänzenden Vertragsauslegung (Canaris, in: FS Steindorff [1990] 518, 540). Doch kann ihre grundsätzliche Anwendbarkeit auch dann nicht verneint werden, wenn das Bedürfnis für sie erst durch die Nichtigkeit einer Bestimmung entstanden ist (insoweit **aA** Canaris, in: FS Steindorff [1990] 518, 541). Der hypothetische Parteiwille entscheidet in den genannten Fällen nicht über die Frage der Teil- oder Totalnichtigkeit, sondern er kommt schon früher bei der Frage der **Lückenfüllung** ins Spiel. Diese Entscheidungen bedeuten ein Verlassen des § 139 BGB (insoweit ebenso, aber mit anderer Begründung Canaris, in: FS Steindorff [1990] 518, 544) und in der Sache die Anerkennung einer **geltungserhaltenden Reduktion** (o Rn 3; krit Kähler 207 Fn 286). In jüngerer Zeit scheint der BGH in derartigen Fällen sogar von einer direkten Anwendung des § 139 BGB auszugehen. Zwar sei Teilnichtigkeit nach § 139 BGB in erster Linie gegeben, wenn „nach Entfernung" (sozusagen: „Hinausstreichen") des unwirksamen Teils ein Vertragsinhalt übrig bleibt, der für sich allein genommen seinen Sinn behält. Doch sei die Norm nach ihrer Zielsetzung auch dann anwendbar, wenn die Vertragsschließenden an Stelle der unwirksamen Regelung, hätten sie die Nichtigkeit von Anfang an gekannt, eine andere auf das **zulässige Maß** beschränkte vereinbart hätten und sich der Vertragsinhalt in eindeutig abgrenzbarer Weise in den nichtigen Teil und den von der Nichtigkeit nicht berührten Rest aufteilen lässt (BGH NJW 2001, 815, 817; dazu u Rn 70; zu den übrigen Fällen einer quantitativen Teilnichtigkeit u Rn 68 ff).

c) Verbundene Rechtsgeschäfte

Liegt ein einziges, **kraft Parteiwillens verbundenes**, Rechtsgeschäft vor (o Rn 36 ff), so 62
ist dessen Teilung im Hinblick auf die einzelnen selbstständigen Geschäfte grundsätzlich immer möglich. So liegt es etwa, wenn von zwei äußerlich getrennten, aber einheitlichen Rechtsgeschäften, der eine Teil sittenwidrig ist und der andere nicht (BGH LM Nr 8; zust Soergel/Hefermehl[13] Rn 24). Auch kann die vereinbarte *Gütertrennung* (nach der älteren Rspr aber oben Rn 22) wirksam sein, wenn der gleichzeitig erklärte Verzicht auf Unterhalts-, Zugewinn- und Versorgungsausgleich unwirksam ist (OLG Stuttgart BWNotZ 1990, 168).

d) Einzelbestimmungen des Rechtsgeschäfts

§ 139 BGB hat seinen genuinen Anwendungsbereich auch bei der Nichtigkeit von 63
Einzelbestimmungen eines Rechtsgeschäfts (Soergel/Hefermehl[13] Rn 16, 25: Einheitlichkeit „in strengem Sinne"; oben Rn 37). Keine Selbstständigkeit ist dagegen gegeben, wenn bei einem Vertrag nur der **Antrag** oder bei einem **gegenseitigen Vertrag** nur die **Gegenleistung** nichtig sind. Hier bedeutet die jeweilige Erklärung kein selbstständiges Rechtsgeschäft und es kommt zur Totalnichtigkeit (Medicus/Petersen, AT[11] Rn 505; Jauernig/Mansel[17] Rn 4; Flume, AT II 574; André 6 ff). Nach der hier vertretenen Auffassung ist allerdings eine geltungserhaltende Reduktion möglich (u Rn 70). Auch

passt etwa bei einem *Besitzkonstitut* (§ 930 BGB) die Rechtsfolge der Nichtigkeit für Tathandlungen wie die Übergabe nicht (Michalski AcP 181 [1981] 384, 388 ff; Flume, AT II 574 Fn 17). Im Übrigen haben sich die Fallgruppen der objektiven (sogleich u Rn 64), der subjektiven (u Rn 65 ff) und der quantitativen Teilbarkeit (u Rn 68) herausgebildet.

aa) Objektive Teilbarkeit

64 Von objektiver Teilbarkeit wird überwiegend gesprochen, wenn nur **einzelne Bestimmungen** eines Vertrages nichtig sind (Soergel/Hefermehl[13] Rn 26), und der verbleibende Rest als sinnvolles Rechtsgeschäft Bestand haben kann (Erman/Arnold[15] Rn 18). So liegt es etwa bei *nichtigen Gewährleistungsabreden* (doch o Rn 14). Die Zerlegung in selbstständige Teile ist auch denkbar, wenn zusammengehörige teilbare Gegenstände veräußert werden, wie zB Hof- und Forstabschnitte und dies zu einem Gesamtpreis geschieht (RGZ 146, 234). Hier kommt es maßgebend darauf an, ob die Gegenleistung nach objektiven Kriterien entsprechend aufgeteilt werden kann (BGH BB 1957, 164; 1983, 1812). Auch lassen sich *gemischte Schenkungen* in einen nichtigen (§§ 518, 125 BGB) entgeltlichen und einen unentgeltlichen Teil aufspalten (RGZ 148, 236, 240; BGH NJW 1953, 501; zust Soergel/Hefermehl[13] Rn 26). Ein Fall der objektiven Teilbarkeit ist auch gegeben, wenn etwa in einem *Alleinvertriebsvertrag* nach Kartellrecht nichtige Preisbindungsabreden enthalten sind (BGH GRUR 1976, 101 „EDV-Zubehör"; 1971, 272 „Blitzgeräte"). Handelt ein *Vertreter* unter Überschreitung seiner Vertretungsmacht, so kann sich das Geschäft wohl in einen durch die Vollmacht gedeckten und im Übrigen ungedeckten Teil aufspalten lassen (Soergel/Hefermehl[13] Rn 26). Vergleichbar liegt es, wenn jemand in eigenem Namen und zugleich als vollmachtloser Vertreter handelt und die *Genehmigung verweigert* wird (o Rn 44). *Zustimmungsbeschlüsse* von Hauptversammlungen sind uU teilbar, auch wenn sie in einer einzigen Erklärung bestehen (OLG Hamburg NJW 1990, 3024, 3025). Teilbar war auch der *Kreditvertrag* im Rahmen der Schadensregulierung von Unfallschäden (**aA** LG Nürnberg-Fürth VersR 1974, 814, 816). Die Totalungültigkeit ergab sich aus dem Schutzzweck des RBerG (zutr MünchKomm/Busche[8] Rn 24; wie hier wohl in der Tendenz OLG München NJW 1974, 1659). Für eine unverhältnismäßig hohe und damit sittenwidrige *Vertragsstrafe* wurde eine Abgrenzung eines noch wirksamen Teils nicht für möglich gehalten und deshalb Teilbarkeit verneint (OLG Nürnberg GmbHR 2010, 141). Verstößt ein Werkvertrag gegen § 1 Abs 2 Nr 2 *SchwarzArbG* vom 23. 7. 2004, so konnte Teilwirksamkeit allenfalls angenommen werden, wenn die Parteien dem vereinbarten Teilwerklohn vom Unternehmer konkret zu erbringende Einzelleistungen zugeordnet hätten (verneint von BGH NJW 2014, 1805 Rn 13 mit der Konsequenz der Nichtigkeit des Werkvertrags). Im Übrigen führt der beiderseitige Verstoß zur Nichtigkeit des gesamten Werkvertrages (OLG Schleswig 7. 1. 2019 – 7 U 103/18 [Hinweisbeschluss], NJW 2019, 2411 Rn 12; Röttger SchlHA 2017, 127).

bb) Subjektive Teilbarkeit

65 Von subjektiver Teilbarkeit wird gesprochen, wenn **mehrere Personen** auf einer oder beiden Seiten des Rechtsgeschäfts beteiligt sind (o Rn 44; BGHZ 53, 174, 179; 24, 345, 349; 3, 206, 209; BGH NJW 1991, 39, 40; WM 1961, 1149; RGZ 59, 174, 175; 141, 104, 108), und das Rechtsgeschäft im Verhältnis zu einer der Parteien nichtig ist. Die Art der gemeinschaftlichen Beteiligung, ob anteilige oder gesamtschuldnerische Haftung, ist unerheblich (RGZ 99, 52; Soergel/Hefermehl[13] Rn 27). Auch bei subjektiver Teilnichtigkeit ist Subsidiarität iSd Respektierung der Wertungen anderer Rechtsnormen (zB § 123

BGB) zu beachten. So kann bei der Anfechtung einer Vermieterzustimmung zu einer zwischen dem bisherigen und dem neuen Mieter vereinbarten **Vertragsübernahme** wegen arglistiger Täuschung die Wertung des § 123 Abs 1, 2 BGB nicht über § 139 BGB außer Kraft gesetzt werden (BGH NJW 1998, 531, 533). Doch bedeutet die Verfügung von **mehreren Miteigentümern** einer Bruchteilsgemeinschaft oder von Miterben über einen gemeinschaftlichen Gegenstand keine koordinierte Verfügung aller Teilhaber über die betreffenden Anteile, sodass die Anwendbarkeit des § 139 BGB ausscheidet (BGH NJW 1994, 1470, 1471; u § 140 Rn 65).

Teilbarkeit besteht insbes bei **Gesamtschuldverhältnissen** (RGZ 99, 55; 138, 272; OLG Karlsruhe NJW-RR 1991, 947). Sie liegt auch vor bei einer Bürgschaftsübernahme durch *Mitbürgen* (RGZ 138, 270) oder der Verbürgung zugunsten mehrerer Gläubiger (BGH WM 2001, 1772, 1775) einer *Hypothekenbestellung* an mehreren Miteigentumsanteilen (BGH DNotZ 1975, 152), uU auch bei einer Forderungsabtretung durch *Gesamtgläubiger* (BGH NJW-RR 1987, 1260). Auch konnte bei einer gemeinschaftlichen *Adoption* durch Ehegatten nach früherem Recht in Einzeladoptionen aufgespalten werden (BGHZ 24, 345, 349). Teilbarkeit ist ausgeschlossen, wenn die Erklärung eines *Gesamtvertreters* nichtig ist, weil die Erklärungen der anderen Vertreter für sich allein keinen Bestand haben können (RGZ 145, 155, 160; BGHZ 53, 210, 215). Sie kommt dagegen bei einem Vertrag mit Ehegatten in Betracht, wenn einer davon *geschäftsunfähig* ist (BGH WM 1987, 1038). Eine *Verfügung von Todes wegen* wurde aufgespalten, wenn mehrere Erben durch ein Geldvermächtnis beschwert werden, die Belastung eines Miterben aber unwirksam ist (RG SeuffA 75 Nr 36; Soergel/Hefermehl[13] Rn 27). Ebenso liegt es, wenn die angeordnete *Testamentsvollstreckung* für einen von mehreren Erben nach § 2306 BGB oder nach § 2289 BGB unwirksam ist (KG Recht 1915 Nr 573), oder wenn für den ganzen Nachlass Testamentsvollstreckung angeordnet wurde, die Anordnung aber für einen Miterben unwirksam ist (BGH LM § 2085 Nr 3; auch BayObLG FamRZ 1991, 231). 66

Teilbarkeit wurde auch angenommen bei einem Pachtvertrag mit *Geschäftsunfähigkeit* eines der Pächter (RGZ 99, 55) oder bei einem *Prozessvergleich* (RGZ 141, 108). 67

cc) Quantitative Teilbarkeit

Die Rspr wendet § 139 BGB seit langem auch bei **Dauerrechtsverhältnissen** iSe **zeitlichen und bisweilen bei sonstiger Teilbarkeit** an (RGZ 82, 124; dazu Pierer vEsch 56 ff; Bürge 16 ff [wucherische Darlehenszinsen], 31 ff [überlange Bezugsverpflichtungen]; J Hager 94 ff [Wucher], 104 ff [überlange Bindungszeiträume]; Zimmermann 60 ff, 200 [abl]). Es handelt sich dabei allenfalls um eine **analoge Anwendung** des § 139 BGB, da die Vorschrift den Fall nicht trifft, dass die Parteien anstelle der vereinbarten nichtigen Regelung eine andere, auf das noch zulässige Maß reduzierte Regelung, vereinbart hätten (BGH 8. 2. 2019 – V ZR 176/17, NJW 2019, 2016 Rn 25 [teilweise Nichtigkeit einer Dienstbarkeit bei zeitlich unbefristetem Belegungsrecht: § 88d des II. WoBauG] mit Anm Häublein; OLG Frankfurt NJW-RR 2006, 405, 406; Soergel/Hefermehl[13] Rn 29; o Rn 61). So wurde entschieden, wenn eine in Rechten oder Pflichten **übermäßige Vertragsklausel nichtig** ist und angenommen werden kann, dass die Parteien bei Kenntnis dieses Umstandes an ihrer Stelle eine auf das zulässige Maß beschränkte Regelung getroffen hätten (BGH NJW 2009, 1135 Rn 12 [sittenwidriges Belastungsverbot und Verfallklausel, dort aber abgelehnt] mit Anm Schulze LMK 2009, 273381; BGH NJW-RR 2008, 1488, 1490 [dort abgelehnt für eine unwirksame Vereinbarung zu Abfindung und Übergangsgeld mit einem Vorstand]). Zu einer allgemeinen 68

Aufrechterhaltung sittenwidriger Vertragsklauseln kommt die Rspr dadurch nicht, damit **sittenwidrige Rechtsgeschäfte** risikobehaftet bleiben. Die Aufspaltung in einen wirksamen und einen unwirksamen Teil gem § 139 BGB kommt daher nur in Betracht, „wenn konkrete, über allgemeine Billigkeitserwägungen hinausgehende Anhaltspunkte den Schluss rechtfertigen, dass die Aufspaltung dem entspricht, was die Parteien bei Kenntnis der Nichtigkeit ihrer Vereinbarungen geregelt hätten". Ist ein solcher Wille nicht zu ermitteln, so bleiben entweder das Hinausstreichen der nichtigen Bestimmung oder Gesamtnichtigkeit des Rechtsgeschäfts übrig. Verlangt wird also eine **Vorregelung** entweder durch andere Rechtsbeziehungen der Parteien oder durch eine gesetzliche Regelung (BGH NJW 2009, 1135 Rn 11 ff, 14, 17 [im Anschluss an BGHZ 146, 37, 48]). Im Kern geht es nicht um eine Teilbarkeits-, sondern um eine **Schutzzweckproblematik** iSd von der betreffenden Nichtigkeitsnorm selbst angeordneten Beschränkung der Nichtigkeitsfolge (AK-BGB/Damm Rn 16; Böhme 24; o Rn 17). In diesem Sinne wurde ein Pachtvertrag, der wegen seiner langen Laufzeit nach § 1822 Nr 5, § 1643 Abs 1 BGB genehmigungsbedürftig war, bei *verweigerter Genehmigung* für die höchst zulässige, genehmigungsfreie Laufzeit aufrechterhalten (RGZ 82, 124; 114, 35, 39). Ebenso wurde entschieden für einen Mietvertrag (oder Pachtvertrag) ohne die dazu erforderliche vormundschaftsgerichtliche *Genehmigung* (BGH NJW 1962, 734). Vergleichbar liegt es für einen ohne vormundschaftsgerichtliche Genehmigung abgeschlossenen Lebensversicherungsvertrag, wo die objektive Zerlegbarkeit zu bejahen war (BGHZ 28, 78, 83 f; Pierer vEsch 57; MünchKomm/Busche[8] Rn 25; Jauernig/Mansel[17] Rn 11). In der Entscheidung wurde nur der erforderliche hypothetische Parteiwille verneint.

69 Der Schwerpunkt der Rspr liegt in der Beurteilung von Verträgen, die sich wegen einer **überlangen Laufzeit** als sittenwidrig darstellen (BGH 8. 2. 2019 – V ZR 176/17, NJW 2019, 2016 Rn 25 [zeitlich unbefristetes Belegungsrecht]; Überblick durch Hogrebe 195 ff; Köhler JuS 2010, 665, 668 f). Hier kommt es zu einer Aufrechterhaltung des Rechtsgeschäfts mit der zulässigen Dauer, soweit sonstige Bedenken nicht zu erheben sind (BGH NJW 1979, 1605, 1606). Folgt dagegen die Sittenwidrigkeit noch aus anderen Gründen und kann deshalb der sittenwidrige Vertragsteil nicht eindeutig ausgeschieden werden, so soll eine Teilung und Herabsetzung der Bindungsdauer ausgeschlossen sein (BGH NJW 1986, 2944, 2945; OLG Frankfurt NJW-RR 2006, 405). So wurde etwa ein **überlanger Bierlieferungsvertrag** mit einer daraus folgenden nach § 138 Abs 1 BGB sittenwidrigen Bindung in analoger Anwendung des § 139 BGB auf den längsten sittengemäßen Zeitraum von maximal zwanzig Jahren begrenzt (BGH NJW 1974, 2089; 1972, 1459 [gegen RGZ 76, 78]; 1970, 2243; NJW-RR 1990, 816; iE zust Canaris, in: FS Steindorff [1990] 519, 542). Im Einzelfall wurde die Geltungsdauer auch von 20 auf 15 Jahre verkürzt (BGH NJW 1992, 2145; Hogrebe 196 ff). Gleiches wurde für einen unter das Kartellverbot fallenden Altvertrag über Stromlieferungen für eine übermäßig lange **Bezugsbindung** angenommen (BGH WuW/E DE-R 2004, 1305; Holzmüller/vKöckritz BB 2009, 1712, 1716). Auch wurde eine ohne zeitliche Begrenzung individualvertraglich vereinbarte **Staffelmiete** nur insoweit als unwirksam angesehen, als sie über die nach dem MiethöheregelungsG zulässige Höchstdauer von zehn Jahren hinausging (BGH NJW-RR 2009, 306 Rn 12 mit zust Anm Blank LMK 2009, 275296; vergleichbar zu § 557a: BGH NJW 2012, 1502 Rn 15; WuM 2006, 445, 447 [Kündigungsverzicht im Falle des § 557a Abs 3 für vier Jahre gegen § 557a Abs 4 wirksam]). Die sittenwidrige Dauer eines nicht an einen sachlichen Grund gebundenen **Hinauskündigungsrechts** in einer ärztlichen Gemeinschaftspraxis von 10 Jahren wurde auf drei Jahre reduziert (BGH NJW-RR 2007, 1256 Rn 23 ff: geltungserhaltende Reduktion, wenn die übrigen Vertragsteile unbedenklich sind; im Anschluss an BGH NJW 2004, 2013; ebenso OLG Frankfurt NJW-RR 2006, 405; Bieder MDR 2007, 1049). In den genannten Fällen war das Ausschlussrecht als Prüfungsrecht dahin gehend ausgestaltet, ob der Aufzunehmende mit der Gesellschaft harmonieren konnte. Die Entscheidungen wurden nicht auf § 139 BGB, sondern auf **geltungserhaltende Reduktion** gestützt. Diese Rückführung der Vertragslaufzeit unterliegt in ihrer Dauer weitgehend der **freien tatrichterlichen Würdigung** (BGH NJW 1992, 2145, 2146; 1985, 2693). Die Laufzeitverringerung führt allein zur Verkürzung der Vertragsdauer unter unveränderter Aufrechterhaltung der übrigen Teile der beiderseitigen vertraglichen Verpflichtungen (BGH NJW 1992, 2145, 2146; krit dazu Meilicke/Weyde DB 1994, 821). Der Rspr muss die Befugnis zur Setzung derartiger „gegriffener" Größen im Interesse der Rechtssicherheit zuerkannt werden (G Hager AcP 181 [1981] 447, 450 gegen Zimmermann 177 ff; dagegen wiederum Zimmermann AcP 184 [1984] 505, 510). Dabei kann man nicht von einer Unschärfe der juristischen Technik sprechen (so aber Bürge 71). In gleicher Weise wurde quantitative Teilbarkeit auch bei übermäßig lange bindenden **Ankaufsverpflichtungen** in Erbbaurechtsverträgen angenommen (BGHZ 68, 1, 6 [94 Jahre]; 75, 15, 19; zust Canaris, in: FS Steindorff [1990] 519, 544). Ebenso entschieden wurde für einen übermäßig lange andauernden *Betriebsführungsvertrag* (BGH ZIP 1982, 584) oder für eine überlange Bindungsdauer für die Rückzahlung von **Ausbildungskosten** bei Fortbildungsmaßnahmen (BAG EWiR Art 12 GG 3/03, 581 mit Anm Zerres; LAG Köln LAGE § 611 BGB 2002 Ausbildungsbeihilfe Nr 2). Eine entsprechende Laufzeitbegrenzung muss konsequenterweise auch gelten für die übermäßige Dauer eines **vertraglichen Wettbewerbsverbotes** (BGH NJW 2015, 1012 Rn 8 ff [Kundenschutzklausel]; WM 1990, 1212; 1997, 1707; OLG Schleswig MDR 2001, 1018, 1019; OLG Stuttgart NJW 1978, 2340 [abgelaufener Apothekenpachtvertrag]; offen gelassen in BGH NJW 1979, 1605; abgelehnt dagegen in BGH NJW-RR 1989, 800, 801 [dort aber zeitlich unbefristetes, örtlich unbegrenztes und entschädigungsloses Wettbewerbsverbot]; krit OLG Zweibrücken NJW-RR 1990, 482, 483 [dort Reduzierung auf 5 Jahre, freilich unter Beachtung einer salvatorischen Klausel], o Rn 22). Nachvertragliche Wettbewerbsverbote werden jetzt allgemein auf eine zulässige Dauer von **zwei Jahren** beschränkt (BGH NJW 2015, 1012 Rn 1013 [Kundenschutzklausel]; NJW-RR 2007, 1256 Rn 34; NJW 2000, 2584 [Freiberuflersozietät]; OLG Nürnberg GmbHR 2010, 141, 143; Gehle DB 2010, 1981). So wurde ein Wettbewerbsverbot von drei Jahren gegenüber einem ausgeschiedenen Sozius auf zwei Jahre gekürzt (OLG Schleswig MDR 2001, 1018, 1019). Doch wird eine geltungserhaltende Reduktion bei der Festlegung der **gegenständlichen Grenzen** (oder räumlichen Grenzen) eines Wettbewerbsverbotes für unzulässig gehalten, weil es sonst zu einer rechtsprechungsfremden gestaltenden Tätigkeit der Gerichte komme (BGH NJW-RR 2011, 835 Rn 53 [„Jette Joop"] in Abgrenzung zu zulässigen markenrechtlichen Abgrenzungsvereinbarungen; Köhler JuS 2010, 665, 669). Allgemein wird für Wettbewerbsverbote von aus Sozietäten ausgeschiedenen **Freiberuflern** differenziert: Wenn die Vereinbarung lediglich die zeitlichen Grenzen überschreitet, wird auf die erlaubte Dauer geltungserhaltend reduziert (BGH NJW 2013, 2027 Rn 34; 2005, 3061, 3062 [Anwaltssozietät]; OLG Nürnberg GmbHR 2010, 141, 143). Die Überschreitung gegenständlicher und räumlicher Grenzen führt dagegen zur Verbotsnichtigkeit nach § 138 Abs 1 BGB, weil den Gerichten ansonsten rechtsprechungsfremde Gestaltungsaufgaben übertragen würden (BGH NJW 2013, 2027 Rn 34; NJW-RR 2007, 1256 Rn 34; NJW 2005, 3061; Gehle DB 2010, 1981). Insoweit helfen dann auch **salvatorische Klauseln** nicht (Goette AnwBl 2007, 644). So wurde die Verkürzung eines zeitlich, örtlich und gegenständlich unbeschränkten Wettbewerbsverbotes zwischen den Kaufvertragsparteien einer Anwaltspraxis abgelehnt, weil das umfassende Wettbewerbsverbot eine einheitliche Regelung sei, die nicht in mehrere Teile zerlegt werden könne (BGH NJW 1986, 2944, 2945; aber wohl nicht vereinbar mit BGH NJW 1987, 2014 [sittenwidriges Schuldanerkenntnis]; dazu LAMMEL AcP 189 [1989] 244, 246). Teilunwirksamkeit wurde angenommen (§ 551 Abs 4 BGB), wenn die Vereinbarung einer **Mietsicherheit** das nach § 551 Abs 1 BGB zulässige Maß überschreitet (BGH NJW 2004, 3045; HORST BGHReport 2004, 1270, 1271; auch ARTZ LMK 2005, 160058 sub 2). Doch wurde die Reduktion mit Recht nicht auf § 139 BGB gegründet (oben Rn 15). Wird in einem **Staffelmietvertrag** der Kündigungsverzicht des Mieters entgegen § 557a Abs 3 BGB über vier Jahre ausgedehnt, ist die Individualvereinbarung nur für den überschießenden Zeitraum unwirksam (BGH WuM 2006, 445; oben Rn 15). Die 5-jährige Bindung eines Berufsportlers an einen **Managementvertrag** wurde unter Abstellen auf § 139 BGB ohne den vereinbarten Kündigungsausschluss aufrechterhalten (OLG Frankfurt SpuRT 2007, 246, 249). Die 30-jährige Bindung eines Anwalts an eine **Anwaltssozietät** wurde wegen Art 12 GG auf 14 Jahre herabgesetzt (BGH NJW 2007, 295, 297 mit Anm RÖMERMANN). Bisweilen wird auch auf 5 Jahre als Höchstgrenze abgestellt (OLG Stuttgart NZG 2007, 786; noch anders OLG Düsseldorf NJW-RR 2005, jedenfalls 4 Jahre angemessen). In den genannten Fällen wurde nicht auf § 139 BGB zurückgegriffen, sondern die ergänzende Vertragsauslegung eingesetzt. Damit wurde die Lücke vermieden, die § 139 BGB voraussetzt. Eine **geltungserhaltende Reduktion** wurde im Falle einer **Mandantenschutzklausel** für unzulässig gehalten (BGH NJW 1991, 699, 700 m Anm G H ROTH EWiR § 112 HGB 1/91, 73; ebenso OLG Nürnberg GmbHR 2010, 141, 143; OLG Stuttgart NJW 2000, 1431; dazu RÖMERMANN NJW 2002, 1399), weil das Wettbewerbsverbot nicht allein wegen der unangemessenen Laufzeit gegen die guten Sitten verstieß.

69a Nach der aufgezeigten Tendenz will die Rspr nur reduzieren, wenn die **überlange Dauer den einzigen Grund** für die Annahme der Sittenwidrigkeit bildet (BGH NJW 2015, 1012; 2013, 2027 Rn 34; 2005, 3061, 3062). Dann wird das Dauerschuldverhältnis derart in Zeitabschnitte zerlegt, dass sie sich als Teile eines ganzen Vertrages iS des § 139 BGB darstellen. So können sie bei entsprechendem hypothetischen Parteiwillen mit einer kürzeren nicht zu beanstandenden Laufzeit aufrechterhalten bleiben (BGH NJW 1991, 699, 700; dem Grundsatz nach bestätigt durch BGH NJW 1997, 3089). Vergleichbares sollte mE aber auch gelten bei einer zu **weitgehenden räumlichen Erstreckung** (BERNHARD NJW 2013, 2785, 2788; HIRTE ZHR 154 [1990] 443, 459; MELULLIS WRP 1994, 686, 691 f; offen gelassen in BGH NJW 1997, 3089; anders BGH NJW 2013, 2027 Rn 34; 2005, 3061, 3062; 2000, 2584; GEHLE DB 2010, 1981) oder einem **übertriebenen mengenmäßigen Umfang** einer Bindung (CANARIS DB 2002, 930, 932; enger grundsätzlich KÄHLER 196). Dagegen soll nach Auffassung der Rspr das Gericht nicht an Stelle des Betroffenen festlegen können, mit welchen zeitlichen, räumlichen und gegenständlichen Grenzen das Verbot gilt (BGH NJW 1997, 3089; OLGR Karlsruhe 2005, 146, 148 [Wettbewerbsverbot bei Vermietung eines Friseurgeschäfts] mit Anm INTVEEN/HARREN MietRB 2005, 177; mit Recht großzügiger BUTTERS JuS 2001, 324). Im genannten Fall hätte aber nicht nur die übermäßige zeitliche und räumliche Ausdehnung des Wettbewerbsverbotes ohne Weiteres auf das Angemessene zurückgeführt werden können, sondern auch die zu weit gehende verbotene Ausübung des Tierarztberufes auf die Tätigkeit als freiberuflicher Tierarzt. Nach den durch das BVerfG (BVerfGE 81, 242, 256 = NJW 1990, 1469) aufgestellten Grundsätzen wirken die §§ 138, 242, 315 BGB iSv Übermaßverboten. Deshalb liegt eine **geltungserhaltende Reduktion** gegen die restriktive Tendenz des BGH ganz allgemein nahe (für geltungserhaltende Reduktion dagegen BGH NJW-RR 2007, 1256 Rn 31; in weitem Umfang dafür NK-BGB/FAUST[3] Rn 31 ff; zudem CANARIS, in: FS Steindorff [1990] 519, 539;

ebenso für vertikale Beschränkungen unter Abstellen auf die – unklare – Unterscheidung von Individual- und Sozialbereich: LAMMEL AcP 189 [1989] 244 ff). Ist nur eine nachgeordnete Bestimmung unwirksam, so bleibt es im Übrigen bei dem „normalen" nachvertraglichen Wettbewerbsverbot (OLG Hamm NJW-RR 2009, 1707, 1708).

Dagegen verneint die Rspr in der Regel ganz allgemein eine Teilbarkeit, wenn der Vertrag nur wegen der **übermäßigen Höhe** einer der beiden Leistungen wegen **Sittenwidrigkeit gegen § 138 BGB verstößt**. Hier wird die Leistung nicht in einen angemessenen, nicht zu beanstandenden, und einen sittenwidrigen Teil geteilt. Das Geschäft dürfe für denjenigen, der seinen Vertragspartner übervorteile, nicht das Risiko verlieren, mit dem es durch die gesetzlich angeordnete Nichtigkeitsfolge behaftet sei (BGHZ 68, 204, 207 [zu § 140]; BGH NJW 2009, 1494 Rn 22; OLGR Frankfurt aM 2008, 754 [Erfolgsprovision eines Immobilienmaklers]). Es sei **nicht Aufgabe des Richters**, für die Parteien anstelle des sittenwidrigen Rechtsgeschäfts eine Vertragsgestaltung zu finden, die den beiderseitigen Interessen gerecht wird und die Folge der Sittenwidrigkeit vermeidet (BGH NJW 2009, 1135 Rn 14 [Belastungsverbot und Verfallklausel]; 2001, 815, 817; BGHZ 107, 351, 358; zust KÖHLER JuS 2010, 665, 669; MEDICUS/PETERSEN, AT[11] Rn 505 gegen H ROTH ZHR 153 [1989] 423). Das Gesagte bedeutet das **Verbot der geltungserhaltenden Reduktion** im Bereich des Sittenwidrigkeitsurteils. Dem liegt auch die Befürchtung zugrunde, der Richter greife unbefugterweise in das von den Parteien zu bestimmende Äquivalenzverhältnis ein (PALANDT/ELLENBERGER[79] Rn 10). Im Wesentlichen geht es freilich nicht um Probleme des § 139 BGB (o Rn 3). Im Einzelnen ist zu unterscheiden (dazu vor allem STAUDINGER/SACK/FISCHINGER [2017] § 138 Rn 158 ff und STAUDINGER/SACK/SEIBL [2017] § 134 Rn 89 ff): Die – unübersichtliche und häufig inkonsequente – Rspr (Darstellung bei UFFMANN 19 ff) hält **Wuchergeschäfte** und **wucherähnliche Geschäfte** nicht mit einer angemessenen Gegenleistung aufrecht (BGHZ 68, 207; ebenso PWW/AHRENS[15] Rn 18; M WOLF/NEUNER, AT[11] § 56 Rn 20 f; FLUME, AT II 574; ZIMMERMANN 76 ff; HÄSEMEYER, in: FS Ulmer [2003] 109 ff; **aA** NK-BGB/FAUST[3] Rn 31 ff mit Differenzierungen; J HAGER 88 ff; H ROTH JZ 1989, 411, 417; elastisch auch MünchKomm/BUSCHE[8] Rn 27 ff). ME fordern Sinn und Zweck des Wucherverbotes (§ 302a StGB aF [jetzt § 291 StGB] iVm § 134 BGB) lediglich Teilnichtigkeit. Das Rechtsgeschäft ist jedenfalls dann zum angemessenen Preis aufrechtzuerhalten, wenn dieser gesetzlich festgelegt oder sonst hinreichend sicher ermittelbar ist (Fälle bei BGH NJW 2009, 835 Rn 30; im Grundsatz ebenso JAUERNIG/MANSEL[17] Rn 8). Deshalb ist wohl auch der **Wucherkauf** nicht stets totalnichtig (**aA** JAUERNIG/MANSEL[17] Rn 8; H HONSELL ZHR 148 [1984] 298, 303), weil sich für die verkaufte Sache meistens ein objektiver Marktwert ermitteln lassen wird. Darum besteht auch keineswegs immer eine Vielzahl von Reduktionsmöglichkeiten. Geltungserhaltende Reduktion wurde wenigstens in dem Sonderfall des Kaufes eines Eigenheims von einem gemeinnützigen Wohnungsunternehmen anerkannt (BGH NJW 1972, 1189, 1190 [2. BerechnungsVO]). Das Gleiche gilt für den **Mietwucher**. Dort mindert die Rspr bis zur Wesentlichkeitsgrenze des § 5 WiStG (BGHZ 89, 321). Richtig ist aber auch hier das Abstellen auf den **angemessenen Preis** (o Rn 17). Ebenso ist zu entscheiden für den **Lohnwucher**, wo der nichtige „Hungerlohn" durch § 612 Abs 2 BGB ersetzt wird. § 139 BGB scheidet hier schon wegen des Vorrangs der Auslegung des Schutzgesetzes (o Rn 17) aus (KOHTE NJW 1982, 2086; JAUERNIG/MANSEL[17] Rn 8; mit Abweichungen BAG MDR 1960, 612 f; ferner BAGE 14, 185; LAG Berlin NZA-RR 1998, 392). Bei einem **Wucherdarlehen** soll der Bewucherte das Darlehen wegen § 817 S 2 BGB unentgeltlich bis zum unwirksam vereinbarten Rückzahlungstermin behalten dürfen (BGH WM 1989, 170 mNw). Richtig ist es auch bei Wucherdarlehen (§ 138 Abs 2 BGB), den Vertrag zum 70 marktgerechten Zins aufrechtzuerhalten (Streitstand bei H ROTH ZHR 153 [1989] 423 ff; JAUERNIG/MANSEL[17] Rn 9 tritt für den sich aus § 246 ergebenden Zins ein). Bei den häufigeren **wucherähnlichen Darlehen** des § 138 Abs 1 BGB sollte ebenfalls nicht § 139 BGB angewendet werden (**aA** JAUERNIG/MANSEL[17] Rn 9), sondern eine geltungserhaltende Reduktion auf den marktgerechten Zins stattfinden (H ROTH ZHR 153 [1989] 423, 440 ff mwNw). Die Rspr hält sittenwidrige **Geschäfte aber aufrecht**, wenn sich der Vertragsinhalt nach der Wertung des § 139 BGB „in eindeutig abgrenzbarer Weise in den nichtigen und den von der Nichtigkeit nicht berührten Teil aufteilen lässt und die Rechtsfolge der Teilnichtigkeit dem ausdrücklichen oder mutmaßlichen Willen der Vertragspartner entspricht" (BGH NJW 2009, 1494 Rn 22; BGHZ 146, 37, 47 ff [sittenwidrige Mithaftungsabrede]; OLG Nürnberg NJW-RR 2011, 265, 269 [sittenwidrige Mithaftungsabrede]; SCHOLZ DRiZ 2003, 27, 30). Auch sonst muss die Nichtigkeit einer mit § 138 BGB nicht zu vereinbarenden **Preisvereinbarung** nicht zu Gesamtnichtigkeit führen, sondern es kann an Stelle des nichtigen Preises ein anderer mit der Rechtsordnung vereinbarer Preis als vereinbart gelten (BGH NJW 2009, 835 Rn 30 ff [Einheitspreisvertrag]). Auch bei einer nach § 138 Abs 1 BGB sittenwidrigen **Angehörigenbürgschaft** (oder Schuldbeitritt) kommt es nach der Rspr regelmäßig zur gänzlichen Unwirksamkeit der Bürgschaft und nicht über § 139 BGB zu einer Reduktion der Verpflichtung auf das noch Sittengemäße (BGH NJW 2001, 815, 817; MEDICUS JuS 1999, 833, 838; GERNHUBER JZ 1995, 1086, 1095 f; KULKE ZIP 2001, 985, 993). Dieses Ergebnis soll auch nicht durch eine geltungserhaltende Reduktion oder eine Umdeutung nach § 140 BGB erreicht werden dürfen. Doch wurde eine gegen die guten Sitten verstoßende **Mithaftungsabrede** nach § 139 BGB teilweise aufrechterhalten, wenn die Parteien bei Kenntnis des Nichtigkeitsgrundes an Stelle der unwirksamen Regelung eine andere auf das zulässige Maß beschränkte vereinbart hätten und sich der Vertragsinhalt in eindeutig abgrenzbarer Weise in den nichtigen Teil und den von der Nichtigkeit nicht berührten Rest aufteilen lässt (BGHZ 146, 37, 48 [= BGH NJW 2001, 815] im Anschluss an BGHZ 107, 351; bestätigt durch BGH NJW 2009, 1135 Rn 14; 2009, 1494 Rn 22). Daher wurde die Mithaftungsabrede für den Teil aufrechterhalten, der nicht die geschäftlich veranlassten Verbindlichkeiten des Ehemannes, sondern die privat herrührenden gemeinsamen Verbindlichkeiten der Eheleute betraf (**aA** KULKE ZIP 2001, 985, 990 ff unter Verneinung der Teilbarkeit). Ich halte die Entscheidung jedenfalls in *diesem* Punkt für zutreffend (ebenso PALANDT/ELLENBERGER[79] § 138 Rn 38e; im Übrigen aber H ROTH JZ 2001, 1039).

71 Vergleichbar einer geltungserhaltenden Reduktion wirkt die **Billigkeitsprüfung** nach § 315 Abs 3 S 2 BGB, welche der Prüfung der Sittenwidrigkeit vorangeht und diese verdrängt (BGH NJW-RR 1990, 1204 [Monopolpreiskontrolle]; Einzelheiten bei KOHTE ZHR 137 [1973] 237, 253 ff; KRONKE AcP 183 [1983] 124 ff).

72 Schließlich wurden auch **„Geliebtentestamente"** von ihrem sittenwidrigen Übermaß befreit (BGHZ 52, 17, 22 ff). Auch wurden umfassende und sittenwidrige **Globalabtretungen** an Lieferanten im Rahmen eines Eigentumsvorbehalts im Wege einer „vernünftigen Auslegung" reduziert (BGHZ 26, 178, 182 f; 79, 16, 18; skeptisch BGHZ 98, 303, 311 ff; zur weiteren Entwicklung der Rspr BGH WM 1994, 1283 ff; zum anderen Fall der nachträglichen Übersicherung BGHZ 137, 212). Abgetreten sein sollte danach nur ein sittenkonformer Teil der Kundenforderungen.

73 Eine **Teilbarkeit** wurde auch bejaht im Falle der Einsetzung zum *Alleinerben* des Gesamtvermögens, wo geteilt wurde in die Einsetzung zum Miterben eines Vermögensteils (BGHZ 53, 369, 381). Das ist kaum richtig, weil sich wegen der §§ 2033 Abs 2, 2034, 2038 ff BGB die Stellung des Miterben von derjenigen des Alleinerben wesentlich unterscheidet (JAUERNIG/MANSEL[17] Rn 6). Für möglich gehalten wurde auch die Aufteilung einer unwirksamen *Testamentsvollstreckung* für den ganzen Nachlass in eine Testamentsvollstreckung für einen Erbteil (BGH NJW 1962, 912; BayObLG FamRZ 1991, 231; dazu vPREUSCHEN FamRZ 1993, 1390 ff). In gleicher Weise reduziert wurde ein in voller Höhe sittenwidriges *Schuldanerkenntnis* (BGH ZIP 1987, 519; krit dazu TIEDTKE ZIP 1987, 1089; CANARIS, in: FS Steindorff [1990] 519, 568). Diese Annahme ist aber kaum mit der sonstigen angeführten Rspr vereinbar. Ich selbst möchte eine **zulässige geltungserhaltende Reduktion** annehmen.

IX. Rechtsfolgen des § 139

„Die Bedeutung, welche der Verbindung von mehreren, in einem Zusammenhange stehenden Willenserklärungen zukommt, kann lediglich dem Willen der Beteiligten entnommen werden" (Mot I 222). Heute wird dazu überwiegend auf den **hypothetischen Parteiwillen** und nicht so sehr auf den zur Zeit des Geschäftsabschlusses vorhandenen Willen der Parteien abgestellt (SOERGEL/HEFERMEHL[13] Rn 34; MünchKomm/BUSCHE[8] Rn 29 ff; CAHN JZ 1997, 8, 18; **aA** noch ENNECCERUS/NIPPERDEY[15], AT I 2 1219; zur Entwicklung der Auslegung PAWLOWSKI 207). Liegt **erstens** ein einheitliches Rechtsgeschäft vor (o Rn 36 ff) und ist es **zweitens** teilbar (o Rn 60 ff), so ist in einem **dritten** Schritt festzustellen, ob nach dem hypothetischen Parteiwillen das Rechtsgeschäft auch ohne den nichtigen Teil vorgenommen worden wäre (OLG Schleswig NJW-RR 2006, 1665, 1667). Gleichwohl ist ein (ausnahmsweise) vorhandener **realer Wille** der Parteien beachtlich und geht der Auslegung nach dem hypothetischen Willen vor (o Rn 22 ff; DEUBNER JuS 1996, 106; zB OLGR Berlin 2005, 215, 216 [Berücksichtigung von Parteivorbringen]). Im Regelfall ist aber ein derartiger Wille von den Parteien nicht gebildet worden. Dann ist auf den anderen Maßstab des hypothetischen Parteiwillens abzustellen (ausführlich OEPEN 3 ff; SANDROCK AcP 159 [1960/1961] 481, 483 ff). Wenn die Parteien von der **Teilnichtigkeit Kenntnis** hatten, so liegt in Ansehung des betreffenden Teils wegen des fehlenden Rechtsfolgewillens kein Rechtsgeschäft vor (BGHZ 45, 376, 380). Das Rechtsgeschäft wird dann lediglich von den übrigen Vertragsbestimmungen gebildet. Diese sind nur dann wirksam, wenn sie mit diesem Inhalt von den Parteien gewollt sind, was der Tatrichter einzelfallabhängig zu prüfen hat (im Einzelnen o Rn 24). 74

1. Hypothetischer Parteiwille

a) Objektive Wertung und Standpunkt der Parteien

Die Rspr wendet zur Ermittlung des hypothetischen Parteiwillens die Grundsätze der **ergänzenden Vertragsauslegung** an (§ 157 BGB) (zu den Schwierigkeiten der Ermittlung eingehend KÄHLER 95 ff; MÖSLEIN 96 ff). Maßgebend soll sein, welche Entscheidung die Parteien bei Kenntnis der Sachlage nach Treu und Glauben und bei vernünftiger Abwägung der beiderseitigen Interessen getroffen hätten. In der Regel bedeutet das, dass die Parteien das **objektiv Vernünftige** gewollt und eine gesetzesverträgliche Regelung bezweckt haben (RGZ 118, 218, 222; BGH NJW 2012, 1502 Rn 15 [Staffelmiete]; 2009, 1135 Rn 13; FamRZ 2008, 859, 861 [Abrede über die Aufgabe des Ehenamens im Falle der Scheidung; jedenfalls in der Sache]; NJW-RR 2009, 306 Rn 12; 2008, 1488 [Abfindungszahlung an einen Vorstand] mit Anm SCHÖPFLIN WuB II D. § 39 GenG 1.08; NJW 2006, 2696 Rn 21 f [überlange 75 individuelle Staffelmietlaufzeit: vierjähriger Kündigungsverzicht]; 2004, 3045, 3046 [mietvertragliche Kautionsvereinbarung]; WM 1997, 625, 627; NJW 1986, 2576, 2577; BAG ZIP 2009, 1294 Rn 15 mit Anm Raif GWR 2009, 207; OLG Hamm NZBau 2009, 48, 52 [Planungsvertrag und Projektsteuerungsvertrag]; auch OLG Frankfurt FamRZ 2007, 2082 [Nichtigkeit des Verzichts auf Trennungsunterhalt wirkt sich nicht auf den Verzicht nachehelichen Unterhalt aus] mit zust Anm Bergschneider; ebenso OLG Koblenz NJW 2007, 2052 u § 157 Rn 30 ff; ArbG Berlin 21. 6. 2006 – 86 Ca 26096/05, juris Rn 52 [Überschreitung höchstzulässiger Arbeitszeit]; für Beratungsvereinbarungen mit Aufsichtsratsmitgliedern Benecke WM 2007, 717, 720). Dabei ist die Feststellung nicht ausreichend, wonach die Parteien in jedem Fall, aber vielleicht mit anderem Inhalt, abgeschlossen hätten. Vielmehr muss dem Grundsatz nach feststehen, dass das Rechtsgeschäft so abgeschlossen worden wäre, wie es sich ohne den nichtigen Teil darstellt (RGZ 146, 118; LG Düsseldorf WuW/E LG/AG 186 [„Gummistecker"]). Es kommt jeweils auf die Umstände des **Einzelfalles** an (BGHZ 176, 198 Rn 9; BGH NJW 2010, 374 Rn 26). Ist bei quantitativer Teilnichtigkeit wegen **mehrerer Möglichkeiten** zur Ersetzung der nichtigen Bestimmung der Wille nicht zu ermitteln, ist § 139 BGB nicht anwendbar (BGH NJW 2009, 1135 Rn 13). In der Regel wird das **objektiv Vernünftige** als Parteiwille angenommen (RGZ 107, 40; 118, 218, 222; BGH NJW 2006, 2696 Rn 21; Palandt/Ellenberger[79] Rn 14; Sandrock AcP 159 [1960/1961] 481; Freund ZIP 2009, 941, 945 [Sozietät]; Hümmerich/Schmidt-Westphal DB 2007, 222, 224 [Aufhebungsvereinbarung im Dienstvertrag des GmbH-Geschäftsführers]). In gleichem Sinne wird auch von einer „Wertung" (Flume, AT II 580) oder einer „Bewertung" (M Wolf/Neuner, AT[11] § 56 Rn 25) gesprochen. Dabei wird die präzisierende Frage vorgeschlagen, ob die Parteien des Rechtsgeschäfts als verständige Personen das Geschäft hinsichtlich des nicht von dem Nichtigkeitsgrund betroffenen Teils hätten gelten lassen, wenn sie unmittelbar nach Abschluss des Geschäftes vor die Alternative gestellt gewesen wären, ob das Geschäft zum Teil oder überhaupt nicht gelten solle (RGZ 146, 116; Flume, AT II 581; BGB-RGRK/Krüger-Nieland/Zöller[12] Rn 38). Das ist nur mit der Einschränkung richtig, dass ein **tatsächlicher Wille** der Parteien nicht ermittelt werden kann (o Rn 74). Zutreffend ist es aber, die Frage nach dem hypothetischen Parteiwillen so zu stellen, dass die Behebbarkeit des Nichtigkeitsgrundes außer Betracht gelassen wird. Deshalb ist zu fragen, ob die Parteien das Rechtsgeschäft ohne den von dem Nichtigkeitsgrund betroffenen Teil abgeschlossen hätten, wenn sie bei behebbaren Mängeln den Mangel als nichtbehebbar angesehen hätten (Flume, AT II 579). Entgegen der vor allem von Flume vertretenen Tendenz darf es freilich nicht um eine rein **objektive Wertung** gehen, weil damit der Ausgangspunkt verlassen würde, wonach § 139 BGB der Durchsetzung des Parteiwillens dienen will (o Rn 1; zutr Soergel/Hefermehl[13] Rn 34; Medicus/Petersen, AT[11] Rn 508). Vielmehr kommt es für die anzustellende Wertung in erster Linie auf den **Standpunkt der Parteien** selbst an und nicht auf denjenigen eines vernünftigen Dritten oder denjenigen des Richters (Mayer-Maly, in: FS Flume [1978] 621, 622 f; Medicus/Petersen, AT[11] Rn 508; grundsätzlich auch Oepen 14 ff). Der Unterschied zur **Vertragsauslegung** besteht darin, dass auch bloß einseitige Interessen zu beachten sind (Medicus/Petersen, AT[11] Rn 508; auch W Gerhardt JuS 1970, 326; gegen dieses Argument Bork, AT[4] Rn 1218 Fn 24). Man kann hier von einem „individuellen hypothetischen Parteiwillen" sprechen (Sandrock, Zur ergänzenden Vertragsauslegung im materiellen und internationalen Schuldvertragsrecht [1966] 93 ff). In diesem Zusammenhang ist es nicht von Bedeutung, dass sich die (auch) auf objektive Merkmale gestützte Wertung von dem „historischen Grundgedanken" entfernt (dazu H-H Seiler, in: FS Kaser [1976] 127, 146 Fn 79). In der praktischen Anwendung werden objektive Wertung und Rücksichtnahme auf den Standpunkt der Parteien oftmals in wechselnder Intensität zusammenspielen. So muss zwangsläufig die **Objektivierung** des Rechtsgeschäfts im Vordergrund stehen, wenn sich der Standpunkt der Parteien nicht feststellen lässt. Auch die Motive erwähnen die objektive Wertung, wenn formuliert wird: „… die Verbindung selbst spricht aber zunächst für die innere Zusammengehörigkeit“ (MUGDAN I 475 = Mot I 222). Bei Verträgen kommt es auf den hypothetischen Willen **beider** Parteien an (zB OLGR Köln 2004, 213, 214).

Das Abstellen auf den **hypothetischen Parteiwillen** bedeutet, dass die anzustellende Wertung oder Bewertung in der dargestellten Weise oftmals zu einem Ergebnis idS führen wird, dass das Rechtsgeschäft, abgesehen von seinem ungültigen Teil, als wirksam angesehen wird (FLUME, AT II 581; für Unternehmensverträge HAHN DStR 2009, 589, 595). Das wird häufiger der Fall sein, wenn die unwirksame Klausel im Zusammenhang des Gesamtvertrages eine eher **wirtschaftlich untergeordnete Bedeutung** hat (OLG Frankfurt ZUM-RD 2008, 173, 180). Die Tendenz des § 139 BGB zur Totalnichtigkeit greift alsdann wiederum nur subsidiär ein, wenn die vorzunehmende Wertung nicht zu einer eindeutigen Entscheidung führt, weil weder die für noch die gegen Gesamtnichtigkeit sprechenden Umstände überwiegen (OLGR Oldenburg 2006, 429, 430; FLUME, AT II 581; o Rn 2). Bisweilen wird sogar (übertreibend) angenommen, dass § 139 BGB überhaupt entbehrlich ist, weil sich der hypothetische Parteiwille immer ermitteln ließe (so H-H SEILER, in: FS Kaser [1976] 127, 147). Doch muss das nicht immer der Fall sein (OLGR Oldenburg 2006, 429, 430; BayObLG MDR 1980, 756; BGB-RGRK/KRÜGER-NIELAND/ZÖLLER[12] Rn 38; o Rn 2). 76

b) Maßgebender Zeitpunkt

Maßgebend ist bereits nach dem Wortlaut des § 139 BGB und auch nach dem Sinn der Regelung der hypothetische Wille der Parteien zur **Zeit des Vertragsabschlusses** (BGHZ 17, 41, 59; BGH NJW-RR 1989, 800, 801; RGZ 146, 366, 369; OEPEN 10f; JAUERNIG/MANSEL[17] Rn 12; zum Fall der nachträglichen Gesetzesänderung o Rn 32). 77

c) Ersetzende Regelungen

Die Regelung des § 139 BGB geht an sich davon aus, dass der nichtige Teil des Rechtsgeschäfts **ersatzlos wegfällt**. Deshalb wird bisweilen vertreten, dass der Richter im Rahmen des § 139 BGB nicht an die Stelle des nichtigen Teils eines Rechtsgeschäfts eine **andere Regelung setzen könne** (SOERGEL/HEFERMEHL[13] Rn 38 im Anschluss an FLUME, AT II 582). Das bedeute die „Garantiefunktion“ des Vertrages. Doch werden von diesem Grundsatz ohnehin weitreichende Ausnahmen anerkannt, wie etwa bei einem Verstoß gegen zwingendes Gesetzesrecht (o Rn 13 ff). Darüber hinaus kommt es zu einer **Inhaltsänderung** des Vertrages auch dann, wenn die durch Teilnichtigkeit entstandene Lücke durch **ergänzende Vertragsauslegung** gefüllt wird (o Rn 8). § 139 BGB nähert sich dann den Möglichkeiten des § 306 BGB an (o Rn 7). Insoweit kann nicht davon gesprochen werden, dass den Parteien ein Vertragsinhalt aufgedrängt werde (so auch MünchKomm/BUSCHE[8] Rn 33). Auch wird den Parteien bei nichtigen **Wertsicherungsklauseln** von der Rspr eine Neuverhandlungspflicht in dem Sinne auferlegt, dass sie einer Änderung der vereinbarten Wertsicherungsklausel in eine solche mit genehmigungsfähigem oder nichtgenehmigungsbedürftigem Inhalt zustimmen (BGH DB 1979, 1790, 1791). Auch das bedeutet eine Inhaltsänderung des Vertrages über die Stoßrichtung des § 139 BGB hinaus. Doch darf es nicht zu einer unzulässigen **richterlichen Vertragsgestaltung** kommen (BGH NJW 2009, 1135 Rn 14; NJW-RR 2011, 835 Rn 51). 78

2. Prozessuales; Beweislast

79 Wer die Gültigkeit des Restgeschäftes in Anspruch nimmt, trägt für diejenigen **Tatsachen die Darlegungs- und Beweislast**, aus denen sich ergeben soll, dass das Rechtsgeschäft auch ohne den nichtigen Teil abgeschlossen worden wäre (BGHZ 45, 376, 380; BGH NJW 2010, 1364 Rn 30; NZG 2009, 784 Rn 9; NJW-RR 2005, 1290, 1291; NJW 2003, 347; NJW-RR 1986, 346, 348; undeutlich BGH NJW 1995, 722, 724; OLG Naumburg GesR 2008, 591 [medizinischer Behandlungsvertrag und Abgabe von Medizinprodukten]; KG KGR 2004, 175; OLG München NJW-RR 1987, 1042; LG Frankfurt aM EWiR Art 81 EG 1/07, 45 [Lizenzvertrag mit Wettbewerbsbeschränkungen gegen Art 81 Abs 1 EG] mit Anm Beyerlein; LG Düsseldorf WuW/E LG/AG 186; NK-BGB/Faust[3] Rn 58; Bamberger/Roth/Hau/Poseck/Wendtland[4] Rn 20; Erman/Arnold[15] Rn 25; MünchKomm/Busche[8] Rn 35; Palandt/Ellenberger[79] Rn 14; PWW/Ahrens[15] Rn 24; O Vogel ZfIR 2005, 139, 140). Ist dagegen eine **salvatorische Klausel** vereinbart, so trägt diejenige Partei, die den Vertrag entgegen der Klausel im Ganzen für nichtig hält, die Darlegungs- und Beweislast für die insoweit geltend gemachten Tatsachen (BGH NJW 2010, 1364 Rn 30; o Rn 22). Soweit es um die objektive Wertung geht, kann von einer Beweislast nur in Bezug auf diejenigen **Tatsachen** die Rede sein, aufgrund derer die erforderliche Wertung vorgenommen werden soll. Die Wertung selbst ist einer Beweislastentscheidung nicht zugänglich. Da aber auch ein etwa vorhandener tatsächlicher Parteiwille ermittelt werden muss, kommt im Hinblick auf die betreffenden Tatsachen sehr wohl eine **Beweislastentscheidung** in Betracht (insoweit anders Flume, AT II 581). Führt die anzustellende Wertung nicht zum Erfolg, so kommt die Regel des § 139 BGB mit der Folge der Totalnichtigkeit zur Anwendung (o Rn 76). Insoweit ist es freilich nicht ganz korrekt, von einem „non liquet" zu sprechen. Vielmehr greift hier die dem hypothetischen Parteiwillen nachrangige **Wertung des Gesetzes** mit § 139 BGB ein. Die Gesamtnichtigkeit wirkt gegenüber jedermann. Das Gericht hat sie **von Rechts wegen** (nicht: von Amts wegen) zu berücksichtigen, auch wenn sich keine der Parteien darauf beruft. Doch gibt es dazu Ausnahmen (u Rn 89). Wenn tatsächliche Feststellungen nicht mehr zu erwarten sind, kann auch das Revisionsgericht die erforderliche Wertung vornehmen (BGH NJW 1994, 720, 721). Über den **Vortrag der Parteien** oder einer der Parteien, was sie im Falle der Teilnichtigkeit vereinbart haben würden, ist Beweis zu erheben, wenn der Vortrag nicht unstreitig wird (zB OLG Frankfurt ZIP 1993, 1488, 1490 m Anm Kreitner EWiR § 372 BGB 2/93, 963; OLG Stuttgart FamRZ 1987, 1034, 1037). Das ergibt sich daraus, dass bei Vorhandensein eines beachtlichen **tatsächlichen Parteiwillens** für eine Orientierung am hypothetischen Parteiwillen kein Raum ist (besonders klar Mayer-Maly, in: FS Flume [1978] 621, 623). Wird für die Anwendung des § 139 BGB wesentliches Parteivorbringen außer Acht gelassen, so liegt darin ein **Revisionsgrund** (BGH WuB VIII A. § 19 BNotO 2. 93 m Anm Langenfeld). Der Vortrag einer Bank im Prozess, sie verzichte auf den unwirksamen Teil einer Zweckbestimmungserklärung einer Bürgschaft, ist in Wahrheit ein tatsächlicher Umstand, der für die Aufrechterhaltung des Restvertrages nach dem hypothetischen Parteiwillen spricht (übersehen von OLG Zweibrücken WuB I F 1a Bürgschaft 1. 93 m Anm von Becker-Eberhard). Für die Prüfung der Voraussetzungen des § 139 BGB kommt es nicht allein entscheidend auf die **Vertragsurkunde** an. Vielmehr sind alle für die Ermittlung des Parteiwillens in Betracht kommenden Umstände, auch solche außerhalb des Vertragstextes, heranzuziehen (BGH NJW 1986, 2576, 2577). Zu der Anwendung der Regel des § 139 BGB genügt es, wenn nach den unstreitig gegebenen Umständen nicht anzunehmen wäre, dass die Vertragsparteien das Rechtsgeschäft auch ohne den nichtigen Teil vorgenommen hätten (BGH NJW 1994, 1470, 1471).

3. Einzelfälle

80 Die Rspr hat den hypothetischen Parteiwillen für viele **Fallgruppen** typisiert. Dabei handelt es sich um die typische Bewertung von Parteiinteressen, wo davon ausgegangen wird, dass das Rechtsgeschäft auch ohne den nichtigen Teil vorgenommen worden wäre. Eine schematische Übertragung auf andere Fälle ist unzulässig, weil stets vorrangig der **Standpunkt der Parteien** zu berücksichtigen ist (o Rn 75).

a) Kartellrecht; Wettbewerbsbeschränkungen

81 Im Kartellrecht ist Teilnichtigkeit bei der Anwendung kartellrechtlicher Verbote insbes bei **Austauschverträgen** eine häufige Erscheinung. Die Frage nach Total- oder Teilnichtigkeit beurteilt sich nach § 139 BGB (dazu Canaris DB 2002, 930; Helm GRUR 1976, 496; F Immenga/Ch Kessel/Schwedler BB 2008, 902, 910). Das gilt auch für Verstöße gegen **EU-Gemeinschaftsrecht** (BGH WRP 2007, 1097, 1099; Emde WRP 2005, 1492, 1500: Zöttl WRP 2005, 33, 38). Nach der Streichung (wegen fehlenden Bedarfs) von § 19 Abs 2 GWB aF mit den zivilrechtsgestaltenden Befugnissen der **Kartellbehörde** bestimmen sich jetzt auch die zivilrechtlichen Folgen des Einschreitens der Kartellbehörde nach den allgemeinen Vorschriften und damit auch nach § 139 BGB (dazu BT-Drucks 13/9720, 35 v 29. 1. 1998 zum Sechsten Gesetz zur Änderung des Gesetzes gegen Wettbewerbsbeschränkungen). Die Rede sein soll aber nur von den Verträgen Privater. Maßgebend ist der hypothetische Parteiwille (o Rn 74 ff). Der auf der Verletzung von Kartellrechtsvorschriften beruhende Verstoß gegen den **ordre public** führt nicht etwa dazu, dass dieser auf Aufrechterhaltung des Vertrages gerichtete Parteiwille unbeachtlich wäre (Ulmer, in: FS Steindorff [1990] 798, 810 f gegen Steindorff, in: FS Hefermehl [1971] 177, 186 f). Überhaupt darf die Aufrechterhaltung des Rechtsgeschäfts bei einem entsprechenden hypothetischen Parteiwillen nicht aus Gründen der **Generalprävention** scheitern. ME sollte die Tendenz hier noch mehr von der Gesamtnichtigkeit weggehen, ohne dass dem Ziele des GWB widersprächen (BGH NJW 1994, 1651, 1653 [„Pronuptia – II"]; insoweit nicht überholt durch BGH NJW 2003, 347; Canaris DB 2002, 930; entgegengesetzte Tendenz bei OLG Düsseldorf DB 2002, 943 [Energielieferungsvertrag]). Bei § 1 GWB (iV mit § 134 BGB) beschränkt sich die Nichtigkeit des Vertrages grundsätzlich auf die gegen § 1 verstoßenden Vertragsklauseln. Die Ausstrahlung auf den Rest beurteilt sich nach § 139 BGB. **Totalnichtigkeit** ist anzunehmen, wenn die aus kartellrechtlichen Gründen unwirksame Regelung aus dem Gesamtzusammenhang des Vertrages nicht herausgebrochen werden kann, ohne dass dieser als wirtschaftliche Einheit in sich zusammenfällt (Helm GRUR 1976, 496, 501; zweifelhaft LG Mannheim BB 1999, 1082; dagegen Rottnauer BB 1999, 2145, 2150 ff [Stromlieferungsvertrag mit Verteilerunternehmen]). Auch für Lieferverträge über Strom und Gas nach Wegfall der Ausschließlichkeitsabrede wird mit Recht Teilnichtigkeit das Wort geredet (J F Baur RdE 1997, 41, 43 ff; Lukes BB 1999, Beilage 8 S 20; Canaris DB 2002, 930 gegen OLG Düsseldorf DB 2002, 943). Totalnichtigkeit wird man dann annehmen können, wenn die Wettbewerbsbeschränkung (§ 1 GWB) den **Hauptzweck** der Parteien darstellte (OLG Frankfurt WuW/E OLG 3498, 3500 f). Bei Nichtigkeit des Kartellvertrages nach § 1 GWB iV mit § 134 BGB sind **Folgeverträge** in Ausführung des nichtigen Kartellvertrages aus Gründen der Rechtssicherheit grundsätzlich wirksam (Nachw bei Bechtold/Bosch, GWB[9] § 1 Rn 53; Emmerich/Lange, Kartellrecht[14] S 57 f; MünchKomm/Armbrüster[8] § 134 Rn 65). Für möglich gehalten wurde die Aufrechterhaltung des restlichen Kaufvertrags bei Nichtigkeit eines Wettbewerbsverbotes (BGH NJW-RR 1989, 800, 801). Die nach Art 85 Abs 1 EGV (Art 81 EG; jetzt Art 101 AEUV) nichtige Verpflichtung des *Franchise-*

gebers, dem Franchisenehmer in einem bestimmten Bezirk die ausschließliche Benutzung der ihm überlassenen Bezeichnung zu sichern, in Verbindung mit der Verpflichtung des Franchisenehmers, die Vertragswaren nur in dem festgelegten Geschäftslokal zu verkaufen, führte nicht zur Nichtigkeit des gesamten Franchisevertrages. Die **Gebietsklausel** war für das Funktionieren des gesamten Systems nicht erforderlich (OLG Hamburg WuW 1987, 393). In gleicher Weise führten nach Art 85 EGV, § 14 GWB nF nichtige Preisbindungen und Marktaufteilungen nicht zur Gesamtnichtigkeit eines *Franchisevertrages* (BGH NJW 1994, 1651, 1653 [„Pronuptia – II"]; insoweit nicht überholt durch BGH NJW 2003, 347). Die kartellrechtliche Nichtigkeit einiger Bestimmungen eines *Vertriebsbindungsvertrages* erfasste nicht den Vertragsrest (OLG Düsseldorf WuW 1984, 84 [„Grundig-Vertriebsbindungssystem"]). Ist die Begrenzung einer **Lizenz** auf das Gebiet eines einzelnen Staates unwirksam, entsteht keine territorial unbeschränkte Lizenz (LG Mannheim GRUR-RR 2009, 277, 279).

82 Gegen § 15 GWB aF verstoßende Regelungen in einem *Gaststättenpachtvertrag* führen nicht notwendigerweise zur Nichtigkeit des gesamten Pachtvertrages (OLG Hamm GRUR 1980, 183, 185 [iE hier aber Totalnichtigkeit]). Im Einzelfall wurde bei einem Verstoß gegen § 15 GWB wegen einer *Preisbindungsvereinbarung* auch die Totalnichtigkeit des Alleinvertriebsvertrages angenommen (BGH GRUR 1976, 101, 103 m Anm Kroitzsch [„EDV-Zubehör"]; ausführlich Steindorff, in: FS Hefermehl [1971] 177 ff). Im Übrigen wird eher großzügig verfahren. So sollen nach § 15 GWB nichtige Bestimmungen über vertikale Bindungen in Alleinvertriebsverträgen nicht zur Totalnichtigkeit führen (OLG Frankfurt NJW 1974, 2239). Zudem wurde § 139 BGB auf Massenverträge über die Preisbindung gewerblicher Leistungen beim Vertrieb von Markenwaren nicht angewendet (KG WuW 1970, 237 [zu § 16 GWB aF]). Doch kann Preis- und Konditionenabsprachen eine solche Bedeutung zukommen, dass es bei einer *Patentgemeinschaft* zur Totalnichtigkeit kommt (LG Düsseldorf WuW/E LG/AG 186 „Gummistecker").

b) Gesellschafts- und Arbeitsverträge

83 § 139 BGB passt nicht auf **ausgeführte Dauerrechtsverhältnisse** wie insbes im Falle von Gesellschafts- und Arbeitsverträgen (Canaris, in: FS Steindorff [1990] 519, 542; AK-BGB/Damm Rn 3). Sind einzelne Bestimmungen eines Gesellschaftsvertrages nichtig, so bleibt deshalb der Vertrag in der Regel im Übrigen gültig (BGHZ 49, 364, 365 f; 107, 351 ff; OLG Düsseldorf ZIP 2003, 1749, 1753; Sommer/Weitbrecht GmbH-Rdsch 1991, 449 [zur GmbH]). Selbst wenn sich im Einzelfall die Teilnichtigkeit auf den gesamten Vertrag auswirkt, gelten die Grundsätze über die **fehlerhafte Gesellschaft** (BGH WM 1976, 1027, 1029; OLG Stuttgart WuW 1970, 377, 384). Die Gesellschaft ist dann nur mit Zukunftswirkung auflösbar (vgl auch Soergel/Hefermehl[13] Rn 58; Pierer vEsch 118 ff). Für das Gesellschaftsrecht bietet sich demnach die **geltungserhaltende Reduktion** in besonderem Maße an (ausführlich H P Westermann, in: FS Stimpel [1985] 69 ff). Im **Arbeitsrecht** wird ganz allgemein Totalnichtigkeit vermieden, soweit die Teilnichtigkeit auf einem Verstoß gegen ein arbeitsrechtliches Schutzgesetz beruht (o Rn 15; BAG BB 1975, 883).

84 Die Teilnichtigkeit des **Hauptversammlungsbeschlusses** von Aktionären einer Aktiengesellschaft zu einem in unzulässiger Weise vereinbarten Beherrschungsvertrag mit rückwirkender Kraft führt nicht zur Totalnichtigkeit. Abgestellt wurde auf den Standpunkt von vernünftig urteilenden Aktionären (OLG Hamburg NJW 1990, 3024, 3025 unter Hinweis auf BGHZ 36, 121, 140 m zust Anm KRIEGER EWiR § 291 AktG 1/91, 217; auch OLG Hamburg NJW 1990, 521). Doch sind hier Beweisangebote darüber nicht zu erheben, wie die Mehrheit der Aktionäre hypothetisch abgestimmt haben würde. Ein auf Totalnichtigkeit gerichteter Wille ist nicht notwendigerweise bei der Übernahme einer *Stammeinlage* einer GmbH und einem Baggerkauf gegeben (komplizierter Sachverhalt in BGH WarnR 1977 Nr 26). Auch sonst bleibt die Anwendung des § 139 BGB auf Hauptversammlungsbeschlüsse meist folgenlos (OLG Hamburg AG 1970, 230; für Beschlüsse des Aufsichtsrates BGH NJW 1994, 520). Verstoßen freie *Hinauskündigungsklauseln* gegen § 138 BGB, können sie aufrecht erhalten werden, soweit sie die Kündigung aus einem sachlichen Grund erlauben (PALANDT/ELLENBERGER[79] Rn 15; GEHRLEIN NJW 2005, 1969).

c) Gerichtsstands- und Schiedsgerichtsklauseln

Die Nichtigkeit des **Hauptvertrages** berührt in der Regel nicht die Gerichtsstands- 85
klausel (RGZ 87, 10; BGH LM ZPO Nr 38; KG BB 1983, 218). Ebenso liegt es für eine **Schiedsabrede** (BGHZ 53, 315, 318; BGH HmbSchRZ 2009, 5 Rn 5; NJW 1991, 2215, 2216; LM Nr 6; NJW 1979, 2567, 2568; 1977, 1397, 1398) und eine **Mediationsvereinbarung** (FRIEDRICH MDR 2004, 481). Ist die Gerichtsstandsklausel ungültig, so bleibt die Gültigkeit des Hauptvertrages erhalten (BGHZ 22, 90). Die Ungültigkeit der Schiedsgerichtsklausel lässt die gleichzeitig vereinbarte Gerichtsstandsklausel unberührt (BGH DB 1984, 825; zudem OLG Brandenburg 26. 4. 2006 – 4 U 161/05, juris Rn 43). Die Parteien wollen regelmäßig auch die Wirksamkeit einer **Schlichtungsklausel** für den Fall, dass die übrigen Vertragsvereinbarungen unwirksam sind. Deren potenzielle Unwirksamkeit führt nicht nach § 139 BGB zur Unwirksamkeit der Schlichtungsklausel. Sie gilt daher auch für den Streit über die Vertragswirksamkeit (BGH NJW-RR 2009, 637 Rn 23: Die Klausel lautete: „Vor Anrufung eines Gerichts muss ein Schlichtungsversuch vor dem Schiedsgericht unternommen werden"). Auch die Nichtigkeit einer Kompetenz-Kompetenz-Klausel hat auf die übrige Schiedsabrede keinen Einfluss (BGHZ 202, 168 = BGH NJW 2014, 3652 Rn 11 [„Das Schiedsgericht kann auch über die Gültigkeit dieser Schiedsvereinbarung bindend entscheiden"]). Unwirksame oder undurchführbare Vereinbarungen über die Bildung eines Schiedsgerichts führen ebenfalls nicht zur Unwirksamkeit der Schiedsvereinbarung (BGH NJW 2014, 3655 Rn 11). Unklar geblieben ist die Behandlung von umfassenden Schiedsgerichtsklauseln, die keine Ausnahme für nichtige **Beschlussmängelstreitigkeiten** vorsehen. Zur Vermeidung einer Gesamtnichtigkeit kann erwogen werden, nach § 139 BGB die Nichtigkeitsfolge auf denjenigen Teil zu beschränken, der sich auf Beschlussmängelstreitigkeiten bezieht, welche die Gleichwertigkeitsanforderungen der Rechtsprechung nicht erfüllen (GENTZSCH/HAUSER/KAPOOR SchiedsVZ 2019, 64).

d) Wertsicherungsklauseln

Die Nichtigkeit einer Wertsicherungsklausel führt im Zweifel nicht zur Gesamt- 86
nichtigkeit. Vielmehr wird sie durch eine rechtlich **unbedenkliche Klausel substituiert** (PALANDT/ELLENBERGER[79] Rn 15; vgl § 8 PrKlG). Auch nach früherem Recht blieb der Mietvertrag insgesamt wirksam, wenn im Falle der Wohnungsmiete eine Wertsicherungsklausel unwirksam war (OLG Celle OLGZ 1982, 219 ff). Die Nichtigkeit von Wertsicherungsklauseln führt allgemein zur Aufrechterhaltung des Vertrages unter Ersetzung der unwirksamen Klausel im Wege der ergänzenden Vertragsauslegung (BGHZ 63, 132; o Rn 8). Hier wird § 139 BGB von vornherein vermieden.

e) Grundstücksverkehr

87 Soll ein erschlossenes Grundstück erworben werden, so ist der gesamte Kaufvertrag nichtig, wenn die Vereinbarung von Erschließungskosten wegen fehlender Erschließungsbeitragssatzung nichtig ist (BGH NVwZ-RR 2009, 412). Ist eine Nebenabrede, wonach auf den für den Kauf des *Erbbaurechts* zu zahlenden Preis eine schon geleistete Zahlung anzurechnen ist, formnichtig, so wurde der beurkundete Kaufvertrag für wirksam angesehen, wenn der Käufer die Vorauszahlung ohne Weiteres zu belegen vermag (BGH NJW 1994, 720, 721; BGHZ 85, 315, 318; bestätigt durch BGH NJW 2000, 2100, 2101; zust Bork, AT[4] Rn 1221). Ein *Erbbaurechtsvertrag* ist nicht insgesamt nichtig, weil die Gemeinde gegen § 1 Abs 3 S 2 BauGB verstoßen hat (BGH 22. 1. 2016 – V ZR 27/14, NJW 2016, 3162 Rn 13). Die Formnichtigkeit eines *Grundstückskaufvertrages* führt nicht zur Unwirksamkeit der in diesem Vertrag dem Käufer vom Verkäufer erteilten Auflassungsvollmacht, wenn die Vollmacht unwiderruflich zur Sicherung des Vertrags erteilt ist (BGH DNotZ 1990, 359 m Anm Heckschen). Bei Unwirksamkeit einer *Grundschuldbestellung* ist nicht auch eine Bürgschaftsverpflichtung unwirksam (BGH FamRZ 1983, 455, 456), wenn der Kredit schon ausgezahlt ist. Wurde in einem *Grundstückskaufvertrag* eine Abrede, die der Käufer als verbindliche Zusicherung verstehen durfte, nicht mitbeurkundet, so wird freilich grundsätzlich von der Nichtigkeit des Vertrages ausgegangen (BGH WM 1976, 1111). Totalnichtigkeit wurde auch angenommen, wenn *einheitliche Grundstücksgeschäfte* willkürlich in formbedürftige und nichtformbedürftige Teilvereinbarungen aufgespalten wurden (OLG Stuttgart BWNotZ 1970, 23). Das Gleiche gilt auch bei Teilnichtigkeit, wenn mehrere Grundstückskaufverträge als einheitliches Geschäft abgeschlossen werden, ohne dass die Verknüpfung der einzelnen Verträge beurkundet wird und die Parteien keinen isolierten Verkauf der Fläche gewollt haben (BGH NJW 2000, 2017). Wirksamkeit wurde bei der Teilnichtigkeit eines *Grundstückskaufs* infolge der fehlerhaften Bezeichnung des Grundstücks angenommen, wobei sich die verkaufte Fläche aus der im Vertrag bezeichneten Parzelle und einem Teil des Nachbargrundstücks zusammensetzte (OLG Düsseldorf MDR 1997, 1018). Ein formgerechter Grundstückskauf wurde nicht isoliert aufrechterhalten, wenn er mit einem formunwirksamen *Inventarverkauf* im Zusammenhang steht (OLGR Celle 2007, 753, 756). Die wegen § 2276 BGB formnichtige *Erbeinsetzung* führt nicht zur Unwirksamkeit einer gleichzeitig erklärten Auflassung eines Grundstücks samt dem schuldrechtlichen Geschäft (OLG Hamm DNotZ 1996, 671). Nach hL kann ein *dingliches Vorkaufsrecht* nicht für mehrere Beteiligte als Gesamtgläubiger iSv § 428 BGB bestellt werden. Liegt – wie häufig – eine Divergenz zwischen Einigung und Eintragung vor, so wird nach § 139 BGB regelmäßig davon auszugehen sein, dass sich die dingliche Einigung auch auf die hinter ihr zurückbleibende Eintragung erstreckt (BGH 13. 10. 2016 – V ZB 98/15, NJW 2017, 1811 Rn 22 ff mit Anm Kesseler).

f) Sonstiges

88 Wird ein *Verbraucherdarlehensvertrag* mit mehreren Darlehensnehmern geschlossen, so kann jeder Verbraucher selbstständig widerrufen. Aus § 139 BGB ergibt sich regelmäßig, dass sich dann der Vertrag im Verhältnis zu sämtlichen Darlehensnehmern in ein Rückgewährschuldverhältnis umwandelt (BGH 11. 10. 2016 – XI ZR 482/15, NJW 2017, 243 Rn 22 mit Anm Seggewisse und M Schwab JuS 2017, 461). Bei einer *Scheidungsfolgenvereinbarung* im Rahmen des familiengerichtlichen Verbundverfahrens scheidet ein auf Restgültigkeit gerichteter hypothetischer Wille der Parteien wegen des engen Zusammenhangs der Scheidungsfolgen häufiger aus (OLG Stuttgart FamRZ 1984, 806, 808; für möglich gehalten in BGH NJW 2014, 1101 Rn 49; 2013, 457 Rn 31). Das gilt

jedenfalls dann, wenn die Sittenwidrigkeit aus der Gesamtwürdigung des einseitig belastenden Ehevertrages folgt (BGH NJW 2013, 457 Rn 31 mit Anm WELLENHOFER JuS 2013, 844). Das Gleiche gilt für zusammenhängende Vereinbarungen von geschiedenen Ehegatten über die Freistellung von Ansprüchen auf Kindesunterhalt mit dem Verzicht auf Ausübung des Umgangsrechts (OLG Karlsruhe FamRZ 1983, 417). Ist eine *Wahlleistungsvereinbarung* zwischen Krankenhausträger und Patient wegen fehlender formaler Voraussetzungen der BPflV unwirksam, so ist wegen § 139 BGB auch ein mündlich oder konkludent abgeschlossener Arztzusatzvertrag nichtig. Doch bleibt der (totale) *Krankenhausvertrag* wirksam (BGH MDR 1998, 582). Bei einem *Kanzleiübernahmevertrag* führt die Nichtigkeit der Vereinbarung über den Verkauf der Honorarforderungen und die Nichtigkeit der Vereinbarung über die Übertragung der Akten zur Nichtigkeit des gesamten Vertrages (BGH NJW 1995, 2026, 2027). Ist eine *Provisionsteilungsabrede* zwischen einer Versicherungsagentur und einem Versicherungsnehmer nach § 134 BGB nichtig, so führt das nicht zur Unwirksamkeit der Provisionsregelung in dem auf Dauer angelegten Agenturvertrag mit dem Versicherer (BGH NJW-RR 1997, 1381). Können bei der *Sicherungsübereignung* einer Mehrheit von Sachen nur einzelne identifiziert werden, so kann das Ziel des Vertragsschlusses wenigstens teilweise erreicht werden, wenn die darauf bezogene Übereignung als wirksam angesehen wird (als Beispiel erwogen in BGH ZIP 2001, 1706, 1709). Ein Vertrag des *Betriebsrats* mit einem Beratungsunternehmen, der ihn gem § 111 S 2 BetrVG unterstützen soll, ist insoweit wirksam, als die Beratungsleistungen zu seiner Aufgabenerfüllung erforderlich sind (BGHZ 195, 174 Rn 30).

X. Rechtsmissbrauchsschranken

1. Vorteilsregel

Einer Vertragspartei wird es nach **§ 242 BGB** verwehrt, sich unter Berufung auf **89**
§ 139 BGB ihrer Vertragspflichten insgesamt zu entledigen, wenn lediglich eine einzelne abtrennbare Regelung unwirksam ist, die allein den anderen Vertragspartner **begünstigt**, und dieser unbeschadet des Fortfalls dieser Regelung am Vertrag festhalten will (BGH 22. 1. 2016 – V ZR 27/14, NJW 2016, 3162 Rn 15; WM 1997, 625, 627 mit Anm BÜLOW LM § 139 BGB Nr 86 [Bürgschaft]; NJW 1993, 1587, 1589 m Anm LANGENFELD WuB VIII A. § 19 BNotO 2. 93; NJW-RR 1989, 998; 1989, 800, 802; WM 1985, 993, 994; FamRZ 1983, 455, 456; GRUR 1971, 272, 273; NJW 1967, 245 [Unterwerfungsklausel]; OLG Schleswig NJW-RR 2006, 1665, 1667 [Erbvertragsaufhebung]; BÖHME 50; KÄHLER 207 f; krit STEINDORFF, in: FS Hefermehl [1971] 177 ff mit Überbetonung des ordre-public Gedankens; gegen ihn P ULMER, in: FS Steindorff [1990] 799 ff). Die Hauptanwendungsfälle finden sich im **Kartellrecht**, wo die Vorteilsregel in gleicher Bedeutung gilt, ohne durch Erwägungen der Generalprävention ausgeschaltet zu werden. Im Übrigen kann es sich handeln um die Unterwerfung unter die Zwangsvollstreckung, die Bestellung von Sicherheiten, die Einräumung von Kontrollrechten usw (PALANDT/ELLENBERGER[79] Rn 16). Ebenso liegt es etwa bei der Unwirksamkeit einer *Sicherungszession* zugunsten des Verkäufers (RG JW 1916, 390). Ein Teil der Lit will diese Rspr nicht mit dem Arglisteinwand begründen (FLUME, AT II 588). Vielmehr handele es sich um eine Einschränkung des § 139 BGB für den Fall, dass der nichtige Teil des Rechtsgeschäfts ausschließlich im Interesse eines der am Rechtsgeschäft Beteiligten vereinbart ist. Das ist beifallswert. Der benachteiligten Partei ist ein **Wahlrecht** zur einseitigen Herbeiführung der Wirksamkeit des Restgeschäfts zu geben. Diese Wahl ist wegen § 350 BGB befristet vorzunehmen

(P Ulmer, in: FS Steindorff [1990] 799 ff; zust Jauernig/Mansel[17] Rn 13). Maßgebend ist dann nicht der hypothetische, sondern der **tatsächliche Wille**. Bis zur Ausübung des Wahlrechts ist der Vertrag schwebend unwirksam (P Ulmer, in: FS Steindorff [1990] 799, 815). Mit der Fortgeltungsentscheidung tritt volle Wirksamkeit des Vertrages ein. In diesem Sinne ist es sehr wohl möglich, dass die durch eine Vertragsklausel allein begünstigte Partei diese Klausel „verzichtend ausschalten" darf (aA Steindorff, in: FS Hefermehl [1971] 177 ff).

2. Bedeutungslos gebliebene Bestimmungen

90 Die Rspr beurteilt die Geltendmachung der Nichtigkeit ferner als **Rechtsmissbrauch** (§ 242 BGB), wenn die Nichtigkeit eines bereits durchgeführten Vertrages aus einer Regelung hergeleitet werden soll, die für die Durchführung des Vertrages ohne Bedeutung geblieben ist (BGHZ 112, 288, 296; RGZ 153, 59, 61; RG SeuffA 77 Nr 114; Palandt/Ellenberger[79] Rn 16; Soergel/Hefermehl[13] Rn 45; Flume, AT II 584 f; Beckmann 223 f; Katzenstein MDR 2004, 1275, 1279). Die Frage nach dem hypothetischen Parteiwillen bleibt in diesem Falle sinnlos. Ist allerdings in dem nichtigen Teil für die vereinbarte, aber nicht zum Zuge gekommene Leistung, eine Gegenleistung vereinbart worden, so ist auch diese Vereinbarung nichtig. Insoweit stellt sich dann das Problem des § 139 BGB (Flume, AT II 586). Es geht in den entschiedenen Fällen nicht um den prozessualen Arglisteinwand (anders wohl BGH LM Nr 36), sondern um die ausgeschlossene Anwendung des § 139 BGB (zu RGZ 153, 59, 61; Überblick durch M Wolf/Neuner, AT[11] § 56 Rn 28 ff).

3. Sonstige unzulässige Rechtsausübung

91 Die Rspr beruft sich bisweilen auch in dem umgekehrten Fall auf § 242 BGB, wenn derjenige Vertragsteil, dem der nichtige Teil des Vertrags nur **Vorteile** gebracht hat, jetzt also durch den Wegfall der Bestimmung benachteiligt wird, sich auf die Nichtigkeit als **Vorwand** beruft, um sich vom Vertrag loszusagen (OLG Frankfurt NJW 1974, 2239 [§ 15 GWB: unzulässige vertikale Bindung]). Doch wird hier der Missbrauchseinwand gerade in dem gegenteiligen Sinn einer **„Nachteilsregel"** gebraucht. Die Berufung auf die Verschlechterung der eigenen Rechtsstellung kann wohl nicht an § 242 BGB scheitern (zutr die Kritik von P Ulmer NJW 1974, 2240; dagegen für die Nachteilsregel Palandt/Ellenberger[79] Rn 16 aE).

§ 140
Umdeutung

Entspricht ein nichtiges Rechtsgeschäft den Erfordernissen eines anderen Rechtsgeschäfts, so gilt das letztere, wenn anzunehmen ist, dass dessen Geltung bei Kenntnis der Nichtigkeit gewollt sein würde.

Materialien: VE-AT § 129; E I § 111; II § 111; III § 136; Jakobs/Schubert, AT I 760 f; Schubert, AT II 222 ff; Mot I 218; Prot I 126; Mugdan I 473, 727.

Schrifttum

ABRAMENKO, Die Umdeutung unwirksamer Eintragungen von Sondereigentum in Sondernutzungsrechte, Rpfleger 1998, 313

BACH, Die Umdeutung rechtsgestaltender Willenserklärungen im Rahmen des Krankenversicherungsvertrages, VersR 1977, 881

BENECKE, Beteiligungsrechte des BR bei der Umdeutung von Kündigungen, AuR 2005, 48

BERNEITH, Die Konversion (2016)

BERNEITH, Umdeutung nichtiger gemeinschaftlicher Testamente mit wechselbezüglichen Verfügungen?, ZEV 2019, 241

BÜRCK, Umdeutung eines Vertrags bei Ausfall einer Vertragsbedingung – BGH NJW 1971, 420, JuS 1971, 571

ders, Zur Umdeutung von Rechtsgeschäften nach § 140 BGB, SchlHA 1973, 37

DERLEDER, Die Auslegung und Umdeutung defizitärer mobiliarsachenrechtlicher Übereignungsabreden, JZ 1999, 176

FEICHTINGER/HUEP, Die außerordentliche Kündigung, AR-Blattei SD, 161. Aktualisierung Januar 2007, Kündigung VIII, Die außerordentliche Kündigung 1010.8, Rn 509 ff

FINGER, Die Umgestaltung nichtiger Rechtsgeschäfte (1932)

O FISCHER, Konversion unwirksamer Rechtsgeschäfte, in: FS Wach I (1913) 179

vFRIESEN/REINECKE, Probleme der Umdeutung von außerordentlichen Kündigungen in ordentliche Kündigungen bei schwerbehinderten Arbeitnehmern, BB 1979, 1561

GANDOLFI, La conversione dell'atto invalido, I, Il modello germanico (Milano 1984); II, Il problema in proiezione europea (Milano 1988)

J HAGER, Gesetzes- und sittenkonforme Auslegung und Aufrechterhaltung von Rechtsgeschäften (1983)

ders, Die Umdeutung der außerordentlichen in eine ordentliche Kündigung, BB 1989, 693

HERSCHEL, Der für die Umdeutung von Rechtsgeschäften maßgebende Zeitpunkt, DRiZ 1952, 41

HIEBER, § 140 und das Grundbuchamt, DNotZ 1954, 303

M KAHL, Grenzen der Umdeutung rechtsgeschäftlicher Erklärungen (§ 140 BGB) (Diss Münster 1985)

KESSEL, Keine Umdeutung eines formungültigen Schecks in ein selbständiges Schuldversprechen, einen kaufmännischen Verpflichtungsschein oder einen Garantievertrag, BlfGenossW 1973, 123

KLINGER, Umdeutung einer unwirksamen Verfügung von Todes wegen, NJW-Spezial 2008, 199

KÖHLER, Einschränkungen der Nichtigkeit von Rechtsgeschäften, JuS 2010, 665

KOLLMEYER, Umdeutung unwirksamer Verfügungen in gemeinschaftlichen Testamenten, NJW 2018, 662

KRAMPE, Die Konversion des Rechtsgeschäfts (1980)

ders, Aufrechterhaltung von Verträgen und Vertragsklauseln, AcP 194 (1994) 1, 22

LEENEN, Willenserklärung und Rechtsgeschäft in der Regelungstechnik des BGB, in: FS Canaris Band I (2007) 699

LIEDER/BERNEITH, Die Umdeutung nach § 140 BGB, JuS 2015, 1063

LÖWISCH, Die betriebsbedingte Änderungskündigung und ihre Aufrechterhaltung im Wege der Umdeutung, SAE 2007, 49

LÜDEMANN/WINDTHORST, Die Umdeutung von Verwaltungsakten, BayVBl 1995, 357

MOCK, Die Heilung fehlerhafter Rechtsgeschäfte (2013)

F MÖLLER, Die Umdeutung von Blanko-Wechseln, DB 1961, 159

MOLKENBUR/KRASSHÖFER-PIDDE, Zur Umdeutung im Arbeitsrecht, RdA 1989, 337

MÜHLHANS, Die (verkannten?) Auswirkungen der §§ 116, 117 BGB auf die Umdeutung gem § 140 BGB, NJW 1994, 1049

PAWLOWSKI, Rechtsgeschäftliche Folgen nichtiger Willenserklärungen (1966)

PETERSEN, Die Umdeutung eines Wechsels in ein abstraktes Schuldanerkenntnis (BGHZ 124, 263), Jura 2001, 596

D REINICKE, Rechtsfolgen formwidrig abgeschlossener Verträge (1969)

ders, Die Umdeutung nichtiger Wechsel, DB 1960, 1028

Römer, Zur Lehre von der Konversion der Rechtsgeschäfte überhaupt und ihrer besonderen Anwendung auf das Wechselversprechen, AcP 36 (1853) 66
H Roth, Geltungserhaltende Reduktion im Privatrecht, JZ 1989, 411
Schütz, Die Umdeutung einer formnichtigen Bürgschaft in einen Kreditauftrag, WM 1963, 1051
Siller, Die Konversion (§ 140 BGB), AcP 138 (1934) 144
Tiedtke, Die Umdeutung eines Vermächtnisses in ein Rechtsgeschäft unter Lebenden, NJW 1978, 2572
ders, Die Umdeutung eines nach den §§ 1365, 1366 BGB nichtigen Rechtsgeschäfts in einen Erbvertrag, FamRZ 1980, 1
Veit/Waas, Die Umdeutung einer kompetenzwidrigen Betriebsvereinbarung, BB 1991, 1329
Völzmann, Das Miteigentum als wesensverwandtes Minus zum Alleineigentum und dessen Erlangung vom Nichtberechtigten, Rpfleger 2005, 64
W Weimar, Die Umdeutung unzulässiger Eintragungen im Grundbuch, WM 1966, 1098
ders, Die Umdeutung wechsel- und scheckrechtlicher Erklärungen, WM 1967, 862
Weyreuther, Zur richterlichen Umdeutung von Verwaltungsakten, DÖV 1985, 126
Wieacker, Zur Theorie der Konversion nichtiger Rechtsgeschäfte, in: FS Herm Lange (1992) 1017
Zeiss, Die Umdeutung einer formnichtigen Bürgschaft in einen Kreditauftrag, WM 1963, 906.

Systematische Übersicht

I. Normzweck 1

II. Grenzen 2

III. Verwandte Rechtsinstitute; Abgrenzungen
1. Falsa demonstratio 3
2. Gesetzliche Sonderregelungen 4
3. Salvatorische Klauseln 6
4. Auslegung 7

IV. Voraussetzungen
1. Nichtiges Rechtsgeschäft 9
a) Rechtsgeschäft; verfahrensrechtliche Erklärungen 9
b) Nichtigkeit, Unwirksamkeit 14
2. Ersatzgeschäft 18
a) Anderes Rechtsgeschäft 19
b) Kongruenzerfordernis 21
c) Hypothetischer Parteiwille 24
3. Normzweck 29
a) Formvorschriften 30
b) Gesetzliche Verbote 31
c) Sittenwidrige Rechtsgeschäfte 32

V. Prozessuales 33

VI. Fallgruppen
1. Einzelfall und Verallgemeinerung 35
2. Arbeitsrecht 36
a) Unwirksame außerordentliche Kündigung 36
b) Umdeutung in Aufhebungsvertrag 41
c) Unwirksame ordentliche Kündigung 42
d) Unwirksame Kollektivverträge; Sonstiges 43
e) Andere Dauerschuldverhältnisse 44
f) Mängel des Vertragsschlusses 45
3. Miet- und Pachtrecht 46
4. Erbrecht 49
a) Typenwahrende Umdeutung 49
b) Nichtige Verfügung von Todes wegen 52
c) Nichtiges Rechtsgeschäft unter Lebenden 54
d) Transmortale Kontovollmacht 56
5. Gesellschaftsrecht 57
6. Wertpapierrecht 61
7. Grundstücksverkehr 63
8. Sicherungsgeschäfte 67
a) Sicherungsübereignung und -abtretung; Verpfändung 67
b) Grundschuld; Hypothek 68
c) Bürgschaft; Sonstiges 69
9. Güterrecht 70
10. Allgemeiner Rechtsverkehr 71

Alphabetische Übersicht

Abberufung nach AGB-DDR 38
Abspaltungsverbot 58
Abtretung 71
Adoptionsvertrag 71
Änderungskündigung 42
Anfechtung 42, 71
Apothekenmietvertrag 47
Arbeitsrecht 33
Auflage 50
Auseinandersetzungsvertrag 50
Auslegung (und Umdeutung) 24
Ausschließlichkeitsbindung 72

Befreiungsvermächtnis 52
Beibringungsgrundsatz 34
Belegarztvertrag 39
Betriebsrat 37
Betriebsvereinbarungen 13, 43
BGB-Gesellschaft 26
Blankowechsel 61
Bürgschaft 30

Dauerwohnrecht 65
Dingliches Vor- oder Wiederverkaufsrecht 63
Dissens 17
Drohung 15

Eigenhändiges Testament 49
Eigenkündigung 41
Eigentumsvorbehalt 72
Einigungsvertrag 38
Erbschaftskauf 50
Erbvertrag 51
Erbverzicht 51
Ergänzende Vertragsauslegung 25
Erkennbarkeit der Umdeutung 36

Falschbezeichnung 3
Formgültiger Wechsel 61
Formnichtiger eigener Wechsel 61
Formnichtiger gezogener Wechsel 61
Formnichtiger Scheck 62
Formnichtiges Schenkungsversprechen 56
Fortgesetzte Gütergemeinschaft 70

Geltungserhaltende Reduktion 2
Gemeinschaftliches Testament 49
Geschäftstyp 19
Geschäftsunfähige 17
Gesetzgebungsgeschichte 8
Grundbuchrecht 10
Grunddienstbarkeit 66
Grundstücksveräußerungsvertrag 63
Gültigkeitsvoraussetzungen 23

Haftungsausschluss 72
HOAI 72
Hypothetischer Parteiwille 7 f

Irrtum 15

Juristische Qualifikation 26

Kartellrechtliche Missbrauchskontrolle 30
Kenntnis der Nichtigkeit 28
Kommanditgesellschaft 57
Kongruenzerfordernis 21
Konversion 1
Konversionsklausel 6
Kooperationsvertrag 26
Kreditauftrag 69
Kündigung (Arbeitsrecht) 36
Kündigung (Händlervertrag) 44
Kündigung (Mietrecht) 44
Kündigung (Privatversicherungsrecht) 44

Lieferfristvereinbarung 72
Löschungserleichterung (Grundbuchrecht) 10

Mutterschutz 42

Nacherbeneinsetzung 5
Nichtiges Indossament 61
Nichtigkeitsgründe 16
Nichtigkeitsnormen 29

Offene Handelsgesellschaft 57, 26
Öffentlich-rechtliche Verträge 12
Öffentliches Testament 49
Ostdeutsche GmbH 60

Personalrat 40
Persönliche Dienstbarkeit 66
Preisbindung 2, 72

Privatautonomie 24
Privatversicherung 44
Prokuraerteilung 72
Prozesshandlungen 11
Rechtsgeschäft anderer Art 19
Rechtsgeschäfte 9 ff
Remittentenbezeichnung 61
Richterliche Gestaltung 1

Scheck 30
Scheingeschäft 17
Schenkungsforderung und Vermächtnis 5
Schiedsgerichtsklausel 58
Schuldanerkenntnis 56
Schulderlass 52
Schwebend unwirksames Rechtsgeschäft 14
Schwerbehinderte 39
Schwerpunkte der Rechtsprechung 35
Sicherungsübereignung 22
Sittenwidrige Rechtsgeschäfte 2
Sondereigentum (Sondernutzungsrechte) 10
Stimmrechtsausschluss 58
Stimmrechtsübertragung 58
Stimmrechtsvollmacht 58

Tarifverträge 43
Täuschung 15
Teilnichtigkeit 14
Testamentsentwurf 49

Übergabevertrag (§ 1365) 54
Übertragung eines Erbanteils 51
Übertragung von Gesellschaftsanteilen 57
Umdeutung 1
Umwandlung einer LPG 20
Unwiderrufliche Vollmacht 73
Unwirksame Teilungserklärung 64
Unwirksames Wechselakzept 61

Verbotsnormen 31
Verfahrenshandlung 11
Verfrühte Erbfolge 54
Verfügungsmacht 17
Verhaltensbedingte Kündigung 42
Vermögensübertragung 75
Verspätete oder abgeänderte Annahme 4
Vertrag zugunsten Dritter 55
Vertragsübernahme 21
Verwaltungsakt 12
Vor- und Nacherbschaft 50
Vorvertrag 48

Wechselbezüglichkeit 49
Wettbewerbsverbot 74
Wirklicher Parteiwille 7 f
Wirkungen 22
Wirtschaftlicher Erfolg 1
Wohnungseigentümerbeschluss 9

Zeitpunkt 27
Zurückbehaltungsrecht 67

I. Normzweck

1 § 140 BGB **(Umdeutung, Konversion)** will dem auf einen bestimmten wirtschaftlichen Erfolg gerichteten Willen der Parteien in weitest möglichem Umfang zum Erfolg verhelfen und damit der Durchsetzung der **Privatautonomie** dienen (vgl Mugdan I 727 = Prot I 127; BeckOGK/Beurskens [1. 3. 2019] § 140 BGB Rn 1; Berneith ZEV 2019, 241; Lieder/Berneith JuS 2015, 1063; in diesem Sinne auch OLG München 27. 1. 2016 – 31 Wx 168/15, NJW-RR 2016, 976 Rn 20 [unwirksame testamentarische Regelung, u Rn 50]). Dieser Auffassung hat sich die Rspr unter ausdrücklicher Bezugnahme mit gleichbedeutenden Formulierungen angeschlossen. Danach besteht der **Normzweck** des § 140 BGB darin, „den von den Parteien erstrebten wirtschaftlichen Erfolg auch dann zu verwirklichen, wenn das rechtliche Mittel, das sie dafür gewählt haben, unzulässig ist, jedoch ein anderer, rechtlich gangbarer Weg zur Verfügung steht, der zum annähernd gleichen wirtschaftlichen Ergebnis führt" (BGHZ 174, 39 Rn 27; 68, 204, 206; 19, 269, 273; BGH NJW 1994, 1785, 1787; LM Nr 4; BayObLGZ 2003, 338, 343; BAG NJW 2002, 2972, 2973; OVG Münster

NJW 1981, 1328 [öffentlich-rechtlicher Vertrag]; PWW/Ahrens[15] Rn 1; NK-BGB/Faust[3] Rn 1; Stadler, AT[19] 27 Rn 9; Schreiber Jura 2007, 25, 27). Dabei ist es ausreichend, wenn der **wirtschaftliche Zweck** des zunächst beabsichtigten Geschäfts nur **teilweise** oder in nicht so vollkommener Weise erreicht wird (BGHZ 174, 39 Rn 27; BayObLGZ 2003, 338, 344 [= NJW-RR 2004, 1085]; BAG NJW 2002, 2972, 2973; Bork, AT[4] Rn 1227; M Wolf/Neuner, AT[11] § 57 Rn 1; Enneccerus/Nipperdey, AT[15] I 2 S 1222). So ist zB eine Umdeutung eines unwirksamen in ein schwebend unwirksames Geschäft möglich (NK-BGB/Faust[3] Rn 17). Mit § 140 BGB wird das von den Parteien gewählte untaugliche Mittel durch ein anderes **taugliches Mittel** ersetzt (Medicus/Petersen, AT[11] Rn 516; D Reinicke 88). Nur wenn die Parteien der **gewählten Rechtsform** eine besondere Bedeutung beigemessen haben, darf ihnen eine andere rechtliche Gestaltung nicht aufgezwungen werden, um sie nicht zu bevormunden (BGHZ 174, 39 Rn 27; 19, 269, 273 [Umdeutung einer OHG in eine BGB-Gesellschaft]; BGH MDR 2008, 1413, 1414 [Umdeutung eines öffentlich-rechtlichen Schuldbeitritts in eine Bürgschaft]; u Rn 26). Allerdings wird der sich im Verlauf des 19. Jahrhunderts schärfer herausbildende Begriff der „Konversion" (Flume, AT II 590; Römer AcP 36 [1853] 66 ff) vielfach mit Recht als wenig glücklich angesehen, weil die Gültigkeit des Rechtsgeschäfts nicht im Wege des Gestaltungsakts durch den Richter herbeigeführt wird, sondern vielmehr auf **Gesetz beruht** (BAG NJW 2002, 2972, 2973; vTuhr, AT II 1 287 Fn 52; Stadler, AT[19] § 27 Rn 9; Köhler JuS 2010, 665, 668; mit etwas anderer Zielrichtung Windscheid § 82 Fn 15; wie hier Jauernig/Mansel[17] Rn 1; schief BGHZ 19, 269, 273 [„rechtsgestaltende Aufgabe"] im Anschluss an Siller AcP 138 [1934] 144, 148; offen gelassen durch BGH LM Nr 4). Die Umdeutung ist auch nicht als **Einrede** oder als **Einwendung** ausgestaltet (BAG NJW 2002, 2972, 2973).

II. Grenzen

Nach höchstrichterlicher Rspr ist eine Umdeutung nach § 140 BGB nur möglich, wenn nicht der mit dem Rechtsgeschäft angestrebte wirtschaftliche Erfolg selbst, sondern nur das von den Parteien **gewählte rechtliche Mittel** von der Rechtsordnung missbilligt wird (o Rn 1; ausführlich u Rn 29 ff). Deshalb sollen vor allem **sittenwidrige Rechtsgeschäfte** grundsätzlich nicht nach § 140 BGB umgedeutet werden können (BGH NJW-RR 2013, 410 Rn 20 [unentgeltliche Aktienrückübertragung des Aktionärs auf die Gesellschaft]; NJW 2001, 815, 817 [Bürgschaft und Schuldbeitritt]). In gleicher Weise soll ein nach § 138 Abs 2 BGB wegen **Wuchers** nichtiges Rechtsgeschäft nicht durch Herabsetzung der überhöhten Leistung aufrechterhalten werden können (BGHZ 68, 204, 206 f). Könnte derjenige, der seinen Vertragspartner in sittenwidriger Weise übervorteilt, damit rechnen, „schlimmstenfalls durch gerichtliche Festsetzung das zu bekommen, was gerade noch vertretbar und damit sittengemäß ist, verlöre das sittenwidrige Rechtsgeschäft für ihn das Risiko, mit dem es durch die vom Gesetz angedrohte Nichtigkeitsfolge behaftet sein soll" (BGHZ 68, 204, 207 m Anm Lindacher JR 1977, 410 unter Aufhebung der Vorinstanz OLG Stuttgart JZ 1975, 572; BGH NJW 1986, 2944, 2945; zust die hL: Medicus/Petersen, AT[11] Rn 523; M Wolf/Neuner, AT[11] § 57 Rn 11; Jauernig/Mansel[17] Rn 2; Krampe AcP 194 [1994] 1, 22 ff; Gandolfi II 390 ff; auch Krebs/Berjasevic JA 2007, 857, 861 [Vertragsschluss unter quantitativer Vollmachtsüberschreitung]; einschränkend aber MünchKomm/Busche[8] Rn 13; iE abw BGH ZIP 1987, 519 [Reduzierung eines in voller Höhe sittenwidrigen Schuldanerkenntnisses]; krit Tiedtke ZIP 1987, 1083). ME können sittenwidrige Rechtsgeschäfte im Wege einer **geltungserhaltenden Reduktion** iSe Abmilderung übermäßiger Rechtsfolgen gerettet werden (H Roth JZ 1989, 411 ff mwNw; o § 139 Rn 3). § 140 BGB ist mit dieser Aufgabe überfordert, weil es dabei nicht um den in der 2

Vorschrift gemeinten hypothetischen Parteiwillen geht (u Rn 24), sondern in erster Linie um die Festlegung des jeweiligen **Normzwecks der betreffenden Nichtigkeitsnorm** (u Rn 32; H Roth ZHR 153 [1989] 423 ff). Umgedeutet werden kann (selbstverständlich) nur in ein vom Gesetz **anerkanntes Rechtsinstitut** (KG DtZ 1994, 285, 287 [Vorkaufsrecht nach §§ 306 ff DDR-ZGB]). Ferner liegt es außerhalb des Normzwecks des § 140 BGB, einem nichtigen Rechtsgeschäft durch eine bloß **fingierte Nachholung fehlender Rechtshandlungen** zum Erfolg zu verhelfen (BGH NJW-RR 2009, 979 Rn 23 [nichtige Umschreibung des Kontos bei transmortaler Kontovollmacht auf den Bevollmächtigten im Wege der Umdeutung in die Errichtung eines eigenen Kontos des Bevollmächtigten und in eine Überweisung des Guthabens ausgeschlossen]; MünchKomm/Busche[8] Rn 16). Auch bei **Gesetzesverstößen** (§ 134 BGB) ist eine Umdeutung nicht grundsätzlich ausgeschlossen. Bei Verstößen gegen **Preisvorschriften** (zB HOAI) nimmt die Rspr in Anwendung von § 134 HS 2 BGB einen wirksamen Vertrag mit dem noch zulässigen Preis als Vertragspreis an. Damit ist die in § 140 BGB vorausgesetzte Nichtigkeit des gesamten Rechtsgeschäfts (u Rn 14) aufgrund der Auslegung des Verbotsgesetzes vermieden und § 140 BGB kann mit seiner Anknüpfung an den hypothetischen Parteiwillen nicht zur Anwendung gelangen (zB BGH NJW 2008, 55 Rn 14 mit krit Anm Scholtissek, der für Anwendung des § 140 eintritt; zudem u Rn 72).

III. Verwandte Rechtsinstitute; Abgrenzungen

1. Falsa demonstratio

3 Die Regeln der Umdeutung finden keine Anwendung, wenn die Parteien das Rechtsgeschäft nur unrichtig bezeichnet hatten (Vorlagen der Redaktoren für die erste Kommission bei Schubert, AT II 224; MünchKomm/Busche[8] Rn 4; undeutlich Krampe 285). Es handelt sich um einen schlichten **Auslegungsfall**. Das Geschäft gilt mit dem übereinstimmend gewollten Inhalt, ohne dass § 140 BGB zu bemühen wäre. Auch liegt kein Fall der Umdeutung vor, wenn die Parteien einen Mietvertrag als Leihe oder einen Pachtvertrag als Mietvertrag bezeichnen (Flume, AT II 590).

2. Gesetzliche Sonderregelungen

4 In einigen Fällen stellt das **Gesetz** nicht auf den hypothetischen Willen der Parteien ab (u Rn 24 ff), sondern ersetzt das gewollte Rechtsgeschäft ohne Rücksicht auf einen hypothetischen Parteiwillen und auf die Besonderheiten des konkreten Falles durch ein anderes Rechtsgeschäft. So gilt nach **§ 150 Abs 1 BGB** die verspätete Annahme eines Antrags als neuer Antrag, nach Abs 2 eine vom Inhalt des Antrags abweichende Annahme als Ablehnung, verbunden mit einem neuen Antrag, ohne dass ein hypothetischer Wille des Annehmenden zu erforschen wäre (vTuhr, AT II 1 291; Flume, AT II 599). Allerdings kann der Annehmende die Unterstellung seiner Annahmeerklärung unter § 150 verhindern, da es sich um eine bloße **Auslegungsregel** handelt (MünchKomm/Busche[8] § 150 Rn 1) und zudem um **dispositives Recht** (vTuhr, AT II 1 291 Fn 75).

5 Auch in anderen Fällen sind die Voraussetzungen einer Umdeutung nach § 140 BGB nicht zu prüfen, wenn das Gesetz festlegt, dass ein fehlerhaftes Rechtsgeschäft mit einem **bestimmten Inhalt** gilt. So liegt es etwa in den Fällen von § 550 BGB. Zu nennen ist ferner das **Schenkungsversprechen von Todes wegen** (§ 2301 BGB). Ab-

weichend von dem Willen der Parteien entsteht keine Schenkungsforderung, sondern ein Vermächtnis (vTUHR, AT II 1 291 f). Dagegen ist ein spezieller Fall der Umdeutung in § 2101 BGB enthalten. Die dort vorgesehene Behandlung als **Nacherbeneinsetzung** tritt nicht ein, wenn dieses Ergebnis dem hypothetischen Willen des Erblassers nicht entspricht (treffend vTUHR, AT II 1 291). Vorrang hat für einen **gescheiterten Zeitmietvertrag** auch § 575 Abs 1 S 2 BGB, wonach das Mietverhältnis als auf unbestimmte Zeit abgeschlossen gilt.

3. Salvatorische Klauseln

Es bleibt den Parteien unbenommen, durch Rechtsgeschäft zu bestimmen, dass für den Fall der Nichtigkeit eine andere Regelung als Ersatzgeschäft gelten soll **(Konversionsklausel)** (etwa RGZ 125, 209, 212; BGH BB 2007, 1583 Rn 24 [keine Pflicht zur Anpassung eines alten Kfz-Vertragshändlervertrages an neue GruppenfreistellungsVO]; FLUME, AT II 595; MEDICUS/PETERSEN, AT[11] Rn 510, 520; MünchKomm/BUSCHE[8] Rn 6; BERNEITH 29). Diese Umdeutung kraft Rechtsgeschäftes beurteilt sich nicht nach § 140 BGB. Vielmehr handelt es sich um ein wirksames **bedingtes Rechtsgeschäft** (FLUME, AT II 594: „Bedingung im weiteren Sinn"; PWW/AHRENS[15] Rn 3; BAMBERGER/ROTH/HAU/POSECK/WENDTLAND[4] Rn 4; MünchKomm/BUSCHE[8] Rn 6). Insbes dürfen die Wirkungen des Ersatzgeschäftes über diejenigen des zunächst vereinbarten Rechtsgeschäfts hinausgehen, wenn die Konversionsklausel nicht etwas anderes vorsieht (demgegenüber u Rn 22). Umgekehrt können die Vertragsparteien aber auch jede Umdeutung **ausschließen** (MünchKomm/BUSCHE[8] Rn 6). Das wird aber eher selten der Fall sein (u Rn 26). Maßgebend ist stets ein (feststellbarer) **wirklicher Wille** der Parteien (u Rn 25 f). Hauptfall ist die unwirksame **fristlose Kündigung** im Arbeitsrecht (u Rn 37). 6

4. Auslegung

Die Auslegung geht der Umdeutung nach richtiger Auffassung **stets vor** (BGH NJW 2001, 1217 [= ZIP 2001, 305, 307]; BAG NZA 2008, 815 Rn 27 [Widerspruchsschreiben nach § 613a Abs 6]; NJW 2006, 2284 Rn 24; auch BGH NJW 2007, 3065 Rn 19 [Rechtsmittel eines Nebenintervenienten]; OLG Karlsruhe NJW-RR 2014, 546, 547 [„Umdeutung" einer einseitigen Erledigungserklärung in eine Klagerücknahme]; BOEMKE JuS 2011, 460, 462; DECKERS BauRB 2004, 338, 341 [Architektenvertrag]). Häufig ergibt sich erst aus der Auslegung, ob das erklärte Rechtsgeschäft nichtig ist (SOERGEL/HEFERMEHL[13] Rn 1; MEDICUS/PETERSEN, AT[11] Rn 517; KLINGER NJW-Spezial 2008, 199; MATTHIESSEN/SHEA Arbeit und Arbeitsrecht 2005, 208 zu einer betriebsbedingten Kündigung). Die Umdeutung des § 140 BGB folgt dann der Auslegung nach, deren Ergebnisse sie voraussetzt. Auslegung und Umdeutung sind zwar im Einzelfall nicht trennscharf abgrenzbar, doch bleibt für die Umdeutung des § 140 BGB ein **eigenständiger Regelungsbereich**. Erst das Institut der Umdeutung entscheidet, ob ein Rechtsgeschäft, das nach den allgemeinen Auslegungsgrundsätzen der §§ 133, 157 BGB nichtig ist, doch noch Rechtswirkungen äußern kann (hL, OLG Bremen OLGZ 1987, 10, 11; MEDICUS/PETERSEN, AT[11] Rn 517; M WOLF/NEUNER, AT[11] § 57 Rn 4 ff; vTUHR, AT II 1 287; MünchKomm/BUSCHE[8] Rn 3; SOERGEL/HEFERMEHL[13] Rn 1; PALANDT/ELLENBERGER[79] Rn 4; ERMAN/ARNOLD[15] Rn 3; LIEDER/BERNEITH JuS 2015, 1063). Nicht etwa ist die Umdeutung nur als Unterfall der Auslegung anzusehen (BERNEITH 12; so aber KRAMPE 284; J HAGER 155; BÜRCK SchlHA 1973, 37, 38). Der typologische Unterschied zwischen Auslegung und Umdeutung ergibt sich daraus, dass die (eigentliche) Auslegung in erster Linie auf den **wirklichen Willen** der Parteien abstellt, wogegen die Umdeutung primär an dem 7

hypothetischen Willen der Parteien orientiert ist (BGHZ 19, 269, 273; Soergel/Hefermehl[13] Rn 1; Brecht-Heitzmann EzA Art 9 GG Nr 94). Für den erstrebten wirtschaftlichen Erfolg ist auf den tatsächlichen Willen abzustellen und für den gewählten rechtlichen Weg ist der hypothetische Wille entscheidend, wenn der tatsächliche Wille auf ein unzulässiges rechtliches Mittel gerichtet ist (BayObLGZ 2003, 338, 343). Häufiger sind die Parteien auch auf eine Auslegung angewiesen. So kann zB eine unbegründete und daher unwirksame Anfechtung wegen **arglistiger Täuschung** (§ 123 Abs 1 BGB) so ausgelegt werden, dass sie auch die begründete Irrtumsanfechtung nach § 119 BGB umfasst (BGHZ 78, 216, 221). Eine Umdeutung käme wegen der weiterreichenden Rechtsfolgen aus § 122 BGB dagegen nicht ohne Weiteres in Betracht (Köhler, AT[41] § 15 Rn 10).

8 Zwischen Umdeutung und Vertragsauslegung bestehen allerdings zwei Berührungspunkte. So stellt auch die ergänzende Vertragsauslegung auf den **hypothetischen Parteiwillen** ab (BGHZ 19, 269, 273; u § 157 Rn 30 ff). Doch ist die Umdeutung deshalb noch kein Fall der ergänzenden Vertragsauslegung, da diese eine Vertragslücke voraussetzt, die sich innerhalb der von den Parteien wirksam getroffenen Regelung schließen lässt (u § 157 Rn 15 ff). Dagegen greift die Umdeutung erst dann ein, wenn der Vertrag nach geschehener ergänzender Auslegung im Ganzen nichtig ist (zutr Soergel/Hefermehl[13] Rn 1; offen gelassen durch BayObLGZ 2003, 338, 343). Die **ergänzende Vertragsauslegung** ist daher **vorrangig** zu prüfen. Auf der anderen Seite spielt der **wirkliche Wille der Parteien** auch bei der Umdeutung eine Rolle, da er bei Feststellbarkeit nicht außer Acht gelassen werden darf (BGHZ 19, 269, 272 f; u Rn 25). Eine Umdeutung gegen den eindeutigen Willen der Parteien ist nicht zulässig (BGH ZIP 2009, 264 Rn 32; BAG NZA-RR 2005, 440, 443). Eine Umdeutung scheidet auch dann aus, wenn nur eine der Parteien das umgedeutete Geschäft nicht wollte, etwa weil sie bei Vertragsabschluss eine eindeutige Erklärung abgegeben hat (BGHZ 174, 39, 47; 19, 273 f; BGH LM Nr 8; Jauernig/Mansel[17] Rn 5). Doch ergeben sich hier Überschneidungen nur ausnahmsweise, weil in aller Regel ein wirklicher Wille für den Fall der Nichtigkeit des gewollten Geschäfts nicht gebildet wird (zu einer Ausnahme o Rn 6). Der Unterschied zwischen Auslegung und Umdeutung scheint auch schon deutlich in den Vorlagen der Redaktoren für die erste Kommission auf (Schubert II 223): „Es würde daher an sich unbedenklich sein, den rechtsgeschäftlichen Tatbestand unter die von den Beteiligten vielleicht übersehenen Rechtssätze zu subsumieren, welche den Absichten derselben am meisten Rechnung tragen. Die Schwierigkeit besteht darin, daß bei der Herleitung der Wirkungen des Rechtsgeschäfts aus anderen, als den von den Beteiligten ins Auge gefaßten Rechtssätzen, auch die Wirkungen zu anderen werden – die vertragsmäßige Bewilligung eines Erbrechts zur Erbeinsetzung, die Wechselverpflichtung zur Schuldverpflichtung – und daß es zweifelhaft wird, ob diese anderen Wirkungen alsdann noch innerhalb des wirklich Gewollten und als gewollt Erklärten liegen und nicht Zutaten enthalten, welche dem Willen der Beteiligten Zwang antun." Die zweite Kommission (Mugdan I 727 = Prot I 126) lehnte den gestellten Antrag auf Streichung der Norm ab, „weil sonst Mißverständnisse über die Zulässigkeit der Konversion nicht ausgeschlossen seien" (zur Entstehungsgeschichte ausführlich Krampe 130 ff mit der unzutreffenden Behauptung [137], Gebhard folge der Lehre von Windscheid von der Umdeutung als aufrechterhaltender Auslegung).

IV. Voraussetzungen

1. Nichtiges Rechtsgeschäft

Das erklärte Rechtsgeschäft muss **nichtig** sein, was ggf durch vorhergehende **Auslegung** (o Rn 7) zu klären ist. 9

a) Rechtsgeschäft; verfahrensrechtliche Erklärungen

Es können grundsätzlich **Rechtsgeschäfte aller Art** umgedeutet werden (LAG Berlin NZA-RR 2000, 131, 133 [Umdeutung einer Änderungskündigung in Ausübung des Direktionsrechts]; BERNEITH 28). Dabei kann es sich um schuldrechtliche wie auch um dingliche Rechtsgeschäfte handeln (RGZ 66, 24, 28; 124, 28; 129, 122, 123; REINICKE 90). Weiter kann es um Rechtsgeschäfte unter Lebenden wie auch um Verfügungen von Todes wegen gehen (BGHZ 40, 218, 224; u Rn 49 ff; Überblick bei KLINGER NJW-Spezial 2008, 199; SPANKE NJW 2005, 2947 zur alternativen Erbeinsetzung). § 140 BGB ist auch auf Beschlüsse von *Wohnungseigentümern* anwendbar (BGH NJW 2010, 2801 Rn 7). § 140 BGB setzt **keine gleichartigen Rechtsgeschäfte** voraus, sodass etwa ein Rechtsgeschäft unter Lebenden als Erbvertrag aufrechterhalten werden kann (u Rn 54). Umgedeutet werden können neben **einseitigen Rechtsgeschäften** wie Kündigungen (zu Änderungskündigungen LÖWISCH SAE 2007, 49) auch **gegenseitige Verträge** (BGH MDR 2004, 867, 868; NJW 1963, 339 f; REINICKE 113 ff), wobei jedoch das Synallagma zu wahren ist. Doch muss eine Umdeutung nicht daran scheitern, dass die Leistung, die Gegenstand des anderen Geschäfts ist, im Ungleichgewicht mit dem ursprünglich vorgesehenen Entgelt steht (BGH MDR 2004, 867 [Umdeutung des Kaufs nicht existierenden Gebäudeeigentums in den Kauf der Rechte aus der Sachenrechtsbereinigung]). Der hypothetische Parteiwille kann zu einer Veränderung des Gleichgewichts von Leistung und Gegenleistung führen, aber auch eine Herabsetzung der Gegenleistung der benachteiligten Partei zur Aufrechterhaltung des Gleichgewichts bedeuten. Ausschlaggebend ist der hypothetische Wille derjenigen Vertragspartei, die durch die **Umdeutung benachteiligt** wird (BayObLG NJW-RR 1999, 620, 621; MünchKomm/BUSCHE[8] Rn 7). Im Falle der Ausklammerung von gegenseitigen Verträgen würde sich die Umdeutungsmöglichkeit in der Hauptsache auf unentgeltliche Zuwendungen beziehen. Diese Einschränkung ist aber nach dem historischen wie auch nach dem systematischen Zusammenhang nicht begründbar. Umdeutbar sind auch Rechtsgeschäfte des **Familienrechts** (OLG Karlsruhe NJW 1977, 1731 [Vereinbarung über Elternrechte]; **aA** OLG Stuttgart Die Justiz 1974, 128; u Rn 70). Der **nichtige Wohnungseigentümerbeschluss** über eine nachträgliche Umwandlung von Gemeinschaftseigentum in Sondereigentum kann nicht in die Begründung eines Sondernutzungsrechts umgedeutet werden (OLG Düsseldorf NJW-RR 1996, 210).

Auch im **Grundbuchrecht** ist eine Umdeutung von **Grundbucherklärungen** in analoger Anwendung des § 140 BGB grundsätzlich nicht ausgeschlossen, wobei aber das Grundbuchverfahrensrecht Einschränkungen erfordert, die sich aus dem sachenrechtlichen Bestimmtheitsgrundsatz und aus dem Verbot von Tatsachenermittlungen ergeben (OLG Hamm NJOZ 2014, 1569; OLG Bremen OLGZ 1987, 10, 11). Der Rechtspfleger ist zur Umdeutung berechtigt und verpflichtet, wenn die vorgelegten Urkunden eine abschließende Würdigung gestatten (BayObLG NJW-RR 1999, 620, 621; FamRZ 1983, 1033, 1034; OLG Bremen OLGZ 1987, 10, 11; REYMANN NJW 2008, 1773, 1775). Eine Umdeutung ist sonach unter den genannten Voraussetzungen vorzunehmen, wenn zwar die Grundbucherklärung ihrem Wortlaut nach nicht eintragungsfähig ist, jedoch objektiv und 10 nach dem wirtschaftlich mit ihr Gewollten den Erfordernissen eines anderen, eintragungsfähigen Rechts entspricht (BayObLG NJW-RR 1997, 1511, 1512; FamRZ 1983, 1033, 1034). Einc Umdeutung ist dagegen ausgeschlossen, solange sie nur als möglich erscheint (OLG Stuttgart BWNotZ 1979, 17). Eine Umdeutung scheidet ferner aus, wenn eine **Beweisaufnahme** erforderlich wird (dazu OLG Hamm FamRZ 2014, 1952; KG NJW 1967, 2358; BayObLG NJW 1953, 1914; Hieber DNotZ 1954, 303). Ebenso liegt es, wenn die Verhältnisse sonst unklar sind (BayObLGZ 1997, 121, 123). Keiner Umdeutung zugänglich ist die **Eintragung** selbst. Andernfalls würde die Publizitätsfunktion des Grundbuchs gestört (BayObLG NJW-RR 1997, 1511, 1512; MünchKomm/Busche[8] Rn 7; NK-BGB/Faust[3] Rn 7; Kahl 389 ff; Weimar WM 1966, 1098, 1099; **aA** LG Darmstadt Rpfleger 2004, 349, 350: Umdeutung eines eingetragenen preislimitierten dinglichen Vorkaufsrechts in eine Vormerkung zur Sicherung eines schuldrechtlichen Vorkaufsrechts). Daran scheitert etwa die Umdeutung von als **Sondereigentum** eingetragenen Stellplätzen im Freien in Sondernutzungsrechte (Abramenko Rpfleger 1998, 313 mNw des Streitstandes). Die aufschiebend bedingte Übertragung des Anteils am Vermögen einer **Gesellschaft bürgerlichen Rechts** kann nicht in die Auflassung eines Miteigentumsanteils an einem Grundstück umgedeutet werden, von dem die Vertragsschließenden irrigerweise angenommen haben, es gehöre zum Gesellschaftsvermögen (BayObLG NJW-RR 1999, 620). Die Umdeutung in eine bedingte **Auflassung** scheitert an § 925 Abs 2 BGB, die Umdeutung in eine unbedingte Auflassung daran, dass deren Rechtswirkungen über die der aufschiebend bedingten Anteilsübertragung hinausgingen. Die Umdeutung einer unwirksamen **Löschungserleichterung** wegen einer Reallast, welche die Beerdigungskosten und Kosten der Grabpflege zum Gegenstand hat, in eine Bevollmächtigung des Berechtigten zur Löschung über den Tod hinaus ist nicht möglich, weil die Bevollmächtigung nicht gewollt ist (BayObLGZ 1998, 250, 254 mit zu Unrecht **abl** Anm Amann MittBayNot 1999, 74; BayObLGZ 1997, 121, 123). Umgedeutet werden kann eine **Eintragungsbewilligung**, in der das herrschende Grundstück einer Grunddienstbarkeit offensichtlich fehlerhaft bezeichnet ist, anhand eines gerichtlichen Vergleichs, in dem die Bewilligung erklärt ist, und anhand der Katasterunterlagen (BayObLG NJW-RR 1997, 1511, 1512).

11 Die Rspr wendet auf **fehlerhafte Prozesshandlungen (Verfahrenshandlungen)** § 140 BGB mit Recht entsprechend an, um die Annahme einer Unwirksamkeit zu vermeiden. Dann muss eine fehlerhafte Parteihandlung den Voraussetzungen einer anderen, den gleichen Zwecken dienenden Handlung entsprechen, die Umdeutung dem mutmaßlichen Parteiwillen entsprechen und kein schutzwürdiges Interesse des Gegners entgegenstehen (BGH 24. 1. 2019 – VII ZR 123/18, NJW-RR 2019, 695 Rn 11 ff [Umdeutung einer Nichtzulassungsbeschwerde gegen ein zweites Versäumnisurteil in eine statthafte Revision]; BGH 20. 6. 2018 – XII ZB 537/17, NJW 2018, 2497 Rn 18 [Umdeutung eines Abänderungsantrags nach § 239 FamFG in einen Antrag nach § 54 FamFG auf Abänderung eines im Verfahren der einstweiligen Anordnung geschlossenen Vergleichs möglich]; BGH 28. 9. 2016 – XII ZB 487/15, NJW 2017, 260 Rn 28 [keine Umdeutung eines unzulässigen Herausgabeverlangens nach § 985 BGB in einen Antrag auf Zuweisung der Ehewohnung im Ehewohnungsverfahren wegen unterschiedlicher Verfahrensgegenstände und Verfahrensgrundsätze]; BGH 28. 4. 2015 – VI ZB 36/14, NJW 2015, 2590 Rn 7 [zulässige Umdeutung eines erklärten „Übergangs" vom selbständigen Beweisverfahren in das Hauptsacheverfahren in eine Rücknahme des Antrags auf Durchführung der Beweisaufnahme und eine eigenständige Klageerhebung]; NJW 2015, 334 Rn 23 ff [keine Umdeutung eines als Nachforderungsantrag unzulässigen Antrags in einen Abänderungsantrag nach § 238 FamFG im konkreten Fall]; 2011, 1292 Rn 9 [Umdeutung einer im selbständigen Beweisverfahren

unzulässigen einseitigen Erledigungserklärung in eine Antragsrücknahme]; NJW-RR 2011, 618 Rn 24 [keine Umdeutung eines unzulässigen Hilfsantrags auf Feststellung der Erledigung in einen Antrag nach § 244 S 2 AktG]; 2008, 876 Rn 8 [keine Umdeutung einer Nichtzulassungsbeschwerdebegründung in eine Revisionsbegründung]; NJW-RR 2005, 794 [Begründung einer Nichtzulassungsbeschwerde als Revisionsbegründung]; FamRZ 2003, 305 [Umdeutung einer Klage nach § 654 ZPO in eine solche nach § 323 ZPO]; JZ 2002, 620 [abgelehnte Umdeutung in Rechtsbeschwerde]; ZIP 2001, 305, 307; NJW 1992, 438, 439; OLG Celle NJW-RR 2011, 1114, 1116; OLG Braunschweig FamRZ 1995, 237; gegen diese Entscheidung mit Recht OLG Köln NJW-RR 2002, 1231 [keine Umdeutung von Klageabweisungsantrag und Klageerwiderung in einen Einspruch gegen das Versäumnisurteil]; zur VwGO: VGH München NJW 2013, 3048). Die Prozesserklärung einer **anwaltlich vertretenen Partei** kann nur dann umgedeutet werden, wenn der zulässige Antrag noch innerhalb der dafür geltenden Rechtsmittelfrist gestellt worden ist (BGH 23. 11. 2015 – NotZ [Brfg] 3/15, NJW-RR 2016, 757 Rn 11 [zur Monatsfrist aus § 124a Abs 4 S 1 VwGO iVm § 111d BNotO]). Bisweilen werden die Voraussetzungen einer Umdeutung im Einzelnen auch offen gelassen. Abgelehnt wurde die Umdeutung einer unwirksamen Fristverlängerung für die Begründung eines Rechtsmittels in eine **Wiedereinsetzung** in die abgelaufene Berufungsbegründungsfrist, wenn die formalen Voraussetzungen für eine Wiedereinsetzung nicht vorliegen (BGH 19. 7. 2016 – II ZB 3/16, NJW-RR 2016, 1529 Rn 19 ff). Es gilt sogar eine Umdeutungspflicht des Gerichts, bei deren Verletzung die Revision gerechtfertigt ist (Rosenberg/Schwab/Gottwald, ZPO[18] § 67 Rn 4). Entscheidend ist der **hypothetische Parteiwille**, wobei aber ein abweichender tatsächlicher Wille zu respektieren ist (BGH ZIP 2001, 305, 307). Das entspricht den allgemeinen Grundsätzen der Umdeutung. Die Umdeutung eines **Rechtsbehelfs** in ein anderes Rechtsmittel setzt voraus, dass das andere Rechtsmittel statthaft und zulässig ist (BGH 10. 1. 2018 – VII ZB 65/17, NJW 2018, 1606 Rn 11 mit Anm Herrfurth DGVZ 2018, 118 [Umdeutung einer unstatthaften Rechtsbeschwerde zum BGH in eine weitere Beschwerde an das OLG möglich: Anforderung eines Kostenvorschusses durch den Gerichtsvollzieher]; NJW 2014, 3731 Rn 5 [keine Umdeutung einer sofortigen Beschwerde in eine Rechtsbeschwerde]; NJW-RR 2013, 1081 Rn 9 [Umdeutung einer unzulässigen Rechtsbeschwerde, § 66 Abs 3 S 3 GKG, in eine weitere Beschwerde, § 66 Abs 4 GKG]; OLG Köln NJW-RR 2009, 911, 912 [keine Umdeutung einer Gehörsrüge in eine weitere Beschwerde zum OLG]) und es sich um vergleichbare Prozesserklärungen handelt, die sich nach Normzweck und rechtlicher Wirkung entsprechen. So kann etwa eine **unzulässige Hauptberufung** als zulässige unselbstständige Anschlussberufung gerettet werden (BGHZ 100, 383, 387 f; BGH 2. 2. 2016 – VI ZB 33/15, NJW-RR 2016, 445 Rn 7; BGH FamRZ 1987, 154; zur Kostentragung Katzenstein NJW 2007, 737). In gleicher Weise darf eine sofortige Beschwerde als Berufung aufgefasst (BGH NJW 1987, 1204) oder ein wegen des Nichterreichens der Rechtsmittelsumme unzulässiges Rechtsmittel als Anschlussberufung oder -revision umgedeutet werden (BGH ZZP 68 [1955] 212). Auch kann im **Kostenansatzverfahren** des Gerichtsvollziehers eine unstatthafte Rechtsbeschwerde zum BGH in eine weitere Beschwerde zum OLG umgedeutet werden (BGH NJW-RR 2009, 424 Rn 15; im Anschluss daran BGH NJW-RR 2013, 1081 Rn 9 mit Anm N Schneider NJW-Spezial 2013, 252). Die Sache ist dann an das zuständige OLG abzugeben. Ebenfalls kann eine Leistungsklage auf Unterhalt in eine Abänderungsklage nach § 323 ZPO umgedeutet werden (BGH NJW 1992, 438) oder eine Vollstreckungsgegenklage in eine Abänderungsklage und umgekehrt (OLG Brandenburg FamRZ 2002, 1193), aber nicht die im schriftlichen Vorverfahren verspätete Verteidigungsanzeige mit Klageerwiderung in einen Einspruch gegen ein ergangenes Versäumnisurteil (**aA** OLG Braunschweig FamRZ 1995, 237, 238). Eine zur Zeit unbegründete Leistungsklage kann als Feststellungsklage gerettet werden (BGH ZIP 1994, 1846

[Stufenklage]). Ist ein nur partiell übernehmender Rechtsträger der irrigen Meinung, er sei im Prozess an die Stelle des Beklagten getreten und hat er deshalb unzulässigerweise Berufung eingelegt, so kann die Berufungsschrift dahin umgedeutet werden, dass der übernehmende Rechtsträger dem Rechtsstreit als **Nebenintervenient** beitritt und in dieser Eigenschaft gleichzeitig Berufung einlegt (BGH ZIP 2001, 305). Für eine Umdeutung besteht auch weithin Bedarf, wenn die betreffende fehlerhafte Prozesshandlung wegen ihrer Eindeutigkeit und Klarheit einer berichtigenden **Auslegung** nicht zugänglich ist. In derartigen Fällen ist es ungenau, von einer falsa demonstratio auszugehen. Der Zivilprozess dient der weitest möglichen Verwirklichung des materiellen Rechts und nicht der Verhinderung einer Entscheidung über die materielle Rechtslage. Gleichwohl darf eine Parteihandlung nicht in eine **einem anderen prozessualen Zweck** dienende Prozesshandlung umgedeutet werden (auch OVG Berlin-Brandenburg NJW 2010, 953). So liegt es etwa für eine Umdeutung einer wegen fehlender Zulassung unzulässigen Revision in eine Zulassungsbeschwerde (BGH DB 1971, 2256 [Entschädigungsverfahren]). Es wurde dort nur eine Nebenentscheidung angegriffen. Auch kann eine **Gegenvorstellung** nicht in eine sofortige Beschwerde umgedeutet werden (BGH NJW-RR 2001, 279; zudem OLG Köln NJW-RR 2009, 911; OLG Karlsruhe FamRZ 2005, 49 mit **abl** Anm Gottwald), weil sich beide Institute in ihrer rechtlichen Wirkung nicht entsprechen. Auch die Umdeutung einer unzulässigen Beschwerde in einen erneuten Antrag auf Gewährung von **Prozesskostenhilfe** scheidet aus (OLG Köln NJW-RR 2010, 287). Doch ist eine Umdeutung auch dann möglich, wenn damit ein Wechsel von einem Hauptsacheverfahren in ein Verfahren der einsteiligen Anordnung verbunden ist (BGH 20. 6. 2018 – XII ZB 573/17, NJW 2018, 2497 Rn 24). Unter den gegebenen Voraussetzungen kann auch ein **Vergleichsantrag** umgedeutet werden (LG Osnabrück KTS 1962, 126, 127 [dort aber zu Recht abgelehnt]). Ein wegen formeller Mängel unwirksamer **Prozessvergleich** kann als außergerichtlicher materiell-rechtlicher Vergleich aufrechterhalten werden, wenn dies dem hypothetischen Parteiwillen entspricht (BGH NJW 1985, 1962, 1963; auch BVerwG NJW 1994, 2306, 2307 [aber: Auslegung]). Problematisch ist die Umdeutung der unzulässigen **Beschränkung einer Revisionszulassung** in eine zulässige Beschränkung auf einen Teil des Streitgegenstandes (zum Streitstand Büttner/Tretter NJW 2009, 1905, 1906). Die Umdeutung setzt aber stets eine **unwirksame Parteihandlung** voraus (BGH NJW 2007, 1460 Rn 11), sodass eine wirksame Klagerücknahme nicht in eine Erledigungserklärung umgedeutet werden kann. Die Umdeutung einer nicht nach § 63 Abs 4 GKG zugelassenen weiteren Beschwerde im Verfahren über den Kostenansatz in eine Gegenvorstellung ist ausgeschlossen (OLG Dresden 2. 1. 2020 – 4 W 1024/19, BeckRS 2020, 60).

12 **Öffentlich-rechtliche Verträge** können wegen § 59 Abs 1, § 62 S 2 VwVfG grundsätzlich nach § 140 BGB umgedeutet werden (BGHZ 76, 16, 28; OVG Münster NJW 1981, 1328 [Abführung von Teilen der Liquidationseinnahmen eines beamteten Chefarztes an den Dienstherrn]; Soergel/Hefermehl[13] Rn 2; Löwer WissR 26 [1993] 233, 244 [Umdeutung einer formwidrigen Berufungsvereinbarung]). Für **fehlerhafte Verwaltungsakte** enthalten § 47 VwVfG, § 128 AO, § 43 SGB X eigenständige Regelungen, die wegen einer fehlenden Gesetzeslücke den Rückgriff auf die analoge Anwendung des § 140 BGB verbieten (BVerwG NVwZ 1984, 645; Lüdemann/Windthorst BayVBl 1995, 357, 359; MünchKomm/Busche[8] Rn 9 gegen Redeker DVBl 1973, 744, 746; ausführlich zum Ganzen Weyreuther DÖV 1985, 126). Im Übrigen ist streitig, ob § 140 BGB auf **öffentlich-rechtliche Willenserklärungen** Anwendung findet (Nachw bei OVG Münster NVwZ 1990, 676, 677 [offenlassend]). ME ist das nicht der Fall.

Eine **unwirksame Betriebsvereinbarung** (zB § 77 Abs 3 BetrVG) kann nach hL durch analoge Anwendung des § 140 BGB zum Inhalt der Einzelverträge der Arbeitnehmer werden. Doch werden hierbei strenge Anforderungen an einen Verpflichtungswillen des Arbeitgebers gestellt, weil eine Kündigung der Arbeitsverträge nur unter erschwerten Umständen möglich ist. Liegen die erforderlichen Voraussetzungen vor, so werden insbes gebündelte Vertragsangebote des Arbeitgebers mit stillschweigender Annahme (§ 151 BGB) durch die Arbeitnehmer oder Gesamtzusagen angenommen (BAGE 118, 211, 218; BAG AP § 77 BetrVG 1972 Nr 23 Rn 34 mit Anm OETKER; BB 2006, 2356, 2358; 1989, 2330; NZA 1997, 951; 1996, 948; LAG Niedersachsen MDR 2005, 1000; MünchKomm/BUSCHE[8] Rn 9). Dagegen sind allerdings mit Recht Bedenken erhoben worden (VEIT/WAAS BB 1991, 1329 f; auch DIEHN BB 2006, 1794, 1796 [Wiedereinstellungsanspruch]). ME geht hier das Ersatzgeschäft in seinen Wirkungen über diejenigen des wirklich gewollten Geschäfts hinaus (ferner u Rn 43). Zumal für **verschlechternde Betriebsvereinbarungen** (Lohnkürzung und Verlängerung der regelmäßigen Arbeitszeit) scheidet eine Umdeutung aus (beifallswert LAG Hamm NZA-RR 2000, 27). 13

b) Nichtigkeit; Unwirksamkeit

Die Umdeutung setzt die **Nichtigkeit des gesamten Rechtsgeschäfts** voraus (BayObLG NJW-RR 1999, 620, 621). Nichtigkeit im strengen Sinne stellt den stärksten Grad der Unwirksamkeit dar und hindert bereits ein wirksames Zustandekommen des Rechtsgeschäfts. Gemeint im Sinne von § 140 BGB sind aber nicht nur die vom Gesetz ausdrücklich als nichtig bezeichneten Geschäfte, sondern auch **andere Fälle der Unwirksamkeit**, insbes absolute und endgültige Unwirksamkeit (BERNEITH 33; MATTERN LM Nr 5). Ausreichend ist, dass die Wirksamkeit in der gleichen Weise ausgeschlossen ist wie bei nichtigen Rechtsgeschäften (BAG NZA 2008, 946 Rn 26 [Umdeutung einer unwirksamen kurzfristigen Austrittserklärung in einen Antrag auf Abschluss eines Aufhebungsvertrages]; KÖHLER JuS 2010, 665, 668; REYMANN NJW 2008, 1773, 1774; VOSSEN RdA 2003, 182). Die **bloße Teilnichtigkeit** beurteilt sich hingegen nach § 139 BGB (zutreffend etwa im Ergebnis BGH WuM 2006, 445, 447 zur Überschreitung des zulässigen Zeitraums von § 557a Abs 3 bei einer Staffelmiete). Erst wenn sie über diese Norm zur **Totalnichtigkeit** führt, wird das Geschäft umdeutungsfähig (SOERGEL/HEFERMEHL[13] Rn 2; JAUERNIG/MANSEL[17] Rn 2; MünchKomm/BUSCHE[8] Rn 12; BAMBERGER/ROTH/HAU/POSECK/WENDTLAND[4] Rn 6; **aA** OLG Stuttgart WuW 1985, 888; vorsichtiger ERMAN/ARNOLD[15] Rn 5; EBEL DB 1979, 1974; offenlassend BGH NJW 1986, 58, 59 [nichtige Preisabstandsklauseln]; P ULMER NJW 1981, 2025, 2026 re Sp; u Rn 74). Dagegen zieht die Rspr öfter § 140 BGB auch für Fälle heran, in denen nur die Unwirksamkeit einzelner Vertragsklauseln in Frage steht. **Gültige oder heilbare Rechtsgeschäfte** können nicht umgedeutet werden (BGH WM 1972, 461, 462 [formgültiger Wechsel]; 1970, 1022, 1023 [nachholbare Unterschrift des Wechselausstellers]; u Rn 61). Kann nämlich die Unwirksamkeit des Geschäftes noch behoben werden, wie zB durch eine Genehmigung nach § 108 BGB oder durch Vollzug nach § 311b Abs 1 S 2 BGB, so muss abgewartet werden, ob es nicht ohne Inhaltsänderung wirksam wird (allgM, etwa MünchKomm/BUSCHE[8] Rn 10; MEDICUS/PETERSEN, AT[11] Rn 518). Doch ist die Umdeutung eines **schwebend unwirksamen Rechtsgeschäfts** jedenfalls dann möglich, wenn es durch Verweigerung der Genehmigung endgültig unwirksam geworden ist (BGHZ 40, 218, 222 [unter Abweichung von RGZ 79, 306, 308 f]; BGH NJW 1994, 1785 [§ 1365]; OLG Düsseldorf ZIP 1998, 744, 745 [Vertragsübernahme]). § 140 BGB ist auch anwendbar, wenn das nichtige Rechtsgeschäft den Erfordernissen eines **heilbaren, unvollendeten** (etwa § 311b Abs 1 BGB) Rechtsgeschäfts entspricht (RGZ 129, 122; ENNECCERUS/NIPPERDEY AT[15] I 2 S 1223 Fn 75). Umgedeutet werden kann auch die endgültig unwirksam ge- 14 wordene **Verfügung eines Nichtberechtigten** (PALANDT/ELLENBERGER[79] Rn 3; PWW/AHRENS[15] Rn 5; VÖLZMANN Rpfleger 2005, 64, 65; NK-BGB/FAUST[3] Rn 17; **aA** RGZ 124, 28, 31) oder die wegen Verfehlung des § 1280 BGB **wirkungslose Verpfändung** einer Forderung (REINICKE 89; **aA** RGZ 79, 308). Auch auf eine **rechtlich unmögliche Leistung** gerichtete Verträge können trotz ihrer von § 311a Abs 1 BGB angeordneten Wirksamkeit in analoger Anwendung des § 140 BGB umgedeutet werden (WINDEL ZGS 2003, 466).

15 Nach richtiger Auffassung ist eine Umdeutung auch bei einem wegen Irrtums, Täuschung oder Drohung **angefochtenen Rechtsgeschäft** möglich, dessen Nichtigkeit nach § 142 Abs 1 BGB eintritt (BORK, AT[4] Rn 1228 Fn 38; ENNECCERUS/NIPPERDEY AT[15] I 2 S 1223; SOERGEL/HEFERMEHL[13] Rn 13; PALANDT/ELLENBERGER[79] Rn 3; JAUERNIG/MANSEL[17] Rn 2; LEENEN, in: FS Canaris Band I [2007] 699, 715). Die Gegenauffassung will § 140 BGB nicht anwenden, weil die Willenserklärung als Grundlage einer rechtlichen Regelung „storniert" sei und sie sich daher nicht mehr als Grundlage für ein Ersatzgeschäft eigne (FLUME, AT II 592 f; MEDICUS/PETERSEN, AT[11] Rn 518; KRAMPE 247 ff; MünchKomm/BUSCHE[8] Rn 14; SPIESS JZ 1985, 593, 597 f). Doch ist das angefochtene Rechtsgeschäft nicht etwa ein Nullum, sondern immer noch ein – wenngleich angefochtenes – Rechtsgeschäft, sodass bei der Ermittlung eines hypothetischen Parteiwillens eine Umdeutung möglich ist (SOERGEL/HEFERMEHL[13] Rn 3). Diese Sicht der Dinge wird insbes in anderen Zusammenhängen stets von FLUME, AT II 547 f betont, sodass seine abweichende Stellungnahme zur Umdeutung dazu widersprüchlich ist. Doch ist § 140 BGB nicht anwendbar auf ein zwar anfechtbares, aber nicht angefochtenes Geschäft, weil die **bloße Anfechtbarkeit** keine Nichtigkeit begründet.

16 Grundsätzlich gilt § 140 BGB für alle Nichtigkeitsgründe, wobei aber in jedem Fall zu prüfen ist, ob nicht der **Zweck der jeweiligen Nichtigkeitsnorm** einer Umdeutung entgegensteht (BGH NJW 1994, 1785, 1787 [zu § 1365]; NJW 1980, 2517 [§ 34 GWB aF]; o Rn 2; u Rn 29, 72). Da alle Nichtigkeitsgründe gleich zu behandeln sind (insoweit auch FLUME, AT II 592; MünchKomm/BUSCHE[8] Rn 11), ist insbes eine die Auslegung übersteigende Umdeutung von formwidrigen, verbotswidrigen, sittenwidrigen oder angefochtenen Verträgen grundsätzlich möglich (**aA** KRAMPE 283). So ist zu entscheiden für **formwidrige** (BGH LM Nr 4; DB 1980, 1535), **gesetzwidrige** (RGZ 125, 209, 212; BGHZ 26, 320, 328) oder **sittenwidrige** (aber o Rn 2) Rechtsgeschäfte. Voraussetzung ist, dass das Ersatzgeschäft dem Verbotszweck nicht widerspricht (MünchKomm/BUSCHE[8] Rn 13; BROX/WALKER AT[42] § 15 Rn 18).

17 Nicht umgedeutet werden kann das Rechtsgeschäft eines **Geschäftsunfähigen**, weil dieser zu einer rechtsgeschäftlichen Regelung überhaupt nicht in der Lage ist (FLUME, AT II 592; PWW/AHRENS[15] Rn 7: BAMBERGER/ROTH/HAU/POSECK/WENDTLAND[4] Rn 7; LEENEN, in: FS Canaris Band I [2007] 699, 707; SILLER AcP 138 [1934] 144, 158). § 140 BGB kommt auch nicht zur Anwendung, wenn das betreffende Rechtsgeschäft infolge eines **Dissenses** gescheitert ist (MünchKomm/BUSCHE[8] Rn 12). Mit Recht wird auch vertreten, dass bei **Scheingeschäften** § 117 BGB Spezialvorschrift zu § 140 BGB ist (MünchKomm/BUSCHE[8] Rn 12; u Rn 28). Mängel in der **Verfügungsmacht** schließen eine Umdeutung nicht aus (PALANDT/ELLENBERGER[79] Rn 3 gegen RGZ 124, 28, 31). Nach § 141 BGB **bestätigte Rechtsgeschäfte** können ebenfalls nicht umgedeutet werden. Nicht umdeutbar sind **relativ unwirksame** Rechtsgeschäfte (JAUERNIG/MANSEL[17] Rn 2).

2. Ersatzgeschäft

§ 140 BGB stellt für das **Ersatzgeschäft**, wie es durch die Umdeutung zu ermitteln ist, zwei Voraussetzungen auf: Einmal müssen die Erfordernisse des Ersatzgeschäftes durch das nichtige Rechtsgeschäft gewahrt sein (u Rn 21). Zum anderen wird für das Ersatzgeschäft vorausgesetzt, dass „dessen Geltung bei Kenntnis der Nichtigkeit gewollt sein würde" (u Rn 24). 18

a) Anderes Rechtsgeschäft

Das nichtige Rechtsgeschäft muss den „Erfordernissen eines anderen Rechtsgeschäfts" entsprechen. Damit ist kein Rechtsgeschäft **von anderer Art** vorausgesetzt (MünchKomm/Busche[8] Rn 15; zum umgekehrten Fall o Rn 9). Vielmehr kann es (und wird es häufig) dem von den Parteien vorgestellten Geschäftstyp entsprechen (OLG Stuttgart JZ 1975, 572, 573; O Fischer, in: FS Wach I [1913] 179). Ausreichend ist daher eine inhaltliche Änderung unter Beibehaltung der Rechtsform, wie etwa die Umdeutung einer unwiderruflichen in eine widerrufliche **Vollmacht** (Soergel/Hefermehl[13] Rn 4 [str]; u Rn 73). Auch kann die Umdeutung bloß die Änderung der Rechtsform betreffen. So liegt es, wenn ein formnichtiges öffentliches als ein formgültiges eigenhändiges **Testament** aufrechterhalten wird (Soergel/Hefermehl[13] Rn 4; u Rn 49). Umgekehrt setzt § 140 BGB aber **keine gleichartigen Rechtsgeschäfte** voraus (o Rn 9). 19

Ausreichend ist es, wenn das nichtige Rechtsgeschäft in ein **weniger fehlerhaftes** Rechtsgeschäft umgedeutet wird, da auch darin eine Annäherung an den wirtschaftlichen Erfolg liegen kann, den die Parteien anstreben (RGZ 129, 122, 124; Soergel/Hefermehl[13] Rn 4; MünchKomm/Busche[8] Rn 13; o Rn 15). So kann umgedeutet werden in ein bloß anfechtbares oder schwebend unwirksames Rechtsgeschäft. Doch kann ein nichtiger **Umwandlungsbeschluss** nicht in eine auflösende Übertragung des LPG-Vermögens umgedeutet werden, weil eine derartige Einzelrechtsnachfolge nach dem LwAnpG nicht zulässig ist (BGH VIZ 1998, 466, 467). Auch kann ein nichtiges Rechtsgeschäft nicht durch eine im Wege der **Fiktion** erfolgende Nachholung fehlender Rechtshandlungen wirksam gemacht werden (BGH NJW-RR 2009, 979 Rn 23 mit Anm Schulze LMK 2009, 284354; RG JW 1938, 44, 45). 20

b) Kongruenzerfordernis

Nach § 140 BGB muss das nichtige Rechtsgeschäft den Erfordernissen des umgedeuteten Rechtsgeschäfts **„entsprechen"**. Das bedeutet nach zutreffender Auffassung die **Kongruenz** von nichtigem Geschäft und Ersatzgeschäft (MünchKomm/Busche[8] Rn 16; Zeiss WM 1963, 906, 908). Dagegen stellt das Gesetz nicht darauf ab, dass das Ersatzgeschäft in dem wirklich vorgenommenen Geschäft enthalten sein müsse (so aber Flume, AT II 592 ff; eine ähnlich ausdeutbare Formulierung in den Motiven, Mugdan I 473; vielfach auch die Rspr: RGZ 121, 99, 106; BGHZ 19, 269, 275; 20, 363, 370; 26, 320, 329). Mit dieser Auffassung wird der Anwendungsbereich des § 140 BGB zu sehr eingeengt. Es kommt nicht darauf an, ob das als gültig anzusehende Rechtsgeschäft in dem nichtigen Geschäft als dessen Teil schon vollständig enthalten war, sondern auf den **erstrebten wirtschaftlichen Erfolg** der Parteien (BGHZ 68, 204, 206; M Wolf/Neuner, AT[11] § 57 Rn 14). Die Umdeutung ist kein besonderer Fall der **Teilnichtigkeit**. Deshalb kann etwa eine **verspätete Kündigung**, die von dem Empfänger akzeptiert wird, in einen Antrag auf Abschluss eines Aufhebungsvertrags umgedeutet werden, obgleich wegen der ganz unterschiedlichen rechtlichen Ausgestaltung in der Kündigung kein 21

Vertragsantrag „enthalten" ist (M Wolf/Neuner, AT[11] § 57 Rn 14 f; **aA** RGZ 143, 124; u Rn 41). Es kommt hinzu, dass in aller Regel eine Voraussetzung des Ersatzgeschäfts nicht vorliegt, da es nicht wirklich gewollt ist (Medicus/Petersen, AT[11] Rn 519). Schließlich werden nach der abzulehnenden Auffassung die Grenzen des § 140 BGB zu § 139 BGB fließend, weil danach die Umdeutung nur ein Unterfall des § 139 BGB wäre und es dann der Regelung des § 140 BGB überhaupt nicht mehr bedürfte (M Wolf/Neuner AT[11] § 57 Rn 14; Medicus/Petersen, AT[11] Rn 519). Wegen des verneinten wirtschaftlichen Erfolges wurde eine wegen der fehlenden Zustimmung der Vertragspartner fehlgeschlagene **Vertragsübernahme** nicht in eine Abtretung der Werklohnansprüche aus den zu übernehmenden Verträgen durch den Sequester der späteren Gemeinschuldnerin an den Übernehmer umgedeutet (OLG Düsseldorf ZIP 1998, 744, 745).

22 Dagegen bedeutet Kongruenz in dem hier verstandenen Sinne, dass das **Ersatzgeschäft in seinen Wirkungen** nicht über diejenigen des wirklich gewollten Geschäfts hinausgehen darf (insoweit auch BGHZ 20, 363, 370 f; BAGE 118, 159, 166 f [keine Umdeutung der Teilkündigung eines Tarifvertrages in die Kündigung des gesamten Vertrages]; BAG DB 1975, 214; BayObLG NJW-RR 1999, 620, 621; OLG Köln ZMR 2008, 815, 816 [nichtige Teilungsordnung im WEG]; Medicus/Petersen, AT[11] Rn 519; MünchKomm/Busche[8] Rn 15; Soergel/Hefermehl[13] Rn 5; Lieder/Berneith JuS 2015, 1063, 1064; Spanke NJW 2005, 2947, 2949; anders Bürck SchlHA 1973, 37, 40). Diese **Begrenzungswirkung** folgt aus dem Tatbestandsmerkmal „entspricht" (Soergel/Hefermehl[13] Rn 5), aber auch aus der Beachtung des hypothetischen Parteiwillens (u Rn 24). Deshalb darf etwa eine wegen fehlender Übergabe nichtige Bestellung eines Mobiliarpfandrechts nicht in eine **Sicherungsübereignung** nach § 930 BGB umgedeutet werden (Medicus/Petersen, AT[11] Rn 519; u Rn 67). Vergleichbar kann eine **ordentliche Kündigung** nicht als außerordentliche Kündigung aufrechterhalten werden (u Rn 42). Auch kann eine Leistungsbestimmung nicht in eine Änderungskündigung umgedeutet werden, wohl aber eine **Änderungskündigung** in eine Leistungsbestimmung (Hromadka NZA 2008, 1338). Zudem kann eine Änderungskündigung in die Ausübung eines Direktionsrechts umgedeutet werden (Hunold NZA 2008, 860, 862). Auch darf ein wirkungslos gebliebener **Widerspruch eines Arbeitnehmers** (§ 613a Abs 6 BGB) wegen der Verschmelzung einer Personengesellschaft auf eine Kapitalgesellschaft nicht in eine Eigenkündigung oder einen Antrag auf Abschluss eines Aufhebungsvertrages umgedeutet werden, weil die Rechtsfolge eines wirksamen Widerspruchs gegen den Übergang des Arbeitsverhältnisses der Fortbestand des Arbeitsverhältnisses mit dem bisherigen Arbeitgeber gewesen wäre (BAG NZA 2008, 815 Rn 29 ff). Schließlich darf ein **Abwicklungsvertrag**, der die Abwicklung eines durch Kündigung zuvor wirksam beendeten Arbeitsverhältnisses betrifft, nicht in einen Aufhebungsvertrag umgedeutet werden, der ein bestehendes Arbeitsverhältnis beendet (ArbG Wesel NZA-RR 2005, 527). Doch kann die **Auflassung** bei bestehender Gütertrennung oder Zugewinngemeinschaft zum Gesamtgut der erwerbenden Ehegatten im Wege der Umdeutung als Auflassung zu je einhalb-Anteil aufrechterhalten werden (BayObLG FamRZ 1983, 1033, 1035; Reymann NJW 2008, 1773, 1774).

23 Schließlich meint das Merkmal der Kongruenz, dass alle für das umgedeutete Rechtsgeschäft (Ersatzgeschäft) bestehenden **Gültigkeitsvoraussetzungen vorliegen müssen**. So müssen etwa gegeben sein Geschäftsfähigkeit, Verfügungsmacht, die Einhaltung von Formen (zB LAG Hamm NZA-RR 2009, 215 zur unzulässigen Umdeutung in eine Betriebsvereinbarung, der es ihrerseits der Schriftform des § 77 Abs 2 S 1 BetrVG ermangelt), des Gesetzes und der guten Sitten (M Wolf/Neuner, AT[11] § 57 Rn 14; Medicus/Petersen, AT[11] Rn 519). So kann eine nichtige fristlose Kündigung wegen § 623 BGB nicht in eine ordentliche Kündigung umgedeutet werden, wenn die Schriftform fehlt (Gravenhorst jurisPR-ArbR 50/2017 Anm 5 gegen LAG Kiel ebd). Es darf nur in eine rechtlich zulässige Vereinbarung umgedeutet werden (M J Schmid ZfIR 2008, 570). Deshalb scheidet etwa die Umdeutung einer unwirksamen **außerordentlichen Kündigung** in eine gleichfalls unwirksame, weil sozialwidrige ordentliche Kündigung aus (LAG Düsseldorf LAGE § 9 KSchG Nr 40). Hinzukommen muss ferner das Gewolltsein iSe hypothetischen Parteiwillens (u Rn 24). Über § 140 BGB dürfen daher fehlende Tatbestandsmerkmale **nicht fingiert** werden (BGH NJW-RR 2009, 979; RG JW 1938, 44; Palandt/Ellenberger[79] Rn 5).

c) Hypothetischer Parteiwille

Das Ersatzgeschäft gilt nach § 140 BGB, wenn anzunehmen ist, dass dessen Geltung 24
bei Kenntnis der Nichtigkeit gewollt sein würde (vergleichbare Formulierung bei BGH BB 1961, 717 m zust Anm Gumpert). In aller Regel haben die Parteien bei dem Rechtsgeschäft für den Fall der Nichtigkeit einen **realen Parteiwillen** nicht gebildet, da sie die Nichtigkeit nicht bedacht haben (o Rn 6). Der in § 140 BGB gemeinte Wille ist daher ein **hypothetischer Parteiwille** (ganz hL: BGH NJW 2001, 1855 [Scheck]; BGHZ 19, 269, 273; BayObLGZ 2003, 338, 343; BAG AP § 2 ArbGG 1953 Zuständigkeitsprüfung Nr 18 m Anm Pohle; Medicus/Petersen, AT[11] Rn 520; M Wolf/Neuner, AT[11] § 57 Rn 8; MünchKomm/Busche[8] Rn 19; Soergel/Hefermehl[13] Rn 8; Palandt/Ellenberger[79] Rn 8; Windel ZGS 2003, 466). Vergleichbar wie § 140 BGB stellt auch § 139 BGB auf den hypothetischen Parteiwillen ab (o § 139 Rn 74 ff). § 139 BGB und § 140 BGB dienen gleichermaßen der **Durchsetzung der Privatautonomie** (H Roth, Vertragsänderung bei fehlgeschlagener Verwendung von Allgemeinen Geschäftsbedingungen [1994] 3). § 140 BGB meint eine **unterstellte Kenntnis**, da bei tatsächlicher Kenntnis der Nichtigkeit eine Umdeutung ausscheidet (u Rn 28).

Der hypothetische Parteiwille ist nach den Grundsätzen der **ergänzenden Vertragsauslegung** zu ermitteln (u § 157 Rn 75 ff; Palandt/Ellenberger[79] Rn 8). Entscheidend ist, 25
was die Parteien gewollt hätten, wenn sie die Nichtigkeit des abgeschlossenen Rechtsgeschäftes gekannt hätten. Ein solcher Wille wird regelmäßig anzunehmen sein, wenn durch das andere Rechtsgeschäft **derselbe wirtschaftliche Erfolg** erreicht wird wie durch das nichtige Rechtsgeschäft (BGHZ 19, 269, 273). Ein nichtiges **Beamtenverhältnis** kann in der Regel nicht in ein Arbeitsverhältnis umgedeutet werden (BAG AP § 2 ArbGG 1953 Zuständigkeitsprüfung Nr 18). Der hypothetische Wille entspricht also in erster Linie dem, was vernünftige Parteien anstelle der Beteiligten gewollt hätten. Allerdings kann der hypothetische Parteiwille nicht nach rein objektiven Gesichtspunkten ermittelt werden. Die Umdeutung darf die Parteien nicht bevormunden und muss daher einen **wirklichen Parteiwillen** vorrangig berücksichtigen, wenn er festgestellt werden kann. Gegen einen eindeutig erklärten Parteiwillen ist eine Umdeutung nicht möglich (BGH ZIP 2009, 264 Rn 32; 2001, 305, 307; BGHZ 19, 269, 273; BGH BB 1996, 342 f; BAG NZA-RR 2005, 440, 443; Mayer-Maly, in: FS Flume I [1978] 621, 623 f; Feichtinger/Huep Rn 519). Ein wirklicher Parteiwille setzt sich gegenüber dem hypothetischen Willen selbst dann durch, wenn er unvernünftig sein sollte (o Rn 8).

Ist etwa die wirksame **Errichtung einer OHG** gescheitert, weil der Gesellschaftszweck 26
nicht auf den Betrieb eines Handelsgewerbes gerichtet war (§ 105 Abs 1 HGB) und

das Registergericht deshalb die Eintragung verweigert, so kommt eine Umdeutung in eine BGB-Gesellschaft grundsätzlich in Betracht (BGHZ 19, 269 ff). Anders liegt es aber, wenn eine Partei sich von vornherein gegen die Errichtung einer **BGB-Gesellschaft** verwahrt hat. Hier ist der wirkliche Wille selbst dann beachtlich, wenn ihm die irrige Annahme einer Wahlmöglichkeit zwischen mehreren Gesellschaftsformen zugrunde gelegen haben sollte (insoweit unrichtig BGHZ 19, 269, 275; krit dazu deshalb MEDICUS/PETERSEN, AT[11] Rn 521; M WOLF/NEUNER, AT[11] § 57 Rn 7; FLUME, AT II 596; SOERGEL/HEFERMEHL[13] Rn 10; ferner KRAMPE 222 ff; J HAGER 124; BATTES AcP 174 [1974] 429, 444). Die Entscheidung lässt sich auch nicht mit der Erwägung halten, es sei lediglich eine Frage der juristischen Qualifikation, ob sich ein Gesellschaftsvertrag als Vertrag über eine OHG oder eine BGB-Gesellschaft darstelle (so aber FLUME, AT I 1 200; krit dazu MEDICUS/PETERSEN, AT[11] Rn 521). Der **wirkliche Parteiwille** setzt sich durch (grundsätzlich anders D REINICKE 99; HIEBER DNotZ 1954, 303, 304). Daran wird grundsätzlich die Umdeutung einer gescheiterten Gründung einer **Kapitalgesellschaft** in eine **Personengesellschaft** scheitern (HAMANN European Law Reporter 2009, 186, 190 [zu einer Schweizer AG mit Verwaltungssitz in Deutschland] zu BGH NJW 2009, 289). So kann etwa die unwirksame außerordentliche **Kündigung eines Kooperationsvertrages** grundsätzlich in eine ordentliche Kündigung umgedeutet werden. Doch muss die ordentliche Kündigung dem Willen des Kündigenden entsprechen und dieser Wille muss in seiner Erklärung für den Empfänger der Kündigung erkennbar zum Ausdruck gekommen sein. An die „Unzweideutigkeit" der Kündigungserklärung sind aber keine überspannten Anforderungen zu stellen. Vor allem kann auch bei **formbedürftigen Erklärungen** auf Umstände zurückgegriffen werden, die außerhalb der Erklärung liegen (mit Recht einschränkend BORK, AT[4] Rn 1233 Fn 52). In Wirklichkeit liegt aber schon kein Fall des § 140 BGB mehr vor (u Rn 36). An einem derartigen Willen kann es fehlen, wenn der Vertragspartner durch die Kündigung lediglich unter Druck gesetzt werden soll (BGH NJW 1998, 1551).

27 Maßgebend ist der hypothetische Wille zum **Zeitpunkt der Vornahme des nichtigen Rechtsgeschäfts**. Dagegen kommt es nicht auf den Umdeutungszeitpunkt an (BGHZ 40, 218, 223; BGH MDR 2004, 867, 868; OLG Hamm FamRZ 1997, 581, 582; KG DtZ 1994, 285, 287; LIEDER/BERNEITH JuS 2015, 1063, 1064; VOSSEN RdA 2003, 183; HERSCHEL DRiZ 1952, 41 f; anders RGZ 79, 306, 308 f). Für diesen Zeitpunkt ist der von den Parteien angestrebte wirtschaftliche Erfolg festzustellen. Später eintretende Änderungen der Verhältnisse kommen nicht in Betracht (MünchKomm/BUSCHE[8] Rn 22). Auch sonst kommt es bei einer ergänzenden Vertragsauslegung auf den hypothetischen Willen der Parteien zur Zeit der Vornahme des Rechtsgeschäftes an (Nachw u § 157 Rn 34).

28 Eine Umdeutung ist ausgeschlossen, wenn der Erklärende die **Nichtigkeit des Rechtsgeschäftes kannte**. In diesem Fall lässt sich die Frage nicht sinnvoll stellen, ob die Geltung des Ersatzgeschäfts „gewollt sein würde" (OLG Hamm VersR 1986, 759; LG Göttingen WM 1992, 1375; NK-BGB/FAUST[3] Rn 30; PALANDT/ELLENBERGER[79] Rn 8; MünchKomm/BUSCHE[8] Rn 18; mit einer Begründung aus § 117 Abs 1 MÜHLHANS NJW 1994, 1049). Ein **Kennenmüssen** ist aber nicht gleichbedeutend mit **Kenntnis**. War die Nichtigkeit nicht allen Beteiligten bekannt, so ist eine Umdeutung nicht ausgeschlossen. Doch wird der hypothetische Parteiwille nur für diejenigen Beteiligten ermittelt, denen die Nichtigkeit unbekannt war (MünchKomm/BUSCHE[8] Rn 18; BAMBERGER/ROTH/HAU/POSECK/WENDTLAND[4] Rn 12; im Ergebnis ebenso, aber mit einer Begründung aus § 116 S 1 MÜHLHANS NJW 1994, 1049, 1050; **aA** NK-BGB/FAUST Rn 30).

3. Normzweck

29 Schranken für die Umdeutung können sich aus dem **Normzweck der betreffenden Nichtigkeitsnorm** ergeben (Derleder JZ 1999, 177, 179). Neben dem Kongruenzerfordernis (o Rn 21) und dem hypothetischen Parteiwillen (o Rn 24) handelt es sich um das dritte Kriterium, das eine Begrenzung der Umdeutungsmöglichkeiten bezweckt. Der Zweck der Nichtigkeitsnorm darf der Umdeutung nicht entgegenstehen (o Rn 16). Im Einzelnen gilt folgendes:

a) Formvorschriften

30 Auch wenn bei einem Verstoß gegen Formvorschriften grundsätzlich umgedeutet werden kann (o Rn 16), so darf doch etwa ein verfolgter **Übereilungsschutz** nicht beeinträchtigt werden. Deshalb scheidet die Umdeutung einer wegen § 766 S 1 BGB **formunwirksamen Bürgschaft** in einen formfreien Schuldbeitritt aus. Ein Schuldbeitritt darf vielmehr nur dann angenommen werden, wenn ein eigenes unmittelbares wirtschaftliches Interesse des Beitretenden bejaht werden kann (Medicus/Petersen, AT[11] Rn 522; Soergel/Hefermehl[13] Rn 6). Dagegen war ein wegen einer **Ausschließlichkeitsbindung** formnichtiger Automatenaufstellungsvertrag (§ 18 Abs 1 Nr 2, § 34 GWB aF iVm § 125 BGB) in einen Vertrag ohne diese Bindung umzudeuten, weil die Missbrauchskontrolle der Kartellbehörde dadurch nicht verhindert wurde (BGH NJW 1980, 2517; aA Emmerich NJW 1980, 1367; ausführlich zum formwidrigen Vertrag Krampe 226 ff; u Rn 72). Überhaupt bilden Formmängel einen der wichtigsten Anwendungsbereiche des § 140 BGB (D Reinicke 88 ff). So kann ein wegen der fehlenden Angabe des Tages der Ausstellung nach Art 1 Nr 5, 2 Abs 1 ScheckG formnichtiger **Scheck** in eine Ermächtigung des Scheckausstellers an die bezogene Bank umgedeutet werden, für ihn und auf seine Rechnung an den Scheckbegünstigten zu zahlen (BGH NJW 2001, 1855). Der ungültige Scheck kann als **Anweisung** umgedeutet werden (Koller LM § 140 BGB Nr 28).

b) Gesetzliche Verbote

31 Die Umdeutung eines nach **§ 134 BGB nichtigen Rechtsgeschäfts** ist nicht ausgeschlossen (o Rn 16). Doch ist Voraussetzung der Umdeutung in ein anderes Geschäft, dass der Zweck des Verbotes nicht entgegensteht (RGZ 125, 209, 212; M Wolf/Neuner, AT[11] § 57 Rn 11; ferner dazu Krampe 234 ff). In erster Linie geht es hier aber weniger um den der Privatautonomie verpflichteten § 140 BGB, sondern darum, dass **Sinn und Zweck eines Verbotsgesetzes** nach § 134 BGB auf bloße Teilnichtigkeit unter Aufrechterhaltung des verbliebenen Vertragsrestes zielen (zB BGHZ 89, 316 ff [unzulässig hohe Mietzinsvereinbarung]; H Roth JZ 1989, 411, 413; Einzelheiten bei Staudinger/Sack/Seibl [2017] § 134 Rn 86 ff). Abzulehnen ist die Gegenauffassung, wonach in den Fällen des § 134 BGB eine Umdeutung stets ausscheide, weil ansonsten die rechtliche Missbilligung praktisch wirkungslos bliebe (so aber Jauernig/Mansel[17] Rn 2).

c) Sittenwidrige Rechtsgeschäfte

32 Die hL lehnt eine Umdeutung ab, wenn die mit dem Rechtsgeschäft verfolgten Absichten der Parteien nach § 138 BGB missbilligt werden. Sittenwidrige Geschäfte sollen danach nicht durch Umdeutung in gerade noch sittengemäße Geschäfte gerettet werden können (o Rn 2, 16). Nach richtiger Auffassung bleibt aber auch hier ein Spielraum für **Umdeutungsmöglichkeiten** (MünchKomm/Busche[8] Rn 11). Im Kern dreht es sich freilich nicht um Möglichkeiten des § 140 BGB und damit um die Frage des

Vorrangs der Privatautonomie, sondern um den **Sinngehalt des § 138 BGB** (H ROTH JZ 1989, 411, 413 ff; ders ZHR 153 [1989] 423 ff), also um die **Auslegung gesetzlicher Normen** (o § 139 Rn 3) und die Möglichkeit einer **geltungserhaltenden Reduktion**. § 140 BGB wird denn auch durchgehend nicht als das geeignete Mittel einer (teilweisen) Aufrechterhaltung sittenwidriger Verträge angesehen (KRAMPE AcP 194 [1994] 1, 22; WIEACKER, in: FS Herm Lange [1992] 1017, 1027).

V. Prozessuales

33 Das Gericht hat **von Rechts wegen umzudeuten**, wenn der vorgetragene Sachverhalt eine ausreichende Basis für eine Umdeutung liefert. Es ist nicht erforderlich und auch nicht ausreichend, dass sich eine Prozesspartei auf die Umdeutung beruft (BGH NJW 1963, 339, 340; BAG NZA 2008, 815 Rn 30; NJW 2002, 2972, 2973; ERMAN/ARNOLD[15] Rn 17; MünchKomm/BUSCHE[8] Rn 34; LAG Hamm BB 1982, 2109; KAHL 380 ff; MOLKENBUR/KRASSHÖFER-PIDDE RdA 1989, 337, 340; **aA** SILLER AcP 138 [1934] 144, 185). Unglücklich ist allerdings der Ausdruck, das Gericht habe „von Amts wegen" umzudeuten. Das Gesagte gilt in vollem Umfang auch für das Gebiet des **Arbeitsrechts** (BAG NJW 2002, 2972, 2973 mit Anm VOSSEN RdA 2003, 184; **aA** noch BAG DB 1976, 634; SAE 1976, 31, 33; AP § 13 KSchG 1969 Nr 3; LAG Rheinland-Pfalz NZA 1985, 290, 291; zutreffend dagegen MünchKomm/BUSCHE[8] Rn 34). Insbes muss für den Fall einer Umdeutung einer außerordentlichen in eine ordentliche Kündigung der Arbeitgeber die Umdeutung im Prozess nicht geltend machen (ausführlich J HAGER BB 1989, 693, 694 [mit anderem rechtlichen Ausgangspunkt]; u Rn 36 ff). Der Richter hat schlicht das Gesetz anzuwenden. Nach richtiger Auffassung kann auch im arbeitsgerichtlichen Prozess in der Berufungsinstanz umgedeutet werden, wenn dies in der ersten Instanz nicht geschehen ist. § 6 KSchG steht nicht entgegen (J HAGER BB 1989, 693, 699 gegen LAG Rheinland-Pfalz NZA 1985, 290, 291).

34 Wenn eine Partei Rechtsfolgen aus einem umgedeuteten Rechtsgeschäft geltend macht, so trägt sie für die von ihr für die Umdeutung vorgetragenen Tatsachen die **Behauptungs- und Beweislast** (ERMAN/ARNOLD[15] Rn 17). Werden aus einem umgedeuteten Rechtsgeschäft Rechtsfolgen hergeleitet, so liegt darin **keine Klageänderung** nach § 263 ZPO (OLG Celle WuW 1975, 409, 415; MünchKomm/BUSCHE[8] Rn 34). Die Umdeutung rechtsgeschäftlicher Erklärungen ist wie die Auslegung in erster Linie **Sache des Tatrichters** und damit in der Revisionsinstanz nur begrenzt nachprüfbar (BGH NJW-RR 2005, 1464, 1466; NJW 1981, 43, 44). Das BAG setzt im Arbeitsrecht dem **Arbeitgeber** die Rechtskraft des ersten Prozesses entgegen, wenn er sich im Falle einer außerordentlichen Kündigung im Kündigungsschutzprozess nicht darauf berufen hat, dass die Kündigung zugleich als ordentliche Kündigung anzusehen ist (BAG AP § 615 BGB Bösgläubigkeit Nr 2 m Anm A HUECK; AP § 11 KSchG Nr 12 m Anm HERSCHEL; zum Streitstand J HAGER BB 1989, 693, 696 ff).

VI. Fallgruppen

1. Einzelfall und Verallgemeinerung

35 Die zahlreichen von der Rspr entschiedenen Fälle sind als **Beispiele** anzusehen, die zwar einer systematisierenden Schwerpunktbildung zugänglich sind. Verallgemeinerungen sind jedoch nur schwer möglich, weil die Ermittlung des hypothetischen Parteiwillens (o Rn 24) oftmals von den **Umständen des Einzelfalles** mit abhängt. Darauf

kommt es für die Umdeutung entscheidend an und deshalb muss jeder Fall in seinen Eigenheiten gesehen werden. Die in der Rspr aufgetauchten Schwerpunkte liegen vor allem im Arbeitsrecht und dort wiederum im Bereich des Kündigungsrechts (u Rn 36 ff), im Miet- und Pachtrecht (u Rn 46), im Erbrecht (u Rn 49 ff), im Gesellschaftsrecht (u Rn 57), im Wertpapierrecht (u Rn 61) und im Grundstücksrecht (u Rn 63), aber auch in Bereichen des allgemeinen rechtsgeschäftlichen Verkehrs (u Rn 70).

2. Arbeitsrecht

a) Unwirksame außerordentliche Kündigung

Den Schwerpunkt bildet die Rspr zur Umdeutung einer unwirksamen fristlosen **außerordentlichen Kündigung** aus wichtigem Grund in eine befristete ordentliche Kündigung zum nächstmöglichen Termin (Nachweise in BAG 27. 6. 2019 – 2 AZR 28/19, NJW 2019, 3469 Rn 21; 2002, 2972, 2973 mit Anm Vossen RdA 2003, 179; EzA § 626 BGB Nr 23 Rn 33; auch o Rn 23; dazu ausführlich Feichtinger/Huep Rn 514; Molkenbur/Krasshöfer-Pidde RdA 1989, 337 ff; J Hager BB 1989, 693 ff; Schmidt NZA 1989, 661). Vergleichbares gilt auch für das **Dienstvertragsrecht** (OLG München NJW-RR 1995, 740, 741). Die ordentliche Kündigung muss dem hypothetischen Willen des Kündigenden entsprechen (bejahend zB BGH NJW 1998, 76 [Geschäftsführer-Anstellungsvertrag]; verneinend zB BGH NJW-RR 2000, 987, 988 [Geschäftsführer-Anstellungsvertrag]). Die Aufrechterhaltung unwirksamer Kündigungen ist auch im Bereich des **Kündigungsschutzgesetzes** möglich. Die gegen eine Umdeutung gerichtete Auslegungsregel des § 11 Abs 2 S 1 KSchG aF ist weggefallen (BAG NJW 2002, 2972, 2973; 1988, 581; LAG Hamm BB 1982, 2109; LAG Baden-Württemberg DB 1968, 943 [LS] [außerhalb des allgemeinen Kündigungsschutzes]; LAG Hamm DB 1967, 1272 [LS]; zu § 11 KSchG aF auch LAG Bremen DB 1965, 1671 [LS] und LAG Baden-Württemberg BB 1965, 629 [Kündigungsabfindung]; Feichtinger/Huep Rn 511). Seit der Neufassung des KSchG v 25. 8. 1969 (BGBl I 1317) spricht keine Vermutung mehr gegen die Umdeutung einer unwirksamen außerordentlichen in eine ordentliche Kündigung (BAG AP § 626 BGB-Druckkündigung Nr 10 m Anm Hölters [aber: Auslegungsfrage]). Gleichwohl werden die Voraussetzungen für eine Umdeutung in den meisten Fällen nicht von § 140 BGB bestimmt (Medicus/Petersen, AT[11] Rn 524; anders die Selbstdeutung der Rspr, etwa BAG NJW 2002, 2972, 2973; 1988, 581). Nach der Rspr soll es darauf ankommen, dass für den **Kündigungsempfänger eindeutig erkennbar** ist, dass die fristlose Kündigung im Falle ihrer Unwirksamkeit als befristete Kündigung gelten soll (BAG NJW 2002, 2972; 1988, 581; NZA 1985, 286, 288; NJW 1976, 2366; AP § 11 KSchG Nr 11 m Anm A Hueck [allerdings zur alten Fassung]; § 626 BGB-Druckkündigung Nr 10; § 102 BetrVG 1972 Nr 21; auch BGH NJW 1982, 2603 [Dienstvertrag]; Vossen RdA 2003, 184). Dann handelt es sich aber in Wahrheit um **Auslegung** (o Rn 7), die der Umdeutung vorangeht (LAG Hamm BB 1982, 2109). Einer Umdeutung bedarf es dann nicht mehr (Soergel/Hefermehl[13] Rn 17; Krampe 258; ferner Flume, AT II 599). Eine unwirksame außerordentliche **Eigenkündigung des Arbeitnehmers** kann in eine ordentliche Kündigung umgedeutet werden (LAG Rheinland-Pfalz NZA-RR 2005, 251; Reufels/Litterscheid ArbRB 2003, 113, 114). Bei einem ordentlich unkündbaren Arbeitnehmer kann eine außerordentliche fristlose Kündigung des Arbeitgebers in eine außerordentliche Kündigung mit **notwendiger Auslauffrist** umgedeutet werden (BAG BB 2004, 2303, 2307; dazu Adam DZWIR 2008, 236, 239; Feichtinger/Huep Rn 512 [soziale Auslauffrist]). 36

Im **Arbeitsrecht** muss wegen § 102 BetrVG der **Betriebsrat** zu Kündigungen jeder Art angehört werden (etwa Ebert BB 1976, 1132). Die Rspr fordert, dass der Arbeit- 37 geber den Betriebsrat deutlich darauf hinweist, dass die außerordentliche Kündigung hilfsweise auch als ordentliche gelten solle (BAG NJW 1994, 1891, 1893; 1988, 581, 582; 1979, 76; LAG Düsseldorf BB 1975, 516; Kirsch/Strybny BB 2005, 10, 11). Die wirksame **Anhörung** zur außerordentlichen Kündigung reicht lediglich dann zu einer ordentlichen Kündigung aus, wenn der Betriebsrat der außerordentlichen Kündigung ausdrücklich und vorbehaltlos zugestimmt hat und einer ordentlichen Kündigung erkennbar nicht entgegengetreten wäre (BAG NZA 1985, 286, 287; NJW 1978, 76; Benecke AuR 2005, 48; Feichtinger/Huep Rn 521; **abl** J Hager BB 1989, 693, 696). Das Gleiche gilt auch für die Beteiligung der **Personalvertretung** (BAG 27. 6. 2019 – AZR 28/19, NJW 2019, 3468 Rn 23 ff; EzA § 626 BGB Nr 23; Gastell BB 2009, 1648). Im Ergebnis wird vom Arbeitgeber für das Ersatzgeschäft ein realer Wille gebildet und auch erklärt. Es wird in der Sache hilfsweise eine **befristete Kündigung** unter der **Rechtsbedingung** erklärt, dass nicht schon die zunächst erklärte formlose Kündigung wirksam geworden ist. Deshalb ist § 140 BGB hier nicht mehr nötig (Medicus/Petersen, AT[11] Rn 524; o Rn 6 [Konversionsklausel]). Eine außerordentliche Kündigung kann nicht in eine ordentliche umgedeutet werden, wenn der Betriebsrat nicht nach § 102 BetrVG zu der außerordentlichen Kündigung angehört worden ist. Die ordnungsgemäße Anhörung des Betriebsrates wegen einer beabsichtigten, dann aber nicht ausgesprochenen ordentlichen Kündigung reicht nicht aus (BAG NJW 1976, 2366, 2368; einschränkend LAG Düsseldorf DB 1977, 121, 123 [keine Widerspruchsgründe nach § 102 Abs 3 BetrVG]; krit J Hager BB 1989, 693, 696). Auch die Umdeutung einer außerordentlichen fristlosen Kündigung in eine außerordentliche Kündigung mit notwendiger **Auslauffrist** setzt grundsätzlich eine Beteiligung des Betriebs- oder Personalrats nach den für eine ordentliche Kündigung geltenden Bestimmungen voraus (BAG NZA 2001, 219, 220).

38 Scheiterte eine außerordentliche Kündigung aus wichtigem Grund nach Maßgabe der Anl 1 Kap XIX Sachgebiet A Abschn III Nr 1 Abs 5 Ziff 2 zum **Einigungsvertrag**, so sollte sie nicht in eine ordentliche Kündigung umgedeutet werden können, wenn der Personalrat ihr ohne Kenntnis von der Absicht zur ordentlichen Kündigung ausdrücklich zugestimmt hatte (LAG Köln ArbuR 1994, 39 [Sonderkündigungsrecht für Beschäftigte des öffentlichen Dienstes nach dem Einigungsvertrag]). Das entspricht den allgemeinen Grundsätzen der Rspr. Ein durch Berufung nach § 61 AGB-DDR begründetes Arbeitsverhältnis konnte einseitig nur durch Abberufung nach § 62 AGB-DDR beendet werden. Eine danach unwirksame Kündigung lässt sich nicht in eine Abberufung umdeuten (LAG Berlin NZA 1992, 371, 373; ArbG Berlin DB 1991, 2444).

39 Hat im Falle der Kündigung eines **Schwerbehinderten** die Hauptfürsorgestelle (jetzt: Integrationsamt [§ 168 SGB IX]) lediglich die Zustimmung zu einer außerordentlichen Kündigung erteilt, so kann nicht in eine ordentliche Kündigung umgedeutet werden, weil insoweit eine Zustimmung fehlt (BAG NJW 2011, 3803 Rn 36; LAG Berlin NZA 1985, 95; ebenso vFriesen/Reinecke BB 1979, 1561; Feichtinger/Huep Rn 522). Vergleichbares gilt für Kündigungen nach § 9 MuSchG, § 18 BErzGG oder nach § 103 BetrVG. Auch im Bereich des **Dienstvertragsrechts** ist die Umdeutung einer außerordentlichen Kündigung in eine ordentliche Kündigung grundsätzlich zulässig (BGH NJW 1982, 2603 [Belegarztvertrag]; OLG München NJW-RR 1995, 740, 741). Doch wird auch hier die Erkennbarkeit für den anderen Teil gefordert. Eine Umdeutung scheidet aber aus, wenn nach dem Dienstvertrag eine ordentliche Kündigung ausgeschlossen war (BGH BB 2006, 2199, 2200). Auch bei einem **Handelsvertretervertrag** kommt die

Umdeutung einer fristlosen in eine ordentliche Kündigung in Betracht (LAG Düsseldorf VersR 1980, 1143).

Eine Umdeutung in eine fristgerechte Kündigung scheidet aus, wenn sich der **Personalrat** in Kenntnis der richtigen Verhältnisse energisch gegen eine Kündigung gewandt hat und mit Sicherheit anzunehmen ist, dass sich der Arbeitgeber dessen Würdigung nicht verschlossen haben würde (LAG Berlin DB 1960, 1460). 40

b) Umdeutung in Aufhebungsvertrag

Trotz Schriftformerfordernisses **mündlich erklärte Kündigungen** können nach § 140 BGB in Anträge zum Abschluss eines Aufhebungsvertrages umgedeutet werden (o Rn 21). Neben nicht formgerechten Kündigungen gilt das auch für verspätete Kündigungen (BAG EzA § 626 BGB nF Nr 13; OLG Hamm BB 1969, 582; KLIEMT DB 1993, 1874, 1876). Doch muss dann die „Annahme“ des Empfängers begründet werden können (LAG Baden-Württemberg BB 1975, 1254). Die **unwirksame Eigenkündigung** des Arbeitnehmers kann in ein Vertragsangebot zur Aufhebung des Arbeitsvertrages umgedeutet werden (LAG Berlin NZA 1989, 968 [LS]; zu den weiteren Voraussetzungen LAG Düsseldorf BB 1996, 1119 [LS]). Will der Arbeitnehmer erkennbar unter allen Umständen vom Vertrag loskommen, so entspricht es seinem hypothetischen Willen, dies notfalls auch über einen Aufhebungsvertrag erreichen zu wollen (BGH NJW 1981, 43, 44; BAG AP § 626 BGB Nr 64). Das ist für das Arbeits- wie für das Dienstvertragsrecht anerkannt. Diese Rechtsfolge wird meist auf die genannten Fälle beschränkt, in denen vom kündigenden Vertragspartner persönliche Arbeits- oder Dienstleistungen geschuldet werden (einschränkend auch RGZ 123, 124 ff). Nur unter strengen Voraussetzungen wird eine entsprechende Umdeutung auch bei einer Kündigung durch den **Arbeitgeber** bejaht (OLG Hamm BB 1969, 582; großzügiger wohl LAG Frankfurt aM BB 1966, 124; ausführlich FEICHTINGER/HUEP Rn 527). Die genannten Grundsätze sind auch **außerhalb des Arbeits-** und **Dienstvertragsrechts** anwendbar (BAG NZA 2008, 946 Rn 28 [Umdeutung einer kurzfristigen Austrittserklärung aus dem Arbeitgeberverband [„Blitzaustritt“] in einen Antrag auf Abschluss eines Aufhebungsvertrages] mit krit Anm BRECHT-HEITZMANN EzA 2009, Art 9 GG Nr 94). 41

c) Unwirksame ordentliche Kündigung

Eine ordentliche Kündigung kann nicht in eine **außerordentliche Kündigung** umgedeutet werden, weil die Wirkungen des Ersatzgeschäftes nicht weiter gehen dürfen als diejenigen des unwirksamen Geschäftes (o Rn 22; BAG EzA § 15 KSchG Nr 57 [Massenänderungskündigung] mit krit Anm LÖWISCH/KRAUS; DB 1975, 214; AP § 9 MuSchG 1968 Nr 4; ferner LAG Frankfurt aM BB 1974, 839; LAG Düsseldorf/Köln DB 1968, 753 [mit unrichtiger Begründung]; FEICHTINGER/HUEP Rn 531). Auch scheidet die Umdeutung in eine **Anfechtungserklärung** nach §§ 119, 123 BGB aus, weil auch dieser Rechtsbehelf zur sofortigen Auflösung des Arbeitsverhältnisses führt. Zudem ergeben sich nachteilige Folgen für den Arbeitnehmer durch die Nichtanwendbarkeit der **§§ 9, 10 KSchG** (BAG AP § 15 KSchG 1969 Nr 12; HERGENRÖDER, AR-Blattei SD, 150. Aktualisierung März 2006 Anfechtung Rn 89). Doch kann eine **außerordentliche Kündigung** in eine Anfechtungserklärung umgedeutet werden (K DÖRNER, Anfechtung im Arbeitsrecht, AR-Blattei SD [2. Lfg April 1993] Rn 106; LAG Saarbrücken DB 1965, 222 [LS]; **aA** MünchKomm/BUSCHE[8] Rn 31). Zudem ist es auch möglich, dass sich eine fristlose Kündigung schon als Anfechtung auslegen lässt. Aus den genannten Gründen kann eine wegen Verstoßes gegen **§ 9 MuSchG** nichtige fristgemäße Kündigung nicht in eine Anfechtung nach den §§ 119, 123 BGB umge- 42 deutet werden (BAG AP § 9 MuSchG 1968 Nr 4 m Anm K H Schmidt). Die Kündigung „zum Ablauf seiner Erkrankung" wurde umgedeutet in eine fristgerechte Kündigung mit der Zusage, den Arbeitnehmer so zu stellen, als ob sein Arbeitsverhältnis bis zum Ablauf der Erkrankung fortbestehen würde (ArbG Solingen DB 1974, 2164). Eine unwirksame verhaltensbedingte Kündigung wurde in eine wirksame **betriebsbedingte** Kündigung umgedeutet (dazu ArbG Göttingen DB 1965, 366). Eine **unwirksame Änderungskündigung** wurde in die Ausübung des Direktionsrechts umgedeutet (LAG Berlin NZA-RR 2000, 131, 133). Doch sollen unwirksame Änderungskündigungen auch mit den zulässigen Änderungen aufrechterhalten werden (Löwisch SAE 2007, 49, 51). Dagegen engt das BAG die Umdeutung insoweit stark ein: Eine unzulässige ordentliche Änderungskündigung, die Arbeitsbedingungen schon vor Ablauf der ordentlichen Kündigungsfrist zu ändern, kann nicht in eine Änderungskündigung umgedeutet werden, die neuen Arbeitsbedingungen erst mit dem Ablauf der ordentlichen Kündigungsfrist eintreten zu lassen (BAG BB 2007, 891, 893). Ein unwirksamer **rückwirkender Aufhebungsvertrag** eines in Vollzug gesetzten Arbeitsverhältnisses wurde in einen wirksamen Aufhebungsvertrag umgedeutet (LAG Hamm Arbeit und Arbeitsrecht 2009, 368). Wird eine **fehlerhafte Kündigungsfrist** zu Grunde gelegt, so wird sich regelmäßig schon durch entsprechende **vorrangige Auslegung** eine fristwahrende Kündigung zum zutreffenden nächstzulässigen Termin erreichen lassen (BAG BB 2007, 891, 893; NJW 2006, 2284; abgelehnt in BAG NJW 2010, 3740 Rn 23 ff; für Umdeutung jedoch LAG Köln BB 2007, 612 [LS]). Anders liegt es nur, wenn die Auslegung ergibt, dass der Arbeitgeber ausschließlich zum erklärten Zeitpunkt kündigen will; dann scheitert wegen des Vorrangs des tatsächlichen Willens auch eine Umdeutung (BAG AuR 2006, 181 mit Anm Kampen; NJW 2006, 2284). Ist eine für Kündigungen durch den Arbeitgeber **vertraglich vereinbare Kündigungsfrist** im Rahmen eines Günstigkeitsvergleichs teilweise auch ungünstiger als die gesetzliche Kündigungsfrist und ist somit die Kündigung unwirksam, kann sie nach § 140 BGB in eine wirksame Kündigung umgedeutet werden (so Boemke JuS 2015, 1123, 1125 zu BAG NJW 2015, 2205 Rn 23 ff). Die Nichteinhaltung der Kündigungsfrist kann durch den Arbeitnehmer auch außerhalb der **Klagefrist** des § 4 KSchG in der Fassung vom 1. 1. 2004 geltend gemacht werden (BAG NJW 2006, 2284 = AuR 2006, 282 mit krit Anm Kampen; Dollmann BB 2004, 2073; **aA** Dewender DB 2005, 337; differenzierend Kampen/Winkler AuR 2005, 171). Nunmehr hält der 5. Senat eine Umdeutung zum **richtigen Kündigungstermin** nur für möglich, wenn die ordentliche Kündigung nicht nach § 7 KSchG als rechtswirksam gilt (BAG NJW 2010, 3740 Rn 30 ff mit Anm Boemke JuS 2011, 460).

d) Unwirksame Kollektivverträge; Sonstiges

43 **Formnichtige Tarifverträge** können in formfreie Vorverträge umgedeutet werden (Wiedemann/Wiedemann, TVG[7] § 1 Rn 105). Das wurde auch für Kollektivvereinbarungen aus der ehemaligen DDR erwogen (Däubler BB 1993, 427, 432). Im Übrigen wird aber die Umdeutung nichtiger Tarifverträge oder Betriebsvereinbarungen eher ablehnend erörtert (Molkenbur/Krasshöfer-Pidde RdA 1989, 337, 348; o Rn 13). Eine Teilkündigung eines Tarifvertrages kann nicht in die Kündigung des gesamten Vertrages umgedeutet werden (BAGE 118, 159, 166 f). **Aussperrungen** des Arbeitgebers mit unverhältnismäßigem Umfang (zwei Tage) sollen in solche mit verhältnismäßigem Umfang (ein halber Tag) umgedeutet werden können (Löwisch AR-Blattei Arbeitskampf III Aussperrung 170. 3 Nr 16 gegen BAG ebd). **Unwirksame Betriebsvereinbarungen** können in gebündelte Vertragsangebote oder Gesamtzusagen des Arbeitgebers unter stillschweigender Annahme durch die Arbeitnehmer umgedeutet werden, wenn

sich der Arbeitgeber auf jeden Fall verpflichten wollte, seinen Arbeitnehmern die in der Betriebsvereinbarung vorgesehenen Leistungen zu gewähren (BAGE 118, 210, 218 [dort auch zu den Grenzen]; BAG BB 2006, 2356, 2358; 1989, 2330). Die Rspr ist zweifelhaft, weil das Ersatzgeschäft in seinen Wirkungen über das nichtige Geschäft hinausgeht, da Betriebsvereinbarungen jederzeit gekündigt werden können (o Rn 22). Eine unzulässige Benachteiligung des Arbeitnehmers bei der Befristungsdauer gem § 7 Abs 2 **AGG** führt zur Unwirksamkeit der Befristungsabrede. Das Arbeitsverhältnis besteht fort und die unwirksame Abrede kann nicht im Wege der Umdeutung in eine längere Befristungsdauer umgedeutet werden (BAG NJW 2011, 3113 Rn 30 ff mit zweifelhafter Begründung).

e) Andere Dauerschuldverhältnisse

Die genannten, im Arbeitsrecht entwickelten Grundsätze werden auch auf andere 44
Dauerschuldverhältnisse wie insbes des **Privatversicherungsrechts** angewendet (AG Garmisch-Partenkirchen VersR 1972, 344 [Hausratsversicherung]). Doch muss der Versicherungskunde zum Ausdruck bringen, dass er das Vertragsverhältnis unter allen Umständen beenden will. Ein Widerspruch der Versicherungsgesellschaft ändert an den dann eintretenden Rechtsfolgen nichts (ausführlich zur Umdeutung im Rahmen des Krankenversicherungsvertrages Bach VersR 1977, 881). Freilich muss eine mit sofortiger Wirkung ausgesprochene unwirksame Kündigung etwa bei einem Lebensversicherungsvertrag nicht in jedem Falle als ordentliche Kündigung aufrechterhalten werden. So kann es etwa bei Unvernunft des Versicherungsnehmers liegen (OLG Hamm VersR 1984, 958). Eine Kündigung des Versicherungsvertrages kann auch in einen **Antrag auf Aufhebung** umgedeutet werden (dazu OLG Hamm NJW-RR 1987, 342). Für einen **Händlervertrag** wurde die Umdeutung ausgeschlossen, wenn der geltend gemachte Grund zur fristlosen Kündigung (Insolvenz) nicht erkennen lässt, dass die Vertrauensgrundlage insgesamt entfallen ist und deshalb das Vertragsverhältnis auf jeden Fall beendet werden soll (OLG Saarbrücken NJW-RR 1998, 1191, 1192). Die fristlose Kündigung des Pächters eines **gewerblichen Pachtverhältnisses** kann in einen Antrag auf Abschluss eines Aufhebungsvertrages umgedeutet werden (zu den Grenzen OLG Köln MDR 2002, 390). Auch im **Verbraucherkreditrecht** kann eine unwirksame außerordentliche Kündigung wegen Zahlungsverzuges in eine ordentliche Kündigung umgedeutet werden (OLG Dresden NJ 2007, 130, 131 [LS]). Innerhalb eines **Bankkartenvertrages** kann eine unwirksame fristlose Kündigung in eine fristgemäße gem den betreffenden AGB-Banken umgedeutet werden (BGH BB 2006, 289, 290). Für die **wettbewerbsrechtliche Randnutzung** öffentlicher Einrichtungen wurde ebenfalls eine Umdeutungsmöglichkeit einer unwirksamen fristlosen Kündigung in eine ordentliche Kündigung zum nächstmöglichen Zeitpunkt angenommen (BGH NJW-RR 2009, 691, 693 f [Buchgeschenke durch das Standesamt]).

f) Mängel des Vertragsschlusses

Ist ein Arbeitsvertrag wegen Verstoßes gegen das **Feiertagsrecht** nichtig, so wird in 45
einen gültigen Pauschalabgeltungsvertrag von Zusatzarbeit umgedeutet (LAG Baden-Württemberg DB 1966, 1614). Ein unkündbarer Arbeitsvertrag mit einer **Minderjährigen** wurde als Vertrag mit gesetzlicher Kündigungsfrist aufrechterhalten (LAG Berlin AP § 138 BGB Nr 23). Der Umdeutung zugänglich ist auch der Antrag des nach **§ 613a BGB gebundenen neuen Arbeitgebers** auf Abschluss eines Arbeitsvertrages in ein Angebot zur Vertragsänderung (BAG DB 1977, 1192).

3. Miet- und Pachtrecht

46 Weniger großzügig als im Arbeitsrecht wird für das Miet- und Pachtrecht die Umdeutung einer nicht wirksamen fristlosen **außerordentlichen Kündigung** in eine ordentliche Kündigung nicht ausgeschlossen, wenn ein eindeutiger Wille des Kündigenden feststeht, die Miete jedenfalls zu beenden (BGH NZM 2018, 515 Rn 27; NJW 2003, 3053, 3054 [ständige Rspr]; 1981, 976, 977; auch LG Mannheim NJW 1970, 328). Dabei soll der Wille, den Vertrag auf jeden Fall, notfalls zum nächstmöglichen Termin zu beenden, für den Kündigungsempfänger „zweifelsfrei" ersichtlich sein müssen (OLG Hamburg WuM 1998, 160, 161; aber o Rn 26). Bei einer festen Vertragslaufzeit scheidet die Umdeutung in eine – unzulässige – ordentliche Kündigung aus (BGH NJW-RR 2004, 873, 874). Auch im Übrigen soll sich nach Auffassung der Rspr grundsätzlich aus der Erklärung selbst ergeben müssen, dass die Kündigung **hilfsweise** als ordentliche gelten soll. Doch ist das dann kein Fall des § 140 BGB mehr (o Rn 36 f). In vergleichbarer Weise wird die Umdeutung einer unwirksamen fristlosen Kündigung in einen **Antrag auf Aufhebung** des Vertrages unter einschränkenden Voraussetzungen für möglich gehalten (BGH NJW 1981, 976, 977; 1981, 42 [dort aber abgelehnt]; abgelehnt mit unrichtiger Begründung auch von OLG Düsseldorf WuM 2003, 621 [unwirksame oder zur Unzeit ausgesprochene Kündigung]). Die Einschränkungen begründen sich daraus, dass dem Kündigungsgegner ansonsten **Unklarheiten** drohten. Die genannten Grundsätze werden nicht unverändert auf eine ordentliche Kündigung mit unrichtig bemessener Kündigungsfrist übertragen (OLG Frankfurt NJW-RR 1990, 337). Doch sollte grundsätzlich eine ordentliche Kündigung mit **unrichtig berechneter Kündigungsfrist** in eine Kündigung zum **richtigen Termin** umdeutbar sein, wenn sich dieses Ergebnis – wie wohl meist – nicht schon aus einer Auslegung der Kündigungserklärung herleiten lässt (dazu PWW/Ahrens[15] Rn 17). Auch sollte in aller Regel als hypothetischer Wille angenommen werden, die fristlose Kündigung unter Umdeutung in eine ordentliche Kündigung zum nächstzulässigen Kündigungstermin eingreifen zu lassen (BGH NJW 2003, 3053, 3054 [dort aber feststehender Parteiwille des Kündigenden, das Mietverhältnis jedenfalls zum nächstmöglichen Termin zu beenden]; 2003, 1143, 1144; OLG Hamm MDR 1994, 56 f; offen gelassen durch OLG Frankfurt NJW-RR 1990, 337). Ein ohne die Voraussetzungen des § 575 Abs 1 S 1 BGB abgeschlossener „einfacher" **(fehlgeschlagener) Zeitmietvertrag** kann in einen befristeten Ausschluss der ordentlichen Kündigung umgedeutet werden (BGH NJW-Spezial 2014, 193; LG Nürnberg-Fürth WuM 2005, 789, 790 unter Berufung auf BGH NZM 2004, 1216; differenzierend Hinz WuM 2009, 79, 81; für Ausnahmefälle Palandt/Weidenkaff[79] § 575 Rn 12; offenlassend N Fischer WuM 2004, 123, 124 re Sp; ganz abl Gellwitzki WuM 2004, 575, 577 zum Zeitmietvertrag mit Verlängerungsklausel). Vorrangig zu prüfen ist die Regelung des § 575 Abs 1 S 2 BGB, wonach das Mietverhältnis als auf unbestimmte Zeit abgeschlossen gilt. Eine **fristgemäße Kündigung** kann nicht in eine außerordentliche fristlose Kündigung umgedeutet werden (offenlassend Lützenkirchen WuM 2006, 63, 82). Eine nach vormaligem früheren **Mietpreisbindungsrecht** für Altbauten in Berlin verbotene Vereinbarung über abzurechnende Betriebskostenvorauszahlungen wurde umgedeutet in eine zulässige Abrede über die Zahlung einer Betriebskostenpauschale (BGH NJW 2011, 1222, 1223).

47 Für langfristige **Apothekenmietverträge** wurde neben den Grundsätzen über den Wegfall der Geschäftsgrundlage auch eine Anpassung nach § 140 BGB erwogen (OLG Oldenburg NJW-RR 1990, 84). Nach bisweilen vertretener Auffassung kann bei einem Mietverhältnis über **Wohnraum** wegen der Regelung des § 574b Abs 2 S 1

BGB die unwirksame fristlose Kündigung nicht in eine ordentliche Kündigung umgedeutet werden, selbst wenn der Vermieter das Mietverhältnis auf jeden Fall beenden will (LG Gießen ZMR 1975, 114 m Anm Demel; LG Braunschweig BlGBW 1968, 33 [LS]; Bedenken auch bei LG Mannheim NJW 1970, 328 [Pachtvertrag]; **aA** LG Aachen NJW 1964, 1476; LG Essen ZMR 1969, 309; LG Hannover ZMR 1971, 377). Eine nach § 573c Abs 1 S 2 BGB **unwirksame Fortsetzungsklausel** wurde in eine Klausel umgedeutet, wonach die Parteien das Mietverhältnis mit einer sechsmonatigen Kündigungsfrist zum Ende jeden Kalendermonats kündigen können (AG Stuttgart ZMR 1972, 274). Für nicht umdeutbar gehalten wird eine **Erhöhungserklärung** nach § 6 Abs 2 NutzungsentgeltVO (einseitige rechtsgestaltende Willenserklärung) in ein annahmebedürftiges Mieterhöhungsverlangen (BGH NJW-RR 2007, 1382 Rn 11; auch NJW-RR 2005, 1464, 1466 [dort freilich mit dem unzutreffenden Verlangen, Voraussetzung der Umdeutung sei es, dass sich der Erklärende bei Abgabe der Willenserklärung bewusst gewesen sei, dass sie als einseitige nicht wirksam werden könne und es für diesen Fall zur Herbeiführung des Erfolges hilfsweise der Zustimmung des Erklärungsempfängers bedürfe]). ME ist die Umdeutung einer Gestaltungserklärung in einen Antrag sehr wohl möglich, weil die Umdeutung keine gleichartigen Rechtsgeschäfte voraussetzt (o Rn 9, 21). Deshalb kann auch eine **einseitige Mieterhöhungserklärung** nach den §§ 559, 560 BGB in ein zustimmungsbedürftiges Mieterhöhungsverlangen nach §§ 558 Abs 1, 558a BGB umgedeutet werden (**aA** BGH NJW-RR 2007, 1382 Rn 11).

Wird eine vereinbarte oder gesetzliche **Schriftform** verfehlt, so können die entsprechenden Verträge nicht ohne Weiteres in **Vorverträge** umgedeutet werden, „wenn nicht der geringste Anhaltspunkt besteht, dass Vorverträge gewollt waren" (BGH WM 1963, 172). Eine **Erbpacht** kann in einen Pachtvertrag umgedeutet werden (RG WarnR 28, 420). 48

4. Erbrecht

a) Typenwahrende Umdeutung

Ein **formnichtiges öffentliches Testament** kann als eigenhändiges Testament aufrechterhalten werden (Soergel/Hefermehl[13] Rn 22; Berneith 109; Klinger NJW-Spezial 2008, 199). Haben **Nichteheleute** (§ 2265 BGB) ein gemeinschaftliches (nicht wechselbezügliches) **Testament** verfügt, so ist bei Wahrung der Form des § 2247 BGB eine Umdeutung in Einzeltestamente möglich (OLG Koblenz NJW 1947/1948, 384; KG NJW 1969, 798; D Reinicke 112; Soergel/Hefermehl[13] Rn 22; Berneith ZEV 2019, 241 ff; vProff ZErb 2008, 254; Einzelheiten bei Kollmeyer NJW 2018, 662 ff; **aA** RGZ 87, 33; KGJ 35 A 98; OLG Neustadt NJW 1958, 1785, 1786). Ebenso liegt es, wenn von **Partnern einer Lebensgemeinschaft** nur der Entwurf eines „gemeinschaftlichen Testaments" vorliegt, weil einer der Partner nicht unterschrieben hat. Dann kann die vom Erblasser eigenhändig geschriebene und unterschriebene Erklärung als einseitiges Testament aufrechterhalten bleiben (BGH NJW-RR 1987, 1410). Auch kann der von einem Ehegatten eigenhändig geschriebene und unterzeichnete **Entwurf eines gemeinschaftlichen Testaments** in ein Einzeltestament umgedeutet werden, wenn es dem Willen des Erblassers entsprach, dass seine Verfügungen unabhängig vom Beitritt des anderen Ehegatten gelten sollen (BayObLG NJW-RR 1992, 332, 333; OLG Stuttgart 14. 12. 2018 – 8 W 241/17, NJW-RR 2019, 715 Rn 28 ff [auch dann, wenn der testierende Ehegatte die Unterschrift des anderen Ehegatten gefälscht hat]; OLG München NJW-RR 2014, 838; 2014, 1354; 2010, 1382, 1383 mit zust Anm Wellenhofer JuS 2011, 368 und [krit zur Begründung] Zimmer ZEV 2010, 471 [bei 49 allen Scheiternsgründen und auch bei wechselbezüglichen Verfügungen]; OLG Düsseldorf FamRZ 2012, 1587, 1588; OLG Frankfurt NJW-RR 2012, 11, 12). Scheitert ein **Erbvertrag** an der Minderjährigkeit eines Vertragspartners (§ 2275 Abs 1 BGB), so kann der Vertrag als Testament aufrechterhalten werden, wenn der Minderjährige testierfähig ist (§ 2229 Abs 2 BGB) (Flume, AT II 592; MünchKomm/Busche[8] Rn 26). Das Gleiche gilt, wenn der Erbvertrag wegen Geschäftsunfähigkeit des Vertragspartners des Erblassers unwirksam ist (BayObLG NJW-RR 1996, 7, 8). Die an § 2290 Abs 1 BGB gescheiterte Aufhebung eines mehrseitigen Erbvertrages kann in einen **Zuwendungsverzichtsvertrag** nach § 2352 BGB umgedeutet werden (OLG Hamm FamRZ 2012, 1171, 1172). Dagegen soll die in einem gemeinschaftlichen Testament von Nichtehegatten getroffene Verfügung eines Beteiligten nicht im Wege der Umdeutung als einseitige letztwillige Verfügung aufrechterhalten werden können, wenn sie im Verhältnis der **Wechselbezüglichkeit** zu der Verfügung des anderen steht, die ihrerseits nicht den Formerfordernissen eines wirksamen Einzeltestaments entspricht (OLG Hamm FamRZ 1997, 55, 56). Eine gescheiterte „Erbanteilsübertragung" kann in einen Verzicht des Abkömmlings auf seinen Anteil am Gesamtgut der **fortgesetzten Gütergemeinschaft** (§ 1491 Abs 2 BGB) umgedeutet werden (OLG München FamRZ 2012, 229, 231).

50 Verkauft ein **Miterbe einen Anteil** an einem zum Nachlass gehörenden Grundstück an die anderen Miterben, so ist der Vertrag wegen § 2033 BGB nichtig. Er kann aber als Auseinandersetzungsvertrag über das Nachlassgrundstück aufrechterhalten werden, wenn alle Miterben mitgewirkt haben und der bezweckte Erfolg eingetreten ist (OLG Bremen OLGZ 1987, 10). Auch kann ein **formnichtiger Erbschaftskauf** (§ 2371 BGB) in einen heilbar nichtigen (o Rn 14) Erbauseinandersetzungsvertrag (RGZ 129, 122, 123; ausführlich Krampe 227 f) oder in die Abtretung eines künftigen Auseinandersetzungsanspruches (RGZ 137, 176) umgedeutet werden (Soergel/Hefermehl[13] Rn 22; Palandt/Ellenberger[79] Rn 10). Wegen § 2302 BGB ist die mit einer letztwilligen Verfügung verbundene Anordnung unwirksam, wonach sich der Bedachte verpflichtete, testamentarische Verfügungen ausschließlich zugunsten der gemeinschaftlichen Kinder zu treffen. Doch kann diese **Auflage** als Anordnung einer **Vor- und Nacherbschaft** aufrechterhalten werden (OLG Hamm FamRZ 1974, 48, 50). In vergleichbarer Weise ist eine Erklärung nach § 2302 BGB unwirksam, wonach sich Ehegatten in einem **Erbvertrag** gegenseitig zu Erben eingesetzt und bestimmt haben, der Längstlebende sei verpflichtet, das bei seinem Tod vorhandene Vermögen auf die aus der Ehe hervorgegangenen Kinder zu übertragen. Die Umdeutung ergibt, dass nach dem Tode des Längstlebenden der beiderseitige Nachlass an die gesetzlichen Erben fallen soll (OLG Hamm JMBlNRW 1960, 125). Auch wird eine nach § 2302 BGB unwirksame Anordnung des Erblassers, die mit einem **Vermächtnis** bedachte Ehefrau solle die Werte ihrerseits drei bestimmten Kindern vererben und einem vierten Kind einen ihr als angemessen erscheinenden Ausgleich gewähren, als Nachvermächtnis zugunsten der drei Kinder und als ein diese beschwerendes Untervermächtnis umgedeutet (BGH DRiZ 1966, 398). Die dem (auch nicht befreiten) **Vorerben** eingeräumte Befugnis, die Nacherben aus einem von dem Erblasser bestimmten Personenkreis abzuändern, kann so umgedeutet werden, dass die Nacherben unter der Bedingung eingesetzt sind, dass der Vorerbe keine anderweitige Verfügung trifft (OLG München 27. 1. 2016 – 31 Wx 168/15, NJW-RR 2016, 976).

51 Ein **nichtiger Erbvertrag unter Ehegatten** kann in ein gemeinschaftliches oder in ein einfaches Testament umgedeutet werden (BayObLG NJW-RR 1996, 7; Soergel/Hefer-

MEHL[13] Rn 21; BONGARTZ/HERGENRÖDER JuS 2018, 679, 681 [zu vertragsmäßigen und wechselbezüglichen Verfügungen]). Die nach § 311b Abs 4 BGB nichtige Übertragung eines Erbanteils an dem Nachlass eines noch lebenden Dritten lässt sich als **Erbverzicht** nach § 2352 BGB aufrechterhalten (BGH NJW 1974, 43, 44). Der Antrag zur Aufhebung eines Erbvertrages kann in einen **Rücktritt** umgedeutet werden (OLG Hamm Rpfleger 1977, 208).

b) Nichtige Verfügung von Todes wegen

Ist der Erblasser wegen § 2271 Abs 2 BGB durch ein gemeinschaftliches Testament gebunden, so ist ein **Vermächtnis** unwirksam, worin in einem Erbvertrag einem Dritten ein Schulderlass vermacht wird. Diese nichtige Verfügung von Todes wegen kann in einen nach § 2286 BGB zulässigen, auf den Tod des Erblassers befristeten, **schenkweisen Erlassvertrag** unter Lebenden umgedeutet werden (§ 397 Abs 1 BGB) (BGH NJW 1978, 423 m krit Anm SCHUBERT JR 1978, 289; **abl** TIEDTKE NJW 1978, 2572; zust KLINGER NJW-Spezial 2008, 199). Die vollzogene Schenkung geht hier in ihren Wirkungen nicht spürbar über das **Befreiungsvermächtnis** hinaus, weil aus dem Befreiungsvermächtnis mit dem Erbfall eine Einrede gegen die erlassene Forderung entstanden wäre. Deren Wirkung ist dem vollzogenen Erlass aber wenigstens kongruent (o Rn 21; MEDICUS/PETERSEN, AT[11] Rn 528). Anderes gilt nur, wenn der Normzweck des § 2287 BGB verfehlt würde. Die grundsätzliche Zulässigkeit einer Umdeutung einer nichtigen Verfügung von Todes wegen in ein **Rechtsgeschäft unter Lebenden** kann nicht mit der Behauptung generell verneint werden, der Schuldner werde dadurch stärker belastet (**aA** D REINICKE 94 f; LIEDER/BERNEITH JuS 2015, 1063, 1066). Die in einem Ehevertrag enthaltene, wegen § 2302 BGB unwirksame Verpflichtung, ein Testament zu errichten, kann in einen wirksamen **bedingten Erbvertrag** umgedeutet werden (OLG Hamm FamRZ 1997, 581). 52

Ein nichtiger Erbvertrag zwischen Ehegatten und Kindern kann in einen Vertrag nach § 311b Abs 5 BGB zwischen den Kindern über den **künftigen Erbteil** umgedeutet werden (RG HRR 1927 Nr 1403). 53

c) Nichtiges Rechtsgeschäft unter Lebenden

§ 140 BGB setzt keine gleichartigen Rechtsgeschäfte voraus (BGHZ 8, 23, 34; o Rn 9). Deshalb kann ein wegen **§ 1365 BGB nichtiger Übergabevertrag** als Rechtsgeschäft unter Lebenden in einen Erbvertrag als einer Verfügung von Todes wegen umgedeutet werden (BGHZ 40, 218, 224 m Anm MATTERN LM Nr 5; Abgrenzungsentscheidung: BGH NJW 1994, 1785, 1787 [Umdeutung abgelehnt]). Der hypothetische Parteiwille wird anhand der Umstände des Einzelfalles und der Interessenlage der Parteien ermittelt. Die Umdeutung setzt gewichtige Anhaltspunkte voraus, damit die Verweigerung der Genehmigung des anderen Ehegatten nicht unterlaufen und der Schutzzweck des § 1365 BGB (o Rn 29) nicht ausgehöhlt wird (gegen jede Umdeutung in einen Erbvertrag jedoch TIEDTKE FamRZ 1981, 1, 5; einschränkend auf Ausnahmefälle MünchKomm/KOCH[8] § 1366 Rn 36). Eine Umdeutung ist ferner ausgeschlossen, wenn die Parteien die **Nichtigkeit gekannt** (o Rn 28) und gleichwohl bis zum Tode des vertragsschließenden Ehegatten kein Ersatzgeschäft geschlossen haben (BGH NJW 1994, 1785, 1787; TIEDTKE FamRZ 1981, 1, 3). Eine Umdeutung kommt insbes in Betracht, wenn sich die Übertragung als **„verfrühte Erbfolge"** darstellt (so in BGHZ 40, 218; anders in BGH NJW 1994, 1785). Bei einem Verstoß gegen § 311b Abs 2 BGB kann der Vertrag als **Erbvertrag** aufrechterhalten werden (BGHZ 8, 23, 34). FLUME (AT II 598) wendet sich allgemein dagegen, 54 dass ein Geschäft unter Lebenden als Verfügung von Todes wegen aufrechterhalten wird, weil es „eben kein Geschäft von Todes wegen ist". Doch hängt diese Auffassung damit zusammen, dass nach seiner Meinung das Ersatzgeschäft in dem anderen Geschäft „mit enthalten" sein muss (o Rn 21).

55 Die in einem **Scheidungsvergleich** eingegangene, wegen § 2302 BGB nichtige Verpflichtung eines Erblassers, ein Testament nicht zu ändern, kann in einen Erbvertrag umgedeutet werden (OLG Stuttgart NJW 1989, 2700; Palandt/Ellenberger[79] Rn 10). Die wegen § 2302 BGB nichtige Verpflichtung aus einem gerichtlichen Vergleich, einen Erbvertrag abzuschließen, kann grundsätzlich in einen **Vertrag zugunsten Dritter** (§§ 328 ff BGB) umgedeutet werden, wenn die Verpflichtung einen hinreichend konkreten Inhalt hat (BGH MDR 1961, 128). Ein **schenkweise erteiltes Schuldanerkenntnis**, das wegen § 518 Abs 1 S 2 BGB nichtig ist, kann als privatschriftliches Testament aufrechterhalten werden (RG JW 1910, 467). Wird die Formvorschrift des § 2247 BGB gewahrt, so ist es als Vermächtnisanordnung gültig (ebenso Flume, AT II 598). Überhaupt können **formnichtige Schenkungsversprechen** grundsätzlich in ein **Testament mit Vermächtnisanordnung** umgedeutet werden (RG Recht 1912 Nr 1884; Damrau ZErb 2008, 221; **aA** Flume, AT II 598), wegen der weiterreichenden Wirkungen einer Gesamtrechtsnachfolge nicht dagegen in eine Erbeinsetzung (KG FamRZ 2009, 1621). Anders kann es liegen, wenn das Grundstück der einzige Nachlassgegenstand ist. Die Umdeutung eines wegen **fehlender familiengerichtlicher Genehmigung** (§ 1795 Abs 1 BGB) unwirksamen Darlehensabtretungsvertrages wurde verneint, weil der Zessionar eine Vermögensabgabe vom 18. Lebensjahr an hätte zahlen sollen. Bei einer Umdeutung in eine letztwillige Verfügung wäre diese Verpflichtung entfallen (BGH WM 1962, 788, 790 f).

d) Transmortale Kontovollmacht

56 Eine von der transmortalen Kontovollmacht nicht umfasste und daher nichtige Umschreibung des **Girokontos** auf den Bevollmächtigten nach dem Tod des Vollmachtgebers kann nicht in die Errichtung eines eigenen Kontos des Bevollmächtigten sowie in eine Überweisung des Guthabens aufgrund eines zurechenbaren Überweisungsauftrages umgedeutet werden. § 140 BGB umfasst nicht die Nachholung nicht vorgenommener Rechtshandlungen im Wege der **Fiktion** (BGHZ 180, 191 Rn 23).

5. Gesellschaftsrecht

57 Grundsätzlich kann ein **OHG-Vertrag** in einen BGB-Gesellschaftsvertrag umgedeutet werden (BGHZ 19, 272 ff), es sei denn, eine Partei hat sich von vornherein gegen die Errichtung einer BGB-Gesellschaft gewehrt (o Rn 26). Umgekehrt kann eine **BGB-Gesellschaft** nicht in eine OHG oder KG umgedeutet werden (Soergel/Hefermehl[13] Rn 10 aE; MünchKomm/Busche[8] Rn 29). Daran hat BGHZ 146, 341 nichts geändert. Liegt ein Fall des § 140 BGB vor, so sind die Grundsätze über die fehlerhafte Gesellschaft (u § 142 Rn 32) nicht anwendbar (Soergel/Hefermehl[13] Rn 24). Die nichtige **Übertragung eines Gesellschaftsanteils** kann als eine Abtretung der Ansprüche aus § 717 BGB aufrechterhalten werden (RG Recht 1913 Nr 1424). Die Rspr geht auch von der Umdeutungsfähigkeit einer **Kommanditgesellschaft** in eine BGB-Gesellschaft aus (BGH WM 1972, 22; BB 1974, 58; krit Battes AcP 174 [1974] 445). Eine nichtige **Verschmelzung** zweier Gesellschaften kann nicht in eine bloße Vermögensübertragung umgedeutet werden (BGH NJW 1996, 659 [noch zu § 419 aF]).

Ist in einer Kommanditgesellschaft eine **Stimmrechtsvereinbarung** unwirksam, so wird in einen gesellschaftsvertraglichen Stimmrechtsausschluss umgedeutet, verbunden mit der Erhöhung des Stimmrechts anderer Gesellschafter (BGHZ 20, 363, 370 f; OLG Koblenz ZIP 1992, 846). Ähnlich wurde eine nach GmbH-Recht unzulässige **Stimmrechtsermächtigung** als Stimmrechtsvollmacht aufrechterhalten (OLG Hamburg NJW 1989, 1866). Das ist freilich wegen der drohenden Durchbrechung des Abspaltungsverbotes zweifelhaft (MünchKomm/Busche[8] Rn 29). Erwogen wurde auch die Umdeutung einer **unwirksamen Abspaltung** in eine Treuhand am Gesellschaftsanteil (OLG Hamm NZG 1999, 995 [aber wohl ergänzende Vertragsauslegung]). In vergleichbarer Weise wurde im Falle einer GmbH eine nichtige **Stimmrechtsübertragung** in eine widerrufliche Stimmrechtsvollmacht für den Nießbraucher umgedeutet (OLG Koblenz EWiR § 1068 BGB 1/92, 259 [Petzold]). Zum alten GmbH-Recht wurde entschieden, die wegen Umgehung der **Kapitalaufbringungsvorschriften** unwirksame Bestimmung der Zahlung zur **Tilgung der Einlageforderung** stehe einer Umdeutung in eine Rückzahlung nicht entgegen (BGH NJW 2009, 1418 Rn 9 unter Aufgabe von BGHZ 146, 105). Die Umdeutung der Tilgungsbestimmung wird auch nach neuem GmbH-Recht konsentiert (BGHZ 185, 44 f Rn 16; 182, 103 Rn 22). Zugelassen wurde auch der umgekehrte Fall der Umdeutung der Tilgungsbestimmung einer Zahlung auf eine im Zusammenhang mit dem Her- oder Hinzahlen oder dem Hin- und Herzahlen vermeintlich entstandene Schuld in eine Zahlung auf die Einlagepflicht (BGHZ 165, 113, 118 [dort aber als Ergebnis der Auslegung]; 165, 352, 356; BGH NJW-RR 2006, 1630). Nicht entschieden wurde die konkrete Frage, ob ein nichtiger Beschluss der Gesellschafterversammlung über die ersatzlose **Streichung eines Wettbewerbsverbotes** in einen solchen über die Befreiung der Gesellschafter von dem Wettbewerbsverbot umgedeutet werden könnte, da dieser Beschluss ebenfalls nichtig gewesen wäre (BGH WM 1983, 862). Eine **Schiedsgerichtsklausel** in einem Gesellschaftsvertrag, die auf den darüber abgeschlossenen Schiedsvertrag verweist, kann wegen fehlender Konkretisierung nicht in einen Vorvertrag auf Abschluss eines Schiedsvertrages umgedeutet werden (BGH MDR 1973, 1001). 58

Eine **Anfechtung** kann in eine Kündigung aus wichtigem Grund umgedeutet werden (BGH NJW 1975, 1700 [Kommanditmassengesellschaft]). Dagegen wurde die Umdeutung einer Anfechtungserklärung wegen **arglistiger Täuschung** in eine Austrittskündigung bei einem nicht offensichtlich vermögenslosen Immobilienfonds abgelehnt (OLG Celle ZIP 1999, 1128). 59

Die Teilung und Abtretung des in DM neu festgesetzten einzigen Geschäftsanteils einer ostdeutschen GmbH war als Teilung und Abtretung des Anteils in Mark der DDR auszulegen, wenn die **Kapitalneufestsetzung** noch nicht im Handelsregister eingetragen ist (LG Dresden DB 1993, 929). Doch vermengt die Entscheidung Auslegung und Umdeutung (Ulbert EWiR § 15 GmbHG 2/93, 1087). Wird die Forderung einer **Publikumsgesellschaft bürgerlichen Rechts** an einen Gesellschafter unwirksam abgetreten, so kann die Abtretung in eine Einziehungsermächtigung umgedeutet werden (BGH NJW 1987, 3121, 3122 im Anschluss an BGHZ 68, 118, 125). Die von einem GmbH-Geschäftsführer unwirksam erteilte **Generalvollmacht** kann in eine Handlungsvollmacht nach § 54 HGB umgedeutet werden (BGH NJW-RR 2002, 1325 mit krit Anm Haas LM GmbHG § 35 Nr 39). Scheitert eine **rechtsgeschäftliche Nachfolgeklausel** an der Mitwirkung des vorgesehenen Nachfolgers, so kann in eine Eintrittsklausel umgedeutet werden. Hat der vorgesehene Nachfolger Erbenstellung, so kann auch in eine 60 qualifizierte erbrechtliche Nachfolgeklausel umgedeutet werden (C Schäfer BB 2004, 14, 18 mit weiteren Varianten zu BGHZ 68, 225 ff; zusätzliche Fälle bei Lieder/Berneith JuS 2015, 1063, 1066).

6. Wertpapierrecht

61 Die nach **Wechselrecht unwirksame Annahmeerklärung** (Art 26 Abs 1 WG) auf einem gezogenen Wechsel kann in ein abstraktes Schuldversprechen (§ 780 BGB) umgedeutet werden (BGH NJW 1994, 447 mit Besprechung Petersen Jura 2001, 596 unter Aufgabe von BGH WM 1955, 1324; RGZ 136, 207, 210; hL; Flume, AT II 598; D Reinicke 93; Soergel/Hefermehl[13] Rn 25; Krampe 269 ff; Erman/Arnold[15] Rn 29; vgl auch Bürck SchlHA 1973, 37, 41; Schwintowski EWiR Art 26 WG 1/94, 203; Marly LM WG Art 26 Nr 1 [4/94]). Ferner ist ein formnichtiger **gezogener Wechsel** in eine kaufmännische Anweisung (§ 363 Abs 1 S 1 HGB) (Weimar WM 1967, 862) oder in eine bürgerlich-rechtliche Anweisung (§ 783 BGB) umdeutbar (OLG Bamberg NJW 1967, 1913 mwNw der Gegenauffassung; Erman/Arnold[15] Rn 29). Ein formnichtiger **eigener Wechsel** kann in einen kaufmännischen Verpflichtungsschein (§ 363 Abs 1 S 2 HGB) oder in ein abstraktes Schuldversprechen (§ 780 BGB) umgedeutet werden (RGZ 136, 207, 210 [obiter]; BGH ZIP 1988, 18; OLG Zweibrücken BB 1998, 181, 182; Palandt/Ellenberger[79] Rn 12; Erman/Arnold[15] Rn 29; Flume, AT II 597 f). Ein **formgültiger Wechsel** kann nicht in eine andere rechtsgeschäftliche Erklärung umgedeutet werden (o Rn 14; BGH WM 1972, 461; Kessel BlfGenossW 1972, 159). Das Gleiche gilt für einen Wechsel, bei dem lediglich die **nachholbare Unterschrift** des Ausstellers fehlt (BGH WM 1970, 1023, 1024). Ein nichtiges **Indossament** (Ladeschein) wurde als Abtretung aufrechterhalten (RG SeuffA 67 Nr 83). Eine Umdeutung eines Indossaments auf einem nichtigen Wechsel als bestärkende Schuldübernahme (BGH NJW 1957, 1837, 1838; RGZ 130, 82, 84), als abstraktes Schuldversprechen oder als Garantievertrag wurde nicht vorgenommen (BGH NJW 1957, 1837, 1838; MünchKomm/Busche[8] Rn 28; Palandt/Ellenberger[79] Rn 12). Auch wechselrechtliche Erklärungen des Ausstellers scheiden aus (D Reinicke DB 1960, 1028; Erman/Arnold[15] Rn 29; Palandt/Ellenberger[79] Rn 12). Dagegen tritt Flume (AT II 598) für die Konversion des Indossaments mit der Begründung ein, es sei als Garantie- oder Schuldmitübernahme zu den Bedingungen eines Indossaments aufrechtzuerhalten. Diese Auffassung ist wohl vorzugswürdig, da damit das Ersatzgeschäft nicht über die Wirkungen des ursprünglichen Geschäfts hinausgeht. Ein **Blankowechsel** ist nicht umdeutungsfähig, da er kein nichtiger Wechsel ist (D Reinicke DB 1960, 1028 ff; Soergel/Hefermehl[13] Rn 25 aE; weitgehend auch F Möller DB 1961, 159).

62 Ein **formnichtiger Scheck** kann nach hL in eine Anweisung (AG Springe WM 1987, 309; Koller LM § 140 BGB Nr 28) oder eine Ermächtigung des Scheckausstellers an die bezogene Bank umgedeutet werden, für ihn und auf seine Rechnung an den Scheckbegünstigten zu zahlen (BGH NJW 2001, 1855 mit zust Anm Koller LM § 140 BGB Nr 28; BB 1993, 1031; Nachw bei Baumbach/Hefermehl/Casper[23] Art 2 ScheckG Rn 5). So liegt es etwa, wenn Tag oder Ort der Ausstellung des Schecks versehentlich nicht angegeben sind. Dagegen wird die **Einstandspflicht des Ausstellers** nicht in ein Garantieversprechen umgedeutet (Nachw bei Hueck/Canaris, Wertpapierrecht[12] § 6 V 4a). Abgelehnt wird auch die Umdeutung eines **ungültigen Schecks** in ein selbstständiges Schuldversprechen oder einen kaufmännischen Verpflichtungsschein (OLG Karlsruhe NJW 1977, 589; OLG Düsseldorf WM 1973, 403; MünchKomm/Busche[8] Rn 28; Kessel BlfGenossW 1973, 123). Bei den genannten Rechtsinstituten haftet der Verpflichtete primär, wogegen ein Scheckaussteller nach Art 12 ScheckG nur eine bedingte Rückgriffshaftung auf sich nimmt (offen gelassen in BGHZ 3, 238, 239). Doch würde auch die Umdeutung in eine Anweisung keine Garantiehaftung der Bank aus einer **ec-Scheckkartengarantie** auslösen (Canaris EWiR Art 1 ScheckG 1/93, 607). Jedenfalls nach Verlust des Rückgriffsrechts kann ein Scheck nicht in ein Schuldversprechen umgedeutet werden, da sonst Art 40 ScheckG dem Aussteller gegenüber ausgehöhlt würde (BGHZ 3, 238, 239).

7. Grundstücksverkehr

Ein aufgrund eines Formmangels **nichtiger Grundstücksveräußerungsvertrag** kann in einen Vertrag über eine Dienstbarkeitsbestellung umgedeutet werden (RGZ 110, 391, 392 [formloses Mitgiftversprechen als lebenslanger Nießbrauch]; Schreiber Jura 2007, 25, 28). Ein Verstoß gegen den Normzweck des § 311b Abs 1 BGB (o Rn 29) liegt darin nicht (aA Flume, AT II 596). Die nichtige **Verpfändung einer Hypothek** kann als Einräumung eines persönlichen Zurückbehaltungsrechts am Hypothekenbrief aufrechterhalten werden (RGZ 66, 24, 28; ferner RGZ 124, 28, 30 [Grundschuldbrief]). Ein unwirksam begründetes dingliches **Vor- oder Wiederverkaufsrecht** kann in eine schuldrechtliche Rückkaufsverpflichtung umgedeutet werden (RGZ 104, 122, 124; BGH WM 1965, 205). Eine nichtige **Nießbrauchsbestellung** kann als eine nach § 1059 BGB mögliche Ausübungsüberlassung aufrechterhalten werden (RG WarnR 1910 Nr 317). Die nach § 1098 Abs 1, § 464 Abs 2 BGB unzulässige Vereinbarung eines **Vorkaufsrechts** mit festem Preis wurde in ein durch Auflassungsvormerkung zu sicherndes schuldrechtliches Vorkaufsrecht umgedeutet (RGZ 104, 124). 63

Ein nichtiger **Erbbaurechtsvertrag** wurde in einen Pachtvertrag umgedeutet unter Übernahme der vorgesehenen zeitlichen Begrenzung (RG Recht 1928 Nr 393). Ein nicht wirksam angenommener Antrag wurde in einen Antrag mit längerer Annahmefrist (Option) umgedeutet (RGZ 169, 71). Die Abtretung einer als Hypothek eingetragenen vermeintlichen **Eigentümergrundschuld** kann bei nichtiger Hypothekenbestellung als Grundschuldbestellung aufrechterhalten werden (RG LZ 1931, 839, 841, 842; anders gelagerter Fall in RGZ 70, 353, 358 f). Ein Ersuchen auf Eintragung eines Grundstücks als **Eigentum des Volkes** kann nicht in einen Antrag des Antragstellers auf Eintragung als Eigentümer umgedeutet werden, wenn diesem zum maßgeblichen Zeitpunkt das Grundstück nach dem Vermögenszuordnungsgesetz noch nicht zu Eigentum zugeordnet war (BezG Potsdam ZEV 1993, 268). Die unwirksame Bestimmung einer **Teilungserklärung**, wonach die Außenfenster dem Sondereigentumsbereich zugeordnet werden (§ 5 Abs 2 WEG), kann dahin aufrechterhalten werden, dass der jeweilige Wohnungs- oder Teileigentümer die Instandhaltungspflicht in Bezug auf die Außenfenster zu tragen hat (OLG Hamm NJW-RR 1992, 148, 149; auch OLG Köln ZMR 2008, 815, 816). Bei der Umdeutung sind die Interessen aller Beteiligten zu berücksichtigen. Verneint wurde im Einzelfall die Umdeutung einer unwirksamen Einräumung von **Sondereigentum** in ein Sondernutzungsrecht nach § 15 Abs 1 WEG (BayObLG MDR 1981, 145). Dies hätte dem Berechtigten eine umfassendere Rechtsstellung verschafft. Eine Umdeutung einer nichtigen Regelung in einer **Teilungserklärung** (Ausgestaltung einer Gasleitung als Sondereigentum) in eine Kostentragungsklausel wurde für unzulässig gehalten (AG Hannover ZMR 2008, 670; auch AG Hamburg ZMR 2004, 221, 222; anders OLG Karlsruhe ZWE 2011, 38 f; krit Elzer ZfIR 2014, 17 f). Ein wegen fehlender Beschlusszuständigkeit der Wohnungseigentümer nichtiger **Wohnungseigentümerbeschluss** kann in eine vorübergehende Gebrauchsregelung 64 umgedeutet werden (OLG Schleswig NZM 2005, 669, 672). Umgedeutet werden kann auch ein nichtiger Wohnungseigentümerbeschluss mit einer generellen Fälligkeitsregelung von Beitragsforderungen in einen Beschluss mit einer Fälligkeitsregelung für ein konkretes Kalenderjahr (Merle ZWE 2004, 312, 316). Die Auslegung von Beschlüssen geht auch hier ihrer Umdeutung vor (Häublein ZfIR 2003, 764, 765).

65 Bei einer Nichtübereinstimmung von **Auflassungserklärung** und übereinstimmend Gewolltem ist der nichtige Teil der Auflassung in einen wirksamen umzudeuten (OLG Stuttgart BWNotZ 1979, 17). Eine Umdeutung gegen den wirklich erklärten Willen der Parteien ist nicht möglich (o Rn 25). Haben daher die Parteien nur den Kauf einer Bodenfläche unter einer bestimmten Bedingung **(Teilungsgenehmigung)** gewollt, so ist bei Ausfall dieser Bedingung eine Umdeutung in die Bestellung einer Grunddienstbarkeit an der Fläche nicht möglich. Das gilt selbst dann, wenn hierdurch der letztlich angestrebte Erfolg erzielt würde und die Parteien bei Vertragsschluss diese Möglichkeit nicht erkannt haben, bei deren Kenntnis für den Fall des Ausfalls der Bedingung aber gewollt haben würden (BGH NJW 1971, 420; dazu teils krit Bürck JuS 1971, 571). Eine wegen **§ 93** nichtige Vereinbarung kann grundsätzlich umgedeutet werden (dazu LG Krefeld MDR 1961, 849 [Giebelmauer]). Ein Kaufvertrag über einen wesentlichen **Grundstücksbestandteil** (Wochenendhaus) wurde als Abstandsvereinbarung aufrechterhalten (LG Hannover MDR 1980, 310). Die formnichtige Zusage von Mit- und Wohnungseigentum kann in ein **Dauerwohnrecht** umgedeutet werden (BGH NJW 1963, 339 m zust Anm H Westermann JZ 1963, 367), dessen Einräumung formlos gültig ist. Es ist unschädlich, dass der umzudeutenden Vertragsleistung eine Gegenleistung des anderen Vertragspartners gegenübersteht (o Rn 9). Soll das Eigentum bei Bruchteilseigentum oder bei Miterben im Ganzen übertragen werden und ist einer der Beteiligten **geschäftsunfähig**, so ist die Verfügung des fehlerfrei handelnden Teilhabers als Verfügung eines Nichtberechtigten schwebend unwirksam. Eine Umdeutung in eine Verfügung über den **Bruchteil** richtet sich nach § 140 BGB und nicht nach § 139 BGB (BGH NJW 1994, 1470, 1471; o § 139 Rn 65).

66 Eine **Grunddienstbarkeit** kann nicht in eine beschränkt persönliche Dienstbarkeit umgedeutet werden (OLG München NJW 1957, 1765). Nach § 1090 BGB muss zugunsten einer individuell bestimmten Person eingetragen werden. Ein Grundstückskaufvertrag mit einer nichtigen **Planungszusage der Gemeinde** ist uU als Kaufvertrag mit Übernahme des Planungsrisikos aufrechtzuerhalten (BGHZ 76, 16, 28 f).

8. Sicherungsgeschäfte

a) Sicherungsübereignung und -abtretung; Verpfändung

67 Eine nichtige **Verpfändung** von Mobilien (zB fehlende Übergabe nach §§ 1205 f BGB) oder von Forderungen (zB fehlende Schuldneranzeige nach § 1280 BGB) kann als Bestellung eines Zurückbehaltungsrechts an dem geleisteten Gegenstand bis zur Rückzahlung des Kredits aufrechterhalten werden (schon RGZ 66, 24, 28; OGHBrZ 4, 146; Derleder JZ 1999, 176). Auf die in § 273 Abs 1 BGB vorausgesetzte Konnexität kommt es nicht an. Das gilt auch bei der **Verfügung eines Nichtberechtigten** (überzeugend Derleder JZ 1999, 177, 179; Palandt/Ellenberger[79] Rn 12; **aA** RGZ 124, 31). Tritt daher der veräußernde Miteigentümer als Alleineigentümer gegenüber dem Erwerber auf, so kann der geschlossene Übereignungsvertrag in einen Übereignungsvertrag des Miteigentums umgedeutet werden (Völzmann Rpfleger 2005, 64). Dagegen scheidet die

Umdeutung in eine Sicherungsübereignung oder in eine Sicherungsabtretung aus, weil deren Wirkungen weiterreichen als das nichtige Rechtsgeschäft (D Reinicke 94; o Rn 22). Die unwirksame **Sicherungsübereignung** eines Grundstücks kann als Verpflichtung zur Bestellung einer Sicherungshypothek aufrechterhalten werden (RG JW 1929, 70). Eine unwirksame **Sicherungsabtretung** kann in die Verpfändung einer Forderung umgedeutet werden (BGH VersR 1953, 470). Die Umdeutung der **Leihe** in ein anderes Besitzmittlungsverhältnis nach § 868 BGB ist möglich (RG JW 1915, 656). Wird der schuldrechtliche, weggefallene **Herausgabeanspruch** aus einem Sicherungsgeschäft abgetreten, so kann dies in die Abtretung des Bereicherungsanspruches auf Herausgabe des Erlöses umgedeutet werden (OLG Hamm MDR 1962, 985, 986; allgemein zur Umdeutung von Sicherungsgeschäften Serick II 141 ff). Ein **nichtiger Schuldbeitritt** kann in eine Bürgschaft umgedeutet werden (BGHZ 174, 39 Rn 20 ff, 27). Die **fehlgeschlagene Sicherungsübereignung** kann in eine wirksame Übertragung des Anwartschaftsrechts umgedeutet werden. Doch hilft hier wohl schon die vorrangige Auslegung (Würdinger NJW 2008, 1422, 1424).

b) Grundschuld; Hypothek

Eine Hypothek mit unwirksamer **Kursgarantie** wurde in eine Hypothek ohne diese 68
Klausel umgedeutet (RGZ 108, 149). Wird eine für eine **Buchhypothek** gehaltene Briefhypothek abgetreten, so wurde das Rechtsgeschäft als Abtretung des Anspruches auf Rückübertragung der an einen Dritten abgetretenen Hypothek aufrechterhalten (RG Recht 1909 Nr 3032; zust Erman/Arnold[15] Rn 26; ferner o Rn 63, 64). Eine blanko abgetretene **Hypothekenforderung** wurde als Verpfändung aufrechterhalten, wenn die Abtretungsurkunde zu Verpfändungszwecken hingegeben wurde und sich der Name des Pfandgläubigers aus einem weiteren Briefwechsel herleiten ließ (RG JW 1928, 174; Soergel/Hefermehl[13] Rn 13).

c) Bürgschaft; Sonstiges

Eine formnichtige **Bürgschaft** kann nur in einen Kreditvertrag umgedeutet wer- 69
den, wenn der Schutzzweck des § 766 BGB gewahrt bleibt (Zeiss WM 1963, 906, 910; ferner dazu Schütz WM 1963, 1051). Eine Umdeutung in einen **Schuldbeitritt** ist möglich, wenn dessen Voraussetzungen gegeben sind (o Rn 30). Ein wegen der Verfehlung der Schriftform nichtiger öffentlich-rechtlicher **Schuldbeitritt** (§ 62 S 2 VwVfGBbg) kann in eine selbstschuldnerische Bürgschaft umgedeutet werden, wenn die Schriftform des § 766 BGB gewahrt ist (BGH MDR 2008, 1413, 1414; auch BGHZ 174, 39 Rn 20 ff; krit Bülow WM 2007, 2370). Ein nichtiger **Darlehensvertrag** macht auch die Sicherungsabreden unwirksam. Diese dürfen nicht in Sicherungsrechte für einen Bereicherungsanspruch umgedeutet werden (BGH WM 1966, 399, 401 re Sp). Eine auf erstes Anfordern erteilte Bürgschaft kann unter bestimmen Voraussetzungen in eine gewöhnliche Bürgschaft umgedeutet werden. Doch darf der Schutzzweck des § 648a Abs 2 S 2 BGB nicht vereitelt werden (BGH NJW 2001, 3616, 3618). Daran scheitert auch eine ergänzende Vertragsauslegung. Eine unwirksame **Konzernbürgschaft** „auf erstes Anfordern" kann grundsätzlich in das Versprechen einer „Vorauszahlung auf erstes Anfordern" umgedeutet werden (OLG Düsseldorf OLGReport 2004, 104).

9. Güterrecht

Die unwirksame Verfügung über einen Anteil an einer **fortgesetzten Gütergemein-** 70
schaft (§ 1497 Abs 2, § 1419 Abs 1 BGB) kann in die Übertragung des Anspruches

auf dasjenige, was dem Beteiligten bei der Auseinandersetzung zusteht, umgedeutet werden (BGH MDR 1966, 750). Die Abtretung des Anteils des Ehegatten am Grundstück der Gütergemeinschaft kann als Abtretung des Anspruchs auf den **Auseinandersetzungserlös** aufrechterhalten werden (RG LZ 1929, 575). Die Übereignung eines Grundstücks bei Auseinandersetzung der Gütergemeinschaft kann in die Abtretung des Anspruchs auf Übereignung des Grundstücks gegen die Siedlungsgesellschaft umgedeutet werden (RG WarnR 1931 Nr 45). Möglich ist es wohl auch, die Geltendmachung eines Auskunftsanspruches zur Begründung des **vorzeitigen Zugewinnausgleichs** in die Geltendmachung einer Unterrichtung umzudeuten (offen geblieben in OLG Frankfurt FamRZ 2010, 563, 565).

10. Allgemeiner Rechtsverkehr

71 Die Umdeutung findet weithin auch im allgemeinen Rechtsverkehr statt. Die Beispielsfälle werden in alphabetischer Reihenfolge dargestellt. Eine **Abtretung** kann in eine Einziehungsermächtigung umgedeutet werden (BGH ZIP 2007, 1320 Rn 14; WM 2003, 798 [Leasingrecht]; BGHZ 68, 118, 125 [Wandelung]; BGH NJW 1987, 3121, 3122 [Publikumsgesellschaft]; MDR 2003, 145; ferner o Rn 67). Die unwirksame Abtretung von Gestaltungsrechten wie Rücktritts- oder Minderungsrecht kann in eine Ermächtigung zur Ausübung der Gestaltungsrechte umgedeutet werden (Löbbe BB 2003 Beilage 6, 7, 8). Die Abtretung eines nicht mehr bestehenden Herausgabeanspruches kann als Abtretung des Anspruchs aus § 816 BGB aufrechterhalten werden (OLG Hamm MDR 1962, 985, 986). Dagegen kann eine unwirksame **Abtretung** nur in eine gewillkürte Prozessstandschaft umgedeutet werden, wenn der Normzweck der Verbotsvorschrift nicht entgegen steht (BGH NJW 2010, 2509 Rn 27). Die Umdeutung in einen wirksamen **Adoptionsvertrag** wurde abgelehnt, weil dadurch der Wille der Parteien nicht in rechtlich zulässiger Weise verwirklicht worden wäre (BGH NJW 1971, 428, 429). Eine **Anfechtung wegen arglistiger Täuschung** kann als Irrtumsanfechtung aufrechterhalten werden (BGH NJW 1979, 160, 161 [dort aber Auslegung] m Anm Berg JuS 1981, 179). ME beruht die Aufrechterhaltung einer unbegründeten **Anfechtung** wegen arglistiger Täuschung als Irrtumsanfechtung mit der Folge des § 122 BGB nicht auf Umdeutung, sondern auf der vorrangigen Auslegung (BGHZ 78, 216, 221; oben Rn 7). Eine Umdeutung scheitert, wenn die anwaltlich formulierte Anfechtungserklärung ausdrücklich auf arglistige Täuschung beschränkt ist (OLG Düsseldorf WM 2009, 449, 452 [dort fehlte es für eine Umdeutung auch an der von § 121 geforderten Unverzüglichkeit). Eine **Anfechtung** kann auch in eine Kündigung umgedeutet werden (BGH NJW 1975, 1700 [Auslegung oder Umdeutung bei einer Kommanditmassengesellschaft]; OLG Hamm VersR 1981, 275). So wurde die Umdeutung einer Anfechtung eines Mietvertrages wegen arglistiger Täuschung in eine außerordentliche Kündigung erwogen (BGH WuM 2006, 445, 448; für das Arbeitsrecht bejaht durch Hergenröder AR-Blattei SD 150. Aktualisierung März 2006 Rn 90). Möglich ist auch die Umdeutung der **Anfechtung** in einen Rücktritt (BGH NJW 2010, 2503 Rn 16; 2007, 1269 Rn 14; 2006, 2839 Rn 27 mit zust Bespr H Roth NJW 2006, 2953; OLG Karlsruhe OLGReport 2008, 58, 59 [dort auch Umdeutung in einen Anspruch auf Schadensersatz für möglich gehalten]; Erman/Arnold[15] Rn 19; Palandt/Ellenberger[79] Rn 6; **aA** OLG Köln VersR 1993, 29 f). Umgekehrt kann ein **Rücktritt** oder eine **Kündigung** aufgrund der verschiedenen Rechtsfolgen nicht als Anfechtungserklärung aufrechterhalten werden (BGH BB 1965, 1083; BAG NJW 1976, 592; MünchKomm/Busche[8] Rn 24). Eine **unwirksame Teilanfechtung** kann nicht in die Anfechtung des gesamten Dienstvertrages umgedeutet werden (BAG DB 2006, 959, 960).

72 Im Falle einer vereinbarten **Ausschließlichkeitsbindung** steht der Zweck des § 34 GWB aF (o Rn 16, 29 f) einer Umdeutung des Vertrages in einen der Schriftform nicht unterliegenden Vertrag ohne *Ausschließlichkeitsbindung* nicht im Weg (OLG Düsseldorf WuW 1981, 733 [„Würzburger Hof"] im Anschluss an BGH NJW 1980, 2517 [dieselbe Sache]; im Grundsatz ebenso OLG Hamm NJW-RR 1992, 563, 564 [aber kein entsprechender hypothetischer Wille]; anders OLG Celle WuW 1975, 409). Die Vereinbarung, wonach ein **Eigentumsvorbehalt** auch nach Lieferung der Ware weiter bestehen soll, wurde als Verarbeitungsklausel aufrechterhalten (OLG Frankfurt NJW 1959, 578). Die einseitige **Erhöhungserklärung** nach § 6 NutzungsentgeltVO wurde nicht in einen Antrag auf Abschluss eines Erhöhungsvertrages umgedeutet (BGH NJW-RR 2007, 1382; zweifelhaft, oben Rn 9, 21, 47). Ein unwirksamer **Haftungsausschluss** kann als Abtretungsverbot aufrechterhalten werden (OLG Bremen OLGZ 1966, 136, 138). Werden in einem **Architektenvertrag** die **Höchstbeträge** der HOAI überschritten, wurde der Vertrag in Anwendung von § 134 HS 2 zu den höchstmöglichen Gebühren erhalten (BGH NJW 2008, 55 Rn 14; KG NJW-RR 1990, 91, 92 [dort aber zusätzlich § 140]; oben Rn 2). Der **Kauf der eigenen Sache**, welche der Käufer vorher dem Verkäufer unter Eigentumsvorbehalt verkauft hatte, wurde in den Kauf des Besitzes der Sache oder die Rückgängigmachung des ersten Kaufvertrages umgedeutet (RG JW 1924, 1360 m Anm Heck; Soergel/Hefermehl[13] Rn 16; dazu Krampe 214 f). In einem Einzelfall wurde eine nichtige **Lieferfristvereinbarung** nicht in eine zulässige Fristverkürzung umgedeutet (BGH VersR 1960, 304 f [GüKG aF]). Die Umdeutung einer nach § 15 GWB (§ 14 GWB nF) nichtigen **Preisbindung** wurde in einem Einzelfall abgelehnt (OLG Düsseldorf WuW 1988, 430 [„Betonpumpe"]). Eine unwirksame **Prokuraerteilung** kann als Handlungsbevollmächtigung aufrechterhalten werden (§ 54 HGB) (Busch Rpfl-Stud 1993, 182, 184). Bei Überschreitung der Obergrenze des § 123 Abs 1 InsO für den **Sozialplan** kann im Wege der Umdeutung eine anteilige Kürzung der im Sozialplan vorgesehenen Leistungen erreicht werden (ArbG Düsseldorf DB 2006, 1384 [LS]; zur Streitfrage MünchKommInsO/Löwisch/Caspers[4] § 123 Rn 65).

73 Die **Übereignung** einer dem Verkäufer nicht gehörenden Sache wurde in die Übertragung der Anwartschaft umgedeutet (OLG Hamm JW 1931, 550; Soergel/Hefermehl[13] Rn 16). Doch wird hier schon bisweilen die Auslegung helfen können (o Rn 7). Der unwirksame **Verkauf einer Sache** kann als Verkauf der auf Leistung der Sache gerichteten Forderung aufrechterhalten werden (Flume, AT II 596). Eine **unwiderrufliche Vollmacht** kann in eine widerrufliche umgedeutet werden (Flume, AT II 596; Palandt/Ellenberger[79] Rn 13; anders RG Gruchot 68, 538, 542). Vergleichbar kann eine **verdrängende Vollmacht** in eine nicht ausschließende Vollmacht umgedeutet werden (OLG Hamburg DB 1989, 618). Eine nichtige **Vermögensübertragung** kann als Übertragung der einzelnen Vermögensgegenstände aufrechterhalten werden (RGZ 76, 3; 82, 277). Im **Privatversicherungsrecht** wirkt eine verspätete Kündigung kraft Auslegung auf den nächstzulässigen Termin und muss nicht nochmals wiederholt werden (für Umdeutung österr OGH VersR 2004, 1627 bei im Übrigen dem § 140 BGB vergleichbarer österreichischer Rechtslage). Eine **verfrühte Kündigung** ist als Kündigung zum nächstmöglichen Zeitpunkt auszulegen (für Umdeutung Ebnet NJW 2006, 1697, 1699 mwNw).

74 Ein wegen § 1 GWB unzulässiges **unbeschränktes Wettbewerbsverbot** wurde in eine Wettbewerbsbeschränkung von angemessener Dauer umgedeutet (OLG Stuttgart WuW 1985, 888 [„Tanzschule"]). Doch wurde hier § 140 BGB angewendet, obgleich nur ein Teil eines Rechtsgeschäfts nichtig war (o Rn 14; zust aber Hübner[2], AT Rn 512). Ein **verfristeter Widerspruch** nach § 5a VVG aF kann bei Beitragserhöhung in eine

Kündigung zum nächstmöglichen Zeitpunkt umgedeutet werden (OLG Karlsruhe VersR 2006, 1625, 1627). Ein wegen Unbestimmtheit nicht wirksam befristeter **Wohnraummietvertrag** (§ 575 BGB) wurde nicht in einen Mietvertrag mit vereinbartem Kündigungsverzicht umgedeutet (LG Stuttgart WuM 2007, 582).

§ 141
Bestätigung des nichtigen Rechtsgeschäfts

(1) Wird ein nichtiges Rechtsgeschäft von demjenigen, welcher es vorgenommen hat, bestätigt, so ist die Bestätigung als erneute Vornahme zu beurteilen.

(2) Wird ein nichtiger Vertrag von den Parteien bestätigt, so sind diese im Zweifel verpflichtet, einander zu gewähren, was sie haben würden, wenn der Vertrag von Anfang an gültig gewesen wäre.

Materialien: VE-AT § 125; E I § 110; II § 110; III § 137; JAKOBS/SCHUBERT, AT I 743 f; SCHUBERT, AT II 213 f; Mot I 217; Prot I 126; MUGDAN I 472 f, 727.

Schrifttum

A BÖHM, Die Bestätigung nichtiger Rechtsgeschäfte (Diss Greifswald 1926)

GRABA, Bestätigung und Genehmigung von Rechtsgeschäften (Diss München 1967)

KÖHLER, Einschränkungen der Nichtigkeit von Rechtsgeschäften, JuS 2010, 665

KOHTE, Unwirksame Bestätigung eines wucherähnlichen Kreditvertrags – BGH NJW 1982, 1981, JuS 1984, 509

MOCK, Die Heilung fehlerhafter Rechtsgeschäfte (2014)

M MÜLLER, Die Bestätigung nichtiger Rechtsgeschäfte nach § 141 BGB (1989)

PETERSEN, Die Bestätigung des nichtigen und anfechtbaren Rechtsgeschäfts, Jura 2008, 666

ROSENTHAL, Die rechtliche Natur und die Wirkung der Bestätigung nichtiger und anfechtbarer Rechtsgeschäfte (Diss Jena 1911)

SEIP VENGELBRECHT, Die Bestätigung nichtiger und anfechtbarer Rechtsgeschäfte (Diss Erlangen 1907)

UNTERMANN, Die Bestätigung nichtiger Rechtsgeschäfte (Diss Marburg 1928)

WAAS, Sinn und Tragweite der Bestätigung eines nichtigen Rechtsgeschäfts nach § 141 BGB, in: FS Eisenhardt (2007) 347

WEIMAR, Die Bestätigung nichtiger Rechtsgeschäfte, DRZ 1940, 109

WURMSTICH, Die Bestätigung nichtiger und anfechtbarer Rechtsgeschäfte nach dem BGB (Diss Jena 1910).

Systematische Übersicht

I. Normzweck 1
II. Abgrenzungen 2
III. Bestätigung einer Ehe trotz Aufhebungsgrund 8
IV. Voraussetzungen
1. Nichtiges Rechtsgeschäft 9
2. Bestätigung 13
a) Bedeutung 13
b) Rechtsgeschäft 14
c) Neuvornahme 15

d) Vorliegen allgemeiner Wirksamkeitserfordernisse 17
e) Äußerer Erklärungstatbestand; Bestätigungswille 20
f) Konkludentes Verhalten 23

V. **Rechtsfolgen**
1. Zukunftswirkung 25
2. Die Auslegungsregel des Abs 2 26

VI. **Prozessuales** 30

Alphabetische Übersicht

Allgemeine Wirksamkeitserfordernisse 17
Anfechtbares Rechtsgeschäft 2
Angefochtenes Rechtsgeschäft 12
Aufrechnungserklärung 14

Bestätigungswille 20
Beweislast 30
Börsentermingeschäft 9

Ehenichtigkeit 8
Eigentümerbeschlüsse 10
Einseitige Rechtsgeschäfte 29
Empfangsbedürftige Willenserklärung 14
Erfüllungshandlungen 23
Ergänzung 5
Erleichterte Voraussetzungen 1

Formgebote 16, 19
Formverstoß 12
Fortsetzung eines Mietvertrages 24

Genehmigung 3
Gesetzesverstoß 12
Gesetzgeberische Vorstellungen 1
Gültigkeitszweifel 20
Gutgläubiger Erwerb 25

Heilung 4

Kaufmännisches Bestätigungsschreiben 6

Letztwillige Verfügung 10

Neuvornahme 1
Nichtige Kündigung 10
Nichtigkeitsgrund 9

Öffentlich-rechtliche Verträge 11

Prozesshandlungen 11

ratihabitio 3
Rechtsgeschäfte unter Lebenden 10
Rückwirkung 25

Scheingeschäft 12
Schriftformerfordernis nach § 34 GWB aF 19
Sittenwidrigkeit 12, 17

Teilbestätigung 15
Teilzeitbefristungsgesetz 27

Umdeutung 7

Verbotsgesetz 18
Vereinfachungszweck 13
Vertragsänderung 15
Verwaltungsakt 11
Voraussetzungen 9

Weiterbenutzung 23

I. Normzweck

§ 141 BGB findet seinen Grund darin, dass ein nichtiges Rechtsgeschäft auch dann nichtig bleibt, wenn der Nichtigkeitsgrund später wegfällt (dazu BGH NJW 2012, 1570 Rn 17; Kohte JuS 1984, 509, 511; Mot I 217). Die Norm eröffnet den Parteien die Möglichkeit, dem Rechtsgeschäft unter **erleichterten Voraussetzungen** vom Zeitpunkt der Bestätigung an Wirksamkeit zu verschaffen (LG Saarbrücken VersR 2004, 773, 775: „vereinfachtes Verfahren der Fehlerbereinigung"; BeckOGK/Beurskens [1. 3. 2019] § 141 BGB Rn 1; PWW/Ahrens[15] Rn 1; Kortstock AP TzBfG § 14 Nr 16; u Rn 15; ein anderes Verständnis bei 1

Waas, in: FS Eisenhardt [2007] 347, 365, das zu einer weitgehenden Funktionslosigkeit von § 141 führt; Mock 56: Nachahmung des nichtigen Rechtsgeschäfts). Die Verfasser des BGB gingen allerdings davon aus, aus dem Begriff der Nichtigkeit folge zwingend die Unheilbarkeit des Rechtsgeschäftes, sodass es an sich nicht „bestätigt" werden könne (Mugdan I 472 = Mot I 217; Schubert, AT II 213 f; Enneccerus/Nipperdey, AT[15] I 2 1211; zur Gesetzgebungsgeschichte Mock 50 ff: keine eindeutigen Rückschlüsse). Die rechtliche Bedeutung der Bestätigung wurde daher als erneute Errichtung eines Rechtsgeschäfts von gleichem Inhalt gesehen. Doch besteht heute zunehmend Einigkeit darin, dass § 141 Abs 1 BGB nicht schlechthin eine **Neuvornahme** verlangt, weil damit nur Selbstverständliches ausgesprochen werden würde (Gröschler NJW 2000, 247, 248; insoweit auch Waas, in: FS Eisenhardt [2007] 347, 349). Die Formulierung des § 141 Abs 1 BGB bedeutet vielmehr nur, dass die wirksame Bestätigung die Folgen einer Neuvornahme hat (BGH NJW 2012, 1570 Rn 21; 1999, 3704, 3705; LG Saarbrücken VersR 2004, 773, 775; Palandt/Ellenberger[79] Rn 1; Medicus/Petersen, AT[11] Rn 532; Bork, AT[4] Rn 1238; M Müller 199 ff, 233 mwNw des Streitstandes; u Rn 13; krit etwa Luig IuS Commune 1990, 376 ff). Es bedarf damit keines Neuabschlusswillens, sondern es reicht der **Bestätigungswille** aus. Aus der positiven Entscheidung des Gesetzes (dazu Flume, AT II 551) geht aber deutlich hervor, dass für die Bestätigung **alle materiellen Geltungs- und Wirksamkeitsvoraussetzungen** gegeben sein müssen. Diese Deutung entspricht dem als Fiktion ausgestaltetem Wortlaut des § 141 Abs 1 BGB. Im Einzelfall kann sich aus **Treu und Glauben** (§ 242 BGB) eine Verpflichtung eines Vertragspartners zur Bestätigung eines nichtigen Geschäfts ergeben (zB OLG Düsseldorf RNotZ 2006, 242: Verpflichtung eines Mitgesellschafters zur Mitwirkung an der Heilung einer unzulässigen verdeckten Sacheinlage]). ME gilt aber: Muss sich ein Vertragspartner bereits nach § 242 BGB so behandeln lassen, als wäre der Vertrag wirksam geschlossen, so bedarf es keines Rückgriffs auf eine Rechtspflicht zur Bestätigung des nichtigen Rechtsgeschäfts nach § 141 BGB (OLG Düsseldorf VergabeR 2003, 594, 597 [= NZBau 2004, 170, 172]; dazu Hailbronner NZBau 2002, 474, 478).

II. Abgrenzungen

2 Das Gesetz spricht von **Bestätigung**, wenn eine Partei ein von ihr selbst abgeschlossenes Geschäft erst noch in Geltung setzt. So liegt es für das in § 141 BGB geregelte nichtige Rechtsgeschäft und für das in § 144 BGB gemeinte anfechtbare Rechtsgeschäft (u § 144 Rn 1). Keine Bestätigung nach § 141 BGB ist die Bestätigung eines anfechtbaren iS eines noch nicht nichtigen Rechtsgeschäft nach § 144 BGB. In unsystematischer Ausdrucksweise spricht § 108 Abs 3 BGB von „Genehmigung". Ist ein Rechtsgeschäft schon **wirksam angefochten** worden, so kann es wegen § 142 Abs 1 BGB nur nach § 141 BGB bestätigt werden (BAG AP § 14 TzBfG Vergleich Nr 1; Gravenhorst EzA 415, 2007, § 14, 29; Waas, in: FS Eisenhardt [2007] 347 Fn 5; zu den Unterschieden u § 144 Rn 3).

3 Die von der **Bestätigung** zu unterscheidende **Genehmigung** schwebend unwirksamer Geschäfte (§ 184 BGB) liegt vor, wenn ein Dritter ein von ihm nicht selbst abgeschlossenes Geschäft in Geltung setzt (§ 182 BGB). So liegt es bei der Genehmigung des gesetzlichen Vertreters für das Geschäft des beschränkt Geschäftsfähigen nach § 108 BGB oder bei dem Vertragsschluss durch einen Vertreter ohne Vertretungsmacht nach § 177 BGB. Kennzeichnend für die Genehmigung ist die weitreichende Rückwirkung (§ 184 BGB), die über die Rückwirkung des § 141 Abs 2 BGB hinausgeht (u Rn 26 ff). Das Gesetz sondert damit Bestätigung und Genehmigung trotz

ihrer gemeinsamen Wurzeln in der gemeinrechtlichen *ratihabitio* (GRABA 118 ff; SEUFFERT, Die Lehre von der Ratihabition der Rechtsgeschäfte [1868]; auch PETERSEN Jura 2008, 666). § 141 BGB ist unanwendbar, solange das vom Vertreter ohne Vertretungsmacht vorgenommene Rechtsgeschäft **schwebend unwirksam** ist (LG Braunschweig VuR 2005, 296, 297; zweifelhaft AUKTOR NZG 2006, 334, 337).

Keine Bestätigung nach § 141 BGB ist die **Heilung durch Erfüllung**, wie sie in den §§ 311b S 2, 518 Abs 2 BGB genannt ist (BGHZ 32, 11, 12 f; MünchKomm/BUSCHE[8] Rn 6; PWW/AHRENS[15] Rn 3; JAUERNIG/MANSEL[17] Rn 6; HÄSEMEYER, Die gesetzliche Form der Rechtsgeschäfte [1971] 96; MOCK 57; **aA** RGZ 75, 114, 115; HERM LANGE AcP 144 [1937/1938] 149, 156). Die Heilung durch Erfüllung verlangt keinen Bestätigungswillen und setzt überhaupt kein Rechtsgeschäft voraus (andere Begründung bei WAAS, in: FS Eisenhardt [2007] 347, 365 Fn 104). Da der Heilung nach § 311b S 2 BGB keine Rückwirkung zukommt (BGHZ 54, 56, 63), kommt aber eine analoge Anwendung des § 141 Abs 2 BGB in Betracht, der schuldrechtlich zwischen den Parteien wirkt. Die Rspr entnimmt dem § 141 Abs 2 BGB die „tatsächliche Vermutung“, dass die Parteien des durch Auflassung und Eintragung geheilten Kaufvertrages einander das gewähren wollen, was sie bei Abschluss des Vertrages einander zu gewähren beabsichtigten (RGZ 115, 6, 11 f; BGHZ 32, 11, 13; 54, 56, 63 f; LÜKE JuS 1971, 341, 342; MünchKomm/BUSCHE[8] Rn 6). Der Rückgriff auf § 141 Abs 2 BGB wird nicht etwa mit der Begründung entbehrlich, dass der Kaufvertrag durch die Heilung „seinem ganzen Inhalte nach“ gelte (so aber FLUME, AT II 553; gegen ihn MünchKomm/BUSCHE[8] Rn 7). 4

Die **Ergänzung** eines unvollständigen Rechtsgeschäfts bedeutet keine Bestätigung iSv § 141 BGB. So liegt es etwa, wenn ein **versteckter Dissens** (§ 155 BGB) entdeckt wird (RG JW 1929, 575; PALANDT/ELLENBERGER[79] Rn 2; JAUERNIG/MANSEL[17] Rn 6; MünchKomm/BUSCHE[8] Rn 8). Der bei § 141 BGB erforderliche Bestätigungswille (u Rn 20 ff) ist für die Ergänzung nicht erforderlich. Doch kann eine Bestätigung vorliegen, wenn die Parteien den Vertrag im Bewusstsein seiner Fehlerhaftigkeit und in der Absicht ergänzen, dadurch die volle Wirksamkeit herbeizuführen (OLG Celle DNotZ 1980, 414; BGB-RGRK/KRÜGER-NIELAND/ZÖLLER[12] Rn 6). 5

Das **kaufmännische Bestätigungsschreiben** hat mit der Bestätigung des § 141 BGB (u des § 144 BGB) nichts zu tun, da ihm im Regelfall kein nichtiges Rechtsgeschäft vorausgeht. Zudem sind die Folgen des kaufmännischen Bestätigungsschreibens nicht von der „erneuten Vornahme“ im erörterten Sinn (o Rn 1) abhängig (GRABA 70 ff). 6

Die **Umdeutung** (Konversion) des § 140 BGB dient der Durchsetzung des hypothetischen Parteiwillens (o § 140 Rn 24 ff). Dagegen beruht die Bestätigung auf dem ausdrücklichen oder stillschweigenden (u Rn 23) Willen der Parteien (MünchKomm/BUSCHE[8] Rn 9; BGB-RGRK/KRÜGER-NIELAND/ZÖLLER[12] Rn 8; RUTENBECK, Der Gegensatz der sogenannten Konversion zur Bestätigung nicht gültiger Rechtsgeschäfte [Diss Erlangen 1907] passim). 7

III. Bestätigung einer Ehe trotz Aufhebungsgrund

Die Bestätigung einer **Ehe** nach § 1315 BGB ist kein Rechtsgeschäft, sondern Rechtshandlung und keine Bestätigung iS des § 141 BGB (PALANDT/BRUDERMÜLLER[79] § 1315 Rn 3; MünchKomm/WELLENHOFER[8] § 1315 Rn 10). Auch wenn ein Aufhebungsgrund 8 nach § 1314 BGB besteht, so ist die Ehe doch bis zur Aufhebung nach § 1313 BGB durch rechtskräftige richterliche Entscheidung (Beschluss, § 116 Abs 1 FamFG) des FamG voll gültig. Sie weist daher eher eine gewisse Verwandtschaft mit § 144 auf.

IV. Voraussetzungen

1. Nichtiges Rechtsgeschäft

9 Das zu bestätigende Rechtsgeschäft muss **nichtig** sein. Der Grund für die Nichtigkeit ist gleichgültig. An der erforderlichen Nichtigkeit des Rechtsgeschäfts fehlt es, wenn etwa ein „Schuldbeitritt" zu einer nicht entstandenen Darlehensschuld ins Leere gegangen ist. Eine Bestätigung ist hier nicht möglich, weil die Ursache für das Nichteintreten der Rechtswirkungen des Schuldbeitritts nicht in diesem selbst liegt, sondern in dem Geschäft, auf das er sich bezieht (BGH NJW 1987, 1698, 1699 f). § 141 BGB ist auch anwendbar, wenn eine erklärte Anfechtung das Rechtsgeschäft nichtig gemacht hat (BGH NJW 1971, 1795, 1800 re Sp). § 141 BGB kann analog angewendet werden, wenn das (schwebend unwirksame) Rechtsgeschäft zwar nicht nichtig, aber infolge einer Genehmigungsverweigerung **endgültig unwirksam** ist (BGH NJW 1999, 3704, 3705; Eckert/Höfinghoff NotBZ 2004, 405, 412 Fn 52). Vergleichbar konnte auch ein (wegen §§ 52, 53 Abs 1, 2 BörsG aF) **unverbindliches Börsentermingeschäft** bestätigt werden (BGH NJW 1998, 2528, 2529; ZIP 2003, 660; Irmen EwiR § 53 BörsG aF 2/03, 763).

10 Das betreffende Rechtsgeschäft kann eines unter Lebenden wie auch eine **letztwillige Verfügung** sein (vgl den Fall von BGHZ 1, 116, 118; MünchKomm/Busche[8] Rn 2). Es kann sich sowohl um zweiseitige als auch um einseitige Rechtsgeschäfte handeln, sodass auch etwa **nichtige Kündigungen** bestätigungsfähig sind (BAG DB 1976, 969, 970; LG Saarbrücken VersR 2004, 773: formunwirksame Kündigung eines Versicherungsvertrages). Ferner sind nichtige **Gesamtakte** wie Eigentümerbeschlüsse nach dem WEG nach § 141 BGB bestätigungsfähig, da es sich um Rechtsgeschäfte handelt (vgl BayObLG NJW 1978, 1387 [dort aber § 144 analog]).

11 Auf **öffentlich-rechtliche Verträge** findet § 141 BGB wegen § 62 S 2 VwVfG entsprechende Anwendung (dazu Löwer WissR 26 [1993] 233, 245 f). Zudem soll § 141 BGB auch auf *nichtige Verwaltungsakte* anwendbar sein (BGH WM 1954, 40; BGB-RGRK/Krüger-Nieland/Zöller[12] Rn 3). Das ist zweifelhaft, weil sich Rechtsgeschäfte und Verwaltungsakte nach Voraussetzungen und Wirkungen grundlegend unterscheiden. **Prozesshandlungen** der Parteien können mit Wirkung ex nunc in der Weise bestätigt werden, dass die betreffende mangelbehaftete Handlung fehlerfrei wiederholt wird.

12 Die Nichtigkeit des Rechtsgeschäfts kann beruhen auf einem Verstoß gegen ein **Verbotsgesetz** nach § 134 BGB (BGHZ 11, 59, 60), auf **Sittenwidrigkeit** nach § 138 BGB (BGH NJW 2012, 1570 Rn 8; 1982, 1981; BGB-RGRK/Krüger-Nieland/Zöller[12] Rn 2), einem **Scheingeschäft** nach § 117 BGB, einem Verstoß gegen ein **Formgebot** nach § 125 BGB (BGH WM 1977, 387, 389) oder auf § 142 Abs 1 BGB (o Rn 9). Bei einem Scheingeschäft scheitert die Bestätigung nach § 141 BGB, wenn die Parteien die Umstände, welche zur Annahme einer Nichtigkeit nach § 117 Abs 1 BGB geführt haben, nicht beseitigt haben (LAG Hamm NZA-RR 2007, 64).

2. Bestätigung

a) Bedeutung

Nach dem Wortlaut des § 141 Abs 1 BGB ist „die Bestätigung als erneute Vornahme zu beurteilen". Diese **Fiktion** (dagegen Waas, in: FS Eisenhardt [2007] 347, 356) bedeutet aber nur, dass die wirksame Bestätigung die **Folgen einer Neuvornahme** hat (o Rn 1). Entgegen einer weitverbreiteten Formulierung (etwa OLG München 2. 4. 2015 – 34 Wx 482/14, NJW-RR 2015, 1044, 1045; Palandt/Ellenberger[79] Rn 4) geschieht die Bestätigung gerade nicht durch Neuvornahme, da ein fehlgeschlagenes Geschäft selbstverständlich immer neu abgeschlossen werden kann (eindeutig BGH NJW 2012, 1570 Rn 17; 1999, 3704, 3705). Damit würde der Vereinfachungszweck (o Rn 1) des § 141 BGB verfehlt. 13

b) Rechtsgeschäft

Die Bestätigung ist ein **Rechtsgeschäft**, im Einzelnen eine empfangsbedürftige Willenserklärung (BGB-RGRK/Krüger-Nieland/Zöller[12] Rn 1; M Müller 208). Bestätigt werden muss durch diejenigen, die das nichtige Geschäft ursprünglich abgeschlossen haben. Ein nichtiger Vertrag kann daher nur durch übereinstimmendes Handeln aller **Vertragspartner** bestätigt werden (RGZ 52, 161, 164; Flume, AT II 552). Deshalb reicht in diesem Fall die Erklärung nur durch eine Partei nicht aus. Jedoch genügt eine **einseitige Parteierklärung**, wenn sich die Nichtigkeit des Vertrages aus der Nichtigkeit der Willenserklärung nur einer der Vertragsparteien ergibt (BGH NJW-RR 2004, 1369, 1370 [zu § 1378 Abs 3 S 3: Bestätigung durch beide Vertragspartner erforderlich] mit Anm Bergerfurth FamRZ 2004, 1354; MünchKomm/Busche[8] Rn 11). Wird ein einseitiges nichtiges Rechtsgeschäft bestätigt, wie zB eine bedingte Aufrechnungserklärung, so kann dies durch eine unbedingte, an den Aufrechnungsgegner gerichtete, Erklärung geschehen (vTuhr, AT II 1 S 293). 14

c) Neuvornahme

§ 141 BGB verlangt **keine Neuvornahme** in allen Einzelheiten (M Müller 201; AK-BGB/Damm Rn 1). Deshalb braucht für die erforderliche neue Einigung bei einem nichtigen Vertrag „nicht über alle einzelnen Abmachungen des ursprünglichen Rechtsgeschäftes erneut eine Willensübereinstimmung hergestellt und erklärt zu werden" (BGH NJW 1982, 1981). Vielmehr reicht es aus, dass sich die Parteien in Kenntnis der Abreden **„auf den Boden des Vertrages stellen"** (BGH ZIP 2009, 264 Rn 36; NJW 1999, 3704, 3705; 1982, 1981; WM 1968, 276; OLG Brandenburg OLGReport 2007, 454, 455 [Kartellverstoß]; Medicus/Petersen, AT[11] Rn 532; MünchKomm/Busche[8] Rn 12; Erman/Arnold[15] Rn 4; Schreiber Jura 2007, 25, 27). Mit der Bestätigung kann auch eine Vertragsänderung oder- ergänzung verbunden werden (BGH NJW 1999, 3704, 3705). Auch kann die Bestätigung in der **Abänderungsvereinbarung** liegen (BGHZ 7, 161, 163; BGH NJW 2012, 1570 Rn 21; 1982, 1981; zu Unrecht dagegen Waas, in: FS Eisenhardt [2007] 347, 367). Doch können die Vertragsparteien einen abweichenden Willen zum Ausdruck bringen (BGHZ 7, 161, 163). Bei einem teilbaren Rechtsgeschäft (§ 139 BGB) ist auch eine **teilweise Bestätigung** möglich (Soergel/Hefermehl[13] Rn 4). Ausreichend sind auch Bezugnahmen auf seinerzeit errichtete **Urkunden**, wenn der zu bestätigende Vertrag formgerecht abgeschlossen war (BGH ZIP 2009, 264 Rn 39; NJW 1999, 3704, 3705; RG Gruchot 71, 386, 389; MünchKomm/Busche[8] Rn 12; Einzelheiten bei Opgenhoff RNotZ 2006, 257, 268). 15

Da die Bestätigung gerade keine vollständige Neuvornahme bedeutet, bedarf sie **keiner Form**, wenn die betreffende Formvorschrift bei dem zu bestätigenden Ge- 16 schäft eingehalten worden war und dessen Nichtigkeit nicht auf der Verletzung des Formgebotes beruhte. Wortlaut und Gesetzgebungsgeschichte (Mot I 217) treten hinter dem Normzweck zurück (Medicus/Petersen, AT[11] Rn 532; M Müller 211; Graba 60 ff; **aA** die ganz hL, RGZ 146, 234, 238; BGH NJW 1985, 2579, 2580; auch BGH NJW 1999, 3704, 3705; BAG AP § 14 TzBfG Vergleich Nr 1; PWW/Ahrens[15] Rn 8; Bamberger/Roth/Hau/Poseck/Wendtland[4] Rn 9; BGB-RGRK/Krüger-Nieland/Zöller[12] Rn 13; Palandt/Ellenberger[79] Rn 4; Soergel/Hefermehl[13] Rn 7; Jauernig/Mansel[17] Rn 3; MünchKomm/Busche[8] Rn 15; Flume, AT II 551 f; Bork AT[4] Rn 1244; M Schwab JuS 2012, 1027, 1029; Schreiber Jura 2007, 25, 27; Streitstand bei K Schmidt JuS 1995, 102, 106; Waas, in: FS Eisenhardt [2007] 347, 364). Bei einem **rechtsgeschäftlich vereinbarten Formgebot** genügt stets die formlose Bestätigung (so auch BGB-RGRK/Krüger-Nieland/Zöller[12] Rn 14 und im Ergebnis Waas, in: FS Eisenhardt [2007] 347, 364).

d) Vorliegen allgemeiner Wirksamkeitserfordernisse

17 Da die Bestätigung als „erneute Vornahme“ (iSv o Rn 1, 13) beurteilt wird, müssen jetzt **alle Wirksamkeitserfordernisse** für das zu bestätigende Rechtsgeschäft vorliegen (dazu auch Beckmann, Nichtigkeit und Personenschutz [1998] 156). Doch schadet es nicht, wenn die Bestätigung durch einen **vollmachtlosen Vertreter** abgegeben wird. Das zunächst schwebend unwirksame Rechtsgeschäft kann dann durch Genehmigung wirksam werden (BGH NJW 1999, 3704, 3705). Nach dem Gesagten dürfen weder die alten noch auch neue Nichtigkeitsgründe vorliegen. So dürfen die Gründe für die **Sittenwidrigkeit** des Rechtsgeschäfts im Zeitpunkt der Bestätigung nicht mehr fortbestehen (BGHZ 60, 102, 108; BGH VersR 2008, 265, 266 [grobes Missverhältnis der gegenseitigen Leistungen]; OLG Nürnberg GmbHR 2010, 141, 146). So kann es liegen, wenn im Falle des Wuchers (§ 138 Abs 2 BGB) die Notlage zwischenzeitlich weggefallen ist. Ein **Kreditgeschäft** bleibt unwirksam, wenn eine Gesamtwürdigung ergibt, dass trotz weggefallener einzelner Umstände die weiterwirkenden übrigen allein oder zusammen mit hinzutretenden neuen Umständen auch das neu vorgenommene Rechtsgeschäft als sittenwidrig erscheinen lassen (BGH NJW 1982, 1981 mit zust Bespr Kohte JuS 1984, 509 ff). Ein **Scheingeschäft** bleibt unwirksam, wenn die Umstände, die zur Annahme von § 117 Abs 1 BGB geführt haben, nicht beseitigt wurden (LAG Hamm NZA-RR 2007, 64).

18 Ein seinerzeit verletztes **Verbotsgesetz** (§ 134 BGB) darf jetzt nicht mehr entgegenstehen. Eine wirksame Bestätigung ist daher nur möglich, wenn das Verbot jetzt entfallen ist (BGHZ 11, 59, 60; OLG Brandenburg OLGReport 2007, 454, 455 [nach § 1 GWB nichtige Kartellvereinbarung]; MDR 1995, 30; OLG Düsseldorf NJW 1976, 1638, 1639; zum Durchführungsverbot im EU-Beihilferecht bei fehlender positiver Entscheidung der Kommission Fiebelkorn/Petzold EuZW 2009, 323, 325). Derartige Rechtsgeschäfte werden im Übrigen durch Erfüllung nicht wirksam. Werden nach Aufhebung des Verbotsgesetzes Gewinne aus verbotenen Kompensationsgeschäften verteilt, so tritt Wirksamkeit ein (BGH NJW 1960, 1204).

19 Ein früher nicht eingehaltenes **Formgebot** (§ 125 BGB) muss jetzt gewahrt sein (OLG Celle NJW-RR 2004, 492: mündliche Honorarvereinbarung mit einem Rechtsanwalt [aber ohne Erörterung, dass auch der Gegner von Nichtigkeit ausgegangen sein muss]; OLG Hamm AGS 2006, 9, 14). Deshalb kann ein nach Wegfall des Formerfordernisses des § 34 GWB aF nach wie vor unwirksames Rechtsgeschäft bestätigt werden (zu dieser Möglichkeit BGH BB 1999, 865). Die Bestätigung ist etwa durch formlosen Vollzug des Geschäfts möglich (dazu Bunte BB 1999, 866). Dabei ist es ausreichend, wenn die neue Urkunde auf die

frühere Bezug nimmt (RG Gruchot 71, 386, 389; PALANDT/ELLENBERGER[79] Rn 4). Eine formfreie Bestätigung ist möglich, wenn das Formerfordernis im Bestätigungszeitpunkt nicht mehr gilt (BGH NJW 1973, 1367; MünchKomm/BUSCHE[8] Rn 10). Eine Einschränkung der Beachtung des Formerfordernisses ergibt sich aus dem o Rn 16 Gesagten. Die Gründe, die zunächst zur Unverbindlichkeit des **Börsentermingeschäfts** geführt haben, müssen jetzt weggefallen sein (BGH NJW 1998, 2528, 2529; aber o Rn 9). Die Rspr des BAG weicht zu Unrecht von den dargestellten Grundsätzen ab (u Rn 27).

e) Äußerer Erklärungstatbestand; Bestätigungswille

Die Bestätigung muss nach **außen hin sichtbar** machen (äußerer Erklärungstatbestand), dass das Rechtsgeschäft trotz der von dem Bestätigenden erkannten **Zweifel an der Wirksamkeit** gelten soll (MEDICUS/PETERSEN, AT[11] Rn 531). Die Bestätigung eines Vertrages erfordert die Einigung der Parteien, sich „in Kenntnis der Abreden auf den **Boden des ursprünglichen Vertrages** zu stellen" (BGH ZIP 2009, 264 Rn 36; OLG Celle NJW-RR 2004, 492, 493). Der zu bestätigende Vertrag muss in seinen Einzelheiten nicht erneut im Einzelnen erklärt werden. Lässt sich aus der Erklärung nicht erkennen, dass solche Zweifel klargestellt und ausgeräumt werden sollen, so ist keine Bestätigung iSd § 141 BGB erklärt worden. Die Rspr spricht in wohl gleichem Sinne, aber in eher missverständlicher Weise, von einem erforderlichen Bestätigungswillen (BGHZ 110, 220, 222 [§ 144]; BGH ZIP 1990, 314). Entscheidend ist, dass der Wille nach außen hin erkennbar in Erscheinung tritt (auch BGH WarnR 69 Nr 309). Nicht etwa ist ein besonders intensives Erklärungsbewusstsein gefordert (MEDICUS/PETERSEN, AT[11] Rn 531). Der **Bestätigungswille** in dem erörterten Sinn setzt voraus, dass der Bestätigende (oder die Bestätigenden im Falle eines Vertrages) entweder die Nichtigkeit des Vertrages **kennt** oder er zumindest **Zweifel** an der Wirksamkeit des Geschäfts hat (BGH NJW 2012, 1570 Rn 21 [§ 138]; ZIP 2009, 264 Rn 37; NJW-RR 2008, 1488 Rn 15; 2003, 769, 770; SpuRt 2005, 108, 109 [Spielervermittlungsvertrag]; NJW-RR 2003, 769 [unverbindliches Börsentermingeschäft]; NJW 1995, 2290, 2291; 1982, 1981; BAG NJW 2005, 2333, 2334; OLG Stuttgart NJWE-WettbR 1998, 94 [Projektschutzvereinbarung]; OLG Hamm JZ 1988, 249 m Anm FINGER; AGS 2006, 9, 14 [anwaltliche Vergütungsvereinbarung]; OLG Düsseldorf WuW 1978, 721; LAG Berlin-Brandenburg LAG-E 172, 2007 § 14 TzBfG; ArbG Ulm NZA-RR 2009, 298, 300 [Bestätigung einer unwirksamen ABG-Klausel durch Individualvertrag; dort abgelehnt]; LG Braunschweig VuR 2005, 296, 298 [Prolongationsvereinbarung]; M WOLF/NEUNER, AT[11] § 58 Rn 8; Münch Komm/BUSCHE[8] Rn 14; KÖHLER JuS 2010, 665, 670; WAAS, in: FS Eisenhardt [2007] 347, 358; abweichend zum Bestätigungswillen K SCHMIDT AcP 189 [1989] 1, 8 f). Kenntnis von der Nichtigkeit (Unwirksamkeit; Unverbindlichkeit) ist also nicht erforderlich (wohl ebenso trotz anderer Formulierung BGH NJW-RR 2003, 769; NJW 1998, 2528, 2529 [Börsentermingeschäft]). Auf der anderen Seite brauchen keine „ernsten" Zweifel vorzuliegen; vielmehr genügt **jeder Argwohn** (MünchKomm/BUSCHE[8] Rn 14; **aA** SOERGEL/HEFERMEHL[13] Rn 2). Die geforderten Zweifel an der Wirksamkeit müssen bei **objektiver Betrachtung** erkennbar sein, sodass eine bloß innere Willensrichtung nicht genügt (M SCHWAB JuS 2012, 1027, 1028). 20

Eine Bestätigung iSd § 141 BGB kann nicht angenommen werden, wenn die Parteien das Geschäft als gültig behandeln, weil sie sich seiner Nichtigkeit nicht bewusst sind (BGH NJW 1995, 2290, 2291; M WOLF/NEUNER, AT[11] § 58 Rn 8). Das Festhalten an **unerkannt nichtigen Geschäften** ist keine Bestätigung und führt daher nicht zur Wirksamkeit des Rechtsgeschäfts (BGH NJW 2012, 1570 Rn 21; OLG Hamm EWiR § 398 BGB 1/93 [MÜLLER-WÜSTEN]). Allenfalls kommt eine Anerkennung in Betracht, die 21 unter den Voraussetzungen des § 812 Abs 2 BGB beseitigt werden kann (vTuhr, AT II 1 S 293).

22 Es ist nicht erforderlich, dass der vom Gegner **behauptete Nichtigkeitsgrund anerkannt** wird. Vielmehr genügt eine Beilegung des Streites durch die Verabredung, der ursprüngliche Vertrag solle als gültig behandelt werden (BGH WM 1977, 387, 389; BGB-RGRK/Krüger-Nieland/Zöller[12] Rn 10). Es reicht aus, dass beide Parteien von der möglichen Nichtigkeit ausgehen (BGH ZIP 2009, 264 Rn 37). Ein Rechtsgeschäft kann auch durch denjenigen bestätigt werden, der es für gültig hält, aber aufgetretene Zweifel an seiner Gültigkeit auf jeden Fall beseitigen will (RGZ 150, 385; BGH WarnR 69 Nr 309; nicht entschieden in BGH NJW-RR 2003, 769). Der Ausdruck **„Bestätigung"** muss nicht verwendet werden. Auch brauchen sich die Beteiligten über die Folgen eines Unwirksamkeitsgrundes nicht völlig im Klaren zu sein (OLG Celle DNotZ 1980, 415 f). Es reicht nach dem Gesagten auch aus, wenn die Parteien zwar irrig den ursprünglichen Vertrag für gültig halten, durch den Abschluss des neuen Rechtsgeschäfts aber jeden Zweifel an dessen Gültigkeit ausräumen wollen (BGH ZIP 2009, 264 Rn 37). Hat der **andere Teil** das Verhalten als Bestätigung gedeutet, reicht es aus, dass der „Bestätigende" diese Deutung bei der erforderlichen Sorgfalt hätte erkennen können (dazu BGH NJW-RR 2003, 769 unter Hinweis auf BGHZ 91, 324, 330 [Bestätigung eines unverbindlichen Börsentermingeschäfts]: aber dahingestellt sein lassend; NJW 1990, 456; OLG Hamm ASG 2006, 9, 14; OLG Frankfurt OLGReport 2005, 609, 610; NJW-RR 2004, 1640, 1641; OLG Celle NJW-RR 2004, 492; keine Berücksichtigung dieses Aspekts durch BAG NJW 2005, 2333; unten Rn 27). Ist ein **Darlehensvertrag** wegen eines Verstoßes gegen das RBerG aF unwirksam, so wird er nicht durch eine Nachtragsvereinbarung wirksam, wenn der Darlehensnehmer mit Wissen des Darlehensgebers die Unwirksamkeit weder kannte noch kennen musste (OLG Stuttgart ZIP 2006, 2365, 2367).

f) Konkludentes Verhalten

23 Die Bestätigung kann **ausdrücklich** erklärt werden. Es genügt aber auch ein **konkludentes** Verhalten (o Rn 7). Dazu muss in schlüssiger Weise zum Ausdruck gebracht werden, das nichtige Geschäft solle weiter gelten (BGHZ 11, 59, 60; OLG Brandenburg MDR 1995, 30). So kann es liegen, wenn ein Vertragsteil einen angefochtenen Vertrag fortsetzt, nachdem der Gegner Vergleichsangebote abgelehnt hat (BGH WarnR 69 Nr 309). Schlüssiges Verhalten kommt im Anwendungsbereich der Bestätigung recht häufig vor (etwa RGZ 61, 246, 266; 104, 50, 54; 125, 3, 7; BGHZ 11, 59, 60). Die Rspr stellt freilich eher scharfe Anforderungen und entnimmt aus einem schlüssigen Verhalten nur dann einen Bestätigungswillen, wenn jeder Beteiligte dieses Verhalten eindeutig als Bestätigung auffassen musste. Sobald das betreffende Verhalten auch auf **anderen Gründen** beruhen kann, wird eine Bestätigung grundsätzlich nicht angenommen (RGZ 150, 389; BGH NJW 1971, 1795, 1800 m Anm Giesen). So soll die **Weiterbenutzung** einer durch einen angefochtenen Kauf erworbenen Sache in der Regel keine Bestätigung bilden, wenn die Benutzung nur bis zur unverzüglichen Beschaffung eines Ersatzstückes geschieht. Ist die alsbaldige Beschaffung eines Ersatzstücks unmöglich, so schadet eine Benutzung zur Abwendung größerer Nachteile gleichfalls nicht (BGH NJW 1971, 1795, 1800). Entsprechendes gilt für **Erfüllungshandlungen. Vorbehaltlose Zahlungen** werden häufiger nicht als Bestätigung zu werten sein, weil es am Bestätigungswillen fehlt (LG Berlin GrundE 2007, 913, 915; AG Saarbrücken WuM 2004, 657 [Mietvorauszahlungsklausel]).

Ein ausreichendes konkludentes Verhalten kann etwa die **Veräußerung** der gekauften Sache oder das Weiterzahlen von **Raten** darstellen. Entsprechendes gilt für die **Fortsetzung** eines Mietvertrages (LG Berlin GrundE 1993, 1161). Die sog unechte Freigabe in der **Insolvenz** durch den Insolvenzverwalter ist lediglich eine deklaratorisch wirkende Erklärung und bedeutet keine Bestätigung (OLG Düsseldorf DB 1994, 1379, 1380). Als Bestätigung kann aufgefasst werden ein „Rücktritt von der Kündigung" (OLG Frankfurt NJW-RR 2004, 1640, 1641) oder die Rücknahme eines Widerrufs nach dem (früheren) HaustWG (OLG Braunschweig ZIP 2003, 28, 32). 24

V. Rechtsfolgen

1. Zukunftswirkung

Der Bestätigung kommt als „Neuvornahme" (aber o Rn 1, 13) **keine Rückwirkung** zu. 25
Vielmehr gilt das Rechtsgeschäft erst vom Zeitpunkt der Bestätigung an für die Zukunft (BAG NJW 2005, 2333, 2334; AP § 14 TzBfG Vergleich Nr 1; BAGE 114, 146, 149; BGH NJW 1999, 3704, 3705; RGZ 75, 115; **aA** ohne Begründung Fetsch GmbHR 2008, 133, 138 [Kaufvertrag über eine englische Private Limited Company]). Bei der Bestätigung einseitiger Rechtsgeschäfte kommt eine Rückwirkung ohnehin nicht in Betracht. Eine **dingliche Drittwirkung** scheidet aus (1. Kommission, Jakobs/Schubert, AT I 744). Wird etwa eine im Januar vorgenommene nichtige Verfügung im Juli bestätigt, so ist das Recht des Erwerbers im Juli entstanden. Hat der Veräußerer in der Zwischenzeit zugunsten eines Dritten verfügt, so bleibt dessen Recht bestehen, wenn nicht der Erwerber gutgläubig erworben hat (Beispiel nach vTuhr, AT II 1 S 294). Allerdings können **Schadensersatzansprüche** aus der Rechtsmängelhaftung entstehen. § 141 BGB ist insoweit zwingend, als die Parteien keine Rückwirkung vereinbaren können, die sich auf Dritte bezieht (M Wolf/Neuner, AT[11] § 58 Rn 10 f).

2. Die Auslegungsregel des Abs 2

Abs 2 gibt eine auf Verträge beschränkte **Auslegungsregel**, wonach sich die Parteien 26
im Zweifel so zu stellen haben, wie sie bei anfänglicher Gültigkeit stünden (Mugdan I 727 = Prot I 126: „Interpretationsregel"). In der Regel entspricht es ihren Interessen, den zunächst nichtigen und später wirksam gewordenen Vertrag auch in der Zeit zwischen Vertragsschluss und der späteren Bestätigung zu erfüllen. Es handelt sich nur um eine auf die Parteien beschränkte, **schuldrechtliche Rückwirkung** (BAG NJW 2005, 2333, 2334), die nicht durch Vereinbarung auf Dritte ausgedehnt werden kann (o Rn 25). Der Käufer kann etwa die Nutzungen der Kaufsache seit der Übergabe (§ 446 S 2 BGB) behalten, und der Verkäufer braucht den schon vor der Bestätigung erhaltenen Kaufpreis nicht nach § 818 Abs 1 BGB zu verzinsen (Medicus/Petersen, AT[11] Rn 533). Wird ein im Januar abgeschlossener nichtiger Pachtvertrag im Juli bestätigt, so muss der Pächter die für das abgelaufene Halbjahr anfallende Pacht entrichten. Die Früchte kann er nach § 141 Abs 2 BGB beanspruchen, wenngleich er nicht nach § 956 BGB Eigentümer geworden ist (Beispiel nach vTuhr, AT II 1 S 294).

Die Auslegungsregel des § 141 Abs 2 BGB greift nur „im Zweifel" ein. Es steht den 27
Parteien daher offen, bei der Bestätigung die Rückwirkung ganz auszuschließen oder sie zu beschränken. § 141 Abs 2 BGB kommt nicht zur Anwendung, wenn ein **abweichender Parteiwille** feststeht (RG JW 1931, 2227; Palandt/Ellenberger[79] Rn 8).

Auch kann sich aus den Umständen des konkreten Falles eine von § 141 Abs 2 BGB abweichende Rechtsfolge ergeben (RG JW 1911, 187; Soergel/Hefermehl[13] Rn 11). Abs 2 soll im Arbeitsvertragsrecht nicht auf die nach Vertragsbeginn erfolgte schriftliche Niederlegung einer **formnichtig mündlich getroffenen Befristungsabrede** (§ 14 Abs 4 TzBfG) anwendbar sein (BAGE 113, 75, 78 [= NJW 2005, 2333, 2334]; BAGE 114, 146 [= NZA 2005, 923]; BAG AuR 2008, 68 mit Anm M Lorenz; dazu zust Gregull AiB 2005, 443; Lakies NJ 2005, 383; Riesenhuber NJW 2005, 2268; Besgen/Schäfer-Gölz GesR 2007, 310; Pallasch EzA 400, 2005 § 14, 17 TzBfG; ebenso LAG Berlin-Brandenburg LAG-E 172, 2007 § 14 TzBfG; ArbG Berlin NZA-RR 2006, 464; **aA** Straub NZA 2001, 919, 927; Bauer DB 2001, 2526, 2528; Bauer/Krieger TzBfG § 14 Nr 15; Nadler/vMedem NZA 2005, 1214; Wank, in: FS Adomeit [2008] 789; zu Auflockerungstendenzen in der jüngeren Rspr des BAG ausführlich Greiner RdA 2009, 82; zur Vertragsgestaltung Lembke NJW 2006, 325; für eine Lösung durch den Gesetzgeber Janko SAE 8/2005, 340, 345). Dem stünde der Zweck des Schriftformerfordernisses entgegen. Die Befristung wird also nicht rückwirkend wirksam, sodass gemäß § 16 S 1 TzBfG ein unbefristetes Arbeitsverhältnis besteht. Doch weicht diese Rspr ohne Not von den sonst geltenden Grundsätzen ab (o Rn 19). Zudem bedeutet diese Rspr eine Falle auch für den redlichen Arbeitgeber (Bahnsen NZA 2005, 676). Wegen des von Anfang an wirksamen Arbeitsvertrages sollte § 141 BGB daher auf die nachgeholte Befristungsabrede wenigstens analog angewendet werden (Bahnsen NZA 2005, 676, 677). Wenn § 141 Abs 2 BGB auch nicht analog angewendet werden soll, so hätte mindestens die Wirkung der Fristabrede für die Zukunft angenommen werden müssen (Bucher, in: FS Konzen [2006] 31, 36).

28 Wird ein Vertrag über eine Güterzuordnung bestätigt, wie zB eine **Eigentumsübertragung** oder eine **Forderungsabtretung**, so begründet die Anwendung des § 141 Abs 2 BGB wohl einen selbstständigen Schuldvertrag zwischen den Parteien, auch wenn zwischen ihnen ursprünglich gar kein Schuldverhältnis bestanden hat (so mE mit Recht Flume, AT II 552).

29 § 141 Abs 2 BGB findet auf **einseitige Rechtsgeschäfte** keine Anwendung. Doch kann zB bei der verfrühten Kündigung einer Gesellschaft vereinbart werden, dass die Rechtsfolgen so ausgestaltet werden sollen, wie wenn das einseitige Rechtsgeschäft gültig gewesen wäre (vTuhr, AT II 1 S 294 Fn 95). Doch dürfen keine Rechtsnachteile für unbeteiligte Dritte entstehen.

VI. Prozessuales

30 Leitet eine Partei aus einem nichtigen Rechtsgeschäft Rechte her, so muss sie die Tatsachen behaupten und **beweisen**, aus denen sich eine Bestätigung ergibt (BGB-RGRK/Krüger-Nieland/Zöller[12] Rn 18; MünchKomm/Busche[8] Rn 19). Doch muss sich der Begünstigte nicht etwa auf die Bestätigung „berufen". Ergibt sich die Bestätigung aus dem Sach- und Streitstand, so ist sie von Rechts wegen (nicht: „von Amts wegen") zu berücksichtigen, ohne dass die begünstigte Partei diesen Umstand noch besonders geltend zu machen brauchte (BGH NJW 1967, 720, 721 [zu § 144]). Die tatrichterliche **Auslegung** einer von den Parteien abgegebenen Erklärung als Bestätigung kann in der Revisionsinstanz nur beschränkt überprüft werden (BGH NJW-RR 2003, 769, 770).

§ 142
Wirkung der Anfechtung

(1) Wird ein anfechtbares Rechtsgeschäft angefochten, so ist es als von Anfang an nichtig anzusehen.

(2) Wer die Anfechtbarkeit kannte oder kennen musste, wird, wenn die Anfechtung erfolgt, so behandelt, wie wenn er die Nichtigkeit des Rechtsgeschäfts gekannt hätte oder hätte kennen müssen.

Materialien: VE-AT §§ 126, 128; E I § 112; II § 113; III § 138; Jakobs/Schubert, AT I 756; Schubert, AT II 218 ff; Mot I 219 ff; Prot I 127; Mugdan I 473, 727.

Schrifttum

Beer, Die relative Unwirksamkeit (1975)
Bruck, Die Bedeutung der Anfechtbarkeit für Dritte (1900)
P Bydlinski, Die Übertragung von Gestaltungsrechten (1986)
Coester-Waltjen, Die fehlerhafte Willenserklärung, Jura 1990, 362
Derleder, Sachmängel- und Arglisthaftung nach neuem Schuldrecht, NJW 2004, 969
N Fischer, Anfechtung von Willenserklärungen im Mietrecht, WuM 2006, 3
Flume, Rechtsakt und Rechtsverhältnis (1990)
Giesen, Grundsätze der Konfliktlösung bei fehlerhaften Rechtsgeschäften, Jura 1980, 23 ff; 1981, 505 ff; 561 ff; 1984, 505 ff; 1985, 1 ff; 57 ff; 1989, 57 ff; 1990, 169 ff
Grigoleit, Abstraktion und Willensmängel – Die Anfechtbarkeit des Verfügungsgeschäfts, AcP 199 (1999) 379
Grundmann, Zur Anfechtbarkeit des Verfügungsgeschäfts, JA 1985, 80
Harder, Die historische Entwicklung der Anfechtbarkeit von Willenserklärungen, AcP 173 (1973) 209
Hergenröder, Anfechtung im Arbeitsrecht, Anfechtung 60, AR-Blattei SD, 150. Aktualisierung März 2006
Höpfner, Vertraglicher Schadensersatz trotz Anfechtung?, NJW 2004, 2865
L Jacobi, Die fehlerhaften Rechtsgeschäfte, AcP 86 (1896) 51
Th Kipp, Über Doppelwirkungen im Recht, in: FS vMartitz (1911) 211
Leenen, Die Anfechtung von Verträgen, Jura 1991, 393
ders, Willenserklärung und Rechtsgeschäft, Jura 2007, 721
ders, Willenserklärung und Rechtsgeschäft in der Regelungstechnik des BGB, in: FS Canaris, Band I (2007) 699
Mankowski, Beseitigungsrechte (2003) 25
M Müller, Beschränkung der Anfechtung auf das „Gewollte", JuS 2005, 18
Oellers, Doppelwirkungen im Recht?, AcP 169 (1969) 67
Pawlowski, Rechtsgeschäftliche Folgen nichtiger Willenserklärungen (1966)
Preiss, Die Berechtigung zur Anfechtung einer Willenserklärung in Mehrpersonenverhältnissen, JA 2010, 6
Schmidt-de Caluwe, Zur Anfechtung privater Willenserklärungen im öffentlichen Recht, insbesondere im Sozialrecht, Jura 1993, 399, 404
Schreiber, Nichtigkeit und Gestaltungsrechte. Zur Dogmatik der Doppelwirkungen im Recht, AcP 211 (2011) 35
Spiess, Zur Einschränkung der Irrtumsanfechtung, JZ 1985, 593
Steinbeck, Die Übertragbarkeit von Gestaltungsrechten (1994)
Vetter, Die Beschränkung der Teilanfechtung auf den angefochtenen Teil, MDR 1998, 573

W Weimar, Die Anspruchsgrundlagen bei Rückwirkung der Anfechtung, JR 1971, 64

ders, Die Bedeutung der Kenntnis des Anfechtungsgrundes gem § 142 Abs 2 BGB für Haftungstatbestände, MDR 1975, 116

Würdinger, Doppelwirkungen im Zivilrecht, JuS 2011, 769.

Systematische Übersicht

I. Normzweck 1

II. Anfechtbarkeit und Nichtigkeit 4

III. Abgrenzungen 6

IV. Anfechtungsrecht
1. Gestaltungsrecht 9
2. Vererblichkeit; Eintritt in ein Vertragsverhältnis 10
3. Abtretung; Verpfändung 11
4. Einrede der Anfechtbarkeit 14

V. Rechtsgeschäft
1. Gegenstand der Anfechtung 15
2. Geschäftsähnliche Handlungen; Realakte 16
3. Öffentliches Recht; Prozessrecht 17
4. Kausalgeschäft; Erfüllungsgeschäft 21
5. Akzessorische Rechtsgeschäfte 23
6. Einseitige Rechtsgeschäfte 24
7. Teilbarkeit 26
8. Anfechtung nichtiger Rechtsgeschäfte 27

VI. Wirkungen
1. Vernichtung zwischen den Parteien (Abs 1) 31
a) Rückwirkung 31
b) Gesellschaftsverträge; Arbeitsverträge 32
c) Sonstige Dauerschuldverhältnisse 36
d) Schadensersatzansprüche 37
e) Beschränkung auf den fehlerfreien Teil der Willenserklärung 38
2. Drittwirkungen (Abs 2) 39
a) Angefochtene Verfügungsgeschäfte 40
b) Angefochtene Verpflichtungsgeschäfte 42
c) Angefochtene Vollmachtserteilung 43

Alphabetische Übersicht

Abstraktionsprinzip 21
Anfechtung nach dem AnfG 8
Arbeitsverträge 34
Arglistige Täuschung und Irrtumsanfechtung 6, 28

Bereicherungshaftung 41
Bestätigung 25
Bürge 23

Doppelwirkungen 27 ff
Drohung 6

Einrede der Anfechtbarkeit 14
Erbrechtliche Sonderregelungen 7
Erfüllungsinteresse 31

Familienrechtliche Sonderregelungen 7
Fehleridentität 22
Fiktion 1

Genehmigung 24
Gesellschafter 23
Gesellschaftsverträge 32
Gesetzesverstöße 32
Gesetzgeberische Vorstellungen 9
Gestaltungsrecht 9
Gutgläubiger Erwerb 39

Haustürgeschäfte (Widerruf) 32

Insolvenzanfechtung 8
Irrtum 6

Kündigung 24, 32

Leistungskondiktion 31
Mahnung 16
Mehrere Parteien 26
Miet- und Pachtverhältnisse 36
Miete und Veräußerung 10
Minderjährige 29
Negatives Interesse 31, 37
Nichtigkeit 4
Öffentlich-rechtlicher Vertrag 17
Prozesshandlungen 18
Prozessvergleich 19
Prozessvertrag 20
Radarwarngerät 30
Rechtsgeschäft 15
Ruhestandsverhältnisse 34
Schwebende Unwirksamkeit 5
Sittenwidrigkeit 32
Sukzessivlieferungsverträge 36
Tarifvertrag 35
Teilanfechtung 26
Urlaubserteilung 34
Vaterschaftsanfechtung 7
Verlöbnis 36
Versicherungsvertrag (arglistige Täuschung) 31, 38
Vertragsbeitritt 10
Vertragsnachfolger 10
Vertrauensschaden 37
Vollmachtserteilung 42
Widerruf (und Sittenwidrigkeit) 30
Wirkung auf Dritte 2
Wirkung und Tatbestand 3
Zahlungsofferte 16
Zedent, Zessionar 11, 13

I. Normzweck

1 § 142 Abs 1 BGB legt in der Formulierung einer **Fiktion** die Wirkungen der Anfechtung eines Rechtsgeschäftes fest (näher Mankowski 31 f). Die Norm bezweckt die rückwirkende Beseitigung der Mängel, die in der fehlenden Übereinstimmung von Wille und Erklärung bestehen (Spiess JZ 1985, 593, 599). Nach den Vorstellungen des Gesetzgebers sollte das anfechtbare Rechtsgeschäft in die Lage kommen, „als wenn es nicht vorgenommen worden wäre" (so die Formulierung des VE-AT § 126). Das Geschäft hänge ab „von einer auflösend wirkenden Gesetzesbedingung, deren Eintritt kraft positiv gesetzlicher Bestimmung rückwirkende Kraft hat" (Vorlage der Redaktoren für die erste Kommission bei Schubert, AT II 219; zust BGH NJW-RR 1987, 1456; aber u Rn 5). Die Anfechtung beseitigt die zunächst eingetretenen Rechtsfolgen in der Regel **rückwirkend** (ex tunc).

2 § 142 Abs 2 BGB regelt in erster Linie die Wirkung der Anfechtung auf **Dritte** (u Rn 39 ff; zu akzessorischen Rechtsgeschäften u Rn 23). Der Dritte wird behandelt, wie wenn er von einem Nichtberechtigten erworben hätte, indem seine Unredlichkeit hinsichtlich der Anfechtbarkeit auf die später eintretende Nichtigkeit des Rechtsgeschäfts bezogen wird. Abs 2 gewinnt vor allem Bedeutung für die Beschränkung des **gutgläubigen Erwerbs** durch einen Dritten, dessen Vormann seinerseits aufgrund eines anfechtbaren Rechtsgeschäfts ein Recht erworben hat (Flume, AT II 558; Bamberger/Roth/Hau/Poseck/Wendtland[4] Rn 1; PWW/Ahrens[15] Rn 1; NK-BGB/Feuerborn[3] Rn 1; u Rn 38 ff). Daneben hat die Norm auch Bedeutung für das Verhältnis der Anfechtungsparteien. So ist es etwa dem Anfechtungsgegner verwehrt, dass er sich nach

Anfechtung des Kausalgeschäfts auf den Wegfall der Bereicherung beruft, wenn er die Anfechtbarkeit kannte oder kennen musste (§§ 819 Abs 1, 142 Abs 2, 818 Abs 4 BGB).

3 § 142 BGB bestimmt die **Wirkungen** der Anfechtung vor deren Tatbestand (§ 143 BGB) (MünchKomm/BUSCHE[8] Rn 1). Die betreffenden *Anfechtungsrechte* sind anderweitig in den §§ 119 ff BGB geregelt und werden in § 142 BGB vorausgesetzt. Bei der Prüfung der Anfechtung im Fallaufbau ist mit § 142 Abs 1 BGB zu beginnen (SEIDL/ZIMMERMANN Jura 1993, 34, 36 Fn 23).

II. Anfechtbarkeit und Nichtigkeit

4 Die Anfechtbarkeit bildet einen Teilausschnitt aus der Lehre von der **Wirksamkeit der Rechtsgeschäfte**. Sie ist insbes zu unterscheiden von der durch das BGB nicht definierten Nichtigkeit. Die Nichtigkeit bedeutet den stärksten Grad der Unwirksamkeit (MEDICUS/PETERSEN, AT[11] Rn 487). Sie verhindert schon ein wirksames Zustandekommen des Rechtsgeschäfts. Im Unterschied dazu lässt die bloße Anfechtbarkeit die Unwirksamkeit des fehlerhaften Rechtsgeschäfts nicht von selbst eintreten. Die Anfechtbarkeit ist Ausfluss der **Privatautonomie**, da die Unwirksamkeit von der Anfechtung durch den Anfechtungsberechtigten abhängt (MANKOWSKI 28). Dagegen beruht die Unwirksamkeit der Nichtigkeit auf Gesetz (zB §§ 134, 138, 125, 105 BGB).

5 Solange nicht angefochten wurde, bleibt das anfechtbare Rechtsgeschäft unbeschränkt gültig (etwa BGH NJW-RR 1987, 1456; PWW/AHRENS[15] Rn 1). Es ist daher wenig sachgerecht, das anfechtbare Rechtsgeschäft als „schwebend nichtig" anzusehen, auch wenn die Gesetzesmaterialien eher ein solches Verständnis nahelegen (o Rn 1; wie FLUME, AT II 557 gegen ENNECCERUS/NIPPERDEY, AT[15] I 2 S 1213). Der Übergang von der Wirksamkeit in die Unwirksamkeit durch Anfechtung legte im Übrigen eher ein Verständnis iSe **„schwebenden Wirksamkeit"** wie bei einer auflösenden Bedingung (§ 158 Abs 2 BGB) nahe. Doch gibt es auch insoweit Unterschiede: Die Entscheidung über die Anfechtung trifft der Urheber der fehlerhaften Erklärung. Dagegen kommt sie bei schwebender Nichtigkeit oder schwebender Wirksamkeit in der Regel von außen (MEDICUS/PETERSEN, AT[11] Rn 492).

III. Abgrenzungen

6 Die Anfechtbarkeit des § 142 BGB bezieht sich auf die Tatbestände des Irrtums (§ 119 BGB), der Drohung und der arglistigen Täuschung (§ 123 BGB). In diesen Fällen ist es sinnvoll, dass die Entscheidung über die Geltung des Rechtsgeschäfts von der privatautonomen Entscheidung des **Urhebers** der Willenserklärung abhängt. Weitere Anfechtungsmöglichkeiten sind geregelt in den §§ 1954, 1956, 2078 ff, 2281 ff und § 2308 BGB. Die §§ 1954 ff BGB bilden lediglich eine spezielle Regelung für *Form und Frist* der Anfechtung. Die Anfechtungsgründe sind dagegen den §§ 119 ff BGB zu entnehmen.

7 Die Regelung der §§ 142 ff BGB ist nicht maßgeblich für die familienrechtlichen Sondervorschriften der **Vaterschaftsanfechtung** nach den §§ 1599 ff BGB (§ 169 Nr 4 FamFG). Zudem wird die Anfechtung hier durch ein Gestaltungsklagerecht („Ge-

staltungsantragsrecht") ausgeübt und endet mit einem rechtskräftigen Gestaltungsausspruch (dazu BGH NJW 1999, 1632; jetzt Beschluss nach § 184 FamFG). Außerhalb der §§ 142 ff BGB liegt auch die Anfechtung des Erbschaftserwerbs wegen **Erbunwürdigkeit** nach den §§ 2340 ff BGB. Hier soll der Erwerb der schon angefallenen Erbschaft wieder beseitigt werden. Das gilt auch für den Erwerb durch den gesetzlichen Erben. Bei der Adoption liegt wegen des **Dekretsystems** (§ 1752 BGB) schon kein privates Rechtsgeschäft vor, wie es in § 142 BGB vorausgesetzt ist.

Die **Insolvenzanfechtung** nach den §§ 129 ff InsO und den §§ 1 ff AnfG hat mit § 142 BGB nichts zu tun (Erman/Arnold[15] Rn 1). Das gilt sowohl für die Voraussetzungen als auch für die Art der Durchführung. Es geht vielmehr darum, einen anfechtbar weggegebenen Insolvenzgegenstand wieder in die Insolvenzmasse zurückzuholen (§ 143 InsO) oder darum, einem titulierten Gläubiger die Zwangsvollstreckung in einen derartigen Gegenstand zu gestatten (§§ 11, 2 AnfG). Die Anfechtung muss in beiden Fällen klage- oder einredeweise (§§ 146 Abs 2 InsO, 9 AnfG) geltend gemacht werden. Im *Strafrecht* gilt § 142 Abs 1 BGB nicht (OLG Hamm NJW 1967, 1344 [LS] gegen OLG Frankfurt NJW 1967, 262). 8

IV. Anfechtungsrecht

1. Gestaltungsrecht

Das Anfechtungsrecht ist ein **Gestaltungsrecht** des Anfechtungsberechtigten. Es handelt sich um eine formfreie empfangsbedürftige Willenserklärung (näher u § 143 Rn 6). Mit der Ausübung wird die anfechtbare Willenserklärung **rückwirkend** nichtig. 9

2. Vererblichkeit; Eintritt in ein Vertragsverhältnis

Das Anfechtungsrecht ist **vererblich**. Daneben ist ein Übergang auch in den anderen Fällen einer umfassenden Rechtsnachfolge zu bejahen (Medicus/Petersen, AT[11] Rn 714; Preiss JA 2010, 6, 13). Tritt eine Partei in ein Vertragsverhältnis ein, so geht das Anfechtungsrecht auf den Eintretenden über, wenn nur er von der Anfechtung betroffen wird (Flume, AT II 561). Wird ein **vermietetes Grundstück** veräußert (§ 566 BGB), so steht das Anfechtungsrecht Veräußerer und Erwerber nur gemeinsam zu, weil sie beide von der Anfechtung betroffen werden (so M Wolf/Neuner, AT[11] § 41 Rn 19). Der Veräußerer haftet nach § 566 Abs 2 BGB als Bürge zunächst weiter (Medicus/Petersen, AT[11] Rn 714; Flume, AT II 561). Das Anfechtungsrecht wird also weder bei dem Urheber des Rechtsgeschäfts belassen (so vTuhr, AT II 1 S 307 zu Anm 67), noch geht es allein auf den **Vertragsnachfolger** über (so Hübner, AT[2] Rn 516), noch wird jedem das Anfechtungsrecht zugestanden. Die hier vertretene Lösung entspricht dem Rechtsgedanken des § 351 BGB (zustimmend Preiss JA 2010, 6, 11). 10

3. Abtretung; Verpfändung

Das Anfechtungsrecht ist an die **Person des Erklärenden** gebunden, soweit es dessen Entschließungsfreiheit sichern soll. Es kann daher nicht selbstständig übertragen oder verpfändet werden (hL, M Wolf/Neuner, AT[11] § 41 Rn 19; Medicus/Petersen, AT[11] Rn 715; Flume, AT II 561; dagegen P Bydlinski 45 ff; MünchKomm/Busche[8] Rn 7; Steinbeck 111 f; zweifelnd Preiss JA 2010, 6, 11). Da das Anfechtungsrecht nicht abgetreten werden 11 kann, geht es bei der Abtretung (§ 398 BGB) von Rechten aus einem Rechtsgeschäft nicht auf den Zessionar über. Es steht aber wohl nichts entgegen, die *Ausübung* des Anfechtungsrechts zu gestatten (so BGB-RGRK/Krüger-Nieland/Zöller[12] Rn 7; str, Nachweise bei Preiss JA 2010, 6, 12). Die Rspr lässt die ausdrückliche oder stillschweigende Mitabtretung von Anfechtungsrechten zu (BGH 24. 1. 2019 – I ZR 160/17, NJW 2019, 1597 Rn 42).

12 Das Anfechtungsrecht kann auch nicht selbstständig **gepfändet** werden. Übereignet A an B anfechtbar eine Sache, so kann der Gläubiger C des A nichts tun, um diese Sache zum Zweck der Vollstreckung wieder dem Schuldnervermögen des A zuzuführen. Er kann das Anfechtungsrecht des A nicht pfänden und sich zur Ausübung überweisen lassen. Doch ist dieses Ergebnis hinnehmbar (Medicus/Petersen, AT[11] Rn 715): Bei einer Irrtumsanfechtung (§§ 119, 120 BGB) ist für den Schuldner A wohl regelmäßig schon nach § 121 BGB Fristversäumung eingetreten („unverzüglich"). Bei einem auf § 123 BGB beruhenden Anfechtungsrecht kann C bei A den sich aus der Täuschung oder Drohung ergebenden Deliktsanspruch pfänden und sich überweisen lassen.

13 Aus dem Gesagten ergibt sich ohne Weiteres, dass bei **Abtretungen** alleine der Zedent **Anfechtungsgegner** bleibt (RGZ 86, 305, 310; MünchKomm/Busche[8] Rn 7).

4. Einrede der Anfechtbarkeit

14 Es gibt keine „Einrede der Anfechtbarkeit". So kann der Anfechtungsberechtigte nicht etwa die Leistung mit der Begründung verweigern, ihm stehe ein Anfechtungsrecht zu, wenn er nicht anficht. Ist die Anfechtungsfrist versäumt, so bleibt aber die **Arglisteinrede** aus § 853 BGB (RG JW 1928, 2972). Im Übrigen muss sich der Anfechtungsberechtigte für oder gegen die Ausübung seines Anfechtungsrechts entscheiden (zutreffend MünchKomm/Busche[8] Rn 8; P Schlosser JuS 1966, 257, 266 f).

V. Rechtsgeschäft

1. Gegenstand der Anfechtung

15 Angefochten wird die fehlerhafte Willenserklärung mit der Folge des § 142 Abs 1 BGB, dass dasjenige **Rechtsgeschäft**, das auf der angefochtenen Willenserklärung beruht, rückwirkend vernichtet wird. Angefochten wird also nicht der Vertrag selbst, sondern die auf den Abschluss des Vertrages gerichtete **Willenserklärung** (Flume, AT II 421; Bork, AT[4] Rn 915; Brox/Walker, AT[42] § 18 Rn 38; Mankowski 26 f; Coester-Waltjen Jura 2006, 348, 349; N Fischer WuM 2006, 3, 4). Die Gegenthese sieht dagegen bei einem Vertrag als Gegenstand der Anfechtung nicht die einzelne Willenserklärung an, sondern das Rechtsgeschäft Vertrag (so Leenen Jura 1991, 393, 398; ders Jura 2007, 721, 727; ders, in: FS Canaris [2007] 699, 715; Petersen, in: FS Leenen [2012] 219, 220; Köhler, AT[41] § 7 Rn 69). Doch ergeben sich aus dieser Betrachtungsweise wenigstens keine praktischen Fortschritte. Die aus dieser Meinung abgeleitete Konsequenz betrifft in erster Linie die Rechtsfolgen einer *Umdeutung* nach § 140 BGB. Unrichtig sei danach die hL, wonach die Umdeutung eines infolge einer Anfechtung nichtigen Rechtsgeschäfts ausscheide. Nach ihr sei die Willenserklärung wegen der Anfechtung derartig beseitigt, dass sie sich nicht mehr als Grundlage für ein Ersatzgeschäft eigne (Leenen

Jura 1991, 393, 397). Doch sollte diese anfechtbare Konsequenz der hL nicht von der genannten Unterscheidung abhängig gemacht werden (o § 140 Rn 15).

2. Geschäftsähnliche Handlungen; Realakte

§ 142 BGB findet auch auf geschäftsähnliche Willensäußerungen wie Zahlungsaufforderungen oder **Mahnungen** Anwendung, deren Rechtsfolgen an sich durch das Gesetz bestimmt werden (BGHZ 47, 352, 357; PALANDT/ELLENBERGER[79] Rn 1; BGB-RGRK/KRÜGER-NIELAND/ZÖLLER[12] Rn 2). Das Ergebnis beruht auf deren Ähnlichkeit mit Willenserklärungen. Ausgeschlossen ist aber die Anfechtung von *Tathandlungen* (BGH NJW 1952, 417 [Widerruf ehrkränkender Behauptungen]; PALANDT/ELLENBERGER[79] Rn 1). 16

3. Öffentliches Recht; Prozessrecht

Auf öffentlich-rechtliche **Verträge** (§ 59 VwVfG) werden die §§ 119 ff, 142 ff BGB entsprechend angewendet, auch wenn diese Normen naturgemäß in erster Linie für privatrechtliche Rechtsgeschäfte Geltung beanspruchen wollen. Im Übrigen kommen die Anfechtungsregeln des bürgerlichen Rechts im öffentlichen Recht grundsätzlich zur Anwendung (Abweichungen werden erörtert durch SCHMIDT-DE CALUWE Jura 1993, 399). 17

Prozesshandlungen der Parteien sind wegen Willensmängeln nicht anfechtbar, weil in den Prozess ansonsten Rechtsunsicherheit hineingetragen würde (RGZ 69, 261; 156, 70, 73; BGH NJW 1963, 957; ROSENBERG/SCHWAB/GOTTWALD, ZPO[18] § 63 Rn 4; **aA** vor allem ARENS, Willensmängel bei Parteihandlungen im Zivilprozeß [1968] 115 ff, 205 ff). Es kommt auch keine analoge Anwendung der Irrtumsvorschriften in Betracht. Nicht angefochten werden können daher etwa der Klageantrag (BGH NJW 1963, 957), das Anerkenntnis (BGH NJW 1981, 2193), die Klagerücknahme (RG WarnR 1916, 144), die Rechtsmitteleinlegung sowie deren Rücknahme oder Verzicht (OLG Karlsruhe NJW 1975, 1933; BGH NJW 1991, 2839; 1985, 2335). 18

Der **Prozessvergleich** ist dagegen bei Vorliegen eines Willensmangels anfechtbar, da er nach hL zugleich privatrechtliche und prozessrechtliche Wirkungen entfaltet. Voraussetzung ist ein Willensmangel in der Person eines Vergleichsschließenden (BGHZ 41, 310, 311; 28, 171, 176; ROSENBERG/SCHWAB/GOTTWALD, ZPO[18] § 131 Rn 59). Ausreichend ist eine Drohung durch das Gericht (BGH JZ 1966, 753). Eine Täuschung des Gerichts genügt dagegen nicht (RGZ 153, 56 f). 19

Prozessverträge können gleichfalls nach den §§ 119 ff BGB angefochten werden, solange nicht eine unverrückbare prozessuale Lage verfestigt ist (ROSENBERG/SCHWAB/GOTTWALD, ZPO[18] § 66 Rn 16). Zu nennen sind Prorogationsverträge (§ 38 ZPO), Schiedsvereinbarungen (§ 1029 ZPO), die Unterwerfung unter die sofortige Zwangsvollstreckung (§ 794 Abs 1 Nr 5 ZPO) sowie vor allem die gesetzlich nicht geregelten Klage- und Rechtsmittelrücknahmeversprechen (weitere Fälle bei ROSENBERG/SCHWAB/GOTTWALD, ZPO[18] § 66 Rn 4; SCHIEDERMAIR, Vereinbarungen im Zivilprozeß [1935] 147 ff; ARENS, Willensmängel bei Parteihandlungen im Zivilprozeß [1968] 85 ff; teils weiter einschränkend HENCKEL, Prozeßrecht und materielles Recht [1970] 76 f, 410; BAUMGÄRTEL, Wesen und Begriff der Prozeßhandlung einer Partei im Zivilprozeß [1957] 118 f). 20

4. Kausalgeschäft; Erfüllungsgeschäft

21 Aufgrund des Trennungs- und **Abstraktionsprinzips** ist das dingliche Erfüllungsgeschäft nicht schon deshalb unwirksam, weil die schuldrechtliche Verpflichtung unwirksam ist. Deshalb bleibt das dingliche Erfüllungsgeschäft bei der Anfechtung des Kausalgeschäfts grundsätzlich unberührt (M Wolf/Neuner, AT[11] § 29 Rn 67).

22 Im Falle einer **Fehleridentität** kann auch das dingliche Rechtsgeschäft angefochten werden, da dann beide Geschäfte von demselben Anfechtungsgrund betroffen sind (dazu Haferkamp Jura 1998, 511). So liegt es etwa, wenn sich der Irrtum über eine wesentliche Eigenschaft (§ 119 Abs 2 BGB) sowohl auf das Erfüllungs- wie auf das Verpflichtungsgeschäft bezieht (Medicus/Petersen, AT[11] Rn 253; **aA** ausführlich Grigoleit AcP 199 [1999] 379, 396 ff mwNw). Häufiger liegt Fehleridentität bei einer widerrechtlichen Drohung und bei einer arglistigen Täuschung (§ 123 BGB) vor, wenn der durch die Täuschung hervorgerufene Irrtum oder die durch die Drohung bewirkte Zwangslage im Zeitpunkt der Verfügung noch andauern (dazu RGZ 66, 385, 390; 69, 13, 17; OLG Hamm VersR 1975, 814; Grigoleit AcP 199 [1999] 379, 404 ff). Vergleichbar kann es liegen, wenn Grund- und Erfüllungsgeschäft aufgrund des Parteiwillens zu einem einheitlichen Rechtsgeschäft zusammengefasst sind (BGHZ 31, 321, 323 [Schuldübernahmevertrag]; Spellenberg/Leible Jura 1993, 656, 661). Doch ist hierbei Zurückhaltung geboten (o § 139 Rn 54 ff).

5. Akzessorische Rechtsgeschäfte

23 Mit der wirksamen Anfechtung eines Rechtsgeschäfts entfallen auch die Wirkungen **akzessorischer** Rechtsgeschäfte. Doch kann die Anfechtbarkeit des Hauptgeschäfts eine *dilatorische Einrede* begründen. So entsteht etwa aus der Anfechtbarkeit eine Einrede für den Bürgen (§ 770 Abs 1 BGB), den Eigentümer des mit einer Hypothek belasteten Grundstücks (§ 1137 Abs 1 S 1 BGB) und den Verpfänder (§ 1211 Abs 1 S 1 BGB). Nach § 129 HGB erhält der Gesellschafter eine Einrede wegen des Anfechtungsrechts der Gesellschaft (Flume, AT II 559; auch H Roth, Die Einrede des Bürgerlichen Rechts [1988] 223 [zu § 770]). In allen Fällen erlischt die Einrede, wenn eine Anfechtung nicht mehr möglich ist.

6. Einseitige Rechtsgeschäfte

24 Auch einseitige Rechtsgeschäfte, wie zB eine **Kündigung**, können angefochten werden (BAG ZIP 2007, 1618 Rn 20: Widerspruch nach § 613a Abs 4). Anfechtbares Rechtsgeschäft kann auch die **Anfechtung** selbst sein. Die wegen des angefochtenen Rechtsgeschäfts zunächst eingetretene Rechtsgestaltung ist dann rückwirkend nicht eingetreten. Der aufgrund der ersten Anfechtung mit Rückwirkung nichtige Kaufvertrag wird jetzt auch für die verflossene Zeit wieder in Geltung gesetzt: „Negation der Negation" (M Wolf/Neuner, AT[11] § 41 Rn 141 f). Wird eine Genehmigung (§ 184 Abs 1 BGB) angefochten, so wird darin in aller Regel die endgültige Verweigerung der Genehmigung zu sehen sein. Das Rechtsgeschäft wird jetzt endgültig unwirksam (M Wolf/Neuner, AT[11] § 41 Rn 142).

25 Ist wirksam angefochten worden und liegt in Bezug auf die Anfechtungserklärung kein Anfechtungsgrund vor, so ist **keine einseitige Rücknahme** der Anfechtung mehr möglich (RGZ 74, 1, 3). Es bleibt die Bestätigung nach § 141 BGB mit der für Verträge in dessen Abs 2 ermöglichten schuldrechtlichen Rückwirkung.

7. Teilbarkeit

26 Bei teilbaren Rechtsgeschäften ist eine **Teilanfechtung** grundsätzlich zulässig (zur Teilbarkeit o § 139 Rn 60 ff). Voraussetzung ist, dass nur ein Teil durch den Anfechtungsgrund betroffen ist (RGZ 56, 423; 62, 184, 186; 76, 306, 312; BGH MDR 1973, 653). Die Rechtsfolgen ergeben sich aus § 139 BGB. Wird die Anfechtungserklärung unter der Voraussetzung abgegeben, dass der Bestand des Rechtsgeschäfts im Übrigen wirksam bleibe, so ist die Teilanfechtung wegen ihrer Verbindung mit einer unzulässigen Bedingung wirkungslos (RGZ 146, 234; **aA** Vetter MDR 1998, 573). Wenn **mehrere Parteien** an einer Seite des Rechtsgeschäfts beteiligt sind, so kann ein jeder seine Erklärung selbstständig anfechten (RGZ 56, 423).

8. Anfechtung nichtiger Rechtsgeschäfte

27 Es ist bis heute streitig geblieben, ob ein bereits nichtiges Rechtsgeschäft gleichwohl angefochten werden kann, um Rechtsnachteile für den Anfechtenden zu vermeiden. Unabhängig von der Stellungnahme zu der (fälschlich) sog **„Doppelwirkung“** steht es den Parteien im Prozess frei, sich mit einer auf § 119 BGB oder auf § 123 BGB gestützten Anfechtung zu verteidigen, wenn das Rechtsgeschäft etwa nach §§ 134, 138 BGB nichtig ist, diese Nichtigkeit aber schwerer nachweisbar ist (BGH LM Nr 2; zust BGB-RGRK/Krüger-Nieland/Zöller[12] Rn 11; Medicus/Petersen, AT[11] Rn 730).

28 Richtigerweise ist auch eine **Anfechtung wegen Täuschung** (§ 123 BGB) möglich, wenn zunächst nur wegen eines Irrtums (§ 119 BGB) angefochten worden ist, und der arglistig Getäuschte die Täuschung erst später entdeckt. Die zweite Anfechtung vermeidet die ungünstige Rechtsfolge des § 122 BGB. Doch hilft zu diesem Ergebnis auch schon eine offene Gesetzesauslegung, ohne dass auf die von Kipp begründete Lehre (Kipp, in: FS vMartitz [1911] 211 ff) von den Doppelwirkungen im Recht zurückgegriffen werden müsste (MünchKomm/Busche[8] Rn 12; BGB-RGRK/Krüger-Nieland/Zöller[12] Rn 11; Soergel/Hefermehl[13] Rn 7; Oellers AcP 169 [1969] 67).

29 Mit einer **offenen Gesetzesauslegung** kann auch der folgende von Kipp herangezogene Fall gelöst werden: Der beschränkt geschäftsfähige A veräußert ohne Zustimmung seines gesetzlichen Vertreters eine bewegliche Sache an B, der den A arglistig täuscht. B übereignet die Sache weiter an C, der zwar hinsichtlich der Täuschung bösgläubig ist, hinsichtlich der Minderjährigkeit aber gutgläubig. Die Veräußerung A – B ist hier wegen § 108 BGB nichtig. Da C in Bezug auf diesen Nichtigkeitsgrund gutgläubig war, scheint § 932 BGB einen gutgläubigen Erwerb zu ermöglichen. Hält man das nichtige Geschäft für unanfechtbar, so scheint § 142 Abs 2 BGB, der die Anfechtung voraussetzt, den gutgläubigen Erwerb nicht verhindern zu können. In diesem Falle stünde C besser, als wenn er von einem voll Geschäftsfähigen erworben hätte. Dieser *Wertungswiderspruch* kann mit Kipp vermieden werden, wenn man die nichtige Veräußerung A – B für anfechtbar hält (dafür Flume, Rechtsakt und Rechtsverhältnis [1990] 12 f; dagegen Pawlowski 104). Zum gewünschten (und allein sinnvollen) Ergebnis kann man auch gelangen, wenn die Redlichkeit für den Erwerb vom Nichtberechtigten schon verneint wird, wenn der Erwerber bloß hinsichtlich eines mögli-

chen Grundes für die Nichtberechtigung des Veräußerers unredlich ist (MEDICUS/PETERSEN, AT[11] Rn 729). Dieser Ansatz ist ebenso gesetzesnah wie die Anfechtbarkeit und als die einfachere Lösung vorzuziehen (**aA** BORK, AT[4] Rn 928; Falllösung durch LIEDER JuS 2014, 1009, 1014). Jenseits dieser Fälle spricht nichts Entscheidendes gegen die Aufstellung des Grundsatzes, dass eine **Anfechtung nichtiger Geschäfte** möglich ist, wenn der Anfechtende dadurch für ihn ungünstige Rechtsfolgen des nichtigen Geschäfts vermeiden kann (grundsätzlich bejahend BGH NJW 2009, 3655, 3658; FLUME, AT I 1, 13; MEDICUS/PETERSEN, AT[11] Rn 729 aE; SOERGEL/HEFERMEHL[13] Rn 7; PALANDT/ELLENBERGER[79] Rn 1; JAUERNIG/MANSEL[17] vor § 104 Rn 22; BORK, AT[4] Rn 928; MünchKomm/BUSCHE[8] Rn 12).

30 Der Grundsatz der Doppelwirkung lässt sich dagegen nicht zur Lösung der Frage heranziehen, ob ein nichtiger Vertrag gleichwohl widerrufen werden kann, weil der **Widerruf** für den **Verbraucher** günstigere Rechtsfolgen aufweist als eine Rückabwicklung nach Bereicherungsrecht. So kann der Verbraucher bei dem mit dem Verdikt der **Sittenwidrigkeit** (§ 138 Abs 1 BGB) belegten Kauf eines Radarwarngerätes im Fernabsatz den gezahlten Kaufpreis wegen § 817 S 2 BGB nicht kondizieren, wogegen die Rückabwicklung nach Widerrufsrecht nicht scheitert (§ 355 Abs 3 BGB). Letztere Möglichkeit hat die Rspr gewählt (BGH NJW 2010, 610 mit weiterführender Anm PETERSEN JZ 2010, 315; FAUST JuS 2010, 442, 443). Vielmehr muss der Zweck der Nichtigkeitsnorm entscheiden. Werden bei einem sittenwidrigen Verhalten des Verbrauchers auch öffentliche Zwecke verfolgt, so ist eine Besserstellung des Verbrauchers durch ein Widerrufsrecht nicht zu begründen (ST LORENZ, in: Gedschr M Wolf [2011] 77; CH SCHREIBER AcP 211 [2011] 35, 47; WÜRDINGER JuS 2011, 769, 773). Anders mag es liegen, wenn die eine Nichtigkeit anordnende Norm vergleichbar dem Widerrufsrecht die Privatautonomie des Verbrauchers schützt.

VI. Wirkungen

1. Vernichtung zwischen den Parteien (Abs 1)

a) Rückwirkung

31 Zwischen den am Rechtsgeschäft Beteiligten führt die Anfechtung zur **rückwirkenden Vernichtung** des Rechtsgeschäfts, „das auf der angefochtenen Willenserklärung beruht" (so die Formulierung von MEDICUS/PETERSEN, AT[11] Rn 726; ferner LG Wuppertal VerBAV 1969, 27). Sind die Leistungen bereits ausgetauscht worden, so können sie über die *Leistungskondiktion* des § 812 Abs 1 S 1 Alt 1 BGB zurückgefordert werden (BGH NJW-RR 1993, 1463; OLG Hamm VersR 1982, 248). Aus der Wirkung ex tunc ergibt sich die Nichtanwendbarkeit der condictio ob causam finitam (§ 812 Abs 1 S 2 Alt 1 BGB). Nach dem Eintritt des **Erbfalles** kann eine Anfechtung einen Erbverzicht nicht mehr rückwirkend beseitigen. Deshalb kann ein Erb- und Pflichtteilsverzichtsvertrag nach dem Eintritt des Erbfalles nicht mehr angefochten werden (BGH NJW-RR 1993, 708, 709). Nur ganz ausnahmsweise wird die Nichtigkeitsfolge des § 142 Abs 1 BGB nach einer Anfechtung wegen **arglistiger Täuschung** aufgrund des Einwands der unzulässigen Rechtsausübung (§ 242 BGB) vermieden werden können (mit Recht abgelehnt durch BGH NJW 1985, 2579, 2580; aber auch u Rn 38). Bereits aufgelaufene Verpflichtungen wie zB Zinsen fallen durch die Anfechtung weg. Die Nichtigkeit tritt ein, ohne dass es dazu irgendeiner Mitwirkung des Anfechtungsgegners bedarf. Nichtigkeit bedeutet im Übrigen nicht die Nichtexistenz eines Rechtsgeschäfts, sondern nur die **„Nichtgeltung"** im Hinblick auf den Anfechtungsgrund (FLUME, AT II

566). Nach der Anfechtung kann allenfalls noch das **negative Interesse** und nicht das Erfüllungsinteresse geltend gemacht werden (MünchKomm/Busche[8] Rn 15; Palandt/Ellenberger[79] Rn 2). Es geht daher zu weit, dem arglistig getäuschten Käufer trotz der Anfechtung den Geldanspruch auf das Erfüllungsinteresse zu gewähren (so aber Flume, AT II 568; BGB-RGRK/Krüger-Nieland/Zöller[12] Rn 23; dagegen Medicus/Petersen, AT[11] Rn 806; u Rn 37). Eine Änderung der Rechtslage ist insoweit auch durch § 325 BGB nicht eingetreten. Weder Wortlaut, Gesetzesgeschichte noch Normzweck lassen anderes erkennen (Höpfner NJW 2004, 2865; **aA** Derleder NJW 2004, 969, 970). Wird ein **Versicherungsvertrag** angefochten, so beseitigt die Anfechtung auch die Ansprüche der (redlichen) Mitversicherten (OLG Düsseldorf ZIP 2006, 1677). Die Anfechtung eines **Änderungsvertrages** lässt den geänderten Vertrag bestehen (OLG Saarbrücken NJW-RR 2007, 1398, 1400).

b) Gesellschaftsverträge; Arbeitsverträge

Mit Recht wird heute überwiegend vertreten, dass die Anfechtungsfolgen des Bürgerlichen Rechts wegen ihrer Rückwirkung auf den Abschluss des Rechtsgeschäfts für **Gesellschaftsverhältnisse** nicht passen, soweit sie auf mangelhafter Vertragsgrundlage durchgeführt worden sind. Voraussetzung für die Einschränkung der Anfechtungswirkungen ist jedoch, dass eine Vereinbarung überhaupt vorliegt. In diesem Fall ist der Anfechtungsgrund für die Vergangenheit nicht voll zu beachten, und es wird die Rückwirkung der Anfechtung ausgeschlossen. Die Unwirksamkeitsgründe werden durch **Kündigung aus wichtigem Grund** für die Zukunft (BGHZ 55, 5, 8 [typische Form der stillen Gesellschaft]) oder durch **richterliches Gestaltungsurteil** nach § 133 HGB geltend gemacht (BGHZ 3, 285, 291 [KG]). Die genannten Grundsätze sind angewendet worden auf die Gründergesellschaft einer GmbH (BGHZ 13, 320), die Beitrittserklärung zu einer Genossenschaft (RGZ 68, 344, 348; BGH DB 1976, 861), den Beitritt zu einer KG (BGH NJW 1973, 1604 [fristlose Kündigung]) oder einer BGB-Gesellschaft (OLG Frankfurt NJW-RR 1994, 1321) sowie auf die Vereinbarung über das Ausscheiden eines Gesellschafters (BGH LM § 138 Nr 11). Nach zutreffender Auffassung werden die Grundsätze der fehlerhaften Gesellschaft auch im Falle des Widerrufs nach § 312b BGB nF (früher HWiG) bei **Haustürgeschäften** angewendet (BGH NZG 2008, 460 [Vorlagebeschluss nach Art 234 EG]; dazu Kl-R Wagner NZG 2008, 447; ebenso EuGH NJW 2010, 1511 [E Friz GmbH/Carsten von der Heyden] mit Anm Miras; Umsetzung durch BGH NJW 2010, 3096; zust H Roth, in: Egon Lorenz [Hrsg], Karlsruher Forum 2011: Verbraucherschutz – Entwicklungen und Grenzen [Vers-Schriften 47], 5, 51 f). Doch finden die Grundsätze der **fehlerhaften Gesellschaft** im Falle des vollzogenen fehlerhaften **Gesellschafterwechsels** keine Anwendung, wenn die Abtretung eines GmbH-Anteils wegen arglistiger Täuschung oder Irrtums angefochten wird. Es bleibt hier bei der Rückwirkung des § 142 Abs 1 BGB (BGH NJW 1990, 1915 m zust Anm Heinemann EWiR § 16 GmbHG 1/91, 65 gegen BGH WM 1975, 512). Das Gleiche gilt für den Kauf eines GmbH-Anteils (BGH NJW-RR 1998, 1406). § 16 Abs 1, 2 GmbHG sorgt für den Schutz von Gesellschaftern und Mitgesellschaftern und der Schutz von möglichen Erwerbern wird durch § 16 Abs 3 GmbHG gesichert (Baumbach/Hueck/Fastrich, GmbHG[21] § 15 Rn 29). 32

Grenzen der Nichtbeachtung des Unwirksamkeitsgrundes werden gezogen, wenn ihr gewichtige **Interessen der Allgemeinheit** oder einzelner **schutzwürdiger Personen** entgegenstehen. Dabei handelt es sich etwa um grobe Sittenwidrigkeiten (§ 138 BGB), Gesetzesverstöße (§ 134 BGB) oder um die Mitwirkung Minderjähriger oder Geschäftsunfähiger (BGHZ 159, 280, 291; 55, 5, 9; 3, 285, 288; 26, 330, 334; BGH NZG 2008, 460; 33

MünchKomm/Busche[8] Rn 17, 19; Medicus/Petersen, AT[11] Rn 255; Flume, AT I 1, 13 ff; Wiedemann, Gesellschaftsrecht 147 ff; Palandt/Ellenberger[79] § 119 Rn 5).

34 Vergleichbaren Grundsätzen unterliegt die Anfechtung von **Arbeitsverträgen**. Die Anfechtung wegen Irrtums wirkt bloß für die Zukunft, wenn das Arbeitsverhältnis schon in Vollzug gesetzt worden ist (BAG AP § 119 Nr 3 m Anm G Küchenhoff; Hergenröder Rn 77). Dadurch können Schutznormen zugunsten des Arbeitnehmers weiterhin ihre Wirkung entfalten (Jenak SGb 2010, 8, 13). Das Gleiche wurde früher auch angenommen, wenn wegen Täuschung nach § 123 BGB (BAG AP § 123 Nr 2) oder Drohung (BAG AP § 123 Nr 18) angefochten worden ist. Das war freilich wegen der Schutzwürdigkeit des Getäuschten oder Bedrohten von vornherein zweifelhaft (krit mit Recht MünchKomm/Busche[8] Rn 18). Begünstigt wurden dadurch der Täuschende oder der Drohende. Doch konnte die Täuschungsanfechtung auf den Zeitpunkt zurückwirken, zu dem ein zunächst vollzogener Arbeitsvertrag außer Funktion gesetzt wurde (BAG NJW 1984, 446; NZA 1985, 58; vgl auch BAG DB 1987, 1045; Abgrenzungsentscheidung BAG AP § 63 HGB Nr 32 mit **abl** Anm Mayer-Maly). Offen gelassen wurde, ob in den genannten Fällen eine solche Rückwirkung auch bei einer Irrtumsanfechtung eintritt (BAG NZA 1985, 58): Es stünden möglicherweise Gesichtspunkte des Vertrauensschutzes entgegen. Jetzt hat das BAG seine Rspr mit Recht geändert: Ficht der Arbeitgeber im Anschluss an eine Arbeitsunfähigkeit des Arbeitnehmers den Arbeitsvertrag wegen **arglistiger Täuschung** an (unrichtige Beantwortung der Frage nach der Schwerbehinderteneigenschaft), so bleibt es bei der Rückwirkung der Anfechtung nach § 142 Abs 1 BGB. Die Anfechtung wirkt auf den Zeitpunkt zurück, seit dem der Arbeitnehmer nicht mehr gearbeitet hat (BAG NZA 1999, 584, unter Aufgabe von BAG AP § 63 HGB Nr 32; AP § 123 BGB Nr 31). Auch angefangene Ruhestandsverhältnisse können nicht mit Rückwirkung außer Kraft gesetzt werden (BAG AP § 119 Nr 2). Entsprechendes gilt für die Anfechtung einer Urlaubserteilung. Bis Urlaubsantritt wirkt die Anfechtung ex tunc. Nach Antritt des Urlaubs wirkt sie ex nunc, und nach Beendigung des Urlaubs ist sie ausgeschlossen (BAG NJW 1960, 1734; BGB-RGRK/Krüger-Nieland/Zöller[12] Rn 19).

35 Möglich ist etwa auch die Anfechtung einer *einzelnen Arbeitsbedingung* wegen arglistiger Täuschung des Arbeitgebers. Der restliche Teil des Vertrages kann wirksam bleiben, wenn dieses Ergebnis sinnvoll ist. Der erfolgreich angefochtene Teil des Vertrages soll dann rückwirkend entfallen (BAG NJW 1970, 1941). Rückwirkung wird auch angenommen, wenn ein Vorvertrag zu einem Tarifvertrag angefochten wird (BAG DB 1977, 408; BGB-RGRK/Krüger-Nieland/Zöller[12] Rn 20; MünchKomm/Busche[8] Rn 18).

c) Sonstige Dauerschuldverhältnisse

36 Der Ausschluss der Rückwirkung des § 142 BGB hat sich nicht für alle in Vollzug gesetzten Dauerrechtsverhältnisse durchgesetzt. So kommt etwa der Anfechtung von **Miet- oder Pachtverhältnissen** nach der zutreffenden hL Rückwirkung zu (BGH NJW 2009, 1266 Rn 34 ff [jedenfalls bei der Geschäftsraummiete]; KG NZM 2002, 21; MDR 1967, 404; LG Essen NZM 2006, 294; LG Kassel ZMR 1967, 133; Erman/Arnold[15] Rn 7; N Fischer WuM 2006, 3, 5 ff; Kellermann JA 2005, 404, 409 f; Weimar MDR 1966, 1004; **aA** LG Nürnberg-Fürth MDR 1966, 1003; AG Hamburg NJW-RR 1998, 809; Brox, Die Einschränkung der Irrtumsanfechtung [1960] 237). Die Einschränkung der Irrtumsanfechtung für Gesellschafts- und Arbeitsverhältnisse bedeutet in der Sache eine Rechtsfortbildung extra legem, deren Ausdehnung auf weitere Fallgruppen ein jeweils gesondert zu begründendes dringendes

Bedürfnis des Rechtsverkehrs voraussetzt (ähnlich MünchKomm/BUSCHE[8] Rn 17; **aA** HORN, in: Gutachten und Vorschläge zur Überarbeitung des Schuldrechts Bd 1 [1981] 628). Auch bei **Sukzessivlieferungsverträgen** wird allgemein von einer Rückwirkung der Anfechtung ausgegangen. Vergleichbar wurde entschieden für die Anfechtung der Zustimmungserklärung nach rechtswirksamem **Verlöbnis** der Minderjährigen (LG Saarbrücken NJW 1970, 327). Auch im **Versicherungsrecht** führt die Anfechtung des Versicherers wegen arglistiger Täuschung des Versicherungsnehmers zur umfassenden Rückwirkung ex tunc (BGH NJW 2010, 289 Rn 16 unter Fortführung von BGHZ 163, 148).

d) Schadensersatzansprüche

Im Irrtumsfall trifft den Anfechtenden nach § 122 BGB eine auf den Ersatz des **Vertrauensschadens** (negatives Interesse) gerichtete Ersatzpflicht. Im Falle der arglistigen Täuschung (§ 123 BGB) muss der Täuschende Schadensersatz nach den Grundsätzen der cic (§§ 280 Abs 1, 311 Abs 2 BGB) sowie meistens auch nach § 823 Abs 2 BGB iVm § 263 StGB und nach § 826 BGB leisten. Geschuldet wird das negative Interesse (o Rn 31; str, vgl BGH NJW 1960, 237). 37

e) Beschränkung auf den fehlerfreien Teil der Willenserklärung

Nach heute hL werden die Wirkungen des § 142 Abs 1 BGB in dem Sinne beschränkt, dass der Irrende an den fehlerfreien Teil seiner Willenserklärung gebunden wird. Er muss seine Erklärung in dem von ihm **gemeinten Sinn** gelten lassen. Ansonsten läge ein Verstoß gegen Treu und Glauben vor (FLUME, AT II 421; MEDICUS/PETERSEN, AT[11] Rn 781; ERMAN/ARNOLD[15] Rn 2; LOBINGER AcP 195 [1995] 274; KRAMPE/M BERG Jura 1986, 206; auch M MÜLLER JuS 2005, 18; **aA** SOERGEL/HEFERMEHL[13] Rn 9; SPIESS JZ 1985, 593). Der Anfechtungsgegner kann damit die Nichtigkeitsfolge vermeiden, wenn er dem Anfechtenden unverzüglich erklärt, er wolle die angefochtene Erklärung im gemeinten Sinne gelten lassen. Wegen der Anwendbarkeit des § 242 BGB trägt das Gegenargument nicht, diese Rechtsfolge sei nicht vom Gesetz vorgesehen (gegen SOERGEL/HEFERMEHL[13] Rn 9). So kann etwa bei der Anfechtung eines **Versicherungsvertrages** wegen § 123 BGB die Nichtigkeitsfolge dahin gehend eingeschränkt sein, dass Leistungsfreiheit nur für die Zukunft, aber nicht für einen bereits abgeschlossenen Versicherungsfall besteht (OLG Nürnberg MDR 1997, 1027, 1028). 38

2. Drittwirkungen (Abs 2)

§ 142 Abs 2 BGB wurde eingefügt trotz bestehender Zweifel an der Tragweite der Norm und den davon zu machenden Ausnahmen (MUGDAN I 727 f = Prot I 127). Die bestehenden **Befürchtungen** haben sich in der Praxis nicht bewahrheitet. 39

a) Angefochtene Verfügungsgeschäfte

§ 142 Abs 2 BGB behandelt einen **Dritten** so, wie wenn er vom **Nichtberechtigten** erworben hätte (o Rn 2; OLG Hamm VersR 1975, 814 f). Hat der Erwerber einer Sache vor der Anfechtung durch den Veräußerer an einen Dritten weiter verfügt, so war er vor der Anfechtung Berechtigter. Abs 2 trägt der Rechtsfolge des Abs 1 Rechnung, wonach der Erwerber nach geschehener Anfechtung rückwirkend zum Nichtberechtigten wird. Ohne Abs 2 wäre ein gutgläubiger Erwerb zB nach § 932 BGB oder nach § 892 BGB ohne Weiteres möglich. Der Dritte kann zur Zeit der Verfügung hinsichtlich der Berechtigung seines Vormanns gar nicht bösgläubig sein. Abs 2 stellt die Kenntnis oder das Kennenmüssen des Dritterwerbers von der Anfechtbarkeit 40 der Kenntnis oder dem Kennenmüssen der Nichtberechtigung gleich. Die **Voraussetzungen der Bösgläubigkeit** ergeben sich aus den jeweils anwendbaren Vorschriften über den Erwerb vom Nichtberechtigten (zB §§ 932, 892, 1138, 1155, 1207 f, 1244 BGB). So schadet bei § 892 BGB nur Kenntnis, bei § 932 BGB dagegen auch grobe (nicht aber leichte) Fahrlässigkeit (BGH NJW-RR 1987, 1456, 1457; OLG Hamm VersR 1975, 814 f; Palandt/Ellenberger[79] Rn 4; Hübner, AT[2] Rn 519; Flume, AT II 558; Weimar JR 1971, 64). Liegt Bösgläubigkeit nicht vor, so bleibt daher der Dritte trotz der Anfechtung des Vorerwerbs Eigentümer (BGH NJW-RR 1987, 1456, 1457). Gegenstand der Gutgläubigkeit ist die Anfechtbarkeit des später angefochtenen Rechtsgeschäfts. Abs 2 hat (selbstverständlich) keine Funktion, soweit die Verfügung etwa bei Forderungen (§ 398 BGB) oder den unter § 413 BGB fallenden Rechten wirkungslos und einem Gutglaubenserwerb nicht zugänglich ist (Ausnahme etwa in § 2366 BGB). Ferner hat § 142 Abs 2 BGB Bedeutung für die Haftung aus den §§ 823 ff, 990 BGB (dazu Weimar MDR 1975, 116 ff).

41 Kenntnis oder Kennenmüssen der Anfechtbarkeit beziehen sich auf die die Anfechtbarkeit begründenden **Tatsachen** (BGH NJW-RR 1987, 1457; LM Nr 1; OLG Hamm VersR 1975, 814 f; Flume, AT II 558; **aA** Enneccerus/Nipperdey, AT[15] I 2 S 1225). Die Kenntnis oder das Kennenmüssen der Rechtsfolge der Anfechtung ist daher nicht erforderlich. Auf die **Zurechnung der Bösgläubigkeit** findet § 166 BGB Anwendung (BGH NJW 1989, 2879; 1989, 2881 [Kenntnisse eines Filialleiters]). § 404 BGB enthält gegenüber § 142 Abs 2 BGB eine Sonderregelung (BGH LM Nr 1). Ein gewisser Schutz folgt nur aus § 409 BGB.

b) Angefochtene Verpflichtungsgeschäfte

42 Ist die Leistung bei Anfechtung des obligatorischen Vertrages nach § 812 Abs 1 S 1 Alt 1 BGB zurückzuerstatten, kann der gutgläubige Bereicherungsschuldner nach § 818 Abs 3 BGB privilegiert oder verneinendenfalls nach § 819 Abs 1 iVm § 818 Abs 4 BGB wie ein anderer Schuldner ohne diese Wohltat haften. Der „Mangel des rechtlichen Grundes" bedeutet hier die Anfechtbarkeit des Grundgeschäfts. § 142 Abs 2 BGB führt dann zur **Verschärfung der Bereicherungshaftung** (BGHZ 57, 137, 151: keine Anwendung der Saldotheorie). Auf die Feststellung der Anfechtung als begründet kommt es nicht an (Weimar JR 1971, 64, 65).

c) Angefochtene Vollmachtserteilung

43 Wird eine anfechtbare **Vollmachtserteilung** angefochten, so hat der Geschäftspartner nach § 179 Abs 3 BGB keinen Anspruch gegen den Bevollmächtigten nach § 179 BGB, wenn der Geschäftspartner die Anfechtbarkeit kannte oder kennen musste (vgl auch BGH NJW 1989, 2879, 2880; Soergel/Hefermehl[13] Rn 15).

§ 143
Anfechtungserklärung

(1) Die Anfechtung erfolgt durch Erklärung gegenüber dem Anfechtungsgegner.

(2) Anfechtungsgegner ist bei einem Vertrag der andere Teil, im Falle des § 123 Abs. 2 Satz 2 derjenige, welcher aus dem Vertrag unmittelbar ein Recht erworben hat.

(3) Bei einem einseitigen Rechtsgeschäft, das einem anderen gegenüber vorzunehmen war, ist der andere der Anfechtungsgegner. Das Gleiche gilt bei einem Rechtsgeschäft, das einem anderen oder einer Behörde gegenüber vorzunehmen war, auch dann, wenn das Rechtsgeschäft der Behörde gegenüber vorgenommen worden ist.

(4) Bei einem einseitigen Rechtsgeschäft anderer Art ist Anfechtungsgegner jeder, der aufgrund des Rechtsgeschäfts unmittelbar einen rechtlichen Vorteil erlangt hat. Die Anfechtung kann jedoch, wenn die Willenserklärung einer Behörde gegenüber abzugeben war, durch Erklärung gegenüber der Behörde erfolgen; die Behörde soll die Anfechtung demjenigen mitteilen, welcher durch das Rechtsgeschäft unmittelbar betroffen worden ist.

Materialien: VE-AT §§ 127, 103; E I § 113; II § 114; III § 139; Jakobs/Schubert, AT I 757 ff; Schubert, AT II 219 f; Mot I 220 f; Prot I 127; Mugdan I 473 ff; 727 ff.

Schrifttum

Dörner, Anfechtung und Vertragsübernahme, NJW 1986, 2916

Kluckhohn, Die Person des Anfechtungsgegners bei einer einseitigen, nichtempfangsbedürftigen Willenserklärung, AcP 113 (1915) 35

Preiss, Die Berechtigung zur Anfechtung einer Willenserklärung in Mehrpersonenverhältnissen, JA 2010, 6

Probst, Zur „Eindeutigkeit" von Anfechtungserklärungen, JZ 1989, 878

Rohlfing/Mittenzwei, Der Erklärungsgegner bei der Anfechtung eines Erbvertrags oder gemeinschaftlichen Testaments, ZEV 2003, 49

Stüsser, Die Anfechtung der Vollmacht nach bürgerlichem Recht und Handelsrecht (1986)

Wagemann, Die gestörte Vertragsübernahme, AcP 205 (2005) 546.

Systematische Übersicht

I. Normzweck 1

II. Anfechtungserklärung
1. Inhalt 2
2. Form 6
3. Bedingung; Eventualanfechtung 8
4. Begründung 10
5. Nachschieben von Anfechtungsgründen 13

III. Anfechtungsberechtigte 14

IV. Anfechtungsgegner 17
1. Vertrag (Abs 2) 18
a) Verträge zugunsten Dritter 19
b) Gesellschaftsverträge 20
c) Schuldübernahme 21
d) Vertragsübernahme 22
e) Sonstige Fälle der Mehrbeteiligung 23
f) Vorkaufsfälle 25
2. Einseitige empfangsbedürftige Willenserklärungen (Abs 3) 26
3. Einseitige Rechtsgeschäfte anderer Art (Abs 4) 29
4. Bevollmächtigung und Zustimmung 33

Alphabetische Übersicht

Abgetretene Kaufpreisforderung 18
Anfechtung eines Erbvertrages 7
Anfechtungsfrist 1
Annahme einer Erbschaft 7
Anteilsabtretung 20
Auslegung der Anfechtungserklärung 12
Auslegungsregeln 3
Auslobung 29
Ausschlagung 30
Ausschlagung einer Erbschaft 7
Außenvollmacht 33 ff

Befristung 8
Begründungszwang 10
Betriebliche Übung 23
Bürge 16

Dereliktion 29
Dereliktion des Grundeigentums 30

Empfangsbedürftige Willenserklärung 1
Erbe 18
Erbengemeinschaft 15
Erkennbarkeit des Anfechtungsgrundes 11
Externe Zustimmung 33 ff

Formgebundenes Rechtsgeschäft 6
Formvereinbarung 7

GmbH 30

Hypothekar 16

Innenvollmacht 33 ff
Interne Zustimmung 33 ff

Kündigung 26

Leasinggeber, Leasingnehmer 22
Leistungsbestimmung durch Dritte 15
Letztwillige Verfügung 15

Mietverhältnis 23
Mitteilungspflicht der Behörde 32

Objektiver Erklärungswert 2
Okkupation 29

Potestativbedingung 8
Prozessvergleich 18

Rangänderung 27
Rechtzeitigkeit der Anfechtungserklärung 13
Rücktritt 4
Rückwirkende Beseitigung 5

Schuldübernahme und Grundgeschäft 21
Stellvertreter 18
Strafanzeige 4

Teilanfechtung 1
Teilbare Leistungen 24
Testamentsanfechtung 7, 31

Unmittelbarkeit des Rechtsvorteils 29
Unteilbare Leistungen 23
Unzweideutigkeit 3

Verpfänder 16
Vertreter 14
Verzicht auf die Hypothek 27

I. Normzweck

1 Nach § 143 Abs 1 BGB wird die Anfechtung durch eine **empfangsbedürftige Willenserklärung** (Gestaltungsrecht, o § 142 Rn 9) und nicht etwa im Wege einer Klage oder einer Einrede bewirkt (Gebhard, in: Schubert, AT II 219 f). Im Übrigen legt die Norm fest, an wen die Anfechtungserklärung zu richten ist, also den **Anfechtungsgegner** (u Rn 17 ff). Unterschieden werden die Vertragsanfechtung (Abs 2), die Anfechtung einseitiger empfangsbedürftiger Willenserklärungen (Abs 3) und diejenige nicht empfangsbedürftiger oder nur gegenüber einer Behörde abzugebender Willenserklärungen (Abs 4). Dagegen bestimmt § 143 BGB nicht den **Anfechtungsberechtigten**

(u Rn 14) und auch nicht die **Anfechtungsfristen**. Für letztere finden sich die wichtigsten Regelungen in § 121 BGB und in § 124 BGB sowie außerhalb des Allgemeinen Teils in den §§ 1954, 2082 BGB und den §§ 2283, 2308 Abs 2 BGB. Für die verschiedenen Anfechtungsgründe ergeben sich jeweils unterschiedliche Fristen. Eine **Teilanfechtung** ist bei teilbarem Rechtsgeschäft möglich. Bei entsprechendem mutmaßlichem Parteiwillen bleibt das Restgeschäft gültig (BGH NJW-RR 2002, 380, 381; Houben BB 2006, 2301 zur Anfechtung einer betrieblichen Übung). Dagegen ist die Anfechtung unwirksam, wenn der Anfechtende seine Anfechtung auf einen nicht abtrennbaren Teil des Rechtsgeschäfts beschränkt (Vetter MDR 1998, 573).

II. Anfechtungserklärung

1. Inhalt

Anfechtungserklärung ist jede Willenserklärung, die erkennen lässt, dass der Anfechtungsberechtigte (u Rn 14) seine vorangehende Erklärung nicht gelten lassen will. Es bedarf dazu nicht des ausdrücklichen Gebrauchs des Wortes „anfechten" (BGHZ 91, 324, 331; OLG München MMR 2003, 274 mit Anm Hoffmann; LG Kiel SchlHA 2004, 308, 309; Pfeifer JuS 2004, 694, 698). Ausreichend ist es vielmehr, wenn nach dem **objektiven Erklärungswert der Willensäußerung** die übernommene Verpflichtung „bestritten oder nicht anerkannt oder wenn ihr widersprochen wird" (BGHZ 91, 324, 331). 2

Es genügt, wenn die allgemeinen **Auslegungsregeln** zu der erforderlichen Verständlichkeit der Anfechtungserklärung führen (Medicus/Petersen, AT[11] Rn 717; Erman/Arnold[15] Rn 1; Probst JZ 1989, 878; Canaris NJW 1984, 2281, 2282). Es ist deren Sinn, Zweideutigkeiten zu beseitigen. Demgegenüber verlangt die wohl hL, es müsse sich „unzweideutig" der Wille ergeben, das Geschäft gerade wegen des Willensmangels nicht bestehen lassen zu wollen (BGH 15. 2. 2017 – VIII ZR 59/16, NJW 2017, 1660 Rn 24; BGHZ 91, 324, 332 = JZ 1984, 984 mit Anm Ahrens; BGH WM 1975, 1002, 1003; DB 1971, 2302; LM § 119 Nr 5; MünchKomm/Busche[8] Rn 2; BGB-RGRK/Krüger-Nieland/Zöller[12] Rn 2; M Wolf/Neuner, AT[11] § 41 Rn 13; Bork, AT[4] Rn 905; Leenen Jura 2007, 721, 723). Doch überspannt die Rspr die Anforderungen an die geforderte **Unzweideutigkeit** nicht übermäßig. So werden auch außerhalb der Anfechtungserklärung liegende Umstände berücksichtigt, die dem Anfechtungsgegner vor der Anfechtung bekannt geworden sind (BGH WM 1980, 984, 985; BGB-RGRK/Krüger-Nieland/Zöller[12] Rn 3). 3

Eine **wirksame Anfechtung** liegt auch nach den allgemeinen Auslegungsregeln nicht vor, wenn ein Kaufvertrag im Verlaufe eines **Minderungsstreites** von dem Minderungsberechtigten vorsorglich angefochten, gleichzeitig aber ausschließlich Minderung beantragt wird (LG Aachen NJW 1962, 395 mit **abl** Anm Kubisch NJW 1962, 1062). Ferner erfüllt eine **Strafanzeige** nicht die Voraussetzungen einer Anfechtungserklärung (BGH WM 1975, 1002, 1003). Nicht ausreichend ist auch die Mitteilung, man habe die gelieferte Ware nicht bestellt (BGH DB 1971, 2302). Ebenso genügt es nicht, wenn mit der Anfechtungserklärung die damit unvereinbare Forderung nach Schadensersatz statt der Leistung gemäß §§ 437 Nr 3, 280 Abs 1, 3, 281 BGB verbunden wird (BGH NJW 1991, 1673, 1674). Ebensowenig reicht ein **Rücktritt** aus, der auf Umstände nach Vertragsschluss gestützt wird (RGZ 105, 208; Palandt/Ellenberger[79] Rn 3). Genügen kann aber die Äußerung, sich an der Erklärung wegen eines **Übertragungsfehlers** nicht festhalten lassen zu wollen (OLG Karlsruhe VersR 1992, 1121; Palandt/Ellenberger[79] 4

Rn 3). Ebenso kann die Anfechtung in der **Zahlungsverweigerung** liegen (Bayer/Sarakinis/Unglaube JuS 2018, 871, 876).

5 Nach beifallswerter Auffassung muss die Anfechtungserklärung nicht gerade auf die **„rückwirkende Beseitigung"** der Geltung des Rechtsgeschäfts abgestellt sein. Dem Laien werden etwa die Unterschiede von Anfechtung oder Rücktritt nicht geläufig sein. Es reicht daher aus, dass der Anfechtende erklärt, das Rechtsgeschäft solle nicht gelten (Flume, AT II 560; MünchKomm/Busche[8] Rn 3; Erman/Arnold[15] Rn 1). Die zT abweichenden Formulierungen der Rspr sind denn auch eher beiläufig ausgesprochen worden (zB BGHZ 91, 324, 331; BGH DB 1971, 2302; OLG Saarbrücken WM 2006, 2251, 2253). Auch nach der allgemeinen Rechtsgeschäftslehre ist es nicht erforderlich, dass die betreffenden Rechtsfolgen des Rechtsgeschäfts mit angesprochen werden.

2. Form

6 Die Anfechtungserklärung bedarf in der Regel **keiner Form**. Das gilt auch dann, wenn sie ein formgebundenes Rechtsgeschäft vernichten soll (PWW/Ahrens[15] Rn 2; Bamberger/Roth/Hau/Poseck/Wendtland[4] Rn 2; Coester-Waltjen Jura 2006, 348, 350). Insbes findet § 311b Abs 1 BGB keine Anwendung, weil die Anfechtung weder ein Vertrag ist, noch sich aus ihr eine rechtsgeschäftliche Verpflichtung zur Rückübereignung eines Grundstücks ergibt (Medicus/Petersen, AT[11] Rn 717). Sie kann auch im Verlaufe eines Rechtsstreits (BGH NJW 1968, 2099) oder in **prozessualer Form** abgegeben werden, wie zB in der Klage, in einem Schriftsatz oder auch in der mündlichen Verhandlung. Die Anfechtung bleibt ein privatrechtliches Rechtsgeschäft und ist daher von dem weiteren Verlauf des Rechtsstreits unabhängig (vTuhr, AT II 1 303).

7 Es steht den Parteien gleichwohl frei, für die Anfechtung eine **Form zu vereinbaren**. Doch können sich der Drohende oder der Täuschende selbst darauf nicht berufen (Flume, AT II 559). Im Gesetz finden sich vereinzelte **Ausnahmevorschriften**, die für die Anfechtungserklärung eine Form vorsehen. Zu nennen sind die Anfechtung der Annahme oder der Ausschlagung einer Erbschaft (§§ 1955 S 2, 1945 BGB) und die Anfechtung eines Erbvertrages (§ 2282 Abs 3 BGB; Einzelheiten bei Rohlfing/Mittenzwei ZEV 2003, 49 ff). Eine Sonderregelung gilt auch für die Anfechtung eines Testaments (§ 2081 BGB).

3. Bedingung; Eventualanfechtung

8 Die Anfechtungserklärung ist als Ausübung eines Gestaltungsrechts **bedingungs- und befristungsfeindlich**. Der Anfechtungsgegner soll endgültig wissen, woran er ist, selbst wenn er gedroht oder getäuscht hat (RGZ 66, 153, 154; 146, 234, 240; BGH NJW-RR 2007, 1282, 1284; NJW 1968, 2099). Er muss nicht den Schwebezustand hinnehmen, der infolge einer Bedingung oder einer Befristung eintritt. Auch **Potestativbedingungen** sind grundsätzlich unwirksam (MünchKomm/Busche[8] Rn 5; **aA** Erman/Arnold[15] Rn 5; NK-BGB/Feuerborn[3] Rn 4). Eine bedingte Anfechtung liegt vor, wenn die Wirkung der Anfechtungserklärung von einem zukünftigen ungewissen Ereignis abhängig gemacht wird (BGH NJW-RR 2007, 1282 Rn 17). Die Anfechtungserklärung ist zudem **unwiderruflich** und kann nach Zugang beim Anfechtungsgegner auch nicht **zurückgenommen** werden (BAG EzA 2007 § 14, 29 Teilzeit- und Befristungsgesetz Rn 16). Deshalb bleibt eine bereits eingetretene Gestaltungswirkung von dem anschließenden Nicht-

betreiben des gerichtlichen Verfahrens, in dem die Anfechtung erklärt worden ist, unbeeinflusst.

Zugelassen wird aber mit Recht eine **Eventualanfechtung** idS, dass etwa in erster Linie die vertragliche Gewährleistung wegen des Nichtvorliegens einer vereinbarten Beschaffenheit geltend gemacht und die Anfechtung wegen arglistiger Täuschung für den Fall erklärt wird, dass das Gericht den kaufrechtlichen Rechtsbehelf verneint (BGH NJW 1991, 1673, 1674). Ebenso liegt es, wenn die (unbedingte) Anfechtungserklärung nur für den Fall gelten soll, dass ein Vertrag in einem der Auffassung des Anfechtenden widersprechenden Sinne ausgelegt wird (BGH NJW 1968, 2099; KG WRP 1990, 39, 42). Für diesen Fall will der Anfechtende nicht an den Vertrag gebunden sein. Die genannte Auffassung (auch BGH NJW-RR 2007, 1282 Rn 17) hat in der Lit allgemeine Zustimmung gefunden (MünchKomm/Busche[8] Rn 6; Palandt/Ellenberger[79] Rn 2; Erman/Arnold[15] Rn 5; Soergel/Hefermehl[13] Rn 3; Bamberger/Roth/Hau/Poseck/Wendtland[4] Rn 2; PWW/Ahrens[15] Rn 2; M Wolf/Neuner, AT[11] § 41 Rn 16; R Schwarze JA 2008, 256, 258; Wilhelmi JURA 2006, 208, 209). Eine zulässige Eventualanfechtung liegt vor, wenn sich die Wirkung der Anfechtungserklärung aus der „künftigen Klarstellung eines im Zeitpunkt der Anfechtungserklärung objektiv bereits bestehenden, für die Beteiligten aber ungewissen Rechtszustandes ergeben soll" (BGH NJW-RR 2007, 1282 Rn 17). 9

4. Begründung

Das Gesetz sieht regelmäßig für die Ausübung von Gestaltungsrechten im Allgemeinen und für die Anfechtungserklärung im besonderen **keinen Begründungszwang** vor. Spezialgesetzliche Besonderheiten ergeben sich aber etwa für die Kündigung des **Wohnraumvermieters** (§§ 573 Abs 3, 574 Abs 3 BGB) und für die Kündigung des **Arbeitgebers** (§ 102 BetrVG). Das RG (RGZ 65, 86, 88) hat denn auch konsequent die Auffassung vertreten, dass es auf die Angabe eines Anfechtungsgrundes nicht ankomme. Das gelte sowohl für die Angabe des gesetzlichen Tatbestandes wie auch für das Anführen von konkreten Tatsachen. Im Anschluss daran wird auch heute noch vertreten, dass in der Anfechtungserklärung der Anfechtungsgrund nicht angegeben zu werden braucht (Palandt/Ellenberger[79] Rn 3). Der Sache nach wird diese Auffassung heute aber nur für den Fall durchgehalten, dass sich der Anfechtungsgrund klar aus den gegebenen Umständen ergibt, zB aus der sofortigen Anfechtung nach Entdecken eines Betruges (Medicus/Petersen, AT[11] Rn 724). 10

Im Übrigen wird heute mit Recht gefordert, dass der Anfechtungsgrund für den Anfechtungsgegner wenigstens **erkennbar** sein muss, damit dieser sich gegen die Anfechtung angemessen verteidigen kann (OLG Celle VersR 2008, 1532). Ist daher der **Anfechtungsgrund unklar**, so muss er genannt werden (Flume, AT II 560; Hübner, AT[2] Rn 515; Medicus/Petersen, AT[11] Rn 724; Erman/Arnold[15] Rn 1; Palandt/Ellenberger[79] Rn 3; Soergel/Hefermehl[13] Rn 2; offen gelassen durch BGH NJW 1966, 39). Umständlicher ist es, keine Erkennbarkeit zu verlangen, aber den Anfechtungsgegner darauf zu verweisen, den Anfechtungsgrund nachzufragen (zu weiteren „Mittelmeinungen" MünchKomm/Busche[8] Rn 7). Nach dem Gesagten ist eine Angabe des Anfechtungsgrundes stets überflüssig, wenn dieser dem Gegner bekannt oder erkennbar ist (MünchKomm/Busche[8] Rn 9; NK-BGB/Feuerborn[3] Rn 7). 11

12 Wird lediglich wegen einer **arglistigen Täuschung** (§ 123 BGB) angefochten, so ist es eine Frage der Auslegung, ob darin zugleich eine Anfechtung wegen eines Irrtums über eine verkehrswesentliche Eigenschaft nach § 119 Abs 2 BGB zu sehen ist. In diesem Falle ist eine Berufung des Anfechtenden im Prozess auf Irrtum entbehrlich (BGHZ 34, 32, 39; 78, 216, 221 mit krit Anm BERG NJW 1981, 2337), da jedenfalls nach der Auslegung der Anfechtungsgrund des Irrtums für den Anfechtungsgegner erkennbar war. Umgekehrt kann eine Auslegung auch ergeben, dass eine auf § 119 Abs 2 BGB gestützte Anfechtung zugleich eine Anfechtung nach § 123 BGB beinhaltet. Ist ein Anfechtungsgrund dagegen weder erkannt noch erkennbar und wird er von dem Anfechtenden auch nicht (fristgerecht) genannt, so ist die Anfechtung unwirksam. Nicht etwa „gilt" die Anfechtung als Irrtumsanfechtung. Dagegen spricht schon die Haftung des Anfechtenden aus § 122 BGB. FLUME, AT II 560 f schlägt ein Fragerecht des Anfechtungsgegners vor, wonach der Anfechtende zur Erklärung verpflichtet sei, ob er auch wegen Irrtums anficht. Erklärt er sich nicht, so soll nur wegen arglistiger Täuschung angefochten worden sein. ME ist allein auf die **Auslegung** nach den allgemeinen Grundsätzen abzustellen.

5. Nachschieben von Anfechtungsgründen

13 Nach hL kann der Anfechtende, der die Anfechtung mit einer bestimmten tatsächlichen Begründung erklärt hat, sich zu ihrer Rechtfertigung nicht auf andere Gründe berufen, die zu diesem Zeitpunkt durch Anfechtung nicht mehr geltend gemacht werden können. Dieses **Nachschieben** von Anfechtungsgründen widerspricht dem berechtigten Interesse des Anfechtungsgegners, der davon ausgehen darf, die Wirksamkeit der Willenserklärung werde nur aus den angegebenen Gründen in Zweifel gezogen (BGH NJW 1966, 39). In derartigen Fällen liegt vielmehr eine **neue Anfechtungserklärung** vor, deren Rechtzeitigkeit (insbes § 121 BGB) nach dem Zeitpunkt ihrer Abgabe zu beurteilen ist (BAG NJW 2008, 939 Rn 21; AP § 119 Nr 5; BGH NJW-RR 2004, 628, 630; 1993, 948; 1989, 1183; BB 1981, 1156; MEDICUS/PETERSEN, AT[11] Rn 724; BORK, AT[4] Rn 906; MünchKomm/BUSCHE[8] Rn 10; vTUHR, AT II 1 216; M WOLF/NEUNER, AT[11] § 41 Rn 15; PALANDT/ELENBERGER[79] Rn 3; BETHGE WuB I E 2b – 10. 91). Ausgeschlossen ist danach zwar das Nachschieben eines weiteren gesetzlichen Anfechtungsgrundes. Möglich bleibt es aber, **innerhalb** des erkennbar geltend gemachten gesetzlichen **Anfechtungsgrundes** weitere Tatsachen vorzubringen, welche die erklärte Anfechtung stützen können (M WOLF/NEUNER, AT[11] § 41 Rn 15).

III. Anfechtungsberechtigte

14 **Anfechtungsberechtigter** ist in der Regel derjenige, von dem die anfechtbare Erklärung herrührt (BGHZ 137, 255, 258; PREISS JA 2010, 6; o § 142 Rn 11). Anfechten muss daher der **Vertretene** und nicht der Vertreter. Anders liegt es, wenn eine erteilte Vollmacht auch die Anfechtung mit umfasst (FLUME, AT II 561; PREISS JA 2010, 6, 7). Im Einzelnen ergibt sich das **Anfechtungsrecht** aus den Normen, welche die Anfechtungsmöglichkeit regeln. So ist in den Fällen des § 119 BGB der Irrende Anfechtungsberechtigter, in den Fällen des § 123 BGB sind es der Getäuschte oder der Bedrohte. Beim Tod des Erklärenden geht das Anfechtungsrecht des § 119 BGB auf dessen **Erben** über und kann grundsätzlich wegen §§ 2038, 2040 BGB nur von allen Miterben gemeinschaftlich ausgeübt werden (BGH NJW 2004, 767, 769). Dabei genügen

zeitlich aufeinanderfolgende Erklärungen oder die Genehmigung einer Erklärung, die von einem Miterben zugleich für die anderen abgegeben worden ist.

Ausnahmen kennt das Gesetz in **§ 2080 BGB**, weil dort der Erklärende selbst an der Anfechtung kein Interesse hat (näher PREISS JA 2010, 6). Bei der Leistungsbestimmung durch Dritte nach **§ 318 Abs 2 BGB** steht das Anfechtungsrecht nur den Vertragsschließenden zu und nicht dem Dritten. Dessen Bestimmung ist lediglich eine Ergänzung der Erklärungen der Vertragspartner. Auch bei einem **Vertrag zugunsten Dritter** sind nur die Vertragsparteien, nicht aber der Dritte anfechtungsberechtigt. Sind an einem Rechtsgeschäft **mehrere Personen beteiligt**, so steht einer jeden ein selbstständiges Anfechtungsrecht zu (RGZ 65, 398, 405; PALANDT/ELLENBERGER [79. Aufl 2020] § 143 Rn 4; PREISS JA 2010, 6, 13). Jedenfalls besteht kein allgemeiner Grundsatz, wonach die Ausübung von Gestaltungsrechten durch nur einen der auf einer Seite kontrahierenden Vertragspartner generell ausgeschlossen ist (BGH 11. 10. 2016 – XI ZR 482/15, NJW 2017, 243 Rn 19). Allerdings kann wie erwähnt ein zum Nachlass gehörendes Anfechtungsrecht nur von der **Erbengemeinschaft**, nicht aber von den einzelnen Miterben ausgeübt werden (RGZ 107, 238, 239; BGH NJW 2004, 767, 769). 15

Sonstigen an der **Anfechtung Interessierten** wie Bürgen, Hypothekaren, Grundschuldgläubigern und Verpfändern gibt das Gesetz keine eigenen Anfechtungsrechte. Hier wird mit **dilatorischen Einreden** geholfen, die mit dem Anfechtungsrecht erlöschen (§§ 770 Abs 1, 1137 Abs 1 S 1, 1211 Abs 1 S 1 BGB). 16

IV. Anfechtungsgegner

Anfechtungsgegner ist derjenige, an den die Anfechtung zu richten ist. Darüber enthält § 143 Abs 2–4 BGB eine differenzierte Regelung (o Rn 1). Gegenüber einem **unbekannten Anfechtungsgegner** kann nach § 132 Abs 2 BGB die Anfechtung öffentlich erklärt werden. 17

1. Vertrag (Abs 2)

Bei einem Vertrag ist nach Abs 2 Anfechtungsgegner der **„andere Teil"**. Wird durch Stellvertreter abgeschlossen, so ist der Vertretene der andere Teil und nicht der Vertreter. Eine Sonderregelung enthält für den Fall der **arglistigen Täuschung** § 143 Abs 2 Alt 2 iVm § 123 Abs 2 S 2 BGB. Auch hier muss die Täuschung durch einen Dritten iSd § 123 Abs 2 BGB verübt werden. Im Falle des § 123 Abs 2 S 2 BGB sind vier Personen beteiligt. Bei einer **Versicherung für fremde Rechnung** nach §§ 43 ff VVG geht es um die Vertragsparteien (Versicherer und Versicherungsnehmer), den Versicherten als „anderen" und den täuschenden Dritten. Hat die Vertragspartei selbst getäuscht, so kann sie nicht Dritter iSd § 123 Abs 2 S 2 BGB sein. Daher richtet sich die Anfechtung nach § 123 Abs 1 BGB und ist nach § 143 Abs 2 Alt 1 BGB gegen den Versicherungsnehmer als Anfechtungsgegner zu richten. Gegenüber dem **begünstigten Dritten** braucht nicht nach § 143 Abs 2 Alt 2 BGB angefochten zu werden (H ROTH LMK 2012, 327095 zu BGH NJW 2012, 296; zu den Fallgruppen BROX/WALKER, AT[42] § 18 Rn 31). Es ist für die Festlegung des Anfechtungsgegners unerheblich, wenn das aus dem anfechtbaren Rechtsgeschäft herrührende Recht vor der Anfechtung auf einen Dritten übertragen wurde, wie zB im Falle der abgetretenen Kaufpreisforderung aus einem anfechtbaren Kaufvertrag. Obgleich der Dritte das 18 erworbene Recht mit der Anfechtung des Vertrages rückwirkend verliert, ist er als unmittelbar Betroffener (auch o Rn 16) nicht Anfechtungsgegner. Nach dem **Tode des Anfechtungsgegners** muss den Erben gegenüber angefochten werden. Bei einem **Prozessvergleich** ist Anfechtungsgegner der Vertragspartner und nicht das Gericht, vor dem der Vergleich abgeschlossen wurde (LAG Köln LAGE 2005, § 794 ZPO Nr 17).

a) Verträge zugunsten Dritter

19 Bei einem echten Vertrag zugunsten Dritter (§ 328 Abs 1 BGB) ist nicht der begünstigte Dritte, sondern der **Vertragspartner** der Anfechtungsgegner (BGH LM PatG § 9 Nr 8; Palandt/Ellenberger[79] Rn 5; MünchKomm/Busche[8] Rn 14; Erman/Arnold[15] Rn 9; BGB-RGRK/Krüger-Nieland/Zöller[12] Rn 16; PWW/Ahrens[15] Rn 6). Der Versprechende kann also nur gegenüber dem **Versprechensempfänger** anfechten. Eine Ausnahme enthält § 143 Abs 2 Alt 2 BGB (o Rn 18).

b) Gesellschaftsverträge

20 Bei einer Anfechtungserklärung, die **Mitgesellschafter** betrifft, muss die Anfechtung gegenüber allen Gesellschaftern erklärt werden, wenn sie eine Änderung der Grundlage des Gesellschaftsverhältnisses bewirkt. So liegt es etwa bei der Anfechtung der Zustimmung zu einer Anteilsabtretung (BGH WM 1976, 448; MünchKomm/Busche[8] Rn 16). Das entspricht der Rechtslage bei den sonstigen Fällen der Mehrbeteiligung (u Rn 23).

c) Schuldübernahme

21 Wird bei einer Schuldübernahme nach § 415 BGB der Übernehmer durch den Schuldner getäuscht und hat der Gläubiger das Geschäft genehmigt, so ist der **Schuldner** bei einer Anfechtung durch den Übernehmer Anfechtungsgegner. Die Anfechtung des Übernahmevertrages wirkt trotz der **Genehmigung** auch gegenüber dem Gläubiger. Die Anfechtbarkeit setzt nicht voraus, dass der Gläubiger die Täuschung gekannt hat oder hätte kennen müssen. Ein Fall des § 143 Abs 2 Alt 2 iVm § 123 Abs 2 S 2 BGB (o Rn 18) liegt nicht vor (BGHZ 31, 321 ff mwNw des Streitstandes; MünchKomm/Busche[8] Rn 15; Erman/Arnold[15] Rn 9; Soergel/Hefermehl[13] Rn 9; BGB-RGRK/Krüger-Nieland/Zöller[12] Rn 17; Palandt/Ellenberger[79] Rn 5; **aA** Nörr/Scheyhing/Pöggeler, Sukzessionen[2] [1999] 305; Hirsch JR 1960, 295 f). Der **Übernehmer** kann dem Schuldner gegenüber das ganze Geschäft anfechten, das aus Grundgeschäft und Schuldübernahme besteht, aber ein einheitliches Rechtsgeschäft bildet (BGHZ 31, 321).

d) Vertragsübernahme

22 Bei einer **mehrseitigen Vertragsübernahme** kann diejenige Partei, die alle Rechte und Pflichten aus dem zwischen den beiden anderen Parteien geschlossenen Vertrag an Stelle einer derselben übernommen hat, ihre Erklärung nur durch eine beiden gegenüber abzugebende Erklärung anfechten. So wurde für den Fall entschieden, dass der *Leasinggeber* anstelle des *Leasingnehmers* alle Rechte und Pflichten aus dem von diesem mit dem Hersteller/Lieferanten abgeschlossenen Kaufvertrag über das Leasingobjekt übernahm (BGHZ 96, 302, 309 ff; krit Dörner NJW 1986, 2916). Die Anfechtung muss allen Parteien gegenüber erklärt werden, weil sie **alle Beteiligte** berührt (BGHZ 137, 255 – BGH NJW 1998, 531, 532; ebenso Flume, AT II 565 [auch zur Gesetzgebungsgeschichte]; M Wolf/Neuner, AT[11] § 41 Rn 20 Fn 36; Palandt/Ellenberger[79] Rn 5; Erman/Arnold[15] Rn 9; Soergel/Hefermehl[13] Rn 8; Wagemann AcP 205 [2005] 547, 572

mwNw in Fn 66; PAEFGEN Jura 2004, 53, 54). Ausdrücklich entschieden wurde das für die Fallgestaltung, dass der zustimmende in dem Vertragsverhältnis verbleibende Vertragspartner seine Zustimmungserklärung anficht (BGH NJW 1998, 531, 532). Dagegen wird vereinzelt bei Anfechtung einer Vertragsübernahme nicht durch den zustimmenden Teil, sondern durch den Übernehmer, allein der ausgeschiedene Vertragszedent als Anfechtungsgegner für ausreichend angesehen (DÖRNER NJW 1986, 2916 ff; für diese Konstellation offenlassend BGH NJW 1998, 531, 532). Doch muss auch DÖRNER die im Vertrag verbleibende Partei durch eine analoge Anwendung des § 409 BGB schützen. ME fehlt es bei der Anfechtung gegenüber allen Geschäftspartnern an der für eine Analogie erforderlichen Regelungslücke.

e) Sonstige Fälle der Mehrbeteiligung

Auch in sonstigen Fällen der Mehrbeteiligung muss der Anfechtende, dem bei Schuldverhältnissen mit **unteilbarer Leistung** mehrere Vertragspartner gegenüberstehen, die Anfechtung allen gegenüber erklären (BGHZ 96, 302, 309; OLG Hamburg ZMR 2003, 525, 526 [Teilungserklärung nach WEG]; FLUME, AT II 565 im Anschluss an die Auffassung der 2. Kommission [MUGDAN I 731]; MünchKomm/BUSCHE[8] Rn 17; BGB-RGRK/KRÜGER-NIELAND/ZÖLLER[12] Rn 19; N FISCHER WuM 2006, 3, 4; **aA** ENNECCERUS/NIPPERDEY, AT[15] I 2 S 1228). So ist etwa auch in den Fällen der außerordentlichen Kündigung eines Mietverhältnisses gegenüber mehreren Vermietern oder Mietern die Kündigung allen beteiligten Mietern oder Vermietern gegenüber auszusprechen (BGHZ 96, 302, 309 f unter Bezugnahme auf BGHZ 26, 102 f und BGH NJW 1972, 249). Das ist zutreffend, weil eine Anfechtung, die nur gegenüber einem von mehreren Vertragspartnern zugelassen würde, die **Umgestaltung des ganzen Schuldverhältnisses** zu Lasten der anderen Beteiligten zur Folge hätte. Für eine Anwendung des § 139 BGB ist nach dem Gesagten kein Raum (FLUME, AT II 565). Eine Einzelanfechtung ist unwirksam. Das Gleiche gilt, wenn das Anfechtungsrecht bei unteilbarer Leistung nicht allen Geschäftspartnern gegenüber besteht (FLUME, AT II 565). Deshalb ist es unrichtig, in diesen Fällen die Einzelanfechtung zuzulassen und die Nichtigkeit gegenüber den übrigen Vertragspartnern nach § 139 BGB zu bestimmen. Diese Auffassung verträgt sich nicht mit der Wertung des § 123 Abs 2 BGB (BGHZ 137, 255, 262 f; BORK, AT[4] Rn 908; FLUME, AT II 565 f; SOERGEL/HEFERMEHL[13] Rn 8; **aA** RGZ 65, 399 ff; 405 ff; im betreffenden Fall auch OLG Koblenz NJW-RR 2003, 119, 120; BGB-RGRK/KRÜGER-NIELAND/ZÖLLER[12] Rn 19). Hielte man mit der wohl hL die auf die „Vertragslösung" gegründete **betriebliche Übung** für anfechtbar, so muss der Arbeitgeber im Irrtumsfall nicht nur gegenüber dem konkreten Antragsteller, sondern gegenüber allen betroffenen Arbeitnehmer die Anfechtung erklären (WALTERMANN RdA 2006, 257, 265; HOUBEN BB 2006, 2301, 2303). 23

Anders liegt es bei **teilbaren Rechtsgeschäften** (SOERGEL/HEFERMEHL[13] Rn 8). Dann kann das Rechtsgeschäft durch Anfechtung gegenüber einem Anfechtungsgegner im Verhältnis zum Anfechtungsberechtigten nichtig, im Übrigen aber gültig sein (FLUME, AT II 565; BGB-RGRK/KRÜGER-NIELAND/ZÖLLER[12] Rn 19). Bei teilbaren Rechtsgeschäften ist deshalb auch eine Anfechtung möglich, die sich nur auf einen Geschäftspartner bezieht, weil nur diesem, nicht aber den übrigen gegenüber ein Anfechtungsrecht besteht. Das folgt aus der Wertung des § 123 Abs 2 BGB (FLUME, AT II 565). 24

f) Vorkaufsfälle

Im Falle eines **Vorkaufsrechts** sind die Partner des Kaufvertrages grundsätzlich nicht an einer Anfechtung des Vertrages gehindert (BGH NJW 1987, 890, 893). Doch muss die 25

Nichtigkeit des Grundgeschäfts nicht notwendigerweise auch zur rückwirkenden Nichtigkeit des Vorkaufsverhältnisses führen. So liegt es etwa, wenn der Vorkaufsverpflichtete sein Anfechtungsrecht erst zu einem Zeitpunkt ausübt, nachdem der Vorkaufsberechtigte von seinem Vorkaufsrecht bereits Gebrauch gemacht hat. Der BGH erwägt, dass die Anfechtung des Kaufvertrages das Vorkaufsverhältnis dann nicht berührt, wenn sich etwa die Anfechtung auf Gründe in der Person des Dritten stützt, die für das Vertragsverhältnis mit dem Vorkaufsberechtigten bedeutungslos sind (BGH NJW 1987, 890, 893). Mit Recht wird für andere Fälle vertreten, Anfechtungserklärungen auch gegenüber dem Vorkaufsberechtigten zu fordern, um dem Gedanken des § 465 BGB Geltung zu verschaffen (so MünchKomm/Busche[8] Rn 18 zu BGH NJW 1987, 890; Mayer-Maly, in: FS K Wagner [1987] 283 ff).

2. Einseitige empfangsbedürftige Willenserklärungen (Abs 3)

26 Nach § 143 Abs 3 S 1 BGB muss bei Rechtsgeschäften durch einseitige empfangsbedürftige Willenserklärungen die Anfechtung an denjenigen gerichtet werden, dem gegenüber das Geschäft vorzunehmen war. Hauptfall ist die **Kündigung**, deren Anfechtung durch Erklärung an den Gekündigten auszusprechen ist.

27 Kann die Erklärung wahlweise an eine Privatperson oder an eine Behörde gerichtet werden, so ist nie die **Behörde**, sondern stets die zur Wahl stehende **Privatperson** der einzige Anfechtungsgegner, selbst wenn die Willenserklärung nur der Behörde gegenüber abgegeben wurde (§ 143 Abs 3 S 2 BGB). Grund dafür ist, dass die Anfechtung nur die Privatperson in ihren Rechten betrifft und diese daher vorrangig von der Anfechtung erfahren muss (Medicus/Petersen, AT[11] Rn 719). Es handelt sich vor allem um die Fälle des § 875 Abs 1 S 2 BGB (Aufhebung eines Rechts an einem Grundstück), § 876 S 3 BGB (Aufhebung eines belasteten Rechts), § 880 Abs 2 S 3 BGB (Zustimmung zu einer Rangänderung), § 1168 Abs 2 S 1 BGB (Verzicht auf die Hypothek), § 1180 Abs 2 S 1 BGB (Zustimmung zur Forderungsauswechslung), § 1183 S 2 BGB (Aufhebung der Hypothek).

28 Von § 143 Abs 3 S 2 BGB zu unterscheiden sind die Fälle des § 143 Abs 4 S 2 BGB (u Rn 30), wenn die Willenserklärung **nur der Behörde** gegenüber abzugeben war. Dorthin gehört etwa auch die Anfechtung eines gerichtlichen Anerkenntnisses (OLG Düsseldorf SJZ 1948, 460 mit Anm Riezler; MünchKomm/Busche[8] Rn 20).

3. Einseitige Rechtsgeschäfte anderer Art (Abs 4)

29 Einseitige Rechtsgeschäfte anderer Art sind nach § 143 Abs 4 S 1 BGB zunächst diejenigen, die auf einer **nichtempfangsbedürftigen Willenserklärung** beruhen (ausführlich, aber teils veraltet, Kluckhohn AcP 113 [1915] 35 ff). Gemeint sind vor allem die **Auslobung** nach § 657 BGB (Coester-Waltjen Jura 2006, 348, 350; Petersen Jura 2005, 248, 249) und die **Dereliktion** beweglicher Sachen nach § 959 BGB. Die in § 143 Abs 4 S 1 BGB verlangte Unmittelbarkeit des Rechtsvorteils wird weit ausgelegt (ausführlich vTuhr, AT II 1 310). Darunter gehört daher jeder Vorteil, der nicht auf einer Rechtsnachfolge beruht. Ausreichend ist es, dass **keine Zwischenperson** beteiligt war. So ist die *Dereliktion* einer beweglichen Sache demjenigen gegenüber anfechtbar, der sich die Sache nach § 958 BGB angeeignet hat. Die „Mittelbarkeit" des Erwerbs durch die erforderliche Aneignung schadet also nicht (Flume, AT II 564; Medicus/Petersen,

AT[11] Rn 720; MünchKomm/Busche[8] Rn 21; Palandt/Ellenberger[79] Rn 7; Erman/Arnold[15] Rn 11; Soergel/Hefermehl[13] Rn 11). Für die Anfechtung einer Dereliktion vor der Okkupation wird in der Regel kein Bedürfnis bestehen. Doch wird man annehmen müssen, dass die Anfechtung gegenüber einem „Okkupationsinteressenten" dessen Eigentumserwerb durch Okkupation ausschließt (so Flume, AT II 564).

§ 143 Abs 4 S 2 BGB betrifft mit dem einseitigen Rechtsgeschäft anderer Art diejenigen Willenserklärungen, die nur einer **Behörde** gegenüber abzugeben waren (o Rn 28). Hier kann der Anfechtungsberechtigte **wahlweise** gegenüber der Behörde und der Privatperson des Satzes 1 anfechten. Hauptfall ist die *Dereliktion des Grundeigentums* nach § 928 Abs 1 BGB. Daneben sind zu nennen § 1109 Abs 2 BGB (Grundstücksteilung) und § 11 ErbbauRG. Doch kann nach § 1955 BGB die Ausschlagung nur gegenüber dem Nachlassgericht angefochten werden. Die Gründungserklärung des Einmann-Gründers einer **GmbH** steht einer amtsempfangsbedürftigen Willenserklärung wenigstens gleich, sodass sie vor dem Notar oder dem Registergericht angefochten werden kann (Grooterhorst NZG 2007, 605, 608 f). 30

Speziell geregelt ist die Anfechtung eines **Testaments** als des wichtigsten einseitigen nicht empfangsbedürftigen Rechtsgeschäfts. Dort ist in § 2081 BGB die Anfechtungserklärung gegenüber dem Nachlassgericht und nicht gegenüber dem Bedachten vorgesehen. Die Anwendung des § 143 Abs 4 S 1 BGB ist damit ausgeschlossen (etwa Palandt/Weidlich[79] § 2081 Rn 1). 31

Die im Falle des § 143 Abs 4 S 2 BGB (o Rn 30) in HS 2 vorgesehene **Mitteilungspflicht der Behörde** ist lediglich eine Ordnungsvorschrift. Deshalb ist die Anfechtung auch dann wirksam, wenn die Mitteilung unterbleibt (Palandt/Ellenberger[79] Rn 7; MünchKomm/Busche[8] Rn 22). 32

4. Bevollmächtigung und Zustimmung

Vollmachtserteilung (§ 167 BGB) oder Zustimmung (§ 182 BGB [zur Anfechtung eines Mietübernahmevertrages BGHZ 137, 255, 260 ff; o Rn 22]) können **zwei verschiedenen Privatpersonen** gegenüber vorgenommen werden. So kann etwa nach § 167 Abs 1 BGB die Vollmacht durch Erklärung dem zu Bevollmächtigenden oder dem Dritten gegenüber erteilt werden, dem gegenüber die Vertretung stattfinden soll. Nach § 143 Abs 3 S 1 BGB scheint dann ausschlaggebend für die Bestimmung des Anfechtungsgegners zu sein, ob eine **Innen- oder eine Außenvollmacht** erteilt worden ist, weil der „andere" iS dieser Vorschrift der wirkliche Empfänger der empfangsbedürftigen Willenserklärung ist (Nachw bei Flume, AT II 870 Fn 33; Stüsser 40 ff). Bei der internen Bevollmächtigung müsste danach der Vertreter der Anfechtungsgegner sein. Heute setzt sich jedoch mit Recht zunehmend die Unterscheidung danach durch, ob aufgrund der Bevollmächtigung (oder Zustimmungserklärung) bereits ein Rechtsgeschäft wirksam abgeschlossen worden ist. 33

Weithin Einigkeit besteht darin, dass die Anfechtung gegen denjenigen zu richten ist, der die anzufechtende Erklärung **tatsächlich empfangen** hat, solange aufgrund der Vollmacht oder der Zustimmung noch kein Geschäft abgeschlossen worden ist. Die Rechtsfolge ergibt sich schon ohne Weiteres aus § 143 Abs 1 S 1 BGB (Flume, AT II 563; Medicus/Petersen, AT[11] Rn 721). Ist sowohl intern wie auch extern bevollmächtigt 34 oder zugestimmt worden, so reicht die Anfechtung des internen Akts für sich allein nicht aus (§§ 170–173 BGB; FLUME, AT II 563; SOERGEL/HEFERMEHL[13] Rn 10).

35 Ist das betreffende Geschäft **bereits abgeschlossen** worden und wurde extern bevollmächtigt oder zugestimmt, so folgt wiederum bereits aus § 143 Abs 3 S 1 BGB, dass nur dem **dritten Geschäftspartner** gegenüber angefochten werden kann (FLUME, AT II 563; STÜSSER 41). Unrichtig ist hier die Annahme der Anfechtungsmöglichkeit auch gegenüber dem **Vertreter** (so aber etwa SOERGEL/HEFERMEHL[13] Rn 10; insoweit wie hier BGB-RGRK/KRÜGER-NIELAND/ZÖLLER[12] Rn 22). Wurde lediglich intern bevollmächtigt oder zugestimmt, so muss gleichwohl dem dritten Geschäftspartner gegenüber angefochten werden, der dann gegen seinen Vertragspartner den Schadensersatzanspruch aus § 122 BGB hat. Dann ist also auch die **Innenvollmacht** nicht dem Vertreter gegenüber, sondern dem Dritten gegenüber anzufechten (so MEDICUS/PETERSEN, AT[11] Rn 721; FLUME, AT II 563 und 870; EDENFELD JuS 2005, 42, 46; PFEIFER JuS 2004, 694, 699; **aA** HÜBNER, AT[2] Rn 646; STÜSSER 43 f; PALANDT/ELLENBERGER[79] Rn 6). Der Geschäftsgegner ist in erster Linie der Betroffene der Anfechtung; er ist der Partner des letztlich angestrebten Rechtsgeschäftes. Die dargestellte Auffassung bedeutet eine Durchbrechung des § 143 Abs 1 S 1 BGB unter Abstellen auf die Partner des im Ergebnis beabsichtigten Rechtsgeschäftes. Bei der Anfechtung der **Zustimmung** nach § 182 BGB verlangt die Rspr die Anfechtung gegenüber beiden Beteiligten (BGHZ 137, 255, 260 [Vertragsübernahme]; **aA** PALANDT/ELLENBERGER[79] Rn 6; offenlassend PAEFGEN Jura 2004, 53, 56).

§ 144
Bestätigung des anfechtbaren Rechtsgeschäfts

(1) Die Anfechtung ist ausgeschlossen, wenn das anfechtbare Rechtsgeschäft von dem Anfechtungsberechtigten bestätigt wird.

(2) Die Bestätigung bedarf nicht der für das Rechtsgeschäft bestimmten Form.

Materialien: VE-AT § 127 Abs 2; E I § 113 Abs 3; II § 115; III § 140; JAKOBS/SCHUBERT, AT I 748; SCHUBERT, AT II 219 ff; Mot I 222; Prot I 133; MUGDAN I 474 f, 731.

Schrifttum

KLAMARIS, Die Bestätigung anfechtbarer Hauptversammlungsbeschlüsse (2018)

MOCK, Die Heilung fehlerhafter Rechtsgeschäfte (2014)

PETERSEN, Die Bestätigung des nichtigen und anfechtbaren Rechtsgeschäfts, Jura 2008, 666

REGENFUS, Die Rechtsfolgen der Bestätigung: Herstellung des gebotenen Einklangs durch Gesetzesauslegung oder durch Auslegung des konkludenten Erklärungsverhaltens, JURA 2016, 1089

VYTLACIL, Die Willensbetätigung, das andere Rechtsgeschäft. Eine Untersuchung zur Rechtsnatur der §§ 144, 151, 959, 1943, 2255 BGB (2009).

Ferner die Angaben zu § 141.

Systematische Übersicht

I. **Normzweck** 1

II. **Genehmigung; Verzicht** 2

III. **Voraussetzungen**
1. Anfechtbares Rechtsgeschäft 3
2. Bestätigung 4
a) Empfangsbedürftige Willenserklärung 4
b) Formfreiheit; konkludentes Verhalten 5
c) Kenntnis der Anfechtbarkeit 7
d) Teilbarkeit 9
e) Bestätigungsberechtigung 11

IV. **Rechtsfolgen**
1. Rückwirkung 13
2. Verzicht auf Schadensersatzansprüche 16

V. **Prozessuales** 17

Alphabetische Übersicht

Anfechtbares Testament 12
Anfechtungsgründe 9
Annahme der Leistung 6
Arglistige Täuschung 3, 6, 10
Auslegung der Bestätigung 8

Beweislast 17

Drohung 10

Empfangsbedürftigkeit 4
Erfüllung 6

Genehmigung 2
Gültiges Rechtsgeschäft 1

Handlungen im Interesse des Gegners 6
Hauptversammlungsbeschlüsse (§ 244 AktG) 1

Kaufrechtliche Gewährleistung 6
Kenntnismöglichkeit 7
Konkludentes Verhalten 5

Neuvornahme 1

Pfandbestellung 6

Schadensersatzansprüche 16
Subunternehmer 6

Vergaberecht 6
Verzicht 2, 16

Weiterveräußerung 6
Widerruf der Bestätigung 15
Widerspruch (§ 613a Abs 6) 6
Wirkung gegenüber Dritten 13

Zwischenerwerb 14

I. Normzweck

1 Die Bestätigung des § 144 BGB betrifft ein **gültiges Rechtsgeschäft**, da die Anfechtung noch nicht bewirkt ist (BGH WM 1979, 237; übersehen von OLG Saarbrücken VersR 2003, 890, 892; mit § 141 verwechselt von OLG Koblenz WuM 2008, 471). Abweichend von § 141 BGB (aber o § 141 Rn 13) sieht das Gesetz in § 144 BGB **keine Neuvornahme** des Rechtsgeschäfts. Gegenüber der Bestätigung eines nichtigen Rechtsgeschäfts nach § 141 BGB bringt § 144 BGB mit der Bestätigung eines anfechtbaren Rechtsgeschäfts noch eine zusätzliche Erleichterung, da § 144 Abs 2 BGB von der Einhaltung eines **Formzwanges befreit** (BeckOGK/Beurskens [1. 3. 2019] § 140 BGB Rn 1). Im Übrigen

braucht das Geschäft nicht unter Vermeidung des Anfechtungsgrundes erneut vorgenommen zu werden. Auch insofern liegen die Dinge bei § 141 anders (o § 141 Rn 1), als sich dort die Parteien weiterhin „auf den Boden des Vertrages" stellen müssen (o § 141 Rn 15). Ausreichend ist die Entscheidung des Anfechtungsberechtigten, das Rechtsgeschäft ungeachtet des Anfechtungsrechts **endgültig** gelten zu lassen (BGH NJW 2012, 296 Rn 48; Flume, AT II 568 f). Eine verwandte Vorschrift findet sich mit § 244 AktG für die Bestätigung anfechtbarer **Hauptversammlungsbeschlüsse**, wo es ebenfalls keiner Neuvornahme des seinerzeit gefassten Beschlusses bedarf (BGH NJW 2004, 1165; zu den Gemeinsamkeiten mit § 144 BGB: BayObLG NJW 1978, 1387; zu den Unterschieden Mock 58; Döser LMK 2004, 88; grdlgd Klamaris 35 ff, 53 [§ 144 BGB als „Türöffner" für § 244 AktG]).

II. Genehmigung; Verzicht

2 § 113 Abs 3 E I hatte folgende Fassung: *„Durch die Genehmigung des Anfechtungsberechtigten wird das Rechtsgeschäft unanfechtbar"*. Mit Recht wurde das Wort „Genehmigung" gestrichen, da dieser Ausdruck ansonsten hier in einem anderen Sinne gebraucht würde, als dies an anderen Stellen des BGB der Fall ist (Mugdan I 731 = Prot I 133 f). Die Gesetzesväter (Mugdan I 731; Jakobs/Schubert, AT I 748) hatten in der Bestätigung einen einfachen **Verzicht** auf das Anfechtungsrecht gesehen. Doch wurde der Ausdruck Verzicht ua vermieden, weil es sich nicht um einen Verzicht auf das „Anfechtungsrecht" iSe subjektiven Privatrechtes handele, sondern nur um die rechtliche Möglichkeit, ein Rechtsgeschäft wegen anhaftender Mängel anzufechten (Mugdan I 731). Heute besteht darin weithin Einigkeit, dass zwischen der Bestätigung des § 144 BGB und dem Verzicht keine sachlichen Unterschiede bestehen (RGZ 68, 398, 400; Medicus/Petersen, AT[11] Rn 534; Jauernig/Mansel[17] Rn 2; Palandt/Ellenberger[79] Rn 1; Erman/Arnold[15] Rn 1; Soergel/Hefermehl[13] Rn 1; Früh JuS 1994, 486, 491; Regenfus JURA 2016, 1089, 1093; **aA** Flume, AT II 568 f; MünchKomm/Busche[8] Rn 3). In der Sache führt die Bestätigung des § 144 BGB deshalb zu einer „Rückwirkung" mit Wirkung gegenüber Dritten (u Rn 13). Die Rede von der **„Rückwirkung"** ist allerdings ungenau, da lediglich die Anfechtbarkeit eines bestehenden Rechts beseitigt wird (s die wiedergegebenen Erwägungen bei Jakobs/Schubert, AT I 748). Zu weitgehend ist es allerdings, in Analogie zu § 144 BGB den Satz aufzustellen, wonach jeglicher Verzicht auf das noch nicht ausgeübte Recht als Ausnahme zur Regel des § 311 Abs 1 BGB durch **einseitiges Rechtsgeschäft** möglich ist (so aber Kleinschmidt, Der Verzicht im Schuldrecht [2004] 192; dazu Benedict RabelsZ 72 [2008] 302, 310).

III. Voraussetzungen

1. Anfechtbares Rechtsgeschäft

3 Es ist gleichgültig, aus welchem **Grunde** das betreffende Rechtsgeschäft anfechtbar ist. So ist die Norm insbes auch bei *arglistiger Täuschung* nach § 123 BGB anwendbar (etwa BGHZ 110, 220, 221; BGH NJW-RR 1992, 779). Erforderlich ist aber, dass das Rechtsgeschäft noch nicht angefochten worden ist. Nach der Anfechtung (so der Fall von BAG NZA-RR 2008, 341) kommt wegen § 142 Abs 1 BGB nur noch eine Bestätigung nach § 141 BGB in Betracht (BAG AP § 14 TzBfG Vergleich Nr 1; PWW/Ahrens[15] Rn 1; Illmer, in: jurisPK-BGB[4] Rn 3; Mock 58; Petersen Jura 2008, 666, 667; o § 141 Rn 2).

2. Bestätigung

a) Empfangsbedürftige Willenserklärung

Die Bestätigung ist ein Rechtsgeschäft iSe einseitigen formfreien (Abs 2) Willenserklärung. Der Gesetzgebungsgeschichte folgend soll es sich nach hL freilich um eine **nicht empfangsbedürftige Willenserklärung** handeln (Mugdan I 731; RGZ 68, 398, 399; OLG Nürnberg DAR 1962, 202, 204; Palandt/Ellenberger[79] Rn 2; Jauernig/Mansel[17] Rn 2; Bamberger/Roth/Hau/Poseck/Wendtland[4] Rn 5; PWW/Ahrens[15] Rn 1; BGB-RGRK/Krüger-Nieland/Zöller[12] Rn 4; M Wolf/Neuner, AT[11] § 41 Rn 169; Vytlacil 28, 82 ff [aber im Übrigen recht zweifelhaft zur Unterscheidung von Willenserklärung und Willensbetätigung]). Deshalb soll ein Zugang der Erklärung an den Erklärungsempfänger (§ 130 BGB) nicht erforderlich sein. Auch ein nicht in Richtung auf den Anfechtungsgegner abgegebener stillschweigender Verzicht müsse das Rechtsgeschäft unanfechtbar machen (Mugdan I 731 = Prot I 133 f). Dieser Auffassung kann nicht gefolgt werden. Der Gegner des Anfechtungsberechtigten muss wissen, woran er ist, damit er den Schluss auf den entsprechenden Rechtsfolgewillen ziehen kann. Erfährt er von einer „Bestätigung" nur auf Umwegen oder durch Dritte, so kann er sich nicht darauf verlassen (Medicus/Petersen, AT[11] Rn 534; MünchKomm/Busche[8] Rn 4; für Empfangsbedürftigkeit aus systematischen Gründen Mock 60). Daraus folgt auch, dass der „Bestätigende" nicht gebunden ist, wenn er die Bestätigung nicht gegenüber dem Anfechtungsberechtigten erklärt hat (Medicus/Petersen, AT[11] Rn 534). Es bedarf dann keiner Anfechtung der Bestätigung. Freilich kommt die Rspr zu vergleichbaren Ergebnissen, da sie an **konkludent** erklärte Bestätigungen strenge Anforderungen stellt (BGH NJW-RR 1992, 779; u Rn 5). Doch handelt es sich dabei um einen überflüssigen Umweg. Ähnlich sieht sich auch die herrschende Literaturmeinung zu der Einschränkung gezwungen, es genüge für § 144 BGB nur ein dem Anfechtungsgegner erkennbares Verhalten. 4

b) Formfreiheit; konkludentes Verhalten

Da die Bestätigung nach Abs 2 formfrei möglich ist, genügt für sie auch ein **konkludentes Verhalten**. Die Rspr stellt an die Annahme einer Bestätigung durch konkludentes Verhalten **strenge Anforderungen**, da Teilnehmer am Rechtsverkehr erfahrungsgemäß nicht ohne Weiteres auf bestehende Befugnisse oder Gestaltungsmöglichkeiten zu verzichten pflegten (BGHZ 110, 220, 222; BGH NJW-RR 1992, 779; WM 1982, 1249, 1251; NJW 1967, 720, 721; OLG Saarbrücken VersR 2003, 890, 891 [Versicherungsvertrag]). Zwar soll ein Verhalten genügen, das den Willen offenbart, trotz Kenntnis der Anfechtbarkeit an dem Rechtsgeschäft festzuhalten (BGHZ 112, 220, 222). Doch darf es nur dann als Bestätigung gewertet werden, wenn „jede andere den Umständen nach einigermaßen verständliche Deutung dieses Verhaltens ausscheidet" (BGHZ 110, 220, 222; BGH NJW 2010, 3362 Rn 37; NJW-RR 1992, 779, 780; BAG NZA 2008, 348 Rn 36; 2006, 624; AP § 124 BGB Nr 64). Sobald ein Verhalten auch auf einem anderen Grund beruhen kann, scheidet danach eine Bestätigung grundsätzlich aus. 5

Strenge Anforderungen werden insbes im Falle einer **arglistigen Täuschung** nach § 123 BGB gestellt, damit die Überlegungsfrist des § 124 BGB nicht durch eine zweifelhafte Bestätigung unterlaufen wird. Deshalb werden Entgegennahme und Gebrauch einer nach dem anfechtbaren Vertrag geschuldeten Leistung nur dann als Bestätigung gewertet, wenn dies nicht nur aus wirtschaftlicher Notwendigkeit oder zur Abwendung eines größeren Verlustes geschieht (BGH NJW-RR 1992, 779, 780). Vergleichbar tritt ein Bestätigungswille nicht schon dadurch eindeutig hervor, dass 6 der Käufer in Kenntnis der Anfechtbarkeit von dem Verkäufer klageweise **Gewährleistung** oder **Schadensersatz** verlangt. Ansonsten würde das Wahlrecht des Käufers verkürzt (BGHZ 110, 220, 222 f; OLG Schleswig OLGReport 2008, 461, 463). Eine Bestätigung wurde auch verneint, wenn der Mieter eines Ladengeschäftes in den Mieträumen den **Geschäftsbetrieb** aufnimmt und lediglich die Nebenkosten, nicht aber den vereinbarten Mietzins bezahlt (BGH NJW-RR 1992, 779, 780). Dieser Rspr ist zum erforderlichen Schutz des Vertragsgegners im Ergebnis zuzustimmen (o Rn 4; einschränkend MünchKomm/Busche[8] Rn 6 aE). Unter den gegebenen Voraussetzungen kann eine Bestätigung im Einzelfall gleichwohl in der Annahme der Leistung, in der freiwilligen Erfüllung der Verbindlichkeit oder in einer Pfandbestellung zu sehen sein (s die in Jakobs/Schubert AT I 748 wiedergegebenen Erwägungen). Ebenso liegt es, wenn sich der Anfechtungsberechtigte verurteilen lässt, ohne anzufechten (vTuhr, AT II 1 320). Eine Bestätigung wird auch darin zu sehen sein, dass das durch das anfechtbare Geschäft erworbene Recht weiter veräußert wird (Enneccerus/Nipperdey, AT[15] I 2 S 1229). Sie wurde ferner angenommen, wenn trotz Kenntnis von der Anfechtbarkeit eines **Vergleiches** an diesem festgehalten wird und weiter Zahlungen geleistet werden (OLG Koblenz FamRZ 1983, 720). Auch kann die rügelose Hinnahme des Einsatzes eines **Subunternehmers** als Bestätigung gewertet werden (OLG Celle OLGReport 2007, 845, 846). Der **Vollzug des Rechtsgeschäfts** in Kenntnis der Anfechtung muss aber nicht notwendigerweise als Bestätigung zu deuten sein, vor allem wenn Leistungen in Erfüllung einer gesetzlichen Verpflichtung erbracht werden (LAG Hamm LAGReport 2004, 230, 232). Keine Bestätigung ist dagegen gegeben, wenn der Anfechtungsberechtigte eine Handlung vornimmt, welche im Interesse des Gegners nötig ist (vTuhr, AT II 1 320 Fn 130a). Eine Bestätigung iS des § 144 liegt auch nicht in dem Umstand begründet, dass vor der Anfechtung des **Arbeitsvertrages** eine außerordentliche und mit der Anfechtung zeitgleich eine ordentliche Kündigung ausgesprochen wird (BAG AP § 123 BGB Nr 64). Die Abbuchung einer weiteren Prämie führt nicht zur Bestätigung eines **Versicherungsvertrages** (OLG Saarbrücken VersR 2003, 890, 892). Muss sich ein Beteiligter nach § 242 so behandeln lassen, als ob ein Vertrag geschlossen worden wäre, weil er sich einen Gesetzesverstoß des Vertragspartners zum Vorwand genommen hat, sich eines missliebig gewordenen Vertrages zu entledigen, so braucht nicht eine Rechtspflicht zur Bestätigung des Vertrages nach den §§ 141, 144 BGB angenommen zu werden (OLG Düsseldorf NZBau 2004, 170, 172 [zu § 13 S 4 VgV aF]). Im Arbeitsrecht wird bisweilen eine analoge Anwendung des § 144 BGB insofern befürwortet, dass ein **Widerspruch gemäß § 613a Abs 6 BGB** ausgeschlossen ist, wenn der Arbeitnehmer den widerspruchsbehafteten Übergang des Arbeitsverhältnisses auf den Erwerber des Betriebs bestätigt, indem er ihm gegenüber über sein Arbeitsverhältnis verfügt (LAG Düsseldorf, zustimmend zitiert nach Gehlhaar BB 2009, 1182, 1184).

c) Kenntnis der Anfechtbarkeit

7 Nach hL setzt die Bestätigung nach § 144 BGB notwendig die **Kenntnis der Anfechtbarkeit** voraus (RGZ 68, 398, 400; 128, 116, 119; BGHZ 110, 220, 222; BGH NJW 2012, 296 Rn 48; 1995, 2290, 2291; WM 1961, 785, 787; MünchKomm/Busche[8] Rn 7; Mock 61). Abschwächend wird bisweilen formuliert, es genüge das Bewusstsein, dass ein Anfechtungsrecht „möglicherweise" besteht (Enneccerus/Nipperdey, AT[15] I 2 S 1229; Soergel/Hefermehl[13] Rn 2). Im Falle der **arglistigen Täuschung** soll der Anfechtungsberechtigte wenigstens mit der Möglichkeit rechnen müssen, dass der Gegner ihn bewusst getäuscht hat (BGH NJW 2012, 296 Rn 48; NJW-RR 1990, 817, 819). Neben der Kenntnis der tatsächlichen Umstände, aus denen sich ein Anfechtungsrecht ergibt, muss für den Anfechtungs-

berechtigten zusätzlich die Vorstellung hinzutreten, dass er etwas gegen das Rechtsgeschäft **unternehmen könne** (MünchKomm/Busche[8] Rn 7 im Anschluss an RGZ 128, 116, 119; ebenso BGH NJW-RR 1990, 817, 819; OLG München OLGReport 2005, 503, 504). Überwiegend wird verneint, dass ein bloßer Argwohn ausreiche (MünchKomm/Busche[8] Rn 7).

ME kommt es entscheidend darauf an, ob die betreffende Handlung des Anfechtungsberechtigten nach ihrem **äußeren Erscheinungstatbestand** für den Anfechtungsgegner die Bedeutung einer Bestätigung idS hat, dass das Geschäft trotz erkannter Zweifel an der Anfechtbarkeit gelten solle. Ist das der Fall, so kann der Bestätigung ihre Bedeutung nur durch eine **Anfechtung** nach § 119 BGB genommen werden. Die Dinge liegen also vergleichbar wie bei der Bestätigung nach § 141 BGB (o § 141 Rn 20 ff). Lässt sich aus der Erklärung nicht erkennen, dass bestehende Zweifel ausgeräumt werden sollen, so ist eine Bestätigung nicht erklärt worden. Einer Anfechtung bedarf es dann nicht. 8

d) Teilbarkeit

Ist dem Bestätigenden die Anfechtbarkeit nur aus einem **bestimmten Grunde**, zB wegen eines Irrtums nach § 119 BGB bekannt, so kann sich aus der Auslegung der Bestätigung ergeben, dass eine Anfechtbarkeit wegen Täuschung nach § 123 BGB nicht ausgeschlossen werden soll (RG HRR 1938 Nr 1004; Enneccerus/Nipperdey, AT[15] I 2 S 1229; MünchKomm/Busche[8] Rn 7). Die Bestätigung ist also teilbar idS, dass sie auf **bestimmte Anfechtungsgründe beschränkt** sein kann. Musste der Anfechtungsgegner die Bestätigung als umfassend verstehen, so hilft dem Bestätigenden nur die Anfechtung (§ 119 BGB) hinsichtlich des ihm unbekannten Anfechtungsgrundes. Im Falle der arglistigen Täuschung sind an die Verständnismöglichkeiten des Täuschenden allerdings strenge Anforderungen zu stellen (RG JW 1937, 2651; BGB-RGRK/Krüger-Nieland/Zöller[12] Rn 9). 9

Ist ein Rechtsgeschäft nur wegen **Drohung anfechtbar**, so kommt eine Bestätigung erst nach Wegfall der Zwangslage in Betracht (OGHBrZ SJZ 1949, 470). Ist die **Täuschung durch einen Dritten** (§ 123 Abs 2 BGB) verübt worden, so muss der Bestätigende Kenntnis davon haben, dass der andere, dem gegenüber die Erklärung abzugeben war, die Täuschung kannte oder hätte kennen müssen (RG JW 1914, 188; BGB-RGRK/Krüger-Nieland/Zöller[12] Rn 10). 10

e) Bestätigungsberechtigung

Zur Bestätigung befugt ist der **Anfechtungsberechtigte** oder sein Vertreter. In der Regel handelt es sich um denjenigen, der die anfechtbare Erklärung abgegeben hat. Bei **§ 318 Abs 2 BGB** kann jede Vertragspartei bestätigen und damit das Anfechtungsrecht ausschließen. Das Anfechtungsrecht des anderen Teils bleibt bestehen (vTuhr, AT II 1 321). 11

Obgleich bei einem **anfechtbaren Testament** das Anfechtungsrecht nicht dem Erblasser, sondern nach § 2080 BGB den Interessenten zusteht, so kann doch auch der Erblasser bestätigen, wenn er seine Verfügungen aufrechterhalten will (OLG Hamm NJW-RR 1994, 462, 464; **aA** BayObLG Rpfleger 1975, 242). Das dem Erblasser eingeräumte Widerrufsrecht hat dieselben Funktionen wie ein Anfechtungsrecht, wenn der Widerruf auf einem Willensmangel beruht (zutreffend vTuhr, AT II 1 321). 12

IV. Rechtsfolgen

1. Rückwirkung

13 Im untechnischen Sinn (o Rn 2) kommt der Bestätigung des § 144 BGB volle **Rückwirkung** auch gegenüber Dritten zu (dagegen MOCK 61). Genauer ist es zu sagen, dass für das bereits jetzt wirksame Rechtsgeschäft die Anfechtungsgefahr endgültig wegfällt. Durch die Bestätigung entstehen daher keine neuen Rechtswirkungen. Vielmehr werden bereits eingetretene Wirkungen unanfechtbar. Daher bedeutet die Bestätigung einer Verpflichtung keine Erweiterung für den *Bürgen* nach § 767 BGB oder nach § 1210 BGB im Falle der *Verpfändung* (RGZ 62, 54; vTUHR, AT II 1 322).

14 Haben **Dritte** in der Zwischenzeit **Rechte erworben**, so können sie durch die Bestätigung nicht verändert werden. Wenn A dem X ein anfechtbares, und später dem Y ein wirksames Pfandrecht bestellt hat und A das Pfandrecht des X bestätigt, so bleibt die Rechtslage des Y unberührt. Er nimmt lediglich den zweiten Rang ein (vgl die Erwägungen bei JAKOBS/SCHUBERT, AT I 748).

15 Das Anfechtungsrecht wird durch die Bestätigung endgültig beseitigt. Ein **Widerruf der Bestätigung** ist auch nicht in offener Anfechtungsfrist möglich (MünchKomm/BUSCHE[8] Rn 8). Es bleibt unter den gegebenen Voraussetzungen lediglich eine **Anfechtung** der Bestätigung übrig (RIEHM JuS 2016, 739, 740).

2. Verzicht auf Schadensersatzansprüche

16 Die Bestätigung des § 144 BGB beschränkt sich grundsätzlich auf die Beseitigung des Anfechtungsrechts. Dagegen schließt sie etwaige **Schadensersatzansprüche** wegen Betruges gegen den Anfechtungsgegner nicht aus (RG JW 1911, 398; HÜBNER, AT[2] Rn 521). Allerdings kann die Auslegung ergeben, dass die Bestätigung auch einen **Verzicht** auf einen bestehenden Schadensersatzanspruch enthält (ENNECCERUS/NIPPERDEY, AT[15] I 2 S 1229; BGB-RGRK/KRÜGER-NIELAND/ZÖLLER[12] Rn 13; PWW/AHRENS[15] Rn 4; NK-BGB/FEUERBORN[3] Rn 13; BAMBERGER/ROTH/HAU/POSECK/WENDTLAND[3] Rn 9). Doch erfordert der Verzicht **(Erlassvertrag)** dann die Annahme der entsprechenden Erklärung (BGH JuS 2016, 739; SOERGEL/HEFERMEHL[13] Rn 7). Es gibt jedenfalls keine Regel des Inhalts, wonach der Wille des Bestätigenden regelmäßig auf die Beseitigung aller aus dem Anfechtungstatbestand folgenden Ansprüche geht (SOERGEL/HEFERMEHL[13] Rn 7 Fn 28). Zudem lässt § 144 BGB andere inhaltsgleiche Ansprüche nicht untergehen, auch wenn sie zum selben Ergebnis führen, wie die durch die Anfechtung ausgelöste Rückabwicklung nach § 812 Abs 1 S 1 Alt 1 BGB (REGENFUS JURA 2016, 1089, 1093). Insbesondere schließt die Bestätigung als solche etwaige Schadensersatzansprüche des Anfechtungsberechtigten nicht aus (BGH JuS 2016, 739), zB aus culpa in contrahendo gemäß §§ 280 Abs 1, 241 Abs 2, 311 Abs 2 BGB oder nach §§ 437 Nr 3, 280 Abs 1, 3, 281 BGB oder aus §§ 826, 823 Abs 2 iVm § 263 StGB. Allerdings soll die Bestätigungserklärung regelmäßig als **konkludenter Antrag** auf Abschluss eines entsprechenden Erlassvertrages auszulegen sein (BGH JuS 2016, 739 mit Anm RIEHM; REGENFUS JURA 2016, 1089; THELEN LMK 2016, 376390). Es gilt § 151 S 1 BGB.

V. Prozessuales

17 Der Anfechtungsgegner trägt die **Behauptungs- und Beweislast** dafür, dass eine Anfechtung wegen der Bestätigung ausgeschlossen ist (BGH NJW 1967, 720 f; MünchKomm/Busche[8] Rn 9; Soergel/Hefermehl[13] Rn 4). Dabei reicht es aus, wenn der Anfechtungsgegner nachweist, dass dem Anfechtungsberechtigten die die Anfechtung begründenden Tatsachen bekannt gewesen sind (RGZ 68, 401; BGB-RGRK/Krüger-Nieland/Zöller[12] Rn 12). Ergibt sich eine Bestätigung aus dem Sach- und Streitstand, so ist sie durch das Gericht **von Rechts wegen** zu berücksichtigen, ohne dass sich die begünstigte Partei darauf berufen muss (BGH NJW 1967, 720 f).

Titel 3
Vertrag

Vorbemerkungen zu §§ 145–156

Schrifttum

ACHENBACH, Der briefliche und telegraphische Vertrag im vergleichenden und internationalen Privatrecht (1934)

ADLER, Realcontract und Vorvertrag, JherJb 31, 190

vARNIM, Die Option im Waren- und Aktienbereich, AG 1983, 29

BAHNTJE, Gentlemen's Agreement und abgestimmtes Verhalten (1982)

BAILAS, Das Problem der Vertragsschließung und der vertragsbegründende Akt (1962)

BEHREND, Haftung für Gefälligkeitshandlungen, Recht 1919, 291

BELKE, Die Geschäftsverweigerung im Recht der Wettbewerbsbeschränkungen (1966)

BIEREKOVEN, Der Vertragsabschluss via Internet im internationalen Wirtschaftsverkehr (2001)

BISCHOFF, Der Vertragsschluß beim verhandelten Vertrag (2001)

BLATZHEIM, Die Unfallhaftung aus der sog Gefälligkeitsfahrt im Kraftfahrzeug (Diss Köln 1952)

BLAUROCK, Der Vorvertrag zur Zeichnung von Aktien, in: FS Rittner (1991) 33

E BÖHMER, Definition des Begriffs der Gefälligkeitsfahrt, VersR 1964, 807

ders, Unbilligkeit der Haftung des Gefälligkeitsfahrers, JR 1970, 135

ders, Zum Begriff der Gefälligkeitsfahrt, JR 1957, 338

BRÜGGEMANN, Causa und Synallagma im Recht des Vorvertrages, JR 1968, 201

BUCHER, Die verschiedenen Bedeutungsstufen des Vorvertrages, in: Berner Festgabe zum Schweizerischen Juristentag (1979) 169

BÜLCK, Vom Kontrahierungszwang zur Abschlußpflicht (1940)

BUSCHE, Privatautonomie und Kontrahierungszwang (1999)

F BYDLINSKI, Kontrahierungszwang und Anwendung des allgemeinen Zivilrechts, JZ 1980, 378

ders, Zu den dogmatischen Grundfragen des Kontrahierungszwangs, AcP 180 (1980) 1

CARTELLIERI, Die Option, BB 1948, 162

CASPER, Der Optionsvertrag (2005)

CONTZEN, Kontrahierungszwang bei marktbeherrschenden Unternehmen (Diss Köln 1965)

CZEGUHN, Vertragsschluss im Internet, JA 2001, 708

DAHMANN, Gefälligkeitsbeziehungen (Diss Erlangen 1935)

DAMMANN, Die Grenzen zulässiger Diskriminierung im allgemeinen Zivilrecht (2005)

DEGENKOLB, Der Begriff des Vorvertrages (1871)

ders, Zur Lehre vom Vorvertrag, AcP 71 (1887) 1

DEITER, Der Verpflichtungsvertrag (pactum de contrahendo) (Diss Marburg 1902)

vDEWITZ, Gefälligkeitsverhältnisse im Bürgerlichen Recht (Diss Tübingen 1939)

DIELE, Haftpflichtrisiko und Schadensverteilung bei sog Gefälligkeitsfahrten (Diss Freiburg 1959)

EHLERS, Die Problematik des Kontrahierungszwangs in der Wettbewerbsordnung (Diss Hamburg 1979)

vEINEM, Die Rechtsnatur der Option (1974)

ETZBACH, Die Haftung aus erwiesener und empfangener Gefälligkeit unter besonderer Berücksichtigung der Haftung bei Gefälligkeitsfahrten (Diss Erlangen 1935)

EVERS, Zum Problem der Kraftfahrzeug-Gefälligkeitsfahrt (Diss Köln 1936)

EYLERT, Gefälligkeitsbeziehungen (Diss Köln 1955)
FISCHBACH, Vorbereitende Rechtsverhältnisse, ArchBürgR 41, 160
H-D FISCHER, Gefälligkeitsfahrt und vorvertragliche Haftung (1938)
FÖHLISCH/STARIRADEFF, Zahlungsmittel und Vertragsschluss im Internet, NJW 2016, 353
FREITAG, „Specific performance" und „causa-Lehre" über alles im Recht des Vorvertrages?, AcP 207 (2007) 288
FREUND, Die stillschweigende Vertragsannahme (Diss Breslau 1899)
FRIEDRICH, Die Gefälligkeitsfahrt im Kraftfahrzeug (Diss Göttingen 1939)
FRITZSCHE, Der Abschluss von Verträgen, §§ 145 ff BGB, JA 2006, 674
GEHRLEIN, Das Zusammenspiel vorvertraglicher Ansprüche und einer Haftung aus Culpa in contrahendo, VersR 1997, 928
GELLER, Der Vorvertrag (Diss Erlangen 1908)
GERNHUBER, Austausch und Kredit im rechtlichen Verbund; zur Lehre von der Vertragsverbindung, in: FS Larenz (1973) 455
GEORGIADES, Optionsvertrag und Optionsrecht, in: FS Larenz (1973) 409
GREIB, Der Kontrahierungszwang im geltenden Recht (Diss Würzburg 1960)
GROSSMANN, Die Vertragsfreiheit als ökonomisches und juristisches Ordnungsprinzip (Diss Freiburg 1957)
GRUNEWALD, Vereinsaufnahme und Kontrahierungszwang, AcP 182 (1982) 181
HACKL, Vertragsfreiheit und Kontrahierungszwang im deutschen, im österreichischen und im italienischen Recht (1980)
vHASE, Vertragsbindung durch Vorvertrag (1999)
HEDEMANN, Der Kontrahierungszwang, Erinnerung und Ausblick, in: FS Nipperdey (1955) 251
HELLGARDT, Privatautonome Modifikation der Regeln zu Abschluss, Zustandekommen und Wirksamkeit des Vertrags, AcP 213 (2013) 760
HENRICH, Unwiderrufliches Angebot und Optionsvertrag, in: ZIMMERMANN (Hrsg), Rechtsgeschichte und Rechtsdogmatik (1999) 207
ders, Vorvertrag, Optionsvertrag, Vorrechtsvertrag (1965)
HERRMANN, Die Abschlussfreiheit – ein gefährdetes Prinzip, ZfA 27 (1996) 19
HERTEL, Rechtsgeschäfte im Vorfeld eines Projekts, BB 1983, 1824
HERZOG, Der Vorvertrag im schweizerischen und deutschen Schuldrecht (Zürich 1999)
HEYL, Die rechtliche Behandlung der Gefälligkeiten, insbesondere der Gefälligkeitsfahrt, unter besonderer Berücksichtigung der Lehre von den faktischen Vertragsverhältnissen (Diss Köln 1943)
HILLGRUBER, Abschied von der Privatautonomie?, ZRP 1995, 6
E vHIPPEL, Die Haftung bei Gefälligkeitsfahrten, in: FS F vHippel (1969) 233
HOFFMANN, Der Einfluß des Gefälligkeitsmoments auf das Haftungsmaß, AcP 167 (1967) 394
HONSELL/HOLZ-DAHRENSTAEDT, Grundprobleme des Vertragsschlusses, JuS 1986, 969
KALLMEYER, Die Gefälligkeitsverhältnisse (Diss Göttingen 1968)
KILIAN, Kontrahierungszwang und Zivilrechtssystem, AcP 180 (1980) 47
KLIMKE, Rechtsprobleme um die Ersatzpflicht aus Anlaß von Gefälligkeitshandlungen, ZfVersW 1977, 51
KLINGENFUSS, Der Kontrahierungszwang im deutschen und französischen Zivilrecht (2004)
KLOSE/STRAUB, Kontrahierungszwang im Arztvertragsrecht, MedR 2017, 935
KLÜNDER, Die rechtliche Natur der Gefälligkeitsleistungen (Diss Göttingen 1932)
KÖHLER, Vorvertrag, Option und Festofferte, Jura 1979, 465
KÖNDGEN, Selbstbindung ohne Vertrag (1981)
KORTE, Die Vertragslehre im Bürgerlichen Gesetzbuch für das Deutsche Reich (1897)
E A KRAMER, Grundfragen der vertraglichen Einigung (1972)
G KRAMER, Vertragstatbestand, Vertragsinhalt und Wirksamkeitsvoraussetzungen des Vertrages (Diss Heidelberg 1964)
KRÜCKMANN, Die Gefälligkeitsfahrt, JW 1932, 3688
ders, Enteignung, Einziehung, Kontrahierungszwang (1925)
ders, Gefälligkeitsverträge, SeuffBl 74, 113
KÜTTNER, Aufnahmezwang für Gewerkschaften?, NJW 1980, 968

Lambrecht, Die Lehre vom faktischen Vertragsverhältnis (1994)
Larenz, Die rechtliche Bedeutung von Optionsvereinbarungen, DB 1955, 209
Leenen, Abschluss, Zustandekommen und Wirksamkeit des Vertrages, AcP 188 (1988) 381
Levinsohn, Der Vorvertrag (1931)
Lietz, Über die Rechtsfindung auf dem Gebiet der sog Gefälligkeitsverhältnisse (Diss Frankfurt 1940)
Lorenz, Vorzugsrechte beim Vertragsschluss, in: FS Dölle I (1963) 103
Lucke, Ein Beitrag zur Frage der Haftung aus Gefälligkeitsfahrten mit Kraftfahrzeugen (Diss Heidelberg 1931)
Ludwig, Der Vertragsschluss nach UN-Kaufrecht im Spannungsverhältnis von Common Law und Civil Law (1994)
Mahrzahn, Die Haftung des Kraftfahrzeughalters aus Gefälligkeit (Diss Göttingen 1921)
Manigk, Das Wesen des Vertragsschlusses in der neueren Rechtsprechung, JherJb 75, 127
Markert, Privatautonomie und Kontrahierungszwang, AG 1991, 288
Meder, Annahme durch Schweigen bei Überweisungsvertrag und Gutschrift, JZ 2003, 443
Merle, Die Vereinbarung als mehrseitiger Vertrag, in: FS Wenzel (2005) 251
Mersson, Zur Haftung bei Gefälligkeitsfahrten, DAR 1993, 87
Merz, Vertrag und Vertragsschluss (2. Aufl 1992)
Metzdorf, Die Grundfragen des Vorvertrages nach deutschem und österreichischem Recht (Diss Breslau 1939)
Meyer, Vertragsvollziehung oder Vertragsproduktion, AcP 87 (1897) 77
Michaelis, Gefälligkeitsleistung und Vertrag (Diss Leipzig 1937)
Molitor, Zur Theorie des Vertragszwangs, JherJb 73, 1
Müllereisert, Vertragslehre (1947)
Nipperdey, Kontrahierungszwang und diktierter Vertrag (1920)
ders, Stromsperre, Zulassungszwang und Monopolmißbrauch (1929)
ders, Vorhand, Vorkaufsrecht und Einlösungsrecht, ZBlHR 1930, 300
Pallmann, Rechtsfolgen aus Gefälligkeitsverhältnissen (Diss Regensburg 1971)
Pappenheim, Die Vertragsfreiheit und die moderne Entwicklung des Verkehrsrechts, in: FS G Cohn (1915) 289
Propach, Die Gefälligkeiten des täglichen Lebens, insbesondere die Gefälligkeitsfahrt (Diss Erlangen 1935)
Radtke, Die Kraftfahrzeug-Gefälligkeitsfahrt (Diss Halle 1935)
Rath, Vorverträge nach dem Bürgerlichen Gesetzbuche (Diss Erlangen 1906)
Rath-Glawatz, Anzeigenauftrag und Kontrahierungszwang, WRP 1982, 625
Reinicke/Tiedtke, Heilung eines formnichtigen Vorvertrages und ihre Auswirkungen auf die Vertragsstrafe, NJW 1982, 1430
Reuss, Die Intensitätsstufen der Abreden und die Gentlemen-Agreements, AcP 154 (1955) 485
Ritzinger, Der Vorvertrag in der notariellen Praxis, NJW 1990, 1201
Röhl, Über außervertragliche Voraussetzungen des Vertrages, in: FS Schelsky (1978) 435
Roll, Die Verjährung beim Vorvertrag, BB 1978, 69
H Roth, Der Vorvertrag (1928)
H Roth, Der faktische Vertrag, JuS 1991, L 89
Rother, Der Vertrag als Vertragsgegenstand, in: FS Larenz (1973) 435
F Schäfer, Der Darlehensvorvertrag (Diss Freiburg 1902)
Schlossmann, Der Vertrag (1876)
ders, Über den Vorvertrag und die rechtliche Natur der sog Realkontrakte, JherJb 45, 1
Schmalzel, Vorverträge zugunsten Dritter, AcP 164 (1964) 446
K Schmidt, Zur Durchsetzung vorvertraglicher Pflichten, DNotZ 1990, 708
Schumacher, Über die rechtliche Natur der Gefälligkeiten des täglichen Lebens und die Haftung aus Gefälligkeiten unter besonderer Berücksichtigung der Haftung bei der Gefälligkeitsfahrt (Diss Marburg 1939)
Siber, Die schuldrechtliche Vertragsfreiheit, JherJb 70, 223
Simon, Zum Kontrahierungszwang von Kreditinstituten, ZIP 1987, 1234
Steindorff, Vorvertrag zur Vertragsänderung, BB 1983, 1127

STINTZING, Die Vorverpflichtung im Gebiet der Schuldverhältnisse (1903)
W STRAUSS, Gewerbefreiheit und Vertragsfreiheit, in: FS Böhm (1975) 603
THEEGARTEN, Die Schadensersatzpflicht aus Gefälligkeitsverhältnissen (Diss Köln 1949)
TRAUT, Beiträge zur Lehre vom Vorvertrag (Diss Heidelberg 1911)
VAN VENROOY, Vertrag und Unwirksamkeit bei § 18 GWB (1980)
WABNITZ, Der Vorvertrag in rechtsgeschichtlicher und rechtsvergleichender Betrachtung (Diss Münster 1962)
WAGENFÜHR, Die Gefälligkeitsfahrt im Kraftfahrzeug unter besonderer Berücksichtigung der Haftung des gefälligen Fahrers (Diss Frankfurt 1943)
WEBER, Der Optionsvertrag, JuS 1990, 249
WELLER, Die Vertragstreue (2009)
WENNER, Vorverhandlungen und Vorvertrag, BB 1966, 669
WILLOWEIT, Abgrenzung und rechtliche Relevanz nicht rechtsgeschäftlicher Vereinbarungen (1969)
ders, Die Rechtsprechung zum Gefälligkeitshandeln, JuS 1986, 96
ders, Schuldverhältnis und Gefälligkeit, JuS 1984, 909
WINDEL, Personenrechtliche Grenzen der Vertragsbindung, in: FS F E Schnapp (2008) 859
WUNNER, Die Problematik des Grundsatzes der Vertragsfreiheit im Privatrecht (Diss Heidelberg 1957)
ZÖLLNER, Der arbeitsrechtliche Vorvertrag, in: FS Floretta (1983) 455.

Vgl ferner die Schrifttumsangaben bei STAUDINGER/KLUMPP (2017) Vorbem zu §§ 104–115 und STAUDINGER/SINGER (2017) Vorbem zu §§ 116–144.

Systematische Übersicht

I. Überblick
1. Vertrag ___ 1
2. Regelungsgehalt der §§ 145–156 ___ 4
3. Anwendungsbereich der §§ 145–156 ___ 5
4. Bedeutung des Vertragsschlusses ___ 8

II. Geschichtliche Entwicklung ___ 9

III. Rechtsvergleichende Hinweise ___ 11

IV. Abschlussfreiheit und Kontrahierungszwang
1. Abschlussfreiheit ___ 12
a) Positive Abschlussfreiheit ___ 13
b) Negative Abschlussfreiheit ___ 14
2. Rechtsgrundlagen des Kontrahierungszwangs ___ 15
a) Spezialgesetzliche Anordnungen ___ 17
b) § 35 iVm § 26 Abs 2 GWB ___ 18
c) § 826 BGB ___ 21
d) cic ___ 28
3. Rechtsfolgen des Kontrahierungszwangs ___ 29
a) Materiell-rechtliche Abschlusspflicht ___ 29
b) Prozessuale Durchsetzung ___ 33
4. Diktierter Vertrag ___ 35

V. Vertragsschluss ___ 36
1. Angebot und Annahme ___ 37
2. Zustimmung zu einer Vorlage ___ 38
3. Die Lehre vom faktischen Vertrag ___ 39
4. Ort, Zeitpunkt, Beweislast ___ 40
a) Ort ___ 40
b) Zeitpunkt ___ 41
c) Beweislast ___ 42
5. Beseitigung ___ 43

VI. Vorvertragliche Bindungen
1. Vertragsverhandlungen ___ 45
2. Vorvertragliches Schuldverhältnis ___ 48
a) Gesetzliches Schuldverhältnis ___ 49
b) Rechtsfolgen ___ 50
3. Vorvertrag ___ 51
a) Abgrenzung ___ 51
b) Notwendiger Inhalt ___ 56
c) Form ___ 60
d) Genehmigung ___ 63
e) Rechtsfolgen ___ 64
f) Bedeutung für den Hauptvertrag ___ 68

4. Option 69
a) Abgrenzung; Gestaltungsmöglichkeiten 69
b) Form 74
c) Übertragbarkeit 75
5. Vorrechtsverträge 77
a) Arten 77
b) Insbesondere: Vorhand 78

VII. Gefälligkeitsverhältnis 79
1. Abgrenzung 80
2. Rechtsfolgen 83
a) Keine Vertragsansprüche 83
b) Haftungsgrundlagen 85
c) Haftungsmaßstab 86

VIII. Vertragsarten
1. Unterscheidung nach dem Inhalt 87
a) Überblick 87
b) Gegenseitige Verträge 88
c) Typische Verträge 89
2. Normenverträge 91
3. Massenverträge 93
4. Öffentlich-rechtliche Verträge 94
a) Arten 94
b) Abgrenzung 97
c) Zustandekommen 98

IX. Sachverhalte mit Auslandsberührung 99

Alphabetische Übersicht

Abgrenzung des Vertrages
– zum Gefälligkeitsverhältnis 3, 80
– zum gentlemen's agreement 3, 80
– zum Vorvertrag 52 ff
Abschlussfreiheit 12
– negative 14
– positive 13
Abschlussverbot 13
Ankaufsrecht s Option
Anpassungsklauseln 55
Anwendungsbereich der §§ 145–156 5
Aufhebungsvertrag 43 f
Auslandsberührung 99

Beschlüsse 6
Bestimmtheit des Hauptvertrages 57 ff

contractus 9
culpa in contrahendo 28, 48

Faktischer Vertrag 39

Gefälligkeitsverhältnis 79 ff
– Abgrenzung zum Vertrag 3, 80 ff
– Haftungsmaßstab 86
– Rechtsfolgen 83 ff
gentlemen's agreement 3
Gesellschaftsvertrag s Vertragsarten

Hauptvertrag
– Bestimmtheit 59
– Form 60 f
– Heilung eines Formmangels 62
– bedingter s Optionsvertrag

Inhaltliche Gestaltungsfreiheit 12

Kartellverträge 7
Kontrahierungszwang 15 ff
– diktierter Vertrag 35
– Presse 25
– prozessuale Geltendmachung 33 f
– Rechtsfolgen eines Verstoßes 29 ff
– Rechtsgrundlagen 15 ff
– Rechtsnatur 27
– Vereine 26
– Vorvertrag 64
– wegen sittenwidriger Schädigung 21
Kontrahierungszwang im Wettbewerbsrecht
– Gegenstand des Verbots 18
– geschützte Unternehmen 18
– Normadressaten 18
– Rechtsfolgen eines Verstoßes 19
– Rechtsnatur 20

lex contractus 8

Mantelvertrag 54
Massenverträge s Vertragsarten

Normenverträge s Vertragsarten

Option 69 f
– Form 74
– Rechtsnatur 73
– Übertragbarkeit 75 f
Optionsvertrag 71

pactum 9
promissio 9
protestatio facto contraria 39
Prozessvertrag s Vertragsarten
Punktation 47

Rahmenvertrag 54
Rassische Diskriminierung 24
Rechtsfolgenwillen 2
Rechtsvergleichung 11
Regelungsgehalt der §§ 145–156 4

Verfassungsrechtlicher Vertrag 94
Vertrag 1 ff
– Abgrenzung 97
– Beweislast 40
– des bürgerlichen Rechts 5
– des öffentlichen Rechts 94 ff
– geschichtliche Entwicklung der Dogmatik des Vertrages 9
– Zustimmung zu Vorlage 38
Vertragsarten
– gegenseitige Verträge 88
– gemischte Verträge 89
– Gesellschaftsverträge 90
– Massenverträge 93
– Normenverträge 91 f
– Prozessverträge 96
Vertragsfreiheit 12
Vertragsschluss
– Bedeutung 8
– Zustandekommen 36 ff
– Zustimmung zu einer Vorlage 38
Vertragsverhandlungen 45 ff
Verwaltungsvertrag 95
Vorhand 78
Vorrechtsvertrag 77
Vorvertrag 51 ff
– Bedeutung für Hauptvertrag 68
– Erfüllungsklage 67
– Rücktritt 65 f
Vorvertragliches Schuldverhältnis s auch culpa in contrahendo 48 ff

I. Überblick

1. Vertrag

1 Der 3. Titel des 3. Abschnitts im 1. Buch ist mit „Vertrag" überschrieben. Die §§ 145 ff BGB regeln zwar – übrigens in Übereinstimmung mit der Titelüberschrift im 1. Entwurf – im Wesentlichen nur den Vertrags*schluss,* also das Zustandekommen des Vertrages. Gleichwohl ist eine Definition des Vertragsbegriffs für das Verständnis der Vorschriften unerlässlich. Der Vertrag ist die zwei- oder mehrseitige **rechtsgeschäftliche Regelung eines Rechtsverhältnisses, die von den Vertragsparteien einverständlich getroffen wird** (Flume § 33, 2). Man muss freilich sehen, dass es sich dabei – dem Wesen des AT entsprechend – um eine eher technische Bestimmung des Vertragsbegriffs handelt. Eine funktionsbezogene Charakterisierung, die über den Topos der privatautonomen Regelung hinausgeht, kann nur nach Maßgabe der Rechtsgebiete erfolgen, auf denen Verträge geschlossen werden. Es ist daher nicht verwunderlich, dass der Vertrag – gemeinrechtlicher Tradition folgend (s Rn 9) – in anderen Ländern überwiegend im Obligationenrecht behandelt wird (s Rn 11), womit einer eher funktionalen Betrachtungsweise gefolgt wird, weil der Vertrag im Schuldrecht seine größte Regelungsbedeutung hat.

2 Ein Vertrag ist ein (mindestens) **zweiseitiges** Rechtsgeschäft. Ein einseitiges Rechts-

geschäft kann niemals ein Vertrag sein, sondern diesem allenfalls gleichgestellt werden (vgl für die Gründung einer Einmann-GmbH im Hinblick auf § 2 GmbHG Hüffer, in: Roth [Hrsg], Die Zukunft der GmbH [1983] 167, 168). Niemand kann daher einen Vertrag mit sich selbst schließen (Pfeiffer NJW 2017, 1437, 1438; offen BGHZ 211, 331 Rn 22). Als Rechtsgeschäft setzt der Vertrag bei beiden Parteien **Rechtsfolgenwillen** und **Übereinstimmung** in diesem Rechtsfolgenwillen voraus: Die Parteien müssen Rechtsfolgen herbeiführen wollen, und sie müssen dieselben Rechtsfolgen wollen. Die Rechtsfolgen des Vertrages treten nur deshalb ein, weil sie von den Parteien übereinstimmend gewollt sind, und sie treten nur dann ein, wenn sie von den Parteien übereinstimmend gewollt sind. Deshalb kommt diese rechtsgeschäftliche Regelung nur zustande, wenn beide Parteien ausdrücklich oder stillschweigend zum Ausdruck gebracht haben, dass sie diese Rechtsfolgen verbindlich wollen. Der Vertrags*schluss* setzt daher übereinstimmende, auf dieselben Rechtsfolgen gerichtete Willenserklärungen voraus (näher dazu Rn 36).

Durch den Rechtsfolgen- bzw Rechtsbindungswillen unterscheidet sich der Vertrag vor allem vom Gefälligkeitsverhältnis (s dazu Rn 79 ff) und vom **„gentlemen's agreement"**. Von letzterem spricht man, wenn sich die Parteien Leistungen zusagen, dabei aber rechtliche Unverbindlichkeit zugrunde legen (vgl Bahntje 16 ff). Dies kann darauf beruhen, dass die Parteien eine rechtliche Bindung für unnötig halten, weil sie darauf vertrauen, dass auch eine unverbindliche Zusage eingehalten wird. Es kann aber auch darauf beruhen, dass die Parteien wissen (oder meinen), dass das Recht ihre Vereinbarung nicht als wirksam anerkennen würde, zB weil sie gegen ein gesetzliches Verbot verstoßen würde (vgl für § 1 GWB auch unten Rn 7). Ob ein Rechtsbindungswille vorliegt und wie weit er reicht, ist in jedem Einzelfall durch Auslegung zu ermitteln (BGH MDR 1964, 570; Reuss AcP 154 [1955] 485, 490 ff; Soergel/Wolf Vor § 145 Rn 94). Keinesfalls darf man von der Verwendung des Begriffes „gentlemen's agreement" auf den fehlenden Rechtsfolgenwillen schließen (vgl aber OLG Hamburg MDR 1953, 482; dagegen BGH MDR 1964, 570; Soergel/Wolf Vor § 145 Rn 101). Fehlt er tatsächlich, sind Erfüllungsansprüche ausgeschlossen. In Betracht kommen aber Schadensersatzansprüche aus der Verletzung eines gesetzlichen Schuldverhältnisses, zu dem sich die Parteibeziehungen verdichtet haben können (vgl Rn 85 sowie Bahntje 179 ff). Außerdem kann das gentlemen's agreement als Geschäftsgrundlage Bedeutung erlangen (OLG Nürnberg NJW-RR 2001, 636, 637). 3

2. Regelungsgehalt der §§ 145–156

Das BGB knüpft den Eintritt von Rechtsfolgen an den verschiedensten Stellen an eine rechtsgeschäftliche Vereinbarung über diese Rechtsfolgen, so in § 311 Abs 1 BGB für die Begründung oder Änderung eines vertraglichen Schuldverhältnisses, in § 873 Abs 1 S 1 BGB und in § 929 S 1 BGB für den Eigentumsübergang, in § 1408 BGB für vertragliche Güterstände oder in § 1941 BGB für die vertragliche Erbfolge. Die §§ 145 ff BGB regeln daher weder, was ein Vertrag ist (s dazu Rn 2), noch, wo ein Vertrag erforderlich ist, sondern sie regeln nur, wie ein Vertrag geschlossen wird, wenn er erforderlich ist. Aber auch die **Regelung über den Vertragsschluss** ist nur fragmentarisch. Das Gesetz sagt zB nicht, dass ein Vertrag regelmäßig durch Annahme eines Angebotes geschlossen wird (s dazu näher Rn 37; anders übrigens noch § 77 des 1. Entwurfs), sondern regelt in §§ 145–153 BGB gleich Detailfragen. §§ 154, 155 BGB befassen sich mit den Rechtsfolgen eines offenen oder versteckten Eini- 4 gungsmangels, und § 156 BGB enthält eine Sondervorschrift für den Vertragsschluss bei einer Versteigerung; lediglich § 157 BGB befasst sich nicht mit dem Zustandekommen, sondern mit der Auslegung, also der Inhaltsermittlung von Verträgen. Die Regelung des BGB ist im Übrigen nicht nur fragmentarisch, sondern auch dispositiv, wie sich aus §§ 145, 148, 151 S 1, 152 S 1, 153 BGB und §§ 154, 155 BGB ergibt (ausf Hellgardt AcP 213 [2013] 760, 766 ff, 786 ff).

3. Anwendungsbereich der §§ 145–156

5 Die hier zu behandelnden Normen stehen im 1. Buch des BGB und gelten deshalb nach der Methode des „vor-die-Klammer-Ziehens" für alle privatrechtlichen Vereinbarungen, die – außerhalb von Gefälligkeitsverhältnissen (s dazu Rn 79) – auf die Erzielung einer bestimmten Rechtsfolge gerichtet sind (BGH NJW-RR 1994, 1163, 1164). Erfasst sind damit **alle Verträge des Bürgerlichen Rechts**, also schuldrechtliche, sachenrechtliche (dingliche), familien- und erbrechtliche Verträge gleichermaßen (s zu den Vertragsarten unten Rn 87 ff). Auch im Übrigen Privatrecht ist der Vertragsschluss (natürlich nur, soweit autonomes deutsches Recht anzuwenden ist, s Rn 99) nach §§ 145 ff BGB zu beurteilen, sofern nicht Sondervorschriften entgegenstehen. – Zu den *öffentlich-rechtlichen* Verträgen s Rn 94.

6 Es muss sich freilich stets um das Zustandekommen von *Verträgen* handeln. **Beschlüsse**, etwa auf dem Gebiet des Vereins- oder Gesellschaftsrechts, sind zwar mehrseitige Rechtsgeschäfte der internen Willensbildung, aber keine Verträge (grundlegend schon vTuhr Bd I § 36 IV S 514 f, Bd II/1 § 53 IV S 234 f; vgl für die heute ganz hM nur K Schmidt, Gesellschaftsrecht [4. Aufl 2002] § 15 I 2). Demgegenüber meint Ulmer (in: FS Niederländer [1991] 415, 424 ff), der Beschluss sei ein Vertrag, wenn es sich um einen den Gesellschaftsvertrag ändernden oder einen sonstigen Grundlagenbeschluss handle und für ihn das Einstimmigkeitsprinzip gelte; §§ 146 ff BGB seien in diesem Fall für die Frage, wie lange jemand an seine Stimmabgabe gebunden sei, direkt, bei Geltung des Mehrheitsprinzips analog anwendbar. Bei anderen als Grundlagenbeschlüssen ergebe sich die Bindung an die Stimmabgabe nicht aus §§ 146 ff BGB, sondern aus § 130 BGB. Diese Differenzierung nach dem Beschlussgegenstand vermag nicht zu überzeugen. Freilich ist stets zuerst zu prüfen, ob sich nicht hinter einem vertragsändernden „Beschluss" in Wirklichkeit ein Vertrag verbirgt, der auch durch allseitige Zustimmung zu einer Vorlage („Antrag") zustande kommen kann (s unten Rn 36). Ansonsten sind Beschlüsse aber von den Verträgen zu unterscheiden. Beschlüsse können nicht selten mit Stimmenmehrheit gefasst werden, und das passt nicht zur Vertragsstruktur, die einen allseitigen Rechtsfolgenwillen voraussetzt (s Rn 1 f). Die Rechtsnatur der Beschlüsse kann aber nicht davon abhängen, ob der Beschluss einstimmig gefasst werden muss oder nicht. Für die Frage, ob und wie lange jemand an seine Stimmabgabe gebunden ist, bedeutet das indessen nicht, dass auf § 130 BGB zurückgegriffen werden müsste (so aber Messer, in: FS Fleck [1988] 221 ff; Ulmer 421, 428). Vielmehr können §§ 145 ff BGB auf das Zustandekommen von Beschlüssen, wo es passt, analog angewandt werden, ohne dass es auf den Beschlussgegenstand oder die erforderliche Mehrheit ankäme. § 130 BGB regelt nur die Wirksamkeit der Willenserklärung, sagt aber nichts über deren Widerruflichkeit. Eine Willenserklärung ist (grundsätzlich) nur dann unwiderruflich, wenn sie Rechtsfolgen herbeigeführt hat (vgl BGH NJW 1987, 1546, 1547). Gerade deshalb bedarf es ja der §§ 145 ff BGB, denen zugrunde liegt, dass ein Antrag noch keine Rechtsfolgen herbeigeführt hat. Auch die einzelne Stimmab-

gabe hat noch keine Rechtsfolgen, solange sich nicht die übrigen Gesellschafter mit ihrer Stimme angeschlossen haben (aM Messer 224 ff), sodass eine Analogie zu §§ 145 ff BGB im Einzelfall gerechtfertigt sein kann.

Auf **Kartellverträge** iSv § 1 GWB sollen die §§ 145 ff BGB nach hM nur eingeschränkt 7
anwendbar sein. Zwar können Verträge iSd BGB unstreitig auch solche iSv § 1 GWB sein. Der Vertragsbegriff des § 1 GWB geht aber nach herrschender Auffassung weiter als der des BGB: Er setze zwar wie dieser (s Rn 1 f) eine Willenseinigung der Parteien voraus (BGHSt 24, 54, 61 – „Teerfarben"), verlange aber keinen rechtlichen Bindungswillen. Er begnüge sich vielmehr damit, dass eine tatsächliche Bindung der Beteiligten angestrebt ist, wie sie etwa vorliegt, wenn die Parteien wissen, dass ihre Vereinbarung gegen § 1 GWB verstößt und deshalb nichtig ist, sodass es am Rechtsbindungswillen fehlt, oder wenn sie sich nicht wechselseitig Rechtsansprüche zuwenden wollen, sondern sich auf der Grundlage eines „gentlemen's agreement" (s dazu oben Rn 3) lediglich „moralisch" gebunden fühlen (ausf Zimmer, in: Immenga/Mestmäcker [Hrsg], GWB [5. Aufl 2014] § 1 Rn 81 ff mwNw). Diese hM verdient keine Gefolgschaft mehr. Sie beruht auf der überholten Diskussion um die „Teerfarben"-Entscheidung des BGH (NJW 1987, 1546, 1547), die vor der 2. GWB-Novelle von 1973 ergangen ist. Durch diese Novelle ist mit § 25 GWB – heute durch die 6. GWB-Novelle in § 1 GWB inkorporiert – eine Vorschrift eingefügt worden, die das abgestimmte Verhalten dem vertraglich vereinbarten gleichstellt, sodass es nicht mehr erforderlich ist, den Vertragsbegriff des GWB gegenüber dem des BGB zu erweitern. Bei einem „gentlemen's agreement" liegt mangels Rechtsbindungswillens kein Vertrag, sondern ein abgestimmtes Verhalten vor (so schon Belke ZHR 139 [1975] 53 Fn 3; Beuthien, in: FS Hartmann [1976] 51, 59; ausf Bahntje 34 ff; vgl auch EuGH EuZW 2016, 354 Rn 23 ff).

4. Bedeutung des Vertragsschlusses

Im Moment des Vertragsschlusses treten die von den Parteien gewollten Rechtsfol- 8
gen ein (sofern nicht die Wirksamkeit an Realakte, den Eintritt von Bedingungen, die Genehmigung durch Dritte oä gebunden ist). Die Rechtsbeziehung zwischen den Parteien wird entsprechend der *lex contractus* umgestaltet (Rechte und Pflichten entstehen, ändern sich, wechseln das Zuordnungssubjekt, gehen unter). Nicht selten verdichtet sich durch den Vertragsschluss die allgemeine Rechtsbeziehung der „Rechtsgenossen" zu einem vertraglichen Schuldverhältnis mit konkreten subjektiven Rechten und Pflichten und vor allem der Haftung für Erfüllungsgehilfen nach § 278 BGB. Freilich ist dieser Zäsur durch die Anerkennung vorvertraglicher Schuldverhältnisse (dazu s unten Rn 48 sowie Staudinger/Feldmann [2018] § 311 Rn 98 ff) die entscheidende Schärfe genommen worden.

II. Geschichtliche Entwicklung

Eine allgemeine Dogmatik des Vertrages hat sich erst relativ spät entwickelt (vgl auch 9
Coing, Europäisches Privatrecht Bd I [1985] § 31, Bd II [1989] § 44). Der Vertrag wurde überwiegend als Kategorie des Obligationen- bzw Schuldrechts angesehen, die vom (heutigen) Begriff des Vertragstypus her zu verstehen war (vgl auch Rn 1). Schon im römischen Recht wurden mit den Begriffen *contractus* und *pactum* nur bestimmte Formen der vertraglichen Einigung bezeichnet. Eine allgemeine Vertragsdogmatik stand dahinter nicht. Auch das kanonische Recht stützte seine allgemeine Anerken-

nung des *pactum* nicht auf eine generelle Konsenslehre (vgl LIPP, Die Bedeutung des Naturrechts für die Ausbildung der Allgemeinen Lehren des deutschen Privatrechts [1980] 76 ff). In der Naturrechtslehre fand zwar der Begriff der *promissio* eine dem heutigen Begriff des Rechtsgeschäfts sich annähernde Ausgestaltung (BAILAS 79 ff; H DILCHER, in: GS H Conrad [1979] 85; LIPP 133 ff), ohne dass damit aber eine allgemeine Vertragstheorie verbunden gewesen wäre. Noch im Vorentwurf von GEBHARD für den AT des BGB gab es keine Normen über den Vertrag. Zur Begründung hieß es, es rechtfertige sich dies aus Gründen der Zweckmäßigkeit; der Vertragsbegriff sei für das Obligationenrecht von größerer Bedeutung als für die übrigen Teile des Privatrechts (GEBHARD, AT Begr II/2 S 8 ff).

10 Demgegenüber wurde in den §§ 1 ff I 5 ALR eine allgemeine Vertragstheorie zum Gesetz erhoben. Die Vorschriften regelten den Allgemeinbegriff des Vertrages in einer dem heutigen Recht vergleichbaren, wenn auch ungleich ausführlicheren Weise. Es war schließlich SAVIGNY vorbehalten, eine über das Schuldrecht hinausgreifende, allgemeine Vertragslehre zu entwickeln (System III §§ 140 ff), wie sie dann auch mit der Platzierung der Vorschriften über die „Vertragsschließung" in §§ 77 ff des 1. Entwurfs ihren Niederschlag gefunden hat (vgl Mot I 127 = MUGDAN 422), auf die die heutige Regelung zurückgeht (vgl im Übrigen zur Genese der §§ 145–156 JAKOBS/SCHUBERT, Die Beratung des Bürgerlichen Gesetzbuches, AT, 2. Teilband [1985] 779 ff).

III. Rechtsvergleichende Hinweise

11 In den meisten kontinentaleuropäischen Zivilgesetzbüchern wird der Vertrag auf der Grundlage einer eher funktionalen Betrachtungsweise (s Rn 1) als Erscheinung des Obligationenrechts behandelt, so zB im Common Law im Law of contract, in Frankreich in Art 1101 ff code civil, in Italien in Art 1321 ff codice civile, in Österreich in § 861 ABGB oder in der Schweiz in Art 1 ff SchwOR (vgl aber auch Art 7 SchwZGB: „Die allgemeinen Bestimmungen des Obligationenrechts über die Entstehung, Erfüllung und Aufhebung von Verträgen finden auch Anwendung auf andere zivilrechtliche Verhältnisse"). In Griechenland gibt es hingegen allgemeine Regelungen über den Vertrag in Art 195 ff griechZGB, und auch in den übrigen Ländern kennt die zivilrechtliche Dogmatik heute unabhängig von der konkreten Platzierung im geschriebenen Recht eine allgemeine Vertragslehre (vgl auch ZWEIGERT/KÖTZ, Einführung in die Rechtsvergleichung [3. Aufl 1996] § 24 II).

IV. Abschlussfreiheit und Kontrahierungszwang

1. Abschlussfreiheit

12 Es gehört zu den grundlegenden Ordnungsprinzipien einer Privatrechtsordnung, dass das Recht die Möglichkeit gewährleistet, Rechtsbeziehungen vertraglich zu regeln. Dieses Prinzip der **Vertragsfreiheit** (dazu BORK, AT Rn 662 ff)hat als einen wesentlichen Hauptaspekt die **Abschlussfreiheit**, die als positive und als negative Abschlussfreiheit zu betrachten ist.

13 **a) Positive Abschlussfreiheit** meint die von der Rechtsordnung grundsätzlich garantierte Möglichkeit, Privatrechtsverhältnisse durch Verträge regeln zu können: Man muss Verträge abschließen können. Zur Gewährleistung der positiven Abschluss-

freiheit gehört, dass der Staat einverständliche Regelungen zwischen Privatrechtssubjekten überhaupt zulässt, also eine Regelung durch übereinstimmenden Rechtsfolgenwillen der Parteien anerkennt, und dass er das für den Vertragsschluss nötige Instrumentarium zur Verfügung stellt, wie es in §§ 145 ff BGB und den diesen Vorschriften zugrundeliegenden Rechtsprinzipien geschehen ist. Dass es **Abschlussverbote** gibt, wie sie zB in Nichtigkeitsnormen zum Ausdruck kommen, steht dem nicht entgegen. Denn zum einen betreffen solche Verbote idR nur die inhaltliche Gestaltungsfreiheit im Einzelfall, nicht die Abschlussfreiheit als solche. Und zum anderen unterliegt auch die Abschlussfreiheit den Schranken der Rechtsordnung, sodass Einschränkungen durch höherrangige Interessen Dritter oder der Allgemeinheit, aber auch einer der Vertragsparteien selbst gerechtfertigt sein können. Insofern gelten für die Abschlussfreiheit dieselben rechtlichen Garantien und Schranken, die für die Privatautonomie insgesamt bestehen.

b) Negative Abschlussfreiheit meint die Freiheit, von der Möglichkeit zur vertrag- 14
lichen Regelung keinen Gebrauch machen zu müssen: Man muss sich dafür entscheiden können, einen angebotenen Vertrag nicht abzuschließen. Diese negative Abschlussfreiheit ist im Vertragsbegriff grundsätzlich mitenthalten, der einen übereinstimmenden Rechtsfolgenwillen verlangt (s Rn 1 f), sodass eben eine vertragliche Regelung nicht zustande kommt, wenn auch nur eine Partei sie nicht will. Das bedeutet indessen nicht, dass ein Vertrag begrifflich einen frei bestimmten Willen voraussetzt. Auch wer sich geirrt hat oder durch Täuschung oder Drohung zum Vertragsschluss bestimmt wurde, hat zunächst einmal einen Vertrag geschlossen, den er freilich durch Anfechtung wieder beseitigen kann.

2. Rechtsgrundlagen des Kontrahierungszwangs

Wer von seiner negativen Abschlussfreiheit Gebrauch macht, muss das normaler- 15
weise nicht besonders begründen. Ein Willkürverbot gibt es für die Ausübung der Abschlussfreiheit grundsätzlich nicht. Erst wenn zwischen Anbieter und Nachfrager ein gravierendes Machtungleichgewicht besteht, insbesondere wenn der Anbieter eine Monopolstellung innehat, stellt sich die Frage nach dem **Kontrahierungszwang**, der zu verstehen ist als „die aufgrund einer Norm der Rechtsordnung einem Rechtssubjekt ohne seine Willensbildung im Interesse eines Begünstigten auferlegte Verpflichtung, mit diesem einen Vertrag bestimmten oder von unparteiischer Seite zu bestimmenden Inhalts abzuschließen“ (Nipperdey, Kontrahierungszwang und diktierter Vertrag [1920] 7). Es handelt sich also nicht nur um eine Einschränkung der *Abschlussfreiheit* (und damit zugleich auch der *Beendigungsfreiheit,* s Rn 30), sondern idR zugleich auch um eine Einschränkung der *inhaltlichen Gestaltungsfreiheit:* Es besteht nicht nur die Verpflichtung, überhaupt einen Vertrag zu schließen, sondern es besteht die Verpflichtung, den Vertrag zu angemessenen und gleichen Bedingungen zu schließen, die dem Berechtigten zumutbar sind (s näher Rn 18), denn andernfalls könnte die Abschlussverpflichtung durch das Aufstellen unannehmbarer Konditionen, die dem Berechtigten seinen Vertragswunsch austreiben sollen, unterlaufen werden.

Im Übrigen folgt aber ein Kontrahierungszwang nicht schon von selbst aus einem 16
bestehenden Machtungleichgewicht. Vielmehr bedarf diese Einschränkung der Abschlussfreiheit einer Verankerung in der Rechtsordnung. Es ist daher eine **Rechts-**

grundlage anzugeben, für deren Tatbestand die Marktstärke oder Monopolstellung relevant sein kann und als deren Rechtsfolge sich ein Kontrahierungszwang ergeben kann. Einc solche Rechtsgrundlage kann die vertragliche Bindung einer Partei sein, einen weiteren Vertrag mit einem Dritten abzuschließen. Ein solcher *rechtsgeschäftlicher Kontrahierungszwang* ist grundsätzlich – und in den allgemeinen Wirksamkeitsgrenzen – unbedenklich (vgl aber für den in einer wohnungseigentumsrechtlichen Teilungserklärung enthaltenen Zwang, einen Betreuungsvertrag mit einem konkret benannten Dritten abzuschließen, BGH NJW 2019, 1280 Rn 24 ff). Für den *gesetzlichen Kontrahierungszwang* ist zunächst an folgende Normen zu denken (für die unionsrechtlichen Dimensionen s Lüttringhaus, Vertragsfreiheit und ihre Materialisierung im Europäischen Binnenmarkt 130 ff):

17 **a)** Ein unmittelbarer Kontrahierungszwang (oder wenigstens eine gesetzliche Ermächtigung dazu) ergibt sich zT aus **spezialgesetzlichen Anordnungen**, die sich im Anschluss an Kilian (AcP 180 [1980] 47, 53 f) wie folgt systematisieren lassen:

– *Arbeitsrecht*
§ 78a BetrVG v 15. 1. 1972 (BGBl I 13);
§ 9 BPersvertrG v 15. 3. 1974 (BGBl I 693);
Gesetze über einen Bergmannsversorgungsschein in den Ländern Nordrhein-Westfalen (idF v 14. 4. 1971, GVBl 125, § 5) und Saarland (idF v 16. 10. 1981, ABl 825, § 5);
mittelbarer Zwang in §§ 154, 160, 238 SGB IX (idF v 14. 12. 2019);

– *Berufsrecht*
§ 15 BNotO idF v 31. 8. 1998 (BGBl I 2585);
freilich wird der Notar auf der Grundlage des gegen ihn gerichteten Justizgewährungsanspruchs, nicht auf der Grundlage eines Vertrages tätig;
§§ 48, 49 BRAO v 1. 8. 1959 (BGBl I 565);
§ 49a Abs 1 BRAO iVm BerHG v 18. 6. 1980 (BGBl I 689);
§ 12a Abs 1 S 1 ApoG v 15. 10. 1980 (BGBl I 1993);

– *Energieversorgungsrecht*
§§ 36 Abs 1, 46 Abs 1 EnWG v 7. 7. 2005 (BGBl I 1970);
§ 4 Kraft-Wärme-Kopplungsgesetz v 19. 3. 2002 (BGBl I 1092);
§ 19 Abs 2 StromNEV v 25. 7. 2005 (BGBl I 2225);

– *Gewerblicher Rechtsschutz*
§ 20 GebrMG v 28. 8. 1986 (BGBl I 1455);
§ 24 PatG v 16. 12. 1980 (BGBl 1981 I 1);
Ermächtigung in Art 5 PVÜ v 1883 idF v 14. 7. 1967 (BGBl 1970 II 391);
§ 87 Abs 5 UrhG (idF v 7. 7. 2008, BGBl I 1191, 1202);
§ 26 VerlagsG v 19. 6. 1901 (RGBl I 217);
§§ 34 f Verwertungsgesellschaftengesetz v 24. 5. 2016 (BGBl I 1190);

– *Kartellrecht*
§ 20 Abs 5 GWB idF v 1. 6. 2017 (BGBl I 1750);
ferner § 33 iVm § 19 Abs 1 und 2 GWB (dazu u Rn 18);

– *Landwirtschaftsrecht*
§ 1 Abs 1 MilchFettG idF v 10. 12. 1952 (BGBl I 811);

– *Notstandsrecht*
§ 10 iVm § 13 ArbSichG v 9. 7. 1968 (BGBl I 787);
§ 14 BLG idF v 27. 9. 1961 (BGBl I 1769);

– *Postrecht*
§ 3 PDLV (idF v 21. 8. 2001, BGBl I 2001, 2178);

– *Verkehrsrecht*
§ 13 BOKraft v 21. 6. 1975 (BGBl I 1573);
§ 21 Abs 2 S 3 LuftVG v 14. 1. 1981 (BGBl I 61);
§§ 22, 47 PersBefG v 21. 3. 1961 (BGBl I 241);
§§ 11, 13 Abs 2 PostG idF v 22. 12. 1997 (BGBl I 3294);
§§ 8, 21, 22 und 80 TKG v 22. 6. 2004 (BGBl I 1190);

– *Versicherungsrecht*
§§ 1, 5 PflVersG v 5. 4. 1965 (BGBl I 213);
§ 110 SGB XI v 26. 5. 1994 (BGBl I 1014);
§ 193 Abs 5 VVG v 23. 11. 2007 (BGBl I 2631).

Daneben gibt es zahlreiche *landesrechtliche Vorschriften,* zB § 10 Abs 2 S 2 GemO BW (Benutzung öffentlicher Gemeindeeinrichtungen durch Einwohner dieser Gemeinde); § 5 Abs 2 SparkassenVO NW (Einrichtung von Girokonten bei Sparkassen; dazu BGHZ 195, 298 Rn 29 mwNw).

b) Die vorstehend genannten Vorschriften geben kaum Anlass zu besonderen 18
Streitigkeiten. Große praktische Bedeutung hat hingegen der mittelbare Kontrahierungszwang, der sich als **Rechtsfolge aus einem Verstoß gegen das kartellrechtliche Behinderungs- und Diskriminierungsverbot** ergeben kann (§§ 33, 33a iVm §§ 19, 20 GWB; vgl nur BGH NZKart 2018, 191 Rn 30). *Normadressaten* sind nach § 19 Abs 1 GWB marktbeherrschende Unternehmen iSv § 18 GWB sowie nach § 20 GWB marktstarke Unternehmen und Vereinigungen von Unternehmen im Verhältnis zu von ihnen mangels Ausweichmöglichkeit abhängigen kleineren oder mittleren Unternehmen (vgl etwa BGH ZIP 1994, 806, 807 f – „orthopädisches Schuhwerk"). **Geschützt** werden Marktteilnehmer auf demselben sachlich und räumlich relevanten Markt. Das (angeblich) diskriminierte Unternehmen muss sich also auf einem Markt bewegen, der üblicherweise auch anderen Unternehmen zugänglich ist, die – nach unternehmerischer Tätigkeit und wirtschaftlicher Funktion – im Verhältnis zum Verbotsadressaten dieselbe Grundfunktion ausüben (BGHZ 101, 72, 79 – „Krankentransporte"; BGH NJW-RR 2000, 773, 774 – „Feuerwehrgeräte"; OLG Hamburg WRP 1988, 465, 468 – „Märklin"). Durch § 20 werden die kleineren oder mittleren Unternehmen geschützt, die als Anbieter oder Nachfrager auf der Marktgegenseite stehen und von dem marktstarken Unternehmen abhängig sind, weil es keine ausreichenden oder zumutbaren Möglichkeiten gibt, auf andere Abnehmer oder Lieferanten auszuweichen (Beispiel: Ein Händler muss eine bestimmte Ware führen, um konkurrenzfähig zu sein; vgl BGH NJW 1979, 2152, 2153 – „Fernsehgeräte I"; 1976, 801, 802 – „Rossignol"; Danelzik BB 1979, 651 ff; Kilian ZHR 142 [1978] 453 ff). *Gegenstand des Verbots* ist nach § 19 GWB die (unmittelbare oder mittelbare) unbillige Behinderung oder die gegenüber gleichartigen Unternehmen sachlich nicht gerechtfertigte unterschiedliche Behandlung (Diskriminierung), insbesondere durch Bezugs- oder Liefersperren. Ob eine Behinderung unbillig oder

eine Ungleichbehandlung sachlich gerechtfertigt ist oder nicht, ist im Einzelfall unter Abwägung der beteiligten Interessen einschließlich des Allgemeininteresses an einem Offenhalten der Märkte festzustellen (vgl schon BGHZ 38, 90, 102 – „Treuhandbüro"; ferner BGHZ 107, 273, 280 – „Lotterievertrieb"; BGH NJW-RR 2000, 773, 774 – „Feuerwehrgeräte"; ZIP 1995, 1114, 1117 – „Importarzneimittel"; OLG Frankfurt NJW-RR 1988, 229, 230 – „Pressegrossist"; OLG Hamburg WRP 1988, 465, 468 – „Märklin").

19 Liegt ein Verstoß gegen das Diskriminierungsverbot aus §§ 19, 20 GWB vor, so ergeben sich die **Rechtsfolgen** nicht aus dieser Vorschrift selbst, sondern im Wesentlichen aus §§ 33 ff GWB, die zu Schadensersatz und Unterlassung verpflichten. Kann die verbotswidrige Behinderung oder Diskriminierung anders als durch Abschluss eines (Liefer-)Vertrages nicht beseitigt werden, so ergibt sich als Rechtsfolge ein *Kontrahierungszwang* (vgl nur BGHZ 107, 273, 279 – „Lotterievertrieb"; BGH ZIP 1994, 806, 808 – „orthopädisches Schuhwerk"). Das marktbeherrschende bzw marktstarke Unternehmen ist – sofern es lieferfähig ist (vgl OLG Koblenz NJW-RR 1991, 944, 946 – „Fernsehwerbung"; idR wird hier aber schon die Ungleichbehandlung sachlich gerechtfertigt sein, vgl Rn 18) – verpflichtet, mit der Gegenseite einen *Vertrag über die begehrte Leistung* zu schließen, und zwar – da der Kontrahierungszwang sonst unterlaufen werden könnte (s oben Rn 15) – *zu angemessenen und gleichen Bedingungen* (RGZ 133, 388, 391; Nipperdey, Kontrahierungszwang 31 ff). In der Regel werden das die Bedingungen sein, die den gleichartigen Unternehmen (vgl Rn 18) angeboten werden, da anderenfalls die sachlich nicht gerechtfertigte Ungleichbehandlung fortbestünde (vgl BGH NJW-RR 1991, 408, 409). Insgesamt muss sich der Verpflichtete so verhalten, wie sich ein unter Wettbewerbsbedingungen stehender Marktteilnehmer in dieser Situation im wohlverstandenen Eigeninteresse verhalten würde (vgl Mestmäcker JZ 1964, 441, 444 f).

20 Umstritten ist die **Rechtsnatur** dieses Kontrahierungszwanges (s zu § 826 BGB auch u Rn 27). Nach wohl hM handelt es sich um einen *Schadensersatzanspruch:* Bestehe die Diskriminierung in einer Vertragsverweigerung, so verpflichte dies das diskriminierende Unternehmen gemäß §§ 33a GWB, 249 BGB zum Schadensersatz im Wege der Naturalrestitution durch Abschluss des verweigerten Vertrages (so zB BGHZ 107, 273, 279 – „Lotterievertrieb"; 49, 90, 98 – „Jägermeister"; 36, 91, 100 – „Gummistrümpfe"; BGH NJW 1976, 801, 802 – „Rossignol"; OLG Celle WRP 1995, 35, 36 – „Taxizentrale"; OLG Koblenz NJW-RR 1991, 944, 946 – „Fernsehwerbung"; Benisch, in: Gemeinschaftskomm z GWB [4. Aufl 1981] § 26 Rn 143; Langen/Bunte//Bornkamm, Kartellrecht Bd 1 [13. Aufl 2018] § 33 Rn 114; Möhring DB 1974, 223 ff; offen BGH GRUR 1988, 642, 644 – „Opel Blitz"). Diese Konstruktion hat indessen den Nachteil, ein Verschulden verlangen zu müssen (vgl instruktiv OLG Koblenz NJW-RR 1991, 944, 946), was nicht passt, weil die Beseitigung der Diskriminierung kaum davon abhängen kann, ob schuldhaft diskriminiert wurde oder nicht. Außerdem ist zu bedenken, dass es beim Kontrahierungszwang eher um Schadensverhütung als um Schadensbeseitigung geht; der „Angriff" des Diskriminierten zielt eher in die Zukunft als in die Vergangenheit. Es ist daher vorzugswürdig, hier von einem – in § 33 GWB angelegten – verschuldensunabhängigen *quasinegatorischen Unterlassungsanspruch* auszugehen (so zB KG WuW/E OLG 2210, 2212 – „Rote Liste"; OLG Karlsruhe WRP 1979, 61, 67 – „Multiplex"; WuW/E OLG 2217, 2223 – „Allkauf-Saba"; Bechtold/Bosch, GWB [9. Aufl 2018] § 33 Rn 16; Belke 423 ff; Ehlers 190 ff; Erman/Armbrüster Vor § 145 Rn 29; Kilian AcP 180 [1980] 47, 82; Emmerich, in: Immenga/Mestmäcker [Hrsg], GWB [5. Aufl 2014] § 33 Rn 36 ff; Möschel, Recht der Wettbewerbsbeschränkungen [1983] Rn 667; MünchKomm/Busche Vor § 145 Rn 21; K Schmidt DRiZ 1977, 97, 98;

LOEWENHEIM/MEESSEN/RIESENKAMPFF/KERSTING/MEYER-LINDEMANN/REHBINDER, Kartellrecht [3. Aufl 2016] § 33 Rn 61). Dass es dabei um das Unterlassen eines Unterlassens (der Vertragsverweigerung) und damit im Ergebnis um den Anspruch auf ein positives Tun (den Vertragsabschluss) geht, nötigt nicht dazu, dem quasinegatorischen Unterlassungsanspruch als zusätzliches Rechtsinstitut einen „positiven Handlungsanspruch" auf „Naturalpraestation" zur Seite zu stellen (so aber BYDLINSKI AcP 180 [1980] 1, 13; NIPPERDEY, Kontrahierungszwang 96 f, 99).

c) Der Abschlusszwang nach § 33 iVm §§ 19, 20 GWB beschränkt sich auf Rechtsverhältnisse zwischen Unternehmen (bzw zwischen Unternehmen und Vereinigungen von Unternehmen). Im Verhältnis der Unternehmen zu den Endverbrauchern hat das Reichsgericht einen **mittelbaren Kontrahierungszwang auf § 826 BGB** gestützt, wenn die Verweigerung des Vertragsschlusses zu den für alle geltenden oder zu den angemessenen Bedingungen nach den Umständen des Einzelfalles eine sittenwidrige Schädigung darstellte (vgl nur RGZ 148, 326, 334; 133, 388, 392; 132, 273, 276). Dieser Kontrahierungszwang war aber im Wesentlichen beschränkt auf *Monopolbetriebe* (vgl heute noch BGH ZIP 1994, 1274, 1276; ERMAN/ARMBRÜSTER Vor § 145 Rn 29; FLUME § 33, 6 spricht daher von einem auf Monopolbetriebe bezogenen selbständigen Rechtssatz) und auf *lebensnotwendige Leistungen.* Dass in diesen Fällen ein Kontrahierungszwang besteht, ist unbestritten; die Frage ist nur, ob es bei diesen engen Voraussetzungen bleiben muss und ob § 826 BGB die richtige Anspruchsgrundlage ist (so zB JAUERNIG/MANSEL Vor § 145 Rn 11; SOERGEL/WOLF Vor § 145 Rn 53; vgl auch LG Oldenburg NJW-RR 1992, 53, 54). Teilweise wird die Auffassung vertreten, ein Kontrahierungszwang müsse in Rechtsanalogie zu den hier in Rn 17 ff behandelten Vorschriften jedenfalls dann angenommen werden, wenn das verweigernde Unternehmen mit einer öffentlichen Versorgungsaufgabe betraut sei (LARENZ, SchR I [14. Aufl 1987] § 4 Ia). Andere wollen anstelle der Monopolstellung Marktstärke (BYDLINSKI AcP 180 [1980] 1, 35; KILIAN AcP 180 [1980] 47, 60 f; vgl auch BGH NJW 2013, 1519 Rn 19 und NJW 1980, 186; **abl** BGH NJW 1990, 761, 763) oder den Umstand genügen lassen, dass jemand lebenswichtige Güter öffentlich anbietet (vgl etwa PALANDT/ELLENBERGER Einf v § 145 Rn 10; offen BGH ZIP 1994, 1274, 1276; NJW 1990, 761, 763). Nach der weitestgehenden Ansicht besteht Kontrahierungszwang bereits bei jeder Bedarfsdeckung im Rahmen einer normalen Lebensführung eines Durchschnittsmenschen („Normalbedarf"; so BYDLINSKI 37; MEDICUS/LORENZ, SchR I [21. Aufl 2015] Rn 79). **21**

Stellungnahme: Da unsere Rechtsordnung grundsätzlich von der Abschlussfreiheit ausgeht, muss für einen Kontrahierungszwang dargelegt werden, dass die Ausübung dieser grundsätzlich gewährten Freiheit im Einzelfall mit der Rechts- und Sittenordnung unvereinbar, also rechts- bzw sittenwidrig ist (so grds auch LARENZ, SchR I [14. Aufl 1987] § 4 Ia). Bedenkt man, dass es sich beim Kontrahierungszwang auch hier nicht um einen Schadensersatzanspruch, sondern um einen vorbeugenden Unterlassungsanspruch handelt (s Rn 27), und dass es bei dieser „Sittenwidrigkeit" nicht um den Vorwurf moralisch verwerflichen Fehlverhaltens, sondern um die Durchsetzung von Rechtsprinzipien im Wirtschaftsleben geht, dann ist es im Grundsatz richtig, an den objektiven Tatbestand des § 826 BGB anzuknüpfen. Die Frage nach der Sittenwidrigkeit muss dann aber offengehalten werden und darf nicht von vornherein auf eine einzige Fallgruppe beschränkt werden. Vielmehr müssen alle Umstände des Einzelfalles darauf untersucht werden, ob es ausnahmsweise gerechtfertigt ist, die Abschlussfreiheit einzuschränken. Dabei ist die Bedeutung der Grundrechte (zB **22**

Art 1 und 2 GG bei der Versorgung mit anders nicht erreichbaren lebensnotwendigen Gütern) und tragender Wertentscheidungen der Verfassung (zB des Sozialstaatsprinzips) zu berücksichtigen. In aller Regel wird es auf drei Grundfragen hinauslaufen:

- Besteht für den Kunden **keine zumutbare Ausweichmöglichkeit** oder kann er die begehrte Leistung auch von jemand anders erhalten?
- Ist der Kunde **auf die Leistung angewiesen** oder ist ihm ein Verzicht zumutbar?
- Ist die **Ablehnung sachlich nicht begründet**, handelt es sich also um eine willkürliche oder um eine gerechtfertigte Entscheidung?

Zumeist wird ein Kontrahierungszwang nur in Betracht kommen, wenn alle diese Kriterien erfüllt sind. Zwingend erforderlich ist das aber nicht (vgl auch BGH NJW 1990, 761, 762 f). Vielmehr muss, wie gesagt, stets die Gesamtabwägung im Einzelfall entscheiden (zust Dammann 161 ff). Das gilt auch für Ärzte, für die § 95 Abs 3 S 1 SGB V, der nur im Verhältnis zu den Krankenkassen gilt, keinen spezialgesetzlichen Kontrahierungszwang begründet (Klose/Straub MedR 2017, 935 ff).

23 Einige wenige **Beispiele** mögen das verdeutlichen. In der berühmten und bis heute umstrittenen **Theaterkritiker-**Entscheidung hat es das Reichsgericht gebilligt, dass ein Stadttheater einem missliebigen Theaterkritiker den Zutritt verweigerte (RGZ 133, 388, 392; zust Eidenmüller NJW 1991, 1439, 1441). Aus dem Kritikerberuf folgt, dass es für den Kritiker keine Ausweichmöglichkeit gab und dass er auf den mehr der Berufsausübung als der Unterhaltung dienenden Besuch des Theaterstücks angewiesen war, anders als der „normale" Besucher. Im Hinblick auf die Berufs-, Meinungs- und Pressefreiheit (Art 5, 12 GG), die gegen die Vertragsfreiheit (Art 2 Abs 1 GG) abzuwägen sind, wird man die Vertragsverweigerung durch das Stadttheater heute als sachlich nicht gerechtfertigt ansehen müssen (so auch Larenz, SchR I [14. Aufl 1987] § 4 Ia; Medicus/Lorenz, SchR I [21. Aufl 2015] Rn 79 und Palandt/Ellenberger Einf v § 145 Rn 10; für Sportreporter auch LG Münster NJW 1978, 1329). Das Reichsgericht (RGZ 133, 388, 392) hat übrigens sehr wohl gesehen, dass § 826 BGB eine Handhabe bieten könne, „unparteiischer Berichterstattung und sachlicher Kritik den nötigen Schutz zu gewähren", hat aber gemeint, dass das Stadttheater nicht willkürlich gehandelt habe, weil es mit dem Anliegen, eine Schädigung des Theaters durch nach dessen Ansicht unsachliche, unrichtige und schädigende Kritik zu vermeiden, berechtigte Belange verfolgt habe.

24 Unklar ist die Rechtslage auch bei der Vertragsverweigerung, die sich als **rassische Diskriminierung** darstellt, etwa der Weigerung, Ausländer oder Farbige in eine Gaststätte oder Diskothek zu lassen. Gaststätten und Diskotheken haben keine Monopolstellung, und ihr Besuch ist auch nicht lebensnotwendig. Gleichwohl kann man hier einen Kontrahierungszwang dann begründen, wenn man aus den Wertentscheidungen des Grundgesetzes (Art 1 und 3 Abs 3 GG) ableitet, dass die diskriminierende Ablehnungsentscheidung nicht nur unsachlich und intolerant, sondern selbst in einer die Vertragsfreiheit garantierenden Rechtsordnung sittenwidrig und deshalb nicht hinnehmbar ist (so zB Bezzenberger AcP 196 [1996] 395, 427 ff; Larenz, SchR I § 4 IV; Palandt/Ellenberger Einf v § 145 Rn 10; ferner Otto, Personale Freiheit und soziale Bindung

[1978] 139 ff, 147 f). Andere wollen den Diskriminierten auf Schmerzensgeldansprüche und die Ahndung durch Strafverfolgungsbehörden und Gewerbeaufsicht vertrösten (so zB Kühner NJW 1986, 1397, 1401; Medicus/Lorenz, SchR I [21. Aufl 2015] Rn 79; vgl auch Canaris AcP 184 [1984] 201, 243). Daran ist zwar richtig, dass der Kontrahierungszwang nicht die einzige denkbare zivilrechtliche „Sanktion" ist. Es geht aber gar nicht um Sanktion, sondern um Prävention. Geht man nämlich von einem quasinegatorischen Unterlassungsanspruch aus (s unten Rn 27), dann erscheint es kaum akzeptabel, die geschehene Diskriminierung mit Schmerzensgeld und Strafurteil wegen Beleidigung zu ahnden, dem Betroffenen aber die zivilrechtliche Möglichkeit zu versagen, künftige Eingriffe dieser Art zu verhindern. Im Ergebnis wird man daher einen Kontrahierungszwang bejahen müssen. Das bedeutet nicht, dass ein Kontrahierungszwang schon für jeden bestünde, der gegenüber der Allgemeinheit einen Rechtsverkehr eröffnet hat und die Vertragsablehnung sachlich nicht begründen kann (dafür aber Tilmann ZHR 141 [1977] 32, 74 ff; vgl für die Ausübung des Hausrechts BGHZ 124, 39 = ZIP 1993, 1798, 1799; zutr dagegen OLG Celle OLGZ 1972, 281, 282: kein Kontrahierungszwang für einen Lebensmittelhändler ohne Monopolstellung; vgl für Spielbanken auch BGH ZIP 1994, 1274, 1276). Es ist nicht jede Unsachlichkeit gleich schon sittenwidrig; eine sachlich nicht begründete Ungleichbehandlung reicht für sich genommen nicht. Bei der rassischen Diskriminierung ist die Grenze aber überschritten, weil mit der Vertragsablehnung ein die Menschenwürde in ganz erheblicher Weise negierendes Unwerturteil verbunden ist (Wertungen der Art 1, 3 Abs 3 GG, der über Abs 1 hinausgeht) und sich das Verhalten des Ablehnenden deshalb als sittenwidrig darstellt, wobei heute die Wertungen des AGG ergänzend herangezogen werden können, aus dessen § 21 selbst sich indessen kein Kontrahierungszwang ableiten lässt (str; vgl BGH NJW 2011, 3149 Rn 18 und zum Meinungsstand Palandt/Grüneberg § 21 AGG Rn 7).

Für die **Presse** ist heute anerkannt, dass für sie – auch bei einer Monopolstellung – kein Zwang besteht, *politische* Anzeigen abzudrucken (BVerfGE 42, 53, 62 = NJW 1976, 1627; BVerfG NJW 2016, 788 Rn 6; LG Nürnberg-Fürth AfP 1984, 174, 175; **aM** Kübler, Pflicht der Presse zur Veröffentlichung politischer Anzeigen? [1976]). Insoweit geht das Recht der Presse zur „Unausgewogenheit" vor. Bei *sonstigen* Anzeigenaufträgen, insbesondere bei Klein- oder Familienanzeigen, kommt hingegen ein Kontrahierungszwang nach Maßgabe des zu Rn 22 Gesagten in Betracht, wenn eine örtliche oder regionale Monopolstellung vorliegt, für den Inserenten keine zumutbare Ausweichmöglichkeit besteht und der Verleger keine stichhaltigen publizistischen oder wirtschaftlichen Gründe zur Vertragsablehnung hat, wie sie etwa in einer Konterkarierung der redaktionellen Linie oder in einer Gefährdung des Anzeigengeschäfts liegen können (OLG Karlsruhe NJW 1988, 341; LG Braunschweig NJW 1975, 782, 784; LG Karlsruhe NJW-RR 1986, 1250; Rath-Glawatz WRP 1982, 625 mwNw; vgl auch [zu § 26 GWB aF] KG WuW/E OLG 2903 ff; OLG Stuttgart NJW-RR 1986, 1488; weitergehend – aber zu § 26 GWB aF – OLG Schleswig NJW 1977, 1886). 25

Von großer praktischer Bedeutung ist die Frage, unter welchen Voraussetzungen **Vereine** Interessenten aufnehmen müssen. Für die Aufnahme eines Unternehmens in eine Wirtschafts- oder Berufsvereinigung enthält § 20 Abs 6 GWB eine Sonderregel, die das Kartellamt unter bestimmten Voraussetzungen zu einer Aufnahmeanordnung ermächtigt. Als Schutzgesetz begründet die Vorschrift zugleich einen privatrechtlichen Aufnahmeanspruch des Unternehmens (BGHZ 29, 344, 347 ff). Im Übrigen gilt auch hier (vgl schon oben Rn 22), dass ein Aufnahmezwang nur besteht, 26 wenn der Verein eine Monopolstellung oder eine überragende Machtstellung innehat, eine zumutbare Ausweichmöglichkeit also nicht besteht, wenn die Mitgliedschaft für den Interessenten aus beruflichen, wirtschaftlichen oder sozialen Gründen objektiv wichtig, er darauf angewiesen ist und wenn sich der Ausschluss mangels rechtfertigender Gründe als ungerechtfertigte und unbillige Ungleichbehandlung darstellt (BGHZ 140, 74, 76 ff [Sportverein]; 102, 265, 276 [Gewerkschaft]; 101, 193, 200 f [politische Partei]; 93, 151, 152 ff [Gewerkschaft]; BGH NJW 1980, 186 [Anwaltverein]; OLG Celle WRP 1995, 35 [Taxizentrale]; zu den Einzelheiten s Grunewald AcP 182 [1982] 181 ff).

27 Für die **Rechtsnatur** dieses Kontrahierungszwangs kann auf die Ausführungen zu §§ 20, 33 GWB (oben Rn 20) verwiesen werden. Auch hier handelt es sich nicht um einen verschuldensabhängigen Naturalrestitutionsanspruch (so aber zB RGZ 155, 257, 276, 284; 148, 326, 334; 132, 273, 276; LG Oldenburg NJW-RR 1992, 53 f mwNw; Jauernig/Mansel Vor § 145 Rn 11; Soergel/Wolf Vor § 145 Rn 53), sondern um einen verschuldensunabhängigen quasinegatorischen Unterlassungsanspruch (so vor allem Larenz, SchR I § 4 Ia; ferner Erman/Armbrüster Vor § 145 Rn 29).

28 **d)** Bricht ein Verhandlungspartner die Vertragsgespräche grundlos ab, so kann das zu Schadensersatzansprüchen aus **culpa in contrahendo** (§§ 280, 311 Abs 2 BGB) führen. Das hat aber selbst dann keinen Kontrahierungszwang zur Folge, wenn der Gegner nach Klärung aller relevanten Vertragspunkte die berechtigte Erwartung haben durfte, der Vertrag werde nicht mehr scheitern, und sich hierauf eingerichtet hat (so aber Soergel/Wolf Vor § 145 Rn 55). Denn auch in diesem Falle ist nur das negative Interesse zu ersetzen (BGH JZ 1984, 745, 746; Wolf beruft sich freilich auf diese Entscheidung), sodass ein Erfüllungsanspruch – auch als quasinegatorischer Anspruch – nicht in Betracht kommt (s auch unten Rn 50).

3. Rechtsfolgen des Kontrahierungszwangs

29 **a)** Es ist bereits dargelegt worden, dass bei bestehendem Kontrahierungszwang der Verpflichtete mit dem Berechtigten einen Vertrag zu gleichen und angemessenen Bedingungen schließen muss (s Rn 19). Um das durchzusetzen, muss der Vertragswillige der Gegenseite ein annahmefähiges **Angebot** unterbreiten, das diese annehmen muss (BGHZ 193, 10 Rn 11; BGH NVwZ 2017, 1638 Rn 11; NJW-RR 2013, 788 Rn 8; MDR 2013, 321 Rn 8; vgl auch BGH NJW 2013, 72 Rn 11). Der Kontrahierungszwang fingiert also nicht etwa ein Angebot des Verpflichteten, was zur Folge hätte, dass der Berechtigte das fingierte Angebot nur noch anzunehmen brauchte und dann direkt Leistung verlangen könnte (so aber Soergel/Wolf Vor § 145 Rn 51; wie hier Erman/Armbrüster Vor § 145 Rn 31; Palandt/Ellenberger Einf v § 145 Rn 11). Eine solche Fiktion scheitert regelmäßig schon an der hinreichenden Konkretisierung der Details. Dazu ist vielmehr erforderlich, dass der Berechtigte eine Offerte unterbreitet, die (wenigstens) die essentialia negotii enthält, sich also über die zu erbringende Leistung (zB Waren nach Gegenstand und Zahl) und den Preis verhält. Ist dem Berechtigten eine solche Spezifikation nicht möglich, muss er die Gegenseite auffordern, ein Angebot zu unterbreiten, die ihrerseits aus dem Kontrahierungszwang zu einem solchen Angebot verpflichtet ist (vgl für die Durchsetzung eines Vorvertrages auch unten Rn 64).

30 Liegt ein rechtlich annahmefähiges Angebot vor, ist dessen Empfänger zur **Annahme** verpflichtet, soweit sich das Angebot im gesetzlichen Rahmen hält (Bydlinski JZ 1980,

378, 384). *Schweigen* des Verpflichteten reicht für das Zustandekommen des Vertrages – auch bei einem gesetzlichen Kontrahierungszwang (aM insoweit OGHZ 2, 352, 356 f; Erman/Armbrüster Vor § 145 Rn 31; BGH LM Nr 1 zu § 284 BGB betraf hingegen eine konkludente Annahme durch Lieferung) – nur in Ausnahmefällen, wenn der Anbietende darauf vertrauen durfte, der Gegner werde, wenn er nicht annehmen wolle, protestieren (Bydlinski JZ 1980, 378 f), oder wenn das Gesetz es ausdrücklich vorsieht (vgl zB § 5 Abs 3 S 1 PflVersG). Hingegen kann in diesen Fällen nach der Verkehrssitte von der Erklärung der Annahme gegenüber dem Antragenden regelmäßig gemäß § 151 S 1 BGB abgesehen werden (OGHZ 1, 253, 256; Bydlinski JZ 1980, 378, 379).

Verzögert der aus dem Kontrahierungszwang Verpflichtete die Annahme, so ist er der Gegenseite zum **Schadensersatz** verpflichtet. Der Anspruch ergibt sich nicht (nur) aus §§ 826 BGB, 33 GWB, was den Nachteil hätte, dass – jedenfalls bei § 826 BGB (anders § 33 GWB) – Vorsatz erforderlich wäre, der bei einem Irrtum über den Kontrahierungszwang (generell oder bezogen auf diesen Gegner) ausgeschlossen sein könnte. Vielmehr folgt der Anspruch (auch) aus cic (§§ 280, 311 Abs 2 BGB) sowie unter den Voraussetzungen des § 286 BGB aus Verzug (§ 280 Abs 2 BGB), sodass Fahrlässigkeit reicht (§ 276 BGB). Zwischen den Beteiligten besteht von dem Moment eines hinreichend konkreten Leistungsbegehrens des Vertragswilligen an (Bydlinski JZ 1980, 378, 384) ein vorvertragliches gesetzliches Schuldverhältnis, aus dem der Angesprochene zur Annahme des Angebotes und zur Rücksichtnahme auf die Interessen des Berechtigten verpflichtet ist (BGH NJW 1974, 1903, 1904 – „Luft-Taxi“; LG Oldenburg NJW-RR 1992, 53, 54; Erman/Armbrüster Vor § 145 Rn 31; MünchKomm/Busche Vor § 145 Rn 12; Soergel/Wolf Vor § 145 Rn 51). 31

Für bereits geschlossene Verträge führt der Kontrahierungszwang zu einer Fortsetzungspflicht und damit auch zu einer **Kündigungssperre** (vgl nur BGHZ 107, 273, 279 f – „Lotterievertrieb“). Wer sogleich nach Beendigung des bestehenden Vertragsverhältnisses zum Neuabschluss verpflichtet wäre, darf die bestehende Rechtsbeziehung gar nicht erst beenden. Möglich ist freilich eine „Änderungskündigung“, wenn mit ihr die Anpassung an die mittlerweile veränderten üblichen Vertragsbedingungen (s Rn 19) oder an veränderte Umstände erreicht werden soll (vgl auch § 110 Abs 4 SGB XI und dazu BGHZ 192, 67 Rn 25 ff, BGH NJW 2012, 376 Rn 25; ferner BGH GRUR 1988, 642, 644 – „Opel-Blitz“). 32

b) Prozessual sind die Vertragsansprüche aus dem Kontrahierungszwang in erster Linie durch eine *Klage auf Annahme des Angebotes* durchzusetzen. Die Vollstreckung eines der Klage stattgebenden Urteils erfolgt dann nach § 894 ZPO. Freilich müssen das Angebot (s Rn 29) und der Klageantrag (§ 253 Abs 2 Nr 2 ZPO) hinreichend bestimmt sein. Ist dem Kläger eine solche Konkretisierung nicht möglich, weil er zB die zu liefernden Waren nach Gegenstand, Zahl und Preis allein nicht genau genug zu bezeichnen vermag oder weil er die sonst üblichen Vertragsbedingungen (s Rn 19) nicht kennt, so lässt die Praxis anstelle der Leistungsklage eine *Feststellungsklage* zu (BGH NJW 1985, 2135, 2136 – „Technics“; 1981, 644, 645 – „Dispositionsrecht“; OLG Hamburg WRP 1988, 465, 467 – „Märklin“; OLG Karlsruhe BB 1977, 1112). Da der Beklagte in diesen Fällen seinerseits zur Offerte verpflichtet ist (s Rn 29), ist auch eine *Klage auf Abgabe eines Angebotes* denkbar, die gemäß § 888 ZPO vollstreckt werden kann und deshalb der Feststellungsklage vorgehen muss. Dasselbe gilt für eine *Klage auf Unterlassen der Nichtbelieferung,* die gemäß § 890 ZPO zu vollstrecken ist (Schockenhoff NJW 1990, 33

152, 154 f). Eine solche Klage ist grundsätzlich zulässig (aM WEBER WuW 1986, 26, 29), da sie dem negatorischen Charakter des Anspruchs entspricht (s oben Rn 20, 27). Schließlich gebietet es der effektive Rechtsschutz, mit der Klage auf Annahme eines Angebotes die *Klage auf Leistung* aus dem erst noch abzuschließenden Vertrag verbinden zu können (PALANDT/ELLENBERGER Einf v § 145 Rn 11; SOERGEL/WOLF Vor § 145 Rn 51; vgl etwa BGH NJW-RR 1991, 408). Das gilt jedenfalls dann, wenn der Kontrahierungszwang unmittelbar auf Gesetz beruht (s Rn 17) und das Gesetz nicht nur den Vertragsschluss erreichen will, sondern dem Begünstigten die daraus folgende Leistung zukommen lassen will (vgl BYDLINSKI AcP 180 [1980] 1, 25). – Vgl zu den entsprechenden Überlegungen für die Durchsetzung eines Vorvertrages unten Rn 67.

34 Darüber hinaus ist es zulässig, die Ansprüche aus dem Kontrahierungszwang im Wege des **einstweiligen Rechtsschutzes** durchzusetzen, sofern die essentialia negotii feststehen (vgl OLG Karlsruhe GRUR 1980, 811, 812 – „Lesezirkel", ferner den Tatbestand von BGH NJW-RR 1991, 408). Ein Verfügungsgrund (§§ 935, 940 ZPO) ist gegeben, wenn dem Antragsteller ohne die sofortige Belieferung erhebliche (Wettbewerbs-)Nachteile drohen würden (OLG Düsseldorf NJW-RR 1996, 123, 124 – „Franchise-Messe"; OLG Koblenz NJW-RR 1991, 944 – „Fernsehwerbung" mwNw; OLG Stuttgart WuW/E 4829, 4832 – „Katalysatornachrüstsätze"; NJW-RR 1990, 940 – „Hörfunkwerbung"; SCHOCKENHOFF NJW 1990, 152, 155). Geht der Streit allerdings nur um einzelne Vertragsbedingungen, so kann es dem Berechtigten im Einzelfall zumutbar sein, zunächst unter Vorbehalt zu den ungünstigeren Bedingungen zu beziehen und den Streit dann im ordentlichen Erkenntnisverfahren auszutragen (MARKERT, in: IMMENGA/MESTMÄCKER [Hrsg], GWB [5. Aufl 2014] § 19 Rn 232).

4. Diktierter Vertrag

35 In einigen wenigen Fällen kann ein Vertragsverhältnis durch privatrechtsgestaltenden Verwaltungsakt oder durch gerichtliche Entscheidung begründet werden. So war zB die Wohnungsbehörde gemäß § 16 WohnRBewG befugt, durch Verwaltungsakt einen Zwangsmietvertrag festzusetzen. Nach § 1568a Abs 5 BGB kann der Scheidungsrichter Mietverhältnisse an der Ehewohnung begründen; vgl ferner § 97 Abs 2 BauGB. In diesen Fällen kommt aber das Mietrechtsverhältnis direkt durch den Verwaltungsakt oder die richterliche Entscheidung, nicht durch Vertragsschluss zustande (vgl OGHZ 2, 352, 355). §§ 145 ff BGB sind daher nicht einschlägig. Nur soweit es nicht das Zustandekommen, sondern die Durchführung des Vertrages betrifft, sind hier die Normen des Privatrechts heranzuziehen (BGH LM Nr 1 zu § 284 BGB = MDR 1952, 155; HEDEMANN, in: FS Nipperdey [1955] 251, 252 ff; SIEBERT, in: FS Niedermeyer [1953] 215, 232; aM SOERGEL/WOLF Vor § 145 Rn 56: öffentlich-rechtliche Rechtsbeziehung).

V. Vertragsschluss

36 Das Gesetz regelt nicht ausdrücklich, *wie* ein Vertrag geschlossen wird. In § 77 des 1. Entwurfs hieß es noch: „Zur Schließung eines Vertrages wird erfordert, dass die Vertragsschließenden ihren übereinstimmenden Willen sich gegenseitig erklären." Die 1. Kommission hatte aber selbst schon Zweifel daran, ob diese Vorschrift angebracht sei (vgl Mot I 161 = MUGDAN I 441). Von der 2. Kommission wurde sie als überflüssig gestrichen, da sich die wesentlichen Elemente der Vertragsschließung auch aus dem (heutigen) § 145 BGB entnehmen ließen (Prot 156 = MUGDAN I 688).

Demzufolge liegt dem Gesetz als Regelfall der sukzessive Vertragsschluss durch Annahme eines vorausgehenden Angebotes zugrunde (s Rn 37). Entscheidend für die Vertragsbindung ist aber nicht diese Technik, sondern der Konsens der Parteien als deren Resultat. Dieser Konsens, der übereinstimmende Rechtsfolgenwille, kann auch auf andere Weise herbeigeführt werden, etwa dadurch, dass der Vertragsvorschlag eines Dritten mit gleichlautenden, parallelen Zustimmungserklärungen der Parteien angenommen wird (s Rn 38).

1. Angebot und Annahme

In den §§ 145 ff BGB geht das Gesetz vom Vertragsschluss durch Angebot und Annahme aus, was noch am deutlichsten in den ersten Wörtern des § 151 S 1 BGB zum Ausdruck kommt. Die eine Partei muss der anderen den Vertragsschluss ausdrücklich oder stillschweigend in annahmefähiger Weise anbieten, dh so, dass der andere den Vertrag durch eine bloße (ebenfalls ausdrücklich oder stillschweigend mögliche) Zustimmung zustande bringen kann. Das setzt voraus, dass das Angebot alle wesentlichen Vertragsbestandteile, die sog essentialia negotii, in bestimmbarer Weise umfasst. Der Vertrag kommt zustande, wenn sich die andere Partei mit diesem Angebot vorbehaltlos einverstanden erklärt. Die Erklärungen der Parteien sind dabei auf dieselben Rechtsfolgen gerichtet, entsprechen sich also, haben aber einen unterschiedlichen Wortlaut. Zu den Einzelheiten s für das Angebot § 145 Rn 1 ff, für die Annahme § 146 Rn 1 ff; zu den sich kreuzenden Angeboten s § 146 Rn 7. 37

2. Zustimmung zu einer Vorlage

Nicht selten wird ein Vertrag dadurch geschlossen, dass sich die Parteien mit einem Vorschlag eines Dritten einverstanden erklären. Dies ist zB beim elektronischen Handel an der Wertpapierbörse (vgl Kümpel WM 1991 Beil 4, 1, 5 ff) oder dann der Fall, wenn eine von einem Notar vorbereitete Vertragsurkunde unterschrieben wird oder die Parteien eines Prozesses einem Vergleichsvorschlag des Gerichts zustimmen. Die typische Formulierung im Sitzungsprotokoll („Auf Vorschlag des Gerichts schließen die Parteien folgenden Vergleich …") ändert nichts daran, dass hier nicht eine Partei das Angebot der anderen annimmt, sondern dass beide dem „Angebot" des Dritten zustimmen. Das Ergebnis dieser Zustimmungserklärungen, die vertragliche Bindung, unterscheidet sich nicht von dem, das durch Angebot und Annahme bewirkt wird. Der Unterschied ist lediglich technischer Natur. Er liegt darin, dass die Parteien hier gleichlautende und nicht nur sich entsprechende Willenserklärungen abgeben (Flume § 34, 1; vgl auch Huber RabelsZ 43 [1979] 413, 445 f). §§ 145 ff BGB sind für diesen Fall nicht gedacht, können aber, wo es passt, im Einzelfall analog herangezogen werden (zust Merle, in: FS Wenzel [2005] 263; **aM** Leenen AcP 188 [1988] 381, 399 ff, 404 ff, der nur §§ 154, 155 BGB anwenden will, was indessen zu kurz greift, da zB §§ 147 ff BGB auch passen, wenn es um die Frage geht, ob die Zustimmung zu einer Vorlage rechtzeitig erklärt worden ist; auch § 152 BGB ist ohne Weiteres anwendbar, wenn es [zB] um die Zustimmung zu einer von einem Notar erarbeiteten Vorlage geht). 38

3. Die Lehre vom faktischen Vertrag

In seiner Schrift „Über faktische Vertragsverhältnisse" (1941) hatte Haupt die Lehre vom faktischen Vertrag begründet, derzufolge ein vertragsähnliches Rechtsverhältnis 39 trotz fehlenden Rechtsfolgenwillens und deshalb ohne Vertragsschluss ieS durch sozialtypisches Verhalten begründet werden könne. Diese Lehre, die heute keine Gefolgschaft mehr findet, nachdem auch LARENZ (§ 28 II; seit der 7. Aufl) sie aufgegeben hat, ist von STAUDINGER/JICKELI/STIEPER (2004) Vorbem 31 ff zu §§ 104–115 ausführlich dargelegt und erörtert worden (vgl auch LAMBRECHT, Die Lehre vom faktischen Vertragsverhältnis [1994] sowie als Zusammenfassung nur ROTH JuS 1991, L 89 ff). An dieser Stelle reicht der Hinweis, dass sich die Probleme, zu deren Lösung diese Lehre angetreten ist, in den meisten Fällen durchaus mit den allgemeinen Regeln der Rechtsgeschäftslehre bewältigen lassen. Insbesondere ist es nicht nötig, bei der Inanspruchnahme einer öffentlich angebotenen Leistung auf einen Vertragsschluss zu verzichten, weil er sich idR durch sachgerechte Auslegung des Parteiverhaltens (vgl zB BGH NJW 1991, 564) sowie nicht selten mit Hilfe von § 151 BGB leicht begründen lässt (vgl näher § 151 Rn 19). Der gleichzeitig mit der Inanspruchnahme erklärte Vorbehalt, man wolle sich gleichwohl nicht zu einer Gegenleistung verpflichten (vgl BGHZ 21, 319, 333 ff), ist dabei als protestatio facto contraria unbeachtlich (vgl nur BGHZ 95, 393, 399; BGH WuM 2003, 458, 459; MDR 2000, 956, 957; **abl** ua KÖHLER JZ 1981, 464 ff; MEDICUS/PETERSEN, AT Rn 249).

4. Ort, Zeitpunkt, Beweislast

40 **a)** Der Vertrag ist grundsätzlich an dem **Ort** geschlossen, an dem die zuletzt abgegebene Willenserklärung wirksam wird. Dies ist regelmäßig der Ort, an dem dem Anbietenden die Annahmeerklärung zugeht, denn mit dem Zugang wird diese Erklärung gemäß § 130 BGB wirksam. Bei parallelen Zustimmungserklärungen zu einer Vorlage (s Rn 38) ist der Zugang der zuletzt abgegebenen Erklärung beim Adressaten (zB dem Gericht) entscheidend. Wird gemäß § 151 BGB auf den Zugang der Annahmeerklärung verzichtet, so ist auf den Ort abzustellen, an dem der Annahmewille betätigt wird (vgl RGZ 62, 379, 381). Bei einer Sukzessivbeurkundung wird der Vertrag gemäß § 152 BGB an dem Ort geschlossen, an dem die Annahmeerklärung beurkundet wird.

41 **b)** Die vorstehenden Erwägungen gelten entsprechend für den **Zeitpunkt** des Vertragsschlusses. Auch hier ist im Regelfall nicht auf die Absendung, sondern auf den Zugang der Annahmeerklärung abzustellen (vgl Mot I 174), im Falle des § 151 BGB auf die Betätigung des Annahmewillens, im Falle des § 152 BGB auf die Beurkundung der Annahmeerklärung. An diesen Zeitpunkt knüpfen sich auch die Vertragswirkungen, solange die Parteien nichts anderes vereinbart haben (vgl zur Rückdatierung U H SCHNEIDER AcP 175 [1975] 279 ff).

42 **c)** Die **Beweislast** für den Vertragsschluss, den Vertragsort oder den Zeitpunkt des Vertragsschlusses (vgl dazu BGH ZIP 1991, 173, 175) liegt bei demjenigen, der daraus Rechtsfolgen ableitet. Insoweit gelten die allgemeinen Beweislastregeln des Zivilrechts (s auch § 145 Rn 38, § 146 Rn 3, § 147 Rn 16).

5. Beseitigung

43 Die Einigung kann zunächst unter den Voraussetzungen der §§ 119, 120, 123 BGB durch Anfechtung sowie gem § 355 BGB durch Widerruf, im Übrigen aber nur durch contrarius consensus, also nur durch einen **Aufhebungsvertrag** beseitigt werden (ausf

Flume § 33, 5). Ein solcher Aufhebungsvertrag ist gem § 311 Abs 1 BGB *jederzeit zulässig,* solange dadurch nicht in Rechte Dritter eingegriffen wird, zB weil eine Forderung aus dem aufzuhebenden Vertrag bereits abgetreten worden ist. Hingegen hängt die Zulässigkeit nicht davon ab, ob auf den aufzuhebenden Vertrag bereits geleistet wurde. Solche Leistungen sind nur für die Wirkungsbeschreibung und die Form relevant. Der Aufhebungsvertrag entfaltet nämlich seine aufhebende **Wirkung** in jedem Fall nur *ex nunc,* dh er beseitigt den aufzuhebenden Vertrag nur für die Zukunft. Deshalb können einmal vollzogene dingliche Einigungen nicht aufgehoben, sondern nur rückgängig gemacht werden. Bei schuldrechtlichen Verträgen kann es mit der Wirkung ex nunc sein Bewenden haben, wenn noch nicht geleistet worden ist. Sind hingegen schon Leistungen erbracht worden, so sind sie zurückzugewähren, wenn die Parteien nichts anderes vereinbart haben (vgl BGH NJW 1978, 2198: Auslegung nach Maßgabe der Umstände des konkreten Einzelfalles). Der Rückgewähranspruch folgt weder aus § 812 BGB, da der Aufhebungsvertrag den Rechtsgrund für die Leistungen nicht rückwirkend beseitigt, noch aus § 346 BGB, da kein Rücktritt vorliegt, sondern er folgt aus dem Aufhebungsvertrag selbst (Flume § 33, 5; weitergehend BGH NJW 1982, 1639). Dieser ist nämlich regelmäßig dahingehend auszulegen, dass die Parteien sich (stillschweigend) verpflichten, einander so zu stellen, als ob der aufgehobene Vertrag nie geschlossen worden wäre (vgl schon Mot II 79 = Mugdan II 44). Das impliziert eine schuldrechtliche Rückwirkung nach dem Vorbild des § 159 BGB und damit vertragliche Rückgewähransprüche für bereits erbrachte Leistungen.

Der Aufhebungsvertrag bedarf grundsätzlich keiner **Form**, und zwar auch dann nicht, wenn der aufzuhebende Vertrag formgebunden war, da idR nur Pflichten beseitigt, nicht begründet werden. Etwas anderes gilt nur dann, wenn das Gesetz ausdrücklich etwas anderes sagt (vgl zu § 623 BAG NJW 2010, 1100 Rn 24) oder wenn der Aufhebungsvertrag Rückgewähransprüche begründet (s Rn 43) und die ursprüngliche Leistungsverpflichtung formbedürftig war (Beispiel: Aufhebung eines vom Verkäufer bereits erfüllten Grundstückskaufvertrages; vgl BGH NJW 1982, 1639; Flume § 33, 5). – Zu weiteren Einzelheiten s Staudinger/Feldmann (2018) § 311 Rn 84 ff. 44

VI. Vorvertragliche Bindungen

1. Vertragsverhandlungen

Einem Vertragsschluss gehen häufig mehr oder weniger langwierige Vertragsverhandlungen voraus. Rechtsnotwendig ist dies selbstverständlich nicht; der Kontakt zwischen den Parteien kann auch direkt mit dem Angebot beginnen, wie es gerade bei Alltagsgeschäften der Fall ist. Durch die Aufnahme von Vertragsverhandlungen treten die Parteien aus dem allgemeinen Rechtsgenossenstatus heraus in eine vorvertragliche Sonderverbindung (s Rn 48). Die in dieser Phase abgegebenen Erklärungen, in denen Vorstellungen über den angestrebten Vertragsinhalt geäußert werden, sind zunächst einmal *keine Willenserklärungen,* da es am Rechtsbindungswillen fehlt. Die Partei muss sich an diesen Äußerungen nicht festhalten lassen. Eine Verpflichtung zum Vertragsabschluss erwächst daraus nicht. Das wird erst anders, wenn konkrete Vertragsangebote unterbreitet werden, die dann gemäß § 145 BGB verbindlich sind. Freilich können in der Verhandlungsphase auch solche Vertragsangebote noch mehrfach revidiert werden, insbesondere wenn ihnen mit einer modifizierten Erklärung begegnet wird (§ 150 Abs 2 BGB). 45

46 Gehen einem Vertragsschluss Verhandlungen voraus, so können die dabei abgegebenen Erklärungen, aber auch sonstige Verhaltensweisen (zB die widerspruchslose Entgegennahme einer Erklärung des Kontrahenten), zur *Auslegung* des später geschlossenen Vertrages herangezogen werden. Das gilt insbesondere für einen im Rahmen der Vorverhandlungen geführten Schriftwechsel (vgl Staudinger/Singer [2017] § 133 Rn 49; Flume § 33, 8).

47 Wurden bei den Vertragsverhandlungen bereits einzelne Punkte des künftigen Vertrages vorläufig festgelegt, so handelt es sich um eine sog **Punktation**. Im Unterschied zur österreichischen Regelung in § 885 ABGB kommt ihr nach § 154 Abs 1 S 2 BGB grundsätzlich keine Rechtsverbindlichkeit zu (RGZ 124, 81, 84). Vielmehr kann sie von jeder Partei einseitig und beliebig zurückgenommen werden. Etwas anderes gilt, wenn die Parteien aufgrund eines Vorvertrages zu einer der Punktation entsprechenden Einigung verpflichtet sind oder wenn die Punktation nach dem Parteiwillen abweichend von der Vermutung des § 154 Abs 1 S 2 BGB als verbindliche Teileinigung gewollt ist (s § 154 Rn 11). – Zum „Letter of Intent" s § 145 Rn 14.

2. Vorvertragliches Schuldverhältnis

48 Dadurch, dass die Parteien in einen geschäftlichen Kontakt treten, entsteht zwischen ihnen ein gesetzliches Schuldverhältnis, das sie verpflichtet, auf die Interessen des Gegners Rücksicht zu nehmen (§ 311 Abs 2 BGB). Werden diese Pflichten schuldhaft verletzt, so haftet die Partei der anderen für **culpa in contrahendo** (§ 280 Abs 1 BGB). Die Einzelheiten dieser Rechtsbeziehung sind bei Staudinger/Feldmann (2018) § 311 Rn 98 ff dargestellt. Im Zusammenhang mit den §§ 145 ff BGB reichen folgende Hinweise:

49 **a)** Die Aufnahme eines geschäftlichen Kontakts begründet zwischen den Parteien keine vertraglichen Pflichten, sondern gem § 311 Abs 2 BGB ein **gesetzliches Schuldverhältnis**, aus dem gesetzlich begründete Pflichten entspringen. *Inhalt* dieser Pflichten ist es nicht, einen Vertrag zu schließen. Der Eintritt in einen geschäftlichen Kontakt begründet keinen Kontrahierungszwang. Die Parteien sind vielmehr nur verpflichtet, sich gegenüber dem Verhandlungspartner loyal zu verhalten und auf seine Interessen Rücksicht zu nehmen. Das bedeutet zunächst, dass dem Vertragspartner keine Körper- oder Sachschäden zugefügt werden dürfen. Haben sich die Parteien geeinigt, so darf das Wirksamwerden des Vertragsschlusses nicht unnötig verzögert oder gar vereitelt werden. Damit korrespondiert die Pflicht, Vertragsverhandlungen nicht grundlos abzubrechen, wenn beim Verhandlungspartner das Vertrauen auf das Zustandekommen des Vertrages erweckt wurde. Schließlich bestehen Aufklärungs- und Mitteilungspflichten. Zu den Einzelheiten s Staudinger/Feldmann (2018) § 311 Rn 121 ff.

50 **b)** Die **Rechtsfolgen** hängen von der konkreten Pflichtverletzung ab (Larenz, SchR I § 9 I 3). Sie reichen vom Ersatz des Vertrauensschadens über eine Vertragsanpassung bis hin zu einem Rücktrittsrecht. Ein Ersatz des Erfüllungsinteresses kommt hingegen auch bei einer Enttäuschung des Vertrauens auf das Zustandekommen des Vertrages nicht in Betracht, weil dies wirtschaftlich einem nicht gerechtfertigten Kontrahierungszwang gleichkäme (str; s zum Meinungsstand Staudinger/Feldmann [2018] § 311 Rn 175 ff). Noch viel weniger besteht ein Schadensersatzanspruch

auf Vertragsabschluss (BGH WM 1968, 1402, 1403; FLUME § 15 III 4c dd; vgl auch BGH NJW 1994, 1470, 1471; GRUNEWALD JZ 1984, 708 ff; WEBER AcP 192 [1992] 390, 428 ff).

3. Vorvertrag

a) Der Vorvertrag ist ein **obligatorischer Vertrag**, in dem sich die Parteien darüber einigen, einen anderen schuldrechtlichen Vertrag, den sog Hauptvertrag, abzuschließen (BGHZ 102, 384, 388). Der Vorvertrag begründet also einen **vertraglich legitimierten Abschlusszwang** (zutr MünchKomm/BUSCHE Vor § 145 Rn 65; **abl** FREITAG AcP 207 [2007] 287, 302 ff, der nur Ansprüche aus culpa in contrahendo gewähren will, s dazu auch unten Rn 65). Dieses Rechtsinstitut hat sich aus dem früheren pactum de contrahendo bzw pactum praeparatorium entwickelt. Der Ausdruck „Vorvertrag" stammt von THÖL (Handelsrecht [3. Aufl 1854] § 62). In das BGB wurde der Vorvertrag als besonderes Rechtsinstitut nicht aufgenommen, weil ein Regelungsbedürfnis nicht anerkannt wurde (Mot I 178 = MUGDAN I 450). Es ist aber damals wie heute als Ausdruck der Vertragsfreiheit im Grundsatz allgemein anerkannt (grundlegend RGZ 66, 116, 120). 51

Die **Abgrenzung** des Vorvertrages von anderen Verträgen ist durch Auslegung vorzunehmen (vgl BGH NJW-RR 2010, 1508 Rn 29 ff) und fällt nicht immer leicht (vgl ausf HERZOG 74 ff). Zunächst ist festzuhalten, dass der Vorvertrag vom **Hauptvertrag** zu unterscheiden ist. Der Vorvertrag muss zunächst *Vertrag* sein, also mit Rechtsbindungswillen geschlossen sein (s Rn 2). Unverbindliche oder gar gescheiterte Vorverhandlungen stellen keinen Vorvertrag dar (BGH WM 1973, 67; 1966, 737). Bleiben wesentliche Dinge ungeregelt, kann der Rechtsbindungswille zweifelhaft sein (ERMAN/ARMBRÜSTER Vor § 145 Rn 47). Eine Beurkundung spricht allerdings regelmäßig für den Rechtsbindungswillen (BGH NJW 2006, 2843 Rn 10; NJW-RR 1988, 970, 971; RITZINGER NJW 1990, 1201, 1202). Auch die Vermutung des § 154 BGB gilt für Vorverträge (BGH NJW-RR 1992, 977; DB 1956, 1153, 1154). Das bedeutet vor allem, dass ein Vorvertrag im Zweifel nicht anzunehmen ist, wenn nicht besondere Umstände darauf schließen lassen, dass sich die Parteien schon binden wollten, bevor sie alle Vertragspunkte abschließend geregelt haben (BGH NJW 2006, 2843 Rn 10 ff; 1980, 1577, 1578). Im Übrigen gilt das zu § 154 Rn 6 ff Gesagte sinngemäß auch für den Vorvertrag. 52

Sodann muss der Vorvertrag einen anderen *Vertragsgegenstand* haben als der Hauptvertrag. Bei diesem Hauptvertrag muss es sich um einen schuldrechtlichen Vertrag handeln. Die Verpflichtung zu einer Verfügung ist kein Vorvertrag, sondern selbst schon Hauptvertrag (BGH NJW 2013, 3779 Rn 10; RGZ 48, 133, 135). Ein Vorvertrag liegt nicht vor, wenn eine Vereinbarung zwar als Vorvertrag bezeichnet wird, darin jedoch alle Vertragsbedingungen festgelegt sind (BGH NJW 1962, 1812; FLUME § 33, 7). Bestehen *Zweifel,* ob es sich um einen Vorvertrag oder um einen Hauptvertrag handelt, ist der Vorvertrag als Ausnahme anzusehen (BGH WM 1973, 238; 1969, 686; NJW 1962, 1812; RGZ 86, 30, 32). Es müssen dann schon besondere Gründe vorliegen, um einen Vorvertrag anzunehmen (BGH DB 1956, 1153, 1154). Im Zweifel liegt kein Vorvertrag, sondern ein – ggf bedingter – Hauptvertrag vor (BGH EWiR 1989, 537 [zust DILCHER]; HENRICH 116). 53

Kein Vorvertrag ist der sog **Rahmen-** oder **Mantelvertrag**. Eine solche Vereinbarung legt nur bestimmte Einzelheiten künftiger Verträge fest, begründet aber keine Hauptpflicht zum Abschluss eines Einzelvertrages (vgl OLG Köln CR 1994, 737, 738). 54

Vielmehr entsteht ein Dauerschuldverhältnis, in dem die Verweigerung von Einzelverträgen eine positive Vertragsverletzung des Rahmenvertrages sein kann (BGH NJW-RR 1992, 977, 978; HENRICH 117). Rahmen- oder Mantelverträge gibt es sowohl unter den Parteien der in Aussicht genommenen Einzelverträge, etwa als Grundlage langdauernder Bezugsverpflichtungen, als auch für Leistungen einer Rahmenvertragspartei an Dritte, zB über die Gewährung von Darlehen an Kunden des Vertragspartners im Rahmen von finanzierten Kaufverträgen (vgl HÖRTER, Der finanzierte Abzahlungskauf [1969] 130) oder bei der Vereinbarung eines Beherbergungsunternehmens mit einem Reiseveranstalter über die künftige Aufnahme eines bestimmten Kontingents von Gästen (vgl ROTHER, in: FS Larenz [1973] 435, 451 ff).

55 **Anpassungsklauseln** sind keine selbständigen Vorverträge, sondern Bestandteile von Hauptverträgen, die freilich nicht nur zum Verhandeln (vgl zu den sog „Neuverhandlungsklauseln" HORN AcP 181 [1981] 255 ff; **abl** MARTINEK AcP 198 [1998] 329 ff), sondern auch zum Abschluss eines auf den bereits geschlossenen Hauptvertrag bezogenen Änderungsvertrages verpflichten können, sofern sie die Anpassungskriterien und -maßstäbe hinreichend bestimmt festlegen (vgl STEINDORFF BB 1983, 1127 ff). Da aber der Änderungsvertrag Verfügungsvertrag ist (vgl BORK, Der Vergleich [1988] 70 ff), können zur Änderung verpflichtende Anpassungsklauseln keine Vorverträge sein (s Rn 53). – Zur Abgrenzung von *Option, Vorhand* und *Vorrechtsvertrag* s Rn 69 ff; zum *„Letter of Intent"* s § 145 Rn 14.

56 **b)** Der **notwendige Inhalt** eines Vorvertrages ergibt sich zunächst aus dem Vertragstypus selbst: Der Vertrag muss dazu verpflichten, einen Hauptvertrag abzuschließen. Dabei reicht es, wenn *eine Partei* verpflichtet wird, die dann unter den im Vorvertrag genannten Voraussetzungen ein entsprechendes Hauptvertragsangebot der anderen Seite annehmen muss (vgl BGH NJW-RR 1992, 977; NJW 1990, 1233; 1962, 1812; WM 1962, 1399, 1401; BayObLGZ 1982, 374, 378; OLG Hamburg NJW-RR 1992, 20, 21; LAG Hamm BB 1986, 667, 668; HENRICH 184). Der Vorvertrag kann vorsehen, dass eine Partei den Hauptvertrag mit einem Dritten abschließen muss (dazu BGHZ 97, 147, 151 f; SCHMALZEL AcP 164 [1964] 446 ff; FLUME § 33, 7 spricht bei nur einseitiger Bindung oder bei Verpflichtung gegenüber einem Dritten vom „Optionsvertrag"; vgl demgegenüber Rn 69). Die Vereinbarung eines *Entgelts* ist nicht nötig (vgl BGH NJW 1990, 1233, 1234).

57 Unklar ist, welche Anforderungen an die **Bestimmtheit des Hauptvertrages** zu stellen sind (ausf dazu HERZOG 123 ff). Die Rechtsprechung meint zT, der Vorvertrag müsse nicht die gleiche Vollständigkeit aufweisen, die für den vorgesehenen Hauptvertrag zu verlangen sei (vgl BGHZ 97, 147, 154; BGH NJW-RR 2010, 1410 Rn 14; NJW 2006, 2843 Rn 11 ff; 2001, 1285, 1286; OLG Brandenburg NJW-RR 2008, 254, 255; LG Essen ZMR 1979, 143). Diese Formulierung schießt jedoch über das für den verfolgten Zweck Notwendige hinaus (vgl auch die Kritik von FLUME § 33, 7; ferner MünchKomm/BUSCHE Vor § 145 Rn 62). Der Vorvertrag soll eine vertragliche Bindung auch dort ermöglichen, wo der Inhalt des Hauptvertrages noch nicht in allen Einzelheiten festgelegt werden kann (BGHZ 97, 147, 154). Sinn hat eine solche vertragliche Bindung aber idR nur, wenn sie später auch durchsetzbar ist (krit BUCHER AcP 186 [1986] 1, 52, der darauf hinweist, dass Vorverträge auch als Grundlage für Schadensersatzansprüche wegen Nichterfüllung zu würdigen seien). Der Vorvertrag muss daher den Hauptvertrag soweit konkretisieren, dass es möglich ist, Erfüllungsklage auf Abschluss des Hauptvertrages zu erheben und notfalls nach § 894 ZPO zu vollstrecken (so iE auch die Rspr, vgl BGH NJW 2006, 2843 Rn 26; BB 1953,

97; OLG Karlsruhe NJW-RR 1996, 997, 998; OLG Saarbrücken NJW-RR 1998, 341; LG Essen ZMR 1979, 143). Der Hauptvertrag muss daher zumindest bestimmbar sein, dh sein Inhalt muss unter – ggf ergänzender – Auslegung des Vorvertrages sowie unter Heranziehung des dispositiven Rechts durch den Richter zu ermitteln sein (vgl BGH NJW 2006, 2843 Rn 26; 1990, 1234, 1235; WM 1994, 752, 754; 1966, 89; NJW-RR 1993, 139, 140; 1992, 977, OLG Düsseldorf BB 1969, 894; LAG Hamm BB 1986, 667, 668; BFHE 140, 238, 240). Auch § 287 ZPO ist dabei zu berücksichtigen (BGH WM 1961, 1053, 1055; BB 1953, 97; RG JW 1938, 2740, 2743; LG Essen ZMR 1979, 143; vgl auch Ritzinger NJW 1990, 1201, 1204 ff).

Dieses Bestimmtheitserfordernis bezieht sich nicht nur auf die **essentialia negotii** (vgl BGH NJW 1999, 2806: Höhe der Gegenleistung), sondern auch auf alle von den Parteien als wesentlich angesehenen **Nebenpunkte** (vgl BGH NJW 1990, 1234, 1235). Natürlich kann der Vorvertrag ein Verfahren vorsehen, wie die – als solche nicht hinreichend bezeichnete – Leistung bestimmt werden soll, zB nach § 315 BGB durch einen Dritten. Ohne eine solche Festlegung ist diese Vorschrift aber nicht anwendbar (vgl Soergel/Wolf Vor § 145 Rn 62; **aM** MünchKomm/Busche Vor § 145 Rn 63; wohl auch LG Essen ZMR 1979, 143 m zust Anm Tiefenbacher; es gilt hier das zu § 154 Rn 8 Gesagte entsprechend). Außerdem können die Parteien aus dem Vorvertrag verpflichtet sein, fehlende Bestimmungen nach billigem Ermessen zu ergänzen (Flume § 33, 7). Der Vorvertrag hat daher im Wesentlichen den Sinn, die Voraussetzungen festzulegen, unter denen der Hauptvertrag geschlossen werden muss. 58

Kann der Inhalt des Hauptvertrages nicht mit hinreichender Bestimmtheit ermittelt werden, so ist der Vorvertrag **unwirksam** (OLG Karlsruhe NJW-RR 1996, 997, 998; OLG Nürnberg MDR 1960, 308; OLG Saarbrücken NJW-RR 1998, 341; Flume § 33, 7). Dies gilt zB für einen Gesellschaftsvorvertrag, der nicht festlegt, ob eine AG, eine GmbH oder eine Personengesellschaft gegründet werden soll (RGZ 106, 174, 176; OLG Frankfurt MDR 1973, 759) oder der sich nicht zur Höhe des Stammkapitals und der Einlagen äußerst (OLG Karlsruhe NJW-RR 1996, 997, 998). Nicht hinreichend ist ferner eine Vereinbarung, den künftigen Bedarf bei jemandem zu decken, wenn nicht die Höhe dieses Bedarfs und die Zeitdauer der Bindung bestimmt werden kann (Henrich 119 ff mwNw). Unwirksam ist der Vorvertrag im Übrigen auch dann, wenn der Hauptvertrag auf eine verbotene (§§ 134 ff BGB) Leistung gerichtet ist (Soergel/Wolf Vor § 145 Rn 61). 59

c) Einer besonderen **Form** bedarf der Vorvertrag grundsätzlich nicht. Etwas anderes gilt nur dann, wenn der Hauptvertrag formbedürftig ist und die gesetzliche Form nicht nur eine reine Beweisfunktion erfüllen soll, sondern eine Warnfunktion gegenüber voreiliger Bindung. In diesem Fall muss die Formvorschrift nach ihrem Sinn und Zweck auch auf den Vorvertrag angewandt werden, der ja bereits eine Bindung herbeiführen soll (Herzog 169 ff; Ritzinger NJW 1990, 1201, 1203). Demzufolge ist gemäß § 311b Abs 1 S 1 BGB vor allem der Vorvertrag zu einem Grundstücksverkauf formbedürftig (BGH NJW 2006, 2843 Rn 15; 1999, 2806; 1986, 2820, 2821; NJW-RR 2003, 1565, 1566; RGZ 169, 185, 189; 124, 81, 83; OLG Brandenburg NJW-RR 2008, 254, 255; OLG Hamburg NJW-RR 1992, 20, 21; vgl auch BGH WM 1994, 752, 754), ebenso gemäß § 4 Abs 3 WEG derjenige zu einem Sondereigentumsvertrag (BGH WM 1966, 89). Der Vorvertrag zur Aufhebung eines Arbeitsverhältnisses bedarf der Form des § 623 BGB (BAG NJW 1100 Rn 23). Beim Bürgschaftsvorvertrag ist die Erklärung des künftigen Bürgen nach § 766 S 1 BGB formbedürftig (BGH NJW 1966, 730). Der Vorvertrag zum 60

Gesellschaftsvertrag einer GmbH bedarf der Form des § 2 Abs 1 GmbHG (BGH NJW-RR 1988, 288; RGZ 130, 73; HENRICH 159 ff), bei einer AG der des § 23 AktG (RGZ 156, 129, 138) oder der des § 185 AktG (dazu BLAUROCK, in: FS Rittner [1991] 33, 43 ff). Formbedürftig ist ferner der Vorvertrag zu einem Jagdpachtvertrag nach § 11 Abs 4 S 1 BJagdG (BGHZ 61, 48).

61 **Formfrei** können Vorverträge zu Tarifverträgen geschlossen werden (BAG NJW 1977, 318). Vorverträge zu langfristigen Mietverträgen bedürfen nicht der Form des § 550 BGB, weil die Vorschrift nicht den Mieter schützen, sondern eine Informationsgrundlage für mögliche Grundstückserwerber schaffen will, die nach § 566 BGB in den Mietvertrag eintreten würden (BGH NJW 2007, 1817 Rn 14; 1980, 1577, 1578; WM 1961, 1053, 1054; BB 1956, 1091, 1092; RGZ 104, 131, 132; 86, 30, 32; HENRICH 153 ff; **aM** FLUME § 33, 7; HÄSEMEYER, Die gesetzliche Form der Rechtsgeschäfte [1971] 112 ff). Beim Vorvertrag zu den abstrakten Verpflichtungsverträgen der §§ 780, 781 BGB bedarf die Erklärung des künftig Verpflichteten nicht der Schriftform (so aber obiter RGZ 48, 133, 135), da diese nicht dem Übereilungsschutz, sondern nur der Beweissicherung dient (vgl näher STAUDINGER/MARBURGER [2015] § 780 Rn 7 mwNw). – Ist für den Hauptvertrag **gewillkürte Schriftform** vorgesehen, so muss durch Auslegung ermittelt werden, ob das Formerfordernis auch für den Vorvertrag gelten soll (BGH BB 1963, 572; NJW 1958, 1281). Dabei kann aus § 154 Abs 2 BGB kein Schluss auf die Einbeziehung des Vorvertrages in den Formzwang gezogen werden. Ebensowenig gilt § 154 Abs 2 BGB für den Vorvertrag, wenn die rechtsgeschäftlich bestimmte Form nur Beweiszwecken dienen soll (BGH WM 1959, 561, 562; PIKART WM 1963, 1023).

62 Ist der Vorvertrag formunwirksam und verstößt die Berufung auf die Formunwirksamkeit auch nicht gegen Treu und Glauben (vgl für Hofübergabevorverträge BGHZ 12, 286, 303; BGH ZEV 2016, 646 Rn 11 ff mwNw), so kommt eine **Heilung** durch formwahrenden Abschluss des Hauptvertrages in Betracht (BGHZ 82, 398, 403 ff; BGH NJW 2012, 3171 Rn 10 ff; 2004, 3626, 3628; NJW-RR 2003, 1565, 1566; MünchKomm/EINSELE § 125 Rn 50; REINICKE, Die Rechtsfolgen formwidrig abgeschlossener Verträge [1969] 25 ff; REINICKE/TIEDTKE NJW 1982, 1430 ff; **aM** HENRICH 169). Die Heilung des Vorvertrages kann bedeutsam sein für die Bestandskraft des Hauptvertrages (s Rn 68) sowie für Ansprüche auf im Vorvertrag vereinbarte Entgelte, Provisionen, Vertragsstrafen etc (vgl BGHZ 82, 398). Im Übrigen ist es auch beim Vorvertrag jedenfalls möglich, den Grundsatz von Treu und Glauben mit der Folge heranzuziehen, dass sich eine Seite gegenüber der anderen nicht auf die Formwidrigkeit berufen kann (HENRICH 170 ff; vgl BGH WM 1994, 752, 754 sowie allg MünchKomm/EINSELE § 125 Rn 13; STAUDINGER/HERTEL [2017] § 125 Rn 110 ff).

63 **d)** Bedarf der Hauptvertrag einer behördlichen **Genehmigung**, so ist der Vorvertrag nur dann genehmigungsbedürftig, wenn das Genehmigungserfordernis dem Schutz eines Beteiligten dienen soll. Hier gilt das zur Form Gesagte entsprechend (s Rn 60). Soll die Genehmigung hingegen nur eine öffentliche Kontrolle über den endgültigen Vertrag ermöglichen, so ist der Vorvertrag nicht genehmigungsbedürftig (RG JW 1936, 2404). Ohnehin kann es für den Vorvertrag nur auf die Genehmigungsbedürftigkeit des schuldrechtlichen Verpflichtungsgeschäfts, nicht auf die der Verfügungsgeschäfte ankommen. Die Genehmigung eines Vorvertrages erstreckt sich im Übrigen nicht auf den Hauptvertrag, sondern muss für diesen erneut eingeholt werden (SOERGEL/WOLF Vor § 145 Rn 66).

e) Da durch einen wirksamen Vorvertrag ein rechtsgeschäftlicher Kontrahierungszwang begründet wird (s Rn 51), kann für die **Rechtsfolgen** auf die Überlegungen zum gesetzlichen Kontrahierungszwang zurückgegriffen werden (s Rn 29 ff). **Materiell-rechtlich** ist jede Partei unter den im Vorvertrag genannten Voraussetzungen verpflichtet, ein dem Vorvertrag entsprechendes Hauptvertragsangebot anzunehmen oder – wenn dem Vertragswilligen ein solches Angebot nicht möglich ist – selbst ein entsprechendes Angebot zu unterbreiten (BGH WM 1994, 752, 753; 1981, 695, 697). Bedarf der Hauptvertrag der Form, muss der Verpflichtete an der Errichtung eines formgerechten Vertrages mitwirken (BGHZ 216, 68 Rn 26; 200, 98 Rn 18; BGH NJW 2007, 1817 Rn 15). Ob der angebotene bzw abgeschlossene Hauptvertrag die Verpflichtungen aus dem Vorvertrag erfüllt, ist durch Auslegung unter Berücksichtigung des mutmaßlichen Parteiwillens und des dispositiven Rechts zu ermitteln (BGH WM 1994, 752, 754; NJW 1990, 1234, 1235). Hat eine Seite einen dem Vorvertrag entsprechenden Hauptvertrag mit einem vollmachtlosen Vertreter geschlossen, so ist der Vertretene aus dem Vorvertrag zur Genehmigung verpflichtet. Die Verurteilung zur Genehmigung des Hauptvertrages wirkt aber nicht auf den Zeitpunkt des Abschlusses des Rechtsgeschäftes zurück (BGHZ 108, 380, 382 ff; zust K Schmidt DNotZ 1990, 708 ff). Eine bereits erklärte Verweigerung der Genehmigung ist gemäß § 242 BGB als treuwidrig unbeachtlich (vgl auch Rn 68). – Die Abschlussverpflichtung desjenigen, der ein Angebot abgegeben hat, erlischt im Übrigen nicht etwa dadurch, dass die Gegenseite die Erfüllung des Hauptvertrages verweigert (BGH JZ 1958, 245; **aM** Palandt/Ellenberger Einf v § 145 Rn 21). Freilich kann es gegen Treu und Glauben verstoßen, wenn die Partei, die die Erfüllung bislang verweigert hat, nunmehr auf Abschluss des Hauptvertrages dringt (venire contra factum proprium, BGH JZ 1958, 245) oder wenn der Gegner bei Abschluss des Hauptvertrages von diesem sogleich wieder zurücktreten könnte (BGH NJW 2001, 1285, 1287). 64

Gerät der Schuldner mit der Erfüllung der Abschlusspflicht in **Verzug** oder verhält er sich sonst wie vertragswidrig, so kann der Gegner Schadensersatz verlangen oder vom Vorvertrag zurücktreten (BGH NJW 1984, 479 f; 1958, 1531; vgl auch BGH NJW-RR 1993, 139, 140 und Bucher AcP 186 [1986] 1, 52). Voraussetzung ist freilich, dass sich der Rücktrittswillige selbst vertragstreu verhalten hat (BGH NJW-RR 1993, 139, 141; NJW 1984, 479, 480). Nur bei Dauerschuldverhältnissen ist ein Festhalten am Vertrag auch bei eigener Vertragsuntreue regelmäßig unzumutbar (BGH NJW 1984, 479, 480; 1958, 1531). Der für den Verzugseintritt maßgebende Fälligkeitszeitpunkt kann im Vorvertrag ausdrücklich genannt sein. Anderenfalls ist er durch Auslegung zu ermitteln. Auf § 271 BGB kann nicht zurückgegriffen werden (Henrich 193). Der Schadensersatzanspruch umfasst in diesen Fällen auch den durch die Nichterfüllung des geschuldeten Hauptvertrages entstehenden Schaden, denn es folgt aus dem Vorvertrag auch die Pflicht, sich für den künftigen Hauptvertrag leistungsbereit zu halten (BGH NJW-RR 2012, 849 Rn 18; NJW 1990, 1233 f; 1963, 1247; Henrich 215; anders ist es natürlich, wenn wegen cic bei Vorvertragsverhandlungen eine Verpflichtung zum Ersatz des Vertrauensschadens begründet wurde; s Rn 50 sowie BGH WM 1968, 1402). 65

Ein Rücktritt vom Vertrag ist gemäß § 242 BGB auch aufgrund von **veränderten Umständen** möglich, insbesondere wenn sie bei einem Dauerschuldverhältnis gem § 314 BGB zur Kündigung aus wichtigem Grund berechtigen würden (BGH NJW 1958, 1531; OLG Koblenz NJW-RR 1998, 808; MünchKomm/Busche Vor § 145 Rn 67). Entscheidend ist, ob der Partei das Festhalten am Vertrag noch zumutbar ist oder nicht (vgl BGH 66

NJW 1990, 1233, 1234 [betr Wegfall der Geschäftsgrundlage]; NJW 1958, 1531). Bei einer Klage aus dem Vorvertrag kann das Gericht den Inhalt des Hauptvertrages auch den veränderten Umständen anpassen und insoweit von der vorvertraglichen Parteivereinbarung abweichen (BGH NJW 1962, 1812, 1813). – Die **Verjährung** der Ansprüche aus dem Vorvertrag richtet sich nicht nach den Vorschriften, die für Ansprüche aus dem Hauptvertrag gelten würden, da die Zielrichtung des Vorvertrages eine andere ist (Henrich 218; **aM** Roll BB 1978, 69 f).

67 Weigert sich der Gegner, den Hauptvertrag abzuschließen, so kann aufgrund des Vorvertrages **Erfüllungsklage** erhoben werden (s auch Rn 33). Soweit der Kläger das Angebot selbst formulieren kann, ist *Leistungsklage* auf Annahme dieses Angebotes zu erheben (BGHZ 191, 139 Rn 34; BGH AUR 2014, 263 Rn 21; NJW 2006, 2843 Rn 26; 2001, 1272, 1273; WM 1994, 752, 753). Für die Klage auf Abgabe eines Angebotes fehlt deshalb idR das Rechtsschutzinteresse (Brüggemann JR 1968, 201, 203; offen für den Regelfall BGH NJW 1984, 479, 480; ebenso und – zutr – anders für die Unmöglichkeit, das Angebot selbst zu formulieren [s Rn 64] BGHZ 98, 130, 133 f). Die Zwangsvollstreckung erfolgt dann nach § 894 ZPO; für neben (oder anstelle) der Annahmeerklärung erforderliche Rechtshandlungen gelten §§ 887, 888 ZPO (BGH WM 1961, 1053, 1055; RGZ 156, 164, 170; Henrich 185). Möglich ist uU auch die Klage auf Annahme eines erst später noch genauer zu formulierenden Angebots, etwa eines solchen, das der notariellen Beurkundung bedarf (BGHZ 97, 147, 149 f). Eine *Feststellungsklage* wird hier nur selten in Betracht kommen, da die Klage nach dem zu Rn 57 Gesagten ohnehin nur Erfolg haben kann, wenn der Hauptvertrag im Vorvertrag hinreichend bestimmt festgelegt ist, sodass dem Kläger in aller Regel auch die Formulierung eines annahmefähigen Angebotes (s Rn 64) und eines konkreten, den Anforderungen des § 253 Abs 2 Nr 2 ZPO genügenden Klageantrages möglich sein wird (vgl auch BGH WM 1994, 752, 753). Schließlich kann auch hier direkt *Klage auf die Hauptvertragsleistung* erhoben werden, freilich idR nur in Verbindung mit der Klage auf Abschluss des Hauptvertrages (BGHZ 98, 130, 134 f; BGH NJW 2001, 1285, 1286; 1986, 2820, 2821; 1975, 443, 444; OLG Koblenz NJW-RR 1998, 808; RGZ 124, 81, 85; enger noch BGH WM 1971, 44, 45). Eine isolierte Erfüllungsklage kommt allenfalls in Betracht, wenn sich „aufgrund sinn- und interessengemäßer Auslegung" aus dem Vorvertrag selbst ergibt, dass dem Gläubiger eine Hauptvertragsleistung sofort zustehen soll (BGH NJW 1972, 1189, 1190).

68 **f)** Der Vorvertrag hat insofern **Bedeutung für den Hauptvertrag**, als er dessen *Rechtsgrund* sein kann (**abl** Freitag AcP 207 [2007] 287, 310 ff). Ist daher der Vorvertrag nichtig, so können der zu seiner Erfüllung geschlossene Hauptvertrag und mit ihm die zu dessen Erfüllung erbrachten Leistungen gemäß §§ 812, 813, 821 BGB kondiziert werden. Freilich ist genau zu prüfen, ob und wie sich *Mängel des Vorvertrages* auf den Hauptvertrag auswirken. So können formnichtige Vorverträge durch Abschluss des Hauptvertrages geheilt werden (s Rn 62). Außerdem kann der Abschluss des Hauptvertrages unter den Voraussetzungen der §§ 141, 144 BGB als Bestätigung des Vorvertrages aufgefasst werden. Eine Kondiktion kommt daher nur in Betracht, wenn der Hauptvertrag ausschließlich in der irrigen Annahme einer Verpflichtung aus dem Vorvertrag geschlossen wurde (Brüggemann JR 1968, 201, 206; zust BGH NJW 2004, 3626, 3628). Eine *Anfechtung des Hauptvertrages* ist nach dem Grundsatz „dolo agit qui petit quod statim redditurus est" gemäß § 242 BGB unbeachtlich, wenn nicht auch der Vorvertrag anfechtbar ist und angefochten wird (BGH WM 1973, 238, 239).

4. Option

a) Eine Option ist die Möglichkeit für den Berechtigten, durch einseitige Willenserklärung einen Vertrag zustande zu bringen oder zu verlängern (HENRICHS 227). Eine Verpflichtung dazu besteht nicht. Ob der Vertrag zustande kommt oder nicht, hängt allein von der Ausübung des Optionsrechts ab. Darin unterscheidet sich die Option vom Vorvertrag, der nur einen Anspruch auf den Vertragsabschluss begründet, aber keine Möglichkeit gewährt, den Vertrag durch einseitige Erklärung herbeizuführen (BGH WM 1971, 44, 45; OLG Hamburg NJW-RR 1992, 20, 21). Gesetzliches Beispiel für ein Optionsrecht ist der Wiederkauf (§ 456 Abs 1 S 1 BGB), während es sich beim Vorkauf trotz der Formulierung des § 464 Abs 2 BGB nicht um eine Option handelt, da das Vertragsverhältnis nicht allein durch die Willenserklärung des Vorkaufsberechtigten begründet wird, sondern außerdem voraussetzt, dass der Verkäufer sich zum Verkauf entschließt. Die Option auf einen Kaufvertrag nennt man auch *Ankaufsrecht* (vgl nur BGH NJW 2017, 254 Rn 14). Freilich hält sich die Vertragspraxis selten streng an diese Terminologie und die damit bezeichneten Abgrenzungen, sodass im Einzelfall durch Auslegung zu ermitteln ist, welchen rechtlichen Instrumentariums sich die Parteien bedienen wollten (vgl auch BGH NJW 2017, 254 Rn 28; LORENZ, in: FS Dölle I [1963] 103, 104, 110 ff). Denkbar ist beispielsweise auch, dass eine Bedingung (BGH NJW-RR 2018, 665 Rn 15 ff) oder ein Andienungsrecht (BGH NJW 2018, 1471 Rn 29) gewollt ist. 69

Das Ziel, dem Berechtigten eine Option zu verschaffen, lässt sich mit verschiedenen rechtlichen **Gestaltungsmöglichkeiten** erreichen (vgl auch BGHZ 97, 147, 152; OLG Düsseldorf BB 1979, 962; nach **aA** handelt es sich stets um einen Vertrag sui generis, s CASPER 42 ff; vARNIM AG 1983, 29, 39 f; WEBER JuS 1990, 249, 253 f). Zunächst kann der Verpflichtete dem Berechtigten einseitig ein **Optionsrecht** verschaffen, indem er ihm ein befristetes oder unbefristetes Angebot unterbreitet, das der Berechtigte nach Belieben annehmen kann („Festofferte"). Eine solche Selbstbindung beim Angebot ist zulässig (s § 145 Rn 24, § 148 Rn 7). Sie verschafft dem Berechtigten die Möglichkeit, den Vertrag durch einseitige Willenserklärung, die Annahme, zustande zu bringen. Es ist daher zutreffend, hier von einer Option zu sprechen (ebenso RGZ 169, 65, 71; vEINEM 18; ERMAN/ARMBRÜSTER Vor § 145 Rn 52; MünchKomm/BUSCHE Vor § 145 Rn 73; **aM** GEORGIADES, in: FS Larenz [1973] 409, 412 ff; HENRICH 231; JAUERNIG/MANSEL Vor § 145 Rn 6; WOLF/NEUNER § 20 Rn 30, § 36 Rn 5 ff). Nur muss man sich eben der Tatsache bewusst sein, dass die Ausübung des Optionsrechts nichts anderes ist als die Annahme eines Vertragsangebotes, sodass auch die für alle Annahmeerklärungen geltenden Rechtsregeln anzuwenden sind (vgl auch Rn 74). 70

Daneben kommt in Betracht, einen **Optionsvertrag** zu schließen, für den wiederum zwei Varianten denkbar sind. Die Parteien können einen *Angebotsvertrag* schließen, in dem die eine Partei ein – vorher ausgehandeltes – bindendes Vertragsangebot abgibt und der anderen Partei das Recht eingeräumt wird, dieses Angebot – ggf unter bestimmten Bedingungen oder Befristungen – anzunehmen (HENRICHS 241 f). Ein solcher Vertrag begründet für die anbietende Partei zugleich die Nebenverpflichtung, sich leistungsfähig zu halten (OLG Düsseldorf BB 1979, 962; vEINEM 61 ff; GEORGIADES, in: FS Larenz [1973] 409, 426 ff; HENRICHS 271; MünchKomm/BUSCHE Vor § 145 Rn 74 mwNw). Alternativ können die Parteien aber auch bereits den Hauptvertrag abschließen und dabei vereinbaren, dass dieser Vertrag erst durch die Erklärung des 71

Berechtigten in Kraft gesetzt werden solle. Wählen die Parteien diesen Weg, so kann man von einem *bedingten Hauptvertrag* sprechen, weil die Ausübung des Optionsrechts hier Bedingung für den Eintritt der Rechtsfolgen sein soll (vgl OLG Bamberg NJW-RR 1989, 1449). Es handelt sich dabei nicht um eine Potestativbedingung, sondern um eine Wollensbedingung, weil die Bedingung nur in einer auf die Wirkungen des Rechtsgeschäfts bezogenen Willenserklärung, nicht in einem sonstigen willensabhängigen Verhalten einer Partei besteht (zutr Flume § 38, 2d; **aM** Erman/Armbrüster Vor § 158 Rn 14). Eine solche Wollensbedingung ist hier zulässig, da die Wirksamkeit des Vertrages nicht nur im Belieben des allein Verpflichteten steht (vgl BGHZ 47, 387, 391; BGH LM Nr 16 zu § 433 BGB = WM 1962, 1399; Henrichs 236; **aM** Jauernig/Mansel Vor § 145 Rn 6, der deshalb hier nicht von einer Bedingung, sondern von einem Gestaltungsrecht spricht; allg zur Zulässigkeit der Wollensbedingung s Vorbem 14 ff zu §§ 158 ff).

72 Die vorstehenden Gestaltungsmöglichkeiten dürfen nicht als verschiedene dogmatische Erklärungsversuche einer einheitlichen rechtlichen Erscheinung missverstanden werden. Vielmehr handelt es sich um verschiedene Wege, zwischen denen die Parteien die freie Wahl haben (grundlegend BGH LM Nr 16 zu § 433 BGB). Was die Parteien tatsächlich gewollt haben, ist durch **Auslegung** zu ermitteln, wobei auch der Grundsatz zu beherzigen ist, dass im Zweifel derjenigen Auslegungsmöglichkeit der Vorzug zu geben ist, die dem Parteiwillen zum Erfolg verhilft. Es ist daher vor der These zu warnen, die Annahme eines bedingten Hauptvertrages entspreche idR nicht dem Parteiwillen (so aber Erman/Armbrüster Vor § 158 Rn 14; Henrichs 236 ff), denn da die Ausübung der Option nach hM bei dieser Konstellation formfrei möglich ist (s näher Rn 74), kann es angebracht sein, ihr bei einer ansonsten offenen Auslegung den Vorzug zu geben.

73 Die Option wird von der ganz hM als **Gestaltungsrecht** bezeichnet (vgl nur BGHZ 220, 235 Rn 21; 203, 148 Rn 21; vEinem 23 ff; Jauernig/Mansel Vor § 145 Rn 6; MünchKomm/Busche Vor § 145 Rn 70; Palandt/Ellenberger Einf v § 145 Rn 23). Das trifft aber weder auf das *Optionsrecht* noch auf den *Angebotsvertrag* zu, denn wer ein Angebot annimmt, übt kein (gesetzliches oder vertragliches) Gestaltungsrecht aus (s näher § 145 Rn 34). Nur beim *bedingten Hauptvertrag* kann man von einem vertraglich begründeten Gestaltungsrecht sprechen (richtig daher BGHZ 94, 29, 31 und BGH NJW 2015, 402 Rn 21 für die Option zur Verlängerung eines Mietvertrages).

74 **b)** Für die Frage, ob Einräumung oder Ausübung der Option einer bestimmten **Form** bedürfen, ist zu differenzieren (ausf Casper 126 ff). Beim *Optionsrecht* ist jedenfalls die Einräumung formbedürftig (vgl nur BGHZ 220, 235 Rn 21, 27; BGH NJW-RR 2018, 1101 Rn 20). Grundsätzlich sind auch auf die Ausübung des Optionsrechts die allgemeinen Regeln anzuwenden, die für die Form von Angebot und Annahme gelten (vgl schon Rn 70). In der Regel sind also beide Erklärungen formbedürftig, solange das Gesetz nicht nur für die Erklärung nur einer Partei die Einhaltung einer bestimmten Form verlangt, wie etwa bei § 766 BGB, oder Sinn und Zweck der Formvorschrift deren Anwendung auf die Optionsausübung nicht verlangen (vgl nur BGHZ 220, 235 Rn 22 ff; BGH NJW-RR 2018, 1101 Rn 20; jeweils zu § 550 BGB). Der *Optionsvertrag* unterliegt selbst stets der Form, die für das Rechtsgeschäft, das der Optionsberechtigte zustande bringen kann, vorgesehen ist (vgl nur BGH LM Nr 16 zu § 433 BGB), denn der bedingte Hauptvertrag ist schon selbst dieses Rechtsgeschäft, der Angebotsvertrag enthält zumindest die Angebotserklärung dazu. Fraglich ist allein, ob auch die Ausübung der Option formbedürftig ist. Beim Angebotsvertrag ist das ohne Weiteres zu bejahen (BGH LM Nr 16; Henrichs 273 ff; anders nur Wolf/Neuner § 36 Rn 8), da hier die Ausübung der Option nichts anderes ist als die Annahme des Angebots. Beim bedingten Hauptvertrag schließt die hM aus § 456 Abs 1 S 2 BGB, dass die Geltungserklärung des Berechtigten formfrei möglich sei (BGH LM Nr 16; vEinem 114 ff; Erman/Armbrüster Vor § 158 Rn 15; Wolf/Neuner § 36 Rn 8; Palandt/Ellenberger Einf v § 145 Rn 23; Soergel/Wolf Vor § 145 Rn 71). Demgegenüber steht die Gegenansicht zu Recht auf dem Standpunkt, dass zumindest solche Formvorschriften anzuwenden sind, die den Erklärenden schützen wollen, da dieser bisher noch nicht gebunden war und keinen Verpflichtungen unterlag, sodass ihm dem Zweck der Formvorschrift entsprechend nun noch einmal die Bedeutung seiner Erklärung vor Augen geführt werden muss (Flume § 38, 2d; Georgiades, in: FS Larenz [1973] 409, 425 f; Jauernig/Mansel Vor § 145 Rn 6; Lorenz, in: FS Dölle [1963] 103, 115 ff; MünchKomm/Busche Vor § 145 Rn 75). Auf § 456 Abs 1 S 2 BGB kann sich die hM dabei nicht berufen, denn dass die Ausübung des Wiederkaufsrechts dort formfrei gestellt ist, korrespondiert mit der ursprünglichen Fassung des § 313 BGB aF (heute § 311b Abs 1 BGB), der nur die Erklärung des Grundstücksverkäufers der Form unterwarf. In den Fällen des § 456 BGB gibt aber nur der Wiederkäufer, nicht der Wiederverkäufer eine Erklärung ab. Dessen Bindung beruht bereits auf dem ursprünglichen Kaufvertrag, sodass er bei der Wiederkaufserklärung durch den Wiederkäufer gar nicht geschützt werden kann (zutr RGZ 126, 308, 312). Dass § 456 Abs 1 S 2 BGB durch die Änderung des damaligen § 313 BGB im Jahre 1973 (BGBl I 501), derzufolge heute auch der Erwerber geschützt werden soll, rechtspolitisch fragwürdig geworden ist, ist freilich noch nicht in das allgemeine Bewusstsein gedrungen. Jedenfalls sprechen aber Sinn und Zweck des § 456 Abs 1 S 2 BGB gerade für die hier befürwortete Ansicht und stehen einer analogen Anwendung auf die Optionsausübung entgegen.

c) Die Frage nach der **Übertragbarkeit** des Optionsrechts ist nicht pauschal zu **75**
beantworten (ausf Casper 180 ff). Eine Vorgabe findet sich immerhin in § 473 BGB, demzufolge ein Vorkaufsrecht nicht übertragbar ist. Das gilt freilich nur, solange die Parteien nichts anderes vereinbart haben (RGZ 148, 105, 108). Für das Wiederkaufsrecht wird die Übertragbarkeit hingegen überwiegend bejaht (s näher Staudinger/Schermaier [2013] § 456 Rn 8). Bei der Option ist – sofern kein Einverständnis des Optionsverpflichteten vorliegt – über § 413 BGB auf § 399, 1. Fall BGB abzustellen und unter umfassender Interessenabwägung zu fragen, ob die Abtretung zu einer Inhaltsänderung führt. Das wird man für den Regelfall annehmen müssen. Durch die Ausübung des Optionsrechts wird ein Vertrag in Geltung gesetzt. Der Optionsverpflichtete hat sich mit der Optionseinräumung an eine ganz bestimmte Person gebunden, deren Kreditwürdigkeit (zB in Bezug auf die Gegenleistung) und deren Geschäftsgebaren (zB in Bezug auf die Abwicklung von Gewährleistungsfällen) ihm akzeptabel erschienen. Das Optionsrecht kann deshalb ohne Zustimmung des Verpflichteten idR nicht in der Weise abgetreten werden, dass bei Ausübung durch den Zessionar das Vertragsverhältnis zwischen diesem und dem Verpflichteten zustande kommen soll, denn das hieße, dem Verpflichteten einen neuen Vertragspartner aufzudrängen, den er sich nicht ausgesucht hat (ebenso Henrich 279 ff; Lorenz, in: FS Dölle I [1963] 103, 129 ff; unklar Soergel/Wolf Vor § 145 Rn 76). Abtretbar können freilich die bei Ausübung des Optionsrechts entstehenden künftigen Vertragsansprüche sein, sodass man fragen kann, ob nicht das Optionsrecht in dem Sinne abtretbar sein oder zur Ausübung überlassen werden können soll, dass es in der Hand des Zessionars

liegen soll, über die Ausübung des Optionsrechts und damit über das Wirksamwerden des Vertragsverhältnisses (zwischen dem Verpflichteten und dem Zedenten) sowie zugleich über die Entstehung der ihm abgetretenen Ansprüche zu entscheiden. Ob das möglich ist, ist gemäß § 399, 1. Fall BGB nach dem jeweiligen Vertragsverhältnis zu entscheiden. So wird etwa ein Mieter es kaum einem Dritten überlassen können, über die Ausübung der Verlängerungsoption mit bindender Wirkung für die Mietvertragsparteien zu entscheiden; darüber, ob man weiter in einer Wohnung wohnen will, muss man schon selbst befinden. Bei einer Kaufoption mag nach Maßgabe des Einzelfalles anders entschieden werden können; vgl BGH WM 2018, 472 Rn 10 ff; allg auch § 145 Rn 35.

76 Für die Universalsukzession gilt § 399 BGB nicht. Das Optionsrecht ist daher **vererblich**, es sei denn, der Vertrag, der durch die Ausübung des Optionsrechts in Geltung gesetzt werden soll, sah eine höchstpersönlich zu erbringende Leistung des Erblassers vor (Casper 200 f; Henrich 281). **Pfändbar** ist das Optionsrecht nur, soweit es – etwa kraft entsprechender Parteivereinbarung – übertragbar ist bzw einem Dritten zur Ausübung überlassen werden kann (§ 857 Abs 3 ZPO). Dasselbe gilt gemäß § 36 Abs 1 InsO für die Frage, ob das Optionsrecht zur Insolvenzmasse gehört (Casper 205 ff; Henrich 282 f).

5. Vorrechtsverträge

77 **a)** Vorrechtsverträge sind alle Verträge, die einem Vertragspartner für den Fall, dass sein Kontrahent sich zum Abschluss eines weiteren bestimmten Vertrages entschließen sollte, ein Vorrecht vor anderen einräumen (Henrich 296). Darunter fallen zunächst die vertraglich begründeten *Vorkaufsrechte* sowie sonstige *Eintrittsrechte* in Verträge, die der Verpflichtete mit einem Dritten schließt, zB Vormiet- und Vorpachtrechte (s dazu näher Staudinger/vEmmerich [2018] Vorbem 91 ff zu § 535). Schließlich gehört hierher auch die *Vorhand.*

78 **b)** Unter einer **Vorhand** versteht man den vertraglich begründeten Anspruch darauf, dass der Verpflichtete dem Berechtigten eine Sache oder ein Recht, über das er verfügen möchte, zuerst anbietet und ihm den Vorrang vor anderen Interessenten einräumt (vgl BGHZ 102, 384, 387). Dieses Recht kann unterschiedlich stark ausgestaltet sein (vgl RG HRR 1933 Nr 913; Henrich 300 ff; Lorenz, in: FS Dölle I [1963] 103, 118 ff; MünchKomm/Busche Vor § 145 Rn 77), wobei durch Auslegung zu ermitteln ist, was die Parteien gewollt haben. Die Verpflichtung des Veräußerungswilligen kann sich darauf beschränken, den Berechtigten *über die Verkaufsabsicht zu informieren* und ihm Gelegenheit zur Stellungnahme zu geben, bevor die Sache veräußert wird (vgl RG SeuffA 81 [1927] 360, 363). Eine Verpflichtung, Angebote des Vorhandberechtigten anzunehmen, besteht hier nicht (Henrich 304 ff). Folglich ist eine solche Vereinbarung nicht formbedürftig (OLG Hamburg NJW-RR 1992, 20, 21; vgl auch OLG Stuttgart MDR 2010, 261). Weitergehend kann die Verpflichtung begründet werden, *Angebote Dritter mitzuteilen.* In diesem Fall muss der Vorhandberechtigte, wenn er an der Sache oder dem Recht interessiert ist, ein mindestens gleichwertiges Angebot abgeben, zu dessen Annahme der Vorhandverpflichtete dann verpflichtet ist (Henrich 303 f). Bei der stärksten Version muss der Vorhandverpflichtete die Sache oder das Recht *dem Berechtigten anbieten* (BGH NJW 1988, 1261; RGZ 79, 156, 158; 16, 155, 158; vgl auch BGHZ 22, 347, 352 ff). In diesem Fall handelt es sich um einen einseitig bindenden,

aufschiebend bedingten Vorvertrag (s Rn 56), wobei die aufschiebende Bedingung eine Wollensbedingung, nämlich der Wille des Verpflichteten ist, nunmehr veräußern zu wollen (Larenz, SchR II/1 § 44 IV 2; Nipperdey ZBlHR 1930, 300 f). Der Vorhandvertrag muss dann auch hinreichend bestimmt sein (s Rn 57 sowie ausf Henrich 311 ff). Da die beiden zuletzt beschriebenen Varianten Verpflichtungen begründen, bedürfen sie der für das jeweilige Veräußerungsgeschäft vorgeschriebenen Form (Hense DNotZ 1951, 128, 130 f; Henrich 321 f).

VII. Gefälligkeitsverhältnis

79 Unter Gefälligkeitsverhältnissen versteht man (Leistungs-)Beziehungen, die nicht von einem gemeinsamen Rechtsbindungswillen getragen sind. Die Parteien handeln nicht auf vertraglicher Grundlage, sondern *ausschließlich* aus gesellschaftlicher Gefälligkeit, also aus Freundschaft, Kollegialität, Nachbarschaft oder sonstigem Altruismus. Die Gefälligkeitsverhältnisse sind damit von den (unentgeltlichen) Vertragsverhältnissen abzugrenzen (s Rn 80). Diese Abgrenzung hat vor allem Bedeutung für die Frage, ob Erfüllungsansprüche bestehen (s Rn 83), für die Haftungsgrundlage (s Rn 85) und für den Haftungsmaßstab (s Rn 86). Da das Gefälligkeitsverhältnis in diesem Kommentar bei § 241 Rn 71 ff, 404 ff ausführlich erörtert wird, reichen an dieser Stelle folgende kurze Bemerkungen:

1. Abgrenzung

80 Von den Gefälligkeitsverhältnissen sind die sog *Gefälligkeitsverträge* zu unterscheiden, insbesondere Auftrag, Leihe, unentgeltliche Verwahrung und zinsloses Darlehen (zum „gentlemen's agreement" s Rn 3). Hier handelt es sich um rechtsverbindliche Verträge, bei denen nur die Motivation zum Vertragsschluss dem Bereich der Gefälligkeit entspringen kann. Ob ein Gefälligkeitsverhältnis oder ein vertragliches Schuldverhältnis vorliegt, beurteilt sich allein danach, ob die Parteien ihre Abrede mit *Rechtsbindungswillen* getroffen haben oder nicht. Die gegen dieses Kriterium gerichtete Kritik von Flume vermag nicht zu überzeugen. Flume (§ 7, 5 ff; vgl auch Plander AcP 176 [1976] 425, 440 ff) meint, die Suche nach einem solchen Rechtsbindungswillen sei illusorisch; es handele sich um eine reine Fiktion, die verkenne, dass es allein darum gehe, eine Sorgfaltspflicht anzuerkennen, bei deren Verletzung Schadensersatz zu leisten sei. Dem ist zwar zuzugeben, dass die Abgrenzung – wie bei jeder Auslegung – im Einzelfall schwer sein kann und dass sie im Wesentlichen als Vorfrage für Haftungsansprüche anfällt. Gleichwohl darf man die Frage nicht auf das Haftungsproblem reduzieren, sondern man muss auch die Erfüllungs- und Kondiktionsansprüche im Blick behalten. Außerdem steht es den Parteien frei, Gefälligkeiten vertraglich zu vereinbaren, sodass man von der Feststellung, ob sie das getan haben, nicht von vornherein absehen kann (vgl aber Flume § 70, 5; dazu Schwerdtner NJW 1971, 1673, 1674).

81 Ob die Parteien mit Rechtsbindungswillen gehandelt haben oder nicht, ist auch hier durch **Auslegung** zu ermitteln (grundlegend – auch zum folgenden – BGHZ 21, 102, 106 f; vgl ferner BGH NJW 1992, 498): Es kommt darauf an, ob der Leistungsempfänger aus dem Handeln des Leistenden unter den gegebenen Umständen nach Treu und Glauben mit Rücksicht auf die Verkehrssitte auf einen solchen Willen schließen musste. *Kriterien* sind vor allem die Art der Gefälligkeit, ihr Grund und Zweck, ihre wirt-

schaftliche und rechtliche Bedeutung, insbesondere für den Empfänger, die Umstände, unter denen sie erwiesen wird, und die dabei bestehende Interessenlage der Parteien. Während zwar nicht schon die Unentgeltlichkeit und Uneigennützigkeit für sich genommen, wohl aber der Umstand, dass es sich um eine Gefälligkeit des täglichen Lebens handelt oder um eine solche, die im rein gesellschaftlichen Verkehr wurzelt, ebenso *gegen* den Rechtsbindungswillen spricht wie das Risiko, dass den Leistenden eine völlig unverhältnismäßige Haftung treffen würde, können der Wert einer anvertrauten Sache, die wirtschaftliche Bedeutung der Angelegenheit, das erkennbare Interesse des Begünstigten, der Umstand, dass er sich auf die Leistung ersichtlich verlässt, und die dem Leistenden erkennbare Gefahr, in die der Begünstigte durch eine fehlerhafte Leistung geraten könnte, *für* den Rechtsbindungswillen sprechen, ebenso ein eigenes wirtschaftliches oder rechtliches Interesse des Gefälligen.

82 Einige **Beispiele** mögen das erläutern (Soergel/Wolf Vor § 145 Rn 95 ff; Willoweit JuS 1986, 96 ff): *Kein Rechtsbindungswille* besteht bei einer Gefälligkeitsfahrt (BGH NJW 1992, 498: wenn auf Seiten des Beförderten kein dringliches Interesse an einer Bindung erkennbar ist) oder einem Gefälligkeitsflug (vgl BGHZ 76, 32 f); bei einer Lottotippgemeinschaft (BGH NJW 1974, 1705, 1706: wegen des unverhältnismäßigen Haftungsrisikos; dazu Plander AcP 176 [1976] 425 ff); bei der Bereitschaft, auf das Haus des Nachbarn während des Urlaubs aufzupassen (LG Hamburg VersR 1989, 468: wegen des zu weit gehenden Haftungsrisikos); bei der Betreuung von Nachbarskindern, die sich zum Spielen eingefunden haben (BGH NJW 1968, 1874: Gefälligkeit des täglichen Lebens; anders OLG Celle NJW-RR 1987, 1384: bei ausdrücklicher Einladung der Kinder zu einem Kindergeburtstag); bei Zusagen im Rahmen einer nichtehelichen Lebensgemeinschaft (BGHZ 97, 372, 381: wegen der grundsätzlichen Entscheidung der Partner, sich außerhalb vertraglicher Beziehungen zu bewegen). Hingegen ist *Rechtsbindungswille bejaht* worden bei Fahrgemeinschaften (BGH NJW 1992, 498 f: weil jede Partei auf die Verbindlichkeit angewiesen ist; vgl auch Mädrich NJW 1982, 859, 860); bei Starthilfegewährung gegenüber Fremden (AG Kaufbeuren NJW-RR 2002, 382); bei Auskünften, die für den Empfänger eine erhebliche wirtschaftliche Bedeutung haben (zB BGH NJW 1993, 2433; NJW-RR 1992, 1011: insbesondere bei besonderer Sachkunde oder eigenem wirtschaftlichen Interesse des Beratenden; ausf dazu Staudinger/Martinek/Omlor [2017] § 675 Rn C 8 f); bei Zusagen in der Auslobung eines Architektenwettbewerbs (BGHZ 88, 373, 382: wegen des eigenen Interesses des Auslobenden); bei der Gratisbehandlung unter Ärzten (BGH NJW 1977, 2120: wegen des Interesses an einer sorgfältigen Behandlung); beim „Verleihen" eines LKW-Fahrers unter Spediteuren (BGHZ 21, 102, 107 f: weil die Angelegenheit die wirtschaftliche Betätigung beider Teile betraf); bei der Bereitschaft, Schecks über 50 000 DM weiterzuleiten (OLG Saarbrücken MDR 2002, 689, 690); bei Arbeitsleistungen erheblichen Umfangs innerhalb einer Lebenspartnerschaft (BGHZ 177, 193 Rn 41 ff; BGH FamRZ 2013, 1295 Rn 29; 2011, 1563 Rn 21).

2. Rechtsfolgen

83 **a)** Bei einem Gefälligkeitsverhältnis bestehen definitionsgemäß **keine Vertragsansprüche**. Weder kann der eine Teil *Erfüllung* verlangen noch der andere Teil *Aufwendungsersatz*. Auch die *Fortsetzung* eines Gefälligkeitsverhältnisses ist nicht erzwingbar, wobei freilich bei grundlosem Abbruch zur Unzeit Schadensersatz nach Maßgabe des zu Rn 79 Gesagten wegen Verletzung einer quasivertraglichen Schutzpflicht zur Rücksichtnahme auf die Interessen des Gegners zu leisten ist (nur in diesem

Sinne richtig BGH NJW 1986, 978, 979 f, wo von Kündigung aus einem wichtigen Grund die Rede ist). Schließlich richten sich auch die *Sekundäransprüche* nicht nach Vertragsrecht (vgl zum Schadensersatz sogleich Rn 85).

Demgegenüber wird gelegentlich versucht, mit der Rechtsfigur des „Vertrages ohne primäre Leistungspflichten" zu helfen: Zwar bestünden zwischen den Parteien keine vertraglichen Erfüllungsansprüche. Wenn aber die eine Partei sich zur Leistung entschließe, dann träfen sie die vertraglichen Sorgfaltspflichten; zugleich diene dieser Vertrag als Rechtsgrund für das Behaltendürfen der freiwillig erbrachten Leistung (vgl etwa Fikentscher, Schuldrecht [11. Aufl 2017] Rn 29; Soergel/Wolf Vor § 145 Rn 85; Willoweit JuS 1986, 96, 106; 1984, 909, 915). Dem ist indessen nicht zu folgen. Dass die bei einem Gefälligkeitsverhältnis erbrachte Leistung nicht kondiziert werden kann, ergibt sich schon daraus, dass der Zweck der Zuwendung erreicht ist, hilfsweise aus § 814 BGB, und als Rechtsgrundlage für Schutz- und Sorgfaltspflichten ist ein vertragsähnliches Vertrauensverhältnis (erweiterte Anwendung der cic) zu bevorzugen (s Rn 85). Ein Vertrag ohne primäre Leistungspflichten ist zwar möglich, wäre aber jedenfalls ein Vertrag, sodass mangels ausdrücklicher Erklärungen nach einem Rechtsbindungswillen gesucht werden müsste, der sich auf sekundäre Verhaltenspflichten zu beschränken hätte, womit die Auslegung endgültig überfordert wäre (vgl schon oben Rn 80). **84**

b) Mangels vertraglicher Rechtsbeziehungen kommt als **Haftungsgrundlage** für Schäden, die bei der Ausführung des Gefälligkeitsverhältnisses verursacht werden, grundsätzlich nur das *Deliktsrecht* (§§ 823 ff BGB) in Frage (BGH NJW 2010, 3087 Rn 13; OLG Hamm NJW-RR 1987, 1109 f; Mersson DAR 1993, 87, 90). Die Gefährdungshaftung aus § 7 StVG scheitert hingegen regelmäßig an § 8a StVG (BGHZ 80, 303, 305; dazu auch Mädrich NJW 1982, 859, 861). Eine erweiterte Haftung (Einbeziehung von reinen Vermögensverletzungen; Haftung für Gehilfen nach § 278 BGB) sollte nicht durch die Annahme eines Vertrages ohne primäre Leistungspflichten konstruiert werden (s Rn 84), sondern sie kommt deshalb in Betracht, weil auch ein Gefälligkeitsverhältnis zu einem gesteigerten sozialen Kontakt führt und dadurch ein gesetzliches Schuldverhältnis, eine *vertragsähnliche Sonderbeziehung* iSv § 311 Abs 2 BGB entsteht, kraft deren der Leistungsempfänger darauf vertrauen darf, dass ihm der Vertragspartner mit besonderer Sorgfalt entgegentritt (Canaris JZ 2001, 499, 502; Jauernig/Mansel § 241 Rn 25; Schwerdtner NJW 1971, 1673, 1675; Thiele JZ 1967, 649, 652; iE auch Flume § 7, 7; Windel, in: FS Schnapp 861; offen BGH NJW 2010, 3087 Rn 15; **aM** Palandt/Grüneberg Einl v § 241 Rn 8). Freilich müssen die Pflichten aus einem solchen gesetzlichen Schutzverhältnis nach Bestehen und Umfang in jedem Einzelfall besonders begründet werden. **85**

c) Ist eine – deliktische oder vertragsähnliche – Haftungsgrundlage gegeben, stellt sich als nächstes die Frage nach dem **Haftungsmaßstab**. Grundsätzlich ist § 276 BGB heranzuziehen. Eine Privilegierung in Rechtsanalogie zu §§ 521, 599, 690 BGB muss nach st Rspr daran scheitern, dass beim ebenfalls unentgeltlichen Auftrag eine solche Haftungsbeschränkung fehlt (vgl nur BGHZ 21, 102, 110; BGH NJW 2010, 3087 Rn 14; 1992, 2474, 2475; anders Hoffmann AcP 167 [1967] 394, 401 ff). Allerdings wird man §§ 521, 599, 690 BGB beim Gefälligkeitsverhältnis analog anwenden können, wenn diese Vorschriften anwendbar wären, falls die Parteien auf rechtsgeschäftlicher Grundlage tätig geworden wären (ebenso Früh JuS 1994, 212, 213; Schwerdtner NJW **86**

1971, 1673, 1675; abl BGH NJW 1992, 2474, 2475 mwNw). Ebenso wird man entscheiden müssen, wenn man zum Auftrag der Ansicht folgt, dass dort eine Haftung für leichte Fahrlässigkeit nur angebracht ist, wenn der Beauftragte eine selbstständige Tätigkeit wirtschaftlicher Art für einen anderen ausübt (ESSER, SchuldR II [3. Aufl 1969] § 82 I; MEDICUS/PETERSEN, BR Rn 369). Eine Haftungsbeschränkung durch den Gedanken des „Handelns auf eigene Gefahr" hat die Rechtsprechung aufgegeben (BGH NJW 1961, 777); allenfalls komme eine Minderung gemäß § 254 BGB wegen Mitverschuldens in Betracht (BGHZ 43, 72, 77; 34, 355, 363). Insoweit besteht Einigkeit darüber, dass eine Haftungsprivilegierung interessenwidrig wäre, wenn sie nur der Haftpflichtversicherung des Schädigers zugute käme (vgl nur FLUME § 7, 6). In allen anderen Fällen wird aber für die Haftung bei Gefälligkeitsverhältnissen gleichwohl eine weitgehende Begrenzung des Haftungsmaßstabes auf Vorsatz und grobe Fahrlässigkeit befürwortet (vgl nur FLUME § 7, 6; MERSSON DAR 1993, 87, 91). Dem ist zuzustimmen, wobei weniger auf die „naturalia negotii" abgestellt werden sollte (so FLUME § 7, 6 bei gleichzeitiger Ablehnung jeglicher rechtsgeschäftlicher Komponenten) als vielmehr auf einen stillschweigenden Haftungsverzicht, den freilich die Rechtsprechung bei grundsätzlicher Verweigerung (vgl BGHZ 34, 355 = NJW 1961, 655 = JZ 1961, 602 m Anm FLUME; BGH NJW 1992, 2474, 2475) nur in Ausnahmefällen in Erwägung ziehen will (vgl zu solchen Ausnahmen BGHZ 76, 32, 34 f; BGH NJW 1980, 1681, 1682; DB 1978, 2358, 2359; OLG Celle NZV 1993, 187; OLG Karlsruhe OLGZ 1980, 386, 387).

VIII. Vertragsarten

1. Unterscheidung nach dem Inhalt

87 **a)** Verträge können nach ihrem Inhalt **unter verschiedenen Gesichtspunkten** geordnet werden. So lassen sich schuldrechtliche, sachenrechtliche, familienrechtliche und erbrechtliche Verträge unterscheiden. Ferner kann man Verpflichtungs- und Verfügungsverträge voneinander abheben. Schließlich sind entgeltliche und unentgeltliche, formfreie und formbedürftige sowie kausale und abstrakte Verträge zu unterscheiden.

88 **b)** Aufgrund der Spezialvorschriften in §§ 320 ff BGB bilden die **gegenseitigen Verträge** eine besondere Gruppe. Bei ihnen stehen wechselseitige Leistungsversprechen in einem Austauschverhältnis, dem Synallagma. Vom gegenseitigen Vertrag sind die *unvollkommen zweiseitigen Verträge* zu unterscheiden, bei denen die Verpflichtung nur eines Partners notwendig ist, eine Verpflichtung der Gegenseite jedoch entstehen kann, wie etwa die Pflicht zum Aufwendungsersatz beim Auftrag. Eine dritte Art bilden die streng *einseitig verpflichtenden Verträge,* bei denen eine Erfüllungsverpflichtung nur für eine Seite vorhanden ist, wie zB beim Bürgschaftsvertrag. Vgl dazu näher STAUDINGER/SCHWARZE/(2015) Vorbem 1 ff zu §§ 320–326.

89 **c)** Schließlich lassen sich die **typischen Verträge** von den *atypischen* und den *gemischten Verträgen* unterscheiden. Der Gesetzgeber hat im Besonderen Schuldrecht bestimmte, häufig vorkommende Vertragstypen im Gesetz vorgeformt. Diese Vertragstypen sind aber aufgrund der Vertragsfreiheit weder konstitutiv noch abschließend (vgl STAUDINGER/FELDMANN [2018] § 311 Rn 32 ff). Sie können deshalb in gemischten Verträgen miteinander (oder mit unabhängig vom Gesetz geschaffenen Vertragsbestandteilen) verknüpft werden. Neben die klassischen Fälle der gemischten Ver-

träge wie etwa den Pensionsvertrag, den Hausmeister- oder den Theatervertrag treten heute neue Arten wie zB der Automatenaufstellungsvertrag, der Reihenhausvertrag sowie sonstige Vertragsarten, die – wie zB Leasing-, Franchising- oder Just-in-time-Verträge – ihrerseits wieder vertypt sind und als moderne Vertragstypen gehandelt werden (umfassend dazu MARTINEK, Moderne Vertragstypen [1. Bd 1991, 2. Bd 1992, 3. Bd 1993]).

Zu den typischen Verträgen gehören auch die **Gesellschaftsverträge** (§ 705 BGB). Sie **90** haben Vertragscharakter auch dann, wenn sie auf die Errichtung einer juristischen Person gerichtet sind. Es handelt sich dabei nach heute hL nicht um soziale Schöpfungsakte oder konstitutive Gesamthandlungen, wie vGIERKE (Deutsches Privatrecht I [1895] § 60) gelehrt hat, sondern um *Organisationsverträge* (vgl MünchKomm/LEUSCHNER [2018] § 25 Rn 15; SOERGEL/HADDING § 25 Rn 11 ff; STAUDINGER/SCHWENNICKE [2019] § 25 Rn 13 ff mwNw; K SCHMIDT, Gesellschaftsrecht [4. Aufl 2002] § 5 I 1b), auf die §§ 145 ff BGB grundsätzlich anwendbar sind.

2. Normenverträge

Der Begriff des Normenvertrages hat seinen Platz vornehmlich im Arbeitsrecht. Er **91** stammt aus dem Anfang des 20. Jahrhunderts (vgl SINZHEIMER, Der korporative Arbeitsnormenvertrag [1907] 98). Wichtigster Normenvertrag ist der *Tarifvertrag,* der für die Einzelverträge einer Vertragspartei oder für die Mitglieder der tarifgebundenen Organisationen Normen setzt. Umstritten ist dabei, ob diese Normsetzungsbefugnis auf einer durch Art 9 Abs 3 GG, § 1 Abs 1 TVG begründeten Delegation des Gesetzgebers an die Tarifvertragsparteien beruht oder ob sie Ausdruck einer staatlich eingerichteten Tarifautonomie ist (vgl dazu BIEDENKOPF, Grenzen der Tarifautonomie [1964] 48 ff; REHBINDER JR 1968, 167 ff; SCHAUB/TREBER, Arbeitsrechtshandbuch [18. Aufl 2019] § 200 Rn 3 ff; ZÖLLNER/LORITZ/HERGENRÖDER, Arbeitsrecht [7. Aufl 2015] § 34 I, III).

Neben den normativ wirkenden gibt es auch *schuldrechtliche Normenverträge,* in **92** denen sich die Vertragspartner verpflichten, darauf hinzuwirken, dass zwischen ihnen vereinbarte Regeln zum Inhalt künftiger Einzelverträge erhoben werden (vgl A HUECK JherJb 73, 32, 59 ff). Dies gilt zB für Verträge, die zwischen Vermieter- und Mieterorganisationen über den Inhalt künftiger Einzelmietverträge geschlossen werden. Davon zu unterscheiden sind die sog *Richtlinienverträge,* bei denen die Vertragspartner nur unverbindliche Empfehlungen zum Inhalt künftiger Einzelverträge geben (vgl A HUECK JherJb 73, 32, 47 ff). Weder der schuldrechtliche Normenvertrag noch der Richtlinienvertrag sind dabei Verträge zugunsten Dritter. – Zum *Rahmen-* oder *Mantelvertrag* s oben Rn 54.

3. Massenverträge

Der massenweise Abschluss gleichartiger Verträge gibt Veranlassung, nach einer **93** Gleichförmigkeit solcher Verträge zu streben. Dies soll durch die Vorformulierung standardisierter Vertragsinhalte erreicht werden, die in **Allgemeinen Geschäftsbedingungen** oder in **Formularverträgen** niedergelegt werden. Mit dem tatsächlichen Rationalisierungseffekt solcher Verträge ist der Wunsch nach einer möglichst großen rechtlichen Entlastung im Bereich des abdingbaren Gesetzesrechts verbunden. Dies führt in der Praxis häufig dazu, dass die AGB oder Formularverträge vom mächtigeren Vertragspartner verwendet werden und den Gegner benachteiligen. AGB und Formularverträge müssen sich deshalb zum Schutz des Vertragspartners an den Maßstäben der §§ 305 ff BGB messen lassen.

4. Öffentlich-rechtliche Verträge

94 a) Der Begriff des öffentlich-rechtlichen Vertrages umfasst in einem weiteren Sinne zunächst die **verfassungsrechtlichen Verträge**. Verträge auf dem Gebiet des Verfassungsrechts können nur von Rechtssubjekten des Verfassungsrechts abgeschlossen werden. Zu solchen Verträgen zählen zB die Staatsverträge des Bundes und der Länder, deren Kirchenverträge sowie Verwaltungsabkommen. Im weiteren Sinne gehören auch die völkerrechtlichen Verträge in diesen Zusammenhang. §§ 54 ff VwVfG finden auf diese Verträge keine Anwendung (Scherzberg JuS 1992, 205; Stelkens/Bonk/Sachs/Bonk/Neumann/Siegel, VwVfG [9. Aufl 2018] § 54 Rn 13, 47 ff). Auch §§ 145 ff BGB gelten für alle diese Verträge nur sehr begrenzt. Staats- und Völkerrecht enthalten eigenständige Rechtsregeln, die von den vergleichbaren privatrechtlichen Normen zT beträchtlich abweichen. Allenfalls können einzelne zivilrechtliche Vertragsregeln in Form allgemeiner Rechtsgrundsätze zur Anwendung kommen.

95 Der **Verwaltungsvertrag** (öffentlich-rechtlicher Vertrag ieS) ist in § 54 S 1 VwVfG (bzw den vergleichbaren Vorschriften der Länder) definiert (zur kaum noch zu übersehenden Literatur s Wolff/Bachof/Stober/Kluth, Verwaltungsrecht I [13. Aufl 2017] § 54 vor Rn 1). Danach handelt es sich um einen Vertrag, durch den ein Rechtsverhältnis auf dem Gebiet des öffentlichen Rechts begründet, geändert oder aufgehoben wird. Nach § 54 S 2 VwVfG ist der öffentlich-rechtliche Vertrag eine Alternative zum Verwaltungsakt. Er ist daher nicht nur als *koordinationsrechtlicher Vertrag* denkbar, bei dem die Rechtsverhältnisse gleichgeordneter Träger öffentlicher Verwaltung geregelt werden (Beispiel: Nutzungsvertrag zwischen Gemeinden), sondern auch als *subordinationsrechtlicher Vertrag,* durch den das Rechtsverhältnis eines Trägers öffentlicher Gewalt zu einem ihm unterworfenen Rechtssubjekt geregelt wird. Ein solcher Vertrag ist als Handlungsform *zulässig,* solange Rechtsvorschriften nicht entgegenstehen (§ 54 S 1 VwVfG), dh solange sich nicht aus einer ausdrücklichen Anordnung oder dem Sinn eines spezialgesetzlichen Normbereichs ergibt, dass die Möglichkeit einvernehmlicher Gestaltung ausgeschlossen und die einseitige Regelung durch Verwaltungsakt zwingend geboten ist (vgl Erichsen/Ehlers, Allgemeines Verwaltungsrecht [14. Aufl 2010] § 30 Rn 1; Maurer, Allgemeines Verwaltungsrecht [19. Aufl 2017] § 14 Rn 24 ff). Außerdem sind §§ 55, 56 VwVfG zu beachten.

96 Zu den öffentlich-rechtlichen Verträgen gehören auch die **Prozessverträge**. Dabei handelt es sich um Verträge, die auf prozessuale Folgen ausgerichtet sind (vgl Schiedermair, Vereinbarungen im Zivilprozeß [1935] 42 ff; ausf Wagner, Prozeßverträge [1998]). Sie führen die prozessualen Folgen entweder unmittelbar herbei, wie etwa eine Gerichtsstandsvereinbarung oder ein Schiedsvertrag; dann spricht man von Prozessverträgen *mit verfügender Wirkung* (Rosenberg/Schwab/Gottwald, Zivilprozessrecht [18. Aufl 2018] § 66 Rn 2). Es gibt aber auch Prozessverträge *mit verpflichtender Wirkung,* in denen sich eine Partei zu einem bestimmten prozessualen Verhalten, etwa einer Klagerücknahme oder einem Rechtsmittelverzicht, verpflichtet. Derartige Prozessverträge begründen nur eine prozessuale Einrede, die zur Abweisung der Klage oder des Rechtsmittels als unzulässig führt (Rosenberg/Schwab/Gottwald § 66 Rn 3, 2; zum

Prozessvergleich s Staudinger/Marburger [2015] § 779 Rn 88 ff). Auf das Zustandekommen der Prozessverträge sind §§ 145 ff BGB anwendbar, soweit nicht das Prozessrecht besondere Regelungen enthält (vgl für Gerichtsstandsvereinbarungen Stein/Jonas/Bork, ZPO [23. Aufl 2014] § 38 Rn 59 mwNw).

b) Die **Abgrenzung** zwischen privatrechtlichen und öffentlich-rechtlichen Verträgen, die vor allem im Hinblick auf die Form (§ 57 VwVfG), die Wirksamkeitsvoraussetzungen (§§ 58 ff VwVfG) und den Rechtsweg (§ 40 VwGO/§ 13 GVG) von Bedeutung ist, erfolgt nicht nach den am Vertrag beteiligten Rechtssubjekten. Auch eine Körperschaft des öffentlichen Rechts kann privatrechtliche Verträge schließen, etwa Grundstücke kaufen oder mieten (vgl BGHZ 76, 16, 24). Maßgeblich ist vielmehr allein der *Vertragsgegenstand*. Wie § 54 S 1 VwVfG formuliert, kommt es darauf an, ob der Vertrag ein Rechtsverhältnis auf dem Gebiet des öffentlichen Rechts regeln soll. Dafür ist allein die objektive Rechtsnatur des zu regelnden Rechtsverhältnisses entscheidend (GemSOGB NJW 1986, 2359 = BGHZ 97, 312, 314; BGHZ 116, 339, 342). Es kommt darauf an, ob sich der Vertrag nach seinem Schwerpunkt auf einen öffentlich-rechtlich zu beurteilenden Sachverhalt bezieht, insbesondere ob die vertraglich übernommenen Verpflichtungen oder die vertraglich vollzogenen Verfügungen öffentlich-rechtlichen Charakter haben, was etwa dann der Fall ist, wenn der Vertrag dem Vollzug öffentlich-rechtlicher Normen dient, wenn er die Verpflichtung zum Erlass eines Verwaltungsakts oder einer sonstigen hoheitlichen Amtshandlung enthält oder wenn er sich auf eine öffentlich-rechtliche Berechtigung oder Verpflichtung des Bürgers bezieht (Maurer § 14 Rn 11 f; vgl auch Scherzberg JuS 1992, 205, 206 ff). **97**

c) Das **Zustandekommen** des öffentlich-rechtlichen Vertrages ist im VwVfG nicht näher geregelt. Gemäß § 62 S 2 VwVfG gelten daher insoweit die §§ 145 ff BGB (vgl OLG Saarbrücken NJW 1993, 1612 ff): Erforderlich sind Angebot und Annahme in der **Form** des § 57 VwVfG (wobei diese Formvorschrift zugleich die Anwendung des § 151 BGB ausschließt, Stelkens/Bonk/Sachs/Bonk/Neumann/Siegel § 62 Rn 28). Hinsichtlich der **Wirksamkeit** ist auf §§ 58 ff VwVfG zu verweisen; das Privatrecht findet gemäß § 62 S 2 VwVfG nur ergänzend Anwendung. **98**

IX. Sachverhalte mit Auslandsberührung

Für das Zustandekommen eines Vertrages gilt im deutschen **Internationalen Privatrecht** gemäß Art 10 Abs 1 Rom I-VO (EG 593/2008) grundsätzlich (dh vorbehaltlich der Ausnahme des Abs 2) dasjenige Recht, das gemäß Art 3 ff Rom I-VO anzuwenden ist, wenn der Vertrag wirksam ist. Das Entstehungsstatut folgt also dem Vertragsstatut. – Für den internationalen Warenkauf enthalten Art 14 ff des **Wiener UN-Übereinkommens über Verträge über den internationalen Warenkauf** vom 11. 4. 1980 (BGBl 1989 II 588; für die Bundesrepublik Deutschland in Kraft seit dem 1. 1. 1991) besondere Vorschriften über den Vertragsschluss. Insoweit ist auf die Kommentierung des Übereinkommens bei Staudinger/Magnus (2018) CISG in diesem Kommentar zu verweisen (vgl hier nur Ludwig, Der Vertragsschluss nach UN-Kaufrecht im Spannungsverhältnis zwischen Common Law und Civil Law [1994]). **99**

§ 145
Bindung an den Antrag

Wer einem anderen die Schließung eines Vertrags anträgt, ist an den Antrag gebunden, es sei denn, dass er die Gebundenheit ausgeschlossen hat.

Materialien: E I §§ 80 und 81; II § 118; III § 141; Mot I 164; Prot I 75.

Schrifttum

ANDREAE, Das Recht des Antragsempfängers (Diss Erlangen 1914)

BAILAS, Das Problem der Vertragsschließung und der vertragsbegründende Akt (1962)

BARTL, Aktuelle Rechtsfragen des Bildschirmtextes, DB 1982, 1097

BINDEWALD, Der Tod des Antragenden (Diss Jena 1938)

BISCHOFF, Der Vertragsschluss beim verhandelten Vertrag (2001)

BÖHMERT, Das Geschäft und der Rechtsschutz des Verkehrsautomaten nach modernem Recht (Diss Erlangen 1910)

BRINKMANN, Vertragsrechtliche Probleme bei Warenbestellungen über Bildschirmtext, BB 1981, 1183

ders, Zivil- und Presserechtliche Fragen bei der Nutzung von Bildschirmtext, ZUM 1985, 337

BULTMANN/RAHN, Rechtliche Fragen des Teleshopping, NJW 1988, 2432

DAHNKE, Besteht die Möglichkeit einer Offerte zwecks Vertragsschluss mit einer beliebigen Person im geltenden bürgerlichen Recht? (Diss Kiel 1932)

GLATT, Vertragsschluss im Internet (2002)

GRAUE, Vertragsschluss durch Konsens?, in: G JAKOBS (Hrsg), Rechtsgeltung und Konsens (1976) 105

HART, Soziale Steuerung durch Vertragsabschlußkontrolle – Alternativen zum Vertragsschluss?, KritV 1986, 211

HERTEL, Rechtsgeschäfte im Vorfeld eines Projekts, BB 1983, 1824

HONSELL/HOLZ-DAHRENSTAEDT, Grundprobleme des Vertragsschlusses, JuS 1986, 969

KILIAN, Rechtssoziologische und rechtstheoretische Aspekte des Vertragsabschlusses, in: FS Wassermann (1985) 715

KOHLER, Über den Vertrag unter Abwesenden, ArchBürgR 1, 283

KÖHLER, Vereinbarung und Verwirkung der Vertragsstrafe, in: FS Gernhuber (1993) 207

ders, Rechtsgeschäfte mittels Bildschirmtext, in: HÜBNER ua, Rechtsprobleme des Bildschirmtextes (1986) 51

KÖNDGEN, Selbstbindung ohne Vertrag (1981)

KORFMACHER, Die Offerte ad incertam personam (Diss Köln 1936)

KRÜCKMANN, Die sog „Offerte ad incertam personam", BayZ 1915, 97

H LANGE, Die Rechtsnatur von Antrag, Annahme und Ablehnung, geprüft bei Verträgen beschränkt Geschäftsfähiger, in: FS Reinhardt (1972) 95

LINDACHER, Die Bedeutung der Klausel „Angebot freibleibend", DB 1992, 1813

LUDWIG, Notarielle Urkunden für die, die es angeht?, DNotZ 1982, 724

MAYER-MALY, Vertrag und Einigung, in: FS Nipperdey I (1965) 509

MICKLITZ, Verbraucherschutz und Bildschirmtext, NJW 1982, 263

MUSCHELER/SCHEWE, Die invitatio ad offerendum auf dem Prüfstand, Jura 2000, 565

NEUMAYER, Vertragsschluss durch Kreuzofferten?, in: FS Riese (1964) 309

NEUMOND, Der Automat, AcP 89 (1899) 166

PAEFGEN, Forum: Bildschirmtext – Herausforderung zum Wandel der allgemeinen Rechtsgeschäftslehre?, JuS 1988, 592

ders, Rechtsgeschäfte mittels Bildschirmtext, AfP 1991, 365

PROBANDT, Zivilrechtliche Probleme des Bildschirmtextes, Ufita 98 (1984) 9

REDEKER, Geschäftsabwicklung mit externen Rechnern im Bildschirmtextdienst, NJW 1984, 2390

SOHM, Über Vertragsschluss unter Abwesenden und Vertragsschluss mit einer persona incerta, ZHR 17 (1873) 16

STAWOWY, Vertragsverhandlungen und Vorfeldvereinbarungen beim Unternehmenskauf (2001)

TICHBI, Die Rechtsstellung des Angebotsempfängers (2011)

ZSCHIMMER, Die Offerte an das Publikum (Diss Rostock 1897).

Vgl auch die Angaben in den Vorbem zu §§ 145 ff.

Systematische Übersicht

I. Überblick 1

II. Abgrenzung 2
1. invitatio ad offerendum 3
a) Begriff 3
b) Auslegung 4
c) Beispiele 5
2. Letter of Intent 14
3. Sonstiges 15

III. Wirksamkeit
1. Allgemeine Wirksamkeitsvoraussetzungen 16
2. Bestimmtheit 17
a) Grundsätze 17
b) Beispiele 18
c) Antrag ad incertam personam 19

IV. Wirkungen für den Antragenden
1. Bindungswirkung 20
a) Normzweck 20
b) Umfang 21
c) Festofferte 24
d) Folgewirkungen 25
2. Ausschluss der Bindung 26
a) Überblick 26
b) Gestaltungsmöglichkeiten 27
c) Vertragsklauseln 32

V. Wirkungen für den Antragsempfänger
1. Überblick 33
2. Zur Einordnung als Gestaltungsrecht 34
3. Übertragbarkeit 35
4. Schadensersatzansprüche 36
a) Schutz des Angebotsempfängers 36
b) Schutz des Antragenden 37

VI. Beweislast 38

Alphabetische Übersicht

Abänderungsvorbehalt 28
Abmahnschreiben 13
accidentalia negotii 17
Angebot
– ad incertam personam 19
– Bestimmtheit 17 ff
– Definition 1
– Wirksamkeit 16
– Wirkungen für Antragsempfänger 33 ff
Angebotsempfänger
– Rechtsposition 34
– Schadensersatzansprüche 36
– Übertragbarkeit dieser Rechtsposition 35
Ankündigung, öffentliche 5
Antrag s auch Angebot
Antragender
– Schutz des Antragenden 37
Anwartschaft 33
Auslagen im Schaufenster 7

Bedingung
– beim Antrag 29

– Vorliegen eines Antrages 38
Bindungswirkung des Angebots 20 ff
– Ausschluss der Bindung 26
– Bedeutung des Bindungsausschlusses 31
Btx 9

essentialia negotii 17

Festofferte 24

Gaststätten 11

Haftungsausschluss beim Angebot 32

invitatio ad offerendum 3, 30
– Abgrenzung zum Angebot 4

Leistungsautomaten 8
Letter of Intent 14

Makler 13
Mitteilungen innerhalb bestehender Vertragsverhältnisse 12

Öffentliche Verkehrsmittel 10

Selbstbedienungstankstelle 8

Tankstelle 8
Teleshopping 9

Verfügungssperre 25
Vertragsart
– Versicherungsvertrag 18
Vertragsschluss
– durch schlüssiges Verhalten 15
Vertragsstrafeversprechen 13
Vorfeldvereinbarung 14
Vorvertragliches Schuldverhältnis s auch culpa in contrahendo 36

Warenautomaten 8
Werbematerial
– Versendung 5
Widerrufsvorbehalt 27

Zusendung unbestellter Waren 6

I. Überblick

1 Ein Vertrag kommt grundsätzlich durch zwei sich inhaltlich entsprechende, auf dieselben Rechtsfolgen gerichtete Willenserklärungen, Angebot und Annahme, zustande (vgl – auch zu den Ausnahmen – Vorbem 36 zu §§ 145 ff). Das Angebot, das vom Gesetz auch als **Antrag** bezeichnet wird, ist dabei die *empfangsbedürftige Willenserklärung, durch die jemand einem anderen in verbindlicher und annahmefähiger Weise den Abschluss eines Vertrages vorschlägt.* Diese Willenserklärung stellt jedoch noch nicht das vollständige Rechtsgeschäft dar, sondern ist nur Teil des Rechtsgeschäfts „Vertrag" (OLG Hamm NJW 1982, 2076; Flume § 35 I 1; Lange, in: FS Reinhardt [1972] 95). Das bedeutet, dass die vertraglichen Rechtsfolgen erst durch den vollendeten Vertragstatbestand ausgelöst werden (s Vorbem 8 zu §§ 145 ff) und dass die Vorschriften über einseitige Rechtsgeschäfte keine Anwendung finden.

II. Abgrenzung

2 Das Angebot ist vor allem durch einen **Rechtsbindungswillen** gekennzeichnet (vgl für die Abgrenzung zum Gefälligkeitsverhältnis auch Vorbem 80 ff zu §§ 145 ff). Dieser muss sich auf den künftigen Vertragsschluss beziehen, nicht auf die Bindungswirkung des Angebots (zutr Erman/Armbrüster § 145 Rn 3), denn wie sich aus § 145 BGB selbst ergibt, kann die Gebundenheit an den Antrag ausgeschlossen werden. Dass jemand mehrere sich unterscheidende Angebote abgibt und damit dem Angebotsempfänger die Wahl lässt, welches der Angebote er annehmen will, schließt aber den Rechtsbindungswillen nicht aus (BGH NZBau 2017, 176 Rn 12 f). Umgekehrt lässt das Setzen

einer Annahmefrist (iSv § 148 BGB) regelmäßig auf einen Rechtsbindungswillen schließen (BGH NJW 2015, 2584 Rn 28).

1. invitatio ad offerendum

a) Von einer invitatio ad offerendum spricht man, wenn jemand selbst noch kein Angebot abgeben will, sondern den anderen zur Abgabe von Angeboten auffordert (vgl – auch zum folgenden – BGH NJW 2009, 1337 Rn 12). In diesem Fall fehlt es an dem nötigen Rechtsbindungswillen. Der Erklärende will, falls der Gegner sich einverstanden erklärt, noch nicht vertraglich gebunden sein, sondern er will sich seinerseits eine zum Vertragsschluss führende Annahmeerklärung erst noch vorbehalten. Seine jetzige Erklärung hat nur den Sinn, den potenziellen Vertragspartner über das eigene Waren- oder Leistungsangebot zu informieren, Vertragsbereitschaft zu signalisieren und die Grenzen abzustecken, innerhalb deren der Gegner mit einem Zustandekommen des Vertrages rechnen kann. Von einer Regelung dieses Sachverhalts hat der Gesetzgeber bewusst abgesehen (vgl Mot I 166 f). 3

b) Ob ein Angebot oder eine invitatio ad offerendum vorliegt, ist daher durch **Auslegung** zu ermitteln (BGH MDR 2013, 1300 Rn 11; MMR 2013, 586 Rn 10), für die es nicht auf den inneren Willen des Erklärenden ankommt, sondern darauf, wie seine Äußerung vom Empfängerhorizont her verstanden werden konnte und durfte (s Staudinger/Singer [2017] § 133 Rn 19 ff). Dafür sind alle aus der Sicht eines objektiven Beobachters erkennbaren Umstände heranzuziehen, auch bei Verwendung automatisierter Erklärungen durch elektronische Kommunikationsmittel (BGHZ 195, 126 Rn 17). Zu berücksichtigen ist vor allem, dass sich jemand, der sich an das breitere Publikum wendet, häufig vorbehalten muss, vor einem verbindlichen Vertragsschluss die eigene Leistungsfähigkeit und die Zahlungsfähigkeit des Gegners zu überprüfen, sodass es in solchen Fällen nicht selten am sofortigen Rechtsbindungswillen fehlen wird. 4

c) Vor diesem Hintergrund mögen folgende **Beispiele** die Abgrenzung der invitatio ad offerendum vom Angebot verdeutlichen: Eine **öffentliche Ankündigung** stellt nur eine Aufforderung zur Abgabe eines Vertragsangebotes dar. Wer also beispielsweise durch Plakat eine Theatervorstellung ankündigt, gibt kein Vertragsangebot ab, das durch Verlangen der Eintrittskarte angenommen werden könnte (RGZ 133, 388, 391). Auch die **Versendung von Werbematerial** wie Preislisten, Katalogen, Prospekten, Proben und Mustern wird allgemein als invitatio ad offerendum bewertet (vgl nur BGH NJW 2009, 1337 Rn 12; M Lehmann, Vertragsanbahnung durch Werbung [1981] 114 ff), insbesondere weil auch aus der Sicht des Umworbenen erkennbar ist, dass der Versender nicht unbegrenzt leistungsfähig sein kann und deshalb die eigene Leistungsfähigkeit vor Vertragsschluss prüfen muss. In Art 337 ADHGB war dies ausdrücklich vorgesehen. Auch wenn das Werbematerial Klauseln wie „Solange der Vorrat reicht" enthält, spricht das nicht schon für die Deutung als Angebot zum Abschluss eines schuldrechtlichen Vertrages, ebensowenig das Beifügen von Antragsformularen (LG Berlin VersR 1967, 698, 699 f für Werbung eines Versicherers). 5

Hingegen kann die **Zusendung unbestellter Waren** als Vertragsangebot verstanden werden (das der Empfänger konkludent – zB durch Bezahlung – annehmen kann), denn hier bezieht sich die Erklärung auf ein ganz bestimmtes Stück, sodass die 6

Leistungsfähigkeit des Offerenten feststeht, der zugleich zum Ausdruck bringt, dass er auf eine Überprüfung der Zahlungsfähigkeit des Empfängers verzichtet. S dazu näher § 146 Rn 11 ff.

7 **Auslagen im Schaufenster** sind nicht als Vertragsangebot zu werten, auch dann nicht, wenn sie entsprechend den Preisauszeichnungsvorschriften mit einer verbindlichen Preisangabe versehen sind, denn auch hier muss sich der Unternehmer die Überprüfung vorbehalten, ob noch verkaufbare Stücke der ausgestellten Art vorhanden sind und ob der Gegner den Kaufpreis bezahlen kann; außerdem muss sichergestellt werden, dass nicht mehrere Kunden das (vermeintliche) Angebot gegenüber verschiedenen Mitarbeitern des Verkaufspersonals annehmen (BGH NJW 1980, 1388; OLG München ZIP 1981, 1347; Flume § 35 I 1; Wolf/Neuner § 37 Rn 7; Medicus/Petersen, AT Rn 360; **aM** Köndgen 291 ff; Wahl, in: FS Hefermehl [1976] 1, 6). Anders ist für die **Auslagen im Selbstbedienungsladen** zu entscheiden. Hier sind die ausgelegten Waren als Angebot des Ladeninhabers zu bewerten, das der Kunde zwar noch nicht mit Einlegen der Ware in den Einkaufswagen annimmt (er muss die Möglichkeit haben, sich anders zu entscheiden, und außerdem will er das Preisrisiko bei unverschuldeter Zerstörung der Sache nicht tragen), wohl aber mit Vorzeigen an der Kasse (vgl BGH NJW 2011, 2871 Rn 14 f; Bögner JR 1953, 417 ff; Bork AT Rn 719; MünchKomm/Busche § 145 Rn 12; Muscheler/Schewe Jura 2000, 565, 567; Soergel/Wolf § 145 Rn 7; **aM** Carlsson JR 1954, 253 f; Dietrich DB 1972, 957 f; Erman/Armbrüster § 145 Rn 10; Recke NJW 1953, 92; offen BGHZ 66, 51, 55 f; vgl auch BGHZ 124, 39, 43). Ein besonderer Grund, hier eine Überprüfung der beiderseitigen Leistungsfähigkeit vorzuschalten, besteht – wie beim Automaten (s Rn 8) – nicht.

8 Bei **Waren- oder Leistungsautomaten** bietet der Aufsteller die im Automat enthaltenen Waren an. Dieses Angebot kann (aus technischen Gründen: nur) durch Einwerfen des geforderten Geldbetrages angenommen werden. Es handelt sich um ein Angebot ad incertam personam (s dazu Rn 19), das – für den Automatenbenutzer erkennbar – unter dem Vorbehalt lauterer Bedienung sowie der Funktionsfähigkeit des Automaten steht und nur solange gilt, wie der Vorrat reicht (OLG Düsseldorf ZMR 1987, 328; **aM** – nur invitatio – Erman/Armbrüster § 145 Rn 8; Köndgen 284 ff; Medicus/Petersen, AT Rn 362; Padeck VersR 1989, 541, 542). Wer mit einer gestohlenen Scheckkarte Geld vom Bankautomaten abhebt, erlangt also kein Eigentum an dem Geld, da das Übereignungsangebot der Bank unter dem Vorbehalt lauterer Bedienung steht (BGH NJW 1988, 979, 980 f; **aM** Thaeter JA 1988, 547, 548 f). Entsprechendes gilt für die Zapfsäulen an einer **Selbstbedienungstankstelle**. Wegen der Unumkehrbarkeit des Entnahmevorgangs liegt hier ein Angebot vor, das vom tankenden Autofahrer durch Bedienung der Zapfsäule angenommen wird (BGH NJW 2011, 2871 Rn 13 ff; Borchert/Hellmann NJW 1983, 2799, 2800 [freilich nur für das schuldrechtliche Geschäft]; A Schmidt, Rechtsfiguren der Selbstbedienung im Zivilrecht [Diss München 1985] 96 f; nach **aM** gibt der Tankende ein Angebot ab, dessen Annahme erst in der Freigabe oder dem Nichtsperren der Zapfsäule durch das Tankstellenpersonal [OLG Düsseldorf JR 1982, 343; Herzberg NJW 1984, 896, 897; ders JA 1980, 385, 389 f] oder gar erst in einer Erklärung an der Kasse liegt [Deutscher JA 1983, 125, 126]). Ein **Energieversorgungsunternehmen**, das per Hausanschluss Gas, Wasser oder Strom zur Entnahme gegen Entgelt bereitstellt, gibt ebenfalls ein Vertragsangebot ab (vgl – auch zu den Ausnahmen – BGHZ 202, 158 Rn 12; 202, 17 Rn 10; BGH RdE 2018, 27 Rn 18 ff; NJW 2014, 1951 Rn 13; 2011, 3509 Rn 16; 2009, 913 Rn 6; 2005, 3636, 3637; zur Annahme s § 151 Rn 19). Dasselbe gilt für Realofferten bei der Abfallentsorgung und Straßen-

reinigung (BGHZ 193, 10 Rn 11), zur Personenbeförderung im Massenverkehr und für Telekommunikationsdienstleistungen (BGH NJW 2005, 3636, 3637).

9 Die vorstehenden Kriterien gelten entsprechend für **Zeitungsanzeigen** (BGH NJW 2012, 2268 Rn 11) und Warenangebote über **elektronische Medien**. So ging beim *Bildschirmtext* das Angebot nicht vom Warenanbieter, sondern vom Btx-Teilnehmer aus (Bartl DB 1982, 1097, 1100; Brinkmann BB 1981, 1183, 1185; Köhler 56; Paefgen JuS 1988, 592, 595; Redeker NJW 1984, 2390 f; Soergel/Wolf § 145 Rn 7; **aM** OLG Oldenburg DB 1993, 532; Hart KritV 1986, 211, 234; Lachmann NJW 1984, 405, 407 f; Micklitz NJW 1982, 263, 266; Probandt Ufita 98 [1984] 9, 10 ff), auf dessen elektronische Anfrage noch die Leistungsfähigkeit geprüft werden muss. Entsprechendes gilt beim *Teleshopping*. Hier ist nicht schon die Warenanpreisung im Fernsehen das Angebot, sondern erst die telefonische Bestellung des Zuschauers (Bultmann/Rahn NJW 1988, 2432, 2434; Eckert DB 1994, 717, 718; Kessler WRP 1991, 285, 290; ausf Wellens, Grenzen der Rundfunkfinanzierung: Teleshopping [1991] 16 ff). Angebote im *Internet* sind normalerweise – wenn sich der konkreten Webseite nichts anderes entnehmen lässt – ebenfalls nur als invitatio ad offerendum aufzufassen. Der elektronische Katalog ist grundsätzlich nicht anders zu behandeln als der gedruckte (BGHZ 195, 126 Rn 14; BGH MDR 2013, 1300 Rn 11; MMR 2013, 586 Rn 10; NJW 2012, 2268 Rn 11; 2011, 2653 Rn 32; 2005, 976; GRUR 2012, 730 Rn 43; OLG Nürnberg MMR 2010, 31; Bork AT Rn 709; Grigoleit NJW 2002, 1151, 1158; Lauktien/Varadinek ZUM 2000, 646, 647; Scherer/Butt DB 2000, 1009, 1012; Taupitz/Kritter JuS 1999, 839, 840 f; Waldenberger BB 1996, 2365; **aM** Muscheler/Schewe Jura 2000, 565, 568 f); vgl zu Internet-Auktionen auch § 156 Rn 10a.

10 Bei **öffentlichen Verkehrsmitteln** fordert das Verkehrsunternehmen nach allgemeiner Ansicht nicht zur Abgabe von Angeboten auf, sondern erbietet sich schon durch das Bereitstellen des Verkehrsmittels in rechtsverbindlicher Weise zum Vertragsabschluss. Wer ein solches Verkehrsmittel benutzt, nimmt dieses Angebot an und schuldet damit den Fahrpreis. Sind Fahrkartenautomaten aufgestellt, wird der Vertragsschluss auf die Bedienung des Automaten vorverlagert (anders wieder für im Verkehrsmittel selbst aufgestellte Fahrkartenautomaten). Dasselbe gilt für **öffentliche Parkhäuser**, die von jedermann genutzt werden können. Dies geschieht auf der Basis eines Vertrages, wobei die Nutzung eines Parkplatzes als Annahme eines Angebotes ad incertam personam zu verstehen ist (BGH NJW 2016, 863 Rn 15).

11 In **Gaststätten** ist die Speisekarte nur als invitatio ad offerendum zu bewerten. Der Gastwirt muss die Möglichkeit haben, auf ein geändertes Leistungsangebot hinzuweisen, etwa wenn die Zutaten für bestimmte Speisen ausgegangen sind. Hingegen handelt es sich um ein Angebot (das der Gast durch Selbstbedienung annimmt), wenn auf den Tischen Brotkörbe oä aufgestellt sind.

12 **Mitteilungen innerhalb eines bestehenden Vertragsverhältnisses** können Angebote zum Abschluss eines Vertrages, etwa eines Änderungsvertrages, sein. Das wird man zwar nicht schon annehmen können, wenn ein *Arbeitgeber* auf einer Betriebsversammlung Gehaltserhöhungen zusagt (LAG Frankfurt LAGE § 151 BGB Nr 1; LAG Hamm ARST 1992, 94). Die Rücknahme einer wirksam gewordenen Kündigung ist hingegen regelmäßig als Angebot zum Abschluss eines Fortsetzungsvertrages zu verstehen (BAG BB 1983, 704, 705; OLG Nürnberg DB 1993, 1013; Berkowsky BB 1984, 216, 217). Wenn eine *Versicherungsgesellschaft* ihren Versicherungsnehmer darüber infor-

miert, dass der Versicherungsvertrag durch Rechtsnorm abgeändert ist (RGZ 170, 397, 400), dann stellt das kein Änderungsangebot dar. Anders verhält es sich, wenn ein Unternehmen, insbesondere eine *Bank*, dem Kunden im Laufe einer andauernden Geschäftsbeziehung die Neufassung der AGB mit der Ankündigung zuleitet, diese künftig dem Geschäftsverkehr zugrunde zu legen. Der Kunde muss dieses Angebot aber noch annehmen (vgl OLG Saarbrücken NJW-RR 1989, 92), was zB gemäß Nr 1 Abs 2 S 2 AGB-Banken durch widerspruchslose Entgegennahme geschehen kann. Entsprechend gilt die Zusendung eines Kontoauszuges, auf dem der Rechnungsabschlusssaldo dokumentiert ist, als Angebot zum Abschluss eines Anerkenntnisvertrages, das der Kunde gemäß Nr 7 Abs 2 S 2 AGB-Banken stillschweigend annimmt, wenn er nicht rechtzeitig protestiert (näher dazu Staudinger/Marburger [2015] § 782 Rn 8).

13 Leitet jemand einem Wettbewerber ein Abmahnschreiben zu, dem ein vorformuliertes *Vertragsstrafeversprechen* beigefügt ist, so ist das nicht nur eine invitatio ad offerendum, sondern ein Angebot im Rechtssinne (vgl BGH WRP 1993, 240, 241/242; OLG Karlsruhe WRP 1990, 51, 52; Köhler, in: FS Gernhuber [1993] 207, 208 f; Teplitzky WRP 1994, 709, 710 mwNw; vgl auch BGH NJW-RR 2006, 1477 Rn 14). Hingegen ist der Nachweis durch einen *Makler* aus der Sicht des Kunden nicht unbedingt als Angebot zum Abschluss eines (Doppel-)Maklervertrages zu verstehen, da der Kunde davon ausgehen darf, dass der Makler vom Verkäufer beauftragt ist (BGHZ 95, 393, 395 ff; BGH NJW 1981, 279).

2. Letter of Intent

14 Am Rechtsbindungswillen und damit an der wesentlichen Voraussetzung für ein Vertragsangebot iSd § 145 BGB fehlt es auch beim sog „Letter of Intent" (ausf dazu Bergjahn ZIP 2004, 395 ff; Blaurock ZHR 147 [1983] 334 ff; Heussen, Letter of Intent [2001]; Lutter, Der Letter of Intent [3. Aufl 1998]; Siebourg, Der Letter of Intent [Diss Bonn 1979]). Dabei handelt es sich um eine schriftliche **Absichtserklärung**, mit der im Vorfeld komplexer – idR wirtschaftsrechtlicher – Vertragsverhandlungen (zB über den Bau von Industrieanlagen, über die Einräumung von Lizenzen, über den Unternehmenskauf etc) Vertragsbereitschaft signalisiert wird. Eine solche Erklärung äußert sich zwar häufig zu den Eckwerten des in Aussicht genommenen Vertrages und formuliert die Bereitschaft, in ernsthafte Vertragsverhandlungen zu treten. Sie wird aber regelmäßig ohne Rechtsbindungswillen abgegeben, was nicht selten auch ausdrücklich zum Ausdruck gebracht wird („no binding clause"; vgl auch OLG Köln EWiR 1994, 533 m Anm Weber). In diesem Fall handelt es sich letztlich nur um eine invitatio ad offerendum. Allerdings kann ein solches Schreiben bereits **vertrauensbegründende Wirkung** haben und Grundlage einer cic-Haftung sein, etwa wenn sich später herausstellen sollte, dass ernsthafte Verhandlungen gar nicht geplant waren (Bergjahn ZIP 2004, 395 ff; MünchKomm/Busche Vor § 145 Rn 58). Im Gesellschaftsrecht kann der Letter of Intent die Anwendung der Regeln über die verdeckte Sacheinlage begründen (BGHZ 185, 44 Rn 14 mwNw). Nach Maßgabe des Einzelfalles ist außerdem denkbar, dass die in dem Letter of Intent enthaltene Absichtserklärung im Laufe der Verhandlungen durch Zustimmung der Gegenseite zu einer **Vorfeldvereinbarung** wird, mit der sich die Parteien über die Verteilung der Verhandlungs(neben)kosten oder über Informationspflichten einigen oder Exklusivbindungen vereinbaren (Bischoff 132 ff; Lutter 35 ff; Stawowy, passim; Weber JuS 1990, 249, 252; krit Blaurock ZHR 147 [1983] 334, 337 ff); allerdings wird hier in der Praxis häufig eine ausdrückliche Vereinbarung

(**„Instruction to Proceed“**) vorgezogen (s BISCHOFF 153f; HERTEL BB 1983, 1824, 1826). Sodann kann der Letter of Intent zur **Punktation** werden (die freilich immer noch unverbindlich ist, s Vorbem 47 zu §§ 145ff), in besonderen Fällen auch zu einem verbindlichen **Vorvertrag** (s zu diesem Vorbem 45ff zu §§ 145ff) oder gar zum endgültigen **Hauptvertrag**, der dann aber die Bezeichnung Letter of Intent zu Unrecht führen dürfte (vgl OLG Köln EWiR 1994, 533 m Anm WEBER).

3. Sonstiges

Ob ein Verhalten auf einen Rechtsfolgenwillen schließen lässt, ist durch Auslegung festzustellen (s schon Rn 4). Ob zB *schlüssiges Verhalten* zum Vertragsschluss führt, ist – von der Formfrage abgesehen (dazu unten Rn 16) – danach zu beurteilen, ob das Verhalten der Beteiligten nach Treu und Glauben und mit Rücksicht auf die Verkehrssitte eindeutig und zweifelsfrei als auf den Abschluss eines Vertrages gerichtete Willenserklärungen aufzufassen ist (BGH NJW 1991, 2084, 2085f; NJW-RR 1991, 176). Dabei sind im Interesse der Rechtssicherheit strenge Maßstäbe anzulegen (BGH NJW-RR 2019, 1076 Rn 9; NJW 2019, 1147 Rn 12). So lässt zB die zeitweilige *Duldung* einer Hausbesetzung kaum den Schluss auf einen Mietvertragswillen zu (BGH NJW 1981, 1849). Umgekehrt kann aus einer tatsächlichen *Nutzung* einer Sache nicht schon auf einen entsprechenden Angebotswillen geschlossen werden (vgl BGH NJW 1991, 564; NJW-RR 1991, 176; AG Germersheim ZMR 1989, 262, 263), wohl aber uU auf einen Annahmewillen (vgl § 151 Rn 18f). – Im Arbeitsrecht wird bei einer *betrieblichen Übung* angenommen, dass die Arbeitnehmer aus einer regelmäßig wiederholten Verhaltensweise des Arbeitgebers bei Auslegung vom Empfängerhorizont schließen könnten, ihnen solle eine Leistung oder Vergünstigung auf Dauer gewährt werden (vgl BAGE 59, 224, 232; 53, 42, 55f; 49, 299, 300; BAG NZA 1990, 69). Dabei dürfte es sich aber eher um einen Fall der Vertrauenshaftung als des rechtsgeschäftlichen Verhaltens handeln (vgl zur Kritik BACKHAUS ArbuR 1983, 65, 67ff; GAMILLSCHEG, in: FS Hilger/Stumpf [1983] 227, 238ff; HROMADKA NZA 1984, 241, 244f; ZÖLLNER/LORITZ/HERGENRÖDER, Arbeitsrecht [7. Aufl 2015] § 6 I 7 mwNw; für die Gesamtzusage auch RAAB, in: FS Lindacher [2017] 301ff). 15

III. Wirksamkeit

1. Allgemeine Wirksamkeitsvoraussetzungen

Der Antrag ist eine empfangsbedürftige Willenserklärung. Als solche wird er gemäß § 130 Abs 1 mit dem *Zugang* wirksam, sofern er durch verkörperte Willenserklärung erfolgt; als nicht verkörperte Willenserklärung bedarf er zum Wirksamwerden der *Vernehmung* (s STAUDINGER/SINGER/BENEDICT [2017] § 130 Rn 5, 111ff). Da es sich nicht um ein einseitiges Rechtsgeschäft handelt, finden §§ 111, 174, 180 BGB keine Anwendung (s Rn 1). Ob das Angebot eines *Minderjährigen* wirksam ist, beurteilt sich vielmehr nach §§ 107ff BGB, wobei es nicht von der Bindungswirkung des Antrages, sondern von den Rechtsfolgen des in Aussicht genommenen Vertrages abhängt, ob die Willenserklärung für den Minderjährigen lediglich rechtlich vorteilhaft iSd § 107 BGB ist oder nicht; zum Zugang eines an Minderjährige gerichteten Angebots s Rn 33. Eine besondere *Form* ist für Anträge als solche nicht vorgeschrieben. Sie sind daher grundsätzlich formlos (und damit auch konkludent) möglich (BGH VersR 1991, 910; OLG Saarbrücken NJW 1976, 65), auch in Gestalt der *Realofferte* durch Präsentation der angebotenen Waren (s auch Rn 6ff). Etwas anderes gilt dann, wenn für das 16

Rechtsgeschäft Formzwang besteht, wie insbesondere beim Grundstückskaufvertrag nach § 311b Abs 1 S 1 BGB. Sofern das Erfordernis der Schriftform nur für eine der beiden vertragsbegründenden Erklärungen besteht, wie zB bei der Bürgschaft (§ 766 BGB), ist der Antrag vom Formerfordernis nicht betroffen, wenn er von demjenigen stammt, dessen Erklärung formfrei möglich ist, sich also beispielsweise die Bürgenerklärung als Vertragsannahme darstellt.

2. Bestimmtheit

17 **a)** Der Antrag ist nur wirksam, wenn er hinreichend bestimmt ist. Er muss so beschaffen sein, dass der Vertrag mit der Annahmeerklärung zustande kommen kann (RG HRR 1930 Nr 91). Das bedeutet, dass der Antrag nach seinem Inhalt derart bestimmt sein muss, dass die **Annahme durch einfaches „Ja"** oder durch einfache Wahl zwischen mehreren angebotenen Möglichkeiten erfolgen kann (vgl BGHZ 215, 126 Rn 14; Soergel/Wolf § 145 Rn 4) und dass der Vertragsinhalt im Streitfall richterlich festgestellt werden kann, also bestimmbar ist (BGHZ 205, 107 Rn 24). Ob das der Fall ist, ist gegebenenfalls im *Auslegungswege* zu ermitteln, wofür auch auf die Vorverhandlungen zurückzugreifen ist (s Vorbem 46 zu §§ 145 ff). Demnach muss das Angebot vor allem die **essentialia negotii** bezeichnen (vgl für den Vorvertrag Vorbem 57 zu §§ 145 ff), also Vertragsgegenstand, Vertragstyp, Vertragsparteien und eine evtl zu erbringende Gegenleistung hinreichend bestimmt festlegen (vgl OLG Karlsruhe DNotZ 1988, 694 ff; LG Bad Kreuznach NJW-RR 2002, 130; LG Hagen VuR 1992, 362 [LS]; LG Lübeck NJW-RR 1999, 1655; LG Mainz NJW-RR 1998, 631). Die Gegenleistung kann nur dann offenbleiben, wenn sie, wie etwa bei einer Hotelzimmerbestellung, nach den Regeln der §§ 316, 612 Abs 2, 632 Abs 2 BGB bestimmt werden kann (vgl OLG Düsseldorf NJW-RR 1991, 1143, 1144). Ist das Angebot auf den Abschluss eines atypischen Vertrages gerichtet, ist es nur dann hinreichend bestimmt, wenn der Antrag eine sinnvolle, in sich geschlossene und verständliche Regelung enthält (MünchKomm/Busche § 145 Rn 6). Hingegen kann die Festlegung der **accidentalia negotii** stets dem Angebotsempfänger zugestanden werden (Flume § 35 I 1).

b) Beispiele

18 Dem Bestimmtheitserfordernis ist genügt, wenn ein Arbeitgeber aufgrund einer Bewerbung dem Bewerber die näheren Bedingungen mitteilt und bei ihm anfragt, ob der Eintritt auch zu einem früheren Termin möglich sei (RAG Recht 1938 Nr 5413). Das Gleiche gilt, wenn der Antragende ein Formblatt an den maßgeblichen Leerstellen ausfüllt, auch wenn er es unterlässt, den übrigen Text hiermit in Übereinstimmung zu bringen (OLG München NJW 1958, 1876, 1877). Die Bestimmtheit des Angebots wird nicht dadurch beeinträchtigt, dass dem Angebotsempfänger das Recht zugestanden wird, das Annahmerecht aus dem Angebot einem Dritten abzutreten (RG JW 1914, 350; s dazu auch Rn 35), oder dass ein Vermögenswert zwei Personen alternativ angeboten wird, die sich einigen sollen, wer den Vermögenswert bekommt (BGH EWiR 1988, 1103 f). Anders ist es, wenn der Erklärungsempfänger das Angebot an einen von ihm selbst noch zu bestimmenden Dritten weiterleiten soll, ohne selbst eintrittsberechtigt zu sein (vgl dazu Schöner/Stöber, Grundbuchrecht [15. Aufl 2012] Rn 906 mwNw; Ludwig Rpfleger 1986, 345 ff). Auch beim Versicherungsvertrag müssen die essentialia negotii hinreichend bestimmt sein. Das betrifft insbesondere das versicherte Risiko, Beginn und Ende der Versicherung, die Leistung des Versicherers und die Höhe der Prämie (BGHZ 215, 126 Rn 14).

c) Das Bestimmtheitserfordernis ist auch dann gewahrt, wenn sich jemand an das Publikum wendet und einen Antrag **ad incertam personam** abgibt. Die Person des Vertragspartners wird hier zwar nicht konkret bezeichnet. Sie ist aber hinreichend bestimmbar, weil (und sofern) die Auslegung ergibt, dass der Antragende mit jedem abschließen will, der die Annahme erklärt (vgl schon SOHM ZHR 17 [1873] 16, 62). Das wird idR nur bei Alltagsgeschäften der Fall sein (sehr weitgehend deshalb BGH NJW-RR 1994, 1185 f: Prospekt mit verbindlichem Angebot zum Abschluss eines Gesellschaftsvertrages über eine PublikumsKG an eine unbestimmte Vielzahl von Personen). Beispiele bieten die *Auslagen im Selbstbedienungsladen* (str, s Rn 7), die Aufstellung eines *Warenautomaten* (ebenfalls str, s Rn 8), das *Bereitstellen öffentlicher Verkehrsmittel* und entgeltlich zu nutzenden *Parkraums* (s Rn 10), das *Aufstellen einer Sammelbüchse* als Angebot an die Allgemeinheit, Schenkungen anzunehmen, oder die auf einer Getränkeflasche aufgedruckte Erklärung, es handele sich um eine Pfandflasche (BGH NJW 2007, 2912 Rn 9). Bei Grundstücksgeschäften wird aber ein Angebot ad incertam personam regelmäßig nicht in Betracht kommen (OLG Karlsruhe DNotZ 1988, 694; LUDWIG DNotZ 1982, 724 ff). Bei *Internet-Auktionen* (dazu § 156 Rn 10a) kann sich der Verkäufer bereits im Vorfeld zur Annahme des Höchstgebotes bereit erklären und damit eine Erklärung ad incertam personam abgeben (BGH NJW 2002, 363, 364). 19

IV. Wirkungen für den Antragenden

1. Bindungswirkung

a) § 145 BGB bestimmt, dass der Antragende an sein Angebot gebunden ist, wenn er diese Bindung nicht ausgeschlossen hat. Diese Bindungswirkung, die sich nur auf das Angebot bezieht und nicht mit der Bindung an den später geschlossenen Vertrag zu verwechseln ist (WELLER 275 f), besteht bis zum Erlöschen des Antrages nach § 146 (s näher § 146 Rn 8). **Sinn und Zweck** der Norm ist es, den Verkehrsbedürfnissen zu entsprechen. Nach gemeinem Recht war der Antrag noch bis zur Annahme widerruflich, während die Bindungswirkung in §§ 90 ff I 5 ALR, § 872 ABGB und Art 319 ADHGB als notwendiges Verkehrserfordernis vorgesehen war. Im gleichen Sinne wurde bei der Abfassung des BGB davon ausgegangen, dass der Annehmende für seine Entschließung einer sicheren Grundlage bedürfe und dass es auch der Absicht des Antragenden selbst entspreche, dem Empfänger die für die Annahmeerklärung unumgängliche Zeit zu lassen (Mot I 165). Wie lang diese Zeit ist, ergibt sich aus §§ 147 ff BGB. Insbesondere durch das in § 147 Abs 1 BGB vorgesehene Erfordernis sofortiger Annahme bei Erklärungen unter Anwesenden ist die Bindungswirkung praktisch nur für Angebote in verkörperten Willenserklärungen (s Rn 16) relevant. 20

b) Die Bindungswirkung tritt **erst mit Zugang** des Antrages ein. Nach *Abgabe* der Angebotserklärung (s dazu STAUDINGER/SINGER/BENEDICT [2017] § 130 Rn 27 ff) kann der Erklärende noch gemäß § 130 Abs 1 S 2 widerrufen (OLG Nürnberg BB 1969, 1106; FLUME § 35 I 3b; WOLF/NEUNER § 37 Rn 13), wozu erforderlich ist, dass der Widerruf dem Angebotsadressaten vor oder gleichzeitig mit der Angebotserklärung zugeht (vgl STAUDINGER/SINGER/BENEDICT [2017] § 130 Rn 99 ff). *Nach dem Wirksamwerden* des Angebots (s Rn 16) kann der Antragende keinen Einfluss mehr darauf nehmen, ob der Vertrag zustande kommt oder nicht. Dies liegt jetzt – nach Maßgabe der §§ 146 ff BGB (s Rn 20) – allein in der Entscheidung des Angebotsempfängers. 21

22 Etwas anderes kann bei zwischenzeitlich **veränderten Umständen** gelten. Grundsätzlich hat der Gesetzgeber es in Kauf genommen, dass sich die für die Formulierung des Angebots maßgeblichen Umstände zwischen Abgabe der Antragserklärung und Annahme des Angebots zum Nachteil des Anbietenden ändern (vgl Mot I 166). Das ist hinnehmbar, wenn diese Änderung für den Antragenden voraussehbar war oder wenn es sich um nicht besonders gravierende Änderungen handelt. Haben sich jedoch – für den Empfänger erkennbar – die maßgeblichen Umstände in unvorhersehbarer Weise so erheblich geändert, dass dem Antragenden ein Festhalten an seinem Angebot unzumutbar wäre, dann kann er das Angebot widerrufen, und bei bereits erfolgter Annahme ist es dem Annehmenden verwehrt, sich auf die Annahme zu berufen (OLG Düsseldorf OLGZ 1991, 88, 90; AG Lübeck WuM 1985, 111; Flume § 35 I d; Wolf/Neuner § 37 Rn 13; Tettinger ZGS 2006, 452, 453).

23 Die Bindungswirkung tritt im Übrigen nur ein, wenn der in Aussicht genommene **Vertrag selbst bindend** ist (Flume § 35 I 3b). So ist das nicht beurkundete Auflassungsangebot sowenig bindend wie die nicht beurkundete Auflassung selbst (s dazu Staudinger/C Heinze [2018] § 873 Rn 155 ff). Umgekehrt ist ein Angebot zum Abschluss eines **genehmigungsbedürftigen** Vertrages bindend. Eine Ausnahme hat für Verträge zu gelten, die der Genehmigung des Familiengerichts bedürfen. Da die vom Familiengericht erteilte Genehmigung gemäß § 1829 Abs 1 S 2 BGB erst wirksam wird, wenn sie dem Gegner vom Vormund (gesetzlichen Vertreter) mitgeteilt wird, der Vormund also über das Wirksamwerden des Vertrages auch nach Erteilung der Genehmigung noch entscheiden können soll, muss es ihm auch möglich sein, sein Angebot zu widerrufen und den Vertrag bereits daran (und nicht erst am Zurückhalten der vormundschaftsgerichtlichen Genehmigung) scheitern zu lassen (Flume § 35 I 3b).

24 **c)** Bei einer **Festofferte** erklärt der Antragende ausdrücklich, auf einen möglichen Ausschluss der Gebundenheit (s dazu Rn 26 ff) zu verzichten (RG SeuffA 82 [1928] Nr 31). Eine solche Erklärung hat freilich idR nur deklaratorische Bedeutung, indem sie Zweifel daran, ob die Gebundenheit ausgeschlossen sein soll, vermeidet. Wie sich aber aus § 145 BGB ergibt, ist die Bindungswirkung die Regel, sodass sie auch ohne ausdrückliche Erklärung eintritt, wenn sich ihr Ausschluss nicht feststellen lässt (s zur Beweislast Rn 38). Größere Bedeutung erlangt sie, wenn in ihr eine *Bindungsfrist* erklärt wird. Das entspricht dann der Einräumung einer Annahmefrist iSd § 148 BGB (s dazu § 148 Rn 3 sowie zum Optionscharakter Vorbem 70 zu §§ 145 ff). Im Übrigen steht der Annahme nicht entgegen, dass sich jemand – auch gegenüber einem Dritten – schuldrechtlich verpflichtet, ein nicht bindendes Angebot nicht zu widerrufen.

25 **d)** Die Bindungswirkung des Antrags bringt **keine Verfügungssperre** für den Antragenden mit sich. Das gilt auch für das Angebot zum Abschluss eines Verfügungsvertrages. Hat der Antragende ein Übereignungsangebot abgegeben, aber vor der Annahmeerklärung anderweitig verfügt, so ist diese Zwischenverfügung (ebenso wie eine solche im Wege der Zwangsvollstreckung) wirksam. Gleichwohl führt die Annahme des zeitlich früheren Antrages noch zum Zustandekommen des Verfügungsvertrages; der Antragende verfügt aber jetzt als Nichtberechtigter (Flume § 35 I 3b). Scheitert diese Übereignung, so ist **Schadensersatz** analog § 160 Abs 1 BGB zu leisten. Ist hingegen nur der Abschluss eines Verpflichtungsvertrages angeboten worden und kann dieser wegen einer anderweitigen Verfügung zwischen Zugang des Angebotes und dessen Annahme vom Antragenden nicht mehr erfüllt werden, so liegt anfängliches Unvermögen mit der Folge einer Schadensersatzhaftung aus § 311a Abs 2 BGB vor. Ist der Vertragsgegenstand in dem fraglichen Zeitraum untergegangen oder die Leistung sonstwie unmöglich geworden, so gilt dasselbe. Darüber hinaus geht mit der Bindung ein gegenseitiges **vorvertragliches Vertrauensverhältnis** einher (RGZ 107, 240, 242 f; OLG Düsseldorf OLGZ 1991, 88, 90), das den Antragenden zB verpflichtet, nicht den rechtzeitigen Zugang der Annahmeerklärung zu vereiteln oder den Gegner auf den verspäteten Eingang der Annahme hinzuweisen (s § 148 Rn 11). Eine Verletzung dieser Pflichten führt zu einer Haftung wegen culpa in contrahendo aus §§ 280 Abs 1, 311 Abs 2 BGB (s auch Rn 36).

2. Ausschluss der Bindung

a) § 145 BGB erlaubt es dem Antragenden, die Bindung an das Angebot auszu- 26
schließen. Das geschieht in der Praxis mit sehr unterschiedlichen Formulierungen, die vom einfachen Widerrufsvorbehalt bis zu Klauseln wie „ohne Verbindlichkeit", „sine obligo", „freibleibend", „solange Vorrat reicht", „Zwischenverkauf vorbehalten", „Selbstbelieferung vorbehalten", „Preis freibleibend" reichen. Auch die Abgabe eines „vorläufigen" Angebots kann als Bindungsausschluss zu verstehen sein (BGH RdE 2018, 27 Rn 33). Der Antragende kann die Bindung schon im Antrag selbst ausschließen, auch in AGB, auf die der Antrag Bezug nimmt (vgl für die Internet-Auktion bei eBay BGH NJW 2014, 1292 Rn 19 f; 2011, 2643 Rn 17 ff; unwirksam ist hingegen nach § 308 Nr 1 der unangemessen lange Ausschluss in den AGB des Angebotsempfängers, BGH Wohnungseigentümer 2014, 118 Rn 11; NJW 2014, 857 Rn 5 ff; 2013, 3434 Rn 18 ff, aber auch BGHZ 194, 121 Rn 17 ff). Er kann aber eine entsprechende Erklärung nach dem Rechtsgedanken des § 130 Abs 1 S 2 BGB auch nachträglich abgeben, solange sie nur den Angebotsempfänger vor oder gleichzeitig mit der Angebotserklärung erreicht (Mot I 168; RG JW 1911, 643, 644). Ein Fall des § 145 BGB liegt dabei freilich nur vor, wenn der Antragende nur die Bindung an das Angebot ausschließen will. Handelt er völlig ohne Rechtsbindungswillen, dann liegt gar kein Angebot vor, um dessen fehlende Bindungswirkung es noch gehen könnte, sondern eine invitatio ad offerendum (s dazu Rn 3 ff). Es ist daher zu unterscheiden zwischen der als Angebot zu verstehenden Willenserklärung, von der wieder abzurücken sich der Antragende vorbehält, und der invitatio ad offerendum, bei der es sich mangels Rechtsbindungswillens nicht um eine Willenserklärung handelt (s Rn 30 f). Von beiden ist noch einmal abzugrenzen die Aufnahme von „Unverbindlichkeitsklauseln" in den Vertrag (s Rn 31; die zu § 145 angeführte Rechtsprechung befasst sich meist nur mit diesen Fällen, nicht mit einem Abrücken von einem widerruflichen Angebot *vor* Vertragsschluss).

b) Ein Bindungsausschluss kann unterschiedliche **Bedeutung** haben. In vielen 27
Fällen wird es sich um einen **Widerrufsvorbehalt** handeln, wobei der Widerrufsvorbehalt sowohl aufschiebend (Widerruf erst ab Fristeintritt möglich) als auch auflösend (Widerruf nur bis zum Fristeintritt möglich) befristet und der Widerruf seinerseits innerhalb einer Frist widerrufbar ausgestaltet sein kann (BGH NJW-RR 2004, 952, 953). Es liegt dann zunächst eine wirksame und verbindliche Willenserklärung vor (BGH NJW 1984, 1885). Der Antragende kann aber die Bindungswirkung durch Widerruf beseitigen. Ein entsprechender Vorbehalt kann dahin auszulegen sein, dass der Antragende das Angebot nicht nur bis zum Zugang der Annahmeerklärung (so zB RG JW 1911, 643, 644), sondern auch noch unmittelbar nach deren

Zugang widerrufen kann (FLUME § 35 I 3c; offen BGH NJW 1984, 1885, 1886). Der Anbietende soll, „wenn es ernst wird", noch einmal über das Zustandekommen des Vertrages entscheiden können. Näher liegt dann freilich die Annahme eines vertraglichen **Rücktrittsrechts** (BORK AT Rn 724 f). Dabei ist allerdings zu verlangen, dass der Antragende unverzüglich nach Zugang der Annahmeerklärung zurücktritt.

28 Der Widerrufsvorbehalt kann sich auf den ganzen Vertrag oder auf einzelne Vertragselemente beziehen. Im zweiten Fall handelt es sich genau genommen um einen **Abänderungsvorbehalt**. Es liegt – wie etwa bei der Klausel „Preis freibleibend" – insgesamt ein gültiges Angebot vor, das nur in einem Punkt nach dem Willen des Antragenden abänderbar sein soll. Allerdings wird dann die Auslegung ergeben, dass diese Möglichkeit auf eine einmalige Änderung beschränkt ist (RG LZ 1923, 272).

29 Ebenso kann der Antragende bestimmen, dass die Gebundenheit an das Angebot mit dem Eintritt einer bestimmten **Bedingung** enden soll. Dabei kann die Bindung von beliebigen objektiven Umständen abhängig gemacht werden. Diese können sich auch aus den dem Angebot beigefügten AGB ergeben, sofern auf deren Geltung für das Angebot ausdrücklich hingewiesen ist (vgl OLG Bremen NJW 1965, 977, 978). Bei der Klausel „Zwischenverfügung vorbehalten" wird man eine auflösende Bedingung annehmen können: Hier soll die Annahmefähigkeit ohne Weiteres, insbesondere ohne vorherigen Widerruf des Anbietenden, entfallen, wenn der Antragende die Ware vor der Annahme der Offerte anderweitig verkauft (vgl OLG Hamburg BB 1960, 383; KG JR 1925 II Nr 261).

30 Denkbar ist aber auch, dass sich aus der die Bindung ausschließenden Klausel ergibt, dass der Erklärende gar keine Willenserklärung abgeben will. Es liegt dann eine **invitatio ad offerendum** vor (s Rn 3 ff). Verhält es sich so, was die Rechtsprechung – freilich stets nach Maßgabe des Einzelfalles (s Rn 31) – für die Klausel „freibleibend" angenommen hat (BGH NJW 1996, 919 f; RGZ 105, 8, 12; 103, 312 f; 102, 227, 228 f; anders aber BGH NJW 1984, 1885 für „freibleibend entsprechend unserer Verfügbarkeit"), dann liegt erst in der aufgrund der invitatio abgegebenen Bestellung ein Angebot, das noch nach Maßgabe der §§ 146 ff BGB angenommen werden muss und bei Überschreiten der dort gesetzten Fristen erlischt. Allerdings wird man für denjenigen, der in dieser Weise freibleibend zur Abgabe von Angeboten eingeladen hat, eine *Erklärungspflicht* hinsichtlich der ihm zugehenden Angebote bejahen müssen, deren Verletzung dazu führt, dass sich der Empfänger nach Treu und Glauben so behandeln lassen muss, als habe er angenommen (RGZ 103, 312 f; 102, 227, 229 f; RG JW 1921, 393 Nr 2; HONSELL/HOLZ-DAHRENSTAEDT JuS 1986, 969 f; LINDACHER DB 1992, 1813 f; MünchKomm/BUSCHE § 145 Rn 9 mwNw; SOERGEL/WOLF § 145 Rn 10; s auch § 146 Rn 10).

31 Welche Bedeutung dem Bindungsausschluss im Einzelfall zukommt, ist durch **Auslegung** zu ermitteln. Für die Abgrenzung zur invitatio ad offerendum ist dabei auch erheblich, ob es sich erkennbar um eine nur an eine einzelne Person und nicht an einen größeren Adressatenkreis gerichtete Erklärung handelt und ob sie die Vertragselemente so konkret beschreibt, dass eine Annahme rechtlich möglich ist und praktisch auch in Betracht kommt (vgl RGZ 105, 8, 12). *Im Zweifel* wird man dann nicht von einer invitatio, sondern von einem *Widerrufsvorbehalt* auszugehen haben (SOERGEL/WOLF § 145 Rn 10). Das gilt insbesondere dann, wenn der auszulegenden

Erklärung selbst schon eine invitatio ad offerendum vorausgegangen ist (BGH NJW 1984, 1885 f). – Zur **Beweislast** s Rn 38.

c) Über das bisher Gesagte hinaus ist es möglich, die erwähnten Klauseln zum **Vertragsbestandteil** zu machen (vgl BGHZ 1, 353, 354; RGZ 102, 227, 228). Insoweit ist durch (restriktive, s BGH NJW 1958, 1628) Auslegung zu ermitteln, ob das Widerrufs- oder Änderungsrecht nur bis zum Vertragsschluss oder auch darüber hinaus gelten soll (instruktiv RGZ 102, 227, 228). Eine Widerrufs- oder „Freiklausel", die sich auf das gesamte Geschäft bezieht, ist dann als vertragliches *Rücktrittsrecht* iSv § 346 BGB zu verstehen. Die Klausel kann sich aber auch auf einzelne Vertragspunkte beschränken, etwa auf die Preisvereinbarung („Preise freibleibend"). Dann kann das als *Leistungsbestimmungsrecht* nach § 315 BGB ausgelegt werden (OGHBrZ 4, 165, 169; RGZ 104, 306, 307; 103, 414, 415; Flume § 35 I 3c), aber auch als die Befugnis, vom ursprünglichen Vertrag zurückzutreten und dem Gegner ein neues Angebot zu unterbreiten, das dieser nicht annehmen muss (BGHZ 1, 353, 354). Die Vertragsklausel „Liefermöglichkeit vorbehalten" kann für den Fall, dass dem Verkäufer Beschaffungsanstrengungen unzumutbar sind (vgl BGH NJW 1958, 1628 f), als *auflösende Bedingung* den von ihr begünstigten Vertragspartner von seinen Lieferpflichten (und den anderen Teil von der Gegenleistung) oder als *Haftungsausschluss* von den Folgen der Nichterfüllung befreien (BGHZ 24, 39, 42; RG LZ 1923, 310, 311; vgl auch § 158 Rn 5). Wird eine AGB-Klausel über die „Selbstbelieferung" des Verkäufers zum Vertragsbestandteil, so wird der Verkäufer beim Ausfall seines Lieferanten von der Leistungspflicht auch dann frei, wenn eine Gattungsschuld vorliegt (BGHZ 49, 388, 391 ff; OGHBrZ 1, 178, 179 f). 32

V. Wirkungen für den Antragsempfänger

1. Überblick

Aufgrund des Angebotes kann dessen Empfänger nunmehr entscheiden, ob er den angetragenen Vertrag schließen will oder nicht. Diese Entscheidung muss er innerhalb der zeitlichen Grenzen der §§ 146 ff BGB treffen, und zwar auch dann, wenn der Anbietende die Bindung an das Angebot gemäß § 145 BGB ausgeschlossen hat (BGH NJW 2016, 2173 Rn 20 ff). Dass der Angebotsempfänger über die Annahme frei entscheiden kann, ist für ihn günstig. Der Empfang eines Angebotes bringt dem Adressaten daher *lediglich einen rechtlichen Vorteil,* sodass es bei einem beschränkt geschäftsfähigen Adressaten gemäß § 131 Abs 2 S 2 BGB mit Zugang bei diesem wirksam wird (**aM** Lange, in: FS Reinhardt [1972] 95, 96 ff, der auf die Vorteilhaftigkeit des angebotenen Rechtsgeschäfts abstellt). Der beschränkt Geschäftsfähige kann also das Angebot ohne Mitwirkung des gesetzlichen Vertreters wirksam empfangen, während die Ablehnung des Angebots in keinem Fall einen lediglich rechtlichen Vorteil darstellt (Lange 99 f). – Sofern der Antrag die vertragliche Begründung eines Rechts zum Inhalt hat, besteht aufgrund der Gebundenheit des Antragenden für den Angebotsempfänger eine entsprechende *Anwartschaft* (RGZ 151, 75; Furtner NJW 1964, 745; vgl allg dazu Vorbem 53 ff zu §§ 158 ff). Anders ist es dann, wenn die Bindung an den Antrag ausgeschlossen (s Rn 26 ff), also zB ein Widerruf vorbehalten wurde. – Einen durch die Annahme bedingten *Erfüllungsanspruch* begründet das Angebot hingegen nicht (RGZ 132, 6, 7; 131, 24, 26). Wohl aber kann, da künftige Ansprüche vormerkungsfähig sind, für den künftigen Erfüllungsanspruch bereits eine *Vormerkung* zugunsten 33 des Angebotsempfängers eingetragen werden, wenn der Antrag unwiderruflich ist (ausf Staudinger/Gursky [2013] § 883 Rn 182 ff). Entsprechend kommt die *Sicherung* durch Bürgschaft (§ 765 Abs 2 BGB), Grundpfandrecht (§§ 1113 Abs 2, 1192 Abs 1 BGB) oder Pfandrecht (§ 1204 Abs 2 BGB) in Betracht. Auch die *Unterwerfung unter die sofortige Zwangsvollstreckung* nach § 794 Abs 1 Nr 5 ZPO kann – allerdings nur für die Leistungspflicht des Anbietenden – bereits in den Antrag aufgenommen werden (BGH WM 1978, 577, 578; RGZ 132, 6, 7).

2. Zur Einordnung als Gestaltungsrecht

34 Nach früher hM wurde die für den Angebotsempfänger begründete Rechtsposition als Gestaltungsrecht bewertet, das die Befugnis zum Inhalt hat, durch Annahmeerklärung den Vertrag zustandezubringen (vgl nur RGZ 132, 6, 7; OLG Celle NJW 1962, 743, 744; Enneccerus/Nipperdey § 161 IV 1; Jauernig/Mansel § 145 Rn 4; Lorenz, in: FS Dölle I [1963] 103, 106 ff; Palandt/Ellenberger § 145 Rn 5). Heute steht die überwiegende Meinung zu Recht auf dem gegenteiligen Standpunkt (vgl Bötticher, in: FS Dölle I [1963] 41, 52 ff; ders, Gestaltungsrecht und Unterwerfung im Privatrecht [1964] 13 ff; Erman/Armbrüster § 145 Rn 19; Georgiades, in: FS Larenz [1973] 409, 420; ders JZ 1966, 285, 286; Wolf/Neuner § 36 Rn 9; MünchKomm/Busche § 145 Rn 21; Soergel/Wolf § 145 Rn 16; Tichbi 34 ff). Von einem Gestaltungsrecht lässt sich nicht schon dann sprechen, wenn jemand ein Rechtsverhältnis zu einem anderen nur *begründen* kann. Vielmehr liegt ein Gestaltungsrecht nur dann vor, wenn jemand die Rechtsmacht hat, auf ein bestehendes Rechtsverhältnis verändernd einzuwirken. Der Antragsempfänger hat daher kein Gestaltungsrecht, sondern nur eine sonstige „Rechtsposition", die man auch als „Reaktionsrecht" bezeichnen kann (Tichbi 51 ff). Dafür spricht zudem, dass die Annahme nur Teil des rechtsbegründenden Vertragsschlusses und die Bindung des Antragenden nur technisches Mittel zur Erleichterung dieses Vertragsschlusses ist (Bötticher, in: FS Dölle I [1963] 41, 53). Jedenfalls muss aber klar sein, dass sich aus der Begriffsbildung so oder so keine Rechtsfolgen ableiten lassen (zutr MünchKomm/Busche § 145 Rn 21). – Zur entsprechenden Frage bei der *Option* s Vorbem 73 zu §§ 145 ff.

3. Übertragbarkeit

35 Dass die Rechtsposition des Angebotsempfängers gemäß §§ 413, 398 BGB übertragbar ist, lässt sich weder generell verneinen (so aber RG JW 1911, 752 f; Pfeiffer LZ 1912, 374 ff, weil das Angebot stets höchstpersönlich sei) noch pauschal bejahen. Vielmehr ist durch *Auslegung* in jedem Einzelfall zu ermitteln, ob das Angebot auch von einem Dritten angenommen werden kann, auf den der Antragsempfänger seine Annahmebefugnis übertragen hat (Erman/Armbrüster § 145 Rn 19; MünchKomm/Busche § 145 Rn 22; Palandt/Ellenberger § 145 Rn 5; Soergel/Wolf § 145 Rn 19; Tichbi 54 ff). Dabei geht es wohlgemerkt nicht darum, den Dritten zu ermächtigen, über die Annahme des Angebotes mit Wirkung für den Angebotsempfänger zu entscheiden, sondern es geht darum, ob der Antragsempfänger das Angebot so an den Dritten weiterleiten kann, dass dieser den Vertrag zwischen sich und dem Antragenden durch bloße Annahmeerklärung zustande bringen kann. Dabei kann die Auslegung des Angebotes ergeben, dass das Angebot bereits mit an den Dritten (oder ad incertam personam, s Rn 19) gerichtet ist (vgl RG JW 1914, 350, das freilich gleichwohl Abtretung und antizipierte Zustimmung des Antragenden unterstellt). Sie kann aber auch ergeben, dass

zur Übertragung das Einverständnis des Antragenden erforderlich ist oder dass der Antragende ausschließlich mit dem Angebotsempfänger selbst abschließen will und die Übertragung damit ausgeschlossen ist. Im *Zweifel* ist – jedenfalls bei Verträgen, bei denen die Person des Kontrahenten (etwa wegen der Leistungsfähigkeit) von Bedeutung ist – von fehlender Übertragbarkeit auszugehen (ebenso Erman/Armbrüster § 145 Rn 19; Jauernig/Mansel § 145 Rn 4; Soergel/Wolf § 145 Rn 19), da sich der Antragende den künftigen Vertragspartner im Allgemeinen sorgfältig aussuchen wird (vgl zur *Option* auch Vorbem 75 zu §§ 145 ff). Lässt sich die Übertragbarkeit feststellen, dann ist die Rechtsposition des Angebotsempfängers auch gemäß § 1274 Abs 2 BGB *verpfändbar,* gemäß §§ 857, 851 ZPO *pfändbar* und möglicher Bestandteil der *Insolvenzmasse,* sodass der Insolvenzverwalter über die Annahme entscheidet (BGH ZIP 2015, 694 Rn 19; MünchKomm/Busche § 145 Rn 22; s näher § 153 Rn 16); zur *Vererblichkeit* s § 153 Rn 10 ff. Ob ein solcher Zugriff auf die Position des Antragsempfängers Sinn hat, wird wesentlich davon abhängen, wie viel Zeit für die Annahme bleibt (vgl Soergel/Wolf § 145 Rn 21). – Einer *Form* bedarf die Übertragung nicht. Das gilt auch dann, wenn der abzuschließende Vertrag formbedürftig ist. Es reicht, wenn das Angebot des Antragenden und die Annahmeerklärung des Dritten der jeweiligen Formvorschrift genügen.

4. Schadensersatzansprüche

a) Ein **Schutz des Angebotsempfängers** gegen eine Beeinträchtigung seiner Rechts- 36
position ergibt sich weder aus *§ 823 Abs 1 BGB,* da es sich bei dieser Rechtsposition, selbst wenn man sie als Gestaltungsrecht einordnen will, mangels absoluten Charakters nicht um ein sonstiges Recht im Sinne dieser Vorschrift handelt. Anders verhält es sich nur, wenn der Angebotsempfänger bereits ein dingliches Anwartschaftsrecht hat (vgl Vorbem 67 zu §§ 158 ff). Auch *§ 823 Abs 2 BGB* scheidet als Haftungsgrundlage aus, da es sich bei § 145 BGB nicht um ein Schutzgesetz im Sinne dieser Vorschrift handelt. Der Angebotsempfänger ist daher deliktsrechtlich auf *§ 826 BGB* beschränkt. Wie aber zu Rn 25 bereits ausgeführt wurde, begründet (spätestens) das Angebot ein *vorvertragliches Schuldverhältnis* zwischen den Parteien, dessen Verletzung den Antragenden gemäß § 280 BGB schadensersatzpflichtig macht.

b) Auch der **Schutz des Antragenden** lässt sich im Wesentlichen nur auf ein vor- 37
vertragliches Schuldverhältnis stützen. Es kann für den Angebotsempfänger die Pflicht zu einer sorgfältigen Behandlung des Angebotes begründen. Eine Verletzung dieser Pflicht ist dann als cic zu bewerten, wobei für Gehilfen nach § 278 BGB zu haften ist (RGZ 107, 240, 242). Wer zur Abgabe von Angeboten aufgefordert hat (s Rn 3 ff), kann verpflichtet sein, dem Anbietenden unverzüglich mitzuteilen, dass er nicht mit einem Vertragsschluss rechnen kann (s § 146 Rn 10).

VI. Beweislast

Die Beweislast dafür, dass ein rechtsverbindlicher *Antrag* vorliegt, trifft nach all- 38
gemeinen Regeln denjenigen, der sich darauf beruft (vgl – auch zum Folgenden – Baumgärtel/Laumen/Prütting, Hdb d Beweislast [4. Aufl 2018] § 145 Rn 1 ff mwNw). Er muss also die seiner Meinung nach als Antrag zu qualifizierenden tatsächlichen Umstände darlegen und beweisen, und er trägt das Risiko, dass das Gericht – unter Berück-

sichtigung der Zweifelsregel (s Rn 31) – zu dem Ergebnis kommt, dass nur eine invitatio ad offerendum vorliegt. Hingegen muss der Antragende die Umstände vortragen und beweisen, aus denen sich der *Ausschluss der Gebundenheit* ergeben soll. *Ob* sie einen Bindungsausschluss ergeben und welche rechtliche Bedeutung das hat, ist freilich eine Rechtsfrage und deshalb keines Beweises zugänglich. Die *Rechtzeitigkeit eines zulässigen Widerrufs* hat ebenfalls derjenige zu beweisen, der sich auf den Widerruf beruft, idR also der Antragende.

§ 146
Erlöschen des Antrags

Der Antrag erlischt, wenn er dem Antragenden gegenüber abgelehnt oder wenn er nicht diesem gegenüber nach den §§ 147 bis 149 rechtzeitig angenommen wird.

Materialien: E I §§ 82–85 und 88 Abs 2; II § 119; III § 142; Mot I 168; Prot I 77; VI 124.

Schrifttum

ASSMANN, Die unbestellten Zusendungen (1901)
FREUND, Die stillschweigende Vertragsannahme (Diss Breslau 1899)
GREIFELT, Die Zusendung unbestellter Waren, WRP 1955, 120
HILDEBRANDT, Die Annahme eines Vertragsantrages (Diss Jena 1907)
HILGER, Die verspätete Annahme, AcP 185 (1985) 559
KRAMER, Schweigen als Annahme eines Antrages, Jura 1984, 235
H LANGE, Die Rechtsnatur von Antrag, Annahme und Ablehnung, geprüft bei Verträgen beschränkt Geschäftsfähiger, in: FS Reinhardt (1972) 95
MÖSSNER, Die Zusendung unbestellter Waren (Diss Heidelberg 1942)
R vMÜLLER, Zusendung unbestellter Waren (Diss Marburg 1940)
NEUMAYER, Vertragsschluss durch Kreuzofferten?, in: FS Riese (1964) 309
SCHWUNG, Die Zusendung unbestellter Waren, JuS 1985, 449
WEDEMEYER, Der Abschluss eines obligatorischen Vertrages durch Erfüllungs- und Aneignungshandlungen (Diss Marburg 1904)
WEIMAR, Zweifelsfragen zur unbestellten Ansichtssendung, JR 1967, 417
WESSEL, Die Zusendung unbestellter Waren, BB 1966, 432
K F WILHELM, Die Rechtslage bei der Zusendung unbestellter Bücher (Diss Jena 1933).

Systematische Übersicht

I. Annahme
1. Überblick ____ 1
2. Wirksamkeit ____ 4
3. Sonderfälle ____ 5
a) Schweigen als Annahme ____ 5
b) Kaufmännisches Bestätigungsschreiben ____ 6
c) Kreuzofferten ____ 7
4. Beweislast ____ 7a

II. Zeitliche Grenzen ____ 8

III. Ablehnung des Angebotes ____ 9

IV. Zusendung unbestellter Waren
1. Vertragsschluss 11
2. Haftung 13
a) Vertragliche Ansprüche 14
b) Eigentümer-Besitzer-Verhältnis 15
c) Deliktische Haftung 16

Alphabetische Übersicht

Ablehnung des Angebots 9
– Verpflichtung zur Ablehnung 10
Angebot
– Ablehnung 9
– Erlöschen 8
Annahme 1 ff
Annahmeerklärung 2
– Pflicht zur Abgabe 3
– Wirksamkeit 4
– zeitliche Grenzen 8
Antrag s auch Angebot

Beschränkt Geschäftsfähiger
– Annahmeerklärung 4

Erlöschen
– des Angebots 8

Kaufmännisches Bestätigungsschreiben 6
Kreuzofferten 7

Schweigen
– als Annahme 5

Zusendung unbestellter Waren
– Haftung des Empfängers 13 ff
– Vertragsschluss 11 ff

I. Annahme

1. Überblick

1 Die Annahmeerklärung ist eine grundsätzlich *empfangsbedürftige Willenserklärung, durch die der Angebotsempfänger seine vorbehaltlose Zustimmung zum Antrag erklärt.* Der Annehmende muss zum Ausdruck bringen, dass er mit dem vom Gegner angebotenen Vertrag uneingeschränkt (arg § 150 Abs 2 BGB) einverstanden ist. Ob das der Fall ist, ist durch *Auslegung* vom Empfängerhorizont zu ermitteln (vgl BGH WM 1985, 1481), ebenso, ob eine Erklärung schon als Annahme oder nur als deren *Ankündigung* zu verstehen ist. Ein Telegramm mit dem Zusatz „Brief folgt" oder „Näheres brieflich" wird im Allgemeinen nur als eine solche Ankündigung zu verstehen sein (OLG Hamm DB 1983, 2619; RGZ 105, 8, 13; RG SeuffA 83 Nr 104). Freilich können die Umstände auch für das gegenteilige Ergebnis sprechen (vgl RG LZ 1924, 811). Wenn das Telegramm zB die Annahmefrist nach §§ 147, 148 BGB wahren soll und die vollständige Annahmeerklärung enthält, schadet der Zusatz dem Annahmecharakter des Telegramms nicht. Eine Annahme vorbehaltlich weiterer Prüfung wird den Vertrag idR nicht zustande bringen, da es an einer vorbehaltlosen Annahmeerklärung fehlt (vgl OLG Koblenz VersR 1999, 219, 220). Auch die Zugangsbestätigung für ein Angebot im elektronische Rechtsverkehr nach § 312i Abs 1 S 1 Nr 3 BGB ist regelmäßig keine Annahmeerklärung, insbesondere dann nicht, wenn noch weitere Informationen erbeten werden (OLG Nürnberg MMR 2010, 31 f; LG Hamburg MMR 2005, 121 [krit Lindhorst]; NJW-RR 2004, 1568). Etwas anderes kann sich aber aus der konkreten Formulierung ergeben (vgl BGH NJW 2005, 976).

2 Die Annahme kann *ausdrücklich* (vgl BGH WM 1985, 1481), bei formfreier Erklärung auch *konkludent* erfolgen (vgl RG WarnR 1939 Nr 79; LAG Baden-Württemberg BB 1991, 69,

70), insbesondere dadurch, dass die Vertragsleistung erbracht (vgl BGH NJW 1980, 2245, 2246; RGZ 129, 109, 113; OLG Hamm NJW-RR 1987, 153, 154; LG Frankfurt NJW-RR 1989, 308; ablehnend aber BGH NJW-RR 2017, 114 Rn 13; NJW 2014, 857; 2013, 3434 Rn 27), eingefordert (Fröhlich/Stariradeff NJW 2016, 353, 354 f) oder – etwa in Form eines Inkassos – in Anspruch genommen wird (vgl BGH NJW-RR 1991, 1177, 1178; MDR 1982, 993; NJW 1963, 1248; OLG Hamburg MDR 1973, 495 [LS]; LG München II VersR 1991, 685; zurückhaltend OLG Hamm VersR 1982, 844; hier kann uU auch § 151 BGB eingreifen, s § 151 Rn 18 f). Freilich kann sich in bestimmten Branchen die Verkehrsübung einer ausdrücklichen Annahme entwickelt haben (vgl für das Versicherungsvertragsrecht OLG Hamm VersR 1978, 1134, 1135; aM AG Lingen VersR 1988, 1037), was zur Folge hat, dass eine stillschweigende Annahme zwar zulässig bleibt, aber besonders dargelegt werden muss. Mit Wirksamkeit der Annahmeerklärung (s dazu Rn 4) kommt der angestrebte Vertrag zustande (s Vorbem 41 zu §§ 145 ff), sofern der Antrag noch nicht erloschen war (s dazu Rn 8). Nur ausnahmsweise kann der Annahmewille unter den Voraussetzungen des § 151 BGB auch anders als durch empfangsbedürftige Willenserklärung geäußert werden (s näher § 151 Rn 17 ff). Eine weitere Ausnahme vom Grundsatz der Empfangsbedürftigkeit der Annahmeerklärung regelt § 152 BGB (s dazu § 152 Rn 1); zu weiteren Sonderfällen s Rn 5 ff.

3 Eine *Pflicht* zur Abgabe der Annahmeerklärung besteht in den Fällen des Kontrahierungszwangs (s näher Vorbem 29 ff zu §§ 145 ff). Auch ein Vorvertrag kann eine solche Verpflichtung begründen (s näher Vorbem 51 ff zu §§ 145 ff). Hingegen begründen Vertragsverhandlungen keine Abschlusspflicht, sondern allenfalls eine Erklärungspflicht zur Ablehnung eines Angebotes (s Rn 10 sowie § 145 Rn 37). – Den *Beweis* der erfolgten Annahme muss führen, wer sich auf das Zustandekommen des Vertrages beruft (s Vorbem 42 zu §§ 145 ff).

2. Wirksamkeit

4 Als empfangsbedürftige Willenserklärung muss die Annahmeerklärung zielgerichtet gegenüber dem Antragenden *abgegeben* werden (vgl OLG Hamburg VersR 1984, 860, 861; OVG Saarlouis NJW 1993, 1612, 1613). Sie wird gemäß § 130 BGB wirksam, wenn sie dem Adressaten *zugeht* (vgl LG Berlin ZMR 1984, 337). Ob ein *beschränkt Geschäftsfähiger* die Annahme ohne Mitwirkung seines gesetzlichen Vertreters erklären kann, bestimmt sich nach der Vorteilhaftigkeit des mit der Annahme abgeschlossenen Vertrages (Lange, in: FS Reinhardt [1972] 99). *Formbedürftig* ist die Annahmeerklärung, wenn beide Vertragserklärungen einer Form unterworfen sind (vgl für § 311b BGH NJW-RR 2017, 114 Rn 13) oder die Annahme diejenige Vertragserklärung darstellt, für welche – etwa nach § 766 BGB – Formzwang besteht. Der Antragende kann allerdings einseitig für die Annahmeerklärung eine Form bestimmen, deren Einhaltung dann zur Wirksamkeitsvoraussetzung für die Annahme wird (RGZ 92, 232, 235). So kann zB eine Auftragsbestätigung als Annahmeerklärung gewillkürt formbedürftig sein, wenn die AGB des Antragenden hierfür Schriftform vorsehen. Ist die Annahmeerklärung danach formbedürftig, muss sie dem Antragenden in der erforderlichen Form zugehen. Es reicht nicht aus, dass der Annehmende mündlich mitteilt, er habe die Annahmeerklärung formgerecht abgegeben (OLG Dresden OLG-NL 1999, 19, 20).

3. Sonderfälle

a) Das **Schweigen** des Angebotsempfängers ist – auch im kaufmännischen Verkehr (arg § 362 HGB) – grundsätzlich keine Willenserklärung und daher weder Annahmeerklärung (BGHZ 61, 282, 285; 18, 212, 216; BGH NJW-RR 1999, 818, 819; 1994, 1163, 1165; NJW 2010, 2873 Rn 16; 1996, 919, 920; 1990, 1601 f; 1988, 1790, 1791; 1981, 43, 44; LG Frankfurt NJW 1991, 2842, 2843; s auch § 150 Rn 14) noch Ablehnung (s Rn 9). Das gilt auch im Arbeitsrecht (BAG NZA 1986, 474, 475). Das schließt es aber, soweit nicht Formzwang besteht (BGH NJW-RR 2017, 114 Rn 13; NJW 2010, 2873 Rn 16), nicht aus, auch dem Schweigen nach der Verkehrssitte unter bestimmten Umständen sowohl bei verkörperten als auch bei nichtverkörperten Angebotserklärungen Erklärungswert beizumessen und es daher *als Annahme zu werten* (BGH NJW-RR 1999, 818, 819; 1986, 456, 457; NJW 1995, 1281 [krit dazu Scheffer NJW 1995, 3166, 3168; Schultz MDR 1995, 1187, 1188 ff]; 1981, 43, 44; WM 1981, 333, 335; 1979, 437, 438; LG Kaiserslautern WuM 1990, 288, 289; BAG ZTR 1993, 248, 249; s dazu nur Canaris, in: FS Wilburg [1975] 77 ff; Kramer Jura 1984, 235 ff; ausf Staudinger/Singer [2017] Vorbem 60 ff zu §§ 116–144). Außerdem wird Schweigen in bestimmten Fällen als Annahmeerklärung *gesetzlich fingiert* (s näher Staudinger/Singer [2017] Vorbem 62 ff zu §§ 116–144). Es reicht aber nicht aus, dass der Anbietende *im Antrag* ausführt, er werde Schweigen als Annahme verstehen (LAG Schleswig-Holstein SchlHA 1971, 84, 85; vgl auch RGZ 106, 330, 333). Eine solche Klausel führt bei Schweigen grundsätzlich nicht zum Vertragsschluss und verpflichtet den Angebotsempfänger auch nicht dazu, seine mangelnde Vertragsbereitschaft besonders zu verlautbaren (s Rn 10). Anders verhält es sich, wenn die Parteien für ihre Rechtsbeziehungen verbindlich vereinbart haben, dass Schweigen als Annahme gelten soll (vgl BGH NJW 1975, 40; OLG Düsseldorf NJW 2005, 1515), oder wenn sich zwischen ihnen jedenfalls eine entsprechende Übung entwickelt hat. 5

b) Auch nach den Regeln über das **kaufmännische Bestätigungsschreiben** kann Schweigen zum Vertragsschluss führen. Voraussetzung dafür ist nach st Rspr (vgl bereits BGHZ 7, 187, 189 mwNw; 11, 1, 3; zuletzt BGHZ 188, 128 Rn 21 ff; BGH NJW 1994, 1288), dass (1) die Parteien Kaufleute sind oder nach Kaufmannsart am Geschäftsleben teilnehmen, (2) nach Meinung des Absenders mündlich ein Vertrag geschlossen wurde, der in dem Bestätigungsschreiben schriftlich fixiert oder präzisiert werden soll, (3) das Schreiben unmittelbar nach Abschluss der Verhandlungen abgeschickt wird und (4) dem Vertragspartner zugeht. Schweigt der Empfänger in diesem Fall, widerspricht er also nicht unverzüglich, so gilt der Inhalt des Bestätigungsschreibens als vereinbart, es sei denn, der Absender durfte mit dem Einverständnis des Gegners nicht rechnen, etwa weil bewusst oder wesentlich vom Vereinbarten abgewichen wurde (ausf dazu Staudinger/Singer [2017] Vorbem 73 ff zu §§ 116–144). 6

c) Umstritten ist, ob ein Vertrag auch durch sog **Kreuzofferten** zustande kommen kann. Davon spricht man, wenn die eine Partei ein Angebot unterbreitet, während ein *inhaltlich übereinstimmendes* Angebot der anderen Partei zu ihr unterwegs ist. In diesem Fall ergibt die Auslegung vom Empfängerhorizont (s § 145 Rn 4), dass beide Parteien anbieten wollen. Beide Erklärungen sind nicht auf das Angebot des Gegners bezogen, bringen also keinen Annahmewillen zum Ausdruck. Hier wird zT verlangt, dass einer der Angebotsempfänger ein dem Angebot des Gegners korrespondierendes Verhalten zeigt, das gemäß § 151 BGB auch in einer nicht empfangsbedürftigen Willenserklärung zum Ausdruck kommen kann (Mertens/Rehbinder, 7

Internationales Kaufrecht [1975] Art 6 EAG Rn 5). Die hM lässt es demgegenüber genügen, wenn beide Parteien nach dem Inhalt ihrer Erklärungen dieselben Rechtsfolgen wollen (vgl Enneccerus/Nipperdey § 161 Fn 6; Flume § 35 II 1; Neumayer, in: FS Riese [1964] 309, 317 ff). Da die beiden vertragsbegründenden Willenserklärungen nicht zu einem einheitlichen Vertragswillen zusammengefasst werden, besteht für einen Vertragsabschluss durch Kreuzofferten kein logisches Hindernis (vgl Neumayer 315 ff). Freilich schwebt beiden Antragenden vor, der Vertrag werde durch eine Annahmeerklärung der Gegenseite zustande kommen. Das steht der Vertragsbegründung aber nicht entgegen. Denn zum einen wird diese Vorstellung nicht als „Bedingung" in das rechtsverbindliche Angebot einbezogen. Und zum anderen kann man diesem Umstand durch die Annahme Rechnung tragen, dass jede Partei das Schweigen ihres Gegners wegen der besonderen Konstellation nach den zu Rn 4 dargelegten Grundsätzen nach Treu und Glauben als Zustimmung werten darf (ebenso Soergel/Wolf § 145 Rn 24). Demnach genügt es nicht, wenn der auf den Vertragsschluss gerichtete Wille von beiden Seiten mit übereinstimmendem Inhalt geäußert wurde (so aber Neumayer, der 328 von „materieller Konsensbildung" spricht), sondern es muss hinzukommen, dass keine Partei unverzüglich widerspricht (Bork AT Rn 739; weitergehend Flume § 35 II 1, der bei Widerspruch der einen Partei der anderen das Recht zu einer nachträglichen Annahme zugestehen will).

4. Beweislast

7a Die Beweislast für die Annahme und ihre Wirksamkeit trägt derjenige, der sich auf den Vertragsschluss beruft (OLG Dresden OLG-NL 1999, 19, 21).

II. Zeitliche Grenzen

8 § 145 BGB bestimmt, dass der Antragende an sein Angebot gebunden ist, wenn er diese Bindung nicht ausgeschlossen hat (s § 145 Rn 20 ff). Diese Gebundenheit und damit die Annahmefähigkeit des Antrages besteht in den zeitlichen Grenzen des § 146 BGB. Die Vorschrift bestimmt freilich, dass nicht nur die Bindungswirkung entfällt (so noch BGH NJW 1973, 1789, 1790; anders schon Mot I 168), sondern dass der Antrag *erlischt,* wenn er abgelehnt oder nicht rechtzeitig angenommen wird (vgl nur BGH 2016, 2173 Rn 21; NJW-RR 1994, 1163, 1164), setzt also – durch Verweisung auf die §§ 147 bis 149 BGB – auch die zeitlichen Grenzen fest, innerhalb deren die Annahmeerklärung dem Gegner zugegangen sein muss, wenn der Angebotsempfänger den angebotenen Vertrag schließen will (zu den Einzelheiten s die Kommentierung der §§ 147–149). Diese Grenzen gelten auch dann, wenn der Antragende die Bindung an das Angebot ausgeschlossen hat (BGH NJW 2016, 2173 Rn 20 ff). Kommt die Annahme zu spät, ist sie gemäß § 150 Abs 1 BGB als neuer Antrag zu verstehen, der seinerseits angenommen werden muss (s näher § 150 Rn 1 ff). Zu dieser Annahme ist der Erstofferent nicht verpflichtet. Er macht sich daher auch nicht schadensersatzpflichtig, wenn er nach Erlöschen seines Antrages anderweitig disponiert (BGH DB 1971, 232). – Zum Erlöschen des Antrages durch Widerruf s § 145 Rn 26 ff.

III. Ablehnung des Angebots

9 Der Angebotsempfänger kann den Antrag *ausdrücklich oder stillschweigend* ablehnen. So kann zB die Anfechtung des vermeintlich schon geschlossenen Vertrages als

Ablehnung zu verstehen sein (vgl OLG Hamm VersR 1978, 1039). Wenn die Ablehnungserklärung, bei der es sich um ein einseitiges Rechtsgeschäft handelt (LANGE, in: FS Reinhardt [1972] 95, 100), dem Anbietenden zugeht und dadurch wirksam wird, entfällt nicht nur die Bindungswirkung, sondern der Antrag erlischt (s Rn 8). Ein *beschränkt Geschäftsfähiger* kann deshalb die Ablehnung nicht ohne Mitwirkung seines gesetzlichen Vertreters erklären (s § 145 Rn 33). *Schweigen* ist keine Ablehnung (solange ihm nicht Erklärungsbedeutung zugemessen wird, vgl Rn 5). Vielmehr erlischt der Antrag hier dadurch, dass er nicht innerhalb der durch die §§ 147–149 BGB gesteckten zeitlichen Grenzen (s Rn 8) angenommen wird (BGHZ 18, 212, 215). Einer besonderen *Form* bedarf die Annahmeverweigerung selbst dann nicht, wenn Angebot und Annahme formbedürftig sind, da die Formvorschriften für die Errichtung der Rechtsgeschäfte, nicht für deren Verweigerung gelten. Ist ein Antrag an *mehrere Adressaten* als gemeinschaftliche Partei gerichtet, so erlischt der Antrag bereits, wenn einer der Adressaten ablehnt. Die übrigen können dann nicht mehr wirksam annehmen (BGH MDR 1965, 572).

Eine **Verpflichtung**, einen empfangenen Antrag ausdrücklich abzulehnen, besteht **10** grundsätzlich nicht, und zwar auch dann nicht, wenn der Anbietende darum bittet oder erklärt, Schweigen als Annahme verstehen zu wollen (s Rn 5). Auch insoweit sorgt schon der Umstand, dass der Anbietende nicht unbegrenzt, sondern nur für eine bestimmte Frist an sein Angebot gebunden ist (s Rn 8), für hinreichende Rechtssicherheit. Der Antragsempfänger kann diese Bindungsfrist voll ausschöpfen (OLG Hamm VersR 1985, 557; LG Bremen VersR 1982, 694; LG Mönchengladbach VersR 1983, 49, 50). Etwas anderes gilt kraft Gesetzes gemäß § 663 BGB und § 362 HGB, ferner dann, wenn zwischen den Parteien ein vorvertragliches Schuldverhältnis besteht, kraft dessen der Anbietende nach Treu und Glauben erwarten durfte, dass sich der Empfänger entsprechend erklären werde (vgl BGH NJW-RR 1986, 456, 457; NJW 1981, 43, 44). Das kann etwa der Fall sein, wenn der Angebotsempfänger zur Abgabe von Angeboten aufgefordert hatte (s § 145 Rn 30, 37) oder wenn es um die Reaktion auf eine verspätete, deshalb gemäß § 150 Abs 1 BGB ihrerseits als Angebot zu wertende Annahmeerklärung geht (s § 150 Rn 6). In diesen Fällen muss die Ablehnung *unverzüglich* erfolgen. Eine Verletzung dieser Pflicht stellt einen Fall der cic dar, begründet aber nur einen Schadensersatzanspruch auf das negative Interesse (s Vorbem 50 zu §§ 145 ff), wenn nicht die Voraussetzungen vorliegen, unter denen das Schweigen als Zustimmung zu werten ist (s Rn 5).

IV. Zusendung unbestellter Waren

1. Vertragsschluss

Die Zusendung unbestellter Waren enthält idR keine invitatio ad offerendum (s § 145 **11** Rn 6), sondern den *Antrag* zum Abschluss eines Kaufvertrages und zur gleichzeitigen Übereignung der Ware. Die *Annahme* dieser Anträge kann nach den allgemeinen Regeln ausdrücklich oder stillschweigend erklärt (s Rn 2) oder abgelehnt (s Rn 9) werden. Das gilt auch dann, wenn die Ware durch einen Unternehmer an einen Verbraucher geschickt wurde. Im Übrigen ist aber für diese Konstellation auf die Kommentierung zu § 241a zu verweisen (ausf STAUDINGER/OLZEN [2019] § 241a Rn 1 ff, 30 f). Für die Rechtsbeziehungen zwischen Unternehmern und zwischen Verbrauchern gilt folgendes: Das Angebot kann, außer durch ausdrückliche oder stillschweigende Annahmeerklärung, auch gemäß § 151 BGB durch nicht empfangsbedürftige Willenserklärung angenommen werden, etwa durch endgültige Benutzung der zugesandten Ware (OLG Köln NJW 1995, 3128, 3129; RGZ 64, 145 f; RG JW 1900, 297; **aM** Schwung JuS 1985, 449, 450). Das Auspacken oder Aufschneiden zu Prüfzwecken ist aber noch nicht als Annahme zu bewerten (Weimar JR 1967, 417). Auch bloßes Nichtstun (Schweigen) des Empfängers gilt – auch im kaufmännischen Verkehr (OLG Köln NJW 1995, 3128, 3129) – selbst dann nicht als Annahme, wenn der Zusender erklärt hat, er werde Schweigen als Annahme verstehen (s Rn 5; vgl auch LG Frankfurt NJW 1991, 2842, 2843). Ebensowenig begründet das Überschreiten einer vom Antragenden gesetzten Frist eine Annahme; vielmehr gilt auch hier, dass das Angebot gemäß §§ 146, 148 BGB mit Fristablauf erlischt.

12 Die Zusendung unbestellter Ware begründet für den Empfänger keine Verpflichtung zur *Ablehnung* des Antrages (s Rn 10). Das gilt auch dann, wenn der Empfänger nur Prospektmaterial angefordert, aber gleich die Ware geliefert bekommen hat (Wessels BB 1966, 432, 434). Anders kann es dann sein, wenn die Zusendung im Rahmen bestehender Geschäftsbeziehungen erfolgt. Hier kann der Empfänger erkennen, dass der Absender – zulässigerweise – auf eine Annahme vertraut, und deshalb nach Treu und Glauben verpflichtet sein, sich unverzüglich zu erklären (RG LZ 1919, 966).

2. Haftung

13 Für das Verhältnis zwischen Unternehmer und Verbraucher ist wieder auf § 241a BGB zu verweisen (ausf Staudinger/Olzen [2019] § 241a Rn 1 ff, 50 f). Im Übrigen gilt folgendes: Wird die unverlangt zugesandte Ware beim Empfänger beschädigt oder zerstört, so stellt sich die Frage nach der Haftung. Sicher ist jedenfalls, dass für den Empfänger **keine Pflicht zur Rücksendung** der unbestellten Ware besteht (vgl auch Rn 14). Das gilt selbst dann, wenn ein Freiumschlag beigefügt und ein Interesse des Absenders an anderweitiger Verwendung erkennbar war. Im Übrigen ist zu differenzieren:

14 **a) Vertragliche Ansprüche** könnten im Rahmen eines unentgeltlichen *Verwahrungsvertrages* bestehen. Die Zusendung der Ware wird man als das Angebot zum Abschluss eines solchen Verwahrungsvertrages ansehen können. Eine Annahme scheitert nicht schon an fehlender Besitzbegründung (so aber früher Staudinger/Dilcher[12] § 146 Rn 13; Weimar JR 1967, 417), sondern daran, dass der Besitz vor einer möglichen Entscheidung über die Annahme begründet wird (nämlich bereits mit Ablieferung) und dass sich danach ein Wille zum Abschluss eines Verwahrungsvertrages sowenig feststellen lässt wie der zum Abschluss des Kaufvertrages. Der Absender wird daher regelmäßig auf einen Abholungsanspruch verwiesen (s Rn 15). Da der Empfänger somit zur Verwahrung vertraglich nicht verpflichtet ist, wird man ihm jedenfalls bei geringwertigen Gegenständen (zB Postkarten) auch das Recht zubilligen müssen, sich vor der Belästigung durch *Wegwerfen* zu schützen (dafür stets Jauernig/Mansel § 145 Rn 6; Windel AcP 199 [1999] 421, 448 f; wie hier restriktiv Soergel/Wolf § 145 Rn 26). Lässt sich der Abschluss eines Verwahrungsvertrages ausnahmsweise doch einmal bejahen, so haftet der Empfänger gemäß § 690 BGB für eigenübliche Sorgfalt. Eine Nebenpflicht, die Ware zurückzusenden oder den Absender zur Abholung aufzufordern, begründet aber auch der Verwahrungsvertrag nicht. Er besteht auch nicht für unbegrenzte Zeit, sondern endet nach dem ungenutzten Verstreichen einer zumutbaren Abholzeit durch Zeitablauf.

b) Lässt sich der Abschluss eines Verwahrungsvertrages nicht feststellen oder ist der Vertrag durch Zeitablauf beendet (s Rn 14), so könnten die Vorschriften über das **Eigentümer-Besitzer-Verhältnis** eingreifen. Die hM lehnt dies aber zu Recht ab, weil der Empfänger bis zu einem Abholversuch einem berechtigten Besitzer gleichzustellen ist (ausf STAUDINGER/THOLE [2019] Vorbem 81 ff zu §§ 987 ff mwNw). Ebenso wird der Empfänger für Ansprüche aus **ungerechtfertigter Bereicherung** nicht schon wegen der Besitzerlangung als bösgläubiger Bereicherungsschuldner angesehen. Lässt sich auch die Besitzbegründung beim Empfänger nicht feststellen, so bleibt der Absender auf einen **Abholungsanspruch** analog §§ 867, 1005 BGB angewiesen. 15

c) Die **deliktische Haftung** des Empfängers bleibt bestehen. Sie ist allerdings nach hM analog § 300 BGB auf die Haftung für Vorsatz und grobe Fahrlässigkeit zu begrenzen (ENNECCERUS/NIPPERDEY § 126 Rn 8; ERMAN/ARMBRÜSTER § 147 Rn 4; **abl** SCHWUNG JuS 1985, 449, 452). Zusätzlich kann zu Lasten des Versenders § 254 BGB eingreifen (SCHRÖDER AcP 179 [1979] 567, 593, der den Empfänger aber nur für diesen Fall privilegieren will). Dass die Zusendung unbestellter Waren *wettbewerbswidrig* ist und deshalb grundsätzlich ein sittenwidriges Verhalten iSd § 1 UWG darstellt (st Rspr seit BGH GRUR 1959, 277, 278; vgl nur BGH NJW 1976, 1977, 1978; KÖHLER/BORNKAMM/FEDDERSEN, Wettbewerbsrecht [38. Aufl 2020] § 7 UWG Rn 77 ff), wird hierbei freilich nicht erheblich. 16

§ 147
Annahmefrist

(1) Der einem Anwesenden gemachte Antrag kann nur sofort angenommen werden. Dies gilt auch von einem mittels Fernsprechers oder einer sonstigen technischen Einrichtung von Person zu Person gemachten Antrag.

(2) Der einem Abwesenden gemachte Antrag kann nur bis zu dem Zeitpunkt angenommen werden, in welchem der Antragende den Eingang der Antwort unter regelmäßigen Umständen erwarten darf.

Materialien: E I §§ 83 und 84; II § 120; III § 143; Mot I 168; Prot I 78.

Schrifttum

BARTL, Aktuelle Rechtsfragen des Bildschirmtextes, DB 1982, 1097
BRINKMANN, Vertragsrechtliche Probleme bei Warenbestellungen über Bildschirmtext, BB 1981, 1183
ders, Zivil- und presserechtliche Fragen bei der Nutzung von Bildschirmtext, ZUM 1985, 337
DÖRNER, Rechtsgeschäfte im Internet, AcP 202 (2002) 363
FINKENAUER, Zur Bestimmung der gesetzlichen Annahmefrist in § 147 II BGB – LAG Berlin NZA-RR 1999, 355, JuS 2000, 119
FRANCKE, Zum Vertragsabschluß durch Fernsprecher, Recht 1901, 201

FRANKENBURGER, Die rechtliche Bedeutung der Telefongespräche, DJZ 1904, 844

FRITZSCHE/MALZER, Ausgewählte zivilrechtliche Probleme elektronisch signierter Willenserklärungen, DNotZ 1995, 3

GREULICH, Der Fernschreiber, Rechtsfragen bei der Verwendung im Geschäftsverkehr, BB 1954, 491

HERRLER, Regelbindungsfrist von vier Wochen auch beim Bauträgervertrag, MittBayNot 2014, 109

JOERGES, Zum Recht des Fernsprechverkehrs, ZHR 56 (1905) 44

KÖHLER, Rechtsgeschäfte mittels Bildschirmtext, in: HÜBNER ua, Rechtsprobleme des Bildschirmtextes (1986) 51

PAEFGEN, Forum: Bildschirmtext – Herausforderung zum Wandel der allgemeinen Rechtsgeschäftslehre?, JuS 1988, 592

ders, Rechtsgeschäfte mittels Bildschirmtext, AfP 1991, 365

PROBANDT, Zivilrechtliche Probleme des Bildschirmtextes, Ufita 98 (1984) 9

REDEKER, Geschäftsabwicklung mit externen Rechnern im Bildschirmtextdienst, NJW 1984, 2390

REICHAU, Der Vertragsschluss durch Fernsprecher, insbesondere beim Eintreten von Mittelspersonen (Diss Jena 1908)

SCHMIDT-RÄNTSCH, Das Ende der Angebotsmodelle und Aufklärungspflichten beim Immobilienkauf – die neueste höchstrichterliche Rechtsprechung, ZfIR 2014, 113

WALCHSHÖFER, Annahmefristen in Allgemeinen Geschäftsbedingungen, WM 1986, 1041.

Systematische Übersicht

I.	**Allgemeines**	1
II.	**Antrag unter Anwesenden (Abs 1)**	
1.	Voraussetzungen	2
a)	Anwesenheit	2
b)	Einschaltung von Hilfspersonen	3
c)	Telefonische Anträge	4
2.	Sofortige Annahme	5
a)	Grundsätze	5
b)	Störungen	6
III.	**Antrag unter Abwesenden (Abs 2)**	
1.	Bedeutung der Regelung	7
2.	Grundsätze der Fristberechnung	10
a)	Allgemeines	10
b)	Beförderung des Antrages	11
c)	Bearbeitung des Antrages	12
d)	Rückbeförderung der Annahmeerklärung	14
e)	Beispiele	15
IV.	**Beweislast**	16

Alphabetische Übersicht

Angebot
– Erlöschen 1
Annahmefähigkeit des Antrages 1
Annahmefrist (s auch Antrag unter Abwesenden) 5, 10 ff
Antrag unter Abwesenden
– Annahmefrist 7
– Berechnung der Frist 10
– Fristwahrung 8
– Überschreiten der Frist 9
Antrag unter Anwesenden
– Einschaltung von Hilfspersonen 3
– sofortige Annahme 5
– Voraussetzungen 2
Antrag s auch Angebot

Beförderungshindernisse bei Antragsannahme 11
Beweislast
– Rechtzeitigkeit der Antragsannahme 16

Empfangsbote 3
Empfangsvertreter 3
Erlöschen
– des Angebots 1

Sofortige Annahme 5
Störungen bei der Antragsannahme 6
Telefax 4
Telefonischer Antrag 4
Telegramm 4

I. Allgemeines

§ 147 BGB bestimmt den Zeitpunkt, bis zu welchem der Antrag mangels abweichender gesetzlicher oder gewillkürter Fristsetzung (s § 148 Rn 2 f) *annahmefähig* bleibt und gemäß § 145 BGB seine *Bindungswirkung* entfaltet (falls diese nicht ausgeschlossen wurde, s § 145 Rn 26 ff), wobei das Gesetz zwischen Anträgen unter Anwesenden (Rn 2 ff) und unter Abwesenden (Rn 7 ff) unterscheidet. Nach diesem Zeitpunkt erlischt der Antrag, nicht nur die Bindungswirkung (s § 146 Rn 8). Die Vorschrift, die den gebundenen Anbieter davor schützen will, dass der Antragsempfänger die Entwicklung der Marktverhältnisse abwartet und so auf Kosten des Antragenden spekuliert, ist gemäß § 148 BGB *dispositiv*. Die Parteien können daher vereinbaren, dass der Antrag in der Schwebe bleiben und unabhängig von den Regelungen des § 147 BGB annahmefähig bleiben soll (BGH WM 1968, 1103, 1105; RG SeuffA 80 Nr 72; s dazu auch § 148 Rn 7). Eine solche Fristverlängerung ist auch noch nachträglich möglich, solange die Frist nicht abgelaufen ist (vgl OLG Hamm NJW 1976, 1212 sowie § 148 Rn 9). Umgekehrt kann der Antragende auch die Frist des § 147 Abs 2 BGB gemäß § 148 BGB verkürzen, etwa indem er in einem Brief auf einer sofortigen Antwort besteht (s Rn 14). 1

II. Antrag unter Anwesenden (Abs 1)

1. Voraussetzungen

a) § 147 Abs 1 BGB geht nicht von der physischen Anwesenheit der Parteien, sondern von einem unmittelbaren, regelmäßig **mündlichen Kontakt** aus, wie sich aus § 147 Abs 1 S 2 BGB ohne Weiteres ergibt, der das Telefonat ausdrücklich miteinbezieht (s näher Rn 4). Abs 1 ist daher dahin zu verstehen, dass der Antrag durch eine *nicht verkörperte Willenserklärung* erfolgt. Voraussetzung ist dabei natürlich, dass der Antrag überhaupt durch Vernehmung wirksam geworden ist. Fehlt es daran, zB weil mit einem schwerhörigen Adressaten telefoniert wurde, so mangelt es bereits an einem annahmefähigen Antrag. Der dem Adressaten *schriftlich* vorgelegte Antrag fällt nur dann unter Abs 1, wenn der Antragende auf einer sofortigen Antwort besteht. Ansonsten fällt er unter Abs 2 (BGH NJW 1985, 196, 197; LM Nr 2 zu § 147; OLG Frankfurt NJW-RR 1998, 566, 567; LG Hamburg NJW 1988, 1150; RGZ 83, 104, 106; 61, 414, 415; MünchKomm/Busche § 147 Rn 28; Soergel/Wolf § 147 Rn 2; **aM** [im Regelfall Abs 1] Flume § 35 I 2). Allerdings kann auch hier die Antwortspanne (s Rn 10 ff) möglicherweise sehr kurz ausfallen (s Rn 14). Zu Telegramm, Telefax oder Internet s Rn 4. 2

b) Bei der Einschaltung von **Hilfspersonen** ist zu unterscheiden. Die **von** einem *Erklärungsvertreter* mündlich abgegebene oder von einem *Erklärungsboten* ausgerichtete Antragserklärung ist eine nicht verkörperte Willenserklärung, die durch Vernehmung wirksam wird (vgl Staudinger/Singer/Benedict [2017] § 130 Rn 111 ff). Ob der Adressat dieses Angebot nach Maßgabe von § 147 Abs 1 BGB sofort annehmen 3 muss, hängt davon ab, ob der Erklärungsvertreter/-bote zugleich zum Empfang der Annahmeerklärung berechtigt ist oder nicht. Ist er zugleich *Empfangsvertreter* oder *Empfangsbote* für die Antwort des Adressaten, so kann und muss die Annahme sofort gegenüber der Hilfsperson erklärt werden (RG Gruchot 67, 194, 195 f; BAG NJW 2008, 2061 Rn 32; MünchKomm/Busche § 147 Rn 26). Fehlt dagegen dem Erklärungsvertreter oder dem Erklärungsboten die Legitimation zum Empfang der Antwort, so kann in der Einschaltung dieser Hilfsperson eine Fristbewilligung iSd § 148 BGB zu sehen sein. Regelmäßig wird man aber § 147 Abs 2 BGB anwenden müssen, weil die Erklärung überhaupt erst wirksam wird, wenn sie dem Geschäftsherrn zugeht (Enneccerus/Nipperdey § 161 Fn 23; Soergel/Wolf § 147 Rn 2). Wird das Angebot **gegenüber** der Hilfsperson abgegeben, so gilt Entsprechendes (vgl RG SeuffA 59 Nr 218): Ist die Hilfsperson nicht empfangsberechtigt, so handelt es sich um eine Willenserklärung unter Abwesenden (**aM** BGH MDR 1996, 855, 856); ist sie hingegen empfangsberechtigt, so handelt es sich um eine Willenserklärung unter Anwesenden, aber die Annahme kann nur diejenige Hilfsperson sofort erklären, die auch erklärungsbefugt ist (vgl OLG Frankfurt BB 1995, 2440, 2441; eine solche Konstellation lag offenbar der Entscheidung LG Kaiserslautern WuM 1990, 288 zugrunde). Ist sie es nicht, liegt wieder eine Fristbewilligung iSd § 148 vor.

4 **c)** In § 147 Abs 1 S 2 BGB wird klargestellt, dass auch ein **telefonischer Antrag** ein Angebot unter Anwesenden ist. Der Umstand, dass in die akustische Übermittlung ein „Mechanismus" eingeschaltet wird, wurde bei den Vorarbeiten zu § 147 BGB ausdrücklich als unerheblich bewertet (Prot I 78 = Mugdan I 690). Voraussetzung ist aber, dass der Gesprächspartner auch berechtigt ist, das Angebot anzunehmen, dass also der Antragende mit dem Vertragspartner oder einem zur Abgabe der Annahmeerklärung berechtigten Vertreter telefoniert (vgl RGZ 61, 125, 126 f; s auch Rn 3). Anträge, die per *Telegramm, Telefax oder E-Mail* erklärt werden, sind verkörperte Willenserklärungen, die sofort angenommen werden können, aber nicht sofort angenommen werden müssen, da sie nicht unter Abs 1, sondern unter Abs 2 fallen (Bartl DB 1982, 1097, 1100; Erman/Armbrüster § 147 Rn 16; Greulich BB 1954, 491, 492; Paefgen AfP 1991, 365, 370 und JuS 1988, 592, 596; Redeker NJW 1984, 2390, 2391; s auch Rn 2). Dem Telefon gleichgestellt sind durch die Neufassung des Gesetzes nur *sonstige technische Einrichtungen,* die eine unmittelbare Kommunikation von Person zu Person ermöglichen, also beispielsweise Video-Konferenzen oder Computer-Chats (Bork AT Rn 605; Wolf/Neuner § 37 Rn 17; **aM** für Chats Dörner AcP 202 [2002] 363, 375 f). Der Austausch von E-Mails reicht dafür nicht. Etwas anderes gilt auch nicht für Angebote gegenüber voll interaktionsfähigen EDV-Anlagen, die zu einer individuellen Antwort fähig und so programmiert sind, dass sie dem Kunden die Leistung vorbehaltlos zusagen können (so aber Fritzsche/Malzer DNotZ 1995, 3, 11; Köhler 57; Soergel/Wolf § 147 Rn 3; früher auch Brinkmann BB 1981, 1183, 1185 [aufgegeben ua in ZUM 1985, 337, 340]). Denn für die Frage, ob es sich um eine Erklärung unter Anwesenden handelt, ist nicht die technische Möglichkeit zu einer umgehenden Antwort entscheidend, sondern der unmittelbare menschliche Kontakt (vgl auch Paefgen AfP 1991, 365, 370 und Probandt Ufita 98 [1984] 9, 13 f, die zu Recht darauf hinweisen, dass sich dem Interesse des Kunden an einer umgehenden Antwort auch durch eine entsprechende Bestimmung der Annahmefrist nach § 147 Abs 2 Rechnung tragen lasse).

2. Sofortige Annahme

a) Der durch eine nicht verkörperte Willenserklärung erfolgende Antrag kann, wenn nicht eine Fristbewilligung nach § 148 BGB vorliegt, nur **sofort** angenommen werden (vgl AG Usingen WuM 1989, 554). „Sofort" bedeutet dabei, dass der Antrag so rasch wie objektiv möglich angenommen werden muss. Anders als bei der in § 121 Abs 1 S 1 BGB definierten Unverzüglichkeit schadet hier auch schuldloses Zögern. Freilich muss dem Angebotsempfänger auch hier Zeit bleiben, das Angebot aufzunehmen und seinen Inhalt sowie die eventuellen Vertragsfolgen zu realisieren. Die dafür nach dem Inhalt des Angebots objektiv erforderliche Zeit steht dem Adressaten daher zu. Eine darüber hinausgehende Überlegungsfrist ist aber nur nach § 148 BGB möglich (vgl RG SeuffA 80 Nr 72). 5

b) Bei **Störungen** ist für die Risikoverteilung zu unterscheiden. Eine *Unterbrechung der Telefonverbindung* soll dazu führen, dass das Angebot erlischt (Flume § 35 I 2). Dem ist aber nur für den Fall zuzustimmen, dass die Parteien das Telefonat einverständlich abbrechen, ohne sich geeinigt haben (RGZ 104, 235, 236). Bei einer den Parteien nicht zuzurechnenden Unterbrechung sollte vielmehr § 147 Abs 2 BGB angewandt werden (was idR erwarten lässt, dass die Annahme durch ein erneutes Telefonat übermittelt wird, s Rn 14), während die hM eine analoge Anwendung des § 149 BGB befürwortet (Enneccerus/Nipperdey § 161 Fn 24; MünchKomm/Busche § 147 Rn 27; Soergel/Wolf § 147 Rn 5). Das muss erst recht gelten, wenn der Antragende selbst die Telefonverbindung unterbrochen hat. Nach hM sollen hier die Grundsätze über die Zugangsvereitelung (s dazu Staudinger/Singer/Benedict [2017] § 130 Rn 79 ff) für die Vereitelung der rechtzeitigen Annahmeerklärung entsprechend gelten, sodass eine alsbald nach der Unterbrechung des Telefonats, etwa aufgrund eines Rückrufs erklärte Annahme den Vertrag noch zustande bringt (RG LZ 1925, 252; Flume § 35 I 2; MünchKomm/Busche § 147 Rn 27). Berechnet man die Frist dagegen mit der hier vertretenen Ansicht nach § 147 Abs 2 BGB und verlangt nach Maßgabe des zu Rn 14 Gesagten die Annahme in einem erneuten Telefonat, so führt das – nur direkter – zum selben praktischen Ergebnis. 6

III. Antrag unter Abwesenden (Abs 2)

1. Bedeutung der Regelung

§ 147 Abs 2 BGB, dessen heutige Formulierung auf die 2. Kommission zurückgeht (ausf zur Entstehungsgeschichte Finkenauer JuS 2000, 119 f) gilt für unter Abwesenden, dh *durch verkörperte Willenserklärungen* (dazu MünchKomm/Einsele § 130 Rn 17; Staudinger/Singer/Benedict [2017] § 130 Rn 15) gemachte Anträge (vgl Rn 2), für die keine Annahmefrist nach § 148 BGB gesetzt ist, außerdem für unter Anwesenden gemachte Anträge, wenn der Antragende auf die sofortige Antwort verzichtet (BGH NJW 1985, 196 f; OLG Frankfurt NJW-RR 1998, 566, 567). Für diese Fälle wird dem Antragsempfänger eine **gesetzliche Annahmefrist** bis zu dem Zeitpunkt eingeräumt, zu dem der Antragende den *Eingang der Antwort unter regelmäßigen Umständen* erwarten kann. Folglich gilt § 147 Abs 2 BGB in den Fällen des § 151 BGB nicht, da hier der Zugang einer Antwort gar nicht erwartet werden kann. Die Annahmefrist ist eine *objektiv* zu berechnende Frist (s näher Rn 10 ff). Ob der Anbietende den Eingang der Antwort tatsächlich noch erwartet hat, spielt daher keine Rolle (BGH LM Nr 1 zu 7

§ 147). Vielmehr handelt es sich, wie sich aus dem Abstellen auf die „regelmäßigen Umstände" ergibt, um eine tatrichterliche *Ermessensentscheidung* (vgl BGHZ 209, 195 Rn 22; BGH NJW 1986, 1807, 1808 f; RG HRR 1937 Nr 849), die vom Revisionsgericht nur daraufhin überprüfbar ist, ob der Tatrichter die Voraussetzungen und Grenzen des Ermessens richtig bestimmt und eingehalten hat (BGHZ 209, 195 Rn 22; BGH LM Nr 1 zu § 147).

8 Zur **Fristwahrung** ist erforderlich, dass die *Annahmeerklärung* als empfangsbedürftige Willenserklärung (s § 146 Rn 1) bis zu dem fraglichen Zeitpunkt *wirksam* geworden ist, dem Antragenden also zugeht (s dazu § 146 Rn 4 sowie LG Berlin ZMR 1984, 337). Innerhalb dieser Frist muss der Antragende Klarheit bekommen. Die bloße Ankündigung einer Annahme (s dazu § 146 Rn 1) reicht daher nicht. Eine Pflicht des Antragenden, den Adressaten auf den Fristenlauf des § 147 Abs 2 BGB hinzuweisen, besteht nicht (BGH DB 1971, 232). Ob die Annahme eines schriftlichen Angebotes dabei mündlich (auch: telefonisch) oder schriftlich, ausdrücklich oder konkludent erfolgt, ist gleich (BGH LM Nr 2 zu § 147; s auch Rn 14), solange nicht die Schriftform aus anderen Gründen zu wahren ist (s § 146 Rn 4).

9 Wird die in § 147 BGB vorgesehene **Frist überschritten**, so handelt es sich bei der verspätet beim Antragenden eingehenden Annahme gemäß § 150 Abs 1 BGB um ein neues Angebot, sofern kein Fall des § 149 BGB vorliegt (s § 149 Rn 2). Das Risiko, dass dem Angebotsempfänger eine rechtzeitige Annahme aus Gründen, die der Anbietende nicht zu vertreten hat, nicht gelingt, liegt daher beim Annehmenden (vgl RG Recht 1924 Nr 941; SeuffA 80 Nr 175). Hat allerdings der Antragende den rechtzeitigen Zugang der Annahmeerklärung *vereitelt*, so gelten die Grundsätze über die Wirksamkeitsvereitelung von Willenserklärungen (ausf dazu Staudinger/Singer/Benedict [2017] § 130 Rn 79 ff). In diesen Fällen kann der Annehmende gegebenenfalls auch Schadensersatz aus § 280 Abs 1 BGB wegen cic (s § 145 Rn 25) oder aus § 826 BGB verlangen (Erman/Armbrüster § 147 Rn 21; vgl auch § 145 Rn 36).

2. Grundsätze der Fristberechnung

10 **a)** Die gesetzliche Annahmefrist setzt sich als objektiv zu berechnende (BGH NJW 2014, 854 Rn 11; 2010, 2873 Rn 11; s Rn 7) **einheitliche Frist** (Mot I 170; Enneccerus/Nipperdey § 161 II 2b; Flume § 35 I 2) zusammen aus der Zeit für die *Beförderung des Antrages* zum Empfänger (s Rn 11), aus der Überlegungs- und *Bearbeitungszeit* beim Empfänger (s Rn 12) sowie aus der Zeit für die *Rückbeförderung der Annahmeerklärung* (s Rn 14; vgl BGHZ 209, 195 Rn 20; BGH NJW 2010, 2873 Rn 11). Verzögerungen in einem dieser Zeitabschnitte können durch Beschleunigung in einem anderen ausgeglichen werden (OLG Hamburg OLGRspr 44, 129; s auch Rn 11 aE). Wie sich aus der Einbeziehung der Antragsbeförderungszeit ergibt, läuft die Frist von der Abgabe, nicht erst vom Zugang des Antrages an (BGHZ 209, 195 Rn 20; BGH NJW 2010, 2873 Rn 11). Wie lang die Frist ist, hängt von den Umständen des Einzelfalles ab, insbesondere von Art und Inhalt des Angebots, seines Umfangs und seiner Komplexität, davon, ob der Angebotsinhalt aufgrund von vorbereitenden Entwürfen bereits bekannt war, etc (BGHZ 209, 195 Rn 20, 34).

11 **b)** Für die Zeit, die für die **Beförderung des Antrages** erforderlich ist, kann von einem normalen Zugang des Antrages beim Adressaten ausgegangen werden (ausf

dazu Staudinger/Singer/Benedict [2017] § 130 Rn 73 ff), insbesondere davon, dass der Adressat entsprechende Empfangsvorkehrungen getroffen hat (RGZ 59, 296, 300). Ihm *bekannte Beförderungshindernisse,* etwa einen Streik beim Beförderungsunternehmen, muss der Antragende für die Fristberechnung berücksichtigen (vgl auch RG HRR 1937 Nr 849). Die Hindernisse müssen nicht außergewöhnlicher Natur sein. So liegt bei postalischer Beförderung der Willenserklärung eine Beförderungsdauer, die die schnellstmögliche Zeit um das Doppelte überschreitet, noch innerhalb der regelmäßigen Umstände. *Unbekannte Beförderungshindernisse* wie etwa eine besondere Verzögerung durch die Post (vgl RG Recht 1924 Nr 941) fließen in die Fristberechnung nicht mit ein (BGH NJW 2010, 2873 Rn 14). Sie führen gleichwohl nicht per se dazu, dass der beim Empfänger später als erwartet eingegangene Antrag erlischt und damit seine Annahmefähigkeit verliert. Vielmehr erlischt der Antrag erst, wenn die Frist des Abs 2 ungenutzt verstrichen ist (s Rn 1, 9). Vorher bleibt es dabei, dass der Empfänger versuchen kann, diesen Antrag – zB durch telefonische Antwort – noch innerhalb der nach Abs 2 zu berechnenden Gesamtfrist anzunehmen (vgl schon Mot I 170). Nur fließt eben die nicht vorherzusehende Beförderungsverzögerung in die Berechnung dieser Frist nicht mit ein. Ein Antrag, der unerwarteterweise erst nach 13 Tagen eingeht, kann daher, wenn die Antwort unter regelmäßigen Umständen binnen 14 Tagen zu erwarten war, noch kurz entschlossen angenommen werden, zB telefonisch, telegrafisch, per E-Mail oder per Telefax, aber auch brieflich (wenn man das Risiko eingehen will, dass der Brief am nächsten Tag noch nicht angekommen ist).

c) Dem Antragsempfänger muss außerdem eine für seine Verhältnisse normale 12
Zeit für die **Bearbeitung des Antrages** zugebilligt werden (LAG Baden-Württemberg DB 1966, 1058). Dies bedeutet bei Anträgen an einen gewerblichen Adressaten, dass die üblichen Geschäftszeiten zugrunde zu legen sind. Außerdem sind Feiertage und arbeitsfreie Tage am Wochenende zu berücksichtigen (Flume § 35 I 2; vgl auch BGHZ 209, 195 Rn 28). Darüber hinaus sind Besonderheiten beim Adressaten in Rechnung zu stellen, die dem Antragenden bekannt sind (BGHZ 209, 195 Rn 21; BGH LM Nr 1 zu § 147; OLG München VersR 1976, 745, 746; RGZ 142, 402, 404; RG HRR 1937 Nr 849; **aM** Finkenauer JuS 2000, 119, 121), etwa die urlaubsbedingte Abwesenheit, Krankheit oder besondere Arbeitsüberlastung des Empfängers. Etwas anderes mag dann gelten, wenn vom Empfänger zu erwarten ist, dass er solchen Umständen durch organisatorische Vorkehrungen Rechnung trägt (vgl RGZ 59, 296, 300; Soergel/Wolf § 147 Rn 10). Dem Antragenden bekannte objektive Verzögerungshindernisse sind auch hier zu berücksichtigen (einschränkend Schmidt-Räntsch ZfIR 2014, 113, 119; offen BGH NJW 2014, 854 Rn 13, aber zu § 308 Nr 1, s dazu Staudinger/Coester-Waltjen [2019] § 308 Nr 1 Rn 12). Richtet sich der Antrag beispielsweise an eine juristische Person, so ist die besondere Organisationsstruktur zu berücksichtigen (BGHZ 209, 195 Rn 21, 29) und beispielsweise die nächste ordentliche Sitzung der für die Entscheidung zuständigen Organe abzuwarten (vgl auch OVG Saarlouis NJW 1993, 1612, 1613). Müssen noch behördliche Genehmigungen eingeholt werden, ist auch das zu berücksichtigen. Dass der Antragsempfänger dem Antragenden mitteilt, er können sich nicht entscheiden, reicht aber selbstverständlich nicht (ebenso Schmidt-Räntsch ZfIR 2014, 113, 119).

Zur Bearbeitungszeit gehört auch eine angemessene **Überlegungsfrist**. Dem Ange- 13
botsempfänger kann zB die Untersuchung einer Probe zuzubilligen sein, die Einsichtnahme ins Grundbuch oder ein anderes Register, die Einholung einer Rechts-

auskunft, die Erkundung der Marktlage oder eine Rücksprache des Vormunds mit dem Familiengericht (vgl auch LINDACHER JR 1990, 327).

14 **d)** Hinzuzurechnen ist schließlich die nach den Umständen zu erwartende Zeit für die **Rückbeförderung der Annahmeerklärung**. Hier verlangen die regelmäßigen Umstände, dass sich der Angebotsempfänger für seine Annahmeerklärung eines Erklärungsmittels bedient, das an Schnelligkeit dem für den Antrag gewählten Beförderungsmittel gleichsteht (vgl RG WarnR 1908 Nr 355). Grundsätzlich ist also einem telegrafischen Antrag auch (mindestens, s Rn 8) telegrafisch zu antworten. Dasselbe gilt für Anträge, die per Fernschreiben oder auf dem Luftpostwege übermittelt wurden (vgl RGZ 87, 141, 144; FLUME § 35 I 2), während ein Telefax nicht schon von selbst auf besondere Eilbedürftigkeit schließen lässt, da dieses Kommunikationsmittel häufig aus Kostengründen gewählt wird (ebenso MünchKomm/BUSCHE § 147 Rn 35; vgl aber auch LG Wiesbaden NJW-RR 1998, 1435, 1436). Allerdings reicht eine briefliche Antwort auf ein telegrafisches Angebot aus, wenn der Brief nicht viel länger als das Telegramm benötigt. Im Übrigen kommt es auf die erkennbaren Umstände des Einzelfalles an, etwa auf die Dringlichkeit des Geschäfts, die Branchenüblichkeit oder die bisherigen Gepflogenheiten der Parteien. Außerdem kann der Antragende die Frist des § 147 Abs 2 BGB gemäß § 148 BGB verkürzen, etwa wenn er in einem brieflichen Angebot eine mündliche oder telegrafische Beantwortung verlangt oder sonstwie auf einer umgehenden Antwort besteht (BGH WarnR 1969 Nr 221; RGZ 26, 6, 8; RG LZ 1914, 1113; OLG Hamburg HansRGZ 1930 B 246, 249; OLG Stettin LZ 1924, 648; AG Frankfurt NJW-RR 1989, 47; ENNECCERUS/NIPPERDEY § 161 II 2b; vgl auch Rn 2 sowie § 148 Rn 4).

e) Beispiele

15 Nicht mehr rechtzeitig ist zB normalerweise eine Antwort, die zwei Monate nach einem schriftlichen *Kaufangebot* eingeht (LG Kempten BB 1972, 630; vgl aber für einen Autokauf LG Hamburg NJW 1988, 1150: nach 12 Tagen zu spät; noch strenger OLG Frankfurt NJW-RR 1998, 566, 567: nach 6 Tagen zu spät); dasselbe gilt für *Arbeitsverträge* (vgl ArbG Bochum DB 1974, 99; **aM** LAG Berlin NZA-RR 1999, 355, 356; dagegen zutr FINKENAUER JuS 2000, 119 ff) und *Werkverträge* (OLG Rostock NJW-RR 1998, 526 f). Auch bei finanzierten und beurkundungsbedürftigen *Immobilienkaufverträgen* kann die Antwort grundsätzlich innerhalb von vier Wochen erwartet werden (vgl – auch zu den Ausnahmen – BGHZ 209, 195 Rn 32; BGH NJW 2016, 2173 Rn 7; 2014, 854 Rn 12; 2010, 2873 Rn 12 ff; HERRLER MittBayNot 2014, 109 ff; SCHMIDT-RÄNTSCH ZfIR 2014, 113 ff). Bei *Mietverträgen* ist dem Interessenten an einer raschen Entscheidung gelegen, so dass – auch bei Gewerberaummiete – nur eine kurze Annahmefrist von maximal zwei bis drei Wochen in Betracht kommt (vgl etwa BGHZ 209, 195 Rn 31 f; KG MDR 2001, 685; LG Berlin WuM 1987, 378; LG Köln WuM 1988, 50; KLIPPEL/KRÖGER-SCHRADER Jura 1989, 537, 538). Hingegen kann die Antwort auf ein *Maklerangebot* noch nach Monaten erwartet werden (OLG München OLGZ 1978, 444, 446), die auf einen *Versicherungsantrag,* für den nicht die gesetzlichen Fristen der § 5 Abs 3 PflVersG eingreifen (s dazu § 148 Rn 2; nach OLG Hamburg VersR 1988, 1169 sind vom Versicherer genormte Anträge gleichzustellen), noch nach vier Wochen (OLG Frankfurt NJW-RR 1986, 329 für den Antrag auf Umwandlung einer Vollkasko- in eine Teilkaskoversicherung), aber nicht mehr wesentlich später (OLG Celle ZfS 1985, 56; LG Augsburg ZfS 1983, 207), bei nicht besonders eiligen Erweiterungsanträgen auch noch nach drei Monaten (OLG München VersR 1976, 745, 746), aber nicht mehr nach einem Jahr (AG Aschaffenburg ZfS 1982, 300). Bei Änderungskündigungen ist jedenfalls die Kündigungsfrist anzuset-

zen (BAGE 104, 315 = NZA 2003, 659, 660 ff; vgl auch LAG Düsseldorf DB 2006, 566 f). Auch die Annahme einer modifizierten und deshalb gemäß § 150 Abs 2 BGB als neues Angebot zu wertenden Annahmeerklärung für einen Handelsvertretervertrag nach mehr als einem Jahr ist verspätet (OLG Jena OLG-NL 2006, 54 f).

IV. Beweislast

Die Beweislast dafür, dass der Antrag rechtzeitig angenommen wurde, liegt bei 16
demjenigen, der den Vertragsschluss behauptet und daraus Rechtsfolgen ableitet (BGHZ 209, 195 Rn 24; Baumgärtel/Laumen/Prütting, Hdb d Beweislast [4. Aufl 2018] § 147 Rn 1).

§ 148
Bestimmung einer Annahmefrist

Hat der Antragende für die Annahme des Antrags eine Frist bestimmt, so kann die Annahme nur innerhalb der Frist erfolgen.

Materialien: E I § 82; II § 121; III § 144; Mot I 168; Prot I 77.

Schrifttum

S § 147.

Systematische Übersicht

I.	**Überblick**	1
II.	**Gesetzliche Annahmefristen**	2
III.	**Gewillkürte Annahmefristen**	
1.	Fristsetzung	3
a)	Inhalt	3
b)	Rechtsnatur	8
c)	Zeitpunkt	9
2.	Fristwahrung	10
3.	Fristüberschreitung	11
IV.	**Beweislast**	12

Alphabetische Übersicht

Annahmefrist (s auch Antrag unter Abwesenden)
– bei Festofferten 7
– Fristbestimmung in AGB 6
– gewillkürte Fristen 3
– Inhalt der Fristsetzung 3 ff
– Rechtsnatur der Fristsetzung 8
– spezialgesetzliche Fristen 2
– Überschreitung der Frist 11
– Wahrung der Frist 10
– Zeitpunkt der Fristsetzung 9

Beweislast
– Befristung des Angebots 12

Festofferte 3, 7
Frist s Annahmefrist

I. Überblick

1 Auch § 148 BGB befasst sich mit der Frage, bis zu welchem Zeitpunkt der Antragende an seinen Antrag gebunden ist (s schon § 147 Rn 1). Die Vorschrift sieht – dem Grundsatz der Privatautonomie folgend – im Interesse der Klarheit über die Bindung vor, dass der Antragende diesen Zeitpunkt selbst bestimmen kann. Das gilt freilich nur, sofern keine spezialgesetzliche Annahmefrist besteht (s Rn 2). Macht der Antragende von den ihm durch § 148 BGB gewährten Möglichkeiten keinen Gebrauch, greift subsidiär die Regelung des § 147 BGB. Dasselbe gilt, wenn die Fristbestimmung unwirksam ist (BGHZ 109, 359, 361).

II. Spezialgesetzliche Annahmefristen

2 Für bestimmte Vertragstypen enthalten Spezialgesetze Sondervorschriften über die Annahmefrist, die der subsidiären gesetzlichen Frist des § 147 BGB vorgehen. Solche Sondervorschriften existierten früher im Interesse der Rechtssicherheit vor allem auf dem Gebiet des **Versicherungsrechts** (vgl die Übersicht bei OLG Frankfurt NJW-RR 1986, 329 f). So erlosch insbesondere nach § 81 Abs 1 S 1 VVG aF der Antrag auf Abschluss, Verlängerung oder Änderung eines Feuerversicherungsvertrages erst dann, wenn er nicht binnen zwei Wochen (oder gemäß § 81 Abs 3 S 2 VVG aF innerhalb einer anderen vom Antragenden nach § 148 BGB fest bestimmten Frist) angenommen worden ist (vgl OLG Hamm NJW-RR 1987, 153). Diese Regelung, die heute aufgehoben ist, galt freilich nur in ihrem definierten Anwendungsbereich und konnte allenfalls auf kombinierte Verträge (zB gemischte Feuer- und Sturmversicherungen), nicht aber auf andere Anträge im Zusammenhang des Feuerversicherungsrechts oder auf andere Versicherungsarten übertragen werden (BGH LM Nr 1 zu § 147; OLG Frankfurt NJW-RR 1986, 329). Weitere Annahmefristen enthalten zT die *Allgemeinen Versicherungsbedingungen.* Auch solche Fristen können nicht für andere als die ausdrücklich erwähnten Fälle, etwa die Aufhebung oder Änderung des Versicherungsvertrages, gelten (BGH LM Nr 1 zu § 147; OLG Nürnberg VersR 1975, 228; vgl auch OLG Braunschweig VersR 1967, 852, 853).

III. Gewillkürte Annahmefristen

1. Fristsetzung

3 **a)** § 148 BGB geht davon aus, dass der Antragende eine **Annahmefrist** setzt. Das kann auch dadurch geschehen, dass er sein Angebot mit einer Bindungsfrist versieht, also eine zeitlich befristete Festofferte abgibt (BGH NJW-RR 2017, 114 Rn 7; NJW 2013, 3434 Rn 8; vgl auch oben § 145 Rn 24). Nach ihrem Inhalt kann die Fristsetzung nach Maßgabe der §§ 186 ff BGB durch Bestimmung eines Endtermins mittels **Datums oder Zeitraumfestsetzung** erfolgen (zB „bis zum 17. 5." oder „binnen einer Woche"). In diesen Fällen ist der *Fristbeginn* nach § 187 BGB zu beurteilen. Dies bedeutet, dass durch Auslegung zu ermitteln ist, ob bei einer Fristbestimmung nach Tagen der Tag der Angebotserklärung noch in die Frist eingeschlossen sein soll oder nicht. Im Zweifel ist anzunehmen, dass der Erklärungstag mitzählt (OLG Hamburg OLGRspr 41, 91; vgl auch Palandt/Ellenberger § 148 Rn 3; Soergel/Wolf § 148 Rn 8). Die Frist beginnt also unter Abwesenden mit dem Schluss des Tages, an dem das Angebot abgegeben wird (dies wird durch das in einem Brief angegebene Datum indiziert), nicht mit

Zugang des Antrages oder mit Datum des Poststempels. Beim *Fristende* ist ein mit Datum angegebener Schlusstag gemäß § 188 BGB noch in die Frist eingeschlossen (RGZ 105, 417, 420; vgl auch RGZ 92, 208, 210). Im Übrigen gilt § 188 Abs 1 BGB. Wird also beispielsweise am 13. 5. ein Angebot mit einer Annahmefrist von einer Woche abgegeben, so endet die Annahmefrist am 20. 5. (sog „verlängernde Berechnungsweise“; vgl auch Staudinger/Repgen [2019] § 187 Rn 2, 5). Ist eine Uhrzeit nicht angegeben, so muss die Annahmeerklärung bis zum Ende der üblichen Geschäftszeit eingegangen sein (vgl allg dazu BGHZ 23, 307, 310 f; **abl** Staudinger/Repgen [2019] § 188 Rn 3). Wird als Zeitpunkt ein bestimmter Tag mit dem Zusatz „früh“ angegeben, so bedeutet das den Beginn der üblichen Geschäftszeit (die bei den heutigen, von der „Kernarbeitszeit“ geprägten Büroöffnungszeiten eher bei 10 Uhr liegen dürfte), „vormittags“ bedeutet „bis 12 Uhr“ (OLG Hamburg OLGRspr 44, 130).

Neben der Angabe eines konkret bestimmten oder konkret zu berechnenden Termins kann die Befristung auch durch **jede andere zeitliche Konkretisierung** erfolgen, durch die der Antragende zu erkennen gibt, dass er von der gesetzlichen Regelung des § 147 BGB nach oben oder unten abweichen will (BAG NZA 2010, 32 Rn 19; 2007, 925 Rn 16). So kann insbesondere die Frist des § 147 Abs 2 BGB dadurch verkürzt werden, dass eine sofortige, eine möglichst rasche, eine umgehende (BAG NZA 2007, 925 Rn 16, 18) oder eine Annahme auf einem bestimmten Wege (mündlich, telefonisch, per Telefax oä) verlangt wird (vgl dazu bereits § 147 Rn 1, 14). In diesen Fällen beginnt die Frist mit dem Wirksamwerden des Antrages. Möglich ist es auch, eine (umgehende) Erklärung gegenüber einem Vertreter oder einem sonstigen *Dritten* zu verlangen (BGH WarnR 1969 Nr 221). Schickt der Angebotsempfänger die Annahme dann trotzdem an den Anbietenden und kommt sie dort verspätet an, so kann sich der Annehmende nicht darauf berufen, die Erklärung wäre auf dem Weg über den Dritten auch nicht eher beim Anbietenden angekommen (RG Recht 1924 Nr 1448). 4

Für die **Dauer** der gewillkürten Annahmefrist gibt es – von § 516 Abs 2 S 1 BGB abgesehen, der eine „angemessene“ Frist verlangt – keine gesetzlichen Grenzen (BAG NZA 2007, 925 Rn 16; vgl auch BGH WarnR 1969 Nr 221). Eine objektiv nicht einhaltbare kurze Frist ist freilich auf eine unmögliche Handlung gerichtet und damit unwirksam. Es gilt dann § 147 Abs 2 BGB (LAG Düsseldorf DB 2006, 566 f), wenn es nicht eine dispositive gesetzliche Frist gibt (vgl für § 2 S 2 KSchG BAG NZA 2007, 925 Rn 19) oder sich den Umständen entnehmen lässt, dass die Angebotserklärung gar nicht ernst gemeint war, es also am Rechtsbindungswillen fehlt, sodass gar kein annahmefähiger Antrag vorliegt. 5

Eine in *AGB* bestimmte unangemessen lange Frist ist gemäß § 308 Nr 1 BGB unwirksam (ausf dazu BGH NJW 2016, 2173 Rn 11 ff; 2010, 2873 Rn 6 ff; Walchshöfer WM 1986, 1041 ff). Auch hier greift die subsidiäre Regelung des § 147 Abs 2 BGB (BGHZ 109, 359, 361; BGH NJW 2010, 2873 Rn 10; OLG Frankfurt NJW-RR 1998, 566, 567). Es handelt sich idR um Fälle, in denen das Angebot ganz oder teilweise von der Gegenseite vorformuliert ist und dabei eine Annahmefrist oder eine als solche zu verstehende „Bindefrist“ enthält. Solche Klauseln finden sich zB in Versicherungsanträgen (dort ist eine Frist von höchstens 4 Wochen zulässig; **aM** OLG Frankfurt VersR 1983, 528, 529; zu Bedenken gegen die Bestimmtheit vgl LG Köln MDR 1987, 676), in Bauausschreibungen gemäß § 19 Nr 3 VOB/A (vgl dazu OLG Düsseldorf BauR 1980, 65, 66), in Immobilienkaufverträgen (BGH NJW 2010, 2873: Frist von mehr als vier Wochen unzulässig; vgl auch BGH NJW 6

2016, 2173 Rn 11; 2014, 857 Rn 8; 2014, 854 Rn 12; GuT-W 2014, 152 Rn 7), in Darlehensanträgen der Banken (vgl BGH NJW 1988, 2106, 2107: Frist von einem Monat ist zulässig; BGH NJW 1986, 1807, 1808: Frist von 6 Wochen ist unzulässig), in Leasingverträgen (vgl OLG Hamm WM 1986, 1362, 1363: Frist von 2 Monaten ist unzulässig), in Möbelkaufverträgen (BGH NJW 2001, 303: Frist von 3 Wochen ist unzulässig) oder in Formularen des Kraftfahrzeughandels (für Zulässigkeit einer 4-Wochen-Frist BGHZ 109, 359, 361 ff = NJW 1990, 1748 = JR 1990, 325 [m Anm Lindacher]; vgl auch OLG Düsseldorf NJW 2005, 1515, 1516; aM aber LG Lüneburg NJW-RR 2002, 564; anders auch für den Fall, dass nichts mehr zu klären ist, OLG Frankfurt NJW-RR 1998, 566, 567; sehr rigoros für den Gebrauchtwagenhandel AG Diepholz MDR 1987, 936: 10-Tage-Frist unzulässig).

7 Bei den sog *Festofferten* (s dazu schon § 145 Rn 24) ist das Angebot nicht völlig unbefristet. Vielmehr ist eine solche Klausel dahin zu verstehen, dass das Angebot nach einer angemessenen Frist erlöschen soll, die sich aus den Umständen ergibt, insbesondere aus der Natur des Rechtsgeschäfts (RGZ 97, 2, 3). Dasselbe muss auch für eine (BGH WM 1968, 1103 zugrundeliegende) Vereinbarung gelten, das Angebot solle „in der Schwebe bleiben".

8 **b)** Von ihrer **Rechtsnatur** her ist die Fristsetzung einseitiges *Rechtsgeschäft*. Das gilt auch dann, wenn sie außerhalb des Antrages erfolgt (s Rn 9). Ein beschränkt Geschäftsfähiger kann daher die Fristbestimmung ohne Mitwirkung seines gesetzlichen Vertreters nur vornehmen, wenn das angetragene Rechtsgeschäft rechtlich lediglich vorteilhaft und die gesetzte Frist kürzer ist als die gesetzliche Frist des § 147 Abs 2 BGB (nach **aM** soll es reichen, wenn nur die Frist des § 147 Abs 2 verkürzt wird, s MünchKomm/Busche § 148 Rn 2; Soergel/Wolf § 148 Rn 3). Die Frist kann im Übrigen *ausdrücklich oder konkludent* gesetzt werden (Flume § 35 I 2). Ob das gewollt ist, ist durch Auslegung vom Empfängerhorizont unter Berücksichtigung der Geschäftssitten, der Gepflogenheiten unter den Parteien und der Natur des konkreten Rechtsgeschäfts zu ermitteln (BGH NJW-RR 1994, 1163, 1164). So ist zB beim Angebot eines Lotterieloses konkludent mitbestimmt, dass die Annahme vor dem Ziehungszeitpunkt wirksam werden muss (BGH LM Nr 2 zu § 148). Einer bestimmten *Form* bedarf die Fristsetzung nur, wenn der Antrag formbedürftig ist. Das gilt auch dann, wenn die Frist – was möglich ist (s Rn 9) – nachträglich gesetzt oder verlängert wird (RG JW 1928, 649).

9 **c)** Die Frist kann dem Angebotsempfänger **im Antrag**, aber auch unabhängig von diesem **in einer selbständigen Erklärung** gesetzt werden (vgl BGH WarnR 1969 Nr 221). Die Fristsetzung kann daher dem Antrag auch vorausgehen oder ihm während der laufenden gesetzlichen Frist nachfolgen (zur Frage des Formzwangs in diesen Fällen s Rn 8). Allerdings kann eine *kürzere* als die gesetzliche Frist gemäß § 130 Abs 1 S 2 BGB nur spätestens gleichzeitig mit dem Antrag gesetzt werden (Erman/Armbrüster § 148 Rn 5; Soergel/Wolf § 148 Rn 3), weil sich der Empfänger des unbefristeten Antrages darauf einrichten kann, die gesetzliche Frist ausschöpfen zu dürfen. Der Antragende ist entsprechend gebunden und kann diese Bindung nicht zu Lasten des Empfängers beseitigen. Eine *längere* als die gesetzliche Frist kann der Antragende dagegen zugunsten des Empfängers auch noch nachträglich bestimmen. Freilich ist eine solche *Fristverlängerung*, die auch konkludent gewährt werden kann (OLG Celle NJW-RR 2009, 1150, 1151; OLG Hamm NJW 1976, 1212), nur möglich, solange die ursprüngliche (gesetzliche oder rechtsgeschäftlich bestimmte) Frist noch läuft, denn mit deren Ablauf ist der Antrag gemäß § 146 BGB erloschen und kann folglich gar nicht mehr

angenommen werden (s § 146 Rn 8). Eine solche verspätete Fristverlängerung ist dann aber als neuer Antrag mit gewillkürter Annahmefrist zu verstehen (Erman/Armbrüster § 148 Rn 5; Soergel/Wolf § 148 Rn 10).

2. Fristwahrung

Grundsätzlich kann der Angebotsempfänger die ihm gesetzte Frist voll ausschöpfen. 10
Zu einer vorzeitigen Erklärung ist er nicht verpflichtet, gleich ob er den Antrag annehmen oder ablehnen will (BGH NJW 1966, 1407; LG Bremen VersR 1982, 694). Die Frist ist aber nur dann gewahrt, wenn die *Annahmeerklärung* innerhalb der gesetzten Frist *wirksam* wird. Dass der Angebotsempfänger seine Annahmeerklärung innerhalb der Frist abgegeben hat, genügt nicht (RGZ 53, 59, 61; 43, 75, 80; RG WarnR 1916 Nr 8; OLG Hamm VersR 1978, 1039; zu den Fällen des § 151 s § 151 Rn 26; zu § 152 s § 152 Rn 4). Freilich kann der Antragende von dieser Regel abweichen und bestimmen, dass fristgerechtes Absenden genügen soll (vgl RGZ 48, 175, 178 f; OLG Düsseldorf NJW-RR 1995, 1392; OLG Köln NJW 1990, 1051). Ob das gewollt ist, ist Auslegungsfrage (Enneccerus/Nipperdey § 161 Fn 22). Ist die Annahme von einem *Vertreter ohne Vertretungsmacht* (und damit zunächst einmal nicht, wie es erforderlich wäre, wirksam, sondern nur schwebend unwirksam) erklärt worden, so muss auch die Genehmigung des Vertretenen innerhalb der Annahmefrist erklärt werden. Wegen der Schutzfunktion des § 148 BGB wirkt die Genehmigung insoweit – abweichend von § 184 BGB – nicht auf den Zeitpunkt der Annahmeerklärung zurück (BGH NJW 1973, 1789, 1790; Erman/Armbrüster § 148 Rn 7; vgl auch BGHZ 108, 380, 384; OLG Hamburg MDR 1988, 861 [Genehmigung einer Vorstandsentscheidung durch die Kirchenaufsicht]; **aM** RGZ 76, 364, 366; Jauernig/Mansel § 184 Rn 2; Jauernig, in: FS Niederländer [1991] 285 ff). Denn mangels wirksamer Annahme ist der Antragende nicht mehr gebunden, und die dadurch gewonnene Dispositionsfreiheit kann ihm nicht durch nachträgliche Genehmigung wieder genommen werden.

3. Fristüberschreitung

Ist die Frist nicht gewahrt, so erlischt der Antrag (s § 146 Rn 8). Das muss im Interesse 11
der Rechtssicherheit auch bei nur geringfügigem Überschreiten gelten (s näher § 150 Rn 3). Eine verspätete Annahmeerklärung ist dann gemäß § 150 Abs 1 BGB als neuer Antrag anzusehen (BAG NZA 2010, 32 Rn 29), sofern kein Fall des § 149 BGB vorliegt. Allerdings kann der Antragende aufgrund des vorvertraglichen Vertrauensverhältnisses (s dazu § 145 Rn 25), das über das Erlöschen des Angebotes hinaus besteht, verpflichtet sein, den Gegner umgehend darauf hinzuweisen, dass die Annahme zu spät eingegangen und der Vertragsschluss deshalb gescheitert ist. Verletzt er diese Pflicht, so kann er dem Gegner wegen einer cic auch über § 149 BGB hinaus zur Leistung verpflichtet sein (RGZ 147, 103, 110). Zur *Vereitelung* des rechtzeitigen Zugangs durch den Antragenden gilt das zu § 147 Rn 9 Gesagte sinngemäß.

IV. Beweislast

Die Befristung des Angebots muss als Abweichung von § 147 BGB derjenige be- 12
weisen, der sich darauf beruft, idR also der Antragende, der geltend macht, die Annahme sei wegen einer gegenüber § 147 BGB verkürzten Frist zu spät gekommen (MünchKomm/Busche § 148 Rn 9; Palandt/Ellenberger § 148 Rn 3; Soergel/Wolf § 148

Rn 14; aM RG SeuffA 80 Nr 72; BAUMGÄRTEL/LAUMEN/PRÜTTING, Hdb d Beweislast [4. Aufl 2018] § 147 Rn 2). Steht die Befristung fest, so trägt derjenige, der behauptet, dass die mit dem Antrag verbundene Fristsetzung nicht die Annahmefähigkeit beschränken sollte, dafür die Beweislast (RG SeuffA 75 Nr 4; vgl auch RGZ 76, 364, 366).

§ 149
Verspätet zugegangene Annahmeerklärung

Ist eine dem Antragenden verspätet zugegangene Annahmeerklärung dergestalt abgesendet worden, dass sie bei regelmäßiger Beförderung ihm rechtzeitig zugegangen sein würde, und musste der Antragende dies erkennen, so hat er die Verspätung dem Annehmenden unverzüglich nach dem Empfang der Erklärung anzuzeigen, sofern es nicht schon vorher geschehen ist. Verzögert er die Absendung der Anzeige, so gilt die Annahme als nicht verspätet.

Materialien: E I § 85; II § 122; III § 145; Mot I 170; Prot I 81.

Schrifttum

HILGER, Die verspätete Annahme, AcP 185 (1985) 559

VOLP/SCHIMMEL, § 149 BGB – eine klare und einfache Regelung?, JuS 2007, 899.

Systematische Übersicht

I. Überblick 1

II. Voraussetzungen der Benachrichtigungspflicht
1. Rechtzeitiges Absenden der Annahmeerklärung 3
2. Unregelmäßige Beförderung 4
3. Erkennbarkeit 5

III. Verspätungsanzeige
1. Inhalt 6
2. Zeitpunkt 7
3. Rechtsnatur 8

IV. Rechtsfolgen
1. vor der Verspätungsanzeige 9
2. bei rechtzeitiger Verspätungsanzeige 10
3. bei verspäteter Verspätungsanzeige 11

V. Beweislast 13

Alphabetische Übersicht

Anzeige der Verspätung 6 f
Erkennbarkeit der Verzögerung 5
Rechtsfolge bei rechtzeitiger Anzeige 10
Rechtsfolge bei verspäteter Anzeige 11
Rechtsfolgen vor Anzeige 9
Rechtsnatur der Anzeige 8
Rechtzeitiges Absenden der Annahmeerklärung 3
Unregelmäßige Beförderung 4

I. Überblick

§ 149 BGB regelt, wie § 150 Abs 1 BGB, die Folgen eines gemessen an den Erfordernissen der §§ 147, 148 BGB *verspäteten Zugangs einer verkörperten Annahmeerklärung.* Als Grundsatz bestimmt § 150 Abs 1 BGB, dass die verspätete Annahme als neuer Antrag gilt. Sofern jedoch die Verspätung einer verkörperten Annahmeerklärung ihren Grund nicht in einer verspäteten Abgabe (s Rn 3), sondern in einer *unregelmäßigen Beförderung* der Erklärung hat (s Rn 4), gilt die Annahmeerklärung bei Erkennbarkeit dieser Verzögerung (s Rn 5) für den Antragenden als rechtzeitig zugegangen, sofern nicht unverzüglich eine Verspätungsanzeige abgesendet wird (s Rn 6 ff). Bedeutung hat die Vorschrift *nur bei verkörperten Willenserklärungen.* Sie greift daher nicht in den Fällen des § 147 Abs 1 BGB (s dazu § 147 Rn 2), da es hier kein Transportrisiko gibt, und auch nicht in den Fällen des § 151 BGB, da die Annahme hier nicht durch empfangsbedürftige Willenserklärung erfolgt; zum Verhältnis zu § 150 Abs 2 s Rn 3. § 149 BGB ist *dispositiv,* so dass – wenn auch nicht in AGB (§ 307 Abs 2 BGB) – vereinbart werden kann, dass bei verspätetem Zugang der Vertrag auch ohne Verspätungsanzeige gescheitert sein soll (Soergel/Wolf § 149 Rn 1). 1

Der **Gesetzeszweck** liegt im Schutz des Antragsempfängers (MünchKomm/Busche § 149 Rn 1; Soergel/Wolf § 149 Rn 1). Er darf bei rechtzeitiger Absendung einer verkörperten Annahmeerklärung darauf vertrauen, sie werde beim Antragenden nach normaler Beförderungsdauer eingehen. Vermag der Antragende zu erkennen, dass sich der Annehmende in diesem Punkt getäuscht hat, so hat er nach Treu und Glauben diesen Irrtum unverzüglich aufzuklären und den Gegner dadurch vor Schaden zu bewahren, der durch Dispositionen entstehen könnte, die im Vertrauen auf den Vertragsschluss getätigt werden (Mot I 171; vgl auch RGZ 105, 255, 257). Anderenfalls wird die Verspätung ignoriert, und der Vertrag ist zustandegekommen (s Rn 11). Der Gesetzgeber hat damit freilich einen ungewöhnlichen Weg beschritten. Er hat nämlich keine Informations*pflicht* für den Antragenden normiert, was in Ausprägung des Instituts der culpa in contrahendo nahegelegen hätte, und als Sanktion auch keinen Schadensersatzanspruch gewährt (s auch Rn 12), sondern er hat eine *Obliegenheit* für den Antragenden formuliert, deren Verletzung dazu führt, dass der Vertrag als rechtzeitig geschlossen fingiert wird (krit dazu Canaris, Die Vertrauenshaftung im deutschen Privatrecht [1971] 326 ff). Es geht daher nicht an, in § 149 S 2 BGB einen Sondertatbestand der cic zu sehen (so aber Hilger AcP 185 [1985] 559, 561 ff; **abl** Erman/Armbrüster § 149 Rn 4; MünchKomm/Busche § 149 Rn 2; Palandt/Ellenberger § 149 Rn 1; Volp/Schimmel JuS 2007, 899, 900), da die Rechtsfolge (Vertragsschluss) nicht an eine Pflichtverletzung anknüpft und auch nicht zum Institut der cic passt, bei der idR nur auf das negative Interesse gehaftet wird (s Vorbem 50 zu §§ 145 ff). Auch bei der *analogen Anwendung* des § 149 BGB ist daher Zurückhaltung geboten (vgl aber BGHZ 209, 105 Rn 39). Beruht also die Annahmeverspätung nicht auf unregelmäßiger Beförderung, sondern auf verspätetem Absenden, so muss der Empfänger sich auch in den Fällen des § 147 Abs 2 BGB nicht darüber informieren, ob ihm die Überschreitung der Frist wichtig ist (vgl aber OLG Dresden NZM 2004, 826, 828; OLG Naumburg ZMR 2008, 371, 372). 2

II. Voraussetzungen der Benachrichtigungspflicht

1. Rechtzeitiges Absenden der Annahmeerklärung

3 Erste Voraussetzung des § 149 BGB ist die rechtzeitige Absendung der Annahmeerklärung (vgl Canaris 328 gegen Flume § 35 II 2, der § 149 bei verspätetem Absenden unter bestimmten Voraussetzungen erweiternd anwenden will; s auch § 150 Rn 6). Hierunter ist mehr zu verstehen als nur die Abgabe der Erklärung, die sich bei verkörperten Willenserklärungen als die auf den Wirksamkeitseintritt gerichtete Entäußerung darstellt (vgl dazu Staudinger/Singer/Benedict [2017] § 130 Rn 28 ff). Während diesem Erfordernis zB genügt ist, wenn einem privaten Boten die Erklärungsverkörperung mit der Bitte um Aushändigung bei passender Gelegenheit anvertraut wird, erfordert eine Absendung iSd § 149 BGB, dass eine **fristwahrende Übermittlung** der Erklärungsverkörperung nach Maßgabe der Verkehrsüblichkeit gewählt wird (Erman/Armbrüster § 149 Rn 2). Die Annahmeerklärung muss also so „in Marsch gesetzt" worden sein, dass sie bei regelmäßiger Beförderung rechtzeitig eingetroffen wäre und dadurch die Frist gewahrt hätte. Das ist normalerweise bei rechtzeitiger Einschaltung der Post der Fall. Sofern der Antragende eine bestimmte Beförderungsweise für die Annahmeerklärung vorgeschrieben hat, muss diese gewahrt sein. Im Übrigen muss die Annahmeerklärung natürlich überhaupt zugegangen sein und sich mit dem Antrag decken. Hätte sie den Vertragsschluss gemäß § 150 Abs 2 BGB ohnehin nicht herbeigeführt, spielt die Verspätung, die allein § 149 BGB überwindet, keine Rolle (Soergel/Wolf § 149 Rn 2).

2. Unregelmäßige Beförderung

4 Als Verspätungsursache darf nur ein ungewöhnlicher Fehler beim zulässigerweise (s Rn 3) gewählten Beförderungsmittel eingetreten sein. Praktisch erfasst dies die *unvorhersehbaren Verzögerungen* bei der postalischen Beförderung. Jedoch kann die Verzögerung auch durch das nicht zu erwartende Verhalten eines privaten Erklärungsboten bewirkt worden sein, sofern ein solcher als Mittel der „regelmäßigen Beförderung" in Betracht kam. Das Risiko *vorhersehbarer Verzögerungen* in der Beförderung trägt demnach der Annehmende, ebenso alle sonstigen Verzögerungsgründe, die aus seinem Risikobereich stammen.

3. Erkennbarkeit

5 Weiter verlangt § 149 BGB, dass der Antragende als Empfänger der Annahmeerklärung erkennen konnte oder musste, dass die Ursache der Verspätung im unregelmäßigen Funktionieren des Beförderungsmittels lag. Bei *postalischer Erklärungsbeförderung* wird dies durch den Poststempel oder den Aufgabevermerk ermöglicht (vgl RGZ 105, 255, 257; Enneccerus/Nipperdey § 162 III 1), sodass dessen fahrlässige Nichtbeachtung für den Tatbestand des § 149 BGB genügt. Sofern ein *Erklärungsbote* die Verzögerung bewirkt hat, ist § 149 BGB erfüllt, wenn der Antragende von dem Boten oder aus anderer zuverlässiger Quelle gleichzeitig mit dem Eingang der verspäteten Annahmeerklärung von den unvorhersehbaren Verzögerungsursachen erfährt. Der Umstand, dass der Bote einen zerknitterten und verschmutzten Brief wortlos (verspätet) aushändigt, ist aber noch kein ausreichendes Indiz für das Vorliegen einer unvorhersehbaren Verzögerung nach rechtzeitiger Erklärungsabsen-

dung (vgl aber für das Geständnis des Boten SOERGEL/WOLF § 149 Rn 6). Bei nicht voll Geschäftsfähigen ist § 131 BGB analog anzuwenden (SOERGEL/WOLF § 149 Rn 6).

III. Verspätungsanzeige

1. Inhalt

6 Will der Antragende bei Vorliegen der vorstehend erläuterten Voraussetzungen den Vertragsschluss verhindern, so muss er den Gegner über die Verspätung informieren. Die Verspätungsanzeige soll den Annehmenden davon in Kenntnis setzen, dass seine Annahmeerklärung verspätet eingegangen und ein Vertrag deshalb nicht zustande gekommen ist (s Rn 2). Inhaltlich muss daher die Verspätungsanzeige entsprechend formuliert sein. Die Geltendmachung anderer Erlöschensgründe für den Antrag genügt nicht (RGZ 105, 255, 257).

2. Zeitpunkt

7 Der Antragende kann den Vertragsschluss unter den Voraussetzungen des § 149 BGB nur dadurch verhindern, dass er die ordnungsgemäße Verspätungsanzeige **unverzüglich** absendet, also ohne schuldhaftes Zögern (vgl die Legaldefinition in § 121 Abs 1 S 1 BGB und dazu STAUDINGER/SINGER [2017] § 121 Rn 8 f). Zur Wahrung dieses Erfordernisses reicht es gemäß § 149 S 2 BGB aus, dass der Antragende die Verspätungsanzeige rechtzeitig **absendet** (zur Frage, ob die Anzeige auch ankommen muss, s Rn 8). Außerdem muss sich der Antragende grundsätzlich eines mindestens gleich schnellen Beförderungsmittels bedienen, wie es der Annehmende für die Übersendung der Annahmeerklärung gewählt hat (OLG Dresden OLGRspr 42, 264). Auch eine mündliche Anzeige ist möglich; dass § 149 S 2 BGB nur den Fall der verkörperten Verspätungsanzeige im Auge hat, steht dem nicht entgegen. Zulässig ist es, die Verspätungsanzeige *vor* dem verspäteten Eingang der Annahmeerklärung abzusenden, also dann, wenn der Antragende wegen Fristablaufs weiß, dass eine etwa noch eintreffende Annahmeerklärung verspätet zugehen würde. Geht die Anzeige ihrerseits verspätet zu, so gilt § 149 S 1 BGB entsprechend: Unvorhersehbare Beförderungsverzögerungen sind bei einer ordnungsgemäß abgesendeten Anzeige für deren vertragshindernde Wirkung unschädlich, sofern sie für den Empfänger der Anzeige erkennbar sind.

3. Rechtsnatur

8 Die Verspätungsanzeige stellt als Mitteilung eine **geschäftsähnliche Handlung** dar (allg dazu STAUDINGER/KLUMPP [2017] Vorbem 94 ff zu §§ 104–115). §§ 104 ff BGB gelten entsprechend (SOERGEL/WOLF § 149 Rn 8). Ob die Anzeige **empfangsbedürftig** ist, ist umstritten. Überwiegend wird sie im Anschluss an die Gesetzesmaterialien (Mot I 171) als nicht empfangsbedürftig angesehen, sodass ihre Wirksamkeit mit der Absendung und ohne Rücksicht auf die für empfangsbedürftige Erklärungen bestehenden Erfordernisse des Zugangs bzw der Vernehmung eintritt (vgl ERMAN/ARMBRÜSTER § 149 Rn 3; PALANDT/ELLENBERGER § 149 Rn 3; SOERGEL/WOLF § 149 Rn 11; VOLP/SCHIMMEL JuS 2007, 899, 903). Das bedeutet, dass der Vertrag auch dann nicht zustandekommt, wenn die Verspätungsanzeige ihren Adressaten gar nicht erreicht, sie etwa unterwegs verloren geht. Grundlage dieser Auffassung ist, dass § 149 S 2 BGB nur die

Absendung der Verspätungsanzeige verlangt. Hieraus auf die Nichtempfangsbedürftigkeit zu schließen, ist jedoch keineswegs zwingend, da § 149 S 2 BGB an die Absendung der Anzeige nur den Ausschluss des Zustandekommens eines Vertrages knüpft. Die in den Motiven niedergelegte Vorstellung von der fehlenden Empfangsbedürftigkeit hat daher im Gesetz keinen klaren Niederschlag gefunden. Sie wäre auch mit dem Schutzzweck des § 149 BGB schlecht vereinbar. Denn wenn es um eine rechtzeitige Information des Annehmenden geht (s Rn 2), dann muss die Information auch bei dem, der geschützt werden soll, ankommen. Im Übrigen ist in § 121 Abs 1 S 2 BGB für die Anfechtungserklärung eine entsprechende Regelung enthalten, durch welche ebenfalls lediglich das Verspätungsrisiko während des Transportes, nicht aber die Wirksamkeitsvoraussetzungen erfasst werden (vgl Staudinger/Singer [2017] § 121 Rn 11). Richtigerweise ist daher auch die Absendungsregel des § 149 S 2 BGB nur im Sinne einer Verteilung des Verspätungsrisikos zu verstehen, und die Frage des Wirksamkeitseintritts der Verspätungsanzeige im Übrigen nach allgemeinen Gesichtspunkten zu entscheiden (ebenso MünchKomm/Busche § 149 Rn 7). Da die Verspätungsanzeige eine adressatengerichtete Handlung darstellt, sind ihre allgemeinen Wirksamkeitsvoraussetzungen dieselben wie bei empfangsbedürftigen Willenserklärungen (vgl dazu Staudinger/Singer/Benedict [2017] § 130 Rn 9). Das bedeutet ua, dass unter analoger Anwendung der Voraussetzungen des § 130 Abs 1 S 2 BGB auch ein *Widerruf* möglich ist (Soergel/Wolf § 149 Rn 9). Eine *Anfechtung* ist aber nicht möglich, da sonst die durch die Anzeige herbeigeführte Rechtssicherheit wieder beseitigt würde (Soergel/Wolf § 149 Rn 9).

IV. Rechtsfolgen

1. vor der Verspätungsanzeige

9 Bis zur Entscheidung, ob aufgrund der rechtzeitig abgegebenen und verspätet wirksam gewordenen Annahmeerklärung ein Vertragsabschluss durch unverzügliche Abgabe der Verspätungsanzeige verhindert wird oder nicht, besteht ein *Schwebezustand* (Enneccerus/Nipperdey § 162 III 1; Erman/Armbrüster § 149 Rn 3). Da die Annahmeerklärung aber bereits – wenn auch verspätet – zugegangen ist, kann sie in dieser Phase gemäß § 130 Abs 1 S 2 BGB nicht mehr widerrufen werden.

2. bei rechtzeitiger Verspätungsanzeige

10 Wird die Verspätungsanzeige rechtzeitig abgegeben (s Rn 7), so hat das zur Folge, dass die Annahme gemäß § 150 Abs 1 BGB als neuer Antrag zu bewerten ist. Ein Vertrag kommt daher nur zustande, wenn diesem Antrag eine Annahmeerklärung des Erstofferenten folgt. Dafür bedarf es einer eigenen Willenserklärung. Die Verspätungsanzeige kann nicht als eine solche Annahmeerklärung verstanden werden, da es sich nur um eine geschäftsähnliche Handlung handelt und der Absender mit der Verspätungsanzeige gerade zum Ausdruck bringen will, dass er den Vertrag nicht als geschlossen ansieht. Aber auch als (antizipierte) Ablehnung kann die Verspätungsanzeige nicht interpretiert werden, da der Absender lediglich äußert, dass die Annahmeerklärung des Gegners den Vertrag nicht zustande gebracht hat.

3. bei verspäteter Verspätungsanzeige

Zeigt der Anbietende den verspäteten Zugang der Annahmeerklärung nicht oder nicht unverzüglich an, so wird dic Verspätung der Annahmeerklärung fiktiv beseitigt. Das hat, wenn sonstige Wirksamkeitshindernisse nicht im Wege stehen, zur Folge, dass der Vertrag durch die verspätete Annahmeerklärung zustande gekommen ist. Maßgeblicher *Zeitpunkt* für den Vertragsschluss ist der Zugang der verspäteten Annahmeerklärung (RGZ 105, 255, 257; ERMAN/ARMBRÜSTER § 149 Rn 4; MünchKomm/BUSCHE § 149 Rn 7; SOERGEL/WOLF § 149 Rn 10; VOLP/SCHIMMEL JuS 2007, 899, 901). Der Vertragsschluss wird also nicht auf den Moment, in dem die Verspätungsanzeige spätestens hätte abgeschickt werden müssen, fingiert, und auch nicht auf einen früheren, der rechtzeitigen Annahme entsprechenden Zeitpunkt (Mot I 171). Eine solche Rückbeziehung der Rechtswirkungen kann nur durch den Parteiwillen herbeigeführt werden. Bestätigt der Antragende den Vertragsschluss, statt die Verspätung anzuzeigen, so kann er sich auf diese später nicht mehr berufen (RG WarnR 1911 Nr 423). 11

Eine *Rechtspflicht* zur Verspätungsanzeige besteht grundsätzlich nicht. Vielmehr handelt es sich um eine Obliegenheit des Antragenden (s näher Rn 2). Das Unterlassen der Anzeige löst daher als solche keine Schadensersatzansprüche aus. Anders kann es sein, wenn der Antragende aufgrund eines vorvertraglichen Vertrauensverhältnisses zwischen den Parteien verpflichtet ist, den Gegner auf das Scheitern des Vertragsschlusses hinzuweisen (s § 148 Rn 11). 12

V. Beweislast

Wenn der Angebotsempfänger den *Vertragsschluss behauptet,* dann muss er beweisen, dass die Annahmeerklärung rechtzeitig abgegeben wurde und dass dem Antragenden die ungewöhnliche Beförderungsverzögerung als Grund für die Verspätung erkennbar war (ERMAN/ARMBRÜSTER § 149 Rn 5). Es ist dann Sache des Antragenden, der den *Vertragsschluss bestreitet,* das rechtzeitige Absenden der Verspätungsanzeige nachzuweisen (BAUMGÄRTEL/LAUMEN/PRÜTTING, Hdb d Beweislast [4. Aufl 2018] § 149 Rn 2 f; MünchKomm/BUSCHE § 149 Rn 8; ROSENBERG, Die Beweislast [5. Aufl 1965] 257). Umgekehrt muss der Antragende beweisen, dass er keine rechtzeitige Verspätungsanzeige abgeschickt hat, wenn er sich bei feststehender verspäteter Annahme auf den Vertragsschluss beruft (SOERGEL/WOLF § 149 Rn 14). 13

§ 150
Verspätete und abändernde Annahme

(1) Die verspätete Annahme eines Antrags gilt als neuer Antrag.

(2) Eine Annahme unter Erweiterungen, Einschränkungen oder sonstigen Änderungen gilt als Ablehnung verbunden mit einem neuen Antrag.

Materialien: E I § 88 Abs 1 und 3; II § 123; III § 146; Mot I 175; Prot I 86.

Schrifttum

Hilger, Die verspätete Annahme, AcP 185 (1985) 559

Korch, Abweichende Annahme? Kein Fall für Treu und Glauben!, NJW 2014, 3553.

Systematische Übersicht

I. Überblick 1

II. Verspätete Annahme (Abs 1)

1. Annahmeerklärung 1a
2. Verspätung 2
3. Rechtsfolge 4
4. Annahme des neuen Antrages 5

III. Modifizierte Annahme (Abs 2)

1. Modifikationen 7
2. Rechtsfolge 13
3. Annahme des neuen Antrages 14

IV. Beiderseitiges Beharren auf Allgemeinen Geschäftsbedingungen 17

Alphabetische Übersicht

AGB
– beiderseitiges Beharren auf AGB 17

Annahme
– modifizierte s modifizierte Annahme
– verspätete s verspätete Annahme

Modifizierte Annahme 7
– Annahme des neuen Antrages 14
– Art der Modifikation 8 f
– durch Bezugnahme auf AGB 12
– Mengenabweichung 11
– Rechtsfolgen 13
– Verhältnis des § 150 zu §§ 154, 155 16

Schweigen
– auf neuen Antrag 15

Verspätete Annahme 2
– Annahme des neuen Antrages 5 f
– geringfügige Überschreitung der Frist 3
– Rechtsfolge 4

I. Überblick

1 Wird die Annahme verspätet wirksam oder stimmt sie mit dem Antrag nicht überein, so kommt ein Vertrag nicht zustande. Das beruht im ersten Fall darauf, dass der Antrag inzwischen erloschen ist und deshalb durch die verspätete Annahme nicht mehr angenommen werden kann, im zweiten Fall darauf, dass ein Vertrag nur dann zustande kommt, wenn sich die Parteien einig sind, also dieselben Rechtsfolgen wollen (s Vorbem 2 zu §§ 145 ff). Für diese Fälle enthält aber § 150 BGB die widerlegliche **Auslegungsregel**, dass die Annahme als neuer Antrag verstanden werden kann. Es handelt sich um eine am mutmaßlichen Parteiwillen orientierte *Umdeutung* der Annahmeerklärung (vgl schon Zitelmann, Die Rechtsgeschäfte im Entwurfe eines BGB, I [1889] 121 f; ferner Hilger AcP 185 [1985] 559, 580 ff), die nur deshalb durch Auslegung und nicht aus § 140 BGB zu gewinnen ist, weil das Rechtsgeschäft hier nicht nichtig, sondern fehlgeschlagen ist. Hingegen handelt es sich nicht um eine Fiktion, weil sich schon aus der Annahmeerklärung selbst ergeben kann, dass sie nicht als neues Angebot gewertet werden kann (Soergel/Wolf § 150 Rn 3). Dieses Verständnis des § 150 BGB bedeutet einerseits, dass die Parteien Abweichendes vereinbaren, also die

Wirkung des § 150 BGB ausschließen können (vgl BGH NJW 1986, 1983, 1984; WM 1968, 1103, 1105; s auch Rn 13, 16). Und es bedeutet andererseits, dass mangels abweichender Vereinbarung die Annahmeerklärung wie ein Antrag zu behandeln ist, insbesondere Bindungswirkung erzeugt und durch rechtzeitige Annahme zum Vertragsschluss führen kann. In den Fällen der §§ 151, 152, 156 BGB ist für die Anwendung des § 150 BGB allerdings erforderlich, dass die Annahme dem Anbietenden zur Kenntnis gelangt, da die verspätete oder modifizierte Annahme als Angebot gewertet wird, als solches den allgemeinen Regeln über Angebote unterliegt (s Rn 4) und deshalb zugegangen sein muss (Soergel/Wolf § 150 Rn 2).

II. Verspätete Annahme (Abs 1)

1. Annahmeerklärung

Voraussetzung ist zunächst eine Annahmeerklärung (s § 146 Rn 1 ff). Daran fehlt es **1a**
beispielsweise, wenn der Angebotsempfänger bereits von einem geschlossenen Vertrag ausgeht. Übersendet er etwa die Kopie einer Vertragsausfertigung zur Information, so liegt gar keine Willenserklärung vor. Es fehlt dann an einer Annahmeerklärung, sodass § 150 Abs 1 BGB nicht herangezogen werden kann (OLG Dresden OLG-NL 1999, 19, 21).

2. Verspätung

Eine verspätete Annahmeerklärung kann nicht mehr zum Vertragsschluss führen, **2**
weil bei ihrem Wirksamwerden kein annahmefähiger Antrag mehr vorliegt. Der Antrag ist gem § 146 BGB mangels rechtzeitiger Annahme bereits erloschen (s § 146 Rn 8). Aus dem Zusammenhang mit § 146 BGB folgt für § 150 Abs 1 BGB, dass die Annahmeerklärung im Sinne dieser Vorschrift verspätet ist, wenn sie erst nach Ablauf der gesetzlichen oder gewillkürten Annahmefrist gem §§ 147, 148 BGB *wirksam* wird und auch nicht gemäß § 149 S 2 BGB als rechtzeitig wirksam geworden anzusehen ist. Darauf, ob die Annahmeerklärung rechtzeitig *abgegeben* wurde, kommt es nicht bzw nur im Zusammenhang mit § 149 S 1 BGB an (**aM** wohl Münch Komm/Busche § 150 Rn 2. Zu den Einzelheiten der Fristwahrung s § 147 Rn 5 ff, 8, 10 ff, § 148 Rn 3 ff, 10).

Auch bei einer nur **geringfügigen Überschreitung** der Annahmefrist ist die Annahme **3**
verspätet, sodass ein Vertrag nur zustande kommt, wenn die gemäß § 150 BGB als neuer Antrag zu verstehende Annahmeerklärung ihrerseits angenommen wird. Der Gedanke der Rechtssicherheit verlangt grundsätzlich, dass der Antragende sich auf die Ausschlusswirkung des Fristablaufs verlassen und – der an den ursprünglichen Antrag geknüpften Bindungswirkung ledig – neu disponieren kann. Es ist daher mit Sinn und Zweck des § 146 BGB grundsätzlich nicht vereinbar, die Verspätung bei nur geringfügigem Überschreiten der Frist zu ignorieren (so aber RG HRR 1929 Nr 1559; vgl auch OLG Hamm ZIP 1983, 186; dagegen zutr BGH NJW 1951, 313; Soergel/Wolf § 150 Rn 2; s auch § 148 Rn 11). Allenfalls kann aufgrund besonderer Umstände das Urteil gerechtfertigt sein, dass der Antragende gemäß § 242 BGB gegen Treu und Glauben verstößt, wenn er sich im konkreten Fall auf die Verspätung beruft, sodass er sich so behandeln lassen muss, als sei die Annahme rechtzeitig wirksam geworden. Das ist etwa zu erwägen, wenn der verspätet Annehmende im Vertrauen auf das Zustan-

dekommen des Vertrages bereits Dispositionen getroffen hat und dem Erstofferenten zumutbar gewesen wäre, rechtzeitig auf die Verspätung hinzuweisen (BGHZ 209, 105 Rn 39). Liegen solche besonderen Umstände aber nicht vor, ist § 150 Abs 1 BGB anzuwenden, wobei freilich zu berücksichtigen ist, dass gerade bei geringfügiger Verspätung das Schweigen des Erstofferenten als Annahme des neuen Antrages zu verstehen sein kann (s Rn 6).

3. Rechtsfolge

4 Durch § 150 Abs 1 BGB wird die verspätete Annahmeerklärung mangels abweichender Vereinbarung kraft Gesetzes als **neuer Antrag** ausgelegt. Das ist darin begründet, dass der Vertragswille des Annehmenden in seiner Erklärung Ausdruck gefunden hat, sodass es gerechtfertigt erscheint, seine Annahmeerklärung als Angebot zu verstehen. Das gilt auch für Versicherungsverträge (OLG Hamm NJW-RR 1987, 153, 154). Für dieses Angebot gelten die allgemeinen, auf jeden Antrag anzuwendenden Regeln. Hinsichtlich des *Bestimmtheitserfordernisses* (s § 145 Rn 17) kann allerdings auf die frühere Antragserklärung zurückgegriffen werden, sofern sich die verspätete Annahme inhaltlich auf diese bezieht (vgl OLG München OLGZ 1978, 444, 446 f). Sind die an ein Angebot zu stellenden Anforderungen erfüllt, so ist der Annehmende an seine jetzt als Angebot zu verstehende Erklärung wie bei einem erstmaligen Antrag *gebunden.* Die Bindung erlischt gemäß § 146 BGB, wenn nicht der Erstofferent das neue Angebot rechtzeitig annimmt.

4. Annahme des neuen Antrages

5 Der Empfänger der als neues Angebot zu verstehenden Annahmeerklärung ist grundsätzlich frei, dieses Angebot **ausdrücklich oder konkludent** anzunehmen, abzulehnen oder ungenutzt verstreichen zu lassen. Ficht er den vermeintlich geschlossenen Vertrag wegen angeblicher arglistiger Täuschung an, so ist dies selbst dann als Ablehnung zu verstehen, wenn gleichzeitig aufgrund eines noch nicht widerrufenen Dauerauftrages die Gegenleistung erbracht wird (OLG Hamm VersR 1978, 1039). Die *Annahmefrist* wird sich im Allgemeinen nach § 147 BGB richten. Für die nach § 147 Abs 2 BGB vorzunehmende Berechnung der Annahmefrist ist dabei zu berücksichtigen, dass die einzukalkulierende Überlegungsfrist (s § 147 Rn 12 f) wegen der Übereinstimmung des neuen Antrages mit dem erloschenen kürzer bemessen werden kann als beim Empfang eines inhaltlich völlig neuen Angebotes (BGHZ 209, 105 Rn 34; RG HRR 1929 Nr 1559). Die Annahmefrist kann aber auch deutlich länger ausfallen, etwa wenn dem ursprünglich Antragenden die Verspätung der Annahme und damit die Notwendigkeit einer erneuten Annahme durch ihn nicht erkennbar ist. Das kann beispielsweise der Fall sein, wenn die gesetzte Annahmefrist zwar gewahrt, aber gemäß § 308 Nr 1 BGB unwirksam ist.

6 Will der Erstofferent den neuen Antrag annehmen, so kann er dies ausdrücklich oder konkludent tun (s näher § 146 Rn 2). Außerdem ist allgemein anerkannt, dass seine Annahmeerklärung gemäß § 151 BGB idR **nicht empfangsbedürftig** ist (vgl etwa OLG Düsseldorf MDR 1993, 26; OLG Karlsruhe WRP 1990, 51, 52; PALANDT/ELLENBERGER § 151 Rn 1; anders für einen Darlehensvertrag wegen dessen Bedeutung OLG Köln NJW 1990, 1051; ebenso für Versicherungsverträge OLG Hamburg VersR 1988, 1168; LG Aachen ZfS 1990, 89; für Unterrichtsverträge LG München I NJW-RR 1992, 244; s auch § 151 Rn 6 f). Es liegt in der Konsequenz

dieses Satzes, dass auch einem **Schweigen** auf den neuen Antrag Erklärungswert beigemessen werden und dieses Schweigen nach Treu und Glauben als konkludente Annahme zu werten sein *kann,* insbesondere wenn besondere Umstände fehlen, die ein Interesse an einer exakten Einhaltung der Annahmefrist erkennen lassen (BGHZ 209, 105 Rn 39). Derjenige, dessen Erklärung als neues Angebot interpretiert wird, darf mangels entgegenstehender Umstände, die auf einen Sinneswandel des Erstofferenten schließen lassen könnten, das Schweigen des Gegners dahingehend deuten, dass dieser einverstanden ist (BGH WM 1986, 577, 579; BB 1955, 1068; NJW 1951, 313; RGZ 103, 11, 13; LG Kaiserslautern WuM 1990, 288 f; Diederichsen JuS 1966, 129, 131; Erman/Armbrüster § 150 Rn 1; Palandt/Ellenberger § 150 Rn 3; einschränkend Wolf/Neuner § 37 Rn 33; zu pauschal Enneccerus/Nipperdey § 162 III 2; **aM** Flume § 35 II 2, der § 149 erweiternd anwenden will, s dazu § 149 Rn 3; Lindacher JR 1986, 462, 463; vgl auch § 146 Rn 5 und Staudinger/Singer [2017] Vorbem 60 ff zu §§ 116–144). Der Vertrag ist dann zu dem *Zeitpunkt* geschlossen, zu welchem unter regelmäßigen Umständen die Ablehnung spätestens erwartet werden durfte. Etwas anderes gilt aber bei formbedürftigen Geschäften; hier kommt die Annahme weder konkludent noch durch Schweigen in Betracht (BGH NJW-RR 2017, 114 Rn 31; NJW 2016, 2173 Rn 31; GuT-W 2014, 152 Rn 8; NJW 2010, 2873 Rn 16 f). Ist das Schweigen nicht als Willenserklärung zu werten, so kann es unter eingeschränkten Voraussetzungen gleichwohl eine culpa in contrahendo darstellen (s § 146 Rn 10).

III. Modifizierte Annahme (Abs 2)

1. Modifikationen

Ein Vertrag kommt durch eine Annahme nur dann zustande, wenn beide Parteien dieselben Rechtsfolgen wollen (s Vorbem 2 zu §§ 145 ff). Der Annehmende muss daher ein vorbehaltsloses „Ja" erklären. Tut er das nicht, sondern weicht er vom Angebot in irgendeiner Hinsicht ab, so ist der Antrag nicht angenommen, sondern, wie § 150 Abs 2 BGB bestimmt, endgültig abgelehnt und damit erloschen (vgl § 146 Rn 8); die Annahme gilt als neuer Antrag, der seinerseits angenommen werden muss. Etwas anderes gilt nur dann, wenn die Auslegung ergibt, dass auch eine Teilannahme möglich ist (BGH NJW 2015, 2584 Rn 51; vgl auch unten Rn 11), oder wenn die Abweichung mit dem Anbietenden abgestimmt ist, dieser also beispielsweise auf Rückfrage zugestimmt hat, dass der Annehmende ein schriftliches Vertragsangebot ändert (vgl OLG Düsseldorf MDR 1989, 738). Denkbar ist auch, die modifizierte Annahme als vorbehaltlose Annahme verbunden mit dem Angebot zur Änderung des soeben geschlossenen Vertrages aufzufassen (BGH NJW 2015, 2584 Rn 51). 7

Die in der Annahmeerklärung formulierten Modifikationen können dabei **beliebige Änderungen** inhaltlicher Art sein. In Betracht kommen Erweiterungen oder Einschränkungen der Hauptleistungen (vgl aus der reichhaltigen Judikatur exemplarisch BGHZ 194, 301 Rn 15 ff und 181, 47 Rn 15 ff für Modifikationen beim Zuschlag auf ein Ausschreibungsangebot; NJW-RR 1993, 1035, 1036 für das Verlangen einer Gegenleistung; NJW-RR 1990, 1006, 1007 für den Umfang einer Bürgschaft; RGZ 92, 232, 233 f für Qualitätsanforderungen; OLG Köln BauR 1992, 779, 780 für ein Skontoverlangen; AG Starnberg NJW 1989, 1548 für die Art der ärztlichen Behandlung; s auch Rn 11), Bedingungen für den Vertragsschluss (vgl BGH NJW 2004, 3699 f; RGZ 92, 232, 235) oder dessen Wirksamkeit, Befristungen oder Rücktrittsvorbehalte sowie alle sonstigen Änderungen, etwa hinsichtlich der Vertragsparteien (vgl OLG Köln IPRax 1994, 210, 212), der Leistungszeit (vgl OLG Koblenz MedR 1992, 8

284; LG Frankfurt NJW-RR 1987, 1268), des Leistungsortes, der Gefahrtragung, der Kosten, der Sicherheitsleistung (vgl BGH ZIP 1984, 1326, 1330) oder einer Vertragsstrafe (vgl dazu OLG Celle GRUR 1990, 481; OLG Köln WRP 1985, 175, 176; OLG München WRP 1980, 715, 716; aber auch KG WRP 1986, 680, 682; OLG Karlsruhe WRP 1990, 51, 52 f). Ob es sich um dem Gegner günstige oder ungünstige, *wesentliche oder unwesentliche* Änderungen (zB die Art der Verpackung) handelt, bleibt sich gleich (BGH MDR 2001, 207; Wolf/Neuner § 37 Rn 31).

9 Ob eine Abweichung vorliegt, ist durch **Auslegung** der beiden Willenserklärungen festzustellen. Maßgebend ist der erkennbar gewordene Willensinhalt. Die Auslegung kann ergeben, dass eine Modifikation trotz divergierenden Wortlauts nicht vorliegt (vgl zB OLG Frankfurt NJW-RR 1993, 153). *Zweifel* gehen zu Lasten des Annehmenden, wenn der Empfänger nach Treu und Glauben und unter Berücksichtigung der Verkehrssitte von einer unbeschränkten Annahmeerklärung ausgehen durfte (**aM** Korch NJW 2014, 3553 ff, der dasselbe Ergebnis über das Anfechtungsrecht und die cic erreichen will). Einschränkungen und Erweiterungen müssen daher eindeutig erkennbar sein (BGHZ 194, 301 Rn 18 f; 181, 47 Rn 35; BGH NJW 2014, 2100 Rn 17), wozu beispielsweise das bloße Beifügen eines anderen Formulars nicht genügt (BGH WM 1983, 313, 314; vgl auch LG Lübeck WuM 1991, 80; AG Freudenstadt NJW-RR 1994, 238, 239; LAG Niedersachsen NZA-RR 2009, 507, 508). – Zur telegrafischen Antwort mit dem Zusatz „Brief folgt" s § 146 Rn 1.

10 **Keine** modifizierte Annahme liegt bei offensichtlichen Schreibfehlern etc vor (Erman/Armbrüster § 150 Rn 4; Soergel/Wolf § 150 Rn 10), oder wenn der Annehmende nur versucht hat, den Antragenden zu neuen Bedingungen zu veranlassen, jedoch erkennen lässt, dass er beim Beharren des Antragenden auf den ursprünglichen Bedingungen von seinen Änderungsvorschlägen Abstand nimmt (vgl BGH WM 1982, 1329, 1330; RG Recht 1930 Nr 1230; OLG Celle NJW-RR 2009, 1150 f; OLG Frankfurt BB 1982, 1510). Sofern es sich in diesen Fällen überhaupt um eine Willenserklärung handelt, liegt eine uneingeschränkte Annahme verbunden mit einem Vertragsergänzungs- oder -änderungsangebot vor (vgl LG Tübingen MDR 1955, 473; Soergel/Wolf § 150 Rn 12). Auch das Äußern von Wünschen und Erwartungen bedeutet keine modifizierte Annahme (vgl RG JW 1931, 1181, 1183), da diese Vorstellungen nicht vom Rechtsfolgenwillen umfasst werden. Ebensowenig fällt die Bitte, die Annahmefrist zu verlängern, unter § 150 Abs 2 BGB (RG WarnR 1931 Nr 58). Auch Änderungen bei den auf Seiten des Annehmenden vertretungsberechtigten Personen sind keine Modifikationen inhaltlicher Art (OLG Köln NJW-RR 2005, 1252, 1253).

11 Eine Modifikation im Sinne des § 150 Abs 2 BGB liegt aber vor, wenn die Annahmeerklärung auf eine **größere Menge** lautet als das Angebot. In diesem Fall kommt grundsätzlich kein Vertrag über die kleinere Menge zustande (RG JW 1925, 236), denn die Erklärung des Annehmenden ist in der Regel so zu verstehen, dass er die größere Menge braucht und nicht einen Teil beim Anbietenden und den Rest bei einem Dritten bestellen will. Etwas anderes kann sich im Wege der Auslegung ergeben, etwa wenn ein Geschädigter gegenüber dem Vergleichsvorschlag einer Versicherung erklärt, er nehme diesen an, möchte jedoch, dass ihm zusätzlich die Anwaltskosten erstattet werden (LG Mainz VersR 1965, 1059, 1060). Ebenso ist durch Auslegung – jetzt aber des Angebotes (vgl auch MünchKomm/Busche § 150 Rn 10) – zu klären, ob die Annahme einer größeren (BGH NVwZ 2005, 845, 846) oder auch einer **kleineren Menge**

als der angebotenen möglich sein soll (vgl dazu BGH NJW 2015, 2584 Rn 51; NJW 1986, 1983, 1984; OLG Hamburg OLGRspr 44, 130; Erman/Armbrüster § 150 Rn 5), was etwa der Fall sein kann, wenn die größere Menge nicht als untrennbare Einheit angeboten wurde.

Häufig erfolgt eine Modifikation dadurch, dass der Annehmende auf seine **Allgemeinen Geschäftsbedingungen** Bezug nimmt. Auch diese Konstellation fällt unter § 150 Abs 2 BGB (BGH NJW 1988, 2106, 2108; OLG Köln WM 1993, 369 f; Erman/Armbrüster § 150 Rn 9; vgl aber auch AG Freudenstadt NJW-RR 1994, 238, 239). Hierher gehört auch die Auftragsbestätigung unter erstmaliger Beifügung von Geschäftsbedingungen (vgl BGHZ 18, 212, 215; OLG Hamburg DB 1981, 470; OLG Köln IPRax 1993, 399, 400; LG Rottweil NJW-RR 1992, 688), da die Auftragsbestätigung rechtlich eine Annahmeerklärung ist. Zur Vertragsannahme in diesen Fällen s Rn 14 f, zum Problem des beiderseitigen Beharrens auf einander widersprechenden eigenen AGB s Rn 17. 12

2. Rechtsfolge

Die modifizierte Annahme stellt, da sie mit dem Antrag nicht übereinstimmt, eine **Ablehnung des Antrages** mit der Folge dar, dass dieser gemäß § 146 BGB erlischt. Eine Ausnahme enthält § 2 KSchG für das mit einer Kündigung verbundene Änderungsangebot des Arbeitgebers, das der Arbeitnehmer unter dem Vorbehalt annehmen kann, dass die Änderung sozial gerechtfertigt ist. Bei Versicherungsanträgen geht § 5 VVG vor (OLG Hamm NJW-RR 1989, 533). Der Antrag erlischt vollständig, nicht nur hinsichtlich der Divergenz (BGH NJW-RR 1993, 1035, 1036), es sei denn, es ließe sich dem Parteiwillen entnehmen, dass eine Teilannahme möglich sein soll (BGH NJW 1986, 1983, 1984; BAGE 38, 318, 323; s auch Rn 1, 11; für das Verhältnis zu §§ 154, 155 s Rn 16). Daher kann eine alsbald nachfolgende neue Annahmeerklärung, welche vom früheren Antrag nicht mehr abweicht, keinen Vertragsschluss mehr herbeiführen, da sie auf kein annahmefähiges Angebot trifft (RG Recht 1923 Nr 1336; AG Esslingen VersR 1967, 1105). Stattdessen wird gemäß § 150 Abs 2 BGB die Ablehnung durch modifizierte Annahmeerklärung als **neuer Antrag** gewertet. Er richtet sich auf einen Vertragsschluss zu den neuen Bedingungen, wobei im Zweifel all jene Details des ursprünglichen Angebots, die der Angebotsempfänger in seiner „Annahme" nicht in Zweifel gezogen hat, fortgelten sollen (BGHZ 162, 259, 269; BGH NJW 2015, 2584 Rn 53). Ob dieser Erfolg dem Erklärenden bewusst ist, spielt keine Rolle (Flume § 35 Fn 49). Voraussetzung ist allerdings auch hier wieder, dass der neue Antrag die erforderliche *Bestimmtheit* aufweist (vgl bereits oben Rn 4), was zB nicht der Fall ist, wenn die Änderung darin besteht, dass der Antragsempfänger erklärt, er nehme das Angebot an, jedoch sei ihm der Preis zu hoch. 13

3. Annahme des neuen Antrages

Ein Vertrag kommt auch in den Fällen des § 150 Abs 2 BGB nur zustande, wenn der neue Antrag vom Erstanbietenden angenommen wird (BGH NJW 1990, 1846). Diese Annahme des neuen Antrages folgt den allgemeinen Regeln (OLG Jena OLG-NL 2006, 54). Für die *Annahmefrist* gelten §§ 147, 148 BGB (BGH JZ 1977, 602, 603). Die Annahme des neuen Antrages kann **ausdrücklich oder konkludent** erfolgen (s dazu § 146 Rn 2). Wird zB auf den Antrag zur Vollkaskoversicherung nur eine Teilkaskopolice übersandt, so wird der neue Antrag auf Abschluss eines Teilkaskoversicherungsvertrages durch Zahlung der geforderten Prämie konkludent angenommen (OLG 14

Köln VersR 1966, 868, 869 f). Ebenso führt idR die Abnahme und Bezahlung der unter neuen Bedingungen gelieferten Ware zum Vertragsschluss (BGHZ 18, 212, 216 f; BGH NJW 1995, 1671, 1672; OLG Köln IPRax 1993, 399, 400; LG Rottweil NJW-RR 1992, 688; Erman/Armbrüster § 150 Rn 8). Das gilt allerdings nur, wenn die Parteien den bislang fehlenden Vertragsschluss zumindest für möglich gehalten haben (BGH NJW 2010, 2873 Rn 17 f). Außerdem entspricht es in den Fällen des § 150 Abs 2 BGB in der Regel nicht der Verkehrssitte, auf die **Empfangsbedürftigkeit** der Annahmeerklärung gemäß § 151 BGB zu verzichten (OLG Jena OLG-NL 2006, 54, 55; s auch LG Frankfurt NJW-RR 1987, 1268; anders im Einzelfall OLG Köln WM 1993, 369, 370; vgl ferner LG Ravensburg VersR 1988, 1259, 1260; offen BGH NJW-RR 2006, 1477 Rn 16; s auch § 151 Rn 7). Ein solcher Verzicht ist grundsätzlich nur zu bejahen, wenn der neue Antrag für den Erstofferenten günstigere Bedingungen als vorher enthält (Soergel/Wolf § 150 Rn 8).

15 Auch das **Schweigen** auf den neuen Antrag ist normalerweise weder als Willenserklärung zu werten, noch begründet es einen Vertrauenstatbestand (vgl nur BGH NJW 2010, 2873 Rn 16; 1995, 1671, 1672; ZIP 1984, 1326, 1330; NJW 1983, 1603; OLG Düsseldorf NJW-RR 1996, 622, 623; OLG Hamburg VersR 1987, 481, 482; OLG Hamm NJW-RR 1996, 1454; AG München DAR 1982, 400; Erman/Armbrüster § 150 Rn 7; s näher § 146 Rn 5). Das gilt auch dann, wenn die Änderung darin besteht, dass der Annehmende erstmals (seine) AGB ins Spiel bringt (vgl BGHZ 18, 212, 215 f; LG Rottweil NJW-RR 1992, 688; vgl auch OLG Köln IPRax 1993, 399, 400). Nur in Ausnahmefällen kann durch Schweigen auf die modifizierte Annahme einmal ein Vertrag zu den neuen Bedingungen zustandekommen, wenn nach Treu und Glauben eine ausdrückliche Ablehnung erwartet werden kann (vgl BGHZ 209, 105 Rn 39). So verhält es sich etwa dann, wenn sich die Abweichung nur auf Kleinigkeiten bezieht, deren Akzeptieren sicher erwartet werden kann (BGH DB 1956, 474; LG Gießen NJW-RR 1997, 1210; Erman/Armbrüster § 150 Rn 7/9), wenn der Anbietende schon damit rechnen musste, dass der Gegner nur unter den dann auch formulierten Modifikationen annehmen würde (Wolf/Neuner § 37 Rn 33), oder wenn das Gesetz die Annahme bei Schweigen fingiert, wie es etwa in § 5 VVG geschieht. Bei formbedürftigen Rechtsgeschäften scheidet eine Annahme durch Schweigen aber aus (BGH NJW 2015, 2648 Rn 31).

16 Liegen diese Voraussetzungen nicht vor, so ist der Vertragsschluss gescheitert. Ob die Parteien dies erkennen oder ob sie meinen, sie seien gebunden – etwa mit der Folge, dass sie versuchen, sich vom vermeintlich geschlossenen Vertrag durch Rücktritt oä zu lösen –, ist ohne Belang (BGH NJW 1990, 1846; 1983, 1603; OLG Hamm NJW-RR 1996, 1454; Bunte ZIP 1983, 765; vgl auch OLG Düsseldorf NJW-RR 1989, 50, 51). Freilich ist insoweit das **Verhältnis des § 150 Abs 2 BGB zu §§ 154, 155 BGB** zu berücksichtigen. Diese Vorschriften knüpfen wie § 150 Abs 2 BGB daran an, dass sich die Parteien nicht über alle Punkte einig geworden sind, lassen aber einen Vertragsschluss gleichwohl zu (s § 154 Rn 6, § 155 Rn 14). Lehnt man die Auffassung ab, dass §§ 154, 155 BGB nur den Vertragsschluss durch Zustimmung zu einer Vorlage betreffen (s dazu § 154 Rn 1 und Vorbem 38 zu §§ 145 ff), dann wird man sich auf den Standpunkt stellen können, dass § 150 Abs 2 BGB zurücktritt, also nur insoweit zur Anwendung kommt, als der Vertrag nicht nach §§ 154, 155 BGB wirksam ist (vgl Bunte ZIP 1983, 765; MünchKomm/Busche § 150 Rn 5; Soergel/Wolf § 150 Rn 17). Ergibt also die Auslegung, dass der Vertrag trotz der offenen oder versteckten Abweichung des Angebots von der Annahme geschlossen sein soll, so gilt § 150 Abs 2 BGB nicht für die gesamte Annahme, sondern nur für den divergierenden Teil. Allerdings kommt man in der Praxis zu

diesem Ergebnis regelmäßig auch ohne Rückgriff auf §§ 154, 155 BGB, sofern sich die Zulässigkeit einer Teilannahme begründen lässt (s dazu oben Rn 13).

IV. Beiderseitiges Beharren auf Allgemeinen Geschäftsbedingungen

Probleme bereitet in diesem Zusammenhang immer noch der sukzessive Widerspruch von Allgemeinen Geschäftsbedingungen im kaufmännischen Verkehr (ausf dazu Ulmer/Brandner/Hensen/Ulmer/Habersack, AGB-Recht [12. Aufl 2016] § 305 Rn 182 ff; Wolf/Lindacher/Pfeiffer, AGB-Recht [6. Aufl 2013] § 305 Rn 137 ff). Bietet der Besteller unter Beifügung seiner AGB an und nimmt der Lieferant das Angebot unter Beifügung seiner eigenen AGB an, die von denen des Bestellers abweichen, so liegt an und für sich ein Fall des § 150 Abs 2 BGB vor (s Rn 12). Die Rechtsprechung – insbesondere des BGH – hat daher lange Zeit angenommen, dass für die Annahme dieses neuen Angebotes das „Prinzip des letzten Wortes" (Lindacher JZ 1977, 604) gelten müsse: Wer auf die zuletzt übersandten AGB des Gegners schweige (s Rn 15) oder die Leistung widerspruchslos annehme (s Rn 14), habe die AGB des Gegners akzeptiert (vgl nur BGH BB 1951, 456). Allerdings hat man davon später jedenfalls für den Fall, dass in den eigenen AGB eine sog „Abwehrklausel" enthalten ist, mit der der Verwender ausdrücklich darauf besteht, dass der Vertrag zu seinen eigenen Bedingungen geschlossen wird, mit den nachstehend geschilderten Rechtsfolgen eine Ausnahme gemacht (vgl nur BGHZ 61, 282, 288 f; BGH NJW-RR 2001, 484, 485; NJW 1991, 2633, 2634 f; 1985, 1838, 1839; WM 1990, 1671, 1672; 1974, 842; OLG Düsseldorf NJW-RR 1997, 946, 947; OLG Hamm WM 1985, 785, 786 f; dazu auch Lambsdorff ZIP 1987, 1370 ff; de Lousanoff NJW 1985, 2921 ff; vWestphalen ZIP 1987, 1361 ff; offen BGH ZIP 1982, 447, 448 [m krit Anm Bunte]; anders noch BGH JZ 1977, 602, 603 [abl Lindacher]; unklar OLG Karlsruhe VersR 1990, 1281, 1283). 17

In der Literatur wird das „Prinzip des letzten Wortes" allgemein als unbefriedigend empfunden, weil sich auch ohne ausdrückliche Abwehrklausel schon aus der Verwendung eigener AGB ergibt, dass man zu den Bedingungen des Gegners nicht abschließen will. Man löst diese Situation daher mit Recht nicht über § 150 Abs 2 BGB, sondern behandelt sie als einen Fall des Dissenses und kommt unter Anwendung der §§ 306, 139 BGB und abweichend von den (Auslegungs-)Regeln der §§ 154, 155 BGB zu dem Ergebnis, dass die AGB nur soweit gelten, wie sie sich decken (s auch § 155 Rn 12). Im Übrigen sind die AGB beider Parteien nicht wirksam vereinbart worden. Gleichwohl ist der Vertragsschluss nicht vollständig gescheitert, sondern in der Regel lässt sich – insbesondere, wenn das Geschäft durchgeführt worden ist – annehmen, dass der Vertrag im Übrigen wirksam sein soll, wobei die nicht einbezogenen Klauseln durch dispositives Gesetzesrecht ersetzt werden (vgl etwa OLG Hamburg ZIP 1981, 1238, 1239; OLG Koblenz WM 1984, 1347, 1348 f; OLG Saarbrücken NJW-RR 1998, 1664; Bunte JA 1982, 321 ff; Flume § 37, 3; Wolf/Neuner § 47 Rn 35; Lindacher JZ 1977, 604 f; Niebling BauR 1981, 227, 230; Rödl AcP 215 [2015] 683 ff; Schlechtriem, in: FS Wahl [1973] 67, 75 ff; Striewe JuS 1982, 728 ff; Ulmer/Brandner/Hensen/Ulmer/Habersack § 305 Rn 188 ff, 191 ff; Wolf/Lindacher/Pfeiffer § 305 Rn 142 ff; anders aber Ebel NJW 1978, 1033 ff). Etwas anderes gilt nur dann, wenn eine Partei über eine etwaige Abwehrklausel hinaus ausdrücklich und unmissverständlich die Wirksamkeit des Vertrages und dessen Durchführung von der uneingeschränkten Einbeziehung der eigenen AGB abhängig macht und sich die andere Partei diesem Wirksamkeitsvorbehalt letztlich unterwirft (OLG Köln BB 1980, 1237, 1239; Schlechtriem 76 f; Ulmer/Brandner/Hensen/Ulmer/Habersack § 305 Rn 189). 18

§ 151
Annahme ohne Erklärung gegenüber dem Antragenden

Der Vertrag kommt durch die Annahme des Antrags zustande, ohne dass die Annahme dem Antragenden gegenüber erklärt zu werden braucht, wenn eine solche Erklärung nach der Verkehrssitte nicht zu erwarten ist oder der Antragende auf sie verzichtet hat. Der Zeitpunkt, in welchem der Antrag erlischt, bestimmt sich nach dem aus dem Antrag oder den Umständen zu entnehmenden Willen des Antragenden.

Materialien: E I § 86; II § 124; III § 147; Mot I 171; Prot I 81.

Schrifttum

BREHMER, Die Annahme nach § 151 BGB, JuS 1994, 386
P BYDLINSKI, Probleme des Vertragsabschlusses ohne Annahmeerklärung, JuS 1988, 36
ECKARDT, Die „Vergleichsfalle" als Problem der Auslegung adressatenloser Annahmeerklärungen nach § 151 S 1 BGB, BB 1996, 1945
EHRLICH, Die stillschweigende Willenserklärung (1893)
FREUND, Die stillschweigende Vertragsannahme (§ 151 BGB) (Diss Breslau 1899)
HIMMELSCHEIN, Beiträge zu der Lehre vom Rechtsgeschäft (1930)
ISAY, Zur Lehre von den Willenserklärungen nach dem BGB, JherJb 44, 43
JACOBSOHN, Die Anfechtung stillschweigender Willenserklärungen wegen Irrtums, JherJb 56, 329, 390
KLEINSCHMIDT, Annahme eines Erlassangebots durch Einlösung eines mit dem Angebot übersandten Verrechnungsschecks?, NJW 2002, 346
LANGE, Die Erlaß- bzw Vergleichsfalle, WM 1999, 1301
MANIGK, Das rechtswirksame Verhalten (1939)
PÄRN, Vertragswirkungen ohne Vertragsschluss, eine Studie zu § 151 BGB (Diss Kiel 1956)
vRANDOW, Die Erlaßfalle, ZIP 1995, 445
REPGEN, Abschied von der Willensbetätigung, AcP 200 (2000) 533
SCHEFFER, Schweigen auf Angebot als stillschweigende Annahme?, NJW 1995, 3166
SCHNEIDER, Neue Rechtsprechung zur „Erlaßfalle", MDR 2000, 857
SCHÖNFELDER, Die Erlassfalle – ein unmoralisches Angebot?, NJW 2001, 492
SCHULTZ, Annahme im Sinne des § 151 BGB und Annahme durch Schweigen, MDR 1995, 1187
SCHWARZE, Die Annahmehandlung in § 151 BGB als Problem der prozessualen Feststellbarkeit des Annahmewillens, AcP 202 (2002) 607
SZAMOTULSKI, Der Vertragsschluss ohne Annahmeerklärung gegenüber dem Antragenden (Diss Freiburg 1903)
VYTLACIL, Die Willensbetätigung, das andere Rechtsgeschäft (2009)
WEDEMEYER, Der Abschluss eines obligatorischen Vertrages durch Erfüllungs- und Aneignungshandlungen (Diss Marburg 1904).

Systematische Übersicht

I. Überblick
1. Regelungsgehalt ____ 1
2. Anwendungsbereich ____ 4

II. Voraussetzungen für die Entbehrlichkeit des Zugangs
1. Entbehrlichkeit kraft Verkehrssitte ____ 5

a) Tatbestand 5
b) Beispiele 7
c) Ausnahmen 9
2. Verzicht 10
a) Tatbestand 10
b) Beispiele 11

III. Annahme des Vertragsangebotes
1. Annahme durch nicht empfangsbedürftige Willenserklärung 14
a) objektiver Erklärungstatbestand 15
b) subjektive Tatbestandsmerkmale 16
c) Beispiele 17
2. Anwendbarkeit der §§ 104 ff 22
3. Zeitpunkt des Vertragsschlusses 25

IV. Erlöschen des Antrages 26

V. Beweislast 28

Alphabetische Übersicht

Anfechtung der Annahmeerklärung 23
Annahme
– bei Entbehrlichkeit des Zugangs der Erklärung 14 ff
– durch schlüssiges Verhalten 2

Entbehrlichkeit des Zugangs
– Anfechtung der Annahmeerklärung 23
– Annahme des Angebots durch einzelne Handlungen 17 f
– Annahme durch Verhalten gegenüber Dritten 21
– Annahme von Dienstleistungen 20
– Anwendbarkeit der §§ 104 ff 22
– Anwendungsbereich 4
– bei Waren oder Dienstleistungsaufträgen 7
– Form der Verzichtserklärung 11
– im Lastschriftverkehr 12
– kraft Verkehrssitte 5
– Stellvertretung bei der Annahmeerklärung 24
– Verzicht auf Zugang 10

Erlöschen
– der Anträge gem § 151 S 1 26

Faktischer Vertrag
– bei Entbehrlichkeit des Zugangs einer Annahmeerklärung 19

Schweigen
– als Annahme 3

Verzicht auf Zugang der Annahmeerklärung 10

I. Überblick

1. Regelungsgehalt

1 Ein Vertrag kommt regelmäßig durch die Annahme eines Antrages zustande. Die Annahme ist dabei normalerweise eine empfangsbedürftige Willenserklärung (s § 146 Rn 1). Von dieser Regel enthält § 151 BGB eine Ausnahme (Flume § 35 II 3). Sie besagt, dass in bestimmten Fällen die *Annahme auch durch eine nicht empfangsbedürftige Willenserklärung* erfolgen kann. § 151 BGB verzichtet daher nicht auf die Annahmeerklärung, sondern nur auf deren **Zugang** (s näher Rn 14). Der Vertrag kommt zustande, ohne dass der Antragende von der Annahme Kenntnis erhalten haben müsste. Es soll dadurch die Schnelligkeit des Rechtsverkehrs gefördert und eine Verzögerung, die sich aus einer Empfangsbedürftigkeit der Annahmeerklärung ergeben würde, vermieden werden.

2 Es wird häufig gesagt, aus § 151 BGB ergebe sich, dass eine Vertragsannahme auch durch **schlüssiges Verhalten** möglich sei. Aus den Gesetzesmaterialien (Mot I 171 f)

folgt sogar, dass eine Vertragsannahme durch schlüssiges Verhalten ursprünglich nur für den Fall des Annahmeverzichts als zulässig angesehen werden sollte. Heute wäre ein solcher Schluss verfehlt. Die Vorschrift darf auch nicht dazu verleiten, jede konkludente Annahme unter § 151 BGB zu subsumieren. Denn die Vorschrift wird bei schlüssigem Verhalten nicht gebraucht, wenn dieses *gegenüber dem Antragenden* an den Tag gelegt wird (zust Soergel/Wolf § 151 Rn 2). Wenn sich der Angebotsempfänger gegenüber dem Antragenden so verhält, dass dieser daraus schließen darf, der Antrag solle konkludent angenommen werden, dann ist der Vertrag bereits geschlossen, ohne dass § 151 BGB bemüht werden müsste. Die Vorschrift kommt nur zum Zuge, wenn es um ein Verhalten geht, das dem Antragenden nicht zur Kenntnis gebracht wird. So ist beispielsweise die Lieferung einer bestellten Sache eine konkludente Annahmeerklärung, die dem Besteller mit der Lieferung zugeht, ohne dass auf § 151 BGB zurückgegriffen werden müsste (vgl aber zB LG Hamburg NJW-RR 1990, 495). Auf diese Vorschrift kommt es häufig nur an, wenn zu prüfen ist, ob die Annahme bereits zu einem früheren Zeitpunkt stattgefunden hat, etwa bei der Bereitstellung der Lieferung oder – noch früher – bei Beginn der innerbetrieblichen Bearbeitung des Auftrages (s auch Rn 17). Erst recht besteht natürlich kein Rechtssatz des Inhalts, dass die Annahme durch ausdrückliche Erklärung unter den Voraussetzungen des § 151 BGB ausgeschlossen sein soll (Soergel/Wolf § 151 Rn 2).

3 Umgekehrt ist der an ein **Schweigen** angeknüpfte Vertragsschluss regelmäßig kein Fall des § 151 BGB (Erman/Armbrüster § 151 Rn 1; Kramer Jura 1984, 235, 248). Die Vorschrift befreit nur von der Empfangsbedürftigkeit der Annahmeerklärung, nicht vom Erklärungstatbestand (s näher Rn 14 f). Wer gar kein Verhalten an den Tag legt, das auf einen Annahmewillen schließen lassen könnte, bringt den Vertrag nicht nach § 151 BGB zustande (vgl nur BGHZ 209, 105 Rn 38; RG HRR 1928 Nr 2260; Scheffer NJW 1995, 3166 ff; Schultz MDR 1995, 1187 ff). Das Schweigen *ist* nämlich keine Willenserklärung (auch keine konkludente), sondern es kann allenfalls als solche *gewertet* werden (s § 146 Rn 5).

2. Anwendungsbereich

4 § 151 BGB gilt für alle privaten Annahmeerklärungen, die nicht formgebunden sind (**aM** Soergel/Wolf § 151 Rn 3; für § 34 GWB aF auch BGH GRUR 1986, 758, 759; anders noch BGH WuW/E BGH 2064, 2065), auch für dingliche Verträge. Ist Schriftform vereinbart worden, scheidet § 151 BGB also aus (OLG Düsseldorf NJW-RR 1988, 948, 949; OLG Köln BauR 1992, 779, 780; vgl auch LG Frankfurt NJW-RR 1987, 1268); bei gesetzlichem Formerfordernis kommt es nach der wenig überzeugenden Rechtsprechung des BGH auf den Formzweck an (vgl für § 4 VerbrKrG aF = § 492 BGH NJW-RR 2004, 1683; dagegen zutr OLG Rostock NJW-RR 2006, 341, 342). Da *öffentlich-rechtliche Verträge* gemäß § 57 VwVfG der Schriftform bedürfen, kann § 151 BGB bei diesen also nicht zum Zuge kommen. Die analoge Anwendung auf sonstige für die Wirksamkeit eines Vertrages erforderliche Erklärungen, etwa auf eine *vormundschaftsgerichtliche Genehmigung,* ist ebenfalls ausgeschlossen. Das bedeutet, dass die Parteien eines genehmigungspflichtigen Vertrages nicht vereinbaren können, dass die Genehmigung abweichend von § 1829 Abs 1 S 2 BGB auch ohne Zugang beim Vertragspartner wirksam werden soll (Erman/Armbrüster § 151 Rn 2; **aM** BayObLGZ 22 [1924] 139, 140; 2 [1902] 746, 748).

II. Voraussetzungen für die Entbehrlichkeit des Zugangs

1. Entbehrlichkeit kraft Verkehrssitte

a) Die Annahme ist nur dann nicht empfangsbedürftig, wenn der Antragende auf den Zugang der Annahme verzichtet oder wenn dieser nach der Verkehrssitte nicht zu erwarten ist. Die Unterscheidung beider Fälle ist vielfach schwierig; FLUME (§ 35 II 3) hält sie sogar für undurchführbar, weil im Allgemeinen anzunehmen sei, dass sich auch der Antragende der Verkehrssitte gemäß verhalte, sodass sein Angebot so zu verstehen sei, dass es den konkludenten Verzicht auf eine empfangsbedürftige Annahmeerklärung enthalte, wenn eine solche nach der Verkehrssitte nicht zu erwarten sei. Es mag indessen Fälle geben, in denen ein Verzichtswille gerade des Antragenden nicht sicher festgestellt werden kann, wohl aber eine Verkehrssitte die Empfangsbedürftigkeit der Annahmeerklärung entfallen lässt, sodass sich angesichts der Üblichkeit des Verzichts (s Rn 6) die weitere Suche nach einem konkreten Verzicht erübrigt. Umgekehrt muss bei Fehlen einer Verkehrssitte die Suche nach einem konkludenten Verzicht nicht von vornherein aussichtslos erscheinen (ebenso SOERGEL/WOLF § 151 Rn 21). 5

Ob eine entsprechende **Verkehrssitte** besteht, ist eine Frage des Einzelfalles (vgl allg dazu STAUDINGER/SINGER [2017] § 133 Rn 65 ff). Es ist zu fragen, ob bei einem Geschäft dieser Art unter vergleichbaren Umständen üblicherweise auf eine Annahmeerklärung gerade dem Antragenden gegenüber verzichtet wird. Die Entstehung einer entsprechenden Verkehrssitte ist nicht auf den Handelsverkehr beschränkt. Für *seltene Geschäfte* kann sich eine solche Verkehrssitte regelmäßig nicht gebildet haben, weil es an einer hinreichend großen Menge vergleichbarer Fälle fehlt, aus denen auf eine verkehrsübliche Erwartungshaltung geschlossen werden könnte (vgl RG SeuffA 65 Nr 63). Bei Verträgen mit *erheblicher wirtschaftlicher Bedeutung* wird der Zugang der Annahmeerklärung idR ebenfalls nicht entbehrlich sein (vgl OLG Köln NJW 1990, 1051; VersR 1989, 1148; s auch § 150 Rn 6). 6

b) Eine Verkehrssitte, die die Empfangsbedürftigkeit der Annahmeerklärung entfallen lässt, besteht häufig bei der **Bestellung von Waren** oder bei **Dienstleistungsaufträgen**, etwa bei kurzfristigen Reservierungswünschen für *Hotelzimmer* zu kurzer Aufenthaltsdauer (vgl OLG Düsseldorf MDR 1993, 26; BROX/WALKER § 8 Rn 22; ENNECCERUS/NIPPERDEY § 162 I 2a; **aM** MünchKomm/BUSCHE § 151 Rn 6). Auch ein Vertrag über den Abdruck einer *Zeitungsannonce* kommt regelmäßig nach § 151 BGB zustande (LG Nürnberg-Fürth AfP 1984, 174, 175). Ebenso kann bei eiligen *Bank- oder Börsengeschäftsanträgen* gegenüber einem Kunden, zu dem eine dauernde Geschäftsverbindung besteht, eine entsprechende Verkehrssitte bejaht werden (ERMAN/ARMBRÜSTER § 151 Rn 3; anders für den Wechseldiskont BGH NJW 1985, 196, 197). Hingegen besteht im *Versicherungsgewerbe* keine allgemeine Verkehrssitte, nach welcher die Empfangsbedürftigkeit von Annahmeerklärungen entfallen kann (BGH NJW-RR 1987, 1429; r + s 1989, 69 f; NJW 1976, 289, 290; 1951, 313; OLG Frankfurt NJW-RR 1986, 329; LG Frankfurt VersR 1994, 301, 303; ERMAN/ARMBRÜSTER § 151 Rn 3). Vielmehr muss die Annahme des Versicherers dem Versicherungsnehmer gegenüber erklärt werden und ihm zugehen (OLG Celle ZfS 1985, 55, 56; OLG Hamburg VersR 1988, 1169). Etwas anderes kann allenfalls für Verlängerungsanträge gelten: Nimmt etwa ein Versicherungsunternehmen nach der Rücknahme einer wirksamen Kündigung durch den Versicherungsnehmer dessen 7 weitere Prämienzahlungen widerspruchslos entgegen, so wird der darin liegende Fortsetzungsantrag gemäß § 151 BGB angenommen und das Versicherungsverhältnis fortgesetzt (BGH VersR 1969, 415).

8 Für die Fälle des **Kontrahierungszwangs** lässt sich ebenfalls eine Verkehrssitte bejahen, wonach der Leistungsverpflichtete das ihm vom Berechtigten unterbreitete Angebot zwar noch annehmen muss, von der Empfangsbedürftigkeit seiner Annahmeerklärung aber freigestellt ist (s Vorbem 30 zu §§ 145 ff). Auch bei **lediglich vorteilhaften Angeboten** kann eine Verkehrssitte bestehen, derzufolge die Annahmeerklärung des Begünstigten nicht empfangsbedürftig ist (BGH NJW-RR 2019, 1076 Rn 20; NJW 2004, 287, 288; 2000, 276, 277; 1999, 1328). Das gilt etwa für das Angebot zur Verbesserung eines Arbeitsvertrages (BAGE 136, 294 Rn 11; 11, 236, 249), für Abtretungen (BGH NJW 2000, 276, 277; OLG Düsseldorf ZIP 1992, 1460, 1461), Aufrechnungsverträge (vgl BFHE 143, 1, 4; FG Rheinland-Pfalz EFG 1978, 625), Erlassverträge (vgl BGH WM 1984, 243; OLG Schleswig SchlHA 1981, 70), Schuldanerkenntnisse (BGH ZIP 2000, 972, 973; OLG München NJW 1975, 174, 175; vgl auch BAG NJW 1993, 2553, 2554), wettbewerbsrechtliche Unterwerfungserklärungen (OLG Frankfurt OLGZ 1987, 76, 77 f; OLG Hamburg GRUR 1988, 240 [LS]; OLG Karlsruhe WRP 1990, 51, 52 f; OLG Köln WRP 1986, 505; 1985, 175, 176; anders, wenn ein Entwurf des Gegners zu dessen Nachteil erheblich geändert wurde, s OLG Celle GRUR 1990, 480, 481), Schuldmitübernahmen (BGH NJW-RR 1994, 280, 281; RG SeuffA 79 Nr 89), Bürgschaften (BGH NJW 1997, 2233; 1986, 1681, 1682; OLG Köln NJW-RR 1992, 555, 556) oder Garantieverträge (BGHZ 104, 82, 85; 78, 369, 372 f). Allerdings wird in diesen Fällen häufig schon das Schweigen als Annahme gewertet werden können (Soergel/Wolf § 151 Rn 18).

9 **c)** Trotz des Bestehens einer entsprechenden Verkehrssitte kann der Antragende verlangen, dass die Annahme durch empfangsbedürftige Willenserklärung erfolgt. Die Bitte um eine *Annahmebestätigung* muss ein solches Verlangen aber nicht unbedingt enthalten. Sie kann auch bedeuten, dass der Gegner von der *erfolgten* Annahme Mitteilung machen soll (RGZ 134, 73, 76 f).

2. Verzicht

10 **a)** Gemäß § 151 S 1 BGB kann der Antragende auf die Empfangsbedürftigkeit der Annahmeerklärung verzichten. Die Annahme eines Verzichtsantrages ist nicht erforderlich. Das wirft uU die Frage auf, wie der Angebotsempfänger davor geschützt werden kann, dass sein Verhalten vorschnell als Annahme verstanden wird. Hier den ausdrücklichen Verzicht als treuwidrig zu missachten (so OLG Hamburg ZIP 1988, 835, 836 f), dürfte mit dem Wortlaut des § 151 BGB kaum vereinbar sein. Vielmehr ist die Lösung über eine sachgerechte Auslegung des Empfängerverhaltens zu suchen (s Rn 15 ff). Dieser Verzicht erfolgt durch einseitige **empfangsbedürftige Willenserklärung**. Nach **aM** handelt es sich bei dem Verzicht um eine geschäftsähnliche Handlung (vgl Soergel/Wolf § 151 Rn 21), auf die dann die Rechtsgeschäftsregeln kraft Analogie anzuwenden wären. Da hier indessen die Rechtsfolgen nur deshalb eintreten, weil sie gewollt sind, ist es korrekt, von einer Willenserklärung zu sprechen.

11 **b)** Die Verzichtserklärung ist **formfrei** möglich und kann demnach auch **konkludent** abgegeben werden (BGH GRUR 1986, 758, 759; OLG Dresden OLG-NL 1999, 19, 21; Prot I 83 = Mugdan I 693). Allerdings sollte der Verzicht nicht vorschnell bejaht

werden, denn immerhin hat er zur Folge, dass der Antragende zunächst einmal mit der Unsicherheit leben muss, ob der Vertrag zustande gekommen ist oder nicht. Es ist aber nicht angezeigt, in jeder „Auftragsbestätigung" gleich den Verzicht auf den Zugang der Annahmeerklärung zu sehen (vgl aber AG Korbach NJW-RR 1994, 374). Bei *bedeutsamen Geschäften* wird man einen Verzicht im Zweifel nicht oder nur bei Vorliegen besonderer Umstände unterstellen können (MünchKomm/Busche § 151 Rn 7). So lässt sich ein konkludenter Verzicht etwa annehmen, wenn der Antragende *sofortige Leistung begehrt,* also etwa sofortiger Vollzug der auf vertraglicher Grundlage angesonnenen Handlung gefordert (RGZ 103, 312, 313; 84, 320, 323; OLG Hamburg WM 1993, 1877, 1879; Brinkmann BB 1981, 1183, 1186; Paefgen JuS 1988, 592, 597) oder eine starken Preisschwankungen unterliegende Ware „express" bestellt wird (RGZ 102, 370, 372). Hierher gehört auch die Beauftragung eines Rechtsanwaltes mit einer eilbedürftigen Prozesshandlung (OLG Stettin JW 1928, 2799) oder eines Arztes mit einem eiligen Krankenbesuch. Ein Verzicht auf die Empfangsbedürftigkeit der Annahmeerklärung liegt ferner vor, wenn der *Antrag durch das Anbieten der Leistung,* dh durch eine sog Realofferte erfolgt (s allg § 145 Rn 16 sowie BGH NJW 2016, 863 Rn 15; OLG Düsseldorf MDR 1992, 1042). Dies geschieht zB bei der Zusendung unbestellter Waren, sodass in diesen Fällen Aneignungshandlungen des Empfängers zur Annahme des Verkaufs- und Übereignungsangebotes genügen (s § 146 Rn 11 und unten Rn 18). Ebenso kann ein Verzicht auf die Empfangsbedürftigkeit der Annahmeerklärung bei der Zusendung eines Ersatzloses bejaht werden, wenn die bisherigen Geschäftsbeziehungen der Beteiligten diesen Schluss rechtfertigen (BGH NJW 1957, 1105 f). Dasselbe gilt, wenn der Antrag auf Abschluss eines Maklervertrages durch Zusendung des zu verkaufenden Viehs erfolgt (OGHBrZ 1, 253, 256). Hingegen liegt in der Zahlung der ersten Versicherungsprämie kein Verzicht des Versicherungsnehmers auf die Annahmeerklärung des Versicherers (BGH NJW 1951, 313). Erst recht lässt sich ein Verzicht nicht annehmen, wenn der Antragende um Rücksendung eines unterschriebenen Vertragsexemplars bittet (BGH NJW 1999, 1328, 1329).

Im *Lastschriftverkehr* gibt die 1. Inkassostelle (Gläubigerbank) der Zahlstelle (Schuldnerbank) den Auftrag, den Lastschriftbetrag vom Schuldnerkonto abzubuchen. Fehlt es an einem entsprechenden Abbuchungsauftrag, so ist das Übersenden der Lastschrift als Angebot der Gläubigerbank an die Schuldnerbank auf Abschluss eines besonderen Auftragsvertrages zu verstehen, den Betrag auch ohne Abbuchungsauftrag vom Schuldnerkonto einzuziehen. Auf die Annahme haben die Banken in dem zwischen ihnen geschlossenen Lastschriftabkommen in Abschnitt I Nr 6 ausdrücklich verzichtet, sodass ein Fall des § 151 BGB vorliegt. Die Annahme liegt dann in der wirksamen Belastung des Schuldnerkontos (BGHZ 79, 381, 386; 74, 352, 355 f; Bauer WM 1983, 198, 204; Soergel/Wolf § 151 Rn 6). 12

Auch bei nur *vorteilhaften Angeboten* kann ein konkludenter Verzicht auf die Empfangsbedürftigkeit der Annahmeerklärung bejaht werden. Das ist etwa der Fall, wenn der Hersteller einer Ware eine vom Verkäufer (s dann auch Rn 24) oder Käufer auszufüllende Garantiekarte für eine Herstellergarantie mitliefert (vgl BGHZ 104, 82, 85; 78, 369, 372 f; OLG Hamm MDR 1984, 53). Daneben kann eine entsprechende Verkehrssitte bestehen (s Rn 8). Zum Fall der sog *Kreuzofferten* s § 146 Rn 7. 13

III. Annahme des Vertragsangebotes

1. Annahme durch nicht empfangsbedürftige Willenserklärung

14 Seinem Wortlaut nach kann § 151 BGB so verstanden werden, dass es unter den beschriebenen Voraussetzungen einer Annahmeerklärung überhaupt nicht mehr bedarf. Möglich ist aber auch die Wortlautinterpretation, dass es einer Annahmeerklärung nur „dem Antragenden gegenüber" nicht bedarf. In diesem Fall würde abweichend von § 130 BGB nur auf den *Zugang* der Annahmeerklärung verzichtet. Nach Sinn und Zweck der Vorschrift (Erleichterung des Rechtsverkehrs, s Rn 1) kann nur das letztere richtig sein. Wer einen Vertrag anbietet, will, dass der Vertrag geschlossen wird. Er (bzw die entsprechende Verkehrssitte, s Rn 5) verzichtet also nicht auf die Annahme selbst, denn das würde eine Bindung ohne Vertragsschluss bedeuten, die § 151 BGB sicher nicht einführen wollte. Er verzichtet vielmehr allenfalls darauf, von der Annahme zu erfahren. Weitergehende Konzessionen an die üblichen Erfordernisse einer Annahmeerklärung sind durch Sinn und Zweck der Norm nicht veranlasst, sodass es richtig ist, eine Annahmeerklärung iSd § 151 BGB als **nicht empfangsbedürftige Willenserklärung** anzusehen, die – eben mit Ausnahme der zielgerichteten Abgabe in Richtung auf einen bestimmten Empfänger und der Empfangsbedürftigkeit – den allgemeinen Anforderungen unterliegt, die an Willenserklärungen im Allgemeinen und Annahmeerklärungen im besonderen zu stellen sind (ebenso BGH NJW-RR 1994, 280, 281; OLG Köln VersR 1989, 1148; LG Berlin NJW 1992, 1327, 1328 [dazu krit Krampe NJW 1992, 1264, 1266]; Brehmer JuS 1994, 386, 387; Enneccerus/Nipperdey § 145 II A 3; Jauernig/Mansel § 151 Rn 1; Kramer Jura 1984, 235, 248; MünchKomm/Busche § 151 Rn 4; Palandt/Ellenberger § 151 Rn 1; Soergel/Wolf § 151 Rn 7; vgl auch Repgen AcP 200 [2000] 533 ff; **aM** zB Kanzleiter DNotZ 1988, 498, 499). Im Einzelnen bedeutet das:

15 **a)** Auch in den Fällen des § 151 BGB ist ein objektiver äußerer **Erklärungstatbestand** erforderlich, also ein Verhalten, das auf einen endgültigen Annahmewillen des Angebotsempfängers schließen lässt. Der – im Übrigen kaum feststellbare – bloße Annahmeentschluss reicht dafür nicht (**aM** Flume § 35 II 3; Schwarze AcP 202 [2002] 607 ff). Vielmehr muss der Annahmewille in Form einer **Willensbetätigung** objektiv erkennbar hervorgetreten sein (BGHZ 209, 105 Rn 38; 74, 352, 356; BGH NJW-RR 2019, 1076 Rn 20; 2006, 1477 Rn 16; 1994, 280, 281; 1986, 415; NJW 2006, 3777, 3778; 2004, 3699; 2004, 287, 288; 2000, 276, 277; 1999, 2179; 1997, 2233; WM 1990, 812, 813; RG HRR 1928 Nr 2260; OLG Köln NJW 1995, 3128, 3129; Erman/Armbrüster § 151 Rn 5; MünchKomm/Busche § 151 Rn 9; Soergel/Wolf § 151 Rn 5). In diesem Sinne ist es auch richtig zu verlangen, dass der Annahmewille „nach außen" hervorgetreten sein müsse. Freilich kann das nicht bedeuten, dass der Erklärungstatbestand in jedem Fall außerhalb der eigenen vier Wände oder der betrieblichen Sphäre stattgefunden haben müsste; gerade darauf verzichtet ja § 151 BGB (ebenso Palandt/Ellenberger § 151 Rn 2; s auch unten Rn 17). Sondern es kann nur bedeuten, dass der bloße Annahmeentschluss nicht reicht, sondern die „Gedankenwelt" des Angebotsempfängers verlassen haben und in diesem Sinne wahrnehmbar geworden sein muss. Auf der anderen Seite ist auch in den Fällen des § 151 BGB für den Erklärungstatbestand keine ausdrückliche Annahmeerklärung erforderlich, sondern es reicht ein **konkludentes Verhalten**, also ein Verhalten, das auf den endgültigen Annahmewillen des Angebotsempfängers schließen lässt. Ob das der Fall ist, ist nicht durch Auslegung vom Empfängerhorizont fest-

zustellen, da die Annahme ja gerade nicht empfangsbedürftig ist, sondern – was freilich im Ergebnis keinen Unterschied machen wird – vom Standpunkt eines unbeteiligten objektiven Dritten (BGHZ 111, 97, 101; BGH NJW 2004, 3699; 2000, 276, 277; WM 1990, 812, 813; NJW-RR 1986, 415; OLG Celle NJW-RR 1992, 884, 885; MünchKomm/Busche § 151 Rn 9; Soergel/Wolf § 151 Rn 8; für die natürliche Auslegung [Feststellung des wirklichen Willens] Eckardt BB 1996, 1947 ff). Zur Annahme durch Schweigen s Rn 3.

b) Neben dem objektiven Erklärungstatbestand bedarf es in Übereinstimmung mit den allgemeinen Regeln außerdem der **subjektiven Elemente** einer Willenserklärung (allg dazu Staudinger/Singer [2017] Vorbem 26 ff zu §§ 116–144). Erforderlich sind also *Handlungswille, Erklärungsbewusstsein* und *Geschäftswille.* Allerdings ist dieser Satz nicht unbestritten. Pärn (44 ff) sieht die Annahme gemäß § 151 BGB als rein tatsächlichen Akt an und verzichtet auf jede subjektive Voraussetzung. Nach hM ist für das Erklärungsbewusstsein zu unterscheiden: Wer – insbesondere beim Ge- oder Verbrauch unbestellt zugesandter Waren – wisse, dass das Verhalten als Annahme interpretiert werde, könne sich nach dem Rechtsgedanken des § 116 BGB nicht darauf berufen, keinen Annahmewillen gehabt zu haben. Wer hingegen die Sache unter Verkennung der Sachlage ge- oder verbrauche, etwa weil er die Sache für seine eigene oder für aus einem anderen, bereits geschlossenen Vertrag stammend halte, müsse zwar nachweisen, dass der Annahmewille gefehlt habe; gelinge ihm dies aber, so sei die Annahme ohne Anfechtung unwirksam (so insbes BGH NJW-RR 1986, 415; Bydlinski JuS 1988, 36, 37 f; Wolf/Neuner § 37 Rn 38 ff; MünchKomm/Busche § 151 Rn 10; Palandt/Ellenberger § 151 Rn 2b). Dem ist indessen nicht zu folgen. Ob ein Verhalten des Angebotsempfängers als Annahmeerklärung zu verstehen ist, ist durch Auslegung zu ermitteln (s Rn 15), die auch darüber Auskunft gibt, ob Erklärungsbewusstsein und Geschäftswille vorliegen. Stellt es sich aus der Sicht des objektiven Beobachters so dar, so ist es Sache des (vermeintlich) Annehmenden, fehlendes Erklärungsbewusstsein oder fehlenden Geschäftswillen nachzuweisen und die Erklärung gegebenenfalls gemäß § 119 Abs 1 BGB anzufechten. Für die „normale" Willenserklärung ist das heute weitgehend anerkannt (vgl nur BGHZ 109, 171, 177). Die hM meint, in den Fällen des § 151 BGB anders entscheiden zu können, weil und solange die Willensbetätigung des Annehmenden keine Außenwirkung erzielt und beim Anbietenden keinen Vertrauenstatbestand erzeugt habe, sodass dieser auch nicht durch Abstellen auf die Sicht des objektiven Beobachters geschützt werden müsse. Das vermag indessen nicht zu überzeugen, da die Fälle ohnehin erst relevant werden, wenn der Vorgang Außenwirkung erlangt hat, und da die vorgeschlagene Differenzierung im subjektiven Bereich noch mehr Rechtsunsicherheit erzeugt, als § 151 BGB ohnehin schon mit im Gepäck führt. Es bleibt daher dabei, dass sich der Angebotsempfänger an seinem aus neutraler Sicht als Annahme zu verstehenden Verhalten festhalten lassen muss, wenn es ihm nicht gelingt, sich durch Anfechtung nach § 119 Abs 1 BGB davon zu lösen (ebenso Brehmer JuS 1994, 386, 389 f; wohl auch Soergel/Wolf § 151 Rn 8). Der Anbietende ist dann gemäß § 122 BGB schadlos zu stellen (s auch Rn 23). 16

c) Die entscheidende Frage ist deshalb stets, *wann* ein Verhalten des Angebotsempfängers den Schluss auf den Annahmewillen erlaubt. Hier muss stets auf den Einzelfall abgestellt werden (BGH NJW-RR 1986, 415). Einige **Beispiele** mögen das erläutern. Das Vertragsangebot eines Warenbestellers kann sicher durch *Erfüllungshandlung* angenommen werden, also dadurch, dass der Lieferant die bestellten 17 (nicht: andere, s LG Gießen NJW-RR 2003, 1206: MünchKomm/Busche § 151 Rn 11) Waren abschickt (vgl auch BGH RdE 2018, 27 Rn 33). Dann bedarf es aber in der Regel des § 151 BGB nicht, weil die dadurch zum Ausdruck gebrachte konkludente Annahmeerklärung dem Lieferanten mit der Lieferung zugeht (s oben Rn 2). Sucht man nach einem früheren Zeitpunkt, was insbesondere im Hinblick auf § 447 BGB erforderlich ist, dessen Gefahrtragungsregel nach hM voraussetzt, dass bei Versendung bereits ein Kaufvertrag geschlossen war, so kommt etwa das Aussondern der Ware im Lager in Betracht, das die hM aber nicht genügen lassen will, weil in diesem Vorgang noch keine objektiv erkennbare Verlautbarung des Erklärungswillens erblickt werden könne (RGZ 102, 370, 372; Erman/Armbrüster § 151 Rn 6; Flume § 35 Fn 67; Münch Komm/Busche § 151 Rn 9). Bei Routinefällen erscheint das als zu eng. Wird etwa bei einem Versandunternehmen die eingehende Bestellung nach Kreditwürdigkeitsprüfung zur Ausführung in die Vertriebsabteilung gegeben, so lässt das den Schluss auf einen endgültigen Annahmewillen zu (vgl auch Soergel/Wolf § 151 Rn 16). Anders kann es sein, wenn besondere Umstände darauf schließen lassen, dass die endgültige Entscheidung noch nicht gefallen ist, etwa wenn ein erforderlicher Ladeschein, ohne den über das Gut nicht verfügt werden kann, noch nicht aus der Hand gegeben ist (RGZ 84, 320, 323), wenn die Ware schon einmal versandfertig gemacht, aber zur Absendung noch gesondert freigegeben werden muss etc. Das zur Erfüllung durch den Lieferanten Ausgeführte gilt vice versa auch für den Besteller, der konkludent durch Bezahlung der übersandten Rechnungen annehmen kann (BGH NJW 2019, 2298 Rn 40). Wer eine *Banküberweisung* ausfüllt, hat das Angebot des Warenlieferanten allerdings in der Regel erst angenommen, wenn er die Überweisung absendet.

18 Die Annahme kann auch in einer *Aneignungs- oder Gebrauchshandlung* liegen, also darin, dass der Empfänger eine ihm unverlangt zugesandte Sache in Gebrauch nimmt, etwa den Wein trinkt oder das Buch liest (näher § 146 Rn 11; s auch Rn 16). Ebenso nimmt derjenige, dem ein Scheck mit der Bedingung übersandt worden ist, der Scheck solle nur bei Annahme des gleichzeitig unterbreiteten *Abfindungsangebotes* eingelöst werden, dieses Angebot an, wenn er den Scheck seiner Bank zum Einzug schickt (BGH WM 1990, 812, 813 f; NJW-RR 1986, 415 f; OLG Düsseldorf NZV 1993, 432 [LS]; MDR 1992, 1042; 1990, 920; OLG Hamm NJW-RR 1998, 1662 f; OLG Köln NJW-RR 2000, 1073; VersR 1994, 113; Harder WuB IV A § 151 BGB 1. 92; **aM** AG Schöneberg MDR 1999, 1373). Etwas anderes gilt freilich dann, wenn besondere Umstände dieser Auslegung entgegenstehen. Solche Umstände sind etwa eine Erklärung, den Scheck nur als Teilzahlung zu betrachten, eine krasse Abweichung vom bisherigen Stand der Vergleichsverhandlungen, ein auffälliges Missverhältnis zwischen angebotenem Teilbetrag und Gesamtforderung oä (vgl BVerfG NJW 2001, 1200; BGHZ 111, 97, 101 ff [dazu krit vRandow ZIP 1995, 445 ff]; BGH NJW 2001, 2324 [dazu Kleinschmidt NJW 2002, 346 ff] = BB 2001, 1762 [Frings]; NJW-RR 1987, 937 f; OLG Celle NJW-RR 1992, 884, 885; OLG Dresden WM 1999, 488, 489; OLG Hamburg ZIP 1988, 835, 837; OLG Hamm MDR 1992, 450; OLG Jena VersR 2001, 980, 981; OLG-NL 1998, 99, 100; OLG Karlsruhe ZIP 2000, 534, 535 ff; WM 1999, 490, 491; OLG München MDR 1998, 1236; OLG Nürnberg NJW-RR 1998, 256; LG Bremen WM 1998, 2189, 2190; LG Rostock MDR 1998, 1341; LG Waldshut-Tiengen WM 1998, 2191, 2192; Blaurock EWiR 1986, 241, 242; Eckardt BB 1996, 1945, 1950 ff; Lange WM 1999, 1301 ff; Ott WuB IV A § 151 BGB 1. 90 und 2. 90; Schneider MDR 2000, 857 f; Schönfelder NJW 2001, 492 ff).

19 In diesen Zusammenhang gehören auch zahlreiche Fälle, die früher mit der Rechtsfigur des *faktischen Vertrages* gelöst wurden (vgl dazu Vorbem 39 zu §§ 145 ff). Die Nutzung einer im Massenverkehr angebotenen Leistung wird bei objektiver Auslegung (s oben Rn 15) häufig auf einen Annahmewillen schließen lassen, sofern nicht besondere Umstände entgegenstehen. So kommt etwa nach § 151 BGB ein Abwasserbeseitigungsvertrag zustande, wenn der Grundstückseigentümer Wasser in die gemeindliche Kanalisation einleitet (BGH MDR 1982, 993; OLG Koblenz OLGZ 1988, 373, 374 f), oder ein Wasser- oder Energieversorgungsvertrag, wenn Wasser bzw Energie aus dem Versorgungsnetz entnommen wird (BGH WuM 2003, 458, 459 mwNw; anders für die Müllentsorgung OVG Münster NVwZ 1998, 1210, 1211). Dasselbe gilt für Verträge über Telekommunikationsdienstleistungen (BGH NJW 2005, 3636, 3637) oder Personenbeförderung (BGH NJW 2005, 3636, 3637). Der Rechtsfigur des faktischen Vertrages bedarf es dabei nicht (anders noch OLG Frankfurt MDR 1989, 257; LG Köln RdE 1993, 28; Janke-Weddige BB 1985, 758 ff; zweifelhaft auch OLG Hamm ZIP 1983, 329 f). Das Handeln eines Dritten ist nach den bei Rn 24 beschriebenen allgemeinen Grundsätzen zuzurechnen.

Beim Abschluss eines Vertrages, der *Dienstleistungen* des Antragsempfängers zum Gegenstand haben soll, die dieser innerhalb seines eigenen Betriebes erbringen muss, genügt zur Annahme sicher der Beginn der nach dem Betriebsablauf für die Ausführung des Vertrages erforderlichen Handlungen (Enneccerus/Nipperdey § 162 I 2a), also etwa der Beginn der Reparatur einer übersandten Sache (für Vorverlegung auf das Unterlassen unverzüglicher Ablehnung Soergel/Wolf § 151 Rn 14). Es kommen aber auch vorgelagerte Handlungen in Betracht, etwa das Eintragen in ein Auftragsbuch (zB das Zimmerverzeichnis des Hoteliers). Ebenso erklärt ein Arbeitnehmer, der nach dem Angebot einer nachteiligen Vertragsänderung seine Arbeit widerspruchslos fortsetzt, sein Einverständnis mit der Vertragsänderung (BAGE 98, 293, 300 ff; BB 1976, 1128). Der Gläubiger eines *Bürgen* nimmt das Bürgschaftsangebot schon dadurch an, dass er es zu den Akten heftet (BGH NJW 1997, 2233). Dasselbe gilt für die Annahme sonstiger Sicherheiten, etwa bei der Sicherungs-/Vorauszession (BGH NJW 2000, 276, 277; 1999, 2179). 20

Auch ein *Verhalten gegenüber Dritten* kann als Annahme des Vertragsangebotes zu verstehen sein (RGZ 117, 312, 315; 84, 320, 323; Erman/Armbrüster § 151 Rn 6; Soergel/Wolf § 151 Rn 10). So kann der Eintritt in Weiterverkaufsverhandlungen über eine unbestellt zugesandte Sache die Annahme hinsichtlich des Erwerbs dieser Sache darstellen, wenn sich nicht aus den Umständen ergibt, dass der Angebotsempfänger durch die Weiterverkaufsverhandlungen erst einmal nur den Markt sondieren und sich Gewissheit darüber verschaffen will, ob sich der Erwerb der unbestellten Ware lohnt. – Zum Überweisungsauftrag s Rn 17 aE; zur Annahme durch Scheckeinlösung s Rn 18 aE. 21

2. Anwendbarkeit der §§ 104 ff

Da es sich bei der Annahmeerklärung des § 151 BGB um eine normale Willenserklärung handelt, bei der lediglich von der Empfangsbedürftigkeit abgesehen wird, finden die Vorschriften über Willenserklärungen grundsätzlich Anwendung, soweit sie nicht gerade an die Empfangsbedürftigkeit anknüpfen. So wird etwa die Annahme in den Fällen des § 151 BGB von der Regelung des § 130 Abs 1 S 2 BGB über den **Widerruf** nicht erfasst. Auch eine analoge Anwendung dieser Vorschrift dahin, dass ein Widerruf erfolgen könne, bevor der Antragende von der Tatsache der Annahme Kenntnis erhalten hat, ist abzulehnen, da der Vertrag mit der Ver- 22 lautbarung der Annahmeerklärung bereits abgeschlossen ist (RGZ 102, 370, 372; Enneccerus/Nipperdey § 162 Fn 9; Flume § 35 II 3; MünchKomm/Busche § 151 Rn 9; Soergel/Wolf § 151 Rn 9; **aM** Brehmer JuS 1994, 386, 390 f; Bydlinski JuS 1988, 36, 38: Widerruf möglich, solange beim Offerenten noch kein Vertrauenstatbestand geschaffen ist).

23 Die **Anfechtung** der Annahmeerklärung nach § 151 BGB geschieht nach den allgemeinen Regeln (offen BGH WM 1990, 812, 815; zweifelnd offenbar BGH NJW-RR 1986, 415, 416), so zB, wenn jemand bei seiner Annahmehandlung über den Preis einer unbestellt zugesandten Ware im Irrtum war; zur Anfechtung wegen Irrtums über die Rechtserheblichkeit des Annahmeverhaltens s Rn 16. Ein *Vertrauensschaden* kann dem Antragenden allerdings nur dann entstehen, wenn er von der Annahmeerklärung Kenntnis erhalten hat (Erman/Armbrüster § 151 Rn 9; Soergel/Wolf § 151 Rn 9). Eine Anfechtung ist nicht erforderlich, wenn ein versteckter Dissens vorliegt (oder eine Einigung über die essentialia negotii fehlt, s § 154 Rn 3, 8), also zB der Empfänger unbestellter Waren bei seiner Verbrauchshandlung annimmt, ihm solle geschenkt werden, während in Wirklichkeit ein Verkaufsangebot gemacht war.

24 **Stellvertretung** ist bei der Annahmeerklärung nach § 151 BGB ebenso wie bei anderen nicht empfangsbedürftigen Willenserklärungen möglich (vgl BGH WM 1990, 812, 815; NJW-RR 1986, 415, 416; Soergel/Wolf § 151 Rn 7). Allerdings müssen die Erfordernisse des Offenlegungsgrundsatz gewahrt sein (allg dazu Staudinger/Schilken [2019] Vorbem 35 zu § 164).

3. Zeitpunkt des Vertragsschlusses

25 Abweichend von der Regel (s Vorbem 41 zu §§ 145 ff) kommt der Vertrag in den Fällen des § 151 BGB nicht mit dem Zugang, auf den ja gerade verzichtet wird, sondern zu dem Zeitpunkt zustande, zu dem die Annahmeerklärung abgegeben wird.

IV. Erlöschen des Antrages

26 Für die Dauer der Anträge, die gemäß § 151 S 1 BGB durch nicht empfangsbedürftige Erklärung angenommen werden können, enthält § 151 S 2 BGB eine Sonderregelung. Danach unterliegt die Annahmefrist in erster Linie der **Bestimmung des Antragenden**. Für diese Fristsetzung gelten die allgemeinen Vorschriften des § 148 BGB (s § 148 Rn 3 ff). Sie kann auch noch nachträglich erfolgen (s § 148 Rn 9). Die Frist ist überschritten und der Antrag damit erloschen, wenn die Annahmeerklärung unterlassen oder verspätet abgegeben wird (RGZ 124, 336, 338; 117, 312, 314 f).

27 Ist vom Antragenden keine Frist gesetzt worden, so gilt nicht der objektive Maßstab des § 147 Abs 2 BGB (vgl § 147 Rn 7). Vielmehr ist auf den anhand der Umstände durch Auslegung zu ermittelnden **Willen des Antragenden** abzustellen (BGH NJW 1999, 2179, 2180; RGZ 83, 104, 106). Die in § 86 Abs 4 E I noch vorgesehene Regelung, dass der Antragende, der sofortige Leistung verlangt, im Zweifel nur solange gebunden sein soll, wie zur Bewirkung der Leistung erforderlich ist, wurde nicht in das BGB übernommen. Die Auslegung kann jedoch ergeben, dass der Antragende einen auf eine derartige Begrenzung gerichteten Willen erklärt hat. Fehlt es an Umständen, aus denen sich der Wille des Antragenden ergeben könnte, eine Annahmefrist zu bestimmen, so bleibt der Antragende an den Antrag bis zu dessen

Ablehnung durch den anderen Teil gebunden (BGH NJW 2000, 2984, 2985; 1999, 2179, 2180; KG NJW-RR 2000, 1307, 1308).

V. Beweislast

Die Beweislast für die Abgabe einer Annahmeerklärung nach Maßgabe des § 151 BGB trifft denjenigen, der das Zustandekommen des Vertrages behauptet. Er muss beweisen, dass die Voraussetzungen des § 151 BGB vorgelegen haben und dass die Annahmeerklärung (konkludent) abgegeben wurde (Soergel/Wolf § 151 Rn 28); zur Beweislast für fehlendes Erklärungsbewusstsein s Rn 16. 28

§ 152
Annahme bei notarieller Beurkundung

Wird ein Vertrag notariell beurkundet, ohne dass beide Teile gleichzeitig anwesend sind, so kommt der Vertrag mit der nach § 128 erfolgten Beurkundung der Annahme zustande, wenn nicht ein anderes bestimmt ist. Die Vorschrift des § 151 Satz 2 findet Anwendung.

Materialien: E II § 124a; III § 148; Prot V 439.

Systematische Übersicht

I. **Überblick** 1
II. **Voraussetzungen** 2
III. **Rechtsfolgen**
1. Wirkung des § 152 S 1 4
2. Abweichende Bestimmung 5
IV. **Erlöschen des Antrages** 8
V. **Beweislast** 10

Alphabetische Übersicht

Annahmefrist (s auch Antrag unter Abwesenden)
– bei Sukzessivbeurkundung 8
Benachrichtigungspflicht
– bei Sukzessivbeurkundung 6
Beurkundung 2
Beweislast
– Sukzessivbeurkundung 10

I. Überblick

§ 152 BGB regelt den Moment des Vertragsschlusses für den Fall einer **Sukzessivbeurkundung** und legt fest, dass der Vertrag nicht erst mit Zugang der beurkundeten Annahmeerklärung beim Anbietenden, sondern schon mit der Beurkundung der Annahmeerklärung selbst zustande kommt. Die Vorschrift, deren heutige Fassung auf dem BeurkG von 1969 beruht, wurde erst von der zweiten Kommission einge- 1 fügt. Sie bezweckt eine **Beschleunigung des Vertragsabschlusses** in solchen Fällen, in denen typischerweise angenommen werden kann, dass sich die Parteien über den Vertragsinhalt bereits einig sind (s auch Soergel/Wolf § 152 Rn 1).

II. Voraussetzungen

2 § 152 BGB setzt die **Beurkundung** eines Vertrages voraus. Obgleich das Gesetz von einer *notariellen* Beurkundung spricht, ist anerkannt, dass die Beurkundung durch *andere Stellen* gleichsteht, wenn sie gemäß § 61 BeurkG nach Landesrecht anstelle des Notars zuständig sind (RGZ 68, 393, 394; RG WarnR 1923/24 Nr 111; Soergel/Wolf § 152 Rn 2). Ob die Beurkundung in Erfüllung einer gesetzlichen Formvorschrift erfolgt oder auf dem Parteiwillen beruht (s dazu Staudinger/Hertel [2017] § 128 Rn 53), ist unerheblich. Auf die Fälle einfacher Schriftform oder öffentlicher Beglaubigung der Vertragserklärungen kann die Norm aber nicht angewandt werden, auch nicht analog (RGZ 93, 175, 176; OLG Braunschweig SeuffA 65 Nr 107). Allerdings können hier die Voraussetzungen des § 151 BGB vorliegen.

3 Sind bei der Beurkundung vor dem Notar *beide Parteien anwesend,* so stellt sich die von der Vorschrift geregelte Frage nach dem Zeitpunkt des Zustandekommens nicht. Häufig wird man hier nicht einmal von Angebot und Annahme im eigentlichen Sinne sprechen können (s Vorbem 38 zu §§ 145 ff). § 152 BGB setzt vielmehr außerdem voraus, dass es sich um eine **Sukzessivbeurkundung** handelt, dass also nicht beide Teile gleichzeitig anwesend sind, sondern dass Angebot und Annahme getrennt, in gesonderten Terminen von demselben oder verschiedenen Notaren beurkundet werden. Damit vergleichbar ist der Fall, dass jemand, der durch einen Vertreter ohne Vertretungsmacht vertreten wurde, diesen Vertrag in notarieller Form genehmigen will. Hier ist § 152 BGB entsprechend anwendbar (OLG Karlsruhe NJW 1988, 2050; MünchKomm/Busche § 152 Rn 2; **aM** Hänlein JuS 1990, 737, 739; Tiedtke BB 1989, 924, 926 ff).

III. Rechtsfolgen

1. Wirkung des § 152 S 1

4 § 152 S 1 BGB gestaltet in den Fällen sukzessiver notarieller Vertragsbeurkundung die Annahmeerklärung als eine **nicht empfangsbedürftige Willenserklärung** aus, sodass bereits die Beurkundung der Erklärungsabgabe den Vertragsschluss bewirkt. Das Zugehen der Annahmeerklärung ist nicht erforderlich (BGHZ 149, 1, 4 = NJW 2002, 213, 214; OLG Karlsruhe NJW 1988, 2050). Der Antragende kann auch nicht verlangen, dass er von der Abgabe der Annahmeerklärung *benachrichtigt* wird (Tiedtke BB 1989, 924, 926). Enthält die Annahme allerdings gegenüber dem Angebot *Änderungen,* so greift § 150 Abs 2 BGB ein. Die Erklärung ist dann, da sie als neues Angebot noch angenommen werden muss, empfangsbedürftig.

2. Abweichende Bestimmung

5 § 152 S 1 BGB lässt eine von der Rechtsfolgenbestimmung der Norm abweichende Bestimmung im Vertragsangebot zu, ist also nicht zwingend (OLG Karlsruhe NJW 1988, 2050). Die abweichende Bestimmung kann insbesondere dahin gehen, dass der Vertrag erst mit dem **Zugang der Annahmeerklärung** beim Antragenden zustande kom-

men soll. In diesem Fall ist zu prüfen, ob der Notar, der den Antrag beurkundet hat, als Empfangsvertreter bzw als Empfangsbote des Antragenden eingesetzt worden ist (RGZ 96, 273, 275; 49, 127, 130).

Ebenso kann im Antrag bestimmt werden, dass der Vertragsabschluss zwar mit der Beurkundung der Erklärungsabgabe vollzogen sein soll, dass aber der Annehmende verpflichtet sein soll, die Tatsache der Annahmeerklärung dem **Antragenden zur Kenntnis zu bringen**. Der Inhalt einer solchen Bestimmung ist durch Auslegung zu ermitteln. Sie kann bedeuten, dass der Vertrag unter der *auflösenden oder aufschiebenden Bedingung* stehen soll, dass die Annahme dem Antragenden mitgeteilt wird. Es kann aber auch eine selbstständige *Benachrichtigungspflicht* begründet worden sein (Soergel/Wolf § 152 Rn 6). In diesem Fall ist im Wege der Auslegung zu klären, ob dieser Verpflichtung bereits durch eine Nachricht an den Notar genügt werden kann, der den Antrag beurkundet hat, oder ob der Antragende persönlich benachrichtigt werden muss. Die Einschaltung eines Dritten in den Benachrichtigungsvorgang ist jedenfalls möglich (zurückhaltender Soergel/Wolf § 152 Rn 6: nur bei Benachrichtigung durch *interessierte* Dritte, zB Bürgen). Verzögert sich die Benachrichtigung, so entsteht für den Antragenden eine Rückfragepflicht (RGZ 96, 273, 277). 6

Eine abweichende Bestimmung kann auch **durch konkludentes Handeln** erfolgen (RGZ 76, 364, 366; 49, 127, 132). Jedoch müssen dabei die Umstände, die für eine abweichende Bestimmung sprechen, deutlich hervortreten (zust Soergel/Wolf § 152 Rn 8). So wird man zB aus der Bestimmung einer Annahmefrist (s dazu Rn 8) nicht schon zwingend die konkludente Bestimmung des Zugangserfordernisses für die Annahmeerklärung entnehmen können (Erman/Armbrüster § 152 Rn 3; Flume § 35 II 1; MünchKomm/Busche § 152 Rn 4; **aM** RGZ 96, 273, 275; 76, 364, 366; 49, 127, 132; Jauernig/Mansel § 152 Rn 2; Soergel/Wolf § 152 Rn 7). Jedenfalls kann eine (der Beweislastentscheidung vorgehende) Würdigung der Umstände des Einzelfalles, insbesondere der Interessenlage der Parteien, zu diesem Ergebnis führen (BGH NJW-RR 1989, 198; Emmerich WuB IV A § 152 BGB 1. 89). Kann der Annehmende den Willen des Antragenden nicht klar genug erkennen, so ist er zur Rückfrage verpflichtet. Anderenfalls kann eine cic vorliegen. 7

IV. Erlöschen des Antrages

Da der Antragende in den Fällen des § 152 BGB ein Interesse daran hat, nur auf bestimmte Zeit an seinen Antrag gebunden zu sein, kann er eine **Annahmefrist** bestimmen, nach deren Überschreiten der Antrag gemäß §§ 146, 148 BGB erlischt. Ob innerhalb dieser Frist die Annahmeerklärung nur abgegeben oder dem Antragenden auch zugegangen sein muss, ist durch Auslegung zu ermitteln. Im Zweifel wird man annehmen müssen, dass die Annahmeerklärung nur innerhalb der Annahmefrist wirksam abgegeben sein muss (s auch Rn 7). Hilfsweise muss auch § 149 BGB in Betracht gezogen werden (Soergel/Wolf § 152 Rn 7). Ebenso ist durch Auslegung zu ermitteln, ob auch erforderliche Genehmigungen Dritter innerhalb der Frist erteilt bzw gemäß § 1829 Abs 1 S 2 BGB wirksam geworden sein müssen, was im Zweifel ebenfalls zu verneinen ist (**aM** RGZ 76, 364, 366; wie hier wohl Soergel/Wolf § 152 Rn 7). 8

Hat der Antragende keine Annahmefrist bestimmt, so gilt § 152 S 2 BGB, der auf § 151 S 2 BGB verweist. Das bedeutet, dass sich die Dauer der Bindung des An- 9 tragenden aus dem anhand der Umstände durch Auslegung zu ermittelnden **Willen des Antragenden** ergibt (s näher dazu § 151 Rn 27). Ist die Frist überschritten, so gilt die verspätete Annahme auch in den Fällen des § 152 BGB gemäß § 150 Abs 1 BGB als neuer Antrag (Erman/Armbrüster § 152 Rn 2).

V. Beweislast

10 Wer eine vom Grundsatz des § 152 BGB abweichende Bestimmung behauptet, muss deren Inhalt beweisen. Da eine Fristbestimmung im Zweifel keine von § 152 S 1 BGB abweichende Bestimmung enthält, muss der Antragende das Gegenteil beweisen (vgl oben Rn 7, 8 sowie Baumgärtel/Laumen/Prütting, Hdb d Beweislast [4. Aufl 2018] § 152 Rn 1; MünchKomm/Busche § 152 Rn 4; Soergel/Wolf § 152 Rn 9; **aM** RGZ 96, 273, 275; RG WarnR 1913 Nr 354).

§ 153
Tod oder Geschäftsunfähigkeit des Antragenden

Das Zustandekommen des Vertrags wird nicht dadurch gehindert, dass der Antragende vor der Annahme stirbt oder geschäftsunfähig wird, es sei denn, dass ein anderer Wille des Antragenden anzunehmen ist.

Materialien: E I § 89; II § 125; III § 149; Mot I 175; Prot I 86.

Systematische Übersicht

I. Entstehung und Bedeutung der Vorschrift ___ 1

II. Tod oder Geschäftsunfähigkeit des Antragenden
1. Eintritt vor Zugang des Antrags ___ 2
2. Eintritt nach Zugang des Antrags ___ 3
a) Regelungsgehalt des § 153 ___ 3
b) Anderer Wille des Antragenden ___ 5

III. Tod oder Geschäftsunfähigkeit des Antragsempfängers ___ 9
1. Eintritt vor Zugang des Antrags ___ 10
2. Eintritt nach Zugang des Antrags ___ 11

IV. Andere Fälle geminderter Rechtsmacht
1. Beschränkte Geschäftsfähigkeit ___ 14
2. Eröffnung des Insolvenzverfahrens ___ 15
a) über das Vermögen des Antragenden ___ 15
b) über das Vermögen des Antragsempfängers ___ 16
3. Beschränkung der Verfügungsmacht 17

V. Beweislast ___ 18

Alphabetische Übersicht

Annahmefähigkeit des Antrages
– bei Geschäftsunfähigkeit des Antragenden ___ 2

Annahmefrist
– bei Geschäftsunfähigkeit des Antragenden ___ 4

Ausführung des Vertrages vor Kenntnis von der Geschäftsunfähigkeit des Antragenden ____ 8
Auslegungsregel für Willen des Antragenden ____ 5

Beendigungsgrund für Vertrag ____ 7
Benachrichtigungspflicht
– bei Geschäftsunfähigkeit des Antragenden ____ 4
Beschränkte Geschäftsfähigkeit vor Zustandekommen des Vertrages ____ 14
Beweislast
– Geschäftsunfähigkeit oder Tod des Antragenden ____ 18

Frist s Annahmefrist

Geschäftsunfähigkeit des Antragenden
– nach Zugang des Antrags ____ 3
– vor Zugang des Antrags ____ 2
Geschäftsunfähigkeit des Antragsempfängers
– nach Abgabe der Annahmeerklärung ____ 13
– nach Zugang des Antrags ____ 11, 12
– vor Zugang des Antrags ____ 10

Höchstpersönlicher Bedarf ____ 6

Insolvenzeröffnung vor Zustandekommen des Vertrages ____ 15 f

Schenkung auf den Todesfall ____ 3

Tod des Antragenden s Geschäftsunfähigkeit
Tod des Antragsempfängers s Geschäftsunfähigkeit

Verfügungsbeschränkungen vor Zustandekommen des Vertrages ____ 17

Wille des Antragenden ____ 5

I. Entstehung und Bedeutung der Vorschrift

1 Nach gemeinem Recht hatten Tod oder Geschäftsunfähigkeit sowohl des Antragenden als auch des Antragsgegners vor der Annahme das Erlöschen des Antrags zur Folge. Dagegen gingen §§ 106 ff I 5 ALR und § 818 SächsBGB davon aus, dass ein Vertragsantrag weder durch den Tod des Antragenden noch durch den Tod des Antragsempfängers erlischt, sofern nicht der Antrag auf persönlichen Beziehungen beruhte, die mit dem Tod wegfallen. Ähnlich war es in Art 297 ADHGB bestimmt (vgl Bindewald, Der Tod des Antragenden [Diss Jena 1938] 18 ff). Auch § 153 BGB liegt der Gedanke zugrunde, dass Vertragsanträge regelmäßig auf einem Vermögensinteresse beruhen, das bestehen bleibt, wenn das Vermögen mit dem Tod des bisherigen Inhabers in andere Hände übergeht (Mot I 176). Der Eintritt der Geschäftsunfähigkeit wird dabei nach gemeinrechtlichem Vorbild dem Tod gleichgestellt. Bedeutung hat die Vorschrift nur für verkörperte Willenserklärungen, da nicht verkörperte gemäß § 147 Abs 1 BGB nur sofort angenommen werden können (vgl aber Soergel/Wolf § 153 Rn 2).

II. Tod oder Geschäftsunfähigkeit des Antragenden

1. Eintritt vor Zugang des Antrags

2 Treten Tod oder Geschäftsunfähigkeit ein, nachdem der in einer verkörperten Willenserklärung enthaltene Antrag abgegeben, aber bevor er zugegangen ist, so wird

das *Wirksamwerden* der Erklärung gemäß § 130 Abs 2 BGB nicht gehindert (näher dazu Staudinger/Singer/Benedict [2017] § 130 Rn 104 ff). Im Todesfall ist dann der Erbe an den Antrag gebunden, sofern es ihm nicht gelingt, rechtzeitig von dem ihm bzw dem gesetzlichen Vertreter des Geschäftsunfähigen verbleibenden Widerrufsrecht nach § 130 Abs 1 S 2 BGB Gebrauch zu machen (s Staudinger/Singer/Benedict [2017] § 130 Rn 107). Die *Annahmefähigkeit* des so wirksam gewordenen Angebotes richtet sich dann nach § 153 BGB. Man kann nicht aus § 130 Abs 2 BGB schließen, dass das trotz Tod oder Geschäftsunfähigkeit wirksam gewordene Angebot auch dann angenommen werden können soll, wenn – wie § 153 BGB einschränkt – „ein anderer Wille des Antragenden anzunehmen ist". Für § 153 BGB ist es also letztlich gleich, ob Tod oder Geschäftsunfähigkeit vor oder nach Zugang des Antrages eingetreten sind.

2. Eintritt nach Zugang des Antrags

3 **a)** Treten Tod oder Geschäftsunfähigkeit des Antragenden ein, nachdem der in einer verkörperten Willenserklärung enthaltene Antrag zugegangen (bzw der in einer nicht verkörperten Willenserklärung enthaltene Antrag vernommen worden) ist, dann folgt aus § 153 BGB, dass der Antrag **annahmefähig** bleibt. Das gilt erst recht, wenn die Annahme bereits erklärt, aber ihrerseits noch nicht zugegangen ist (OLG Hamm NJW-RR 1987, 342, 343). Andere Wirksamkeitshindernisse bleiben unberührt. So gibt zB ein nach § 153 BGB zustande gekommener Lebensversicherungsvertrag keinen Anspruch auf die Versicherungssumme, weil der Todesfall schon vor Vertragsschluss eingetreten ist (RG SeuffA 81 Nr 20). Dagegen kann eine *Schenkung auf den Todesfall* – zB durch Anlegen eines (Spar-) Kontos – noch nach dem Tode des Antragenden angenommen werden. Die erbrechtliche Formvorschrift des § 2301 BGB steht nach hM nicht entgegen, weil sie durch § 331 BGB verdrängt wird, die schuldrechtliche des § 518 BGB nicht, weil die Schenkung mit der Annahme vollzogen ist (BGHZ 46, 198, 204; KG OLGZ 1979, 460, 463 f; Erman/Armbrüster § 153 Rn 1; MünchKomm/Busche § 153 Rn 5; wohl auch Kipp/Coing, Erbrecht [14. Aufl 1990] § 81 IV 2a; **aM** Medicus/Petersen, BR Rn 391 ff mwNw).

4 Für die **Annahme** gelten die allgemeinen Regeln der §§ 146 ff BGB. Die *Annahmefrist* des § 147 Abs 2 BGB verlängert sich allerdings um die Zeit, welche zur Ermittlung des Erben erforderlich ist. Außerdem entsteht im Falle des § 151 BGB für den Annehmenden nach Treu und Glauben eine *Benachrichtigungspflicht* gegenüber dem Erben oder gesetzlichen Vertreter, der von dem abgeschlossenen Vertrag nichts weiß. *Empfangszuständig* für eine empfangsbedürftige Annahmeerklärung ist im Falle des Todes der Erbe des Antragenden. Es genügt jedoch auch eine Abgabe gegenüber dem Verstorbenen, wenn die Erklärung dem Erben zugeht. Bei Geschäftsunfähigkeit muss die Annahme gemäß § 131 Abs 1 BGB dem gesetzlichen Vertreter zugehen (vgl Staudinger/Singer/Benedict [2017] § 131 Rn 2 f). Eine *Auslegung* der Annahmeerklärung kann ergeben, dass der Annehmende nur mit dem Offerenten persönlich abschließen will, zB bei einem Kreditgeschäft. In diesem Fall kommt der Vertrag trotz der aus § 153 BGB resultierenden Annahmefähigkeit des Angebotes nicht zustande (MünchKomm/Busche § 153 Rn 3).

5 **b)** § 153 BGB bestimmt, dass der Antrag die Annahmefähigkeit mit dem Tode oder der Geschäftsunfähigkeit des Antragenden verliert und somit erlischt, wenn ein

anderer Wille des Antragenden anzunehmen ist. Es kommt dazu nur auf den Willen des Antragenden, nicht auch auf den des Antragsempfängers an (RG SeuffA 81 Nr 20). Der Antragende kann einen entsprechenden Willen *ausdrücklich* erklären. Nötig ist das aber nicht. Vielmehr ergibt sich unmittelbar aus § 153 BGB, dass ein entgegenstehender Wille im Wege der *Auslegung* festgestellt werden kann. Für diese Auslegung müssen die allgemeinen Regeln gelten (insofern zutr Flume § 35 I 4; Medicus/Petersen, AT Rn 377; MünchKomm/Busche § 153 Rn 4), dh es ist unter Berücksichtigung der für den Empfänger erkennbaren Umstände der objektive Erklärungswert des Angebotes festzustellen. Ob der Empfänger aus den ihm erkennbaren Umständen auch tatsächlich die richtigen Schlüsse gezogen hat, ist unerheblich. Da sich ein wirklicher Wille kaum feststellen lassen wird, ist nach dem hypothetischen Willen des Antragenden zu fragen, also danach, was er bestimmt hätte, wenn er das eingetretene Ereignis vorausgesehen hätte. Geben die dem Empfänger erkennbaren Umstände nichts her, bleibt es bei der Regel des § 153 BGB. Die Vorschrift erweist sich damit als *Auslegungsregel* (**aM** die vorstehend Genannten, die meinen, es handele sich um einen die Bindungswirkung der Offerte ergänzenden und durch sie bestimmten Rechtssatz; wie hier Bork, AT Rn 735; Erman/Armbrüster § 153 Rn 2; Wolf/Neuner § 37 Rn 23).

Vorliegen wird ein entgegenstehender Wille in solchen Fällen, in denen der Vertrag 6 auf **Leistungen für den höchstpersönlichen Bedarf** des Verstorbenen gerichtet war. Im Falle der Geschäftsunfähigkeit des Antragenden kann die Einschränkung der Annahmefähigkeit für Anträge auf höchstpersönliche Leistungen gelten, von denen der Antragende nur mit gesunden Sinnen Gebrauch gemacht hätte (Mot I 176; **aM** Soergel/Wolf § 153 Rn 10: Wegfall der Geschäftsgrundlage).

Außerdem ist ein entgegenstehender Wille des Antragenden anzunehmen, wenn 7 sein Tod oder seine Geschäftsunfähigkeit einen **Beendigungsgrund** für den bereits abgeschlossenen Vertrag dargestellt hätte. Dies gilt zB für §§ 613, 672, 673, 675, 727, 1061, 1090 Abs 2 BGB (Erman/Armbrüster § 153 Rn 2).

Hatte der Antragsempfänger in den Fällen eines entgegenstehenden Willens be- 8 reits vor Kenntniserlangung vom Tod oder von der Geschäftsunfähigkeit des Antragenden mit der **Ausführung des Vertrages** begonnen und hierfür Aufwendungen gemacht, so wird ihm zT in analoger Anwendung der §§ 122, 307 BGB *Ersatz des Vertrauensschadens* zugebilligt (Clasen NJW 1952, 14; Enneccerus/Nipperdey § 161 III 2; Erman/Armbrüster § 153 Rn 4; Jauernig/Mansel § 153 Rn 4). Das kommt indessen allenfalls dann in Betracht, wenn der Antragsempfänger unter Berücksichtigung der ihm erkennbaren Umstände von einem wirksamen Vertragsschluss ausgehen durfte (ganz ablehnend Flume § 35 I 4; MünchKomm/Busche § 153 Rn 4; Soergel/Wolf § 153 Rn 13). Begründet ist die Ersatzpflicht hingegen in den Fällen eines Verschuldens des Erben oder des gesetzlichen Vertreters, insbesondere wenn sie mit einem an den Antragenden übersandten Leistungsgegenstand nicht sorgfältig umgegangen sind oder wenn eine Benachrichtigung den Annehmenden von seinen Aufwendungen abgehalten hätte.

III. Tod oder Geschäftsunfähigkeit des Antragsempfängers

In § 89 E I war vorgesehen, dass Tod oder Geschäftsunfähigkeit des Antragsemp- 9 fängers ebenso behandelt werden sollten wie beim Antragenden. Diese Vorschrift wurde indessen nicht in das BGB übernommen (vgl Prot I 182 = MUGDAN I 695). Demnach besteht folgende Rechtslage:

1. Eintritt vor Zugang des Antrags

10 *Stirbt* der Adressat, bevor der Antrag wirksam wird, insbesondere also vor dem Zugang einer verkörperten Willenserklärung, so kann der Antrag nur wirksam werden, wenn er als auch an den Erben des Adressaten gerichtet anzusehen ist. Ob es sich so verhält, muss im Wege der Auslegung festgestellt werden (ERMAN/ARMBRÜSTER § 153 Rn 7; FLUME § 35 I 4; MünchKomm/BUSCHE § 153 Rn 7; SOERGEL/WOLF § 153 Rn 15). Eine Vermutung besteht dafür nicht. Wird der Adressat vor dem Wirksamwerden *geschäftsunfähig,* so gilt § 131 Abs 1 BGB. Demnach tritt die Wirksamkeit des Antrags durch Zugang beim gesetzlichen Vertreter ein oder dadurch, dass dieser den Antrag vernimmt (vgl STAUDINGER/SINGER/BENEDICT [2017] § 131 Rn 2 ff). Entsteht die Geschäftsunfähigkeit nach der Erklärungsabgabe, so kann § 131 Abs 1 BGB analog angewandt werden.

2. Eintritt nach Zugang des Antrags

11 *Stirbt* der Antragsempfänger, nachdem der Antrag wirksam geworden ist, aber **vor Abgabe der Annahmeerklärung**, so kann – gleichgültig, ob die Annahme durch empfangsbedürftige oder nicht empfangsbedürftige Erklärung erfolgen soll – die aus der Bindung des Antragenden resultierende Rechtsposition des Antragsempfängers vererbt werden, sofern ein entsprechender Wille des Antragenden festzustellen ist (ERMAN/ARMBRÜSTER § 153 Rn 7; WOLF/NEUNER § 37 Rn 24; MünchKomm/BUSCHE § 153 Rn 7; SOERGEL/WOLF § 153 Rn 16; s auch § 145 Rn 35). Eine Vermutung dafür besteht auch hier nicht. Die Vererblichkeit der Rechtsposition des Antragsempfängers ist insbesondere zu verneinen, wenn die Auslegung ergibt, dass der Antragende mit dem Adressaten nur persönlich abschließen wollte (Mot I 176). Ebenso scheidet die Vererblichkeit aus, wenn §§ 613, 673, 675, 727, 1061 BGB oä einem Vertrag mit dem Erben entgegenstehen würden.

12 Wird der Antragsempfänger vor Abgabe der Annahmeerklärung *geschäftsunfähig,* so kommt es ebenfalls darauf an, ob der Wille des Antragenden darauf gerichtet ist, den Vertrag auch mit einem geschäftsunfähigen Partner abzuschließen. Wird dies bejaht, so kann die Annahmeerklärung durch den gesetzlichen Vertreter erfolgen. Ein derartiger Wille scheidet zB aus, wenn vom Antragsempfänger die Leistung eines geistig Gesunden erwartet wurde, zB eine erzieherische Tätigkeit.

13 *Stirbt* der Antragsempfänger erst **nach Abgabe der Annahmeerklärung**, so ist bei nicht empfangsbedürftiger Annahmeerklärung der Vertrag bereits zustande gekommen. Bei empfangsbedürftiger Annahmeerklärung gilt § 130 Abs 2 BGB (vgl STAUDINGER/SINGER/BENEDICT [2017] § 130 Rn 104 ff). Dieselbe Rechtslage besteht beim Eintritt der *Geschäftsunfähigkeit* nach Abgabe der Annahmeerklärung. Erst recht bleibt eine **antizipierte Einigung** wirksam, sodass zB eine antizipierte Übereignung bei Erwerb des Rechts trotz zwischenzeitlicher Geschäftsunfähigkeit wirksam ist, sofern die besitzrechtlichen Voraussetzungen erfüllt sind (BGH NJW 1988, 3260, 3262).

IV. Andere Fälle geminderter Rechtsmacht

1. Beschränkte Geschäftsfähigkeit

Die Wirkung des Eintritts beschränkter Geschäftsfähigkeit beim Antragenden oder 14 beim Antragsempfänger ist in § 153 BGB nicht geregelt. Hat ein Geschäftsfähiger eine Vertragserklärung *abgegeben,* so steht die nachfolgende Beschränkung seiner Geschäftsfähigkeit dem Wirksamwerden nicht entgegen. § 130 Abs 2 BGB gilt analog. Wird der Antrag gegenüber einem bei Wirksamkeitseintritt nur beschränkt geschäftsfähigen Adressaten abgegeben, so kommt es für die *Empfangszuständigkeit* gemäß § 131 Abs 2 BGB darauf an, ob der Antrag dem beschränkt geschäftsfähigen Adressaten lediglich rechtliche Vorteile bringt bzw ob der gesetzliche Vertreter dem Zugang beim beschränkt Geschäftsfähigen zugestimmt hat (vgl § 145 Rn 33). Die *Annahmefähigkeit* richtet sich hier nach den allgemeinen Regeln. Einer analogen Anwendung des § 153 BGB bedarf es in diesem Falle nicht (Jauernig/Mansel § 153 Rn 2; aM Erman/Armbrüster § 153 Rn 5; MünchKomm/Busche § 153 Rn 2; Soergel/Wolf § 153 Rn 3). Sofern die *Annahme* des Vertrages vom inzwischen beschränkt Geschäftsfähigen erklärt werden soll, bedarf es für rechtlich nicht lediglich vorteilhafte Verträge der Zustimmung des gesetzlichen Vertreters (s § 146 Rn 4).

2. Eröffnung des Insolvenzverfahrens

a) Die Eröffnung des Insolvenzverfahrens **über das Vermögen des Antragenden** 15 berührt die Wirksamkeit eines vorher oder danach von ihm abgegebenen Antrags auf Abschluss eines *schuldrechtlichen Vertrages* nicht, sofern nicht die Auslegung ergibt, dass der Antrag im Insolvenzfall keinen Bestand haben soll. Auch der Annahme des Antrags steht die Eröffnung des Insolvenzverfahrens über das Vermögen des Antragenden nicht entgegen. § 153 BGB gilt hier nicht (BGHZ 149, 1, 4 = NJW 2002, 213, 214; krit Jaeger/Windel, InsO [2007] § 81 Rn 41 f mwNw). Der Vertragspartner kann den Antrag annehmen, was aber einen Vertrag nur mit dem Insolvenzschuldner, nicht mit dem Insolvenzverwalter begründet. Deshalb muss die Annahme auch gegenüber dem Schuldner erklärt werden. Der Insolvenzverwalter ist dafür nicht empfangszuständig. *Verfügungsverträge* über Gegenstände der Insolvenzmasse sind dagegen gemäß §§ 81, 91 InsO unwirksam, können also nach Verfahrenseröffnung nicht mehr angenommen werden (Jaeger/Windel § 81 Rn 40).

b) Wird das Insolvenzverfahren **über das Vermögen des Antragsempfängers** er- 16 öffnet, so ist zunächst im Wege der Auslegung zu prüfen, ob das Angebot auch für den Insolvenzfall gelten soll, was etwa zu verneinen ist, wenn es auf Einräumung eines Kredits gerichtet war. Im Übrigen gilt das in Rn 15 Gesagte sinngemäß. Die Annahmebefugnis hinsichtlich eines wirksamen Antrags verbleibt dem Insolvenzschuldner. Sie gehört nicht zur Insolvenzmasse, sodass auch die aus der Vertragsannahme entstehenden Ansprüche nicht in die Insolvenzmasse fallen. Etwas anderes gilt – auch für dingliche Verträge – nur dann, wenn dem Antrag im Wege der Auslegung zu entnehmen ist, dass er sich auch an einen eventuellen Insolvenzverwalter richtet (BGH ZIP 2015, 694 Rn 19; krit Jaeger/Windel § 81 Rn 36 ff mwNw sowie § 145 Rn 35).

3. Beschränkung der Verfügungsmacht

17 Nach der Abgabe des Antrages können Beschränkungen der Verfügungsmacht *beim Antragenden* eintreten, wie zB Nachlassverwaltung, Verfügungsbeschränkungen gem §§ 1365, 1369 BGB oder gem §§ 1422 ff BGB. In diesen Fällen kann ein vor Eintritt der Verfügungsbeschränkung abgegebener Antrag, der sich auf einen von der Verfügungsbeschränkung erfassten Gegenstand bezieht, noch wirksam werden. Für die Annahmeerklärung gilt § 153 BGB analog (RGZ 111, 185, 190; Soergel/Wolf § 153 Rn 5). Tritt eine der genannten Verfügungsbeschränkungen *beim Adressaten* ein, so wird das Wirksamwerden eines Antrags, der sich auf die Verfügung über einen von der Beschränkung betroffenen Gegenstand bezieht, nicht ausgeschlossen. Die Annahme eines derartigen Antrags kann allerdings nur durch einen Verfügungsberechtigten oder den von ihm ermächtigten Adressaten erfolgen.

V. Beweislast

18 Nach der Auslegungsregel (s Rn 5) des § 153 BGB bleibt der Antrag trotz Tod oder Geschäftsunfähigkeit annahmefähig. Daher trägt derjenige, der einen anderen Willen des Antragenden behauptet, dafür die Beweislast (Baumgärtel/Laumen/Prütting, Hdb d Beweislast [4. Aufl 2018] § 153 Rn 1; MünchKomm/Busche § 153 Rn 6; Soergel/Wolf § 153 Rn 12).

§ 154
Offener Einigungsmangel; fehlende Beurkundung

(1) Solange nicht die Parteien sich über alle Punkte eines Vertrags geeinigt haben, über die nach der Erklärung auch nur einer Partei eine Vereinbarung getroffen werden soll, ist im Zweifel der Vertrag nicht geschlossen. Die Verständigung über einzelne Punkte ist auch dann nicht bindend, wenn eine Aufzeichnung stattgefunden hat.

(2) Ist eine Beurkundung des beabsichtigten Vertrags verabredet worden, so ist im Zweifel der Vertrag nicht geschlossen, bis die Beurkundung erfolgt ist.

Materialien: E I § 78; II § 116; III § 150; Mot I 162; Prot I 74, 87; VI 133.

Schrifttum

Bading, Irrtum und Dissens, JW 1914, 609
Bailas, Das Problem der Vertragsschließung und der vertragsbegründende Akt (1962)
Diederichsen, Der Auslegungsdissens, in: FS H Hübner (1984) 421
ders, Der logische Dissens, in: FS zum 125-jährigen Bestehen der Juristischen Gesellschaft zu Berlin (1984) 81
Engels, Der offene und versteckte Dissens (Diss Rostock 1903)
Funk, Die Beweislastverteilung beim Streit über das Zustandekommen, die Wirksamkeit und den Inhalt von Verträgen auf der Grundlage des Bürgerlichen Gesetzbuches und der Zivilprozeßordnung (Diss Göttingen 1974)

Grünwald, Der versteckte Dissens (Diss Köln 1939)
Jung, Die Einigung über die „essentialia negotii“ als Voraussetzung für das Zustandekommen eines Vertrages, JuS 1999, 28
E A Kramer, Anmerkungen zum Konsenserfordernis bei zweiseitig verpflichtenden Verträgen, in: FS C-W Canaris (2007) 665
ders, Grundfragen der vertraglichen Einigung (1972)
Leenen, Abschluss, Zustandekommen und Wirksamkeit des Vertrages, AcP 188 (1988) 381
ders, Faktischer und normativer Konsens, in: Recht genau – Liber amicorum für J Prölss (2009) 153
Manigk, Das Wesen des Vertragsschlusses in der neueren Rechtsprechung, Beiträge zur Lehre vom Konsens und Dissens, JherJb 75, 127
Matthies, Irrtum und Mißverständnis in ihrer Beziehung zueinander nach den §§ 119, 155 des BGB (Diss Leipzig 1905)
Petersen, Der Dissens beim Vertragsschluss, JURA 2009, 419
R Raiser, Schadenshaftung bei verstecktem Dissens, AcP 127 (1927) 1
Schlachter, Irrtum, Dissens und kaufrechtliche Gewährleistungsansprüche, JA 1991, 105
Titze, Die Lehre vom Mißverständnis (1910).

Systematische Übersicht

I. Überblick 1

II. Offener Dissens (Abs 1 S 1)
1. Voraussetzungen 2
2. Rechtsfolge 6

III. Punktation (Abs 1 S 2) 11

IV. Vereinbarte Beurkundung (Abs 2) 12

V. Beweislast 16

Alphabetische Übersicht

Beweislast
– Behauptung einer konstitutiven Vertragsform 17
– Teilabreden 16

Dissens, logischer 3
Dissens, offener
– Feststellung durch Auslegung 4
– Lücken in der vertraglichen Regelung 9
– Rechtsfolge 6 ff
– Treu und Glauben 10
– Voraussetzungen 2 f

essentialia negotii 1, 3, 8

Kontrahierungszwang im Wettbewerbsrecht
– und Dissens 7

Punktation 11

Teildissens 7

I. Überblick

Ein Vertrag kann nur zustande kommen, wenn sich die Parteien über die vertragswesentlichen Punkte einig sind, denn ein Vertrag setzt Übereinstimmung im Rechtsfolgenwillen voraus (s Vorbem 2 zu §§ 145 ff). Der Konsens bildet daher ein wesentliches Element des Vertrages. Freilich war schon bei Abfassung des BGB umstritten, auf welche Punkte sich der Konsens erstrecken muss. § 78 E I sah vor, dass ein Vertrag noch nicht abgeschlossen sei, „solange die Vertragschließenden über die nach dem gesetzlich zum Wesen des zu schließenden Vertrages gehörenden Teile sich nicht 1 geeinigt haben", also noch essentialia negotii offen sind (s dazu auch Rn 3, 8). In § 154 BGB ist diese Regel nicht übernommen worden, sodass der Vertragsabschluss auch an offenen Nebenpunkten scheitern kann, solange nur der zum Dissens führende Punkt vertraglich geregelt werden sollte (BGH MDR 1954, 217). Dies ist letztlich Konsequenz der negativen Abschlussfreiheit (MünchKomm/Busche § 154 Rn 1). Dabei bezieht sich die Regelung des § 154 BGB vor allem auf eine schrittweise herausgearbeitete Einigung, die das Ergebnis längerer Verhandlungen und unterschiedlicher Vorschläge bildet (Wolf/Neuner § 38 Rn 9; nach Leenen AcP 188 [1988] 381, 405 ff haben §§ 154, 155 BGB deshalb überhaupt nur Bedeutung für den Vertragsschluss durch Zustimmung zu einer ausgehandelten Vorlage, s Vorbem 38 zu §§ 145 ff; für das Verhältnis zu § 150 Abs 2 BGB s § 150 Rn 16). Die Gefahr, dass eine Partei den Vertrag an einem noch offenen Nebenpunkt scheitern lässt, obwohl es ihr eher um die Lösung vom bereits Vereinbarten als wirklich um diesen Nebenpunkt geht, haben die Gesetzesverfasser bewusst in Kauf genommen (vgl Mot I 162). – Die Regelung des § 154 BGB gilt für Verträge aller Art. Auf *Tarifverträge* ist sie wegen deren Normcharakters allerdings nicht anwendbar (BAGE 57, 334, 341; 46, 61, 69; 42, 86, 93).

II. Offener Dissens (Abs 1 S 1)

1. Voraussetzungen

2 Ein **Dissens** liegt nach der Formulierung des § 154 BGB vor, wenn sich die Parteien nicht über alle Punkte geeinigt haben, über die nach der Erklärung auch nur einer Partei eine Vereinbarung getroffen werden soll. Es geht also um die Divergenz von Vertragsinhalt und „Regelungsprogramm" (Leenen AcP 188 [1988] 381, 383). Von einem *offenen* Dissens spricht man, wenn sich die Parteien dieser Nichtübereinstimmung bewusst sind und davon ausgehen, dass die lückenhafte Einigung noch vervollkommnet werden muss. Glauben die Parteien hingegen irrig, sie hätten sich bereits vollständig geeinigt, so liegt ein *versteckter* Dissens vor (näher zu diesem § 155 Rn 1, 7 ff). Für § 154 Abs 1 S 1 BGB, der den offenen Dissens regelt, ist also über den Dissens hinaus erforderlich, dass beide Parteien – oder jedenfalls eine, für den Gegner erkennbar (BGH NJW-RR 1990, 1009, 1011; Diederichsen, in: FS H Hübner [1984] 421, 440; Korte DNotZ 1984, 3, 19 f; Medicus/Petersen, AT Rn 436; nach **aM** fällt der einseitig versteckte Dissens unter § 155, s Flume § 34, 4; MünchKomm/Busche § 155 Rn 2; Palandt/Ellenberger § 155 Rn 1; Soergel/Wolf § 155 Rn 12) – davon ausgegangen sind, die lückenhafte Einigung müsse noch vervollständigt werden.

3 Haben sich die Parteien nicht einmal über die **essentialia negotii** geeinigt, so kommt ein Vertrag auf keinen Fall zustande (OLG Koblenz NJW-RR 2002, 890, 891; Petersen JURA 2009, 419, 420). Man kann hier auch von einem *logischen* Dissens sprechen (Diederichsen, in: FS Jur Ges Berlin [1984] 81/89 ff). Ein Anwendungsfall des § 154 Abs 1 S 1 BGB (wonach der Vertrag nur im Zweifel nicht geschlossen sein soll, s Rn 6) liegt dabei nicht vor, zumal sich erst für accidentalia negotii sinnvoll sagen lässt, dass über sie „nach der Erklärung auch nur einer Partei eine Vereinbarung getroffen werden soll" (Bork, Der Vergleich [1988] 33 Fn 71 mwNw; Erman/Armbrüster § 154 Rn 2; Flume § 34, 6b; ungenau idR die Rspr, exemplarisch BGH NJW-RR 2006, 1139 Rn 21; s auch unten Rn 5, 8). Allerdings reicht es aus, wenn die essentialia negotii bestimmbar sind (BGH NJW 1997, 2671 f). Es genügt also beispielsweise, dass sich die Parteien auf ein Verfahren zur Bestimmung des fehlenden Teils geeinigt haben, etwa nach §§ 315 ff BGB, oder dass

sich die Bestimmung im Wege ergänzender Vertragsauslegung oder durch analoge Anwendung gesetzlicher Normen treffen lässt (vgl BGH MDR 2002, 447).

4 Ob ein Dissens vorliegt, ist durch **Auslegung** festzustellen (ausf dazu DIEDERICHSEN, in: FS H Hübner [1984] 421 ff). Diese hat zu ermitteln, worüber nach dem erkennbaren Willen auch nur einer Partei (s Rn 2) eine Einigung erzielt werden sollte. Dieser Parteiwille muss nach außen hervorgetreten sein. Ein bloß innerer Vorbehalt reicht nicht. Maßgeblich ist, dass die Partei zu erkennen gegeben hat, dass sie ungeachtet einer etwaigen gesetzlichen Regelung eine vertragliche Vereinbarung auch über diesen Punkt zur Voraussetzung des Vertragsabschlusses machen wollte. Dies kann durch schlüssiges Verhalten verlautbart werden (BGH NJW-RR 1990, 1009, 1011; RG SeuffA 78 Nr 61). Hingegen geht es zu weit, Schweigen als konkludentes Erkennbarmachen für den Fall genügen zu lassen, dass ein objektiv wichtiger und üblicherweise vertraglich geregelter Punkt noch offen ist.

5 Offener Dissens liegt nach der Rspr zB vor, wenn in Kaufvertragsverhandlungen die Gegenleistung offengeblieben ist (BGH NJW-RR 1999, 927), wenn nur die obere Grenze des Kaufpreises bestimmt wurde (RGZ 124, 81, 84) oder wenn über eine verlangte Anzahlung noch keine Einigung erzielt wurde (BGH NJW 1998, 3196); ebenso, wenn die Mietsache noch nicht genau bestimmt ist (OLG Hamburg OLGE 44, 131) oder der Mietbeginn nicht feststeht (AG Bremen WuM 1967, 6); ferner wenn bei einem Gesellschaftsvorvertrag die Gesellschaftsart nicht feststeht (RGZ 106, 174, 177) oder wenn bei einem Finanzierungskauf die Finanzierungsbedingungen nicht vereinbart sind (LG Essen NJW 1958, 869; vgl aber auch KG NJW 1971, 1139). Häufig wird es hier freilich schon an einer Einigung über die essentialia negotii fehlen (s Rn 3, 8). *Kein* Dissens besteht dagegen, wenn der Käufer hinsichtlich eines Vertragspunktes ein Wahlrecht hat (OLG Düsseldorf NJW 1963, 2079). Bei einem Mietvertrag liegt kein Dissens vor, wenn Einigung über das Tragen von Instandsetzungskosten besteht, deren Höhe aber noch offen ist (LG Bonn WuM 1966, 8, 9). Bei einem Maklervertrag handelt es sich nicht um einen Dissens, wenn über die Entgeltlichkeit Einigkeit besteht und nur die Höhe der Provision offengeblieben ist; hier greift § 653 Abs 2 BGB (BGH MDR 2002, 447).

2. Rechtsfolge

6 Nach § 154 Abs 1 S 1 BGB ist der Vertrag bei einem offenen Dissens nicht etwa nichtig, sondern *im Zweifel nicht geschlossen.* Es liegt also tatbestandlich ein Rechtsgeschäft nicht vor (zur Ausnahme bei kollidierenden AGB s § 150 Rn 18). Der nach dem Parteiwillen maßgebliche Punkt kann in diesem Fall auch dann nicht durch Anwendung dispositiven Gesetzesrechts geklärt werden, wenn es sich objektiv um eine unwesentliche Frage handelt (BGH MDR 1954, 217). Es handelt sich bei § 154 BGB allerdings um eine **Auslegungsregel**, nicht um eine Vermutung (BGH NJW-RR 2014, 1423 Rn 29 ff; WM 1981, 1140, 1141 f). Dies und der Grundsatz der Privatautonomie erlauben es, dass die Parteien eine vertragliche Einigung auch unter *Offenlassen* einzelner Punkte schließen (BGHZ 119, 283, 288; BGH NJW-RR 2014, 1423 Rn 31; NJW 2006, 2843 Rn 10; BB 1966, 1412; WM 1965, 950, 951 f; OLG Brandenburg NJW-RR 2008, 254, 255; ENNECCERUS/NIPPERDEY § 163 I). Es ist also zunächst durch Auslegung zu ermitteln, welche Rechtsfolge die Parteien für ihren Dissens vereinbart haben (DIEDERICHSEN, in: FS H Hübner [1984] 421, 432 f; s auch Rn 9). § 154 Abs 1 S 1 BGB gilt eben nur „im Zweifel".

7 Eine verbindliche Einigung trotz Teildissenses ist etwa anzunehmen, wenn sich die Parteien ohne Rücksicht auf den offenen Punkt erkennbar vertraglich binden wollen (BGH NJW-RR 1992, 977, 978; NJW 1983, 1727, 1728; BB 1961, 1027; RGZ 105, 8, 13; 60, 174, 178; KG NJW 1971, 1139; Giesen Jura 1980, 23, 31). Erkennbar kann ein solcher Wille ua daran werden, dass mit der Ausführung des Vertrages begonnen wird (BGHZ 119, 283, 288; BGH MDR 2002, 447; NJW 1983, 1727, 1728; 1960, 430; RG SeuffA 82 Nr 182; OLG Düsseldorf NJW-RR 1996, 622, 623; LG Lübeck WuM 1991, 80; BAG DB 1980, 934, 935; BFHE 140, 44, 46; Flume § 34, 6e; Wolf/Neuner § 38 Rn 14; MünchKomm/Busche § 154 Rn 5; vgl auch BGH NJW-RR 1991, 499, 500; ZIP 1986, 162, 163 m krit Anm Günther EWiR 1986, 175; widersprüchlich Erman/Armbrüster § 154 Rn 7; zu eng auch LG Ravensburg NJW 1977, 684, 685 [zu § 154 Abs 2]) oder die Parteien den Vertrag trotz ausgesprochener Änderungskündigung fortsetzen (BGH NJW 1983, 1777). Man kann hier von einer „Selbstinterpretation durch späteres Verhalten" reden (Lindacher JZ 1977, 604, 605). Ebenso spricht das Bestehen eines Kontrahierungszwanges für die vertragliche Bindung (BGHZ 41, 271, 275; OGHBrZ 2, 352, 358; MünchKomm/Busche § 154 Rn 6; Palandt/Ellenberger § 154 Rn 2). Auch Handelsbräuche können hier herangezogen werden (OLG Frankfurt NJW 1977, 1015, 1016; vgl aber auch Fischer-Zernin/Becker transpR 1987, 211 für den „subject details"-Vorbehalt, der es bei der Regel des § 154 belässt).

8 Haben sich die Parteien allerdings nicht einmal über die **essentialia negotii** geeinigt, kommt eine vertragliche Bindung nicht in Betracht (Flume § 34, 6e; Jung JuS 1999, 28 ff; Leenen AcP 188 [1988] 381, 411; MünchKomm/Busche § 154 Rn 3; Trinkner BB 1983, 1874, 1875; vgl zB AG Starnberg NJW 1989, 1548; LAG Berlin BB 1990, 1563; Köhler JZ 1981, 464, 469), es sei denn, die Parteien hätten ein Verfahren zur Bestimmung der essentialia negotii gewählt oder wenigstens die gesetzlichen Regeln, insbesondere §§ 315 ff BGB (s Rn 9) akzeptiert (vgl zur Bestimmung der Gegenleistung BGHZ 119, 283, 288; BGH NJW-RR 2006, 1139 Rn 21; NJW 1983, 1603 f; 1983, 1189, 1190; OLG Frankfurt NJW-RR 1992, 756, 757; OLG Hamm NJW 1976, 1212; OLG Karlsruhe MDR 1963, 924; Erman/Armbrüster § 154 Rn 2; Jauernig/Mansel § 154 Rn 3; nach Soergel/Wolf § 154 Rn 6 liegt idR Unausfüllbarkeit der von den Parteien geschlossenen Vertragslücke vor; vgl auch BGH NJW 1990, 1234, 1235). Allerdings ist § 154 BGB unanwendbar, wenn die Parteien den fraglichen Punkt ohnehin nicht beliebig regeln können, weil eine Rechtsnorm zwingend einen bestimmten Inhalt vorschreibt, etwa die Höhe einer Versicherungsprämie (AG Heidelberg VuR 1992, 153, 154 mwNw), oder wenn das Gesetz wie in § 632 Abs 2 BGB den offenen Punkt selbst regelt (vgl OLG Stuttgart BauR 1985, 346, 347).

9 **Verbleibende Lücken** in der dann bestehenden vertraglichen Regelung können auf verschiedene Weise geschlossen werden. Die Parteien können sich verpflichten, den offenen Punkt später einvernehmlich zu regeln (vgl BGH WuW/E BGH 1927, 1928). Sie können aber auch vereinbaren, dass das Gericht den offenen Punkt ausfüllen soll (BGH BB 1965, 103; **aM** wohl Flume § 34, 6e). Ferner ist eine ergänzende Auslegung des Parteiwillens mit dem Ziel der Lückenschließung möglich (OLG Hamm NJW 1976, 1212; BAG DB 1980, 934, 935; Erman/Armbrüster § 154 Rn 8). Indiz für den richtigen Weg zur Lückenfüllung kann dabei die tatsächliche Handhabung der Vertragsdurchführung sein (BGHZ 119, 283, 288). Soweit eine Parteivereinbarung fehlt, greifen die gesetzlichen Regeln, insbesondere §§ 315 ff BGB, ein (BGH NJW-RR 1988, 970, 971; NJW 1964, 1617, 1618 f; OLG Karlsruhe WRP 1981, 661, 662; OLG Schleswig WuW/E OLG 3042, 3044; RGZ 60, 174, 178). Schließlich kann die weitere Einigung über den noch offenen Punkt zur auflösenden Bedingung für die Gültigkeit der bereits begründeten

vertraglichen Bindung erhoben worden sein (KG NJW 1971, 1139 [abl Hereth NJW 1971, 1704]).

Sofern eine Partei, der gegenüber bereits geleistet wurde, den Einigungsmangel nur geltend macht, um sich unter Einbehaltung der erlangten Vorteile der eigenen Verpflichtung zu entziehen, verstößt sie damit gegen **Treu und Glauben**. Ein solches Verhalten ist als unzulässige Rechtsausübung unbeachtlich (BGH MDR 1954, 217; Erman/Armbrüster § 154 Rn 9; Flume § 34, 6e; MünchKomm/Busche § 154 Rn 8). 10

III. Punktation (Abs 1 S 2)

Als Punktation wird die *Einigung über einzelne Punkte* bezeichnet, welche Inhalt eines künftigen Vertrages werden sollen (vgl Vorbem 47 zu §§ 145 ff). Gemäß § 154 Abs 1 S 2 BGB ist eine solche Punktation selbst dann nicht bindend, wenn eine schriftliche Fixierung der einzelnen Punkte stattgefunden hat, was eigentlich schon in § 154 Abs 1 S 1 BGB enthalten ist (vgl Flume § 36, 6g). Allerdings gilt auch im Falle der Punktation, dass der bereits erfolgten Einigung *kraft des Parteiwillens Verbindlichkeit* zukommen kann. Voraussetzung hierfür ist jedoch, dass die Punktation einen Umfang erreicht hat, der es nach den zu Rn 9 genannten Grundsätzen erlaubt, den Inhalt des Vertrages zu bestimmen. 11

IV. Vereinbarte Beurkundung (Abs 2)

Als *Auslegungsregel,* die in Parallele zu § 125 S 2 BGB steht (s MünchKomm/Busche § 154 Rn 10), wird in § 154 Abs 2 BGB bestimmt, dass eine vereinbarte Beurkundung im Zweifel als **Voraussetzung der Vertragsvollendung** angesehen werden soll, sodass der Vertrag trotz erzielter Willensübereinstimmung nur mit vollzogener Beurkundung zustandekommen kann (RG Gruchot 61, 774, 775; KG OLGE 17, 10). Beurkundet werden müssen alle Punkte, die nach dem Willen auch nur einer Partei beurkundet werden sollen. § 154 Abs 2 BGB regelt dabei den Fall, dass *vor oder bei Vertragsabschluss* die Vertragsbeurkundung vereinbart wurde, wobei kein Unterschied zwischen notarieller oder privatschriftlicher Beurkundung besteht (BGH DNotI-Report 2019, 180 Rn 8; OLG Hamburg ZUM 1995, 637, 638); auch eine Sukzessivbeurkundung kann ausreichend sein (Weber MittRhNotK 1987, 37, 44). Eine nachträglich vereinbarte Beurkundung dient idR nur Beweiszwecken (s Rn 14). Ob und in welcher Form eine Beurkundung gewollt ist, ist durch Auslegung zu ermitteln. Bei besonders wichtigen Rechtsgeschäften ist im Zweifel von einem solchen Parteiwillen auszugehen (s Rn 17). Die Vereinbarung kann auch durch schlüssiges Verhalten erfolgen (RG SeuffA 85 Nr 155; JW 1908, 446; OLG Celle MDR 1960, 398), etwa dadurch, dass der Arbeitnehmer am Ende eines Vorstellungsgesprächs aufgefordert wird, sich den Vertrag abzuholen (vgl LAG Berlin ArbuR 1962, 316 f; s zur vereinbarten Schriftform bei Arbeitsverträgen auch LAG Hamm ARST 1985, 189). Es genügt sogar, dass nur eine Partei die Beurkundung verlangt und damit zu erkennen gegeben hat, dass die Endgültigkeit ihres Rechtsbindungswillens davon abhängt (Flume § 34, 6g; Leenen AcP 188 [1988] 381, 403). Soll ein außergerichtlicher Vergleich noch gerichtlich protokolliert werden, so ist in der Regel anzunehmen, dass der Vergleich erst mit der Protokollierung geschlossen ist (KG FamRZ 1984, 284, 285; OLG Karlsruhe NJW 1995, 1561, 1562; OLG Schleswig MDR 1984, 51). 12

13 § 154 Abs 2 BGB gilt auch bei Verträgen mit **gesetzlichem Beurkundungserfordernis**, sofern die Parteien eine auf Einhaltung der gesetzlichen Form gerichtete Vereinbarung getroffen haben. In diesem Fall liegt zB bei einem formwidrigen Grundstückskaufvertrag kein nichtiger, sondern überhaupt noch kein Vertrag vor, sodass keine Heilung möglich ist (Soergel/Wolf § 154 Rn 12). Glauben die Parteien irrig, es bestehe gesetzlicher Formzwang, so bringt eine nur mündliche Einigung den Vertrag nicht zustande, da die Parteien nicht den Willen haben, sich bereits durch mündliche Erklärungen rechtlich zu binden (OLG Düsseldorf DB 1970, 1778; Erman/Armbrüster § 154 Rn 11).

14 § 154 Abs 2 BGB ist **nicht anwendbar**, wenn nach beiderseitigem Parteiwillen die Beurkundung nur *Beweiszwecken* dienen soll (BGH DNotI-Report 2019, 180 Rn 8; NJW 1999, 1328, 1329; 1964, 1269, 1270; NJW-RR 1993, 235, 236; RG SeuffA 83 Nr 75; HRR 1930 Nr 92; OLG Hamburg ZMR 1974, 242; OLG München WM 1984, 469, 470; Erman/Armbrüster § 154 Rn 10). Dies wird häufig im Handelsverkehr der Fall sein. Wegen der Vermutung des § 154 Abs 2 BGB müssen dafür freilich – auch im kaufmännischen Verkehr – besondere Anhaltspunkte vorliegen, die dafür sprechen, dass die vereinbarte Form nur Beweiszwecken dienen soll (BGH NJW-RR 1991, 1053, 1054; OLG Düsseldorf ZMR 1990, 300; OLG Hamburg ZUM 1995, 637, 638; OLG Schleswig MDR 1984, 51). Ferner können die Parteien ein vereinbartes Formerfordernis beim Abschluss eines formlosen Vertrages stillschweigend oder ausdrücklich *aufgehoben* haben (s dazu näher Staudinger/Hertel [2017] § 125 Rn 126 sowie BGH NJW 1983, 1727, 1728), worauf auch beiderseitige Erfüllungshandlungen schließen lassen können (vgl BGH DNotI-Report 2019, 180 Rn 8; KG MDR 2005, 1276 sowie oben Rn 7). Dann greift § 154 Abs 2 BGB nicht ein. Ebensowenig gilt die Vorschrift, wenn die Parteien erst *nach einem wirksamen Vertragsabschluss* übereinkommen, über den Vertrag eine Urkunde zu errichten (RGZ 94, 333, 335; 62, 78; RG SeuffA 86 Nr 3; OLG Frankfurt NJW-RR 1992, 756, 757). Diese Übereinkunft ist entweder dahin zu verstehen, dass hinsichtlich des Vertragsabschlusses ein Beweismittel geschaffen werden soll, oder aber es wird der ursprüngliche Vertrag aufgehoben und durch einen neuen, vereinbarungsgemäß beurkundeten Vertrag ersetzt (zust Soergel/Wolf § 154 Rn 11). Außerdem kommt auch in den Fällen des § 154 Abs 2 BGB entsprechend dem zu Rn 10 Gesagten der Einwand des *Rechtsmissbrauchs* in Betracht (BGH NJW-RR 1987, 1073, 1074; Böhm AcP 179 [1979] 425, 444 ff; MünchKomm/Busche § 154 Rn 12).

15 § 154 Abs 2 BGB kann **analog** für *Beschlüsse* gelten, für die ein Gesellschaftsvertrag ein Protokoll vorschreibt (OLG Stuttgart BB 1983, 1050), und für *einseitige Erklärungen*, die in einen Vertrag aufgenommen werden sollen, zB für die Einwilligung in die Verwertung eines Fotos nach § 22 KunstUrhG im Zuge eines Verwertungsvertrages (OLG Hamburg ZUM 1995, 637, 638) oder für einen Unterhaltsverzicht (OLG Karlsruhe FamRZ 1984, 174, 175).

V. Beweislast

16 § 154 Abs 1 S 1 BGB enthält eine Beweislastregel dahin, dass die Verbindlichkeit getroffener **Teilabreden** von demjenigen bewiesen werden muss, der sie behauptet (RGZ 57, 46, 51; AG Pirna NJW-RR 1994, 1074; Funk 178; Palandt/Ellenberger § 154 Rn 6). Gelingt der Beweis einer Einigung über die essentialia negotii, so muss freilich zunächst die Gegenseite beweisen, dass über weitere Punkte eine Vereinbarung getrof-

fen werden sollte (BGH NJW-RR 1990, 1009, 1011; Soergel/Wolf § 154 Rn 10). Steht dies fest, so muss derjenige, der sich auf das Zustandekommen des Vertrages beruft, beweisen, dass die Einigung über die Nebenpunkte erzielt worden ist (KG OLGE 4, 211, 212; Erman/Armbrüster § 154 Rn 5). Dies gilt auch dann, wenn die Teilabreden erfüllt sind.

Die Vereinbarung einer konstitutiven **Vertragsform** muss beweisen, wer diese Vereinbarung behauptet (OLG München WM 1984, 469, 470; Erman/Armbrüster § 154 Rn 12; MünchKomm/Busche § 154 Rn 16 mwNw; Palandt/Ellenberger § 154 Rn 6; Soergel/Wolf § 154 Rn 16; **aM** RG WarnR 1922 Nr 48; Reinicke JZ 1977, 159, 164). Jedoch wird bei langfristigen und wichtigen Verträgen, insbesondere bei Sicherungsverträgen, eine solche Vereinbarung vermutet (BGHZ 109, 197, 200; BGH NJW-RR 1993, 235, 236; WM 1982, 443, 444; 1982, 209, 211; RGZ 103, 73, 75; RG SeuffA 85 Nr 155). Die Aufhebung einer vereinbarten Vertragsform ist grundsätzlich nicht zu vermuten. Dass eine unstreitig vereinbarte Beurkundung nur Beweiszwecken dienen sollte, hat derjenige zu beweisen, der aus der formlosen Vereinbarung Rechte herleiten will (BGH WM 1966, 979, 980). 17

§ 155
Versteckter Einigungsmangel

Haben sich die Parteien bei einem Vertrag, den sie als geschlossen ansehen, über einen Punkt, über den eine Vereinbarung getroffen werden sollte, in Wirklichkeit nicht geeinigt, so gilt das Vereinbarte, sofern anzunehmen ist, dass der Vertrag auch ohne eine Bestimmung über diesen Punkt geschlossen sein würde.

Materialien: E I § 100; II § 117; III § 151; Mot I 202; Prot I 115.

Schrifttum

Vgl § 154.

Systematische Übersicht

I. Überblick 1

II. Dissens und Irrtum 3

III. Einzelfälle des versteckten Dissenses
1. Unvollständigkeit der Erklärungen 7
2. Missverständlichkeit der Erklärungen 8
3. Missverständliche oder widersprüchliche AGB 12

IV. Rechtsfolgen des versteckten Dissenses
1. Nichtzustandekommen des Vertrages 13
2. Schadensersatzpflicht 17

V. Beweislast 18

Alphabetische Übersicht

Abgrenzung zum Irrtum	3, 6	Schadensersatzpflicht des Verursachers	17
Ermittlung durch Auslegung	5	Teildissens	14
„falsa demonstratio“	10	Unvollständige Erklärungen	7
Geheimer Vorbehalt	11	Verbliebene Einigungslücke	16
Gesetzesgeschichte	2	Verwendung mehrdeutiger Begriffe	9
Missverständliche Erklärungen	8	Verwendung von AGB	12
Rechtsfolgen	13 ff		

I. Überblick

1 § 155 BGB regelt den *versteckten Dissens,* also den Fall, dass sich die Parteien nicht über alle Punkte geeinigt haben, über die nach der Erklärung auch nur einer Partei eine Vereinbarung getroffen werden sollte, sie aber irrig glauben, sie hätten sich bereits vollständig geeinigt (s zum Begriff § 154 Rn 2). Die Vorschrift bildet keine Ausnahme zu § 154 BGB, wie dies früher zT angenommen wurde, sondern §§ 154 und 155 BGB regeln unterschiedliche Tatbestände und stehen deshalb gleichwertig nebeneinander (Diederichsen, in: FS H Hübner [1984] 421, 422 f; Soergel/Wolf § 154 Rn 1), wobei § 154 BGB auch den einseitigen versteckten Dissens regelt (s § 154 Rn 2). Für das Verhältnis zu § 150 Abs 2 BGB s § 150 Rn 16.

2 Die **Gesetzesgeschichte** zeigt, dass der versteckte Dissens früher als Irrtumsfall behandelt worden ist (s Flume § 34, 4; vgl auch Leenen AcP 188 [1988] 381, 414 ff). Vom allgemeinen Begriff des Konsenses als Willensübereinstimmung ausgehend wurde mit der Bezeichnung Dissens jede mangelnde Willensübereinstimmung bezeichnet, die nach dem Sprachgebrauch auch vorliegt, wenn einer der Erklärenden einem Irrtum oder einem anderen Willensmangel unterlegen ist. Dementsprechend war in § 100 E I der Erklärungsdissens in seiner Nichtigkeitswirkung dem Bedeutungsirrtum des § 98 E I (heute § 119) gleichgestellt. Erst in der zweiten Kommission wurde die Irrtumsregelung im heutigen Sinne abgeändert und der versteckte Dissens vom Irrtum abgegrenzt (s dazu Staudinger/Singer [2017] § 119 Rn 42 sowie sogleich Rn 3 ff).

II. Dissens und Irrtum

3 Dissens mit der Folge des Nichtzustandekommens eines Vertrages (s Rn 13) ist nach dem Vorstehenden nur in solchen Fällen gegeben, in denen die Parteien *weder Willenseinigung noch äußere Übereinstimmung der Erklärungen erreicht* haben. (Außerdem muss das vorgesehene „Regelungsprogramm“ erfüllt sein, s Rn 7; davon kann hier für die Abgrenzung zum Irrtum zunächst abgesehen werden.) Stimmen dagegen die Parteierklärungen in ihrer durch Auslegung zu ermittelnden objektiven Bedeutung (nicht unbedingt: im Wortlaut, s Rn 5) überein, so ist der Vertrag zustande gekommen, auch wenn der Wille einer Partei von der abgegebenen Erklärung abweicht

(BGH NJW 1993, 1798; WM 1986, 857, 858; VersR 1981, 526, 527; KG MDR 1983, 1023; DIEDERICHSEN, in: FS H Hübner [1984] 421, 438 f; vgl auch LG Aurich ZfS 1980, 6, 7). Diese Partei kann dann allenfalls ihre Erklärung wegen Irrtums nach § 119 BGB mit der Schadensersatzfolge des § 122 BGB anfechten. Die andere Partei wird also in ihrem Vertrauen auf den objektiven *Erklärungs*gehalt der *gegnerischen* Erklärung geschützt, obwohl eine *Willens*einigung im strengen Sinne nicht erreicht wurde (vgl auch SCHLACHTER JA 1991, 105, 107). Man kann in diesen Fällen auch von einem „normativen Konsens" sprechen (KRAMER 176 ff; vgl auch LEENEN, in: FS Prölss 165 ff).

Maßgebend für den Tatbestand des versteckten Dissenses ist mithin, dass die Erklärungen in ihrem objektiven Sinn aneinander vorbeigehen, *ohne dass dies den Parteien bewusst wird.* Der Grund hierfür kann in einer Unaufmerksamkeit der Beteiligten liegen, ebenso aber auch in der Unvollständigkeit (s Rn 7) oder der Mißverständlichkeit (s Rn 8) ihrer Erklärungen. Da § 155 BGB voraussetzt, dass den Beteiligten diese Nichtübereinstimmung entgangen ist, kann man, im Unterschied zum Irrtum über den Inhalt der eigenen Erklärung, auch von einem Irrtum über den Inhalt der gegnerischen Erklärung sprechen (ERMAN/ARMBRÜSTER § 155 Rn 2). 4

Für die Feststellung der vorliegenden oder mangelnden Erklärungsübereinstimmung ist vom objektiven Inhalt der Erklärung auszugehen, wie er durch **Auslegung** ermittelt wird (BGH VersR 1981, 526, 527; BB 1967, 476; NJW 1961, 1668, 1669; WM 1961, 785; OLG Köln NJW-RR 2000, 1720; RGZ 100, 134, 135; RG WarnR 1933 Nr 143; DIEDERICHSEN, in: FS H Hübner [1984] 421, 428 ff; ERMAN/ARMBRÜSTER § 155 Rn 2, 3; SOERGEL/WOLF § 155 Rn 3), wobei auch hier auf den Empfängerhorizont abzustellen ist (BGH BB 1973, 1601; fragwürdig deshalb AG Köln NJW 1980, 2756, wo zu sehr auf die Vorstellungen des Erklärenden abgestellt wird). Dabei ist zunächst der Inhalt jeder einzelnen Erklärung festzustellen. Ist auch nur eine von ihnen so unbestimmt oder widersprüchlich, dass ihr eine klare Aussage nicht entnommen werden kann, so liegt schon gar keine gültige Willenserklärung vor, sodass eine Einigung bereits daran scheitert. Anderenfalls ist zu ermitteln, ob die Erklärungen *inhaltlich* übereinstimmen (was auch dann zu verneinen sein kann, wenn der Wortlaut sich deckt; vgl BGH NJW-RR 1993, 373). 5

Ergibt die Auslegung, dass die Vertragserklärungen inhaltlich übereinstimmen, so kommt nur ein **Willensmangel**, insbesondere ein zur Anfechtung berechtigender Irrtum desjenigen in Betracht, der mit seiner Erklärung einen anderen Sinn verbinden wollte (BGH NJW 1961, 1668, 1669; WM 1961, 785; OLG Köln NJW-RR 2000, 1720). § 119 Abs 1 BGB und § 155 BGB ergänzen sich daher und stehen nicht etwa in Widerspruch zueinander (**aM** BAILAS 5 ff; wie hier FLUME § 34, 4 Fn 12; MünchKomm/BUSCHE § 155 Rn 5). Zwar ist zuzugeben, dass es im Extremfall dazu kommen kann, dass ein Vertragsabschluss bejaht wird, aber gleich beide Vertragsparteien anfechten können. Die Lösung dieses Problems ist aber nicht im Verhältnis des § 155 BGB zu § 119 BGB zu suchen, sondern den Grundsätzen über das Fehlen der subjektiven Geschäftsgrundlage (§ 313 Abs 2 BGB) zu entnehmen (vgl dazu STAUDINGER/SINGER [2017] § 119 Rn 55 ff). 6

III. Einzelfälle des versteckten Dissenses

1. Unvollständigkeit der Erklärungen

7 Ein versteckter Dissens entsteht, wenn beide Parteien annehmen, einig zu sein, während sie in Wirklichkeit einen Punkt, dessen Regelungsbedürftigkeit gesehen wurde, übersehen und insoweit unvollständige Erklärungen abgegeben haben. Es ist dann das von mindestens einer Seite formulierte „Regelungsprogramm" nicht erfüllt (s dazu schon § 154 Rn 2; nach Leenen AcP 188 [1988] 381, 408 ff/416 f regelt § 155 BGB überhaupt nur diesen Fall, der aber nicht als Dissens verstanden werden soll). So verhält es sich beispielsweise, wenn bei Bestellung einer Rentenschuld die Aufnahme der Ablösesumme in die Einigung versehentlich unterblieben ist (BGH WM 1965, 950, 952). Allerdings muss ein solcher Dissens nicht notwendig das Zustandekommen des Vertrages verhindern. Vielmehr lässt § 155 BGB es zu, im Übrigen eine bindende Einigung der Parteien zu bejahen (s Rn 14). Haben die Parteien den Punkt überhaupt nicht bedacht und folglich auch nicht regeln wollen, so liegt kein Dissens, sondern eine Vertragslücke vor, die nach den allgemeinen Regeln zu schließen ist (MünchKomm/Busche § 155 Rn 9).

2. Missverständlichkeit der Erklärungen

8 Ein verborgen gebliebenes, dissensbegründendes Missverständnis liegt vor, wenn die Erklärungen nach erfolgter Auslegung aneinander vorbeigehen, sich also inhaltlich nicht decken. Jede der beiden Parteien irrt in der Annahme, dasselbe erklärt zu haben wie die Gegenpartei. Dies kann zB auf ein Verlesen oder Verhören zurückzuführen sein (Erman/Armbrüster § 155 Rn 3). Hat allerdings jemand eine inhaltlich umfassende Annahmeerklärung abgegeben, insbesondere sich auf ein Angebot mit „Ja" oder „Einverstanden" geäußert, so besteht Konsens der Erklärungen. Im Falle einer abweichenden Vorstellung des Annehmenden vom Inhalt seiner Erklärung liegt ein Verlautbarungsirrtum vor (vgl dazu Staudinger/Singer [2017] § 119 Rn 43).

9 Häufig tritt ein Dissens ein, weil die scheinbare Übereinstimmung der Erklärungen auf der *Verwendung mehrdeutiger Begriffe* beruht, wobei jede der beiden Parteien mit dem beiderseitig verwendeten Begriff eine vom Gegner unerkannte andere Vorstellung verbunden hat (BGH NJW-RR 1993, 373; VersR 1981, 526, 527; DB 1958, 1297). Hier spricht man von einem *Scheinkonsens* (OLG Köln NJW-RR 2000, 1720; OLG Schleswig NJW 2016, 2045; R Raiser AcP 127 [1927] 1, 13; krit Diederichsen, in: FS H Hübner [1984] 421, 424). Eine solche Mehrdeutigkeit einer Erklärung kann dadurch entstehen, dass einem objektiv eindeutigen Begriff unklare Erläuterungen beigefügt werden (RG JW 1938, 590) oder dass bei einem zweisprachigen Vertragstext die beiden Fassungen sich nicht decken (vgl OLG Hamburg IPRax 1981, 180 f; ArbG Wiesbaden BB 1980, 630 [LS]). Meist aber wird die Mehrdeutigkeit dadurch verursacht, dass Kunstworte oder nicht hinreichend definierte Fachbegriffe gebraucht werden. Dies kann zB gelten für das Codewort „Semilodei" (RGZ 68, 6, 9 f) sowie für die Begriffe „Typenflug" (RGZ 116, 274, 275 f), „Eigenkapital" (RG HRR 1936 Nr 526), „Baukostenzuschuß" (OLG Braunschweig NdsRpfl 1954, 150), „Best-of-Album" (OLG Köln NJW-RR 2000, 1720), „Naturstein" (KG NJW-RR 2008, 300, 301) oder „Aktien", wenn es sowohl Stamm- als auch Vorzugsaktien gibt (OLG Köln WM 1970, 892, 893). Bei der Bestellung eines „Doppelzimmers" darf der Vermieter nach heutigen Maßstäben nicht mehr davon ausgehen, es han-

dele sich um eine Bestellung für zwei miteinander verheiratete Personen (s BEER JuS 1977, 374, 375; LEENEN MDR 1980, 353 ff; **aM** LINDACHER JR 1976, 61, 62.

Kein Dissens besteht jedoch, sofern trotz einer vorhandenen Erklärungsdivergenz der Wille beider Parteien übereinstimmt (BGH NJW-RR 1986, 724, 725; BB 1967, 811; RGZ 99, 147, 148; RG JW 1938, 590; ERMAN/ARMBRÜSTER § 155 Rn 2; GIESEN Jura 1980, 23, 32; SOERGEL/WOLF § 155 Rn 14). In diesem Fall gilt der Satz **„falsa demonstratio non nocet“** (vgl dazu näher STAUDINGER/SINGER [2017] § 133 Rn 13 ff), welcher den Erklärungswiderspruch durch Rückgriff auf eine vereinbarte einheitliche Bedeutung der Erklärung beseitigt. Dies trifft zB zu, wenn beiderseitig eine Leibrente gewollt ist, während die Erklärungen von einer Rentenschuld sprechen (RG SeuffA 70 Nr 235). Dasselbe gilt für falsche Grundstücksbezeichnungen (BGH MDR 2001, 1046, 1047). Ebenso kann sich die falsa demonstratio auf die rechtliche Zuordnung eines Übertragungsgegenstandes beziehen, so zB wenn die Übertragung eines Erbteils vereinbart wird, der Veräußerer aber nur Miterbeserbe ist (BGH WM 1964, 94, 95). 10

Ein aus übereinstimmendem Willen folgender Konsens liegt auch vor, sofern jemand die Vorstellungen des Erklärungsgegners von der Bedeutung seiner Erklärung erkannt hat und sie mit dem (unwirksamen) **geheimen Vorbehalt** der Nichtanerkennung übernimmt (RGZ 66, 427, 428; LG Aachen NJW 1982, 1106; ERMAN/ARMBRÜSTER § 155 Rn 4; MünchKomm/BUSCHE § 155 Rn 8; SOERGEL/WOLF § 155 Rn 15; vgl auch RGZ 100, 134, 135; 97, 191, 195; krit DIEDERICHSEN, in: FS Jur Ges Berlin [1984] 81, 87 f). Außerdem kann Konsens aufgrund Willensübereinstimmung der Parteien trotz äußerer Erklärungsdivergenz bei **alternativem Einverständnis** angenommen werden, etwa wenn eine Partei für die Gegenleistung einen höheren Betrag genannt hat als die andere, jedoch ebenso mit dem geringeren Betrag einverstanden sein will (SOERGEL/WOLF § 155 Rn 16; vgl auch § 150 Rn 10). 11

3. Missverständliche oder widersprüchliche AGB

Die Mehrdeutigkeit von in AGB gebrauchten Begriffen geht nach § 305c Abs 2 BGB zu Lasten des Verwenders, sodass § 155 BGB nicht anwendbar ist (vgl nur ULMER/BRANDNER/HENSEN/ULMER/SCHÄFER, AGB-Recht [12. Aufl 2016] § 305c Rn 61). Hingegen kann ein Dissens aus der beiderseitigen Verwendung eigener AGB entstehen, wenn sich deren Inhalte von den Vertragsparteien unerkannt widersprechen. In diesem Falle tritt bei sukzessiver Bezugnahme auf eigene AGB grundsätzlich entweder gem § 150 Abs 2 BGB eine Anpassung des Vertragsinhalts an die jeweils zuletzt mitgeteilten und hingenommenen AGB ein, oder aber es bleibt bei der Einigung, soweit sie reicht, und im Übrigen gilt dispositives Gesetzesrecht (s näher § 150 Rn 17 f). Wenn die Unterschiedlichkeit der beiderseitigen AGB unentdeckt geblieben ist, handelt es sich um einen versteckten Dissens, der aber die Gültigkeit der Vereinbarung, soweit die AGB sich decken, ebenfalls nicht ausschließt (s auch Rn 14). 12

IV. Rechtsfolgen des versteckten Dissenses

1. Nichtzustandekommen des Vertrages

Liegt ein versteckter Dissens vor, so ist der Vertrag nicht etwa nichtig (RG Recht 1929 Nr 1461). Vielmehr ergibt sich als Rechtsfolge des § 155 BGB, dass ein Vertrag *grund-* 13 *sätzlich* gar nicht zustande gekommen ist (OLG Hamm NJW-RR 1996, 1454). Der Regelungsansatz ist dabei ähnlich wie bei § 139 BGB (Flume § 34, 7; MünchKomm/Busche § 155 Rn 14; Oepen, Zur Dogmatik des § 139 BGB [2000] 26; Schlachter JA 1991, 105, 107 f; Soergel/Wolf § 155 Rn 18; krit Leenen AcP 188 [1988] 318, 412).

14 Als *Ausnahme* sieht § 155 BGB vor, dass bei einem **Teildissens**, bei dem die Einigung vom Dissens – wie meistens – nur in einem Teilpunkt betroffen ist, gleichwohl ein gültiger Vertrag zustande gekommen sein kann, wenn dieser auch ohne Einigung über den offenen Punkt geschlossen worden wäre. Es ist also zu fragen, ob die Parteien sich auch dann für verpflichtet gehalten hätten, wenn ihnen der Dissens bei Vertragsschluss bekannt gewesen wäre (MünchKomm/Busche § 155 Rn 15). Dies gilt zB bei einander widersprechenden AGB der Parteien (s oben Rn 12 sowie § 150 Rn 17 f).

15 Bei § 155 BGB handelt es sich um eine **Auslegungsregel** (Diederichsen, in: FS H Hübner [1984] 421, 427 f). Ob eine Einigung trotz Teildissenses dem Parteiwillen entspricht, ist daher durch *Auslegung* zu ermitteln. Die Feststellung des auf Gültigkeit der verbleibenden Einigung gerichteten Parteiwillens ist dabei Aufgabe des Tatrichters (BGH WM 1966, 142, 143). Für die Auslegung kommt es auf die konkreten Umstände des Einzelfalles an, insbesondere darauf, welche Bedeutung der offene Punkt für den Vertrag hat. Je geringfügiger die infolge Dissenses bestehende Lücke ist, um so eher kann der Gültigkeitswille bejaht werden (BGH WM 1977, 1349, 1350; 1966, 142, 143). Sofern allerdings der Dissens ein essentiale negotii betrifft, scheidet ein Zustandekommen des Vertrages aus (RGZ 93, 297, 299; Brox/Walker § 12 Rn 15; Diederichsen, in: FS Jur Ges Berlin [1984] 81, 89 ff; Giesen Jura 1980, 23, 32; Soergel/Wolf § 155 Rn 18).

16 Wird das Zustandekommen bejaht, so ist die verbliebene *Einigungslücke* durch Rückgriff auf die gesetzlichen Regeln und im Wege ergänzender Vertragsauslegung zu schließen (BGH WM 1966, 142, 143; OLG Karlsruhe WRP 1981, 661, 662; RGZ 88, 377, 379; Erman/Armbrüster § 155 Rn 5). So kann etwa bei einem Dissens über die Höhe einer Werkvertragsvergütung auf § 632 Abs 2 BGB zurückgegriffen werden, aber eben nur dann, wenn das Zustandekommen des Vertrages nach den Regeln der §§ 154, 155 BGB feststeht (OLG Bremen NJW-RR 2009, 668, 669). Im Übrigen gilt das *Verbot unzulässiger Rechtsausübung* im gleichen Umfang wie bei § 139 BGB (OLG Hamm NJW-RR 1996, 1454; ausf Staudinger/Roth [2020] § 139 Rn 89 ff). So kann zB jemand, zu dessen Ungunsten die vom Teildissens betroffene Regelung gewirkt hätte, die Gültigkeit einer nunmehr für ihn günstigeren Einigung nicht in Frage stellen (Flume § 34, 7).

2. Schadensersatzpflicht

17 Eine Schadensersatzpflicht wegen cic (§§ 280 Abs 1, 311 Abs 2 BGB) trifft denjenigen, der durch ein von ihm zu vertretenes Verhalten, zB durch schuldhaft unklare Ausdrucksweise, den versteckten Dissens herbeigeführt hat (RGZ 143, 219, 221; 104, 265, 268; Enneccerus/Nipperdey § 163 Fn 9; Erman/Armbrüster § 155 Rn 6; Giesen Jura 1980, 23, 34; Palandt/Ellenberger § 155 Rn 5; Soergel/Wolf § 155 Rn 21; **aM** Flume § 34, 5, der meint, dass beim Dissens eine einseitige Zurechnung des Fehlers nicht stattfinden dürfe; zust Jauernig/Mansel § 155 Rn 3; MünchKomm/Busche § 155 Rn 15; Schlachter JA 1991, 105, 108; diff Staudinger/Singer [2017] § 133 Rn 20). Die den Schadensersatzanspruch auslösende Pflichtverletzung besteht darin, dass ein Verhandlungspartner dem Gebot zuwidergehandelt hat, eine Irreführung des Gegners durch klare Ausdrucksweise zu vermeiden (Medicus/Petersen, AT Rn 439). Im Falle mitwirkenden Verschuldens greift nicht § 122 Abs 2 BGB, sondern § 254 BGB ein (RG JW 1932, 735, 739; Enneccerus/Nipperdey § 163 Fn 9; Soergel/Wolf § 155 Rn 21; aM auch insoweit Flume § 34, 5).

V. Beweislast

Wer sich auf einen versteckten Dissens beruft, muss die Umstände beweisen, aus denen sich dessen Vorliegen ergeben soll (Baumgärtel/Laumen/Prütting, Hdb d Beweislast [34. Aufl 2018] § 155 Rn 1; MünchKomm/Busche § 155 Rn 16; vgl BAGE 56, 251, 261). Die Beweislast für die Gültigkeit der verbleibenden Einigung trifft dann denjenigen, der behauptet, dass trotz eines Teildissenses der Vertrag zustande gekommen sei (Rosenberg AcP 94 [1903] 1, 25; Soergel/Wolf § 155 Rn 20). 18

§ 156
Vertragsschluss bei Versteigerung

Bei einer Versteigerung kommt der Vertrag erst durch den Zuschlag zustande. Ein Gebot erlischt, wenn ein Übergebot abgegeben oder die Versteigerung ohne Erteilung des Zuschlags geschlossen wird.

Materialien: E I § 90; II § 126; III § 152; Mot I 176; Prot I 87.

Systematische Übersicht

I. Überblick 1

II. Vertragsschluss nach § 156
1. Das Gebot als Antrag 2
2. Der Zuschlag als Annahme 5
3. Abweichende Versteigerungsbedingungen 9

III. Anwendungsbereich des § 156 10

Alphabetische Übersicht

Abweichende Versteigerungsbedingungen 9
Auslegung des Gebots 3
Erlöschen des Gebots 3
Gebot als Vertragsantrag 2
Übergebot 4
Versteigerung bei formbedürftigen Verträgen 7
Versteigerung im Rahmen der Zwangsvollstreckung 8, 11
Zuschlag als Annahme 5

I. Überblick

Die Vorschrift regelt den Sonderfall des Vertragsschlusses bei einer Versteigerung, behandelt also das Rechtsverhältnis zwischen Bieter/Ersteher und Versteigerer/Ein- 1 lieferer (s Rn 6; zum Rechtsverhältnis zwischen Versteigerer und Einlieferer s vHoyningen-Huene NJW 1973, 1473). Der Begriff der Versteigerung wird in ihr nicht definiert, sondern vorausgesetzt (Paefgen RIW 2005, 178, 181). Eine Versteigerung ist ein *öffentlicher Verkauf,* bei dem für eine angebotene Leistung durch Konkurrenz der Bieter eine möglichst hohe Gegenleistung erzielt werden soll. Gemeinrechtlich war umstritten, ob schon in der Veranstaltung der Versteigerung ein bindendes Angebot des Versteigerers an den Meistbietenden zu sehen sei, sodass jedes Gebot eines Bieters als Annahme des Vertragsangebotes unter der auflösenden Bedingung des Nichtnachfolgens eines höheren Gebotes aufzufassen war. Die Gegenmeinung nahm an, dass die Veranstaltung einer Versteigerung lediglich die Einladung des Versteigerers darstelle, ihm durch Gebote Vertragsanträge zu machen, welche mit dem Zuschlag angenommen werden konnten. Das BGB hat diese Streitfrage in § 156 S 1 BGB im letzteren Sinne entschieden. § 156 BGB ist mehr als nur eine Auslegungsregel (Prot I 87 = Mugdan I 695; aM Enneccerus/Nipperdey § 49 II 2 und 161 Fn 19; Paefgen RIW 2005, 178, 181 f). Die Vorschrift enthält vielmehr **dispositives Recht** (BGHZ 138, 338, 343; BGH MDR 2015, 368 Rn 22; KG NJW 2002, 1583, 1584; Soergel/Wolf § 156 Rn 14; s auch Rn 9).

II. Vertragsschluss nach § 156

1. Das Gebot als Antrag

2 Gemäß § 156 S 1 BGB ist das Gebot als Vertragsantrag des Bieters, der Zuschlag als Annahme dieses Angebotes aufzufassen (zum näheren Ablauf einer Versteigerung s die VersteigerungsVO v 24. 4. 2003, BGBl I 547). Auch der letzte Bieter hat daher aus seinem Gebot *keinen Anspruch auf Vertragsabschluss oder auf Leistung.* Erst mit dem Zuschlag ist der Vertrag geschlossen. Ein danach erfolgendes Übergebot beseitigt diesen Vertragsschluss freilich nicht.

3 Als Antragserklärung unterliegt das Gebot den **allgemeinen Regeln für Willenserklärungen** (BGHZ 138, 339, 342). Es ist *auslegungsfähig,* kann wegen Irrtums *angefochten* werden (OLG Dresden OLGE 17, 355) und durch *Stellvertreter* abgegeben werden. Auch der Versteigerer selbst kann – etwa auf der Grundlage eines ihm übersandten schriftlichen „Höchstgebots" – als Vertreter eines Kaufinteressenten Erklärungen abgeben, sofern er vom Verbot des § 181 BGB befreit ist (vgl auch § 34b Abs 6 Nr 3 GewO sowie unten Rn 4). Ein Gebot liegt dann aber erst in dieser Erklärung, nicht schon in der Beauftragung des Versteigerers (BGH NJW 1983, 1186 f m Anm Kelwing/Joch; vHoyningen-Huene NJW 1973, 1473, 1477 f). Die *Wirksamkeit* des Gebotes als einer idR nicht verkörperten Willenserklärung tritt ein, wenn es vom Versteigerer vernommen wird (vgl OLG Dresden SächsArch 14 [1904] 222, 223). Als Antragender ist der Bieter nach § 145 BGB *an das Gebot gebunden* (s § 145 Rn 20 ff). Das Angebot des Bieters erlischt nach der allgemeinen Regel des § 146, wenn der Versteigerer – ohne dass § 156 S 2 BGB eingreift (s Rn 4) – seinen *Antrag zurückweist* (Soergel/Wolf § 156 Rn 8), zB weil er nicht den Versteigerungsbedingungen genügt, sonst gemäß § 156 S 2 BGB mit dem *Schluss der Versteigerung,* wenn kein Zuschlag erteilt wurde, weil das Angebot dann nicht rechtzeitig angenommen wurde (vgl § 146 Rn 8). Dem ist es gleichzustellen, wenn der Versteigerer zu *anderen Bedingungen* übergeht. Keine Beendigung der Bindungswirkung tritt hingegen ein, wenn sich der Bieter vor dem Zuschlag vom Versteigerungsort entfernt (s Rn 5).

Gemäß § 156 S 2 BGB erlischt das (An-)Gebot außerdem, wenn ein **Übergebot** abgegeben wird. Es entfällt also nicht nur die Bindungswirkung. Voraussetzung ist hierfür nicht, dass es sich um ein rechtswirksames Übergebot handelt, weil das Interesse an Rechtsklarheit darauf gerichtet ist, dass das Übergebot schon als Tatsache Berücksichtigung findet (Erman/Armbrüster § 156 Rn 4; MünchKomm/Busche § 156 Rn 5; Soergel/Wolf § 156 Rn 6 mwNw). Etwas anders kann nur dann gelten, wenn das Übergebot offensichtlich unwirksam ist (Soergel/Wolf § 156 Rn 6) oder wegen seines Mangels sofort vom Versteigerer zurückgewiesen wird (MünchKomm/Busche § 156 Rn 5). Ob ein Übergebot vorliegt, richtet sich nach dem Nennbetrag der Gebote. Die Umsatzsteuer ist nicht abzuziehen (RGZ 101, 365, 366 f). Auf einen dem Versteigerer erteilten *Ersteigerungsauftrag* (s Rn 3) bezieht sich § 156 S 2 BGB nicht. Er kann also die ergebnislos abgebrochene Versteigerung überdauern (BGH NJW 1983, 1186, 1187 m Anm Kelwing/Joch). 4

2. Der Zuschlag als Annahme

Mit dem Zuschlag nimmt der Versteigerer das Angebot des Bieters an. Der Zuschlag stellt eine nicht verkörperte und nicht empfangsbedürftige Willenserklärung dar (BGHZ 138, 339, 342; NJW 2005, 53, 54), die demnach *mit Abgabe wirksam* wird (s Staudinger/Singer/Benedict [2017] § 130 Rn 9 ff). Es kommt auch nicht darauf an, dass der Bieter den Zuschlag vernimmt. Er kann sich daher vor dem Zuschlag vom Versteigerungsort entfernen (Soergel/Wolf § 156 Rn 10). Eine ausdrückliche Regel dieses Inhalts enthält § 15 S 2 BeurkG, der Nachfolger des früheren § 181 S 2 FGG. 5

Die Abgabe der Zuschlagserklärung kann durch den Versteigerer im eigenen Namen als Kommissionär oder – was der Regelfall sein wird – im fremden Namen als **Stellvertreter** seines Auftraggebers erfolgen (vgl RG Gruchot 56, 1083, 1084; vHoyningen-Huene NJW 1973, 1473, 1477; Soergel/Leptien § 164 Rn 15). Eine Verpflichtungsermächtigung des Versteigerers scheitert hingegen nach hM an den grundsätzlichen Bedenken gegen dieses Institut (s dazu Staudinger/Klumpp [2019] § 185 Rn 166 ff). 6

Sofern der abzuschließende Vertrag **formbedürftig** ist, kommt er durch mündliche Erklärungen nicht zustande. Dies gilt zB für Jagdpachtverträge, die nach § 11 Abs 4 S 1 BJagdG der *Schriftform* bedürfen. Der Zuschlag bei einer Jagdpachtversteigerung stellt demnach nur die Bereitschaftserklärung dar, mit dem Bieter einen formwirksamen Vertrag zu schließen (vgl KG OLGE 39, 128; Soergel/Wolf § 156 Rn 15; **abl** BGHZ 138, 339, 342 f). Da die Schriftform des Jagdpachtvertrages Beweisfunktion hat, ist dem Versteigerungszuschlag der Charakter eines formlos wirksamen Vorvertrages beizulegen (s dazu Vorbem 60 zu §§ 145 ff). Eine erforderliche *notarielle Beurkundung* kann dadurch gewahrt werden, dass der Notar an der Versteigerung teilnimmt und über die abgegebenen Erklärungen eine Niederschrift anfertigt. Diese Beurkundung kann dann gemäß § 126 Abs 3 BGB auch die Schriftform ersetzen. Die Rechtsprechung nimmt demgegenüber an, dass Gebot und Zuschlag notariell zu beurkunden sind (BGHZ 138, 339, 342 ff; KG NJW-RR 2002, 883 f; vgl auch BGH MDR 2015, 368 Rn 22). Eine Niederschrift nach §§ 36, 37 BeurkG reicht danach nicht. 7

Im Unterschied zum Zuschlag nach § 90 ZVG (s dazu auch Rn 12) hat der Zuschlag nach § 156 BGB nur den Abschluss eines **Verpflichtungsgeschäftes** zum Inhalt. Die 8 erforderlichen Erfüllungshandlungen müssen selbstständig nachfolgen. Insbesondere muss das Eigentum nach §§ 873, 929 ff BGB übertragen werden (Enneccerus/Nipperdey § 161 I 2b; Pesch Jura 1993, 371).

3. Abweichende Versteigerungsbedingungen

9 § 156 BGB enthält dispositives Recht (s Rn 1 aE). Sowohl für das Zustandekommen als auch für den Inhalt des Vertrages gilt der Grundsatz der **Vertragsfreiheit**, der vor allem in den Versteigerungsbedingungen seinen Ausdruck finden kann. So kann sich zB der Versteigerer im Voraus des Rechtes begeben, den Zuschlag zu verweigern. Ebenso darf er sich das Recht vorbehalten, nach einem erfolgten Übergebot ein geringeres Gebot anzunehmen, also unter mehreren Geboten auszuwählen (Erman/Armbrüster § 156 Rn 6), oder er kann sich einen späteren Zuschlag vorbehalten. Dann bleibt der Bieter angemessene Zeit an sein Höchstgebot gebunden (RGZ 96, 102, 103). Ein Zuschlag nach dem Ende der Versteigerung muss dann durch empfangsbedürftige Willenserklärung erfolgen (Soergel/Wolf § 156 Rn 14).

III. Anwendungsbereich des § 156

10 § 156 BGB gilt in allen Fällen, in denen eine **Versteigerung nach den Vorschriften des Privatrechts** erfolgt, also in den Fällen der §§ 383 ff, 753, 966 Abs 2, 975, 979 ff, 1219 BGB. Ferner gilt § 156 BGB in den Fällen der §§ 373 Abs 2, 376 Abs 4, 389, 407 Abs 2, 417 Abs 1 HGB sowie nach Maßgabe der besonderen Vorschriften in den §§ 1233 ff BGB für den im Wege öffentlicher Versteigerung zu bewirkenden Pfandverkauf (§ 1235 BGB). Ob bewegliche oder unbewegliche Sachen, Forderungen oder Rechte versteigert werden, bleibt sich gleich. Unerheblich ist ferner, ob der Versteigerer aufgrund von § 34b Abs 5 GewO öffentlich bestellt ist oder nicht (BGH NJW 1992, 2570, 2572).

10a § 156 BGB kann schließlich auch dann gelten, wenn die private Versteigerung nicht gesetzlich vorgesehen, sondern vom Veräußerer als Vertriebsweg gewählt worden ist. Das kann beispielsweise auf private **Internet-Auktionen** zutreffen (dazu Heitbaum, Zur Anwendbarkeit des § 156 BGB sowie zur Inhaltskontrolle bei privaten Online-Auktionen [2003]; Hoeren, Online-Auktionen [2002]; Leible, Versteigerung im Internet [2002]). Grundsätzlich ist es nicht ausgeschlossen, bei ihnen die Präsentation im Internet als invitatio ad offerendum, das elektronische Gebot als Angebot und der Zuschlag als Annahme zu verstehen (vgl § 145 Rn 9). Aus den Umständen, insbesondere aus den Versteigerungsbedingungen, wird sich aber regelmäßig ergeben, dass schon die Präsentation im Internet als – ggf gemäß § 148 BGB befristetes (BGHZ 211, 331 Rn 20; BGH NJW 2005, 53, 54) – Angebot zum Vertragsschluss mit dem Meistbietenden oder als antizipierte Annahme des Höchstgebotes zu werten ist, sodass es eines Rückgriffs auf § 156 BGB nicht bedarf (grundlegend BGHZ 149, 129, 133 ff [dazu Lettl JuS 2002, 219 ff; Wenzel NJW 2002, 1550 f] = JZ 2002, 504 [krit Hager]; ebenso die Vorinstanz OLG Hamm NJW 2001, 1142 [zust Ulrici NJW 2001, 1112 f; **abl** Hager JZ 2001, 786 ff] = MMR 2001, 105 [Wiebe] = DB 2001, 88 [Wenzel/Bröckers]; anders zuvor LG Münster JZ 2000, 730 [abl Hollerbach DB 2000, 2001, 2006 f; Rüfner JZ 2000, 715 ff; Ulrici JuS 2000, 947 ff; vgl auch Wiebe MMR 2000, 323 ff]; im konkreten Fall abweichend auch zutr LG Darmstadt NJW-RR 2002, 1139; AG Kerpen NJW 2001, 3274; die in BGHZ 149, 129 vertretene Auffassung ist **heute hM**, vgl BGHZ 211, 331 Rn 19; BGH NJW 2016, 395 Rn 15; 2014, 1292 Rn 19; 2011, 2643 Rn 15 f; 2005, 53, 54; KG NJW-RR 2006, 1213;

NJW 2005, 1053 f; 2002, 1583 f; DEUTSCH MMR 2004, 586; PFEIFFER NJW 2017, 1437, 1438; SUTSCHET NJW 2014, 1041 ff; WIMMER-LEONHARDT JR 2005, 353, 354 f). § 312d Abs 4 Nr 5 BGB aF (entspr § 312g Abs 2 Nr 10 BGB) gilt dann nicht, auch nicht analog (BGH NJW 2005, 53 ff; **aM** BRAUN JZ 2008, 330 ff; PAEFGEN RIW 2005, 178 ff). Dasselbe gilt für andere **Bieterfindungsverfahren**, bei denen es sich allenfalls um unechte Versteigerungen handelt. Bei ihnen werden in erster Linie Vertragspartner gesucht, nicht aber Verträge durch Zuschlag geschlossen.

Für **Versteigerungen im Rahmen der Zwangsvollstreckung** (zu denen auch der in § 450 Abs 1 BGB vorgesehene Verkauf im Wege der Zwangsvollstreckung gehört) verweist zwar § 817 Abs 1 ZPO ausdrücklich auf § 156 BGB. Jedoch ist dieser Verweisung nach heutiger Auffassung von der Pfandverwertung im Rahmen der Zwangsvollstreckung nur noch sehr eingeschränkt zu folgen. Das *Gebot* im Rahmen einer Versteigerung zum Zwecke der Zwangsvollstreckung stellt eine Prozesshandlung dar und keinen bürgerlich-rechtlichen Vertragsantrag, sodass die zivilrechtlichen Vorschriften über Willenserklärungen nicht eingreifen (STEIN/JONAS/MÜNZBERG [23. Aufl 2017] ZPO § 817 Rn 8). Auch der *Zuschlag* ist sicher nicht als privatrechtliche Willenserklärung aufzufassen. Teilweise wird er als Hoheitsakt angesehen (GAUL, in: GS Ahrens [1993] 89, 110 ff; STEIN/JONAS/MÜNZBERG § 817 Rn 20). Wenn man aber die Verweisung des ZPO-Gesetzgebers auf § 156 BGB nicht völlig missachten will, dann wird man den Zuschlag eher als Vollendung eines öffentlich-rechtlichen Vertrages einordnen müssen (OLG München DGVZ 1980, 122, 123; JAUERNIG/BERGER, Zwangsvollstreckungs- und Insolvenzrecht [23. Aufl 2010] § 18 Rn 15; GAUL/SCHILKEN/BECKER-EBERHARD, Zwangsvollstreckungsrecht [12. Aufl 2010] § 53 Rn 17 ff; THOMAS/PUTZO/SEILER, ZPO [40. Aufl 2019] § 817 Rn 2). In Übereinstimmung mit der Regelung des § 156 BGB muss jedenfalls auch hier anschließend noch eine Übertragung des Eigentums an der versteigerten Sache durch den Gerichtsvollzieher erfolgen. Dies geschieht hoheitlich durch Eigentumszuweisung bei der Ablieferung der gepfändeten Sache an den Erwerber (BGH NJW 1992, 2570, 2571). Der Zuschlag selbst bewirkt den Eigentumsübergang nicht (RGZ 153, 257, 260 f). Das gilt auch bei einer anderweitigen Verwertung durch den Gerichtsvollzieher iSd § 825 ZPO, aber nicht bei einer Versteigerung der gepfändeten Sache durch einen privaten Auktionator. Hier vollzieht sich der Vorgang insgesamt in privatrechtlichen Formen (BGH NJW 1992, 2570, 2571). 11

Der **Zuschlag im Zwangsversteigerungsverfahren** ist in §§ 71 ff ZVG abweichend von § 156 BGB geregelt. Hier ist der Bieter an sein Gebot nur gebunden, wenn es zugelassen wird. Außerdem hat der Meistbietende nach § 81 ZVG einen Anspruch auf die Erteilung des Zuschlags. Die wichtigste Abweichung gegenüber § 156 BGB besteht darin, dass der Zuschlagsbeschluss gemäß § 90 ZVG bereits den Eigentumsübergang bewirkt (vgl RGZ 60, 48, 54). 12

Nach **Ausschreibungen zur Vergabe öffentlicher Aufträge** (und von hier übernommen auch bei privatrechtlichen Aufträgen) erfolgt ebenfalls ein Zuschlag, der einen privatrechtlichen Vertrag begründet (BVerwG JZ 1962, 639, 641). § 156 BGB gilt in diesen Fällen jedoch deshalb nicht, weil es sich um einen Vertragsabschluss unter Abwesenden, also durch verkörperte Willenserklärungen handelt (BGHZ 194, 301 Rn 16; SOERGEL/WOLF § 156 Rn 16). Dementsprechend wird der Zuschlag hier erst mit dem Zugang wirksam (BVerwG JZ 1962, 639, 641). 13

§ 157
Auslegung von Verträgen

Verträge sind so auszulegen, wie Treu und Glauben mit Rücksicht auf die Verkehrssitte es erfordern.

Materialien: (teils auch zu § 133): E I § 359; II § 127; III § 154; JAKOBS/SCHUBERT, SchR I 46 f; SCHUBERT, AT II 270 ff; Mot I 154 ff; Mot II 197 f; Prot I 623 ff; MUGDAN I 437; 685; MUGDAN II 109; 521 ff.

Schrifttum

BAYINDIR, Die ergänzende Vertragsauslegung im Spiegel der Rechtsprechung (2016)
BIEHL, Grundsätze der Vertragsauslegung, JuS 2010, 195
CZIUPKA, Die ergänzende Vertragsauslegung, JuS 2009, 103
ders, Dispositives Vertragsrecht (2010)
DÜCK, Zivil- und kartellrechtliche Grenzen eines nachvertraglichen Wettbewerbsverbotes für Handelsvertreter, NJW 2016, 368
EHRICKE, Zur Bedeutung der Privatautonomie bei der ergänzenden Vertragsauslegung, RabelsZ 60 (1996) 661
ERM, Die ergänzende Vertragsauslegung auf der Rechtsfolgenseite einer AGB-Inhaltskontrolle, JR 2013, 543
FERVERS/GSELL, Ergänzende Vertragsauslegung bei der AGB-Kontrolle im unionsrechtlichen Kontext, NJW 2019, 2569
FRANZ, Vorkalkulatorische Preisfortschreibung durch VOB/B?, NJW 2020, 579
GSELL, Grenzen des Rückgriffs auf dispositives Gesetzesrecht zur Ersetzung unwirksamer Klauseln in Verbraucherverträgen, JZ 2019, 751
G HAGER, Vertragsinterpretation und ergänzende Vertragsauslegung, in: FS Stürner, Band I (2013) 135
J HAGER, Gesetzes- und sittenkonforme Auslegung und Aufrechterhaltung von Rechtsgeschäften (1983)
HARKE, Gesetzes- und Vertragsauslegung (2011)
HENCKEL, Die ergänzende Vertragsauslegung, AcP 159 (1960/1961) 106
HENSSLER, Risiko als Vertragsgegenstand (1994)
HÖK, Ergänzende Mietvertragsauslegung unter Berücksichtigung des ZGB als Geschäftsgrundlage, MDR 1994, 1157
KÄHLER, Begriff und Rechtfertigung abdingbaren Rechts (2012)
KÖTZ, Vertragsauslegung, in: FS Zeuner (1994) 219
ders, Dispositives Recht und ergänzende Vertragsauslegung, JuS 2013, 289
KÜHNE, Rechtsfolgen unwirksamer Preisanpassungsklauseln in Energielieferungsverträgen, NJW 2015, 2546
LARENZ, Ergänzende Vertragsauslegung und dispositives Recht, NJW 1963, 737
ders, Die Methode der Auslegung des Rechtsgeschäfts (1930; Neudruck mit Nachwort 1966)
LÜDERITZ, Auslegung von Rechtsgeschäften (1966)
MANGOLD, Eigentliche und ergänzende Vertragsauslegung, NJW 1961, 2284
MAYER-MALY, Die Bedeutung des tatsächlichen Parteiwillens für den hypothetischen, in: FS Flume (1978) 621
MEDICUS, Vertragsauslegung und Geschäftsgrundlage, in: FS Flume (1978) 629
MÖSLEIN, Dispositives Recht (2011)
NELLE, Neuverhandlungspflichten (1993)
NEUNER, Vertragsauslegung – Vertragsergänzung – Vertragskorrektur, in: FS Canaris, Band I (2007) 901
OECHSLER, Gerechtigkeit im modernen Austauschvertrag (1997)

PILZ, Richterliche Vertragsergänzung und Vertragsabänderung (1963)
H ROTH, Vertragsänderung bei fehlgeschlagener Verwendung von Allgemeinen Geschäftsbedingungen (1994)
SÄCKER, Die Anpassung von langfristigen Verträgen an bei Vertragsschluss unvorhergesehene und unvorhersehbare Umstände im Wege der ergänzenden Vertragsauslegung, in: FS H P Westermann (2008) 617
SÄCKER/MENGERING, Rechtsfolgen unwirksamer Preisanpassungsklauseln in Endkundenverträgen über Strom und Gas, BB 2013, 1859
SALZMANN, Die Neuverhandlungsklausel als ein Problem ergänzender Vertragsauslegung (1986)
SANDROCK, Zur ergänzenden Vertragsauslegung im materiellen und internationalen Schuldvertragsrecht (1966)
SCHIMMEL, Zur ergänzenden Auslegung von Verträgen, JA 2001, 339
SINGER, Selbstbestimmung und Verkehrsschutz im Recht der Willenserklärungen (1995)
SONNENBERGER, Verkehrssitten im Schuldvertrag (1970)
STÖLTING, Vertragsergänzung und implied terms (2009)
UFFMANN, Das Verbot der geltungserhaltenden Reduktion (2010)
dies, Vertragsgerechtigkeit als Leitbild der Inhaltskontrolle, NJW 2012, 2225
dies, Richtungswechsel des BGH bei der ergänzenden Vertragsauslegung, NJW 2011, 1313
dies, Informationspflichten und ergänzende Auslegung bei Preisanpassung in Energielieferverträgen, NJW 2015, 1214
VERSE/WURMNEST, Zur Nichtigkeit von Verträgen bei Verstößen gegen das EG-Beihilferecht, AcP 104 (2004) 855
VOGENAUER, Die Auslegung von Gesetzen in England und auf dem Kontinent I/II (2001)
ders, Zivilprozessuale Folgen subjektiver und objektiver Interpretationslehren, in: FS Jan Schröder (2013) 221
GRAF VWESTPHALEN, § 306 Abs 2 BGB: Das Ende der ergänzenden Vertragsauslegung?, in: FS Meilicke (2010) 105
ders, Ersetzung einer missbräuchlichen Klausel durch dispositives nationales Recht? – Spannungsverhältnis zwischen EuGH- und BGH-Judikatur, BB 2019, 67
ders, Der (unzulässige) Rückgriff auf die ergänzende Vertragsauslegung bei unwirksamen Zinsänderungsklauseln. Zur Vereinbarkeit der BGH-Rechtsprechung mit der neueren Judikatur des EuGH, MDR 2019, 76
ders, AGB-Recht im ersten Halbjahr 2017, NJW 2018, 205, 206
WIEACKER, Die Methode der Auslegung des Rechtsgeschäfts, JZ 1967, 385
WIEDEMANN, Ergänzende Vertragsauslegung – richterliche Vertragsergänzung, in: FS Canaris, Band I (2007) 1281
WÜRDINGER, Zwischen Pragmatik und Dogmatik: Die ergänzende Vertragsauslegung im Maklerprovisionsrecht, ZfIR 2006, 6.

Weiteres Schrifttum findet sich bei § 133.

Systematische Übersicht

I. Normzweck; Anwendungsbereich 1

II. „Eigentliche" und ergänzende Auslegung 3

III. Abgrenzung zu verwandten Rechtsinstituten
1. Eigentliche Auslegung 5
2. Umdeutung (§ 140) 6
3. Teilnichtigkeit (§ 139); Sittenwidrigkeit (§ 138) 7
4. Treu und Glauben (§ 242) 8
5. Fehlen (Wegfall) der Geschäftsgrundlage 9

IV. Voraussetzungen der ergänzenden Vertragsauslegung 11
1. Gegenstand 12
2. Regelungslücke 15
a) Anfängliche und nachträgliche Lücken 16

b) Versehentliches oder bewusstes Offenlassen 17
c) Wegfall unwirksamer Vereinbarungen 18
d) Unbilligkeiten 19
e) Einzelfälle 20

V. Lückenfüllung
1. Terminologisches 22
2. Vorhandenes dispositives Recht 23
a) Gerechtigkeitsgehalt dispositiven Rechts 24
b) Unpassendes Gesetzesrecht 25
c) Veraltetes Gesetzesrecht 26
d) Moderne Vertragstypen; atypische Verträge; Besonderheiten 27
3. Hypothetischer Parteiwille 30
a) Bedeutung 31
b) Zeitpunkt der Auslegung 34
c) Anfechtung 35
d) Verhältnis zur geltungserhaltenden Reduktion 36

VI. Schranken der ergänzenden Vertragsauslegung 37
1. Parteiautonomie; tatsächlicher Parteiwille 38
2. Erweiterung des Vertragsgegenstandes 39
3. Vielzahl der Rechtsfolgen 43
4. Interessen des Rechtsverkehrs 45

VII. Ergänzende Auslegung von Allgemeinen Geschäftsbedingungen
1. Grundsatz 46
a) Rechtsprechung 46
b) Voraussetzungen 46a
c) Geltungserhaltende Reduktion; mehrere Gestaltungsmöglichkeiten 46b
2. Dispositives Recht und Äquivalenzgefüge 47
a) Europäisches Recht 47a
b) Energielieferungsverträge 47b
c) Europäisches Anpassungsverbot 47c
d) Sonderfälle der Lückenfüllung 48
3. Maßstab 49
4. Kritik 50

VIII. Prozessuales 51
1. Individualverträge 52
2. AGB-Verträge 56

IX. Weitere Einzelfälle mit Beispielscharakter 58

Alphabetische Übersicht

Altenteiler 57
Anfechtung 35
Arbeitnehmerhaftung 57, 60
Ausdrücklichkeit 45
Auslegung ex post 34
Auslegungsregel 1
Ausscheiden eines Gesellschafters 57

Begriffsbildung 4
Behauptungs- und Beweislast 50
Beherrschungsvertrag 10
Bestimmungsrecht (§§ 315, 317) (Verhältnis zur ergänzenden Vertragsauslegung) 21
Betriebliche Zusatzversorgung 43
Billigkeitserwägungen 19
Bürgschaft auf erstes Anfordern 46a

DDR (ehemalige) 21

Dokumentenstrenge 45
„Dreijahreslösung“ 47a, 47b

Effizienz und ergänzende Auslegung 4
Eigenhändlervertrag 25
Einfache Auslegung 3
Einschränkung von Vertragspflichten 41
Eltern-Kind-Zentrum (WEG) 12, 16, 17
Energielieferungsverträge 47b
Enteignung (Abwendung) 29, 57
Erbbauberechtigter 9, 58
Erbbau-Heimstättenvertrag 16, 42, 58
Erhöhung des Erbbauzinses 9
Erlass 58
Ersatzteil-Großhandel (Rückkaufanspruch) 48
Erschließungskosten 29, 42, 58
Europäisches Recht (AGB) 47a

Fernwärme 46
Finanzierter Abzahlungskauf 59
Folgekosten 59
Formbedürftiges Geschäft 12
Franchise 4
Freistellungsvereinbarung 59

Gasversorgung 47b
Gebäudefeuerversicherung 60
Geltungserhaltende Reduktion 46a, 47, 48 f, 50
Genussscheinbedingungen 10
Gerechter Interessenausgleich 33, 52
Gesellschaftsrecht 26
Gewährleistungsbürgschaft (Rückgabe) 46
Gleitklausel 7
Globalbürgschaft („Anlassrechtsprechung") 46 f
Globalsicherheiten 49, 65
Globalvergleich 45
Grundbucheintragungen 45
Grundstücksverkauf 60
Güterrecht 44

Haftungsverzicht 13
Handelsbräuche 23
Handelsübliche Klauseln 14
Hypothetischer Parteiwille 4

Indexabhängige Mieterhöhung 60
Individualprozess 46
Inhaltskontrolle 37
Irrtum 35
Irrtumsanfechtung 4

Kaution 61
Kinderlärm 54
Konkludente Auslegung 5
Konkret-typisierende Auslegung 48
Konkurrenzverbote 28, 61
Konzessionsabgabe 61
Kostenverteilungsschlüssel (WEG) 15, 45
Krankenversicherung (Beitragserhöhung) 47b

Langfristige Verträge 20
Lastenausgleichsgesetz 62
Leasing 4, 27
Lebenshaltungsindex 10
Leistungsbestimmungsrecht 43
Lückenfeststellung 15
Lückenschließung 4

MaBV 23
Materiale Vertragsgerechtigkeit 37
Mieterhöhungsklausel 62
Mietschuldenfreiheit 15, 23
Mietvertrag 62

Neuverhandlungspflichten 10
Netzverträge 4
Nichtabnahmeentschädigung 63
Normatives Kriterium 31

Objektive Auslegung 2
Öffentliches Recht 14
Optionsklausel in Tankstellenvertrag 43, 47

Pflegeheim und Wohnrecht 9, 16
Pflegeverpflichtung 67
Planvorstellung (einseitige) 15
Praxistausch 40
Preisanpassungsklausel 46, 47b, 48, 49
Privatautonomie 3 f, 33, 39

Rechtsfortbildung 2
Rechtsfrage 51
Regelungsplan der Parteien 42
Regressverzicht 61
Revisibilität 51 ff
Revolvierende Globalsicherheiten 48, 64
Richterliche Rechtsschöpfung 37
Roggenklausel 9, 58, 59
Rückkaufwert 47

Satzung 12
Scheitern der Ehe 64
Schiedsgericht (Auflösung) 15
Schiedsgutachten 64
Schlichtungsklausel 16
Schönheitsreparaturen 28, 40, 63
Schuldvertrag 12
Sicherung des Vertragszweckes 20
Sicherungsabrede und Bürgschaft 65
Sittenwidrigkeit 7
Sondervertragskunden 47b
Sprunghaftung 23
Stromversorgungsvertrag 46, 67
Subjektive Vorstellungen der Parteien 32
Subsidiarität dispositiven Rechts 24

Tagespreisklausel 15, 18, 23, 28, 31, 38, 46
Tarifkundenvertrag 47b
Tarifvertrag (Betriebsvereinbarung) 12, 17
Tatfrage 51
Tatsächlicher Parteiwille 4, 38
Teilungserklärung (WEG) 10, 12, 16, 17, 30
Telefonanschlussdose 5
Typizität des Rechtsgeschäfts 23

Umsatzsteuer 9, 15, 16, 30, 66
Unklarheitenregel 46, 47
Unterhaltsvereinbarung 65
Unterhaltsverzicht 65

Verbandsprozess 46
Verfügung von Todes wegen 12
Vergaberecht 10, 12, 15, 17, 19, 37
Verkauf eines Pfandrechts 65
Verkehrssitte 30
Versorgungszusagen 65
Vertrag mit Schutzwirkung zugunsten Dritter 66
Vertragliche Haftpflicht 65
Vertragshilfe 33
Vertragsrechtsfortbildung 32
Vertragsstrafeversprechen 65
Vertragszweck 30
VOB/B 46
Vorfinanzierungsvereinbarung 15, 17, 30
Vorvertrag 20

Wechselrecht 45
WEG (§ 10 Abs 2 S 3) 10
Wertsicherungsklausel 7, 9, 18, 43, 66
Wettbewerbsverbot 66
Wiederkaufsrecht der Gemeinde 46, 47c
Wohnungsrecht 39, 67

Zielvereinbarungen (Arbeitsrecht) 43
Zinsänderungsklausel 43, 46
Zytostatika (Verabreichung durch Krankenhaus) 9, 21

I. Normzweck; Anwendungsbereich

1 Gegenstand der nachfolgenden Kommentierung ist ausschließlich die **ergänzende Vertragsauslegung**. § 157 BGB enthält neben § 133 BGB die zweite allgemeine Auslegungsregel des BGB (methodenkritisch Vollmer, Auslegung und „Auslegungsregeln" [1990] 20 ff). Nach § 157 BGB sind **Verträge** nach Treu und Glauben mit Rücksicht auf die Verkehrssitte auszulegen. Heute ist weithin anerkannt, dass die Auslegung von Willenserklärungen und Verträgen trotz der systematischen Trennung von § 133 BGB und § 157 BGB durch den Gesetzgeber im Wesentlichen den gleichen Grundsätzen gehorcht. Insbes gilt § 157 BGB entgegen seinem Wortlaut nicht nur für die Auslegung von Verträgen, sondern auch für diejenige von **einseitigen Rechtsgeschäften** (zu Testamenten u Rn 12, 31; **aA** Erman/Armbrüster[15] Rn 4 [§ 157 gelte nicht für Testamente]) und **empfangsbedürftigen Willenserklärungen** (RGZ 169, 125; BGHZ 47, 75, 78; Palandt/Ellenberger[79] Rn 1; Soergel/M Wolf[13] Rn 115) und auch sonst für **Rechtsgeschäfte aller Art** (BGHZ 164, 286, 292 [Briefmarke als kleines Inhaberpapier nach § 807]). Umgekehrt wird § 133 BGB nicht auf die Auslegung von Willenserklärungen beschränkt. Vielmehr gilt die Norm auch für Verträge und Rechtsgeschäfte jeder Art (Staudinger/Singer [2017] § 133 Rn 24 ff). Im Großen und Ganzen deckt sich daher der Anwendungsbereich beider Vorschriften. Dementsprechend ist auch eine Trennung des Auslegungsinhalts nach § 133 BGB einerseits und nach § 157 BGB andererseits nicht möglich. Die Rspr wendet oftmals in unproblematischer Weise beide Vorschriften ohne Abgrenzung nebeneinander an (zB RGZ 128, 245; BGHZ 105, 24, 27 [„die nach §§ 133, 157 vorzunehmende Auslegung"]; BGH WM 1994, 389, 393). Die den §§ 133, 157 BGB **gemeinsamen Auslegungsgrundsätze** sind bei § 133 BGB zusammenfassend dargestellt (Staudinger/Singer [2017] § 133 Rn 3 ff).

2 Da der Wortlaut des § 157 BGB mit dem durch die Nennung der **Verkehrssitte** (Staudinger/Singer [2017] § 133 Rn 65 ff) und von **Treu und Glauben** (Staudinger/Singer [2017] § 133 Rn 64) angedeuteten **Vertrauensschutz** die Zielrichtung einer **objektiven Auslegung** zum Ausdruck bringt (aber u Rn 32), bildet diese Norm den zutreffenden Ort für die Darstellung der **ergänzenden Vertragsauslegung** (ganz **abl** zu ihr freilich: M Wolf/Neuner, AT[11] § 35 Rn 68). So spricht die Rspr für die ergänzende Vertragsauslegung von dem „objektiven Auslegungsmaßstab" des § 157 BGB (etwa BGHZ 9, 273, 278). Trotz der mit der Trennung von § 133 und § 157 BGB verunglückten gesetzgeberischen Entscheidung rechtfertigt sich daher die geschlossene Unterbringung der ergänzenden Vertragsauslegung bei § 157 BGB und insoweit der Verzicht auf eine gemeinsame Kommentierung der §§ 133, 157 BGB (wie hier auch im Wesentlichen die Aufteilung bei Palandt/Ellenberger[79] Rn 1; Jauernig/Mansel[17] Rn 2; Erman/Armbrüster[15] Rn 15 ff; MünchKomm/Busche[8] Rn 26 ff; BGB-RGRK/Piper[12] Rn 97 ff; Soergel/M Wolf[13] Rn 103 ff; PWW/Brinkmann[15] Rn 15 ff; Bamberger/Roth/Hau/Poseck/Wendtland[4] Rn 28 ff). Deshalb können auch die Kasuistik außerhalb der ergänzenden Vertragsauslegung (zu ihr u Rn 57 ff) sowie die im Rechtsverkehr gebräuchlichen typischen Klauseln eher bei § 133 BGB untergebracht werden. Löst man die ergänzende Vertragsauslegung von § 157 BGB ab und ordnet sie als eine auf § 242 BGB gestützte **Rechtsfortbildung durch die Gerichte** ein, besteht die Gefahr einer eher **vertragsfernen Auslegung** (für Rechtsfortbildung dagegen Wolf/Neuner, AT[11] § 35 Rn 69; Ehricke RabelsZ 60 [1996] 661, 669, der aber im Übrigen mit Recht durchgängig die Privatautonomie betont; gegen die Einordnung als Rechtsfortbildung Erman/Armbrüster[15] Rn 15). Die gleichen Bedenken ergeben sich, wenn von einer auf § 242 BGB gestützten **heteronomen Rechtsfortbildung** gesprochen wird (so oder vergleichbar aber MünchKomm/Busche[8] Rn 28; Busche, Privatautonomie und Kontrahierungszwang [1999] 6; Singer 50 ff; Oechsler 165, 235 ff). Dagegen geht es stets um die Bestimmung des Vertragsinhalts durch **Auslegung** (Soergel/M Wolf[13] Rn 104). Bisweilen stützt die Rspr die ergänzende Vertragsauslegung ohne weitere Konsequenzen in der Sache schlicht auf **§ 242 BGB** (BGH NJW 2009, 1482 Rn 16 [wechselseitiger Haftungsverzicht für einfache Fahrlässigkeit]; sympathisierend Wiedemann, in: FS Canaris Band I [2007] 1281, 1287: „richterliche Vertragsergänzung"). Wegen der Orientierung am konkreten Vertrag verbieten sich auch Versuche, unter Rückgriff auf den „vollständigen Vertrag" unter Beteiligung des rational handelnden „homo oeconomicus" die für die **Parteien effiziente Vertragsregelung** zu finden (**abl** auch Eidenmüller, Effizienz als Rechtsprinzip [3. Aufl 2005] S 456 f; Cziupka JuS 2009, 103, 105). Erst recht nicht darf sich die ergänzende Vertragsauslegung danach ausrichten, was die intellektuell und wirtschaftlich **stärkere Partei** gerade noch hätte durchsetzen können (überzeugend Säcker, in: FS Westermann [2008] 617, 621).

II. „Eigentliche" und ergänzende Auslegung

3 Aufgabe der **„eigentlichen Auslegung"** (so zB die Terminologie bei Palandt/Ellenberger[79] Rn 2) ist die Feststellung, ob ein bestimmtes Parteiverhalten als Willenserklärung aufzufassen ist und welchen Inhalt diese Willenserklärung hat. Bezogen auf **Verträge**, wird auch in gleicher Bedeutung von „einfacher Vertragsauslegung" (MünchKomm/Busche[8] Rn 3), von „unmittelbarer Auslegung" (BGH NJW-RR 1995, 833, 834; NJW 1976, 1314) oder „natürlicher Auslegung" (Bork, AT[4] Rn 532) gesprochen. Bei den hier in erster Linie in Rede stehenden **empfangsbedürftigen Willenserklärungen** ist Auslegungsziel dasjenige, was der Adressat nach seinem Empfängerhorizont als Willen des Erklärenden verstehen konnte. Es geht also auch bei der eigentlichen Auslegung

nicht in erster Linie um die Feststellung des wirklichen Willens des Erklärenden, sondern um diejenige des normativen Willens (Flume, AT II 310; Medicus/Petersen, AT[11] Rn 323; Wieser JZ 1985, 407 ff; Staudinger/Singer [2017] § 133 Rn 18). Obwohl danach auch die eigentliche Auslegung die Ermittlung einer normativen Bedeutung meint (M Wolf/Neuner, AT[11] § 35 Rn 3 ff), so besteht doch ein unmittelbarer Bezug zur **Parteiautonomie**. Am deutlichsten wird er für die Fälle der vorrangig zu beachtenden übereinstimmend gemeinten Bedeutung (Staudinger/Singer [2017] § 133 Rn 11 ff; Erman/Armbrüster[15] Rn 5).

4 Als **Zweck der ergänzenden Vertragsauslegung** wird es allgemein angesehen, Lücken der betreffenden rechtsgeschäftlichen Regelung unter Anknüpfung an den im Rechtsgeschäft enthaltenen **Regelungsplan** zu schließen (BGHZ 9, 273, 277 f; 77, 301, 304 [„Schönheitsreparaturen"]; BGH JZ 2009, 1010 Rn 19 [Vergaberecht] mit Anm Bitterich; Bayindir 1; Hök MDR 1994, 1157; u Rn 15). Die ergänzende Vertragsauslegung setzt erst dann ein, wenn die offene Auslegungsfrage nicht durch die **eigentliche Auslegung** zu lösen ist (MünchKomm/Busche[8] Rn 26; NK-BGB/Looschelders[3] Rn 6; Bamberger/Roth/Hau/Poseck/Wendtland[4] Rn 34; PWW/Brinkmann[15] Rn 15; Bork AT[4] Rn 533; o Rn 3; zur Prüfungsreihenfolge u Rn 10). Nicht zuzugeben ist, dass die Kategorie der „ergänzenden Vertragsauslegung" als **methodenwidrig** gänzlich abzulehnen wäre, weil entweder der Vertrag ausgelegt oder ergänzt werde. Wegen der Berührungspunkte mit der allgemeinen Rechtsgeschäftslehre ist die **Begriffsbildung** nicht widersprüchlich (aA Neuner, in: FS Canaris, Band I [2007] 901, 918). Nach einigen Entscheidungen sollen die Maßstäbe der ergänzenden Vertragsauslegung weithin von der Parteiautonomie gelöst sein. Danach soll der maßgebende **hypothetische Parteiwille** (u Rn 30 ff) keine unmittelbaren Berührungspunkte mit der Parteiautonomie aufweisen, weil er nicht durch die subjektiven Vorstellungen der Vertragschließenden, sondern aufgrund einer vom Gericht vorgenommenen Interessenabwägung auf objektiver Grundlage bestimmt werde (BGHZ 96, 313, 320 f [EKG] im Anschluss an BGHZ 74, 193, 199 [EKG]; 7, 231, 235). Diese Formulierungen sind indessen zu weit geraten (Zweifel auch bei Medicus/Petersen, AT[11] Rn 343). Die ergänzende Vertragsauslegung muss in der **allgemeinen Rechtsgeschäftslehre** verwurzelt bleiben und darf den Parteien des Vertrages nicht den gestaltenden Willen des Richters aufzwingen. Deshalb ist es höchst bedenklich, die Vertragspflichten der Parteien in mehrgliedrigen **„vernetzten Verträgen"** (zB Leasing, Franchising) durch Überstülpen eines einheitlichen Vertragszweckes der Effizienzsteigerung im Wege der ergänzenden Vertragsauslegung zu bestimmen. Letztlich führt das zur Fremdbestimmung im Vertrag (mit Recht Martinek NJW 2000, 1397 zu Rohe, Netzverträge. Rechtsprobleme komplexer Vertragsänderungen [1998] passim). Der Zusammenhang mit der Parteiautonomie ist im Vergleich mit der eigentlichen Auslegung (o Rn 3) zwar gelockert, aber nicht aufgegeben. So darf nach allgM die ergänzende Vertragsauslegung nicht einem **feststellbaren tatsächlichen Parteiwillen** widersprechen (BGHZ 9, 273, 279; LAG Berlin NZA-RR 1999, 262, 263; Erman/Armbrüster[15] Rn 23; Bamberger/Roth/Hau/Poseck/Wendtland[4] Rn 43; Mayer-Maly, in: FS Flume [1978] 621, 625). Zum anderen hat sich der Richter am tatsächlichen Parteiwillen in der Weise zu orientieren, dass eine für den **konkreten Fall** richtige Ergänzung zu finden ist (u Rn 32). Deshalb kann an den in der Regelung eines anderen Punktes des Vertrages zum Ausdruck kommenden tatsächlichen Willen der Parteien auch dann angeknüpft werden, wenn diese Regelung (etwa wegen Verstoßes gegen § 3 WährG [zwischenzeitlich durch den gleichbedeutenden § 2 PaPkG ersetzt]) als solche unwirksam ist (zutr BGH LM § 157 [D] Nr 12; WM 1974, 74, 76 re Sp; Mayer-Maly, in: FS Flume

[1978] 621, 625). Insofern ergeben sich **Parallelen** zu **§ 139 BGB** (o § 139 Rn 74) und zu **§ 140 BGB** (o § 140 Rn 25; Mayer-Maly, in: FS Flume [1978] 621 ff). Die erforderliche Beachtung des tatsächlichen Parteiwillens spricht für eine Vertragsergänzung, die auf den **Zeitpunkt des Vertragsabschlusses** abstellt und nicht auf die Verhältnisse zum Zeitpunkt der Auslegung (Mayer-Maly, in: FS Flume [1978] 621, 626; **aA** Soergel/M Wolf[13] Rn 132; u Rn 34). Auch die ergänzende Vertragsauslegung ist daher nach dem Gesagten noch **Auslegung** iSd § 157 BGB (BGHZ 9, 273, 277; 12, 337, 343; BGH WM 1969, 1237, 1239; Larenz NJW 1963, 737 ff; u Rn 32).

III. Abgrenzung zu verwandten Rechtsinstituten

1. Eigentliche Auslegung

5 Die ergänzende Vertragsauslegung kommt erst in Betracht, wenn die **eigentliche Auslegung** zu keinem Ergebnis geführt hat (Bsp: BGH NJW-RR 2009, 593 Rn 25 [„Miete zuzüglich Mehrwertsteuer" bei fehlender Optionsmöglichkeit des Vermieters]; DB 1963, 1461; BAG DB 2009, 1602, 1603; LAG Düsseldorf Arztrecht 2009, 182, 185; o Rn 3, 4). Es ist also zunächst das Auslegungsinstrumentarium heranzuziehen, das die **engste Verknüpfung mit der Parteiautonomie** aufweist (o Rn 3). Die Grenzen zu einer eigentlichen, wenngleich konkludenten Auslegung, werden allerdings fließend, soweit die ergänzende Auslegung nur das Erklärte iSd wirklich Gewollten ergänzt (Medicus/Petersen, AT[11] Rn 339). Doch sind diese Fälle wegen der Gleichheit der Rechtsfolgen unproblematisch (u Rn 45). Auch ein (angeblich) **klarer und eindeutiger Wortlaut** einer Erklärung hindert eine ergänzende Auslegung anhand der Gesamtumstände nicht (BGH NJW 2002, 1260, 1261). Bei einer Lücke wegen einer **Vergütungsregelung** ist die Lücke zunächst nach § 612 Abs 2 BGB (übliche Vergütung) zu schließen, alsdann die ergänzende Vertragsauslegung zu prüfen und erst anschließend auf die §§ 316, 315 Abs 3 BGB durch Bestimmung nach **billigem Ermessen** zuzugreifen (BGH NJW-RR 2007, 103, 105 [Erfindervergütung des Geschäftsführers]). Vergleichbar liegt es nach § 653 BGB für das **Maklerrecht** (BGH NJW-RR 2007, 103, 105; Nachw bei MünchKomm/Roth[8] § 653 Rn 15). Grundsätzlich kann nicht in der Entscheidung **offen gelassen** werden, ob sie auf eigentliche Auslegung oder ergänzende Vertragsauslegung gestützt wird (anders BGH VersR 2006, 506, 508). Bisweilen wird **voreilig** auf die ergänzende Vertragsauslegung zurückgegriffen, obwohl auch eine eigentliche Auslegung in Form einer konkludenten Auslegung genügt hätte. Ist eine Mietwohnung mit einer sichtbaren *Telefonanschlussdose* ausgestattet, so ergibt schon eine konkludente Auslegung, dass der vertragsmäßige Zustand des Mietobjekts einen funktionsfähigen Telefonanschluss umfasst. Einer ergänzenden Auslegung bedarf es dann nicht mehr (anders BGH 5. 12. 2018 – VIII ZR 17/18, NZM 2019, 140 mit insoweit krit Anm Gutzeit JuS 2019, 904, 906).

2. Umdeutung (§ 140)

6 Nach richtiger Auffassung reicht § 140 BGB über das durch **§ 157 BGB Erreichbare hinaus**. Die Umdeutung ist nicht etwa ein Sonderfall der Auslegung (o § 140 Rn 7 f). Die ergänzende Auslegung vervollständigt lediglich ein lückenhaftes, wirksames Rechtsgeschäft, wogegen die Umdeutung an die Stelle der vereinbarten unwirksamen Regelung im Ganzen eine andere setzt. Die Rspr prüft beide Institute oft ohne genauere Abgrenzung nebeneinander. So dürfen Schutzvorschriften zugunsten des Bürgen vor einer gesetzwidrigen Inanspruchnahme wie § 648a Abs 2 S 2 BGB weder

durch Umdeutung noch durch ergänzende Vertragsauslegung ausgehebelt werden (BGH NJW 2001, 3616, 3618). Eine mögliche ergänzende Vertragsauslegung hat **Vorrang** vor der Umdeutung (**aA** MEDICUS/PETERSEN, AT[11] Rn 527 zu Wertsicherungsklauseln).

3. Teilnichtigkeit (§ 139); Sittenwidrigkeit (§ 138)

7 Die ergänzende Vertragsauslegung ist den Rechtsfolgen der Teilnichtigkeit aus § 139 BGB insoweit **vorrangig**, als mit ihrer Hilfe eine sich aufgrund einer unwirksamen Bestimmung ergebende **Vertragslücke geschlossen** werden kann. In diesem Fall kann die sich ansonsten nach § 139 BGB möglicherweise ergebende Totalnichtigkeit vermieden werden. In derartigen Fällen ist die Anwendung des § 139 BGB ausgeschlossen (BGHZ 63, 132, 135 f [Wertsicherungsklausel]; VERSE/WURMNEST AcP 204 [2004] 855, 870; OLG Köln ZMR 1999, 633 [unwirksame Gleitklausel im Mietvertrag]). Haben die Parteien eine Erhaltungs-, aber keine **Ersetzungsklausel** vereinbart, so ist daher im Falle teilweiser Unwirksamkeit eine ergänzende Vertragsauslegung möglich (BGH NJW-RR 2011, 835 Rn 51). Bisweilen werden in undeutlicher Weise auch beide Institute nebeneinander angewandt (LAG Köln MDR 2001, 1000 [Rückführung einer mit einer Gratifikationszusage verbundenen unzulässigen Bindungsdauer auf das zulässige Maß]). Ist ein Rechtsgeschäft wegen eines unangemessenen Verhältnisses von Leistung und Gegenleistung nach § 138 BGB **sittenwidrig**, so lehnt die Rspr sowohl eine Anwendung der ergänzenden Vertragsauslegung als auch eine analoge Anwendung des § 139 BGB ab, sodass es nicht zu einer Anpassung der Leistungen auf ein noch vertretbares Maß kommen kann. Das deckt sich mit dem (behaupteten) Verbot der **geltungserhaltenden Reduktion** (BGH NJW-RR 2013, 410 Rn 19).

4. Treu und Glauben (§ 242)

8 Bei Schuldverträgen kann mit § 157 BGB häufig die **Generalklausel** des § 242 BGB konkurrieren. Beide Vorschriften nehmen auf „Treu und Glauben" Bezug. Bisweilen werden die maßgeblichen Rechtsfolgen ebenbürtig aus § 157 BGB und aus § 242 BGB hergeleitet, weil der Wortlaut der Vorschriften insoweit gleich ist (etwa MEDICUS/PETERSEN, AT[11] Rn 343; auch BGH VersR 1962, 809, 810; ArbG Essen DB 1965, 259 [LS]). ZT wird § 242 BGB aber als Grundlage einer ergänzenden Vertragsauslegung ausdrücklich ausgeschlossen (etwa BGH WM 1969, 1237, 1239; PALANDT/GRÜNEBERG[79] § 242 Rn 17; SOERGEL/M WOLF[13] Rn 26 ff). Die ergänzende Vertragsauslegung hat **Vorrang** vor der Bestimmung der Leistungspflicht nach Treu und Glauben (§ 242 BGB) (so beifallswert BGHZ 164, 286, 292; 9, 273, 277 f; BGH NJW-RR 2008, 562 Rn 12). Erst wenn der Vertragsinhalt feststeht, kann geprüft werden, *wie* § 242 BGB auf das Rechtsverhältnis einwirkt (in diesem Sinne wohl auch STAUDINGER/KASSING VersR 2007, 10, 15). In der Mehrzahl der Fälle zieht die Rspr wohl § 157 BGB als alleinige Norm, auf die eine ergänzende Vertragsauslegung gestützt wird, heran (zB BGH WM 1965, 1191, 1192; BAG DB 1966, 1400; LG Offenburg ZGenW 14 [1964] 105 [LS]). Zwar ist es grundsätzlich richtig, dass eine genaue Abgrenzung von § 157 und § 242 BGB weder möglich noch auch erforderlich ist, wenn daran keine unterschiedlichen Rechtsfolgen geknüpft werden (subtile Unterscheidungen dagegen bei SOERGEL/M WOLF[13] Rn 26 ff). ME ist es aber nicht vertretbar, § 242 BGB als Grundlage iSe objektiven Bestimmung der Leistungspflicht mit dem Ziel zu nennen, die ergänzende Vertragsauslegung dadurch zu ersetzen (so aber NEUNER, in: FS Canaris Band I [2007] 901, 918; WIEACKER JZ 1967, 385, 390; HENCKEL AcP 159 [1960/1961] 106 ff; u Rn 32). Die Betonung der ergänzenden Vertrags-

auslegung als **eigenständiges Rechtsinstitut** legt in richtiger Weise den Schwerpunkt stärker auf den Vertrag und damit auf den Regelungsplan der Parteien (mit Recht in der Sache SOERGEL/M WOLF[13] Rn 26 aE; WÜRDINGER ZfIR 2006, 6, 8; **abl** NEUNER, in: FS Canaris Band I [2007] 901, 924: „contradictio in adjecto"). Insoweit unterscheidet sich die ergänzende Auslegung deutlich von der **rechtsfortbildenden Entscheidung** (anders vor allem WOLF/NEUNER[11] AT § 35 Rn 69). Der zutreffende Ort für die Anwendung des § 242 BGB liegt dagegen in der Ergänzung des Vertrages um **vertragliche Nebenpflichten**, wie zB Beratungs- oder Auskunftspflichten (KÖTZ, in: FS Zeuner [1994] 219, 238; offen gelassen durch BAG NZA 2005, 983, 984).

5. Fehlen (Wegfall) der Geschäftsgrundlage

Die Anwendung der ergänzenden Vertragsauslegung genießt nach richtiger Auffas- 9
sung auch **Vorrang** vor der Anwendung der Grundsätze über das Fehlen oder den Wegfall der **Geschäftsgrundlage** (§ 313 BGB) (BGHZ 191, 336 Rn 19 [Erhöhung des Erbbauzinses] = NJW 2012, 526; BGHZ 164, 286, 292 [Verlust der Gültigkeit einer Briefmarke durch staatlichen Hoheitsakt]; 90, 69, 74; 81, 135, 143 [Roggenklausel]; 74, 370, 373 [Bauerwartungsland]; BGH 20. 2. 2019 – VIII ZR 7/18, NJW 2019, 2298, Rn 45 [Herstellung und Verabreichung von Zytostatika durch ein Krankenhaus]; 10. 1. 2019 – VII ZR 6/18, NJW 2019, 1145 Rn 25 [Bauvertrag und Umsatzsteuer]; BGH 17. 5. 2018 – VII ZR 157/17, NJW 2018, 2469 Rn 36 [Bauvertrag und Umsatzsteuer]; in der Sache auch BGH NJW 2014, 3439 Rn 15 ff [Erbbaurechtsvertrag]; NJW 2012, 526 Rn 19 [Wertsicherungsklausel]; 2009, 1348 Rn 12 [Wohnrecht nach Umzug ins Pflegeheim unter Aufhebung von OLG Hamm NJW-RR 2008, 607]; 2001, 2464, 2465 [Umsatzsteuer]; 1993, 2935, 2936; NJW-RR 2009, 593 Rn 25 [„Miete zzgl MwSt" bei fehlender Optionsmöglichkeit des Vermieters]; 2008, 562 Rn 12 [nachträgliche Sperrung einer Telefonkarte]; 2006, 699 Rn 7 [Schenkungsvertrag und Aufteilung der Steuerlast]; 1986, 866, 867 [Unterhaltsvereinbarung]; WM 1969, 769, 770; 1967, 1277, 1279; LG Rottweil NJW-RR 2004, 487 [Abwälzbarkeit von Mehrwertsteuernachforderungen]; LG Bochum NJW-RR 1989, 915; BAG NJW 2007, 2348 Rn 22 [Scheitern eines geplanten Börsengangs]; LAG Berlin NZA-RR 1999, 262, 264; ERMAN/ARMBRÜSTER[15] Rn 15; PWW/BRINKMANN[15] Rn 40; NK-BGB/LOOSCHELDERS[3] Rn 7; BAMBERGER/ROTH/HAU/POSECK/WENDTLAND[4] Rn 32; KÖHLER, AT[41] § 9 Rn 21; HENSSLER 107 ff; HENSSLER/HEIDEN RdA 2004, 241, 246; SÄCKER, in: FS Westermann [2008] 617, 632; H FUCHS BauR 2009, 404, 412 [Mehrvergütungsanspruch im Bauvertragsrecht]; BAIER NZG 2004, 356, 357; einschränkend MünchKomm/BUSCHE[8] Rn 35 im Anschluss an MEDICUS, in: FS Flume [1979] 629, 645). Deshalb scheidet eine Vertragsanpassung nach § 313 BGB aus, wenn bereits der durch ergänzende Vertragsauslegung ermittelte Vertragsinhalt das Fehlen, den Wegfall oder die Veränderung bestimmter Umstände regelt (BGH NJW 2013, 3779 Rn 18). Zwar weisen beide Institute wegen des beide Male entscheidenden hypothetischen Parteiwillens vielfache **Ähnlichkeiten** und Berührungspunkte auf, sodass die Grenzen fließend sind (BGHZ 197, 284 Rn 26; BGH 26. 4. 2017 – IV ZR 126/16, NJW 2017, 2191 Rn 17 [Vertragsanpassung der Witwenrente auf eingetragenen Lebenspartner]). Gleichwohl bilden sie **kein einheitliches Rechtsinstitut** der Lückenfüllung mit dem Ergebnis der Entbehrlichkeit der Lehre vom Fehlen (Wegfall) der Geschäftsgrundlage (so aber NICKLISCH BB 1980, 949; AK-BGB/HART §§ 133, 157 Rn 71; dagegen LITTBARSKI JZ 1981, 8; LARENZ, in: 25 Jahre Karlsruher Forum [1983] 156; gegen ihn C MÜLLER JZ 1981, 337 f; sympathisierend MEDICUS/PETERSEN, AT[11] Rn 879). Das folgt schon daraus, dass die ergänzende Vertragsauslegung anders als § 313 BGB nicht erfordert, dass einer der Parteien das Festhalten am unveränderten Vertrag **„nicht zugemutet"** werden könne. In der früheren Rspr wird der Vorrang der ergänzenden Vertragsauslegung idS betont, dass sich die Frage nach dem rechtlichen „Sollen" iSd § 242 BGB erst stellt, wenn sich

aus dem durch Auslegung zu gewinnenden „Wollen“ der Parteien ausreichende Anhaltspunkte für eine Entscheidung nicht gewinnen lassen. Führt die ergänzende Vertragsauslegung nicht zu einer **sicheren Entscheidungsgrundlage**, so bleibt die Prüfung erforderlich, ob ein Wegfall der Geschäftsgrundlage eine Anpassung nach § 242 BGB (jetzt § 313 BGB) erforderlich macht (BGH NJW 1994, 2688, 2690 [Anpassung von Nutzungsverträgen zwischen ehemaligen DDR-Konsumgenossenschaften]; WM 1969, 1237, 1240). Gleichwohl bleibt dann die sich bisweilen anschließende Formulierung missverständlich, wonach die Rechtsgrundsätze vom Wegfall der Geschäftsgrundlage durch die Möglichkeit einer ergänzenden Vertragsauslegung nicht eingeschränkt oder ausgeschlossen werden. Auch nach der hier vertretenen Auffassung bleiben Fälle möglich, die sich eher den Grundsätzen über den Wegfall der Geschäftsgrundlage unterordnen lassen, weil sie zur ergänzenden Vertragsauslegung nicht passen. So hat die Rspr die Entscheidung auf die Lehre von der Geschäftsgrundlage gestützt, wenn es um eine **Teilung des Risikos** geht (BGH ZIP 1992, 1787, 1792; NJW 1984, 1746, 1747; näher Medicus, in: FS Flume [1978] 629 ff). Im Übrigen wird man aber formulieren können (im Anschluss an Larenz, AT[7] 545): Die ergänzende Vertragsauslegung behebt eine Regelungslücke, damit der erkennbare **Regelungsplan der Parteien** durchgeführt werden kann. Dagegen behebt die Lehre von der Geschäftsgrundlage die **Unangemessenheit des Vertrags**, wenn eine ergänzende Vertragsauslegung nicht möglich ist, weil der Regelungsplan der Parteien für die zu lösende Frage nichts ergibt (so auch OLG Hamm NJW-RR 1993, 181; ähnlich BGH NJW-RR 2005, 205, 206: Anpassung des Gewollten an die Wirklichkeit bei den Grundsätzen über das Fehlen oder den Wegfall der Geschäftsgrundlage; 2004, 554 [Stellplatzablösesumme]). So lag es etwa in einem durch den BGH richtig entschiedenen Fall (BGHZ 77, 194): Dort ging es um die Erhöhung eines im Jahre 1939 vereinbarten *Erbbauzinses,* wobei die Parteien im Vertrag keine Anpassungsklausel vereinbart hatten. Hier sollte dem Besteller das Risiko der Geldentwertung nach dem Regelungsplan der Parteien nicht abgenommen werden. Aus diesem Grunde war auch (anders als im Roggenfall von BGHZ 81, 135, 143) eine Vertragslücke zu verneinen. Da aber die Lebenshaltungskosten in dem Zeitraum von 1939 bis 1975 um über 222 % gestiegen waren, wurde die aufgetretene **schwere Äquivalenzstörung** nach den Grundsätzen der Geschäftsgrundlage durch eine angemessene Erhöhung des Erbbauzinses bewältigt. Die Rspr spricht freilich in diesem Zusammenhang missverständlich davon, dass die Vertragsergänzung einen erforderlichen Anhaltspunkt im Wortlaut des Vertrages haben muss (so BGH WM 1969, 769, 770). Dagegen kommt es nur auf die Erkennbarkeit des Regelungsplanes der Parteien an.

10 Die ergänzende Vertragsauslegung hat auch den **Vorrang**, weil die Anforderungen an die Lehre von der Geschäftsgrundlage, die lediglich eine grobe Unbilligkeit vermeiden will (§ 313 BGB), **strenger** sind (Larenz, AT[7] 545). Die Rspr wendet die ergänzende Vertragsauslegung nicht an, wenn sich ein Ereignis dem Vertragswillen entzieht, weil sich die Verhältnisses **„grundlegend geändert haben“** (BGHZ 197, 284 Rn 26 [Anpassung von Genussscheinbedingungen an Beherrschungsvertrag]). Ist eine schwere Äquivalenzstörung zu verneinen und liegen die Voraussetzungen einer ergänzenden Vertragsauslegung nicht vor, weil die Parteien im Vertrag überhaupt keine (auch keine unwirksame) Vorsorge getroffen haben, so scheidet eine Anpassung des Vertrages aus (BGHZ 86, 167 [Anstieg des Lebenshaltungskostenindexes um lediglich rund 133 %]). Insgesamt lässt sich also eine **Rangordnung** in der Reihenfolge von (1) eigentlicher Vertragsauslegung (o Rn 5), (2) ergänzender Vertragsauslegung und (3) Anpassung der vertraglichen Beziehungen durch den Richter im Wege der Lehre von der

Geschäftsgrundlage nach § 313 BGB feststellen (BGH NJW 1978, 695; WM 1971, 509, 510; 1967, 1277, 1279 [Lastenausgleichsgesetzgebung]; 1966, 877, 878; 1963, 288, 289; 1961, 1194, 1195 [Hypothekengewinnabgabe]; 1958, 965, 967; auch LM § 199 LAG Nr 2; Säcker, in: FS Westermann [2008] 617, 635). **Scheitert eine ergänzende Vertragsauslegung** oder führt sie wegen einer Vielzahl von gleichwertigen Auslegungsmöglichkeiten nicht zu einem eindeutigen oder brauchbaren Ergebnis, so greifen die **Grundsätze der Geschäftsgrundlage** insbes bei einer gemeinsamen irrigen Vorstellung der Parteien über den ungeregelten Punkt ein (zB BGH NJW 2010, 522 Rn 34 [Vergabeverfahren, dort sowohl ergänzende Vertragsauslegung als auch § 313 wegen einer Preisanpassung abgelehnt]; BGH NJW 1978, 695, 696; auch LM § 346 [Ed] HGB Nr 6; WM 1963, 288, 289; 1961, 1194, 1195 [Hypothekengewinnabgabe]; auch BGH NJW 1994, 2688, 2690). Dem propagierten Vorrang von **Neuverhandlungspflichten** der Parteien gegenüber der ergänzenden Vertragsauslegung (Nelle 206 ff [passim]) vermag ich mich nicht anzuschließen. Die auftretenden praktischen Probleme erscheinen kaum überwindbar (eher abschreckend auch die Darstellung bei Salzmann 165 ff). Im laufenden Prozess scheidet eine Neuverhandlungspflicht ohnehin aus. Die ergänzende Vertragsauslegung einer **Teilungserklärung** bzw **Gemeinschaftsordnung** hat auch den Vorrang von einer Anpassung nach § 10 Abs 2 S 3 WEG (BGH 22. 3. 2019 – V ZR 298/16, NJW 2019, 3716 Rn 8).

IV. Voraussetzungen der ergänzenden Vertragsauslegung

Die ergänzende Auslegung ist bei Rechtsgeschäften aller Art möglich (u Rn 12 ff). Sie **11**
setzt eine **Regelungslücke** voraus, die insbes bei Vorliegen dispositiven Rechts stets begründungsbedürftig ist (u Rn 15 ff). Sind die Voraussetzungen der ergänzenden Auslegung zu bejahen, so ist die Regelungslücke entsprechend dem hypothetischen Parteiwillen zu ergänzen (u Rn 30 ff).

1. Gegenstand

Gegenstand der ergänzenden Auslegung ist die **Willenserklärung**, bei der ergänzen- **12**
den Vertragsauslegung der **Vertrag** als Rechtsgeschäft iSe selbstständigen Rechtsquelle (BGHZ 9, 273, 277; Palandt/Ellenberger[79] Rn 2; Flume, AT II 309 f). **Ausgangspunkt** der ergänzenden Auslegung ist bei Rechtsgeschäften unter Lebenden die rechtsgeschäftliche Regelung, wie sie sich aufgrund der eigentlichen Auslegung (o Rn 3) ergibt (Flume, AT II 327). In der Praxis bildet der **Schuldvertrag** den Schwerpunkt der ergänzenden Vertragsauslegung. Häufiger ergibt sich die Notwendigkeit einer derartigen Auslegung auch im Falle des fehlerhaften Zustandekommens des Vertrages im Umfeld des offenen oder versteckten **Dissenses** wegen Nebenpunkten nach §§ 154, 155 BGB (etwa BGH WM 1977, 1349, 1350; PWW/Brinkmann[15] Rn 17). Voraussetzung der ergänzenden Vertragsauslegung ist aber stets ein **wirksamer Vertrag**. Liegt ein offener Einigungsmangel nach § 154 Abs 1 BGB vor, weil es an einer Einigung über einen wesentlichen Vertragsbestandteil wie den Kaufpreis fehlt, so ist der **Vertrag nichtig** und für eine ergänzende Vertragsauslegung kein Raum (BGH NJW-RR 2006, 1139 Rn 21; PWW/Brinkmann[15] Rn 29; Erman/Armbrüster[15] Rn 15). Haben sich dagegen die Parteien trotz eines offenen Nebenpunktes erkennbar vertraglich binden wollen, so scheidet § 154 Abs 1 BGB aus und eine ergänzende Vertragsauslegung kann die Lücke schließen (BGH NJW 2009, 2443 Rn 44 [Vertragsdauer bei verzögertem öffentlichem Vergabeverfahren; u Rn 17]; NJW 1975, 1116, 1117; OLG Stuttgart RdE 2005, 307; Bamberger/Roth/Hau/Poseck/Wendtland[4] Rn 30). Die Bestimmung des § 157 BGB war wegen der Orientierung am

Schuldvertrag im *ersten Entwurf* denn auch im Schuldrecht enthalten (I § 359 BGB). Erst durch die zweite Kommission wurde sie in den Allgemeinen Teil eingestellt (Mugdan II 521 ff). Gleichwohl ist die ergänzende Auslegung bei **Rechtsgeschäften aller Art möglich**. So liegt es auch bei **einseitigen Willenserklärungen** wie zB der Auslobung, des Einredeverzichts (**aA** noch BGH VersR 1962, 809, 810) oder einer Teilungserklärung nach § 8 WEG (BGHZ 160, 354, 363; BGH 13. 12. 2019 – V ZR 203/18, BeckRS 2019, 32362 [Betreiben eines Eltern-Kind-Zentrums]), nicht dagegen bei einzelnen Willenserklärungen, die noch keine Rechtswirkungen erzeugen (BGH NJW 2009, 2443 = BGH JZ 2009, 1010 Rn 19 [Angebot eines Bieters] mit Anm Bitterich). Die ergänzende Auslegung einer **Teilungserklärung** bewirkt nicht unmittelbar die Änderung der Gemeinschaftsordnung, sondern gibt den benachteiligten Wohnungseigentümern einen Anspruch auf Anpassung (BGHZ 160, 354, 366 mit Anm Demharter EWiR § 16 WEG 1/05, 89; aber oben Rn 10). Zugänglich sind ihr auch Verträge, die einer **öffentlich-rechtlichen Genehmigung** bedürfen (BGH WM 1982, 1331), Ehe- und Erbverträge (BGH NJW 1957, 423) und **Testamente** (BGHZ 22, 357, 360; OLG Schleswig FamRZ 2014, 248, 249 [gemeinschaftliches Testament]; OLG Köln FamRZ 2010, 502). Häufiger handelt es sich um Änderungen im Kreis der bedachten Personen, die der Erblasser nicht vorausgesehen hatte (OLG Köln FamRZ 2010, 502, 503; BayObLG FamRZ 1988, 986). Doch sind bei der **Verfügung von Todes wegen** Besonderheiten zu beachten. So gilt für die ergänzende Auslegung von Testamenten die **Andeutungstheorie** trotz der Formbedürftigkeit des Testaments nicht (PWW/Brinkmann[15] Rn 16; **aA** mit ausführlicher Darstellung des Streitstandes Staudinger/Otte [2019] Vorbem 83 zu §§ 2064 ff; OLG Düsseldorf FamRZ 2012, 823, 824 [geistige Behinderung des gemeinsamen Sohnes]; OLG Köln FamRZ 2010, 502, 503). Die Gegenauffassung senkt aber gleichwohl die Voraussetzungen erheblich ab, weil es für den hypothetischen Willen an sich keine Andeutung im Testament geben kann. Es soll daher ausreichen, wenn sich für die Willensrichtung des Erblassers ein noch so geringer Anhaltspunkt oder ein noch so unvollkommener Ausdruck aus dem Testament selbst ergibt (OLG Köln FamRZ 2010, 502, 503 mit Nachw; AG Brandenburg FamRZ 2014, 1487, 1490). Kein Hindernis für die ergänzende Vertragsauslegung stellt es dar, wenn etwa eine Änderung des betreffenden Vertrages einer notariellen Beurkundung bedarf, wie zB bei einem Erbbaurechtsvertrag. Sie bezieht sich darauf, was als von Anfang an vereinbarter Vertragsinhalt anzusehen ist (BGH NJW-RR 1989, 1490, 1491). Die Rspr nimmt hilfsweise Heilung durch Eintragung an (BGHZ 81, 135, 143 f). Ganz allgemein kann daher eine Lücke auch bei **formbedürftigen Verträgen** gefüllt werden (OLG Karlsruhe JZ 1982, 860 m Anm Schlosshauer-Selbach). Doch werden etwa bei der **Bürgschaft** aus Gründen des Verkehrsschutzes Anforderungen an den in der Bürgschaftsurkunde niedergelegten Vertragsinhalt gestellt (BGH NJW 2003, 2231, 2234 mit Anm vGerkan EwiR § 765 BGB 10/03, 627: Berechtigung eines Dritten muss sich aus der Bürgschaftsurkunde selbst in Verbindung mit den unstreitigen Tatsachen ergeben). Im Einzelnen gilt: Bei formbedürftigen Geschäften werden in einer ersten Auslegungsstufe auch Umstände außerhalb der Urkunde berücksichtigt (BGH NJW 2002, 2310, 2311; BGHZ 74, 346, 349; 63, 359, 362). Das gilt vor allem für den Inhalt vorvertraglicher Verhandlungen (BGH NJW 2002, 1260, 1261). Doch werden Umstände außerhalb der Urkunde von der Rspr auf einer zweiten Prüfungsstufe nur einbezogen, wenn der rechtsgeschäftliche Wille der Partei in der formgerechten Urkunde einen wenn auch nur **unvollkommenen Ausdruck** gefunden hat („Andeutungstheorie“) (BGHZ 63, 359, 362; BGH NJW 2011, 218 Rn 15). Diese Einschränkung ist im vorliegenden Zusammenhang wenig überzeugend, da die ergänzende Auslegung dem Grundsatz nach ohnehin nicht zu einer Erweiterung des Vertragsgegenstandes führen darf (MünchKomm/Busche[8] Rn 30, 55; NK-BGB/Looschelders[3] Rn 29; Soergel/

M Wolf[13] Rn 119; M Wolf/Gangel JuS 1983, 663; u Rn 39; zur umstrittenen „Andeutungstheorie" näher Staudinger/Singer [2017] § 133 Rn 31; zu den Formproblemen im Rahmen der ergänzenden *Testamentsauslegung* [u Rn 31] ausführlich Staudinger/Otte [2019] Vorbem 28 ff, 81 ff, 87 ff zu §§ 2064 ff; MünchKomm/Leipold[8] § 2084 Rn 84 ff).

Tarifverträge werden durch die Rspr der Arbeitsgerichte dem Grundsatz nach wie **Gesetze** ausgelegt (BAG AP § 1 TVG Nr 9; ferner AP § 1 TVG Auslegung Nr 123; zur Altersdiskriminierung Henssler/Tillmanns, in: FS Birk [2008] 179, 190). Damit ergeben sich gegenüber der ergänzenden Auslegung von Willenserklärungen wenigstens im Ausgangspunkt **erhebliche Unterschiede** (dazu etwa Medicus/Petersen, AT[11] Rn 307 ff; Henssler/Tillmanns, in: FS Birk [2008] 179, 190 f [zur Altersdiskriminierung in Tarifverträgen]). Das BAG fordert für die ergänzende Auslegung von Tarifverträgen das Vorliegen einer „unbewussten Regelungslücke". Liegt sie vor, so ist ergänzende Auslegung zulässig, wenn für eine Ersatzregelung ausreichende Anhaltspunkte für den Regelungswillen der Tarifvertragsparteien bestehen (BAG NJW 1983, 1343, 1344 [dort verneint]; NZA 1988, 553; BGHZ 174, 127 Rn 144; Siegers DB 1967, 1630, 1636). Für lückenhafte oder lückenhaft gewordene tarifliche Regelungen wird eine ergänzende Auslegung nur zugelassen, wenn aus dem Gesamtzusammenhang des Tarifvertrags „eindeutig" hervorgeht, dass die Tarifpartner eine tarifliche Regelung in einem bestimmten Sinn vorgenommen hätten. Lässt sich dies nicht feststellen, so liegt eine tarifliche Regelung nicht vor (BAG DB 1967, 820 [bargeldlose Lohnzahlung]; ferner BAG DB 1977, 503 [Spannenklausel]; DB 1969, 754, 755 [„Eindeutigkeit"]; DB 1991, 1881; neutralere Formulierung bei LAG Baden-Württemberg DB 1964, 553; zur ergänzenden Vertragsauslegung von Tarifverträgen insbes Schaub NZA 1994, 597, 600 ff; Liedmeier, Die Auslegung und Fortbildung arbeitsrechtlicher Kollektivverträge [1991] 121; Siegers DB 1967, 1630, 1636; G Müller DB 1960, 119 ff; 148 ff; Herschel, in: FS Molitor [1961] 161, 191). Bei bewussten Regelungslücken ist eine ergänzende richterliche Vertragsauslegung grundsätzlich ausgeschlossen (BGHZ 174, 127 Rn 144; BAG NZA 1999, 999, 1000). Im Übrigen wird auch für den Tarifvertrag anerkannt, dass es sich bei der Lückenschließung um Tarifvertragsauslegung handelt und nicht um die Schaffung neuen Tarifrechts (BAG DB 1965, 977). Der ergänzenden Vertragsauslegung zugänglich sind auch **Betriebsvereinbarungen** (BAG NJW 1976, 78 [LS]; Bedenken bei BAG NZA 2003, 984, 986). Doch wird auch dort betont, dass sie „wie Gesetze" auszulegen sind (näher Salomon RdA 2009, 175 ff). Freilich unterscheidet sich die Gesetzesauslegung auch in diesem Zusammenhang in mehreren Punkten grundlegend von der Auslegung von Rechtsgeschäften (Medicus/Petersen, AT[11] Rn 307 ff). Die angeschnittenen Fragen können an dieser Stelle nicht weiter verfolgt werden. Grundsätzlich werden auch **Gemeinschaftsordnungen der Wohnungseigentümer** nach dem WEG ergänzend ausgelegt (BayObLG DNotZ 1980, 48 [im entschiedenen Fall abgelehnt]). Das Gleiche gilt auch für die ergänzende Auslegung von **Eigentümerbeschlüssen** (BayObLG WuM 1993, 482, 483). Wird bei einem Eigentümerbeschluss nicht bedacht, dass eine Änderung der Gemeinschaftsordnung erforderlich ist, setzt die ergänzende Auslegung neben der Regelungslücke voraus, dass die Wohnungseigentümer die Gemeinschaftsordnung geändert hätten, wenn ihnen das Erfordernis bekannt gewesen wäre (BGH 17. 4. 2015 – V ZR 12/14, NJW-RR 2015, 847 Rn 28). Auch die **Satzung** eines eingetragenen Vereins ist grundsätzlich einer ergänzenden Auslegung zugänglich, wenn sie Lücken aufweist, die nicht durch dispositives Recht geschlossen werden können (BGH 13. 4. 2016 – XII ZR 146/14, NJW 2016, 2489 Rn 35).

Ein **stillschweigender Haftungsausschluss** wird von der Rspr im Wege der ergänzenden **13**
Vertragsauslegung sogar dann angenommen, wenn ein endgültiger Vertragsschluss

gescheitert ist. Vertragsverhandlungen oder bloßer sozialer Kontakt genügen daher in Fällen einer aufgedrängten Probefahrt mit einem Gebrauchtwagen (BGH NJW 1979, 643; 1980, 1681, 1682 li Sp). Doch setzt die ergänzende Vertragsauslegung nach richtiger Auffassung einen **gültigen Vertrag** voraus (Soergel/M Wolf[13] Rn 116). Ein Haftungsausschluss sollte daher nicht auf ergänzende Vertragsauslegung gestützt, sondern mit Hilfe der Auslegung und Fortbildung von gesetzlichen Instituten begründet werden (Soergel/M Wolf[13] Rn 116). Besonderheiten sind für die ergänzende Auslegung von **allgemeinen Geschäftsbedingungen** zu beachten (BGHZ 90, 69 ff [„Tagespreisklausel"]; u Rn 46 ff). Eine Haftungsbeschränkung auf Vorsatz und grobe Fahrlässigkeit wird vor allem bei kostenlos durchgeführten **Gefälligkeitsfahrten** und nicht versichertem Schädiger angenommen, da ein konkludenter Haftungsausschluss hier oftmals daran scheitern wird, dass der Verletzte sich der Möglichkeit der Gefährdung durch den Umstand, der für den Unfall ursächlich geworden ist, nicht bewusst gewesen ist (zu den Voraussetzungen BGH NJW 2009, 1482 Rn 16 mit Nachw; OLG Hamm NJW-RR 2007, 1517, 1518; iE auch OLG Frankfurt NJW 2006, 1004; AG Nürnberg NJW-RR 2005, 1612 [Abbau eines Stockbetts gefälligkeitshalber]).

14 Im **öffentlichen Recht** hat die ergänzende Vertragsauslegung ebenfalls ihren Platz. Für die Auslegung öffentlich-rechtlicher Verträge folgt das aus § 62 S 2 VwVfG (zum früheren Recht etwa OVG Münster ZMR 1970, 89). Vergleichbares gilt für behördliche Verfügungen (BFH BB 1982, 41; Soergel/M Wolf[13] Rn 117). **Handelsübliche Klauseln** können durch ergänzende Auslegung nicht abgeändert werden, da der Rechtsverkehr sich auf die gewöhnliche Bedeutung verlassen darf (BGHZ 14, 61, 62). Ausnahmen werden nur bei „ganz besonders schwerwiegenden Umständen" für möglich gehalten. So enthält etwa die Klausel „netto Kasse gegen Rechnung und Verladepapiere" einen **Aufrechnungsverzicht**, der durch ergänzende Vertragsauslegung nicht beseitigt werden kann.

2. Regelungslücke

15 Voraussetzung der ergänzenden Vertragsauslegung ist eine **Regelungslücke in einem regelungsbedürftigen Punkt** der vertraglichen Regelung (RGZ 87, 211, 213; BGHZ 9, 273, 277 f; 40, 91, 103; 163, 42, 47 [Krankenhausbehandlung]; 170, 311 Rn 26 [Factoringvertrag]; BGH 17. 5. 2018 – VII ZR 157/17, NJW 2018, 2469 Rn 23; BGH NJW 2015, 955 Rn 27 [Vorfinanzierungsvereinbarung]; MDR 2014, 1129; NJW 2014, 3439 Rn 8 [Erbbaurechtsvertrag]; 2014, 1521 Rn 17; 2010, 519 Rn 19 [abgelehnt im öffentlichen Vergabeverfahren, wenn sich die Kalkulationsgrundlagen eines Bieters durch Verschiebung des Zuschlags ändern; anders, wenn es durch die Verzögerung aus tatsächlichen Gründen nicht bei den vereinbarten Ausführungsfristen bleiben kann: BGH NJW 2009, 2443; 2010, 522 Rn 24 ff; dazu Leinemann NJW 2010, 471]; NJW-RR 2008, 562 Rn 14 mit Anm Belz MMR 2008, 458 [nachträgliche Sperrung einer Telefonkarte]; NZM 2008, 462 Rn 11 [fehlendes Rotwild im Hochwildrevier]; NJW 2007, 509 Rn 10 [Erbbauzinsanpassung]; 2002, 669, 670; NJW-RR 1995, 1360; BB 1994, 2234, 2235 [Verzinsung einer Mietkaution bei gewerblichen Räumen]; NJW 1994, 2757, 2758 [Baulastbestellung]; NJW-RR 1987, 1459, 1460; WM 1981, 1222, 1223 [Konzessionsvertrag]; 1966, 39, 41; 1963, 288, 289; 1962, 150, 152; 1961, 1194, 1195; 1961, 863, 864; LM § 157 [B] Nr 7; OLG Oldenburg NJW-RR 2008, 399 [Wohnungsrecht; zweifelnd wegen § 1092 Abs 1 S 1]; OLG Hamm NZV 1994, 435 [Abfindungsvergleich]; LAG Sachsen-Anhalt NZA 1995, 791 [keine Formvorschriften für Kündigung]; ArbG Oldenburg MedR 2008, 622 [Überleitung des Chefarztgehalts auf den TV-Ärzte/VKA]; Stölting 38 ff; Säcker, in: FS Westermann [2008] 617, 625). Die „Vermutung der Richtigkeit und Vollständigkeit **notarieller Urkunden**" betrifft nur die

vollständige und richtige Wiedergabe der getroffenen Vereinbarungen, enthebt aber nicht von der Ermittlung des Vertragswillens der Parteien. Ansonsten wäre eine ergänzende Vertragsauslegung nie möglich, weil die Vollständigkeitsvermutung stets die Annahme einer Vertragslücke verhinderte (BGH FamRZ 2002, 1178). Die gemeinte **„planwidrige" Lücke** (BGH 28. 10. 2015 – VIII ZR 158/11, BGHZ 207, 209 Rn 67 [Kostensteigerung des Energieversorgers] = NJW 2016, 1718; BGH NJW-RR 2017, 432; BGH NJW 2002, 2310; zur bewussten Lücke u Rn 17) setzt voraus, dass die **beidseitige Planvorstellung der Parteien** fehlgeschlagen ist. Dagegen unterfällt das **Fehlschlagen einseitiger Planvorstellungen** den Regeln der Irrtumsanfechtung (BGH NJW 2001, 2464, 2465; NJW-RR 2000, 1652 [Irrtum über die Umsatzsteuer]). Das führt häufiger zu einem **unbeachtlichen einseitigen Kalkulationsirrtum** (BGH NJW-RR 2009, 593 Rn 27 unter Hinweis auf BGH NJW-RR 2004, 1452, 1453). So fehlte es etwa im Falle der *Auflösung des Schiedsgerichts* bei der Kammer für Außenhandel der DDR wegen der in § 1033 ZPO aF angeordneten klaren Rechtsfolge an der erforderlichen regelungsbedürftigen Lücke (BGH JZ 1994, 968, 971; dazu W J Habscheid/E Habscheid JZ 1994, 945, 952; zu den Grenzen auch BGH BB 1994, 2372, 2373 [Gesellschaftsvertrag]; NJW 1994, 3156 [Veränderung einer Fernwasserleitung]). Doch stellt nach allgemeiner Meinung **nicht jeder offengebliebene Punkt** eines Vertrages eine Lücke in dem geforderten Sinne dar, auch wenn sich der betreffende Umstand als erheblich erweist. Zumeist kann angenommen werden, dass die Parteien die Ausgestaltung ihrer vertraglichen Beziehungen dem **dispositiven Recht** überlassen wollten (BGH NJW 2010, 1135 Rn 9 [Mietschuldenfreiheitsbescheinigung]; OLG Celle NJW-RR 2011, 1114, 1116). Eine Lücke ist dann zu bejahen, wenn die von den Parteien vereinbarte Regelung eine Bestimmung vermissen lässt, die erforderlich ist, um den ihr zugrunde liegenden **Regelungsplan der Parteien zu verwirklichen** und ohne die Vervollständigung des Vertrages eine interessengerechte Lösung nicht möglich ist (BGH 20. 2. 2019 – VIII ZR 7/18, NJW 2019, 2298 Rn 47 [Nichtbedenken der umsatzsteuerlichen Rechtslage]; 17. 5. 2018 – VII ZR 157/17, NJW 2018, 2469 Rn 23 [Nachzahlung von Umsatzsteuer]; BGH 20. 4. 2017 – VII ZR 194/13, NJW 2017, 2025 Rn 25 [dort wegen einer Regelung der Parteien eine planwidrige Regelungslücke verneint: außergewöhnliche Witterungseinflüsse]; NJW 2015, 1167 Rn 24 [Gasversorgungsvertrag]; 2015, 955 Rn 27 [Vorfinanzierungsvereinbarung]; 2014, 1521 Rn 17 [Umbaupläne des Vermieters und Endrenovierungsklausel]; 2013, 678 Rn 15 [Leistungsverweigerungsrecht im Rahmen eines dreiseitigen Vertrages]; 2005, 1421, 1422 [Steigerung des Haftungsrisikos durch unvorhergesehene Gesetzesänderung]; NJW 2004, 1873 mit Anm Honsell EWiR 2004 § 157 BGB 1/04, 1163 [Weiterverkauf eines Grundstücks unter Gewährleistungsausschluss: grundsätzlich keine Verpflichtung zur Abtretung von Gewährleistungsansprüchen gegen den Erstverkäufer; dazu krit Klimke/Lehmann-Richter NJW 2004, 3672]; NJW-RR 2004, 554 [Stellplatzablösesumme]; OLG Nürnberg NJW-RR 2014, 418, 421 [„Russian-Roulette-Klausel" in einem Gesellschaftsvertrag]; OLG Schleswig FamRZ 2014, 248, 249 [erweiterte Wechselbezüglichkeit in einem gemeinschaftlichen Testament]; Säcker, in: FS Westermann [2008] 617, 625). Vergleichbar ist die Formulierung, wonach eine Lücke vorliegt, wenn eine regelungsbedürftige Situation von dem objektiven Regelungsinhalt des Rechtsgeschäfts nicht mehr erfasst wird (MünchKomm/Busche[8] Rn 39; ferner Henckel AcP 159 [1960/1961] 106, 115; Rummel, Vertragsauslegung nach der Verkehrssitte [1972] 70). Die Lückenfeststellung folgt erst nach unergiebiger Durchführung der **eigentlichen Auslegung** (BGH NJW 2003, 832; zu ihr o Rn 5). Die **Rspr** verwendet dem Sinne nach ähnliche Aussagen (etwa BGHZ 40, 91, 103; 77, 301, 304; BGH LM § 157 [D] Nr 1). Danach muss das Vereinbarte innerhalb seines tatsächlich gegebenen Rahmens oder innerhalb der wirklich gewollten Vereinbarungen der Parteien einen offengebliebenen Punkt enthalten, den die Parteien abschließend zu regeln unterlassen haben (BGH WM 1969, 769, 770; DB 1963, 1461; VersR 1962, 809, 810). Mit Recht wird in einigen Entscheidungen angedeutet, dass bereits das Erfordernis der Feststellung einer Lücke **richterliche Eingriffe** in den Vertrag nach Möglichkeit verhindern will. Danach setzt die Lücke voraus, dass der Vertrag einen offengebliebenen regelungsbedürftigen Punkt enthält, dessen Ergänzung „zwingend und selbstverständlich" geboten ist, um einen offenbaren Widerspruch zwischen der tatsächlich entstandenen Lage und dem vertraglich Vereinbarten zu beseitigen (BGH WM 1969, 1238 im Anschluss an BGHZ 9, 273, 277; 12, 337, 343). Entscheidend ist stets die **Vervollständigungsbedürftigkeit** idS, dass ohne die gebotene Vervollständigung eine angemessene, interessengerechte Lösung nicht zu erzielen ist (BGH NJW 2015, 1167 Rn 24 [Gasversorgungsvertrag]; 1993, 2935, 2936; NJW-RR 1993, 1378; BGHZ 90, 69, 74 [Tagespreisklausel]; OLG Celle NJW-RR 2011, 1114, 1116 [Dauer eines Bezugsrechts bei Berufsunfähigkeit]; LAG Sachsen-Anhalt NZA 1995, 791; Ehricke RabelsZ 60 [1996], 661, 673; Cziupka JuS 2009, 103, 104). Da auch **bewusste Lücken** möglich sind (u Rn 17), empfiehlt es sich nicht, die erforderliche Regelungslücke *stets* iSe **„planwidrigen Unvollständigkeit"** in den Bestimmungen des Rechtsgeschäfts zu definieren (so aber etwa BGH NJW 2009, 1348 Rn 13; BB 1994, 2234, 2235; WM 1993, 1668; NJW-RR 1990, 817, 818; Cziupka JuS 2009, 103, 104). Bei einseitigen Rechtsgeschäften wie einer **Teilungserklärung** nach § 8 WEG liegt eine planwidrige Unvollständigkeit vor, wenn das vom Erklärenden mit der Regelung angestrebte Ziel wegen der Lückenhaftigkeit verfehlt wurde (BGHZ 160, 354, 363). Bei **vertraglichen Nebenpflichten** wird meist nicht von einer „Vertragslücke" gesprochen, sondern auf § 242 BGB zurückgegriffen (Kötz, in: FS Zeuner [1994] 219, 238). Mit Recht wurde für einen **Abfindungsvergleich** eine Lücke verneint, wenn sich Verhältnisse geändert haben, die in das Risiko der benachteiligten Partei fallen (BGH NJW-RR 2008, 649 Rn 24 [Blindengeld]). Wegen § 10 Abs 2 S 3 WEG besteht innerhalb der **Gemeinschaftsordnung einer WEG** keine Regelungslücke zur Anpassung des **Kostenverteilungsschlüssels** an veränderte Umstände (BGHZ 186, 34 Rn 26 ff = NJW 2010, 3296).

Die Lehre von der Vertragslücke ist nicht etwa ein **Scheinproblem** (anders Lüderitz 410; Sonnenberger 165; gegen sie MünchKomm/Busche[8] Rn 38). Die **Kritik** an dem gewiss unscharfen Begriff verkennt die bereits genannte begrenzende Funktion der Regelungslücke (zutr Soergel/M Wolf[13] Rn 124). Sie verhindert einen richterlichen Eingriff in den Vertrag aus bloßen Billigkeitsgründen. Zudem macht sie die Grenzen der einfachen Auslegung (o Rn 3) deutlich, wenngleich es sich auch dabei um eine normative Auslegung handelt. Bereits die Feststellung einer Regelungslücke hängt damit mit der Respektierung der Privatautonomie zusammen.

a) Anfängliche und nachträgliche Lücken

16 Die erforderliche Regelungslücke kann **von Anfang an** bestanden haben (zB BGH NJW-RR 2009, 637 Rn 26 ff [Schlichtungsklausel mit fehlender Schlichtungsstelle]), aber auch erst **später entstanden** sein, weil die Wirklichkeit sich anders entwickelt hat als von den Parteien vorhergesehen (RGZ 164, 196, 202; BGH 28. 10. 2015 – VIII ZR 158/11, BGHZ 207, 209 Rn 67 [Kostensteigerungen des Energieversorgers] = NJW 2016, 1718; BGH 20. 2. 2019 – VIII ZR 7/18, NJW 2019, 2298 Rn 57 [Fehlbeurteilung der Umsatzsteuerlage]; BGH MDR 2014, 1129; NJW-RR 2013, 494 Rn 9; 2008, 1491 Rn 31 [Verdrängung der Briefpost durch Telefax und E-Mail bei Post-Wettannahmestellen]; 2008, 562 Rn 14 [nachträgliche Sperrung einer Telefonkarte]; 2004, 554 [Stellplatzablösesumme]; 1995, 1360; 1989, 1490, 1491; NJW 1988, 2099, 2100 [Erschließungskosten bei Grundstückskaufvertrag]; NJW-RR 1987, 458 [Erschließungskosten]; WM 1982, 545, 547 [Duldung einer Stromleitung]; NJW 1981, 219, 220; BayObLG DNotZ 1990, 734, 735; OLG Schleswig NJW-RR 2008, 1705 [keine Geldrente für Wohnungsberechtigten nach Einzug in ein Pflege-

heim]; LAG Niedersachsen ZTR 2007, 690 [Bezugnahme auf BAT]; Ehricke RabelsZ 60 [1996] 661, 676 f). So war etwa in einem 1940 geschlossenen *Erbbau-Heimstättenvertrag* noch kein Bedürfnis für die Erstellung einer Abwasseranlage hervorgetreten. Dieses Bedürfnis trat erst später durch die veränderte Lebensweise der Siedler hervor. Aus dem dadurch herrührenden Anschluss an die öffentliche Kanalisation ergab sich die nachträglich entstandene Regelungslücke, wer die Herstellungskosten einer gemeinschaftlichen Abwasseranlage zu tragen hatte (BGH NJW-RR 1989, 1490, 1491). Für die Lückenschließung sind in erster Linie die Verhältnisse zur **Zeit des Vertragsabschlusses** zu berücksichtigen (MünchKomm/Busche[8] Rn 23; **aA** BGHZ 23, 282, 285; Soergel/M Wolf[13] Rn 132; u Rn 34). Vor allem sind auch **Verkehrssitten** nach ihrem damaligen Stand zu beachten. Das gilt grundsätzlich auch für die Änderung des **Wertmaßstabes** (Erman/Armbrüster[15] Rn 31; aber unten Rn 21). Für die Annahme einer nachträglichen Regelungslücke reicht es aus, wenn die Teilungserklärung nach § 8 WEG noch vor der Einfügung des § 22 Abs 1a BImSchG mit der zu beachtenden Ausstrahlungswirkung errichtet worden ist (BGH 13. 12. 2019 – V ZR 203/18, BeckRS 2019, 32362 Rn 17).

b) Versehentliches oder bewusstes Offenlassen

Eine ergänzende Vertragsauslegung ist nicht auf eine unbewusste Lücke einer vertraglichen Regelung beschränkt (BGH NJW 2013, 978 Rn 15; zu eng BAG EzA 2008, § 611 BGB, 22 mit Anm Genenger [entgangene Bonuszahlung]). Nach den Formulierungen der Rspr ist es unerheblich, aus **welchen Gründen** die Parteien einen regelungsbedürftigen Punkt offen gelassen haben (BGH MDR 2014, 1129; NJW-RR 1995, 1360; WM 1976, 251, 252; Bedenken bei Ehricke RabelsZ 60 [1996] 661, 674 ff). Das ist aber wenigstens missverständlich (mit Recht MünchKomm/Busche[8] Rn 42). Allerdings können sie **bewusst** auf eine ins einzelne gehende Regelung verzichtet (BGH NJW-RR 2008, 562 Rn 14; WM 1979, 889, 891; 1967, 1147, 1148) oder aber die Regelung eines bestimmten regelungsbedürftigen Punktes **versehentlich unterlassen** haben (BGH NJW-RR 2006, 699 Rn 8 [Schenkung und Steuernachzahlung]; 1989, 1490, 1491). Insbes ist daher eine ergänzende Vertragsauslegung möglich, wenn den Parteien in einem **Rahmenvertrag** eine Lücke bewusst war, sie aber eine Regelung in der Erwartung unterlassen haben, dass bei Festlegung der Vertragseinzelheiten auch insoweit eine Regelung herbeigeführt werden könne (BGH NJW 1975, 1116, 1117; WM 1967, 1147; anders BGH NJW 1965, 1960 [nur versehentliches Unterlassen]). Auch sonst scheidet eine ergänzende Vertragsauslegung nicht deshalb aus, wenn die Parteien von einer Regelung abgesehen haben, weil sie übereinstimmend davon ausgegangen sind, dass darüber noch eine **Einigung zu erzielen** ist. Haben die Parteien in einem verzögerten öffentlichen **Vergabeverfahren** bei wirksamem Vertragsschluss aufgrund bestehenden Bindungswillens wegen obsoleter Fristen über neue, dem eingetretenen Zeitablauf Rechnung tragende Fristen noch eine Einigung herbeiführen wollen, so greift § 154 Abs 1 BGB nicht ein, wenn sich die bestehende Vertragslücke durch ergänzende Vertragsauslegung ausfüllen lässt (BGH NJW 2009, 2443 Rn 44 mit Anm Dobmann VergabeR 2009, 602 ff; im Anschluss daran BGH NJW 2010, 522 Rn 24; oben Rn 12; auch OLG Karlsruhe BKR 2009, 121, 123 [Pflicht zur Zahlung einer Vorfälligkeitsentschädigung bei Beginn der Durchführung eines Aufhebungsvertrages]). Ebenso liegt es, wenn eine ausdrückliche Regelung nicht getroffen wurde, weil die Parteien eine Einigung als selbstverständlich angesehen haben (BGH WM 1979, 889, 891; 1969, 1323, 1324). Deshalb wird jetzt mit Recht formuliert, dass eine Regelungslücke vorliegt, wenn ein **Punkt bewusst offen gelassen** worden ist, weil die Parteien ihn im Zeitpunkt des Vertragsschlusses für nicht regelungsbedürftig gehalten haben, diese Annahme sich aber nachträglich als unzutreffend herausstellt (BGH NJW 2015,

17

955 Rn 27 [Vorfinanzierungsvertrag]; NJW-RR 2005, 1619 Rn 1621; NJW 2002, 2310; MDR 2002, 573, 574; OLG Stuttgart RdE 2005, 307, 309 [Übergang der Tarifkundenverhältnisse auf den neuen Versorger bei Verkauf der örtlichen Stromnetze]). Ebenso liegt es, wenn die Parteien einen Punkt bewusst offen gelassen haben und gleichwohl den Vertragsschluss gelten lassen wollen (OLG Stuttgart RdE 2005, 307, 308 f [Verkauf des örtlichen Stromnetzes unter Offenlassen des Übergangs der Tarifkundenverhältnisse auf den neuen Versorger]). Auf der anderen Seite wurde eine ergänzende Vertragsauslegung abgelehnt, wenn der betreffende **Vorvertrag** nicht mehr als einen bloßen Rahmen für später zu treffende und ihn ausfüllende Einzelbestimmungen enthielt. Bei derart lockeren Bindungen sei es nicht richterliche Aufgabe, den wesentlichen Vertragsinhalt selbst zu schaffen (BGH WM 1967, 1250, 1251). Bei einem **bewussten Offenlassen** ist stets daran zu denken, ob nicht die Parteien sich damit für eine bestimmte Lösung entschieden haben und die getroffene **Regelung daher abschließend** sein sollte, sodass eine ergänzende Vertragsauslegung ausgeschlossen ist (BGHZ 23, 53, 55; BGH 13. 12. 2019 – V ZR 203/18, BeckRS 2019, 32362 Rn 14 [Betreiben eines Eltern-Kind-Zentrums trotz anderslautender Teilungserklärung nach § 8 WEG]; BGH NJW-RR 2010, 1311 Rn 14; NJW 2009, 1348 Rn 12; 1990, 1723, 1724; so möglicherweise auch das Verständnis von BGH NJW 1965, 1960). Dann fehlt es an einer planwidrigen Regelungslücke. Nicht alles, worüber in einem Vertrag nicht gesprochen ist, stellt daher eine Vertragslücke dar. Haben die Parteien im öffentlichen Vergaberecht einen Vertrag mit den für die tatsächliche Bauzeit maßgeblichen Terminen und Fristen geschlossen und auch die Vergütung geregelt, ohne dass sie sich über mögliche verzögerungsbedingte Mehrvergütungsansprüche einigen konnten, kann die **rechtsgeschäftliche Entscheidung** wegen fehlender Lücke nicht im Wege der ergänzenden Vertragsauslegung korrigiert werden (BGH NJW 2010, 527 Rn 33 im Anschluss an BGH NJW 2009, 2443). Es ist nicht Aufgabe dieses Instituts, dasjenige durchzusetzen, was einer Partei beim Vertragsschluss **nicht gelungen ist** (u Rn 20). Im Bereich des **Tarifvertragsrechts** hat sich das BAG gegen eine Ausfüllung bewusster Lücken ausgesprochen (o Rn 12). Doch hängen die Entscheidungen wohl mehr mit den Eigenarten der tariflichen Regelung zusammen. Soll die getroffene Regelung nach dem Willen der Parteien danach **bewusst abschließend** sein, liegt keine Regelungslücke vor (BGH MDR 2002, 573, 574; NJW 1990, 1723, 1724; 1985, 1835, 1836 [Scheidungsfolgenvereinbarung]; NJW 1981, 2180, 2181 [Disagio bei vorzeitiger Beendigung des Darlehensvertrages]; auch BGH VersR 1967, 804, 805; NJW 1965, 1960 [bestätigt durch BGH MDR 2002, 573, 574]; WM 1961, 1192, 1194; Ufita 40 [1963] 150, 152; LAG Hamm DB 1966, 788 [LS]). So kann es etwa bei Abfindungsregelungen in einem **Vergleich** liegen, wenn damit alle bekannten oder unbekannten, vorhersehbaren oder unvorhersehbaren Ansprüche abgegolten werden sollen (OLG Koblenz NJW-RR 2008, 315). Ist etwa eine Vertragsrente an die Sozialversicherungsrente angebunden, so liegt eine Lücke nicht vor, auch wenn sich die Regelung als unzweckmäßig erweisen sollte. Helfen können dann nur die Grundsätze über den Wegfall der Geschäftsgrundlage (BGH BB 1975, 623).

c) Wegfall unwirksamer Vereinbarungen

18 Nach heute herrschender Auffassung kann sich eine Regelungslücke auch aus der **Unwirksamkeit einer Vertragsbestimmung** ergeben und der Vertrag sich aus diesem Grunde als lückenhaft erweist (BGHZ 63, 132, 135 [Wertsicherungsklausel]; 90, 69, 74 [Tagespreisklausel]; BGH NJW 2007, 3568 Rn 21 [wettbewerbsbeschränkende Vertragsbestimmungen nach europäischem Gemeinschaftsrecht]; NJW-RR 2005, 1619; OLG Dresden BauR 2007, 400, 401 [Lohngleitklausel: „Pfennigklausel"; zu ihr auch beiläufig BGH NJW 2006, 2978 Rn 20 mit Anm Moufang

EwiR § 3 WährG 1/06, 669]; OLG Köln ZMR 1999, 633 [Gleitklausel]; OLG Hamburg NJW-RR 1992, 74, 75 [Mieterhöhungsklausel]; NEUNER, in: FS Canaris Band I [2007], 901, 913; P ULMER NJW 1981, 2030). Es muss sich also nicht immer um eine Unvollständigkeit im Willen oder in der Erklärung der Parteien handeln (aA PILZ 29; SONNENBERGER 159; EHRICKE RabelsZ 60 [1996] 661, 677; HÄSEMEYER, in: FS Ulmer [2003] 1097, 1100; für die hL dagegen MünchKomm/BUSCHE[8] Rn 40; PALANDT/ELLENBERGER[79] Rn 3; BAMBERGER/ROTH/HAU/POSECK/WENDTLAND[4] Rn 36; ERMAN/ARMBRÜSTER[15] Rn 18; PWW/BRINKMANN[15] Rn 23; SOERGEL/M WOLF[13] Rn 123; wNw bei H ROTH, Vertragsänderung 60; krit MEDICUS, in: Zehn Jahre AGB-Gesetz [1987] 94). ME darf trotz der Unwirksamkeit der Bestimmung auf den **Willen der Parteien** zurückgegriffen werden, der sich in der unwirksamen Vereinbarung manifestiert hat. Es handelt sich dabei ja um den normativen hypothetischen Willen (u Rn 30), der nicht mit dem Verdikt der Unwirksamkeit belegt ist (VERSE/WURMNEST AcP 204 [2004] 855, 870; u Rn 36).

d) Unbilligkeiten

Die ergänzende Vertragsauslegung vermag nicht zu helfen, wenn eine **eindeutige Regelung** zu Unbilligkeiten führt (BGH NJW 2004, 1873 [Weiterverkauf eines Grundstücks unter Gewährleistungsausschluss: grundsätzlich keine Verpflichtung zur Abtretung von Gewährleistungsansprüchen gegen den Erstverkäufer]; BB 1984, 695; OLG Schleswig NVwZ 2004, 1528 [Erschließungsvertrag]; LAG Hamm DB 1991, 1577; SIENZ/OLRIK NJW 2009, 2448 gegen BGH NJW 2009, 2443 Rn 18 ff [verzögertes Vergabeverfahren]). Überhaupt können **bloß ungünstige Vertragsschlüsse** nicht mit diesem Institut korrigiert werden (BGH NJW 2010, 527 Rn 33 in Abgrenzung zu BGH NJW 2009, 2443 [beide Male zum öffentlichen Vergaberecht]). Mit bloßen Billigkeitserwägungen lässt sich nicht die **vertragliche Risikoverteilung** aus den Angeln heben (BGHZ 74, 370, 373 ff). Vielmehr fehlt es dann an der für die ergänzende Vertragsauslegung vorausgesetzten Lücke. Daran zeigt sich am deutlichsten die begrenzende Funktion der Lückenfeststellung (o Rn 15). 19

e) Einzelfälle

In aller Regel ist eine **Regelungslücke** darauf zurückzuführen, dass die Parteien nicht an einen regelungsbedürftigen Punkt gedacht haben (etwa BGH NJW-RR 1991, 177). Doch kann etwa auch die frühere Vereinbarung nicht mehr feststellbar sein (SCHOPP MDR 1958, 291; zu Gesellschaftsverträgen auch WIEDEMANN DNotZ Sonderheft 1977, 99, 110). So kann es insbes bei **langfristig laufenden Verträgen** liegen. Eine Regelungslücke ist zu verneinen, wenn die Parteien den durch die ergänzende Vertragsauslegung anzustrebenden Erfolg auch **selbst herbeiführen** können, etwa durch Inverzugsetzen des anderen Teils (BGH LM § 286 Nr 7 [Nachlieferung einer delivery-order]). Ebenso liegt es, wenn eine andere Regelung als die getroffene den Belangen einer der Parteien oder beiden Vertragspartnern besser entsprechen würde (RGZ 82, 316; RG JW 1909, 169; BGB-RGRK/PIPER[12] Rn 100). Die **leasingtypische** volle Amortisation der vom Leasinggeber aufgewandten Gesamtkosten lässt im Falle der ordentlichen Kündigung durch den Leasingnehmer keine zu füllende Lücke entstehen. Sie ist „vertragsimmanent" (BGHZ 95, 39, 54 f; bestätigt durch BGH NJW 1986, 1746, 1747). Die Annahme einer Regelungslücke hindert nicht, dass der die Auslegung betreffende Bereich nicht im Vertrag geregelt worden ist (BGHZ 11, 16, 24; SOERGEL/M WOLF[13] Rn 124). Mit Recht verlangt die Rspr eine ausfüllungsbedürftige Lücke idS, dass ihre Schließung für die **Sicherung des Vertragszweckes** erforderlich ist (BGHZ 16, 71, 76 [Praxistausch zwischen Ärzten]). An einer Lücke fehlt es auch, wenn die Vertragsverhandlungen nicht zu einem Vertrag geführt haben (BGH WM 1968, 1038; aber o Rn 12). 20

21 Die zu vermeidende Gefährdung des Vertragszweckes liegt nicht vor, wenn einer der Parteien oder einem Dritten ein **Bestimmungsrecht nach den §§ 315, 317 BGB** zusteht (Soergel/M Wolf[13] Rn 124). Doch kann eine ergänzende Vertragsauslegung ihrerseits ein derartiges Bestimmungsrecht ergeben (BGH NJW-RR 2008, 562 [nachträgliche Sperrung von Telefonkarten]; NJW 2010, 1956 Rn 10; dazu Kähler 190). Grundsätzlich kommt aber den Regeln der **ergänzenden Vertragsauslegung** der **Vorrang** zu, weil sie den in § 316 BGB vorausgesetzten Zweifel vermeiden (BGH 20. 2. 2019 – VIII ZR 7/18, NJW 2019, 2298 Rn 34 [fehlende Preisabrede bei Herstellung und Verabreichung von Zytostatika durch ein Krankenhaus]; BGH NJW 2010, 1742 Rn 18). Eine Regelungslücke ist ferner zu verneinen, wenn die Parteien eine offene Vertragsauslegung durch ihr **eigenes Verhalten** interpretieren (BGH JZ 1978, 349). Haben die Parteien den Eintritt des von ihnen (gleichwohl) geregelten Falles für gänzlich unwahrscheinlich gehalten und tritt er unerwartet ein, so liegt zwar keine Lücke vor, doch bleibt eine Vertragsanpassung nach § 242 BGB möglich (BGH WM 1961, 863, 864 [LAG]). Eine Vertragslücke wurde verneint, wenn in einem Vertrag über die Abtretung eines Antrags zum Verkauf eines Grundstücks die Folgen eines Rechtsmangels nicht geregelt sind (RG JW 1923, 456; anders BGHZ 11, 16). Eine Lücke fehlt ferner, wenn nach der Vertragsauslegung die getroffenen Vereinbarungen auch für künftige unvorhersehbare Fälle gelten und das Rechtsverhältnis in abschließender Weise regeln sollen (RGZ 106, 396; 129, 80; BGHZ 2, 379, 385 f [Abfindung eines nichtehelichen Kindes]). Eine ergänzende Vertragsauslegung soll zur Ausfüllung einer nachträglich entstandenen Vertragslücke ferner nicht in Betracht kommen, wenn sich das eingetretene Ereignis infolge einer **Veränderung der allgemeinen Verhältnisse und der Rechtsanschauung** einer Beurteilung nach dem Vertragswillen entzieht (BGHZ 23, 283, 285 f [Dienstunfähigkeit eines NSDAP-Mitglieds; aber o Rn 16 aE). So kann etwa die Frage sinnvoll nicht gestellt werden, was ehemalige *DDR-Konsumgenossenschaften* im Jahre 1965 als redliche Vertragspartner vereinbart hätten, wenn sie den Zusammenbruch der sozialistischen Wirtschaftsverfassung ins Kalkül gezogen hätten (BGH NJW 1994, 2688, 2690; vergleichbar auch BGH JZ 1994, 968, 971 [Auflösung des Schiedsgerichts bei der Kammer für Außenhandel der DDR]). In derartigen Fällen vermag nur die Lehre vom **Wegfall der Geschäftsgrundlage** zu helfen (§ 313 BGB) (auch BGHZ 121, 378 ff). Eine Vertragslücke liegt nicht vor, wenn die später eingetretene Veränderung der Verhältnisse (hier: Spaltung Berlins) für die geltend gemachten Ansprüche ohne Bedeutung ist (BGH WM 1961, 694, 695).

V. Lückenfüllung

1. Terminologisches

22 Die Rspr (BGHZ 40, 91, 103; BGH WM 1974, 11, 12) verneint bereits das Vorliegen einer Regelungslücke, wenn das Rechtsgeschäft zwar „lückenhaft" ist, die Vertragsparteien aber bei Vertragsabschluss keine vom Gesetz abweichende Regelung treffen und die nähere Ausgestaltung den **Gesetzesvorschriften** überlassen. Zwar ist es zutreffend, dass derartige Verträge täglich „in unübersehbarer Zahl" geschlossen werden. Gleichwohl sollte man in diesen Fällen die Annahme einer Lücke bejahen, die dann eben durch dispositives Recht geschlossen wird. Lückenfeststellung und Lückenfüllung, sei es mit Hilfe des **dispositiven Rechts**, sei es durch die Verkehrssitte, sei es mit Hilfe der ergänzenden Vertragsauslegung, sollten im Interesse der Klarheit voneinander geschieden werden (ebenso MünchKomm/Busche[8] Rn 38; NK-BGB/Looschelders[3] Rn 20; Stölting 41; Cziupka JuS 2009, 103, 104; zu den Schwierigkeiten der Unterscheidung

KÖTZ JuS 2013, 289, 293). Andere als terminologische Probleme ergeben sich aus der abgelehnten Vermengung der Gesichtspunkte aber wohl nicht (wie hier im Ergebnis obiter OLG München ZMR 1989, 15, 17; PWW/BRINKMANN[15] Rn 21; differenzierend danach, ob es sich um ein gesetzlich vertyptes Rechtsgeschäft handelt oder nicht, ERMAN/ARMBRÜSTER[15] Rn 19).

2. Vorhandenes dispositives Recht

23 Nach der zutreffenden Annahme der hL scheidet eine ergänzende Vertragsauslegung in der Regel aus, wenn die festgestellte Regelungslücke (o Rn 22) durch Heranziehung **vorhandenen dispositiven Rechts sachgerecht geschlossen** werden kann (ständige Rspr, BGHZ 40, 91, 103; 77, 301, 304 [Verpflichtung des Pächters zu Schönheitsreparaturen]; 90, 69, 75 [Tagespreisklausel]; 146, 250, 261 [zu § 641 aF]; BGH 12. 3. 2015 – VII ZR 336/13, NJW 2015, 1754 Rn 21 [Heranziehung des § 87b Abs 1 HGB bei unwirksamer Vereinbarung über „Sprunghaftung" im Handelsvertretervertrag]; MDR 2014, 1129 [Zusammenschaltungsvereinbarung zweier Telekommunikationsunternehmen]; NJW 2012, 844 Rn 24 [Konkurrenzschutzklausel im Mietvertrag]; 2010, 1135 Rn 9 [Mietschuldenfreiheitsbescheinigung]; FamRZ 2009, 768 Rn 25 [§§ 1603, 1610]; NZM 2008, 462 Rn 11 [fehlendes Rotwild im Hochwildrevier]; JZ 2001, 1182, 1184 mit Anm TIEDTKE [Verstoß gegen § 3 Abs 2 MaBV]; BayObLG DNotZ 1980, 48; OLG Köln 4. 8. 2016 – 7 U 177/15, NJW 2017, 677; OLG Frankfurt NJW-RR 2013, 1430, 1432 [§ 641 als Fälligkeitsregelung ohne Sicherheitseinbehalt]; LAG Bayern Ufita 43 [1964] 184, 188; DITTERT jurisPR-MietR 25/2009 Anm 5 [kein Anspruch des bisherigen Mieters auf Bescheinigung über Mietschuldenfreiheit]; zust KÄHLER 336; G HAGER, in: FS Stürner [2013] 135, 140). Damit wird die **Ordnungsfunktion** des dispositiven Rechts betont (ausführlich STOFFELS, Gesetzlich nicht geregelte Schuldverhältnisse [2001] 91 ff; zu den verschiedenen Modellen abdingbaren Vertragsrechts KÄHLER 95 ff, 125 ff; MÖSLEIN 259 ff [eine allgemeine Vorrangregel verneinend]; BIEHL JuS 2010, 195, 199 f; krit CZIUPKA JuS 2009, 103, 105; HENSSLER, Risiko als Vertragsgegenstand [1994] 97 ff; KÖTZ JuS 2013, 289, 295: In die Lücke sollte mithilfe der ergänzenden Vertragsauslegung „diejenige Vereinbarung eingefügt werden, zu der die Parteien gelangt wären, wenn sie nicht auf Transaktionskosten hätten Rücksicht nehmen und daher über die offenen Fragen Verhandlungen hätten führen können"). So gilt etwa bei unwirksamen **Schönheitsreparaturklauseln** § 535 Abs 1 S 2 BGB (BGH NJW 2006, 2915; dazu BÖRSTINGHAUS WuM 2005, 675, 679). Bei einer unangemessenen **Annahmefrist** in einer Klausel scheidet eine ergänzende Vertragsauslegung aus, weil § 147 Abs 2 BGB die Lücke schließt (BGH NJW 2014, 854 Rn 18 [Bauträger-AGB: der nicht existente Antrag kann nicht mehr angenommen werden]). Auch das **Bestehen von Handelsbräuchen** (§ 346 HGB, Art 9 CISG), die für die Parteien gelten, kann eine Lücke schließen (EHRICKE RabelsZ 60 [1996] 661, 681 ff, der aber schon das Bestehen einer Lücke verneint). Das beifallswerte Anliegen besteht darin, den **Vorrang** der Anwendung **dispositiven Rechts** vor dem Eingreifen der ergänzenden Vertragsauslegung zu sichern (BGHZ 40, 91, 103; BGH WM 1974, 11, 12; Darstellung bei STÖLTING 51 f; KÄHLER 336; ferner H ROTH NJW 2006, 2953, 2955; aber vorige Rn). Die Rspr bestimmt daher als Regel, dass die Normen des dispositiven Rechts der ergänzenden Vertragsauslegung **vorgehen** (BGHZ 90, 69, 75; 74, 370, 374 [Bauerwartungsland]; MEDICUS/PETERSEN, AT[11] Rn 344; BORK, AT[4] Rn 534; WÜRDINGER ZfIR 2006, 6, 9; als zu undifferenziert kritisiert von JAUERNIG/MANSEL[17] Rn 3). Ansonsten würde das dispositive Recht obsolet (iE zust EHRICKE RabelsZ 60 [1996] 661, 679 f]). Bleibt also in einem Kaufvertrag die **Sachmängelhaftung** ungeregelt, so gelten die §§ 434 ff BGB, ohne dass auf die Grundsätze der ergänzenden Vertragsauslegung zurückgegriffen werden dürfte. Ebenso wurde entschieden für das miet- und pachtrechtliche Sachmängelrecht (BGH NZM 2008, 462 Rn 11 [fehlendes Rotwild im Hochwildrevier]). Zum dispositiven Recht zählen auch die

durch **Rechtsfortbildung** gewonnenen Ergebnisse (Kötz, in: FS Zeuner [1994] 219, 231). Zur Lückenfüllung geeignet sein kann auch die *analoge* Anwendung vorhandenen dispositiven Rechts.

Die genannte Regel unterliegt jedoch **Ausnahmen**, die sich schlagwortartig iSd **Typizität des Geschäfts** so formulieren lassen: Je mehr das Rechtsgeschäft sich einem gesetzlich geregelten **Typenvertrag** annähert, desto näher liegt die Anwendung vorhandenen dispositiven Rechts. Je weiter sich das Rechtsgeschäft von gesetzlich geregelten Modellen entfernt, desto näher liegen die Anwendungsmöglichkeiten der ergänzenden Vertragsauslegung (in gleichem Sinne Jauernig/Mansel[17] Rn 3; Soergel/M Wolf[13] Rn 113; Flume, AT II 325; MünchKomm/Busche[8] Rn 44). Auch bei **gemischten und atypischen Verträgen** kann jedoch dispositives Recht anwendbar sein, wenn einzelne Regelungskomplexe des Vertrages gesetzestypisch ausgestaltet sind (Soergel/M Wolf[13] Rn 113). Daneben sind aber noch weitere Unterscheidungen anerkannt, wonach das vorhandene dispositive Gesetzesrecht selbst durch einen bloß hypothetischen Parteiwillen verdrängt wird (u Rn 24 ff). Das dispositive Recht enthält den allgemeinen, auf eine **typische Interessenabwägung** gegründeten Beurteilungsmaßstab **(„generalisierende Gerechtigkeit")**, wogegen die ergänzende Vertragsauslegung den Besonderheiten des Einzelfalles Rechnung tragen muss **(„individualisierende Gerechtigkeit")** (umfassend Auer, Materialisierung, Flexibilisierung, Richterfreiheit [2005] 91 ff). Besonderheiten können darin bestehen, dass der zu regelnde Sachverhalt oder die von den Parteien getroffene Regelung rechtliche und tatsächliche Eigenheiten aufweist, denen das abstrahierende dispositive Gesetzesrecht nicht Rechnung tragen kann (so die Abgrenzung von BGHZ 74, 370, 373 f; BGH NJW 2010, 1135 Rn 9 [Mietschuldenfreiheitsbescheinigung]; Sandrock 24, 45 f).

a) Gerechtigkeitsgehalt dispositiven Rechts

24 Unproblematisch ist der Fall, dass der ausdrückliche oder wenigstens konkludent **erklärte Parteiwille** die Anwendung vorhandenen dispositiven Rechts ausschließen will. Das steht den Parteien stets frei. So liegt es etwa, wenn im Arbeitsvertrag die Kündbarkeit des Vertrages ungeregelt bleibt, aber beide Vertragsparteien von unterschiedlichen, gleichwohl längeren Fristen als den gewöhnlichen Regelfristen ausgegangen sind. Die Regelung des § 622 BGB passt dann nicht (BAG AP § 611 BGB Vertragsabschluss Nr 2; BB 1980, 580, 581). In den genannten Fällen geschieht die Lückenfüllung nach den Grundsätzen der ergänzenden Vertragsauslegung (BGH DB 1990, 1558, 1559; JZ 1989, 956, 957; MünchKomm/Busche[8] Rn 45; zu den maßgeblichen Erwägungen für den Inhalt dispositiven Rechts: Kähler 96 ff; Kötz JuS 2013, 289, 290 ff). Zweifelhaft wird die Anwendung dispositiven Rechts erst, wenn ein solcher Wille nicht im Wege der Auslegung gewonnen werden kann. Hier wird zunehmend auf den **Gerechtigkeitsgehalt des dispositiven Rechts** idS abgestellt, wie subsidiär sich das betreffende dispositive Recht gibt (Medicus/Petersen, AT[11] Rn 341 ff; Soergel/M Wolf[13] Rn 112; Möslein 484 sieht das dispositive Recht ohne rechten Aussagegehalt als „dritte Spur" zwischen Vertrag und zwingendem Gesetz). In eine vergleichbare Richtung geht der Vorschlag, darauf abzustellen, ob das dispositive Recht materiellen Ordnungsgehalt hat und dann der ergänzenden Vertragsauslegung vorgeht, oder ob es als ihr nachrangiger vermuteter Parteiwille zu deuten ist (Bucher, in: FS Deschenaux [1977] 249 ff). „Höchst subsidiäre Normen" **ohne Gerechtigkeitsgehalt** sind etwa die §§ 125 S 2, 154 Abs 2, 262, 269 Abs 1, 271 Abs 1 BGB. In deren Anwendungsbereich setzt sich auch bei einem Typengeschäft des BGB selbst der hypothetische Parteiwille durch. Muss der Verkäufer etwa die Ware erkennbar erst selbst beschaffen, so kann er entgegen § 271 Abs 1 BGB nicht sofort zur Lieferung verpflichtet sein (Medicus/Petersen, AT[11] Rn 341).

b) Unpassendes Gesetzesrecht

Das zur Verfügung stehende dispositive Recht wird auch bei Typenverträgen durch einen bloß hypothetischen Parteiwillen verdrängt, wenn es der **Interessenlage des konkreten Vertrages** offensichtlich nicht gerecht wird und damit auf diesen Vertrag nicht passt (BGH NJW-RR 2006, 699 Rn 11 [Schenkung und Steuernachzahlung]; Neuner, in: FS Canaris Band I [2007] 901, 916). Insoweit kann die ergänzende Vertragsauslegung nicht an das gesetzliche Leitbild des betreffenden Vetragstyps anknüpfen, sondern muss den hypothetischen Willen der Vertragsparteien in den Vordergrund stellen (BGH NJW-RR 2013, 494 Rn 14). Wird etwa bei einem als langfristig vorgestellten Vertrag die Vertragsdauer nicht geregelt, so scheidet die Anwendung des unpassenden § 89 HGB **(Eigenhändlervertrag)** aus. Die Lücke wird durch ein länger befristetes Kündigungsrecht geschlossen (BGH NJW 1975, 1116, 1117; Bork, AT[4] Rn 536). Auch kann im Rahmen einer BGB-Gesellschaft (Arbeitsgemeinschaft von Bauunternehmern) § 722 Abs 1 BGB (hälftige Teilung) durch den hypothetischen Parteiwillen verdrängt werden, wonach die Verteilung nach den für den gemeinschaftlichen Zweck eingesetzten Vermögenswerten bestimmt wird (BGH NJW 1982, 2816, 2817). Ebenso lag es, wenn die Anwendung des § 306 aF oder der §§ 437, 440, 323 ff BGB aF die von den Parteien beabsichtigte Durchführung eines Pfandrechtsverkaufes verhinderte (BGH NJW-RR 1990, 817, 819). Gleicherweise passt bei der Kündigung eines **Ghostwriters** für eine Autobiografie nach Kündigung gemäß § 649 S 1 BGB die Vergütungsregelung des § 649 S 2 BGB nicht, weil sich die Leistung nicht in einen erbrachten und einen nicht erbrachten Teil aufspalten lässt (OLG Naumburg NJW 2009, 779). Ist eine im Mietvertrag mit beiderseits gewollter langfristiger Bindung vereinbarte **Befristung** wegen § 575 Abs 1 S 1 BGB unwirksam, so gilt der Vertrag nach Satz 2 als auf unbestimmte Zeit geschlossen und kann nach § 573c BGB ordentlich gekündigt werden. Diese unpassende Rechtsfolge wurde so vermieden, dass an die Stelle der unwirksamen Befristung ein beiderseitiger **Kündigungsverzicht** dergestalt tritt, dass eine Kündigung frühestens zum Ablauf der vereinbarten Mietzeit möglich ist (BGH MDR 2013, 1089 Rn 16 = NJW 2013, 2820). 25

c) Veraltetes Gesetzesrecht

Die Rspr sieht weite Teile des **handelsrechtlichen Personengesellschaftsrechts** als nicht mehr zeitgemäß geregelt an. Im Innenverhältnis der Gesellschafter verdrängt daher der hypothetische Wille „in aller Regel" das dispositive Gesetzesrecht (BGH NJW 1979, 1705, 1706; Erman/Armbrüster[15] Rn 19; PWW/Brinkmann[15] Rn 21; Bamberger/Roth/Hau/Poseck/Wendtland[3] Rn 39; zweifelnd Jauernig/Mansel[17] Rn 3; zu Besonderheiten Grunewald ZGR 1995, 68, 70 ff). In diese Richtung wurde etwa entschieden für die §§ 161 Abs 2, 131 Nr 4 HGB aF (jetzt § 131 Abs 3 Nr 1 HGB), wonach der Tod des persönlich haftenden Gesellschafters einer KG zur Auflösung der Gesellschaft führte. Angenommen wurde vielmehr die Umwandlung in eine OHG (zust MünchKomm/Busche[8] Rn 46; bestätigt durch BGH WM 1984, 1506; BGHZ 107, 351, 355). Der Vorrang des hypothetischen Parteiwillens setzt sich sogar gegenüber einer Vertragsklausel durch, wonach an die Stelle einer etwa unwirksamen Vertragsbestimmung „die gesetzliche Regelung in Verbindung mit der Rechtsprechung" treten soll. Diese Formulierung will lediglich die Totalnichtigkeit des Gesellschaftsvertrags vermeiden, ohne dass eine verdrängende ergänzende Vertragsauslegung ausgeschlossen werden sollte (BGHZ 107, 351, 355). 26

Für das Personengesellschaftsrecht wird geradezu von dem Rückgriff auf das dispositive Gesetzesrecht als auf einen „letzten Notbehelf" gesprochen (BGH WM 1993, 2008, 2009 m Anm MARK JZ 1994, 1125). Vielmehr müssten die Grundzüge des konkreten Vertrages im Wege der ergänzenden Vertragsauslegung „zu Ende gedacht" werden. Diesem Ansatz kann zugestimmt werden, soweit nicht der Gesetzgeber Einzelheiten modernisiert hat (zB § 131 Abs 3 Nr 1 HGB durch das HRefG v 1998).

d) Moderne Vertragstypen; atypische Verträge; Besonderheiten

27 Entspricht der betreffende Vertrag keinem **gesetzlich geregelten Geschäftstyp**, so fehlt es an vorhandenem dispositivem Recht. Hier ist die Domäne der ergänzenden Vertragsauslegung (MünchKomm/BUSCHE[8] Rn 45; PALANDT/ELLENBERGER[79] Rn 6; o Rn 23). So liegt es vor allem für moderne Verträge wie das **Leasing**, die sich nicht ohne Weiteres einem gesetzlich geregelten Vertragstyp zuordnen lassen (etwa MünchKomm/BUSCHE[8] Rn 45; ERMAN/ARMBRÜSTER[15] Rn 19; aber auch o Rn 23).

28 Freilich kann auch ein **Typenvertrag** gegenüber dem Normaltyp so **weitreichende Besonderheiten** aufweisen, dass das dispositive Recht nicht als seine sinnvolle Ergänzung angesehen werden kann. Ist etwa der Verkäufer Fachmann und zu einer Reparatur der verkauften Sache in der Lage, so konnte sich für den Kaufvertrag im Wege der ergänzenden Vertragsauslegung ein Nachbesserungsrecht für den Käufer ergeben (jetzt § 439 BGB nF). Auch mag das vorhandene dispositive Recht für einen Typenvertrag nicht ausreichen oder sonst lückenhaft sein. Wird ein Geschäft samt Geschäftsverbindungen und Absatzmöglichkeiten verkauft und soll der Verkäufer auf die Dauer von 10 Jahren am Geschäftserlös in bestimmter Höhe beteiligt sein, so ergibt eine ergänzende Vertragsauslegung auch ein 10-jähriges **Konkurrenzverbot** des Verkäufers (RGZ 117, 176). In gleicher Weise kann sich bei einem **Praxistauschvertrag** zweier Ärzte ein befristetes Rückkehrverbot für den Vertragspartner ergeben (BGHZ 16, 71). Ebenso wurde die durch die Unwirksamkeit einer **Tagespreisklausel** entstandene Regelungslücke im Wege einer ergänzenden Vertragsauslegung so geschlossen, dass dem Verkäufer ein Preisänderungsrecht zugestanden, dem Käufer aber unter bestimmten Voraussetzungen ein Rücktrittsrecht eingeräumt wurde. Dispositives Gesetzesrecht stand nicht zur Verfügung (BGHZ 90, 69, 75; zu den Besonderheiten der ergänzenden Auslegung von AGB-Verträgen u Rn 46 ff). Dem Verpächter kann wegen Umbauarbeiten anstelle eines wirtschaftlich sinnlos gewordenen Anspruchs auf Durchführung von **Schönheitsreparaturen** ein entsprechender Geldanspruch zu geben sein (BGHZ 77, 301, 304 f; 200, 138 Rn 15). Die ergänzende Vertragsauslegung geht dann dem dispositiven Recht vor und verdrängt etwaige Schadensersatzansprüche des Verpächters aus § 326 BGB aF (§ 280 BGB nF; bestätigt durch BGHZ 92, 363, 370 mNw des Streitstandes [Formularmietvertrag]; OLG Oldenburg NJW-RR 1992, 1036; Abgrenzungsentscheidung BGHZ 96, 141, 145 f; ausführlich und krit zum Ganzen RÜCKERT AcP 184 [1984] 107).

29 Bei einem Grundstückskauf wurden Vorausleistungen auf **Erschließungskosten** berücksichtigt, wenn der Käufer unerwartet mit Erschließungskosten belastet wurde (BGH NJW 1988, 2099, 2100 li Sp). Die ergänzende Vertragsauslegung hilft ferner dann, wenn die Erschließung entgegen den anfänglichen Vorstellungen vom Verkäufer durchgeführt wurde (BGH NJW-RR 1987, 458; ergänzend für die gleichmäßige Kostenverteilung wegen einer nicht vorgesehenen Privaterschließung BGH NJW-RR 2000, 894). Ergänzend ausgelegt wurde auch ein zur Abwendung der **Enteignung** geschlossener Grundstückskaufvertrag (BGH NJW 1981, 219 [zu § 16 PrEnteigG]; weitere Rspr u Rn 58). Die Rspr

weist für die Anwendung der ergänzenden Vertragsauslegung auf den Grundgedanken des § 287 ZPO hin (BGH WM 1976, 251, 253). ME ist das überflüssig, wohl auch gefährlich. Doch kann nicht in jedem Falle im Wege der ergänzenden Auslegung aus einem zur Abwendung einer drohenden Enteignung geschlossenen Grundstücksübertragungsvertrag bei Wegfall des Verwendungszweckes ein Anspruch des früheren Eigentümers auf Rückübertragung hergeleitet werden (BGHZ 84, 1, 7 f). Auch in sonstigen Fällen verdrängt bei **Vereinbarungen mit atypischem Inhalt** die ergänzende Vertragsauslegung das vorhandene dispositive Recht (BGHZ 63, 338, 345 f [Ausscheiden des Kommanditisten bei einer kapitalistisch strukturierten Kommanditgesellschaft]).

3. Hypothetischer Parteiwille

Kommt dispositives Recht zur Lückenfüllung nicht zum Zuge (o Rn 23 ff), so wird die vertragliche Regelung entsprechend dem **hypothetischen Parteiwillen** ergänzt (BGH 20. 2. 2019 – VIII ZR 7/18, NJW 2019, 2298 Rn 61 [unrichtige Beurteilung der umsatzsteuerlichen Lage]; BGH NJW-RR 2008, 562 Rn 15; 2006, 632, 634 [Prozessvereinbarung]; 2006, 496, 498 [Maklerlohn bei Nachweis der Gelegenheit zum GmbH-Verkauf]; WM 1994, 389, 393; NJW-RR 1991, 177; 1990, 817, 819; OLG Düsseldorf NJW 2012, 85, 90 [Mehrvergütung bei Bauzeitverschiebung]; **aA** AK-BGB/Hart §§ 133, 157 Rn 66; zu den Schwierigkeiten der Ermittlung des hypothetischen Willens Möslein 96 ff; Kähler 116 ff). Die **Rspr** stellt darauf ab, was die **Parteien** bei einer angemessenen Abwägung ihrer Interessen nach Treu und Glauben als redliche Vertragspartner vereinbart hätten, wenn sie den nicht geregelten Fall bedacht hätten (ständige Rspr: BGHZ 9, 273, 277; 84, 1, 7; 90, 69, 77; 111, 214, 217 f [Erbbauzins]; 127, 138, 142; 158, 201, 207; 164, 286, 292 mit Anm Gehrlein JZ 2006, 371; St Lorenz EWiR § 807 BGB 1/06, 303 [Gültigkeitsverlust einer Briefmarke durch staatlichen Hoheitsakt]; BGH 20. 2. 2019 – VIII ZR 7/18, NJW 2019, 2298 Rn 61 [unrichtige Beurteilung der umsatzsteuerlichen Lage]; BGH 28. 10. 2015 – VIII ZR 158/11, BGHZ 207, 209 Rn 69 [Kostensteigerungen des Energieversorgers]; BGH 17. 5. 2018 – VII ZR 157/17, NJW 2018, 2469 Rn 30 ff [Nachzahlung von Umsatzsteuer]; BGH NJW 2015, 955 Rn 28 [Vorfinanzierungsvereinbarung]; NJW-RR 2013, 494 Rn 12 [Bauerwartungsland]; NJW 2013, 2820 [langfristige Vertragsbindung auf Wunsch des Mieters]; 2013, 678 Rn 16 [Zurückbehaltungsrecht bei dreiseitigem Vertrag]; 2012, 1348 Rn 21 [VOB/B-Einheitspreisvertrag]; 2010, 1956 Rn 10 [Telefonkarte]; 2010, 522 Rn 27 [Anpassung der Bauzeit bei Verzögerungen im Vergaberecht]; 2010, 1742 Rn 18 [unwirksame Zinsänderungsbestimmung]; JZ 2009, 1010 Rn 46 mit Anm Bitterich [Vergaberecht]; NJW 2009, 1348 Rn 16 [Wohnungsrecht]; NJW-RR 2008, 562 Rn 15 [nachträgliche Sperrung einer Telefonkarte; Anwendung von § 315; Vorinstanz OLG Köln MMR 2007, 382]; 2007, 103, 104 [Vergütung des Geschäftsführererfinders]; NJW 2007, 3060 Rn 28 [Kostenumlegung bei Breitbandkabel statt Gemeinschaftsantenne]; 2007, 509 Rn 11 [Erbbauzinsanpassung]; 2006, 699 Rn 12 [Schenkung und Steuernachzahlung]; 2005, 1421, 1422 mit Anm Reinking EwiR 2005 § 157 BGB 1/05, 813 [Kosten einer Gebrauchtwagengarantieversicherung]; 2005, 687, 690; 2004, 554 [Stellplatzablösesumme]; 2004, 2449 [Abfindung ausgeschiedener Partner nach Praxisveräußerung bei undurchführbar gewordener Versorgungsregelung]; 2002, 2310, 2311 [Unternehmenskaufvertrag]; 2003, 1453 [Vergleich]; 1995, 833, 834 [Unterhaltsverzicht]; BB 1994, 2234 f [Verzinsung einer Mietkaution bei gewerblichen Räumen]; NJW 1994, 2757, 2758; WM 1993, 1668; NJW 1990, 2620, 2621; 1990, 2676, 2677; 1990, 1723, 1725; NJW-RR 1990, 226, 227; NJW 1988, 2099, 2100; WM 1982, 545, 547 [Duldung einer Stromleitung]; WM 1976, 251, 252 f; RGZ 100, 132; BayObLG DNotZ 1990, 734, 735; OLG Schleswig NJW-RR 2008, 1705, 1706 [lebenslanges Wohnungsrecht]; ähnlich OLG Hamburg DB 1960, 875; OLG München AnwBl 2005, 429 [Altersversorgung eines ausgeschiedenen Sozius]; BAG BB 2003, 2012, 2014 [Bezugnahme auf „die für das Unternehmen einschlägigen Tarifverträge"]; LAG Düsseldorf NZA-RR 2007, 188, 192 [Überleitungsvereinbarung beim Betriebsüber- 30 gang: Halbteilung]; ArbG Oldenburg MedR 2008, 622 [Überleitung des Chefarztgehalts auf den TV-Ärzte/VKA]). Bei einer einseitigen Willenserklärung wie einer **Teilungserklärung** kommt es darauf an, was der teilende Eigentümer bei einer angemessenen Abwägung der berührten Interessen geregelt hätte (BGHZ 160, 354, 365; eine allzu kühne Überdehnung durch BGH 13. 12. 2019 – V ZR 203/18, BeckRS 2019, 32362 [Zulässigkeit des Betreibens eines Eltern-Kind-Zentrums bei in der Teilungserklärung vereinbartem Zweck „Laden mit Lager“). Die in der Teilungserklärung getroffene Regelung war wohl bewusst abschließend, so dass es schon an einer Regelungslücke fehlte. Das Abstellen auf den hypothetischen Parteiwillen bedeutet auch eine klare **Abgrenzung** der ergänzenden Vertragsauslegung von der **Auslegung von Gesetzen**. Bei letzteren kommt es nicht auf die Auslegung des Rechtsgeschäfts der *Parteien* an, sondern auf die Ermittlung des in der Norm verwirklichten objektivierten Willen des *Gesetzgebers* (allgemein BGH NJW-RR 2009, 1714, 1715). Die ergänzende Vertragsauslegung orientiert sich an den Parteiinteressen und nicht an dem mit dem Gesetz verfolgten Zweck. Bei einem **Austauschvertrag** wird angenommen, dass nach dem Geschäftswillen der Parteien Leistung und Gegenleistung in einem ausgewogenen Verhältnis standen. Dieses **Synallagma** muss auch bei der ergänzenden Vertragsauslegung gewahrt bleiben (BGH JZ 2009, 1010 Rn 46 [Vergaberecht] mit Anm Bitterich und Anm Sienz/Vogel NJW 2009, 2448; BGH NJW 2002, 2310, 2311; MünchKomm/Busche[8] Rn 47; Erman/Armbrüster[15] Rn 21; Säcker, in: FS Westermann [2008] 617, 622). Dem Wortlaut des § 157 BGB entsprechend wird daneben gesondert die Berücksichtigung der **Verkehrssitte** (zur Entstehung Staudinger/Singer [2017] § 133 Rn 65) genannt (BGH WM 1993, 1668; NJW-RR 1990, 817, 819; NJW 1978, 695 f; OLG Oldenburg NdsRpfl 1974, 157, 159 [Tragezeit für Rinder]; u Rn 31). Nach vorzugswürdiger Auffassung dient sie der Konkretisierung des hypothetischen Parteiwillens (MünchKomm/Busche[8] Rn 53). Anzuknüpfen ist (mit Vorsicht) an den von den Parteien verfolgten Vertragszweck (zu den Gründen Medicus/Petersen, AT[11] Rn 308) und vor allem die aus dem **Vertrag zu entnehmenden Regelungen und Wertungen** als Ausgangspunkt der ergänzenden Vertragsauslegung (BGH 20. 2. 2019 – VIII ZR 7/18, NJW 2019, 2298 Rn 61 [unrichtige Beurteilung der umsatzsteuerlichen Lage]; BGH JZ 2009, 1010 Rn 46 [Vergabevertrag]; NJW-RR 2005, 1619, 1621 [nichtige Übertragung eines GmbH-Geschäftsanteils]; 2005, 1421, 1422 mit Anm Reinking EwiR § 157 BGB 1/05, 813 [Gebrauchtwagengarantieversicherung]; BGH NJW 2002, 2310; 1988, 2099, 2100; WM 1964, 234, 235; OLG Naumburg NJW 2009, 779 f [Ghostwriter für Autobiografie]; OLG Schleswig NJW-RR 2008, 1705, 1707; auch OLG Rostock NZM 2005, 506, 507; OLG Düsseldorf NJW-RR 2004, 636 [Beschränkung der vereinbarten Gewährleistungsfrist nach Kündigung eines Wartungsvertrags]; Erman/Armbrüster[15] Rn 20; u Rn 33). Der Vertragsinhalt ist „Stütze und Richtlinie“ (BGH NJW 1990, 1723, 1725). Die ergänzende Vertragsauslegung erfordert nicht, dass der hypothetische Wille der Parteien im Vertrag hinreichend deutlich Ausdruck gefunden hat. Vielmehr ist sie zulässig, wenn eine Vereinbarung der Parteien in einem regelungsbedürftigen Punkt fehlt. Sie setzt also gerade voraus, dass sich einem Vertrag bei dessen eigentlicher (unmittelbarer) Auslegung (o Rn 3) eine bestimmte Regelung nicht entnehmen lässt (BGH NJW-RR 1987, 458). Neuerdings wurde die Frage aufgeworfen, ob **§ 434 Abs 1 S 2 BGB** über den Bereich des Kaufrechts hinaus als allgemein geltendes **Vertragsergänzungskonzept** zu verstehen ist, weil die Norm der Vervollständigung einer lückenhaften Regelung diene, die sich an den **schutzwürdigen Erwartungen des Gläubigers** orientiere, wenn keine Abreden getroffen wurden und gesetzliche Vorschriften nicht zur Verfügung stehen (Stölting 232 ff, 241 ff, 258 ff). Im Ergebnis dürfte dieses „Vertrauenshaftungskonzept“ aber nicht über den herkömmlich begründeten hypothetischen Parteiwillen im Verständnis der hL hinausreichen, der ebenfalls auf „Treu und Glauben“ sowie auf der

„Redlichkeit" und damit auf den legitimen Erwartungen der Vertragspartner beruht (anders Stölting 258 ff).

a) Bedeutung

Da die ergänzende Vertragsauslegung aus § 157 BGB hergeleitet wird (o Rn 8), treten als für sie beachtliche Momente neben den **hypothetischen Parteiwillen** die mit der Verkehrssitte (§ 157 BGB) gemeinte **Üblichkeit** und mit Treu und Glauben (§ 157 BGB) die **Billigkeit**. Letzteres wird mit Recht bisweilen besonders betont (BAG DB 1966, 1400; LAG Bremen BB 1975, 839). Heute besteht weithin Einigkeit darüber, dass der hypothetische Parteiwille (krit dazu Graf, Vertrag und Vernunft [1997] 293 ff) ein **normatives Kriterium** idS bedeutet, dass es dem Grundsatz nach nicht darauf ankommt, wie die betreffende Lücke von den konkreten Parteien in Wirklichkeit geschlossen worden wäre, sondern darauf, was beide redliche Parteien als einen redlichen Interessenausgleich gewollt oder hingenommen hätten, wenn sie den offengebliebenen Punkt bedacht hätten (Flume, AT II 322; Jauernig/Mansel[17] Rn 4; MünchKomm/Busche[8] Rn 47; Soergel/M Wolf[13] Rn 131; Sandrock 95 ff; Säcker, in: FS Westermann [2008] 617, 621; H Schmidt LMK 2011, 315691). Es handelt sich bei der ergänzenden Vertragsauslegung gerade um diejenigen Fälle, in denen die an der rechtsgeschäftlichen Regelung beteiligten Parteien die Frage aktuell nicht geregelt haben (Flume, AT II 322). In den weitaus meisten Fällen lässt sich auch nicht feststellen, was die Parteien vereinbart haben würden, weil sie sich gerade darüber streiten. Gleichwohl muss die ergänzende Regelung gerade für **„diesen Vertrag"** gefunden werden (u Rn 32) und das Geschäft vom Ausgangspunkt des „wirklich Gewollten her" weitergedacht werden (Medicus/Petersen, AT[11] Rn 343). Darin liegen die Parallelen zu § 139 BGB (o Rn 74, 75) und zu § 140 BGB (o Rn 8, 25). Stets zu beachten ist ein **feststellbarer tatsächlicher übereinstimmender Parteiwille** (MünchKomm/Busche[8] Rn 54 f; oben Rn 4). Was dem tatsächlichen Willen der Parteien widerspricht, kann nicht als Inhalt ihres hypothetischen Willens gelten (BGHZ 90, 69, 77 [Tagespreisklausel] im Anschluss an Mayer-Maly, in: FS Flume [1998] 625; BGH NJW 2009, 1482 Rn 24 [gegenseitiger Haftungsverzicht]; 2009, 1348 Rn 20 [Wohnungsrecht als höchstpersönliches Nutzungsrecht; deshalb keine Verpflichtung zur Vermietung]). Doch ist über die spätere Behauptung nur *einer* Vertragspartei, welche Vertragsklausel sie gewünscht hätte, wenn ihr die Lückenhaftigkeit des Vertrags bekannt gewesen wäre, kein Beweis zu erheben (OLG Karlsruhe Ufita 45 [1968] 346, 353). In gleicher Weise ist **kein Beweis darüber zu erheben**, zu welcher Regelung die eine die andere Partei überredet hätte (Jauernig/Mansel[17] Rn 4; Palandt/Ellenberger[79] Rn 7; Bamberger/Roth/Hau/Poseck/Wendtland[4] Rn 41; PWW/Brinkmann[15] Rn 24). Die ergänzende Auslegung hat einen besonderen Stellenwert auch für die **Verfügung von Todes wegen**. Dort ist oftmals die Verfügung auf eine vom Testierenden angenommene Wirklichkeit bezogen, die so entweder nie bestanden oder sich nach dem Zeitpunkt der Verfügung geändert hat. In diesen Fällen ist anders als bei der ergänzenden Auslegung beim Rechtsgeschäft unter Lebenden diese auf die Person des Erklärenden ausgerichtet. Es kommt nach hL mit Recht maßgebend auf den hypothetischen Willen des **Erblassers** an. Der hypothetische Wille bedeutet hier aber eine Auslegung ganz im Sinne des Verstorbenen (Flume, AT II 336; alle weiteren Einzelheiten bei Staudinger/Otte [2019] Vorbem 77 ff zu §§ 2064 ff; OLG Köln DtZ 1994, 216, 217 [interlokale Nachlassspaltung]; dazu Gerhards JuS 1994, 642 ff). 31

Im Einzelnen ist das **Rangverhältnis** zwischen hypothetischem Parteiwillen, Üblichkeit und Billigkeit unsicher. Nach richtiger Auffassung gibt es zwischen den verschie- 32 denen Argumentationsebenen kein klares Rangverhältnis (MEDICUS/PETERSEN, AT[11] Rn 344). Die Rspr formuliert eher zurückhaltend. Danach können Treu und Glauben und die Verkehrssitte Rechtspflichten nicht unabhängig vom Willen der Beteiligten begründen (BGH NJW 1978, 695). Immerhin dringt heute mit Recht die Lehre vor, dass für die ergänzende Auslegung **individuelle wie objektive Kriterien** zu berücksichtigen sind (LAG Schleswig-Holstein ZTR 2009, 269, 270 [Ersatz des BAT durch neuen Tarifvertrag]; MünchKomm/BUSCHE[8] Rn 46 ff; PALANDT/ELLENBERGER[79] Rn 7; PWW/BRINKMANN[15] Rn 26; gegen die Berücksichtigung subjektiver Vorstellungen der Parteien freilich zu Unrecht BGHZ 96, 313, 320 f; o Rn 4). Auch für die ergänzende Vertragsauslegung gilt der Grundsatz der nach **beiden Seiten hin interessengerechten Auslegung** (BGH FamRZ 2009, 768 Rn 25; NJW 2004, 2449; NJW-RR 2003, 227, 228; 2003, 577 mit Anm LITTIG ZErb 2003, 259; [Kostenbeteiligung des Altenteilsverpflichteten bei Heimunterbringung des Berechtigten]; NJW 2002, 669, 670; SOERGEL/M WOLF[13] Rn 129; allgemein zum Auslegungsgrundsatz BGH WM 2002, 1458, 1459 [Milchlieferungsvertrag]; NJW 2009, 1882, Rn 31 [Vertragsstrafe]). So wird etwa im Bereich von Gesellschaftsverträgen gleichermaßen der tatsächliche Wille der Parteien wie die objektive Abwägung der beiderseitigen Interessen betont (BGH WM 1993, 2008, 2009). Individuelle Umstände kommen ins Spiel, da die ergänzende Auslegung des betreffenden Vertrages alle Besonderheiten des Einzelfalles erfassen muss (BGHZ 74, 370, 376; BGH NJW-RR 1987, 458, 459 [keine abstrakten Risikoüberlegungen]; BAG NZA 1986, 671, 672 [Kündigung vor Dienstantritt]). Es ist jede schematisierende Betrachtungsweise abzulehnen, was aber die Berücksichtigung typischer Vertragsgestaltungen nicht ausschließt. So wurde für den Kauf von Bauerwartungsland die in dem konkreten Vertrag in seiner individuellen Ausgestaltung immanente Risikoverteilung für maßgebend gehalten (BGHZ 74, 370, 376). Mit Recht wird auch Wert gelegt auf die umfassende Auswertung des Prozessstoffes (BGH WM 1974, 74, 75). Die Lit stimmt der Beachtung der **individuellen Merkmale** weitgehend zu (etwa MünchKomm/BUSCHE[8] Rn 46 ff; SOERGEL/M WOLF[13] Rn 129; SANDROCK 92 f; **aA** CANARIS, Die Feststellung von Lücken im Gesetz [1964] 54). Darin liegt gerade der Unterschied der ergänzenden Vertragsauslegung zur **Fortbildung des dispositiven Rechts**, die auf Verallgemeinerungsfähigkeit ausgerichtet ist. Es geht bei der ergänzenden Vertragsauslegung demnach nicht um „richterliche Vertragsintervention durch Vertragsrechtsfortbildung" (**aA** AK-BGB/HART §§ 133, 157 Rn 66 [freilich dann wieder mit Zugeständnissen an die hL]; ferner MANGOLD NJW 1961, 2284; auf die Gefahren weist hin VOGENAUER Bd I S 229). Es kommt auch nicht darauf an, die ergänzende Regelung für **„einen solchen" Vertrag**, sondern für **„diesen Vertrag"** zu finden (zutr LARENZ, AT[7] 540; in diesem Sinne auch ERMAN/ARMBRÜSTER[15] Rn 20; MünchKomm/BUSCHE[8] Rn 46; NK-BGB/LOOSCHELDERS[3] Rn 23; SANDROCK 102; alle gegen FLUME, AT II 324). Maßgebend ist also ein **individueller**, nicht gesetzgeberisch generalisierender Maßstab (MünchKomm/BUSCHE[8] Rn 46; STÖLTING 46 f). Die genannten Akzente verschieben sich freilich bei der ergänzenden Vertragsauslegung von **AGB** (u Rn 46). Die Rspr **verwischt die Grenzen** bisweilen, wenn als Grundlage der ergänzenden Auslegung neben den getroffenen Vertragsbestimmungen das gesetzliche Modell eines vergleichbaren Sachverhalts genannt wird (BGH NJW 2004, 2449: § 738 für aus einer Sozietät ausscheidende Partner). Hier liegt die vorrangige Anwendung des passenden dispositiven Rechts näher.

33 **Objektive Kriterien** treten insbes hervor mit der durch die **Verkehrssitte** gemeinten Üblichkeit (o Rn 31). Zudem bedeutet das Abstellen auf Sinn und Zweck des Vertrages (o Rn 30) die Auslegung der durch den Vertrag selbst geschaffenen objektiven Regelung (MünchKomm/BUSCHE[8] Rn 47; **aA** LÜDERITZ 399). Es geht dabei um die Ergän-

zung der durch diesen Vertrag gesetzten Regelung als solcher und damit aus sich heraus. Abzustellen ist darauf, was beide Parteien als einen gerechten Interessenausgleich gewollt hätten (deutlich BGH NJW-RR 1987, 458, 459; 1986, 866, 867; WM 1984, 528, 529; NJW 1978, 695; BAG DB 1966, 1400). Einigkeit besteht heute darin, dass der Richter grundsätzlich zur **Vertragshilfe nicht berechtigt** ist (etwa Horn NJW 1985, 1118, 1125; u Rn 37). Ist auf der einen Seite des Vertrages ein **Monopolunternehmen** beteiligt (zB ein gemeindliches Wasserversorgungsunternehmen), so kommt es darauf an, was ein im Wettbewerb stehendes Unternehmen billigerweise eingeräumt hätte (zutr LG Karlsruhe NJW-RR 1990, 1271).

b) Zeitpunkt der Auslegung

34 Nach richtiger Auffassung ist der maßgebliche Zeitpunkt der ergänzenden Vertragsauslegung derjenige des **Vertragsabschlusses** und nicht derjenige der Gegenwart (BGHZ 164, 297, 317 [bei rückwirkender Schließung einer anfänglichen Regelungslücke im Falle der Klauselersetzung bei kapitalbildender Lebensversicherung]; 123, 281, 285; 81, 135, 141 [Roggenklausel]; BGH NJW-RR 2008, 562 Rn 18 [nachträgliche Sperrung von Telefonkarten]; OLG Düsseldorf NJW 2012, 85, 90; OLG Schleswig NJW-RR 2008, 1705, 1706; LAG Schleswig-Holstein ZTR 2009, 269, 270; LAG Berlin BB 1991, 1196, 1197; LG Kiel MedR 2005, 419 [Gesellschaftsvertrag]; MünchKomm/Busche[8] Rn 49; Erman/Armbrüster[15] Rn 30; PWW/Brinkmann[15] Rn 27; NK-BGB/Looschelders[3] Rn 24; Cziupka JuS 2009, 103, 105; Neuner, in: FS Canaris Band I [2007] 901, 915 f; **aA** Jauernig/Mansel[17] Rn 4; Flume, AT II 326; Soergel/M Wolf[13] Rn 132; Schimmel JA 2001, 339, 342; für einen Sonderfall aus der NS-Zeit auch BGHZ 23, 282, 285). Hierin kommt der Zusammenhang der ergänzenden Vertragsauslegung mit der **Privatautonomie** (o Rn 4) am deutlichsten zum Ausdruck. Der Richter darf die Sache nicht von seinem eigenen Standpunkt im Nachhinein (ex post) beurteilen. Vielmehr muss er sich in die Rolle der Beteiligten bei der Vornahme des Rechtsgeschäfts versetzen. Die Rspr bringt das im Einzelfall auch in der wünschenswerten Deutlichkeit zum Ausdruck. Danach ist der Richter nicht befugt, allein am Maßstab von Treu und Glauben eine nach seiner Auffassung objektiv richtige Lösung als ergänzten Vertragsinhalt anzunehmen. Entscheidend ist vielmehr, was die **Parteien** unter Berücksichtigung von Treu und Glauben vereinbart hätten (BGH WM 1974, 593, 594). Nach dem Gesagten ist eine nachträglich für ein Geschäft dieser Art entstandene **Verkehrssitte** nicht zu berücksichtigen, und es sind die Rechtsanschauungen im Zeitpunkt des Abschlusses des Rechtsgeschäfts zu respektieren (**aA** Flume, AT II 326; für einen Sonderfall BGHZ 23, 282, 283; im Anschluss daran BGH WM 1969, 1237, 1239). Die Gegenauffassung lockert ohne innere Rechtfertigung den Zusammenhang mit der Privatautonomie und rückt die ergänzende Vertragsauslegung in die Nähe der Fortbildung des dispositiven Rechts. Das Gesagte gilt auch und gerade für die Ergänzung nachträglich entstandener Vertragslücken (**aA** BGH WM 1969, 1237, 1239; Soergel/M Wolf[13] Rn 132). Das bedeutet nicht, dass das nachträglich eingetretene Ereignis außer Betracht bleiben muss (so aber der Einwand von BGH WM 1969, 1237, 1239).

c) Anfechtung

35 Nach ganz hL kann eine Partei ihre Erklärung **nicht wegen Irrtums anfechten**, wenn sie sich über die erst im Wege der ergänzenden Vertragsauslegung gefundenen Konsequenzen im Irrtum befunden hat (Flume, AT II 326; Soergel/M Wolf[13] Rn 106 [Grundsätze des unbeachtlichen Rechtsfolgenirrtums]; Henckel AcP 159 [1960/1961] 106, 125; Rimmelspacher AP § 139 Nr 38; **aA** Erman/Armbrüster[15] Rn 20; Sandrock 119 ff). Die dafür gegebenen Begründungen sind verschiedenartig. So soll eine **Irrtumsanfechtung** aus-

scheiden, weil es sich allenfalls um einen unbeachtlichen Rechtsfolgenirrtum handeln könnte (Neuner, in: FS Canaris Band I [2007] 901, 918). Auch liegt die Nichtbeachtung eines Irrtums nahe, wenn die ergänzende Vertragsauslegung nicht mehr als Auslegung, sondern als Anwendung dispositiven Rechts eingeordnet wird (so Henckel AcP 159 [1960/1961] 106, 125; ähnlich AK-BGB/Hart §§ 133, 157 Rn 76). ZT wird eine Anfechtung ausgeschlossen, weil die ergänzende Auslegung mit der Feststellung der getroffenen Regelung gerade nichts zu tun habe (so Flume, AT II 325). Schließlich spricht gegen die Anfechtungsmöglichkeit, dass demjenigen, der die Erklärung gewollt hat, die Konsequenzen zuzurechnen sind und das Interesse an der Vertragserhaltung den Vorrang verdient. ME begegnet die hL **Bedenken**, weil es bei der Anfechtung auch sonst nicht auf die Zumutbarkeit und auch nicht auf das Interesse an der Vertragserhaltung ankommt. Die Gegenauffassung betont zu sehr den Gesichtspunkt der Normativität der ergänzenden Auslegung (o Rn 31) und würdigt nicht ausreichend, dass auch die einfache, der Anfechtung zugängliche Auslegung, eine normative Auslegung ist (o Rn 3). Auch die ergänzende Auslegung will die Privatautonomie der Beteiligten so weit als möglich verwirklichen. Im Falle des Praxistausches zweier Ärzte (BGHZ 16, 71) kann also der Rückkehrwillige seine Vertragserklärung anfechten, weil er seine Zustimmung zu einem Rückkehrverbot nicht habe erteilen wollen. Die **Schadensersatzpflicht** ergibt sich dann aus § 122 BGB. Eine Anfechtung wird freilich häufig daran scheitern, dass ein Irrtum nicht ausreichend dargetan werden kann, weil kein tatsächlicher Wille gebildet wurde. Maßgebend für die Beachtlichkeit des Irrtums muss der Zeitpunkt des Vertragsschlusses sein. Es genügt daher nicht, wenn eine Partei lediglich hinterher mit dem Ergebnis der ergänzenden Auslegung, das auf die Interessen beider Parteien Rücksicht nehmen muss (o Rn 33), nicht einverstanden ist.

d) Verhältnis zur geltungserhaltenden Reduktion

36 Die ergänzende Vertragsauslegung weist in manchen Fallgestaltungen Berührungspunkte mit der **geltungserhaltenden Reduktion** auf (o § 139 Rn 3). So liegt es insbes, wenn mit Hilfe der ergänzenden Vertragsauslegung **unwirksame Bestimmungen** ersetzt werden, wie im Falle der Ersetzung einer nicht genehmigungsfreien Gleitklausel durch einen genehmigungsfreien Leistungsvorbehalt (BGHZ 63, 132, 136 f; o Rn 18). Dieser Fall lässt sich auch mit geltungserhaltender Reduktion durch Zurückführung der unwirksamen Bestimmung auf den zulässigen unbedenklichen Inhalt lösen (etwa H Roth JZ 1989, 411, 415 f). Der **methodische Unterschied** liegt darin, dass die geltungserhaltende Reduktion die für die ergänzende Vertragsauslegung vorausgesetzte Lücke (o Rn 15 ff) vermeidet, sodass eine Auslegung nicht mehr durchzuführen ist (H Roth, Vertragsänderung 36, 54 ff; Nassall BB 1988, 1264 ff). Praktische Bedeutung hat die **(vorrangig zu prüfende)** geltungserhaltende Reduktion dann, wenn die Parteien etwa die Unwirksamkeit der Klausel erkannt oder billigend in Kauf genommen haben. Eine ergänzende Auslegung muss dann unterbleiben, weil sie mit dem zu beachtenden wirklichen Willen in Konflikt geriete (Nassall BB 1988, 1264, 1265). Dagegen bleibt mE eine geltungserhaltende Reduktion bis zur Schranke eines **institutionellen Fehlgebrauchs** möglich (etwa H Roth, Vertragsänderung 37 f). Im Bereich der **Individualverträge** (zu AGB-Verträgen u Rn 49) sollte daher entgegen der hL wenigstens für solche Konstellationen der geltungserhaltenden Reduktion zur weitest möglichen Aufrechterhaltung des Vertrages der Vorzug gegeben werden (zust im Falle einer zulässigen geltungserhaltenden Reduktion und dann für deren Vorrang MünchKomm/Busche[8] Rn 36; NK-BGB/Looschelders[3] Rn 14, 16; Uffmann passim; dagegen für ein Verbot der geltungserhaltenden Reduktion: BGH NJW 2013, 991 Rn 25).

VI. Schranken der ergänzenden Vertragsauslegung

Es besteht weitgehend Einigkeit darin, dass die ergänzende Vertragsauslegung **nicht zu einer freien richterlichen Rechtsschöpfung** werden darf (BGHZ 9, 273, 279; 40, 91, 103; 180, 234 [= NJW 2009, 1962 Rn 36: GmbH-Beschlussmängelstreitigkeiten; „Schiedsfähigkeit II"; NJW-RR 2006, 1139 Rn 21 [fehlende Einigung über den Preis: § 154 Abs 1]; WM 1965, 1175, 1176; PALANDT/ELLENBERGER[79] Rn 8; PWW/BRINKMANN[15] Rn 29; MEDICUS/PETERSEN, AT[11] Rn 344 [gegen AG Schöneberg NJW 1974, 1823]; trotz abweichendem Ausgangspunkt auch AK-BGB/HART §§ 133, 157 Rn 74 f; o Rn 33). Zu respektieren ist stets der Grundsatz der Privatautonomie und der Vertragstreue. Strikt abzulehnen ist die Tendenz zur auf § 242 BGB gestützten **Inhaltskontrolle von Individualverträgen**, die sich über sämtliche begrenzenden Voraussetzungen der ergänzenden Vertragsauslegung hinwegsetzt (**aA** BGH WM 1995, 1360, 1361; BVerfG NJW 1994, 36, 39). Das Gesagte gilt auch dann, wenn man ein Fortschreiten der „materialen Vertragsgerechtigkeit" konstatiert (Darstellung bei VOGENAUER Bd I S 229 ff). Im **Vergaberecht** muss die ergänzende Vertragsauslegung im Einklang mit den vergaberechtlichen Bestimmungen stehen und auch die Rspr des EuGH beachten, wonach der geänderte Vertrag nicht wesentlich andere Merkmale aufweisen darf als der ursprüngliche (BGH JZ 2009, 1010 Rn 20 mit Anm BITTERICH; EuGH Slg 2008-I, 4401). 37

1. Parteiautonomie; tatsächlicher Parteiwille

Das Ergebnis der ergänzenden Vertragsauslegung darf sich nicht **in Widerspruch zum tatsächlichen Parteiwillen** setzen. Deshalb wird die ergänzende Auslegung durch den tatsächlichen Willen begrenzt (BGHZ 160, 354, 365 [einseitige Teilungserklärung]; 90, 69, 77; BGH NJW 2009, 1482 Rn 24; 2007, 1054 Rn 41; 1995, 1212, 1213; WM 1974, 74, 75; BAG NZA-RR 2008, 457, Rn 24 [Wertsicherungsklausel]; OLG München NZG 2004, 1055, 1057 [gesellschaftsvertragliche Abfindungsregelung]; STÖLTING 47; DOBMANN VergabeR 2009, 602, 606 [Verzögerte Zuschlagserteilung im Vergaberecht]; o Rn 4). Die Ermittlung des übereinstimmenden Parteiwillens hat daher den **Vorrang** vor der ergänzenden Vertragsauslegung. Da eine inhaltliche Abänderung des Vertrages unzulässig ist (u Rn 39), kann dasjenige, was dem tatsächlichen Willen der Parteien widerspricht, nicht als Inhalt ihres hypothetischen Willens gelten. Andererseits darf nicht an die Stelle des rechtlich unwirksam Gewollten ein inhaltsgleicher tatsächlicher Wille der Vertragsparteien gesetzt werden (BGHZ 90, 69, 77 [Tagespreisklausel]). Auch wenn dispositives Gesetzesrecht fehlt, muss eine Vertragslücke hingenommen werden, wenn die Alternative darin bestünde, die Vertragslücke gegen den Willen der Parteien zu füllen. Deshalb darf etwa ein Vertrag mit einem Schiedsrichter nicht so ergänzt werden, dass dieser verpflichtet ist, sich psychiatrisch untersuchen zu lassen (BGHZ 98, 32; MEDICUS/PETERSEN, AT[11] Rn 344). Auch darf im Wege der ergänzenden Vertragsauslegung ein Vertrag nicht um eine Bestimmung angereichert werden, die den im Übrigen rechtlich einwandfreien Vertrag zu einer insgesamt **nichtigen Vereinbarung** machen würde (BGH NJW 1970, 468 [unwiderrufliche Vollmacht zur Ausübung des Stimmrechts]; WM 1974, 74, 76). Deshalb kann etwa die Vertragsergänzung eines Gesellschaftsvertrages nicht zu einem nach § 138 BGB nichtigen Wettbewerbsverbot führen (BGH WM 1974, 74, 76). Im Arbeitsrecht entspricht es nicht dem hypothetischen Parteiwillen, eine **unwirksame Beendigungsvereinbarung** zu treffen (LAG Schleswig-Holstein NZA-RR 2008, 137, 138; Abgrenzungsentscheidung LAG Düsseldorf NZA-RR 2008, 64). Ebenso darf die ergänzende Auslegung nicht den **Inhalt der Erklärungen verändern** und sich nicht zum **Vertragsinhalt in Wider-** 38

spruch setzen (BGHZ 9, 273, 279 f; 40, 91, 103 ff; BGH NJW-RR 1989, 1490, 1491 re Sp; SOERGEL/M WOLF[13] Rn 126; SCHLOSSHAUER-SELBACH RdA 1981, 376, 378). Das **nachträgliche Verhalten** der Vertragsparteien kann insoweit berücksichtigt werden, als es Rückschlüsse auf den tatsächlichen Willen zulässt (BAG ZIP 1991, 1446 m Anm PLAGEMANN EWiR § 1 BetrAVG 8/91, 1157). Allerdings fehlt es an einer Lücke, wenn die Parteien den zunächst lückenhaften Vertrag später durch eine lückenfüllende **Vertragsanpassung** ergänzt haben (BGH FamRZ 2007, 632, 634 [Wohnungsrecht]).

2. Erweiterung des Vertragsgegenstandes

39 Nach dem soeben Gesagten darf die ergänzende Vertragsauslegung nicht zu einer **Abänderung des geschlossenen Vertrages** (oder der einseitigen Willenserklärung) führen, was die Respektierung des tatsächlichen Parteiwillens bedeutet (vorige Rn; BGHZ 160, 354, 365 [Teilungserklärung]; BGH NJW 2009, 1482 Rn 24; 2002, 2310, 2311; WM 1967, 643, 645; VersR 1962, 809, 810; MünchKomm/BUSCHE[8] Rn 54; BORK, AT[4] Rn 537; EHRICKE RabelsZ 60 [1996] 661, 689; aber u Rn 42). Darüber hinausreichende Bedeutung hat jedoch der Satz, wonach die ergänzende Auslegung nicht zu einer **unzulässigen Erweiterung** des Vertragsgegenstandes führen dürfe (RGZ 87, 211, 213; 136, 178, 185; 129, 80, 88; BGHZ 9, 273, 278; 40, 91, 103; 77, 301, 304 [Schönheitsreparaturen]; 160, 354, 365 [Teilungserklärung]; BGH NJW 2014, 1521 Rn 17 [Umbauabsichten des Vermieters]; 2012, 844 Rn 24 [Konkurrenzschutzklausel im Mietvertrag]; FamRZ 2010, 554 Rn 12 [Umzug ins Pflegeheim]; NJW 2009, 1482 Rn 24; 2002, 2310, 2311 [Unternehmenskauf]; NJW-RR 1989, 1490, 1491; WM 1966, 1104, 1105; VersR 1962, 809, 810; BAG AP Nr 3; NJW 1973, 822 [LS]; OLG Nürnberg NJW-RR 2014, 418, 421; LAG Sachsen-Anhalt NZA 1995, 791). Bisweilen werden beide Sätze auch kombiniert. So dürfe die ergänzende Vertragsauslegung weder zu einer Abänderung, Einschränkung oder Ergänzung des erklärten Vertragswillens, noch zu einer Umänderung des Vertrages, sondern bloß zu einer Ergänzung des Vertragsinhalts und nicht des Vertragswillens führen (BGHZ 23, 282, 285; BGH WM 1969, 1237, 1239; RGZ 87, 211; 129, 88; BGH MDR 2014, 1129 [Zusammenschaltungsvereinbarung zweier Telekommunikationsunternehmen] = NJW-RR 2015, 183; NJW 2009, 1482 Rn 24 im Anschluss an BGHZ 9, 273, 278). Auf diese Weise kann keiner Partei etwas durch Richterspruch zuerkannt werden, was sie hat erreichen wollen, aber nicht erreicht oder vergessen hat (BGH NJW-RR 1991, 1033; JAUERNIG/MANSEL[17] Rn 4). Mit der Lehre von der unzulässigen Erweiterung des Vertragsgegenstandes soll die **Privatautonomie** der Beteiligten gesichert werden. Die Lückenfüllung muss sich im Rahmen des „rechtlichen Beziehungsfeldes" halten, das die Parteien regeln wollten (MünchKomm/BUSCHE[8] Rn 55). Die Rspr formuliert das bisweilen auch so, dass sich die Vertragsauslegung innerhalb des tatsächlich gegebenen Rahmens der getroffenen Vereinbarung bewegen muss (BGHZ 16, 71, 77 [Praxistausch zwischen Ärzten]). Doch ist dieses Erweiterungsverbot nur „cum grano salis" zu verstehen (zutr FLUME, AT II 327). Ergibt die ergänzende Vertragsauslegung etwa, dass der Verkäufer eines Geschäfts dem Käufer auch seine Kundenlisten auszuhändigen hat, so liegt darin vom Standpunkt des Verkäufers aus, der die Listen behalten will, sicher eine Erweiterung des Vertragsgegenstandes. Diese Erweiterung ist aber zulässig, weil sie nicht im Widerspruch zum Vertrag steht (zur Herausgabe unvollständig genannter Verwaltungsunterlagen auch LG Berlin ZMR 1990, 218, 219).

40 Neuerdings formuliert die **Rspr** denn auch großzügiger. So darf die ergänzende Vertragsauslegung nicht darauf hinauslaufen, etwas **Neues**, bisher im Grundsatz nicht Vorhandenes, in den Vertrag einzuführen (BGH NJW-RR 1989, 1490, 1491; BGHZ

92, 363, 370; Herpers WuM 1984, 175, 176). Deshalb kann etwa eine im Vertrag vorgesehene, aber sinnlos gewordene Verpflichtung des Mieters zu **Schönheitsreparaturen**, durch die Zahlung eines Geldausgleichs im Falle des Umbaus ersetzt werden. Eine „Abänderung" (o Rn 39) liegt hier sicherlich vor, ist aber unvermeidlich (Flume, AT II 327). **Verboten** ist lediglich die Schaffung einer über den wesentlichen Inhalt eines Vertrags hinausgehenden **zusätzlichen Bindung** (BGHZ 16, 71, 77). Ein auf zwei bis drei Jahre beschränktes, im Wege der ergänzenden Vertragsauslegung gewonnenes Rückkehrverbot bei einem *Praxistausch* zwischen Ärzten wurde in zutreffender Weise lediglich als eine mit dem Zweck des Tauschvertrages in engem Zusammenhang stehende Nebenverpflichtung angesehen. Darin liegt keine unzulässige Erweiterung des Vertragsinhalts (BGHZ 16, 71, 77). Demnach liegt der Schwerpunkt der Prüfung bei der **Grad- und Maßfrage der Erweiterung** (anders etwa die Formulierung von Soergel/M Wolf[13] Rn 127). Eine zulässige Erweiterung betrafen wohl auch manche entgegengesetzt entschiedenen Fälle (RGZ 87, 211 ff; BGH LM § 157 [D] Nr 1; krit auch Flume, AT II 327; zust Palandt/Ellenberger[79] Rn 9; Soergel/M Wolf[13] Rn 127). Eine unzulässige Erweiterung wurde in der Ausdehnung der *Umsatzbeteiligung* auf die Umsätze der neuen Bundesländer bei einem im Jahre 1977 geschlossenen Vertrag mit einem Außendienstmitarbeiter gesehen (LAG Düsseldorf NZA 1992, 839, 840).

In vergleichbarer Weise kann die ergänzende Vertragsauslegung auch zu einer **Einschränkung der Vertragspflichten** führen (anders wohl BGB-RGRK/Piper[12] Rn 103). Hatte in dem Beispiel von o Rn 39 der Verkäufer die Übergabe von allen das Geschäft betreffenden Papieren versprochen, so können etwa Papiere mit Erinnerungswert, aber ohne geschäftliche Bedeutung, von der Übergabepflicht ausgenommen sein. 41

Nach dem Gesagten sind Erweiterungen, Einschränkungen und Abänderungen des Vertragsgegenstandes zulässig, soweit sie sich **in den Grenzen des Regelungsplanes der Parteien halten** (Ehricke RabelsZ 60 [1996] 661, 688; o Rn 15). Eine unzulässige Erweiterung wurde dagegen bejaht, wenn der Verpflichtete für eine bestimmte Zeit darauf verzichtet hat, die Einrede der bereits eingetretenen Verjährung geltend zu machen und diese Frist zum Nachteil der Partei durch das Gericht verlängert wird (BGH VersR 1962, 809, 811). Die Rspr spricht denn auch folgerichtig von der Zulässigkeit der ergänzenden Vertragsauslegung, wenn sie sich als **selbstverständliche Folge** aus dem Vereinbarungszusammenhang ergibt (BGH NJW-RR 1989, 1490, 1491). Dort wurde ein 1940 zwischen Berlin und Siedlern geschlossener Erbbau-Heimstättenvertrag im Wege der ergänzenden Vertragsauslegung um eine anteilige Zahlungspflicht (etwa 10 000 DM) als Beteiligung an den Kosten einer Entwässerungsanlage in zulässiger Weise erweitert. Eine unzulässige Erweiterung des Vertragsgegenstandes läge etwa darin, dass dem Vermieter durch ergänzende Vertragsauslegung die Möglichkeit eröffnet würde, jenseits der Voraussetzungen des § 281 BGB einen Erfüllungs- in einen Geldanspruch umzuwandeln (BGH NJW 2014, 1521 Rn 21 ff). 42

3. Vielzahl von Rechtsfolgen

Ergeben sich **verschiedene Gestaltungsmöglichkeiten**, so scheidet eine ergänzende Vertragsauslegung aus, wenn der Wille der Parteien nicht in die eine oder in die andere Richtung weist (BGH 1. 10. 2014 – VII ZR 344/13, BGHZ 202, 309 Rn 24 [Stoffpreisgleitklausel]; BGHZ 143, 103, 121 [Optionsklausel in Tankstellenvertrag]; 180, 234 [= BGH NJW 2009, 1962 Rn 36: schiedsrichterliches Verfahren]; NJW 2009, 1482 Rn 24; NJW-RR 2006, 699 Rn 16; 43

2005, 1619 [nichtige Übertragung eines GmbH-Geschäftsanteils]; NJW 1974, 1322, 1323 [Beschränkung der Mängelhaftung des Werkunternehmers]; OLG Frankfurt NJW-RR 2013, 1430, 1432 [Wahl einer selbstschuldnerischen Bürgschaft]; OLG Schleswig NJW-RR 2008, 1705, 1706 [keine Geldrente für Wohnungsberechtigten nach Einzug in ein Pflegeheim]; OLG Celle Agrar- und Umweltrecht 2007, 364, 366 mit Anm vJEINSEN [Rückgabeklausel in einem Landpachtvertrag]; OLG Düsseldorf NJW-RR 2004, 636; OLG Karlsruhe JZ 1982, 860 m Anm SCHLOSSHAUER-SELBACH; LAG Hessen ZTR 2009, 29, 31 [Verweisung auf BAT-Vergütungsgruppe bei Chefarztvertrag; zweifelhaft, da ausreichende Anhaltspunkte für ergänzende Auslegung vorlagen, zutreffend dagegen LAG Schleswig-Holstein ZTR 2009, 269]; BAMBERGER/ROTH/HAU/POSECK/WENDTLAND[4] Rn 42; PWW/BRINKMANN[15] Rn 31; ERMAN/ARMBRÜSTER[15] Rn 25). Das Gericht kann die Parteien nicht auf eine einzige von mehreren möglichen Problemlösungen festlegen (BGH NJW 2002, 2310, 2311 [Unternehmenskaufvertrag]; NJW-RR 1987, 1459, 1460 [Arzneilieferungsvertrag]), weil dies dem Grundsatz der Privatautonomie widerspricht. Sind im Arbeitsvertragsrecht geschuldete **Zielvereinbarungen** unterblieben, so scheitert eine ergänzende Vertragsauslegung häufig, weil diese nicht zu einer „gerichtlich abgesicherten Spekulation" werden darf (GEHLHAAR NZA-RR 2007, 113, 115; dafür jedoch SCHMIEDL BB 2004, 329, 331). In derartigen Fällen kann ein **hypothetischer Parteiwille** nicht ermittelt werden (BGHZ 90, 69, 80; BGH NJW 2009, 1962 Rn 37; 1990, 1723, 1725; NJW-RR 2006, 699 Rn 12). Das gilt vor allen Dingen beim Bestehen von mehreren gleichwertigen Auslegungsmöglichkeiten (BGH NJW 2009, 1482 Rn 24; BGHZ 147, 99, 105). Dann kann nur § **313 BGB** helfen. Doch setzt die Zulässigkeit einer ergänzenden Vertragsauslegung auf der anderen Seite nicht voraus, dass sich für jede Einzelheit der eher technischen Ausgestaltung der Ergänzung Anhaltspunkte im Willen oder in den Erklärungen der Vertragsparteien nachweisen lassen. So wurde es für eine *unwirksame Wertsicherungsklausel* mit Recht als ausreichend angesehen, wenn die Parteien eine „solche oder ähnliche" Ersatzklausel vereinbart hätten (BGHZ 63, 132, 137; auch OLG Köln ZMR 1999, 633). Auch bei einem der Partei eingeräumten Leistungsbestimmungsrecht hindert es die ergänzende Auslegung nicht, dass die Leistungsbestimmung in unterschiedlicher Weise ausgeübt werden kann (BGHZ 90, 69, 81). Die durch eine unwirksame **Zinsänderungsklausel** entstandene Lücke kann durch ergänzende Vertragsauslegung geschlossen werden, sodass einseitige Leistungsbestimmungsrechte von Bank und Kunden ausscheiden (BGHZ 185, 166 = BGH NJW 2010, 1742 Rn 18; H SCHMIDT LMK 2011, 315691). Anders lag es bei dem unklaren Umfang der möglichen Vergütung bei vorzeitiger Beendigung eines Steuerberatervertrages (BGHZ 54, 106, 115) oder für die verschiedenen Gestaltungsmöglichkeiten im Falle der unterbliebenen oder misslungenen Nachbesserung (BGHZ 62, 83, 89 f). Lässt sich daher eine Regelungslücke nicht schließen, weil es dafür keine Anhaltspunkte im Vertragsgefüge gibt, so kommt gleichwohl eine Anpassung (§ 313 BGB) wegen **Wegfalls der Geschäftsgrundlage** in Betracht, die sich auch als eine der möglichen Alternativen einer Regelung der Parteien darstellen kann (BGH NJW-RR 2006, 699 Rn 17 ff; o Rn 9). Doch soll wegen der Besonderheiten einer **betrieblichen Zusatzversorgung** der Versorgungsanstalt des Bundes und der Länder eine Neuregelung des Gegenwerts durch eine Satzungsänderung möglich sein, wenn der ausscheidende Beteiligte nicht unangemessen beteiligt wird (BGHZ 195, 93 Rn 81; 199, 1 Rn 77).

44 Zu weit geraten ist allerdings die Formulierung der Rspr, wonach eine ergänzende Vertragsauslegung ausgeschlossen ist, wenn sich ein Ereignis infolge einer **grundlegenden Änderung der Verhältnisse** der Beurteilung nach dem Vertragswillen entzieht (so aber BGHZ 84, 361, 368 [Ehescheidung] unter Berufung auf den Sonderfall von BGHZ 23, 282,

286 [NSDAP-Mitglied]; anders noch für die Ehescheidung BGH NJW 1968, 245, 246; iE richtig freilich BGH NJW 1994, 2688, 2690; JZ 1994, 968, 971; o Rn 21). Die Richtigkeit der Entscheidungen zu Ansprüchen zwischen Ehegatten nach der Trennung kann in diesem Rahmen freilich nicht diskutiert werden (Überblick bei MEDICUS/PETERSEN, Bürgerliches Recht[26] Rn 690a ff). Die Verdrängung einer ergänzenden Vertragsauslegung lässt sich hier aber nicht mit dem Abstellen auf eine „grundlegende Änderung" der Verhältnisse begründen, sondern eher mit dem speziellen Instrumentarium des **Güterrechts** (dazu BGHZ 115, 132 ff).

4. Interessen des Rechtsverkehrs

Eine ergänzende Vertragsauslegung scheitert, wenn das **Gesetz Ausdrücklichkeit verlangt**. So liegt es etwa in den Fällen der §§ 244 Abs 1, 700 Abs 2, 1059a Abs 1 Nr 1 BGB; §§ 38 Abs 3, 1031 Abs 4 ZPO (MEDICUS/PETERSEN, AT[11] Rn 339). Vergleichbares gilt im Interesse des Rechtsverkehrs im **Grundbuchrecht**, wo der öffentliche Glaube des Grundbuchs zu beachten ist. So scheidet bei der Auslegung von Grundbucheintragungen und der dort in Bezug genommenen Eintragungsbewilligungen eine ergänzende Vertragsauslegung nach dem mutmaßlichen Parteiwillen häufiger aus, weil sich ein hypothetischer Parteiwille nicht feststellen lässt (BGHZ 160, 354, 362 [Gemeinschaftsordnung]; 60, 226, 230; BGH WM 1969, 863, 865; 1975, 498, 499; BGB-RGRK/PIPER[12] Rn 104; SOERGEL/M WOLF[13] Rn 118; allgemein BÖHRINGER Rpfleger 1988, 389 ff). Doch ist eine ergänzende Auslegung in Richtung des nächstliegenden Ergebnisses möglich, wenn der hypothetische Wille aus den grundbuchrechtlich berücksichtigungsfähigen Unterlagen ermittelt werden kann (BGHZ 160, 354, 362 [Abänderung des in der Gemeinschaftsordnung festgelegten Kostenschlüssels; aber auch o Rn 15 zu BGHZ 186, 34 Rn 26 ff zur jetzt geltenden Rechtslage]). Das Gesagte gilt auch für die Auslegung materiellrechtlicher Willenserklärungen wie der **Einigung** nach § 873 BGB (BGHZ 60, 226, 231). Ebenso liegt es für die schriftliche **Abtretungserklärung** nach § 1154 BGB, da diese die Grundbucheintragung ersetzt (BGH NJW-RR 1992, 178, 179). Für das **Wechselrecht** ist der Grundsatz der Wechselstrenge zu beachten (BGH NJW 1994, 447; SOERGEL/M WOLF[13] Rn 118). Ist ein Wechsel versehentlich unvollständig geblieben, so kann er schon deshalb nicht als Blankowechsel aufrechterhalten werden, weil es an der Voraussetzung eines gültigen Vertrags fehlt (BGH NJW 1957, 1837; **aA** OLG Frankfurt NJW 1954, 803). Diese Einschränkungen kommen aber im Verhältnis zwischen den Parteien des Begebungsvertrages nicht zum Tragen (BGH NJW-RR 1991, 229, 230 [Scheck]). Wird in einem **Globalvergleich** die Formulierung „Abgeltung aller Ansprüche" ständig wiederholt, so scheidet eine einschränkende Auslegung aus Gründen der Rechtssicherheit aus (OLG Celle NJW 1971, 145). Vergleichbare Einschränkungen gelten im Anwendungsbereich des Grundsatzes der **Dokumentenstrenge** (dazu BGH BB 1994, 1162, 1163 [„standby Letter of Credit"]). 45

VII. Ergänzende Auslegung von Allgemeinen Geschäftsbedingungen

1. Grundsatz

a) Rechtsprechung

Auch AGB können eine planwidrige Regelungslücke enthalten. Die Rspr erkennt die **ergänzende Vertragsauslegung** im Rahmen des § 306 Abs 2 BGB weithin an (grundlegend BGHZ 90, 69, 80 [Tagespreisklausel]; im Anschluss daran BGHZ 117, 92, 98 [Kran- 46 kentagegeldversicherung]; 137, 153, 157 [Bürgschaft für unlimitierten Kontokorrentkredit]; 143, 103, 120 [Optionsklausel; ergänzende Auslegung abgelehnt]; 176, 244 Rn 32; 177, 186 Rn 18; 214, 340 Rn 25; BGH 8. 8. 2019 – VII ZR 34/18, NJW 2020, 337 Rn 27 [Preisanpassung bei Mehrmengen im VOB-Bauvertrag: Keine der Vertragsparteien soll eine Besser- oder Schlechterstellung erfahren]; dazu Franz NJW 2020, 579; BGH 15. 2. 2019 – V ZR 77/18, NJW 2019, 2602 Rn 17 ff [unwirksame Frist von 30 Jahren zur Ausübung eines Wiederkaufsrechts ersetzt durch Ausübungsfrist von 20 Jahren]; BGH 3. 12. 2015 – VII ZR 100/15, NJW 2016, 401 Rn 29 [nachvertragliches Wettbewerbsverbot für einen Handelsvertreter]; BGH 26. 3. 2015 – VII ZR 92/14, NJW 2015, 1952 Rn 46 [Zurückgabe einer Gewährleistungsbürgschaft in einem Bauvertrag]; mit Anm Gerner LMK 2015, 369630; BGH NJW 2015, 49 Rn 24 [Stoffpreisgleitklausel]; 2014, 1877 Rn 20 [Unwirksame Preisänderungsklausel im Stromlieferungsvertrag mNw]; MDR 2013, 1347 [Unwirksamkeit der Versicherungsbedingungen über die Berechnung des Rückkaufwertes in der Lebensversicherung]; NJW-RR 2011, 625 Rn 15 ff [unwirksame einseitige Zinsänderungsklausel, dort abgelehnt]; NJW 2010, 1742 Rn 18 [Unwirksamkeit einer Zinsänderungsklausel]; 2010, 3505 Rn 23 [Einheimischenmodell]; 2008, 3422 Rn 18 [Unwirksamkeit einer Zinsänderungsklausel in Sparvertrag mit längerer Laufzeit]; 2008, 1820 Rn 28 [Versicherungsfähigkeit eines Arbeitnehmers in einer Krankentagegeldversicherung]; WuM 2008, 487 Rn 21 [keine Mieterhöhung wegen Pflicht des Vermieters zur Vornahme von Schönheitsreparaturen]; ZIP 2002, 1690, 1692 mit Anm Schmitz/Vogel [unwirksame Stellung einer Bürgschaft auf erstes Anfordern]; BAG NJW 2020, 870 [LS] = NZA 2020, 310; NJW 2011, 2153 Rn 13 [keine echte Rückwirkung des Schuldrechtsmodernisierungsgesetzes]; 2008, 680 Rn 33 [dort aber abgelehnt]; OLG Köln NJW-RR 2008, 1340 [Vertragserfüllungsbürgschaft mit Teilverzicht auf Einreden des Hauptschuldners]; OLG München NJW-RR 2008, 1342, 1343 [abgelehnt bei Gewährleistungsbürgschaft unter Einredeverzicht unter Berufung auf BGH NJW-RR 2005, 458]; OLG Oldenburg NJW-RR 1992, 1036; OLG Köln NJW-RR 1995, 758; OLG Hamburg EWiR § 9 AGBG 25/91, 1041 [vWestphalen]; LG Mannheim NJW-RR 2008, 652 [unwirksame Preisanpassungsklausel im Servicevertrag über betreutes Wohnen]; AG Rastatt DAR 1988, 170, 171). Die aufgeführte Rspr des BGH zum Rückgriff auf die ergänzende Vertragsauslegung bei unwirksamen **Zinsänderungsklauseln** ist mit der Judikatur des EuGH zu Art 6 Abs 1 und Art 7 Abs 1 der Richtlinie 93/13 EWG vereinbar (**aA** unter ausführlicher Darstellung der Rspr des EuGH: vWestphalen MDR 2019, 76 ff). Einer der Schwerpunkte der Rspr lag in den **formularmäßigen Globalbürgschaften**, bei denen durch eine weite Zweckerklärung alle gegenwärtigen und künftigen Verbindlichkeiten des Hauptschuldners gesichert werden sollten. Sie werden in der Weise beschränkt, dass lediglich die Hauptschuld verbürgt wird, die den Anlass für die Übernahme der Bürgschaft bildete (BGHZ 130, 19, 34 ff; 137, 153, 157 ff; 143, 95, 102). Die ergänzende Vertragsauslegung hat **Vorrang** vor der **Unklarheitenregel** des § 305c Abs 2 BGB, weil sie den dort vorausgesetzten Zweifel vermeidet (H Roth WM 1991, 2085, 2130).

b) Voraussetzungen

46a Im Einzelnen gilt: Nach ständiger Rspr kann eine durch eine unwirksame AGB-Klausel verursachte **Vertragslücke** durch ergänzende Vertragsauslegung geschlossen werden, wenn dispositive Normen zur Ausfüllung der Lücke nicht vorhanden sind (zB BGH 3. 12. 2015 – VII ZR 100/5, NJW 2016, 401 Rn 29 mit Aufsatz Dück NJW 2016, 368, 370; BGH NJW 2008, 3422 Rn 18) und die **ersatzlose Streichung der Klausel** nicht zu einer angemessenen, den typischen Interessen des Klauselverwenders und des Kunden Rechnung tragenden Lösung führt (BGH 24. 10. 2017 – XI ZR 600/16, NJW 2018, 857 Rn 32 [Ablösung eines Gewährleistungseinbehalts] mit Aufsatz Omlor JuS 2018, 710; BGH 3. 12. 2015 – VII ZR 100/15, NJW 2016, 401 Rn 29 [unwirksames nachträgliches Wettbewerbsverbot für einen Handelsvertreter]; mit Aufsatz Dück NJW 2016, 368; auch BAG NJW 2014, 2138 Rn 43 [ersatzlose Streichung der unzulässigen Rückzahlungsklausel stelle keine unzumutbare Härte dar]; NJW 2008, 680 Rn 33 [Stichtagsregelung bei Bonuszahlung]; BGH MDR 2013, 1347 Rn 14 [Versicherungsbedingungen über die Berechnung des Rückkaufswertes]; NJW 2010, 3505 Rn 23). So wurde die durch eine **überlange Antragsbindung** in Bauträger-AGB entstandene Lücke durch den dispositiven § 147 Abs 2 BGB angemessen geschlossen, sodass eine ergänzende Vertragsauslegung ausschied (BGH NJW 2014, 854 Rn 18; 2010, 2873 Rn 10). Doch zeigt sich bisweilen auch eine ablehnende oder abschwächende Haltung der uneinheitlichen Rspr (etwa BGHZ 88, 78; 96, 18; BGH NJW 1979, 2095). Das **BAG** verlangt für die Anwendung der Grundsätze der ergänzenden Vertragsauslegung, dass der ersatzlose Wegfall der betreffenden Klausel für den Verwender eine „unzumutbare Härte" darstellte (BAG NJW 2010, 550 Rn 49 [Unwirksamkeit von Rückzahlungsklauseln]). Doch geht mE der Hinweis auf den Gedanken des § 306 Abs 3 BGB fehl, weil diese Vorschrift die Unwirksamkeit des gesamten Vertrags regelt. Bisweilen wird auch offen gelassen, ob eine Lückenfüllung durch ergänzende Vertragsauslegung möglich ist, wenn die Lücke durch Unwirksamkeit einer Formularklausel entstand (BGHZ 104, 82, 91; 94, 335, 343).

c) Geltungserhaltende Reduktion; mehrere Gestaltungsmöglichkeiten

Stets wird aber betont, dass die ergänzende Vertragsauslegung nicht auf eine von der **46b** Rspr für allgemeine Geschäftsbedingungen **abgelehnte geltungserhaltende Reduktion** hinauslaufen dürfe (BGHZ 165, 12, 26 [Franchise-Vertrag]; 143, 103, 119 [Optionsklausel in Tankstellenvertrag]; 107, 273, 277; 90, 69, 81; BAG NJW 2014, 2138 Rn 43; NZA 2009, 666, 669; BB 2008, 166, 168; BGH NJW 2012, 222 Rn 20 [für § 81 Abs 2 VVG aber verneint]; OLG Hamm RdE 2008, 183, 186 [aber ergänzende Vertragsauslegung trotz unwirksamer Preisanpassungsklausel zur Gaspreiserhöhung bejaht]; ausführlich zum Verbot der geltungserhaltenden Reduktion im Arbeitsvertragsrecht: Rolfs, in: FS Schwerdtner [2003] 151; krit zu dieser Argumentation H Roth, Vertragsänderung 58 f mwNw). Die ergänzende Vertragsauslegung dürfe nicht dazu führen, dass die Gerichte an die Stelle der unzulässigen Klausel die zulässige Klausel setzten, die der Verwender der AGB voraussichtlich gewählt haben würde, wenn ihm die Unzulässigkeit der beanstandeten Klausel bekannt gewesen wäre. Vielmehr müsse sich der Verwender mit der ihm ungünstigeren Regelung begnügen, die der **ersatzlose Wegfall** der von ihm verwendeten unzulässigen Klausel zur Folge habe (BGHZ 143, 103, 120 f). Damit werden freilich die Grenzen der ergänzenden Vertragsauslegung ebenso unsicher wie diejenigen der (angeblich) unzulässigen geltungserhaltenden Reduktion (beispielhaft BGH WM 1995, 1397, 1402 [teilweise Aufrechterhaltung einer überschießenden Zweckerklärung bei der Bürgschaft]; vergleichbar undeutlich BGH ZIP 2002, 1690 mit krit Anm Schmitz/Vogel; zutreffend Schulze-Hagen BauR 2003, 785, 791). Eine vom *Arbeitgeber* gestellte AGB Regelung über die Beteiligung des Arbeitnehmers an den Kosten einer vom **Arbeitgeber finanzierten Ausbildung** bei vorzeitigem Ausscheiden aus dem Arbeitsverhältnis vor Ablauf bestimmter Fristen wurde als grundsätzlich zulässig erachtet. Bei Vereinbarung einer zu langen Bindungsdauer wurde die Rückzahlungsklausel nicht geltungserhaltend reduziert, doch wurde erwogen, die unzulässige Bindungsdauer im Wege der ergänzenden Vertragsauslegung auf eine zulässige zurückzuführen, wenn dem Arbeitgeber sonst ein unbilliges Prognoserisiko auferlegt würde (abgelehnt in BAG NZA 2009, 666, 668 [unzulässige fünfjährige Bindungsklausel mit der Ablehnung der Reduktion auf eine zweijährige Bindungsdauer]; nicht entschieden durch BGH NJW 2010, 57 Rn 26 wegen fehlenden Sachvortrags).

Eine ergänzende Vertragsauslegung scheitert, wenn Anhaltspunkte für eine Vereinbarung der Parteien bei einer **Vielzahl denkbarer Gestaltungsmöglichkeiten** fehlen, wenn sie die Nichtigkeit der Klausel gekannt hätten (BGH 24. 10. 2017 – XI ZR 600/16, NJW 2018, 857 Rn 33 [Bürgschaft mit unzulässigem Regelungsgehalt] mit Anm VOGEL und mit Aufsatz OMLOR JuS 2018, 710; BGH 3. 12. 2015 – VII ZR 100/15, NJW 2016, 401 Rn 29 [unwirksames nachträgliches Wettbewerbsverbot für einen Handelsvertreter]; BGH NJW 2015, 49 Rn 24 [Stoffpreisgleitklausel]; 2010, 298 Rn 38 [Überhangprovision eines Handelsvertreters; unklar, ob und wenn ja, die Parteien sich auf eine zeitliche Begrenzung geeinigt hätten oder auf eine andere Berechnungsmethode]; 2009, 3422 Rn 39; RIW 2007, 614, 616 [Kfz-Vertragshändlervertrag mit Abschluss vor Geltung der VO-EG Nr 1400/2002]; NJW-RR 2005, 1040 [unwirksame Gewährleistungsbürgschaftsklausel auf erstes Anfordern]; 2005, 458; NJW 2002, 894, 895 [Sicherheitseinbehalt des Auftraggebers]; BGHZ 165, 12, 29 [Garantie für Verpflichtungen aus Franchise-Vertrag]; 143, 103, 121; BAG NJW 2008, 680 Rn 35 [Vielzahl von Stichtagsregelungen]; OLG Düsseldorf OLGReport 2008, 38 [Gaspreiserhöhungsklausel]). Deshalb wurde eine unwirksame Klausel, wonach ein Sicherheitseinbehalt von 5 % der Bausumme nur durch eine **Bürgschaft auf erstes Anfordern abgelöst** werden kann (Gewährleistungsbürgschaft), nicht im Wege der ergänzenden Vertragsauslegung dahin aufrechterhalten, dass der Auftraggeber berechtigt ist, den Sicherheitseinbehalt durch eine selbstschuldnerische unbefristete Bürgschaft abzulösen (BGH NJW-RR 2005, 458 mit kritischer Anm HILDEBRANDT ZfIR 2005, 143; BGH ZIP 2005, 578 mit Anm HILDEBRANDT ZIP 2005, 579 unter Bestätigung von BGHZ 147, 99, 105 und BGH NJW 2002, 894). Anders liegt es bei einer unwirksamen Klausel zur **Vertragserfüllungsbürgschaft** auf erstes Anfordern (BGHZ 151, 229, 235 = BGH NJW 2002, 3098; BGH NZBau 2004, 212). Die unterschiedliche Behandlung wird gelegentlich bezweifelt (etwa SCHULZE-HAGEN BauR 2003, 785; SCHWENKER BGHReport 2005, 416). Hier folgt aus der ergänzenden Auslegung, dass eine unbefristete selbstschuldnerische Bürgschaft ohne das Merkmal „auf erstes Anfordern" geschuldet ist. Im Unterschied zu Individualvereinbarungen soll andererseits bei mehreren Gestaltungsmöglichkeiten zur Ausfüllung der Regelungslücke eine ergänzende Vertragsauslegung nicht scheitern müssen, weil bei „Massenverträgen die Ergänzung auf einer höheren Abstraktionsebene und damit ohne Rücksicht auf Anhaltspunkte für eine bestimmte Lösungsvariante vorzunehmen" ist (BGHZ 164, 297, 317 [Klauselersetzung bei kapitalbildender Lebensversicherung]). Diese Entscheidung weicht von der wiedergegebenen sonstigen Linie der Rspr ab. Auch die **Literatur** spricht sich überwiegend für die Zulässigkeit der ergänzenden Vertragsauslegung aus (Nachw zum Streitstand bei H SCHMIDT, Vertragsfolgen der Nichteinbeziehung und Unwirksamkeit von Allgemeinen Geschäftsbedingungen [1986] 180 ff; MOCKENHAUPT, Ergänzende Vertragsauslegung bei unwirksamen AGB-Klauseln am Beispiel der Tagespreisklausel in Kaufverträgen über fabrikneue Personenkraftwagen [1987] 163 ff, 198 ff; H ROTH, Vertragsänderung 57 Fn 187; PALANDT/GRÜNEBERG[79] § 306 Rn 7; ERMAN/ARMBRÜSTER[15] § 157 Rn 26; R KOCH WuB IV C § 9 AGBG 1. 03; dagegen RÜSSMANN BB 1987, 843; E SCHMIDT ZIP 1987, 1505 ff, je mwNw). In der jüngeren Rspr wird vor allem für **Preisanpassungsklauseln verschärfend verlangt**, dass sich das **Vertragsgefüge** ansonsten „völlig einseitig zugunsten des Kunden verschiebt" (u Rn 47). In neuerer Zeit haben sich daher die Anforderungen an eine ergänzende Vertragsauslegung deutlich **verschärft** (so der Befund bei vWESTPHALEN NJW 2009, 2355, 2357; ders NJW 2015, 2223, 2226; speziell zu Preisanpassungsklauseln in Endkundenverträgen über Strom und Gas SÄCKER/MENGERING BB 2013, 1859 ff). Damit gerät die ergänzende Vertragsauslegung aber in die Nähe des erst nachrangig zu prüfenden § 313 BGB.

2. Dispositives Recht und Äquivalenzgefüge

47 Nach § 306 Abs 2 BGB richtet sich der Inhalt des **AGB-Vertrages** nach den gesetzlichen Vorschriften, soweit die Bestimmungen **nicht Vertragsbestandteil** geworden

oder **unwirksam** sind. Ausreichend ist, dass die Unwirksamkeit auf einem **Transparenzmangel** beruht (BGHZ 164, 297, 309; BGH 3. 12. 2015 – VII ZR 100/15, NJW 2016, 401 Rn 29; NJW-RR 2008, 192 Rn 7 [Abschluss- und Vertragskosten bei Rentenversicherung]; OLG Hamm RdE 2008, 183 [Gaspreiserhöhung]). Soweit **dispositives Recht** vorhanden ist, das zu dem Rechtsgeschäft passt (o Rn 25), hat dieses vor der ergänzenden Vertragsauslegung den **Vorrang**, damit es nicht obsolet gemacht wird (BGHZ 198, 195 Rn 14 [zu § 169 Abs 3 S 1 VVG, Rückkaufswert in der Lebensversicherung]; 191, 159 Rn 46; BGH NJW 2014, 3234 Rn 10 [§ 81 Abs 2 VVG], dazu vWestphalen NJW 2015, 2223, 2226; NJW 2012, 222 Rn 18 [bei Allgemeinen Versicherungsbedingungen die Regeln des VVG: § 81 Abs 2 VVG]; 2010, 2873 Rn 10 [zu § 147 Abs 2 BGB]; 2009, 3422 Rn 38; 2006, 2915, 2917 [Dekorationsklausel]; WuM 2008, 487 Rn 21 zum Vorrang von § 535 Abs 1 S 2; vWestphalen NJW 2008, 2234, 2235). Eine ergänzende Vertragsauslegung scheidet aus, wenn dem Verwender die Unwirksamkeit der Klausel **bekannt** war und er sie gleichwohl weiter verwendet hat (BGHZ 191, 159 Rn 47 = NJW 2012, 217). Bisweilen wird § 306 Abs 2 BGB auch durch **Sonderregelungen** wie Art 1 Abs 3 EGVVG (Vertragsanpassung bei Altverträgen) **verdrängt** (BGH VersR 2011, 1550; OLG Köln NJW-RR 2010, 1691, 1692 f; Neuhaus MDR 2013, 1201).

a) Europäisches Recht

Die weggefallene missbräuchliche Klausel kann nach der Rspr des EuGH nur durch **dispositives Recht** ersetzt werden, wenn der **Verbrauchervertrag** durch den Wegfall nicht mehr durchführbar ist und die Nichtigerklärung des gesamten Vertrages den Verbraucher besonders nachteiligen Folgen aussetzt. Art 6 Abs 1 der Richtlinie 93/13 EWG des Rates vom 5. 4. 1993 über missbräuchliche Klauseln in Verbraucherverträgen steht nicht entgegen (EuGH NJW 2014, 2335 Rn 76 ff, *Kasler ua/OTP Jelzalogbank Zrt;* insoweit bestätigend EuGH 26. 3. 2019 – C-70/17, C-179/17, NJW 2019, 3133 Rn 56 f, *Abanca Corporation Bancaria/Galeria Salamanca Santos* sowie *Bankia/Lau Mendoza u Rodriguez Ramirez*; EuGH 7. 11. 2019 – C-349/18, C-350/18, C-351/18, BeckRS 2019, 26980 Rn 70, *NMBS/Mbutuku/Kanyeba ua*; BGH 6. 4. 2016 – VIII ZR 79/15, NJW 2017, 320 Rn 35 [Gasversorgung: „Dreijahreslösung"]; **aA** vWestphalen BB 2019, 67, 71 ff: die missbräuchliche Klausel falle ersatzlos weg). Diese Möglichkeit soll jedoch wie gerade erwähnt auf die Fälle beschränkt sein, in denen der Verbraucher durch die Nichtigerklärung des Vertrages insgesamt „besonders nachteiligen, ihn bestrafenden Konsequenzen ausgesetzt wäre" (EuGH 14. 3. 2019 – C-118/17, NJW 2019, 1663 Rn 54, *Dunai/ERSTE Bank Hungary Zrt.* mwNw; Kritik an der Rspr des EuGH und ihrer Deutung durch die Kommentarliteratur durch Gsell JZ 2019, 751). Bei fehlendem dispositiven Recht führt das häufig zu einem ersatzlosen Entfallen der Klausel (abgelehnt in BGHZ 164, 297, 315 [Klauselersetzung bei kapitalbildender Lebensversicherung]; ferner zum Problem BGH NJW-RR 2010, 200 Rn 29 [Nachentschädigungsansprüche der Grundstückseigentümer nach § 76 Abs 2 TKG]). **Ergänzende Vertragsauslegung** wird durch den BGH aber ohne Verstoß gegen die Rspr des EuGH nur eingesetzt, wenn die **ersatzlose Streichung** der Klausel bei nicht zur Verfügung stehendem geeigneten dispositiven Gesetzesrechts nicht zu „einer angemessenen den typischen Interessen des AGB-Verwenders und seines Vertragspartners Rechnung tragenden Lösung führt", vielmehr das Vertragsgefüge einseitig verschoben wird. Das gilt auch bei Durchführbarkeit des Vertrages (BGHZ 177, 186 [= NJW 2008, 2840 Rn 18: kein Ausgleich unwirksamer Dekorations-AGB über Mietzuschlag]; BGHZ 198, 195 Rn 14 [Rückkaufswert in der Lebensversicherung]; BGH 15. 2. 2019 – V ZR 77/18, NJW 2019, 2602 Rn 18 [überlange Bindungsfrist von 30 Jahren für die Ausübung eines Wiederkaufsrechts der Gemeinde]; BGH NJW 2012, 2501 Rn 25 [Allgemeine Versicherungsbedingungen]; OLG Hamm RdE 2008, 183, 186 [Gaspreiserhöhung]; BAG NJW 2008, 3592 Rn 48; Heinrichs WuM 2005, 155, 159). Auch hier gilt, was die Parteien bei sachgerechter Abwägung 47a ihrer beiderseitigen Interessen nach Treu und Glauben redlicherweise vereinbart hätten, wenn ihnen die Unwirksamkeit der Klausel bewusst gewesen wäre (Erman/Armbrüster[15] § 157 Rn 26; Palandt/Grüneberg[79] § 306 Rn 13). Im Ergebnis ist es gleichgültig, ob die §§ 157, 133 BGB, auf die eine ergänzende Vertragsauslegung gestützt wird, als „gesetzliche Vorschriften" iS von § 306 Abs 2 BGB zu deuten sind (etwa Pohlmann NJW 2012, 188, 191), oder ob es sich um eine – wohl vorzugswürdig – allgemein anerkannte Methode der Lückenfüllung handelt (BGHZ 164, 297, 309).

b) Energielieferungsverträge

47b In der neueren Rspr wird für **Preisanpassungsklauseln** in Energielieferverträgen verlangt, dass sich ohne den Einsatz der ergänzenden Vertragsauslegung das Äquivalenzgefüge des Vertrags völlig einseitig zugunsten des Kunden verschiebt (Überblick bei Scholtka/Baumbach NJW 2015, 911, 914 f). Unwirksame Preisanpassungsklauseln werden daher häufig ersatzlos kassiert. Für **Sonderkundenverträge** findet sich eine abweichende Rspr, bezogen auf die letzten drei Jahre vor der Geltendmachung der Unwirksamkeit: „Der Kunde kann die Unwirksamkeit derjenigen Preiserhöhungen, die zu einem den vereinbarten Anfangspreis übersteigenden Preis führen, nicht geltend machen, wenn er sie nicht innerhalb eines Zeitraums von drei Jahren nach Zugang der jeweiligen Jahresrechnung, in der die Preiserhöhung erstmals berücksichtigt worden ist, beanstandet hat" (BGH 15. 4. 2015 – VIII ZR 59/14, BGHZ 205, 43 = NJW 2015, 2566 Rn 25, 37 mit krit Aufsatz Kühne NJW 2015, 2546; BGHZ 192, 372 = BGH NJW 2012, 1865 Rn 23 ff; BGH 6. 4. 2016 – VIII ZR 79/15, BGHZ 209, 337 = NJW 2017, 320 Rn 21 [Gasversorgungsvertrag]; BGH NJW-RR 2017, 557 Rn 12; NJW 2016, 1718 Rn 86; 2015, 1167 [keine wirksame Einbeziehung eines formularmäßigen Preisanpassungsrechts in den Gasversorgungsvertrag]; NJW 2013, 991 Rn 36; 2014, 1877 Rn 20; 2014, 3639 Rn 16 ff [Fernwärmeliefervertrag]; im Anschluss daran findet sich in BGH NJW 2015, 49 Rn 24 sogar eine verallgemeinernde Formulierung). Im Einzelnen liegt umfangreiche Rsp vor (BGH NJW 2014, 1877 Rn 20 [Stromlieferungsvertrag: ergänzende Vertragsauslegung wegen einer unwirksamen Preisänderungsklausel verneint]; 2013, 3647 Rn 61 [kein unzumutbares Ergebnis trotz unwirksamer Preisanpassungsklausel zur Gaslieferung bei Kündigungsmöglichkeit des Energieversorgungsunternehmens]; 2013, 991 Rn 35 [Preisänderungsklausel]; 2011, 1342 Rn 38 [unwirksame Preisanpassungsklausel in Erdgas-Sonderkundenvertrag]; 2011, 50 Rn 50 [Erdgassondervertrag]; 2010, 298, 302; 2010, 3505 Rn 23; 2009, 3422 Rn 38 [Unwirksamkeit eines Sicherungseinbehalts]; BGHZ 198, 111 Rn 61 [keine ergänzende Vertragsauslegung bei unwirksamen Preisanpassungsklauseln in Gasversorgungsverträgen, wenn der Energieversorger eine Kündigungsmöglichkeit hat = NJW 2013, 3647]; 192, 372 Rn 23 = NJW 2012, 1865 [Preisänderungsklausel]; 186, 180 Rn 35 [= NJW 2011, 50: Preisanpassungsklausel: kein Preisänderungsrecht]; 182, 59 Rn 37; 179, 186 [= NJW 2009, 578 Rn 25: unwirksame Preisanpassungsklausel im Erdgassondervertrag]; BGHZ 176, 244 [= NJW 2008, 2172 Rn 32: unwirksame Preiserhöhungsklausel im Erdgassondervertrag: keine ergänzende Vertragsauslegung, weil sich das Unternehmen nach zweijähriger Vertragsdauer mit einer dreimonatigen Kündigungsfrist vom Vertrag lösen kann]; zu Preisanpassungsklauseln Übersicht durch Büdenbender NJW 2017, 299; vWestphalen NJW 2017, 2237, 2240; Scholtka/Baumbach NJW 2015, 911, 914, 915; Scholtka/Baumbach/Pietrowicz NJW 2013, 2724, 2728; Kessel/Schwedler BB 2010, 585; Derleder KJ 2010, 292, 298 [Gaspreiserhöhungen]; Büdenbender/Gromm BB 2011, 2883 [Fernwärmelieferungsverträge]; auch BGHZ 165, 12, 27 mit abgeschwächter Formulierung: Benachteiligung des Klauselverwenders bei Garantieversprechen im Franchise-Vertrag; dazu Wiedemann, in: FS Canaris Band I [2007] 1281, 1286; die Rspr des BGH wurde durch BVerfG NJW 2011, 1339, 1341 [LS 5] gebilligt; krit zu den strengen Anforderungen des BGH etwa vWestphalen NJW 2011, 2098, 2099; ders, in: FS Meilicke [2010] 105, 113 ff; Uffmann NJW 2011, 1313 ff).

Die vorhin wiedergegebenen Rechtsprechungsgrundsätze über die ergänzende Vertragsauslegung gelten gleichermaßen für die ergänzende Auslegung von **Tarifkundenverträgen** (dazu Büdenbender NJW 2017, 299), deren Preisanpassungsregeln außerhalb des AGB-Rechts auf den europarechtswidrigen § 4 Abs 2 AVBEltV, § 4 Abs 2 AVGasV usw beruhten. Zudem gilt die angeführte Rechtsprechung sowohl für Fälle der **Rückforderung** als auch für Fälle der **Restforderung** von Entgelt für Energielieferungen (BGH 28. 10. 2015 – VIII ZR 158/11, BGHZ 207, 209 Rn 87, 88 = NJW 2016, 1718; BGH 21. 9. 2016 – VIII ZR 27/16, NJW 2017, 325 Rn 41). Für die Zeit ab 1. 7. 2004 kann das Versorgungsunternehmen aufgrund der lückenfüllenden ergänzenden Vertragsauslegung Steigerungen der eigenen Bezugskosten während der Vertragslaufzeit grundsätzlich an den Kunden weitergeben (BGH 6. 4. 2016 – VIII ZR 71/10, NJW 2016, 3589 im Anschluss an EuGH 23. 10. 2014 – NJW 2015, 849 [Schulz und Egbringhoff]; BGH 6. 4. 2016 – VIII ZR 211/10, NJW 2016, 3593 [Preisänderung eines Sromversorgungsunternehmens im Tarifkundenverhältnis]; krit Uffmann NJW 2016, 1696 ff). Einzelheiten des komplexen Energierechts sind hier nicht darzustellen.

Die in erster Linie für langjährige **Gasversorgungsverträge** entwickelten Grundsätze (BGH 6. 4. 2016 – VIII ZR 79/15, BGHZ 209, 337 = NJW 2017, 320 Rn 21 ff; NJW-RR 2017, 557 Rn 12) wurden etwa auf **Fernwärmelieferungsverträge** übertragen (BGH NJW 2014, 3639 Rn 14 [zu § 24 Abs 3 S 1 AVBFernwärmeVO]). Die „Dreijahreslösung" wurde nicht übertragen auf die Prämienanpassung in der **Krankenversicherung** nach § 203 Abs 2 S 1 VVG, weil es hier nicht um eine zu vermeidende Gesamtnichtigkeit geht (BGH 19. 12. 2018 – IV ZR 255/17, NJW 2019, 919 Rn 22).

c) Europäisches Anpassungsverbot

Im Anwendungsbereich der Richtlinie 93/13/EWG des Rates vom 5. 4. 1993 über missbräuchliche Klauseln in **Verbraucherverträgen** erfordert deren Art 6 Abs 1, dass das nationale Gericht den Vertrag nicht durch Abänderung des Klauselinhalts anpassen darf, etwa durch Ermäßigung der Höhe einer Vertragsstrafe (EuGH 7. 11. 2019 – C-349/18, C-350/18, C-351/18, BeckRS 2019, 26980 Rn 67; EuGH NJW 2012, 2257 Rn 73, *Banco Espanol de Credito/Camino;* bestätigt durch EuGH NJW 2014, 2335 Rn 77, *Kasler ua/OTP Jelzalogbank Zrt*). Das bedeutet ein Verbot der **geltungserhaltenden Reduktion** (BGH NJW 2013, 991 Rn 25), steht aber einer **ergänzenden Vertragsauslegung** nicht entgegen, wenn sie auf **Ausnahmefälle** beschränkt wird (oben Rn 47a; BGH 15. 2. 2019 – V ZR 77/18, NJW 2019, 2602 Rn 18 [überlange Bindungsfrist für die Ausübung eines Wiederkaufsrechts der Gemeinde] mit krit Anm KappusS NZM 2019, 600; und Fervers/Gsell NJW 2019, 2569; BGH 6. 4. 2016 – VIII ZR 79/15, NJW 2017, 320 Rn 23; BGH NJW 2013, 991 Rn 24 ff [Energieversorgungsvertrag]; Palandt/Grüneberg[79] § 306 Rn 13; Erman/Roloff[15] § 306 Rn 13; Wolf/Lindacher/Pfeiffer/Hau[6] § 306 Rn 17a; Leenen JZ 2018, 284, 290 [Verkürzung der Verjährungsfrist beim Verbrauchgüterkauf über gebrauchte Sachen]; Erm JR 2013, 543, 551; Pfeiffer LMK 2012, 339740; Schlosser IPRax 2012, 507; vWestphalen NJW 2014, 2242, 2245; Uffmann NJW 2012, 2225, 2230: gegen die Rspr des EuGH erneut vWestphalen BB 2019, 67 ff; **anders** und gegen die Möglichkeit einer ergänzenden Vertragsauslegung Bamberger/Roth/Hau/Poseck/H Schmidt[4] § 306 Rn 2, 3, 5, 16; Säcker/Mengering BB 2013, 1859, 1862; Fervers/Gsell NJW 2019, 2569 halten die Frage für ungeklärt und treten für eine Vorlage an den EuGH ein; Gsell JZ 2019, 751 Fn 2 behandelt die ergänzende Vertragsauslegung nicht). Die Regelung der **Gesamtnichtigkeit** in § 306 Abs 3 BGB ist mit europäischem Recht vereinbar (Art 6 Abs 1 HS 2 der Richtlinie über missbräuchliche Klauseln in Verbraucherverträgen), muss aber wegen Abs 2 eng ausgelegt werden (EuGH NJW 2012, 1781 Rn 34 ff, *Jana Perenicova;* Palandt/Grüneberg[79] § 306 47c

Rn 16; dazu vWESTPHALEN NJW 2012, 1770). Auch kann sich im Bereich des § 306 Abs 2 BGB ein Bedürfnis nach ergänzender Vertragsauslegung ergeben, wenn die in der Norm vorausgesetzte Lücke (eine Lücke war zB zu verneinen in BGH WM 1995, 1397, 1398 [Bürgenhaftung; Anlasskredit]) nicht geschlossen werden kann, weil etwa bei **atypischen Verträgen** dispositive Normen ganz fehlen oder auf den betreffenden Vertrag nicht passen. Dadurch tauchen vergleichbare Probleme wie bei der allgemeinen Rechtsgeschäftslehre auf (o Rn 27; NEUMANN, Geltungserhaltende Reduktion und ergänzende Auslegung von Allgemeinen Geschäftsbedingungen [1988] 113 ff mit Bespr H ROTH JZ 1989, 632). Eine ergänzende Vertragsauslegung ist unzulässig, wenn sie im Ergebnis die gesetzliche Sanktion der Unwirksamkeit nach § 307 Abs 1 BGB **unterläuft** (BGH NJW-RR 2008, 188 Rn 7 [Rückkaufswertklauseln im Rentenversicherungsvertrag mit Kapitalwahlrecht]; BGHZ 164, 297, 315 [Klauselersetzung bei kapitalbildender Lebensversicherung]). Es ist daher unzulässig, an die Stelle einer unangemesssen benachteiligenden (auch intransparenten) Klausel eine **inhaltsgleiche Bestimmung** kraft ergänzender Vertragsauslegung zu setzen, es sei denn, das wird durch den beiderseitig angemessenen Interessenausgleich erforderlich (BGHZ 192, 372 Rn 24 [unwirksame Gaspreisanpassung]; BGH NJW 2010, 2737, 2739 [Gewährleistungsbürgschaft und Vertragserfüllungsbürgschaft]; LG Hamm RdE 2008, 183 [Gaspreiserhöhung bei unwirksamer Preisanpassungsklausel]; anders OLG Bremen ZIP 2008, 28; LG Bremen GewArch 2008, 327, 331). Die ergänzende Vertragsauslegung kann nur im **Individualprozess**, nicht aber im Verbandsprozess des § 1 UKlaG zur Anwendung kommen (BGHZ 82, 21 [Tagespreisklausel I]; BGH NJW 2007, 1054 Rn 39 mit Nachw [Flüssiggasbelieferungsvertrag und unwirksame Preisanpassung]; **abl** vWESTPHALEN, in: FS Meilicke [2010] S 105 ff). Das folgt schon daraus, dass der Vertragspartner des Verwenders dort nicht beteiligt ist, sein tatsächlicher Wille aber beachtlich wäre. Eine ergänzende Vertragsauslegung scheidet aus, wenn der Verwender die Klauselregelung **bewusst abschließend** gewählt hat (BGH NJW-RR 2011, 1526 Rn 22 [Ablösung eines Gewährleistungseinbehalts durch Bürgschaft]).

d) Sonderfälle der Lückenfüllung

48 **Besonderheiten** gegenüber der ergänzenden Auslegung eines **Individualvertrages** gelten auch, wenn die Lücke **nicht durch unwirksame AGB** entstanden ist, sondern in anderer Weise, etwa durch Wegfall eines von den Parteien vereinbarten **Indexes** zur Mietanpassung (BGH NJW-RR 2009, 880 Rn 15 [Maßgeblichkeit des Verbraucherpreisindexes anstelle des Indexes für Lebenshaltung eines 4-Personen-Arbeitnehmer-Haushalts]; eine Lücke wurde auch verneint in BGH NJW-RR 2008, 1371 Rn 13 ff [ergänzende Auslegung einer Rückkaufklausel in einem Kfz-Vertragshändlervertrag]; im Anschluss daran BGH WRP 2010, 393 Rn 13 mit Anm SALOMON/WEGSTEIN BB 2010, 275; BGHZ 145, 393; bestätigt durch BGH NJW 2008, 1737 Rn 21 [Regressverzicht des Versicherers, wenn der Mieter einen Brandschaden durch einfache Fahrlässigkeit verursacht hat]). Die ergänzende Vertragsauslegung in AGB-Verträgen ist danach auch zulässig, wenn die Lücke des vorformulierten Vertrages **nicht auf Einbeziehungs- oder Inhaltsschranken beruht** (BGHZ 117, 92, 98; BGH NJW-RR 2007, 1697 Rn 34 [Rückkaufklausel im Vertragshändlervertrag; Vorinstanz OLG Frankfurt WRP 2006, 1387]; BGH NJW-RR 2004, 262; HENSSLER/HEIDEN RdA 2004, 241, 244 [dynamische Bezugnahmeklauseln bei Verbandsaustritt des Arbeitgebers]). Ausreichend ist auch, dass eine Klausel wegen § 305c Abs 1 BGB nicht Vertragsbestandteil geworden ist (BGH NJW 2015, 49 Rn 24). Auch insoweit ist Voraussetzung einer ergänzenden Vertragsauslegung, dass der Vertrag, ausgehend vom Regelungskonzept der Parteien, eine Lücke aufweist, die zur Verwirklichung des Regelungsplans geschlossen werden muss (verneint in BGH NJW-RR 2008, 1371 Rn 13; 2007, 1697 Rn 35 [Rückkaufklausel in einem Vertragshändlervertrag]). Doch wird hier ebenfalls einer vertragsfernen Auslegung das Wort geredet, weil ein

objektiv-generalisierender Maßstab zugrunde zu legen ist, der sich „am Willen und Interesse der typischerweise an Geschäften dieser Art beteiligten Verkehrskreise auszurichten hat" (BGH NJW-RR 2008, 1371 Rn 15; 2007, 1697 Rn 34; 2004, 262). Eine derartige Vertragslücke kann etwa darauf beruhen, dass sich die bei Vertragsschluss bestehenden wirtschaftlichen und rechtlichen Verhältnisse nachträglich ändern (BGH NJW-RR 2004, 262 mit Anm Häublein EWiR 2004, § 6 AGBG 1/04, 781 [in Kraft treten des Gesetzes für den Vorrang Erneuerbarer Energien und des Kraft-Wärme-Kopplungsgesetzes]). **Einzelheiten** zu dem Problemkreis finden sich in den einschlägigen Kommentierungen zu § 306 BGB (auch H Roth JZ 1989, 416).

3. Maßstab

Die ergänzende Vertragsauslegung weist im AGB-Bereich gegenüber dem gleichlautenden Institut der allgemeinen Rechtsgeschäftslehre **entscheidende Unterschiede** auf (näher H Roth, Vertragsänderung 62 f). Dort bedeutet ergänzende Vertragsauslegung eine konkret-typisierende Auslegung unter Anlehnung an die Privatautonomie (o Rn 31 ff). Dagegen ist § 306 BGB idS **vertragsfern**, als es nicht um die Durchsetzung der Privatautonomie, sondern um die **Durchsetzung von Interessenschutz** geht (Medicus, in: Zehn Jahre AGB-Gesetz [1987] 94 ff). Daher orientiert sich die ergänzende Vertragsauslegung im Anwendungsbereich des § 306 Abs 2 BGB an einem **objektiv generalisierenden**, am Willen und Interesse der typischerweise an Geschäften dieser Art beteiligten Verkehrskreise, und nicht nur der konkret beteiligten Parteien, ausgerichteten Maßstab (BGHZ 192, 372 Rn 24 [Preisanpassungsklausel]; 164, 297, 317 [Klauselersetzung bei kapitalbildender Lebensversicherung]; 143, 103, 121; 107, 273, 277; BGH NJW-RR 2011, 625 Rn 16 [unwirksame Zinsanpassungsklausel]; 2005, 1040, 1041; ZIP 2005, 578, 579; OLG Hamm RdE 2008, 183, 186 [Gaspreiserhöhung bei unwirksamer Preisanpassungsklausel]; MünchKomm/Busche[8] Rn 32; Bamberger/Roth/Hau/Poseck/H Schmidt [4. Aufl 2019] § 306 Rn 18; Kollhosser VersR 2003, 807, 810; vWestphalen NJW 2018, 205, 206; H Roth WM 1991, 2085, 2130; zur Gefahr einer verdeckten Inhaltskontrolle Bernreuther BB 1993, 1823 ff). Darin liegt eine Verschiebung des Maßstabes weg von der Betonung der privatautonomen Regelung, hin zu einer **generellen Ersatzlösung** iSe Fortbildung oder Neuschaffung von **positivem Recht** (näher H Roth, Vertragsänderung 63 mNw; ders JZ 1998, 463 zu BGHZ 137, 212 [Freigabe bei revolvierenden Globalsicherheiten]; BGHZ 164, 297, 317: „allgemeine Lösung eines stets wiederkehrenden Interessengegenstandes für den betroffenen Vertragstyp"). Darin setzt sich die **vertragsferne Auslegung von AGB** fort, die nach den Verständnismöglichkeiten eines rechtlich nicht vorgebildeten Durchschnittskunden einheitlich so auszulegen sind, wie sie von „verständigen und redlichen Vertragspartnern unter Abwägung der Interessen der normalerweise beteiligten Kreise verstanden werden", ohne dass es auf den Willen der konkreten Vertragspartei ankäme (Nachweise bei BGH NJW 2009, 3716 Rn 8; NJW-RR 2008, 1371 Rn 11). Der BGH hat es offen gelassen, ob im Falle der ergänzenden Vertragsauslegung bei Vortrag konkreter Umstände **Beweis** darüber erhoben werden kann, die Vertragsparteien hätten den Vertrag mit einem bestimmten anderen Inhalt geschlossen, wenn sie die Unwirksamkeit gekannt hätten (BGH NJW-RR 2005, 1040, 1041). 49

4. Kritik

Im Ergebnis bedeutet ergänzende Vertragsauslegung im Anwendungsbereich des § 306 Abs 2 BGB eine **Abkehr von der allgemeinen Rechtsgeschäftslehre**, wie sie für Individualverträge entwickelt worden ist (o Rn 4). Es handelt sich im Wesentlichen 50 um einen funktionswidrigen Einsatz dieses Rechtsinstruments im vertragsfernen § 306 BGB (besonders deutlich BGHZ 164, 297, 317; mit gleicher Stoßrichtung MünchKomm/Busche[8] Rn 32). Da die ergänzende Vertragsauslegung auf eine teilweise Aufrechterhaltung der betreffenden Bestimmung hinausläuft, sollte sie im AGB-Bereich entgegen der hL (oben Rn 48) durch die **Anerkennung einer geltungserhaltenden Reduktion** abgelöst werden (dagegen vWestphalen NJW 2013, 2239, 2241). Das bedeutet iE die offene richterliche Fortbildung von objektivem Recht. Dagegen bleibt hier das Abstellen auf den sonst anerkannten hypothetischen Parteiwillen (o Rn 30 ff) fiktiv (H Roth, Vertragsänderung 62 f).

VIII. Prozessuales

51 Für die ergänzende Vertragsauslegung ist ebenso wie für die einfache Auslegung zwischen der von dem Richter von sich aus vorzunehmenden Auslegung iSe rechtlichen Würdigung und der Feststellung der für die Auslegung maßgeblichen Tatsachen zu unterscheiden. Nur für diese auslegungsrelevanten **tatsächlichen Umstände** besteht eine **Behauptungs- und Beweislast** (zB BGH WM 1962, 812, 813; für das Strafrecht BayObLG NJW 1994, 952 f). Die prozessuale Behandlung der ergänzenden Vertragsauslegung weist daher keine Unterschiede zu den dort dargestellten allgemeinen Grundsätzen auf (ebenso Palandt/Ellenberger[79] Rn 11; Soergel/M Wolf[13] Rn 33). Insbes ist die ergänzende Vertragsauslegung ganz unabhängig von den Regeln über die Behauptungs- und Beweislast vorzunehmen (BGHZ 20, 109, 111; Rosenberg, Die Beweislast[3] 9 ff; Pohle MDR 1951, 91 f). Der Richter hat jedoch die nach seiner Auffassung in Betracht kommenden Lösungen mit den Parteien zu erörtern (BGH NJW 1978, 695).

1. Individualverträge

52 Da die ergänzende Vertragsauslegung **normative Auslegung** ist (o Rn 31), ist sie als **Rechtsfrage** und nicht als Tatfrage einzuordnen (aber u Rn 53). Das gilt gleichermaßen für allgemeine Geschäftsbedingungen (u Rn 55) wie für **Individualverträge**. Deshalb muss die ergänzende Vertragsauslegung wenigstens grundsätzlich der Überprüfung durch die **Revision** zugänglich sein (dagegen aber Sandrock 130). Nicht durchgesetzt haben sich freilich Ansichten, die für eine **unbeschränkte Revisibilität** eintreten (dafür aber MünchKomm/Busche[8] Rn 59; Henckel AcP 159 [1960/1961] 106, 126; Pilz 104 f; Mangold NJW 1962, 1597, 1600; Manigk RG Praxis VI [1929] 94, 196; Hart KritVJ 72 [1989] 179, 186; Neufert, Die Revisibilität der Auslegung individueller Vertragserklärungen [1988] 122 ff; Bork, AT[4] Rn 557; Ehricke RabelsZ 60 [1996] 661, 672; Vogenauer, in: FS Jan Schröder [2013] 221, 241 ff). Die Rspr räumt vielmehr dem Richter der Tatsacheninstanz bei der ergänzenden Vertragsauslegung einen gewissen **Ermessensspielraum** ein. Maßgebend dafür ist die Verschlingung von Tat- und Rechtsfrage in der praktischen Handhabung, die größere Sachnähe des Richters der Tatsacheninstanz und wohl auch ein gewünschter Entlastungseffekt für das Revisionsgericht (zur Tatfrage Kuchinke, Grenzen der Nachprüfbarkeit tatrichterlicher Würdigung und Feststellung in der Revisionsinstanz [1964], an der Unterscheidbarkeit zweifelnd). Zudem geht es bei Individualverträgen nicht in erster Linie um die Sicherung einer einheitlichen Rspr durch das Revisionsgericht, weil die auszulegenden Vereinbarungen eben sehr verschieden sind.

53 Nicht revisibel sind die **tatsächlichen Feststellungen** und Würdigungen, die für die Untersuchung maßgebend sind, wie die Parteien den betreffenden Punkt als redliche

Vertragspartner geregelt haben würden, wenn sie ihn bedacht hätten. Diese Tatsachen gehören zum Bereich der **Tatfrage** (BGH LM Nr 5 [D]). Der Beurteilung des Revisionsgerichts zugänglich ist aber die daraus gezogene Folgerung, ob eine **planwidrige Regelungslücke** vorliegt (BGH NJW 2015, 955 Rn 26; 2013, 678 Rn 18; 1993, 2395, 2396). Als Grundsatz gilt, dass die Auslegung eines Einzelvertrages ohne typischen Inhalt für das Revisionsgericht bindend ist (BGH WM 1970, 1142, 1143). Im Übrigen wird die ergänzende Vertragsauslegung von der Rspr grundsätzlich als zum **Bereich der tatrichterlichen Feststellung** zugehörig erachtet (BAGE 4, 360, 365 = NJW 1956, 1732; BGH NJW-RR 2013, 494 Rn 8; NJW 2009, 1482 Rn 17; 2004, 1873; 2002, 2383, 2384; 1994, 2757, 2758; WM 1994, 1936, 1940) und revisionsrechtlich nur darauf nachgeprüft, ob das Berufungsgericht Auslegungs- oder Ergänzungsregeln, Denk- oder Erfahrungssätze verletzt oder wesentliche Umstände unbeachtet gelassen hat (BGH NJW 2009, 1482 Rn 17; 2004, 1873; 2002, 2310; 1990, 1723, 1724; NJW-RR 2005, 1619; 2004, 50, 53; Soergel/M Wolf[13] Rn 134; Erman/Armbrüster[15] Rn 34; PWW/Brinkmann[15] Rn 33; zu den allgemeinen Grundsätzen bei Auslegung einer Individualvereinbarung BGH NJW 2010, 64 Rn 18 ff). Die richtige Begründung wäre aber, die ergänzende Vertragsauslegung als **Rechtsfrage** einzuordnen (o Rn 52) und die beschränkte Nachprüfungsmöglichkeit mit der Verschlingung von Tat- und Rechtsfrage zu begründen (o Rn 52). Das Revisionsgericht hält sich schon daran gebunden, dass sich das Berufungsgericht nicht in der Lage sieht, eine Lücke festzustellen (BGH NJW 1990, 1723, 1724; WM 1973, 294, 295). Doch muss diese Feststellung wiederum unter Berücksichtigung aller wesentlichen Umstände getroffen worden sein (BGH NJW-RR 1990, 817, 818). Zusätzlich zu dem genannten Katalog wird als überprüfbar noch der Verstoß gegen Verfahrensvorschriften genannt (etwa BGH WM 1969, 1237, 1239; BayObLG DNotZ 1990, 734 f). Die Überprüfung der genannten Auslegungsgrundsätze, Auslegungsregeln, Denkgesetze oder Erfahrungssätze geschieht schon auf die **Rüge der Verletzung sachlichen Rechts** hin (BGH NJW-RR 1990, 455). Bleiben wesentliche für die Auslegung maßgebliche **Tatsachen unberücksichtigt**, so liegt darin grundsätzlich ein materiell-rechtlicher Auslegungsfehler und kein Verfahrensmangel, sodass das Berufungsgericht nicht nach 538 Abs 2 Nr 1 ZPO zurückverweisen darf. Anders liegt es nur bei einer Verkennung des Prozessstoffes (BGH ZZP 106 [1993] 241, 244 m zust Anm Rimmelspacher). Hervorgehoben wird für die ergänzende Vertragsauslegung der Grundsatz einer möglichst nach **beiden Seiten hin interessengerechten Auslegung** (BGH NJW 1994, 2228; NJW-RR 1992, 182; NJW 1990, 2676, 2677). Revisionsfähig ist es auch, wenn das Untergericht Möglichkeit und Notwendigkeit einer ergänzenden Vertragsauslegung nicht erkannt hat (BGH BB 1994, 2234, 2235; BayObLG WuM 1993, 482, 483).

Hat das Berufungsgericht die ergänzende Auslegung **unterlassen**, oder sind die Gründe des Berufungsurteils **lückenhaft** und kommen weitere tatsächliche Feststellungen nicht mehr in Betracht, so kann das **Revisionsgericht ohne Bindung an geltend gemachte Revisionsgründe selbst auslegen**, auch wenn mehrere Auslegungsmöglichkeiten bestehen (BGHZ 16, 71, 81; 65, 107, 112; BGH 17. 5. 2018 – VII ZR 157/17, NJW 2018, 2469 Rn 29; BGH 29. 4. 2015 – VIII ZR 197/14, NJW 2015, 2177 Rn 40 [privilegierter Kinderlärm]; NJW-RR 2008, 1491 Rn 30 [Post-Wettannahmestelle]; 2003, 1453 [Vergleich]; 2000, 894, 895 [Erschließungskosten]; 1995, 833, 834; NJW 1995, 196; WM 1993, 1668; NJW 1990, 2620, 2621; NJW-RR 1990, 817, 819; 1989, 1490, 1491; 1987, 1459, 1460; WM 1979, 440, 442; BAG DB 2009, 1602, 1603; Bamberger/Roth/Hau/Poseck/Wendtland[4] Rn 49; PWW/Brinkmann[15] Rn 33). Daran wird deutlich, dass es sich doch um eine **Rechtsfrage** handelt (o Rn 52). Im Einzelfall wird das Berufungsgericht im Falle der Aufhebung und Zurückverweisung auch auf die Möglichkeit der ergänzenden Vertragsauslegung hingewiesen (BGH WM 54

1984, 1007, 1009; 1978, 1090, 1091; WarnR 1972 Nr 250; WM 1969, 185, 186; 1964, 906, 908; 1960, 1389, 1390).

55 Die **beschränkte Nachprüfbarkeit** der Auslegung von Individualverträgen ist dem Ergebnis nach beifallswert, weil sie der rechtswahrenden Aufgabe des Revisionsgerichts entspricht. Dafür ist es ausreichend, wenn die Einhaltung der allgemeinen Grundsätze überwacht und vertretbare Auslegungen der Tatsacheninstanzen bis hin zu bestimmten Schranken respektiert werden (Soergel/M Wolf[13] Rn 134; **aA** MünchKomm/Busche[8] Rn 59; AK-BGB/Hart §§ 133, 157 Rn 99: volle Überprüfbarkeit).

2. AGB-Verträge

56 Geht es nicht um die ergänzende Auslegung von Individualverträgen, sondern um diejenige von **Allgemeinen Geschäftsbedingungen** (allgemein zum Maßstab BGH 24. 9. 2019 – II ZR 192/18, NJW 2020, 679 Rn 15) oder um rechtsgeschäftliche Erklärungen von überindividueller Bedeutung, so sind die Ergebnisse der ergänzenden Vertragsauslegung **revisibel** (BGH NJW 2010, 1742 Rn 20). Dort ist sie von der Tatfrage abgelöst (H Roth WM 1991, 2085, 2130). Bei der Auslegung von AGB kommt es auf die besonderen Umstände des Einzelfalles nicht an, sodass das Revisionsgericht nicht sachferner ist als die Tatsacheninstanz. Es geht dort um die typische Aufgabe des Revisionsgerichts, **generelle Ersatzlösungen** iSd Fortbildung und Neuschaffung positiven Rechts zu finden (o Rn 48; ebenso BGB-RGRK/Piper[12] Rn 119; Palandt/Ellenberger[79] Rn 11; Erman/Armbrüster[15] Rn 34; PWW/Brinkmann[15] Rn 34).

57 Der BGH verlangt für die unbeschränkte Nachprüfung, dass eine unterschiedliche Auslegung der betreffenden allgemeinen Geschäftsbedingungen durch **verschiedene Berufungsgerichte** denkbar ist, ohne dass es auf den räumlichen Anwendungsbereich ankommt (BGHZ 163, 321, 324; BGH NJW 2010, 2877: Thomas/Putzo/Reichold, ZPO[40] § 546 Rn 7). Auch diese Rspr ist zur Sicherung der Einheitlichkeit der Auslegung von AGB beifallswert. **Ausländische** AGB- oder Formularverträge sind der Auslegung im Revisionsverfahren trotz der Neufassung von § 545 Abs 1 ZPO durch Art 29 Nr 14a FGG-RG mit Wirkung vom 1. 9. 2009 grundsätzlich entzogen (dazu BGH NJW 2013, 3656; H Roth NJW 2014, 1224; Thomas/Putzo/Reichold, ZPO[40] § 545 Rn 5, § 545 Rn 8/9).

IX. Weitere Einzelfälle mit Beispielscharakter

58 Wird zur *Abwendung einer Enteignung* ein Grundstück außerhalb eines Enteignungsverfahrens übertragen, so scheidet ein im Verfahren der ergänzenden Vertragsauslegung gewonnener Rückübertragungsanspruch aus, wenn das betreffende Unternehmen später aufgegeben wird (BayObLG DNotZ 1990, 734 [Flughafen München/Riem]; ferner BGHZ 84, 1, 7 und BGH WM 1980, 1258, 1259). Das einem *Altenteiler* eingeräumte Recht zum unentgeltlichen Wasserschöpfen steht ihm auch aus dem Zapfhahn in seiner Altenteilswohnung zu, die der Hofeigentümer nach Einführung des Anschluss- und Benutzungszwanges für die Trinkwasserversorgung in der Gemeinde hat anlegen lassen (OLG Celle NdsRpfl 1962, 131; ferner BGH LM BayGO Nr 1 [späterer Erlass einer Satzung mit Anschluss- und Benutzungszwang]). Im Falle des Ausschlusses und des kündigungsbedingten *Ausscheidens eines Gesellschafters* aus einer Personengesellschaft ist eine Abfindungsklausel mit einer unter dem realen Anteilswert liegenden Abfindung nicht deswegen unwirksam, weil sie infolge eines im Laufe der Zeit

eingetretenen groben Missverhältnisses zwischen dem Betrag, der sich aufgrund der vertraglichen Vereinbarung ergibt, und dem wirklichen Anteilswert geeignet ist, das Kündigungsrecht des Gesellschafters in tatsächlicher Hinsicht zu beeinträchtigen. Der Abfindungsmaßstab ist dann durch ergänzende Vertragsauslegung neu zu ermitteln (BGHZ 123, 281; BGH WM 1993, 1412; ZIP 1994, 1173, 1179 f [dazu K Schmidt JuS 1994, 257; G Müller ZIP 1995, 1561; Ulmer/Schäfer ZGR 1995, 134; Kanzleiter NJW 1995, 905, 909]; zum GmbH-Recht BGH NJW 1992, 892 m Anm Schulze-Osterloh JZ 1993, 45). Eine ergänzende Vertragsauslegung kommt in Betracht, wenn die Parteien eines *Bürgschaftsvertrages* den Fall der Auflösung der Hauptschuldnerin (GmbH) nicht bedacht haben (BGH NJW 2001, 3616, 3617 [dort abgelehnt bei einer Bürgschaft auf erstes Anfordern]).

Wenn der *Erbbauberechtigte* sein Erbbaurecht verkauft und er von dem Besteller wegen Wegfalls der Geschäftsgrundlage auf Erhöhung des Erbbauzinses in Anspruch genommen wird, so kann sich im Wege der ergänzenden Vertragsauslegung des Kaufvertrages gegen den Käufer ein Anspruch auf Freistellung von dem erhöhten Zins ergeben (BGH NJW 1990, 2620). Ein im Jahre 1940 geschlossener *Erbbau-Heimstättenvertrag* kann um die Beteiligung des Siedlers an den Kosten einer Entwässerungsanlage für die Siedlung ergänzt werden (BGH NJW-RR 1989, 1490). Ist bei einem *Erbbaurechtsvertrag* die als Absicherung des Kaufkraftschwundes vereinbarte Roggenklausel ungeeignet, so kann die ergänzende Vertragsauslegung einen Leistungsvorbehalt ergeben (BGHZ 81, 135; ferner BGH NJW 2007, 509 [Überspringen der Kappungsgrenze]; OLG Düsseldorf AgrarR 1981 m **abl** Anm Rinck [Weizenklausel]; LG Lübeck NJW 1976, 427 m Anm Hartmann [Roggenklausel]). Der Verkäufer kann *Erschließungskosten* in Höhe der Vorauszahlung tragen müssen, wenn eine bestimmte, von den Vertragsparteien nicht bedachte Änderung der Verwaltungspraxis eintritt (BGH NJW 1988, 2099; ebenfalls zu Erschließungsfragen BGH NJW-RR 1987, 458, 459). Wird dem Käufer vom Grundstücksverkäufer ein Kaufpreisteil *erlassen,* weil die Parteien als sicher davon ausgehen, dass eine bestimmte Teilfläche von der Gemeinde für öffentliche Zwecke in Anspruch genommen wird, und beansprucht die Gemeinde nur einen Bruchteil der Fläche, so ist der erlassene Teilbetrag im Wege ergänzender Vertragsauslegung anteilig nachzuzahlen (OLG Frankfurt MDR 1985, 52). 59

Haften Verkäufer und Käufer beim widerruflichen *finanzierten Abzahlungskauf* gesamtschuldnerisch und widerruft der Käufer wirksam, so soll eine ergänzende Vertragsauslegung ergeben, dass dem Kreditgeber gegenüber dem Verkäufer ein vertraglicher Anspruch auf Rückzahlung des Nettokreditbetrages und eine marktübliche Verzinsung zusteht (BGH NJW 1993, 1912, 1914 m krit Anm Ose EWiR § 157 BGB 1/93, 747; dazu vRottenburg WuB IV C § 1b AbzG 4. 93 und Anm Grunewald LM § 157 [D] Nr 59). Trifft der Hauptschuldner (Gesellschafter einer OHG) mit dem Bürgen eine *Freistellungsvereinbarung,* und scheidet der Schuldner aus der OHG aus, so muss er nur für solche Verbindlichkeiten des in Anspruch genommenen Bürgen aufkommen, die bis zum Ausscheiden begründete Kredite betreffen (BGH WM 1993, 1668, 1669). Die Frage der ergänzenden Vertragsauslegung kann auch eine Rolle spielen, wenn die *Folgekosten* streitig werden, die infolge einer Veränderung der Straße durch Umlegung bereits verlegter Leitungen entstehen (BGH NJW 1982, 1283). 60

In der *Gebäudefeuerversicherung* ergibt eine ergänzende Vertragsauslegung einen Regressverzicht des Versicherers für die Fälle, in denen der Wohnungsmieter einen 61

Brandschaden durch einfache Fahrlässigkeit verursacht hat (BGH NJW-RR 2012, 280 Rn 11; NJW 2001, 1353; OLG Köln NJW-RR 2009, 169; VersR 2004, 593, 594 mit Anm GÜNTHER; dazu STAUDINGER/KASSING VersR 2007, 10). Soll sich bei einem *Grundstücksverkauf* die als Kaufpreis vereinbarte Rente nach dem Anfangsgrundgehalt einer später weggefallenen Beamtenbesoldungsgruppe richten, so ergibt die ergänzende Vertragsauslegung die Berechnung nach der nächst benachbarten Besoldungsgruppe (BGH WM 1968, 833). Eine Beschränkung der *Haftung des Arbeitnehmers* im Außenverhältnis kann nicht im Wege ergänzender Vertragsauslegung der zwischen dem geschädigten Dritten und seinem Vertragspartner getroffenen Vereinbarungen hergeleitet werden (BGH WM 1994, 389, 393 mNw der Gegenauffassung). Bei *indexabhängigen Mieterhöhungen* muss nach einer Umbasierung dieses Indexes bei der Feststellung der eine weitere Erhöhung auslösenden Steigerung von dem umbasierten Wert der letzten Erhöhung ausgegangen werden (OLG Düsseldorf NJW-RR 1987, 402). Bei der Erbbauzins-Indexermittlung ist statt des nur bis 1999 geltenden Preisindexes für die Lebenshaltungskosten eines 4-Personen-Arbeitnehmer-Haushalts auf den dann geltenden einheitlichen Verbraucherpreisindex abzustellen (OLG Karlsruhe NJW-RR 2006, 1593; für den Gewerbemietvertrag AG Mönchengladbach NZM 2005, 742).

62 Auch bei fehlender Bestimmung wurde bei einem gewerblichen Mietvertrag angenommen, dass der Vermieter die *Kaution* verzinslich anzulegen hat (OLG Düsseldorf NJW-RR 1993, 709; zur Höhe BGH BB 1994, 2234, 2235; anders AG Köln BB 1994, 2236). Im Wege der ergänzenden Vertragsauslegung kann ein *Konkurrenzverbot,* das für einen kündigenden Gesellschafter einer GmbH vereinbart wurde, auf den Fall der vorzeitigen Niederlegung seines Geschäftsführeramtes unter Beibehaltung seiner Gesellschafterstellung erweitert werden (BGH NJW-RR 1990, 226). Eine nachvertragliche Verpflichtung des bisherigen Versorgungsunternehmens, die zuvor vertraglich geschuldete *Konzessionsabgabe* auch nach Beendigung des Konzessionsvertrages (§ 103a GWB aF) fortzuentrichten, wurde auf die für die Abwicklung des Vertragsverhältnisses erforderliche Zeit, längstens auf ein Jahr, begrenzt (BGH WM 2001, 1970).

63 Mit ergänzender Vertragsauslegung wurde auch in mit dem *Lastenausgleichsgesetz* zusammenhängenden Fällen geholfen (zB BGH WM 1962, 488, 491; 1960, 665, 667; zu den verwendeten Klauseln ROTHE DB 1963, 1527, 1529). Ein vor dem Inkrafttreten des LAG geschlossener Schenkungsvertrag über wertvollen Grundbesitz wurde ergänzend dahin ausgelegt, dass der Beschenkte die auf den Grundbesitz entfallende Vermögensabgabe zu tragen hatte (BGH LM § 61 LAG Nr 1). Eine unwirksame *Mieterhöhungsklausel* kann im Wege der ergänzenden Vertragsauslegung ersetzt werden (dazu OLG Hamburg NJW-RR 1992, 74, 75). Ein *Mietvertrag* wurde durch ergänzende Vertragsauslegung dahin konkretisiert, dass der Vermieter bei einer vorzeitigen grundlosen Vertragsauflösung durch den Mieter für die von diesem auf dem Mietgrundstück errichteten Bauten keine Entschädigung zu zahlen braucht (BGH WM 1970, 1142). Bei einem Mietvertrag kommt ein Anspruch des Vermieters auf Geldersatz in Betracht, wenn der ausziehende Mieter die von ihm geschuldeten *Schönheitsreparaturen* nicht ausführt, weil der Vermieter die Mieträume tatsächlich umbaut und an einer Sachleistung des Mieters deshalb nicht mehr interessiert ist (BGH NJW 2014, 1521 Rn 15 ff; 2002, 2383 mit Nachw unter Abgrenzung der Fallgruppen; OLG Koblenz MDR 2013, 964; dazu JENAL JA 2003, 89). Bei überzahlten Betriebskosten wurde dem Mieter ein Rückforderungsanspruch gewährt, soweit den Zahlungen kein entsprechender Aufwand des Vermieters gegenübersteht (OLG Koblenz NJW-RR 2002, 800). Bei beendetem Mietvertrag kann der Mieter seine *Vorauszahlungen*, über die der Vermieter nicht fristgerecht abgerechnet hat, sogleich zurückverlangen (BGH NJW 2012, 3508 Rn 8). Im Wege der ergänzenden Vertragsauslegung kann der Mieter vom Vermieter keine Bescheinigung über bestehende Mietschuldenfreiheit verlangen (DITTERT jurisPR-MietR 25/2009 Anm 5). Kann der Verkäufer im Falle der Vereinbarung eines lebenslänglichen Wohnrechts dieses infolge *Pflegebedürftigkeit* nicht mehr nutzen, kann eine ergänzende Vertragsauslegung eine Ersatzrente ergeben (OLG Karlsruhe NJW-RR 2011, 813).

Im Wege der ergänzenden Vertragsauslegung wurde die *Nichtabnahmeentschädigung* für ein Darlehen so bestimmt, dass die Bank die bankübliche Kreditlinie nicht unterschreiten und nicht ohne besonderen Grund von ihrer bisherigen Beleihungspraxis abweichen darf (BGH NJW 1990, 2676, 2677). **64**

Gibt der Schwiegervater dem Ehemann seiner Tochter ein Darlehen zur Existenzsicherung, so muss dieser das Darlehen nach dem *Scheitern der Ehe* in einer angemessenen Frist zurückzahlen (BGH FamRZ 1973, 252). Wenn die Parteien eines Mietvertrages vereinbart haben, dass der Mietzins jeweils durch *Schiedsgutachten* neu festgesetzt werden soll, über die Kostentragung jedoch keine Regelung getroffen haben, so sind nach ergänzender Vertragsauslegung diese Kosten des Schiedsgutachtens von Vermieter und Mieter je zur Hälfte zu tragen (LG Hamburg MDR 1975, 143). Haben die Parteien irrtümlich ein nicht bestehendes *Schiedsgericht* bestimmt, kann die ergänzende Vertragsauslegung die Zuständigkeit eines anderen Schiedsgerichts ergeben (BGH NJW 2011, 2977 Rn 2). Der Sicherungsgeber hat bei formularmäßig bestellten *revolvierenden Globalsicherungen* (Sicherungsübereignung, Sicherungsabtretung) im Falle nachträglicher Übersicherung einen ermessensunabhängigen Freigabeanspruch auch ohne entsprechende vertragliche Regelung (BGHZ 137, 212 [Großer Senat für Zivilsachen] mit Anm H ROTH JZ 1998, 462, 463). Eine *Sicherungsabrede* kann durch ergänzende Vertragsauslegung nicht dahin ausgelegt werden, dass der Sicherungseinbehalt durch eine „einfache, unbefristete selbstschuldnerische Bürgschaft" ablösbar sei (BGH NJW 2014, 3645 Rn 17). Ein den AVB unterliegender *Stromversorgungsvertrag* wurde so ergänzt, dass das Elektrizitätsunternehmen dem Stromabnehmer, der zugleich Grundstückseigentümer ist, für die Verkehrswertminderung seines Grundstücks infolge der Überspannung mit einer Leitung eine angemessene Entschädigung zu zahlen hat (BGH WM 1982, 545). **65**

Sind Parteien irrtümlicherweise übereinstimmend davon ausgegangen, dass ein über Bergwerkseigentum abgeschlossener Kaufvertrag nicht der *Umsatzsteuer* unterliegt, kann die Frage, wer die tatsächlich angefallene Umsatzsteuer zu tragen hat, einer ergänzenden Vertragsauslegung zugänglich sein (BGH NJW 2002, 2312; NJW-RR 2000, 1652; NJW 2001, 2464, 2465). Die ergänzende Auslegung einer zwischen Pflegesohn und Pflegemutter zu deren Gunsten getroffenen *Unterhaltsvereinbarung* kann nicht ohne Weiteres an die familienrechtlich geordneten gesetzlichen Unterhaltsansprüche anknüpfen (BGH NJW-RR 1986, 866, 867; zum *Unterhaltsverzicht* BGH NJW-RR 1995, 833). Ergänzende Vertragsauslegung spielt auch bei der Auslegung von arbeitsrechtlichen *Versorgungszusagen* eine Rolle (dazu OSTHEIMER DB 1993, 1974, 1975 f). Bei dem *Verkauf eines Pfandrechts* ohne die zugrunde liegende Forderung kann bei einer erfüllungsbereiten Partei die Verpflichtung zur Abtretung der Forderung angenommen wer- **66** den, wenn die vereinbarte Leistung nur so erbracht werden kann (BGH NJW-RR 1990, 817, 819; zum *Vertragsstrafeversprechen* OLG Düsseldorf NJW-RR 1995, 1455). Wird eine fremde überlassene Sache verwendet, um Vertragspflichten aus einem Drittvertrag zu erfüllen, so ist die Vereinbarung so zu ergänzen, dass die *vertragliche Haftpflicht* des anderen Teils den Schutz der dem Vertragszweck dienenden Sache auch dann umfasst, wenn die Sache einem anderen gehört (BGHZ 15, 224, 228 f; mE unrichtig, Abgrenzungsentscheidung BGHZ 40, 91 ff). Die Rspr stützt auch den *Vertrag mit Schutzwirkung zugunsten Dritter* auf ergänzende Vertragsauslegung (BGHZ 186, 58 Rn 21 [Haftung eines Wertpapierdienstleistungsunternehmens]; 181, 12 Rn 17 [Vertrag zwischen Bundesanstalt für Finanzdienstleistungsaufsicht und Wirtschaftsprüfer] mit Anm Köndgen JZ 2010, 418; 159, 1, 4 [Einbeziehung eines Darlehensnehmers als Begünstigten in einen Vertrag über die Wertermittlung eines Grundstücks]; BGH 9. 4. 2015 – VII ZR 36/14, NJW 2015, 2737 Rn 25 [Silikonbrustimplantate]; NJW 2014, 2345 Rn 9 [Wirtschaftsprüfungsgesellschaft und Kapitalanleger]; 2012, 3165 Rn 14 [Steuerberatervertrag]). Doch liegt eine richterliche Rechtsfortbildung hier wohl näher (PWW/Brinkmann[15] Rn 18; Erman/Armbrüster[15] Rn 29 [Gewohnheitsrecht]).

67 Ein für das frühere Gebiet der Bundesrepublik Deutschland vereinbartes *Wettbewerbsverbot* kann im Wege der ergänzenden Vertragsauslegung auf das gesamte heutige Staatsgebiet erstreckt werden (LAG Berlin BB 1991, 1196 m Anm Lepke EWiR § 74 HGB 3/91, 797). Andererseits wurde eine im Jahre 1977 abgeschlossene Vereinbarung mit einem Außendienstmitarbeiter, wonach alle Inlandsumsätze provisionspflichtig sind, nicht auf die Umsätze in den neuen Bundesländern erstreckt (LAG Düsseldorf ZIP 1992, 647 m Anm Griebeling EWiR § 87 HGB 1/92, 573). Im Wege der ergänzenden Vertragsauslegung kann anstelle einer nichtigen *Wertsicherungsklausel* ein Leistungsvorbehalt im Mietvertrag anzunehmen sein (OLG Karlsruhe BB 1981, 2097; o Rn 18). Auch kann bei Wegfall des vereinbarten Index der Verbraucherpreisindex gelten (umfassend mit Nachweisen Hülsdunk/Schnabl ZIP 2007, 337, 339 ff). Bei einem dinglichen *Wohnrecht* kann sich ein Geldanspruch des Berechtigten bei einem Ausübungshindernis wegen eines Heimaufenthalts im Wege der ergänzenden Vertragsauslegung ergeben (BGH NJW 2007, 1884 Rn 22; 2009, 1348 Rn 12 ff; Abgrenzungsentscheidung BGH FamRZ 2010, 554 Rn 12; zu weiteren Fällen Auktor MittBayNot 2008, 14 ff; Gühlstorf/Ette ZfF 2007, 265; Krüger ZNotP 2010, 2; zu einer nicht mehr zu erbringenden Pflegeverpflichtung wegen Umzugs des Übergebers in ein Pflegeheim BGH NJW 2010, 2469, eine ergänzende Vertragsauslegung wegen unterschiedlicher Lösungsalternativen **abl** OLG Hamm NJW-RR 2010, 1104).

Titel 4
Bedingung und Zeitbestimmung

Vorbemerkungen zu §§ 158–163

Schrifttum

1. Zur Bedingung

ADICKES, Zur Lehre von den Bedingungen nach römischem und heutigem Recht (1876)

A BLOMEYER, Studien zur Bedingungslehre (1938/39)

BRECHT, Bedingung und Anwartschaft, JherJb 61, 263

CALLMANN, Die condicio iuris (Diss Rostock 1908)

EGERT, Die Rechtsbedingung im System des bürgerlichen Rechts (1974)

EHRICH, Die Zulässigkeit von auflösenden Bedingungen in Arbeitsverträgen, DB 1992, 1186

EISELE, Zur Lehre von den conditiones iuris, AcP 54 (1871) 109

ENNECCERUS, Rechtsgeschäft, Bedingung und Anfangstermin, 2 Bde (1888/9)

FALKENBERG, Zulässigkeit und Grenzen auflösender Bedingungen in Arbeitsverträgen, DB 1979, 590

FITTING, Über den Begriff der Bedingung, AcP 39 (1856) 305

GIESEN, Wollensbedingung, in: FS Schapp (2010) 161

HENKE, Bedingte Übertragungen im Rechtsverkehr und Rechtsstreit (1959)

HÖLDER, Zur Lehre von der Wollensbedingung, JherJb 56, 147

HÖVELMANN, Die Bedingung im Verfahrensrecht – dargestellt an Fällen aus dem Patentrecht, GRUR 2003, 203

HOLTZ, Der Schwebezustand bei bedingten Rechtsgeschäften (Diss Rostock 1904)

HROMADKA, Zur Zulässigkeit des auflösend bedingten Arbeitsvertrages, RdA 1983, 88

KAPLER, Begriff und Wesen der conditio iuris (Diss Berlin 1889)

KEMPF, Auflösende Bedingung und Rechtsnachfolge, AcP 158 (1959/60) 308

KÖRNER/RODEWALD, Bedingungen, Befristungen, Rücktritts- und Kündigungsrechte in Verschmelzungs- und Spaltungsverträgen, BB 1999, 853

KOHLER, Rechtssicherheit und Gerechtigkeit beim Handeln unter Ungewissheit: Bedingter Schuldvertrag und Erwerberverantwortung in der Schwebezeit, in: BALDUS/DAJCZAK (Hrsg), Der Allgemeine Teil des Privatrechts: Historische Wurzeln – Leistungsfähigkeit im 21. Jahrhundert (2018) 123

KOLLER/BUCHHOLZ, Der bedingte Beitritt zu einer Kommanditgesellschaft, DB 1982, 2172

KRÜCKMANN, Die Wollens-Bedingung, BayZ 1913, 345

KRUG, Die Zulässigkeit der reinen Wollensbedingung (Diss Marburg 1904)

MARTENS, Grundfälle zur Bedingung und Befristung, JuS 2010, 481; 2010, 578

MERLE, Der auflösend bedingte „Zitterbeschluß" – Brot oder Stein?, in: FS Bärmann/Weitnauer (1990) 497

ders, Risiko und Schutz des Eigentümers bei Genehmigung der Verfügung eines Nichtberechtigten, AcP 183 (1983) 81

MINAS, Theorie der bedingten Rechtsgeschäfte (Diss Saarbrücken 1966)

MÜLLER, Zur Beweislast bei der aufschiebenden Bedingung, JZ 1953, 727

MUSKAT, Die Bedingung des reinen Wollens des Verpflichteten bei dem Kauf auf Probe und anderen Verträgen, Gruchot 49, 472

OERTMANN, Die Rechtsbedingung (condicio iuris) (1924)

PETERSEN, Bedingung und Befristung, Jura 2011, 275

PIETZKER, Über den Begriff der aufschiebenden Bedingung, AcP 74 (1974) 462
PLANDER, Befristung von Anstellungsverhältnissen im Bereich der Drittmittelforschung, WissR 1982, 3
POHLE, Prozeßführungsrecht und Rechtskrafterstreckung bei bedingten Veräußerungen, in: FS Lehmann II (1956) 738
POHLMANN, Verzicht auf die aufschiebende Bedingung einer GmbH-Anteilsübertragung, NJW 1999, 190
RAAPE, Die Wollensbedingung (2. Aufl 1912)
RADKE, Bedingungsrecht und Typenzwang (2001)
RODERMUND, Rechtsgeschäfte unter Vergangenheits- oder Gegenwartsbedingungen mit besonderer Berücksichtigung letztwilliger Verfügungen (Diss Münster 1990)
RODI, Die bedingte Zustimmung (2016)
SCHERBRING, Natur und Wirkungen der conditio iuris (Diss Erlangen 1897)
SCHIEMANN, Pendenz und Rückwirkung der Bedingung (1973)
G SCHMIDT, Die betagte und die befristete Forderung (Diss Freiburg 1969)
SCHOTT, Über Veräußerungsverbote und Resolutivbedingungen im bürgerlichen Recht, in: Breslauer Festgabe für Dahn (1905) 305
SIMSHÄUSER, Windscheids Voraussetzungslehre rediviva, AcP 172 (1972) 19
STACHOW, Über Potestativbedingungen, welche auf die freie Entschließung des Verpflichteten gestellt sind (Diss Heidelberg 1908)
WALSMANN, Ein Beitrag zur Lehre von der Wollensbedingung, JherJb 54, 197
WENDT, Die Lehre vom bedingten Rechtsgeschäft (1872)
WOLLSTADT, Die auflösende Bedingung (Diss Heidelberg 1908)
WUNNER, Die Rechtsnatur der Rückgewährpflichten bei Rücktritt und auflösender Bedingung mit Rückwirkungsklausel, AcP 168 (1968) 425
ZAWAR, Der bedingte oder befristete Erwerb von Todes wegen, DNotZ 1986, 515
ders, Gedanken zum bedingten oder befristeten Rechtserwerb im Erbrecht, NJW 2007, 2353
ZIMMERMANN, „Heard melodies are sweet, but those unheard are sweeter …“, AcP 193 (1993) 121.

2. Zur Anwartschaft

ARMGARDT, Die Pendenztheorie im Vergleich mit dem Anwartschaftsrecht, der Lehre von der Vorausverfügung und der Lehre vom besitzlosen Pfandrecht, AcP 206 (2006) 654
ders, Das Anwartschaftsrecht – dogmatisch unbrauchbar, aber examensrelevant, JuS 2010, 486
A BLOMEYER, Die Rechtsstellung des Vorbehaltskäufers, AcP 162 (1963) 193
ders, Kreditsicherung durch Übertragung von Anwartschaftsrechten aus bedingter Übereignung, NJW 1951, 548
ders, Neue Vorschläge zur Vollstreckung in die unter Eigentumsvorbehalt gelieferte Sache, ein Beispiel sinnvoller Rechtsrückbildung?, JR 1978, 271
BRECHT, Bedingung und Anwartschaft, JherJb 61, 263
BROX, Das Anwartschaftsrecht des Vorbehaltskäufers, JuS 1984, 657
EICHENHOFER, Anwartschaftsrecht und Pendenztheorie, AcP 185 (1985) 162
ENGELHARDT, Schicksal des Anwartschaftsrechts bei der Veräußerung einer unter Eigentumsvorbehalt verkauften Sache, JA 2013, 269/330
ETZRODT, Die Abtretung des Anwartschaftsrechts aus bedingtem Rechtsgeschäft (Diss Köln 1935)
FLUME, Die Rechtsstellung des Vorbehaltskäufers, AcP 161 (1962) 385
FORKEL, Grundfragen der Lehre vom privatrechtlichen Anwartschaftsrecht (1962)
FRITSCHE, Anwartschaftsrechte an beweglichen Sachen, RpflStud 2012, 173
GEORGIADES, Die Eigentumsanwartschaft beim Vorbehaltskauf (1963)
GERNHUBER, Freiheit und Bindung des Vorbehaltskäufers nach Übertragung seines Anwartschaftsrechts, in: FS Baur (1981) 31
HAAS/BEINER, Das Anwartschaftsrecht im Vorfeld des Eigentumserwerbs, JA 1998, 23
HABERSACK, Das Anwartschaftsrecht des Auflassungsempfängers – gesicherter Bestand des Zivilrechts oder überflüssiges Konstrukt der Wissenschaft?, JuS 2000, 1145

HAGER, Das Anwartschaftsrecht des Auflassungsempfängers, JuS 1991, 1
HARKE, Anwartschaftsrecht als Pfandrecht, JuS 2006, 385
HEYERS, Grundstrukturen des Eigentumsvorbehalts, Jura 2016, 961
HOFFMANN, Das mobiliarsachenrechtliche Anwartschaftsrecht in der juristischen Ausbildung, JuS 2016, 289
HOLTZ, Das Anwartschaftsrecht aus bedingter Übereignung als Kreditsicherungsmittel (1933)
U HÜBNER, Zur dogmatischen Einordnung der Rechtsposition des Vorbehaltskäufers, NJW 1980, 729
JERGER, Der Schutz des Vorbehaltskäufers vor Zwischenverfügungen des Vorbehaltsverkäufers, NZI 2012, 695
KOCH, Die rechtliche Wirkung der Übertragung von Anwartschaftsrechten, insbesondere beim Kauf unter Eigentumsvorbehalt (Diss Köln 1936)
KOLLHOSSER, Auflösung des Anwartschaftsrechts trotz Zubehörhaftung?, JZ 1985, 370
KRÜGER, Das Anwartschaftsrecht – ein Faszinosum, JuS 1994, 905
KUPISCH, Durchgangserwerb oder Direkterwerb?, JZ 1976, 417
LETZGUS, Die Anwartschaft des Käufers unter Eigentumsvorbehalt (1938)
LUDWIG, Zur Auflösung des Anwartschaftsrechts des Vorbehaltskäufers, auch bei Zubehörhaftung, NJW 1989, 1458
LUX, Das Anwartschaftsrecht bei bedingter Übereignung – bloßes Sprachkürzel oder eigenständiges absolutes Recht?, JURA 2004, 145
ders, Das Anwartschaftsrecht des bedingt Berechtigten in Einzelzwangsvollstreckung und Insolvenz, MDR 2008, 895
MAND, Das Anwartschaftsrecht am Zubehör im Haftungsverband der Hypothek bzw der Grundschuld, JURA 2004, 221
MAROTZKE, Das Anwartschaftsrecht als Beispiel sinnvoller Rechtsfortbildung? (1977)
MEISTER, Die Pfändung aufschiebend bedingten und künftigen Eigentums, NJW 1959, 608
MICHAELSEN, Das Anwartschaftsrecht im BGB (Diss Köln 1935)
MINTHE, Die Übertragung des Anwartschaftsrechts durch einen Nichtberechtigten (1998)
MÜNZBERG, Abschied von der Pfändung der Auflassungsanwartschaft?, in: FS Schiedermair (1976) 439
MÜNZEL, Grundsätzliches zum Anwartschaftsrecht, MDR 1959, 345
PIKART, Die Rechtsprechung des Bundesgerichtshofs zur Anwartschaft, WM 1962, 1230
RADKE, Anwartschaften und Anwartschaftsrechte des bürgerlichen Rechts (Diss Straßburg 1913)
L RAISER, Dingliche Anwartschaften (1961)
G REINICKE, Gesetzliche Pfandrechte und Hypotheken am Anwartschaftsrecht aus bedingter Übereignung (1941)
ders, Zur Lehre vom Anwartschaftsrecht aus bedingter Übereignung, MDR 1959, 613
G u D REINICKE, Kreditsicherung durch Übertragung von Anwartschaftsrechten aus bedingter Übereignung, NJW 1951, 547
RINKE, Die Kausalabhängigkeit des Anwartschaftsrechts aus Eigentumsvorbehalt (1998)
SCHNEIDER, Kettenauflassung und Anwartschaft, MDR 1994, 1057
SCHOLZ, Das Anwartschaftsrecht in der Hypothekenverbandshaftung, MDR 1990, 679
SCHREIBER, Anwartschaftsrechte, Jura 2001, 623
SCHREIBER, Die bedingte Übereignung, NJW 1966, 2333
SCHWERDTNER, Anwartschaftsrechte, Jura 1980, 609/661
SEMEKA, Das Wartrecht, ArchBürgR 35, 121
SPONER, Das Anwartschaftsrecht und seine Pfändung (1965)
STOLL, Das Anwartschaftsrecht des gutgläubigen Vorbehaltskäufers, JuS 1967, 12
STRACKE, Zur Lehre von der Übertragbarkeit der Anwartschaft des Käufers unter Eigentumsvorbehalt (Diss Tübingen 1955)
TIEDKE, Die Aufhebung des belasteten Anwartschaftsrechts ohne Zustimmung des Pfandgläubigers, NJW 1988, 28 und 1985, 1305
WILHELM, Das Anwartschaftsrecht des Vorbehaltskäufers im Hypotheken- und Grundschuldverband, NJW 1987, 1785
H WÜRDINGER, Die privatrechtliche Anwartschaft als Rechtsbegriff (1928)
M WÜRDINGER, Die Übertragung des Anwart-

schaftsrechts bei einer fehlgeschlagenen Übereignung nach § 929 S 2 BGB, NJW 2008, 1422.

Vgl auch die Schrifttumshinweise bei STAUDINGER/HONSELL (1995) § 455 Rn 34 ff.

Systematische Übersicht

I. Historische Entwicklung
1. Römisches und gemeines Recht ___ 1
a) Römisches Recht ___ 1
b) Gemeines Recht ___ 2
2. Regelung im BGB ___ 3

II. Bedingung und Befristung
1. Bedingung ___ 4
a) Begriff ___ 4
b) Vereinbarung ___ 7
2. Befristung ___ 9
3. Abgrenzung von anderen Rechtsinstituten ___ 10

III. Bedingungsarten
1. Allgemeine Einteilungen ___ 12
a) Aufschiebende und auflösende Bedingungen ___ 12
b) Bejahende und verneinende Bedingungen ___ 13
2. Potestativbedingungen ___ 14
a) Historische Entwicklung ___ 14
b) Kauf auf Probe ___ 15
c) Wollensbedingungen ___ 16
d) Abgrenzung zur Zufallsbedingung ___ 20
3. Rechtsbedingungen ___ 22
a) Historische Entwicklung ___ 22
b) Begriff ___ 23
c) Verhältnis zu §§ 158 ff ___ 24
4. Notwendige Bedingungen ___ 27
5. Scheinbedingungen ___ 28
6. Unzulässige Bedingungen ___ 30
a) Unmögliche Bedingungen ___ 30
b) Unverständliche Bedingungen ___ 31
c) Nutzlose Bedingungen ___ 32
d) Unerlaubte und sittenwidrige Bedingungen ___ 33

IV. Bedingungsfeindliche Rechtsgeschäfte
1. Allgemeine Gründe der Bedingungsfeindlichkeit ___ 34
a) Öffentliche Ordnung ___ 34
b) Vertrauen des Rechtsverkehrs ___ 35
2. Ausübung von Gestaltungsrechten ___ 38
a) Grundsatz der Bedingungsfeindlichkeit ___ 38
b) Kündigungserklärungen ___ 40
c) Eventualerklärungen im Prozess ___ 43
3. Rechtsfolgen eines Verstoßes gegen die Bedingungsfeindlichkeit ___ 44
a) Teilnichtigkeit ___ 44
b) Eintragung in ein öffentliches Register ___ 45
4. Geschäftsähnliche Handlungen ___ 46

V. Bedingungen in Prozess und Insolvenz
1. Prozessuale Wirkungen der Bedingungen ___ 47
a) Klagearten ___ 47
b) Prozessführungsbefugnis ___ 48
c) Beweislast ___ 50
2. Insolvenzrechtliche Wirkungen der Bedingungen ___ 51

VI. Das Anwartschaftsrecht
1. Begriff ___ 53
2. Bedeutung ___ 56
3. Erscheinungsformen ___ 58
4. Geschichtliche Entwicklung ___ 60
a) Römisches Recht ___ 60
b) Gemeines Recht ___ 61
5. Dogmatische Einordnung ___ 62
a) Ablehnende Auffassungen ___ 62
b) Qualifizierung ___ 63
6. Rechtsschutz und Übertragbarkeit des Anwartschaftsrechts ___ 68
a) Rechtsschutz ___ 69
b) Verfügungen über das Anwartschaftsrecht ___ 71
c) Pfändung des Anwartschaftsrechts ___ 75

VII. Bedingungen und Befristungen im öffentlichen Recht
1. Prozesshandlungen und Verfahrensakte ___ 76
a) Prozesshandlungen ___ 76
b) Familiengerichtliche Genehmigung ___ 77
2. Verwaltungsakte ___ 78

Alphabetische Übersicht

accidentalia negotii ___ 3
addictio in diem ___ 1
Änderungskündigung ___ 41
Anfangstermin ___ 27
Anfechtbarkeit eines Rechtsgeschäfts statt Bedingtheit ___ 10
Anfechtungserklärung, bedingte ___ 38, 42
Anwartschaft ___ 53 f
Anwartschaftsrecht
– ablehnende Stimmen ___ 62
– absolutes ___ 67
– als Besitzrecht ___ 70
– als eigenständige Rechtsposition ___ 56
– anwendbares Recht ___ 56
– Begriffsbestimmung ___ 53 f
– des Eigentumsvorbehaltskäufers ___ 58
– des Grundstückskäufers ___ 59
– des Hypothekengläubigers ___ 59
– deskriptiver Charakter des Begriffs ___ 57
– des Nacherben ___ 59
– des Sicherungsgebers ___ 59
– dingliches ___ 67
– Direkterwerb des Vollrechts mit Bedingungseintritt ___ 72
– dogmatische Einordnung ___ 62 ff
– Erscheinungsformen ___ 58 f
– im Haftungsverband der Hypothek ___ 73
– geschichtliche Entwicklung ___ 60 f
– gutgläubiger Erwerb des Anwartschaftsrechts ___ 74
– Grundlage ___ 55
– Pfändung ___ 75
– relatives ___ 67
– Schutz ___ 48 f, 68 f, 72
– steuerrechtliche Bewertung ___ 80
– Übertragbarkeit ___ 68, 71
– Vererblichkeit ___ 68
– Verfügungen über Anwartschaftsrechte ___ 71
– Verpfändung ___ 73
Arbeitsverträge
– bedingte ___ 37
Auflage ___ 2 f
Aufrechnung mit bedingter Forderung gegenüber insolventem Schuldner ___ 52
Aufrechnungserklärung, bedingte ___ 38, 42

Bedingung
– Abgrenzung zu anderen Rechtsinstituten ___ 10, 19, 21
– affirmative s bejahende
– auflösende ___ 1, 12, 44, 49, 51 f, 77
– aufschiebende ___ 1, 12, 44, 48, 51 f, 77
– ausdrückliche ___ 8
– Begriffsbestimmung ___ 4 f
– bejahende ___ 13
– Funktion ___ 3
– negative s verneinende
– notwendige ___ 27
– nutzlose ___ 32
– perplexe ___ 31
– prozessuale Wirkungen ___ 47 ff
– schlüssige ___ 8
– sittenwidrige ___ 33
– stillschweigende ___ 8
– unerlaubte ___ 33
– unmögliche ___ 30
– unverständliche ___ 31
– unzulässige ___ 79
– Verhältnis zum Hauptrechtsgeschäft ___ 7, 12, 44
– verneinende ___ 13
– widersinnige s perplexe
Bedingungsarten ___ 12 ff
Bedingungseintritt
– bei Potestativbedingungen ___ 16
– Rechtskrafterstreckung nach ___ 48 f
Bedingungsfall s auch Bedingungseintritt ___ 4
Bedingungsfeindlichkeit
– allgemeine Gründe ___ 34 ff
– eintragungsbedürftige Erklärungen ___ 34, 45
– Eventualerklärungen im Prozess ___ 43
– geschäftsähnliche Handlungen ___ 46
– Gestaltungserklärungen ___ 38 ff
– im Arbeitsrecht ___ 37

– im Gesellschaftsrecht 36
– im Handelsrecht 35
– im Wertpapierrecht 35
– Mahnungen 46
– Prozesshandlungen 76
– Rechtsfolgen eines Verstoßes gegen die 44 f
– und Rechtsbedingungen 25
– und umgestaltete Rechtsbedingungen 26
– Verwaltungsakte 78
Befristung
– Abgrenzung zur Bedingung 27
– Begriffsbestimmung 9
– Funktion 3
– prozessuale Wirkungen 47 ff
Befristungsfeindlichkeit
s Bedingungsfeindlichkeit
Begriffsbestimmungen
– Bedingung 4 f
– Befristung 9
Beweislastverteilung
– Bedingungen 50
Bezugspunkt
– der Bedingung 6
– der Befristung 9

condicio in praesens vel praeteritum
collata/relata
s Scheinbedingung
condicio iuris
s Rechtsbedingung
condicio necessaria
s Bedingung, notwendige
condicio si volam/voluero
s Wollensbedingung
condicio tacita
s Rechtsbedingung

dies ad quem
s Endtermin
dies a quo
s Anfangstermin
dies certus an certus quando 4, 9
dies certus an incertus quando 4, 9
dies incertus an certus quando 4
dies incertus an incertus quando 4

Eigentumsvorbehaltskauf
– Anwartschaftsrecht 58
Eintragungsbedürftige Erklärungen 34, 45

Endtermin 27
Eventualanträge im Prozess 76
Eventualerklärungen im Prozess 43

Familiengerichtliche Genehmigung
– bedingte 77
Feststellungsklage 47
Funktion von Bedingung/Befristung 3

Gegenwartsbedingung
s Scheinbedingung
Gemeines Recht
– Anwartschaftsrecht 61
– Bedingung 2, 4, 6, 14, 22
– Befristung 2, 4, 9
Genehmigung 23 ff, 42
Geschäftsgrundlage 2, 8, 11
Gesellschaftsrecht
– Bedingungsfeindlichkeit 36
Gesetzesänderung als Bedingung 33
Gestaltungserklärungen, bedingte 38 ff

Handelsrecht 35

Insolvenzrecht 51 f

Kauf auf Billigung/Probe 1, 15
Klage auf künftige Leistung 47
Kündigungserklärung, bedingte 40 f, 43
Kündigungsrecht als auflösende Bedingung 10

Mahnung 46

Nebenbestimmungen 3

Öffentliches Recht 76 ff
Option 19, 21

Potestativbedingung 14 ff
– Wollensbedingung s dort
Prozessführungsbefugnis bei bedingten
Rechten 48
Prozesshandlungen
– bedingte 76
Prozessuales 47 ff

Rechtsbedingung
– Abgrenzung zur echten Bedingung 20, 24

– analoge Anwendbarkeit des Bedingungsrechts 24
– Begriffsbestimmung 23
– bei bedingungsfeindlichen Rechtsgeschäften 25 f
– Möglichkeit einer rechtsgeschäftlichen Umgestaltung 26
– Möglichkeit einer Vereinbarung als echte Bedingung 25
– Rechtsgeschichte 22
Rechtsgeschichte
s Römisches Recht, Gemeines Recht sowie unter den einzelnen Instituten
Rechtskrafterstreckung durch Bedingungseintritt 48 f
Rechtsnachfolge iSd §§ 265, 325 ZPO durch Bedingungseintritt 48 f
Resolutivbedingung
s Bedingung, auflösende
Römisches Recht
– Anwartschaftsrecht 60
– Bedingung 1, 7, 22, 60
Rücknahmeerklärung, bedingte 38, 42 f
Rücktrittserklärung, bedingte 38, 42 f
Rücktrittsvorbehalt statt auflösender (Wollens-)Bedingung 10, 19
Scheinbedingung
– Abgrenzung zur echten Bedingung 8, 28
– Abgrenzung zur Wette 29
– analoge Anwendung des Bedingungsrechts 29
– Begriffsbestimmung 28
– Behandlung 28 f
Steuerklauseln 29
Steuerrecht 80
Teilbarkeit
– von Bedingung und Hauptrechtsgeschäft 12, 44
– von Bedingung und Verwaltungsakt 79
Unwirksamkeit von Zwischenverfügungen 55
Verfallklausel 1, 10
Verwaltungsakte
– bedingte 78 f
Vorkaufserklärung, bedingte 39, 42
Wahlerklärung, bedingte 38, 42
Wandelungserklärung 38
Wette statt bloßer Scheinbedingung 29
Widerrufserklärung, bedingte 38, 42
Widerrufsvorbehalt als auflösende Bedingung 10
Wiederkaufserklärung 39, 42
Wollensbedingung
– Abgrenzung zu anderen Gestaltungsmöglichkeiten 19
– Zulässigkeit 16 f
Zeitbestimmung
s Bedingung
Zölibatsklauseln 33
Zufallsbedingung 20
Zustimmung, bedingte 42
Zustimmung des Vertretenen als „Bedingung" 21
Zweckvereinbarung statt Bedingung 10
Zwischenverfügungen
s Unwirksamkeit von Zwischenverfügungen

I. Historische Entwicklung

1. Römisches und gemeines Recht

a) Das **römische Recht** kannte nur aufschiebende Bedingungen. Die auflösende Bedingung wurde als aufschiebend bedingte Aufhebungsabrede angesehen (Jahr AcP 168 [1968] 9, 20; Zimmermann AcP 193 [1993] 121, 124 f). Allerdings waren dem römischen Recht durchaus der Kauf auf Billigung, die Verfallklausel und die addictio in diem bekannt (Flume, in: FS Kaser [1976] 309 ff). Unzulässig waren Bedingungen bei Rechtsgeschäften über absolute Rechte. 1

2 **b)** Im **gemeinen Recht** wurden Bedingung, Befristung und Auflage als „Nebenbestimmungen“ der Rechtsgeschäfte zusammengefasst. WINDSCHEID fügte die Auflage seinem umfassenden Begriff der *Voraussetzung* ein, die er als eine nicht zur Bedingung entwickelte Willensbeschränkung definierte (vgl SIMSHÄUSER AcP 172 [1972] 19 ff). Allerdings wurde diese Lehre von der gemeinrechtlichen Theorie weitgehend abgelehnt. Auch das BGB hat sie nicht übernommen (SCHUBERT SZRA 92 [1975] 186, 211 ff; SIMSHÄUSER 33; vgl im Übrigen zur Genese der §§ 158–163 JAKOBS/SCHUBERT, Die Beratung des Bürgerlichen Gesetzbuches, AT, 2. Teilband [1985] 827 ff). Wohl aber entwickelte OERTMANN aus den Ansätzen WINDSCHEIDS die Lehre von der subjektiven Geschäftsgrundlage (s dazu näher STAUDINGER/DILCHER[12] § 119 Rn 91 ff; vgl auch unten Rn 11).

2. Regelung im BGB

3 Das BGB enthält in §§ 158 ff allgemeine Regeln über die *Bedingung* und die *Befristung*, während die *Auflage* nur im Zusammenhang mit der Schenkung (§§ 525 ff BGB) und den letztwilligen Verfügungen (§§ 1940, 2192 ff, 2278 f BGB) behandelt wird. Ihnen ist gemeinsam, dass die sie enthaltenden Klauseln einem Rechtsgeschäft als *accidentalia negotii* (vgl dazu BORK, AT Rn 764) hinzugefügt werden. Bedingungen unterscheiden sich von der Auflage dadurch, dass die Wirksamkeit des Rechtsgeschäfts durch Nichterfüllung der Auflage nicht berührt wird (s SOERGEL/WOLF Vor § 158 Rn 19). Etwas anderes gilt freilich dann, wenn die Nichterfüllung der Auflage von den Parteien zum Gegenstand einer auflösenden Bedingung erhoben wird (BGH NJW-RR 2009, 1455 Rn 21). Die *Bedeutung* der Bedingungen liegt darin, dass die Parteien durch ihre Vereinbarung die Gleichzeitigkeit von Rechtsgeschäft und Rechtswirkung (Rechtsfolge) durchbrechen können (vgl BGH NJW-RR 2006, 182, 183 f; BLOMEYER, Studien zur Bedingungslehre I [1938] 1). Insbesondere bei in die Zukunft wirkenden Rechtsgeschäften dienen sie dazu, den Einfluss künftiger Veränderungen schon jetzt vorausschauend vertraglich zu regeln (MünchKomm/H P WESTERMANN § 158 Rn 2; SOERGEL/WOLF Vor § 158 Rn 13). – Zur *Abgrenzung* von anderen Gestaltungsmöglichkeiten s unten Rn 10 und § 158 Rn 8 ff.

II. Bedingung und Befristung

1. Bedingung

4 **a)** Die Begriffe „Bedingung“ und „Befristung“ werden in den §§ 158 ff BGB als inhaltsbekannt vorausgesetzt. **Bedingung** iSd §§ 158 ff BGB ist eine durch den Parteiwillen zum Geschäftsinhalt erhobene *Bestimmung, welche die Rechtswirkungen des Geschäfts von einem künftigen Ereignis abhängig macht, dessen Eintritt jetzt noch ungewiss ist.* Das Gesetz versteht allerdings in § 158 BGB, wo vom „Eintritte der Bedingung“ die Rede ist, unter der Bedingung nicht nur eine entsprechende Bestimmung, sondern auch das künftige Ereignis selbst. Man kann hier auch von dem „Bedingungsfall“ sprechen (SOERGEL/WOLF Vor § 158 Rn 2). Im Anschluss an die gemeinrechtliche Terminologie wird ferner vom *dies incertus an* gesprochen. Dieser kann entweder *incertus quando* sein, wie zB das bestandene Examen als Bedingung, oder *certus quando,* wie zB das Erleben eines bestimmten Geburtstages (vgl BAG AP Nr 9 zu § 620 BGB-Bedingung). Liegt dagegen ein *dies certus an* vor, so handelt es sich regelmäßig um eine Befristung (s Rn 9 sowie FLUME § 38, 1a); maßgeblich ist freilich stets der Parteiwille (s § 163 Rn 4). Außerhalb der §§ 158 ff BGB wird der Begriff oft

untechnisch zur Bezeichnung des Geschäftsinhalts verwendet, wenn zB von Vertragsbedingungen oder Geschäftsbedingungen gesprochen wird (vgl zur Abgrenzung OLG Düsseldorf NJW-RR 1991, 435). Dies gilt etwa auch für § 387 Abs 1 HGB. – Zur Frage, ob eine Bedingung im Rechtssinne gewollt ist, s § 158 Rn 8 ff.

Als ungewisses Ereignis, welches die Rechtswirkungen des Geschäfts bedingt, kommt grundsätzlich **jede künftige Begebenheit** in Betracht, insbesondere eine Handlung der Geschäftsbeteiligten oder eines Dritten (BGH NJW 2018, 3018 Rn 10; BayObLG NJW-RR 1986, 93, 94; OLG Frankfurt NJW-RR 1998, 1130, 1131; OLG Hamm NJW-RR 1988, 1268, 1269; LG Köln NJW-RR 1993, 1424; s auch unten Rn 20). Auch Erwartungen eines Erklärenden können zur Bedingung erhoben werden (Soergel/Wolf § 158 Rn 14; s näher unten Rn 10 f). In der Regel stellt die bloße Angabe eines Beweggrundes aber keine echte Bedingung iSd § 158 BGB dar (BayObLG RPfleger 1983, 440). 5

Bedingt sind in den Fällen der §§ 158 ff BGB die **Rechtswirkungen** eines Rechtsgeschäfts. In der gemeinrechtlichen Theorie wurde beim bedingten Rechtsgeschäft der Wille des Erklärenden als bedingt verstanden, sodass man von einer Selbstbeschränkung des Willens sprach (Flume § 38, 4a). Heute ist anerkannt, dass sich die Bedingung auf den Eintritt oder den Fortbestand von Rechtswirkungen bezieht. Der rechtsgeschäftliche Wille als solcher muss den allgemeinen Regeln über Willenserklärungen entsprechen. Die Parteien sind daher auch beim bedingten Rechtsgeschäft mit Vertragsschluss an das Rechtsgeschäft gebunden und können es nicht mehr einseitig lösen (s auch § 158 Rn 18). An einer Bedingung im Rechtssinne fehlt es daher, wenn nicht die Rechtswirkungen des Rechtsgeschäfts bedingt sind, sondern nur dessen Inhalt in einzelnen Punkten noch von weiteren Parteivereinbarungen und deren Umsetzung abhängig ist (BAGE 125, 147 = NJW 2008, 872 Rn 37 f mwNw). 6

b) Vereinbart wird eine Bedingung regelmäßig nicht in einer eigenen Willenserklärung, die der allgemeinen Willenserklärung im Rechtsgeschäft hinzugefügt wird. Man kann hier nicht von zwei getrennten Tatbeständen ausgehen, dem Hauptrechtsgeschäft und einem zusätzlichen Bedingungsgeschäft (aM Minas 50 ff). Ein solcher Gedankengang würde der römisch-rechtlichen Konstruktion der auflösenden Bedingung als einer unter aufschiebender Bedingung stehenden Auflösungserklärung folgen (s oben Rn 1), die für das BGB keine Geltung beanspruchen kann. Vielmehr stellt die Bedingung eine *Modalität der rechtsgeschäftlichen Willenserklärung* selbst dar (Prot I 185 = Mugdan I 764; Enneccerus/Nipperdey § 194 I 1). 7

Normalerweise wird eine Bedingung **ausdrücklich** vereinbart. Sie kann jedoch, wie die Willenserklärung insgesamt, auch **durch schlüssiges Verhalten** verlautbart werden, sofern erkennbar wird, dass die Rechtswirkungen der Erklärung von einem ungewissen künftigen Ereignis abhängig sein sollen (vgl LG Köln NJW-RR 1993, 1424), zB vom künftigen Verhalten des Erklärungsadressaten. Die darüber hinausgehende Auffassung, es könne eine Bedingung auch stillschweigend gesetzt werden, ohne dass der Erklärende ein entsprechendes Bewusstsein habe (so E Wolf, AT [3. Aufl 1982] 541), ist abzulehnen. Es handelt sich in solchen Fällen entweder um Sachverhalte, die der Geschäftsgrundlage zuzuordnen sind (vgl unten Rn 11), oder um Scheinbedingungen (s unten Rn 28). 8

2. Befristung

9 Eine Befristung liegt vor, wenn die Rechtswirkungen eines Geschäfts mit einem *zukünftigen, aber gewissen Ereignis* beginnen oder enden sollen (ENNECCERUS/NIPPERDEY § 193 II). Dabei kann es sich, im Anschluss an die gemeinrechtliche Terminologie (s Rn 4), um einen *dies certus an, certus quando* handeln, zB um einen bestimmten Kalendertag. Befristung ist jedoch auch der *dies certus an, incertus quando,* wie zB der Todestag eines Menschen (FLUME § 38, 1a; SOERGEL/WOLF Vor § 158 Rn 6; s auch § 163 Rn 4). Eine Bedingung wird nicht dadurch zur Befristung, dass sie in Zeitbegriffen ausgedrückt wird, wie zB der Zeitpunkt des abzulegenden Examens (vgl oben Rn 4).

3. Abgrenzung von anderen Rechtsinstituten

10 Die Motive, die eine Partei zur Abgabe der Willenserklärung veranlassen, können zur *Bedingung* erhoben werden (s oben Rn 5). Dann berührt das Nichteintreten des erwarteten Ereignisses unmittelbar den Bestand des Rechtsgeschäfts. Es kommen aber auch andere Gestaltungsmöglichkeiten in Betracht (vgl instruktiv für die Bindung eines Lebensversicherungsbezugsrechts für den Ehegatten an das Bestehen der Ehe FINGER VersR 1990, 229 ff; vgl dazu auch FUCHS JuS 1989, 179, 181 mwNw; WRABETZ, in: FS vLübtow [1991] 239 ff). Sofern Vorstellungen oder Erwartungen in den Erklärungstatbestand aufgenommen werden, ohne die Rechtsnatur einer Bedingung zu haben, begründen sie möglicherweise ein *Anfechtungsrecht* (vgl näher STAUDINGER/DILCHER[12] § 119 Rn 34 ff, 68 ff). Schließlich können die Erwartungen der Parteien in einer *Zweckvereinbarung* im Rahmen des § 812 Abs 1 S 2, 2. Fall BGB Ausdruck finden (BGH NJW 1966, 448, 449; SOERGEL/WOLF Vor § 158 Rn 14), sodass beim Fehlen des erstrebten Zwecks das Rechtsgeschäft wirksam bleibt und eine Leistungskondiktion stattfinden muss (s näher STAUDINGER/LORENZ [2007] § 812 Rn 80, 105 f). Davon zu unterscheiden ist ein *Rücktrittsvorbehalt* (vgl LG Hamburg NJW-RR 1991, 823). Treten dessen Voraussetzungen ein, so enden die Rechtswirkungen nicht, wie bei der auflösenden Bedingung, automatisch, sondern es bedarf einer Rücktrittserklärung, durch die ein Rückgewährschuldverhältnis nach Maßgabe der §§ 346 ff BGB begründet wird (RGZ 161, 253, 255; ERMAN/ARMBRÜSTER § 158 Rn 6; SOERGEL/WOLF Vor § 158 Rn 17; vgl auch § 158 Rn 8 ff). Dasselbe gilt für eine *Verfallklausel* gemäß § 354 BGB (vgl KNÜTEL JR 1982, 20, zur Abgrenzung aber auch OLG München NJW-RR 1998, 1663, 1664). Ein *„Kündigungsrecht"* kann aber durchaus auch als auflösende Bedingung zu verstehen sein (BayObLG NJW-RR 1990, 87 [LS]), und bei einem *Widerrufsvorbehalt* in einem Prozessvergleich handelt es sich idR ebenfalls um eine aufschiebende Bedingung für die Wirksamkeit des Vergleichs, nicht um einen Rücktrittsvorbehalt (BGHZ 88, 364, 366 f; BGH NJW-RR 1989, 1214, 1215). – Wegen der Abgrenzung zur *Auflage* s oben Rn 3.

11 Ferner kann eine beiderseitig als gewiss vorausgesetzte Sachlage oder Sachentwicklung *Geschäftsgrundlage* iSv § 313 BGB sein (näher dazu STAUDINGER/DILCHER[12] § 119 Rn 91 ff). Sie ist, im Unterschied zur Bedingung, nicht inhaltlicher Bestandteil des Rechtsgeschäfts (LAG Hannover ZIP 2010, 442, 445; SOERGEL/WOLF Vor § 158 Rn 15). Außerdem löst ihr Fehlen oder Wegfall keine automatischen Rechtsfolgen aus, sondern führt nach Maßgabe des Einzelfalles zur richterlichen Vertragsanpassung (§ 313 Abs 1 BGB) und nur subsidiär zu einem Rücktrittsrecht (§ 313 Abs 3 BGB). Wegen dieser größeren Flexibilität auf der Rechtsfolgenseite ist daher im Zweifel nicht von

einer Bedingung, sondern von einer Geschäftsgrundlage auszugehen (Soergel/Wolf Vor § 158 Rn 15).

III. Bedingungsarten

1. Allgemeine Einteilungen

a) Im BGB wird die überkommene Unterscheidung von **aufschiebenden und auflösenden Bedingungen**, von Suspensiv- und Resolutivbedingungen, zugrunde gelegt. Gegenüber der gesetzlichen Gleichstellung beider Arten in § 158 BGB betont jedoch Flume (§ 38, 2a) mit Recht deren Unterschiedlichkeit, die darin zum Ausdruck kommt, dass bei der aufschiebenden Bedingung die Geltung des Rechtsgeschäfts in der Schwebe bleibt, während es sich bei der auflösenden Bedingung um die Begrenzung eines geltenden Geschäfts handelt. Dies führt zu einer unterschiedlichen Behandlung vor allem im Hinblick auf die *Teilbarkeit* des von der Bedingung getroffenen Rechtsgeschäfts: Nur die auflösende Bedingung ist selbständiger Teil eines Rechtsgeschäfts, das beim Wegfall der Bedingung als Restgeschäft iSd § 139 BGB fortbestehen kann. Handelt es sich um eine aufschiebende Bedingung, so ist nicht nur die Bedingung, sondern das ganze Rechtsgeschäft nichtig, da regelmäßig nicht anzunehmen ist, dass die Parteien das Rechtsgeschäft auch ohne den nichtigen Teil, also unbedingt gewollt hätten. Das ergibt sich nicht aus einer die Anwendung des § 139 BGB verdrängenden Deutung der Bedingung als untrennbarer Bestandteil der rechtsgeschäftlichen Regelung, in der sie sich befindet (so aber Flume § 38, 4c; Soergel/Wolf § 158 Rn 32; vgl auch Enneccerus/Nipperdey § 194 I 1, der dies für beide Arten der Bedingungen annimmt), sondern aus einer sachgerechten Anwendung des § 139 BGB (Bork, AT Rn 1260 Fn 17; MünchKomm/H P Westermann § 158 Rn 46). Die Unterscheidung wird vor allem im Zusammenhang mit verbots- und sittenwidrigen Bedingungen erheblich (s dazu unten Rn 33). – Zur Frage, ob im Einzelfall eine aufschiebende oder eine auflösende Bedingung gewollt ist, s § 158 Rn 4 ff. 12

b) Ferner lassen sich **bejahende und verneinende Bedingungen** (affirmative und negative Bedingungen) unterscheiden, je nachdem, ob ihre Erfüllung eine Veränderung des zZ der Geschäftsvornahme bestehenden Zustandes erfordert oder nicht. Ein Fall dieser Art ist in § 2075 BGB geregelt. – Zu den *Potestativbedingungen* s Rn 14 ff, zu den *Rechtsbedingungen* s Rn 22 ff, zu den *notwendigen Bedingungen* s Rn 27. 13

2. Potestativbedingungen

a) Die Frage, ob es sich noch um ein Rechtsgeschäft handelt, wenn die Rechtswirkungen einer Verlautbarung *ausschließlich vom Wollen einer Partei abhängen* sollen, ist umstritten. Die Geschichte dieses Streits reicht in die Zeit vor der Schaffung des BGB zurück. Savigny und die gemeinrechtliche Lehre verneinten dies (vgl Flume § 38, 2d). Im Anschluss daran wurde in § 138 BGB-E I vorgesehen, dass eine aufschiebende Bedingung, die in dem bloßen Wollen des Verpflichteten besteht, die betroffene Verpflichtung unwirksam werden lasse. Die Vorschrift wurde jedoch später „ihres doktrinären Charakters wegen" gestrichen (Prot I 185 = Mugdan I 764). 14

15 **b)** Beim **Kauf auf Probe** bestimmt § 454 Abs 1 S 2 BGB ausdrücklich, dass die reine Willkür des Käufers als aufschiebende Bedingung vorgesehen werden kann (s näher Staudinger/Mader/Schermaier [2013] § 454 Rn 2).

16 **c)** In der heutigen Diskussion ist man sich zunächst darüber einig, dass Bedingungen, bei denen eine Partei ein maßgebliches *objektives* Ereignis gewollt eintreten lassen kann, anzuerkennen sind (vgl nur OLG Hamm OLGZ 1978, 169, 171; OLG München NJW-RR 1988, 58, 59; MünchKomm/H P Westermann § 158 Rn 19; Soergel/Wolf Vor § 158 Rn 23; s auch Rn 41 sowie § 158 Rn 2). In § 2075 BGB ist dieser Fall auch gesetzlich anerkannt (vgl BGHZ 96, 198, 202). Die Bedingung ist dann grundsätzlich mit dem vereinbarten Erfolg oder Verhalten eingetreten, gleich ob sie vorsätzlich, irrtümlich oder rechtsfehlerhaft herbeigeführt wurde (Soergel/Wolf Vor § 158 Rn 23). Streitig sind dagegen Potestativbedingungen, bei denen lediglich das Wollen des *Verpflichteten* für die Geltung des Geschäfts maßgebend sein soll; zT spricht man hier von einer **Wollensbedingung** *(condicio si volam* oder *si voluero;* vgl nur Flume § 38, 2d; Soergel/Wolf Vor § 158 Rn 25).

17 Die Literatur spricht sich teilweise gegen die Anerkennung von solchen Potestativbedingungen aus (Flume § 38, 2d; Wolf/Neuner § 52 Rn 18; wohl auch Medicus/Petersen, AT Rn 831 und Medicus JuS 1988, 1, 2 f; grds **aM** Giesen, in: FS Schapp [2010] 161 ff; Jauernig/Mansel § 158 Rn 4; vgl auch MünchKomm/H P Westermann § 158 Rn 21 ff). § 454 Abs 1 BGB wird dabei als Ausnahmeregel verstanden, die auf ihren engsten Wortlaut zu beschränken sei. Die Rechtsprechung hingegen lässt auf willkürliche Geltung des Geschäfts ausgerichtete Potestativbedingungen zu (RGZ 94, 291, 297; 77, 415, 417), jedenfalls bei gegenseitigen Verträgen, bei denen jeder Partner zugleich Gläubiger und Schuldner ist (BGHZ 47, 387, 391; BGH NJW 2018, 3018 Rn 10; MDR 2017, 1314 Rn 27 f; WM 1966, 1267, 1269; DB 1962, 1567; BayObLG NJW-RR 1988, 982; 1986, 568; RGZ 104, 98, 100; OLG Hamm OLGZ 1978, 169, 171; ebenso Enneccerus/Nipperdey § 194 IV 3; Martens JuS 2010, 481, 485 f; Soergel/Wolf Vor § 158 Rn 28; Wunner AcP 168 [1968] 425 ff; vgl auch BGHZ 119, 35, 37 f).

18 Dem ist für *aufschiebende Wollensbedingungen* nicht zuzustimmen. Die Bindung einer Partei darf nicht in ihre Willkür gestellt werden, weil es sonst am Zustandekommen des Vertrages fehlt (vgl auch RGZ 136, 132, 135; 131, 24, 26; s aber Erman/Armbrüster Vor § 158 Rn 13). Entscheidend für die Zulässigkeit der Wollensbedingung und zugleich für den Bedingungscharakter einer solchen Bestimmung ist daher, dass nicht die Entstehung des Rechtsgeschäfts, sondern seine Rechtswirkungen (vgl oben Rn 6), also letztlich die Durchführung, vom Willen einer Partei abhängig sein soll (vgl OLG Hamm OLGZ 1978, 169, 171). Bei einer aufschiebenden Wollensbedingung ist aber letztlich die Verbindlichkeit des Rechtsgeschäfts und nicht nur seine Durchführung offen. Die Abgrenzung zwischen einem noch nicht als bindend gewollten Geschäft und einem als verbindlich gewollten, aber an eine Wollensbedingung geknüpften Geschäft kann hier nicht gelingen. Anders kann man für *auflösende Wollensbedingungen* entscheiden, deren Vereinbarung ebenso zulässig sein muss wie die Vereinbarung eines Kündigungsrechts oder eines Rücktrittsvorbehalts (vgl auch Soergel/Wolf Vor § 158 Rn 26). Bei *Verfügungen* wird man allerdings annehmen müssen, dass sie im Interesse der Verkehrssicherheit nicht unter auflösende Potestativbedingungen gestellt werden können (Flume § 38, 2d).

Im Übrigen ist sorgfältig durch **Auslegung** zu prüfen, ob überhaupt eine Wollensbedingung vereinbart ist. Möglich ist auch, dass es sich gar nicht um ein bedingtes Rechtsgeschäft handelt, sondern dass die rechtsgeschäftliche *Bindungswirkung* überhaupt erst mit dem „Bedingungseintritt" begründet werden soll (vgl HÜBNER Rn 1128). Ferner kann eine *Option* als Angebot mit verlängerter Bindungswirkung (s STAUDINGER/BORK [2020] Vorbem 69 ff zu §§ 145 ff) vorliegen (so für den Normalfall FLUME § 38, 2d; SOERGEL/WOLF Vor § 158 Rn 29; vgl auch BGH NJW-RR 2009, 598 Rn 19). Ebenso besteht die Möglichkeit, dass keine auflösende „Potestativbedingung", sondern ein *Rücktrittsvorbehalt* vereinbart wurde (s oben Rn 10, 18). 19

d) In keinem Fall handelt es sich um eine Potestativbedingung, wenn das willensabhängige *Verhalten eines Dritten* zur Bedingung erhoben wird. In diesen Fällen spricht man auch von einer **Zufallsbedingung** (WOLF/NEUNER § 52 Rn 13; MünchKomm/H P WESTERMANN § 158 Rn 20; SOERGEL/WOLF Vor § 158 Rn 24). Sie ist – von der Ausnahme des § 2065 BGB abgesehen – grundsätzlich zulässig (vgl BayObLG NJW-RR 1986, 93, 94; OLG Hamm OLGZ 1968, 80, 84; NJW-RR 1988, 1268, 1269). Es handelt sich, wenn nicht eine Rechtsbedingung vorliegt (s dazu Rn 22 ff), um eine echte Bedingung iSv § 158 BGB. 20

Erklärt ein *Vertreter* (insbesondere das Organ einer juristischen Person), dessen Vertretungsmacht das Rechtsgeschäft an sich abdecken würde, den Vertrag nur unter der „Bedingung" zu schließen, dass der Vertretene oder ein weiterer Vertreter zustimmt, so fehlt es idR am Rechtsbindungswillen. Es liegt dann nur ein bindendes Angebot des Gegners vor. Im Einzelfall kann es sich auch einmal um einen Vorvertrag oder eine Option handeln (SOERGEL/WOLF Vor § 158 Rn 30 f). 21

3. Rechtsbedingungen

a) Schon das römische Recht betonte die Unterscheidung zwischen tatsächlichen Bedingungen und einer Rechtsbedingung *(condicio iuris* oder *condicio tacita;* vgl dazu ZIMMERMANN AcP 193 [1993] 121, 126 mwNw). Infolgedessen entstand im 19. Jahrhundert eine umfangreiche Literatur zur Frage der Rechtsbedingung (vgl EGERT 2 ff). Von ihr beeinflusst hatte § 140 BGB-E I eine Regelung über die Rechtsbedingung vorgesehen, die aber von der 2. Kommission wieder gestrichen wurde. 22

b) Rechtsbedingungen sind die **gesetzlichen Wirksamkeitsvoraussetzungen** eines Rechtsgeschäfts (vgl LG Aachen RPfleger 1979, 61). Insofern spricht man auch von *Gültigkeitserfordernissen* (EGERT 29). OERTMANN hat als Rechtsbedingungen im engeren Sinne die beim Geschäftsabschluss noch ausstehenden, aber *nachholbaren* Wirksamkeitsvoraussetzungen bezeichnet, wovon insbesondere die noch fehlende Genehmigung erfasst wird (SOERGEL/WOLF Vor § 158 Rn 7). 23

c) Rechtsbedingungen sind **keine Bedingungen iSd §§ 158 ff BGB**, da zT schon die rechtliche Bindung und nicht nur die Rechtswirkungen hinausgeschoben sind und dieser Effekt in jedem Fall auf Gesetz und nicht auf Parteivereinbarung beruht. Rechtsbedingungen vermögen zwar ebenfalls einen Schwebezustand zu erzeugen. Es sind dafür aber speziellere Regeln ergangen, zB in §§ 184, 185 Abs 2 BGB (vgl BGH ZIP 2000, 1007, 1009; EGERT 49 ff, 183). Daneben können die §§ 158 ff BGB grundsätzlich nicht – auch nicht analog – verwendet werden (vgl RGZ 144, 71, 73; OGHBrZ 3, 250, 253; 24

NdsFG EFG 1981, 621; EGERT 183 ff; s aber auch WOLF/NEUNER § 52 Rn 7 f; SOERGEL/WOLF Vor § 158 Rn 8).

25 Rechtsbedingungen können auch nicht als echte Bedingungen **vereinbart** werden (aM RODI 43 f). Zwar hatte das RG (JW 1933, 1387) obiter eine Vereinbarung, nach welcher die mittels Kapitalabfindung zu erfüllende Kaufpreiszahlungspflicht von der Genehmigung der Abfindung durch das Versorgungsamt abhängig sein sollte, als echte Bedingung bezeichnet. Eine solche Vertragsklausel wirkt jedoch nur deklaratorisch (vgl auch OLG Düsseldorf NJW-RR 1991, 435: Entstehen der Hauptschuld als Rechtsbedingung der Bürgschaft). Die Wiederholung einer gesetzlichen Wirksamkeitsvoraussetzung im rechtsgeschäftlichen Tatbestand begründet keine auf den *Parteiwillen* zurückzuführende Abhängigkeit der Rechtswirkungen von einem ungewissen zukünftigen Ereignis (vgl FLUME § 38, 1c). Rechtsbedingungen können nicht Ausdruck privatautonomer Gestaltung sein. Umgekehrt ist deshalb auch das Hinzufügen einer Rechtsbedingung bei *bedingungsfeindlichen Rechtsgeschäften* unschädlich (OLG Karlsruhe NJW 1967, 935, 936; SOERGEL/WOLF Vor § 158 Rn 9), und wenn eine Rechtsbedingung, zB hinsichtlich einer Genehmigungspflicht, zu Unrecht gesetzt wurde, so berührt dieser Fehler die Gültigkeit des Rechtsgeschäfts nicht (BGH WM 1976, 271, 273; 1961, 407, 408; BFHE 132, 106, 107 = WM 1981, 343). Etwas anderes gilt aber dann, wenn ein Rechtsgeschäft vom Ausgang eines Prozesses abhängig gemacht wird. Hier ist nicht ein gesetzliches Wirksamkeitserfordernis, sondern der Inhalt eines Urteils zur Bedingung erhoben (vgl AG Wedding Grundeigentum 2009, 1127 f).

26 Rechtsbedingungen können allerdings durch den Parteiwillen **umgestaltet** werden, etwa dadurch, dass die nach dem Gesetz notwendige Genehmigung des gesetzlichen Vertreters in einer gegenüber der gesetzlichen Regelung erschwerten Form gefordert wird. In diesen Fällen vertritt EGERT (44) die Auffassung, es handele sich weiterhin um Rechtsbedingungen, sodass sie zB von den Vorschriften über Bedingungsverbote nicht erfasst würden. Dem ist grundsätzlich zuzustimmen. §§ 158 ff BGB finden in diesen Fällen keine Anwendung. Es ist indessen im Einzelfall zu prüfen, ob die auf dem Parteiwillen beruhende Modifikation mit Sinn und Zweck eines etwaigen Bedingungsverbots vereinbar ist oder ob sie eine Unsicherheit schafft, die durch das konkrete Bedingungsverbot gerade vermieden werden soll.

4. Notwendige Bedingungen

27 Nicht um Bedingungen iSd §§ 158 ff BGB handelt es sich bei einer sog notwendigen Bedingung *(condicio necessaria)*, durch die die Rechtswirkungen eines Geschäfts von unausbleiblichen und in ihrem Zeitpunkt *feststehenden Ereignissen* abhängig gemacht werden. Es fehlt an der für die Bedingungen kennzeichnenden Ungewissheit, sodass ein unbedingtes Rechtsgeschäft vorliegt (ERMAN/ARMBRÜSTER Vor § 158 Rn 7). Das BGB enthält, anders als frühere Rechte, hierüber keine Bestimmungen. Allerdings kann sich im Wege der Auslegung ergeben, dass in Wirklichkeit eine *Befristung* mit aufschiebender oder auflösender Wirkung gewollt war, also ein Anfangs- oder Endtermin gesetzt werden sollte. Dann findet § 163 BGB Anwendung.

5. Scheinbedingungen

28 Nicht um eine echte Bedingung iSd § 158 BGB (BGH NJW 1999, 379, 381), sondern um eine Scheinbedingung handelt es sich bei der zZ der Vornahme des Rechtsgeschäfts *bereits entschiedenen* Bedingung *(condicio in praesens vel praeteritum collata* oder *relata;* auch *Gegenwartsbedingung, Voraussetzung* oder *Unterstellung* genannt). Es fehlt hier am Erfordernis des ungewissen zukünftigen Ereignisses, da nur *subjektive Ungewissheit* der Beteiligten besteht; es geht den Parteien nicht um die künftige Entwicklung, sondern um die Aufklärung der gegenwärtigen Verhältnisse (Soergel/Wolf Vor § 158 Rn 10). § 137 BGB-E I hatte hierzu ausdrücklich eine Regel vorgesehen, die jedoch von der 2. Kommission wieder gestrichen wurde. Da es sich nicht um eine echte Bedingung handelt, ist ein Rechtsgeschäft, das unter einer schon negativ entschiedenen aufschiebenden Scheinbedingung vorgenommen wird, unwirksam (LAG Saarbrücken NJW 1966, 2136, 2137; s auch LG Köln VersR 1985, 384, 385; Frohn Rpfleger 1982, 56, 57 sowie unten Rn 27). Im Falle einer bereits eingetretenen auflösenden Scheinbedingung ist das vorgenommene Geschäft unbedingt gültig (vgl Rodermund 28 ff; ferner OLG Köln NJW-RR 1992, 237, 239 [für den Vorbehalt bei einer Erfüllungshandlung, dass die Schuld auch wirklich besteht]; s dazu auch Seibert JR 1983, 491 ff).

29 Allerdings kann im Einzelfall ein schutzwürdiges Interesse der Parteien anzuerkennen sein, die Wirkungen eines Rechtsgeschäfts von einem nur subjektiv ungewissen Umstand abhängig zu machen (Flume § 38, 1b). Es gelten dann zwar die §§ 158 ff BGB nicht unmittelbar (aM Rodermund 49 ff). Sie werden jedoch kraft Privatautonomie für das betreffende Rechtsgeschäft so in Geltung gesetzt, als seien sie auch für diesen Fall bestimmt (Erman/Armbrüster Vor § 158 Rn 6; Jauernig/Mansel § 158 Rn 6; Palandt/Ellenberger Einf v § 158 Rn 6; wohl auch MünchKomm/H P Westermann § 158 Rn 52 f). Dies ist vor allem der Fall, wenn eine unklare Rechtslage im bestimmten Sinne zur „Bedingung" eines Geschäfts erhoben wurde. Maßgeblich für den „Schwebezustand" ist dann nicht der Eintritt eines Ereignisses, sondern die Kenntnis der Parteien davon (OLG Düsseldorf NJW-RR 1998, 150, 151). So hat der BGH (LM Nr 1 zu § 159) die Formulierung, ein Pachtvertrag solle nur dann gelten, wenn der Verpächter bereits von einem anderen Pachtvertrag über dieselbe Sache wirksam zurückgetreten sei, wie eine auflösende Bedingung behandelt (vgl auch Soergel/Wolf Vor § 158 Rn 10). Entsprechendes kann für sog „Steuerklauseln" gelten, mit denen die Parteien die zivilrechtliche Wirksamkeit ihres Rechtsgeschäfts von der steuerlichen Anerkennung durch die Finanzverwaltung abhängig machen (s näher Theisen GmbHR 1980, 132, 137; Zenthöfer DStZ 1987, 185, 189 f mwNw; vgl aber auch BFHE 153, 58, 61; Kaligin GmbHR 1981, 70 f). Im Übrigen kann die Auslegung eines mit einer Scheinbedingung versehenen Rechtsgeschäfts ergeben, dass es sich in Wirklichkeit um eine Wette handeln sollte.

6. Unzulässige Bedingungen

30 **a)** Sofern dem Rechtsgeschäft eine **unmögliche Bedingung** beigefügt ist, dh auf ein künftiges Ereignis abgestellt wird, das objektiv nicht eintreten kann, hat dies bei einer aufschiebenden Bedingung die Unwirksamkeit des Rechtsgeschäfts zur Folge, im Falle einer auflösenden Bedingung dessen unbedingte Gültigkeit (Erman/Armbrüster Vor § 158 Rn 8). An einer ausdrücklichen Regelung hierzu fehlt es im BGB. Ein Rückgriff auf § 311a BGB wird idR daran scheitern, dass die vereinbarten

Leistungen möglich sind. Gleichwohl ist die Vereinbarung unwirksam, wenn die vereinbarten Rechtsfolgen nicht in Kraft treten können (ebenso; MünchKomm/H P Westermann § 158 Rn 48; Soergel/Wolf § 158 Rn 31 mwNw). Es kann bei der ursprünglichen Unmöglichkeit des Bedingungseintritts nichts anderes gelten als beim nachträglichen endgültigen Ausfall der Bedingung (s dazu § 158 Rn 16). Ist die Unmöglichkeit behebbar und soll das Geschäft für diesen Fall geschlossen werden, so liegt allerdings eine echte Bedingung vor und das Rechtsgeschäft ist wirksam, sofern nicht §§ 134, 138 BGB entgegenstehen (Erman/Armbrüster Vor § 158 Rn 8; s auch unten Rn 33). Zur Problematik der unmöglichen Bedingung bei Verfügungen von Todes wegen s Staudinger/Otte (2019) § 2074 Rn 75 f.

31 **b)** Ist einem Rechtsgeschäft eine **unverständliche oder widersinnige (perplexe) Bedingung** beigefügt, so ist es insgesamt nichtig (Erman/Armbrüster Vor § 158 Rn 11). Dies war in § 139 BGB-E I ausdrücklich so vorgesehen, wurde jedoch später gestrichen (vgl Mot I 267). Kann allerdings die Unverständlichkeit, zB weil sie auf einem Schreibversehen beruht, im Wege der Auslegung beseitigt werden, so gelten für die „berichtigte Fassung" die allgemeinen Regeln der §§ 158 ff BGB.

32 **c)** Das ALR hatte in den §§ 133 ff I 4 auch Bestimmungen über **nutzlose Bedingungen** getroffen. Das BGB hat eine solche Regelung nicht vorgesehen, sodass die allgemeinen Bedingungsregeln auch hier gelten (Mot I 264). Zu beachten ist allerdings, dass durch unnütze Bedingungen im Hinblick auf § 118 BGB die Ernstlichkeit des Rechtsgeschäfts in Frage gestellt werden kann (Erman/Armbrüster Vor § 158 Rn 10).

33 **d)** Auch über **unerlaubte und sittenwidrige Bedingungen** hat das BGB, im Unterschied zu früheren Rechten, keine Regeln aufgestellt. Derartige Bedingungen führen daher nach Maßgabe der §§ 134, 138 BGB grundsätzlich zur Nichtigkeit des Rechtsgeschäfts (vgl LAG Düsseldorf DB 1977, 1196). Sittenwidrig können vor allem solche Bedingungen sein, die eine Zuwendung an ein bestimmtes Verhalten des Empfängers knüpfen und dadurch unzumutbaren Druck auf den Empfänger ausüben, weil sie übermäßig in seine Persönlichkeitssphäre eingreifen (zB durch „Zölibatsklauseln" in Arbeitsverträgen, s BAGE 4, 274, 285 und allg MünchKomm/H P Westermann § 158 Rn 45). Bei auflösenden Bedingungen kann allerdings das Rechtsgeschäft nach § 139 BGB ohne die Bedingung aufrechterhalten werden (BAGE 4, 274, 285; Soergel/Wolf § 158 Rn 32). Bei aufschiebenden Bedingungen hilft § 139 BGB hingegen nicht weiter (vgl oben Rn 12); zur Umdeutung in ein unbedingtes Geschäft s unten Rn 44. Zulässig ist eine Bedingung, wonach das gegenwärtig unerlaubte Geschäft für den Fall einer *Gesetzesänderung* Wirkungen entfalten soll.

IV. Bedingungsfeindliche Rechtsgeschäfte

1. Allgemeine Gründe der Bedingungsfeindlichkeit

34 **a)** Rechtsgeschäfte, auch einseitige Rechtsgeschäfte (vgl zu diesen Merle AcP 183 [1983] 81, 90 ff), sind grundsätzlich bedingungsfreundlich. Das gilt auch bei dinglichen Rechten (BayObLG NJW-RR 1990, 1169, 1170), wobei allerdings im Hinblick auf die grundbuchrechtliche Eintragungsfähigkeit an die Bestimmbarkeit der Bedingung erhöhte Anforderungen zu stellen sind (BayObLG NJW-RR 1998, 85; OLG Frankfurt OLGZ

1993, 385, 386; vgl aber auch OLG Zweibrücken NJW-RR 2008, 1395, 1396). Aus Gründen der **öffentlichen Ordnung** kann es jedoch ausgeschlossen sein, Rechtsgeschäfte von Bedingungen oder Zeitbestimmungen abhängig zu machen. Dies gilt zB für die Eheschließung gemäß § 1311 S 2 BGB (vgl OLG Hamburg OLGZ 1983, 18, 20), für die Anerkennung der Vaterschaft (§ 1594 Abs 3 BGB), oder für die Adoption gemäß §§ 1750 Abs 2 S 1, 1752 Abs 2 BGB. Entsprechendes muss für den Namen betreffende Erklärungen nach § 1355 BGB gelten (BayObLGZ 1964, 213, 218; OLG Frankfurt OLGZ 1971, 298, 300; MünchKomm/H P Westermann § 158 Rn 27).

b) Ferner erfordert es die Rücksicht auf das **Vertrauen des Rechtsverkehrs**, dass bestimmte rechtsgeschäftlich herbeigeführte Situationen als endgültig zugrunde gelegt werden können. Dies führt zB im *Grundstücksrecht* zur Bedingungsfeindlichkeit der Auflassungserklärung nach § 925 Abs 2 BGB, der Übertragung des Erbbaurechts nach § 11 Abs 1 ErbbauRG oder der Einräumung bzw Aufhebung von Wohnungseigentum nach § 4 Abs 2 WEG. Das Erbbaurecht kann gemäß § 1 Abs 4 ErbbauRG auch nicht als solches durch eine auflösende Bedingung beschränkt werden (vgl BGHZ 52, 269, 271), und eine Grundschuld kann nicht an einem Teil des Grundstücks auflösend bedingt bestehen (BayObLG DNotZ 1979, 25, 26). Bedingungsfeindlich ist auch die Abtretung von Rückübertragungsansprüchen nach § 3 Abs 1 S 2 VermG (dazu Jesch DB 1992, 2073). Ebenso sind im *Erbrecht* Annahme und Ausschlagung der Erbschaft nach § 1947 BGB, eines Vermächtnisses nach § 2180 Abs 2 BGB und die Ablehnung der fortgesetzten Gütergemeinschaft nach § 1484 Abs 2 BGB bedingungsfeindlich. Auch bei Annahme und Ablehnung des Testamentsvollstreckeramtes ist gemäß § 2202 Abs 2 BGB eine Bedingung ausgeschlossen. Dasselbe gilt im *Wertpapierrecht* nach Art 1 Nr 2 WG und Art 1 Nr 2 ScheckG bei Wechsel und Scheck für die Zahlungsanweisung, ferner nach Art 12 Abs 1 und Art 26 Abs 1 WG für Wechselannahme und Indossament sowie gemäß Art 15 Abs 1 ScheckG für das Scheckindossament. Im *Handelsrecht* sind gemäß § 50 Abs 2 HGB die Prokuraerteilung und gemäß §§ 126 Abs 2, 161 Abs 2 HGB die Einräumung der organschaftlichen Vertretungsmacht bedingungsfeindlich. 35

Im *Gesellschaftsrecht* kann aus Gründen des Verkehrsschutzes die Zeichnung von Aktien nicht unter eine aufschiebende Bedingung gestellt werden (vgl Soergel/Wolf § 158 Rn 48). Zwar ist die ausdrückliche Regelung über die Stufengründung im früheren § 30 AktG weggefallen. Die Bedingungsfeindlichkeit ergibt sich jedoch indirekt aus § 2 AktG. Dasselbe gilt für den Beitritt zu einer Genossenschaft gemäß § 15 Abs 1 GenG (vgl RGZ 147, 257, 263). Ebenso werden die Beitrittserklärungen der Gründer einer GmbH und die Übernahme von Stammeinlagen bei der Kapitalerhöhung bewertet (RGZ 83, 256, 258; KG JW 1935, 1796; Hachenburg/Ulmer, GmbHG [8. Aufl 1991] § 2 Rn 113 ff). Allerdings heilt nach hM die Eintragung den Mangel der unwirksamen Beitrittserklärung (vgl Baumbach/Hueck/Fastrich, GmbHG [22. Aufl 2019] § 3 Rn 21 mwNw; Hachenburg/Ulmer § 2 Rn 115). Hingegen wird die Erklärung des Vereinsbeitritts in bedingter Form zugelassen (RG JW 1938, 3229, 3230; Soergel/Wolf § 158 Rn 37). Ebenso können Gesellschaftsverträge für Personengesellschaften unter Bedingungen oder Zeitbestimmungen gestellt werden (vgl BGH NJW 1985, 1080; OLG München WM 1984, 1335, 1336; Koller/Buchholz DB 1982, 2172 ff; MünchKomm/H P Westermann § 158 Rn 34; Soergel/Wolf § 158 Rn 30). Nicht möglich ist hingegen die auflösend bedingte oder befristete Umwandlung einer Kommanditisten- in eine Komplementärstellung (BGHZ 101, 123, 129 f). Die Bestellung des Geschäftsführers einer GmbH ist nicht 36 bedingungsfeindlich (BGH NJW-RR 2006, 182, 183 f). Ebenso kann der Geschäftsführer einer GmbH sein Amt unter der aufschiebenden Bedingung der Eintragung seines Ausscheidens in das Handelsregister niederlegen (OLG Frankfurt WM 1994, 2250; OLG Hamm MittBayNot 2013, 403; OLG Zweibrücken GmbHG 1999, 479).

37 Im *Arbeitsrecht* sind auflösende Bedingungen bei enger Betrachtungsweise dann unwirksam, wenn sie es ermöglichen, ein Arbeitsverhältnis zu beenden, ohne dass die Voraussetzungen der §§ 626 BGB, 1 KSchG vorliegen (vgl BAG NJW 1982, 788, 790 = BB 1982, 368 m Anm Böhm = AP Nr 4 zu § 620 BGB-Bedingung m Anm Herschel; ArbG Wetzlar DB 1990, 1339; Ehrich DB 1992, 1186 ff; Falkenberg DB 1979, 590 ff; Füllgraf NJW 1982, 738 f; Hromadka RdA 1983, 88 ff; Zöllner/Loritz/Hergenröder, Arbeitsrecht [7. Aufl 2015] § 24 Rn 20). Zulässig sind damit praktisch nur Potestativbedingungen, bei denen der Bedingungseintritt vom Willen des Arbeitnehmers abhängt, und solche Bedingungen, die den Arbeitnehmer nicht belasten. Das Bundesarbeitsgericht lässt es indessen genügen, dass ein sachlicher Grund für die auflösende Bedingung gegeben ist (BAGE 117, 255 Rn 22; BAG DB 1992, 948 f mwNw; vgl auch LAG Baden-Württemberg DB 1982, 1989; LAG Berlin DB 1990, 2223, 2224; LAG Frankfurt BB 1981, 1465; LAG Köln LAGE § 620 BGB-Bedingung Nr 1, 3; Plander WissR 1982, 3, 38 ff; zu tariflichen Altersgrenzen vgl BAG DB 1993, 443; AP Nr 9 zu § 620 BGB-Bedingung m Anm Belling). Ist die auflösende Bedingung wirksam vereinbart, so kann das Arbeitsverhältnis nur aus wichtigem Grund gekündigt werden (BAGE 33, 220, 222 f = AP Nr 55 zu § 620 BGB-Befristeter Arbeitsvertrag m Anm Kraft = SAE 1981, 4 m Anm Sieg). – Zu den *befristeten* Arbeitsverhältnissen s § 163 Rn 9, zu den bedingten Aufhebungsverträgen unten Rn 41.

2. Ausübung von Gestaltungsrechten

38 **a)** Gestaltungsrechtsgeschäfte (vgl allg dazu Staudinger/Dilcher[12] Einl 48 ff zu §§ 104 ff) greifen in einen fremden Rechtskreis ein. Daraus wird allgemein hergeleitet, dass dem Betroffenen keine Ungewissheit und kein Schwebezustand zugemutet werden kann, sodass Gestaltungsrechtsgeschäfte schon aus diesem Grunde als **bedingungsfeindlich** anzusehen sind (BGHZ 97, 264 = NJW 1986, 2245, 2246; BGH NJW-RR 2004, 952, 953; OLG Stuttgart OLGZ 1979, 129, 131; Erman/Armbrüster Vor § 158 Rn 18; Wolf/Neuner § 52 Rn 23; Soergel/Wolf § 158 Rn 43; zur eventuellen Geltendmachung im Prozess s unten Rn 43). Ausdrücklich ist die Bedingungsfeindlichkeit in § 388 S 2 BGB für die *Aufrechnungserklärung* vorgesehen. Die Vorschrift wird auf andere Gestaltungsrechte übertragen, vor allem auf die *Anfechtungserklärung* (BGH WM 1961, 785, 786; 1961, 156, 157; RGZ 146, 234, 238; 66, 153). Der Gedanke gilt ebenso für *Rücktritts- und Wandelungserklärungen,* für den *Widerruf,* für die *Rücknahme* gemäß §§ 112 Abs 2, 113 Abs 2 BGB sowie für die *Wahlerklärung* nach den §§ 263 Abs 1, 2154 BGB (Flume § 38, 5; Soergel/Wolf § 158 Rn 43).

39 Auch die Ausübung selbständiger Gestaltungsrechte wie des *Vor- oder Wiederkaufsrechts* ist bedingungsfeindlich (Wolf/Neuner § 52 Rn 24). Allerdings wird die Eventualausübung des Wiederkaufsrechts für den Fall erfolgloser Anfechtung zugelassen (RGZ 97, 269, 273). Nicht berührt von der Regel über die Bedingungsfeindlichkeit wird die Vereinbarung eines Vorkaufs- oder Wiederkaufsrechts. Hier sind grundsätzlich beliebige Bedingungen möglich. Eine Ausnahme mit der Folge relativer Unwirksamkeit gilt jedoch für den Fall des Rücktrittsvorbehalts gemäß § 465 BGB.

b) Für **Kündigungserklärungen** wurde die Bedingungsfeindlichkeit ursprünglich, wie bei allen Gestaltungserklärungen, uneingeschränkt bejaht. Ausgenommen waren nur sog Rechtsbedingungen, denen der Charakter einer echten Bedingung nicht zukommt (s oben Rn 24 sowie für die „hilfsweise Kündigung" BAG NJW 2014, 3533 Rn 12; NJW 2016, 1117 Rn 21). Der Grundsatz, dass Kündigungen bedingungsfeindlich und bedingte Kündigungen folglich unwirksam sind (BAG NJW 2001, 3355 f), wird heute jedoch dahin eingeschränkt, dass Bedingungen zulässig sind, durch welche die berechtigten *Interessen des Kündigungsempfängers nicht beeinträchtigt* werden, weil durch sie „der Empfänger nicht in eine ungewisse Lage versetzt wird" (BGH WM 1973, 694, 695; OLG Hamburg NJW-RR 1991, 1199, 1201; Hueck/Nipperdey, Lehrbuch des Arbeitsrechts I [7. Aufl 1963] § 56 IV 2). Das gilt bei allen Kündigungsarten, dh sowohl bei Kündigungen im Miet- oder Dienstvertragsrecht als auch, hier vor allem mit Rücksicht auf § 643 BGB, im Werkvertragsrecht und bei Gesellschaftsverträgen. 40

Zulässig sind demnach aufschiebende Bedingungen, die vor dem Lauf einer Kündigungsfrist eingetreten und zur Kenntnis des Kündigungsadressaten gelangt sind (OLG Hamburg NJW-RR 1991, 1199, 1201; Flume § 38, 5; Soergel/Wolf § 158 Rn 44), ferner alle Bedingungen, deren Erfüllung lediglich vom Willen des Erklärungsempfängers abhängt (BAG NJW 1968, 2078; RAG DRW 1943, 545, 546). So kann zB die Kündigung davon abhängig gemacht werden, dass ein ausländischer Arbeitnehmer nach dem Urlaub nicht nach Deutschland zurückkehrt (vgl LAG Mannheim NJW 1974, 1919; ein Auflösungsvertrag kann hingegen nach BAG NJW 1975, 1531 nicht unter eine solche Bedingung gestellt werden; vgl auch BAG NZA 1988, 391 = AP Nr 14 zu § 620 BGB-Bedingung m **abl** Anm Bickel; NJW 1985, 1918, 1919 = AP Nr 8 zu § 620 BGB-Bedingung m **abl** Anm Bickel; LAG Baden-Württemberg DB 1991, 918; LAG Nürnberg ARST 1984, 10). Den wichtigsten Fall dieser Art bildet die sog *Änderungskündigung*, die für den Fall ausgesprochen wird, dass der Kündigungsempfänger nicht mit einer gleichzeitig angebotenen Änderung des bestehenden Vertragsverhältnisses einverstanden ist (Erman/Armbrüster Vor § 158 Rn 18; MünchKomm/H P Westermann § 158 Rn 31; Soergel/Wolf § 158 Rn 44; Zöllner/Loritz/Hergenröder, Arbeitsrecht [7. Aufl 2015] § 25 Rn 4). Sie ist für das Arbeitsrecht auch in § 2 KSchG zugelassen (vgl zB BAGE 47, 26, 39); für das Mietrecht ist die Änderungskündigung zum Zwecke einer Mietzinserhöhung allerdings bei der Wohnraummiete gemäß § 573 BGB unzulässig. 41

Für **andere Gestaltungserklärungen** gelten die vorstehenden Einschränkungen der Bedingungsfeindlichkeit entsprechend (vgl zu Potestativbedingungen BGHZ 97, 264 = NJW 1986, 2245, 2246 für die Rücktrittserklärung [zu dieser auch Bülow JZ 1979, 430, 431]; ferner LG Braunschweig NdsRpfl 1984, 12, 13 für die Aufrechnungserklärung). Das gilt auch für die Zustimmung nach § 182 BGB, jedenfalls wenn der durch die Bedingung herbeigeführte Schwebezustand mit dem bei zustimmungsbedürftigen Geschäften ohnehin schon bestehenden Schwebezustand vergleichbar ist; eine Genehmigung kann daher aufschiebend, aber nur teilweise auflösend bedingt werden (Rodi S 83 ff, 104 ff). 42

c) Schließlich kann die Ausübung aller Gestaltungsrechte unter der Bedingung erfolgen, dass eine in erster Linie bezogene Rechtsposition nicht mehr vertreten werden soll, insbesondere weil ein erforderlicher Beweis sich nicht führen lässt. Dies gilt vor allem für die sog **Eventualerklärungen im Prozess** (MünchKomm/H P Westermann § 158 Rn 29; Soergel/Wolf § 158 Rn 42). Dementsprechend ist eine *Eventualauf-* 43 *rechnung* zulässig, dh eine Aufrechnungserklärung für den Fall, dass ein in erster Linie geltend gemachtes Verteidigungsmittel nicht durchgreift, die Klage also begründet ist (vgl Rosenberg/Schwab/Gottwald, Zivilprozessrecht [18. Aufl 2018] § 104 Rn 14; Schwab, in: FS Nipperdey I [1965] 939, 943 ff). Dasselbe gilt hinsichtlich der *Eventualanfechtung* (s dazu näher Staudinger/Roth [2020] § 143 Rn 9). Allg zu den bedingten Prozesshandlungen s unten Rn 76.

3. Rechtsfolgen eines Verstoßes gegen die Bedingungsfeindlichkeit

44 **a)** Wird einem bedingungsfeindlichen Rechtsgeschäft eine Bedingung oder Zeitbestimmung beigefügt, so gelten mangels besonderer Anordnung (vgl etwa §§ 50 Abs 2, 126 Abs 2 HGB) die allgemeinen Regeln. Diese bewirken nicht ohne Weiteres, dass das gesamte betroffene Rechtsgeschäft nichtig ist (so aber Enneccerus/Nipperdey § 195 II 1 und 3). Vielmehr ist nur ein Teil des Rechtsgeschäfts nichtig. Ob diese **Teilnichtigkeit nach § 139 BGB** ein gültiges Rechtsgeschäft bestehen lässt, ist für aufschiebende und auflösende Bedingungen unterschiedlich zu beurteilen (vgl oben Rn 12). Im letzteren Fall kann eine Fortgeltung des Restgeschäftes in Betracht kommen. Allerdings gibt es Spezialvorschriften, die bei jeder Art der unzulässigen Bedingung anordnen, dass das Rechtsgeschäft ohne die Bedingung fortgelten soll, zB § 126 Abs 2 HGB. Eine *Umdeutung* nach § 140 BGB kann nicht erfolgen, weil das unbedingte Geschäft ein „Mehr" gegenüber dem mit der nichtigen Bedingung versehenen Geschäft darstellen würde (Flume § 38, 5; MünchKomm/H P Westermann § 158 Rn 37; Soergel/Wolf § 158 Rn 32; großzügiger Erman/Armbrüster Vor § 158 Rn 9).

45 **b)** Wurde eine bedingungsfeindliche Erklärung, welche der **Eintragung in ein öffentliches Register** bedarf, insbesondere der Beitritt zu einer Kapitalgesellschaft (s oben Rn 36), mit einer unzulässigen Bedingung versehen, so ist die unzulässige Bedingung nach erfolgter Eintragung als hinfällig anzusehen (Baumbach/Hueck/Fastrich [oben Rn 36] § 3 Rn 21 mwNw; Soergel/Wolf § 158 Rn 49).

4. Geschäftsähnliche Handlungen

46 Für geschäftsähnliche Handlungen, die als adressatengerichtete Willensäußerungen erfolgen (vgl dazu näher Bork, AT Rn 412 ff), wird die Zulässigkeit von Bedingungen und Zeitbestimmungen grundsätzlich abgelehnt. Das galt ursprünglich auch uneingeschränkt für die *Mahnung* (RGZ 75, 333, 335; RG JW 1927, 521). Heute werden bei der Mahnung jedoch solche Bedingungen zugelassen, die ihrem Zweck, dem Schuldner Klarheit über das Leistungsverlangen des Gläubigers zu verschaffen, nicht zuwiderlaufen. Dies bedeutet, dass Bedingungen und Zeitbestimmungen im gleichen Umfang zulässig sind wie bei einer Kündigung (s dazu oben Rn 40 f).

V. Bedingungen in Prozess und Insolvenz

1. Prozessuale Wirkungen der Bedingungen

47 **a)** Bedingte und befristete Rechtsverhältnisse können, wenn eine Leistungsklage mangels Entstehung oder Fälligkeit eines Anspruchs keinen Erfolg haben kann, Gegenstand einer **Feststellungsklage** nach § 256 ZPO sein. Gegebenenfalls ist gemäß § 259 ZPO eine **Klage auf künftige Leistung** möglich (RGZ 90, 177, 181; Rosenberg/

SCHWAB/GOTTWALD, Zivilprozessrecht [18. Aufl 2018] § 90 Rn 18; H ROTH ZZP 98 [1985] 287 ff), die die Feststellungsklage aber nicht ausschließt (RGZ 113, 410, 411 ff). – Zu *Eventualerklärungen* im Prozess s oben Rn 43; zu bedingten *Prozesshandlungen* allgemein s unten Rn 76.

b) Eine vor oder während des Prozesses unter einer *aufschiebenden* Bedingung vorgenommene *Verfügung über den Streitgegenstand* berührt weder die **Prozessführungsbefugnis** noch die Sachlegitimation des Veräußerers (SOERGEL/WOLF Vor § 158 Rn 33 ff). Ob bei Bedingungseintritt während der Rechtshängigkeit der nunmehr Berechtigte als Rechtsnachfolger iSd §§ 265, 325 ZPO angesehen werden kann, ist umstritten. Nach einer Auffassung wird die Rechtsänderung bereits in der Vornahme des Rechtsgeschäfts gesehen, sodass mit dem Bedingungseintritt während des Prozesses keine Rechtsnachfolge verbunden ist (vgl KEMPF AcP 158 [1959/60] 308, 317 f; STEIN/JONAS/LEIPOLD, ZPO [22. Aufl 2008] § 325 Rn 24). Nach überwiegender Ansicht wirkt hingegen die Rechtskraft gemäß § 325 ZPO für und gegen den jetzigen Berechtigten, weil die Rechtsnachfolge erst mit Bedingungseintritt und damit nach Rechtshängigkeit eingetreten ist (FLUME § 39, 3 f; HENKE 111 ff; POHLE, in: FS Lehmann II [1956] 738, 760; ROSENBERG/SCHWAB/GOTTWALD § 101 Rn 5; SOERGEL/WOLF Vor § 158 Rn 33 ff; STEIN/JONAS/ALTHAMMER, ZPO [23. Aufl 2018] § 325 Rn 24). Allerdings muss § 161 BGB Rechnung getragen werden (vgl FLUME § 39, 3 f; HENKE 89 ff; MünchKomm/H P WESTERMANN § 161 Rn 15 ff; SOERGEL/WOLF Vor § 158 Rn 34). Das bedeutet vor allem, dass die Rechtskraft gegen den Anwartschaftsberechtigten insoweit nicht wirkt, als das Urteil eine Beeinträchtigung seines Rechts darstellt. **48**

Ist unter einer *auflösenden* Bedingung verfügt worden, so steht dem Erwerber die Prozessführungsbefugnis bis zum Bedingungseintritt zu (POHLE, in: FS Lehmann II [1956] 738, 761). Die Rechtskrafterstreckung auf den mit Bedingungseintritt nachfolgenden Rückerwerber ist in analoger Anwendung des § 325 ZPO zu bejahen, jedoch auch hier nach Maßgabe der Schutzwirkungen des § 161 BGB einzuschränken (SOERGEL/WOLF Vor § 158 Rn 37 f). **49**

c) Die **Beweislast** dafür, dass eine *aufschiebende Bedingung eingetreten* ist, trifft denjenigen, der aus dem bedingten Rechtsgeschäft Ansprüche ableitet (BGH NJW-RR 2016, 842 Rn 38; BB 1981, 1732; AG Delmenhorst NJW-RR 1994, 823). Ist streitig, ob eine Bedingung *vereinbart* ist, so trifft die Beweislast grundsätzlich den Kläger, der aus einem unbedingten Vertrag Rechte herleitet (so auf der Basis der Klageleugnungstheorie BGH NJW 2002, 2862, 2863; 1985, 497; RGZ 107, 405, 406; RG DR 1939, 769; OLG Jena MDR 1999, 1381; OLG Karlsruhe OLGZ 1972, 277, 279; LG Aachen NJW-RR 1986, 411; ERMAN/ARMBRÜSTER § 158 Rn 12; JAUERNIG/MANSEL § 158 Rn 15; MünchKomm/H P WESTERMANN § 158 Rn 49; PALANDT/ELLENBERGER Einf v § 158 Rn 14; REINECKE JZ 1977, 159, 164; nach **aM** handelt es sich um eine vom Beklagten zu beweisende Einwendung, s MÜLLER JZ 1953, 727 f; ROSENBERG, Die Beweislast [5. Aufl 1965] 262 ff; SOERGEL/WOLF Vor § 158 Rn 40). Behauptet der Beklagte hingegen die *nachträgliche Vereinbarung* einer aufschiebenden Bedingung, so trifft ihn die Beweislast (RGZ 107, 405, 406). Auch *auflösende Bedingungen* muss derjenige beweisen, der aus ihrem Eintritt Rechte ableitet (BGH JZ 1966, 480; ENNECCERUS/NIPPERDEY § 194 V; SOERGEL/WOLF Vor § 158 Rn 42; **aM** REINECKE JZ 1977, 159, 164). **50**

2. Insolvenzrechtliche Wirkungen der Bedingungen

51 In der Insolvenz gehören bedingte und betagte **Rechte des Schuldners** schon vor dem Bedingungseintritt zu seinem Vermögen und damit zur Insolvenzmasse. Der Verwalter kann die Anwartschaft (s dazu Rn 53 ff) für die Masse verwerten (BGH NJW-RR 2015, 301 Rn 14; 2015, 180 Rn 7). Auflösend bedingte, zur Insolvenzmasse gehörende Rechte des Schuldners werden mit dem Bedingungseintritt der Masse entzogen und zum Gegenstand eines Aussonderungsrechts.

52 *Aufschiebend bedingte* **Forderungen gegen die Insolvenzmasse** sind Insolvenzforderungen, die am Verfahren teilnehmen. Der auf sie entfallende Betrag wird aber gem § 191 InsO bei einer Abschlagsverteilung zurückbehalten und bei der Schlussverteilung nur berücksichtigt, wenn der Bedingungseintritt nicht völlig unwahrscheinlich ist. *Auflösend bedingte* Forderungen gegen die Insolvenzmasse werden nach § 42 InsO wie unbedingte geltend gemacht. Der **aufschiebend bedingte Erwerb eines Rechts** durch einen Dritten scheitert nicht an § 91 InsO, wenn der Erwerber vor Eröffnung des Insolvenzverfahrens bereits anfechtungsfest eine gesicherte Rechtsposition erworben hat. Die **Aufrechnung** ist nach § 95 Abs 1 InsO erst bei Bedingungseintritt möglich.

VI. Das Anwartschaftsrecht

1. Begriff

53 Bei Bedingungen und Befristungen entsteht nach der Vornahme des Rechtsgeschäfts ein Schwebezustand, der zur Folge hat, dass während dieser Zeit eine Partei entweder nur vorläufig vollberechtigt oder noch nicht vollberechtigt ist, während die andere die Aussicht hat, bei Eintritt der Bedingung oder des Termins das Recht zu erwerben, es zu verlieren oder von einer Belastung befreit zu werden. Erst damit entscheidet sich die endgültige Rechtslage. Allgemein kann man eine solche Aussicht als eine Anwartschaft bezeichnen (vgl insbes § 2 Abs 1 VersAusglG). Liegt darüber hinaus eine gegen Zwischenverfügungen gesicherte Rechtsstellung vor, so handelt es sich um ein **Anwartschaftsrecht**, von dem allein im Folgenden gehandelt werden soll. Von einem solchen Anwartschaftsrecht kann man sprechen, wenn von einem mehraktigen Erwerbstatbestand schon so viele Erfordernisse erfüllt sind, dass von einer gesicherten Rechtsstellung des Erwerbers gesprochen werden kann, die der Veräußerer nicht mehr einseitig zu zerstören vermag (vgl BGHZ 49, 197, 201; 45, 186, 188 f; BGH NJW 1991, 2019, 2020; Medicus/Petersen, Bürgerliches Recht Rn 456; krit Forkel 104 ff; Raiser 52 ff).

54 An diesen Voraussetzungen fehlt es insbesondere dann, wenn der Bedingungseintritt noch von einem Verhalten des Veräußerers abhängt oder wenn der Veräußerer die Vollendung des Rechtserwerbs noch durch die einseitige Beseitigung bereits geschaffener Voraussetzungen (zB durch die Rücknahme des nur von ihm gestellten Antrages auf Eintragung in das Grundbuch) verhindern kann. In diesen Fällen liegt kein Anwartschaftsrecht, sondern allenfalls eine Anwartschaft vor, bei der es sich nicht um eine besondere Rechtsposition handelt. Der Erwerber hat hier nur seine schuldrechtlichen Verschaffungsansprüche und die mehr oder weniger realistische Aussicht auf deren endgültige Erfüllung (vgl BGH NJW 1984, 973 f; ferner KreisG Magde-

burg DtZ 1991, 223, 224, das freilich einer solchen Aussicht wegen der besonderen Umstände des Einzelfalles anwartschaftsähnlichen Schutz gewährt).

Grundlage der Überlegungen zum Anwartschaftsrecht aus bedingtem Recht ist § 161 Abs 1 S 1 BGB (FLUME AcP 161 [1962] 385, 390 ff; SCHIEMANN 2). Die dort für aufschiebende Bedingungen vorgesehene Schutzwirkung wird durch § 161 Abs 2 BGB auf auflösende Bedingungen und durch § 163 BGB auf Befristungen übertragen. Im Ergebnis bedeutet dies, dass bei Bedingungen und Befristungen der Erwerber gegen Zwischenverfügungen des Veräußerers grundsätzlich gesichert ist. 55

2. Bedeutung

Aus dem eben Gesagten folgt schon, dass der Erwerber unter den Voraussetzungen, unter denen man von einem Anwartschaftsrecht sprechen kann, eine so starke Rechtsposition innehat, dass es gerechtfertigt erscheint, diese als eigenständiges, vom schuldrechtlichen Verschaffungsanspruch wie vom dinglichen Vollrecht verschiedenes Recht zu erfassen (s näher zur Dogmatik unten Rn 62 ff). Das bedeutet, dass der Anwartschaftsberechtigte nicht als Gläubiger eines schuldrechtlichen Anspruchs, sondern als Inhaber einer besonderen Rechtsposition angesehen wird. Diese Rechtsposition ist vom Vollrecht verschieden, aber es kann und muss in jedem Einzelfall überlegt werden, ob und wieweit sich die für das Vollrecht geltenden Rechtsnormen auch auf das Anwartschaftsrecht übertragen lassen. Im Ergebnis besteht heute grundsätzlich Einigkeit darüber, dass es sich um eine übertragbare (s Rn 71 f) und pfändbare (s Rn 75) Rechtsposition handelt, die auch gegenüber Dritten besonderen Schutz beanspruchen kann (s Rn 69 f). 56

Freilich besteht aller Anlass, vor Fehlschlüssen zu warnen. Ob und wieweit die Rechtsposition des bedingt Berechtigten besondere Behandlung genießen kann, lässt sich nicht aus dem Begriff des Anwartschaftsrechts ableiten, sondern nur aus Sinn und Zweck der jeweiligen Norm. Der Begriff des Anwartschaftsrechts ist kein normativer Begriff, aus dem sich Rechtsfolgen ableiten ließen, sondern ein deskriptiver Begriff für eine besonders gefestigte Rechtsposition, für die sich bestimmte Rechtsfolgen aus den allgemeinen Rechtsnormen ableiten lassen (vgl auch HOFFMANN JuS 2016, 289, 290 ff). Dabei ist noch einmal zu unterscheiden, ob es sich erst wegen dieser Rechtsnormen um eine besonders gefestigte Rechtsposition handelt (Beispiel: Der bedingt Berechtigte ist gegen Zwischenverfügungen nicht geschützt, weil er ein Anwartschaftsrecht hat, sondern es gehört zu den konstituierenden Merkmalen des Anwartschaftsrechts, dass er wegen § 161 BGB gegen Zwischenverfügungen geschützt ist), oder ob bestimmte Rechtsnormen angewendet werden können, weil bereits eine (anderweitig konstituierte) besonders gefestigte Rechtsposition vorliegt. 57

3. Erscheinungsformen

Es gibt kein einheitliches Institut des Anwartschaftsrechts, sondern nur die nach den anwartschaftsrechtsbegründenden Vorschriften zu unterscheidenden Einzelformen (MünchKomm/H P WESTERMANN § 161 Rn 6). Folglich kann man nach ihrem Gegenstand obligatorische, dingliche, erbrechtliche oder immaterialgüterrechtliche Anwartschaftsrechte unterscheiden (vgl den Überblick bei SCHWERDTNER Jura 1980, 609 ff; STAUDINGER/C HEINZE [2018] Einl z Sachenrecht Rn 67). Die praktisch wichtigste Erschei- 58 nungsform des Anwartschaftsrechts ist die Rechtsstellung des Käufers beim *Eigentumsvorbehaltskauf.* Der Käufer, dem die Sache übergeben und unter der Bedingung vollständiger Kaufpreiszahlung übereignet worden ist, ist gemäß § 161 Abs 1 S 1 BGB gegen Zwischenverfügungen des Verkäufers gesichert. Auch ein gutgläubiger Erwerb eines Dritten kommt gemäß § 936 Abs 3 BGB nicht in Betracht (BGHZ 45, 186, 190). Ob die Bedingung eintritt und der Käufer damit das Volleigentum erwirbt, hängt allein vom Verhalten des Erwerbers ab, der es in der Hand hat, den geschuldeten Kaufpreis zu zahlen. Es ist daher gerechtfertigt, die Rechtsposition des Vorbehaltskäufers als Anwartschaftsrecht zu bezeichnen (s näher Staudinger/Beckmann [2013] § 449 Rn 73 ff).

59 Daneben gibt es weitere wichtige Erscheinungsformen des Anwartschaftsrechts, etwa die Rechtsposition eines *Sicherungsgebers,* wenn die Sicherungsübertragung an die auflösende Bedingung der Kredittilgung gebunden ist (vgl dazu Staudinger/Wiegand [2017] Anh zu §§ 929 ff Rn 196 ff, 257), was freilich in der Praxis nicht mehr häufig vorkommt (s auch § 158 Rn 9). Außerdem reichen die Anwartschaftsrechte über den Zusammenhang der bedingten Rechtsgeschäfte hinaus. So hat zB ein Anwartschaftsrecht auch der *Grundstückskäufer,* wenn nach bindender Auflassung eine Vormerkung eingetragen ist oder der Käufer nach bindender Auflassung selbst den Eintragungsantrag gestellt hat (s dazu BGH NJW 2013, 532 Rn 42; 1991, 2019 f; 1984, 973 f; Habersack JuS 2000, 1145 ff; Hager JuS 1991, 1 ff sowie ausf Staudinger/Pfeifer/Diehn [2017] § 925 Rn 120 ff, 140 ff), ferner der Hypothekengläubiger zwischen Eintragung/Briefübergabe und Valutierung der Hypothek (s Staudinger/Wolfsteiner [2015] § 1163 Rn 32 ff). Auch der *Nacherbe* ist Inhaber eines Anwartschaftsrechts (s ausf Staudinger/Avenarius [2019] § 2100 Rn 69 ff), ebenso derjenige, der ein unwiderrufliches Bezugsrecht aus einer *Lebensversicherung* hat (BGH NJW 2019, 999 Rn 13; NJW-RR 2015, 301 Rn 14).

4. Geschichtliche Entwicklung

60 **a)** Das **römische Recht** bewertete den bis zum Eintritt einer Bedingung bestehenden Schwebezustand dahin, dass der bedingt Berechtigte nur eine Hoffnung habe, die *spes debitum iri.* Allerdings konnte diese Hoffnung bereits vererbt werden (Schiemann 8 ff). Zweifelhaft ist, ob dem Bedingungseintritt Rückwirkung zukam. Unter Harmonisierung der Quellen hat Bartolus eine allgemeine Lehre von der Rückwirkung des Bedingungseintritts begründet, die – wenn auch keineswegs unbestritten – in Deutschland übernommen wurde (vgl Schiemann 29 ff).

61 **b)** Der soeben dargestellten Lehre folgten die bayerische und die österreichische Gesetzgebung (Schiemann 77 ff), während sich das ALR anstelle der Rückwirkung für einen Schadensersatzanspruch entschied (Schiemann 86 ff). Mit § 128 BGB-E I wurde dann eine die Rückwirkung ablehnende Regelung in das BGB aufgenommen, die sich in dem heutigen § 158 BGB wiederfindet (s auch § 158 Rn 3). Außerdem entstand in der Rechtslehre des 19. Jahrhunderts die Theorie von der stufenweisen Verwirklichung des bedingten Rechts, für welches vJhering (Der Geist des römischen Rechts III/1 [4. Aufl 1888] § 53 II 2) den Vergleich mit einem *nasciturus* zog. Im Jahre 1897 formulierte Zitelmann (IPR II/1, 50 ff) eine erste allgemeine Theorie der Anwartschaftsrechte, die im Lehrbuch von vTuhr (I 180 ff) ihren vorläufigen Abschluss fand. In den Protokollen wurde die Anwartschaft bereits als übertragbarer und vererblicher Vermögenswert anerkannt (Prot I 181 = Mugdan I 763).

5. Dogmatische Einordnung

a) Das Anwartschaftsrecht ist im BGB nicht geregelt. Es ist daher bei einigen Autoren auf **grundsätzliche Ablehnung** gestoßen (vgl etwa Eichenhofer AcP 185 [1985] 162 ff [s dazu § 158 Rn 3]; Kupisch JZ 1976, 417, 425 ff; Marotzke 44, 134 ff; E Wolf, AT [3. Aufl 1982] 549 f). Unter anderen hat A Blomeyer in mehreren Arbeiten den Standpunkt vertreten, dass der Begriff in sich verfehlt sei. Die auftauchenden Fragen ließen sich mit den Begriffen des Vollrechts einerseits und gewissen begrenzten Rechten auf Zeit oder Nutzungsrechten andererseits lösen. Habe jemand aufschiebend bedingt verfügt, so erwerbe der andere sofort das Vollrecht, das mit einem nießbrauchsähnlichen Eigentum auf Zeit belastet sei (so zB in Studien zur Bedingungslehre 165). Beim Eigentumsvorbehalt stehe dem Erwerber das Eigentum sogleich zu, dem Veräußerer dagegen verbleibe ein pfandähnliches Recht (220). Im Übrigen schaffe § 161 BGB ein „Nutzungsrecht auf Zeit", das eigentlich in das dritte Buch des BGB gehöre (AcP 153 [1954] 239, 246; vgl ferner AcP 162 [1963] 193, 195; JR 1978, 271 ff; krit dazu Forkel 65 ff; zust hingegen U Hübner NJW 1980, 729 ff). Die Vorstellung von einem „nießbrauchsähnlichen Eigentum auf Zeit" ist indessen mit dem Sachenrecht des BGB nicht vereinbar. Die ganz überwiegende Meinung in Rechtsprechung und Literatur ist daher diesen Auffassungen, die das Anwartschaftsrecht grundsätzlich ablehnen, nicht gefolgt. Der Begriff hat sich heute durchgesetzt, im Wesentlichen deshalb, weil der Rechtsposition des Erwerbers nach der Verkehrsanschauung bereits ein wirtschaftlicher Wert zukommt, der übertragen und geschützt werden können muss. Die Dogmatik ist hier den Bedürfnissen der Praxis gefolgt (vgl nur Baur/Stürner, Sachenrecht [18. Aufl 2009] § 59 Rn 33). **62**

b) Ist die Existenz von Anwartschaftsrechten also mittlerweile ganz überwiegend anerkannt, so herrscht doch noch Streit über die richtige **rechtliche Qualifizierung** der gesicherten Rechtsposition. Dieser Streit, der für die Entscheidung praktischer Rechtsfragen ohne jede Bedeutung ist, wenn man sich nur vor Augen hält, dass aus dem Begriff des Anwartschaftsrechts keine Rechtsfolgen abgeleitet werden dürfen (s oben Rn 57), beruht nicht zuletzt auf der Notwendigkeit, die dinglichen Anwartschaftsrechte nicht als Verstoß gegen den Grundsatz des numerus clausus der Sachenrechte erscheinen zu lassen. Der **BGH** bezeichnet das Anwartschaftsrecht deshalb nicht als *aliud,* sondern als ein wesensgleiches *minus* gegenüber dem Vollrecht (vgl BGHZ 83, 395, 399; 35, 85, 89; 30, 374, 377; 28, 16, 21; 20, 88, 93 ff), bei dem es sich um eine Vorstufe zum dinglichen Vollrecht handele (BGHZ 83, 395, 399; BGH NJW 1984, 1184, 1185). **63**

In der **Literatur** wird das Anwartschaftsrecht gelegentlich als Pfandrecht zur Sicherung des Übereignungsanspruchs (Harke JuS 2006, 385 ff), überwiegend aber ebenfalls als Vorstufe zum dinglichen Recht angesehen (vgl vor allem Raiser 64 ff; Serick, Eigentumsvorbehalt und Sicherungsübertragung I [1963] 244 ff; ebenso Medicus/Petersen, Bürgerliches Recht Rn 456), wobei freilich zu berücksichtigen ist, dass es sich eher um eine Bildersprache als um eine exakte juristische Begriffsbildung handelt (Baur/Stürner [Rn 62]). Unbehagen hat dabei vielen die Vorstellung bereitet, dass sich Rechte „aus einem unscheinbaren Keim ... zur ausgewachsenen Existenz entwickeln" könnten (so schon Enneccerus, Rechtsgeschäft, Bedingung und Anfangstermin [1889] 440; vgl auch Flume AcP 161 [1962] 385, 390; Forkel 122). **64**

65 In dem Bemühen um eine präzisere dogmatische Qualifizierung ist im Anschluss an Heck (Sachenrecht [1930] § 21) vor allem von Raiser (66) auf das sog „Teilungsprinzip" zurückgegriffen worden. Danach sind zB bei der Eigentumsanwartschaft die Eigentümerrechte zwischen Veräußerer und Erwerber aufgeteilt. Das von der Bedingung erfasste Recht ist in ein Vorrecht des Erwerbers und ein Nachrecht des Veräußerers aufgespalten, von denen das eine zur Wahrung des Sicherungsinteresses und das andere zur Wahrung des Nutzungsinteresses dienen kann (vgl auch Baur/Stürner [Rn 62]; Schwerdtner Jura 1980, 609, 614; Flume AcP 161 [1962] 385, 392 bezeichnet die für die Aufspaltung verwendete Begründung freilich als „apriorisch"). Damit ist zwar die *wirtschaftliche* Interessenverteilung richtig erfasst. *Rechtlich* aber ist mit einer solchen Teilübertragung der Eigentümerbefugnisse das typische Merkmal der beschränkt dinglichen Rechte beschrieben, denen man ja das Anwartschaftsrecht gerade nicht zuordnen will (zutr Georgiades 102 f).

66 Ein besseres Verständnis des Anwartschaftsrechts wird durch die von Georgiades (113) vertretene Einordnung als „Erwerbsrecht eigener Art" ermöglicht, dessen Tatbestand darin besteht, dass beim Eintritt bestimmter Voraussetzungen ein Rechtsübergang *ipso iure* erfolgt. Wegen der Abhängigkeit vom bedingten Recht spricht Forkel (142 ff) im Anschluss an vTuhr (I 184) von dem Anwartschaftsrecht als einem „Warterecht".

67 Daneben besteht Uneinigkeit über die Einordnung des Anwartschaftsrechts in das System der übrigen Rechte. So kann das **Anwartschaftsrecht als dingliches Recht** nur dann aufgefasst werden, wenn es sich auf ein solches bezieht (Forkel 159 ff, 167; ganz **abl** Georgiades 104 ff; ebenso Serick I 247 f mwNw und AcP 166 [1966] 129, 130, der wegen der Abhängigkeit vom Kausalgeschäft von einem schuldrechtlich-dinglichen Recht eigener Art spricht; vgl auch Bülow Jura 1986, 234). Unter demselben Gesichtspunkt ist auch die Frage zu entscheiden, ob es sich um ein *absolutes oder relatives Recht* handelt. Maßgebend hierfür ist der Rechtscharakter des Hauptrechts (Forkel 156 ff; Flume § 39, 3e hält das für eine gedankliche Konstruktion ohne juristischen Wert, was jedenfalls insoweit zutrifft, als die Einordnung irgendwelche Rechtsfolgen nicht präjudizieren kann, s Rn 57).

6. Rechtsschutz und Übertragbarkeit des Anwartschaftsrechts

68 Kennzeichnend für die Rechtslage des Anwartschaftsrechts ist es, dass es in Analogie zu den Vorschriften für das jeweilige Hauptrecht **übertragbar** und **schutzfähig** ist. Dabei setzt der Regelungsrahmen des jeweiligen Hauptrechts die Grenzen, sodass dem Anwartschaftsrecht äußerstenfalls ebenso viel Schutz und Übertragbarkeit wie dem Hauptrecht zukommen kann (Forkel 180). Der BGH (vgl nur NJW 1984, 1184, 1185 sowie die bei Rn 63 angegebenen Nachweise) gewährt dem Anwartschaftsrechtsinhaber grundsätzlich dieselben Rechte wie dem Inhaber des Vollrechts. Auch **vererblich** ist das Anwartschaftsrecht sowie das Vollrecht (Flume § 39, 2; Serick I 243 mwNw).

69 **a)** Für den **Schutz des Anwartschaftsrechts** gegenüber demjenigen, der das Anwartschaftsrecht durch Setzen einer Bedingung begründet hat, gelten in erster Linie die §§ 160 ff BGB (Flume § 39, 3d; Forkel 200; Heyers Jura 2016, 961, 962 f; Serick I 273). Soweit mit dem Anwartschaftsrecht Besitz verbunden ist, wird der Berechtigte gegen Besitzbeeinträchtigungen nach den §§ 858 ff, 1007 BGB geschützt (Georgiades 48 f).

Auch § 1004 kann analog angewandt werden. Außerdem steht dem Anwartschaftsberechtigten gegenüber Dritten ein Schadensersatzanspruch gemäß § 823 Abs 1 BGB zu, weil das Anwartschaftsrecht als sonstiges Recht im Sinne dieser Vorschrift anerkannt wird (BGHZ 55, 20, 25 f; BGH WM 1957, 514; RGZ 170, 1, 6; **aM** Flume § 39, 3d, der nur die Besitzposition des Anwartschaftsrechtsinhabers als schutzfähig iSd § 823 Abs 1 BGB ansieht). Allerdings bestehen erhebliche Kontroversen über die Aktivlegitimation und die Höhe des zu ersetzenden Schadens (vgl BGH NJW 1991, 2019, 2020; Baur/Stürner § 59 Rn 45; Bülow Jura 1986, 234, 236 f; Flume AcP 161 [1962] 385, 400; Schwerdtner Jura 1980, 661, 666; Serick I 277 ff). Ferner kommen Ansprüche aus §§ 823 Abs 2, 909 BGB in Betracht (BGH NJW 1991, 2019 f). Auch ein Bereicherungsanspruch des Anwartschaftsberechtigten nach § 816 BGB wird bejaht, wenn ein Nichtberechtigter über die Anwartschaft wirksam verfügt hat (Raiser 42, 83 ff; Serick I 275). Schließlich berechtigt das Anwartschaftsrecht zur Drittwiderspruchsklage nach § 771 ZPO (BGHZ 55, 20, 28; Baur/Stürner § 59 Rn 48; Georgiades 55; Lux MDR 2008, 895, 897). Der Anspruch aus § 985 BGB steht dem Anwartschaftsberechtigten aber nicht zu: es reicht, dass der Eigentümer den Anwartschaftsberechtigten zur Geltendmachung seines Herausgabeanspruchs ermächtigt (Brox JuS 1984, 657, 660; **aM** Prütting, Sachenrecht [36. Aufl 2017] Rn 398 mwNw).

Sehr umstritten ist, ob der Anwartschaftsberechtigte ein gegen den derzeitigen **70**
Rechtsinhaber – wenn dieser nicht der Verkäufer ist (s dazu BGHZ 54, 214 ff) – wirkendes *Recht zum Besitz* hat. Der BGH (BGHZ 10, 69, 72) verneint dies, hilft aber dem Anwartschaftsberechtigten mit der *exceptio doli*. Dem folgt ein Teil der Literatur (vgl Engelhardt JA 2013, 330 ff mwNw; Georgiades 54, 134; Soergel/Stadler § 986 Rn 3). Nach anderer Ansicht soll § 986 Abs 2 BGB analog angewandt werden (Zeranski AcP 203 [2003] 693 ff). Nach einer weiteren Auffassung soll dem Anwartschaftsberechtigten ein der Stellung des Eigentümers ähnliches Besitzrecht zugebilligt werden (vgl OLG Karlsruhe NJW 1966, 885, 886 m **abl** Anm Stoll JuS 1967, 12, 15 ff; Baur/Stürner § 59 Rn 47; Hager JuS 1991, 1, 7; Raiser 75 ff; Schwerdtner Jura 1980, 661, 664). Dem ist zuzustimmen. Wenn das Anwartschaftsrecht wirksam entstanden ist, dann kann es insoweit den beschränkt dinglichen Rechten gleichgestellt werden.

b) Der Anwartschaftsberechtigte kann ohne Zustimmung desjenigen, der das **71**
bedingte Rechtsgeschäft vorgenommen hat, über sein Anwartschaftsrecht **verfügen** (BGHZ 28, 16, 21; 20, 88, 93 ff; 10, 69, 73; Pikart WM 1962, 1230, 1232). Dies gilt insbesondere für Sicherungsübertragungen zum Zwecke der Kreditbeschaffung (Serick I 255 ff). Ein zwischen Eigentümer und Anwartschaftsberechtigtem vereinbartes Veräußerungsverbot hat gemäß § 137 BGB lediglich schuldrechtliche Wirkung (BGH NJW 1970, 699; OLG Bamberg ZIP 1983, 597, 598). Die Übertragung des Anwartschaftsrechts erfolgt nicht, wie dies früher angenommen wurde, als zustimmungsbedürftige Verfügung eines Nichtberechtigten, sondern als Verfügung eines Berechtigten. Auf diese Verfügung finden die für das Vollrecht geltenden Übertragungsregeln entsprechende Anwendung, bei einer Eigentumsanwartschaft für bewegliche Sachen also nicht §§ 398, 413 BGB, sondern §§ 929 ff BGB (BGH NJW 1984, 1184, 1185; Flume AcP 161 [1962] 385, 393; Georgiades 26 ff; Medicus/Petersen, Bürgerliches Recht Rn 473; Serick I 255), bei einem Grundstück §§ 873, 925 BGB (BGHZ 47, 197, 202 ff; BGH NJW 1991, 2019; dazu Schneider MDR 1994, 1057, 1060 f). Für das Verpflichtungsgeschäft gilt § 313 BGB (BGHZ 83, 395, 399; BGH NJW 1984, 973). Der Anwartschaftsrechtsinhaber ist hingegen Nichtberechtigter, wenn er nicht über das Anwartschaftsrecht, sondern über das

Vollrecht verfügt. Freilich kann eine gescheiterte Verfügung über das Vollrecht in eine solche über das Anwartschaftsrecht umgedeutet werden (vgl nur LOEWENHEIM JuS 1981, 721, 722 mwNw), wenn nicht schon, wie im Regelfall, die Vertragsauslegung zum selben Ergebnis führt (vgl dazu BGHZ 75, 221, 222; 50, 45, 48 f; M WÜRDINGER NJW 2008, 1422, 1424; vgl auch BGH NJW 2008, 2844 Rn 7).

72 Mit dem Bedingungseintritt geht das Vollrecht *unmittelbar vom Veräußerer* auf den derzeitigen Inhaber des Anwartschaftsrechts über. Es findet kein Durchgangserwerb durch die Person des früheren Anwartschaftsrechtsinhabers statt (BGHZ 30, 374, 377; 28, 16, 22; **abl** KUPISCH JZ 1976, 417, 422 f). Ebensowenig muss der Veräußerungswille des Veräußerers noch bei Bedingungseintritt fortbestehen (BGHZ 30, 374, 377; 20, 88, 97; BAUR/STÜRNER § 59 Rn 34; FORKEL 182 ff; PIKART WM 1962, 1230, 1232). Auch eine nachträgliche Beeinträchtigung des Anwartschaftsrechts durch eine Änderung des dinglichen Übereignungsgeschäfts ist ohne Zustimmung des Dritterwerbers nicht mehr möglich (BGHZ 75, 221, 225 ff [m Anm FORKEL NJW 1980, 774]; GERNHUBER, in: FS Baur [1981] 31 ff).

73 Bei einer **Verpfändung** der Anwartschaft gelten nach § 1274 Abs 1 BGB ebenfalls die Übertragungsregeln (GEORGIADES 38; PIKART WM 1962, 1230, 1233). Im Falle einer Konkurrenz mit der hypothekarischen Haftung gemäß § 1120 BGB erstreckt sich diese auch auf die unter Eigentumsvorbehalt stehenden Zubehörstücke, an denen nur ein Anwartschaftsrecht besteht (BGHZ 35, 85, 87 ff; MAND JURA 2004, 221 ff; vgl auch BGHZ 117, 200, 205 ff; 92, 280, 289). Tritt die Bedingung ein, so besteht das Pfandrecht nunmehr analog § 1287 BGB am Vollrecht, wenn kein Enthaftungstatbestand vorliegt (BROX JuS 1984, 657, 663; FORKEL 196 ff mwNw; KOLLHOSSER JZ 1985, 370 ff; JA 1984, 196 ff; LUDWIG NJW 1989, 1458 ff; M REINICKE JuS 1986, 957 ff; SCHOLZ MDR 1990, 679 f; TIEDTKE NJW 1988, 28 f [gegen WILHELM NJW 1987, 1785 ff] und 1985, 1305 ff).

74 Der **gutgläubige Erwerb** eines Anwartschaftsrechts ist in Analogie zu den Regeln über den Vollrechtserwerb möglich. Dies gilt jedenfalls dann, wenn ein Anwartschaftsrecht vom Nichtberechtigten begründet werden soll. Maßgebend ist dann der gute Glaube des Erwerbers zum Zeitpunkt des Erwerbs, bei Anwartschaftsrechten an beweglichen Sachen also der Übergabezeitpunkt (BGHZ 30, 374, 377; 10, 69, 72; BAUR/STÜRNER § 59 Rn 38; FORKEL 192; KRÜGER JuS 1994, 905 f; MEDICUS/PETERSEN, Bürgerliches Recht Rn 465). Anders ist zu entscheiden, wenn der Veräußerer aufdeckt, dass er nicht Eigentümer ist, aber behauptet, er habe ein Anwartschaftsrecht. In diesen Fällen vertraut der Erwerber nicht auf den Besitzstandsrechtsschein, sondern auf das „Gerede" des Veräußerers, sodass ein gutgläubiger Erwerb nicht möglich ist (**abl** MINTHE 121 f). Das muss sowohl dann gelten, wenn es zwar ein Anwartschaftsrecht gibt, dieses aber dem Veräußerer nicht gehört (so die inzwischen hM; vgl nur BROX JuS 1984, 657, 661 f; BÜLOW Jura 1986, 234, 235; FLUME AcP 161 [1962] 385, 394 ff; SCHWERDTNER Jura 1980, 661, 665, je mwNw; anders die früher hM; vgl nur BAUR/STÜRNER § 59 Rn 39; SERICK I 267 ff mwNw), als auch dann, wenn gegen den Scheinanwärter zwar eine Kaufpreisforderung besteht, es aber wegen Fehlens einer bedingten Übereignung an einem Anwartschaftsrecht mangelt (BAUR/STÜRNER § 59 Rn 40; BROX JuS 1984, 657, 662; BÜLOW Jura 1986, 234, 236; FLUME AcP 161 [1962] 385, 394 ff; KRÜGER JuS 1994, 905, 906 f; SCHWERDTNER Jura 1980, 661, 665; WIEGAND JuS 1974, 201, 211; **aM** RAISER 38 f; WIELING, Sachenrecht [Bd I 5. Aufl 2007] § 17 III 1b bb).

75 **c)** Das Anwartschaftsrecht ist **pfändbar** (BGH NJW 1954, 1325, 1326), auch durch den Vorbehaltsverkäufer (SERICK I 319 ff). Hinsichtlich der für die Pfändung maßgebenden

Regeln gehen die Auffassungen allerdings auseinander (vgl die umfassende Darstellung bei Brox/Walker, Zwangsvollstreckungsrecht [11. Aufl 2018] Rn 806 ff). Nach der *Theorie der reinen Sachpfändung* wird das Anwartschaftsrecht gemäß § 808 ZPO durch Pfändung der Sache selbst beschlagnahmt (vgl zB Hübner NJW 1980, 729, 733 f; Kupisch JZ 1976, 417, 426 f; Raiser 91). Dafür spricht zwar, dass sich dann Pfändungs- und Übertragungsvorschriften entsprechen. Der Gläubiger, der letztlich ja nur an dem Wert der Sache selbst interessiert ist, muss aber, wenn er die Drittwiderspruchsklage des Eigentümers abwenden will, die Bedingung herbeiführen (also den Restkaufpreis zahlen), was zudem der Schuldner durch Widerspruch gemäß § 267 Abs 2 BGB verhindern kann. Nach der *Theorie der reinen Rechtspfändung* wird das Anwartschaftsrecht gemäß §§ 857, 828 ff ZPO durch Pfändungs- und Überweisungsbeschluss gepfändet (vgl insbes Baur/Stürner, Sachenrecht [18. Aufl 2009] § 59 Rn 41). Das würde aber bedeuten, dass das Pfandrecht am Anwartschaftsrecht mit Bedingungseintritt zu einem Pfandrecht an der Sache selbst wird, was man dieser indessen nicht ansieht, sodass ein Verstoß gegen das Publizitätsprinzip vorliegt. Nach der *Theorie der Rechtspfändung durch Sachpfändung* wird das Anwartschaftsrecht durch Pfändung der Sache gepfändet, wobei der Gerichtsvollzieher protokolliert, dass dies nur zum Zwecke der Rechtspfändung geschehe (Brox/Walker Rn 812 ff; *de lege ferenda* zust Stein/Jonas/Würdinger, ZPO [23. Aufl 2017] § 857 Rn 88). Das schließt zwar eine Drittwiderspruchsklage des Eigentümers aus, da die Sache trotz Verstrickung nicht verwertet werden kann. Diese Lösung ist aber zumindest wegen § 857 ZPO mit dem Gesetz unvereinbar. Die hM folgt daher der *Theorie der Doppelpfändung* (vgl nur BGH NJW 1954, 1325 ff; Jauernig/Berger, Zwangsvollstreckungs- und Insolvenzrecht [23. Aufl 2010] § 20 Rn 27 ff; Gaul/Schilken/Becker-Eberhard, Zwangsvollstreckungsrecht [12. Aufl 2010] § 58 Rn 38 ff; Zöller/Herget, ZPO [33. Aufl 2020] § 857 Rn 6): Die Sachpfändung wahrt das Publizitätsprinzip, was freilich nichts daran ändert, dass der Eigentümer die Drittwiderspruchsklage behält, die der Gläubiger nur durch Herbeiführung des Bedingungseintritts abwehren kann. Immerhin kann der Schuldner der Zahlung des Gläubigers wegen der Forderungspfändung nicht mehr widersprechen, weil dies ein Verstoß gegen das *inhibitorium* wäre. – Zur Massezugehörigkeit im **Insolvenzverfahren** s oben Rn 51.

VII. Bedingungen und Befristungen im öffentlichen Recht

1. Prozesshandlungen und Verfahrensakte

a) **Prozesshandlungen** sind aus Gründen der Rechtssicherheit grundsätzlich *bedingungsfeindlich* (BGHZ 18, 61, 62; BGH NJW-RR 1989, 766, 767; BayObLG DNotZ 1993, 197; Rosenberg/Schwab/Gottwald § 65 Rn 26 ff). Zulässig sind jedoch innerprozessuale Bedingungen, insbesondere solche, die *Eventualanträge* schaffen. Für den hilfsweise geltend gemachten Anspruch entsteht eine durch die Zuerkennung des Hauptanspruchs auflösend bedingte Rechtshängigkeit (OLG Karlsruhe NJW 1967, 935, 936; Blomeyer, Zivilprozeßrecht [2. Aufl 1985] § 30 VI 2). – Zu Eventualerklärungen wie der Hilfsaufrechnung s oben Rn 43. 76

b) Bei einer **familiengerichtlichen Genehmigung** sind auflösende Bedingungen ausgeschlossen (Soergel/Wolf § 158 Rn 54). Aufschiebende Bedingungen sind dagegen zulässig (RGZ 85, 416, 420 f). Vielfach liegt allerdings in solchen Fällen eine Verweigerung der Genehmigung unter gleichzeitiger Vorausgenehmigung eines bedin- 77 gungsgemäß vorgenommenen Geschäftes vor (BayObLGZ 1958, 177, 181; KG JW 1937, 1551, 1552).

2. Verwaltungsakte

78 Verwaltungsakte können gemäß § 36 VwVfG unter Bedingungen und Befristungen sowie unter Auflagen und Vorbehalten ergehen. Dieselbe Regelung enthält § 120 AO. Statusbegründende Verwaltungsakte sind allerdings bedingungsfeindlich, so zB die Einbürgerung (BVerwGE 27, 263, 266) oder die Versetzung in den Ruhestand (RGZ 161, 308, 318). Ist das Hinzufügen von Bedingungen nicht ausdrücklich zugelassen, so dürfen Verwaltungsakte, auf deren Erlass ein Anspruch besteht, gemäß § 36 Abs 1 VwVfG nicht mit einschränkenden Bedingungen versehen werden, sofern diese nicht nur sicherstellen sollen, dass die gesetzlichen Voraussetzungen des Verwaltungsaktes erfüllt sind (Ruffert, in: Erichsen/Ehlers, Allgemeines Verwaltungsrecht [14. Aufl 2010] § 23 Rn 14). Bei begünstigenden Verwaltungsakten hingegen, deren Erlass im behördlichen Ermessen steht, ist das Hinzufügen von Bedingungen gemäß § 36 Abs 3 VwVfG zulässig, sofern es sich um sachgerechte Bedingungen handelt (vgl auch BVerwGE 36, 145, 147).

79 Wurde einem Verwaltungsakt eine *unzulässige Bedingung* beigefügt, so entsteht eine Teilrechtswidrigkeit, die bei Teilbarkeit der im Verwaltungsakt getroffenen Regelung den übrigen Teil des Aktes in Geltung belässt, sofern er ohne die wegfallende Bedingung erlassen worden wäre. Ist dies nicht der Fall, so tritt gemäß § 44 Abs 4 VwVfG die Gesamtnichtigkeit des Verwaltungsaktes ein (vgl Ruffert, in: Erichsen/Ehlers § 22 Rn 9 ff).

80 Für *steuerliche Fragen* gelten die Begriffe der Bedingung und der Befristung grundsätzlich mit ihrem bürgerlich-rechtlichen Inhalt (vgl einkommensteuerrechtlich BFHE 153, 318, 321; FG Hamburg EFG 1981, 562, 563; schenkungssteuerrechtlich BFHE 157, 440, 442; grunderwerbsteuerrechtlich NdsFG EFG 1983, 366; bewertungsrechtlich BFHE 153, 422, 425; FG Hamburg EFG 1988, 457; Moench DStR 1981, 581 ff; Peusquens, Die bewertungsrechtliche Behandlung bedingter und befristeter Rechtsverhältnisse [Diss Köln 1964] 2 ff). Nach den §§ 4 ff BewG werden Bedingungen für die steuerrechtliche Bewertung erst nach ihrem Eintritt berücksichtigt, was freilich nicht für den aufschiebend bedingten Eigentumserwerb gilt, da hier idR an den Erwerb des Anwartschaftsrechts anzuknüpfen ist (Rössler/Troll/Halaczinsky, Bewertungsgesetz [Stand 30. EL/2019] § 4 Rn 9).

§ 158
Aufschiebende und auflösende Bedingung

(1) Wird ein Rechtsgeschäft unter einer aufschiebenden Bedingung vorgenommen, so tritt die von der Bedingung abhängig gemachte Wirkung mit dem Eintritt der Bedingung ein.

(2) Wird ein Rechtsgeschäft unter einer auflösenden Bedingung vorgenommen, so endigt mit dem Eintritt der Bedingung die Wirkung des Rechtsgeschäfts; mit diesem Zeitpunkt tritt der frühere Rechtszustand wieder ein.

Materialien: E I §§ 128, 129; II § 128; III § 154; Mot I 248; Prot I 179.

Systematische Übersicht

I. Allgemeines
1. Regelung des Schwebezustandes ___ 1
a) Zustand bis zum Bedingungseintritt 1
b) Keine Rückwirkung des Bedingungseintritts ___ 3
2. Entscheidung zwischen aufschiebender und auflösender Bedingung ___ 4
a) Auslegung ___ 4
b) Vereinbarung einer Bedingung ___ 8
c) Bedingung nur für einen Teil des Rechtsgeschäfts ___ 12
3. Eintritt und Ausfall der Bedingung ___ 13
a) Auslegung ___ 13
b) Rechtsfolgen ___ 16

II. Regelungsgehalt des § 158
1. Bedingungseintritt bei aufschiebend bedingten Rechtsgeschäften (Abs 1) 18
a) Eintritt der Rechtswirkungen ___ 18
b) Zeitpunkt ___ 20
2. Bedingungseintritt bei auflösend bedingten Rechtsgeschäften (Abs 2) 21
a) Beendigung der Rechtswirkungen ___ 21
b) Rückabwicklung ___ 22

Alphabetische Übersicht

Abtretung bedingter Forderungen ___ 20
Abzahlungskauf, finanzierter ___ 10
Anwartschaft ___ 1, 16, 20
Anwartschaftsrecht
– Direkterwerb des Vollrechts mit Bedingungseintritt ___ 21
– Verfügungen über Anwartschaftsrechte ___ 18

Bedingung
– Abgrenzung zu anderen Rechtsinstituten ___ 8 ff
– auflösende ___ 1, 4 ff
– aufschiebende ___ 1, 4 ff
– bejahende ___ 14
– verneinende ___ 15
Bedingungsausfall
– bei affirmativer Bedingung ___ 14
– bei negativer Bedingung ___ 15
– Entscheidung über den ___ 13 ff
– Pflicht zur Mitteilung über den ___ 17
– Rechtsfolgen ___ 16
Bedingungseintritt
– bei affirmativer Bedingung ___ 14
– bei negativer Bedingung ___ 15
– dingliche Rückwirkung ___ 3, 20 f
– Entscheidung über den ___ 13 ff
– Mitteilungspflicht über den ___ 17
– Rechtsfolgen ___ 16, 18, 21
– Unmaßgeblichkeit für andere Wirksamkeitsaussetzungen ___ 18
Betagung ___ 11
Beweislastverteilung ___ 7
Bezugspunkt
– der Bedingung ___ 12

Dauerschuldverhältnisse ___ 22

Eigentumsvorbehaltskauf
– Auslegung des Vorbehalts ___ 12

Feststellungsklage ___ 19
Finanzierungsklauseln ___ 5

Geschäftseinheit in Abgrenzung zu Bedingungszusammenhang ___ 10
Gesellschaftsrecht
– aufschiebende Bedingung ___ 22

Klage auf künftige Leistung ___ 19
Kündigung ___ 1

Lastschriftverfahren ___ 6

Pendenztheorie ___ 3
Potestativbedingung ___ 2
– Recht zur Fristsetzung ___ 2

Rückabwicklung bei auflösender Bedingung 22
Rückwirkung bei Bedingungseintritt, dingliche 3, 20

Schuldnerschutz 21
Schuldverhältnis zwischen den Parteien eines bedingten Rechtsgeschäfts
– Auskunftsansprüche 17
– Pflicht zur Förderung des Bedingungseintritts 2
Schwebezustand 1
Sicherheiten
– als aufschiebende Bedingung 5
– für bedingten Anspruch 1
– konkludente auflösende Bedingung 9

Umtauschvorbehalt 5
Unwirksamkeit von Zwischenverfügungen 3
– Schutz des gutgläubigen Erwerbers 3

Verjährung
– auflösend bedingter Ansprüche 21
– aufschiebend bedingter Ansprüche 19
Verpflichtung zur Rückübertragung in Abgrenzung zur auflösenden Bedingung 9
Verzicht auf die Bedingung 16

Zeitbestimmung
s Bedingung
Zwischenverfügungen
s Unwirksamkeit von Zwischenverfügungen

I. Allgemeines

1. Regelung des Schwebezustandes

1 **a)** Durch eine Bedingung macht der Erklärende den Eintritt der Rechtsfolgen eines Geschäfts von einem *ungewissen künftigen Ereignis* abhängig (s näher Vorbem 4 zu §§ 158 ff). Somit entsteht das Bedürfnis nach einer Regelung des **Schwebezustandes** bis zu dem Zeitpunkt, in dem entweder die Bedingung eintritt oder sicher ist, dass sie nicht mehr eintreten wird. Diese Regelung kann dahin gehen, die Folgen des Rechtsgeschäfts vorläufig eintreten zu lassen, sie jedoch mit dem Bedingungseintritt wieder zu beseitigen. Ebenso kann man aber auch die Rechtslage bis zum Bedingungseintritt unverändert lassen. Die Entscheidung, welcher dieser beiden Wege beschritten werden soll, überlässt das BGB den Parteien. Im Falle der *aufschiebenden Bedingung* steht dem künftigen Erwerber eines Rechts zunächst nur die Anwartschaft zu (vgl Vorbem 53 ff zu §§ 158 ff). Das betroffene Recht verbleibt dem ursprünglichen Inhaber. Dabei bleibt es, wenn die Bedingung ausfällt. Freilich ist auch der bedingte Anspruch schon abtretbar (s unten Rn 20) und kann durch Bürgschaft (§ 765 Abs 2 BGB), Vormerkung (§ 883 Abs 1 S 2 BGB), Hypothek (§ 1113 Abs 2 BGB) oder Pfandrecht (§ 1204 Abs 2 BGB) gesichert werden. Auch eine Kündigung des aufschiebend bedingten Vertrages ist möglich (OLG Brandenburg NJW-RR 1998, 1746, 1747). Bei der *auflösenden Bedingung* hingegen tritt zunächst die gewollte Rechtsänderung ein. Der frühere Rechtsinhaber hat jedoch eine Anwartschaft auf den Rückerwerb. Die ordentliche Kündigung eines solchen Vertrages kann durch die Vereinbarung der auflösenden Bedingung stillschweigend ausgeschlossen sein (BGH NJW-RR 2009, 927 Rn 14).

2 In jedem Fall sind die Parteien einander während des Schwebezustandes zu **vertragstreuem Verhalten** verpflichtet (BGHZ 90, 302, 308; BGH NJW 1992, 2489, 2490; 1990, 507, 508; s auch Rn 17). Eine Pflicht, den Bedingungseintritt herbeizuführen, folgt daraus aber regelmäßig nicht (MünchKomm/H P Westermann § 158 Rn 43; Soergel/Wolf § 158 Rn 26). Das gilt auch für Potestativbedingungen (s zu diesen Vorbem 14 ff zu §§ 158 ff). Hier hat

der Gegner allerdings die Möglichkeit, demjenigen, von dessen Willen der Bedingungseintritt abhängt, analog §§ 146, 148 BGB eine angemessene Frist zu setzen, innerhalb derer die zur Bedingung erhobene Handlung vorgenommen sein muss (BGH NJW 1985, 1556, 1557; vgl auch BGH DNotZ 2016, 119, 123). Außerdem sind §§ 160, 162 BGB zu beachten (s auch § 160 Rn 6 f, § 162 Rn 1).

b) Hinsichtlich weiterer Verfügungen über den betroffenen Gegenstand während 3 der Schwebezeit einer aufschiebenden Bedingung müsste der bisherige Rechtsinhaber als ein Nichtberechtigter bewertet werden, sofern mit dem Bedingungseintritt eine Rückwirkung der Rechtsänderung verbunden wäre. Entsprechendes würde für den Fall der auflösenden Bedingung gelten. Das BGB hat dies jedoch in § 158 BGB abgelehnt und sich dafür entschieden, dass der Bedingungseintritt **keine Rückwirkung** haben soll (s auch unten Rn 20 f). Die gegenteilige Auffassung der sog „Pendenztheorie", derzufolge ein unter einer Bedingung abgeschlossenes Rechtsgeschäft als auf den Abschlusszeitpunkt rückwirkend wirksam gilt, wenn und soweit die Bedingung eintritt (Eichenhofer AcP 185 [1985] 162, 165; Armgardt AcP 206 [2006] 654 ff), ist mit §§ 158, 159 BGB unvereinbar und deshalb abzulehnen. Lediglich Verpflichtungen, die Wirkung des Bedingungseintritts zurückzubeziehen, sind gemäß § 159 BGB möglich (dazu näher § 159 Rn 1 ff). Demnach handelt der Rechtsinhaber bei Zwischenverfügungen während der Schwebezeit als Berechtigter. Durch § 161 BGB wird dieser Grundsatz allerdings insoweit eingeschränkt, als zugunsten des Anwärters relative Unwirksamkeit beeinträchtigender Zwischenverfügungen eintritt, soweit nicht vorrangig ein gutgläubiger Erwerber zu schützen ist.

2. Entscheidung zwischen aufschiebender und auflösender Bedingung

a) Ob die gesetzte Bedingung eine aufschiebende oder eine auflösende (s zu den 4 Begriffen Vorbem 12 zu §§ 158 ff) sein soll, steht in der Entscheidung dessen, der das bedingte Rechtsgeschäft vornimmt. Es besteht **keine Rechtsvermutung** und auch **keine Auslegungsregel** zugunsten einer der beiden Arten (Mot I 251). Die Gegenmeinung, die davon ausgeht, dass im Zweifel wegen der geringeren Bindungswirkung eine aufschiebende Bedingung anzunehmen sei (Enneccerus/Nipperdey § 194 III 3; Erman/Armbrüster § 158 Rn 1; Soergel/Wolf § 158 Rn 4; offen BGH NJW 1975, 776, 777), ist nur für die ausdrücklich geregelten Fälle der §§ 449, 454 BGB zutreffend.

Es ist demnach eine **nach den Umständen des Einzelfalles** zu beurteilende Frage der 5 Auslegung, ob es sich um eine aufschiebende oder um eine auflösende Bedingung handelt (BGH NJW 1975, 776, 777; WM 1963, 192, 193; OLG Bamberg NJW-RR 2008, 1325, 1326; OLG Karlsruhe JurBüro 1983, 776, 778). So ist zB beim Kauf eines Gebrauchtwagens die Klausel „vorbehalten, dass eine Probefahrt keine technischen Mängel ergibt" als aufschiebende Bedingung anzusehen (LG Berlin MDR 1970, 923). Dagegen ist beim Kauf unter Vorbehalt eines Umtausches die Eigentumsübertragung im Zweifel auflösend bedingt (Soergel/Wolf § 158 Rn 6). Ebenso erhebt die Klausel „richtige und rechtzeitige Selbstbelieferung vorbehalten" die Nichterfüllung des Deckungskaufes zur auflösenden Bedingung des Vertrages (vgl § 145 Rn 32). Bei der Bezahlung mit einem die Kaufsumme deutlich übersteigenden Geldschein kann die Übereignung unter der aufschiebenden Bedingung der Herausgabe des Wechselgeldes liegen (OLG Saarbrücken NJW 1976, 65 f). Bei *Finanzierungsklauseln* wird man darauf abzustellen haben, wer das Risiko tragen soll, dass die Finanzierung misslingt. Soll die

Wirksamkeit des Vertrages von der Finanzierung abhängen, so wird es sich in aller Regel um eine aufschiebende Bedingung handeln (vgl OLG Celle BB 1969, 558; OLG Köln ZIP 1985, 22, 25; OLG München WM 1984, 1335, 1336; LG Aachen NJW-RR 1986, 411; Esser, in: FS Kern [1968] 87, 104; Hereth NJW 1971, 1704; Soergel/Wolf § 158 Rn 2; vgl auch OLG Köln NJW-RR 1988, 504 für die Finanzierung im Leasingwege; **aM** OLG Braunschweig NJW-RR 1998, 567, 568: auflösende Bedingung; OLG Frankfurt MDR 1978, 50 wendet die Lehre von der Geschäftsgrundlage an). Soll hingegen die Finanzierung im Risikobereich des Käufers liegen, so handelt es sich regelmäßig gar nicht um eine Bedingung (**aM** KG NJW 1971, 1139: auflösende Bedingung), sondern es kommt allenfalls Leistungsstörungsrecht zur Anwendung (MünchKomm/H P Westermann § 158 Rn 13; Rutkowsky NJW 1971, 1705). Entsprechendes gilt, wenn in einem Vertrag die Bestellung einer Sicherheit vereinbart ist. Auch hier kann es sich um eine aufschiebende Bedingung handeln (vgl OLG Saarbrücken WM 1981, 1212 f; LG Krefeld WuM 1989, 168).

6 Eine Bedingung kann *zugleich aufschiebend und auflösend* sein (BayObLG NJW-RR 1988, 982), zB wenn eine Darlehensrückzahlungspflicht für den Fall eines Überlebens des Schuldners erlassen wird. Hier liegen ein auflösend bedingtes Darlehen und eine aufschiebend bedingte Schenkung vor (MünchKomm/H P Westermann § 158 Rn 15; **aM** Erman/Armbrüster § 158 Rn 7). Eine beschränkte persönliche Dienstbarkeit „solange ein Vertragsverhältnis mit dem Eigentümer besteht, mindestens jedoch bis zum 31. 12. 1984" ist sowohl auflösend bedingt als auch befristet (OLG Köln Rpfleger 1963, 381, 382). Im Lastschriftverfahren ist die Gutschrift für den Gläubiger aufschiebend bedingt durch den Eingang des Geldes und auflösend bedingt durch den Widerspruch des Schuldners (Bork JA 1986, 121, 127; Häuser WM 1991, 1, 4 je mwNw).

7 Die *Beweislast* für die Tatsachen, aus denen der aufschiebende oder auflösende Charakter einer Bedingung zu entnehmen ist, trifft denjenigen, der aus der von ihm behaupteten Art der Bedingung seine Ansprüche ableitet (vgl Vorbem 50 zu §§ 158 ff).

8 **b)** Vor der Frage, welche Art von Bedingung gesetzt worden ist, steht die Entscheidung darüber, **ob überhaupt eine Bedingung gewollt** war. Auch dies ist durch *Auslegung* zu ermitteln (vgl nur BGH NJW-RR 2009, 1172 Rn 17; NJW 1985, 376, 377; BAG NZA 2009, 444 Rn 16). Die von den Parteien gewählten Begriffe sind dafür nicht ausschlaggebend. Allerdings spricht bei einer von einem Notar formulierten Erklärung eine Vermutung dafür, dass der Begriff im technischen Sinne benutzt wird (BayObLG Rpfleger 1967, 11, 12; Soergel/Wolf § 158 Rn 2; zurückhaltender MünchKomm/H P Westermann § 158 Rn 10).

9 Anstelle einer Bedingung kann eine *obligatorische Verpflichtung* gewollt sein. So ist zB bei der Sicherungsübereignung nur bei ausdrücklicher Vereinbarung anzunehmen, dass die vollständige Rückzahlung des Kredits auflösende Bedingung für die Übereignung sein soll; idR besteht nur eine obligatorische Verpflichtung zur Rückübereignung aus dem Sicherungsvertrag (vgl BGH NJW 1991, 353 f; 1986, 977; 1984, 1184, 1185; NJW-RR 1991, 744, 746; Baur/Stürner, Sachenrecht [18. Aufl 2009] § 57 Rn 10; MünchKomm/H P Westermann § 158 Rn 12; Reich AcP 169 [1969] 246, 255 ff; Schütz NJW 1957, 1541; Westermann/Gursky/Eickmann, Sachenrecht [8. Aufl 2011] § 44 Rn 19; **aM** Lange NJW 1950, 565, 569; Serick, Eigentumsvorbehalt und Sicherungsübertragung III [1970] § 37 I 3; Thoma NJW 1984, 1162 f; vgl auch BGH NJW 1982, 275, 276 und dazu Jauernig NJW 1982, 268 ff, ferner OLG Saarbrücken ZInsO 2014, 1393, 1395). Die Abrede bei Bestellung einer Grundschuld,

wonach die einem Dritten zu gewährenden Darlehensbeträge nur mit Zustimmung des Grundstückseigentümers ausgezahlt werden dürfen, kann eine auflösende Bedingung darstellen (BGH WM 1963, 192, 193); anderenfalls wird für den Darlehensgeber nur eine entsprechende Verpflichtung begründet, deren Nichterfüllung den Grundschuldbestellungsvertrag nicht berührt (vgl BGH WM 1960, 355, 356). Der mit der Abtretung einer Lebensversicherungsforderung verbundene Widerruf der Bezugsberechtigung steht freilich bei einer Sicherungszession unter der auflösenden Bedingung der Erfüllung des Sicherungszwecks (OLG Hamburg VersR 1989, 389, 390).

Ebenso ist die auflösende Bedingung vom *Rücktrittsvorbehalt* zu unterscheiden, 10
aufgrund dessen die Rücktrittserklärung ein Rückgewährschuldverhältnis begründet (s näher Vorbem 10 zu §§ 158 ff). Die *Verknüpfung mehrerer Rechtsgeschäfte* wird idR nur nach § 139 BGB zu beurteilen sein. So ist zB bei einem Bauträgervertrag die Wirksamkeit des Bauwerkvertrages regelmäßig keine Bedingung des Grundstückskaufvertrages (vgl BGHZ 79, 103, 106; vgl auch KORTE DNotZ 1984, 3 ff), wohl aber uU der Grundstückserwerb aufschiebende Bedingung des Architektenvertrages (OLG Hamm BauR 1987, 582). Auch die Wirksamkeit des Verpflichtungsgeschäfts ist im Hinblick auf das Abstraktionsprinzip regelmäßig nicht Bedingung des Verfügungsvertrages (vgl – auch zu den Ausnahmen – BGH NJW-RR 1989, 519; BORK, Der Vergleich [1988] 60 ff mwNw; MünchKomm/H P WESTERMANN § 158 Rn 26; SOERGEL/WOLF § 158 Rn 3). Beim finanzierten Abzahlungskauf können Kauf- und Darlehensvertrag hingegen gegenseitig bedingt sein (s oben Rn 5), ebenso beim Autokauf der Vertrag über einen vom Händler vermittelten Gebrauchtwagen und ein weiterer über den Verkauf des bisherigen Fahrzeugs des Käufers an diesen Händler (vgl KG DAR 1980, 118).

Die aufschiebende Bedingung ist ferner von einer bloßen *Fälligkeitsregelung* zu un- 11
terscheiden. Auch insoweit ist durch Auslegung nach der Interessenlage zu unterscheiden, ob die Wirksamkeit des ganzen Rechtsgeschäfts oder nur die Fälligkeit eines Anspruchs hinausgeschoben sein soll (vgl BGH NJW-RR 1998, 801, 802; NJW 1993, 1381, 1382 f; s auch § 163 Rn 2).

c) Da beim bedingten Rechtsgeschäft die **Wirkungen** des Geschäfts bedingt sind 12
(s Vorbem 6 zu §§ 158 ff), kann bei mehreren Wirkungen zwischen bedingten und unbedingten Wirkungen differenziert werden. Ebenso kann bezüglich einer Wirkung eine aufschiebende, bezüglich einer anderen Wirkung eine auflösende Bedingung vorgesehen werden. Sofern ein *Kausalgeschäft* unter einer Bedingung vorgenommen wurde, ist durch Auslegung des Parteiwillens zu ermitteln, ob auch das *Erfüllungsgeschäft* unter einer Bedingung stehen sollte. Dabei kann nicht davon ausgegangen werden, dass hinsichtlich des Erfüllungsgeschäftes regelmäßig dieselbe Bedingung gewollt sei, wie sie für das Verpflichtungsgeschäft besteht (vgl für die Vormerkung zur Sicherung eines bedingten Anspruchs auch KG FGPrax 2006, 99, 100). Für den Kauf unter Eigentumsvorbehalt gilt die gesetzliche Bestimmung des § 449 BGB, welche im Zweifel eine aufschiebend bedingte Übereignung vorsieht. Dagegen greift bei der Auflassung das Bedingungsverbot des § 925 Abs 2 BGB ein.

3. Eintritt und Ausfall der Bedingung

a) Das BGB enthält keine allgemeinen Regeln darüber, wann eine Bedingung 13
eingetreten ist (vgl Mot I 262 ff). In welchen Umständen die Verwirklichung des

gewollten Bedingungsinhaltes zu sehen ist oder zu sehen gewesen wäre, muss demnach durch **Auslegung** ermittelt werden, wobei im Falle bedingter letztwilliger Zuwendungen § 2076 BGB zu beachten ist. Eine Fiktion des Bedingungseintritts bei treuwidriger Vereitelung sieht § 162 BGB vor.

14 Die **affirmative Bedingung** (s dazu Vorbem 13 zu §§ 158 ff) ist grundsätzlich erst *erfüllt,* wenn der ihrem Inhalt entsprechende Sachverhalt wirklich eingetreten ist. Die Bereitschaft zu seiner Verwirklichung genügt nicht. Andererseits muss es sich, wenn zB der Zollbetrag aufschiebend bedingt als Restkaufpreis vereinbart wurde, für den Bedingungseintritt nicht um einen rechtlich zutreffenden Zollbescheid handeln (OLG Frankfurt NJW 1958, 997). Die affirmative Bedingung ist *ausgefallen,* sofern feststeht, dass der Tatbestand, an welchen die Rechtswirkungen geknüpft sein sollten, sich nicht verwirklicht hat und nicht mehr verwirklichen wird. Hierfür kann ein längerer ergebnisloser Zeitablauf genügen, zB wenn das Bestehen des Examens zur Bedingung erhoben war (Soergel/Wolf § 158 Rn 25).

15 Eine **negative Bedingung** ist *erfüllt,* wenn mit Sicherheit feststeht, dass das Ereignis, an dessen Nichteintritt die Rechtswirkung geknüpft sein sollte, nicht eingetreten ist und nicht mehr eintreten kann. Die negative Bedingung ist *ausgefallen,* wenn der Tatbestand, der nicht eintreten sollte, eingetreten ist.

16 **b)** Die **Rechtsfolgen** des Bedingungseintritts regelt § 158 BGB (s dazu Rn 18 ff). Der Bedingungsausfall beendet zunächst die Anwartschaft (vgl Rn 1) desjenigen, der beim Bedingungseintritt etwas erworben oder zurückerworben hätte. Sofern ein Gegenstand unbedingt übertragen worden ist, entsteht beim Wegfall des Verpflichtungsgeschäfts infolge Bedingungsausfalls ein Bereicherungsanspruch. Allerdings kann die Leistung in Kenntnis des noch fehlenden Bedingungseintritts unter Umständen auch als vertragsändernder **Verzicht** auf die Bedingung zu verstehen sein (MünchKomm/H P Westermann § 158 Rn 40). Dass die Parteien ihr Rechtsgeschäft ändern, die Bedingungsabrede aufheben und die Rechtsfolgen ohne weitere Voraussetzung wollen können, ist selbstverständlich (vgl etwa OLG Düsseldorf WM 1991, 1029, 1033 f). Ob ein solcher Verzicht auch einseitig möglich ist oder stets einer (stillschweigenden) vertragsändernden Parteivereinbarung bedarf, hängt davon ab, ob die Bedingung im Interesse der verzichtenden oder beider Parteien vereinbart war (BGH NJW-RR 1989, 291, 292/293; Soergel/Wolf § 158 Rn 33; stets für Vertragserfordernis Pohlmann NJW 1999, 190 ff). In jedem Fall wirkt der Verzicht nur ex nunc. Der Schwebezustand wird nicht rückwirkend, sondern nur für die Zukunft beendet (BGH NJW 1998, 2360, 2362). Das Rechtsgeschäft wird also erst mit Zugang der Verzichtserklärung wirksam. Eine **Umdeutung** in ein weniger bedeutsames Geschäft kommt indessen regelmäßig nicht in Betracht (BGH NJW 1971, 420; für den bedingungsausfall auch MünchKomm/H P Westermann § 158 Rn 44).

17 Eine Pflicht, dem anderen Teil von dem Bedingungseintritt oder dem Bedingungsausfall *Mitteilung zu machen,* ist als – schadensersatzbewehrte – vorvertragliche oder vertragliche Pflicht (vgl Rn 2) gemäß § 242 BGB zu bejahen, wenn der andere Teil von der Entscheidung nichts wissen kann, jedoch erkennbares Interesse daran hat, von den maßgeblichen Umständen alsbald zu erfahren (Kohler ArchBürgR 25, 164 ff; Soergel/Wolf § 158 Rn 26; nicht erörtert in BGH NJW-RR 2016, 842 Rn 47 f). Über den Eintritt oder das (endgültige) Fehlen von Bedingungen, deren Eintritt im Belieben des Gegners steht, muss aber keinesfalls informiert werden (vgl BGH NJW 1987, 1631).

II. Regelungsgehalt des § 158

1. Bedingungseintritt bei aufschiebend bedingten Rechtsgeschäften (Abs 1)

a) Das aufschiebend bedingte Rechtsgeschäft ist tatbestandlich mit seiner Vornahme vollendet. Es fehlt aber an einer Wirksamkeitsvoraussetzung (Soergel/Wolf § 158 Rn 8; vgl auch Vorbem 6 zu §§ 158 ff). Daher führt der Bedingungseintritt gemäß § 158 Abs 1 BGB ohne weiteren Rechtsakt zum **Eintritt der Rechtswirkungen**. Das gilt unabhängig davon, ob sie von den Parteien in diesem Zeitpunkt noch gewollt werden (BGHZ 151, 116, 121; 134, 182, 188; OLG München NJW-RR 2009, 950, 951). Bei einer bedingten Verfügung bedarf es im Zeitpunkt des Bedingungseintritts auch nicht mehr eines entsprechenden *Verfügungswillens* des Veräußerers. Das gilt selbst dann, wenn der Anwärter inzwischen über sein Anwartschaftsrecht wirksam verfügt hat, sodass mit dem Bedingungseintritt der nunmehrige Anwärter zum Vollberechtigten wird (s näher Vorbem 72 zu §§ 158 ff). Ebenso bestimmen sich *Geschäftsfähigkeit* und *Verfügungsbefugnis* der Parteien sowie die *Formwahrung* nach dem Zeitpunkt der Geschäftsvornahme und nicht nach dem Zeitpunkt des Bedingungseintritts (Soergel/Wolf § 158 Rn 11). Dasselbe gilt für den *guten Glauben* beim Erwerb vom Nichtberechtigten (BGHZ 30, 374, 377; 10, 69, 73). 18

Aufschiebend bedingte Ansprüche unterliegen nicht der *Verjährung,* weil sie noch nicht entstanden sind (BGHZ 47, 387, 391; BGH MDR 2017, 1314 Rn 27 f; Soergel/Wolf § 158 Rn 14; **aM** Langheineken, Anspruch und Einrede nach dem Deutschen Bürgerlichen Gesetzbuch [1903] 74 ff). Die Möglichkeit einer Feststellungsklage und einer Klage auf künftige Leistung (s dazu Vorbem 47 zu §§ 158 ff) vermag hieran nichts zu ändern. 19

b) § 158 Abs 1 BGB regelt auch den **Zeitpunkt** des Eintritts der Rechtswirkungen. Sie werden erst mit dem Bedingungseintritt ausgelöst (BGH NJW 1998, 2360, 2362; zur Rückwirkung s oben Rn 3). Bis zu diesem Zeitpunkt besteht für den künftigen Erwerber eine Anwartschaft (s Vorbem 53 ff zu §§ 158 ff; zur Prozessführungsbefugnis während der Schwebezeit s ebenda Rn 48). Sofern jedoch eine bedingte Forderung unbedingt *abgetreten* wird, hat die Abtretung sogleich Vollwirksamkeit (BGH NJW 2018, 3018 Rn 9 ff; LM Nr 14 zu § 313; RGZ 67, 425, 430). 20

2. Bedingungseintritt bei auflösend bedingten Rechtsgeschäften (Abs 2)

a) Der Eintritt einer auflösenden Bedingung, die nach dem BGB Modalität des Rechtsgeschäfts ist (s Vorbem 7 zu §§ 158 ff), führt gemäß § 158 Abs 2 BGB zur **Beendigung der Rechtswirkungen**, und zwar mit Wirkung ex nunc (BGHZ 133, 331, 334; BGH NJW 2011, 143 Rn 45; zur Rückwirkung s oben Rn 3; vgl auch unten Rn 22). Daher unterliegt ein auflösend bedingter Anspruch während der Schwebezeit der *Verjährung* (Soergel/Wolf § 158 Rn 21). *Verfügungswirkungen* werden durch den Bedingungseintritt automatisch und ex nunc rückgängig gemacht (vgl OLG München Ufita 90 [1981] 166, 167 ff für die auflösend bedingte Übertragung von Fernsehrechten). Soweit der Anwärter sein Anwartschaftsrecht auf einen Dritten übertragen hatte, wird dieser unmittelbar und nicht als Rechtsnachfolger des früheren Berechtigten zum Rechtsinhaber (vgl Vorbem 72 zu 21

§§ 158 ff). Auch ein Anwärter, der ein ihm früher zustehendes Recht aufgrund auflösender Bedingung zurückerwirbt, ist nicht Rechtsnachfolger des vor dem Bedingungseintritt Berechtigten, weil dem ursprünglichen Rechtsinhaber eine Rückerwerbsanwartschaft verblieben ist, die mit dem Bedingungseintritt zum Vollrecht erstarkt. Es bedarf daher nicht der Einigung und Übergabe (Soergel/Wolf § 158 Rn 29; zur Rechtsnachfolge iSd ZPO s Vorbem 48 zu §§ 158 ff). Wer aufgrund des Eintritts einer auflösenden Bedingung wieder zum Gläubiger einer Forderung wird, ist nicht „neuer Gläubiger" iSd § 407 BGB; dennoch kann zum Schutz des Schuldners bei Leistung an den zwischenzeitlich auflösend bedingt Berechtigten § 407 BGB analog angewendet werden (s § 161 Rn 5).

22 **b)** Sofern ein Kausalgeschäft aufgrund auflösender Bedingung entfällt, erfolgt die **Rückabwicklung** nicht nach den Regeln der §§ 346 ff BGB, sondern mangels rechtsgeschäftlicher Bestimmung für diesen Fall nach Bereicherungsrecht (s näher § 159 Rn 9). Ist eine Verfügung auflösend bedingt, so kommt § 985 BGB zum Zuge. – Ein *Dauerschuldverhältnis* endet mit dem Eintritt der auflösenden Bedingung ebenso, als wenn es durch Kündigung oder einverständliche Aufhebung beendet würde. Nur schuldrechtliche Pflichten gemäß § 159 BGB können dazu führen, dass der Zustand wie zu Beginn des Dauerschuldverhältnisses wiederhergestellt werden muss (Wolf/Neuner § 52 Rn 37). Bei auflösend bedingten Gesellschaftsverträgen führt der Bedingungseintritt dazu, dass die Gesellschaft liquidiert werden muss (Soergel/Wolf § 158 Rn 30).

§ 159
Rückbeziehung

Sollen nach dem Inhalt des Rechtsgeschäfts die an den Eintritt der Bedingung geknüpften Folgen auf einen früheren Zeitpunkt zurückbezogen werden, so sind im Falle des Eintritts der Bedingung die Beteiligten verpflichtet, einander zu gewähren, was sie haben würden, wenn die Folgen in dem früheren Zeitpunkt eingetreten wären.

Materialien: E I § 130; II § 129; III § 155; Mot I 254; Prot I 180.

Systematische Übersicht

I. **Allgemeines** 1
II. **Vereinbarung** 2
III. **Rechtsfolgen**
1. Grundsätze 6
2. Insbesondere: Zuweisung der Nutzungen 7
3. Fehlende Rückbeziehungsbestimmung 9
IV. **Beweislast** 10
V. **Sonstige Rückbeziehungsvereinbarungen** 11

Alphabetische Übersicht

Bedingungseintritt
– dingliche Rückwirkung 1
Beweislastverteilung
– Rückbeziehungsvereinbarung 10

Rückbeziehungsvereinbarung 1 ff
– Abwicklung bei fehlender Rückbeziehungsvereinbarung 9
– außerhalb der bedingten Rechtsgeschäfte 11
– Auslegung 3
– Beispiele 4
– Beweislast 10
– einseitige Bestimmung 2
– Einzelfälle 4
– Nutzungszuweisung 7 f
– Wirkungen 6 ff
– Zeitpunkt 5
Rückwirkung bei Bedingungseintritt, dingliche 1

Schwebezustand 6
Steuerklauseln 4

I. Allgemeines

Das BGB hat sich in § 158 BGB gegen die Rückwirkung kraft Bedingungseintritts entschieden (s näher § 158 Rn 3). Es lässt jedoch in § 159 BGB der Privatautonomie Raum und erlaubt, dass die Parteien eine **obligatorisch wirkende Rückbeziehung** bestimmen. Damit soll dem Umstand Rechnung getragen werden, dass ein Interesse daran bestehen kann, die Rechtsbeziehungen unter den Beteiligten nach Eintritt der Bedingung so zu beurteilen, als seien die Wirkungen des bedingten Rechtsgeschäfts bereits zu einem früheren Zeitpunkt eingetreten oder beendet worden (Mot I 254). 1

II. Vereinbarung

In der Literatur findet sich häufig die Formulierung, die obligatorische Rückbeziehung müsse unter den Beteiligten *vereinbart* werden (vgl Erman/Armbrüster § 159 Rn 1; Soergel/Wolf § 159 Rn 1). Dies trifft jedoch, wie schon der Wortlaut des Gesetzes zeigt, nur zu, wenn beiderseitige Verpflichtungen begründet werden sollen. Alternativ hierzu kann bei einseitigen Rechtsgeschäften, insbesondere bei Verfügungen von Todes wegen, durchaus auch eine einseitige Rückbeziehungsbestimmung getroffen werden. 2

Ist eine Vereinbarung erforderlich, so kann sie *ausdrücklich oder konkludent* getroffen werden. Eine Vermutung für die Rückbeziehungsbestimmung wird nicht aufgestellt (Prot I 180 = Mugdan I 762). Demnach entscheidet die *Auslegung* des Parteiwillens, ob eine obligatorische Rückwirkung gewollt war und welchen Umfang sie haben soll (vgl BGH WM 1961, 177, 179; MDR 1959, 658). 3

So ist zB beim bedingten *Beitritt zu einer Personengesellschaft* im Zweifel anzunehmen, dass sich der Gesellschafter vor den nachteiligen Folgen des Beitritts schützen will und deshalb eine Rückbeziehung gewollt ist (ausf Koller/Buchholz DB 1982, 2172/2173). Dasselbe gilt, wenn eine *Änderungskündigung* unter der auflösenden Bedingung angenommen wurde, dass die Sozialwidrigkeit der Änderung festgestellt wird (BAG NJW 1985, 1797, 1799; dazu Kempff AiB 1985, 126, 127). *Steuerklauseln,* mit denen die Parteien die Wirksamkeit ihres Rechtsgeschäfts von der steuerlichen Anerkennung 4 durch die Finanzbehörden abhängig machen, enthalten ebenfalls eine stillschweigende Rückbeziehungsvereinbarung (Zenthöfer DStZ 1987, 185, 189), sofern nicht überhaupt nur eine Scheinbedingung vereinbart ist (s dazu Vorbem 28 f zu §§ 158 ff).

5 Der *Zeitpunkt,* auf den die Wirkungen des bedingten Rechtsgeschäfts zurückbezogen werden sollen, liegt im Ermessen der Parteien. Es muss sich keineswegs um den Moment des Geschäftsabschlusses handeln.

III. Rechtsfolgen

1. Grundsätze

6 Eine Rückbeziehungsvereinbarung iSd § 159 BGB hat zunächst *nur obligatorische Wirkung* (OLG Köln BauR 2013, 482). Eine dingliche Rückwirkung kann nur der Gesetzgeber anordnen (s unten Rn 11). Generell hat daher eine Rückbeziehungsbestimmung zur Folge, dass sich die Parteien so behandeln müssen, als seien die Wirkungen des Rechtsgeschäfts bereits zu dem vereinbarten früheren Zeitpunkt eingetreten (vgl BAG NJW 1985, 1797, 1799). Von Bedeutung wird die Rückbeziehungsbestimmung vor allem hinsichtlich der in der Schwebezeit anfallenden *Nutzungen* (s Rn 7), für die *Gefahrtragung* und für den Verfall einer *Vertragsstrafe.* Über andere wichtige Vorgänge während der Schwebezeit enthalten §§ 160, 161 BGB Spezialregeln (Flume § 39, 1). Für die Beurteilung des *Rechtszustandes während der Schwebezeit* bleibt aber das unmodifizierte, nicht durch den Bedingungseintritt beeinflusste Rechtsgeschäft maßgebend (MünchKomm/H P Westermann § 159 Rn 2).

2. Insbesondere: Zuweisung der Nutzungen

7 Auf die angefallenen Nutzungen hat der aufgrund des Bedingungseintritts nunmehr Vollberechtigte einen **Anspruch**, wenn dies nach dem Geschäftsinhalt, eventuell im Wege ergänzender Auslegung, als gewollt anzusehen ist (BGH MDR 1959, 658). Die Auslegung kann auch ergeben, dass der Rückbeziehungswille dem jetzigen Berechtigten nur einen Teil der Nutzungen zuweist (Wunner AcP 168 [1968] 425, 446; s auch oben Rn 5).

8 Besteht danach ein Anspruch auf die Nutzungen, so ist dieser nach den allgemeinen Vorschriften zu erfüllen. Ein **dinglicher Rechtsübergang** an den zwischenzeitlich angefallenen Früchten einer Hauptsache, welche aufgrund Bedingungseintritts nunmehr dem Erwerber gehört, kann (nur) stattfinden, wenn eine Rückbeziehungsvereinbarung getroffen wurde, welche hinsichtlich der Wirkungen des Bedingungseintritts zugleich als *vorweggenommene Einigung* und *antizipiertes Besitzkonstitut* bzw als Vorausabtretung der Rechtsfrüchte aufgefasst werden kann (Flume § 40, 2a).

3. Fehlende Rückbeziehungsbestimmung

9 Lässt sich eine Rückbeziehungsvereinbarung nicht feststellen, so treten die Rechtsfolgen erst mit Bedingungseintritt ein. Bei der **aufschiebenden Bedingung** bedeutet das zB, dass dem nunmehr Vollberechtigten die Nutzungen erst ab Bedingungseintritt zustehen. Bei der **auflösenden Bedingung** ist das zwischenzeitlich Erlangte nach hM nicht gemäß §§ 346 ff BGB, sondern gemäß § 812 Abs 1 S 2 BGB herauszugeben

(BGH MDR 1959, 658 f; RG HRR 1933 Nr 1008; WarnR 1921 Nr 43; Jauernig/Mansel § 159 Rn 1; MünchKomm/H P Westermann § 159 Rn 3; Soergel/Wolf § 159 Rn 2; Wolf/Neuner § 52 Rn 39). Demgegenüber nimmt Flume (§ 40, 2d) im Falle einer auflösenden Bedingung an, dass auch ohne besondere Rückbeziehungsvereinbarung ein im Wege der Auslegung zu gewinnender vertraglicher Rückabwicklungsanspruch begründet worden sei (zust jetzt Jauernig/Mansel § 159 Rn 1; Medicus/Petersen, AT Rn 840; wohl auch Wunner AcP 168 [1968] 425 Fn 102; nur für Rückgewähr in natura Kohler, in: Baldus/Dajczak [2018] 123, 130 f). Dem ist grundsätzlich zuzustimmen. Dass die Parteien – etwa hinsichtlich der Nutzungen etc – keine Rückwirkung wollen, hindert sie nicht, eine vertragliche Rückabwicklung des ex nunc beendeten Vertrages zu vereinbaren. Im Gegenteil wird man annehmen können, dass ein vertraglicher Rückgewähranspruch regelmäßig stillschweigend mitvereinbart ist, wenn die Parteien eine auflösende Bedingung vereinbart haben. Denn dass sie für einen bestimmten Fall zwar die Auflösung des Vertrages, aber nicht die Rückgewähr des zwischenzeitlich Empfangenen gewollt haben, ist als Prinzip nicht zu unterstellen. Etwas anderes kann sich, wie bei jeder Auslegung, aus den konkreten Umständen des Einzelfalles, etwa aus der Rechtsnatur des beendeten Vertrages ergeben.

IV. Beweislast

Die Beweislast für eine obligatorisch wirkende Rückbeziehungsbestimmung trägt **10**
derjenige, der daraus Rechte herleiten will (Rosenberg AcP 94 [1903] 1, 100; Soergel/Wolf § 159 Rn 4).

V. Sonstige Rückbeziehungsvereinbarungen

Rückbeziehungsvereinbarungen gibt es auch außerhalb der bedingten Rechtsge- **11**
schäfte. Eine häufige Erscheinungsform ist die Rückdatierung von Verträgen (dazu ausf U H Schneider AcP 175 [1975] 279 ff). Bei der bereinigenden Regelung von Streitigkeiten, insbesondere bei einem Vergleich, können die Parteien ebenfalls den bereits zurückliegenden Zeitraum regeln (vgl ausf Bork, Der Vergleich [1988] 140 ff). In jedem Fall haben aber solche Rückbeziehungsvereinbarungen **nur schuldrechtliche Wirkung**. Eine dingliche Wirkung ex tunc ist eine Fiktion, die nur der Gesetzgeber anordnen kann (vTuhr II/1, 28). Die Parteien können sich lediglich schuldrechtlich verpflichten, einander so zu stellen, wie sie stehen würden, wenn eine dingliche Rückwirkung möglich wäre.

§ 160
Haftung während der Schwebezeit

(1) Wer unter einer aufschiebenden Bedingung berechtigt ist, kann im Falle des Eintritts der Bedingung Schadensersatz von dem anderen Teil verlangen, wenn dieser während der Schwebezeit das von der Bedingung abhängige Recht durch sein Verschulden vereitelt oder beeinträchtigt.

(2) Den gleichen Anspruch hat unter denselben Voraussetzungen bei einem unter einer auflösenden Bedingung vorgenommenen Rechtsgeschäft derjenige, zu dessen Gunsten der frühere Rechtszustand wieder eintritt.

Materialien: E I § 134; II § 130; III § 156; Mot I 258; Prot I 183.

Schrifttum

Kohler, Rechtssicherheit und Gerechtigkeit beim Handeln unter Ungewissheit: Bedingter Schuldvertrag und Erwerberverantwortung in der Schwebezeit, in: Baldus/Dajczak (Hrsg), Der Allgemeine Teil des Privatrechts: Historische Wurzeln – Leistungsfähigkeit im 21. Jahrhundert (2018) 123

Meier, Schadensersatz aus Verfügungsgeschäften?, RabelsZ 76 (2012) 732.

Systematische Übersicht

I. Allgemeines ___ 1

II. Einzelheiten des Anspruchs

1. Bedingtheit des Schadensersatzanspruchs ___ 4
2. Inhalt der Pflichten ___ 6
3. Schuldhafte Pflichtverletzung ___ 8
4. Umfang des Schadensersatzes ___ 10
5. Passivlegitimation ___ 11

III. Beweislast ___ 12

Alphabetische Übersicht

Anwartschaftsrecht
– Schutz ___ 11

Bedingungseintritt
– Bedeutung für Schadensersatzanspruch gem § 160 ___ 4
– dingliche Rückwirkung ___ 1
Beweislastverteilung
– Schadensersatzanspruch nach § 160 ___ 12
Rückwirkung bei Bedingungseintritt, dingliche ___ 1
Schadensersatzanspruch des Erwerbers des bedingten Rechts ___ 1 ff
– Bedingtheit dieses Anspruchs ___ 4
– bei bedingten Verfügungsgeschäften ___ 1
– bei bedingten Verpflichtungsgeschäften ___ 2
– Beweislast ___ 12
– Gesetzliches Schuldverhältnis
s Schuldverhältnis zwischen den Parteien des bedingten Rechtsgeschäfts
– Passivlegitimation ___ 11
– schuldhafte Pflichtverletzung ___ 8
– Sorgfaltsanforderungen ___ 9
– Umfang ___ 10
– Verjährung ___ 10
– Zweck ___ 3
Schuldverhältnis zwischen den Parteien eines bedingten Rechtsgeschäfts ___ 1 f
– Anspruch auf Sicherheitsleistung ___ 5
– Auskunftsansprüche ___ 5
– Durchsetzbarkeit ___ 5
– Erhaltungspflichten ___ 6
– gesetzlich ___ 1
– rechtsgeschäftlich ___ 2
– Unterlassungspflichten ___ 7
– Vorbereitungspflichten ___ 7
– Vorzeitige Erfüllungsansprüche ___ 7
Schwebezustand ___ 1 ff
Sicherheiten, Stellung von
– Anspruch auf ___ 5
Verfügungen, bedingte ___ 1
Verjährung des Schadensersatzanspruchs nach § 160 ___ 10

I. Allgemeines

1 Nach der Entscheidung des BGB-Gesetzgebers wirkt der Bedingungseintritt nicht zurück (s näher § 158 Rn 3). Hätte man diesen Gedanken streng durchgeführt, so wäre es möglich, dass zumindest **bei bedingten Verfügungsgeschäften** während der Schwebezeit bis zum Bedingungseintritt *keine schuldrechtliche Bindung* der Beteiligten besteht. In diesem Fall könnte der unter einer aufschiebenden Bedingung Erwerbende den Veräußerer nicht für Handlungen verantwortlich machen, die die Erfüllung der bedingt versprochenen Leistung beeinträchtigen. Deshalb begründet § 160 BGB für die Schwebezeit ein **gesetzliches Schuldverhältnis**, aus dem sich *Schutzpflichten* zugunsten des Erwerbers herleiten (abl Meyer RabelsZ 76 [2012] 732 ff). – Zur *analogen Anwendung* des § 160 BGB bei Zwischenverfügungen vor Annahme eines Übereignungsangebotes s § 145 Rn 23.

2 **Bei bedingten Verpflichtungsgeschäften** können sich entsprechende Schutzpflichten bereits *aus dem Rechtsgeschäft* als solchem ergeben (Flume § 40, 2c). Außerdem ist an verschuldensunabhängige Ansprüche wie etwa aus § 285 BGB zu denken (vgl BGH JR 1987, 455, 456). Jedenfalls begründet § 160 BGB auch hier Schutzpflichten während der Schwebezeit. Hinsichtlich des Geltungsgrundes der Schutzpflichten ist also zu unterscheiden, ob sie auf rechtsgeschäftlicher Grundlage bestehen oder auf der gesetzlichen Grundlage des § 160 BGB erwachsen. Die rechtsgeschäftlich begründeten Schutzpflichten können über die des § 160 BGB hinausgehen (Flume § 40, 2c). Werden ausdrücklich Pflichten vereinbart, die hinter dem Maß des § 160 BGB zurückbleiben, so ist die Vorschrift insoweit abbedungen (vgl Zawar DNotZ 1986, 515, 524 f). Dass § 160 BGB kein zwingendes Recht enthält, ist unstreitig (vgl nur MünchKomm/H P Westermann § 160 Rn 8; Soergel/Wolf § 160 Rn 3).

3 Der **Zweck** des § 160 BGB besteht darin, den bedingt Berechtigten davor zu schützen, dass die bedingt übertragene Sache oder das bedingt begründete bzw übertragene Recht während der Schwebezeit vom Vorberechtigten beeinträchtigt wird. Es handelt sich freilich nur um einen schuldrechtlichen Schutz. Ein darüber hinausgehendes Anwartschaftsrecht des Erwerbers (s Vorbem 53 zu §§ 158 ff) kann daher aus § 160 BGB nicht hergeleitet werden. Folglich begründet § 160 BGB auch keinen Schutz gegenüber Dritten (Enneccerus/Nipperdey § 197 II 2/3).

II. Einzelheiten des Anspruchs

1. Bedingtheit des Schadensersatzanspruchs

4 Der Anspruch aus § 160 BGB setzt zunächst voraus, dass der Gläubiger unter einer Bedingung berechtigt war. Bedingt ist daher auch der Schadensersatzanspruch aus § 160 BGB. Eine Pflichtverletzung kann den Schadensersatzanspruch nur auslösen, wenn die Bedingung eingetreten ist, da dem Gläubiger anderenfalls die Hauptleistung nicht zusteht (MünchKomm/H P Westermann § 160 Rn 2).

5 Gleichwohl kann man von einer gewissen **„Vorwirkung“** sprechen (vgl Soergel/Wolf § 160 Rn 1). Diese besteht nicht nur darin, dass der bedingte Schadensersatzanspruch seinerseits bereits vor Bedingungseintritt *abgetreten* werden kann (Soergel/Wolf § 160 Rn 2; vgl auch § 158 Rn 20). Vielmehr kann auch die *Erfüllung der Sorgfaltspflichten* im

Wege der Leistungs- oder Unterlassungsklage sowie des Arrests (§ 916 Abs 2 ZPO) oder der einstweiligen Verfügung verfolgt werden (Flume § 39, 4; Soergel/Wolf § 160 Rn 5 f; Zawar DNotZ 1986, 515, 524; zur Klage auf künftige Leistung s Vorbem 47 zu §§ 158 ff). Außerdem können *Auskunftsansprüche* bestehen (vgl OLG Oldenburg NJW-RR 1990, 650). In § 133 BGB-E I war außerdem vorgesehen, dass der bedingt Berechtigte unter den Voraussetzungen des Arrests einen Anspruch auf *Sicherheitsleistung* haben sollte. Dies ist aber – abgesehen von den Fällen der §§ 1986 Abs 2, 2128 Abs 1, 2217 Abs 2 BGB – nicht Gesetz geworden (vgl auch Erman/Armbrüster § 160 Rn 2; MünchKomm/H P Westermann § 160 Rn 7). Zur Sicherung des bedingten Anspruchs durch Vormerkung etc s § 158 Rn 1; zum Schutz des Anwartschaftsrechts s Vorbem 69 zu §§ 158 ff.

2. Inhalt der Pflichten

6 Durch § 160 BGB wird der gegenwärtig Berechtigte verpflichtet, sich während der Schwebezeit aller Einwirkungen zu enthalten, die das Eintreten der von der Bedingung abhängigen Rechtswirkungen beeinträchtigen könnten. Er hat demnach hinsichtlich des betroffenen Gegenstandes **Erhaltungspflichten** (Flume § 39, 3c). Dies gilt zunächst bezüglich des tatsächlichen Zustandes. Der betroffene Gegenstand ist ordnungsmäßig zu verwalten (BGHZ 114, 16, 21) und vor Zerstörung oder Beschädigung zu schützen. Außerdem hat sich der gegenwärtig Berechtigte auch nachteiliger rechtlicher Einwirkungen zu enthalten, sodass Zwischenverfügungen zum Schadensersatz nach § 160 BGB führen können, soweit der Schadenseintritt nicht durch die relative Unwirksamkeit gemäß § 161 BGB verhindert wird.

7 Ferner besteht gemäß § 160 BGB die Pflicht, dafür zu sorgen, dass den Belangen des anderen Teils Rechnung getragen wird. Demnach treffen den gegenwärtig Berechtigten **Vorbereitungs- und Unterlassungspflichten** (Wolf/Neuner § 52 Rn 46). Eine Pflicht zur Förderung des Bedingungseintritts besteht jedoch nicht (s auch § 158 Rn 2, § 162 Rn 1). Auch einen auf die bedingte Hauptleistung gerichteten vorzeitigen Erfüllungsanspruch begründet § 160 BGB während des Schwebezustandes nicht. Die Vorschrift hat nur eine „Sicherstellungsaufgabe“ (Wunner AcP 168 [1968] 425, 444).

3. Schuldhafte Pflichtverletzung

8 Der Schadensersatzanspruch aus § 160 BGB setzt voraus, dass das von der Bedingung abhängige **Recht vereitelt oder beeinträchtigt** worden ist. Dies muss **durch eine während der Schwebezeit vorgenommene pflichtwidrige Handlung** verursacht worden sein. Der Anspruch setzt **Verschulden** des anderen Teils oder der ihm gemäß § 278 BGB zuzurechnenden Personen voraus (zur Darlegungs- und Beweislast s unten Rn 12). Die Gefahr einer vom anderen Teil nicht zu vertretenden Beeinträchtigung trägt demnach der bedingt Berechtigte. Dafür, ihm nur die Gefahr für Verschlechterungsschäden zuzuweisen, gibt das Gesetz keine Handhabe (vgl Flume § 40, 2c). Hinsichtlich der Gefahrtragung für Untergang oder Verschlechterung einer Sache greift im Übrigen der Rechtsgedanke des § 446 Abs 1 S 1 BGB ein, sodass beim bedingten Kauf der Käufer, dem die Sache bereits vor Bedingungseintritt übergeben worden ist, die Preisgefahr trägt (Flume § 40, 2c).

9 Die **Anforderungen an die Sorgfalt** des anderen Teils ergeben sich grundsätzlich aus § 276 BGB, jedoch sind Haftungsmilderungen möglich (eingehend zum Sorgfaltsmaßstab

Kohler, in: Baldus/Dajczak [2018] 123, 140 ff, 153 ff). Die in § 134 BGB-E I noch vorgesehene Regel, dass der Sorgfaltsmaßstab für das Verhalten des anderen Teils sich aus dem Maßstab für das bedingte Rechtsgeschäft ergebe, wurde für das BGB als entbehrlich bezeichnet (Prot I 184 = Mugdan I 763). Demgemäß gilt der allgemeine Gesichtspunkt, dass für die Pflichten aus § 160 BGB keine schärfere Haftung bestehen kann als für die rechtsgeschäftlich begründeten Haupt- oder Nebenpflichten (Flume § 40, 2c; Soergel/Wolf § 160 Rn 4). So hat zB bei einem bedingten Schenkungsversprechen der Schenker entsprechend § 521 BGB während der Schwebezeit nur für Vorsatz und grobe Fahrlässigkeit einzustehen. Bei bedingten Verfügungen bestimmt das ihnen zugrunde liegende Kausalgeschäft den Haftungsmaßstab. Bestehen keine Sonderregeln, so gilt § 276 BGB.

4. Umfang des Schadensersatzes

Es handelt sich bei dem Schadensersatzanspruch des § 160 BGB nicht um einen solchen aus cic. Der Schädiger haftet demnach gemäß §§ 249 ff BGB auf *Ersatz des vollen Schadens,* nicht auf das negative Interesse. 10

5. Passivlegitimation

Der Ersatzanspruch aus § 160 BGB richtet sich nicht gegen jeden Schädiger, sondern nur gegen denjenigen, der das bedingte Rechtsgeschäft vorgenommen hat (MünchKomm/H P Westermann § 160 Rn 6; Soergel/Wolf § 160 Rn 7). Auch dessen Singularnachfolger kann nach § 160 BGB nicht in Anspruch genommen werden. Dies gilt selbst dann, wenn der Nachfolger an dem schädigenden Verhalten des anderen Teils beteiligt war. Gegenüber dem Nachfolger kann nur ein Ersatzanspruch wegen Verletzung des Anwartschaftsrechts aus § 823 Abs 1 BGB in Betracht kommen (vgl Vorbem 69 zu §§ 158 ff). Außerdem ist § 285 BGB anwendbar (vgl OLG Oldenburg NJW-RR 1990, 650; Flume § 40, 2c; Zawar DNotZ 1986, 515, 524), sodass der bedingt Berechtigte Abtretung von Ersatzansprüchen verlangen kann, die der Vollberechtigte gegen einen schädigenden Dritten erworben hat. 11

III. Beweislast

Wer einen Schadensersatzanspruch auf § 160 BGB stützen will, muss den Bedingungseintritt und die Vereitelung oder Beeinträchtigung des bedingten Rechts während der Schwebezeit durch den Vertragspartner beweisen. Es ist dann dessen Sache, in entsprechender Anwendung von § 280 Abs 1 S 2 BGB sein mangelndes Verschulden darzulegen und zu beweisen (Baumgärtel/Laumen, Hdb d Beweislast [3. Aufl 2007] § 160 Rn 1; MünchKomm/H P Westermann § 160 Rn 5; Soergel/Wolf § 160 Rn 4). 12

§ 161
Unwirksamkeit von Verfügungen wegen Schwebezeit

(1) Hat jemand unter einer aufschiebenden Bedingung über einen Gegenstand verfügt, so ist jede weitere Verfügung, die er während der Schwebezeit über den Gegenstand trifft, im Falle des Eintritts der Bedingung insoweit unwirksam, als sie die von der Bedingung abhängige Wirkung vereiteln oder beeinträchtigen würde.

Einer solchen Verfügung steht eine Verfügung gleich, die während der Schwebezeit im Wege der Zwangsvollstreckung oder der Arrestvollziehung oder durch den Insolvenzverwalter erfolgt.

(2) Dasselbe gilt bei einer auflösenden Bedingung von den Verfügungen desjenigen, dessen Recht mit dem Eintritt der Bedingung endigt.

(3) Die Vorschriften zugunsten derjenigen, welche Rechte von einem Nichtberechtigten herleiten, finden entsprechende Anwendung.

Materialien: E I § 135; II § 131; III § 157; Mot I 259; Prot I 184; VI 129 und 133.

Schrifttum

Vgl die Literaturhinweise bei Vorbem zu §§ 158–163 sowie

Behrendt, Verfügungen im Wege der Zwangsvollstreckung (2006)

Berger, Zur Anwendung des § 161 BGB bei bedingter Forderungsabtretung, KTS 1997, 393

Blomeyer, Eigentumsvorbehalt und gutgläubiger Erwerb, AcP 153 (1954) 239

Graue, Der Eigentumsvorbehalt im ausländischen Recht (2. Aufl 1960)

Grimm, Gutgläubiger Erwerb bei bedingten Verfügungen (Diss Göttingen 1913)

Heitsch, Die Verfügungsbeschränkung des § 161 BGB (Diss Jena 1906)

Neumann, Über die Rechtswirksamkeit von Verfügungen während des Schwebens einer aufschiebenden Bedingung (Diss Rostock 1905)

Winkler, Verfügungen des bedingten Grundstückseigentümers, MittBayNot 1978, 1.

Systematische Übersicht

I. Allgemeines 1

II. Anwendungsbereich 3

III. Beeinträchtigende Zwischenverfügungen
1. Verfügungen 4
a) Rechtsgeschäftliche Verfügung 4
b) Zwangsverfügung 9
c) Kraft Gesetzes entstehende Rechte 10
2. Vereitelnde oder beeinträchtigende Wirkung 11
3. Die Person des Verfügenden 11a

IV. Rechtsfolgen 12

V. Schutz des gutgläubigen Erwerbers 14

Alphabetische Übersicht

Anwartschaftsrecht
– gutgläubiger anwartschaftsfreier Erwerb 10, 14 ff
– Schutz 7

Bedingungseintritt
– dingliche Rückwirkung 1

Gemeines Recht
– Anwartschaftsrecht 1

Insolvenzrecht 9

Prozessuales 7

Rechtskrafterstreckung durch Bedingungseintritt 7

Römisches Recht
– Anwartschaftsrecht 1

Schuldnerschutz 5

Unwirksamkeit von Zwischenverfügungen 1 ff
– Ablieferung als Zwischenverfügung 9
– Anwendungsbereich des Schutzes 3
– Ausmaß der Unwirksamkeit 12
– bedingungsfeindliche Zwischenverfügungen 8
– Begriff der (Zwischen-)Verfügung 4
– Begünstigter 2
– Einziehen einer Forderung als Zwischenverfügung 5
– gesetzliche Entstehung dinglicher Rechte als Zwischenverfügung 10
– Prozessführung als Zwischenverfügung 7
– Schuldnerschutz 5
– Schutz des gutgläubigen Erwerbers 14 ff
– vereitelnde oder beeinträchtigende Wirkung der Zwischenverfügung 11
– Verfügungen des Konkursverwalters 9
– Verfügungen im Wege der Arrestvollziehung 9
– Verfügungen im Wege der Zwangsvollstreckung 9
– Zustimmung des Anwärters 13
– Zustimmung zu der Verfügung eines Nichtberechtigten als Zwischenverfügung 6

Zwischenverfügungen
s Unwirksamkeit von Zwischenverfügungen

I. Allgemeines

1 Verfügt der Noch-Berechtigte in der Schwebezeit zwischen Geschäftsabschluss und Bedingungseintritt über den betroffenen Gegenstand, so handelt er als Berechtigter. Es handelt sich nicht um die Verfügung eines Nichtberechtigten, da der Verfügende bis zum Bedingungseintritt Berechtigter bleibt und der Eintritt der Bedingung keine rückwirkende Kraft entfaltet (s § 158 Rn 3). Der Noch-Berechtigte könnte daher die Vollendung des Rechtserwerbs durch *Zwischenverfügungen* vereiteln. Um das zu verhindern, begründet § 161 BGB, dessen Vorläufer in das römische und in das gemeine Recht zurückreichen, eine *dingliche Vorwirkung* für bedingte Verfügungen. Es handelt sich dabei nicht um eine Beschränkung der Verfügungsmacht des Verfügenden (so aber die **hM**: Flume § 39, 3a; MünchKomm/H P Westermann § 161 Rn 7; Soergel/Wolf § 161 Rn 1), sondern um ein **absolutes Verfügungsverbot** (Bork, AT Rn 1273, 1134 Fn 6; vgl auch unten Rn 12). Es hat zur Folge, dass Verfügungen, die die Bedingungswirkung beeinträchtigen (s dazu näher Rn 4 ff), mit Bedingungseintritt absolut unwirksam werden (s näher Rn 12 f). Nur soweit diese Schranke nicht überschritten wird, bleiben sie unberührt. Eine dingliche Rückwirkung des Bedingungseintritts wird aber auch in § 161 BGB nicht angeordnet.

2 **Begünstigt** durch den Schutz gegen Zwischenverfügungen während der Schwebezeit wird bei aufschiebend bedingten Verfügungen der bedingt berechtigte Erwerber, bei auflösend bedingten Verfügungen derjenige, zu dessen Gunsten der frühere Rechtszustand wieder eintritt.

II. Anwendungsbereich

3 § 161 BGB befasst sich mit unverträglichen Zwischenverfügungen, setzt daher seinerseits voraus, dass es sich bei dem unter einer Bedingung stehenden Rechtsge-

schäft um eine **bedingte Verfügung** handelt. Wichtigster Fall ist auch hier die aufschiebend bedingte Übereignung an den Eigentumsvorbehaltskäufer. Nicht betroffen von § 161 BGB ist daher der Fall einer nur bedingten Verpflichtung. Wird also etwa ein bedingtes Schenkungsversprechen abgegeben, so kann der Versprechende über den versprochenen Gegenstand ohne die Beschränkungen des § 161 BGB verfügen. Allerdings kann dann die in § 160 BGB vorgesehene Schadensersatzpflicht eingreifen; außerdem kommen die Rechtsfolgen des verschuldeten nachträglichen Unvermögens gemäß §§ 275, 280, 283 BGB in Betracht (Erman/Armbrüster § 161 Rn 1; Soergel/Wolf § 161 Rn 2). Zur Anwendung des § 161 BGB bei bedingter Voll- bzw Vorerbschaft s Wolf, in: FS vLübtow (1991) 325 ff; bei bedingter Genehmigung s Rodi 87 f.

III. Beeinträchtigende Zwischenverfügungen

1. Verfügungen

4 **a)** § 161 BGB verlangt im Grundsatz, dass es sich bei dem den endgültigen Rechtserwerb vereitelnden oder beeinträchtigenden Umstand um eine **rechtsgeschäftliche Verfügung** handelt. Verpflichtungsgeschäfte über den von einer bedingten Verfügung erfassten Gegenstand sind also wirksam und bleiben dies auch nach Bedingungseintritt (BGH DB 1962, 331; Soergel/Wolf § 161 Rn 6). Unter einer Verfügung versteht man dabei auch hier jede Einwirkung auf das (bedingt übertragene) Recht durch Übertragung, Belastung, Inhaltsänderung oder Aufhebung (vgl BayObLG NJW-RR 1986, 93, 94 f). Die letztwillige Verfügung wird nicht erfasst (Wolf, in: FS vLübtow [1991] 325, 328).

5 Verfügung in diesem Sinne ist auch das *Einziehen einer Forderung* (oder deren *Erlass*, s BGHZ 20, 127, 133; BGH NJW 1999, 1782, 1783; OLG Düsseldorf DAVorm 1982, 283, 285; OLG Hamm FamRZ 1980, 890, 892; vgl auch OLG Karlsruhe FamRZ 1979, 709, 711; AG Duisburg DAVorm 1981, 676, 678) durch den Gläubiger, dessen Recht auflösend bedingt ist (**aM** Berger KTS 1997, 393, 405 ff). Demnach wird die Einziehung mit dem Bedingungseintritt grundsätzlich unwirksam (**aM** Pohle, in: FS Lehmann II [1956] 738, 741 ff). Zum Schutz des Leistenden greift aber § 407 BGB ein, wenn er hinsichtlich der Bedingung gutgläubig war (Flume § 39, 3a; MünchKomm/H P Westermann § 161 Rn 10; Soergel/Wolf § 161 Rn 3). § 407 BGB wird hier angewendet, obwohl der Anwärter nach dem Bedingungseintritt nicht Rechtsnachfolger des bedingt Berechtigten ist (vgl § 158 Rn 21). Wenn der Schuldner die Bedingtheit der Zession kennt, muss er entweder verlangen, dass der Anwärter der Einziehung durch den derzeit Berechtigten zustimmt (vgl unten Rn 13), oder er muss in entsprechender Anwendung des § 372 BGB hinterlegen (MünchKomm/H P Westermann § 161 Rn 10).

6 Auch die *Zustimmung* des bedingt Berechtigten zu einer Verfügung eines Nichtberechtigten über den von der Bedingung betroffenen Gegenstand steht unter der Einschränkung des § 161 BGB (Flume § 39, 3e).

7 Die *Prozessführung* des Berechtigten wird durch § 161 BGB nicht eingeschränkt, weil es sich bei ihr nicht um eine Verfügung handelt. Allerdings führt die Berücksichtigung des § 161 BGB zu einer Beschränkung der Rechtskrafterstreckung (vgl näher Vorbem 48 f zu §§ 158 ff).

Die gegen die Wirkungen eines bedingten Verfügungsgeschäfts verstoßende Verfügung muss – da der Schutz des § 161 BGB vom Bedingungseintritt abhängig ist, die Zwischenverfügung bis dahin also nur auflösend bedingt wirksam ist (s unten Rn 12) – **ihrerseits bedingungsfähig** sein. Deshalb ist die Vornahme einer Kündigung oder einer Aufrechnung als gegen die Bedingungswirkung verstoßendes Rechtsgeschäft endgültig unwirksam, weil Kündigung und Aufrechnung grundsätzlich nicht auf Zeit vorgenommen werden können (vgl Vorbem 38 ff zu §§ 158 ff). Allerdings muss dann auch hier zugunsten des Schuldners § 407 BGB eingreifen (Flume § 39, 3a). 8

b) Den rechtsgeschäftlichen Verfügungen werden in § 161 Abs 1 S 2 BGB, der analog auch bei einer auflösenden Bedingung in den Fällen des Abs 2 gilt (Wälzholz GmbHR 2007, 1319, 1320), Verfügungen durch den **Insolvenzverwalter** und Verfügungen im Wege der **Zwangsvollstreckung** oder der **Arrestvollziehung** gleichgestellt. Die aus solchen Verfügungen erlangten Rechte, insbesondere das Pfändungspfandrecht, erlöschen also mit Bedingungseintritt (BGH WM 2004, 752, 753; BayObLG NJW-RR 1997, 1173, 1174; MünchKomm/H P Westermann § 161 Rn 14), sodass die Rechtsstellung des Anwärters grundsätzlich konkursfest ist. Das gilt erst recht, wenn nicht der Insolvenzverwalter, sondern noch der Schuldner bedingt verfügt hat und die Bedingung während des Insolvenzverfahrens eintritt (Wälzholz GmbHR 2007, 1319). Eine andere Frage ist, ob der Insolvenzverwalter – vorbehaltlich der Sonderregelung des § 107 Abs 1 InsO – das schuldrechtliche Geschäft durch Erfüllungsablehnung gemäß § 103 InsO zu Fall bringen und damit den Bedingungseintritt vereiteln kann (vgl dazu Lux MDR 2008, 895, 898 f). – Die Eigentumsbegründung durch Hoheitsakt stellt hingegen als originärer Eigentumserwerb keine Verfügung im Sinne des § 161 BGB dar. Deshalb ist die den Eigentumsübergang bewirkende Ablieferung durch den eine beschlagnahmte Sache versteigernden Gerichtsvollzieher nicht nach § 161 BGB unwirksam (BGHZ 55, 20, 25; A Blomeyer JR 1978, 271, 273; Lux MDR 2008, 895, 897; **aM** Behrendt 135 ff; Marotzke NJW 1978, 133 ff). 9

c) **Kraft Gesetzes entstehende dingliche Rechte** an dem Gegenstand, über den bedingt verfügt wurde, können unter § 161 BGB subsumiert werden (so für gesetzliche Pfandrechte Erman/Armbrüster § 161 Rn 3; MünchKomm/H P Westermann § 161 Rn 13; Soergel/Wolf § 161 Rn 4; Weimar JR 1968, 456, 457). Es liegt zwar keine Verfügung vor, wohl aber eine Realhandlung (etwa das Einbringen in eine gemietete Wohnung), die in ihrer Wirkung der rechtsgeschäftlichen Verpfändung gleichsteht und daher nach Sinn und Zweck des § 161 BGB zum Schutz des Anwärters erfasst werden muss. Das bedeutet, dass das gesetzliche Pfandrecht bei Bedingungseintritt unwirksam wird. Ein gutgläubiger Erwerb kommt nicht in Betracht (**aM** MünchKomm/H P Westermann § 161 Rn 13), da es bei gesetzlichen Pfandrechten grundsätzlich keinen gutgläubigen Erwerb gibt und § 161 Abs 3 BGB den gutgläubigen Erwerb nur im Rahmen der allgemeinen Vorschriften zulässt (s Rn 15). 10

2. Vereitelnde oder beeinträchtigende Wirkung

§ 161 BGB erfasst nur solche Verfügungen während der Schwebezeit, die die Bedingungswirkung nachteilig beeinflussen. Das liegt vor, wenn der Rechtsübergang auf den Anwärter ausfallen würde oder wenn das Recht zwar übergehen würde, aber belastet oder in seinem Inhalt verändert wäre (Soergel/Wolf § 161 Rn 5; vgl auch BayObLG NJW-RR 1986, 93, 94 f). Dementsprechend werden für die Bedingungswirkung 11 vorteilhafte Verfügungen des bedingt Berechtigten nicht berührt. Maßgebend ist hierbei der konkrete Bedingungsinhalt. Ebensowenig werden neutrale Verfügungen erfasst. So kann zB eine aufschiebend bedingt verpfändete Sache einem Dritten nach §§ 929, 931 BGB übereignet werden. In diesem Falle kann das Pfandrecht gemäß § 936 Abs 3 BGB mit dem Bedingungseintritt entstehen (Erman/Armbrüster § 161 Rn 5; MünchKomm/H P Westermann § 161 Rn 12; Soergel/Wolf § 161 Rn 5).

3. Die Person des Verfügenden

11a Unwirksam sind Verfügungen des *bedingt Gebundenen*. Ungeachtet des zu eng gefassten Wortlauts („er") ist damit jeder, der sein Recht vom bedingt Berechtigten ableitet, gebunden. Die durch § 161 BGB bewirkte dingliche Vorwirkung (s Rn 1) erreicht nämlich, vom gutgläubigen Erwerb abgesehen (s Rn 15), dass der *Rechtsnachfolger* nicht mehr Rechte erwirbt, als der Rechtsvorgänger hatte (BGB-RGRK/Steffen § 161 Rn 6); der bedingt Berechtigte ist so auch gegenüber Verfügungen des Zweiterwerbers geschützt.

IV. Rechtsfolgen

12 Das in § 161 BGB angeordnete absolute Verfügungsverbot (s Rn 1) bewirkt bei den hiergegen verstoßenden Verfügungen nicht nur, wie bei einem Veräußerungsverbot nach §§ 135, 136 BGB, eine relative, sondern eine **absolute Unwirksamkeit** (Enneccerus/Nipperdey § 198 I 2; Erman/Armbrüster § 161 Rn 1/5; MünchKomm/H P Westermann § 161 Rn 7 f; Soergel/Wolf § 161 Rn 9; Winkler MittBayNot 1978, 1 ff). Demnach kann sich auf die eingetretene Unwirksamkeit nicht nur der begünstigte Erwerber, sondern jedermann berufen. Dass nur vereitelnde oder beeinträchtigende Verfügungen sanktioniert sind, führt also nur zu einer objektiven, nicht zu einer subjektiven Begrenzung der Unwirksamkeit. Im Übrigen ergibt sich schon aus dem Wortlaut der Vorschrift, dass die Zwischenverfügung **erst bei Bedingungseintritt** unwirksam wird. Bis dahin ist sie (ihrerseits auflösend bedingt) wirksam (vgl aber Soergel/Wolf § 161 Rn 1: wird von Anfang an unwirksam; für Rückwirkung auch Brox JuS 1984, 657, 658; Kohler DNotZ 1989, 339, 344). Außerdem ergibt sich aus Sinn und Zweck der Norm, dass die Unwirksamkeit nur **soweit wie die Unverträglichkeit reicht**. Ist zB für ein dingliches Recht aufschiebend bedingt eine Inhaltsänderung vereinbart, so ist eine spätere Belastung des Rechts nicht grundsätzlich unwirksam, sondern es ist zu prüfen, ob die Belastung für das inhaltlich geänderte Recht bestehen bleiben kann (vgl BayObLG NJW-RR 1986, 93, 94 f).

13 Da jedoch das Verfügungsverbot den Schutz des privaten Interesses des Anwärters verfolgt (s oben Rn 2), kann dieser durch **Zustimmung**, also durch Einwilligung oder Genehmigung, den Mangel beseitigen und auf diese Weise die Wirksamkeit der Verfügung begründen (BGHZ 92, 280, 288; BGH WM 2004, 752, 753; RGZ 76, 89, 91; OLG Celle OLGZ 1979, 329, 332/334; MünchKomm/H P Westermann § 161 Rn 7; Soergel/Wolf § 161 Rn 9).

V. Schutz des gutgläubigen Erwerbers

14 § 161 Abs 3 BGB erstreckt den Schutz des guten Glaubens beim Erwerb vom Nichtberechtigten auf das in § 161 Abs 1 und 2 BGB vorgesehene Verfügungsverbot.

Diese Erstreckung ist notwendig, weil der Verfügende im Moment der Zwischenverfügung noch Berechtigter war (s oben Rn 1).

Voraussetzung des gutgläubigen Erwerbs ist zunächst ein **rechtsgeschäftliches Verkehrsgeschäft**. Daher scheidet der gutgläubige Erwerb von Pfändungspfandrechten bei der Pfändung aus (BayObLG NJW-RR 1997, 1173, 1174). Sodann muss der Erwerber **gutgläubig** sein. Der gute Glaube muss sich darauf beziehen, dass die Verfügungsmacht des Verfügenden nicht durch eine schwebende Bedingung beschränkt war (Soergel/Wolf § 161 Rn 11). Bei Verfügungen über *bewegliche Sachen* gelten dann die §§ 932 ff, 1032, 1207, 1208, 1244 BGB und §§ 366, 367 HGB entsprechend. Demnach schließt die auf grober Fahrlässigkeit beruhende Unkenntnis des Erwerbers seinen guten Glauben aus. An abhanden gekommenen Sachen ist ein gutgläubiger Erwerb durch § 935 BGB ausgeschlossen. Bei Verfügungen über *Grundstücksrechte* gelten die §§ 892, 893, 1138, 1155 BGB entsprechend. Ein vorsichtiger Anwärter kann daher einen gutgläubigen Erwerb verhindern, denn zu seinem Schutz gegen einen Rechtsverlust durch gutgläubigen Erwerb Dritter ist die Eintragung der schwebenden Bedingung im Grundbuch zulässig (RGZ 76, 89, 91; BayObLG NJW-RR 1986, 697, 698; LG Nürnberg-Fürth MittBayNot 1982, 21, 22; Erman/Armbrüster § 161 Rn 6; Soergel/Wolf § 161 Rn 12; Winkler MittBayNot 1978, 1, 2). Außerdem kommt die Sicherung durch Eintragung einer Vormerkung in Betracht. Bei *Forderungen und sonstigen Rechten* (§ 413 BGB) gibt es grundsätzlich keinen gutgläubigen Erwerb, also auch nicht im Rahmen des § 161 BGB. Etwas anderes gilt gem § 16 Abs 3 GmbHG für GmbH-Anteile, aber nur, soweit dort Gutglaubensschutz gewährt wird. Deshalb kann ein aufschiebend bedingt abgetretener Geschäftsanteil nicht nach § 161 Abs 3 BGB in Verbindung mit § 16 Abs 3 GmbHG vor Bedingungseintritt von einem Zweiterwerber gutgläubig erworben werden, weil diese Norm nicht den guten Glauben an das Fehlen früherer Verfügungen schützt (BGHZ 191, 84 Rn 14 ff; zur Kritik an dieser Entscheidung s MünchKommGmbHG/Heidinger § 16 Rn 327 ff mwNw). 15

Soweit § 161 Abs 3 BGB eingreift, also ein in der Verfügungsmacht Beschränkter gegenüber einem gutgläubigen Erwerber wirksam verfügt hat, sind auch die §§ 816, 822 BGB anwendbar. Außerdem ist § 160 BGB in Betracht zu ziehen und zu erwägen, ob der bedingt Berechtigte daneben wegen des Verfügungsverbots (s Rn 1) einen deliktischen Ersatzanspruch hat, soweit der Zweiterwerber bösgläubig war. 16

§ 162
Verhinderung oder Herbeiführung des Bedingungseintritts

(1) Wird der Eintritt der Bedingung von der Partei, zu deren Nachteil er gereichen würde, wider Treu und Glauben verhindert, so gilt die Bedingung als eingetreten.

(2) Wird der Eintritt der Bedingung von der Partei, zu deren Vorteil er gereicht, wider Treu und Glauben herbeigeführt, so gilt der Eintritt als nicht erfolgt.

Materialien: E I § 136; II § 132; III § 158; Mot I 262; Prot I 184; VI 133.

Schrifttum

Vgl die Literaturhinweise bei Vorbem zu §§ 158–163 sowie

GANNS, Die analoge Anwendung des § 162 BGB (Diss Bielefeld 1983)

KRÜCKMANN, Verhinderung des Vertragsschlusses, Recht 1911, 56

SCHIEDERMAIR, Das Anwendungsgebiet des § 162 BGB (1929).

Systematische Übersicht

I. Allgemeines 1

II. Voraussetzungen
1. Beeinflussung des Kausalverlaufs 3
a) Beeinflussbarkeit 3
b) Beeinflussung 5
2. Treuwidrigkeit 7

III. Rechtsfolgen
1. Fiktion 11
2. Zeitpunkt 12

IV. Anwendungsbereich
1. Direkte Anwendung 13
2. Analoge Anwendung 15

V. Beweislast 20

Alphabetische Übersicht

Beweislastverteilung
– Fiktion des Bedingungseintritts 20

dies certus an certus quando 12
dies certus an incertus quando 12

Eigentumsvorbehaltskauf
– Ablehnung des Restkaufpreises 8

Fiktion des Bedingungseintritts/-ausfalls 2 ff
– analoge Anwendung des § 162 s Rechtsgedanke des § 162
– Anwendbarkeit bei Potestativbedingungen 4
– Beeinflussung des Kausalverlaufs 3 ff
– bei mittelbarer Einwirkung auf den Kausalverlauf 5
– bei Rechtsbedingungen 13, 15 ff
– bei unterlassener Einwirkung auf den Kausalverlauf 5
– Beweislast 11
– direkte Anwendung des § 162 13 f
– Inhalt der Fiktion 11
– Nichteingreifen bei eigener Vertragsuntreue 9
– Nichteingreifen bei wirtschaftlich vernünftigen Gründen für das Verhalten 9
– Treuwidrigkeit der Beeinflussung 4, 7 ff
– Verschuldenserfordernis 10
– Voraussetzungen 3 ff
– Vorrang der Vertragsauslegung 2, 15 ff
– Zeitpunkt des fingierten Bedingungseintritts 12

Genehmigung 14

Insolvenzrecht 2

Potestativbedingung
– Fiktion des Bedingungsausfalls/-eintritts 4
– Wollensbedingung s dort

Rechtsgedanke des § 162 14 ff
– bei Erfordernis behördlicher Genehmigung 14
– bei Erfordernis familiengerichtlicher Genehmigung 14
– Einzelfälle 16
– im Arbeitsrecht 17
– im Verwaltungsrecht 19
– im Zivilverfahrensrecht 18
– Vorrang anderweitiger Abhilfe 15

Schuldverhältnis zwischen den Parteien eines bedingten Rechtsgeschäfts
– Pflicht zur Förderung des Bedingungseintritts ___ 1
– Treuepflicht siehe auch unter Fiktion des Bedingungseintritts/-ausfalls ___ 2, 4, 7 ff
Zugangsvereitelung ___ 16

I. Allgemeines

Dass einem Rechtsgeschäft eine Bedingung hinzugefügt ist, begründet grundsätzlich **keine Pflicht, den Bedingungseintritt zu fördern**. Bei Verpflichtungsgeschäften kann sich eine derartige Pflicht allerdings als Nebenpflicht ergeben (s § 158 Rn 2). Auch § 160 BGB bestimmt lediglich, dass die mit der Bedingung erstrebten Rechtswirkungen nicht beeinträchtigt werden dürfen (s § 160 Rn 7). Eine Pflicht, auf den Bedingungseintritt hinzuwirken, wird dadurch nicht begründet (s auch unten Rn 5). 1

Um aber Manipulationen beim Bedingungseintritt oder Bedingungsausfall zu verhindern, normiert § 162 BGB eine **gesetzliche Treuepflicht**: Derjenige, zu dessen Nachteil der Bedingungseintritt gereicht, darf den Lauf der Dinge nicht zu seinen Gunsten korrigieren und die Bedingung treuwidrig verhindern; derjenige, zu dessen Vorteil der Bedingungseintritt gereicht, darf die Bedingung nicht treuwidrig herbeiführen. Das Gesetz verbindet diese Regel mit einer **Ergebnisfiktion**: Bei entsprechendem treuwidrigem Verhalten wird das den Tatsachen entgegengesetzte Ergebnis fingiert. Diese Regelung, die auf das römische Recht zurückgeht (vgl Flume § 40, 1b) und bei der es sich um *zwingendes Recht* handelt, ist als besondere Ausprägung des Grundsatzes von Treu und Glauben und damit eines allgemeinen Rechtsgedankens (vgl nur BVerfGE 83, 82, 86 und ausf Ganns 138 ff) zu verstehen, wonach niemand aus eigenem treuwidrigen Verhalten einen Vorteil ziehen darf (vgl exemplarisch BGHZ 88, 240, 248; BGH NJW-RR 1991, 177, 178; BAGE 125, 147 = NJW 2008, 872 Rn 40; BAG DB 2015, 563 Rn 32; Soergel/Wolf § 162 Rn 1). Freilich geht es bei § 162 BGB nicht so sehr um eine Sanktion für treuwidriges Verhalten als vielmehr um eine flankierende Maßnahme zur Durchsetzung des ursprünglichen rechtsgeschäftlichen Parteiwillens (OLG Düsseldorf NJW 1981, 463, 464; Flume § 40, 1b). Deshalb muss auch eine sachgerechte, an Treu und Glauben orientierte *Vertragsauslegung* den Vorrang genießen (vgl BGH VersR 1986, 58 sowie zu den Umgehungsgeschäften unten Rn 9; fragwürdig deshalb LG Hanau NJW 1983, 2577, das einen Studienabbruch dem zur Bedingung für die Rückzahlung eines Studiendarlehens erhobenen Examen nicht gleichstellen will). 2

II. Voraussetzungen

1. Beeinflussung des Kausalverlaufs

a) Erste Voraussetzung für die Rechtsfolgen des § 162 BGB ist eine tatsächliche Beeinflussung des Kausalverlaufs, der zum Bedingungseintritt oder zum Bedingungsausfall führen soll, durch die jeweils berührte Partei. Dies setzt die objektive **Beeinflussbarkeit** des Kausalverlaufs voraus. Der Versuch, auf einen objektiv von der Partei nicht beeinflussbaren Kausalverlauf einzuwirken, genügt nicht (was zugleich zeigt, dass § 162 BGB keine Sanktion für treuwidriges Verhalten ist, s Rn 2). 3

4 Diese Voraussetzung ist auch bei der *Potestativbedingung* (dazu allg Vorbem 14 ff zu §§ 158 ff) erfüllt. Ein Grund, § 162 BGB hier generell nicht anzuwenden, wie dies in Mot I 263 und im Anschluss an RGZ 53, 257, 259 von FLUME (§ 40, 1 f; zust LG Krefeld WuM 1989, 168; JAUERNIG/MANSEL § 162 Rn 1; KNÜTEL FamRZ 1981, 1079; PALANDT/ELLENBERGER § 162 Rn 1) vertreten wird, besteht nicht. Auf jeden Fall kommen bei der Potestativbedingung treuwidrige Beeinflussungen des Kausalverlaufs durch die Gegenseite oder einen Dritten in Betracht (vgl SOERGEL/WOLF § 162 Rn 6). Aber auch im Übrigen erfüllt die Potestativbedingung, und zwar in besonderem Maße, die Voraussetzung menschlicher Beeinflussbarkeit des Kausalverlaufs, sodass insoweit hinreichender Grund für einen Schutz gegen treuwidrige Beeinflussungen besteht (ebenso RG Recht 1922 Nr 406; OLG München NJW-RR 1988, 58, 59; vMETTENHEIM RIW 1981, 581, 583; grds auch ENNECCERUS/NIPPERDEY § 196 III; ERMAN/ARMBRÜSTER § 162 Rn 2; MünchKomm/H P WESTERMANN § 162 Rn 4; wohl auch BGH NJW 2005, 3417, 3418; offen BGH WM 1972, 1422, 1424; zweifelnd OLG Dresden OLG-NL 2001, 97, 99; **abl** BGH NJW 1996, 3338, 3340). Dies gilt zB für die Ersatzraumbeschaffung als Bedingung einer Mietvertragsbeendigung (vgl MünchKomm/H P WESTERMANN § 162 Rn 14), für die Gestellung angemessener Nachmieter (OLG Düsseldorf NJW-RR 1992, 657; AG Essen WuM 1983, 230 m Anm RÖCHLING; AG Köln WuM 1988, 106; AG Wetzlar WuM 2006, 374, 375) oder für die Wiederverheiratung als auflösende Bedingung für einen in einem Scheidungsvergleich vereinbarten Unterhaltsanspruch (zT abw OLG Düsseldorf NJW 1981, 463; vgl auch unten Rn 15 zu den gesetzlichen Unterhaltsansprüchen). Freilich muss bei der Bestimmung der Treuwidrigkeit (s Rn 7) berücksichtigt werden, dass bei einer Wollensbedingung auf die Interessen des Vertragspartners nur eingeschränkt Rücksicht zu nehmen ist, sodass die Voraussetzungen des § 162 BGB nur in Ausnahmefällen vorliegen werden (iE ebenso OLG München NJW-RR 1988, 58, 59; RING JuS 1991, 634 ff; SOERGEL/WOLF § 162 Rn 6).

5 **b)** Für die tatsächliche **Beeinflussung** des Kausalverlaufs genügt *jede auch nur mittelbare Einwirkung* (BGH BB 1965, 1052). Das vom Begünstigten nicht beherrschbare Verhalten eines Dritten oder sonstige von seinem Willen unabhängige Ereignisse können die Rechtsfolgen des § 162 BGB hingegen nicht auslösen (vgl für den Konkurs LG Bielefeld ZIP 1987, 730 = KTS 1987, 533 m zust Anm WAGNER = EWiR 1987, 441 [zust JOHLKE] sowie MünchKomm/H P WESTERMANN § 162 Rn 9; vgl aber OLG Hamm KTS 1987, 527). Die Beeinflussung ist durch *positives Tun* ebenso wie durch *Unterlassen* möglich. Die Beeinflussung durch Unterlassen setzt allerdings eine entsprechende Rechtspflicht zum Handeln voraus (LG Gießen NJW-RR 1997, 1081). Diese wird vielfach dem Grundsatz von Treu und Glauben entnommen (vgl BGH MDR 1959, 924; RGZ 79, 96, 98; LG Hannover WuM 1990, 334, 335). Dies erscheint jedoch nicht als zutreffend, weil der Verstoß gegen Treu und Glauben nach der Formulierung des § 162 BGB ein zusätzliches Tatbestandsmerkmal ist und erst zur Missbilligung des bereits als rechtserheblich festgestellten Kausalverlaufs herangezogen werden kann (s Rn 7). Deshalb muss sich die Rechtspflicht zum Handeln aus einer anderen Grundlage ergeben. Sie kann insbesondere in der Pflicht zur Förderung des Vertragszwecks begründet sein (s auch Rn 1).

6 Die Einflussnahme auf den Kausalverlauf muss eine **Verhinderung** des Eintritts einer aufschiebenden Bedingung bzw die **Herbeiführung** des Eintritts einer auflösenden Bedingung zur Folge gehabt haben. Die bloße *Erschwerung* bzw *Erleichterung* beider Ereignisse genügt nicht (RGZ 66, 222, 226; OLG Düsseldorf BauR 2012, 1413). Jedoch ist § 162 BGB anzuwenden, wenn der Eintritt einer aufschiebenden Bedingung

durch dauernde Verzögerung behindert wird (Soergel/Wolf § 162 Rn 12; krit MünchKomm/H P Westermann § 162 Rn 15).

2. Treuwidrigkeit

Nach einer noch in § 136 BGB-E I vorgesehenen Regel sollte es erforderlich sein, dass sich die Beeinflussung des Kausalverlaufs durch die davon begünstigte Partei gegen den Inhalt des Rechtsgeschäfts richtete. Der heutige Gesetzeswortlaut geht weiter: Die Treuwidrigkeit wird aus dem Grundsatz des § 242 BGB hergeleitet, wonach das **Gesamtverhalten** nach *Anlass, Zweck und Beweggrund unter Berücksichtigung aller Umstände des Einzelfalles* zu würdigen ist (BGH NJW 2005, 3417; Soergel/Wolf § 162 Rn 7; vgl auch OLG Düsseldorf NJW-RR 1987, 362, 364; OLG Hamm NJW-RR 1989, 1366; OLG Köln VersR 2007, 836, 837). Zu den Umständen des Einzelfalles gehört dann natürlich auch der Inhalt des Rechtsgeschäfts, durch dessen Auslegung in erster Linie zu ermitteln ist, welches Verhalten von einem loyalen Vertragspartner zu erwarten war (BGH NJW 2005, 3417; 1984, 2568, 2569; OLG Dresden OLG-NL 2001, 97, 99; MünchKomm/H P Westermann § 162 Rn 9). Subjektive Beweggründe sind im Rahmen der Gesamtwürdigung aller Umstände zu berücksichtigen, können aber allein nicht den Ausschlag geben. Insbesondere folgt die Treuwidrigkeit nicht schon daraus, dass sich ein bedingt Verpflichteter der Verbindlichkeit entziehen will, denn § 162 BGB sanktioniert nicht die subjektive Einstellung des Handelnden, sondern seinen Eingriff in den Geschehensablauf (BGH NJW 2005, 3417, 3419). 7

Treuwidrig kann es deshalb schon sein, wenn der *Misserfolg provoziert* wurde. Das ist zB der Fall, wenn die finanzielle Leistungsfähigkeit zur aufschiebenden Bedingung für die Leistungspflicht erhoben worden ist und der Schuldner dann „nicht gehörig arbeitet" (BGH BB 1965, 1052) oder wenn ein sonstiger Bedingungseintritt an der finanziellen Leistungsfähigkeit scheitert, solange diese nur im Risikobereich des durch den Bedingungsausfall Begünstigten liegt (vgl BGH NJW-RR 1989, 802 f; OLG Karlsruhe NJW-RR 1996, 80; LG Essen WuM 1992, 359, 360; im konkreten Fall Treuwidrigkeit zutr verneinend OLG Hamm NJW-RR 1989, 1366). Auch die Zurückweisung der von einem Dritten für den Vorbehaltskäufer angebotenen Zahlung des Restkaufpreises kann treuwidrig sein, sodass gemäß § 162 BGB der Eigentumserwerb des Käufers eintritt (OLG Hamburg MDR 1959, 398, 399; MünchKomm/H P Westermann § 162 Rn 7; Soergel/Wolf § 162 Rn 9; vgl auch BGHZ 75, 221, 228 sowie unten Rn 16, 18). Treuwidrig handelt ferner, wer ein Kind adoptiert, um einen für den Fall der Kinderlosigkeit bestehenden Vermächtnisanspruch zu vereiteln (OLG Stuttgart FamRZ 1981, 818 m zust Anm Bausch; vgl auch BayObLGZ 1984, 246, 249), wer die Gegenseite an Maßnahmen hindert, die zum Bedingungseintritt oder -ausfall erforderlich sind (vgl OLG Düsseldorf OLGZ 1990, 224, 225 f; DB 1984, 239 und unten Rn 16), oder wer sich ohne vernünftigen Grund weigert, zur Bedingung erhobene Erklärungen abzugeben (vgl OLG Brandenburg NJW-RR 2000, 766, 767 f; OLG Hamm NJW-RR 1995, 113, 114), Zustimmungen Dritter einzuholen (OLG Dresden OLG-NL 2001, 97, 99; s Rn 14) oder Verträge mit Dritten zu schließen (s Rn 4, 9 sowie BGH NJW-RR 1990, 1009, 1011; OLG München NJW-RR 1988, 58, 59 [dazu Ring JuS 1991, 634, 638 f]; WM 1984, 1335, 1336). 8

An der im Rahmen der Gesamtwürdigung aller relevanten Umstände festzustellenden Treuwidrigkeit kann es bei *wirtschaftlich vernünftigen Gründen* für das beeinflussende Verhalten fehlen (BGH NJW 2005, 3417 f; KG DAR 1980, 118, 119; OLG Köln 9

VersR 2007, 836, 837). **Nicht treuwidrig** ist es daher zB, wenn aus wirtschaftlich fundiertem Grunde statt eines Hausbaus das Hausgrundstück verkauft wird (BGH WM 1964, 921, 922; Soergel/Wolf § 162 Rn 10) oder wenn ein Käufer die Ratenzahlung einstellt, weil ihm die dann eintretenden vertraglich geregelten Verzugsfolgen günstiger erscheinen (BGH NJW 1984, 2568, 2569; vgl aber auch KG DAR 1980, 118, 119). Das Gleiche gilt, wenn ein Bauherr den gegen die Versagung der beantragten Baugenehmigung eingelegten Widerspruch zurücknimmt, weil aufgrund Zeitablaufs die Durchführung des Baues ohne Interesse für ihn ist (OLG Köln OLGZ 1974, 8, 10), oder wenn ein Profifußballer eine Verlängerungsoption nicht ausüben kann, weil er die dafür erforderliche Anzahl an Spieleinsätzen aus sportlichen Gründen nicht aufweist (BAG NJW 2018, 1992 Rn 30 ff). Nicht treuwidrig ist es ferner, aus einem wirtschaftlich anerkennenswerten Grunde vom Abschluss eines vermittelten Vertrages abzusehen, obwohl deshalb dem Makler die Provision entgeht (BGH BB 1960, 1262; OLG Düsseldorf MDR 1999, 1376; freilich wird es in solchen Fällen, in denen der Vertragsschluss mit einem Dritten zur Bedingung erhoben wurde, häufig schon an einer Rechtspflicht zum Handeln fehlen, s LG Hannover WuM 1990, 334, 335 und oben Rn 5). Wurde allerdings der Makler zu besonderer Tätigkeit angespornt, so kann das Unterlassen des Vertragsabschlusses treuwidrig sein (BGH NJW 1966, 1404, 1405). Dasselbe gilt, wenn der vermittelte Vertrag in einem Vergleich nur deshalb rückwirkend aufgehoben wird, um dem Makler die bereits verdiente Provision wieder zu entziehen (OLG Köln VersR 2007, 836, 837). Wird der Makler nicht darauf hingewiesen, dass das Objekt bereits bekannt ist, liegt kein Fall des § 162 BGB, sondern eine cic vor (**aM** OLG Koblenz MDR 1990, 1115, 1116; s auch Rn 15). Lässt der Vertragspartner das Objekt von einem ihm nahestehenden Dritten erwerben, so ist die Bedingung für den Provisionsanspruch – wie bei allen *Umgehungsgeschäften* (allg dazu Knütel FamRZ 1981, 1079; vgl auch BGH JR 1992, 415 m Anm Probst) – nicht ausgefallen, sondern bei der im Maklerrecht vorherrschenden wirtschaftlichen Betrachtungsweise eingetreten (vgl BGH BB 1990, 2296; Scheibe BB 1988, 849, 850 ff, 855 f; für Anwendung des § 162 BGB hingegen Schäfer BB 1990, 2275, 2277). Nur wo eine solche sachgerechte Tatbestandsauslegung nicht in Betracht kommt, bedarf es eines Rückgriffs auf § 162 BGB (s auch unten Rn 15), dessen Voraussetzungen bei „Vorschieben" eines Dritten regelmäßig erfüllt sein werden (vgl BGH NJW 1982, 2552, 2553). Bei *eigener Vertragsuntreue* des Vertragspartners kommt § 162 BGB nicht zum Zuge (BGH NJW 1984, 2568, 2569).

10 Ein **Verschulden** des Handelnden im technischen Sinne ist nach heute überwiegender Auffassung nicht erforderlich (Erman/Armbrüster § 162 Rn 4; Jauernig/Mansel § 162 Rn 4; Palandt/Ellenberger § 162 Rn 3; Schiedermair 16 ff; Soergel/Wolf § 162 Rn 8), sodass auch das Verhalten eines Schuldunfähigen von § 162 BGB erfasst werden kann. Ursprünglich wurde allerdings Vorsatz verlangt, also das Wissen und Wollen der treuwidrigen Kausalverlaufsbeeinflussung. Seit RGZ 122, 247, 251 wird auch fahrlässiges Handeln als hinreichend bewertet (vgl BGH NJW-RR 1989, 802; OLG Düsseldorf NJW 1981, 463, 464; Enneccerus/Nipperdey § 196 III; Flume § 40, 1e; MünchKomm/H P Westermann § 162 Rn 10). Das Gesetz gibt für ein solches zusätzliches Tatbestandsmerkmal keinen Anhalt, sodass es ausreichen muss, wenn sich das Verhalten bei Würdigung (auch) der subjektiven Beweggründe als treuwidrig darstellt (s Rn 7). Das gilt umso mehr, als es sich bei § 162 BGB nicht um eine Sanktion handelt (s Rn 2). Da aber auch der Sorgfaltsmaßstab bei der Fahrlässigkeit objektiv bestimmt wird, werden sich Unterschiede im praktischen Ergebnis kaum finden lassen (vgl auch MünchKomm/H P Westermann § 162 Rn 10).

III. Rechtsfolgen

1. Fiktion

Als Folge einer treuwidrigen Einflussnahme auf den Kausalverlauf wird kraft Gesetzes fingiert, dass die Bedingung, deren Eintritt herbeigeführt wurde, nicht eingetreten (bzw eine Bedingung, deren Eintritt verhindert wurde, eingetreten) ist. *Nicht* fingiert (und auch nicht vermutet) wird der ursächliche Zusammenhang zwischen dem Parteiverhalten und der eingetretenen Sachlage (s Rn 3; zur Beweislast s Rn 20). Ist die Bedingung einer Partei sowohl vorteilhaft als auch nachteilig, so kann die Wirkung des § 162 BGB nur insoweit eintreten, als sie dem Treuwidrigen nachteilig ist. Soll zum Beispiel bei Vorlage einer Bescheinigung durch den Schuldner der Gläubiger die Klage zurücknehmen und der Schuldner zahlen und besorgt die vorlagepflichtige Partei die Bescheinigung in treuwidriger Weise nicht, so tritt die Wirkung des § 162 BGB nur zugunsten der anderen Partei ein. Das ergibt sich daraus, dass § 162 BGB denjenigen, zu dessen Vorteil die Bedingung gereicht schützen, nicht aber ihn (zugleich) benachteiligen bzw den treuwidrigen Gegner bevorteilen soll. Dieser hat es in der Hand, die Bedingung durch pflichtgemäßes Verhalten eintreten zu lassen und sich dadurch einen unbedingten Anspruch auf die ihm gebührende Leistung zu verschaffen. 11

2. Zeitpunkt

Als Zeitpunkt des Bedingungseintritts wird nach hM derjenige Augenblick angesehen, in dem die Bedingung bei ordnungsgemäßem Verhalten des Verpflichteten mutmaßlich eingetreten wäre (Mot I 263; RGZ 79, 96, 101; OLG Düsseldorf NJW 1981, 463, 464; Soergel/Wolf § 162 Rn 14). Ist dieser Zeitpunkt nicht festzustellen, so soll hilfsweise auf den Zeitpunkt abgestellt werden, in dem die treuwidrige Handlung beendet wurde (BGB-RGRK/Steffen § 162 Rn 5; Soergel/Wolf § 162 Rn 14). Der BGH (NJW 1975, 205, 206) nimmt dies für den Fall an, dass die Erfüllung der ursprünglichen Leistung nicht mehr möglich ist. Nach anderer Auffassung ist dagegen der Bedingungseintritt stets zu dem Zeitpunkt anzunehmen, in dem die treuwidrige Handlung vorgenommen wurde (Erman/Armbrüster § 162 Rn 6; Jauernig/Mansel § 162 Rn 5; grds auch MünchKomm/H P Westermann § 162 Rn 17). Zutreffend erscheint demgegenüber die von Flume (§ 40, 1b) vertretene Mittelmeinung, wonach der erstgenannte Gesichtspunkt in den Fällen des *dies incertus an, certus quando* (vgl Vorbem 4 zu §§ 158 ff) gelten muss, also zB, wenn das Erleben eines bestimmten Tages zur Bedingung erhoben war. Auf den Zeitpunkt der Handlungsbeendigung soll dagegen in den Fällen des *dies incertus an, incertus quando* abgestellt werden, also zB wenn das Überleben einer Person gegenüber einer anderen die Bedingung bildete. 12

IV. Anwendungsbereich

1. Direkte Anwendung

§ 162 BGB greift nur bei **rechtsgeschäftlich gesetzten Bedingungen**, nicht auch bei Rechtsbedingungen ein (RGZ 129, 357, 376; Flume § 40, 1g; Soergel/Wolf § 162 Rn 5; allg zur Rechtsbedingung Vorbem 22 ff zu §§ 158 ff). Gleichwohl wird der Rechtsgedanken des § 162 BGB vielfach herangezogen, wenn jemand anspruchsbegründende oder -ver- 13 nichtende gesetzliche Tatbestandsmerkmale treuwidrig herbeiführt oder verhindert (s Rn 15 ff). Zur Potestativbedingung s oben Rn 4. Für das Erbrecht enthält § 2076 BGB eine Sonderregelung (s dazu Flume § 40, 1d).

14 § 162 BGB gilt nicht für das gesetzliche Erfordernis einer *behördlichen Genehmigung* (RGZ 168, 261, 267; 129, 357, 376; OLG Frankfurt DNotZ 1972, 180, 181; Erman/Armbrüster § 162 Rn 2). Jedoch kann sich aus § 242 BGB die Pflicht zur Mitwirkung bei der Herbeiführung einer behördlichen Genehmigung ergeben (vgl BGH MDR 1963, 837, 838; MünchKomm/H P Westermann § 162 Rn 5). Hinsichtlich der *familiengerichtlichen Genehmigung* wird in § 1829 BGB dem gesetzlichen Vertreter ausdrücklich zugebilligt, dass er von ihr nach seinem freien Ermessen Gebrauch machen darf (BGHZ 54, 71, 73; Flume § 40, 1g). Auch die nach § 177 BGB erforderliche *Genehmigung vollmachtlosen Handelns* fällt als Rechtsbedingung (s Vorbem § 158 Rn 23) nicht unter diese Vorschrift (vgl BGH ZIP 2000, 1007, 1009; NJW 1996, 3338, 3340). Ist hingegen eine nach dem Gesetz nicht erforderliche Genehmigung eines Dritten einzuholen, so ist § 162 BGB anwendbar (vgl BAG ZIP 1985, 1510, 1512). Das gilt beispielsweise auch dann, wenn sich eine Aktiengesellschaft in einem Vertrag gebunden hat, der unter der aufschiebenden Bedingung der Genehmigung durch den Aufsichtsrat steht (OLG Dresden OLG-NL 2001, 97, 98).

2. Analoge Anwendung

15 § 162 BGB ist Ausdruck eines **allgemeinen Rechtsgedankens**, wonach niemand aus einer von ihm treuwidrig herbeigeführten Rechtslage Vorteile ziehen soll (s. o. Rn 2). Freilich sollte dieser Rechtsgedanke nicht überstrapaziert werden. Bedenkt man, dass es bei § 162 BGB nicht um eine Sanktion für treuwidriges Verhalten geht, sondern um die Durchsetzung des ursprünglichen rechtsgeschäftlichen Parteiwillens (s oben Rn 2), so sind der Analogie zu § 162 BGB Grenzen gesetzt. Vorrangig ist zu überlegen, ob sich das Problem nicht durch eine sachgerechte *Auslegung besonderer Tatbestände* lösen lässt (vgl für die „Kenntnis" in § 852 BGB aF [heute § 199 Abs 1 Nr 2 BGB] bei verweigerter Kenntnisnahme BGH VersR 1991, 1032 und NJW-RR 1990, 606; für die „schwere Verfehlung" im damaligen § 66 EheG bei verweigerter Wiederverheiratung BGH NJW-RR 1991, 388 und FamRZ 1982, 896, 897; entsprechend für § 1579 Nr 4 BGB aF [heute § 1579 Nr 2 BGB] BGH NJW 1984, 2692 ff; vgl auch OLG Celle FamRZ 1980, 256, 258; Roth-Stielow JR 1982, 53 ff). Auch die Analogie zu Spezialtatbeständen der Treuwidrigkeit ist zu erwägen (vgl für § 1587c Nr 2 BGB aF [= § 27 VersAusglG] OLG Stuttgart FamRZ 2012, 1880, aber auch OLG Naumburg FamRZ 2007, 1748). Hilfsweise wird in vielen Fällen ein *Rückgriff auf § 242 BGB* vorzuziehen sein (vgl auch MünchKomm/H P Westermann § 162 Rn 18), sofern nicht überhaupt das treuwidrige Verhalten *selbstständige Gegenansprüche* auslöst, etwa gemäß § 280 BGB aus cic oder pVV (unnötig deshalb zB der Rückgriff auf § 162 BGB in LG Berlin WM 1981, 1242; vgl auch oben Rn 9).

16 Analoge Anwendung findet die Regelung des § 162 BGB in bestimmten Fällen der *Zugangsvereitelung* (s Staudinger/Singer/Benedict [2017] § 130 Rn 84 mwNw). Ebenso wird § 162 BGB analog herangezogen, wenn ein Gläubiger einer durch Pfandrecht oder Bürgschaft gesicherten Forderung selbst die *Nichterfüllung* durch den Hauptschuldner herbeiführt (BGH BB 1966, 305; OLG Köln BauR 2013, 482; Erman/Armbrüster § 162 Rn 7), etwa indem er einen ihm übersandten Scheck nicht einlöst (BGH NJW 2002, 1788 f), oder wenn ein Grundstückseigentümer die Zustimmung zur Belastung eines

Erbbaurechts verweigert und dadurch den Heimfallanspruch wegen nicht fristgerechter Bebauung auslöst (BGH NJW-RR 1993, 465, 466). Auch wenn beim finanzierten Abzahlungskauf die *Abnahme der Sache* grundlos abgelehnt wird, muss sich der Käufer gegenüber der finanzierenden Bank so behandeln lassen, als sei er Besitzer geworden (BGH NJW 1964, 36, 37; Soergel/Wolf § 162 Rn 16). Wer eine vom Werkunternehmer geschuldete Mängelbeseitigung verhindert, muss sich nach dem Rechtsgedanken des § 162 BGB so behandeln lassen, als seien die Mängel beseitigt (BGHZ 88, 240, 248). Ebenso kann ein von der Mängelbeseitigung abhängiger Auflassungsanspruch als fällig behandelt werden, wenn der Werkunternehmer die Mängelbeseitigung treuwidrig verweigert (OLG München RNotZ 2012, 503). Weiter wird § 162 BGB auch dann analog herangezogen, wenn jemand den Vertragspartner durch eigenes Verhalten von bestimmten (fristwahrenden) Maßnahmen abhält (vgl für den Rücktritt BGH NJW-RR 1991, 177, 178; ferner BGH MDR 1986, 316 [LS] für einen Entschädigungsantrag; BAGE 66, 1, 8 für einen Konkursantrag); allerdings dürfte auch hier § 242 BGB besser passen (vgl für den Scheidungsantrag BGH NJW 1993, 1004, 1005).

Ferner findet der Rechtsgedanke des § 162 BGB im *Arbeitsrecht* Anwendung. So wird **17**
er herangezogen, wenn bei einem Dienstvertrag auf Lebenszeit der Dienstherr eine als Gegenleistung vereinbarte Geschäftsübertragung dadurch verhindert, dass er die vorzeitige Lösung des Vertragsverhältnisses in einer von ihm zu vertretenden Weise herbeiführt (RGZ 170, 385, 389). Dasselbe gilt hinsichtlich betrieblicher Ruhegeldvereinbarungen (BGHZ 22, 375, 378; Nikisch NJW 1954, 529, 532; vgl für betriebsbedingte Kündigungen aber BAG BB 1983, 2119, 2120). Auch die Vereitelung eines Einstellungsanspruchs durch vorzeitige Besetzung der Stelle kann mit dem Rechtsgedanken des § 162 Abs 2 BGB unvereinbar sein (BAGE 126, 26 Rn 26; 124, 80 Rn 30; BAG NZA 2009, 901 Rn 38) Ebenso kann der Rechtsgedanke des § 162 BGB bei Kündigungen unmittelbar vor Eintritt eines Kündigungsschutzes (BAGE 4, 306, 309; BAG NJW 1983, 2836, 2837; SAE 1980, 36, 37; vgl aber auch LAG Schleswig-Holstein DB 1983, 2260) oder bei Unterbrechung des Arbeitsverhältnisses zur Vermeidung der Kündigungsschutzvoraussetzungen eingreifen (BAGE 145, 184 Rn 29; 123, 185 Rn 13; BAG NZA 2014, 1083 Rn 19, 47) sowie bei Kündigungen zur Umgehung des Weihnachtsgeldanspruchs (Soergel/Wolf § 162 Rn 16) oder sonstiger an einen Stichtag gebundener Gratifikationen. Eine betriebsbedingte Kündigung ist dabei aber als solche nicht treuwidrig iSd § 162 BGB (BAG NJW 1993, 1414, 1415; 1986, 1063; BB 1991, 1713, 1715; s dazu auch Misera SAE 1992, 242 ff; Reichold DB 1988, 498 ff; Reiserer NZA 1992, 436 ff), ebensowenig eine Kündigung innerhalb der Probezeit (LAG Hamm MDR 2000, 219, 220). Etwas anderes gilt aber dann, wenn die Voraussetzungen für eine betriebsbedingte Kündigung in treuwidriger Weise geschaffen wurden, etwa durch Besetzung eines freien Arbeitsplatzes vor Kündigung wegen fehlender Weiterbeschäftigungsmöglichkeit (BAG NZA 2008, 1180 Rn 16 mwNw). Auch eine rückwirkende Lohnminderung im Falle einer Kündigung seitens des Arbeitnehmers verstößt gegen den Grundsatz des § 162 BGB. Die Kündigung ist einem Arbeitgeber ferner versagt, wenn er ein zur Kündigung berechtigendes Fehlverhalten des Arbeitnehmers provoziert hat (vgl LAG Hamm LAGE § 626 BGB Nr 44 sowie oben Rn 8). Umgekehrt kann sich ein Arbeitnehmer auf eine Verlängerung seiner Probezeit nicht berufen, wenn er die Unterbrechung der Probezeit treuwidrig herbeigeführt hat (BAG NJW 1982, 2628, 2629 f). Hingegen lehnt es das Bundesarbeitsgericht ab, § 162 BGB analog anzuwenden, wenn Gratifikationen für den Arbeitnehmer von Abschluss und Erreichen einer Zielvereinbarung abhängig ist und der Arbeitgeber den Abschluss einer solchen Zielvereinbarung verweigert (BAGE 125, 147 = NJW 2008, 872 Rn 39 ff mwNw).

18 In gleicher Weise gilt der Rechtsgedanke des § 162 BGB für das *zivilprozessuale Erkenntnisverfahren* (vgl für die unter eine Bedingung gestellte Verpflichtung zur Rechtsmittelrücknahme BGH NJW 1989, 802) und für das *Vollstreckungsverfahren*, etwa wenn der Eigentümer einer unter Eigentumsvorbehalt verkauften Sache die Zahlung des Restkaufpreises durch den Pfandgläubiger ablehnt (vgl auch oben Rn 8) oder der Zessionar den Eintritt in den Sicherungsvertrag (BGH ZBB 2014, 324 Rn 22). Ebenso kann sich auf die durch Einleitung der Zwangsversteigerung begründete Fälligkeit derjenige Gläubiger nicht berufen, der selbst das Zwangsversteigerungsverfahren zu Unrecht herbeigeführt hat (RG HRR 1931, 1905). § 162 BGB kann ferner bei der missbräuchlichen Stellung eines Insolvenzeröffnungsantrags berücksichtigt werden (H P Westermann NZG 2015, 134, 137).

19 Schließlich gilt der Rechtsgedanke des § 162 BGB auch im *Verwaltungsrecht* (BVerwGE 144, 313 Rn 26; 68, 156, 159; 31, 197, 200; 11, 350, 352; 9, 89, 92; BVerwG NVwZ 1993, 1101; JR 1970, 274, 275; OVG Koblenz NVwZ 1988, 945, 946 und 947, 948; MünchKomm/H P Westermann § 162 Rn 8; vgl auch BGH MDR 1986, 316 [LS]), auch für die Frage der Zugangsvereitelung (BVerwGE 85, 213, 216; BVerwG NVwZ 1987, 793, 794). Für öffentlich-rechtliche Verträge ergibt sich die Anwendbarkeit von § 162 BGB unmittelbar aus § 62 S 2 VwVfG.

V. Beweislast

20 Wer aus der Fiktion des § 162 BGB (s Rn 11) Rechte herleitet, muss das treuwidrige Verhalten darlegen und beweisen (BGH NJW 2005, 3417, 3418; NJW-RR 1989, 802; 1987, 304, 305; OLG Düsseldorf NJW-RR 1997, 211, 212; OLG Karlsruhe NJW-RR 1996, 80; OLG Köln VersR 1999, 638; LG Aachen NJW-RR 1986, 411, 412; ArbG Frankfurt ZIP 1999, 1771, 1772). Der Ursachenzusammenhang zwischen dem Parteiverhalten und der eingetretenen Sachlage (s Rn 3) muss nach den allgemeinen Regeln *bewiesen* werden (BGH JZ 1958, 211; RGZ 66, 222, 224; Soergel/Wolf § 162 Rn 13). Allerdings muss nicht bewiesen werden, dass keine andere Ursache zur Vereitelung des Eintritts bzw zur Herbeiführung des Ausfalls hätte führen können (RG JW 1911, 213, 214).

§ 163
Zeitbestimmung

Ist für die Wirkung eines Rechtsgeschäfts bei dessen Vornahme ein Anfangs- oder ein Endtermin bestimmt worden, so finden im ersteren Fall die für die aufschiebende, im letzteren Fall die für die auflösende Bedingung geltenden Vorschriften der §§ 158, 160, 161 entsprechende Anwendung.

Materialien: E I §§ 141 und 142; II § 133; III § 159; Mot I 269; Prot I 186.

Schrifttum

Vgl die Literaturhinweise bei Vorbem zu §§ 158–163 sowie

Christiansen, Forderungsrecht und Leistungszeit (1998)

du Chesne, Betagte Rechte, BayZ 1909, 423
Muthorst, Bedingt, befristet, betagt – Sonderfälle der Forderung im Spiegel des Insolvenzrechts, ZIP 2009, 1794
Nastelski, Die Zeit als Bestandteil des Leistungsinhalts, JuS 1962, 289
Plander, Befristung von Arbeitsverhältnissen im Bereich der Drittmittelforschung, WissR 1982, 3
Romeick, Zur Technik des Bürgerlichen Gesetzbuchs: Die Fristbestimmung (1901)
U Schneider, Die Rückdatierung von Rechtsgeschäften, AcP 175 (1975) 279.

Systematische Übersicht

I. Befristung
1. Begriff ____ 1
2. Befristung und Betagung ____ 2
3. Befristung und Bedingung ____ 4

II. Regelungsgehalt des § 163
1. Verweisung auf das Recht der Bedingung ____ 5
2. Prozessuales ____ 10

III. Befristungen im öffentlichen Recht ____ 11

Alphabetische Übersicht

Abzahlungskauf, finanzierter ____ 16
Anfangstermin ____ 1
Arbeitsverträge
– befristete ____ 9
Ausschlussfrist ____ 3

Bedingung
– Abgrenzung zu anderen Rechtsinstituten ____ 4
– Abgrenzung zur Befristung ____ 4
Befristung
– Abgrenzung zur Bedingung ____ 4
– analoge Anwendung des § 162 ____ 7
– Arbeitsrecht ____ 9
– befristungsfeindliche Rechtsgeschäfte ____ 9
– Begriffsbestimmung Vorbem ____ 9
– bei öffentlichrechtlichen Verträgen ____ 12
– bei Prozesshandlungen ____ 11
– bei Prozessverträgen ____ 11
– bei Verwaltungsakten ____ 12
– Berechnung ____ 6
– Beweislast ____ 10
– Verweisung auf das Bedingungsrecht ____ 5 ff
Betagung ____ 2
Beweislastverteilung
– Befristung ____ 10

dies ad quem
s Endtermin
dies a quo
s Anfangstermin
dies certus an certus quando ____ 4, 7
dies certus an incertus quando ____ 4, 7

Endtermin Vorbem ____ 27, 1
Entfristung ____ 1

Feststellungsklage ____ 10

Klage auf künftige Leistung ____ 10

Prozesshandlungen
– befristete ____ 11
Prozessuales ____ 10

Verwaltungsakte
– befristete ____ 12

I. Befristung

1. Begriff

1 Eine Befristung oder, wie das BGB sagt, eine Zeitbestimmung, ist die auf dem Parteiwillen beruhende Gestaltung des Rechtsgeschäfts, kraft deren seine Wirkungen entweder erst von einem künftigen zeitlich bestimmten Augenblick ab oder nur bis zu einem solchen bestehen sollen (Enneccerus/Nipperdey § 193 II). Im ersten Falle wird der entscheidende Zeitpunkt *Anfangstermin (dies a quo)*, im letzteren Falle *Endtermin (dies ad quem)* genannt (vgl zur auflösenden Befristung RGZ 76, 89, 90; BayObLG NJW-RR 1993, 1164, 1165). Es handelt sich auch hier um eine rechtsgeschäftliche Nebenabrede (s schon Vorbem 3, 7 zu §§ 158 ff), die durch Änderungsvertrag nach § 311 BGB auch wieder aufgehoben werden kann (sog „Entfristung", s Soergel/Wolf § 163 Rn 5). – Zur Berechnung der Frist s unten Rn 6.

2. Befristung und Betagung

2 Bei Forderungen lässt sich zwischen befristeten und betagten Ansprüchen unterscheiden. Die Grundlage für diese Unterscheidung wird vor allem aus § 813 Abs 2 BGB entnommen (Erman/Armbrüster § 163 Rn 4; Wolf/Neuner § 53 Rn 6; MünchKomm/H P Westermann § 163 Rn 3). Befristete Forderungen sind in ihrem Bestehen, betagte nur hinsichtlich ihrer Fälligkeit vom Ablauf einer Frist abhängig (zB bei gestundetem Kaufpreis). Ob bei Vereinbarung eines Anfangstermins Befristung oder Betagung gewollt ist, ist Auslegungsfrage (Jauernig/Mansel § 163 Rn 1). So sind zB Mietzinsansprüche (BGHZ 182, 264 Rn 10; BGH WM 1965, 628, 630) und Dienstvergütungsansprüche (BGHZ 182, 264 Rn 10; BGH ZIP 2008, 1488 Rn 13) befristete, Leasingraten hingegen betagte Forderungen (BGHZ 118, 282, 290; 111, 84, 95; 109, 368, 372). § 163 BGB gilt nur für befristete, nicht auch für betagte Forderungen (Roth ZZP 98 [1985] 287, 293; Soergel/Wolf § 163 Rn 6). Die Gegenansicht (Enneccerus/Nipperdey § 199 II; Flume § 41), die die Unterscheidung insgesamt ablehnt und stets § 163 BGB anwendet, verdient keine Gefolgschaft. Die Unterscheidung ist wichtig für § 813 Abs 2 BGB (eine vorzeitig gezahlte Summe kann nur bei Befristung, nicht bei Betagung kondiziert werden) und für § 41 InsO (betagte Forderungen gelten in der Insolvenz als fällig, während aufschiebend befristete nach § 191 InsO behandelt werden; s Vorbem 52 zu §§ 158 ff). Ferner hat die Unterscheidung Auswirkungen auf die Insolvenzfestigkeit einer Vorausverfügung (BGHZ 182, 264 Rn 10; 167, 363 Rn 6; BGH ZIP 2010, 335 Rn 20 mwNw; ausf Muthorst ZIP 2009, 1794 ff).

3 Von der Befristung im Sinne des § 163 BGB ist auch die *Ausschlussfrist* zu unterscheiden, innerhalb derer jemand eine Handlung vornehmen muss, um Rechtsnachteile zu vermeiden; s dazu näher Staudinger/Peters/Jacoby (2014) Vorbem 14 zu §§ 194 ff.

3. Befristung und Bedingung

4 Gemeinrechtlich lag eine Befristung immer dann vor, wenn auf einen bestimmten Tag abgestellt wurde. Dabei wurde unterschieden zwischen einem *dies certus an et quando* (zB „am 12. Juli des folgenden Jahres") und einem *dies certus an, incertus quando* (zB „an meinem Todestag"; vgl auch Vorbem 4, 9 zu §§ 158 ff). Nach dem BGB kommt es hingegen auf den *Parteiwillen* an (Mot I 270): Demnach kann auch ein *dies*

certus an als Bedingung gesetzt werden, ebenso ein *dies incertus an, certus quando* als Befristung, je nachdem, ob die für die Befristung kennzeichnende Gewissheit des künftigen Ereignisses oder die für die Bedingung kennzeichnende Ungewissheit die Geltung des Rechtsgeschäfts bestimmen soll (BGH DB 1958, 162; RGZ 91, 226, 229; 68, 141, 145; zu pauschal deshalb BGH MDR 1980, 41; BayObLG NJW-RR 1993, 1164, 1165; BAG AP Nr 9 zu § 620 BGB-Bedingung m krit Anm Belling). Maßgebend hierfür ist grundsätzlich die *Auslegung* (Erman/Armbrüster § 163 Rn 1; MünchKomm/H P Westermann § 163 Rn 2; Soergel/Wolf § 163 Rn 3). Allerdings kann sich eine andere – nämlich normative – Herangehensweise aus dem gesetzlichen Kontext ergeben (vgl für insolvenzrechtliche Zusammenhänge Muthorst ZIP 2009, 1794, 1800). Zweifel hinsichtlich des Ob und Wann sprechen im Rahmen einer Auslegung eher für eine Bedingung; bei einer nur kurzen Zeitspanne liegt eine Befristung näher (vgl BGH NJW 1993, 1976, 1977: Befristung bei Kündigung eines ursprünglichen Vertrages für den Zeitpunkt der in Kürze erwarteten Eintragung eines ablösenden Vertrages; OLG Karlsruhe BadRspr 1922, 61: „Provision zahlbar nach Verladung" ist bei unmittelbar erwarteter Verladung eine Befristung; vgl zur Provision eines Maklers auch BGH NJW 1986, 1035). Bedingung und Befristung können auch kombiniert verwendet werden (BGH NJW-RR 2006, 182, 183), etwa wenn eine beschränkte persönliche Dienstbarkeit begründet wird „solange ein Vertragsverhältnis mit dem Eigentümer besteht, mindestens jedoch bis zum 31. 12. 1984" (OLG Köln Rpfleger 1963, 381).

II. Regelungsgehalt des § 163

1. Verweisung auf das Recht der Bedingung

Das BGB regelt den *Anfangstermin* durch Verweisung auf die Vorschriften über die aufschiebende Bedingung, den *Endtermin* durch Verweisung auf die Vorschriften über die auflösende Bedingung. Das bedeutet, dass die Rechtswirkungen bei einem Anfangstermin erst mit dem Erreichen des Termins eintreten. Bei einem Endtermin enden sie mit dessen Erreichen automatisch, sodass zB eine Rückübertragung nur hinsichtlich des Besitzes erforderlich ist (vgl für den Rückfall eines Patents RG GRUR 1943, 355, 356). Welche Maßnahmen bei befristeten *Sicherheiten* zur Fristwahrung getroffen werden müssen, hängt vom Einzelfall ab (BGH ZIP 1983, 287, 288). Bei einer befristeten Verpfändung reicht idR die rechtzeitige Ankündigung der Inanspruchnahme (RGZ 68, 141, 145 f), bei einem Grundpfandrecht jedenfalls die rechtzeitige Einleitung der Zwangsvollstreckung (LG Tübingen Rpfleger 1984, 156; vgl aber auch BGH ZIP 1983, 287, 288 f). Für die befristete Bürgschaft enthält § 777 BGB eine Spezialvorschrift (BGHZ 76, 81, 85), die freilich durch Parteivereinbarung im Sinne des § 163 BGB abdingbar ist (BGHZ 99, 288, 291; s dazu auch Stötter/Stötter DB 1987, 1621, 1624). Bei befristeten Garantien ist es erforderlich, dass sie innerhalb der Frist unzweideutig angefordert werden (Horn IPRax 1981, 149, 151 mwNw). 5

§ 163 BGB schreibt eine entsprechende Anwendung der §§ 158, 160, 161 BGB vor (vgl für § 161 BFHE 153, 318, 321 f). Für die *Berechnung* rechtsgeschäftlicher Zeitbestimmungen gelten im Übrigen die §§ 186 ff BGB. Wie lange die Frist läuft, ergibt sich also aus diesen Vorschriften, nicht aus § 163 BGB selbst (BGHZ 99, 288, 291). Die Verweisung auf § 161 BGB impliziert, dass auch beim befristeten Rechtsgeschäft ein *Anwartschaftsrecht* entstehen kann (vgl BGH MDR 1960, 1004; Enneccerus/Nipperdey § 199 I 2, 200 II; MünchKomm/H P Westermann § 163 Rn 4; Nastelski JuS 1962, 289, 290; Soergel/Wolf § 163 Rn 7/10; allg zum Anwartschaftsrecht s Vorbem 53 ff zu §§ 158 ff). 6

7 Die Nichtanwendung des **§ 162 BGB** ist für den *dies certus quando* selbstverständlich. Hingegen könnte der Befristungseintritt im Falle eines *dies incertus quando* durchaus wider Treu und Glauben von einer Partei beschleunigt oder verzögert werden. Deshalb ist in diesem Fall § 162 BGB analog anwendbar (Jauernig/Mansel § 163 Rn 1; MünchKomm/H P Westermann § 163 Rn 6; Soergel/Wolf § 163 Rn 9; **aM** BGB-RGRK/Steffen § 163 Rn 1; für Anwendung des § 242 Erman/Armbrüster § 163 Rn 3).

8 Auch **§ 159 BGB** gilt für die Befristung nicht. Dies hindert jedoch die Parteien nicht, im Vereinbarungswege eine obligatorische Rückbeziehung, zB bezüglich der Früchte für die Zwischenzeit, zu vereinbaren und sich zu verpflichten, einander so zu behandeln, als ob der Termin schon früher eingetreten wäre (RGZ 68, 141, 145; Erman/Armbrüster § 163 Rn 2; MünchKomm/H P Westermann § 163 Rn 6; Palandt/Ellenberger § 163 Rn 3; Soergel/Wolf § 163 Rn 8). Eine dingliche Rückwirkung ist aber auch hier nicht möglich (s schon § 159 Rn 6, 11).

9 Bedingungsfeindliche Rechtsgeschäfte (vgl Vorbem 34 ff zu §§ 158 ff) sind auch **befristungsfeindlich** (Erman/Armbrüster § 163 Rn 1; MünchKomm/H P Westermann § 163 Rn 5; Soergel/Wolf § 163 Rn 10; vgl auch BGHZ 52, 269, 271 f; **aM** BGB-RGRK/Steffen § 163 Rn 3, der ein ausdrückliches gesetzliches Verbot verlangt). Darüber hinaus können Wohnraummietverhältnisse nur kalendermäßig befristet werden, also nicht durch einen *dies certus an, incertus quando* (AG Bruchsal WuM 1983, 142; vgl auch oben Rn 4). Ein Sonderproblem der Befristung entsteht, wenn sich die in § 620 Abs 1 BGB zugelassene Befristung von **Arbeitsverträgen** dahin auswirkt, dass Kündigungsschutzvorschriften umgangen oder dem Arbeitnehmer Vorteile (zB Feiertagsvergütungen) entzogen werden. Befristungen mit derartigen Wirkungen sind nur bei Vorliegen sachlicher Gründe zulässig (vgl BAGE [GS] 10, 65, 71 f; LAG Frankfurt BB 1978, 712; Koch BB 1978, 1218 ff; Zöllner/Loritz/Hergenröder, Arbeitsrecht [7. Aufl 2015] § 24 Rn 5 mwNw; vgl zur auflösenden Bedingung Vorbem 37 zu §§ 158 ff).

2. Prozessuales

10 Prozessual ist bei befristeten Rechten ebenso wie bei bedingten eine Feststellungsklage gem § 256 ZPO und die Klage auf künftige Leistung nach Maßgabe der §§ 257 ff ZPO möglich (BGB-RGRK/Steffen § 163 Rn 4; Enneccerus/Nipperdey § 199 I 4; Roth ZZP 98 [1985] 287 ff; vgl auch Vorbem 47 ff zu §§ 158 ff). Hinsichtlich der **Beweislast** gelten die Ausführungen zu den bedingten Rechten (vgl näher Vorbem 50 zu §§ 158 ff).

III. Befristung im öffentlichen Recht

11 Für **Prozesshandlungen** besteht Bedingungs- und damit (s Rn 9) auch Befristungsfeindlichkeit (vgl Rosenberg/Schwab/Gottwald § 65 Rn 26 ff). Anders ist es hingegen bei Prozessverträgen. Allerdings kann auch bei ihnen die Befristung keine Wirkungen entfalten, die eine bereits eingetretene unveränderliche Prozesssituation rückgängig machen würde (Rosenberg/Schwab/Gottwald § 66 Rn 14).

12 **Verwaltungsakte** dürfen gemäß § 36 Abs 2 Nr 1 VwVfG befristet erlassen werden (vgl Vorbem 78 zu §§ 158 ff). Bei öffentlich-rechtlichen Verträgen gilt nach der Regelung des § 62 S 2 VwVfG der § 163 BGB entsprechend.

Sachregister

Die fetten Zahlen beziehen sich auf die Paragraphen, die mageren Zahlen auf die Randnummern.

Abänderungsvereinbarung
Bestätigung **141** 15
Abänderungsvorbehalt
Bindungsausschluss **145** 28
Abdingungsverbote
Teilnichtigkeit **139** 15
Abfindungsvereinbarung
Geschäftseinheit **139** 41, 53, 57
Abfindungsvergleich
Regelungslücke **157** 15, 17
ABGB
s Österreich
Ablehnung des Antrags
s Antrag
Abmahnschreiben
Angebot **145** 13
Abschlagszahlungen
Nichtigkeit **139** 17
Abschlussfreiheit
Kontrahierungszwang **Vorbem 145 ff** 15, 22
negative Abschlussfreiheit **Vorbem 145 ff** 12, 14 f; **154** 1
positive Abschlussfreiheit **Vorbem 145 ff** 12 f
Rechtswidrigkeit **Vorbem 145 ff** 22
Schranken **Vorbem 145 ff** 13
Sittenwidrigkeit **Vorbem 145 ff** 22
Vertragsfreiheit **Vorbem 145 ff** 12 f
Willkürverbot **Vorbem 145 ff** 15
Abschlussverbote
Gestaltungsfreiheit, inhaltliche **Vorbem 145 ff** 13
Nichtigkeitsnormen **Vorbem 145 ff** 13
Abspaltung
Umdeutung **140** 58
Abstraktionsprinzip
Geschäftseinheit **139** 54 f
Verpflichtungsgeschäft, Bedingung des Verfügungsvertrages **158** 10
Abtretung
Anfechtungsgegner **142** 13
Annahmeerklärung, Nichtempfangsbedürftigkeit **151** 8
Forderung, bedingte **158** 20
Umdeutung **140** 71
Abwasserbeseitigungsvertrag
Annahmewille **151** 19
Abwicklungsvertrag
Umdeutung **140** 22
Abzahlungskauf, finanzierter
Abnahme der Sache, grundlose Ablehnung **162** 16
Abzahlungskauf, finanzierter (Forts)
Bedingung Kauf-/Darlehensvertrag **158** 10
Dissens, offener **154** 5
Rückzahlungsanspruch **157** 60
Vertragsauslegung, ergänzende **157** 60
Verzinsung **157** 60
accidentalia negotii
Antrag **145** 17
Auflage **Vorbem 158 ff** 3
Bedingung **Vorbem 158 ff** 3
Befristung **Vorbem 158 ff** 3
Vertragsschluss **154** 3
ADHGB
Antrag, Bindungswirkung **145** 20
Geschäftsunfähigkeit des Antragenden/Antragsgegners **153** 1
Leistungsfähigkeit, Prüfung **145** 20
Adoption
Bedingungsfeindlichkeit **Vorbem 158 ff** 34
Dekretsystem **142** 7
Teilbarkeit **139** 66
Adoptionsvertrag
Geschäftseinheit **139** 52
Umdeutung **140** 71
Änderungskündigung
Annahmefrist **147** 15
Bedingung **Vorbem 158 ff** 41
Rückbeziehung **159** 4
Kontrahierungszwang **Vorbem 145 ff** 32
Sozialwidrigkeit der Änderung **159** 4
Umdeutung **140** 42
in Direktionsrecht **140** 22, 42
in Leistungsbestimmung **140** 22
Änderungsvereinbarung
Grundstückskaufvertrag **139** 32
Änderungsvertrag
Anfechtung **142** 31
Angebot **145** 12
Anpassungsklauseln **Vorbem 145 ff** 55
Entfristung **163** 1
Verfügungsvertrag **Vorbem 145 ff** 55
AGB-Banken
Anerkenntnisvertrag **145** 12
Neufassung der AGB, widerspruchslose Entgegennahme **145** 12
Rechnungsabschlusssaldo **145** 12
AGB-Vertrag
s Allgemeine Geschäftsbedingungen
Aktiengesellschaft
Gesellschaftsvertrag, Nichtigkeit **139** 11
Gesellschaftsvorvertrag **Vorbem 145 ff** 60

Aktiengesellschaft (Forts)
Hauptversammlungsbeschluss
s dort
Stufengründung **Vorbem 158 ff** 36
Aktienzeichnung
Bedingungsfeindlichkeit **Vorbem 158 ff** 36
Alleinerbeneinsetzung
Teilbarkeit **139** 73
Alleinvertriebsvertrag
Bindung, vertikale **139** 82
Preisbindungsvereinbarung **139** 82
Teilbarkeit **139** 64
Totalnichtigkeit **139** 82
Allgemeine Geschäftsbedingungen
Abwehrklausel **150** 17 f
Angebot, Bindungswirkung **145** 29
Annahme, modifizierte **150** 12, 15
Ablehnung des Antrags **150** 13
Antrag, neuer **150** 14 f
– Annahme **150** 14
– Annahmefrist **150** 14
– Empfangsbedürftigkeit, Verzicht auf **150** 14
– Schweigen **150** 15
Annahmefrist **148** 6
Auftragsbestätigung **150** 12
ausländische AGB **157** 57
Bindefrist **148** 6
Dissens **150** 18; **155** 12
Erhaltungsklausel **139** 22
Ersetzungsklausel **139** 22
Europäisches Recht **157** 47a
geltungserhaltende Reduktion **157** 46b, 50
Inhaltsänderung **139** 7 f
Klausel, Unwirksamkeit **157** 46a ff
Klauseln, mehrdeutige **157** 48
Klauseln, überraschende **157** 48
Lückenschließung **157** 47 f
Massenverträge **Vorbem 145 ff** 93
Prinzip des letzten Wortes **150** 17 f
Recht, dispositives **157** 47 f
Regelungslücke, planwidrige **157** 46
Restgültigkeit des Vertrages **139** 7 f
Streichung der Klausel, ersatzlose **157** 46a, 47a
Teilnichtigkeit **139** 3, 7, 13
Gesetzesrecht, dispositives **139** 7
Parteiwille, hypothetischer **139** 7
Privatautonomie **139** 7
Vertragsauslegung, ergänzende **139** 7
Transparenzgebot **139** 12
Transparenzmangel **157** 47, 47c
Unklarheitenregel **157** 46
Verspätungsanzeige **149** 1
Vertragsauslegung, ergänzende **157** 13, 32, 46 ff
Beweiserhebung **157** 49
Ersatzlösung **157** 49, 56

Allgemeine Geschäftsbedingungen (Forts)
Lückenschließung **157** 46a
Rechtsfortbildung **157** 49, 56
Rechtsfrage **157** 52
Revisibilität **157** 56 f
– ausländische AGB **157** 57
Tatfrage **157** 52 f, 56
Vertragsinhalte, Vorformulierung **Vorbem 145 ff** 93
Widerspruch, sukzessiver **150** 18; **155** 12
Allgemeines Gleichbehandlungsgesetz
Kontrahierungszwang **Vorbem 145 ff** 24
Alltagsgeschäfte
Angebot ad incertam personam **145** 19
ALR
s Preußisches Allgemeines Landrecht
Altenteil
Vertragsauslegung, ergänzende **157** 58
Andeutungstheorie
Vertragsauslegung, ergänzende **157** 12
Andienungsrecht
Option **Vorbem 145 ff** 69
Anerkenntnis
Anfechtbarkeit **142** 18
Anfechtungsgegner **143** 28
Anfangstermin
aufschiebende Wirkung **Vorbem 158 ff** 27
Befristung **163** 1 f, 5
Betagung **163** 2
dies a quo **163** 1
Rechtswirkungen **163** 5
Anfechtbarkeit
Anerkenntnis **142** 18
Einrede der Anfechtbarkeit **142** 14
Einrede des Bürgen **142** 23
Kennenmüssen **142** 2, 40 f
Kenntnis **142** 2, 40 f
Klageantrag **142** 18
Klagerücknahme **142** 18
Nichtigkeit, schwebende **142** 5
Privatautonomie **142** 4, 6
Rechtsgeschäfte, Wirksamkeit **142** 4 f
Rechtsmitteleinlegung **142** 18
Unwirksamkeit des Rechtsgeschäfts **142** 4 f
Wirksamkeit, schwebende **142** 5
Anfechtung
Ablehnung des Antrags **146** 9
Änderungsvertrag **142** 31
der Anfechtung **142** 24
Anfechtungsberechtigter **143** 1, 14
Vertretener **143** 14
Anfechtungserklärung
s dort
Anfechtungsfrist
s dort
Annahmeerklärung **151** 23
Vertrauensschaden **151** 23
Arbeitsvertrag **142** 34 ff

Anfechtung (Forts)
arglistige Täuschung **142** 6, 12, 28, 31, 37; **143** 12, 14
s a dort
Auslegung **140** 7, 71
Bereicherungshaftung, verschärfte **142** 42
Beschränkung **143** 1
Bestätigung **141** 2; **144** 15
Behauptungslast **144** 17
Beweislast **144** 17
Dauerschuldverhältnisse **142** 36
Doppelwirkung **142** 27, 30
Drittwirkung **142** 2, 39 ff
Drohung **142** 6, 12; **143** 14
Einigung **Vorbem 145 ff** 43
Erfüllungsgeschäft **142** 21 f
Erfüllungsinteresse **142** 31
Erwartungen einer Partei **Vorbem 158 ff** 10
Eventualanfechtung **143** 9; **Vorbem 158 ff** 43
ex tunc-Wirkung **142** 1, 9, 31
Fallaufbau **142** 3
Fehleridentität **142** 22
Fiktion **142** 1
Form **142** 6
Formfreiheit **142** 9
Gebot **156** 3
Gegenstand **142** 15
Genehmigung **142** 24
Gesellschaftsvertrag **142** 32 f, 36
Gesetzesauslegung, offene **142** 28 f
Gestaltungsrecht **142** 9; **143** 1, 8, 10
Gläubigeranfechtung **142** 8
gutgläubiger Erwerb **142** 2, 40 f
Handlungen, geschäftsähnliche **142** 16
Hauptgeschäft **142** 23
Insolvenzanfechtung **142** 8
Interesse, negatives **142** 31, 37
Irrtum **142** 6, 12, 22, 37 f; **143** 14
Kausalgeschäft **142** 2, 21 f
Klagerücknahmeversprechen **142** 20
Kündigung **142** 24; **143** 26
Leistungskondiktion **142** 31, 42
Mahnungen **142** 16
Nichtigkeit des Rechtsgeschäfts **142** 31
Zinsen **142** 31
Personenmehrheit **142** 26
Prorogationsvertrag **142** 20
Prozesshandlungen **142** 18
Prozessvergleich **142** 19
Prozessvertrag **142** 20
Rechtsgeschäft **142** 15
einseitiges Rechtsgeschäft **142** 24
nichtiges Rechtsgeschäft **142** 27 ff
Rechtsgeschäfte, akzessorische **142** 23
Rechtsmittelrücknahmeversprechen **142** 20
Rücknahme, einseitige **142** 25
Rückwirkung **142** 1, 9, 24, 31
Schadensersatz **142** 37
Schiedsvertrag **142** 20

Anfechtung (Forts)
Strafrecht **142** 8
Tathandlungen **142** 16
Teilanfechtung **139** 31; **140** 71; **142** 26; **143** 1
Bedingung **142** 26
Übertragungsfehler **143** 4
Umdeutung **140** 7, 15 f, 71
in Kündigung **140** 71
in Kündigung aus wichtigem Grund **140** 59
in Rücktritt **140** 71
Umdeutung des angefochtenen Rechtsgeschäfts **142** 15
Unterwerfung unter die sofortige Zwangsvollstreckung **142** 20
Vaterschaftsanfechtung **142** 7
Verfügungsgeschäft **142** 40 f
Vernichtung des Rechtsgeschäfts **142** 31
Verpflichtungsgeschäft **142** 42
Vertrauensschaden **142** 37
Vollmacht **142** 43; **143** 14
Vorstellung einer Partei **Vorbem 158 ff** 10
Vorvertrag **Vorbem 145 ff** 68
Wegfall der Bereicherung **142** 2
Weiterbenutzung gekaufter Sachen **141** 23
Willenserklärung, fehlerhafte **142** 15
Wirkungen **142** 3
Zahlungsaufforderung **142** 16
Zahlungsverweigerung **143** 4
Anfechtungserklärung
Anfechtungsgegner **143** 17 ff
s a dort
Anfechtungsgrund **143** 10 f
Auslegung **143** 3 f, 12
Ausschlagung **143** 7
Bedingungsfeindlichkeit **143** 8; **Vorbem 158 ff** 38
Befristungsfeindlichkeit **143** 8
Begründungszwang **143** 10 f
Erbschaftsannahme **143** 7
Erbvertrag **143** 7
Erklärungsempfänger **143** 1
Erklärungsinhalt **143** 2
Erklärungswert, objektiver **143** 2
Form **143** 6 f
prozessuale Form **143** 6
Formulierung **143** 2, 5
Klage **143** 6
Potestativbedingung **143** 8
Rücknahme **143** 8
Rücktritt **143** 4
Schriftsatz **143** 6
Strafanzeige **143** 4
Testament **143** 7
Tod des Erklärenden **143** 14
Unwiderruflichkeit **143** 8
Unzweideutigkeit **143** 3
Verhandlung, mündliche **143** 6
Verspätungsrisiko **149** 8

Anfechtungserklärung (Forts)
Willenserklärung, empfangsbedürftige **142** 9; **143** 1
Zustellung **143** 17
Anfechtungsfrist
Anfechtung **142** 6
Anfechtungsgründe **143** 1
Fristversäumung **142** 12
Arglisteinrede **142** 14
Anfechtungsgegner
Anfechtungserklärung **143** 17 ff
Leistung, unteilbare **143** 23
Mehrbeteiligung **143** 20, 23 f
Prozessvergleich **143** 18
Rechtsgeschäft, teilbares **143** 24
Tod des Anfechtungsgegners **143** 18
unbekannter Anfechtungsgegner **143** 17
Vertrag zugunsten Dritter **143** 19
Vertragsanfechtung **143** 1, 18 ff
arglistige Täuschung **143** 18
Gesellschaftsvertrag **143** 20
Stellvertretung **143** 18
Vollmachtserteilung **143** 33 f
Vorkaufsrecht **143** 25
Willenserklärung, einseitige empfangsbedürftige **143** 1, 26 ff
Willenserklärung, gegenüber Behörde abzugebende **143** 1, 27 f, 30
Mitteilungspflicht der Behörde **143** 32
Willenserklärung, nicht empfangsbedürftige **143** 1, 29
Unmittelbarkeit des Rechtsvorteils **143** 29
Zustimmung **143** 33 f
Anfechtungsgrund
Anfechtungserklärung **143** 10 f
Erkennbarkeit **143** 11
Nachschieben von Anfechtungsgründen **143** 13
Regelungsort **142** 6
Anfechtungsrecht
Abtretung **142** 11
Ausübung **142** 9, 14
Ausübungsgestattung **142** 11
Bestätigung des anfechtbaren Rechtsgeschäfts **144** 15
Bürgen **143** 16
Entschließungsfreiheit **142** 11
Erbengemeinschaft **143** 15
Grundschuldgläubiger **143** 16
Hypothekar **143** 16
Leistungsbestimmung durch Dritte **143** 15
Miterben **143** 14 f
Pfändbarkeit **142** 12
Rechtsnachfolge **142** 10
Schadensersatzansprüche des Anfechtungsberechtigten **144** 16
Testament **143** 15
Übertragbarkeit **142** 11
Anfechtungsrecht (Forts)
Veräußerung des gemieteten Grundstücks **142** 10
Vererblichkeit **142** 10; **143** 14
Verpfänder **143** 16
Verpfändung **142** 11
Vertrag zugunsten Dritter **143** 15
Angebot
Antrag **145** 1
s a dort
Bindungsfrist **145** 24; **148** 3
Vertragsänderungsangebot nach vorbehaltloser Annahme **150** 7
vorläufiges Angebot **145** 26
Angehörigenbürgschaft
Sittenwidrigkeit **139** 70
Ankaufsrecht
Geschäftseinheit **139** 49
Kaufvertrag, Option auf **Vorbem 145 ff** 69
Annahme
abändernde Annahme **140** 4
Aneignungshandlung **151** 18
Ankündigung **146** 1; **147** 8
Annahmebestätigung **151** 9
Annahmeentschluss **151** 15
Annahmeerklärung **147** 8; **150** 1a
Abgabepflicht **146** 3
Absenden, rechtzeitiges **149** 3; **150** 2
Anfechtung **151** 23
Auslegung **150** 1; **151** 15 f; **153** 4
Beförderungsmittel **147** 14
Beurkundung **Vorbem 145 ff** 41
Beweislast **149** 13; **151** 28
Bindungswirkung **150** 1
Dissens, versteckter **151** 23
Empfangsbedürftigkeit **150** 6; **151** 1, 3
Empfangszuständigkeit **153** 4
Entbehrlichkeit **151** 14
Erklärungsbewusstsein **151** 16
Erklärungstatbestand, objektiver **146** 2; **151** 3, 15 f
Geschäftswille **151** 16
Handlungswille **151** 16
Nichtempfangsbedürftigkeit **151** 1, 5, 14, 22
Rückbeförderung **147** 10
Stellvertretung **151** 24
Umdeutung **150** 1
verkörperte Annahmeerklärung **149** 1
verspätete Annahme
s dort
Vertragsschluss **150** 1
Vertretung ohne Vertretungsmacht **148** 10
Wechsel **140** 61
Widerruf **151** 22
Wirksamkeit **146** 2, 4
Annahmefähigkeit **Vorbem 145 ff** 29 f; **147** 1 f; **150** 2; **153** 2 ff, 14, 18

Annahme (Forts)
Kontrahierungszwang **Vorbem 145 ff** 29 f
Tod des Antragenden **153** 5 ff
Vertragsausführung **153** 8
Vorvertrag **Vorbem 145 ff** 67
Wille, entgegenstehender **153** 5 ff
Annahmefrist **145** 24; **146** 1; **147** 3, 7, 15; **148** 3; **150** 5, 14; **151** 26 f
Änderungskündigung **147** 15
Allgemeine Geschäftsbedingungen **148** 6
Angemessenheit **148** 5; **157** 23
Antragsbeförderungszeit **147** 10 f
Arbeitsvertrag **147** 15
Ausschöpfung der Frist **148** 9 f
Bauausschreibung **148** 6
Bearbeitungszeit **147** 10, 12
Beförderungshindernisse **147** 11
Beförderungsverzögerung **147** 11
Berechnungsweise, verlängernde **148** 3
Darlehensantrag **148** 6
einheitliche Frist **147** 10
Endtermin **148** 3
– Datum **148** 3
– Zeitraumfestsetzung **148** 3
Ermessensentscheidung **147** 7
Festofferte **148** 7
Fristbeginn **147** 10; **148** 3
Fristberechnung **147** 10 ff; **150** 5
Fristbestimmung **148** 1 ff; **151** 26
– im Antrag **148** 9
– ausdrückliche Fristbestimmung **148** 8
– Auslegung **148** 8, 10
– Beweislast **148** 12
– Form **148** 8 f
– Geschäftsfähigkeit, beschränkte **148** 8
– konkludente Fristbestimmung **148** 8
– nachträgliche Fristbestimmung **148** 8 f; **151** 26
– Rechtsnatur **148** 8
– Spezialgesetze **148** 1 f
Fristbewilligung **147** 3
Fristende **148** 3
Fristüberschreitung **147** 9; **148** 11; **151** 26
– geringfügige Überschreitung **148** 11; **150** 3
Fristverkürzung **148** 4, 9
Fristverlängerung **148** 8 f
– verspätete Fristverlängerung **148** 9
Fristwahrung **147** 8; **148** 10
– Absenden, fristgerechtes **148** 10
– Unwirksamkeit der Annahmeerklärung, schwebende **148** 10
– Wirksamkeit der Annahmeerklärung **148** 10
früh **148** 3
Geschäftszeit **147** 12; **148** 3
gesetzliche Annahmefrist **147** 7, 10; **148** 9
gewillkürte Annahmefrist **148** 3 ff
– Angemessenheit **148** 5

Annahme (Forts)
Grundbucheinsicht **147** 13
Handelsvertretervertrag **147** 15
Hinweispflicht des Antragenden **147** 8
Kaufangebot **147** 15
Kernarbeitszeit **148** 3
Leasingvertrag **148** 6
Lotterielos **148** 8
Lückenschließung **157** 23
Maklerangebot **147** 15
Mietvertrag **147** 15
Möbelkauf **148** 6
objektive Frist **147** 7, 10
Probenuntersuchung **147** 13
Rechtsauskunft **147** 13
Rechtsbindungswille **145** 2
Registereinsicht **147** 13
Rückbeförderung der Annahmeerklärung **147** 10, 14
Tod des Antragenden **153** 4
Überlegungsfrist **147** 10, 13; **150** 5
Versicherungsantrag **147** 15; **148** 2, 6
vormittags **148** 3
Werkvertrag **147** 15
Annahmeverweigerung **146** 9
Annahmeverzicht **151** 1 ff
Annahmewille **145** 15; **151** 3, 15 ff, 19
Betätigung **Vorbem 145 ff** 41
Kreuzofferten **146** 7
Willensbetätigung **151** 15
ausdrückliche Annahme **146** 2; **150** 6, 14; **151** 15
Verkehrsübung **146** 2
Auslegung **146** 1
Empfängerhorizont **146** 1
Beweislast **146** 3, 7a; **147** 16
Brief **147** 11
Bürgschaft **151** 20
Dienstleistungen **151** 20
Eilbedürftigkeit **147** 14
elektronischer Rechtsverkehr **146** 1
E-Mail **147** 11
Empfangsbedürftigkeit **146** 2; **151** 1, 5
Verzicht **151** 10
s a Zugang
Erfüllungshandlung **151** 17
Erklärungen unter Anwesenden **145** 20
Erklärungshandlungen **151** 17
essentialia negotii **151** 23
Fiktion **150** 15
Form **145** 35; **146** 2
Formbedürftigkeit **146** 4; **147** 8
Genehmigung **148** 10
Geschäftsfähigkeit, beschränkte **146** 4
Geschäftsunfähigkeit des Annehmenden **153** 4
Internet-Auktion **156** 10a
Ja, einfaches **145** 17; **150** 7
Kenntnis **151** 1 f

Annahme (Forts)
konkludente Annahme **146** 2; **150** 6, 14; **151** 2, 15, 17 ff
Bezahlung von Rechnungen **151** 17
Lieferung bestellter Sachen **151** 2
Mitteilung **151** 9
modifizierte Annahme **140** 4; **150** 1, 7 ff
Allgemeine Geschäftsbedingungen, Bezugnahme **150** 12, 15
Antrag, neuer **150** 1, 7, 13
– Bestimmtheit **150** 13
Auslegung **150** 9, 11
Bedingungen **150** 8
Befristungen **150** 8
Einschränkungen der Hauptleistung **150** 8 f
Erweiterungen der Hauptleistung **150** 8 f
Gefahrtragung **150** 8
Günstigkeit **150** 8
Kosten **150** 8
Leistungsort **150** 8
Menge, größere **150** 11
Menge, kleinere **150** 11
Rücktrittsvorbehalte **150** 8
Schreibfehler **150** 10
Sicherheitsleistung **150** 8
Vertragsparteien **150** 8
Vertragsschluss **150** 16
Vertragsstrafe **150** 8
Wesentlichkeit **150** 8
Nichtempfangsbedürftigkeit **151** 1, 5
Scheckeinlösung **151** 18
Schriftform **146** 4; **147** 8; **151** 4
Schweigen **146** 5; **151** 2, 8
Schweigen auf neuen Antrag **150** 6, 15
Sicherheiten **151** 20
sofortige Annahme **145** 20; **147** 5
Sukzessivbeurkundung **152** 4
Teilannahme **150** 7, 13, 16
Telefax **147** 11
Telefon **147** 11
Telegramm **147** 11
Tod des Antragenden **153** 4
Transportrisiko **149** 1
Überlegungsfrist **147** 5, 10, 13
Überweisungsauftrag **151** 17
Verbrauchshandlungen **151** 23
Verhalten gegenüber Dritten **151** 21
verspätete Annahme **140** 4; **145** 25; **146** 8; **148** 11; **150** 1 ff
Abgabe, verspätete **149** 1 f
Ablehnungspflicht **146** 10
Allgemeine Geschäftsbedingungen **149** 1
Annahmepflicht **146** 8
Antrag, neuer **149** 1; **150** 1, 4
– Annahme des neuen Antrags **150** 5
– Bestimmtheit **150** 4
Beförderung, unregelmäßige **149** 1 f, 4
Benachrichtigungspflicht **149** 3 ff

Annahme (Forts)
Beweislast **149** 13
Erkennbarkeit der Verzögerung **149** 1, 5
Erklärungsbote **149** 5
Hinweispflicht des Antragenden **148** 11; **149** 2, 12
Informationsobliegenheit **149** 2
Schweigen des Erstofferenten **150** 3, 6
Treu und Glauben **150** 3
Zugang **149** 1
Verspätungsanzeige **149** 1, 6 ff
Ablehnung, antizipierte **149** 10
Absenden, rechtzeitiges **149** 7
Anfechtung **149** 8
Annahmeerklärung **149** 10
Antrag, neuer **149** 10
Beförderungsmittel **149** 7
Beweislast **149** 13
Empfangsbedürftigkeit **149** 8
Handlung, geschäftsähnliche **149** 8, 10
mündliche Anzeige **149** 7
Obliegenheit **149** 2, 12
Rechtsnatur **149** 8, 10
Rechtspflicht **149** 12
Rechtzeitigkeit **149** 7, 10
Schadensersatz **149** 12
Schwebezustand **149** 9
Unterlassen **149** 12
Unverzüglichkeit **149** 7
verspätete Anzeige **149** 7, 11
– Vertragsschluss **149** 11
Widerruf **149** 8 f
Vertrag, faktischer **151** 19
Vertragsschluss **Vorbem 145 ff** 4, 37, 41; **145** 1; **146** 2; **150** 1, 7; **151** 1, 25
Vorbehalt **146** 1
vorbehaltlose Annahme **150** 7
Vorteilhaftigkeit, lediglich rechtliche **146** 4
Weiterverkaufsverhandlungen **151** 21
Widerruf des Angebots **145** 24
Willenserklärung, empfangsbedürftige **146** 1; **147** 8; **151** 1, 5, 9
Willenserklärung, nicht empfangsbedürftige **151** 1, 5, 14
Zugang **Vorbem 145 ff** 40 f; **147** 8; **149** 3; **152** 4 f
Annahme, verspätete **149** 1
Entbehrlichkeit kraft Verkehrssitte **151** 5 ff, 14
– Abtretung **151** 8
– Angebote, lediglich vorteilhafte **151** 8
– Arbeitsvertrag **151** 8
– Aufrechnungsvertrag **151** 8
– Bankgeschäfte **151** 7
– Benachrichtigungspflicht **153** 4
– Börsengeschäfte **151** 7
– Bürgschaft **151** 8
– Dienstleistungsaufträge **151** 7
– Erlassvertrag **151** 8

Annahme (Forts)
– Garantievertrag **151** 8
– Herstellergarantie **151** 8
– Hotelzimmerreservierung **151** 7
– Kontrahierungszwang **151** 8
– Schuldanerkenntnis **151** 8
– Schuldmitübernahme **151** 8
– Unterwerfungserklärung, wettbewerbsrechtliche **151** 8
– Versicherungsvertrag **151** 7
– Warenbestellung **151** 7
– Zeitungsannonce **151** 7
Verzicht auf den Zugang **Vorbem 145 ff** 40; **151** 1, 4 f, 10, 14, 25
– Angebote, lediglich vorteilhafte **151** 13
– Auftragsbestätigung **151** 11
– Benachrichtigungspflicht **153** 4
– Formfreiheit **151** 11
– Genehmigungsbedürftigkeit **151** 4
– Handlung, geschäftsähnliche **151** 10
– Herstellergarantie **151** 13
– konkludente Verzichtserklärung **151** 11 ff
– Lastschriftverkehr **151** 12
– Maklervertrag **151** 11
– Realofferte **151** 11
– Schriftform, gesetzliche **151** 4
– Schriftform, gewillkürte **151** 4
– Treuwidrigkeit **151** 10
– Versicherungsvertrag **151** 11
– Vertrag, dinglicher **151** 4
– Willenserklärung, empfangsbedürftige **151** 10
Verzichtswille **151** 5
Zugangsvereitelung **147** 9; **148** 11
Zuschlag **156** 2
Annahmeerklärung
s Annahme
Annahmefähigkeit
s Annahme
Annahmefrist
s Annahme
Annahmeverzicht
Verzicht auf den Zugang
s Annahme, Zugang
Annahmewille
s Annahme
Anpassungsklauseln
Änderungsvertrag **Vorbem 145 ff** 55
Verpflichtung zum Verhandeln **Vorbem 145 ff** 55
Anscheinsbeweis
Geschäftseinheit **139** 40 f
Anscheinsvollmacht
Prozessvollmacht **139** 56
Anschlussberufung
Hauptberufung, Umdeutung **140** 11
Anspruch, bedingter
Abtretbarkeit **158** 1, 20

Anspruch, bedingter (Forts)
Bürgschaft **158** 1
Hypothek **158** 1
Pfandrecht **158** 1
Verjährung **158** 19, 21
Vormerkung **158** 1
Antrag
Abgabe der Angebotserklärung **145** 21
Ablehnung des Antrags **146** 8; **150** 7
Ablehnungserklärung **146** 9
– Zugang **146** 9
Ablehnungspflicht **146** 10
– Aufforderung zur Abgabe von Angeboten **146** 10
– Zusendung unbestellter Ware **146** 12
Anfechtung **146** 9
Annahme, modifizierte **150** 13
ausdrückliche Ablehnung **146** 9
Form **146** 9
Geschäftsfähigkeit, beschränkte **146** 9
Schweigen **146** 5, 9 f
stillschweigend Ablehnung **146** 9
Unverzüglichkeit **146** 10
Abweichungen **150** 7, 9
unter Abwesenden **147** 1, 7 ff
accidentalia negotii **145** 17
ad incertam personam **145** 8, 19, 35
Alltagsgeschäfte **145** 19
Automaten **145** 8
Grundstücksgeschäfte **145** 19
Internet-Auktion **145** 19
Pfandflasche **145** 19
Sammelbüchse **145** 19
Selbstbedienungsladen **145** 19
Verkehrsmittel, öffentliche **145** 19
Warenautomaten **145** 8, 19
Änderungsrecht **145** 32
Änderungsvertrag **145** 12
Allgemeine Geschäftsbedingungen **145** 29
Angebot **145** 1
Annahmefähigkeit
s Annahme
Annahmefrist
s Annahme
Annahmeverweigerung
s Ablehnung des Antrags
Anwartschaft **145** 33
unter Anwesenden **147** 1 ff
Chat **147** 4
EDV-Anlagen, interaktionsfähige **147** 4
Einrichtungen, sonstige technische **147** 4
E-Mail **147** 4
Empfangsbote **147** 3
Empfangsvertreter **147** 3
Erklärungsbote **147** 3
Erklärungsvertreter **147** 3
Kontakt, mündlicher **147** 2, 4
schriftlicher Antrag **147** 2
Störungen **147** 6

Antrag (Forts)
Telefax **147** 4
Telefon **147** 2, 4, 6
Telegramm **147** 4
Verzicht auf sofortige Antwort **147** 7
Video-Konferenz **147** 4
Auslegung **145** 4, 15, 17, 35; **146** 7; **153** 5 f
Bearbeitungszeit **147** 10, 12
Arbeitsüberlastung **147** 12
Feiertage **147** 12
Krankheit **147** 12
Urlaub **147** 12
Wochenende **147** 12
Beförderungshindernisse **147** 11
Beförderungsverzögerung **147** 11
Beförderungszeit **147** 10 f
Befristung **148** 12
Bestimmtheit **145** 17 ff; **150** 4
Vertrag, atypischer **145** 17
Beweislast **145** 38; **153** 18
Bindungsfrist **146** 8 ff; **147** 1; **148** 1
Fristverkürzung **147** 1
Fristverlängerung **147** 1
Bindungswirkung **145** 20, 23, 25; **146** 8; **147** 1
Ausschluss **145** 20, 26 ff, 33; **146** 8; **147** 1
– Auslegung **145** 31
– Vertragsbestandteil **145** 32
Bedingung **145** 29
solange der Vorrat reicht **145** 26
Vertrauensverhältnis, vorvertragliches **145** 25
Bürgschaft **145** 33
an Dritte **145** 35
Empfängerhorizont **145** 4; **146** 7
Empfangsvorkehrungen **147** 11
Empfangszuständigkeit **153** 4, 14
Erfüllungsanspruch **145** 33
Vormerkung **145** 33
Erlöschen **145** 20; **146** 2, 8 f; **148** 11; **150** 1, 2, 7, 13; **151** 26
Schadensersatzpflicht **146** 8
Widerruf **145** 21 f
essentialia negotii **145** 17
Fernschreiben **147** 14
Form **145** 16, 35
freibleibend **145** 26, 30
Fristbewilligung **147** 1, 3, 5
s a Bindungsfrist
Gebot **156** 2
Genehmigungsbedürftigkeit des Vertrages **145** 23
Geschäftsfähigkeit, beschränkte **145** 33; **153** 14
Geschäftsunfähigkeit des Antragenden **153** 2 f, 5 f, 18
Zugang des Antrags **153** 2 f
Geschäftsunfähigkeit des Antragsempfängers **153** 9 ff

Antrag (Forts)
Gestaltungsrecht **145** 34
Grundpfandrecht **145** 33
Insolvenzeröffnung **153** 15 f
Internet-Auktion **156** 10a
Kreuzofferten **146** 7
Leistungsautomaten **145** 8
Leistungsfähigkeit **145** 6 f
Liefermöglichkeit vorbehalten **145** 32
Luftpost **147** 14
Medien, elektronische **145** 9
Mehrheit von Adressaten **146** 9
Nachlassverwaltung **153** 17
ohne Verbindlichkeit+ **145** 26
Preis freibleibend **145** 26, 28, 32
Realofferte **145** 8, 16
Rechtsbindungswille **145** 2, 26
Selbstbedienungsladen **145** 7
Selbstbelieferung vorbehalten **145** 26, 32
Selbstbindung **Vorbem 145 ff** 70; **145** 24
Sicherung **145** 33
sine obligo **145** 26
solange der Vorrat reicht **145** 26
Telegramm **147** 14
Tod des Antragenden **153** 2 f, 5 f, 18
Bedarf, höchstpersönlicher **153** 6
Zugang des Antrags **153** 2 f
Tod des Antragsempfängers **153** 9 ff
Totalnichtigkeit **139** 63
Umstände, Änderung nach Angebotsabgabe **145** 22
unbefristeter Antrag **148** 9
Unterwerfung unter die sofortige Zwangsvollstreckung **145** 33
Unvermögen, anfängliches **145** 25
Verfügungsbeschränkungen **153** 17
Verfügungssperre **145** 25
Verfügungsvertrag **145** 25
Vernehmung **145** 16; **147** 2
Vertragsgegenstand, Untergang **145** 25
Vertragsschluss **Vorbem 145 ff** 4, 37; **145** 1
Vertragsverhältnis, bestehendes **145** 12
Vertrauensverhältnis, vorvertragliches **145** 25, 36 f
Vorteilhaftigkeit, lediglich rechtliche **145** 33
Warenautomaten **145** 8
Widerruf **145** 21 f
Widerruflichkeit **145** 20
Widerrufsvorbehalt **145** 26 f, 31 ff
Willenserklärung, empfangsbedürftige **145** 1, 16, 20
Willenserklärung, nicht verkörperte **145** 16; **147** 2 f, 5
Willenserklärung, verkörperte **145** 16, 20; **147** 7
Wirksamwerden **145** 16, 21
Zahlungsfähigkeit des Empfängers **145** 6
Zugang **145** 16, 21; **147** 11

Antrag (Forts)
Zusendung unbestellter Ware **145** 6; **146** 11
Zwischenverfügungen **145** 29
Zwischenverkauf vorbehalten **145** 26
Antragsempfänger
Bearbeitungszeit **147** 12
juristische Personen **147** 12
Reaktionsrecht **145** 34
Rechtsposition **145** 34 f
Massezugehörigkeit **145** 35
Pfändbarkeit **145** 35
Schadensersatzansprüche **145** 36
Übertragbarkeit **145** 35
– Form der Übertragung **145** 35
Vererblichkeit **145** 35
Verpfändbarkeit **145** 35
Vertragsschluss **145** 34
Antragsvertrag
Optionsvertrag **Vorbem 145 ff** 71, 73
Anwaltshonorar
Gesamthonorar **139** 49
Anwaltsvertrag
Erfolgshonorar **139** 17
Anwartschaft
Angebot **145** 33
Bedingung, aufschiebende **158** 1
Bedingungsausfall **158** 16
Bedingungseintritt **158** 20
Grundbucheintragung **Vorbem 158 ff** 54
Schwebezustand **Vorbem 158 ff** 53
Anwartschaftsrecht
Anwartschaftsberechtigter **Vorbem 158 ff** 56
Bedingung **Vorbem 158 ff** 69
Bedingungseintritt **Vorbem 158 ff** 54, 72
Rückwirkung **Vorbem 158 ff** 60 f
Begriff **Vorbem 158 ff** 53, 57, 63 ff
Bereicherungsanspruch **Vorbem 158 ff** 69
Besitz **Vorbem 158 ff** 69
Besitzbeeinträchtigung **Vorbem 158 ff** 69
Besitzrecht, eigentumsähnliches **Vorbem 158 ff** 70
dingliche Anwartschaftsrechte **Vorbem 158 ff** 58, 63
Drittwiderspruchsklage **Vorbem 158 ff** 69, 75
Eigentumsvorbehalt **Vorbem 158 ff** 58
erbrechtliche Anwartschaftsrechte **Vorbem 158 ff** 58
Erwerbsrecht eigener Art **Vorbem 158 ff** 66
Erwerbstatbestand, mehraktiger **Vorbem 158 ff** 53
exceptio doli **Vorbem 158 ff** 70
Grundstückskäufer **Vorbem 158 ff** 59
gutgläubiger Erwerb **Vorbem 158 ff** 74
Haftungsverband der Hypothek **Vorbem 158 ff** 73
Herausgabeanspruch **Vorbem 158 ff** 69
Hypothekengläubiger **Vorbem 158 ff** 59

Anwartschaftsrecht (Forts)
immaterialgüterrechtliche Anwartschaftsrechte **Vorbem 158 ff** 58
Massezugehörigkeit **Vorbem 158 ff** 51
minus, wesensgleiches **Vorbem 158 ff** 63
Nacherbe **Vorbem 158 ff** 59
vom Nichtberechtigten **Vorbem 158 ff** 74
numerus clausus des Sachenrechts **Vorbem 158 ff** 63
Nutzungsrechte **Vorbem 158 ff** 62
obligatorische Anwartschaftsrechte **Vorbem 158 ff** 58
Pfändbarkeit **Vorbem 158 ff** 56, 75
Pfändung **Vorbem 158 ff** 75
Theorie der Doppelpfändung **Vorbem 158 ff** 75
Theorie der Rechtspfändung durch Sachpfändung **Vorbem 158 ff** 75
Theorie der reinen Rechtspfändung **Vorbem 158 ff** 75
Theorie der reinen Sachpfändung **Vorbem 158 ff** 75
Pfandrecht zur Sicherung des Übereignungsanspruchs **Vorbem 158 ff** 64
Recht, absolutes **Vorbem 158 ff** 67
Recht, bedingtes **Vorbem 158 ff** 53 ff
Recht, beschränkt dingliches **Vorbem 158 ff** 70
Recht, dingliches **Vorbem 158 ff** 67
Recht, relatives **Vorbem 158 ff** 67
Recht, sonstiges **Vorbem 158 ff** 69
Recht zum Besitz **Vorbem 158 ff** 70
Rechtsgeschäft, befristetes **163** 6
Rechtsnatur **Vorbem 158 ff** 63
Rechtsstellung des Erwerbers, gesicherte **Vorbem 158 ff** 53, 56
Schadensersatzanspruch **Vorbem 158 ff** 69
Aktivlegitimation **Vorbem 158 ff** 69
Schadenshöhe **Vorbem 158 ff** 69
Schutz **Vorbem 158 ff** 57, 62, 68 ff
Sicherungsgeber **Vorbem 158 ff** 59
Teilungsprinzip **Vorbem 158 ff** 65
Übertragbarkeit **Vorbem 158 ff** 56, 61 f, 68
Übertragung **Vorbem 158 ff** 71; **158** 21
Verpflichtungsgeschäft **Vorbem 158 ff** 71
Umdeutung **Vorbem 158 ff** 71
Veräußerungsverbot **Vorbem 158 ff** 70
Vererblichkeit **Vorbem 158 ff** 61, 68
Verfügung eines Nichtberechtigten **Vorbem 158 ff** 69
Verfügung über das Anwartschaftsrecht **Vorbem 158 ff** 71 f
Verhalten des Veräußerers **Vorbem 158 ff** 53
Verpfändung **Vorbem 158 ff** 73
Verschaffungsanspruch **Vorbem 158 ff** 56
Vertragsauslegung **Vorbem 158 ff** 71
Vollrecht **Vorbem 158 ff** 56, 62, 68, 72
Vorstufe zum Vollrecht **Vorbem 158 ff** 63 f

Anwartschaftsrecht (Forts)
Zwischenverfügungen **Vorbem 158 ff** 57
Anweisung
Scheck, Umdeutung **140** 30
Anwesenheitsprämie
Arbeitsvertrag, Teilnichtigkeit **139** 15
Apotheken
Heimbewohner, Versorgung **Vorbem 145 ff** 17
Apothekenmietvertrag
Kündigung, Umdeutung **140** 47
Wegfall der Geschäftsgrundlage **140** 47
Arbeitnehmerhaftung
Vertragsauslegung, ergänzende **157** 61
Arbeitsbedingung
Anfechtung **142** 35
Arbeitsrecht
Ausschlussklauseln **139** 12
Kontrahierungszwang **Vorbem 145 ff** 17
Normenverträge **Vorbem 145 ff** 91
Treuwidrigkeit **162** 17
Umdeutung **140** 33 ff
Versorgungszusage **157** 66
Arbeitsverhältnis
Abwicklungsvertrag **140** 22
Aufhebungsvertrag, Bedingung **Vorbem 158 ff** 41
Aufhebungsvertrag, Vorvertrag **Vorbem 145 ff** 60
Bedingung, auflösende **Vorbem 158 ff** 37
Grund, sachlicher **Vorbem 158 ff** 37
Befristung **163** 9
Invollzugsetzung **142** 34
Kündigung, außerordentliche **144** 6
Kündigung, fristlose **140** 6
Kündigung, ordentliche **144** 6
Potestativbedingung **Vorbem 158 ff** 37
Schutzgesetz, arbeitsrechtliches **139** 83
Teilnichtigkeit **139** 27, 83
Zielvereinbarung **157** 43
Arbeitsvertrag
Anfechtung **142** 34 ff; **144** 6
Drohung **142** 34
Irrtumsanfechtung **142** 34
Rückwirkung **142** 34
Ruhestandsverhältnis **142** 34
Schwerbehinderteneigenschaft **142** 34
Täuschungsanfechtung **142** 34
Urlaubserteilung **142** 34
Vertrauensschutz **142** 34
Angebot, Bestimmtheit **145** 18
Angebote, lediglich vorteilhafte **151** 8
Annahmeerklärung, Nichtempfangsbedürftigkeit **151** 8
Annahmefrist **147** 15
Anwesenheitsprämie **139** 15
Beendigungsvereinbarung **157** 38
Befristung **163** 9
Befristungsabrede **141** 27
Arbeitsvertrag (Forts)
Bestätigung **141** 27; **144** 6
Bestätigung des Rechtsgeschäfts **144** 3
Betriebsübergang **140** 45
Feiertagsrecht **140** 45
Kündbarkeit **157** 24
Kündigung, bedingte **Vorbem 158 ff** 40 f
Lückenschließung **157** 24
Parteiwille, hypothetischer **157** 38
Schutznormen **139** 13
einem Tarifvertrag widersprechende Regelungen **139** 20
Teilnichtigkeit **139** 15
Umdeutung **140** 45
Vertragsauslegung, ergänzende **157** 24, 38, 43
Zölibatsklausel **Vorbem 158 ff** 33
Architektenvertrag
Aufrechterhaltung des Rechtsgeschäfts **140** 72
Bedingung **158** 10
Gebührenhöchstbeträge **140** 72
Geschäftseinheit **139** 51
Koppelungsverbot **139** 6, 12
Architektenwettbewerb
Rechtsbindungswille **Vorbem 145 ff** 82
ARGE
Gewinn-/Verlustverteilung **157** 25
Arglisteinrede
Anfechtungsfrist, Fristversäumung **142** 14
Arglisteinwand
Teilnichtigkeit **139** 90
Arglistige Täuschung
Anfechtbarkeit des Rechtsgeschäfts **142** 6
Anfechtung **Vorbem 145 ff** 14; **142** 12
s a dort
Ablehnung des neuen Antrags **150** 5
Auslegung **143** 12
nach Irrtumsanfechtung **142** 28; **143** 12
Nichtigkeit des Rechtsgeschäfts **142** 31
Anfechtungsberechtigter **143** 14
Anfechtungsgegner **143** 18
Auslegung **140** 71
Bestätigung des Rechtsgeschäfts **144** 3, 6 f, 9 f
Deliktsanspruch, Pfändbarkeit **142** 12
Erfüllungsinteresse **142** 31
Fehleridentität **142** 22
Fragerecht **143** 12
Schadensersatz **142** 37
Täuschung durch Dritten **144** 10
Umdeutung **140** 71
unzulässige Rechtsausübung **142** 31
Vertragsübernahme **139** 65
Arrest
Sorgfaltspflichten **160** 5
Arrestvollziehung
Zwischenverfügungen, beeinträchtigende **161** 9

Arzt
Gratisbehandlung unter Ärzten **Vorbem 145 ff** 82
Kontrahierungszwang **Vorbem 145 ff** 22
Arztzusatzvertrag
Einheitlichkeit des Rechtsgeschäfts **139** 39
Einheitlichkeitswille **139** 88
Geschäftseinheit **139** 39
Aufhebung
Teilaufhebung **139** 33
Aufhebungsvertrag
Auslegung **Vorbem 145 ff** 43
contrarius consensus **Vorbem 145 ff** 43
ex tunc-Wirkung **Vorbem 145 ff** 43
Formfreiheit **Vorbem 145 ff** 44
Grundstückskaufvertrag **Vorbem 145 ff** 44
Kündigung, Umdeutung **140** 21, 41, 44
Leistungen auf aufzuhebenden Vertrag **Vorbem 145 ff** 43
Rückgewähranspruch **Vorbem 145 ff** 43 f
Umdeutung **140** 42
Zulässigkeit **Vorbem 145 ff** 43
Auflage
accidentalia negotii **Vorbem 158 ff** 3
Inhaltsänderung **139** 6
letztwillige Verfügung **Vorbem 158 ff** 3
Nichterfüllung **Vorbem 158 ff** 3
Schenkung **Vorbem 158 ff** 3
Teilnichtigkeit **139** 6
Umdeutung **140** 50
Auflassung
Anwartschaftsrecht **Vorbem 158 ff** 59
Bedingungsfeindlichkeit **139** 54 f; **Vorbem 158 ff** 35; **158** 22
Beurkundung **145** 23
Bindungswirkung **145** 23
Geschäftseinheit **139** 51
Umdeutung **140** 22, 65
Auflassungsangebot
Bindungswirkung **145** 23
Auflassungsvollmacht
Geschäftseinheit **139** 49, 56
Grundstückskaufvertrag, Formnichtigkeit **139** 87
Aufrechnung
Annahmeerklärung, Nichtempfangsbedürftigkeit **151** 8
Bestätigung **141** 14
Eventualanfechtung **Vorbem 158 ff** 43
Teilnichtigkeit **139** 30
Aufrechnungserklärung
Bedingungsfeindlichkeit **Vorbem 158 ff** 38
Aufrechnungsverzicht
Vertragsauslegung, ergänzende **157** 14
Aufsichtsratsbeschluss
Geschäftseinheit **139** 49
Teilnichtigkeit **139** 27
Auftrag
Aufwendungsersatz **Vorbem 145 ff** 88

Auftrag (Forts)
Gefälligkeitsvertrag **Vorbem 145 ff** 80
Haftung **Vorbem 145 ff** 86
selbständige Tätigkeit wirtschaftlicher Art **Vorbem 145 ff** 86
Vertrag, unvollkommen zweiseitiger **Vorbem 145 ff** 88
Auftragsbestätigung
Allgemeine Geschäftsbedingungen, erstmalige Beifügung **150** 12
Annahmeerklärung **150** 12
Verzicht auf den Zugang **151** 11
Formbedürftigkeit, gewillkürte **146** 4
Auftragsvergabe
Zuschlag **156** 13
Ausbildungskosten
Rückzahlungsklausel, Bindungsdauer **157** 46b
Rückzahlungspflicht, Bindungsdauer **139** 69
Auskunft
Rechtsbindungswille **Vorbem 145 ff** 82
Rechtsgeschäft, bedingtes **160** 5
Auskunftspflicht
Treu und Glauben **157** 8
Auslegung
Anfechtung wegen arglistiger Täuschung **140** 7
Annahmeerklärung **150** 1; **151** 15 f
Antrag **153** 5 f
Auslegungsgrundsätze **157** 1
Bedingung **158** 8 ff; **162** 2; **163** 4
Befristung **163** 4
Bestätigung **141** 30
eigentliche Auslegung **157** 3 ff, 10
Empfängerhorizont **145** 4; **155** 5; **157** 3
Annahmeerklärung **146** 1
Annahmefrist **148** 8
Annahmewille **151** 15
Arbeitsrecht **145** 15
Kreuzofferten **146** 7
ergänzende Auslegung **157** 12
Gebot **156** 3
Gesetzesauslegung **157** 30
homo oeconomicus **157** 2
konkludente Auslegung **157** 5
Nichtigkeit des Rechtsgeschäfts **140** 7
Rechtsgeschäfte **157** 1
Rechtsgeschäfte, einseitige **157** 1
Tarifvertrag **157** 12
Umdeutung **140** 7 f
Verhalten, schlüssiges **145** 15
Verträge **157** 1
Formbedürftigkeit **157** 12
Vertragsauslegung, einfache **157** 3, 15
Behauptungslast **157** 51
Beweislast **157** 51
Vertragsauslegung, ergänzende **157** 1 f s a dort
vertragsferne Auslegung **157** 2, 48, 49 f

Auslegung (Forts)
Vertragsinhalt **157** 2
Wille, wirklicher **140** 7
Willenserklärungen **155** 3, 5; **157** 1, 3
empfangsbedürftige Willenserklärungen **157** 1, 3
Auslobung
Anfechtungsgegner **143** 29
Auslegung, ergänzende **157** 12
Rechtsbindungswille **Vorbem 145 ff** 82
Ausschlagung
Anfechtungserklärung **143** 7
Anfechtungsgegner **143** 30
Bedingungsfeindlichkeit **Vorbem 158 ff** 35
Ausschließlichkeitsbindung
Umdeutung des Vertrages **140** 72
Ausschlussfrist
Begriff **163** 3
Ausschlussklauseln, arbeitsrechtliche
Gesamtunwirksamkeit **139** 12
Aussperrung
Umdeutung **140** 43
Austauschvertrag
Vertragsauslegung, ergänzende **157** 30
Auszubildende
Weiterbeschäftigungsrecht **139** 15
Autokauf
Bedingung Kauf-/Darlehensvertrag **158** 10
Automaten
Angebot **145** 8
Bedienung, lautere **145** 8
Funktionsfähigkeit **145** 8
solange der Vorrat reicht **145** 8
Vertragsschluss **145** 10
Automatenaufstellungsvertrag
Ausschließlichkeitsbindung **140** 30
Umdeutung **140** 30
Vertragstyp **Vorbem 145 ff** 89

Bankautomaten
Bedienung, lautere **145** 8
Übereignungsangebot **145** 8
Bankgeschäfte
Annahmeerklärung, Nichtempfangsbedürftigkeit **151** 7
Bankkartenvertrag
Kündigung, Umdeutung in Aufhebungsvertrag **140** 44
Banküberweisung
s Überweisung
Bauausschreibung
Allgemeine Geschäftsbedingungen **148** 6
Annahmefrist **148** 6
Baubetreuungsvertrag
Geschäftseinheit **139** 42, 49, 51
Bauerwartungsland
Kauf, ergänzende Vertragsauslegung **157** 32
Baukostenzuschuss
Mietvertrag, Aufrechterhaltung **139** 17
Bauträger-AGB
Antragsbindung **157** 46a
Lückenschließung **157** 46a
Bauträgervertrag
Architektenvertrag **158** 10
Bauwerkvertrag **158** 10
Bedingung **158** 10
Geschäftseinheit **139** 56
Bauwerkvertrag
Bedingung des Grundstückskaufvertrags **158** 10
Geschäftseinheit **139** 51
Bayern
Bedingungseintritt, Rückwirkung **Vorbem 158 ff** 61
Beamtenverhältnis
Umdeutung **140** 25
Bebauungsplan
Abtrennbarkeit, fehlende **139** 18
Teilnichtigkeit **139** 18
Totalnichtigkeit **139** 18
Bedingung
accidentalia negotii **Vorbem 158 ff** 3
affirmative Bedingung **Vorbem 158 ff** 13; **158** 14
Annahme, modifizierte **150** 8
Aufhebung **158** 16
auflösende Bedingung **142** 5; **Vorbem 158 ff** 12, 50; **158** 1, 4 ff, 21; **159** 9
Auflage, Nichterfüllung **Vorbem 158 ff** 3
Beweislast **Vorbem 158 ff** 50
Kündigungsrecht **Vorbem 158 ff** 10
Restgeschäft **Vorbem 158 ff** 12
Verjährung auflösend bedingter Ansprüche **158** 21
aufschiebende Bedingung **Vorbem 158 ff** 12, 50; **158** 4 ff, 18; **159** 9
Anwartschaft **158** 1, 20
Beweislast **Vorbem 158 ff** 50
Fälligkeitsregelung **158** 11
Feststellungsklage **158** 19
Klage auf künftige Leistung **158** 19
Rechtsgeschäft, Nichtigkeit **Vorbem 158 ff** 12
Verjährung aufschiebend bedingter Ansprüche **158** 19
Verzögerung, dauernde **162** 6
Widerrufsvorbehalt **Vorbem 158 ff** 10
Auslegung **158** 8 ff; **162** 2; **163** 4
Auslegungsregel **158** 4
Bedingungsausfall **162** 2 ff
Bedingungseintritt **158** 13 ff
s a dort
Bedingungsfall **Vorbem 158 ff** 4
Begriff **Vorbem 158 ff** 4
bejahende Bedingung **Vorbem 158 ff** 13
Beweislast **Vorbem 158 ff** 50; **158** 7

Bedingung (Forts)
condicio in praesens vel praeteritum collata **Vorbem 158 ff** 28
condicio iuris **Vorbem 158 ff** 22
condicio necessaria **Vorbem 158 ff** 27
condicio si volam **Vorbem 158 ff** 16
condicio si voluero **Vorbem 158 ff** 16
condicio tacita **Vorbem 158 ff** 22
dies incertus an **Vorbem 158 ff** 4, 9; **162** 12
entschiedene Bedingung **Vorbem 158 ff** 28
Ereignis, künftiges **Vorbem 158 ff** 4, 8, 28; **158** 1
Ereignis, objektives **Vorbem 158 ff** 16
Ereignis, ungewisses **Vorbem 158 ff** 4 f, 8, 28; **158** 1; **163** 4
Erleben eines Tages **162** 12
Erwartungen **Vorbem 158 ff** 5
Feststellungsklage **Vorbem 158 ff** 47
Gegenwartsbedingung **Vorbem 158 ff** 28
Genehmigung **Vorbem 158 ff** 42
Geschäftsgrundlage **Vorbem 158 ff** 11
Geschäftsinhalt **Vorbem 158 ff** 4
Gesetzesänderung **Vorbem 158 ff** 33
Gesetzesverstoß **Vorbem 158 ff** 33
Grundbucheintragung **161** 15
Klage auf künftige Leistung **Vorbem 158 ff** 47
Kombination mit Befristung **163** 4
Leistungsfähigkeit, finanzielle **162** 8
Mehrheit von Rechtsgeschäften **158** 10
Modalität der Willenserklärung **Vorbem 158 ff** 7
Motive einer Partei **Vorbem 158 ff** 10
negative Bedingung **Vorbem 158 ff** 13; **158** 15
notwendige Bedingung **Vorbem 158 ff** 27
Nutzlosigkeit **Vorbem 158 ff** 32
Option **Vorbem 145 ff** 69
perplexe Bedingung **Vorbem 158 ff** 31
Potestativbedingung **Vorbem 158 ff** 14 ff
Privatautonomie **159** 1
Prozessausgang **Vorbem 158 ff** 25
Rechtsbedingung **Vorbem 158 ff** 22 ff
Rechtsgeschäfte **Vorbem 158 ff** 34; **158** 10
im Rechtssinne **Vorbem 158 ff** 6; **158** 8 ff
Rechtsvermutung **158** 4
Rechtswirkungen **Vorbem 158 ff** 6; **158** 12, 18 ff; **160** 7; **162** 1
Resolutivbedingung **Vorbem 158 ff** 12
Rückbeziehung, obligatorische **159** 1 f, 9
Beweislast **159** 10
einseitige Rückbeziehungsbestimmung **159** 2
Gefahrtragung **159** 6
Nutzungen **159** 6 ff
Rückbeziehungswille **159** 7
Vereinbarung **159** 2, 6
– ausdrückliche Vereinbarung **159** 3
– Auslegung **159** 3

Bedingung (Forts)
– Besitzkonstitut, antizipiertes **159** 8
– Einigung, vorweggenommene **159** 8
– konkludente Vereinbarung **159** 3
– Vermutung **159** 3
Vertragsstrafe **159** 6
Zeitpunkt **159** 5
Rückwirkung, dingliche **159** 6
Scheinbedingung **Vorbem 158 ff** 8, 28 f
Schwebezeit **Vorbem 158 ff** 12, 53; **158** 1 ff, 16, 21; **159** 6
Auskunftsansprüche **160** 5
Beeinträchtigung des bedingten Rechts **160** 12
Drittschutz **160** 3
Erfüllungsanspruch **160** 7
Erhaltungspflichten **160** 6
Haftung **160** 4, 8 f
Pflichtverletzung **160** 8 f
Schadensersatzanspruch **160** 4 f, 8, 10
– Abtretung **160** 5
– Passivlegitimation **160** 11
–Beweislast **160** 12
Schuldverhältnis, gesetzliches **160** 1
Schutzpflichten **160** 1 ff
– Arrest **160** 5
– Leistungsklage **160** 5
– Unterlassungsklage **160** 5
Sicherheitsleistung **160** 5
Sorgfaltsmaßstab **160** 9
Unterlassungspflichten **160** 7
Vereitelung des bedingten Rechts **160** 12
Verschulden **160** 8
Vertragstreue **158** 2; **162** 1 f
Vorbereitungspflichten **160** 7
Zwischenverfügungen **160** 6; **161** 1 ff s a dort
Sittenwidrigkeit **Vorbem 158 ff** 12, 33
Suspensivbedingung **Vorbem 158 ff** 12
Treuepflicht **162** 2 ff
Überleben einer Person **162** 12
Umdeutung **158** 16
uneigentliche Bedingung **139** 54
Unmöglichkeit **Vorbem 158 ff** 30
Unterstellung **Vorbem 158 ff** 28
Unverständlichkeit **Vorbem 158 ff** 31
Veränderungen, künftige **Vorbem 158 ff** 3
Verbotswidrigkeit **Vorbem 158 ff** 12, 33
Vereinbarung **Vorbem 158 ff** 7 f, 50
ausdrückliche Vereinbarung **Vorbem 158 ff** 8
konkludente Vereinbarung **Vorbem 158 ff** 8
nachträgliche Vereinbarung **Vorbem 158 ff** 50
Verhalten, schlüssiges **Vorbem 158 ff** 8
verneinende Bedingung **Vorbem 158 ff** 13
Vertragsverbindung **139** 46
Verzicht auf die Bedingung **158** 16

Bedingung (Forts)
Voraussetzung **Vorbem 158 ff** 28
Zeitbegriffe **Vorbem 158 ff** 9
Zufallsbedingung **Vorbem 158 ff** 20
Zustimmung **Vorbem 158 ff** 42
Zwischenverfügungen **Vorbem 158 ff** 55; **158** 3
Bedingungsausfall
Anwartschaft, Beendigung **158** 16
Bedingung, negative **158** 15
Kausalverlauf **162** 3
Mitteilungspflicht **158** 17
Bedingungseintritt
affirmative Bedingung **158** 14
Anwartschaft **158** 20
Anwartschaftsrecht **Vorbem 158 ff** 54
auflösende Bedingung **158** 21; **162** 6
aufschiebende Bedingung **158** 18; **162** 6
Auslegung **158** 13
Beweislast **160** 12
Erfüllungsablehnung des Insolvenzverwalters **161** 9
Erleichterung **162** 6
Erschwerung **162** 6
Fiktion **158** 13; **162** 2, 11, 20
Förderungspflicht **158** 2; **160** 7; **162** 1
Forderungseinziehung **161** 5
Formwahrung **158** 18
Geschäftsfähigkeit **158** 18
gutgläubiger Erwerb vom Nichtberechtigten **158** 18
Herbeiführung, Pflicht zur **158** 2
Herbeiführung des Bedingungseintritts **162** 6
Mitteilungspflicht **158** 17
Parteiwille **162** 2, 15
Pendenztheorie **158** 3
Pfändungspfandrecht **161** 9
während Rechtshängigkeit **Vorbem 158 ff** 48
Rechtswirkungen **158** 18, 20; **159** 9
Rückwirkung **Vorbem 158 ff** 61; **158** 3; **159** 1; **160** 1; **161** 1
Schadensersatzanspruch, bedingter **160** 4 f
Treuepflicht **162** 2 ff
Ergebnisfiktion **162** 2, 11, 20
Kausalverlauf, Beeinflussung **162** 3, 5 ff, 11, 20
– Förderung des Vertragszwecks **162** 5
– Rechtspflicht zum Handeln **162** 5
– Tun, positives **162** 5
– Unterlassung **162** 5
Treuwidrigkeit **158** 13; **162** 7 ff, 15
Adoption **162** 8
Beweislast **162** 19
Gesamtverhalten **162** 7
Leistungsfähigkeit, finanzielle **162** 8
Verschulden **162** 10
Vertragsuntreue, eigene **162** 9

Bedingungseintritt (Forts)
wirtschaftlich vernünftige Gründe **162** 9
Zahlung, Zurückweisung **162** 8
Umgehungsgeschäfte **162** 9
Unmöglichkeit **Vorbem 158 ff** 30
Vereitelung **158** 13
Verfügungsbefugnis **158** 18
Verhinderung des Bedingungseintritts **162** 6
Vertragsschluss **Vorbem 145 ff** 8
Zeitpunkt **162** 12
Zwischenverfügungen **161** 12
Bedingungsfeindlichkeit
Gestaltungsrechtsgeschäfte **Vorbem 158 ff** 38 ff
Handlungen, geschäftsähnliche **Vorbem 158 ff** 46
Ordnung, öffentliche **Vorbem 158 ff** 34
Prozesshandlungen **Vorbem 158 ff** 76
Rechtsbedingung **Vorbem 158 ff** 25
Registereintragung **Vorbem 158 ff** 45
Teilnichtigkeit des Rechtsgeschäfts **Vorbem 158 ff** 44
Bedingung, auflösende **Vorbem 158 ff** 44
Bedingung, aufschiebende **Vorbem 158 ff** 44
Umdeutung des Rechtsgeschäfts **Vorbem 158 ff** 44
Verkehrsschutz **Vorbem 158 ff** 35 f
Bedingungsfreundlichkeit
Rechte, dingliche **Vorbem 158 ff** 34
Rechtsgeschäft **Vorbem 158 ff** 34
einseitiges Rechtsgeschäft **Vorbem 158 ff** 34
Beendigungsfreiheit
Kontrahierungszwang **Vorbem 145 ff** 15
Beförderungspflicht
Luftverkehr **Vorbem 145 ff** 17
Personenbeförderung **Vorbem 145 ff** 17
Taxi **Vorbem 145 ff** 17
Beförderungsvertrag
Aufrechterhaltung des Rechtsgeschäfts **139** 17
Befreiungsvermächtnis
Umdeutung in schenkweisen Erlassvertrag **140** 52
Befristung
accidentalia negotii **Vorbem 158 ff** 3
Änderungsvertrag **163** 1
Anfangstermin **163** 1 f, 5
Annahme, modifizierte **150** 8
Anwartschaftsrecht **163** 6
auflösende Wirkung **Vorbem 158 ff** 27
aufschiebende Wirkung **Vorbem 158 ff** 27
Auslegung **163** 4
Befristungseintritt **163** 7
Begriff **Vorbem 158 ff** 9; **163** 1
Berechnung **163** 6
Bestand der Forderung **163** 2

Befristung (Forts)
Beweislast **163** 10
certus an **163** 4
dies certus an et quando **163** 4
dies certus an, incertus quando **163** 4
dies incertus an **Vorbem 158 ff** 4
dies incertus an, certus quando **Vorbem 158 ff** 9; **163** 4
Endtermin **163** 1, 5
Ereignis, gewisses **Vorbem 158 ff** 9; **163** 4
Ereignis, künftiges **Vorbem 158 ff** 9
Feststellungsklage **Vorbem 158 ff** 47; **163** 10
Klage auf künftige Leistung **Vorbem 158 ff** 47
Kombination mit Bedingung **163** 4
Kondiktionsansprüche **163** 2
Ordnung, öffentliche **Vorbem 158 ff** 34
Parteiwille **163** 4
Rückbeziehungsvereinbarung **163** 8
Schwebezustand **Vorbem 158 ff** 53
Todestag **Vorbem 158 ff** 9
Zwischenverfügungen **Vorbem 158 ff** 55
Befristungsabrede
Bestätigung **141** 27
Umdeutung **140** 43
Befristungsfeindlichkeit
Handlungen, geschäftsähnliche **Vorbem 158 ff** 46
Prozesshandlungen **163** 11
Rechtsgeschäfte, bedingungsfeindliche **163** 9
Beherrschungsvertrag
Teilnichtigkeit **139** 27
Beistandsleistung
Kontrahierungszwang **Vorbem 145 ff** 17
Beitrittserklärung
Bedingung **159** 4
Bedingungsfeindlichkeit **Vorbem 158 ff** 36, 45
Heilung **Vorbem 158 ff** 36
Belastungen
Aufhebung, Anfechtungsgegner **143** 27
Benachteiligungsverbot
Befristungsdauer **140** 43
Beratungshilfe
Kontrahierungszwang **Vorbem 145 ff** 17
Beratungspflicht
Treu und Glauben **157** 8
Bereicherungsrecht
Anfechtung **142** 2, 42
Anwartschaftsrecht **Vorbem 158 ff** 69
Kausalgeschäft, Rückabwicklung **158** 22
Zusendung unbestellter Ware **146** 15
Bergmannsversorgungsschein
Kontrahierungszwang **Vorbem 145 ff** 17
Bergwerkseigentum
Umsatzsteuer **157** 66
Vertragsauslegung, ergänzende **157** 66
Berufsausbildungsverhältnis
Kontrahierungszwang **Vorbem 145 ff** 17
Berufsvereinigung
Aufnahmeanordnung **Vorbem 145 ff** 26
Aufnahmeanspruch **Vorbem 145 ff** 26
Berufung
Umdeutung **140** 11
Nebenintervention **140** 11
Berufungsbegründungsfrist
Umdeutung in Wiedereinsetzung **140** 11
Beschaffenheitsvereinbarung
Vertragsergänzungskonzept **157** 30
Beschluss
Sozialakte **139** 27
Teilnichtigkeit **139** 27
vereinbarter Beschluss **154** 15
Beschlussmängelstreitigkeiten
Schiedsgerichtsklauseln **139** 85
Beschwerde
Umdeutung in Gegenvorstellung **140** 11
Umdeutung in Prozesskostenhilfeantrag **140** 11
Beschwerde, sofortige
Umdeutung **140** 11
Besitzkonstitut
Selbstständigkeit **139** 53
Teilnichtigkeit **139** 63
Besitzmittlungsverhältnis
Umdeutung **140** 67
Besitzwechselverfahren
Geschäftseinheit **139** 49
Bestätigung
Abänderungsvereinbarung **141** 15
Anfechtung der Bestätigung **144** 15
Arbeitsvertrag **141** 27; **144** 6
Auslegung **141** 30; **144** 9, 16
Begriff **141** 2, 13; **144** 4
Behauptungslast **141** 30
Bestätigungsberechtigung **144** 11
Bestätigungswille **141** 1, 7, 20, 23; **144** 6
Beweislast **141** 30
Bezugnahme auf Urkunden **141** 15, 19
Boden des Vertrages **141** 15, 20; **144** 1
Drittwirkung, dingliche **141** 25 f
Drohung **144** 13
Eigentumsübertragung **141** 28
Erfüllung, freiwillige **144** 6
Erfüllungshandlung **141** 23
Erklärung, ausdrückliche **141** 7, 23
Erklärungstatbestand, äußerer **141** 20
Fiktion **141** 13
Forderungsabtretung **141** 28
Form **141** 16; **144** 1
Formfreiheit **144** 4 f
Freigabe, unechte **141** 24
Genehmigung **141** 17; **144** 2
Genehmigungsverweigerung **141** 9
Gesamtakte **141** 10
Gewährleistungsverlangen **144** 6

Bestätigung (Forts)
Neuvornahme **144** 1
Nutzungen **141** 26
Parteierklärung, einseitige **141** 14
Parteiwille **141** 27
Pfandbestellung **144** 6
Rechtsgeschäft **141** 14; **144** 4
anfechtbares Rechtsgeschäft **141** 2; **144** 1 ff
– arglistige Täuschung **144** 3, 6 f, 9, 10
– Behauptungslast **144** 17
– Beweislast **144** 17
– Drohung **144** 10
– Kenntnis der Anfechtbarkeit **144** 7 ff, 9
angefochtenes Rechtsgeschäft **141** 2, 9, 12; **142** 25; **144** 3
einseitiges Rechtsgeschäft **141** 10, 14, 25, 29
Ergänzung **141** 5
Formgebot **141** 13, 19
– Vereinbarung **141** 16, 19
Formnichtigkeit **141** 16
Geltungsvoraussetzungen **141** 1, 17
Gültigkeit, anfängliche **141** 26 f
unter Lebenden **141** 10
Neuvornahme **141** 1, 13, 15 ff, 25
Nichtigkeit **141** 1, 9 ff, 20 ff
– Argwohn **141** 20, 22; **144** 7
– Gesetzesverstoß **141** 12, 18
– Kenntnis der Nichtigkeit **141** 20
– Scheingeschäft **141** 12, 17
– Sittenwidrigkeit **141** 12, 17
– unerkannt nichtiges Geschäft **141** 21
Nichtigkeitsgrund, Anerkennung **141** 22
Teilbarkeit **141** 15
Umdeutung **140** 17
Wirksamkeitsvoraussetzungen **141** 1, 17
Zweifel an der Gültigkeit **141** 20, 22
zweiseitiges Rechtsgeschäft **141** 10
Rechtsmängelhaftung **141** 25
Rechtspflicht **141** 1; **144** 6
Revisibilität **141** 30
Rücktritt von der Kündigung **141** 24
Rückwirkung **141** 25; **144** 2, 13 ff
Ausschluss **141** 27
Beschränkung **141** 27
schuldrechtliche Rückwirkung **141** 26
Schadensersatz **141** 25
Schadensersatzansprüche **144** 16
Schadensersatzverlangen **144** 6
Teilbarkeit **144** 9
teilweise Bestätigung **141** 15
Treu und Glauben **141** 1
Verfügung von Todes wegen **141** 10
Verhalten, konkludentes **141** 8, 23 f; **144** 4 f
Ratenzahlung **141** 24
Veräußerung gekaufter Sachen **141** 24
Weiterbenutzung gekaufter Sachen **141** 23

Bestätigung (Forts)
Versicherungsvertrag **144** 6
Vertrag **141** 14 f, 20, 23, 26
Vertragsänderung **141** 15
Vertragsergänzung **141** 15
Vertretung ohne Vertretungsmacht **141** 17
Verzicht **144** 2
stillschweigender Verzicht **144** 4
Verzicht auf Anfechtungsrecht **144** 2
Verzicht auf Schadensersatzansprüche **144** 16
Vollzug des Rechtsgeschäfts **144** 6
Vorvertrag **Vorbem 145 ff** 68
Weiterveräußerung des erworbenen Rechts **144** 6
Widerruf **144** 15
Rücknahme **141** 24
Willenserklärung, empfangsbedürftige **141** 14
Willenserklärung, nicht empfangsbedürftige **144** 4
Zahlung, vorbehaltlose **141** 23
Zugang **144** 4

Bestätigungserklärung
Erlassvertrag, Antrag auf **144** 16

Bestätigungsschreiben, kaufmännisches
Absendung unmittelbar nach Abschluss der Verhandlungen **146** 6
Kaufmannseigenschaft **146** 6
Rechtsgeschäft, Nichtigkeit **141** 6
Vertragsschluss **146** 6
mündlicher Vertragsschluss **146** 6
Widerspruch des Empfängers **146** 6
Zugang **146** 6

Bestandteile, wesentliche
Vereinbarung, Umdeutung **140** 65

Bestimmtheit
Antrag **145** 17 ff
Gesellschaftsvorvertrag **Vorbem 145 ff** 59
Hauptvertrag **Vorbem 145 ff** 67
Vorhand **Vorbem 145 ff** 78
Vorvertrag **Vorbem 145 ff** 57 f

Betagung
Fälligkeit der Forderung **163** 2
Kondiktionsansprüche **163** 2

Betriebliche Übung
Anfechtbarkeit **143** 23
Auslegung **145** 15
Rechtsfolgenwille **145** 15
Vertrauenshaftung **145** 15

Betriebsführungsvertrag
Teilbarkeit, quantitative **139** 69

Betriebskosten
Überzahlung **157** 63

Betriebskostenvorauszahlung
Rückforderung nach Mietvertragsbeendigung **157** 63
Umdeutung **140** 46

Betriebsrat
Beratungsunternehmen, Vertrag mit **139** 88
Betriebsratsmitglieder
Kündigung, außerordentliche **140** 39
Betriebsübergang
Arbeitnehmerwiderspruch **144** 6
Umdeutung **140** 22
Arbeitsvertragsangebot, Umdeutung **140** 45
Betriebsvereinbarung
Arbeitszeitverlängerung **140** 13
Lohnkürzung **140** 13
schuldrechtlicher Teil **139** 21
Teilnichtigkeit **139** 21
Totalnichtigkeit **139** 21
Umdeutung **140** 13, 43
Verpflichtungswille des Arbeitgebers **140** 13
verschlechternde Betriebsvereinbarung **140** 13
Betrug
Anfechtung **143** 10
Bestätigung des anfechtbaren Rechtsgeschäfts **144** 16
Schadensersatz **142** 37; **144** 16
Beurkundung
Form, gesetzliche **154** 13
notarielle Beurkundung **154** 12
Anwesenheit, gleichzeitige **152** 3
Auflassung **145** 23
Sukzessivbeurkundung **Vorbem 145 ff** 40; **152** 1, 3 f
Versteigerung **156** 7
Vertragsschluss **Vorbem 145 ff** 38
Vorvertrag **Vorbem 145 ff** 52
privatschriftliche Beurkundung **154** 12
Sukzessivbeurkundung **152** 2; **154** 12
vereinbarte Beurkundung **154** 12 ff
Beweislast **154** 17
Beweiszwecke **154** 12, 14, 17
Rechtsmissbrauch **154** 14
Beurkundung, getrennte
Rechtsgeschäfte **139** 41
Beweislast
Annahme **146** 3, 7a; **147** 16; **151** 28
Annahmefrist **148** 12
Annahmeverspätung **149** 13
Antrag **153** 18
Bedingung **Vorbem 158 ff** 50; **158** 7
Rückbeziehung, obligatorische **159** 10
Bedingungseintritt **160** 12
Treuwidrigkeit **162** 20
Befristung **163** 10
Bestätigung **141** 30
Anfechtung **144** 17
Beurkundung, vereinbarte **154** 17
Dissens, offener **154** 16
Dissens, versteckter **155** 18
Erhaltungsklausel **139** 22
Beweislast (Forts)
Geschäftseinheit **139** 47
Parteiwille **139** 47
salvatorische Klausel **139** 22, 79
Sukzessivbeurkundung **152** 10
Teilnichtigkeit **139** 2, 22, 30, 79
Totalnichtigkeit **139** 79
Umdeutung **140** 34
Vertragsauslegung, ergänzende **157** 51
Vertragsform **154** 17
Vertragsschluss **Vorbem 145 ff** 42
Bewerbung
Angebot, Bestimmtheit **145** 18
Bewertung, steuerrechtliche
Bedingungen **Vorbem 158 ff** 80
Bezugsbindung
Menge **139** 69a
Sittenwidrigkeit **139** 69
BGB-Gesellschaft
fehlerhafte Gesellschaft **140** 57
Gewinn-/Verlustverteilung **157** 25
OHG-Errichtung, Umdeutung **140** 26
Umdeutung **140** 57
Forderungsabtretung **140** 60
Bierlieferungsvertrag
Geltungsdauer **139** 69
Geschäftseinheit **139** 50
Sittenwidrigkeit **139** 69
Bieterfindungsverfahren
Versteigerung, unechte **156** 10a
Bildschirmtext
Angebot **145** 9
Bindefrist
Allgemeine Geschäftsbedingungen **148** 6
Bindungsausschluss
Angebot **145** 20, 26 ff, 33; **146** 8
Widerrufsvorbehalt **145** 26 ff
Blankowechsel
Umdeutungsfähigkeit **140** 61
Börsengeschäfte
Annahmeerklärung, Nichtempfangsbedürftigkeit **151** 7
Börsentermingeschäft
Bestätigung **141** 9, 19
Botenschaft
Antrag unter Anwesenden **147** 3
Bruchteilseigentum
Verfügung, Umdeutung **140** 65
Bruchteilsgemeinschaft
Verfügungen, Teilnichtigkeit **139** 65
Buchhypothek
Umdeutung **140** 68
Bürgschaft
Angebot **145** 33
Form **145** 16
Angehörigenbürgschaft **139** 70
Annahmeerklärung, Nichtempfangsbedürftigkeit **151** 8
Annahmewille **151** 20

Bürgschaft (Forts)
Anspruch, bedingter **158** 1
auf erstes Anfordern **140** 69; **157** 46b
Befristung **163** 5
Bestätigung des anfechtbaren Rechtsgeschäfts **144** 13
Einrede der Anfechtbarkeit **142** 23; **143** 16
Freistellungsvereinbarung **157** 60
Fristwahrung **163** 5
Geschäftseinheit **139** 52
Gewährleistungsbürgschaft **157** 46b
Gläubigermehrheit **139** 66
Globalbürgschaft **157** 46
Konzernbürgschaft **140** 69
Mehrheit von Bürgschaften **139** 53
Mitbürgschaft **139** 43
gemeinschaftliche Mitbürgschaft **139** 43
selbstständige Mitbürgschaft **139** 43
Teilbarkeit **139** 66
Nichterfüllung, Herbeiführung **162** 16
Umdeutung **140** 30
in Kreditvertrag **140** 69
in Schuldbeitritt **140** 69
Vertrag, einseitig verpflichtender **Vorbem 145 ff** 88
Vertragsauslegung, ergänzende **140** 69; **157** 12, 46, 46b, 58
Vertragserfüllungsbürgschaft **157** 46b
Vorvertrag **Vorbem 145 ff** 60

certus an
Befristung **163** 4
CISG
Vertragsschluss **Vorbem 145 ff** 99
Common Law
Vertrag **Vorbem 145 ff** 11
Computerkauf
Geschäftseinheit **139** 49
condicio in praesens vel praeteritum collata
Scheinbedingung **Vorbem 158 ff** 28
condicio iuris
Rechtsbedingung **Vorbem 158 ff** 22
condicio necessaria
Bedingung, notwendige **Vorbem 158 ff** 27
condicio si volam
Wollensbedingung **Vorbem 158 ff** 16
condicio si voluero
Wollensbedingung **Vorbem 158 ff** 16
condicio tacita
Rechtsbedingung **Vorbem 158 ff** 22
condictio ob causam finitam
Anfechtung, ex tunc-Wirkung **142** 31
contrarius consensus
Aufhebungsvertrag **Vorbem 145 ff** 43
culpa in contrahendo
Abbruch von Vertragsverhandlungen **Vorbem 145 ff** 28, 49
Ablehnungspflicht **146** 10; **150** 6
Annahmeerklärung **145** 25

culpa in contrahendo (Forts)
Annahmeverspätung **149** 2
arglistige Täuschung **142** 37
Erfüllungsinteresse **Vorbem 145 ff** 50
Interesse, negatives **Vorbem 145 ff** 28, 50; **146** 10
Kontrahierungszwang **Vorbem 145 ff** 31
Rücktrittsrecht **Vorbem 145 ff** 50
Schuldverhältnis, vorvertragliches **Vorbem 145 ff** 48 ff
Vertrauensschaden **Vorbem 145 ff** 50

Darlehensabtretungsvertrag
Genehmigung, familiengerichtliche **140** 55
Umdeutung **140** 55
Darlehensrückzahlungspflicht
zugleich auflösend und aufschiebend bedingt **158** 6
Darlehensvertrag
Allgemeine Geschäftsbedingungen **148** 6
Annahmefrist **148** 6
Bestätigung **141** 22
Ehe, Scheitern **157** 65
Gefälligkeitsvertrag **Vorbem 145 ff** 80
Geschäftseinheit **139** 42 f, 50, 52 f
Mehrheit von Darlehensnehmern **139** 43, 52
Nichtabnahmeentschädigung **157** 64
Sicherungsabreden, Umdeutung **140** 69
Vertragsauslegung, ergänzende **157** 64
wucherähnliches Darlehen **139** 70
zinsloses Darlehen **Vorbem 145 ff** 80
Dauerschuldverhältnis
Anfechtung **142** 36
Bedingung, auflösende **158** 22
Kündigung, Umdeutung **140** 44
Teilbarkeit, zeitliche **139** 68 ff
Teilnichtigkeit **139** 83
Vorvertrag **Vorbem 145 ff** 65 f
Dauerwohnrecht
Miteigentum, Umdeutung **140** 65
DDR-ZGB
Besitzwechselverfahren **139** 49
Wohnungstauschvertrag **139** 49
Deckungskauf
Bedingung, auflösende **158** 5
Dereliktion
Anfechtungsgegner **143** 29 f
Grundeigentum **143** 30
Sachen, bewegliche **143** 29
Dienstbarkeit
Geschäftseinheit **139** 57
Dienstbarkeit, beschränkte persönliche
Bedingung, auflösende **158** 6
Befristung **158** 6
Kombination Bedingung/Befristung **163** 4
Dienstvergütungsanspruch
Forderung, befristete **163** 2

Dienstvertrag
Kündigung, bedingte **Vorbem 158 ff** 40 f
Kündigung, Umdeutung **140** 36
außerordentliche Kündigung **140** 39
auf Lebenszeit **162** 17
Schutznormen **139** 13
Teilnichtigkeit **139** 15
Treuwidrigkeit **162** 17
dies a quo
Anfangstermin **163** 1
dies ad quem
Endtermin **163** 1
dies certus an et quando
Befristung **163** 4
dies certus an, incertus quando
Befristung **163** 4, 9
dies certus quando
Befristungseintritt **163** 7
dies incertus
Befristung an **Vorbem 158 ff** 4
dies incertus an
Bedingung **Vorbem 158 ff** 4, 9; **162** 12
dies incertus an, certus quando
Bedingung **Vorbem 158 ff** 4, 9; **162** 12
Befristung **Vorbem 158 ff** 9; **163** 4
dies incertus an, incertus quando
Bedingung **Vorbem 158 ff** 4, 9; **162** 12
dies incertus quando
Befristungseintritt **163** 7
Diskothek
Kontrahierungszwang **Vorbem 145 ff** 24
Diskriminierung
Kartellrecht
s dort
Kontrahierungszwang **Vorbem 145 ff** 24
Schmerzensgeld **Vorbem 145 ff** 24
Unterlassungsanspruch, quasinegatorischer **Vorbem 145 ff** 24
Dissens
Allgemeine Geschäftsbedingungen, sich widersprechende **150** 18
Annahme, modifizierte **150** 16
Auslegung **154** 4
Auslegungsregel **154** 6
Erklärungsdissens **155** 2
essentialia negotii **154** 3, 8, 16; **155** 15
falsa demonstratio non nocet **155** 10
Finanzierungskauf **154** 5
Gesellschaftsvorvertrag **154** 5
Kaufvertrag **154** 5
logischer Dissens **154** 3
Maklervertrag **154** 5
Mietvertrag **154** 5
Nebenpunkte **154** 1; **157** 12
offener Dissens **Vorbem 145 ff** 4, 52; **154** 2, 5 f; **157** 12
Beweislast **154** 16
Lückenschließung **154** 9
Nichtigkeit des Vertrages **157** 12

Dissens (Forts)
unzulässige Rechtsausübung **154** 10
Regelungsprogramm des Vertrages **154** 2; **155** 3, 7
Teildissens **154** 7; **155** 14 ff, 18
Umdeutung des Rechtsgeschäfts **140** 17
versteckter Dissens **141** 5; **Vorbem 145 ff** 4; **154** 2; **155** 1 f, 4; **157** 12
Annahmeerklärung **151** 23
Auslegungsregel **155** 15
Beweislast **155** 18
einseitig versteckter Dissens **154** 2; **155** 1
Erklärungsübereinstimmung **155** 3 ff
– Auslegung der Parteierklärungen **155** 3 ff, 8
– Wortlaut **155** 5
Irrtum **155** 2 ff
Mehrdeutigkeit der Erklärungen **155** 9
– Allgemeine Geschäftsbedingungen **155** 12
– Kunstworte **155** 9
– Vertragstext, zweisprachiger **155** 9
Missverständlichkeit der Erklärungen **155** 4, 8 f
Mitverschulden **155** 17
Nichtzustandekommen des Vertrages **155** 3, 13 ff
Schadensersatzpflicht **155** 17
Scheinkonsens **155** 9
Unvollständigkeit der Erklärungen **155** 4, 7
unzulässige Rechtsausübung **155** 16
Vertragsauslegung, ergänzende **157** 12
Vertragslücke **155** 7
Vertragsschluss **150** 16
Werkvertragsvergütung **155** 16
Dokumentenstrenge
Vertragsauslegung, ergänzende **157** 45
dolo agit qui petit quod statim redditurus est
Hauptvertrag, Anfechtung **Vorbem 145 ff** 68
Drittwiderspruchsklage
Anwartschaftsrecht **Vorbem 158 ff** 69, 75
Drohung
Anfechtbarkeit des Rechtsgeschäfts **142** 6
Anfechtung **142** 12; **Vorbem 145 ff** 14
Anfechtungsberechtigter **143** 14
Bestätigung des Rechtsgeschäfts **144** 10
Deliktsanspruch, Pfändbarkeit **142** 12
Fehleridentität **142** 22

ec-Scheckkartengarantie
Scheck, Umdeutung **140** 62
Ehe
Aufhebungsgrund **141** 8
Bestätigung **141** 8
Ehegatten
Geschäftsunfähigkeit **139** 66
Mietvertrag **139** 44

Ehegatten (Forts)
Mitwirkung an Rechtsgeschäften **139** 44
Ehegattenerbvertrag
Umdeutung **140** 51
Eheschließung
Bedingungsfeindlichkeit **Vorbem 158 ff** 34
Ehevertrag
Auslegung, ergänzende **157** 12
Gesamtnichtigkeit **139** 3
Geschäftseinheit **139** 49
Teilnichtigkeit **139** 22
Versorgungsausgleich, Ausschluss **139** 22
Wirksamkeitskontrolle **139** 3
Ehrenwort
Wettbewerbsunterlassung **139** 52
Eigenkündigung des Arbeitnehmers
Umdeutung **140** 36
in Aufhebungsvertrag **140** 41
Eigentümergrundschuld
Abtretung, Umdeutung **140** 64
Eigentumsanwartschaft
Grundstücke **Vorbem 158 ff** 71
Sachen, bewegliche **Vorbem 158 ff** 71
Teilungsprinzip **Vorbem 158 ff** 65
Übertragung **Vorbem 158 ff** 71
Eigentumsübergang
Hoheitsakt **161** 9
Vereinbarung, rechtsgeschäftliche **Vorbem 145 ff** 4
Eigentumsübertragung
Bestätigung **141** 28
Versteigerung **156** 8
Zwangsvollstreckung **156** 11
Eigentumsvorbehalt
Anwartschaftsrecht **Vorbem 158 ff** 58, 62
s a dort
Bedingungseintritt **Vorbem 158 ff** 58
Globalabtretung **139** 72
gutgläubiger Erwerb **Vorbem 158 ff** 58
Haftungsverband der Hypothek **Vorbem 158 ff** 73
Restkaufpreis, Zahlung durch Pfandgläubiger **162** 18
Übereignung, aufschiebend bedingte **Vorbem 158 ff** 58; **158** 12
Umdeutung **140** 72
Zwischenverfügungen **Vorbem 158 ff** 58; **161** 3
Eigentumswohnungskauf
Geschäftseinheit **139** 51
Einbürgerung
Bedingungsfeindlichkeit **Vorbem 158 ff** 78
Einheitlichkeitswille
s Geschäftseinheit
Einigung
Anfechtung **Vorbem 145 ff** 43
Auslegung, ergänzende **157** 45
Beseitigung **Vorbem 145 ff** 43
Vertragsschluss **Vorbem 145 ff** 43
Einigung (Forts)
s a Vertrag
Widerruf **Vorbem 145 ff** 43
Einigung, dingliche
Selbstständigkeit **139** 53
Einigungslücke
Lückenschließung **155** 16
Einigungsmangel
s Dissens
Einigungsvertrag
Kündigung, außerordentliche **140** 38
Einmann-GmbH
Gründungserklärung, Anfechtung **143** 30
Einredeverzicht
Auslegung, ergänzende **157** 12
Einstellungsanspruch
Vereitelung **162** 17
Einstweiliger Rechtsschutz
Kontrahierungszwang **Vorbem 145 ff** 34
Eintragungsbewilligung
Umdeutung **140** 10
Vertragsauslegung, ergänzende **157** 45
Eintrittsrecht
Vorrechtsvertrag **Vorbem 145 ff** 77
Elektronischer Rechtsverkehr
Annahme **146** 1
Zugangsbestätigung **146** 1
Eltern-Kind-Zentrum
Teilungserklärung, Auslegung **157** 12, 16, 17, 30
Elternzeit
Kündigung, Umdeutung **140** 39
E-Mail
Annahme **147** 11
Antrag unter Anwesenden **147** 4
Empfängerhorizont
s Auslegung
Empfangsbote
Antrag unter Anwesenden **147** 3
Notar **152** 5
Empfangsvertreter
Antrag unter Anwesenden **147** 3
Notar **152** 5
Endtermin
Annahmefrist **148** 3
auflösende Wirkung **Vorbem 158 ff** 27
Befristung **163** 1, 5
dies ad quem **163** 1
Rechtswirkungen **163** 5
Rückübertragung **163** 5
Energielieferungsvertrag
Äquivalenzgefüge **157** 47b
Angebot **145** 8
Annahmewille **151** 19
Bezugskosten, Weitergabe an Kunden **157** 47b
Entschädigung des Grundstückseigentümers wegen Überspannung mit Leitung **157** 65

Energielieferungsvertrag (Forts)
Kontrahierungszwang **Vorbem 145 ff** 17
Kundenschutzklausel **139** 17
Preisanpassungsklauseln **157** 47b
Restforderung **157** 47b
Rückforderung **157** 47b
salvatorische Klausel **139** 17
Sonderkundenvertrag **157** 47b
Tarifkundenvertrag **157** 47b
Vertragsauslegung, ergänzende **157** 65
Energieversorgungsvertrag
s Energielieferungsvertrag
Enteignung
Grundstückskaufvertrag, ergänzende Vertragsauslegung **157** 29, 58
Rechtsverhältnisse, Begründung **Vorbem 145 ff** 35
Enterbung
Selbstständigkeit **139** 53
Entfristung
Befristung, Aufhebung **163** 1
Erbanteilsübertragung
Umdeutung **140** 49
Erbauseinandersetzungsvertrag
Heilbarkeit **140** 50
Erbbau-Heimstättenvertrag
Regelungslücke, nachträgliche **157** 16
Roggenklausel **157** 59
Vertragsauslegung, ergänzende **157** 42, 59
Erbbaurecht
Anfechtungsgegner **143** 30
Ankaufsverpflichtungen, Teilbarkeit **139** 69
Bedingungsfeindlichkeit **Vorbem 158 ff** 35
Freistellungsanspruch **157** 59
Geschäftseinheit **139** 56
Nebenabrede, Nichtigkeit **139** 87
Übertragung, Bedingungsfeindlichkeit **Vorbem 158 ff** 35
Umdeutung **140** 64
Vertragsauslegung, ergänzende **157** 59
Erbbaurechtsvertrag
Vertragsauslegung, ergänzende **157** 12
Erbbauzins
Indexermittlung **157** 61
Erbeinsetzung
Grundstücksauflassung **139** 87
Erbengemeinschaft
Anfechtungsrecht **143** 15
Verfügungen, Teilnichtigkeit **139** 65
Erbpacht
Umdeutung **140** 48
Erbrecht
Anwartschaftsrecht **Vorbem 158 ff** 58
Teilnichtigkeit **139** 6
Umdeutung **140** 35, 49 ff
Verträge **Vorbem 145 ff** 5, 87
Erbschaftsannahme
Anfechtungserklärung **143** 7
Erbschaftsannahme (Forts)
Bedingungsfeindlichkeit **Vorbem 158 ff** 35
Erbschaftserwerb
Anfechtung **142** 7
Erbschaftskauf
Formnichtigkeit **140** 50
Umdeutung **140** 50
Erbteilskaufvertrag
Geschäftseinheit **139** 56
Erbteilsübertragung
Geschäftseinheit **139** 56
Erbunwürdigkeit
Erbschaftserwerb, Anfechtung **142** 7
Erbvertrag
Anfechtungserklärung **143** 7
Aufhebungsantrag, Umdeutung **140** 51
Aufhebungsvertrag **139** 42
Auslegung, ergänzende **157** 12
Erbfolge, vertragliche **Vorbem 145 ff** 4
Geschäftseinheit **139** 42, 49, 52
Geschäftsunfähigkeit **140** 49
Inhaltsänderung **139** 6
mehrseitiger Erbvertrag **140** 49
Minderjährigenbeteiligung **140** 49
Teilnichtigkeit **139** 6, 27
Umdeutung **140** 49 ff
in Vertrag über künftigen Erbteil **140** 53
in Vertrag zugunsten Dritter **140** 55
in Zuwendungsverzichtsvertrag **140** 49
Umdeutung nichtiger Rechtsgeschäfte unter Lebenden **140** 9
Vertragsschluss **Vorbem 145 ff** 5
Erbverzicht
Anfechtung nach Erbfall **142** 31
Geschäftseinheit **139** 57
Erfolgshonorar, anwaltliches
Vereinbarung, unwirksame **139** 17
Erfüllungsgehilfenhaftung
Vertragsschluss **Vorbem 145 ff** 8
Erfüllungsgeschäft
Auslegung **158** 12
Bedingungsfeindlichkeit **139** 55
Geschäftseinheit **139** 54 f, 58
Kausalgeschäft, Anfechtung **142** 21
Nichtigkeit **139** 54
Erfüllungshandlung
Annahmeerklärung **151** 17
Bestätigung **141** 23
Versteigerung **156** 8
Erhaltungsklausel
Allgemeine Geschäftsbedingungen **139** 22
Aufrechterhaltung des Rechtsgeschäfts **139** 22
Beweislastverteilung **139** 22
salvatorische Klausel **139** 22
Vertragsauslegung, ergänzende **157** 7
Erkenntnisverfahren
Treuwidrigkeit **162** 18

Erklärungsbewusstsein
Annahmeerklärung **151** 16
Erklärungsbote
Annahmeverspätung **149** 5
Antrag unter Anwesenden **147** 3
Erklärungsvertreter
Antrag unter Anwesenden **147** 3
Erlassvertrag
Annahmeerklärung, Nichtempfangsbedürftigkeit **151** 8
Schadensersatzansprüche **144** 16
Ersatzgeschäft
Formerfordernisse **140** 23
Geschäftsfähigkeit **140** 23
Geschäftstyp **140** 19
Kenntnis der Nichtigkeit **140** 18, 24, 28
Kongruenz **140** 18, 21 ff
Begrenzungswirkung **140** 22
Gültigkeitsvoraussetzungen **140** 23
Konversionsklausel **140** 6
Parteiwille, hypothetischer **140** 22 ff
Rechtsform **140** 19
Rechtsgeschäft, anderes **140** 19
Verbotszweck **140** 16
Verfügungsmacht **140** 23
Erschließungskosten
Nichtigkeit der Erschließungsbeitragssatzung **139** 87
Selbstbeteiligung der Gemeinden **139** 17
Vertragsauslegung, ergänzende **157** 29, 59
Ersetzungsklausel
Allgemeine Geschäftsbedingungen **139** 22
Lückenschließung **139** 22; **157** 7
salvatorische Klausel **139** 22
Ersteigerungsauftrag
Versteigerung **156** 3 f
essentialia negotii
Angebot **145** 17
Annahmeerklärung **151** 23
Bestimmbarkeit **154** 3
Dissens **154** 3, 8, 16; **155** 15
Gegenleistung **145** 17
Kontrahierungszwang **Vorbem 145 ff** 29, 34
Versicherungsvertrag **145** 18
Vertragsgegenstand **145** 17
Vertragsparteien **145** 17
Vertragsschluss **Vorbem 145 ff** 34, 37; **154** 1, 3, 8
Vertragstyp **145** 17
Vorvertrag **Vorbem 145 ff** 58
EU-Beihilferecht
Teilnichtigkeit **139** 1
EU-Gemeinschaftsrecht
Kartellrecht **139** 81
Europäisches Recht
Allgemeine Geschäftsbedingungen **157** 47a
Eventualanfechtung
Anfechtungserklärung **143** 9
Bedingung **Vorbem 158 ff** 43
Eventualanträge
Zulässigkeit **Vorbem 158 ff** 76
Eventualerklärung
Prozess **Vorbem 158 ff** 43
Examen
Bedingung **Vorbem 158 ff** 4, 9; **158** 14
exceptio doli
Anwartschaftsrecht **Vorbem 158 ff** 70
Existenzgründer
Vereinbarungen, abweichende **139** 16
Fälligkeitsregelung
Auslegung **158** 11
Fahrgemeinschaft
Rechtsbindungswille **Vorbem 145 ff** 82
Fahrkartenautomat
Vertragsschluss **145** 10
Fahrnisübereignung
Geschäftseinheit **139** 56
falsa demonstratio non nocet
Auslegung **140** 3
Erklärungswiderspruch **155** 10
Familienrecht
Teilnichtigkeit **139** 27
Verträge **Vorbem 145 ff** 5, 87
favor testamenti
Teilnichtigkeit **139** 6
Fehleridentität
Anfechtung **142** 22
arglistige Täuschung **142** 22
Drohung **142** 22
Irrtum **142** 22
Fehlgebrauch, institutioneller
geltungserhaltende Reduktion **157** 36
salvatorische Klausel **139** 22
Fernabsatz
Widerruf des sittenwidrigen Vertrages **142** 30
Fernwärmelieferungsvertrag
Vertragsauslegung, ergänzende **157** 47b
Fertighausvertrag
Geschäftseinheit **139** 51
Festofferte
Annahmefrist **148** 7
Bindungsdauer **148** 7
Bindungsfrist **145** 24; **148** 3
Bindungswirkung **145** 24
Optionsrecht **Vorbem 145 ff** 70
Selbstbindung **Vorbem 145 ff** 70; **145** 24
Feststellungsklage
Kontrahierungszwang **Vorbem 145 ff** 33
Rechtsverhältnisse, bedingte **Vorbem 158 ff** 47; **158** 19; **163** 10
Rechtsverhältnisse, befristete **Vorbem 158 ff** 47; **163** 10
Vorvertrag **Vorbem 145 ff** 67
Feuerversicherung
Annahmefrist **148** 2

Finanzierter Abzahlungskauf
s Abzahlungskauf, finanzierter
Finanzierungsklausel
Bedingung, aufschiebende **158** 5
Leistungsstörung **158** 5
Fixhandelskauf
Versteigerung, öffentliche **156** 10
Forderung
gutgläubiger Erwerb **142** 40
Forderungsabtretung
Bestätigung **141** 28
Gesamtgläubiger **139** 66
Geschäftseinheit **139** 52
Umdeutung **140** 60
Forderungseinziehung
Verfügung, beeinträchtigende **161** 5
Forderungsverpfändung
Umdeutung **140** 14
Formmangel
Bestätigung des Rechtsgeschäfts **141** 12, 19
Teilnichtigkeit des Vertrages **139** 22
Umdeutung des Rechtsgeschäfts **140** 16, 30
Übereilungsschutz **140** 30
Formularvertrag
ausländischer Formularvertrag, Revisibilität **157** 57
Massenverträge **Vorbem 145 ff** 93
Vertragsinhalte, Vorformulierung **Vorbem 145 ff** 93
Fortsetzungsvertrag
Kündigung, Rücknahme **145** 12
Franchisevertrag
Gebietsklausel **139** 81
Geschäftseinheit **139** 52
Marktaufteilung **139** 81
Mietvertrag, Zusammenfassung mit **139** 42
Preisbindung **139** 81
vernetzter Vertrag **157** 4
Vertragsauslegung, ergänzende **157** 4
Vertragstyp **Vorbem 145 ff** 89
Frankreich
Vertrag **Vorbem 145 ff** 11
Freiberufler
Wettbewerbsverbot **139** 69
Freiklausel
Leistungsbestimmung **145** 32
Rücktrittsrecht **145** 32
Freiwillige Gerichtsbarkeit
Teilnichtigkeit **139** 30
Fremdwährungsschuld
Vertragsauslegung, ergänzende **157** 45
Fristbestimmung
Annahmefrist
s Annahme
Fristwahrung
Treuwidrigkeit **162** 16
Fundsache
Versteigerung, öffentliche **156** 10

Garagenkauf
Geschäftseinheit **139** 51
Garantie
Annahmeerklärung, Nichtempfangsbedürftigkeit **151** 8
Befristung **163** 5
Fristwahrung **163** 5
Gaststätten
invitatio ad offerendum **145** 11
Kontrahierungszwang **Vorbem 145 ff** 24
Gaststättenpachtvertrag
Teilnichtigkeit **139** 82
Wettbewerbsverstoß **139** 82
Gasversorgungsvertrag
Vertragsauslegung, ergänzende **157** 47b
Gebäudeerrichtungsvertrag
Geschäftseinheit **139** 50
Gebäudefeuerversicherung
Regressverzicht **157** 61
Vertragsauslegung, ergänzende **157** 61
Gebot
Anfechtung **156** 3
Annahme **156** 1
Anspruch auf Leistung **156** 2
Anspruch auf Vertragsschluss **156** 2
Antrag **156** 2
Auslegung **156** 3
Beurkundung, notarielle **156** 7
Bindungswirkung **156** 3 f
Erlöschen **156** 3 f
Internet-Auktion **156** 10a
Nennbetrag **156** 4
Prozesshandlung **156** 11
Stellvertretung **156** 3
Übergebot **156** 2, 4
Umsatzsteuer **156** 4
Unwirksamkeit **156** 4
Zurückweisung **156** 4
Versteigerer **156** 3
Wirksamkeit **156** 3
Zurückweisung **156** 3
Gebrauchsmusterrecht
Zwangslizenz **Vorbem 145 ff** 17
Gebrauchtwagenkauf
Bedingung, aufschiebende **158** 5
Bedingung Kauf-/Darlehensvertrag **158** 10
Gebührensatzung
Teilnichtigkeit **139** 29
Gefälligkeitsfahrt
Haftungsbeschränkung **157** 13
Rechtsbindungswille **Vorbem 145 ff** 82
Gefälligkeitsflug
Rechtsbindungswille **Vorbem 145 ff** 82
Gefälligkeitsverhältnis
Abbruch zur Unzeit **Vorbem 145 ff** 83
Altruismus **Vorbem 145 ff** 79, 81
Aufwendungsersatz **Vorbem 145 ff** 83
Auslegung **Vorbem 145 ff** 84
Begriff **Vorbem 145 ff** 79

Gefälligkeitsverhältnis (Forts)
Deliktshaftung **Vorbem 145 ff** 85 f
Erfüllungsansprüche **Vorbem 145 ff** 79 f, 83 f
Fortsetzung **Vorbem 145 ff** 83
Gefährdungshaftung **Vorbem 145 ff** 85
Gefälligkeit des täglichen Lebens **Vorbem 145 ff** 81
Gehilfenhaftung **Vorbem 145 ff** 85
gesellschaftliche Gefälligkeit **Vorbem 145 ff** 79, 81
Haftung **Vorbem 145 ff** 79, 81, 85 f
Haftungserweiterung **Vorbem 145 ff** 85
Haftungsmaßstab **Vorbem 145 ff** 79, 86
Fahrlässigkeit, grobe **Vorbem 145 ff** 86
Vorsatz **Vorbem 145 ff** 86
Handeln auf eigene Gefahr **Vorbem 145 ff** 86
Haus, Beaufsichtigung **Vorbem 145 ff** 82
Kondiktionsansprüche **Vorbem 145 ff** 84
Lebensgemeinschaft, nichteheliche **Vorbem 145 ff** 82
Mitverschulden **Vorbem 145 ff** 86
Nachbarskinder, Betreuung **Vorbem 145 ff** 82
Rechtsbindungswille **Vorbem 145 ff** 3, 79 ff
Art der Gefälligkeit **Vorbem 145 ff** 81
Grund der Gefälligkeit **Vorbem 145 ff** 81
Leistung, fehlerhafte **Vorbem 145 ff** 81
rechtliche Bedeutung **Vorbem 145 ff** 81
Treu und Glauben **Vorbem 145 ff** 81
Verkehrssitte **Vorbem 145 ff** 81
Wert der anvertrauten Sache **Vorbem 145 ff** 81
wirtschaftliche Bedeutung **Vorbem 145 ff** 81
Zweck der Gefälligkeit **Vorbem 145 ff** 81
Rechtsfolgenwille **Vorbem 145 ff** 3
Rücksichtnahmepflicht **Vorbem 145 ff** 83
Schadensersatzansprüche **Vorbem 145 ff** 3, 83
Schuldverhältnis, gesetzliches **Vorbem 145 ff** 85
Schutzpflicht, quasivertragliche **Vorbem 145 ff** 83 f
Sekundäransprüche **Vorbem 145 ff** 83
Sonderbeziehung, vertragsähnliche **Vorbem 145 ff** 85
Sorgfaltspflicht **Vorbem 145 ff** 84 f
Uneigennützigkeit **Vorbem 145 ff** 81
Unentgeltlichkeit **Vorbem 145 ff** 81
Vermögensverletzungen **Vorbem 145 ff** 85
Vertrag ohne primäre Leistungspflichten **Vorbem 145 ff** 84 f
Vertragsansprüche **Vorbem 145 ff** 83 f
Gefälligkeitsvertrag
Auftrag **Vorbem 145 ff** 80
Auslegung **Vorbem 145 ff** 81, 84
Darlehen, zinsloses **Vorbem 145 ff** 80
Erfüllungsansprüche **Vorbem 145 ff** 80
Gefälligkeitsvertrag (Forts)
Kondiktionsansprüche **Vorbem 145 ff** 80
Leihe **Vorbem 145 ff** 80
Rechtsbindungswille **Vorbem 145 ff** 80 ff s a dort
Sorgfaltspflicht **Vorbem 145 ff** 80
Verwahrung, unentgeltliche **Vorbem 145 ff** 80
Gefahrtragung
Annahme, modifizierte **150** 8
Rückbeziehungsvereinbarung **159** 6
Gegenvorstellung
Umdeutung **140** 11
Gegenwartsbedingung
Scheinbedingung **Vorbem 158 ff** 28
Gehaltserhöhung
Angebot **145** 12
Geldwechselgeschäfte
Geschäftseinheit **139** 59
Geliebtentestament
Sittenwidrigkeit **139** 72
Geltungserhaltende Reduktion
Allgemeine Geschäftsbedingungen **157** 46b, 50
Aufrechterhaltung des Vertrages **157** 36
Fehlgebrauch, institutioneller **157** 36
Gesellschaftsverhältnis **139** 83
Individualverträge **157** 36
Kartellrecht **139** 17
Mandantenschutzklausel **139** 69
Mietwucher **139** 17
Schuldanerkenntnis **139** 73
Sittenwidrigkeit **139** 3, 69, 70; **140** 2
Tarifvertrag **139** 20
Teilnichtigkeit **139** 63
Totalnichtigkeit **139** 3, 61
Verbot **139** 70; **157** 46b, 47c
Verbotsgesetze **139** 17
Verbraucherdarlehensvertrag **139** 16
Vertragsauslegung, ergänzende **157** 35
Vorrang **157** 35
Wettbewerbsverbot **139** 69 f
Wucher **139** 70
Gemeinde
Kontrahierungszwang **Vorbem 145 ff** 17
Nutzungsvertrag zwischen Gemeinden **Vorbem 145 ff** 95
Gemeines Recht
Antrag, Widerruflichkeit **145** 20
Auflage **Vorbem 158 ff** 2
Bedingung **Vorbem 158 ff** 2
Selbstbeschränkung des Willens **Vorbem 158 ff** 6
Befristung **Vorbem 158 ff** 2; **163** 4
dies incertus an **Vorbem 158 ff** 4
Geschäftsunfähigkeit des Antragenden/ Antragsgegners **153** 1
Nebenbestimmungen **Vorbem 158 ff** 2
Teilnichtigkeit **139** 1, 4

Gemeines Recht (Forts)
Tod des Antragenden/Antragsgegners **153** 1
Verfügungen, bedingte **161** 1
Versteigerung **156** 1
Vertrag **Vorbem 145 ff** 1, 9
Voraussetzung **Vorbem 158 ff** 2
Gemeinschaft
Teilung durch Verkauf **156** 10
Gemeinschaftseigentum
Nichtigkeit des Rechtsgeschäfts **140** 9
Sondereigentum, Umwandlung in **140** 9
Gemeinschaftsordnung
Kostenverteilungsschlüssel **157** 15
Vertragsauslegung, ergänzende **157** 10, 12
Gemeinschaftspraxis
Hinauskündigungsrecht **139** 69
Genehmigung
Anfechtung **142** 24
Annahme **148** 10
bedingte Genehmigung **Vorbem 158 ff** 42
Begriff **141** 3
Bestätigung **141** 17
Handeln, vollmachtloses **162** 14
Rechtsbedingung **Vorbem 158 ff** 25
Rechtsgeschäft, schwebend unwirksames **139** 33
Teilgenehmigung **139** 33
Treuwidrigkeit **162** 14
Umdeutung des Rechtsgeschäfts, Ausschluss **140** 14
Genehmigung, behördliche
Mitwirkungspflicht **162** 14
Genehmigung, familiengerichtliche
Bedingung **Vorbem 158 ff** 77
Darlehensabtretung, Umdeutung **140** 55
Ermessen des gesetzlichen Vertreters **162** 14
Unwirksamkeit **139** 13
Genehmigungsverweigerung
Anfechtung der Genehmigung **142** 24
Bestätigung des Rechtsgeschäfts **141** 9
Teilbarkeit des Rechtsgeschäfts **139** 68
Unwirksamkeit des Rechtsgeschäfts **139** 33
Vertretung ohne Vertretungsmacht **139** 44, 64
Generalvollmacht
Umdeutung **140** 60
Genossenschaftsbeitritt
Anfechtung **142** 32
Bedingungsfeindlichkeit **Vorbem 158 ff** 36
gentlemen's agreement
Geschäftsgrundlage **Vorbem 145 ff** 3
Schadensersatzansprüche **Vorbem 145 ff** 3
Zusagen, Unverbindlichkeit **Vorbem 145 ff** 3
Gerechtigkeit
Lückenschließung **157** 23 f
Vertragsauslegung, ergänzende **157** 23
Gerichtsstandsklausel
Hauptvertrag, Nichtigkeit **139** 85
Gerichtsstandsvereinbarung
Prozessvertrag mit verfügender Wirkung **Vorbem 145 ff** 96
Gesamtnichtigkeit
s Totalnichtigkeit
Gesamtschuldverhältnis
Teilbarkeit **139** 66
Gesamtunwirksamkeit
Transparenzgebot **139** 12
Gesamtunwirksamkeitsklausel
Parteiwille **139** 23
Wertsicherungsklausel **139** 23
Gesamtvertretung
Teilbarkeit **139** 66
Geschäftsbedingungen
Geschäftsinhalt **Vorbem 158 ff** 4
Geschäftseinheit
Abstraktionsprinzip **139** 54 f
Bedingungszusammenhang **139** 46
Einheitlichkeitswille **139** 37 ff, 46, 54
Anscheinsbeweis **139** 40 f
Beweislast **139** 47
Höchstpersönlichkeit **139** 41
Indizien, äußere **139** 39 f, 45
Parteiwille **139** 47
Revisibilität **139** 47
selbstständige Rechtsgeschäfte **139** 39
stehen und fallen, miteinander **139** 39, 41
Summierungseffekt **139** 40
Tatfrage **139** 47
Verknüpfung, wirtschaftliche **139** 39 f, 45
Vermutung **139** 40 f
Zeitpunkt, maßgeblicher **139** 37
Zustandekommen des Rechtsgeschäfts **139** 40
Erfüllungsgeschäft **139** 54 f, 58
Grundgeschäft **139** 54 f
Parteiwille **139** 47, 54, 57, 60
Personenverschiedenheit **139** 43 f
Sicherungsabrede **139** 49
Sinnzusammenhang, objektiver **139** 37, 43, 45
Totalnichtigkeit **139** 60
Typenkombination **139** 42
Übereignung **139** 54
Verfügung **139** 54
Verpflichtungsgeschäft **139** 54 f, 58
Vollmacht **139** 56
Geschäftsfähigkeit
Ersatzgeschäft **140** 23
Geschäftsfähigkeit, beschränkte
Annahme **146** 4
Antrag **145** 33; **153** 14
Genehmigung **141** 3
Geschäftsgrundlage
Bedingung **Vorbem 158 ff** 8
Fehlen der Geschäftsgrundlage **157** 9

Geschäftsgrundlage (Forts)
gentlemen's agreement **Vorbem 145 ff** 3
Rechtsgeschäfte **139** 36, 46
Rücktrittsrecht **Vorbem 158 ff** 11
Sachlage, vorausgesetzte **Vorbem 158 ff** 11
subjektive Geschäftsgrundlage **155** 6; **Vorbem 158 ff** 2
Vertragsanpassung **Vorbem 158 ff** 11
Vorstellung der Parteien, gemeinsame irrige **157** 10
Wegfall der Geschäftsgrundlage **140** 47; 157 9 f
s a dort
Geschäftsunfähigkeit
Geschäftsunfähigkeit des Antragenden **153** 1 f, 5 ff
Geschäftsunfähigkeit des Antragsempfängers **153** 9 ff
Umdeutung des Rechtsgeschäfts **140** 17
Geschäftswille
Annahmeerklärung **151** 16
Gesellschafter
Anfechtungsrecht der Gesellschaft **142** 23
Gesellschafterausscheiden
Abfindungsklausel **157** 58
Vertragsauslegung, ergänzende **157** 58
Gesellschafterversammlungsbeschluss
Umdeutung **140** 58
Gesellschafterwechsel
Fehlerhaftigkeit **142** 32
Gesellschaftsanteil
Anteilsabtretung, Anfechtungsgegner **143** 20
Übertragung, aufschiebend bedingte **140** 10
Übertragung, Umdeutung **140** 57
Gesellschaftsrecht
Bedingungsfeindlichkeit **Vorbem 158 ff** 36
Gesellschaftsverhältnis
Anfechtung **142** 32 f, 36
Allgemeininteressen **142** 33
Geschäftsunfähigkeit **142** 33
Gesetzesverstoß **142** 33
Minderjährigkeit **142** 33
Personen, schutzwürdige **142** 33
Sittenwidrigkeit, grobe **142** 33
Anfechtungsgegner **143** 20
Ausschließung aus wichtigem Grund **139** 61
fehlerhafte Gesellschaft **139** 27, 83; **140** 57
geltungserhaltende Reduktion **139** 83
Gestaltungsurteil **142** 32
Kündigung aus wichtigem Grund **142** 32
Kündigungsrecht **139** 61
Teilnichtigkeit **139** 27, 83
Umdeutung **140** 35, 57 ff
Vertragsauslegung, ergänzende **139** 61
Gesellschaftsvertrag
Bedingung, auflösende **158** 22
Kündigung, bedingte **Vorbem 158 ff** 40 f
Organisationsvertrag **Vorbem 145 ff** 90
Gesellschaftsvertrag (Forts)
salvatorische Klausel **139** 22
Vertragsauslegung, ergänzende **157** 32
Vertragsergänzung **157** 38
Gesellschaftsvorvertrag
Bestimmtheit **Vorbem 145 ff** 59
Dissens, offener **154** 5
Form **Vorbem 145 ff** 60
Gesetze
Gesamtnichtigkeit **139** 18
Nichtigkeit einzelner Vorschriften **139** 18
Gesetzesverstoß
s a Verbotsgesetze
Bedingung **Vorbem 158 ff** 33
Bestätigung des Rechtsgeschäfts **141** 12, 18
Nichtigkeitsfolge **139** 17
Umdeutung **140** 2, 16
Gestaltungsfreiheit, inhaltliche
Kontrahierungszwang **Vorbem 145 ff** 15
Gestaltungsrecht
Antragsempfänger **145** 34
Bedingungsfeindlichkeit **Vorbem 158 ff** 38 ff
Umdeutung **140** 71
Getränkebezugsvertrag
Teilnichtigkeit **139** 33
Getränkebezugsvertrag
Geschäftseinheit **139** 50
Gewährleistungsabrede
Nichtigkeit **139** 64
Gewährleistungsausschluss
Verschweigen des Mangels, arglistiges **139** 14
Gewährleistungsbürgschaft
Ablösungsrecht **157** 46b, 47c
Gewinnabführungsvertrag
Teilnichtigkeit **139** 27
Ghostwriter
Kündigung, Lückenschließung **157** 25
Girokonto
Kontrahierungszwang **Vorbem 145 ff** 17
Girokontoumschreibung
Umdeutung **140** 56
Gläubigeranfechtung
Insolvenzgegenstand, anfechtbar weggegebener **142** 8
Globalabtretung
Sittenwidrigkeit **139** 72
Globalbürgschaft
Vertragsauslegung, ergänzende **157** 46
Globalsicherheiten, revolvierende
Übersicherung, nachträgliche **157** 65
Globalvergleich
Vertragsauslegung, ergänzende **157** 45
GmbH
Abspaltungsverbot **140** 58
Beitrittserklärung, Bedingungsfeindlichkeit **Vorbem 158 ff** 36
Einlageforderung, Tilgung **140** 58
Einmann-GmbH **143** 30

GmbH (Forts)
Generalvollmacht, Umdeutung **140** 60
Gesellschaftsvertrag, Nichtigkeit **139** 11
Gesellschaftsvorvertrag **Vorbem 145 ff** 60
Gründergesellschaft, Anfechtung **142** 32
Kapitalaufbringung **140** 58
Kapitalerhöhung **Vorbem 158 ff** 36
Kapitalneufestsetzung **140** 60
Konkurrenzverbot **157** 62
Stimmrechtsermächtigung, Umdeutung **140** 58
Stimmrechtsübertragung, Umdeutung **140** 58
Tilgungsbestimmung, Umdeutung **140** 58
GmbH-Anteil
Abtretung, Anfechtung **142** 32
Abtretung, aufschiebend bedingte **161** 15
fehlerhafte Gesellschaft **142** 32
gutgläubiger Erwerb **161** 15
Kauf, Anfechtung **142** 32
GmbH-Geschäftsführerbestellung
Amtsniederlegung, bedingte **Vorbem 158 ff** 36
Bedingung **Vorbem 158 ff** 36
GmbH-Stammeinlage
Totalnichtigkeit **139** 84
Übernahme, Bedingungsfeindlichkeit **Vorbem 158 ff** 36
Gratifikationszusage
Bindungsdauer **139** 8
Treuwidrigkeit **162** 17
Zielvereinbarungen **162** 17
Griechenland
Vertrag **Vorbem 145 ff** 11
Grundbuchberichtigungsverfahren
Teilnichtigkeit **139** 30
Grundbucheintragung
Anwartschaft **Vorbem 158 ff** 54
Bedingung, schwebende **161** 15
Publizitätsfunktion **140** 10
Teilnichtigkeit **139** 30
Umdeutung **140** 10
Vertragsauslegung, ergänzende **157** 45
Grundbucherklärung
Umdeutung **140** 10
Grundbuchverfahren
Beweisaufnahme **140** 10
Geschäftseinheit **139** 58
Parteiwille, hypothetischer **139** 58
Grunddienstbarkeit
Umdeutung **140** 66
Grundgeschäft
Geschäftseinheit **139** 54 ff
Vollmacht **139** 56
Heilung durch Erfüllungsgeschäft **139** 55
Scheingeschäft **139** 55
Grundpfandrecht
Angebot **145** 33
Fristwahrung **163** 5
Grundschuld
Bedingungsfeindlichkeit **Vorbem 158 ff** 35
Einrede der Anfechtbarkeit **143** 16
Grundschuldbestellung
Bedingung, auflösende **158** 9
Geschäftseinheit **139** 52
Teilnichtigkeit **139** 87
Grundstücksbestandteile, wesentliche
Vereinbarung, Umdeutung **140** 65
Grundstücksgeschäfte
Angebot ad incertam personam **145** 19
Teilnichtigkeit **139** 31, 87
Teilvereinbarungen **139** 87
Grundstückskaufvertrag
Änderungsvereinbarung **139** 32
Angebot **145** 16
Anwartschaftsrecht **Vorbem 158 ff** 59
Aufhebungsvertrag **Vorbem 145 ff** 44
Bauerwartungsland **157** 32
Bedingung **158** 10
Beurkundung, vereinbarte **154** 13
Erlassvertrag **157** 59
Formnichtigkeit **139** 87; **140** 63
Formzwang **145** 16
Geschäftseinheit **139** 42, 49 ff
Inventarverkauf **139** 87
Grundstücksbezeichnung, fehlerhafte **139** 87
Heilung durch Erfüllung **141** 4
Kaufpreis **157** 61
Koppelungsverbot **139** 6, 12
Planungszusage der Gemeinde **140** 66
Teilnichtigkeit **139** 87
Umdeutung **140** 63, 66
Vertragsauslegung, ergänzende **157** 29, 32, 59, 61
Vorvertrag **Vorbem 145 ff** 60
Zusicherung, unterbliebene Beurkundung **139** 87
Grundstücksrecht
Aufhebung, Anfechtungsgegner **143** 27
Bedingungsfeindlichkeit **Vorbem 158 ff** 35
Umdeutung **140** 35, 63 ff
Grundstücksteilung
Anfechtungsgegner **143** 30
Grundstücksübertragungsvertrag
Geschäftseinheit **139** 42
Gütergemeinschaft, fortgesetzte
Ablehnung, Bedingungsfeindlichkeit **Vorbem 158 ff** 35
Anteilsverfügung, Umdeutung **140** 70
Erbanteilsübertragung, Umdeutung **140** 49
Güterstand
Vereinbarung, rechtsgeschäftliche **Vorbem 145 ff** 4
Gütertrennung
Teilbarkeit des Rechtsgeschäfts **139** 62
Gutgläubiger Erwerb
Anfechtung **142** 2, 40 f

Gutgläubiger Erwerb (Forts)
Bösgläubigkeit **142** 40 f
Händlervertrag
Kündigung, Umdeutung **140** 44
Haftpflicht
Vertragsauslegung, ergänzende **157** 66
Haftungsausschluss
stillschweigender Haftungsausschluss **157** 12
Umdeutung **140** 72
Vertragsauslegung, ergänzende **157** 12
Vorsatz **139** 14
Handelsbrauch
Lückenschließung **157** 23
Handelskauf
Versteigerung **156** 10
Handelsklauseln
Auslegung, ergänzende **157** 14
Handelsvertretervertrag
Annahmefrist **147** 15
Kündigung, Umdeutung **140** 39
Teilnichtigkeit **139** 15
Handkauf
Geschäftseinheit **139** 59
Handlung, geschäftsähnliche
Anfechtung **142** 16
Bedingungsfeindlichkeit **Vorbem 158 ff** 46
Befristungsfeindlichkeit **Vorbem 158 ff** 46
Handlungsgehilfen
Wettbewerbsverbot, nachvertragliches **139** 15
Handlungswille
Annahmeerklärung **151** 16
Hardware
Geschäftseinheit **139** 49
Hauptversammlungsbeschluss
Anfechtbarkeit **144** 1
Bestätigung **144** 1
Teilbarkeit **139** 64
Teilnichtigkeit **139** 27, 84
Hauptvertrag
Anfechtung **Vorbem 145 ff** 68
Anpassung **Vorbem 145 ff** 66
Anpassungsklauseln **Vorbem 145 ff** 55
bedingter Hauptvertrag **Vorbem 145 ff** 53, 71 ff
Form **Vorbem 145 ff** 74
Wollensbedingung **Vorbem 145 ff** 71
Bestimmtheit **Vorbem 145 ff** 67
Erfüllungsklage **Vorbem 145 ff** 57
Formerfordernis **Vorbem 145 ff** 60 f
Genehmigungserfordernisse **Vorbem 145 ff** 63
Gerichtsstandsklausel **139** 85
Kondiktion **Vorbem 145 ff** 68
Leistung, verbotene **Vorbem 145 ff** 59
Letter of Intent **145** 14
Mediationsvereinbarung **139** 85
Hauptvertrag (Forts)
Rechtsgrund **Vorbem 145 ff** 68
Schiedsvertrag **139** 85
Schriftform, gewillkürte **Vorbem 145 ff** 61
schuldrechtlicher Vertrag **Vorbem 145 ff** 53
Verpflichtung zu Verfügung **Vorbem 145 ff** 53
Vertragsgegenstand **Vorbem 145 ff** 53
Vorvertrag **Vorbem 145 ff** 51 ff
s a dort
Hausanschluss
Angebot **145** 8
Hausbesetzung
Mietvertragswille **145** 15
Hausmeistervertrag
Vertrag, gemischter **Vorbem 145 ff** 89
Haustürgeschäfte
Widerruf **142** 32
Heilung
Beitrittserklärung **Vorbem 158 ff** 36
Grundgeschäft **139** 55
Umdeutung des Rechtsgeschäfts, Ausschluss **140** 14
Vorvertrag **Vorbem 145 ff** 62
Heilung durch Erfüllung
Bestätigungswille **141** 4
Grundstücksübertragung **141** 4
Rechtsgeschäft **141** 4
Herausgabeanspruch
Abtretung, Umdeutung **140** 67, 71
Herstellergarantie
Annahmeerklärung, Entbehrlichkeit kraft Verkehrssitte **151** 13
Annahmeverzicht **151** 8, 13
Hilfsanspruch
Rechtshängigkeit, auflösend bedingte **Vorbem 158 ff** 76
Hinauskündigungsklausel
Sittenwidrigkeit **139** 69, 84
Teilbarkeit **139** 69
Teilnichtigkeit **139** 61
Hinterlegung
Versteigerung **156** 10
Wertpapiere **157** 45
HOAI
Gebührenhöchstbeträge **140** 72
Umdeutung **140** 2, 72
homo oeconomicus
Vertragsauslegung **157** 2
Hotelzimmerbestellung
Annahmeerklärung, Nichtempfangsbedürftigkeit **151** 7
Gegenleistung **145** 17
Hypothek
Anfechtungsgegner **143** 27
Anspruch, bedingter **158** 1
Anwartschaftsrecht **Vorbem 158 ff** 59
Aufhebung **143** 27

Hypothek (Forts)
Einrede der Anfechtbarkeit **142** 23; **143** 16
Forderungsauswechslung **143** 27
Kursgarantie **140** 68
Miteigentumsanteile, Mehrheit **139** 66
Umdeutung **140** 68
Verzicht **143** 27
Hypothekenforderung
Abtretung, Umdeutung **140** 68
Hypothekenverpfändung
Umdeutung **140** 63

Immaterialgüterrecht
Anwartschaftsrecht **Vorbem 158 ff** 58
Individualvertrag
Vertragsauslegung, ergänzende **157** 37, 52
Indossament
Bedingungsfeindlichkeit **Vorbem 158 ff** 35
Umdeutung **140** 61
Inhaltsänderung
Allgemeine Geschäftsbedingungen **139** 7 f
Erbvertrag **139** 6
Teilnichtigkeit **139** 78
Testament **139** 6
Vertrag **139** 7 f, 78
Inhaltskontrolle
Individualvertrag **157** 37
Insolvenz
Anwartschaft **Vorbem 158 ff** 51
Bedingungseintritt **Vorbem 158 ff** 51 f
Erfüllungsablehnung **161** 9
Forderungen, aufschiebend befristete **163** 2
Forderungen, betagte **163** 2
Forderungen gegen die Insolvenzmasse, auflösend bedingte **Vorbem 158 ff** 52
Forderungen gegen die Insolvenzmasse, aufschiebend bedingte **Vorbem 158 ff** 52
Freigabe, unechte **141** 24
Insolvenz des Antragenden **153** 15
Insolvenz des Antragsempfängers **153** 16
Rechte, bedingte **Vorbem 158 ff** 51
Rechte, betagte **Vorbem 158 ff** 51
Rechtserwerb, aufschiebend bedingter **Vorbem 158 ff** 52
Schlussverteilung **Vorbem 158 ff** 52
Zwischenverfügungen des Insolvenzverwalters **161** 9
Zwischenverfügungen des Schuldners **161** 9
Insolvenzanfechtung
Insolvenzgegenstand, anfechtbar weggegebener **142** 8
Insolvenzaufrechnung
Bedingungseintritt **Vorbem 158 ff** 52
Insolvenzeröffnungsantrag
Treuwidrigkeit **162** 18
Insolvenzplanverfahren
Unwirksamkeit **139** 12
Instruction to Proceed
Letter of Intent **145** 14

Internationales Privatrecht
Entstehungsstatut **Vorbem 145 ff** 99
Vertrag, Zustandekommen **Vorbem 145 ff** 99
Vertragsstatut **Vorbem 145 ff** 99
Internet
invitatio ad offerendum **145** 9
Internet-Auktion
Angebot **156** 10a
Angebot ad incertam personam **145** 19
Annahme **156** 10a
invitatio ad offerendum **156** 10a
Widerrufsrecht **156** 10a
Inventarverkauf
Teilnichtigkeit **139** 87
invitatio ad offerendum
Ankündigung, öffentliche **145** 5
Aufforderung zur Abgabe von Angeboten **145** 3; **146** 10
Auslegung **145** 4
Bindungsausschluss **145** 30
Empfängerhorizont **145** 4
Erklärungspflicht **145** 30
freibleibend **145** 30
Internet **145** 9
Internet-Auktion **156** 10a
Kataloge **145** 5, 9
Leistungsfähigkeit **145** 5
Preisangaben **145** 7
Rechtsbindungswille **145** 3, 26
Schaufensterauslagen **145** 7
solange der Vorrat reicht **145** 5, 8
Werbematerial **145** 5
Irrtumsanfechtung
Anfechtbarkeit des Rechtsgeschäfts **142** 6
Anfechtung wegen arglistiger Täuschung **143** 12
Anfechtungsberechtigter **143** 14
Bedeutungsirrtum **155** 2
Dissens, versteckter **155** 2 ff
Fehleridentität **142** 22
Fragerecht **143** 12
Fristversäumung **142** 12
Geschäftsgrundlage, subjektive **155** 6
Kalkulationsirrtum **157** 15
Planvorstellungen, einseitige **157** 15
Sinn der Erklärung, gemeinter **142** 38
Treu und Glauben **142** 38
Unverzüglichkeit **142** 12
Verlautbarungsirrtum **155** 8
Vertragsauslegung, ergänzende **157** 35
Vertragsschluss **Vorbem 145 ff** 14
Vertrauensschaden **142** 37
Willensmangel **155** 6
Italien
Vertrag **Vorbem 145 ff** 11

Ja
Annahme **145** 17; **150** 7

Jagdpachtversteigerung
Versteigerungszuschlag **156** 7
Jagdpachtvertrag
Schriftform **156** 7
Vorvertrag, Formbedürftigkeit
Vorbem 145 ff 60
Jahresabrechnung
Wohnungseigentum **139** 27
Juristische Person
Antragsempfänger **147** 12
Just-in-time-Vertrag
Vertragstyp **Vorbem 145 ff** 89

Kalkulationsirrtum
Unbeachtlichkeit **157** 15
Kanonisches Recht
pactum **Vorbem 145 ff** 9
Kanzleiübernahmevertrag
Totalnichtigkeit **139** 88
Kapitalgesellschaft
Beitrittserklärung, Bedingungsfeindlichkeit **Vorbem 158 ff** 45
Satzung, Teilnichtigkeit **139** 19
Kapitalgesellschaftsgründung
Umdeutung **140** 26
Kartellrecht
Abschlusszwang **Vorbem 145 ff** 21
Aufnahmeanordnung **Vorbem 145 ff** 26
Aufnahmeanspruch **Vorbem 145 ff** 26
Aufrechterhaltung des Rechtsgeschäfts **139** 17
Austauschverträge **139** 81
Behinderungsverbot **Vorbem 145 ff** 18 f
Diskriminierungsverbot
Vorbem 145 ff 18 ff
Diskriminierungsverbot, passives **139** 17
erlaubte Kartelle **Vorbem 145 ff** 18
EU-Gemeinschaftsrecht **139** 81
Folgeverträge **139** 81
geltungserhaltende Reduktion **139** 17
Kontrahierungszwang **Vorbem 145 ff** 17 ff
Rechtsnatur **Vorbem 145 ff** 20
ordre public **139** 81
Parteiwille, hypothetischer **139** 81
salvatorische Klausel **139** 22
Schadensersatz **Vorbem 145 ff** 19 f
Teilnichtigkeit **139** 81
Totalnichtigkeit **139** 17, 81
Umdeutung **140** 30
Unterlassung **Vorbem 145 ff** 19 f
quasinegatorischer Unterlassungsanspruch **Vorbem 145 ff** 20
Unternehmen, marktbeherrschende
Vorbem 145 ff 18
Unternehmen, marktstarke
Vorbem 145 ff 18
Unternehmen, preisbindende
Vorbem 145 ff 18
Vorteilsregel **139** 89
Kartellverstoß
Teilnichtigkeit **139** 1
Kartellvertrag
Selbstständigkeit **139** 53
Katalog
invitatio ad offerendum **145** 5, 9
Kauf auf Probe
Bedingung, aufschiebende **Vorbem 158 ff** 15
Kaufvertrag
Anfechtung **143** 4
Ankaufsrecht **Vorbem 145 ff** 69
Annahmefrist **147** 15
Kraftfahrzeughandel **148** 6
Möbelkauf **148** 6
Bedingung **158** 5; **160** 8
Bestätigung **141** 26; **144** 6
Beurkundung **139** 51
Dissens, offener **154** 5
finanzierter Kaufvertrag **139** 43
Geschäftseinheit **139** 42 f, 51 f, 59
Gewährleistungsausschluss **139** 14
Gewährleistung **144** 6
Handkauf **139** 59
Kaufoption **Vorbem 145 ff** 75
Mangel, arglistiges Verschweigen **139** 14
Mietvertrag, Zusammenfassung mit **139** 42
Minderung **143** 4
Nachbesserungsrecht **157** 28
Nutzungen der Kaufsache **141** 26
Option **Vorbem 145 ff** 69
Preisgefahr **160** 8
Rückübertragungsverpflichtung **139** 51
Sache, eigene **140** 72
Sachmängelhaftung **157** 23
Schadensersatzverlangen **144** 6
Umdeutung **140** 72 f
Vertragsauslegung, ergänzende **157** 28
Vertragsergänzung **157** 30
Kausalgeschäft
Anfechtung **142** 2
Auslegung **158** 12
Bedingung **158** 12
auflösende Bedingung **158** 22
Rückabwicklung **158** 22
Kettenverträge
Teilnichtigkeit **139** 50
Kindesunterhalt
Geschäftseinheit **139** 50, 88
Kirchenverträge
Verträge, verfassungsrechtliche
Vorbem 145 ff 94
Klage
Anfechtungserklärung **143** 6
Klage auf Abgabe eines Antrags
Kontrahierungszwang **Vorbem 145 ff** 33
Vorvertrag **Vorbem 145 ff** 67
Klage auf Annahme eines Antrags
Kontrahierungszwang **Vorbem 145 ff** 33
Vorvertrag **Vorbem 145 ff** 67

Klage auf künftige Leistung
Rechtsverhältnisse, bedingte **Vorbem 158 ff** 47
Rechtsverhältnisse, befristete **Vorbem 158 ff** 47; **163** 10
Klageänderung
Umdeutung **140** 34
Klageantrag
Anfechtbarkeit **142** 18
Klagerücknahme
Anfechtbarkeit **142** 18
Prozessvertrag **Vorbem 145 ff** 96
Umdeutung **140** 11
Klagerücknahmeversprechen
Anfechtung **142** 20
Körperschaftsbeschluss
Teilnichtigkeit **139** 19
Kollektivverträge
Umdeutung **140** 43
Kommanditgesellschaft
Beitrittserklärung, Anfechtung **142** 32
Stimmrechtsvereinbarung **140** 58
Tod des persönlich haftenden Gesellschafters **157** 26
Umdeutungsfähigkeit **140** 57
Kommanditistenstellung
Umwandlung in Komplementärstellung, Bedingungsfeindlichkeit **Vorbem 158 ff** 36
Kompensationsgeschäfte
Verbotsgesetze, Aufhebung **141** 18
Kompetenz-Kompetenz-Klausel
Schiedsabrede, Wirksamkeit **139** 85
Konkurrenzverbot
Vertragsauslegung, ergänzende **157** 28, 62
Konsens
contrarius consensus **Vorbem 145 ff** 43
Einverständnis, alternatives **155** 11
falsa demonstratio non nocet **155** 10
normativer Konsens **155** 3
Scheinkonsens **155** 9
Vertragsschluss **Vorbem 145 ff** 36; **154** 1
Vorbehalt, geheimer **155** 11
Willensübereinstimmung **155** 2
Kontrahierungszwang
Abbruch von Vertragsverhandlungen **Vorbem 145 ff** 28
Abschlussfreiheit **Vorbem 145 ff** 15, 22
Änderungskündigung **Vorbem 145 ff** 32
Allgemeines Gleichbehandlungsgesetz **Vorbem 145 ff** 24
Angebot, annahmefähiges **Vorbem 145 ff** 29 f, 33
Angewiesenheit auf die Leistung **Vorbem 145 ff** 22
Annahmeerklärung, Abgabepflicht **146** 3
Annahmeerklärung, Nichtempfangsbedürftigkeit **151** 8
Annahmepflicht **Vorbem 145 ff** 30 f

Kontrahierungszwang (Forts)
Apotheken **Vorbem 145 ff** 17
Arbeitsrecht **Vorbem 145 ff** 17
Ausweichmöglichkeit, zumutbare **Vorbem 145 ff** 22 f, 25
Beendigungsfreiheit **Vorbem 145 ff** 15
Bergmannsversorgungsschein **Vorbem 145 ff** 17
Berufsausbildungsverhältnis **Vorbem 145 ff** 17
Diskothek **Vorbem 145 ff** 24
Diskriminierung rassische **Vorbem 145 ff** 24
Durchsetzung, prozessuale **Vorbem 145 ff** 33
einstweiliger Rechtsschutz **Vorbem 145 ff** 34
Energieversorgung **Vorbem 145 ff** 17
essentialia negotii **Vorbem 145 ff** 29, 34
Feststellungsklage **Vorbem 145 ff** 33
Fortsetzungspflicht **Vorbem 145 ff** 32
Gaststätten **Vorbem 145 ff** 24
Gemeinde **Vorbem 145 ff** 17
gesetzlicher Kontrahierungszwang **Vorbem 145 ff** 16 f, 30, 33
Gestaltungsfreiheit, inhaltliche **Vorbem 145 ff** 15
gewerblicher Rechtsschutz **Vorbem 145 ff** 17
Girokonto **Vorbem 145 ff** 17
Gleichbehandlung **Vorbem 145 ff** 19, 29
Grundrechte **Vorbem 145 ff** 22 f
Kartellrecht **Vorbem 145 ff** 17 ff
Klage auf Abgabe eines Angebots **Vorbem 145 ff** 33
Klage auf Annahme des Angebots **Vorbem 145 ff** 33
Klage auf Leistung **Vorbem 145 ff** 33
Klageantrag **Vorbem 145 ff** 33
Kontakt, geschäftlicher **Vorbem 145 ff** 49 f
Kraftfahrzeughaftpflichtversicherung **Vorbem 145 ff** 17
Krankenversicherung **Vorbem 145 ff** 17
Landesrecht **Vorbem 145 ff** 17
Leistungen, lebensnotwendige **Vorbem 145 ff** 21 f
Machtungleichgewicht **Vorbem 145 ff** 15 f
mittelbarer Kontrahierungszwang **Vorbem 145 ff** 18, 20 f
Monopolbetriebe **Vorbem 145 ff** 21, 24
Normalbedarf **Vorbem 145 ff** 21
Notstandsrecht **Vorbem 145 ff** 17
Presse **Vorbem 145 ff** 25
Prozessvertretung **Vorbem 145 ff** 17
Rechtsanwalt **Vorbem 145 ff** 17
rechtsgeschäftlicher Kontrahierungszwang **Vorbem 145 ff** 16
Rechtsgrundlage **Vorbem 145 ff** 16 f, 16
Rechtsnatur **Vorbem 145 ff** 20, 27
Rücksichtnahmepflicht **Vorbem 145 ff** 31
Schadensersatz **Vorbem 145 ff** 31

Kontrahierungszwang (Forts)
Schuldverhältnis, vorvertragliches **Vorbem 145 ff** 49 f
Schweigen des Verpflichteten **Vorbem 145 ff** 30
Schwerbehinderte, Beschäftigung **Vorbem 145 ff** 17
Sozialstaatsprinzip **Vorbem 145 ff** 22
Stromnetzentgelt **Vorbem 145 ff** 17
unmittelbarer Kontrahierungszwang **Vorbem 145 ff** 17, 33
Vereine **Vorbem 145 ff** 26
Verkehrsrecht **Vorbem 145 ff** 17
Versorgung, vertragsärztliche **Vorbem 145 ff** 22
Verträge, geschlossene **Vorbem 145 ff** 32
Vertrag, diktierter **Vorbem 145 ff** 35
vertraglicher Kontrahierungszwang **Vorbem 145 ff** 51, 64
Vertragsschluss, angemessener **Vorbem 145 ff** 19, 29
Verwertungsgesellschaften **Vorbem 145 ff** 17
Vollstreckung **Vorbem 145 ff** 33
Vorvertrag **Vorbem 145 ff** 51, 64
Willkür **Vorbem 145 ff** 22 f
Kontrollvollmacht, transmortale
Girokontoumschreibung **140** 56
Konversion
s a Umdeutung
Rechtsgeschäft, Gültigkeit **140** 1
Konversionsklausel
Ersatzgeschäft **140** 6
Kündigung, außerordentliche **140** 37
Konzernbürgschaft auf erstes Anfordern
Umdeutung **140** 69
Konzessionsabgabe
Vertragsauslegung, ergänzende **157** 62
Kooperationsvertrag
Kündigung, Umdeutung **140** 26
Koppelungsverbot
Architektenvertrag **139** 6, 12
Bauwerksvertrag **139** 12
Grundstückskauf **139** 6, 12
Kostenansatzverfahren
Rechtsbeschwerde, Umdeutung **140** 11
Kraftfahrzeughaftpflichtversicherung
Kontrahierungszwang **Vorbem 145 ff** 17
Kraftfahrzeughandel
Annahmefrist **148** 6
Kraft-Wärme-Kopplung
Kontrahierungszwang **Vorbem 145 ff** 17
Krankenhausvertrag
Einheitlichkeit des Rechtsgeschäfts **139** 39, 88
Geschäftseinheit **139** 39
Krankenversicherung
Kontrahierungszwang **Vorbem 145 ff** 17
Prämienanpassung **157** 47b

Krankenversicherung (Forts)
Teilnichtigkeit **139** 6
Kreditvertrag
Bestätigung **141** 17
Geschäftseinheit **139** 50, 56
Teilbarkeit **139** 64
Kreuzofferten
Vertragsschluss **146** 7
Kündigung
Änderungsangebot des Arbeitgebers **150** 13
Anfechtung **142** 24; **143** 26
bedingte Kündigung **Vorbem 158 ff** 40
Begründungszwang **143** 10
Bestätigung **141** 10
Betriebsratsbeteiligung **140** 37
Fehlverhalten, Provokation **162** 17
Fortsetzungsvertrag **145** 12
Kündigungserklärung s dort
Kündigungsfrist, fehlerhafte **140** 42
Klagefrist **140** 42
Lohnminderung, rückwirkende **162** 17
innerhalb der Probezeit **162** 17
Rücknahme **145** 12
Rücktritt von der Kündigung **141** 24
Schwerbehinderte **140** 39
Teilnichtigkeit **139** 27
Treuwidrigkeit **162** 17
Umdeutung **140** 9, 71
in Aufhebungsvertrag **140** 21, 41
– formwidrige Kündigung **140** 41
– verspätete Kündigung **140** 41
Erkrankung, Ablauf **140** 42
Vertrag, aufschiebend bedingter **158** 1
Weihnachtsgeldanspruch, Umgehung **162** 17
Kündigung, außerordentliche
Auslauffrist, notwendige **140** 36 f
Betriebsratsanhörung **140** 37
Betriebsratsmitglieder **140** 39
Konversionsklausel **140** 37
Personalvertretung, Beteiligung **140** 37, 40
Umdeutung **140** 23, 33 f, 36 ff
in Anfechtungserklärung **140** 42
Einigungsvertrag **140** 38
Kündigung, betriebsbedingte
Treuwidrigkeit **162** 17
Kündigung, fristlose
Umdeutung **140** 6, 23
in Anfechtungserklärung **140** 6
Kündigung, ordentliche
Ausschluss, stillschweigender **158** 1
Kündigungsfrist, Nichteinhaltung **140** 42
Umdeutung **140** 22, 42
in Anfechtungserklärung **140** 42
in außerordentliche Kündigung **140** 42
Kündigung, verhaltensbedingte
Umdeutung in betriebsbedingte Kündigung **140** 42

Kündigungserklärung
Bedingungsfeindlichkeit **Vorbem 158 ff** 40
Rechtsbedingung **Vorbem 158 ff** 40
Kündigungsrecht
Bedingung, auflösende **Vorbem 158 ff** 10
Kündigungsschutz
Arbeitsvertrag, Befristung **163** 9
Kündigung, Umdeutung **140** 36
Künstlervertrag
Folgevertrag **139** 53
Selbstständigkeit **139** 53
Kunsturheberrecht
Verwertung, Einwilligung **154** 15

Landesrecht
Kontrahierungszwang **Vorbem 145 ff** 17
Landwirtschaftsrecht
Kontrahierungszwang **Vorbem 145 ff** 17
Lastenausgleich
Vertragsauslegung, ergänzende **157** 63
Lastschriftverkehr
Abbuchungsauftrag **151** 12
Auftragsvertrag **151** 12
Annahmeerklärung, Verzicht auf Empfangsbedürftigkeit **151** 12
Einziehung vom Schuldnerkonto **151** 12
Gutschrift, auflösende Bedingung **158** 6
Gutschrift, aufschiebende Bedingung **158** 6
Leasing
Allgemeine Geschäftsbedingungen **148** 6
Amortisation **157** 20
Anfechtungsgegner **143** 22
Annahmefrist **148** 6
Kündigung, ordentliche **157** 20
Vertragsauslegung, ergänzende **157** 4, 27
Vertragstyp **Vorbem 145 ff** 89
Vertragsübernahme **143** 22
Leasingrate
Forderung, betagte **163** 2
Lebensgemeinschaft, nichteheliche
Arbeitsleistungen, Ausgleichsansprüche nach Trennung **Vorbem 145 ff** 82
Gefälligkeitsverhältnis **Vorbem 145 ff** 82
Mietvertrag **139** 44
Trennungsvereinbarung **139** 49
Lebenspartnerschaft, eingetragene
Mietvertrag **139** 44
Lebensversicherungsvertrag
Anwartschaftsrecht des Bezugsberechtigten **Vorbem 158 ff** 59
Bezugsberechtigung, Widerruf **158** 9
Kündigung, Umdeutung **140** 44
Sicherungsabtretung **158** 9
Teilbarkeit **139** 68
Todesfall vor Vertragsschluss **153** 3
Leihe
Gefälligkeitsvertrag **Vorbem 145 ff** 80
Umdeutung **140** 67

Leistung, künftige
Klage auf künftige Leistung s dort
Leistungsautomaten
Angebot **145** 8
Leistungsbestimmung durch Dritte
Anfechtungsrecht **143** 15
Leistungsbestimmungsrecht
Anfechtung **144** 11
Bestätigung **144** 11
Billigkeitsprüfung **139** 71
Freiklausel **145** 32
Umdeutung **140** 22
Vertragsauslegung, ergänzende **157** 21, 43
Leistungsklage
Sorgfaltspflichten **160** 5
Umdeutung **140** 11
Leistungskondiktion
Rechtsgeschäft, Anfechtung **142** 31, 42
Zweckvereinbarung **Vorbem 158 ff** 10
Leistungsort
Annahme, modifizierte **150** 8
Letter of Intent
Absichtserklärung **145** 14
culpa in contrahendo **145** 14
Exklusivbindungen **145** 14
Hauptvertrag **145** 14
Informationspflichten **145** 14
Instruction to Proceed **145** 14
invitatio ad offerendum **145** 14
no binding clause **145** 14
Punktation **145** 14
Rechtsbindungswille **145** 14
Verhandlungskosten **145** 14
Vorfeldvereinbarung **145** 14
Vorvertrag **145** 14
Letztwillige Verfügung
Auflage **Vorbem 158 ff** 3
Wollensbedingung **Vorbem 158 ff** 16
Letztwillige Zuwendungen
Bedingung **158** 13
lex contractus
Rechtsbeziehung, Umgestaltung **Vorbem 145 ff** 8
Lieferfristvereinbarung
Umdeutung **140** 72
Lizenzvertrag
Geschäftseinheit **139** 49
Teilnichtigkeit **139** 81
Löschungserleichterung
Umdeutung **140** 10
Lohnwucher
Schutzgesetz, Auslegung **139** 70
Teilnichtigkeit **139** 70
Lotterielos
Annahmefrist **148** 8
Lottotippgemeinschaft
Rechtsbindungswille **Vorbem 145 ff** 82

LPG
Umwandlungsbeschluss, Umdeutung **140** 20
Lückenschließung
Verkehrssitte **157** 16
Luftverkehr
Kontrahierungszwang **Vorbem 145 ff** 17

Mahnung
Anfechtung **142** 16
Bedingung **Vorbem 158 ff** 46
Zeitbestimmung **Vorbem 158 ff** 46
Maklerklausel
Einheitlichkeit des Rechtsgeschäfts **139** 39
Geschäftseinheit **139** 39
Maklerprovision
Geschäftseinheit **139** 50 f
Maklervertrag
Annahmeerklärung, Verzicht auf Empfangsbedürftigkeit **151** 11
Annahmefrist **147** 15
Auslegung **157** 5
Dissens **154** 5
Doppelmaklervertrag **145** 13
Geschäftseinheit **139** 50
Lückenschließung **157** 5
Nachweis **145** 13
Verkäuferauftrag **145** 13
Managementvertrag
Laufzeitbegrenzung **139** 69
Mandantenschutzklausel
geltungserhaltende Reduktion **139** 69
Mantelvertrag
Bezugsverpflichtungen **Vorbem 145 ff** 54
Dauerschuldverhältnis **Vorbem 145 ff** 54
Einzelverträge **Vorbem 145 ff** 54
Massenverträge
Allgemeine Geschäftsbedingungen **Vorbem 145 ff** 93
Formularverträge **Vorbem 145 ff** 93
Mediationsvereinbarung
Hauptvertrag, Nichtigkeit **139** 85
Menschenwürde
Diskriminierung, rassische **Vorbem 145 ff** 24
Mietanpassung
Index, Wegfall **157** 48, 67
Mieterhöhung
einseitige Mieterhöhungserklärung **140** 47
Erhöhungserklärung, Umdeutung **140** 47, 72
Indexabhängigkeit **157** 61
Teilnichtigkeit **139** 15, 17
Vertragsauslegung, ergänzende **157** 61, 63
Zustimmungsbedürftigkeit **140** 47
Mietpreisbindung
Betriebskostenvorauszahlung, Umdeutung **140** 46
Mietschuldenfreiheit
Bescheinigung **157** 63
Mietsicherheit
Anlage, verzinsliche **157** 62
Teilunwirksamkeit **139** 69
Mietvertrag
Änderungskündigung **Vorbem 158 ff** 41
Anfechtung **142** 36
Umdeutung **140** 71
Anfechtungsgegner **143** 23
Annahmefrist **147** 15
Aufrechterhaltung des Rechtsgeschäfts **139** 17
Baukostenzuschuss **139** 17
Befristung **157** 25
Beschaffenheitszuschuss **139** 49
Bestätigung **141** 24; **144** 6
auf bestimmte Zeit **139** 10
Betriebskosten, Überzahlung **157** 63
Betriebskostenvorauszahlung **140** 46; **157** 63
Dissens, offener **154** 5
Ehewohnung **Vorbem 145 ff** 35
Erfüllungsanspruch, Umwandlung **157** 42
Erhöhungserklärung, Umdeutung **140** 47, 72
falsa demonstratio **140** 3
Form **140** 5
Fortsetzungsklausel, Umdeutung **140** 47
Franchisevertrag, Zusammenfassung mit **139** 42
Geschäftseinheit **139** 42, 49, 52
Gewährleistungsausschluss **139** 14
gewerblicher Mietvertrag **157** 62
Grundmietenerhöhung **139** 49
Kaufvertrag, Zusammenfassung mit **139** 42
Kaution, verzinsliche Anlage **157** 62
Kündigung, außerordentliche **143** 22
Kündigung, bedingte **Vorbem 158 ff** 40 f
Kündigung, Begründung **143** 10
Kündigung, Umdeutung **140** 46 f
in Aufhebungsvertrag **140** 46
Kündigungsverzicht **157** 25
für länger als ein Jahr **139** 10; **140** 5
langfristiger Mietvertrag **157** 25
Leistungsvorbehalt **157** 67
Mangel, arglistiges Verschweigen **139** 14
Mieterhöhungserklärung, einseitige **140** 47
Mieterhöhungsverlangen, zustimmungsbedürftiges **140** 47
Mietzins **157** 65
Normenvertrag, schuldrechtlicher **Vorbem 145 ff** 92
Rechtsfolgenwille **145** 15
salvatorische Klausel **139** 22
Schiedsgutachten **157** 65
Schönheitsreparaturen **157** 23, 40, 63
Schriftform **140** 48
Nachholung **139** 22
Schutznormen **139** 13
Staffelmiete **139** 69

Mietvertrag (Forts)
Teilbarkeit **139** 68
Teilnichtigkeit **139** 8, 10, 15, 17, 44
Telefonanschluss **157** 5
Umdeutung **140** 4, 35, 46 ff, 74
Verlängerungsoption **Vorbem 145 ff** 75
Vertragsauslegung, ergänzende **157** 23, 25, 62 f, 65, 67
Vertragsschluss, mündlicher **139** 10
Vertragsübernahme **139** 65
Vormietrechte **Vorbem 145 ff** 77
Vorvertrag **Vorbem 145 ff** 61
Wertsicherungsklausel **139** 8, 17, 86; **157** 67
Wohnraummietverhältnis **140** 47, 74; **143** 10
Befristung **163** 9
Zeitmietvertrag, fehlgeschlagener **140** 5, 46
Zwangsmietvertrag **Vorbem 145 ff** 35
Mietwucher
geltungserhaltende Reduktion **139** 17, 70
Teilnichtigkeit **139** 70
Mietzinsanspruch
Forderung, befristete **163** 2
Minderjährige
Angebot **145** 16
Ablehnung **146** 9
Zugang **145** 33
Minderung
Anfechtung des Kaufvertrags **143** 4
Minderungsrecht
Umdeutung **140** 71
Mitbürgschaft
s Bürgschaft
Miteigentum
Umdeutung in Dauerwohnrecht **140** 65
Miterben
Anfechtungsrecht **143** 14 f
Mithaftungsabrede
Teilnichtigkeit **139** 70
Mobiliarpfandrecht
Konnexität **140** 67
Umdeutung **140** 22, 67
Moderne Verträge
s Vertrag
Möbelverkauf
Geschäftseinheit **139** 52
Monopolunternehmen
Kontrahierungszwang **Vorbem 145 ff** 21, 24
Vertragsauslegung, ergänzende **157** 33
Mutterschutz
Kündigung, Umdeutung **140** 39, 42

Nacherbe
Anwartschaftsrecht **Vorbem 158 ff** 59
Nacherbeneinsetzung
Umdeutung **140** 50
Nachfolgeklausel
Umdeutung in Eintrittsklausel **140** 60
Nachlassgrundstück
Anteilsverkauf durch Miterben **140** 50
Nachlassverwaltung
Nachlassverwaltung des Antragenden **153** 17
Nachlassverwaltung des Antragsempfängers **153** 17
Namensrechtliche Erklärungen
Bedingungsfeindlichkeit **Vorbem 158 ff** 34
Naturrecht
promissio **Vorbem 145 ff** 9
Rechtsgeschäft **Vorbem 145 ff** 9
Nebenpflichten, vertragliche
Treu und Glauben **157** 8, 15
netto Kasse gegen Rechnung und Verladepapiere
Aufrechnungsverzicht **157** 14
Neue Bundesländer
Inlandsumsätze, Provisionspflicht **157** 67
Wettbewerbsverbot **157** 67
Neuverhandlungspflicht
Vertragsauslegung, ergänzende **157** 10
Wertsicherungsklausel **139** 78
Nichtigkeit
Bestätigung des Rechtsgeschäfts **141** 1
s a Bestätigung
Rechtsgeschäfte **139** 31; **140** 14; **142** 4
Teilnichtigkeit
s dort
Unheilbarkeit **141** 1
Unwirksamkeit **142** 4
Nichtigkeitsklage
Satzungsbestimmungen, Unwirksamkeit **139** 11
Nichtigkeitsnormen
Schutzzweck **139** 3
Nießbrauch
Übertragbarkeit, Ausschluss **157** 45
Nießbrauchsbestellung
Geschäftseinheit **139** 51, 56
Umdeutung **140** 63
nondum conceptus
Nacherbeneinsetzung **140** 5
Umdeutung **140** 5
Normähnliche Regelungen
Teilnichtigkeit **139** 18
Normen
Teilnichtigkeit **139** 18
Normenvertrag
Begriff **Vorbem 145 ff** 91
schuldrechtlicher Normenvertrag **Vorbem 145 ff** 92
Notar
Beurkundung, notarielle
s Beurkundung
Empfangsbote **152** 5
Empfangsvertreter **152** 5
Gesamthonorar **139** 49
Justizgewährungsanspruch **Vorbem 145 ff** 17
Kontrahierungszwang **Vorbem 145 ff** 17

Notarkostenrecht
Teilnichtigkeit **139** 1
Notstandsrecht
Kontrahierungszwang **Vorbem 145 ff** 17
numerus clausus des Sachenrechts
Anwartschaftsrechte **Vorbem 158 ff** 63
Nutzungen
Angebotswille **145** 15
Annahmewille **145** 15
Rückbeziehungsvereinbarung **159** 6 ff

Obligationenrecht
Vertrag **Vorbem 145 ff** 1, 9, 11
Öffentliche Einrichtungen
Randnutzung, wettbewerbsrechtliche **140** 44
Öffentliches Recht
Anfechtung **142** 17
Rechtserhaltung **139** 3
Teilnichtigkeit **139** 29
Totalnichtigkeit **139** 18
Umdeutung öffentlich-rechtlicher Willenserklärungen **140** 12
Vertrag, öffentlich-rechtlicher s dort
Vertragsauslegung, ergänzende **157** 14
Österreich
Antrag, Bindungswirkung **145** 20
Bedingungseintritt, Rückwirkung **Vorbem 158 ff** 61
Punktation **Vorbem 145 ff** 47
Vertrag **Vorbem 145 ff** 11
OHG
Bürgschaft **157** 60
Freistellungsvereinbarung **157** 60
OHG-Errichtung
Umdeutung **140** 26
OHG-Vertrag
Umdeutung **140** 57
Option
Abtretung **Vorbem 145 ff** 75
Andienungsrecht **Vorbem 145 ff** 69
Auslegung **Vorbem 145 ff** 69, 72
Ausübung **Vorbem 145 ff** 75
Formfreiheit **Vorbem 145 ff** 72
Ausübungsüberlassung **Vorbem 145 ff** 75 f
Bedingung **Vorbem 145 ff** 69
Begriff **Vorbem 145 ff** 69
Bindungswirkung, verlängerte **Vorbem 158 ff** 19
Festofferte **Vorbem 145 ff** 70; **145** 24
Formerfordernis **Vorbem 145 ff** 74
Gestaltungsrecht **Vorbem 145 ff** 73
Inhaltsänderung **Vorbem 145 ff** 75
Kaufoption **Vorbem 145 ff** 75
Kaufvertrag **Vorbem 145 ff** 69
Mietvertrag **Vorbem 145 ff** 75
Optionsrecht **Vorbem 145 ff** 70, 73 f

Option (Forts)
Form **Vorbem 145 ff** 74
Massezugehörigkeit **Vorbem 145 ff** 76
Pfändbarkeit **Vorbem 145 ff** 76
Übertragbarkeit **Vorbem 145 ff** 75
Vererblichkeit **Vorbem 145 ff** 76
Optionsvertrag **Vorbem 145 ff** 71
Angebotsvertrag **Vorbem 145 ff** 71, 73 f
Form **Vorbem 145 ff** 74
Hauptvertrag, bedingter **Vorbem 145 ff** 71 ff
Vertragsverlängerung **162** 9
Wiederkauf **Vorbem 145 ff** 69
Willenserklärung, einseitige **Vorbem 145 ff** 69
ordre public
Kartellrecht **139** 81
Teilnichtigkeit **139** 3
Organbeschluss
Geschäftseinheit **139** 45
Teilnichtigkeit **139** 27
Organe
Vertretungsmacht, Bedingungsfeindlichkeit **Vorbem 158 ff** 35

Pachtvertrag
Anfechtung **142** 36
Bestätigung **141** 26
falsa demonstratio **140** 3
Genehmigung, gerichtliche **139** 68
Genehmigungsverweigerung **139** 68
Kündigung, Umdeutung in Aufhebungsvertrag **140** 44, 46
Scheinbedingung **Vorbem 158 ff** 29
Schönheitsreparaturen **157** 28
Schriftform **140** 48
Teilbarkeit **139** 67 f
Umdeutung **140** 35
Vertragsauslegung, ergänzende **157** 28
Vorkaufsrecht, Zusammenfassung mit **139** 42
Vorpachtrechte **Vorbem 145 ff** 77
Wettbewerbsverstoß **139** 82
pactum de contrahendo
Vorvertrag **Vorbem 145 ff** 51
pactum praeparatorium
Vorvertrag **Vorbem 145 ff** 51
Parkraum, entgeltlich zu nutzender
Angebot ad incertam personam **145** 19
Parteiautonomie
Vertragsauslegung, ergänzende **157** 3 ff
Parteiwille
Auslegung **139** 47
Bedingungseintritt **162** 2, 15
Befristung **163** 4
Beweislast **139** 47
Geschäftseinheit **139** 47, 54, 57, 60
hypothetischer Parteiwille **139** 2, 4, 32, 58, 74 ff, 80

Parteiwille (Forts)
Allgemeine Geschäftsbedingungen **139** 7
Generalprävention **139** 81
Lückenfüllung **139** 61; **157** 24 ff
Teilnichtigkeit **139** 60
Totalnichtigkeit **139** 60
Umdeutung **140** 2, 4, 7, 9, 11, 22 ff, 35
Verkehrssitte **157** 30
Verträge **139** 75
Vertragsauslegung, ergänzende **139** 75; **140** 8, 25, 27; **157** 4, 9, 11, 30 ff
Wegfall der Geschäftsgrundlage **157** 9
Zeitpunkt, maßgeblicher **139** 77; **140** 27
realer Wille **139** 74 f, 79, 89; **157** 4, 31, 38 f
Rechtsgeschäfte, Einheitlichkeit **139** 37 f
Rechtsgeschäfte, verbundene **139** 62
Übereinstimmung **157** 38
Vertragsergänzung **157** 4
Patentgemeinschaft
Totalnichtigkeit **139** 82
Patentrecht
Zwangslizenz **Vorbem 145 ff** 17
Pensionsvertrag
Vertrag, gemischter **Vorbem 145 ff** 89
Personenbeförderung
Angebot **145** 10
Annahme **145** 10
Annahmewille **151** 19
Kontrahierungszwang **Vorbem 145 ff** 17
Realofferte **145** 8
Personengesellschaft
Beitritt, bedingter **159** 4
Personengesellschaftsrecht
Gesetzesrecht, dispositives **157** 26
Parteiwille, hypothetischer **157** 26
Personengesellschaftsvertrag
Bedingung **Vorbem 158 ff** 36
Zeitbestimmung **Vorbem 158 ff** 36
Personenmehrheit
Teilbarkeit des Rechtsgeschäfts, subjektive **139** 65
Teilnichtigkeit **139** 44
Personenverschiedenheit
Geschäftseinheit **139** 43 f
Handeln im eigenen Namen **139** 43
Handeln im fremden Namen **139** 43
Pfändung
Anwartschaftsrecht **Vorbem 158 ff** 75
Pfändungspfandrecht
Bedingungseintritt **161** 9
gutgläubiger Erwerb **161** 15
Pfandbestellung
Selbstständigkeit **139** 53
Pfandflasche
Angebot ad incertam personam **145** 19
Pfandrecht
Angebot **145** 33
Anspruch, bedingter **158** 1
Pfandrecht (Forts)
Bestätigung des anfechtbaren Rechtsgeschäfts **144** 13 f
Einrede der Anfechtbarkeit **142** 23; **143** 16
Nichterfüllung, Herbeiführung **162** 16
Verderb, drohender **156** 10
Verkauf, ergänzende Vertragsauslegung **157** 66
Pfandverkauf
Lückenschließung **157** 25
Versteigerung, öffentliche **156** 10
Pflegebedürftigkeit
Wohnrecht, lebenslängliches **157** 63
Pflichtverteidigung
Kontrahierungszwang **Vorbem 145 ff** 17
Post
Kontrahierungszwang **Vorbem 145 ff** 17
Potestativbedingung
Arbeitsverhältnis **Vorbem 158 ff** 37
Auslegung **Vorbem 158 ff** 19
Bedingung **Vorbem 158 ff** 14 ff
auflösende Bedingung **Vorbem 158 ff** 18
aufschiebende Bedingung **Vorbem 158 ff** 18
Bedingungseintritt
Herbeiführung, Pflicht zur **158** 2
Fristsetzung **158** 2
Kausalverlauf, Beeinflussbarkeit **162** 4
Treuepflicht **162** 4
Verfügungen **Vorbem 158 ff** 18
Vertrag, gegenseitiger **Vorbem 158 ff** 17
Wollensbedingung **Vorbem 158 ff** 16
Zufallsbedingung **Vorbem 158 ff** 20
Zustimmung des Vertretenen **Vorbem 158 ff** 21
Praxiskauf
Erhaltungsklausel **139** 22
Teilnichtigkeit **139** 22
Praxistausch
Rückkehrverbot, befristetes **157** 28, 35, 40
Vertragsauslegung, ergänzende **157** 28, 35, 40
Preisangaben
invitatio ad offerendum **145** 7
Preisanpassungsklausel
Äquivalenzgefüge **157** 47b
Dreijahreslösung **157** 47b
Vertragsauslegung, ergänzende **157** 46b, 47b
Preisbindungsvertrag
Selbstständigkeit **139** 53
Totalnichtigkeit **139** 82
Umdeutung **140** 72
Preisvereinbarung
Sittenwidrigkeit **139** 70
Preisverstöße
Aufrechterhaltung des Rechtsgeschäfts **139** 17
Umdeutung **140** 2

Presse
Anzeigen, politische **Vorbem 145 ff** 25
Kontrahierungszwang **Vorbem 145 ff** 25
Unausgewogenheit **Vorbem 145 ff** 25
Preußisches Allgemeines Landrecht
Antrag, Bindungswirkung **145** 20
Bedingung, nutzlose **Vorbem 158 ff** 32
Bedingungseintritt, Rückwirkung **Vorbem 158 ff** 61
Geschäftsunfähigkeit des Antragenden/Antragsgegners **153** 1
Tod des Antragenden/Antragsgegners **153** 1
Vertrag **Vorbem 145 ff** 10
Privatautonomie
Anfechtbarkeit des Rechtsgeschäfts **142** 4, 6
Annahmefrist **148** 1
Bedingung **159** 1
Scheinbedingung **Vorbem 158 ff** 29
Teilnichtigkeit **139** 1, 4, 37
Allgemeine Geschäftsbedingungen **139** 7
Umdeutung **140** 24, 32
Vertrag **154** 6
Vertragsauslegung, ergänzende **157** 4, 15, 34 f, 37, 39, 49
Privatversicherungsrecht
s Versicherungsvertrag
Probezeit
Treuwidrigkeit **162** 17
Profifußball
Verlängerungsoption, Nichtausübung **162** 9
Prokuraerteilung
Bedingungsfeindlichkeit **Vorbem 158 ff** 35
Umdeutung **140** 72
Prorogationsvertrag
Anfechtung **142** 20
protestatio facto contraria
Vertragsschluss **Vorbem 145 ff** 39
Provisionsteilungsabrede
Teilnichtigkeit **139** 88
Provisionsvereinbarung
Erstreckung, räumliche **157** 67
Prozessaufrechnung
Teilnichtigkeit **139** 30
Prozessführung
Zwischenverfügungen **161** 7
Prozessführungsbefugnis
Verfügung über den Streitgegenstand **Vorbem 158 ff** 48 f
Prozesshandlungen
Auslegung **140** 11
Bedingungsfeindlichkeit **Vorbem 158 ff** 76
Befristungsfeindlichkeit **163** 11
Bestätigung **141** 11
Eventualanträge **Vorbem 158 ff** 76
Umdeutung **140** 11
anwaltlich vertretene Partei **140** 11
Parteiwille, hypothetischer **140** 11
Prozesshandlungen (Forts)
Umdeutungspflicht **140** 11
Willensmängel **142** 18
Prozessvergleich
Anfechtbarkeit **142** 19
Anfechtungsgegner **143** 18
Drohung durch das Gericht **142** 19
Täuschung des Gerichts **142** 19
Teilbarkeit **139** 67
Umdeutung **140** 11
Vertragsschluss **Vorbem 145 ff** 38
Widerrufsvorbehalt **Vorbem 158 ff** 10
Willensmangel **142** 19
Prozessvertrag
Anfechtung **142** 20
Befristung **163** 11
Einrede, prozessuale **Vorbem 145 ff** 96
Gerichtsstandsvereinbarung **Vorbem 145 ff** 96
Klagerücknahme **Vorbem 145 ff** 96
Rechtsmittelverzicht **Vorbem 145 ff** 96
Schiedsvertrag **Vorbem 145 ff** 96
Vertrag, öffentlich-rechtlicher **Vorbem 145 ff** 96
Wirkung, verfügende **Vorbem 145 ff** 96
Wirkung, verpflichtende **Vorbem 145 ff** 96
Zustandekommen **Vorbem 145 ff** 96
Prozessvertretung
Kontrahierungszwang **Vorbem 145 ff** 17
Prozessvollmacht
Anscheinsvollmacht **139** 56
Geschäftseinheit **139** 56
Publikumsgesellschaft
Forderungsabtretung, Umdeutung **140** 60
Punktation
Bindungswirkung **Vorbem 145 ff** 47; **154** 11
Einigung über einzelne Punkte **Vorbem 145 ff** 47; **154** 11
Letter of Intent **145** 14
Teileinigung **Vorbem 145 ff** 47
Vorvertrag **Vorbem 145 ff** 47
Räumungsvergleich
Mieterschutz, Verzicht auf **139** 15
Räumungsverkauf
Geschäftseinheit **139** 42
Rahmenvertrag
Bezugsverpflichtungen **Vorbem 145 ff** 54
Dauerschuldverhältnis **Vorbem 145 ff** 54
Einzelverträge, Verweigerung **Vorbem 145 ff** 54
Leistungen an Dritte **Vorbem 145 ff** 54
Vertragsauslegung, ergänzende **157** 17
Rangänderung
Zustimmung, Anfechtungsgegner **143** 27
Rangbestimmung
Teilnichtigkeit **139** 30
ratihabitio
Bestätigung **141** 3

ratihabitio (Forts)
Genehmigung **141** 3
Realakt
Vertragsschluss **Vorbem 145 ff** 8
Reallast
Umdeutung **140** 10
Realofferte
Angebot **145** 8, 16
Annahmeerklärung, Nichtempfangsbedürftigkeit **151** 11
Antrag **151** 11
Warenpräsentation **145** 16
Zusendung unbestellter Ware **151** 11
Recht zum Besitz
Anwartschaftsrecht **Vorbem 158 ff** 70
Rechte, dingliche
Bedingungsfreundlichkeit **Vorbem 158 ff** 34
Rechtsanwalt
Kontrahierungszwang **Vorbem 145 ff** 17
Rechtsbedingung
Bedingung **Vorbem 158 ff** 22 ff
Genehmigungspflicht **Vorbem 158 ff** 25
Gültigkeitserfordernisse **Vorbem 158 ff** 23
Kündigungserklärung **Vorbem 158 ff** 40
Parteiwille **Vorbem 158 ff** 25 f
Rechtsgeschäft, bedingungsfeindliches **Vorbem 158 ff** 25
Schwebezustand **Vorbem 158 ff** 24
Treuwidrigkeit **162** 13
Umgestaltung **Vorbem 158 ff** 26
Vereinbarung als Bedingung **Vorbem 158 ff** 25
vollmachtloses Handeln, Genehmigung **162** 14
Wirksamkeitsvoraussetzungen, gesetzliche **Vorbem 158 ff** 23, 25
Rechtsbehelf
Umdeutung **140** 11
Rechtsberatungsgesetz
Geschäftseinheit **139** 56, 64
Rechtsbeschwerde
Umdeutung **140** 11
Rechtsbindungswille
Ärzte, Gratisbehandlung **Vorbem 145 ff** 82
Angebot **145** 26
Annahmefrist **145** 2
Antrag **145** 2
Architektenwettbewerb **Vorbem 145 ff** 82
Auskünfte **Vorbem 145 ff** 82
Auslobung **Vorbem 145 ff** 82
Fahrgemeinschaft **Vorbem 145 ff** 82
Gefälligkeitsfahrt **Vorbem 145 ff** 82
Gefälligkeitsflug **Vorbem 145 ff** 82
Gefälligkeitsverhältnis **Vorbem 145 ff** 3, 79 ff, 82
Gefälligkeitsvertrag **Vorbem 145 ff** 80 ff
gentlemen's agreement **Vorbem 145 ff** 3
invitatio ad offerendum **145** 3, 26
Rechtsbindungswille (Forts)
Lebensgemeinschaft, nichteheliche **Vorbem 145 ff** 82
Letter of Intent **145** 14
LKW-Fahrer, Ausleihen **Vorbem 145 ff** 82
Lottotippgemeinschaft **Vorbem 145 ff** 82
Scheckweiterleitung **Vorbem 145 ff** 82
Starthilfegewährung **Vorbem 145 ff** 82
Vertrag **Vorbem 145 ff** 3
Vertragsverhandlungen **Vorbem 145 ff** 45
Vorvertrag **Vorbem 145 ff** 52
Rechtsdienstleistungsgesetz
Geschäftseinheit **139** 56, 64
Rechtsfolgen
Rechtsfolgenwille **Vorbem 145 ff** 2 f, 14, 36; **154** 1
Auslegung **145** 15
Vereinbarung, rechtsgeschäftliche **Vorbem 145 ff** 4
Rechtsfortbildung, richterliche
Vertragsauslegung, ergänzende **157** 2, 8, 23, 37
Rechtsfrüchte
Vorausabtretung **159** 8
Rechtsgenossen
Vertragsschluss **Vorbem 145 ff** 8
Vertragsverhandlungen **Vorbem 145 ff** 45
Rechtsgeschäft
Anfechtbarkeit **142** 4 f
Anfechtung **142** 15
Auslegung **157** 1
Bestätigung **141** 1
Beurkundung, getrennte **139** 41
Einheitlichkeit **139** 26, 36 ff, 60, 74
s a Geschäftseinheit
einseitiges Rechtsgeschäft **Vorbem 145 ff** 2
einseitiges Rechtsgeschäft, Auslegung **157** 1
Ergänzung **141** 5
Geschäftsgrundlage **139** 36, 46
Geschäftstypen, verschiedene **139** 42
Mehrheit selbstständiger Verträge **139** 41 f
Nichtigkeit **139** 31; **140** 14; **142** 4
Personenmehrheit **139** 44
Personenverschiedenheit **139** 43 f
Teilbarkeit **139** 26, 60 ff, 74
s a dort
Teilnichtigkeit **139** 26 f, 31
s a dort
überflüssiger Teil **139** 44
Umdeutung **140** 9
Unvollständigkeit **141** 5
Unwirksamkeit **139** 33
verbundene Rechtsgeschäfte **139** 27, 35, 37, 62
Rücktrittsrecht **139** 33
Vertrag **Vorbem 145 ff** 1 ff
Wirksamkeit, schwebende **139** 33
zusammengesetzte Rechtsgeschäfte **139** 27

Rechtsgeschäft (Forts)
zweiseitiges Rechtsgeschäft
s Vertrag
Rechtskraft
Anwartschaftsberechtigung
Vorbem 158 ff 48
Rechtskrafterstreckung
Verfügung über den Streitgegenstand
Vorbem 158 ff 49; **161** 7
Rechtsmissbrauch
Teilnichtigkeit **139** 90
Rechtsmitteleinlegung
Anfechtbarkeit **142** 18
Rücknahme **142** 18
Verzicht **142** 18
Rechtsmittelrücknahmeversprechen
Anfechtung **142** 20
Rechtsmittelverzicht
Prozessvertrag **Vorbem 145 ff** 96
Rechtsnachfolge
Bedingungseintritt während Rechtshängigkeit **Vorbem 158 ff** 48
Reduktion, geltungserhaltende
s Geltungserhaltende Reduktion
Regelungslücke
anfängliche Lücke **157** 16
Ausfüllungsbedürftigkeit **157** 20
bewusste Regelungslücke **157** 12, 15, 17
Lückenfeststellung **157** 22
Lückenschließung **157** 16, 22, 39
Handelsbrauch **157** 23
Recht, dispositives **157** 22 ff
– Gerechtigkeit, generalisierende **157** 23
– Gerechtigkeitsgehalt **157** 24
– Ordnungsfunktion **157** 23
– Parteiwille **157** 24
– Parteiwille, hypothetischer **157** 25 f
Verkehrssitte **157** 16, 22
Wertmaßstab **157** 16
nachträgliche Lücke **157** 16
Offenlassen, bewusstes **157** 17
planwidrige Lücke **157** 15, 53
unbewusste Regelungslücke **157** 12, 17
Unvollständigkeit, planwidrige **157** 15
Vertragsanpassung **157** 38
Vertragsbestimmung, Unwirksamkeit **157** 18
Vertragszweck, Sicherung **157** 20 f
Registereintragung
Teilnichtigkeit **139** 30
Reihenhausvertrag
Vertragstyp **Vorbem 145 ff** 89
Reiseveranstalter
Rahmenvertrag **Vorbem 145 ff** 54
Reisevertragsrecht
Vereinbarungen, abweichende **139** 16
Rentenschuld
Dissens **155** 7
Resolutivbedingung
Bedingung, auflösende **Vorbem 158 ff** 12
Restschuldversicherung
Geschäftseinheit **139** 50, 53
Revisibilität
Bestätigung **141** 30
Umdeutung **140** 34
Vertragsauslegung, ergänzende **157** 52 ff
Revision
Umdeutung in Zulassungsbeschwerde **140** 11
Revisionszulassung
Umdeutung **140** 11
Richtlinienvertrag
Einzelverträge, Empfehlungen zum Inhalt **Vorbem 145 ff** 92
Römisches Recht
addictio in diem **Vorbem 158 ff** 1
Bedingung **Vorbem 158 ff** 22
auflösende Bedingung **Vorbem 158 ff** 1, 7
aufschiebende Bedingung **Vorbem 158 ff** 1
Rechte, absolute **Vorbem 158 ff** 1
Rückwirkung des Bedingungseintritts **Vorbem 158 ff** 60
Schwebezustand **Vorbem 158 ff** 60
Verhalten, treuwidriges **162** 2
contractus **Vorbem 145 ff** 9
Kauf auf Billigung **Vorbem 158 ff** 1
pactum **Vorbem 145 ff** 9
Rechtsbedingung **Vorbem 158 ff** 22
spes debitum iri **Vorbem 158 ff** 60
Verfallklausel **Vorbem 158 ff** 1
Verfügungen, bedingte **161** 1
Roggenklausel
Vertragsauslegung, ergänzende **157** 59
Rom I-VO
Vertrag, Zustandekommen **Vorbem 145 ff** 99
Rückbeziehung, obligatorische
s Bedingung
Rückbeziehungsvereinbarung
ausdrückliche Vereinbarung **159** 3
Befristung **163** 8
Beweislast **159** 10
Gefahrtragung **159** 6
konkludente Vereinbarung **159** 3
Nutzungen **159** 6 ff
Rechtsgeschäfte, bedingte **159** 2 ff
Rechtsübergang, dinglicher **159** 8
Rückdatierung von Verträgen **159** 11
Schwebezeit **159** 6
Vergleich **159** 11
Vermutung **159** 3
Vertragsstrafe **159** 6
Wirkung, obligatorische **159** 6
Rücknahme
Bedingungsfeindlichkeit **Vorbem 158 ff** 38

Rücktritt
Anfechtungserklärung **143** 4
Bedingungsfeindlichkeit **Vorbem 158 ff** 38
Rechtsgeschäfte, verbundene **139** 33
Teilrücktritt **139** 33
Umdeutung **140** 71
Rücktrittsrecht
Vertrag **145** 27
Rücktrittsvorbehalt
Annahme, modifizierte **150** 8
Auslegung **Vorbem 158 ff** 18 f
Bedingungsfeindlichkeit **Vorbem 158 ff** 39
Rücktrittserklärung **Vorbem 158 ff** 10; **158** 10
Ruhegeldvereinbarung
Treuwidrigkeit **162** 17
Ruhestandsverhältnis
Anfechtung **142** 34
Ruhestandsversetzung
Bedingungsfeindlichkeit **Vorbem 158 ff** 78

Sachenrecht
Vertrag **Vorbem 145 ff** 87
Vertragsschluss **Vorbem 145 ff** 5
Sachlegitimation
Verfügung über den Streitgegenstand **Vorbem 158 ff** 48
Sachmängelhaftung
Lückenschließung **157** 23
Sächsisches BGB
Geschäftsunfähigkeit des Antragenden/Antragsgegners **153** 1
Tod des Antragenden/Antragsgegners **153** 1
Saldo
Rechnungsabschlusssaldo, Anerkenntnisvertrag **145** 12
Salvatorische Klausel
Aufrechterhaltung des Rechtsgeschäfts **139** 17
Auslegung **139** 22
Beweislast **139** 79
Beweislastverteilung **139** 22
Darlegungslast **139** 79
Darlegungslastverteilung **139** 22
Erhaltungsklausel **139** 22
Ersetzungsklausel **139** 22
Fehlgebrauch, institutioneller **139** 22
Formularvertrag **139** 22
Gesamtnichtigkeit **139** 22
Gesellschaftsvertrag **139** 22
Gesetzesverstoß **139** 22
Kartellrecht **139** 22
Konversionsklausel **140** 6
Mietvertrag **139** 22
Nebenabrede, Nichtigkeit **139** 22
Parteiwille **139** 22
hypothetischer Parteiwille **139** 22
Teilnichtigkeit **139** 4
Salvatorische Klausel (Forts)
Totalnichtigkeit **139** 22
Vertragsauslegung, ergänzende **139** 22
Wettbewerbsverbot **139** 69
Sammelbüchse
Angebot ad incertam personam **145** 19
Satzung
Formnichtigkeit **139** 18
Gebührensatzung **139** 29
Kapitalgesellschaft **139** 19
Teilnichtigkeit **139** 19
Verein **139** 19
Schaufensterauslagen
invitatio ad offerendum **145** 7
Scheck
Bedingungsfeindlichkeit **Vorbem 158 ff** 35
ec-Scheckkartengarantie **140** 62
Einstandspflicht des Ausstellers **140** 62
Umdeutung **140** 30, 62
ungültiger Scheck **140** 62
Scheckeinlösung
Annahmewille **151** 18
Scheckindossament
Bedingungsfeindlichkeit **Vorbem 158 ff** 35
Scheidungsfolgenvereinbarung
Geschäftseinheit **139** 50
Restgültigkeit **139** 88
Scheidungsvergleich
Umdeutung **140** 55
Scheinbedingung
Gegenwartsbedingung **Vorbem 158 ff** 28
Interesse, schutzwürdiges **Vorbem 158 ff** 29
Privatautonomie **Vorbem 158 ff** 29
stillschweigende Bedingung **Vorbem 158 ff** 8
Unterstellung **Vorbem 158 ff** 28
Voraussetzung **Vorbem 158 ff** 28
Wette **Vorbem 158 ff** 29
Scheingeschäft
Bestätigung des Rechtsgeschäfts **141** 17
Grundgeschäft, Nichtigkeit **139** 55
Umdeutung **140** 17
Schenkung
Annahmefrist **148** 5
Auflage **Vorbem 158 ff** 3
Zwischenverfügungen **161** 3
Schenkung, gemischte
Teilbarkeit **139** 64
Schenkung auf den Todesfall
Tod des Antragenden **153** 3
Schenkung von Todes wegen
Vermächtnis **140** 5
Schenkungsversprechen
Formnichtigkeit **140** 55
Umdeutung **140** 55
Schiedsgericht
Kompetenz-Kompetenz-Klausel **139** 85
Schlichtungsklausel **139** 85
Vertragsauslegung, ergänzende **157** 65

Schiedsgericht (Forts)
Zuständigkeit **157** 65
Schiedsgerichtsklauseln
Beschlussmängelstreitigkeiten **139** 85
Umdeutung **140** 58
Schiedsgutachten
Kostentragung **157** 65
Vertragsauslegung, ergänzende **157** 65
Schiedsvereinbarung
Wirksamkeit **139** 85
Schiedsvertrag
Anfechtung **142** 20
Hauptvertrag, Nichtigkeit **139** 85
Prozessvertrag mit verfügender Wirkung **Vorbem 145 ff** 96
Selbstständigkeit **139** 53
Schlichtungsklausel
Vertragswirksamkeit, Streit über **139** 85
Schmiergeldvereinbarung
Einheitlichkeit des Rechtsgeschäfts **139** 39
Geschäftseinheit **139** 39, 50
Schönheitsreparaturen
Geldausgleich **157** 40
Lückenschließung **157** 23
Vertragsauslegung, ergänzende **157** 28, 40, 63
Schuldanerkenntnis
Annahmeerklärung, Nichtempfangsbedürftigkeit **151** 8
Formmangel **140** 55
geltungserhaltende Reduktion **139** 73
Schenkung **140** 55
Teilbarkeit **139** 73
Umdeutung **140** 55
Vorvertrag **Vorbem 145 ff** 61
Schuldbeitritt
Bestätigung **141** 8
Bürgschaft, Umdeutung **140** 30, 69
Umdeutung **140** 67, 69
Schuldmitübernahme
Annahmeerklärung, Nichtempfangsbedürftigkeit **151** 8
Schuldrecht
Vertrag **Vorbem 145 ff** 1, 9, 87
Vertragsschluss **Vorbem 145 ff** 5
Schuldübernahme
Anfechtungsgegner **143** 21
Geschäftseinheit **139** 51, 56
Schuldverhältnis
Änderung **Vorbem 145 ff** 4
Begründung **Vorbem 145 ff** 4, 8
Schuldverhältnis, vorvertragliches
Abbruch von Vertragsverhandlungen **Vorbem 145 ff** 49
Angebot **145** 36 f
Aufklärungspflichten **Vorbem 145 ff** 49
culpa in contrahendo **Vorbem 145 ff** 48 ff
Erfüllungsinteresse **Vorbem 145 ff** 50

Schuldverhältnis, vorvertragliches (Forts)
gesetzliches Schuldverhältnis **Vorbem 145 ff** 48 f
Körperschäden **Vorbem 145 ff** 49
Kontakt, geschäftlicher **Vorbem 145 ff** 48 f
Kontrahierungszwang **Vorbem 145 ff** 49 f
Loyalitätspflicht **Vorbem 145 ff** 49
Mitteilungspflichten **Vorbem 145 ff** 49
Pflichtverletzung **Vorbem 145 ff** 48, 50
Rücksichtnahmepflicht **Vorbem 145 ff** 48 f
Rücktrittsrecht **Vorbem 145 ff** 50
Sachschäden **Vorbem 145 ff** 49
Schadensersatzanspruch auf Vertragsabschluss **Vorbem 145 ff** 50
Vertragsanpassung **Vorbem 145 ff** 50
Vertrauensschaden **Vorbem 145 ff** 50
Schuldversprechen
Vorvertrag **Vorbem 145 ff** 61
Schuldvertrag
Vertragsauslegung, ergänzende **157** 12
Schutzgesetzverletzung
arglistige Täuschung **142** 37
Schutzpflichten
Rechtsgeschäft, bedingtes **160** 1 f
Schwarzarbeit
Teilbarkeit des Rechtsgeschäfts **139** 64
Verstoß, beiderseitiger **139** 64
Schwebezeit
s Bedingung
Schweigen
Ablehnung **146** 5, 9 f
Annahmeerklärung **146** 5; **151** 2, 8
Fiktion **146** 5
Antrag, neuer **150** 6, 15
Bestätigungsschreiben, kaufmännisches **146** 6
Rechtsgeschäft, formbedürftiges **150** 15
Verkehrssitte **146** 5
Willenserklärung **146** 5; **151** 3
Zusendung unbestellter Ware **146** 11
Schweiz
Vertrag **Vorbem 145 ff** 11
Schwerbehinderte
Arbeitsvertrag, Anfechtung **142** 34
Kontrahierungszwang **Vorbem 145 ff** 17
Kündigung, Umdeutung **140** 39
Selbstbedienungsladen
Angebot ad incertam personam **145** 19
Selbstbedienungstankstelle
Angebot **145** 8
Sicherheitenbestellung
Bedingung, aufschiebende **158** 5
Befristung **163** 5
Fristwahrung **163** 5
Sicherheitsleistung
Annahme, modifizierte **150** 8
Rechtsgeschäft, bedingtes **160** 5
Sicherungsabrede
Ablösungsrecht **157** 46b, 65

Sicherungsabrede (Forts)
Geschäftseinheit **139** 49
Umdeutung **140** 69
Vertragsauslegung, ergänzende **157** 65
Sicherungsabtretung
Annahmewille **151** 20
Freigabeanspruch **157** 65
Geschäftseinheit **139** 56
Umdeutung **140** 67
Vertragsauslegung, ergänzende **157** 65
Vorteilsregel **139** 89
Sicherungsgeschäfte
Umdeutung **140** 67 ff
Sicherungsübereignung
Auslegung **140** 67; **158** 9
Bedingung, auflösende **158** 9
Freigabeanspruch **157** 65
Geschäftseinheit **139** 56
Rückübereignungspflicht **158** 9
Teilnichtigkeit **139** 88
Umdeutung **140** 67
Vertragsauslegung, ergänzende **157** 65
Sicherungsübertragung
Anwartschaftsrecht **Vorbem 158 ff** 59
Verfügung über das Anwartschaftsrecht **Vorbem 158 ff** 71
Sittenwidrigkeit
Angehörigenbürgschaft **139** 70
Bedingung **Vorbem 158 ff** 12, 33
Bestätigung des Rechtsgeschäfts **141** 12, 17
Bezugsbindung **139** 69
Bierlieferungsvertrag **139** 69
Billigkeitsprüfung **139** 71
Diskriminierung, rassische **Vorbem 145 ff** 24
Fernabsatzvertrag **142** 30
Geliebtentestament **139** 72
geltungserhaltende Reduktion **139** 3, 69, 70; **140** 2
Verbot **139** 70; **157** 7
Globalabtretung **139** 72
Hinauskündigungsrecht **139** 69
Leistungshöhe **139** 70
Mithaftungsabrede **139** 70
Preisvereinbarung **139** 70
Rechtsgeschäft, Aufrechterhaltung **139** 70
Rechtsgeschäft, Teilbarkeit **139** 62, 68, 70
Schuldbeitritt **139** 70
Umdeutung **140** 2, 16, 32
Vertragslaufzeit, überlange **139** 69 f
Vertragsverweigerung **Vorbem 145 ff** 24
Zusendung unbestellter Ware **146** 16
Sofort
Zögern, schuldloses **147** 5
Software
Geschäftseinheit **139** 49
Sondereigentum
Umdeutung in Sondernutzungsrecht **140** 10, 64
Sondereigentumsvertrag
Vorvertrag **Vorbem 145 ff** 60
Sonderprivatrechte
Teilnichtigkeit **139** 8, 13, 16
Sorgeerklärung
Teilnichtigkeit **139** 12
Sozialplan
Umdeutung **140** 72
Umfang **140** 72
Sozialstaatsprinzip
Kontrahierungszwang **Vorbem 145 ff** 22
Sparkassen
Kontrahierungszwang **Vorbem 145 ff** 17
Sparkonto
Schenkung auf den Todesfall **153** 3
Tod des Antragenden **153** 3
Speisekarte
invitatio ad offerendum **145** 11
Staatsvertrag
Vertrag, verfassungsrechtlicher **Vorbem 145 ff** 94
Staffelmiete
Begrenzung, zeitliche **139** 69
Kündigungsverzicht **139** 69
Stand-Still
Teilnichtigkeit **139** 1
Stehen und fallen, miteinander
Geschäftseinheit **139** 41
Stellplätze
Umdeutung in Sondernutzungsrecht **140** 10
Stellvertretung
Annahmeerklärung **151** 24
Antrag unter Anwesenden **147** 3
Gebot **156** 3
Offenlegungsgrundsatz **151** 24
Versteigerer **156** 6
Zuschlag **156** 6
Steuerklauseln
Rückbeziehungsvereinbarung **159** 4
Scheinbedingung **Vorbem 158 ff** 29; **159** 4
Steuerrecht
Bedingung **Vorbem 158 ff** 80
Befristung **Vorbem 158 ff** 80
Bewertung **Vorbem 158 ff** 80
Stimmrechtsermächtigung
Umdeutung **140** 58
Stimmrechtsvereinbarung
Umdeutung **140** 58
Strafanzeige
Anfechtungserklärung **143** 4
Strafrecht
Anfechtung **142** 8
Strafversprechen
Geschäftseinheit **139** 51
Straßenveränderung
Folgekosten **157** 60
Streitgegenstand
Verfügung über den Streitgegenstand **Vorbem 158 ff** 48

Streitgegenstand (Forts)
Bedingung, auflösende **Vorbem 158 ff** 49
Rechtskrafterstreckung **161** 7
Stromlieferungsvertrag
s Energielieferungsvertrag
Stromnetzentgelt
Kontrahierungszwang **Vorbem 145 ff** 17
Stromversorgungsvertrag
s Energielieferungsvertrag
Subunternehmereinsatz
Bestätigung des Rechtsgeschäfts **144** 6
Sukzessivbeurkundung
Annahme, verspätete **152** 9
Annahmeerklärung **152** 4
Bestimmung, abweichende **152** 5 ff
Zugang **152** 4 f
Annahmefrist **152** 8
Genehmigungen Dritter **152** 8
Auslegung **152** 6, 8
Benachrichtigungspflicht **152** 4, 6
Beurkundung, notarielle **Vorbem 145 ff** 40; **152** 1, 3 f
Beurkundung, vereinbarte **154** 12
Beweislast **152** 10
Bindungsfrist **152** 9
Rückfragepflicht **152** 6
Vertragsschluss **Vorbem 145 ff** 40; **152** 1
Sukzessivlieferungsvertrag
Anfechtung **142** 36
Suspensivbedingung
Bedingung, aufschiebende **Vorbem 158 ff** 12
Synallagma
Vertrag, gegenseitiger **Vorbem 145 ff** 88
Vertragsauslegung, ergänzende **157** 30

Tagespreisklausel
Vertragsauslegung, ergänzende **157** 28
Tankstelle
Angebot **145** 8
Tarifautonomie
Normsetzungsbefugnis **Vorbem 145 ff** 91
Tarifkundenvertrag
Vertragsauslegung, ergänzende **157** 47b
Tarifvertrag
Auslegung **157** 12
Regelungslücke, bewusste **157** 12, 17
Regelungslücke, unbewusste **157** 12
Dissens **154** 1
geltungserhaltende Reduktion **139** 20
Normenvertrag **Vorbem 145 ff** 91
Normsetzungsbefugnis **Vorbem 145 ff** 91
Rechtsnormen **139** 20
schuldrechtlicher Teil **139** 20
Teilkündigung **140** 43
Teilnichtigkeit **139** 15, 20
Umdeutung **140** 43
Vorvertrag **Vorbem 145 ff** 61
Anfechtung **142** 35
zwingendes Recht **139** 20
Tathandlung
Anfechtung **142** 16
Taxi
Beförderungspflicht **Vorbem 145 ff** 17
Teilabreden
Beweislast **154** 16
Teilanfechtung
Restgeschäft **143** 1
Teilbarkeit des Rechtsgeschäfts **142** 26; **143** 1
Teilnichtigkeit **139** 31
Umdeutung **140** 71
Teilaufhebung
Teilnichtigkeit **139** 33
Teilbarkeit
Gesamtschuldverhältnis **139** 66
Hinausstreichen unwirksamer Vertragsteile **139** 61, 68
objektive Teilbarkeit **139** 63 f
quantitative Teilbarkeit **139** 61, 63, 68 ff
Rechtsgeschäft **139** 60 ff
Zerlegbarkeit **139** 60
Sittenwidrigkeit **139** 62
subjektive Teilbarkeit **139** 63, 65 ff
Subsidiarität **139** 65
zeitliche Teilbarkeit **139** 68
Teilnichtigkeit
Aufrechterhaltung des Rechtsgeschäfts **139** 1, 3, 17
Auslegungsregel **139** 2, 20
Beweislast **139** 79
Beweislastregel **139** 2, 22, 30
Bruchteilsgemeinschaft **139** 65
Darlegungslast **139** 79
Einzelbestimmungen **139** 63 f
Erbengemeinschaft **139** 65
Feststellung **139** 39
Formmangel **139** 22, 31, 33
Fortgeltungsentscheidung **139** 89
geltungserhaltende Reduktion **139** 63
Gemeines Recht **139** 1, 4
Gesetzesänderung **139** 32
Hinausstreichen unwirksamer Vertragsteile **139** 61, 68
Inhaltsänderung **139** 78
Kenntnis **139** 24, 74
nachträgliche Teilnichtigkeit **139** 32
Nichtigkeitsgrund **139** 60
Nichtigkeitsvermutung, widerlegliche **139** 2
Parteivortrag **139** 79
Parteiwille **139** 1, 24, 79
hypothetischer Parteiwille **139** 2, 4, 32, 60, 74 ff
Privatautonomie **139** 1, 4, 37
Rechtsbindungswille **139** 24
Rechtsgeschäft **139** 26 f, 60
s a dort
Bedingungsfeindlichkeit **Vorbem 158 ff** 44

Teilnichtigkeit (Forts)
Rechtsmissbrauch **139** 90
Regelungen, ersetzende **139** 78
Restgültigkeit des Vertrages **139** 6
Revisionsgrund **139** 79
salvatorische Klausel **139** 4
Sanktionszwecke **139** 1
Schutznormen **139** 15
Sonderprivatrechte **139** 8, 13, 16
Strafzwecke **139** 1
Subsidiarität **139** 3 f, 17, 76
Teilanfechtung **139** 31
Totalnichtigkeit **139** 5, 60, 79
Treu und Glauben **139** 89 ff
Umdeutung des Rechtsgeschäfts **140** 14, 21
Unwirksamkeit des Rechtsgeschäfts **139** 1, 33
relative Unwirksamkeit **139** 33
schwebende Unwirksamkeit **139** 33
– Genehmigung **139** 33
– Genehmigungsverweigerung **139** 33
unzulässige Rechtsausübung **139** 91
Verbotsgesetze **139** 17
Vertrag, gegenseitiger **139** 22, 63
Vertrag, öffentlich-rechtlicher **139** 28
Vertragsauslegung, ergänzende **139** 4, 8, 25, 61, 78; **157** 7
Vertragsurkunde **139** 79
Vorkaufsrecht, dingliches **139** 87
Vorteilsregel **139** 89
Wahlrecht der benachteiligten Partei **139** 89
Wucherverbot **139** 70
Teilrücktritt
Teilnichtigkeit **139** 33
Teilungserklärung
Auslegung, ergänzende **157** 12, 16, 17, 30
Parteiwille, hypothetischer **157** 30
Regelungslücke, nachträgliche **157** 16
Umdeutung **140** 64
Vertragsauslegung, ergänzende **157** 10
Teilungsgenehmigung
Auflassungserklärung, Umdeutung **140** 65
Teilunmöglichkeit
nachträgliche Teilunmöglichkeit **139** 34
Telefon
Annahme **147** 11
Antrag unter Anwesenden **147** 2, 4, 6
Telefonanschluss
Mietvertrag **157** 5
Telekommunikationsdienstleistungen
Annahmewille **151** 19
Diskriminierungsverbot **Vorbem 145 ff** 17
Realofferte **145** 8
Teleshopping
Angebot **145** 9
Testament
Andeutungstheorie **157** 12
Anfechtungsberechtigter **144** 12
Testament (Forts)
Anfechtungserklärung **143** 7
Anfechtungsgegner **143** 31
Anfechtungsrecht **143** 15
Auslegung, ergänzende **157** 12
Bestätigung **144** 12
Errichtungsverpflichtung, Umdeutung **140** 52, 55
Inhaltsänderung **139** 6
Schuldanerkenntnis, Umdeutung **140** 55
Teilnichtigkeit **139** 6
Umdeutung **140** 19, 49
Widerrufsrecht **144** 12
Testament, gemeinschaftliches
Umdeutung **140** 49
Wechselbezüglichkeit **140** 49
Testamentsvollstreckeramt
Bedingungsfeindlichkeit **Vorbem 158 ff** 35
Testamentsvollstreckung
Teilbarkeit **139** 66, 73
Theatervertrag
Vertrag, gemischter **Vorbem 145 ff** 89
Tierarzt
Berufsausübungsfreiheit **139** 69a
Todestag
Befristung **Vorbem 158 ff** 9
Totalnichtigkeit
Beweislast **139** 79
Dispositivität **139** 8, 22
geltungserhaltende Reduktion **139** 3, 61
Geschäftseinheit **139** 60
Interessenschutz **139** 3
Parteiwille, hypothetischer **139** 8
Rechtserhaltung **139** 3
Teilnichtigkeit **139** 5, 60, 79
Umdeutung des Rechtsgeschäfts **140** 14
Unwirksamkeit des Rechtsgeschäfts **139** 1
Vermutung **139** 3
Vertragsauslegung, ergänzende **139** 8; **157** 7
Transparenzgebot
Gesamtunwirksamkeit **139** 12
Trennungsvereinbarung
Geschäftseinheit **139** 49
Treu und Glauben
Annahmeverspätung **150** 3
Bestätigung **141** 1
Billigkeit **157** 31 f
Irrtumsanfechtung **142** 38
Leistungspflicht, objektive Bestimmung **157** 8
Nebenpflichten, vertragliche **157** 8, 15
Rechtsbindungswille **Vorbem 145 ff** 81
Teilnichtigkeit **139** 89 ff
Vertragsanpassung **157** 21
Vertragsauslegung, ergänzende **157** 1 f, 8, 21, 31, 34
Vorvertrag **Vorbem 145 ff** 62, 64
Treuhandvertrag
Geschäftseinheit **139** 49

Treuhandvertrag (Forts)
Nichtigkeit **139** 39
Treuwidrigkeit
Bedingungseintritt **162** 7 ff
Typenkombination
Vertrag **139** 42
Typenvertrag
Lückenschließung **157** 23 ff
moderne Verträge
s Vertrag
Vertragsauslegung, ergänzende **157** 23, 28

Übereignung
Geschäftseinheit **139** 54, 56
Umdeutung **140** 73
Übereignungsangebot
Zwischenverfügungen **145** 25
Übergabevertrag
Aufrechterhaltung des Rechtsgeschäfts **140** 54
Erbfolge, verfrühte **140** 54
Umdeutung **140** 54
Überlegungsfrist
Annahme **147** 5, 10, 13
Übermaßverbot
Wettbewerbsverbot **139** 69a
Überweisung
Annahmewille **151** 17
Überweisungsauftrag
Annahmewille **151** 17
Umdeutung
Änderungskündigung **140** 22
in anfechtbares Rechtsgeschäft **140** 20
Annahmeerklärung **150** 1
Arbeitsrecht **140** 33 ff
in Auflassung **140** 10
Auslegung, Vorrang **140** 7 f; **157** 6
Ausschluss **140** 6
Bedingung **158** 16
Behauptungslast **140** 34
Berufung **140** 11
Beweislast **140** 34
Dissens **140** 17
Einrede **140** 1
Eintragungsbewilligung **140** 10
Einwendung **140** 1
Erbrecht **140** 35, 49 ff
Erfolg des Geschäfts, wirtschaftlicher **140** 1 f, 7, 20 f, 25, 27
Ersatzgeschäft **140** 6, 16, 18 ff
s a dort
falsa demonstratio **140** 3
Forderungsverpfändung **140** 14
Geschäftsunfähigkeit **140** 17
Gesellschaftsrecht **140** 35, 57 ff
Gesetzesverstoß **140** 2
Gestaltungsakt **140** 1
Grundbucheintragung **140** 10
Grundbucherklärung **140** 10

Umdeutung (Forts)
Grundstücksrecht **140** 35, 63 ff
Güterrecht **140** 70
Klageänderung **140** 34
Konversionsklausel **140** 6
Leistungsbestimmung **140** 22
Löschungserleichterung **140** 10
Mietvertrag **140** 35
Mittel, Missbilligung **140** 1 f, 31
Mittel, taugliche **140** 1
Nacherbeneinsetzung **140** 50
Nichtigkeit des Rechtsgeschäfts **140** 9, 14
Kennenmüssen der Nichtigkeit **140** 28
Kenntnis der Nichtigkeit **140** 18, 24, 28
Nichtigkeitsgrund **140** 16
Nichtigkeitsnorm, Normzweck **140** 2, 16, 29 ff
– Formvorschriften **140** 30
– Verbotsgesetze **140** 31
Sittenwidrigkeit **140** 32
Pachtvertrag **140** 35
Parteiwille **140** 6, 8, 25 f
hypothetischer Parteiwille **140** 2, 4, 7, 9, 11, 22 ff, 35; **141** 7
Preisverstöße **140** 2
Privatautonomie **140** 24, 32
im Prozess **140** 33
Prozesshandlungen **140** 11
Prozessvergleich **140** 11
Rechtsbehelf **140** 11
Rechtsform **140** 1, 19
Rechtsgeschäft, anfechtbares **140** 15
Rechtsgeschäft, angefochtenes **140** 15 f; **142** 15
Rechtsgeschäft, bedingungsfeindliches **Vorbem 158 ff** 44
Rechtsgeschäft, bestätigtes **140** 17
Rechtsgeschäft, dingliches **140** 9
Rechtsgeschäft, einseitiges **140** 9
Rechtsgeschäft, formwidriges **140** 16, 30
Rechtsgeschäft, heilbares **140** 14
Rechtsgeschäft, relativ unwirksames 40 17
Rechtsgeschäft, schuldrechtliches **140** 9
Rechtsgeschäft, schwebend unwirksames **140** 14
Rechtsgeschäft, sittenwidriges **140** 2, 16, 32
Rechtsgeschäft, teilnichtiges **140** 14, 21
Rechtsgeschäft, unwirksames **140** 14
Rechtsgeschäft, verbotswidriges **140** 16, 31
Rechtsgeschäft unter Lebenden **140** 9
Rechtsgeschäfte, Gleichartigkeit **140** 9, 19, 47, 54
Rechtshandlungen, fingierte Nachholung **140** 2, 20, 23, 56
Rechtsinstitut, anerkanntes **140** 2
Rechtsverkehr, allgemeiner **140** 35, 70
Revisibilität **140** 34
Scheingeschäft **140** 17

Umdeutung (Forts)
in schwebend unwirksames Geschäft **140** 1, 20
Sicherungsgeschäfte **140** 67 ff
Testament **140** 19, 49
Unmöglichkeit, rechtliche **140** 14
Verfügung eines Nichtberechtigten **140** 14
Verfügung von Todes wegen **140** 9
Verfügungsmacht **140** 17
Vertrag, öffentlich-rechtlicher **140** 12
Vertragsauslegung, ergänzende **140** 8
Verwaltungsakt **140** 12
Vollmacht **140** 19
in weniger fehlerhaftes Rechtsgeschäft **140** 20
Wertpapierrecht **140** 35, 61 f
Umdeutungsfähigkeit
Rechtsgeschäft **140** 9 ff, 14
Umgangsrecht
Geschäftseinheit **139** 50
Verzicht auf Umgangsrecht **139** 50
Geschäftseinheit **139** 88
Umsatzbeteiligung
Vertragsauslegung, ergänzende **157** 40
Umsatzsteuer
Bergwerkseigentum **157** 66
Übergebot **156** 4
Umschuldung
Teilnichtigkeit **139** 50
Umtauschvorbehalt
Bedingung, auflösende **158** 5
Umwandlungsbeschluss
Anfechtung **139** 27
Unfallfinanzierung
Geschäftseinheit **139** 52
Unfallschadensregulierung
Teilbarkeit **139** 64
Unmöglichkeit
Teilunmöglichkeit, anfängliche **139** 34
Teilunmöglichkeit, nachträgliche **139** 34
Unterhaltsklage
Leistungsklage, Umdeutung in Abänderungsklage **140** 11
Vollstreckungsgegenklage, Umdeutung in Abänderungsklage **140** 11
Unterhaltsvereinbarung
Vertragsauslegung, ergänzende **157** 66
Unterhaltsverzicht
Beurkundung, vereinbarte **154** 15
Unterlassungsklage
Sorgfaltspflichten **160** 5
Unternehmensvertrag
Teilnichtigkeit **139** 8, 27
Unterstellung
Scheinbedingung **Vorbem 158 ff** 28
Unterwerfung unter die sofortige Zwangsvollstreckung
Anfechtung **142** 20
Angebot **145** 33
Unterwerfungserklärung, wettbewerbsrechtliche
Annahmeerklärung, Nichtempfangsbedürftigkeit **151** 8
Unverbindlichkeitsklauseln
Vertrag **145** 26
Unvermögen, anfängliches
Angebot **145** 25
Unwirksamkeit
nachträgliche Unwirksamkeit **139** 33
Rechtsgeschäfte **139** 33
relative Unwirksamkeit **139** 33
schwebende Unwirksamkeit **139** 33
Genehmigung **139** 33
Genehmigungsverweigerung **139** 33
Unzulässige Rechtsausübung
arglistige Täuschung **142** 31
Dissens **154** 10
Teildissens **155** 16
Teilnichtigkeit **139** 91
Urheberrecht
Kontrahierungszwang **Vorbem 145 ff** 17
Urkunden, notarielle
Vermutung der Richtigkeit und Vollständigkeit **157** 15
Urlaubserteilung
Anfechtung **142** 34
utile per inutile non vitiatur
Teilnichtigkeit **139** 8
Vaterschaftsanerkennung
Bedingungsfeindlichkeit **Vorbem 158 ff** 34
Vaterschaftsanfechtung
Gestaltungsantragsrecht **142** 7
Gestaltungsurteil **142** 7
venire contra factum proprium
Vorvertrag **Vorbem 145 ff** 64
Verbotsgesetze
s a Gesetzesverstoß
Aufrechterhaltung des Rechtsgeschäfts **139** 17
Auslegung **139** 17
geltungserhaltende Reduktion **139** 17
Parteiwille, hypothetischer **139** 17
Schutzzweck **139** 17
Umdeutung des Rechtsgeschäfts **140** 32
Verbraucherdarlehensvertrag
Formmangel **139** 12, 16
geltungserhaltende Reduktion **139** 16
Widerrufsrecht bei mehreren Darlehensnehmern **139** 88
Zinssatz **139** 16
Verbraucherkredit
Geschäftseinheit **139** 43
Kündigung, Umdeutung in Aufhebungsvertrag **140** 44
Verträge, verbundene **139** 43, 46
Verbraucherschutzrecht
Teilnichtigkeit **139** 16
Vereinbarungen, abweichende **139** 16

Verbrauchervertrag
Durchführbarkeit **157** 47a
Gesamtnichtigkeit **157** 47c
Vertragsanpassung **157** 47c
Vertragsauslegung, ergänzende **157** 47a, 47c
Vertragsstrafe, Ermäßigung **157** 47c
Verbraucherwiderrufsrecht
Privatautonomie **142** 30
Vertragsnichtigkeit **142** 30
Wirksamkeit, schwebende **139** 33
Verbrauchsgüterkauf
Vereinbarungen, abweichende **139** 16
Verein
Aufnahmeanspruch **Vorbem 145 ff** 26
Ausweichmöglichkeit, zumutbare **Vorbem 145 ff** 26
Kontrahierungszwang **Vorbem 145 ff** 26 f
Unterlassungsanspruch, quasinegatorischer **Vorbem 145 ff** 27
Monopolstellung **Vorbem 145 ff** 26
Vereinsbeitritt
Bedingung **Vorbem 158 ff** 36
Vereinssatzung
Auslegung, ergänzende **157** 12
Gründerwille **139** 19
Teilnichtigkeit **139** 19
Vereinswille **139** 19
Verfallklausel
Rücktrittserklärung **Vorbem 158 ff** 10
Verfassungsrecht
Vertrag, verfassungsrechtlicher **Vorbem 145 ff** 94
Verfügung
Bedingungseintritt **158** 18
Geschäftseinheit **139** 54
Verfügungswille **158** 18
Verfügung eines Nichtberechtigten
Umdeutung **140** 14, 67
Verfügung von Todes wegen
Andeutungstheorie **157** 12
Auslegung, ergänzende **157** 12, 31
Erblasserwille, hypothetischer **157** 12
Bestätigung **141** 10
Teilbarkeit **139** 66
Umdeutung **140** 9, 52
Verfügungsbeschränkungen
Verfügungsbeschränkungen des Antragenden **153** 17
Verfügungsbeschränkungen des Antragsempfängers **153** 17
Verfügungsgeschäft
Anfechtung **142** 40 f
Bedingung **160** 1; **161** 3 ff
Verfügungsmacht
Ersatzgeschäft **140** 23
Umdeutung **140** 17
Verfügungsvertrag
Antrag **145** 25
Schadensersatz **145** 25
Verfügungsvertrag (Forts)
Vertragsart **Vorbem 145 ff** 87
Vergaberecht
Fristen **157** 17
Mehrvergütungsansprüche **157** 17
Totalnichtigkeit **139** 29
Vertragsauslegung, ergänzende **157** 17, 37
Zuschlag **156** 13
Vergleich
Anfechtbarkeit **144** 6
Bestätigung **144** 6
Globalvergleich **157** 45
Protokollierung, gerichtliche **154** 12
Rückbeziehungsvereinbarung **159** 11
Vergleichsantrag
Umdeutung **140** 11
Vergütung
Lückenschließung **157** 5
Verhalten, schlüssiges
Auslegung **145** 15
Verjährung
Ansprüche, auflösend bedingte **158** 21
Ansprüche, aufschiebend bedingte **158** 19
Vereinbarungen über die Verjährung **139** 14
Vorsatz, Haftung wegen **139** 14
Vorvertrag **Vorbem 145 ff** 66
Verkauf einer Sache
Umdeutung **140** 73
Verkaufsvollmacht
Geschäftseinheit **139** 56
Verkehrsmittel, öffentliche
Angebot **145** 10
Angebot ad incertam personam **145** 19
Annahme **145** 10
Verkehrssitte
Lückenschließung **157** 22
Parteiwille, hypothetischer **157** 30
Rechtsbindungswille **Vorbem 145 ff** 81
Üblichkeit **157** 31 ff
Vertragsauslegung, ergänzende **157** 2, 30 f, 33 f
Verlagsrecht
Kontrahierungszwang **Vorbem 145 ff** 17
Verlautbarungsirrtum
Anfechtung **155** 8
Verlöbnis
Minderjährige **142** 36
Zustimmungserklärung, Anfechtung **142** 36
Vermächtnis
Schuldanerkenntnis, Umdeutung **140** 55
Umdeutung **140** 50
in schenkweisen Erlassvertrag **140** 52
Vermächtnisannahme
Bedingungsfeindlichkeit **Vorbem 158 ff** 35
Vermögensgesetz
Rückübertragungsansprüche, Bedingungsfeindlichkeit der Abtretung **Vorbem 158 ff** 35

Vermögensübertragung
Umdeutung **140** 73
Verpfändung
Bestätigung des anfechtbaren Rechtsgeschäfts **144** 13
Fristwahrung **163** 5
Verpflichtungsgeschäft
Abstraktionsprinzip **158** 10
Anfechtung **142** 42
Bedingung **160** 2
Förderungspflicht **162** 1
Zwischenverfügungen **161** 4
Bedingung des Verfügungsvertrages **158** 10
Bedingungsausfall **158** 16
Bedingungseintritt, Förderungspflicht **158** 2
Geschäftseinheit **139** 54 f, 58
Verpflichtungsvertrag
Angebot **145** 25
Vertragsart **Vorbem 145 ff** 87
Versammlungsbeschluss
Geschäftseinheit **139** 45
Teilnichtigkeit **139** 27
Umdeutung **140** 58
Verschmelzung
Arbeitnehmerwiderspruch, Umdeutung **140** 22
Umdeutung **140** 57
Versicherung für fremde Rechnung
Anfechtungsgegner **143** 18
Versicherungsvertrag
Abänderung durch Rechtsnorm **145** 12
Allgemeine Geschäftsbedingungen **148** 6
Altverträge, Vertragsanpassung **157** 47
Anfechtung **142** 31, 36
arglistige Täuschung des Versicherungsnehmers **142** 36
Leistungsfreiheit **142** 38
Annahme, modifizierte **150** 13 ff
Annahme, verspätete **150** 4
Annahmeerklärung, Nichtempfangsbedürftigkeit **151** 7
Annahmeerklärung, Verzicht auf Empfangsbedürftigkeit **151** 11
Annahmefrist **147** 15; **148** 2, 6
Beitragserhöhung, Umdeutung des Widerspruchs **140** 74
Bestätigung **144** 6
essentialia negotii **145** 18
Kündigung, Umdeutung **140** 44
in Aufhebungsvertrag **140** 44
Prämienabbuchung **144** 6
Teilkündigung **139** 6
Teilrücktritt **139** 6
Umdeutung **140** 73 f
Verlängerungsantrag **151** 7
Versorgung, vertragsärztliche
Kontrahierungszwang **Vorbem 145 ff** 22
Versorgungszusage
Vertragsauslegung, ergänzende **157** 66
Verspätete Annahme
s Annahme
Verspätungsanzeige
s Annahme
Versteigerer
Abgabe der Zuschlagserklärung **156** 5 f
Gebot **156** 3
Kommissionär **156** 6
öffentlich bestellter Versteigerer **156** 10
Stellvertretung **156** 6
Verbot des Selbstkontrahierens **156** 3
Verpflichtungsermächtigung **156** 6
Versteigerung
Ablauf **156** 2
Auslegungsregel **156** 1
Begriff **156** 1
Bieterfindungsverfahren **156** 10a
Bieterkonkurrenz **156** 1
Dispositivität **156** 1, 9
Eigentumsübertragung **156** 8, 11
Erfüllungshandlungen **156** 8
Fixhandelskauf **156** 10
Forderungen **156** 10
Fundsache **156** 10
Gebot **156** 1 ff
Vertragsantrag **156** 2
Gemeinschaft, Teilung durch Verkauf **156** 10
Handelskauf, Annahmeverzug **156** 10
Hinterlegung **156** 10
Internet-Auktion **156** 10a
invitatio ad offerendum **156** 1
Jagdpachtversteigerung **156** 7
Niederschrift durch Notar **156** 7
Pfand, drohender Verderb **156** 10
Pfandverkauf **156** 10
Privatrecht **156** 10 f
Rechte **156** 10
Sachen, bewegliche **156** 10
Sachen, unbewegliche **156** 10
Schluss der Versteigerung **156** 3
Übergebot **156** 2, 4
Verkauf, öffentlicher **156** 1
Vertragsfreiheit **156** 9
Vertragsschluss **Vorbem 145 ff** 4; **156** 1 ff
Beurkundung, notarielle **156** 7
Formbedürftigkeit **156** 7
Vertriebsweg **156** 10a
Zuschlag **156** 2, 5
Zwangsvollstreckung **156** 11
Verteidigungsanzeige
Umdeutung **140** 11
Vertrag
Abschlussfreiheit **Vorbem 145 ff** 12 ff
abstrakter Vertrag **Vorbem 145 ff** 87
Anfechtungsgegner **143** 18 ff
Stellvertretung **143** 18

Vertrag (Forts)
atypische Verträge **Vorbem 145 ff** 89; **145** 17; **157** 29
Lückenschließung **157** 23
Auslegung **Vorbem 145 ff** 3 f, 46; **157** 1
Vertragsauslegung, ergänzende s dort
Begriff **Vorbem 145 ff** 1
Bestätigung **141** 14 f, 20, 23, 26
Beurkundung, vereinbarte **154** 12 ff
Bindungswirkung **145** 23
Dispositivität **Vorbem 145 ff** 4
Dogmatik **Vorbem 145 ff** 9 f
Einigungslücke **155** 16
einseitig verpflichtender Vertrag **Vorbem 145 ff** 88
Entgeltlichkeit **Vorbem 145 ff** 87
Erbrecht **Vorbem 145 ff** 5, 87
faktischer Vertrag **Vorbem 145 ff** 39; **151** 19
Familienrecht **Vorbem 145 ff** 5, 87
Formbedürftigkeit **Vorbem 145 ff** 87
Formfreiheit **Vorbem 145 ff** 87
Formularvertrag **Vorbem 145 ff** 93
gegenseitiger Vertrag s dort
gemischter Vertrag **Vorbem 145 ff** 89
Lückenschließung **157** 23
Genehmigungsbedürftigkeit **145** 23; **151** 4
öffentlich-rechtliche Genehmigung **157** 12
Geschäftstypen, verschiedene **139** 42
Gestaltungsfreiheit, inhaltliche **Vorbem 145 ff** 13, 15
Individualvertrag **157** 37, 52
Inhaltsänderung **139** 7 f, 78
kausaler Vertrag **Vorbem 145 ff** 87
Konsens **Vorbem 145 ff** 36; **154** 1
Kontrahierungszwang **Vorbem 145 ff** 15 ff
lex contractus **Vorbem 145 ff** 8
Lückenschließung **155** 16
Massenverträge **Vorbem 145 ff** 93
moderne Verträge **Vorbem 145 ff** 89; **157** 27
Normenvertrag **Vorbem 145 ff** 91
Obligationenrecht **Vorbem 145 ff** 1, 9, 11
Organisationsvertrag **Vorbem 145 ff** 90
Privatautonomie **154** 6
Rechtsbindungswille **Vorbem 145 ff** 3, 45
Rechtsfolgenwille **Vorbem 145 ff** 2 f, 36; **154** 1
Übereinstimmung **Vorbem 145 ff** 2, 14, 36; **154** 1
Rechtsgeschäft **Vorbem 145 ff** 1 ff
einseitiges Rechtsgeschäft **Vorbem 145 ff** 2
zweiseitiges Rechtsgeschäft **Vorbem 145 ff** 2
Risikoverteilung **157** 19
Rückdatierung **159** 11

Vertrag (Forts)
Sachenrecht **Vorbem 145 ff** 5, 87
Schuldrecht **Vorbem 145 ff** 1, 9, 87
Staatsvertrag **Vorbem 145 ff** 94
Teilnichtigkeit **139** 27
Typenkombination **139** 42
typischer Vertrag **Vorbem 145 ff** 89
Unentgeltlichkeit **Vorbem 145 ff** 87
unvollkommen zweiseitiger Vertrag **Vorbem 145 ff** 88
Verfügungsvertrag **Vorbem 145 ff** 87; **145** 25
vernetzte Verträge **157** 4
Verpflichtungsvertrag **Vorbem 145 ff** 87; **145** 25
Vertragsarten **Vorbem 145 ff** 87 ff
Vertragsdauer **157** 25
Vertragsschluss **Vorbem 145 ff** 1 f, 4, 36 ff; **145** 34; **151** 1
Anfechtung **Vorbem 145 ff** 43
Angebot **Vorbem 145 ff** 37; **145** 1
Annahme des Angebots **Vorbem 145 ff** 4, 36 f; **145** 1; **151** 1
Aufhebungsvertrag **Vorbem 145 ff** 43
Bedingung **Vorbem 158 ff** 6
Bestätigungsschreiben, kaufmännisches **146** 6
Beweislast **Vorbem 145 ff** 42
diktierter Vertrag **Vorbem 145 ff** 35
Drohung **Vorbem 145 ff** 14
Entscheidung, gerichtliche **Vorbem 145 ff** 35
essentialia negotii **Vorbem 145 ff** 34, 37; **154** 1, 3, 8, 16
Inanspruchnahme einer Leistung **Vorbem 145 ff** 39
Irrtum **Vorbem 145 ff** 14
Kreuzofferten **146** 7
Ort **Vorbem 145 ff** 40, 42
protestatio facto contraria **Vorbem 145 ff** 39
Schuldverhältnis, vertragliches **Vorbem 145 ff** 8
Schweigen **146** 5 f
Täuschung **Vorbem 145 ff** 14
Verhalten, schlüssiges **145** 16
Verhalten, sozialtypisches **Vorbem 145 ff** 39
Verpflichtung zum Vertragsschluss **Vorbem 145 ff** 45
Versteigerung **156** 1 ff
s a dort
Verwaltungsakt **Vorbem 145 ff** 35
Vorlage, Zustimmung zu **Vorbem 145 ff** 38
Widerruf **Vorbem 145 ff** 43
Willenserklärungen, übereinstimmende **Vorbem 145 ff** 2, 36; **145** 1; **155** 3
– Auslegung **155** 3, 5, 8
Zeitpunkt **Vorbem 145 ff** 41 f

Vertrag (Forts)
Zustimmungserklärungen, parallele **Vorbem 145 ff** 36, 38, 40
Vertragstypen **Vorbem 145 ff** 89; **145** 17
Wahlrecht **154** 5
Vertrag, dinglicher
Annahmeverzicht **151** 4
Vertragsschluss **Vorbem 145 ff** 5
Vertrag, gegenseitiger
Austauschverhältnis **Vorbem 145 ff** 88
Synallagma **Vorbem 145 ff** 88; **157** 30
Teilnichtigkeit **139** 22, 63
Umdeutung **140** 9
Vertrag, öffentlich-rechtlicher
Anfechtung **142** 17
Angebot **Vorbem 145 ff** 98
Annahme **Vorbem 145 ff** 98
Annahmeverzicht **151** 4
Befristung **163** 12
Begriff **Vorbem 145 ff** 94 ff
Bestätigung **141** 11
Form **Vorbem 145 ff** 97 f
Prozessvertrag **Vorbem 145 ff** 96
Rechtsverhältnis auf dem Gebiet des öffentlichen Rechts **Vorbem 145 ff** 95, 97
Rechtsweg **Vorbem 145 ff** 97
Teilnichtigkeit **139** 18, 28
Treuwidrigkeit **162** 19
Umdeutung **140** 12
Vertrag, verfassungsrechtlicher **Vorbem 145 ff** 94
Vertragsauslegung, ergänzende **157** 14
Vertragsgegenstand **Vorbem 145 ff** 97
Vertragsschluss **Vorbem 145 ff** 98
Verwaltungsvertrag **Vorbem 145 ff** 95
Wirksamkeit **Vorbem 145 ff** 98
Wirksamkeitsvoraussetzungen **Vorbem 145 ff** 97
Zuschlag **156** 11
Zustandekommen **Vorbem 145 ff** 98
Vertrag mit Schutzwirkung zugunsten Dritter
Rechtsfortbildung, richterliche **157** 66
Vertragsauslegung, ergänzende **157** 66
Vertrag über den Nachlass eines noch lebenden Dritten
Umdeutung **140** 51
Vertrag zugunsten Dritter
Anfechtungsgegner **143** 19
Anfechtungsrecht **143** 15
Erbvertrag, Umdeutung **140** 55
Vertragsänderung
Aufrechterhaltung des Rechtsgeschäfts **139** 8, 17
Vertragsauslegung, ergänzende
AGB-Vertrag **157** 46 ff
Allgemeine Geschäftsbedingungen **157** 13, 32, 46 ff, 52, 56 f
s a dort
Einbeziehungsschranken **157** 48
Vertragsauslegung, ergänzende (Forts)
Inhaltsschranken **157** 48
Andeutungstheorie **157** 12
Anpassungsverbot, europäisches **157** 47c
Ausdrücklichkeit **157** 45
Auslegung **140** 8; **157** 4, 10, 13
interessengerechte Auslegung **157** 32 f, 53
vertragsferne Auslegung **157** 49 f
Austauschvertrag **157** 30
Behauptungslast **157** 51
Beweislast **157** 51
Billigkeit **157** 31 f
Dissens, versteckter **157** 12
Einschränkung von Vertragspflichten **157** 41
Erhaltungsklausel **157** 7
Erklärungsinhalt **157** 38
Ermessensspielraum **157** 52
Erweiterungsverbot **157** 39 f, 42
Gegenstand **157** 12
geltungserhaltende Reduktion **157** 35
Geltungserhaltung **139** 25
Gemeinschaftsordnung **157** 10, 12
Gerechtigkeit, individualisierende **157** 23
Haftungsausschluss, stillschweigender **157** 12
Handelsbrauch **157** 23
Individualprozess **157** 47c
Individualverträge **157** 37, 52
Irrtumsanfechtung **157** 35
Schadensersatzpflicht **157** 35
Kriterien, individuelle **157** 32
Kriterien, objektive **157** 32 f
Leistungsbestimmungsrecht **157** 21, 43
Lückenschließung **139** 25, 33, 78; **155** 16; **157** 4, 7, 15 ff, 22 ff, 39, 46a
Recht, dispositives **157** 22 ff, 47
Vertrag, atypischer **157** 23, 29
Vertrag, gemischter **157** 23
Neuverhandlungspflicht **157** 10
normative Auslegung **157** 31, 52
objektive Auslegung **157** 2
Parteiautonomie **157** 3 ff
Parteiinteressen **157** 30
Parteiwille, hypothetischer **139** 75; **140** 8, 25, 27; **157** 4, 9, 11, 30 ff
Interessenabwägung **157** 30
Teilungserklärung **157** 30
Parteiwille, tatsächlicher **157** 4, 31, 38 f
Privatautonomie **157** 4, 15, 34 f, 37, 39, 49
Prozess **157** 47c
Rahmenvertrag **157** 17
Rechtsanschauung, Veränderung **157** 21
Rechtsfortbildung, heteronome **157** 2
Rechtsfortbildung, richterliche **157** 2, 8, 23, 37
Rechtsfrage **157** 52, 54
Rechtsgeschäfte **157** 11

Vertragsauslegung, ergänzende (Forts)
Rechtsgeschäftslehre, allgemeine **157** 4, 49 f
Regelungslücke **157** 11, 15 ff
anfängliche Lücke **157** 16
Ausfüllungsbedürftigkeit **157** 20
bewusste Regelungslücke **157** 12, 15, 17
Ergänzung **157** 11
nachträgliche Lücke **157** 16
Offenlassen, bewusstes **157** 17
planwidrige Lücke **157** 15, 53
unbewusste Regelungslücke **157** 17
Vertragsbestimmung, Unwirksamkeit **157** 18
Vertragszweck, Sicherung **157** 20 f
Regelungsplan der Parteien **157** 4, 8 f, 15, 42
Revisibilität **157** 52 ff
salvatorische Klausel **139** 22
Schuldvertrag **157** 12
Streichung der Klausel, ersatzlose **157** 46a, 47a
Tatfrage **157** 52 f
Teilnichtigkeit **139** 4, 7 f, 61, 78; **157** 7
Teilungserklärung **157** 10
Treu und Glauben **157** 1 f, 8, 21, 31, 34
Typenvertrag **157** 28
Üblichkeit **157** 31 ff
Umdeutung **140** 8; **157** 6
Unbilligkeiten **157** 19
Verbandsprozess **157** 47c
Verfügungen, behördliche **157** 14
Vergaberecht **157** 17
Verhältnisse, grundlegende Änderung **157** 44
Verhältnisse, Veränderung **157** 21
Verhalten der Parteien, nachträgliches **157** 38
Verkehrssitte **157** 2, 30 f, 33 f
Verträge, atypische **157** 47c
Verträge, moderne **157** 27
Verträge, öffentlich-rechtliche **157** 14
Verträge, vernetzte **157** 4
Vertragsabänderung **157** 39 ff
Vertragsinhalt **157** 30, 38 f
Ergänzung **157** 39
Vertragsschluss, ungünstiger **157** 19
Vertragstreue **157** 37
Vertragszweck **157** 30
Vertrauenshaftungskonzept **157** 30
Vertrauensschutz **157** 2
Vervollständigungsbedürftigkeit **157** 15
Vollständigkeitsvermutung **157** 15
Vorrang **139** 25; **157** 6 ff, 46
Wegfall der Geschäftsgrundlage **157** 9 f, 17, 43
Wertsicherungsklausel **139** 86
Willenserklärung **157** 12
Zeitpunkt **157** 34
Zinsänderungsklauseln **157** 46

Vertragsbedingungen
Geschäftsinhalt **Vorbem 158 ff** 4
Vertragserfüllungsbürgschaft
Vertragsauslegung, ergänzende **157** 46b
Vertragsform
Beweislast **154** 17
Vertragsfreiheit
Abschlussfreiheit **Vorbem 145 ff** 12 f
Berufsfreiheit **Vorbem 145 ff** 23
Gestaltungsfreiheit, inhaltliche **Vorbem 145 ff** 15
Handlungsfreiheit, allgemeine **Vorbem 145 ff** 22
Meinungsfreiheit **Vorbem 145 ff** 23
Menschenwürde **Vorbem 145 ff** 22, 24
Pressefreiheit **Vorbem 145 ff** 23, 25
Versteigerung **156** 9
Vertragstypen **Vorbem 145 ff** 89
Vorvertrag **Vorbem 145 ff** 51
Vertragsgestaltung
richterliche Vertragsgestaltung **139** 78
Vertragshilfe
Berechtigung **157** 33, 37
Vertragslaufzeit
geltungserhaltende Reduktion **139** 69
Sittenwidrigkeit **139** 69 f
Vertragslücke
s Regelungslücke
Vertragsparteien
Annahme, modifizierte **150** 8
Vertragsschluss
s Vertrag
Vertragsstrafe
Angebot **145** 13
Annahme, modifizierte **150** 8
Rückbeziehungsvereinbarung **159** 6
Sittenwidrigkeit **139** 64
Teilbarkeit **139** 64
Verbrauchervertrag **157** 47c
Vertragstreue
Schwebezeit **158** 2; **162** 1 f
Vertragsauslegung, ergänzende **157** 37
Vorvertrag **Vorbem 145 ff** 65
Vertragsübernahme
Anfechtungsgegner **143** 22
arglistige Täuschung **139** 65
Leasing **143** 22
mehrseitige Vertragsübernahme **143** 22
Umdeutung **140** 21
Vertragsverhandlungen
Abbruch **Vorbem 145 ff** 28, 49
Punktation **Vorbem 145 ff** 47
Rechtsbindungswille **Vorbem 145 ff** 45
Schriftwechsel **Vorbem 145 ff** 46
Sonderverbindung, vorvertragliche **Vorbem 145 ff** 45
Verpflichtung zum Vertragsschluss **Vorbem 145 ff** 45
Vertragsauslegung **Vorbem 145 ff** 46

Vertragsverhandlungen (Forts)
Vertragsschluss **Vorbem 145 ff** 45 ff
Vorvertrag **Vorbem 145 ff** 52
Vertragsverweigerung
Diskriminierung, rassische **Vorbem 145 ff** 24
Schadensersatzanspruch **Vorbem 145 ff** 20
Unterlassungsanspruch **Vorbem 145 ff** 20
Vertragsfreiheit **Vorbem 145 ff** 23
Vertrauensschutz
Vertragsauslegung, ergänzende **157** 2
Vertretung ohne Vertretungsmacht
Annahmeerklärung **148** 10
Bestätigung **141** 17
Genehmigung **141** 3; **152** 3
Genehmigungsverweigerung **139** 44, 64
Teilbarkeit **139** 64
Unwirksamkeit, schwebende **141** 3
Vertretungsmacht, organschaftliche
Einräumung, Bedingungsfeindlichkeit **Vorbem 158 ff** 35
Vertriebsbindungsvertrag
Teilnichtigkeit **139** 81
Verwahrung, unentgeltliche
Gefälligkeitsvertrag **Vorbem 145 ff** 80
Zusendung unbestellter Ware **146** 14 f
Verwahrung, unregelmäßige
Vertragsauslegung, ergänzende **157** 45
Verwaltungsabkommen
Vertrag, verfassungsrechtlicher **Vorbem 145 ff** 94
Verwaltungsakt
Auflagen **Vorbem 158 ff** 78
Bedingung **Vorbem 158 ff** 78 f
Bedingungsfeindlichkeit **Vorbem 158 ff** 78
Befristung **Vorbem 158 ff** 78; **163** 12
begünstigender Verwaltungsakt **Vorbem 158 ff** 78
Bestätigung **141** 11
statusbegründende Verwaltungsakte **Vorbem 158 ff** 78
Teilnichtigkeit **139** 18, 29
Umdeutung **140** 12
Vertragsschluss **Vorbem 145 ff** 35
Vorbehalte **Vorbem 158 ff** 78
Verwaltungsrecht
Treuwidrigkeit **162** 19
Verwaltungsvertrag
Begriff **Vorbem 145 ff** 95
koordinationsrechtlicher Vertrag **Vorbem 145 ff** 95
öffentlich-rechtlicher Vertrag im engere Sinne **Vorbem 145 ff** 95
subordinationsrechtlicher Vertrag **Vorbem 145 ff** 95
Verwertungsgesellschaften
Kontrahierungszwang **Vorbem 145 ff** 17
Verzicht
Bestätigung **144** 2
Rechtsgeschäft, einseitiges **144** 2

Verzicht (Forts)
Schadensersatzansprüche **144** 16
VOB/A
Allgemeine Geschäftsbedingungen **148** 6
Annahmefrist **148** 6
VOB/B
Auslegung, ergänzende **157** 46
Völkerrecht
Vertrag, völkerrechtlicher **Vorbem 145 ff** 94
Volkseigentum
Eintragungsersuchen, Umdeutung **140** 64
Vollkaskoversicherung
Annahme, modifizierte **150** 14
Vollmacht
Abschlussvollmacht **139** 56
Abstraktheit **139** 56
Anfechtung **142** 43; **143** 14
Anfechtungsgegner **143** 33, 35
Rechtsgeschäft, abgeschlossenes **143** 33, 35
Auflassungsvollmacht **139** 56
Außenvollmacht **143** 33, 35
Generalvollmacht **140** 60
Geschäftseinheit **139** 49, 56
Innenvollmacht **139** 56; **143** 33, 35
Kontrollvollmacht, transmortale **140** 56
Nichtigkeit **139** 39
Umdeutung **140** 19, 73
Unwiderruflichkeit **140** 73
verdrängende Vollmacht **140** 73
Verkaufsvollmacht **139** 56
Vollmachtsüberschreitung
quantitative Vollmachtsüberschreitung **139** 44
Vollstreckungsverfahren
s Zwangsvollstreckung
Voraussetzung
Scheinbedingung **Vorbem 158 ff** 2, 28
Vorausverfügung
Insolvenzfestigkeit **163** 2
Vorauszession
Annahmewille **151** 20
Vorbehalt, geheimer
Konsens **155** 11
Vorerbschaft
Nacherbeneinsetzung, Umdeutung **140** 50
Vorfeldvereinbarung
Letter of Intent **145** 14
Vorhand
Angebot **Vorbem 145 ff** 78
Angebote Dritter, Mitteilung orbem 145 ff 78
Auslegung **Vorbem 145 ff** 78
Begriff **Vorbem 145 ff** 78
Bestimmtheit **Vorbem 145 ff** 78
Form **Vorbem 145 ff** 78
Verkaufsabsicht, Information über **Vorbem 145 ff** 78
Vorrechtsvertrag **Vorbem 145 ff** 77 f

Vorhand (Forts)
Vorvertrag, aufschiebend bedingter **Vorbem 145 ff** 78
Wollensbedingung **Vorbem 145 ff** 78
Vorkaufsrecht
Anfechtungsgegner **143** 25
Bedingungsfeindlichkeit **Vorbem 158 ff** 39
Pachtvertrag, Zusammenfassung mit **139** 42
Umdeutung **140** 63
Unübertragbarkeit **Vorbem 145 ff** 75
Vertragsverhältnis **Vorbem 145 ff** 69
Vorrechtsvertrag **Vorbem 145 ff** 77
Vorkaufsrecht, dingliches
Teilnichtigkeit **139** 87
Vorkaufsrecht, gemeindliches
Teilnichtigkeit **139** 29
Vorlage
Vertragsschluss **Vorbem 145 ff** 38
Vormerkung
Anspruch, bedingter **158** 1
Anwartschaftsrecht **Vorbem 158 ff** 59
Bedingung, schwebende **161** 15
Erfüllungsanspruch, künftiger **145** 33
Vormundschaft
Vertrag, Genehmigungsbedürftigkeit **145** 23
Vorrat
invitatio ad offerendum **145** 5, 8, 26
Vorrechtsvertrag
Begriff **Vorbem 145 ff** 77
Eintrittsrecht **Vorbem 145 ff** 77
Vorhand **Vorbem 145 ff** 77 f
Vorkaufsrecht **Vorbem 145 ff** 77
Vormietrechte **Vorbem 145 ff** 77
Vorpachtrechte **Vorbem 145 ff** 77
Vorsätzliche sittenwidrige Schädigung
arglistige Täuschung **142** 37
Kontrahierungszwang, mittelbarer **Vorbem 145 ff** 21 ff
Vorteilsregel
Teilnichtigkeit **139** 89
Vorverhandlungen
Abschlusspflicht **146** 3
Erklärungspflicht **146** 3
Vorvertrag
Abschlusspflicht **Vorbem 145 ff** 56, 64, 67
Verzug **Vorbem 145 ff** 65
Anfechtung **Vorbem 145 ff** 68
Annahmeerklärung, Abgabepflicht **146** 3
Arbeitsverhältnis, Aufhebung **Vorbem 145 ff** 60
Auslegung **Vorbem 145 ff** 57, 61, 64 f, 67
Bedarfsdeckung **Vorbem 145 ff** 59
Bedingung, aufschiebende **Vorbem 145 ff** 78
Bestätigung **Vorbem 145 ff** 68
Bestimmbarkeit **Vorbem 145 ff** 57
Bestimmtheit **Vorbem 145 ff** 57 f
Beurkundung **Vorbem 145 ff** 52

Vorvertrag (Forts)
Bürgschaftsvorvertrag **Vorbem 145 ff** 60
Dauerschuldverhältnis **Vorbem 145 ff** 65 f
Einigungsmangel, offener **Vorbem 145 ff** 52
Entgelt **Vorbem 145 ff** 56
Erfüllungsklage, isolierte **Vorbem 145 ff** 67
Erfüllungsklage auf Abschluss des Hauptvertrages **Vorbem 145 ff** 57, 67
essentialia negotii **Vorbem 145 ff** 58
Feststellungsklage **Vorbem 145 ff** 67
Form **Vorbem 145 ff** 60 ff
Genehmigungsbedürftigkeit **Vorbem 145 ff** 63
Gesellschaftsvorvertrag **Vorbem 145 ff** 59 f
Grundstücksverkauf **Vorbem 145 ff** 60
Hauptvertrag **Vorbem 145 ff** 51 ff
s a dort
Anpassung **Vorbem 145 ff** 66
Rechtsgrund **Vorbem 145 ff** 68
Heilung **Vorbem 145 ff** 62
Inhalt **Vorbem 145 ff** 56 ff
Jagdpachtvertrag **Vorbem 145 ff** 60
Klage auf Abgabe eines Angebots **Vorbem 145 ff** 67
Klage auf Annahme des Angebots **Vorbem 145 ff** 67
Klage auf Hauptvertragsleistung **Vorbem 145 ff** 67
Klageantrag **Vorbem 145 ff** 67
Kontrahierungszwang, vertraglicher **Vorbem 145 ff** 51, 64
Leistungsbestimmung durch Dritte **Vorbem 145 ff** 58
Leistungsklage **Vorbem 145 ff** 67
Letter of Intent **145** 14
Mängel **Vorbem 145 ff** 68
Mietvertrag **Vorbem 145 ff** 61
Nebenpunkte **Vorbem 145 ff** 58
Nichtigkeit **Vorbem 145 ff** 68
Punktation **Vorbem 145 ff** 47
Rechtsbindungswille **Vorbem 145 ff** 52
Rücktritt **Vorbem 145 ff** 65 f
Schadensersatz **Vorbem 145 ff** 65
Schuldanerkenntnis **Vorbem 145 ff** 61
Schuldversprechen **Vorbem 145 ff** 61
Sondereigentumsvertrag **Vorbem 145 ff** 60
Tarifvertrag **Vorbem 145 ff** 61
Treu und Glauben **Vorbem 145 ff** 62, 64
venire contra factum proprium **Vorbem 145 ff** 64
Verjährung **Vorbem 145 ff** 66
Vertrag **Vorbem 145 ff** 52
obligatorischer Vertrag **Vorbem 145 ff** 51
Vertragsfreiheit **Vorbem 145 ff** 51
Vertragsgegenstand **Vorbem 145 ff** 53
Vertragstreue **Vorbem 145 ff** 65
Vollstreckung **Vorbem 145 ff** 57, 67
Vorhand **Vorbem 145 ff** 78

Vorvertrag (Forts)
Vorverhandlungen **Vorbem 145 ff** 52
Vorvertragliches Schuldverhältnis
s Schuldverhältnis, vorvertragliches

Währungsklausel
Unwirksamkeit, schwebende **139** 33
Wahlerklärung
Bedingungsfeindlichkeit **Vorbem 158 ff** 38
Wahlleistungsvereinbarung
Einheitlichkeitswille **139** 39, 88
Wahlschuld
Unmöglichkeit einer Leistung **139** 9
Wandelungserklärung
Bedingungsfeindlichkeit **Vorbem 158 ff** 38
Warenautomaten
Angebot **145** 8
Angebot ad incertam personam **145** 19
Wasserversorgungsvertrag
Annahmewille **151** 19
Vertragsauslegung, ergänzende **157** 33
Wechsel
Annahmeerklärung, Umdeutung **140** 61
Bedingungsfeindlichkeit **Vorbem 158 ff** 35
Blankowechsel **140** 61
eigener Wechsel **140** 61
gezogener Wechsel **140** 61
Indossament **140** 61
Umdeutung **140** 61
Unterschrift, nachholbare **140** 61
Wechselbegebung
Geschäftseinheit **139** 56
Wechselstrenge
Vertragsauslegung, ergänzende **157** 45
Wegfall der Geschäftsgrundlage
Apothekenmietvertrag **140** 47
Erbbauzinserhöhung **157** 9
Parteiwille, hypothetischer **157** 9
Rechtsanschauung, Veränderung **157** 21
Risikoteilung **157** 9
Unangemessenheit des Vertrags **157** 9
Unbilligkeit, grobe **157** 10
Verhältnisse, Veränderung **157** 21
Vertragsanpassung **157** 10, 43
Vertragsauslegung, ergänzende **157** 9, 17, 43
Zumutbarkeit des Festhaltens am Vertrag **157** 9
Werkvertrag
Annahmefrist **147** 15
Dissens **155** 16
Gewährleistungsausschluss **139** 14
Kündigung, bedingte **Vorbem 158 ff** 40 f
Mängelbeseitigung, Verhinderung **162** 16
Mangel, arglistiges Verschweigen **139** 14
Schwarzarbeit **139** 64
Teilbarkeit **139** 64
Wertpapierhandel, elektronischer
Vertragsschluss **Vorbem 145 ff** 38

Wertpapierrecht
Hinterlegung **157** 45
Umdeutung **140** 35, 61 f
Wertsicherungsklausel
Gesamtunwirksamkeitsklausel **139** 23
Inhaltsänderung des Vertrages **139** 78
Mietvertrag **139** 8, 17, 86
Neuverhandlungspflicht **139** 78
Nichtigkeit **139** 86
Substituierung **139** 86
Vertragsauslegung, ergänzende **139** 86; **157** 43, 67
Wettbewerbsrecht
Unterwerfungserklärung **151** 8
Wettbewerbsunterlassung
Ehrenwort **139** 52
Wettbewerbsverbot
Ausdehnung, räumliche **139** 69a; **157** 67
geltungserhaltende Reduktion **139** 69 f
Geschäftseinheit **139** 41, 53
Laufzeitbegrenzung **139** 69 f
Rechtsgeschäft, Aufrechterhaltung **139** 81
salvatorische Klausel **139** 69
Sittenwidrigkeit **139** 22
Übermaßverbot **139** 69a
Umdeutung **140** 58, 74
Vertragsauslegung, ergänzende **157** 67
Wettbewerbsverbot, nachvertragliches
Laufzeitbegrenzung **139** 69 f, 69
Teilnichtigkeit **139** 15
Wettbewerbsverstoß
Zusendung unbestellter Ware **146** 16
Widerruf
Angebot **145** 21 f
Annahmeerklärung **149** 9; **151** 22
Bedingungsfeindlichkeit **Vorbem 158 ff** 38
Einigung **Vorbem 145 ff** 43
Rücknahme **141** 24
teilweiser Widerruf **139** 33
Verbraucherdarlehensvertrag **139** 88
Zugang **145** 21
Widerrufsvorbehalt
auflösender Widerrufsvorbehalt **145** 27
aufschiebender Widerrufsvorbehalt **145** 27
Bedingung, aufschiebende **Vorbem 158 ff** 10
Bindungsausschluss **145** 26 ff, 31 ff
Prozessvergleich **Vorbem 158 ff** 10
Rücktrittsrecht **145** 32
Wiedereinsetzung
Fristverlängerung, Umdeutung **140** 11
Wiederkauf
Formfreiheit **Vorbem 145 ff** 74
Option **Vorbem 145 ff** 69
Umdeutung **140** 63
Wiederkaufsrecht
Bedingungsfeindlichkeit **Vorbem 158 ff** 39
Eventualausübung **Vorbem 158 ff** 39
Übertragbarkeit **Vorbem 145 ff** 75

Wiener Übereinkommen über Verträge über den internationalen Warenkauf
s CISG
Willenserklärung
Auslegung **157** 1, 3
ergänzende Auslegung **157** 12
Vorteilhaftigkeit, lediglich rechtliche **145** 16
Willensmangel
Anfechtung **155** 6
Wirtschaftsvereinigungen
Aufnahmeanordnung **Vorbem 145 ff** 26
Aufnahmeanspruch **Vorbem 145 ff** 26
Wohnraummiete
Kündigung, Begründungszwang **143** 10
Umdeutung **140** 47, 74
Wohnrecht, dingliches
Ausübungshindernis **157** 67
Vertragsauslegung, ergänzende **157** 67
Wohnrecht, lebenslängliches
Ersatzrente **157** 63
Wohnungseigentümerbeschluss
Auslegung **140** 64
ergänzende Auslegung **157** 12
Beschlussfassung, getrennte **139** 27
Bestätigung **141** 10
Ermächtigungsbeschluss **139** 27
Teilnichtigkeit **139** 27
Umdeutung **140** 9, 64
Wohnungseigentum
Aufteilung **139** 27
Außenfenster **140** 64
Bedingungsfeindlichkeit **Vorbem 158 ff** 35
Beschlussmängelklage wegen Kündigung **139** 27
Einstimmigkeitsprinzip **139** 27
Eltern-Kind-Zentrum **157** 12, 16, 17
Gemeinschaftsordnung **139** 27
Anpassung **157** 15
Jahresabrechnung **139** 27
Kostenverteilungsschlüssel **157** 15
salvatorische Klausel **139** 27
Teilungserklärung **157** 12, 30
Umdeutung **140** 64
Verwaltervertrag **139** 27
Wohnungstauschvertrag
Geschäftseinheit **139** 49
Wollensbedingung
Auslegung **Vorbem 158 ff** 19
Bedingung, auflösende **Vorbem 158 ff** 18
Bedingung, aufschiebende **Vorbem 158 ff** 17
Hauptvertrag, bedingter **Vorbem 145 ff** 71
Potestativbedingung **Vorbem 158 ff** 16
Vorhand **Vorbem 145 ff** 78
Wucher
Bestätigung **141** 17
Umdeutung **140** 2
Wucherähnliche Geschäfte
Darlehen **139** 70
Wucherähnliche Geschäfte (Forts)
Teilbarkeit **139** 70
Wucherdarlehen
Teilnichtigkeit **139** 70
Wuchergeschäfte
Aufrechterhaltung **140** 2
Teilbarkeit **139** 70
Teilnichtigkeit **139** 39
Wucherkauf
geltungserhaltende Reduktion **139** 70
Teilnichtigkeit **139** 70

Zahlungsaufforderung
Anfechtung **142** 16
Zahlungsverweigerung
Anfechtung **143** 4
Zeichnungsschein
Einheitlichkeit des Rechtsgeschäfts **139** 39
Geschäftseinheit **139** 39
Zeitbestimmung
Befristung **163** 1
s a dort
Zeitmietvertrag
Umdeutung **140** 5, 46
Zeitungsannonce, Vertrag über Abdruck
Annahmeerklärung, Nichtempfangsbedürftigkeit **151** 7
Zielvereinbarung
Treuwidrigkeit **162** 17
Vertragsauslegung, ergänzende **157** 43
Zinsänderungsklauseln
Vertragsauslegung, ergänzende **157** 46
Zinsen
Rechtsgeschäft, Anfechtung **142** 31
Zivilprozess
Teilnichtigkeit **139** 30
Zölibatsklausel
Sittenwidrigkeit **Vorbem 158 ff** 33
Zollbetrag
Bedingung, aufschiebende **158** 14
Zugang
Annahme **Vorbem 145 ff** 40 f; **147** 8; **149** 3; **151** 1; **152** 4 f
verspätete Annahme **149** 1
Antrag **145** 16, 21; **147** 11
Verzicht auf den Zugang **Vorbem 145 ff** 40; **151** 1, 4 f, 11 ff
Widerruf **145** 21
Zugangsvereitelung
Annahme **147** 9; **148** 11
Treuwidrigkeit **162** 16, 19
Zusatzversorgung, betriebliche
Satzungsänderung **157** 43
Zuschlag
Abgabe der Zuschlagserklärung **156** 5 f
Annahme **156** 2, 5
Auftragsvergabe **156** 13
nach Beendigung der Versteigerung **156** 9
Beurkundung, notarielle **156** 7

Zuschlag (Forts)
Eigentumsübergang **156** 12
Entfernung des Bieters vom Versteigerungsort **156** 3, 5
Hoheitsakt **156** 11
Internet-Auktion **156** 10a
Jagdpachtversteigerung **156** 7
Stellvertretung **156** 6
Übergebot nach Zuschlag **156** 2
Vergaberecht **156** 13
Vernehmen durch den Bieter **156** 5
Verpflichtungsgeschäft **156** 8
Vertrag, öffentlich-rechtlicher **156** 11
Willenserklärung **156** 5
Wirksamkeit **156** 5
Zugang **156** 13
Zwangsversteigerungsverfahren **156** 8, 12
Zusendung unbestellter Ware
Abholungsanspruch **146** 14 f
Aufforderung zur Abholung **146** 14
Aneignungshandlungen **151** 11
Annahme **146** 11; **151** 11, 16
Annahmeerklärung, Verzicht auf Empfangsbedürftigkeit **151** 11
Auspacken der Ware **146** 11
Benutzung der Ware **146** 11
Fristüberschreitung **146** 11
Prüfzwecke **146** 11
Schweigen **146** 11
Annahmewille **151** 16
Antrag **145** 6; **146** 11
Ablehnung **146** 11
Ablehnungspflicht **146** 12
– Geschäftsbeziehungen, bestehende **146** 12
Übereignungsangebot **151** 11
Verkaufsangebot **151** 11
Beschädigung der Ware **146** 13
Gebrauch der Sache **146** 11; **151** 16
Haftung **146** 13 ff
Ansprüche, deliktische **146** 16
Ansprüche, vertragliche **146** 14
Bereicherungsansprüche **146** 15
invitatio ad offerendum **146** 11
Mitverschulden **146** 16
Realofferte **151** 11
Rücksendungspflicht **146** 13 f
Sittenwidrigkeit **146** 16
Verbrauchshandlungen **151** 16, 23
Verwahrungsvertrag, unentgeltlicher **146** 14
Sorgfalt, eigenübliche **146** 14
Zeitablauf, Beendigung durch **146** 14 f
Wegwerfen der Ware **146** 14
Weiterverkaufsverhandlungen **151** 21
Wettbewerbswidrigkeit **146** 16
Zerstörung der Ware **146** 13
Zustimmung
Anfechtungsgegner **143** 33 ff, 33, 35
Zustimmung (Forts)
Erklärungsempfänger **143** 34
Rechtsgeschäft, abgeschlossenes **143** 35
bedingte Zustimmung **Vorbem 158 ff** 42
Bedingungsfeindlichkeit **Vorbem 158 ff** 42
externe Zustimmung **143** 35
interne Zustimmung **143** 35
Zustimmungsbeschluss
Teilbarkeit **139** 64
Zuwendungsverzicht
Erbvertrag, Umdeutung **140** 49
Zwangsversteigerungsverfahren
Treuwidrigkeit **162** 18
Zuschlag **156** 8, 12
Zwangsvollstreckung
Treuwidrigkeit **162** 18
Versteigerung **156** 11
Eigentumszuweisung **156** 11
Gebot **156** 11
Zuschlag **156** 11
Zwischenverfügungen, beeinträchtigende **161** 9
Zwangsvollstreckungsunterwerfung
Teilnichtigkeit **139** 30
Zweckvereinbarung
Erwartungen einer Partei **Vorbem 158 ff** 10
Zwischenverfügungen
Arrestvollziehung **161** 9
Aufrechnung **161** 8
Bedingung, auflösende **161** 8, 9, 12
Bedingungseintritt **161** 12
Bedingungsfähigkeit **161** 8
beeinträchtigende Zwischenverfügungen **161** 4 ff, 11
Forderungseinziehung **161** 5
Gutglaubensschutz **161** 14 f
Forderungen **161** 15
GmbH-Anteile **161** 15
Gutgläubigkeit **161** 15
– Grundstücksrechte **161** 15
– Sachen, bewegliche **161** 15
Rechte, sonstige **161** 15
Verfügungsmacht, Beschränkung **161** 16
Verkehrsgeschäft, rechtsgeschäftliches **161** 15
Insolvenzverwalter **161** 9
Kündigung **161** 8
Person des Verfügenden **161** 11a
Pfandrecht, gesetzliches **161** 10
Prozessführung **161** 7
Rechte, dingliche **161** 10
Rechtsgeschäft, bedingtes **160** 6; **161** 1
rechtsgeschäftliche Verfügungen **161** 9
Schadensersatz **160** 6; **161** 16
Schwebezeit **161** 1, 10
s a Bedingung
Übereignungsangebot **145** 25
Unverträglichkeit **161** 3, 12
Verfügung, bedingte **161** 3

Zwischenverfügungen (Forts)
Verfügungsbegriff **161** 4
Verfügungsmacht, Beschränkung **161** 1, 16
Verfügungsverbot, absolutes **161** 1, 12 ff, 16
vorteilhafte Verfügungen **161** 11
Vorwirkung, dingliche **161** 1, 11a
Wirkung, vereitelnde **161** 11

Zwischenverfügungen (Forts)
Zustimmung des Anwärters **161** 13
Zustimmung zur Verfügung eines Nichtberechtigten **161** 6
Zwangsvollstreckung **161** 9
Zweiterwerber **161** 11a

J. von Staudingers Kommentar zum Bürgerlichen Gesetzbuch mit Einführungsgesetz und Nebengesetzen

Übersicht vom 1. 6. 2020
Die Übersicht informiert über die Erscheinungsjahre der Kommentierungen in der 13. Bearbeitung und deren Neubearbeitungen (= Gesamtwerk STAUDINGER). *Kursiv* geschrieben sind die geplanten Erscheinungsjahre.

Die Übersicht ist für die 13. Bearbeitung und für deren Neubearbeitungen zugleich ein Vorschlag für das Aufstellen des „Gesamtwerk STAUDINGER" (insbesondere für solche Bände, die nur eine Sachbezeichnung haben). Es wird empfohlen, die Austauschbände chronologisch neben den überholten Bänden einzusortieren, um bei Querverweisungen auf diese schnell Zugriff zu haben. Bei Platzmangel sollten die ausgetauschten Bände an anderem Ort in gleicher Reihenfolge verwahrt werden.

	Neubearbeitungen				
Buch 1. Allgemeiner Teil					
Einl BGB; §§ 1–14; VerschG	2004	2013	2018		
§§ 21–79	2005	2019			
§§ 80–89	2011	2017			
§§ 90–124; 130–133		2012	2016		
§§ 125–129; BeurkG			2012	2017	
§§ 134–138	2003	2011	2017		
§§ 139–163	2003	2010	2015	2020	
§§ 164–240	2004	2009	2014	2019	
Buch 2. Recht der Schuldverhältnisse					
§§ 241–243	2005	2009	2014	2019	
§§ 244–248	2016				
§§ 249–254	2005	2016			
§§ 255–304	2004	2009	2014	2019	
§§ 305–310; UKlaG	2006	2013	2019		
Anh zu §§ 305–310			2019		
§§ 311, 311a–c	2013	2018			
§§ 311b, 311c	2012				
§§ 312, 312a–k	2013	2019			
§§ 313, 314	*2022*				
§§ 315–327	2001	2004	2009	2015	
§§ 328–359	2001	2004			
§§ 328–345			2009	2015	
§§ 346–361			2012		
§§ 358–360				2016	
§§ 362–396	2000	2006	2011	2016	
§§ 397–432	2005	2012	2017		
§§ 433–480	2004	2013			
Wiener UN-Kaufrecht (CISG)	1999	2005	2013	2017	
§§ 488–490; 607–609	2011	2015			
§§ 491–512	2004	2012			
§§ 516–534	2005	2013			
§§ 535–562d (Mietrecht 1)	2003	2006	2011		
§§ 563–580a (Mietrecht 2)	2003	2006	2011		
§§ 535–555f (Mietrecht 1)				2014	
§§ 556–561; HeizkostenV; BetrKV (Mietrecht 2)				2014	
§§ 562–580a; Anh AGG (Mietrecht 3)				2014	
§§ 535–556g (Mietrecht 1)					2017
§§ 557–580a; Anh AGG (Mietrecht 2)					2017
Leasing	2004	2014	2018		
§§ 581–606	2005	2013	2018		
§§ 607–610 (siehe §§ 488–490; 607–609)	./.				
§§ 611–613	2005	2011	2015		
§§ 613a–619a		2011	2016	2019	
§§ 616–630	2002				
§§ 620–630		2012	2016	2019	
§§ 631–651	2003	2008	2013		
§§ 631–650v				2019	
§§ 651a–651m	2003	2011	2015		
§§ 652–656	2003	2010			
§§ 652–661a			2015		
§§ 657–704	2006				
§§ 662–675b		2017			
§§ 675c–676c		2012	2020		
§§ 677–704		2015			
§§ 741–764	2002	2008	2015		
§§ 765–778	2013				
§§ 779–811	2002	2009	2015		
§§ 812–822	1999	2007			
§§ 823 A–D	2016				
§§ 823 E–I, 824, 825	2009				
§§ 826–829; ProdHaftG	2003	2009	2013	2018	
§§ 830–838	2002	2008	2012	2017	
§§ 839, 839a	2007	2013			
§§ 840–853	2007	2015			
AGG	2017				
UmweltHR	2002	2010	2017		
Buch 3. Sachenrecht					
§§ 854–882	2000	2007	2012	2018	
§§ 883–902	2002	2008	2013	2020	

	Neubearbeitungen			
§§ 889–902				2019
§§ 903–924	2002	2009	2015	
§§ 925–984; Anh §§ 929 ff	2004	2011	2016	
§§ 985–1011	1999	2006	2013	2019
ErbbauRG; §§ 1018–1112	2002	2009	2016	
§§ 1113–1203	2002	2009	2014	2019
§§ 1204–1296; §§ 1–84 SchiffsRG	2002	2009	2018	
§§ 1–19 WEG	2017			
§§ 20–64 WEG	2017			
Buch 4. Familienrecht				
§§ 1297–1352	2007	2012	2015	2018
LPartG		2010		
§§ 1353–1362	2007	2012	2018	
§§ 1363–1563	2000	2007		
§§ 1363–1407			2017	
§§ 1408–1563			2018	
§§ 1564–1568; §§ 1568 a+b	2004	2010	2018	
§§ 1569–1586b	2014			
§§ 1587–1588; VAHRG	2004			
§§ 1589–1600d	2000	2004	2011	
§§ 1601–1615n	2000	2018		
§§ 1616–1625	2007	2014	2020	
§§ 1626–1633; §§ 1–11 RKEG	2007	2015		
§§ 1638–1683	2004	2009	2015	
§§ 1684–1717	2006	2013	2018	
§§ 1741–1772	2007	2019		
§§ 1773–1895	2004	2013	2020	
§§ 1896–1921	2006	2013	2017	
Buch 5. Erbrecht				
§§ 1922–1966	2000	2008	2016	
§§ 1967–2063	2002	2010	2016	2020
§§ 2064–2196	2003	2013	2019	
§§ 2197–2228	2003	2012	2016	
§§ 2229–2264		2012	2017	
§§ 2265–2302	2006	2013	2018	
§§ 2303–2345		2014		
§§ 2339–2385	2004			
§§ 2346–2385		2010	2016	
EGBGB				
Einl EGBGB; Art 1, 2, 50–218	2005	2013	2018	
Art 219–245	2003			
Art 219–232		2015		
Art 233–248		2015		
EGBGB/Internationales Privatrecht				
Einl IPR; Art 3–6	2003			
Einl IPR		2012	2018	
Art 3–6		2013		
Art 3–4			2019	
Art 7, 9–12, 47, 48	2007	2013	2018	
IntGesR	1998			
Art 13–17b	2003	2011		
Art 18; Vorbem A + B zu Art 19	2003			
Haager Unterhaltsprotokoll		2016		
Vorbem C–H zu Art 19	2009			
EU-VO u Übk z Schutz v Kindern		2018		
IntVerfREhe	2005			
IntVerfREhe 1		2014		
IntVerfREhe 2		2016		
Art 19–24	2002	2008	2014	2018
Art 25, 26	2000	2007		
Art 1–10 Rom I VO	2011	2016		
Art 11–29 Rom I-VO; Art 46b, c; IntVertrVerfR	2011	2016		
Art 38–42	2001			
IntWirtschR	2006	2010	2015	2019
Art 43–46	2014			
Eckpfeiler des Zivilrechts	2011	2012	2014	2018
Demnächst erscheinen				
§§ 315–327				2020
§§ 611–613				2020
§§ 1626–1633; RKEG				2020

Otto Schmidt Verlagskontor / Walter de Gruyter Verlag OHG
Lützowstraße 33, D-10785 Berlin, Telefon (030) 2 60 05-0, Fax (030) 2 60 05-222